Web Dynpro ABAP®

SAP PRESS ist eine gemeinschaftliche Initiative von SAP und Galileo Press. Ziel ist es, Anwendern qualifiziertes SAP-Wissen zur Verfügung zu stellen. SAP PRESS vereint das fachliche Know-how der SAP und die verlegerische Kompetenz von Galileo Press. Die Bücher bieten Expertenwissen zu technischen wie auch zu betriebswirtschaftlichen SAP-Themen.

Dominik Ofenloch
Web Dynpro ABAP – 100 Tipps & Tricks
2014, 390 S., broschiert
ISBN 978-3-8362-2274-7

Thomas Frambach, Simon Hoeg
Floorplan Manager für Web Dynpro ABAP
2011, 366 S., geb.
ISBN 978-3-8362-1530-5

Miroslav Antolovic
Einführung in SAPUI5
2014, 446 S., geb.
ISBN 978-3-8362-2753-7

Thorsten Franz, Tobias Trapp
Anwendungsentwicklung mit ABAP Objects
2., aktualisierte und erweiterte Auflage 2014, 695 S., geb.
ISBN 978-3-3635-6

Schneider, Westenberger, Gahm
ABAP-Entwicklung für SAP HANA
2013, 602 S., geb.
ISBN 978-3-8362-1996-9

Aktuelle Angaben zum gesamten SAP PRESS-Programm finden Sie unter *www.sap-press.de*.

Roland Schwaiger, Dominik Ofenloch

Web Dynpro ABAP®

Das umfassende Handbuch

Bonn • Boston

Liebe Leserin, lieber Leser,

vielen Dank, dass Sie sich für ein Buch von SAP PRESS entschieden haben.

Erlauben Sie mir dieses Wortspiel: Dieses Buch zur Standard-Oberflächentechnologie von SAP ist ganz bestimmt nicht oberflächlich. Sie halten ein umfassendes Handbuch im besten Sinne des Wortes in den Händen. Roland Schwaiger und Dominik Ofenloch beschreiben nicht nur alle UI-Elemente, Container und Layouts ausführlich mit all ihren möglichen Eigenschaften, Ereignissen und aggregierten Elementen, sondern geben Ihnen auch immer wieder anschauliche Beispiele für Visualisierungen und die Umsetzung im Code.

Neben der Referenz zu den Standardkomponenten finden Sie praktische Anleitungen für alle Aufgaben rund um das Web-Dynpro-Framework: dynamische Programmierung, Erweiterung, Eingabehilfen, Themes u. v. m. Ob Sie einen anschaulichen Einstieg in Web Dynpro suchen oder sich über neue UI-Elemente in ABAP 7.4 informieren wollen – auf den knapp 1150 Seiten dieses Buches werden Sie garantiert fündig!

Wir freuen uns stets über Lob, aber auch über kritische Anmerkungen, die uns helfen, unsere Bücher zu verbessern. Scheuen Sie sich nicht, mich zu kontaktieren. Ihre Fragen und Anmerkungen sind jederzeit willkommen.

Ihre Janina Schweitzer
Lektorat SAP PRESS

Galileo Press
Rheinwerkallee 4
53227 Bonn

janina.schweitzer@galileo-press.de
www.sap-press.de

Auf einen Blick

TEIL I Grundlagen

1 Schnelleinstieg in Web Dynpro ABAP 27
2 Web-Dynpro-Architektur 43

TEIL II Referenz

3 Container und Layouts 187
4 UI-Elemente und ihre Eigenschaften 293
5 Drag & Drop für UI-Elemente 527
6 Dynamische Programmierung 573
7 Eingabe- und semantische Hilfen 641

TEIL III Fortgeschrittene Techniken

8 Erweiterung, Konfiguration, Customizing und Personalisierung 737
9 Integration komplexer UI-Elemente und Components 779
10 Weiterführende Konzepte 917

Der Name Galileo Press geht auf den italienischen Mathematiker und Philosophen Galileo Galilei (1564–1642) zurück. Er gilt als Gründungsfigur der neuzeitlichen Wissenschaft und wurde berühmt als Verfechter des modernen, heliozentrischen Weltbilds. Legendär ist sein Ausspruch *Eppur si muove* (Und sie bewegt sich doch). Das Emblem von Galileo Press ist der Jupiter, umkreist von den vier Galileischen Monden. Galilei entdeckte die nach ihm benannten Monde 1610.

Lektorat Janina Schweitzer
Korrektorat Alexandra Müller, Olfen
Einbandgestaltung Nadine Kohl
Titelbild istockphoto: 2673512 © DStilwell
Typografie und Layout Vera Brauner
Herstellung Martin Pätzold
Satz III-satz, Husby
Druck und Bindung C.H. Beck, Nördlingen

Gerne stehen wir Ihnen mit Rat und Tat zur Seite:
janina.schweitzer@galileo-press.de bei Fragen und Anmerkungen zum Inhalt des Buches
service@galileo-press.de für versandkostenfreie Bestellungen und Reklamationen
thomas.losch@galileo-press.de für Rezensionsexemplare

Bibliografische Information der Deutschen Nationalbibliothek
Die Deutsche Nationalbibliothek verzeichnet diese Publikation in der Deutschen Nationalbibliografie; detaillierte bibliografische Daten sind im Internet über http://dnb.d-nb.de abrufbar.

ISBN 978-3-8362-2751-3

© Galileo Press, Bonn 2014
2., aktualisierte und erweiterte Auflage 2014

Das vorliegende Werk ist in all seinen Teilen urheberrechtlich geschützt. Alle Rechte vorbehalten, insbesondere das Recht der Übersetzung, des Vortrags, der Reproduktion, der Vervielfältigung auf fotomechanischen oder anderen Wegen und der Speicherung in elektronischen Medien. Ungeachtet der Sorgfalt, die auf die Erstellung von Text, Abbildungen und Programmen verwendet wurde, können weder Verlag noch Autor, Herausgeber oder Übersetzer für mögliche Fehler und deren Folgen eine juristische Verantwortung oder irgendeine Haftung übernehmen.

Die in diesem Werk wiedergegebenen Gebrauchsnamen, Handelsnamen, Warenbezeichnungen usw. können auch ohne besondere Kennzeichnung Marken sein und als solche den gesetzlichen Bestimmungen unterliegen.

Sämtliche in diesem Werk abgedruckten Bildschirmabzüge unterliegen dem Urheberrecht © der SAP SE, Dietmar-Hopp-Allee 16, 69190 Walldorf.

SAP, das SAP-Logo, ABAP, BAPI, Duet, mySAP.com, mySAP, SAP ArchiveLink, SAP EarlyWatch, SAP NetWeaver, SAP Business ByDesign, SAP BusinessObjects, SAP BusinessObjects Rapid Mart, SAP BusinessObjects Desktop Intelligence, SAP BusinessObjects Explorer, SAP Rapid Marts, SAP BusinessObjects Watchlist Security, SAP BusinessObjects Web Intelligence, SAP Crystal Reports, SAP GoingLive, SAP HANA, SAP MaxAttention, SAP MaxDB, SAP PartnerEdge, SAP R/2, SAP R/3, SAP R/3 Enterprise, SAP Strategic Enterprise Management (SAP SEM), SAP StreamWork, SAP Sybase Adaptive Server Enterprise (SAP Sybase ASE), SAP Sybase IQ, SAP xApps, SAPPHIRE NOW, und Xcelsius sind Marken oder eingetragene Marken der SAP SE, Walldorf.

Inhalt

Einleitung 19

TEIL I Grundlagen

1 Schnelleinstieg in Web Dynpro ABAP 27

1.1 Was ist Web Dynpro? 27
1.2 Model-View-Controller 29
    1.2.1 Model-View-Controller in der Theorie 30
    1.2.2 Varianten 31
    1.2.3 Model-View-Controller und Web Dynpro 32
1.3 Funktionalität und Beispielanwendung 33
    1.3.1 Web-Dynpro-Technologie 33
    1.3.2 UI-Elemente 34
    1.3.3 Fortgeschrittene Funktionen 38
    1.3.4 Wiederverwendung von Web-Dynpro-Elementen 40

2 Web-Dynpro-Architektur 43

2.1 Entwicklungsumgebung 44
    2.1.1 Web Dynpro Explorer 44
    2.1.2 Web-Dynpro-Code-Wizard 51
    2.1.3 Template Gallery 54
2.2 Components und Anwendungen 56
    2.2.1 Components 56
    2.2.2 Anwendungen 57
    2.2.3 Zusammenhang zwischen Components und Anwendungen 58
    2.2.4 Anwendung – dynamische Änderung des Browser-Titels 58
    2.2.5 Schritt für Schritt: Anlegen von Components und Anwendungen 59
2.3 View 64
    2.3.1 Views 64

	2.3.2	Windows und Plugs	79
	2.3.3	Nachrichten – Message Manager und Message Area	93
2.4	Controller		104
	2.4.1	Controller-Typen	104
	2.4.2	Attribute	105
	2.4.3	Methoden	106
	2.4.4	Phasenmodell	109
	2.4.5	Verwendung und Sichtbarkeit	112
	2.4.6	Aktionen und Ereignisse	116
	2.4.7	Controller-Interface-Typen	120
	2.4.8	Assistance-Klasse	121
2.5	Context		122
	2.5.1	Aufbau des Contexts	123
	2.5.2	Context-Editor	125
	2.5.3	Eigenschaften	130
	2.5.4	Lead-Selection	134
	2.5.5	Rekursive Context-Knoten	135
	2.5.6	Datenbindung	136
	2.5.7	Mapping	140
	2.5.8	Supply-Funktionen	143
	2.5.9	Context-Attribut-Eigenschaften	145
	2.5.10	Context-Change-Log	149
2.6	Context-Programmierung		152
	2.6.1	Navigation durch den Context	153
	2.6.2	Setzen der Lead-Selection	155
	2.6.3	Erzeugen und Löschen von Context-Elementen	156
	2.6.4	Auslesen und Änderung existierender Context-Knoten/-Elemente	159
	2.6.5	Range-Context-Knoten	161
2.7	Multi-Component-Architekturen		163
	2.7.1	Component-Verwendungen	164
	2.7.2	Verwendung von Interface-Views	171
	2.7.3	Verwendung des Interface-Controllers	172
	2.7.4	Componentübergreifendes Mapping	174
	2.7.5	Component-Interfaces	181

TEIL II Referenz

3 Container und Layouts 187

- 3.1 Container 187
  - 3.1.1 Hierarchische Struktur von UI-Elementen in Views 188
  - 3.1.2 Eigenschaften für alle Unterklassen von CL_WD_SCROLL_CONTAINER 190
  - 3.1.3 ScrollContainer 195
  - 3.1.4 TransparentContainer 195
  - 3.1.5 LayoutContainer 200
  - 3.1.6 Group 200
  - 3.1.7 Tray 204
  - 3.1.8 Panel 208
  - 3.1.9 Splitter 214
- 3.2 Quasi-Container 220
  - 3.2.1 Accordion 221
  - 3.2.2 RowRepeater 226
  - 3.2.3 ContextualPanel 229
  - 3.2.4 HorizontalContextualPanel 232
  - 3.2.5 NavigationList 236
  - 3.2.6 PageHeader 245
  - 3.2.7 MultiPane 250
  - 3.2.8 TabStrip 252
  - 3.2.9 ViewContainerUIElement 258
- 3.3 Layouts 258
  - 3.3.1 Grundlagen 259
  - 3.3.2 FlowLayout 261
  - 3.3.3 RowLayout 265
  - 3.3.4 MatrixLayout 267
  - 3.3.5 GridLayout 270
  - 3.3.6 PageLayout 273
  - 3.3.7 FormLayout 275
  - 3.3.8 FormLayoutAdvanced 278
  - 3.3.9 FormDesignLayout 282
  - 3.3.10 RasterLayout 290

4 UI-Elemente und ihre Eigenschaften ... 293

- 4.1 Eigenschaften für alle UI-Elemente ... 294
- 4.2 Kategorie »text« ... 297
  - 4.2.1 Allgemeines ... 297
  - 4.2.2 InputField ... 298
  - 4.2.3 Label ... 311
  - 4.2.4 Caption ... 315
  - 4.2.5 Explanation ... 317
  - 4.2.6 TextView ... 322
  - 4.2.7 TextEdit ... 326
  - 4.2.8 FormattedTextView ... 330
  - 4.2.9 FormattedTextEdit ... 336
  - 4.2.10 SectionHeader ... 337
  - 4.2.11 RatingIndicator ... 340
- 4.3 Kategorie »action« ... 342
  - 4.3.1 Allgemein ... 342
  - 4.3.2 Button ... 343
  - 4.3.3 ButtonChoice ... 345
  - 4.3.4 IconButton ... 348
  - 4.3.5 LinkChoice ... 350
  - 4.3.6 LinkToAction ... 351
  - 4.3.7 LinkToURL ... 354
  - 4.3.8 TimedTrigger ... 356
- 4.4 Kategorie »selection« ... 360
  - 4.4.1 Allgemein ... 360
  - 4.4.2 ToggleButton ... 361
  - 4.4.3 ToggleLink ... 363
  - 4.4.4 TagCloud ... 364
- 4.5 Kategorie »complex« ... 367
  - 4.5.1 Allgemein ... 367
  - 4.5.2 BreadCrumb ... 368
  - 4.5.3 DateNavigator ... 371
  - 4.5.4 Legend ... 377
  - 4.5.5 PhaseIndicator ... 381
  - 4.5.6 RoadMap ... 385
  - 4.5.7 Shuttle ... 391
  - 4.5.8 Tree ... 395
- 4.6 Kategorie »layout« ... 404
  - 4.6.1 Allgemein ... 405

	4.6.2	HorizontalGutter	405
	4.6.3	InvisibleElement	407
	4.6.4	MessageArea	408
4.7	Kategorie »graphic«		411
	4.7.1	Allgemein	411
	4.7.2	BusinessGraphics	412
	4.7.3	Chart	434
	4.7.4	Gantt	439
	4.7.5	GeoMap	448
	4.7.6	ValueComparison	457
	4.7.7	Image	461
	4.7.8	Network	463
	4.7.9	ProgressIndicator	464
	4.7.10	ThresholdSlider	466
4.8	Kategorie »integration«		471
	4.8.1	Allgemein	471
	4.8.2	AcfExecute	472
	4.8.3	AcfUpDownload	477
	4.8.4	FileDownload	480
	4.8.5	FileUpload	487
	4.8.6	IFrame	488
	4.8.7	InteractiveForm	491
	4.8.8	OfficeControl	498
4.9	Aggregierte Elemente		507
	4.9.1	Allgemein	507
	4.9.2	Menu	508
	4.9.3	MenuBar	513
	4.9.4	ToolBar	514
4.10	PanelStack		522

5 Drag & Drop für UI-Elemente 527

5.1	Allgemeines		531
	5.1.1	DragSourceInfo	531
	5.1.2	DropTargetInfo	533
	5.1.3	DropTarget	534
	5.1.4	Ereignis »onDrop«	536
5.2	Tree		539
5.3	GridLayout/MatrixLayout		542
5.4	ItemListBox		548

5.5	Table	551
	5.5.1 Nicht hierarchische Tabellen	551
	5.5.2 Hierarchische Tabellen	556
5.6	CTable	557
5.7	Accordion	566
5.8	PanelStack	569
5.9	Operationsmodi	571
	5.9.1 Browse & Collect	571
	5.9.2 Generisches Drag & Drop	572
	5.9.3 Laufzeit-Authoring	572

6 Dynamische Programmierung ... 573

6.1	Arten dynamischer Programmierung	574
6.2	Context	575
	6.2.1 Context-Knoten-Metainformation	576
	6.2.2 Context-Knoten anlegen	577
	6.2.3 Context-Attribute anlegen	583
	6.2.4 Context-Mapping	592
	6.2.5 Weitere Methoden	595
6.3	View	598
	6.3.1 ABAP-Klassenhierarchie für UI-Elemente	599
	6.3.2 Referenz eines UI-Elements ermitteln	601
	6.3.3 Eigenschaft und Layout eines UI-Elements ändern	603
	6.3.4 UI-Elemente anlegen	604
6.4	Aktion	613
	6.4.1 Implementierung der Methode »wddomodifyview( )«	615
	6.4.2 Implementierung Aktionsbehandler-Methode	618
6.5	Component-Verwendung	619
	6.5.1 Verwendung von Components	619
	6.5.2 Klonen von Verwendungserklärungen	623
	6.5.3 Dynamische View-Einbettung	632
	6.5.4 Dynamische Ereignisregistrierung	636

7 Eingabe- und semantische Hilfen ... 641

- 7.1 Implementierung von Auswahlmöglichkeiten ... 642
  - 7.1.1 Dropdown-Menüs ... 642
  - 7.1.2 Radiobutton ... 651
  - 7.1.3 Checkbox ... 655
  - 7.1.4 ItemListBox ... 659
  - 7.1.5 TriStateCheckBox ... 661
- 7.2 Wertehilfen ... 662
  - 7.2.1 Wertehilfe-Modus »Deaktiviert« ... 664
  - 7.2.2 Wertehilfe-Modus »Automatisch« ... 664
  - 7.2.3 Wertehilfe-Modus »Dictionary-Suchhilfe« ... 673
  - 7.2.4 Wertehilfe-Modus »Object Value Selector« ... 673
  - 7.2.5 Wertehilfe-Modus »Frei Programmiert« ... 686
- 7.3 Select-Options ... 697
  - 7.3.1 Select-Options in ABAP-Programmen ... 697
  - 7.3.2 Klassische Select-Options ... 699
  - 7.3.3 Select-Options 2.0 ... 712
- 7.4 Semantische Hilfen ... 722
  - 7.4.1 Hilfetexte mit Quick-Infos ... 722
  - 7.4.2 Erläuterungstexte ... 723
  - 7.4.3 ABAP-Dictionary-Hilfe ... 724
  - 7.4.4 Erläuterungen ... 726
  - 7.4.5 SAP-Knowledge-Warehouse-Dokumente ... 729

TEIL III Fortgeschrittene Techniken

8 Erweiterung, Konfiguration, Customizing und Personalisierung ... 737

- 8.1 Erweiterungen mit dem SAP Enhancement Framework ... 741
  - 8.1.1 Anlegen einer Erweiterung ... 742
  - 8.1.2 Erweiterung von Web-Dynpro-Objekten ... 743
- 8.2 Konfiguration im Überblick ... 747
- 8.3 Berechtigungen ... 748

	8.4	Component-Konfiguration	749
	8.4.1	Bestandteile	749
	8.4.2	Anlegen einer Component-Konfiguration	750
	8.4.3	Web-Dynpro-Built-In-Konfiguration	752
	8.4.4	Component-defined-Konfiguration	753
	8.4.5	Erstellung eigener Component-Konfigurationseditoren	758
	8.4.6	Component-Konfigurationseigenschaften	763
8.5		Anwendungskonfiguration	764
	8.5.1	Anlegen und Bearbeiten von Anwendungskonfigurationen	765
	8.5.2	Anwendungsparameter	767
	8.5.3	Auswahl der zu verwendenden Component-Konfiguration	768
8.6		Customizing	769
	8.6.1	Anlegen des Customizings	771
	8.6.2	Transport des Customizings	772
	8.6.3	Dekorative UI-Elemente	773
8.7		Personalisierung	774
	8.7.1	Verwendung der Web-Dynpro-Built-In-Personalisierung	774
	8.7.2	Explizites Speichern eines Configuration-Controllers	775
	8.7.3	Abschalten der Personalisierung	777

9 Integration komplexer UI-Elemente und Components ... 779

	9.1	FlashIsland/SilverlightIsland (*Island)	780
	9.1.1	Adobe Flash	780
	9.1.2	Microsoft Silverlight	782
	9.1.3	Vorgehen	783
	9.1.4	Eigenschaften von *Island	788
	9.1.5	Aggregierte Elemente	788
	9.1.6	Barrierefreiheit	793
9.2		HtmlContainer und HtmlIsland	795
	9.2.1	HtmlContainer	796
	9.2.2	HtmlIsland	805

9.3	Table		815
	9.3.1	Einfache Tabelle anlegen	817
	9.3.2	Eigenschaften	821
	9.3.3	Ereignisse	835
	9.3.4	Aggregierte Elemente	847
	9.3.5	Weitere Funktionen	850
9.4	TableColumn		853
	9.4.1	Eigenschaften	853
	9.4.2	Barrierefreiheit	859
	9.4.3	Aggregierte Elemente	859
	9.4.4	Ereignis	864
9.5	TablePopin		864
	9.5.1	Eigenschaften	865
	9.5.2	Ereignis	866
	9.5.3	Aggregierte Elemente	866
	9.5.4	Verwendung	867
9.6	TableColumnGroup		870
9.7	TableRowGrouping, TreeByKeyTableColumn und TreeByNestingTableColumn		872
	9.7.1	TableRowGrouping	872
	9.7.2	TreeByKeyTableColumn und TreeByNestingTableColumn	874
9.8	CTable		879
	9.8.1	Eigenschaften	880
	9.8.2	Ereignisse	884
	9.8.3	Aggregierte Elemente	885
9.9	CTableColumn		885
	9.9.1	Ereignis	888
	9.9.2	Aggregierte Elemente	888
9.10	CTableHeaderArea		888
	9.10.1	Eigenschaften	888
9.11	CTableHierarchicalCell		889
	9.11.1	Eigenschaften	889
	9.11.2	Ereignis	890
	9.11.3	Aggregierte Elemente	890
9.12	CTableSymbolCell		890
9.13	SAP List Viewer		891
	9.13.1	Integration des SAP List Viewers in drei Schritten	893
	9.13.2	Methoden und Ereignisse der ALV-Component	895

	9.13.3	ALV Configuration Model	902
	9.13.4	Änderungen an den Tabellen-einstellungen	909
	9.13.5	Änderungen am Spaltenvorrat	911
	9.13.6	Änderungen an der Toolbar	913

10 Weiterführende Konzepte ... 917

10.1	Pop-up-Fenster		917
	10.1.1	Fensterebenen	917
	10.1.2	Pop-up-Fenster erzeugen	918
	10.1.3	Standard-Button-Aktionen	921
	10.1.4	Anlegen eines Pop-up-Fensters	922
10.2	Kontextmenüs		925
	10.2.1	Standardkontextmenü	927
	10.2.2	Kontextmenü anlegen	929
	10.2.3	Zuweisung eines Kontextmenüs	934
10.3	Fokus-Handling		936
	10.3.1	Cursor-Beeinflussung über Meldungen	936
	10.3.2	Gezieltes Setzen des Cursors auf ein UI-Element	937
	10.3.3	Gezieltes Setzen des Cursors auf ein Context-Element-Attribut	938
	10.3.4	Gezieltes Scrollen zu einem UI-Element	938
10.4	Nachrichten und Internationalisierung		939
	10.4.1	Texte aus dem ABAP Dictionary	940
	10.4.2	Texte aus dem Online Text Repository	941
	10.4.3	Texte aus der Assistenzklasse	944
	10.4.4	Nachrichten	949
10.5	Portalintegration		962
	10.5.1	Voraussetzungen	963
	10.5.2	Portal-Eventing	965
	10.5.3	Navigation	969
	10.5.4	WorkProtect-Modus	972
	10.5.5	Interface IF_WD_PORTAL_INTEGRATION	973
10.6	Performance- und Speicheroptimierung		974
	10.6.1	Checklisten für die performante Web-Dynpro-Entwicklung	978
	10.6.2	Performance-Tools	980

		10.6.3	On-Demand-Component- und View-Instanziierung	983
		10.6.4	Delta-Rendering	987
	10.7	Debuggen von Web-Dynpro-Anwendungen		992
		10.7.1	Debugger einrichten	993
		10.7.2	Verwendung des Web-Dynpro-Werkzeugs	994
	10.8	Barrierefreiheit		996
		10.8.1	Barrierefreie Entwicklung	998
		10.8.2	Barrierefreiheit aktivieren und testen	999
		10.8.3	Unterstützung von Accessible Rich Internet Applications (ARIA)	1000
	10.9	Mashups		1001
		10.9.1	CHIP anlegen	1004
		10.9.2	Sidepanel anlegen	1006
		10.9.3	Automatisches Wiring konfigurieren	1009
		10.9.4	IFrame-CHIP mit dem Page Builder anlegen	1011
		10.9.5	IFrame-CHIP in Sidepanel einbinden	1017
	10.10	Testen mit eCATT		1018
		10.10.1	Aufzeichnung mithilfe von eCATT	1019
		10.10.2	eCATT-Aufzeichnungen bearbeiten	1021
		10.10.3	Testen von eCATT-Testskripten	1022
	10.11	Testen mit ABAP-Unit-Tests		1023
	10.12	Trace-Tool zur Fehleranalyse		1028
	10.13	Karten mithilfe von Visual Business visualisieren		1031
	10.14	Themes		1034
	10.15	Floorplan Manager		1038
		10.15.1	Grundprinzipien des Floorplan Managers	1038
		10.15.2	Erstellen von FPM-Anwendungen	1041

Anhang ... 1047

A	Anwendungsparameter und URL-Parameter	1049
B	Web-Dynpro-Programmierschnittstellen	1069
C	Die Autoren	1113

Index ... 1115

Einleitung

»Die einzige Konstante im Universum ist die Veränderung«. Wer sonst als ein Autor für Web-Dynpro-ABAP-Technologien könnte diese Weisheit von Heraklit von Ephesus bestätigen? Dieser Erkenntnis folgend, haben wir für Sie dieses Kompendium zu Web Dynpro ABAP auf den neusten Stand gebracht und alle wesentlichen Aspekte der Web-Dynpro-Entwicklung für SAP NetWeaver 7.40 beschrieben.

Positives Feedback zu unserem ersten Buch, »Einstieg in Web Dynpro ABAP«, und Erfahrungen aus Schulungen, Projekten und der täglichen Arbeit haben uns dazu ermutigt, dieses zweite Buch über die Web-Dynpro-Technologie zu schreiben. Mit diesem Buch halten Sie nun das Ergebnis in Ihren Händen – ein umfassendes Web-Dynpro-Handbuch.

Zielgruppe

Web Dynpro besticht durch seine Einfachheit und ist für erfahrene ABAP-Entwickler schnell zu erlernen. Aus diesem Grund war es für uns naheliegend, ein Buch sowohl für Einsteiger und Fortgeschrittene als auch für Profis zu schreiben. Ziel dieses Buches ist es, Entwicklern mit ABAP-Wissen – mit oder ohne Web-Dynpro-Vorkenntnisse – eine fundierte Basis für die Entwicklung komplexer Anwendungen auf der Grundlage von Web Dynpro ABAP bereitzustellen. Entwickler mit Vorkenntnissen finden in diesem Buch ein umfassendes Nachschlagewerk, das ihnen auch bei vermeintlich kleinen Spezialthemen zur Seite steht.

Aufbau des Buches

Von der Web-Dynpro-Architektur über Layouts, UI-Elemente, dynamische Programmierung, Drag & Drop, Eingabehilfen, Personalisierung, ALV-Tabellen, Flash Islands und viele weitere Themen: Dieses Buch deckt nahezu alle in und für Web Dynpro entwickelten Technologien ab; dabei ist es in die drei Bereiche »Grundlagen«, »Referenz« und »Fortgeschrittene Techniken« gegliedert, die die Orientierung innerhalb des Buches erleichtern.

Teil I

Sowohl Einsteiger als auch erfahrene Web-Dynpro-Entwickler finden in **Teil I**, »Grundlagen«, alles über die Architektur von Web-Dynpro-Benutzeroberflächen:

- **Kapitel 1**, »Schnelleinstieg in Web Dynpro ABAP«, vermittelt im Umgang mit Benutzeroberflächen bislang unerfahrenen Entwicklern die Grundlagen des MVC-Architekturmusters (Model-View-Controller). Darüber hinaus gibt das Kapitel einen Überblick über die Möglichkeiten und den aktuellen Stand der Web-Dynpro-Technologie.

- **Kapitel 2**, »Web-Dynpro-Architektur«, beschäftigt sich mit der Web-Dynpro-Entwicklungsumgebung und der Architektur von Web-Dynpro-Anwendungen, losgelöst von technischen Details (wie den UI-Element-Eigenschaften). In diesem Kapitel lernen Sie alle Bestandteile von Web-Dynpro-Benutzeroberflächen kennen: Components, Anwendungen, Views, Controller, den Context und die Component-Interfaces. Kleine Beispiele stellen immer wieder den Praxisbezug her.

Teil II Suchen Sie die Bedeutung einer bestimmten UI-Element-Eigenschaft, oder möchten Sie eine Wertehilfe implementieren? In den Kapiteln von **Teil II**, »Referenz«, finden Sie die Antworten:

- In **Kapitel 3**, »Container und Layouts«, erfahren Sie, wie Sie die Anordnung und Gruppierung von UI-Elementen definieren können. Wir erläutern die Eigenschaften und Anwendungsgebiete von Containern und besprechen Layouts und deren Unterschiede, um Ihnen die Anordnung von UI-Elementen zu vermitteln.

- **Kapitel 4**, »UI-Elemente und ihre Eigenschaften«, ist das umfassendste Kapitel in Teil II. Mit diesem Kapitel stellen wir Ihnen eine komplette Referenz aller UI-Elemente mit Beispielen zur Verfügung.

- In **Kapitel 5**, »Drag & Drop für UI-Elemente«, lernen Sie die spannenden Möglichkeiten für Drag & Drop in Web Dynpro kennen. Mit diesem Feature ermöglichen Sie den Benutzern Ihrer Web-Dynpro-Anwendungen, auf einfache Art und Weise komplexe Operationen auszuführen. Sie werden in diesem Kapitel erfahren, wie die Quelle und das Ziel von Drag-&-Drop-Operationen zu realisieren sind und zusammenspielen.

- **Kapitel 6**, »Dynamische Programmierung«, liefert Ihnen die Werkzeuge, um Ihre Web-Dynpro-Anwendung während der Laufzeit zu verändern. Sie werden die Anpassung des Context-Aufbaus, der View-Gestaltung, von Aktionsbehandler-Zuordnungen und Component-Verwendungen im Detail kennenlernen.

- **Kapitel 7**, »Eingabe- und semantische Hilfen«, zeigt Ihnen, wie Sie unterschiedliche Hilfen für den Benutzer Ihrer Web-Dynpro-

Anwendungen realisieren können. Diese Hilfen betreffen Benutzerunterstützungen bei Werteeingaben, aber z. B. auch Dokumentationen zu Eingabefeldern.

Teil III, »Fortgeschrittene Techniken«, richtet sich an Entwickler, die spezielle Anforderungen umsetzen möchten. Die Kapitel dieses Teils behandeln einfache und komplexe Techniken, die die Web-Dynpro-Technologie erst richtig abrunden:

Teil III

- In **Kapitel 8**, »Erweiterung, Konfiguration, Customizing und Personalisierung«, wird Ihnen das Wissen zur Veränderung des Erscheinungsbildes und zur Anpassung des Anzeigeverhaltens von Web-Dynpro-Benutzeroberflächen vermittelt. Web Dynpro bietet dazu umfangreiche Anpassungsmöglichkeiten. So können Sie existierende UI-Elemente verstecken, eigene Elemente hinzufügen oder das Verhalten bei einem Klick auf ein einzelnes UI-Element ändern.

- In **Kapitel 9**, »Integration komplexer UI-Elemente und Components«, lernen Sie die Möglichkeiten kennen, um UI-Elemente in Ihre Web-Dynpro-Anwendung zu integrieren, die eine inhärente Komplexität besitzen. Sie werden sehen, wie Sie Flash- und Silverlight-Anwendungen und HTML-Inhalte in Ihrer Web-Dynpro-Anwendung einsetzen und damit auf erprobte RIA-Techniken zugreifen können. Zur Darstellung von Daten in Form von Spalten und Zeilen bringen wir Ihnen Tabellen und den SAP List Viewer näher.

- **Kapitel 10**, »Weiterführende Konzepte«, behandelt eine Vielzahl kleiner Spezialthemen, wie etwa die Erzeugung von Pop-up-Fenstern und Kontextmenüs, das Fokus-Handling, die Portalintegration oder die Performance- und Speicheroptimierung. Das Kapitel bildet ein Sammelsurium kleinerer, in sich abgeschlossener Themen.

Darüber hinaus existieren noch die Kapitel im Anhang, die ergänzende Informationen für Web-Dynpro-Entwickler bereitstellen:

Anhang

- In **Anhang A** erhalten Sie die Informationen zu allen Anwendungs- und URL-Parametern. Sie lernen, wie Sie mithilfe der Parameter das Verhalten und die Eigenschaften Ihrer Web-Dynpro-Anwendung anpassen können.

- **Anhang B** gibt Ihnen einen Überblick über die Methoden der Web-Dynpro-Programmierschnittstellen. Diese bilden die Kommunikationsschnittstellen zwischen dem Web-Dynpro-Framework und dem Web-Dynpro-Anwendungscoding.

Einleitung

Zusatzinformationen Wichtige Hinweise und Zusatzinformationen werden in Form grau hinterlegter Kästen gesondert hervorgehoben. Diese Kästen haben unterschiedliche Schwerpunkte und sind mit verschiedenen Symbolen markiert:

[!] **Achtung:** Seien Sie bei der Durchführung der Aufgabe oder des Schrittes, der mit einem Ausrufezeichen markiert ist, besonders vorsichtig. Eine Erklärung, warum hier Vorsicht geboten ist, ist beigefügt.

[»] **Hinweis:** Wenn das besprochene Thema erläutert und vertieft wird, machen wir Sie mit einem Pluszeichen darauf aufmerksam.

[+] **Tipp:** Nützliche Tipps und Shortcuts, die Ihnen die Arbeit erleichtern, sind mit einem Sternchen gekennzeichnet.

[◉] **Weitere Informationen:** Mit dem Auge gekennzeichnete Stellen verweisen Sie auf andere Kapitel im Buch oder externe Informationen, die Ihnen dabei helfen, das Thema umfassender zu verstehen.

Systemvoraussetzungen Dieses Buch wurde auf der Grundlage von SAP NetWeaver 7.4 geschrieben. Falls Sie kein solches System zur Verfügung haben sollten: keine Panik! Ein Großteil der in diesem Buch beschriebenen Konzepte und Eigenschaften ist auch für ältere Web-Dynpro-Versionen gültig; dies gilt insbesondere für die in Teil I und Teil II behandelten Themen.

SAP stellt eine ABAP-Trial-Version zum Testen der ABAP-Technologie zur Verfügung. Die Verwendung dieser Testversion ist denkbar einfach:

1. Navigieren Sie in den Download-Bereich im SAP Community Network (*http://scn.sap.com/community/developer-center*).
2. Folgen Sie den Installationsanweisungen.

So können Sie die in diesem Buch beschriebenen Inhalte in Ihrem eigenen Testsystem nachvollziehen.

Danksagung Vielen Dank an unsere fürsorgliche Lektorin Janina Schweitzer und das Team von SAP PRESS für die Unterstützung bei diesem Buch und die jahrelange Zusammenarbeit. Danke!

Dominik Ofenloch dankt zudem vor allem der Web-Dynpro-Entwicklung bei SAP für ihre fortwährende Unterstützung auf fachlicher und administrativer Ebene, ohne die seine Beteiligung an diesem

Buch nicht möglich gewesen wäre. Mein Dank gilt hier insbesondere Rüdiger Kretschmer, Dirk Feeken und Regina Breuer, die mir bei Problemen und Fragen immer wieder hilfsbereit und kompetent zur Seite standen. Darüber hinaus danke ich meinem Co-Autor Roland für die gute Zusammenarbeit bei unserem zweiten gemeinsamen Projekt. Zu guter Letzt bleibt noch der Dank an meine Frau Elisa, die mich immer wieder motivierte und während der Projektphase an unzähligen sonnigen Wochenenden auf mich verzichten musste.

Viel Zeit ist nicht vergangen, seit Dominik und ich, Roland Schwaiger, unsere letzten Bücher als Einzelautoren geschrieben haben. Aber unser Hunger nach noch mehr Geschriebenem war so groß, dass wir uns wieder ein gemeinsames Thema – unser Lieblingsthema Web Dynpro ABAP – für die Zusammenarbeit suchten. Natürlich bot sich die Überarbeitung dieses Kompendiums an, nachdem die SAP-Entwickler so fleißig waren und eine Unmenge von Neuerungen in Web Dynpro integrierten.

So geht mein Dank an

- Ursula, für die mir geschenkte Zeit und meine Freiräume
- unsere Kinder Elisa, Marie und Nico, für deren Sein
- Dominik, für die erneute Zusammenarbeit
- die SAP-Entwickler, die uns mit Innovationen erfreuen
- die Menschen, die ich im Herzen trage und die mir eine Stütze im Leben sind

Roland Schwaiger und **Dominik Ofenloch**

TEIL I
Grundlagen

Kennen Sie sich im Bereich der Oberflächenentwicklung noch nicht aus, haben Sie noch nie etwas über das MVC-Architekturmuster gehört, oder wissen Sie von der Web-Dynpro-Technologie nicht mehr, als dass sie im Webbrowser läuft? Dann lesen Sie am besten direkt weiter ...

1 Schnelleinstieg in Web Dynpro ABAP

Bei Web Dynpro ABAP handelt es sich um eine moderne, objektorientierte und vollständig in SAP integrierte Technologie für die Entwicklung webbrowserbasierter Geschäftsanwendungen. Durch die strikte Kapselung der ausschließlich von Web Dynpro verwalteten Anzeigetechnologie von der auf ABAP basierenden Geschäftslogik bietet Web Dynpro eine hohe Zukunfts- und Investitionssicherheit. Die Möglichkeiten, die Web Dynpro Ihnen dabei bietet, lassen sich kaum noch mit den Möglichkeiten klassischer, auf Dynpros basierender Anwendungen vergleichen.

1.1 Was ist Web Dynpro?

Bis zum Jahr 2005 wurden nahezu alle von SAP ausgelieferten Anwendungen auf Basis der klassischen Dynpro-Technologie entwickelt. *Dynpros* wurden mit SAP R/2 (Release 4.3) Ende der 1980er-Jahre von SAP eingeführt und lösten damit die bis dahin üblichen Konsolen ab. Sie basieren auf der Client-Server-Technologie, und für ihre Benutzung muss ein Anzeigeprogramm installiert werden, das *SAP GUI*. In den Anfangszeiten der Dynpro-Technologie waren objektorientierte Ansätze für die meisten Programmiersprachen, wie auch für ABAP, noch Zukunftsmusik.

Klassische Dynpros

Auch heute noch stellen die Maskendefinition und die Ablauflogik den neuesten Stand der Technik bei der Dynpro-Entwicklung dar, und es handelt sich noch immer um die am meisten verbreitete

Oberflächentechnologie im SAP-Umfeld. Während z. B. große Teile der neuen SAP-Anwendungen ausschließlich in Web Dynpro entwickelt werden, bauen die Entwicklungswerkzeuge von Web Dynpro ABAP – die ABAP Workbench – ausschließlich auf der Dynpro-Technologie auf.

Web Dynpro

Mit der Einführung von Web Dynpro brachte SAP 2005 ein modernes, objektorientiertes, auf ABAP basierendes Entwicklungs-Framework für Systemoberflächen auf den Markt, die in Webbrowsern laufen. Im Unterschied zu klassischen Dynpros benötigt ein Anwender ausschließlich einen Webbrowser zur Benutzung von Web-Dynpro-Anwendungen.

Web Dynpro basiert, im Gegensatz zur Vorgängertechnologie Business Server Pages (BSP), auf einem *Metadatenmodell*. Für jede Web-Dynpro-Oberfläche beschreiben die Metadaten die Anordnung und die Eigenschaften der darin vorhandenen UI-Elemente. Die gesamte Kommunikation zwischen der Anwendung und dem Web-Dynpro-Framework findet an fest definierten Punkten ausschließlich in ABAP statt. Zur Entwicklung webbasierter User Interfaces benötigt ein Anwendungsentwickler damit keinerlei Kenntnisse in HTML oder JavaScript, die sonst für die Erstellung von Webanwendungen notwendig sind.

Durch die strikte Abstraktion zwischen Anwendungslogik und Anzeigetechnologie kann ein Web-Dynpro-Entwickler Benutzeroberflächen ohne technisches Wissen über die zugrunde liegende Anzeigetechnologie erstellen. Diese Kapselung des Web-Dynpro-Frameworks von der Anwendungslogik ermöglicht eine hohe Investitionssicherheit, da die einfache und schnelle Portabilität von auf Web Dynpro basierenden Anwendungen auf zukünftige Anzeigetechnologien, wie z. B. Smart Clients, sichergestellt wird. In Abbildung 1.1 erhalten Sie einen ersten Eindruck vom Look & Feel einer Web-Dynpro-Anwendung.

Evolution von Web Dynpro

Inzwischen hat sich die Web-Dynpro-Technologie als Standard für User Interfaces bei SAP durchgesetzt (mit Ausnahme von SAP CRM, das weiterhin auf sein eigenes UI-Framework setzen wird). In rasantem Tempo werden immer komplexere Web-Dynpro-Anwendungen entwickelt. Dabei können Anwendungsentwickler auf einen immer umfangreicheren Satz wiederverwendbarer Web-Dynpro-Bausteine zurückgreifen. Mit dem Floorplan Manager existiert heute ein weit verbreitetes Framework zur standardisierten Entwicklung von Web-Dynpro-Oberflächen.

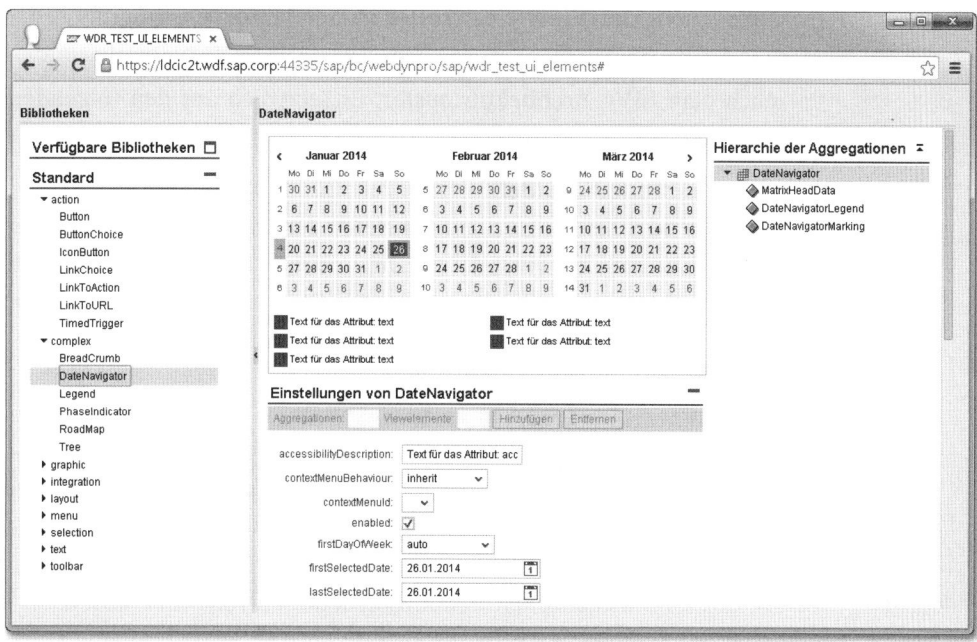

Abbildung 1.1 Beispiel für eine Web-Dynpro-Anwendung

1.2 Model-View-Controller

Bevor wir unseren Schnelleinstieg in Web Dynpro mit praktischen Beispielen vertiefen, sollten Sie das für Web Dynpro essenzielle MVC-Architekturmuster kennengelernt haben. Sowohl die Web-Dynpro-Technologie als auch viele andere Benutzeroberflächen basieren in meist modifizierter Form auf dem sogenannten *MVC-Architekturmuster* (Model-View-Controller). Dieses bereits in den 1970er-Jahren durch den norwegischen Forscher Trygve Reenskaug beschriebene Modell ist heute der De-facto-Standard für die Entwicklung moderner und zukunftssicherer Benutzeroberflächen. Es beschreibt die Trennung des Datenmodells (Model) von der Präsentationsschicht (View) und von der Programmsteuerung (Controller). Nach dem MVC-Architekturmuster aufgebaute Benutzeroberflächen zeichnen sich durch ihre hohe Flexibilität hinsichtlich ihrer Erweiterbarkeit, Wiederverwendbarkeit und der Austauschbarkeit einzelner Komponenten aus.

1.2.1 Model-View-Controller in der Theorie

Beispiel Abbildung 1.2 zeigt ein Beispiel für den Aufbau von Anwendungen nach dem MVC-Architekturmuster. Es setzt sich aus den folgenden Komponenten zusammen:

- **Datenmodell (Model)**
  Das Model beinhaltet die darzustellenden Daten und kennt weder View noch Controller. Über seine Schnittstellen können jedoch sowohl der Controller als auch der View zur Steuerung und Manipulation auf das Model zugreifen. Es ist auch möglich, Geschäftslogiken im Model unterzubringen.

- **Präsentation (View)**
  Der View ist für die Darstellung der aus dem Model gelesenen Daten und für die Entgegennahme von Benutzeraktionen zuständig. Er kennt sowohl seinen Controller als auch das Model, dessen Daten er repräsentiert. Die Weiterverarbeitung von Benutzeraktionen und im View eingegebenen Daten wird dem Controller überlassen.

- **Steuerung (Controller)**
  Der Controller ist eine Art Bindeglied zwischen View und Model. Er ist für die Verwaltung der Views zuständig, wertet deren Benutzeraktionen aus und agiert entsprechend. Ein Controller kann mehrere Views und Models verwalten und miteinander verbinden.

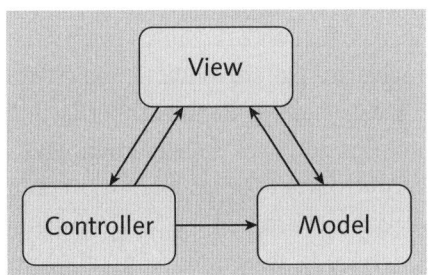

Abbildung 1.2 MVC-Architekturmuster

Freiheiten für Entwickler Prinzipiell können Model, View und Controller nahezu beliebig in Beziehung zueinander gesetzt werden. So ist es z. B. denkbar, dass eine Anwendung für jeden View ihr eigenes Model besitzt. Im Rahmen des von SAP häufig als Beispiel verwendeten Flugdatenmodells könnten dies eine Web-Dynpro-Oberfläche (View) zur Erfassung von Flugbuchungen und ein zugehöriges Model zur Speicherung derselben Buchungen sein. Genauso gut wäre es aber auch möglich, dass eine bestimmte Anzahl von Views auf ein einziges umfassendes Model zugreift. Häufig ist jedoch die Verwendung mehrerer spezialisierter Models sinnvoller. Im Rahmen des SAP-Flugdatenmodells könnte es z. B. jeweils ein Model für Kunden, Flüge und die zugehörigen Flugbuchungen geben.

1.2.2 Varianten

Je nach verwendeter Programmiersprache, Zweck und Umfang der Anwendung sowie den Vorstellungen des Entwicklers können MVC-Architekturen unterschiedlich ausfallen. Der MVC-Begriff wird oft verschieden interpretiert. Viele der heutigen Umsetzungen halten sich nicht mehr strikt an das ursprüngliche Muster. Aus diesen Interpretationen entstanden Varianten, die ihren eigenen Charme haben.

Während das MVC-Architekturmuster keine strikte Trennung zwischen der View- und der Model-Ebene vorsieht, wird gerade diese Trennung vom *MVP-Architekturmuster* (Model-View-Presenter) gefordert. Dieses erstmals in den 1990er-Jahren von IBM umgesetzte Muster wurde 2004 von Martin Fowler, einem Autor und renommierten Referenten zum Thema Softwarearchitektur, formuliert.

Model-View-Presenter

Abbildung 1.3 zeigt den Aufbau des MVP-Architekturmusters. Hier können Sie gut erkennen, dass View und Model vollständig voneinander getrennt sind. Die View-Ebene ist ähnlich wie beim Model-View-Controller ausschließlich für die Darstellung der im Model gehaltenen Daten zuständig. Dabei enthält der View weder steuernde Logik noch direkten Zugriff auf das Model. Der Presenter ist das Bindeglied zwischen View und Model, kennt sowohl View als auch Model und steuert die Abläufe zwischen beiden Schichten. Das Model beinhaltet die Geschäftslogik und die Daten des Views. Die Steuerung des Models erfolgt ausschließlich im Presenter.

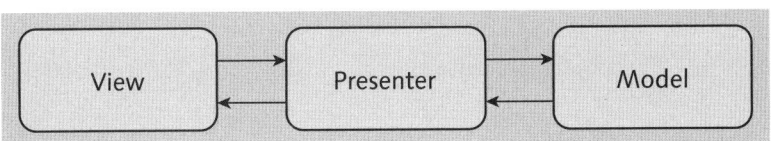

Abbildung 1.3 MVP-Architekturmuster

Die Verwendung des MVP-Musters erfordert eine strikte Trennung der jeweiligen Ebenen durch Interfaces. Diesem erstmaligen Mehraufwand steht der Vorteil der einfachen Austauschbarkeit von Views

Strikte Schichtentrennung

und Models gegenüber. So ist es z. B. beim Model-View-Presenter leicht möglich, eine grafische Benutzeroberfläche durch eine Testklasse zur Durchführung automatisierter Tests der darunterliegenden Ebenen auszutauschen. Da aus der Sicht von Geschäftsprozessen Fehler auf Benutzeroberflächen meist weniger kritisch sind, bietet sich die Verwendung des MVP-Architekturmusters vor allem zur Optimierung testintensiver Anwendungen an.

1.2.3 Model-View-Controller und Web Dynpro

Einordnung in das MVC-Architekturmuster

Die Frage nach der Einordnung der Web-Dynpro-Technologie in die MVC-Architektur lässt sich nicht direkt beantworten, da die Antwort von der Umsetzung in der jeweiligen Web-Dynpro-Architektur abhängt. Dies ist der Tatsache geschuldet, dass das Web-Dynpro-Framework nicht nur für die reine Anzeige, sondern auch für die Steuerung und für das Auslesen der Daten bereits entsprechende Bausteine mitbringt. In Abbildung 1.4 sehen Sie drei Ansätze, wie Sie eine Web-Dynpro-Architektur realisieren können. Eine Web-Dynpro-Architektur besitzt im Sinn des MVC-Musters neben dem View auch immer mindestens einen Controller. Auch die Geschäftslogik und die Datenbeschaffung (Aufgabe des Models) können innerhalb des Web-Dynpro-Frameworks untergebracht werden (links dargestellt). Es ist jedoch auch möglich, das Model, wie in der Mitte von Abbildung 1.4 dargestellt, außerhalb der Web-Dynpro-Architektur in ABAP-OO-Klassen zu platzieren. Je größer eine geplante Anwendung wird, desto sinnvoller und häufiger ist dieser Ansatz vorzufinden; er stellt deshalb den in der Praxis am häufigsten anzutreffenden Fall dar.

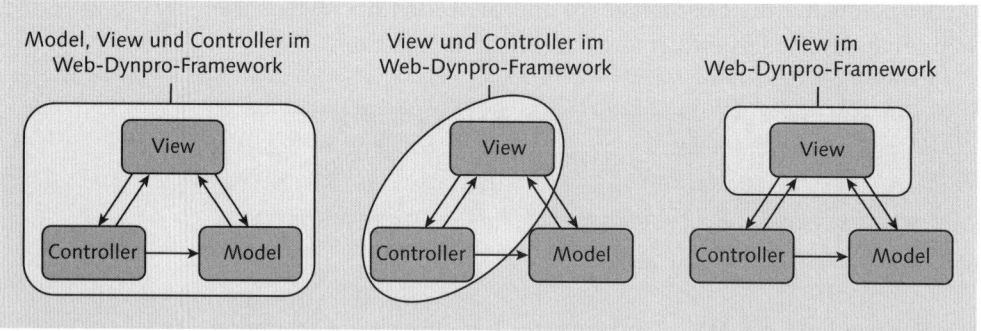

Abbildung 1.4 MVC-Ansätze im Web-Dynpro-Framework im Vergleich

Die rechts dargestellte Ausgliederung des Controllers aus der Web-Dynpro-Architektur in eigene Klassen ist nicht zu empfehlen. Dies würde in einem deutlich erhöhten Kommunikationsaufwand zwischen dem Web-Dynpro-View und dem klassenbasierten Controller enden.

1.3 Funktionalität und Beispielanwendung

Heute ist die Web-Dynpro-Technologie als Standard-UI-Technologie im SAP-Umfeld etabliert und nicht mehr so schnell aus der SAP-Welt wegzudenken. Neu aufkommende UI-Technologien wie z. B. SAPUI5 oder im mobilen Umfeld SAP Fiori befinden sich noch in frühen Entwicklungsstadien und bieten noch keinen mit Web Dynpro vergleichbaren Benutzer- und Entwicklerkomfort.

Standard-UI-Technologie

In diesem Abschnitt erläutern wir Ihnen den Funktionsumfang von Web Dynpro anhand einer kleinen Beispielanwendung. Dazu betrachten wir zunächst die technologische Basis. Anschließend geben wir Ihnen einen Überblick über die wichtigsten UI-Elemente, die Web Dynpro bietet: vom Text- und Eingabefeld über die Registerkarte und die Tabelle bis hin zu auf HTML5 basierenden Chart-Grafiken. Im Anschluss lernen Sie fortgeschrittene Web-Dynpro-Funktionen wie Kontextmenüs, Pop-up-Fenster und Drag & Drop kennen, und wir stellen Ihnen die Möglichkeiten zur Wiederverwendung von Web-Dynpro-Bausteinen vor.

1.3.1 Web-Dynpro-Technologie

Das Web-Dynpro-Framework basiert auf dem MVC-Architekturmuster und wurde vollständig in ABAP Objects entwickelt. Auch für die Entwicklung von Web-Dynpro-Anwendungen sind deshalb Kenntnisse in der objektorientierten Programmierung Voraussetzung. Angefangen bei Web-Dynpro-Components (größter Web-Dynpro-Baustein) über die Controller bis hin zu Views und den darin befindlichen UI-Elementen – ohne grundlegende ABAP-Objects-Erfahrung kommen Sie bei Web Dynpro nicht weiter.

Web Dynpro basiert auf einem Metadatenmodell. Die Metadaten beschreiben die Anordnung und die Eigenschaften der UI-Elemente auf der Benutzeroberfläche. Die auf Objekten basierenden UI-Ele-

Web-Dynpro-Programmiermodell

mente (und damit auch die Metadaten) können statisch in der Entwicklungsumgebung definiert oder auch dynamisch während der Laufzeit durch Anwendungscoding an fest definierten Einstiegspunkten generiert werden. Zur Laufzeit wird aus diesen Metadaten HTML-Code zur Darstellung der Web-Dynpro-Anwendung im Webbrowser generiert. Abbildung 1.5 veranschaulicht das Web-Dynpro-Programmiermodell grafisch.

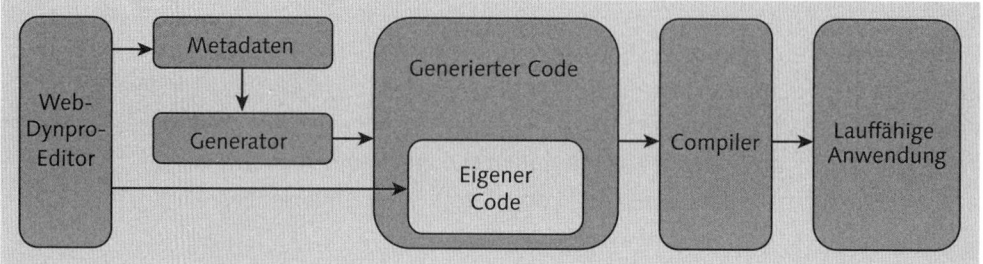

Abbildung 1.5 Web-Dynpro-Programmiermodell

Durch die Abstraktion mithilfe eines Metadatenmodells benötigen Web-Dynpro-Anwendungsentwickler ausschließlich ABAP-Erfahrung und keinerlei Kenntnisse in HTML. Ein weiterer Vorteil dieses Modells ist die einfache Austauschbarkeit der Rendering-Technologie. So führte SAP die Ajax-Technologie zur Steigerung der Performance und Anwenderfreundlichkeit in Web Dynpro ein. Sowohl für den Endanwender als auch für den Web-Dynpro-Entwickler änderte sich durch diesen Technologiewechsel nichts.

1.3.2 UI-Elemente

Funktionalität Wir betrachten nun die Funktionen von Web Dynpro anhand einer kleinen, auf dem SAP-Flugdatenmodell basierenden Beispielanwendung. Sie besteht aus einer einfachen Suchmaske zur Suche und Auswertung von Flugverbindungen. Zur Demonstration der Web-Dynpro-Funktionen werden die dabei gefundenen Flugverbindungen anschließend auf mehreren Registerkarten auf verschiedene Weise aufbereitet und dargestellt. In Abbildung 1.6 sehen Sie den Eingangsbildschirm der Beispielanwendung mit mehreren Registerkarten, beschrifteten Eingabefeldern zur Suche der Flugverbindungen sowie einem WEITER-Button zum Start der Suche.

Abbildung 1.6 Web-Dynpro-Beispielanwendung

Seit der Einführung von Web Dynpro wurden die Anzahl der verfügbaren UI-Elemente und der Funktionsumfang der bereits bekannten UI-Elemente von SAP deutlich ausgebaut. Ein populäres Beispiel für die Erweiterung der klassischen Elemente ist hier die Implementierung der von Google bekannten *Suggest-Funktion* in Eingabefelder. Ist in einem Eingabefeld eine Wertehilfe mit einer Domäne hinterlegt, werden bereits bei der Eingabe der ersten Zeichen vom System passende Vorschläge in einer Liste unterhalb des Eingabefeldes angezeigt. Wird z. B. in unserer Beispielanwendung im Feld FLUGGESELLSCHAFT ein »A« eingetragen, schlägt das System »Air Canada« und »Air France« vor (siehe Abbildung 1.7). Die Eingabefelder und ihre Eigenschaften werden in Kapitel 4, »UI-Elemente und ihre Eigenschaften«, besprochen.

Neue Funktionen

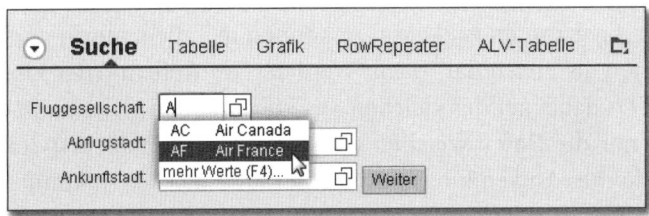

Abbildung 1.7 Eingabefeld mit Suggest-Funktion

Die Darstellung von Suchergebnissen erfolgt meist in tabellarischer Form. Web Dynpro bietet hier zwei verschiedene Möglichkeiten zur Einbindung von Tabellen an: die direkte Einbindung des UI-Elements `Table` bzw. des neueren UI-Elements `CTable` oder die Verwendung des bereits aus der Dynpro-Welt bekannten SAP List Viewers (auch als ALV bekannt). Während die Tabellenelemente schnell und einfach in Web Dynpro eingebunden werden können, bietet der SAP List Viewer oftmals benötigte zusätzliche Funktionen wie Filterung, Sortierung oder Datenexport nach Microsoft Excel an. Die Einbindung und Entwicklung einfacher Tabellen erfolgt mithilfe der grafischen Web-Dynpro-Entwicklungsumgebung.

Tabellen in Web Dynpro

Im Vergleich dazu ist die hauptsächlich im Quellcode erfolgende Einbindung des vom Funktionsumfang her wesentlich mächtigeren SAP List Viewers weniger komfortabel. Beachten Sie hier jedoch: Einige Tabellenfunktionen, wie z. B. Gruppenspalten, sind ausschließlich für einfache Tabellen verfügbar. In Abbildung 1.8 sehen Sie das Ergebnis der Suche nach den verfügbaren Flügen in einer einfachen Web-Dynpro-Tabelle mit den Gruppenspalten START und ZIEL. In Kapitel 9, »Integration komplexer UI-Elemente und Components«, erfahren Sie mehr über die Entwicklung von Tabellen und die Möglichkeiten des SAP List Viewers.

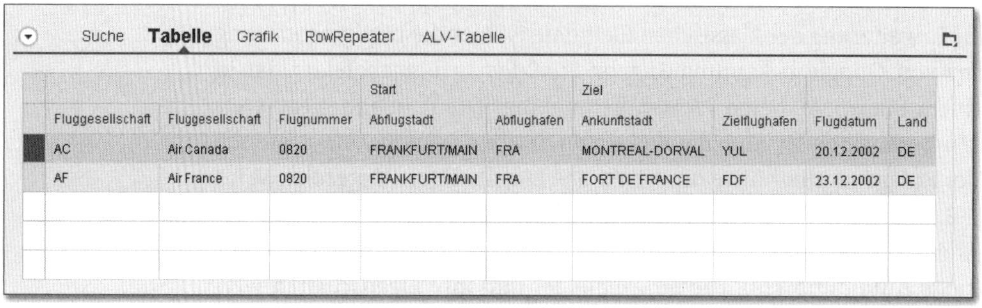

				Start		Ziel			
Fluggesellschaft	Fluggesellschaft	Flugnummer	Abflugstadt	Abflughafen	Ankunftstadt	Zielflughafen	Flugdatum	Land
AC	Air Canada	0820	FRANKFURT/MAIN	FRA	MONTREAL-DORVAL	YUL	20.12.2002	DE
AF	Air France	0820	FRANKFURT/MAIN	FRA	FORT DE FRANCE	FDF	23.12.2002	DE

Abbildung 1.8 Tabellarische Darstellung von Flugverbindungen

Listen — Mithilfe des sogenannten `RowRepeater` können in Tabellenform vorliegende Daten als Listen dargestellt werden. Der Aufbau jeder Listenzeile basiert dabei auf der gleichen Struktur und den gleichen UI-Elementen; nur die Daten weichen von Zeile zu Zeile voneinander ab. Ein praktisches Anwendungsbeispiel für den `RowRepeater` könnte die in Abbildung 1.9 dargestellte Liste von Flugverbindungen sein. Der `RowRepeater` eignet sich jedoch auch wunderbar für die Verwendung in Einkaufskörben. Die Verwendung des `RowRepeater` wird in Abschnitt 3.2.2 ausführlich beschrieben.

Diagramme — Mithilfe des UI-Elements `Chart` können Sie mit wenig Aufwand interaktive Diagramme in Web Dynpro einbinden. Das UI-Element basiert auf der HTML5-Technologie und ermöglicht die Erstellung einfacher und interaktiver Charts, die z. B. einen Drilldown in Datensätze ermöglichen. Die Formatierung und die Daten eines Charts müssen Sie in der JavaScript Object Notation (JSON) an das UI-Element übergeben. Das UI-Element `Chart` unterstützt alle von der Diagrammbibliothek Common Visualization Object Modeler

(CVOM) bereitgestellten Diagrammformate. Es stehen unter anderem Balken-, Säulen-, Flächen-, Linien-, Gantt- und Kuchendiagramme zur Auswahl. In Abbildung 1.10 sehen Sie als Beispiel ein zweidimensionales Diagramm mit den Verkaufserlösen verschiedener Produktsparten, aufgeschlüsselt nach Verkaufsregionen und Jahren.

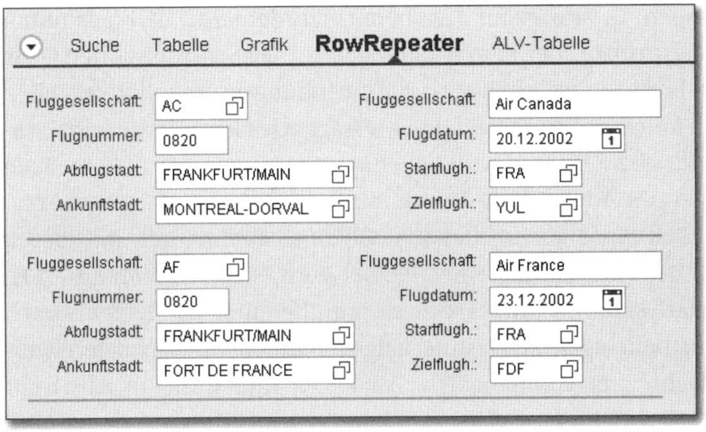

Abbildung 1.9 Listendarstellung der Flugverbindungen

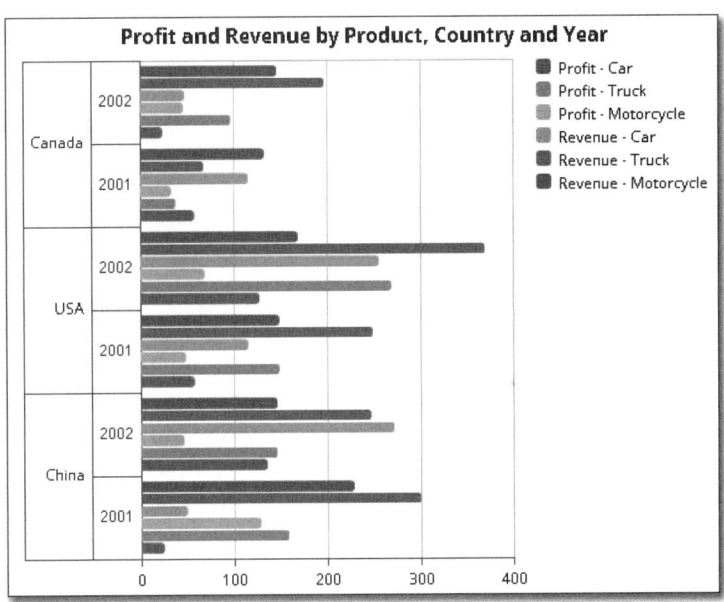

Abbildung 1.10 Diagramm mit Verkaufserlösen nach Produktsparten

1.3.3 Fortgeschrittene Funktionen

In diesem Abschnitt stellen wir Ihnen die Message Area, Kontextmenüs, Pop-up-Fenster, Hotkeys und zuletzt die Funktion Drag & Drop vor. Bei diesen Funktionen handelt sich um eine Auswahl in der Praxis häufig anzutreffender und nützlicher Funktionen.

Meldungsausgabe Das UI-Element `MessageArea` dient der Ausgabe und Verwaltung von Meldungen. Es basiert auf dem bereits aus dem SAP GUI bekannten Meldungsprinzip, bei dem Meldungen in der Statusleiste des GUIs oder in Form einer Liste über das Anwendungsprotokoll ausgegeben werden können. Die dargestellte Message Area kann Texte aus Nachrichtenklassen ebenso wie beliebige Freitexte verarbeiten. Jede Web-Dynpro-Anwendung besitzt automatisch eine Message Area, die im Fall einer auszugebenden Meldung automatisch im oberen Bereich der Anwendung eingeblendet wird (siehe Abbildung 1.11). Bei Bedarf kann die Message Area mithilfe eines UI-Elements auch an einer beliebigen Stelle innerhalb der Anwendung platziert werden. Mehr zum UI-Element `MessageArea` finden Sie in Abschnitt 2.3.3, »Nachrichten – Message Manager und Message Area«, und Abschnitt 4.6.4.

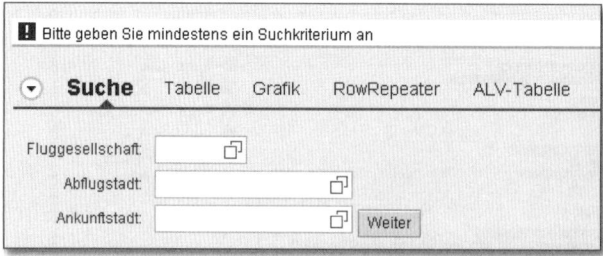

Abbildung 1.11 Fehlermeldung in der Message Area

Kontextmenüs Nahezu überall innerhalb von Web-Dynpro-Anwendungen können Sie auf Kontextmenüs zurückgreifen. Sie erreichen das Kontextmenü über einen Klick mit der rechten Maustaste auf den entsprechenden Bereich, wie z. B. in ein Eingabefeld. Bereits von Haus aus bietet Web Dynpro ein Kontextmenü mit nützlichen Funktionen an, etwa der Speicherung von Werten in Eingabefeldern als Standardwert. Darüber hinaus können Sie auch Ihre eigenen Kontextmenüs entwickeln. In Abbildung 1.12 sehen Sie die Beispielanwendung mit dem Kontextmenü für das Feld ABFLUGSTADT. Weitere Informationen zu den Kontextmenüs erhalten Sie in Abschnitt 10.2.

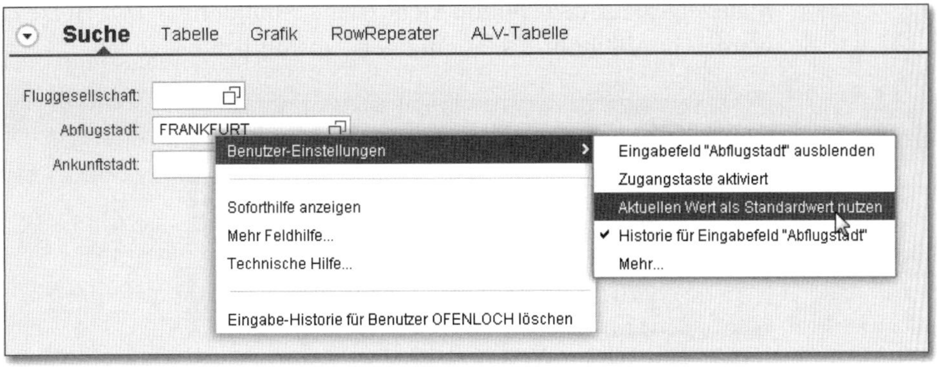

Abbildung 1.12 Kontextmenüs des Feldes »Abflugstadt«

In zahlreichen Situationen bietet sich der Einsatz von Pop-up-Fenstern an. Angefangen bei einfachen OK-/Abbrechen-Abfragen bis hin zu komplexen User Interfaces, sind für solche Fenster zahlreiche Anwendungsszenarien denkbar. Web Dynpro unterstützt ausschließlich modale Pop-up-Fenster, d. h., solange ein Pop-up-Fenster geöffnet ist, wird die dahinterliegende Ebene abgedunkelt dargestellt und für Eingaben gesperrt. In Abbildung 1.13 sehen Sie ein Beispiel für ein einfaches Info-Pop-up-Fenster. Mehr über die Entwicklung von Pop-up-Fenstern erfahren Sie in Abschnitt 10.1.

Pop-up-Fenster

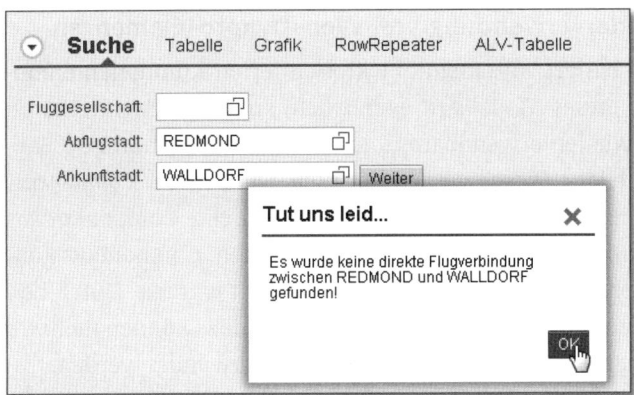

Abbildung 1.13 Einfaches Pop-up-Fenster

Mithilfe sogenannter *Hotkeys* können Sie Tastenkombinationen (*Shortcuts*) für bestimmte Aktionen und UI-Elemente definieren. So wäre es z. B. möglich, [Strg] + [S] für die Suche nach Flugverbindungen festzulegen. Haben Sie eine Tastenkombination für einen Button definiert, wird diese im Tooltip zum Button angezeigt, wenn der

Shortcuts

Mauszeiger auf dem Button steht (siehe Abbildung 1.14). Hotkeys werden in Abschnitt 3.1, »Container«, ausführlich behandelt.

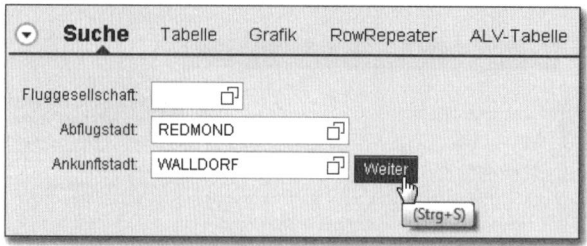

Abbildung 1.14 Hotkey für die Suche nach Flugverbindungen

Drag & Drop
Seit Release 7.0 EHP 2 unterstützt Web Dynpro auch Drag & Drop. Die dabei realisierbaren Anwendungsszenarien sind sehr vielfältig. So lässt sich Drag & Drop unter anderem innerhalb einer Tabelle, zwischen zwei Tabellen, zwischen Tabellen und anderen UI-Elementen sowie ausschließlich zwischen klassischen UI-Elementen umsetzen. In unserer Beispielanwendung wäre es denkbar, einzelne Fluggäste aus einer Liste per Drag & Drop auf die Tabelle mit den verfügbaren Flugverbindungen zu ziehen. Drag & Drop wird in Kapitel 5, »Drag & Drop für UI-Elemente«, detailliert behandelt.

1.3.4 Wiederverwendung von Web-Dynpro-Elementen

Components
Web Dynpro basiert auf einem objektorientierten Komponentenmodell. Mithilfe dieses Modells ist es möglich, komplexe Architekturen in kleinere, wiederverwendbare, logisch zusammengehörende Bausteine aufzuteilen. Diese werden in Web Dynpro als *Components* bezeichnet. Stark vereinfacht betrachtet, besteht eine Component aus einer Sammlung von Quellcode und UI-Elementen. Components können von anderen Components wiederverwendet werden. Durch den objektorientierten Ansatz des Komponentenmodells können mehrere Instanzen einer Component zur gleichen Zeit verwendet werden.

Komponentenbasierte Architektur
Abbildung 1.15 gibt Ihnen ein Beispiel für eine komplexe Web-Dynpro-Architektur mit mehreren Components. Es handelt sich um eine auf Web Dynpro basierende Flughafenverwaltung, die für die Verwaltung von Flugverbindungen und des Personals eingesetzt wird. Die Verwaltung wird durch eine startbare, zentrale Web-Dynpro-Component abgebildet (oberste Reihe). Über entsprechende Schnittstellen kann die zentrale Component die Components zur Verwal-

tung der Flugverbindungen und des Personals verwenden (zweite Reihe). Diese beiden Components greifen nun wiederum auf weitere Components zurück: So verwendet die Flugverbindungs-Component eine Component zur Verwaltung der Fluggäste, während die Personalverwaltungs-Component eine Component zur Verwaltung der Mitarbeiter einsetzt (dritte Reihe). Letztlich verwenden diese beiden Components eine zentrale Adress-Component zur Pflege und Anzeige der Adressdaten sowohl von Fluggästen als auch von Mitarbeitern (unterste Reihe).

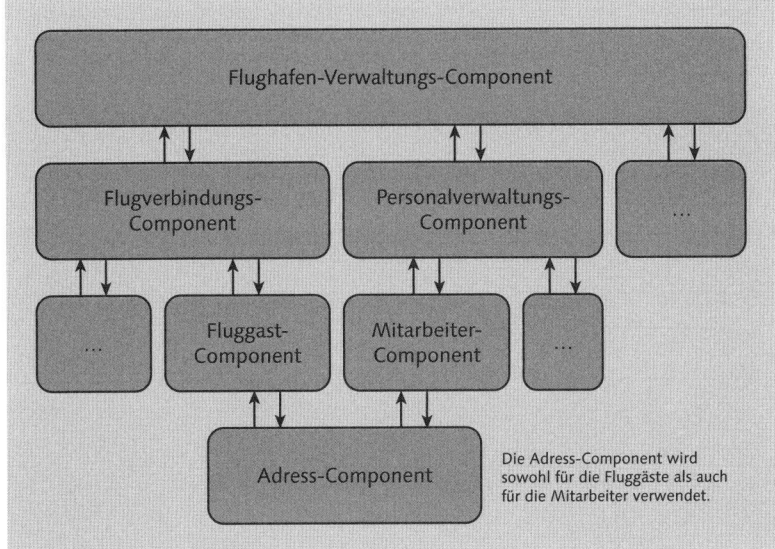

Abbildung 1.15 Beispiel für eine komplexe Web-Dynpro-Systemarchitektur

SAP liefert mit Web Dynpro bereits eine Vielzahl wiederverwendbarer Components aus. Die bekannteste dürfte der bereits in Abschnitt 1.3.2, »UI-Elemente«, vorgestellte SAP List Viewer zur Aufbereitung und Darstellung tabellarischer Daten sein. Darüber hinaus wird eine SELECT-OPTIONS-Component zur Realisierung einfacher Selektionsbilder angeboten. Das auf der Web-Dynpro-Technologie basierende Floorplan-Manager-Framework basiert ebenfalls auf einem kleinen Satz flexibel anpassbarer Web-Dynpro-Components, die zu Anwendungen zusammengestellt werden können. Neben einigen weiteren, hier nicht aufgelisteten wiederverwendbaren Components können Sie auf Hunderte von Test-Components zur Präsentation der einzelnen Web-Dynpro-Funktionen zurückgreifen.

Standard-Components

Selbstverständlich können Sie auch Ihre eigenen wiederverwendbaren Components erstellen. Die Erstellung einer solchen Component ist nicht sonderlich schwer und wird ausführlich in Kapitel 2, »Web-Dynpro-Architektur«, beschrieben.

Für die Entwicklung professioneller Web-Dynpro-Anwendungen ist fundiertes Wissen über die Web-Dynpro-Architektur unerlässlich. Dieses Kapitel vermittelt Ihnen diese Architektur und alle dazu benötigten Grundlagen.

2 Web-Dynpro-Architektur

Dieses Kapitel behandelt die Grundlagen der Web-Dynpro-Entwicklung und die Architektur von Anwendungen in Web Dynpro. Es ist dabei so weit wie möglich so strukturiert, dass Sie die einzelnen Abschnitte unabhängig von vorangegangenen Abschnitten lesen können.

Zum Einstieg betrachten wir die Eigenschaften der Web-Dynpro-Architektur genauer. Gegenüber der klassischen Dynpro-Architektur zeichnet sie sich vor allem durch die folgenden Merkmale aus:

Merkmale der Web-Dynpro-Technologie

- **Umsetzung des MVC-Architekturmusters (Model-View-Controller)**
  Web-Dynpro-Anwendungen sind nach dem MVC-Architekturmuster strukturiert. Je nach konkreter Implementierung können Sie dabei zwischen verschiedenen Varianten wählen (siehe Abschnitt 1.2.2).

- **Objektorientierter Entwicklungsansatz**
  Im Gegensatz zu klassischen Dynpros basieren Web-Dynpro-Anwendungen vollständig auf einem modernen, objektorientierten Programmiermodell. Dieses erleichtert den Einstieg in die Web-Dynpro-Welt und stellt eine deutlich klarere Strukturierung der Benutzeroberflächen sicher.

- **Einheitliches Metamodell für alle Arten von Benutzeroberflächen**
  Das Web-Dynpro-Metamodell beschreibt die Eigenschaften von UI-Elementen nach einem einheitlichen Ansatz. Dadurch wird eine einfache Adaption sichergestellt.

- **Dynamische Modifikation der Benutzeroberfläche**
  Web-Dynpro-Benutzeroberflächen können über ihr Metamodell während der Laufzeit sehr einfach modifiziert werden. Im Vergleich zu klassischen Dynpros ist z. B. die Generierung neuer UI-Elemente während der Laufzeit leicht durch die Erzeugung neuer Objekte möglich.

- **Ausführung auf einer Vielzahl von Client-Plattformen**
  Prinzipiell sind Web-Dynpro-Anwendungen in jedem beliebigen Webbrowser auf jedem beliebigen Betriebssystem lauffähig. Für eine größtmögliche Kompatibilität und Darstellungstreue empfehlen wir Ihnen den Internet Explorer oder Google Chrome.

2.1 Entwicklungsumgebung

Bevor wir uns im Detail mit der Architektur des Web-Dynpro-Frameworks beschäftigen, erläutert dieser Abschnitt die Web-Dynpro-Entwicklungsumgebung und deren Assistenten. Dazu beschreiben wir zuerst die Entwicklungsumgebung, den sogenannten *Web Dynpro Explorer*. Anschließend stellen wir Ihnen die Assistenten vor, den *Code-* und den *Template-Wizard*. Mithilfe des Code-Wizards können Sie sich mit wenigen Mausklicks den Quellcode für typische Web-Dynpro-Aufgaben generieren lassen. Der Template Wizard wird zur Generierung von Formularen oder Tabellen verwendet.

Falls Sie die Entwicklungsumgebung bereits kennen oder direkt in die Web-Dynpro-Architektur einsteigen möchten, empfehlen wir Ihnen, den folgenden Abschnitt 2.1.1, »Web Dynpro Explorer«, zu lesen und anschließend mit Abschnitt 2.2, »Components und Anwendungen«, fortzufahren.

2.1.1 Web Dynpro Explorer

Entwicklungsumgebung

Die Web-Dynpro-Entwicklungsumgebung, der Web Dynpro Explorer, ist vollständig in die ABAP Workbench integriert. Sie können den Explorer über Transaktion SE80 oder über das SAP-Menü unter WERKZEUGE • ABAP WORKBENCH • ÜBERSICHT • OBJECT NAVIGATOR starten. Dort finden Sie ihn in der Objektlistenauswahl des Repository Browsers unter dem Eintrag WEB DYNPRO COMP./INTF. Abbildung 2.1 zeigt Ihnen den Web Dynpro Explorer mit der Component aus Kapitel 1, »Schnelleinstieg in Web Dynpro ABAP«.

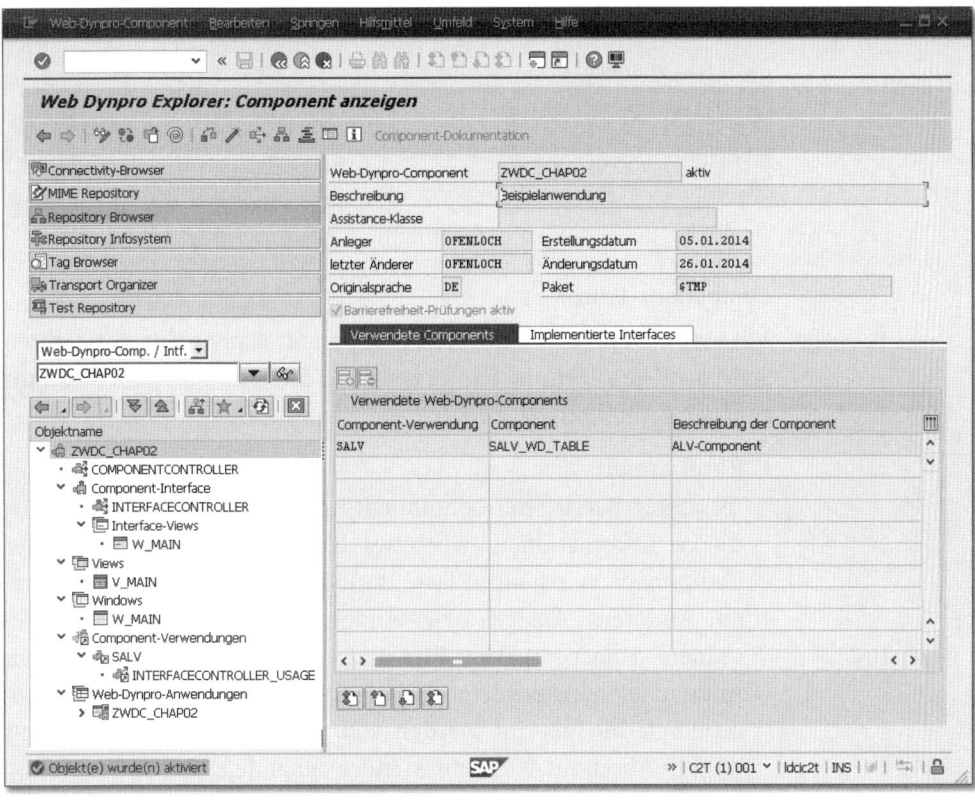

Abbildung 2.1 Web Dynpro Explorer

Der Web Dynpro Explorer ist der Ausgangspunkt für jegliche Entwicklungen. Für die Anlage neuer Components, die zentralen Web-Dynpro-Bausteine, geben Sie einen neuen Namen in den Auswahldialog der Objektliste ein und klicken auf die Schaltfläche ANZEIGEN. Nach Abschluss des Anlegeprozesses können Sie die neue Component und ihre Objekte mit dem Web Dynpro Explorer bearbeiten. Er stellt Werkzeuge für die Bearbeitung von Components, Anwendungen, Controllern, Views und Windows bereit.

Alle Werkzeuge

| Informationen zu Entwicklungsobjekten | [◉] |

In den folgenden Abschnitten werden wir Ihnen die Werkzeuge des Web Dynpro Explorers vorstellen. Dabei verzichten wir bewusst auf eine fachliche Besprechung der mit den Werkzeugen bearbeiteten Entwicklungsobjekte. Wenn Sie objektbezogen nach dem passenden Web-Dynpro-Entwicklungsobjekt suchen, hilft Ihnen folgender Wegweiser:

- Components: siehe Abschnitt 2.2.1
- Anwendungen: siehe Abschnitt 2.2.2
- Views: siehe Abschnitt 2.3.1
- Windows: siehe Abschnitt 2.3.2
- Controller: siehe Abschnitt 2.4

Component-Editor

Überblick Mit einen Doppelklick auf den Component-Namen auf der rechten Seite des Web Dynpro Explorers rufen Sie den Component-Editor auf (siehe Abbildung 2.2):

- **Kopfbereich**
  Im oberen Bereich der Component-Ansicht befinden sich administrative Informationen, wie etwa Name und Beschreibung der Component, Assistance-Klasse, Name des Anlegers bzw. des letzten Änderers, Anlege- bzw. Änderungsdatum sowie das zugeordnete Transportpaket. Direkt darunter können Sie über ein Ankreuzfeld entscheiden, ob die jeweilige Component auf Barrierefreiheit hin geprüft werden soll. Das Thema Barrierefreiheit wird in Abschnitt 10.8 umfassender behandelt.

- **Verwendete Components**
  Der untere Bereich der Component-Ansicht, die Registerkarte VERWENDETE COMPONENTS, dient zur Deklaration von Component-Verwendungen. Mit deren Hilfe können Sie beliebig viele andere Components in eine Component einbinden. Die Deklaration von Component-Verwendungen ist Grundvoraussetzung für Multi-Component-Architekturen, die in Abschnitt 2.7 besprochen werden.

- **Implementierte Interfaces**
  Auf der Registerkarte IMPLEMENTIERTE INTERFACES können vorhandene Component-Interfaces zur Verwendung in der aktuellen Component eingetragen werden. Component-Interfaces sind Gegenstand von Abschnitt 2.7.5.

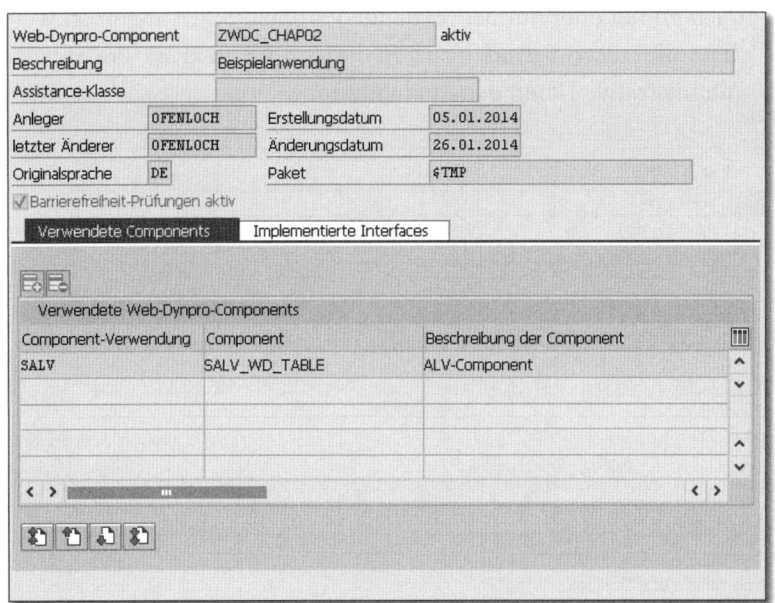

Abbildung 2.2 Component-Editor

Anwendungseditor

Anwendungen werden für die Anzeige von Windows und Views im Webbrowser benötigt. Sie stellen die »Einstiegspunkte« in Components dar. Mithilfe des Anwendungseditors, den Sie durch Neuanlage einer Anwendung oder durch einen Doppelklick auf eine Anwendung aufrufen, können Sie eine Anwendung bearbeiten. Ein Anwendungsname muss innerhalb eines Systems immer eindeutig sein. In Abschnitt 2.2.2 werden Anwendungen fachlich besprochen.

Einstiegspunkt

Abbildung 2.3 zeigt den Anwendungseditor. Der Anwendungseditor besteht aus den Registerkarten EIGENSCHAFTEN und PARAMETER:

Aufbau

- **Eigenschaften**
  Die Registerkarte EIGENSCHAFTEN beinhaltet unter anderem die BESCHREIBUNG der Anwendung, die standardmäßig als Browser-Titel verwendet wird. Direkt darunter beschreiben die Felder COMPONENT, INTERFACE-VIEW und PLUG-NAME die Einstiegspunkte in die Component. In der Gruppe BERECHTIGUNGSPRÜFUNG können Sie die Berechtigungen zum Start der Anwendung konfigurieren. Darüber hinaus können Sie noch einstellen, ob der Meldungsbe-

reich immer oder nur bei vorhandenen Meldungen angezeigt werden soll. Zuletzt befinden sich in der Gruppe VERWALTUNGSDATEN administrative Daten der Anwendung.

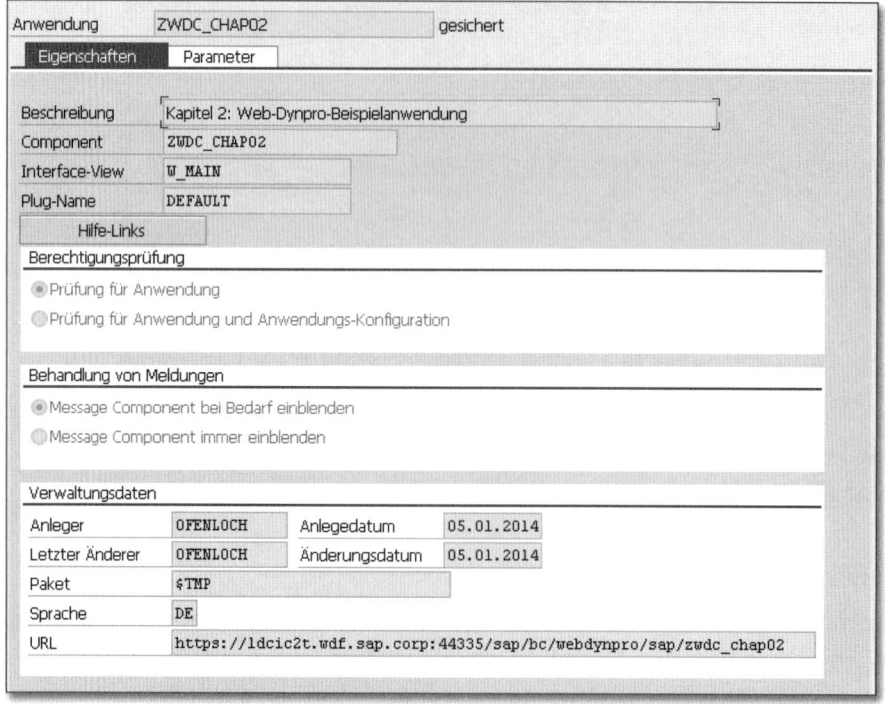

Abbildung 2.3 Anwendungseditor

- **Parameter**
Auf der Registerkarte PARAMETER können Sie, vergleichbar mit den Parametern in der Benutzerpflege, Ihre eigenen oder die von SAP bereitgestellten Anwendungsparameter setzen. Diese können anschließend beim Start der Anwendung vom Benutzer an die URL angehängt und in der Inbound-Plug-Behandlermethode des Windows als Importparameter ausgewertet werden. Die Werte der Parameter können auch statisch auf der Registerkarte gesetzt werden. Darüber hinaus ist es möglich, beide Arten miteinander zu kombinieren. In diesem Fall gelten die statisch definierten Parameter so lange, wie sie nicht von den URL-Parametern überschrieben werden. Für Web Dynpro existiert inzwischen eine Vielzahl

vordefinierter Anwendungsparameter, die in Anhang A, »Anwendungsparameter und URL-Parameter«, aufgelistet sind.

Sie können Anwendungen über den Menüpunkt TESTEN aus dem Kontextmenü der Anwendung (in der Objektliste der Component) starten. Alternativ können Sie auch den Button TESTEN/AUSFÜHREN in der Toolbar der Anwendung zum Start anklicken oder die URL aus der Gruppe VERWALTUNGSDATEN direkt in die Adresszeile des Webbrowsers kopieren.

Test

Controller-Editoren

Web Dynpro unterscheidet zwischen insgesamt fünf verschiedenen Controllern: Component-, Interface-, Custom-, View- und Window-Controller. Alle Controller besitzen einen Context sowie eine Anzahl an Attributen, Ereignissen und Methoden. Der View-Controller verfügt zusätzlich noch über Aktionen. Controller basieren auf einem objektorientierten Ansatz und sind mit Klassen vergleichbar. Die zugehörigen Controller-Editoren sind direkt in die jeweiligen Objekte integriert. Die fachliche Besprechung der Controller finden Sie in Abschnitt 2.4. Abbildung 2.4 zeigt Ihnen als Beispiel einen Component-Controller.

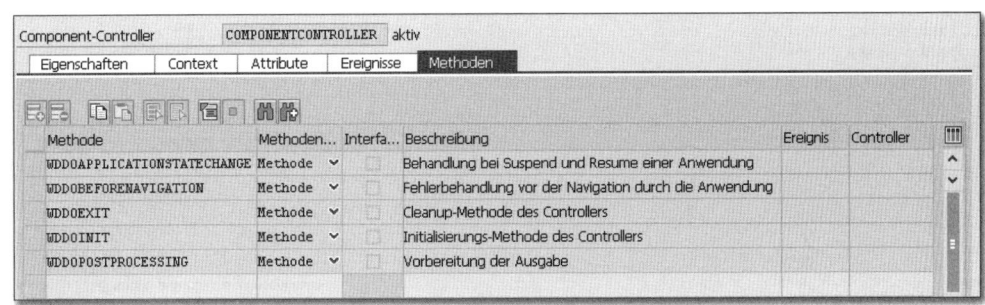

Abbildung 2.4 Component-Controller

View-Editor

Der View-Editor dient hauptsächlich zur Bearbeitung von UI-Elementen, den zentralen Bausteinen von Web-Dynpro-Anwendungen. Er besteht aus der Registerkarte EIGENSCHAFTEN, dem Layout-Editor sowie den Controller-Bestandteilen für die Plugs, den Context, die Attribute, Aktionen und Methoden. Die fachliche Besprechung von Views finden Sie in Abschnitt 2.3.1, ebenso wie eine Anleitung zur

UI-Elemente bearbeiten

Verwendung des Layout-Editors. In Abschnitt 2.4.1, »Controller-Typen«, erfahren Sie mehr über die Verwendung des View-Controllers.

In Abbildung 2.5 sehen Sie die Registerkarte LAYOUT des View-Editors. Diese zeigt die zur Designzeit statisch definierten UI-Elemente in einer Vorschau an. Im rechten Bereich sehen Sie die UI-Element-Hierarchie, in der Sie die Eigenschaften der UI-Elemente bearbeiten können. Auf der Registerkarte EIGENSCHAFTEN befinden sich die administrativen Daten des jeweiligen Views. Darüber hinaus können Sie dort die View-Lebensdauer einstellen und Controller-Verwendungen eintragen. Informationen zur View-Lebensdauer finden Sie in Abschnitt 2.3.1, »Views«. Controller-Verwendungen werden in Abschnitt 2.4.5, »Verwendung und Sichtbarkeit«, erklärt.

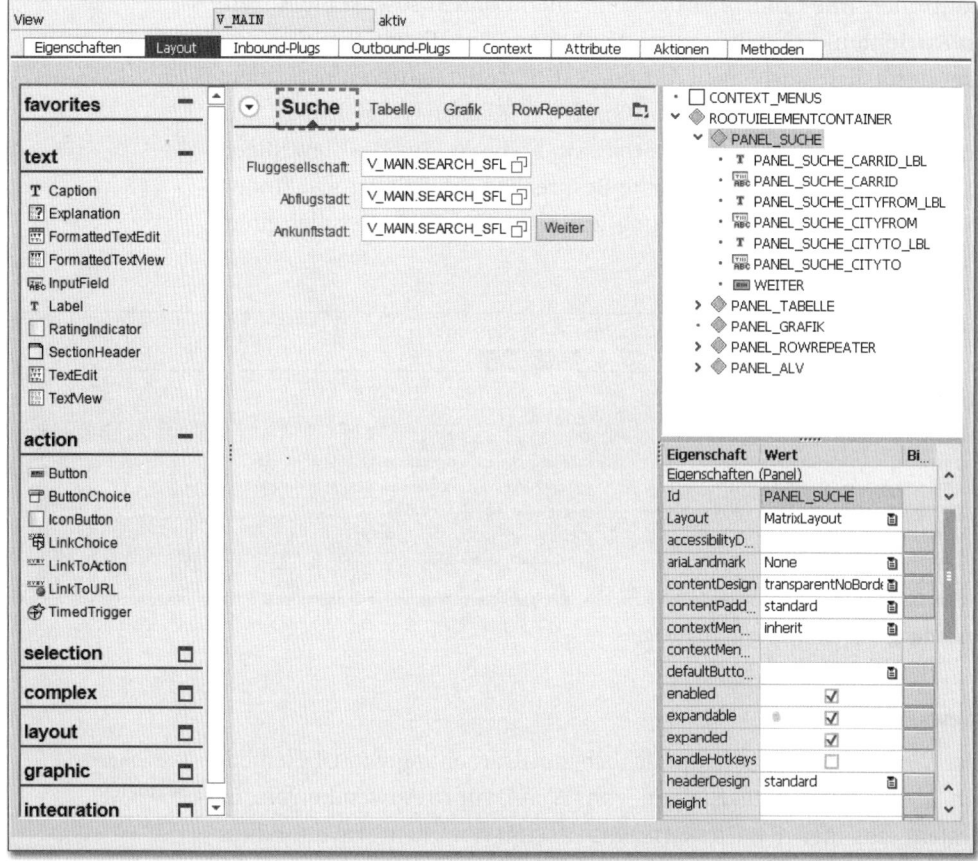

Abbildung 2.5 Registerkarte »Layout« im View-Editor

Window-Editor

Windows integrieren Views und ermöglichen die Navigation zwischen diesen. Sie werden in Abschnitt 2.3.2, »Windows und Plugs«, ausführlich erläutert. Abbildung 2.6 zeigt Ihnen den Window-Editor mit einem Beispiel für die Struktur eines einfachen Windows mit ALV-Tabelle. Der Aufbau des Window-Editors gleicht bis auf zwei Ausnahmen dem des View-Editors. Anstelle des Layout-Editors verfügen Windows über einen Editor zur Bearbeitung der Window-Struktur und der Navigationslinks. Darüber hinaus kann ein Window durch Ankreuzen der Option INTERFACE auf der Registerkarte EIGENSCHAFTEN in das Component-Interface aufgenommen werden.

Integration und Navigation

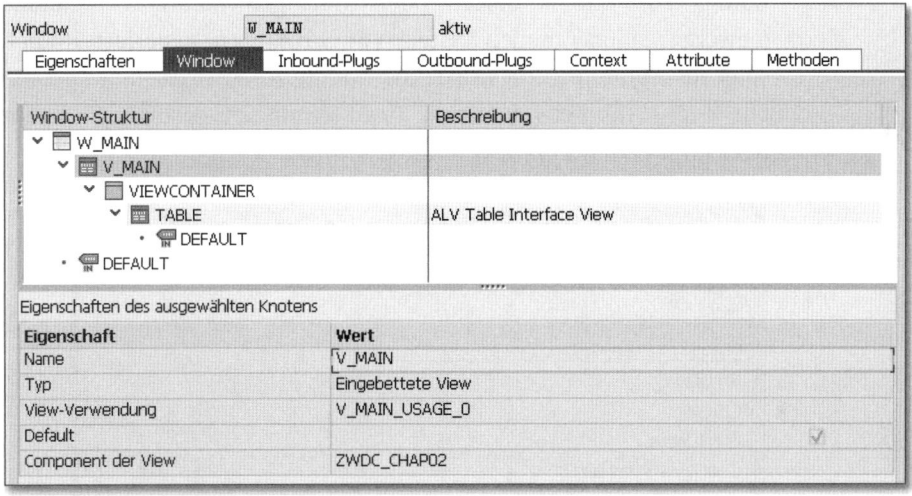

Abbildung 2.6 Window-Editor

2.1.2 Web-Dynpro-Code-Wizard

Mithilfe des Web-Dynpro-Code-Wizards können Sie das Coding für häufig benötigte Aufgaben in Web Dynpro generieren lassen. Sie können den Code-Wizard im Bearbeitungsmodus von Controller-Methoden durch einen Klick auf den zugehörigen Toolbar-Button (siehe Abbildung 2.7) oder durch Drücken der Tastenkombination [Strg] + [F7] starten. Nach Abschluss des Code-Wizards durch einen Klick auf das grüne Häkchen wird das vom Wizard generierte Coding an der Position des Cursors im Coding eingefügt.

Automatisierung

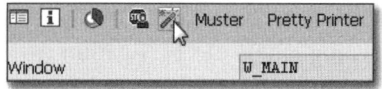

Abbildung 2.7 Starten des Web-Dynpro-Code-Wizards

Context-Funktionen

Über die Registerkarte CONTEXT können Sie Coding zum Lesen und Bearbeiten von Context-Knoten generieren lassen. Wählen Sie dazu über die Wertehilfe des Feldes KNOTEN/ATTRIBUT den gewünschten Knoten aus. Anschließend können Sie einzelne Elemente des ausgewählten Knotens AUSLESEN, SETZEN oder neue Werte an den Knoten ANHÄNGEN. Durch das Ankreuzen von ALS TABELLENOPERATION wird Coding zum Lesen, Setzen oder Anhängen mehrerer Elemente (gewissermaßen Tabellen anstelle von Strukturen) generiert. Im Beispiel aus Abbildung 2.8 würde das Coding zum Auslesen des gesamten FLIGHTS-Knotens generiert. In Abschnitt 2.5 erfahren Sie mehr über die Verwendung von Context-Knoten.

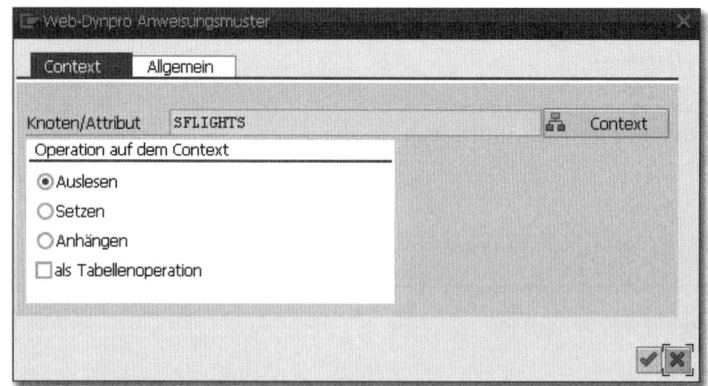

Abbildung 2.8 Code-Wizard – Auslesen des Context-Knotens SFLIGHTS

Allgemeine Wizard-Funktionen

Verschiedene Muster — Über die Muster auf der Registerkarte ALLGEMEIN können Sie eine Vielzahl gebräuchlicher Coding-Stücke in Web Dynpro generieren. Je nach aktuellem Controller steht Ihnen eine Auswahl der in Tabelle 2.1 vorgestellten Muster zur Verfügung.

Coding-Ausschnitt	Beschreibung	Verfügbarkeit
Methodenaufruf im aktuellen Controller	Generiert das Coding für den Aufruf einer Methode im aktuellen Controller.	überall
Methodenaufruf im verwendeten Controller	Wird zum Aufruf von Methoden aus fremden Controllern verwendet. Dies kann ein Controller der eigenen Component (z. B. Component-, Custom- oder Interface-Controller) oder der Interface-Controller aus einer fremden Component sein. Damit Methoden aus fremden Controllern aufgerufen werden können, müssen die fremden Controller auf der Registerkarte EIGENSCHAFTEN des aktuellen Controllers eingetragen worden sein.	überall
Verwendete Component instanziieren	Instanziiert fremde Components. Bevor Sie eine in den Component-Verwendungen (siehe Abschnitt 2.7.1) Ihrer Component eingetragene Component einsetzen können, muss diese instanziiert werden. Anschließend können Sie auf die Component und auf deren Interface-Controller zugreifen. Über die F4-Hilfe werden Ihnen alle Components angeboten, für die eine Verwendung eingetragen wurde.	überall
Meldung erzeugen	Generiert das Coding zur Ausgabe von Meldungen mithilfe des Message Managers.	überall
Textsymbol-Zugriff	Die Verwendung des Textsymbol-Zugriffs wird für das Auslesen von Textsymbolen aus der Assistance-Klasse verwendet.	überall
Pop-up-Fenster erzeugen	Mithilfe dieser Funktion können Sie aus einem verwendeten Window heraus ein Dialogfenster erzeugen (siehe auch Abschnitt 10.1, »Pop-up-Fenster«). Das Window kann Teil der eigenen, aber auch der verwendeten Component sein.	überall
Personalisierung	Mithilfe der Methoden des Interfaces IF_WD_PERSONALIZATION können Sie Ihre Web-Dynpro-Anwendungen personalisieren (siehe auch Abschnitt 8.7, »Personalisierung«).	überall
Navigation anstoßen	Ruft eine Outbound-Plug-Methode zum Anstoßen einer View-Navigation auf. Diese Funktion steht nur für Controller mit Plugs (View- und Window-Controller) zur Verfügung (siehe auch Abschnitt 2.3.2, »Windows und Plugs«).	View- und Window-Controller

Tabelle 2.1 Liste der allgemeinen Code-Wizard-Muster

Coding-Ausschnitt	Beschreibung	Verfügbarkeit
Portal-Integration	Bindet eine Web-Dynpro-Anwendung in das SAP Enterprise Portal ein. Mithilfe der vom Interface IF_WD_PORTAL_INTEGRATION angebotenen Funktionen ist eine Interaktion mit den Portalkomponenten möglich.	View- und Component-Controller
Ereignis auslösen	Fügt eine Methode zur Auslösung von Ereignissen im Component-, Custom- oder Interface-Controller ein.	Component- und Custom-Controller

Tabelle 2.1 Liste der allgemeinen Code-Wizard-Muster (Forts.)

2.1.3 Template Gallery

Komplexere Vorlagen Neben der Generierung von Coding bietet Ihnen der Web-Dynpro-Code-Wizard auch die Generierung komplexerer View-Layouts an. Klicken Sie dazu, während Sie sich auf der Registerkarte LAYOUT des View-Editors befinden, auf das Code-Wizard-Symbol (siehe Abbildung 2.7). Es öffnet sich ein Pop-up-Fenster, in dem Sie die Auswahl zwischen den folgenden Vorlagen haben:

- **Dynpro**
  Diese Option erzeugt ein Layout nach Vorlage eines bereits bestehenden Dynpros. Dazu müssen Sie im folgenden Pop-up-Fenster das zugrunde liegende PROGRAMM und DYNPRO auswählen. Nach Bestätigung der Auswahl werden die benötigten UI-Elemente ins View-Layout generiert. Beachten Sie dabei jedoch, dass die in diesem Layout generierten UI-Elemente immer nur eine Annäherung an das Original-Dynpro darstellen und somit in der Regel manuelle Nacharbeit erforderlich ist.

- **Form**
  Diese Option erstellt aus den Attributen eines Knotens ein Formular. Zunächst müssen Sie den zugrunde liegenden Knoten auswählen. Anschließend haben Sie in der darunter angezeigten Tabelle die Möglichkeit, die zu generierenden Formularelemente zu selektieren und den Zelleneditor (Eingabefeld, Ankreuzfeld etc.) einzustellen. Nach Bestätigung der Eingaben wird das Formular generiert und im Layout-Editor angezeigt.

  Abbildung 2.9 zeigt Ihnen dazu ein Beispiel. Bereits vorab wurde hier ein Knoten mit den Attributen CARRID, CITYFROM und CITYTO ausgewählt. An den drei Häkchen in der Spalte BINDING ist erkennbar, dass alle Attribute in das Formular übernommen werden sollen. Für die Fluggesellschaft (Feld CARRID) wurde eine Dropdown-Liste ausgewählt. Die Knotenattribute werden im Fall der Dropdown-Liste an die Eigenschaft texts und im Fall des Eingabefeldes an die Eigenschaft value gebunden.

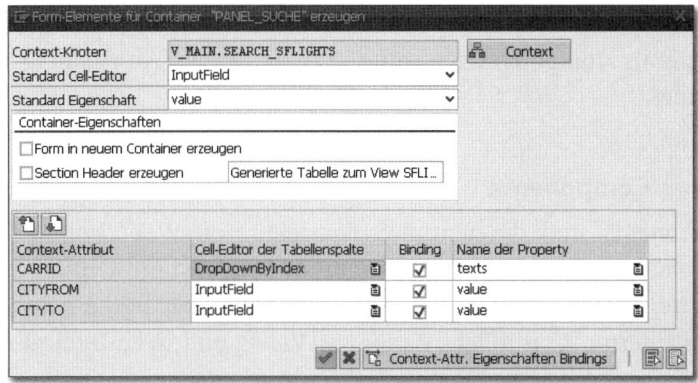

Abbildung 2.9 Formulargenerierung – Auswahl der Attribute

▶ **Table-Wizard**
Der Table-Wizard generiert die UI-Elemente für Tabellen auf der Basis eines Knotens. Die Verwendung des Table-Wizards gleicht der Bedienung des Form-Wizards. Anstelle eines Formulars wird jedoch eine Tabelle generiert.

Über die Template Gallery können Sie Ihre benutzerdefinierten UI-Element-Vorlagen in die View-Hierarchie einfügen. Die Vorlagen müssen Sie dazu vorab in der View-Hierarchie über das Kontextmenü des gewünschten UI-Elements (Eintrag ALS TEMPLATE SPEICHERN) sichern. Beim Sichern der Vorlage können Sie auswählen, ob Sie zusätzlich zur Hierarchie auch die Event-Bindings (inklusive der Aktionen), DDIC-Bindings und Context-Bindings (inklusive Context) speichern möchten (siehe Abbildung 2.10).

Benutzerdefinierte Vorlagen

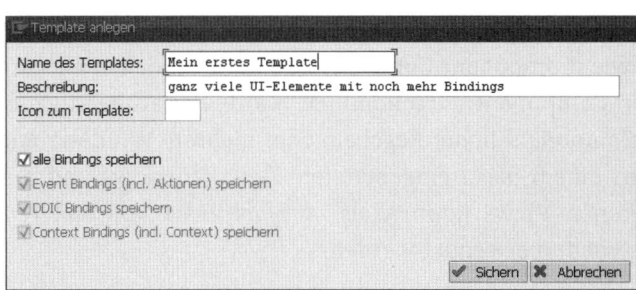

Abbildung 2.10 View-Editor: Abspeichern von UI-Elementen als Template

2.2 Components und Anwendungen

In diesem Abschnitt lernen Sie Web-Dynpro-Components und Web-Dynpro-Anwendungen kennen. Diese bilden die Grundlage der gesamten Web-Dynpro-Architektur. Im Vergleich mit der klassischen Dynpro-Welt könnte man eine dort vorhandene Funktionsgruppe als Component und eine Transaktion als Anwendung bezeichnen.

2.2.1 Components

Zentrale Bausteine Components sind die zentralen Bausteine von Web Dynpro. Sie gruppieren logisch zusammengehörende Web-Dynpro-Objekte und Abläufe. Zu den Components gehören vor allem die in diesem Kapitel erläuterten Controller, Windows, Views und Web-Dynpro-Anwendungen. Aus dem Blickwinkel des MVC-Architekturmusters betrachtet, bestehen Components, vereinfacht ausgedrückt, aus einer Menge von Views und Controllern.

Components sind wiederverwendbar und können somit von anderen Components benutzt und über ihre Schnittstellen angesprochen werden (siehe auch Abschnitt 2.7, »Multi-Component-Architekturen«). Ihre Lebensdauer hängt von ihrem Aufrufer ab. Wurde eine Component von einer anderen Component erzeugt, lebt sie so lange, bis nicht mehr auf sie referenziert oder manuell gelöscht wird.

Aufbau von Components Abbildung 2.11 zeigt Ihnen den schematischen Aufbau von Components. Jede Component besitzt exakt einen *Component-Controller*. Einzelne Context-Knoten, Ereignisse und Methoden des Component-Controllers können durch Deklaration in den *Interface-Controller*, die externe Schnittstelle der Component, aufgenommen werden. Neben dem Component-Controller kann eine Component beliebig viele *Custom-Controller* besitzen. Diese bieten den gleichen Funktionsumfang wie Component-Controller, können jedoch nicht ins Interface der Component aufgenommen werden. Darüber hinaus besitzt eine Component in der Regel ein oder mehrere Windows mit je mindestens einem darin eingebetteten View. Windows und die darin enthaltenen Views können als *Interface-Views* von anderen Components wiederverwendet werden.

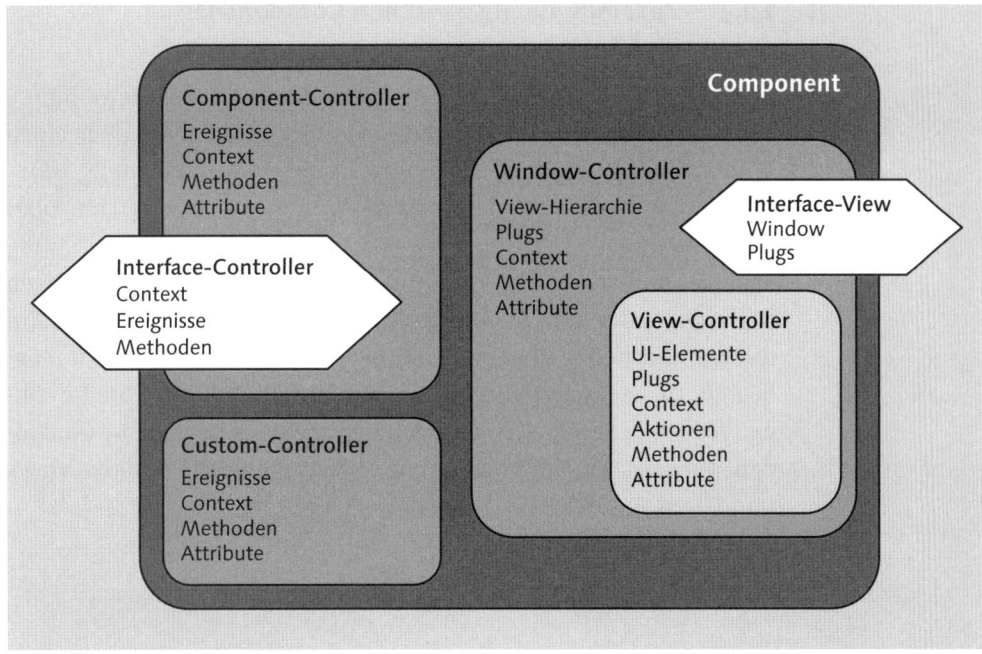

Abbildung 2.11 Aufbau von Components

2.2.2 Anwendungen

In Web Dynpro dürfen Sie Components nicht mit den Web-Dynpro-Anwendungen (*Applications*) verwechseln. Web-Dynpro-Anwendungen stellen Einstiegspunkte in Components dar. Vereinfacht gesagt, besteht eine Web-Dynpro-Anwendung lediglich aus einer vom Webbrowser aufrufbaren Serveradresse, die intern mit dem aufzurufenden View der betreffenden Component verknüpft ist. Daher hat die Web-Dynpro-Anwendung nichts mit der üblichen Bedeutung des Begriffs *Anwendung* im Windows-Umfeld gemeinsam.

Web-Dynpro-Anwendungen

Web-Dynpro-Anwendungen können mit jedem Browser über eine bestimmte Adresse des ICF-Services (Internet Communication Framework) gestartet werden. Wird eine Anwendung als *Administrationsservice* definiert, ist diese nicht mehr über den Standard-TCP/IP-Port des ICF, sondern ausschließlich über den Administrationsport erreichbar. Dieser kann von einem Systemadministrator durch eine Firewall gesondert gesichert werden, damit z. B. Administrationsanwendungen nicht über das Internet erreichbar sind.

Zugriff über ICF-Service-Adressen

2.2.3 Zusammenhang zwischen Components und Anwendungen

Abbildung 2.12 verdeutlicht den Zusammenhang zwischen Components und Anwendungen am Beispiel eines Flughafens. Über einen Webbrowser kann ein Flughafenmitarbeiter die Anwendung Administration starten, die den View Übersicht zur Anzeige lädt. Über die Component Flugverbindungen kann die Anwendung Administration nun auf eine bearbeitbare Liste der Flugverbindungen zugreifen, etwa um Änderungen am Flugplan vorzunehmen. Ein direkter Einstieg in die Component Flugverbindungen ist nicht möglich, da sie keine Anwendung als Einstiegspunkt besitzt. Dafür können jedoch beliebig viele andere Components, wie etwa die Component Buchung, auf die von Flugverbindungen bereitgestellten Views und Daten zugreifen.

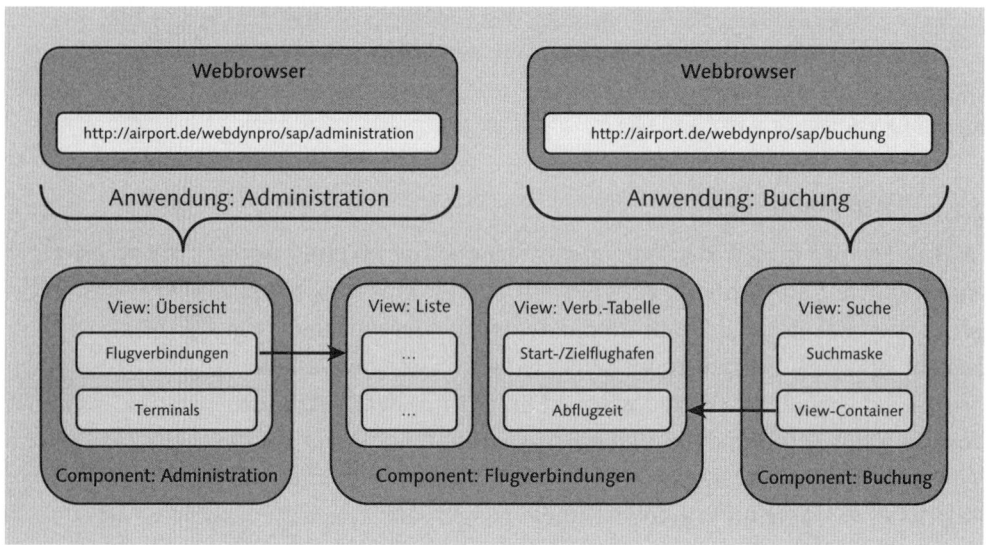

Abbildung 2.12 Web-Dynpro-Anwendungen (vereinfachte Darstellung)

2.2.4 Anwendung – dynamische Änderung des Browser-Titels

Beschreibung als Browser-Titel ändern

Standardmäßig verwendet Web Dynpro die in einer Anwendung gepflegte Beschreibung als Browser-Titel. Sie können den Titel jedoch auch dynamisch zur Laufzeit anpassen. Dazu müssen Sie sich über die Web-Dynpro-API, auf die Sie über den Component-

Controller zugreifen können, eine Referenz auf die Component und anschließend auf die Anwendung besorgen. Listing 2.1 zeigt Ihnen dazu ein Beispiel.

```
DATA: lo_wd_api          TYPE REF TO if_wd_component,
      lo_wd_component    TYPE REF TO if_wd_component,
      lo_wd_application  TYPE REF TO if_wd_application.

lo_wd_api = wd_this->wd_get_api( ).
lo_wd_component = lo_wd_api->get_component( ).

lo_wd_application = lo_wd_api->get_application( ).
lo_wd_application->set_window_title( 'Dynamischer Titel' ).
```
Listing 2.1 Dynamische Änderung des Browser-Titels

Durch Abänderung der Zeile `wd_this->wd_get_api( )` in `wd_comp_controller->wd_get_api( )` können Sie den Browser-Titel auch aus anderen Controllern als dem Component-Controller heraus ändern.

2.2.5 Schritt für Schritt: Anlegen von Components und Anwendungen

Wir zeigen Ihnen die Web-Dynpro-Entwicklungsumgebung, indem wir eine Component mit einer Anwendung anlegen. Diese Component wird anfangs ausschließlich ein Window, einen View und eine Anwendung beinhalten. Im Verlauf des Kapitels wird die Component als Grundlage für weitere, größtenteils eigenständige Beispiele verwendet.

Ausgangsbeispiel

1. Starten Sie die ABAP Workbench (Transaktion SE80). Sie finden den Web Dynpro Explorer in der Objektlistenauswahl des Repository Browsers unter dem Eintrag WEB DYNPRO COMP./INTF.

   In Abbildung 2.13 sehen Sie einen Screenshot des Web Dynpro Explorers mit der in diesem Kapitel anzulegenden Web-Dynpro-Component. Im Web Dynpro Explorer sind alle für die Web-Dynpro-Entwicklung benötigten Werkzeuge integriert. Links unten befindet sich ein Objektbaum, der alle in der Component vorhandenen Objekte auflistet, wie z. B. Views und Anwendungen. Im rechten Fensterbereich werden die Details zu den Objekten angezeigt.

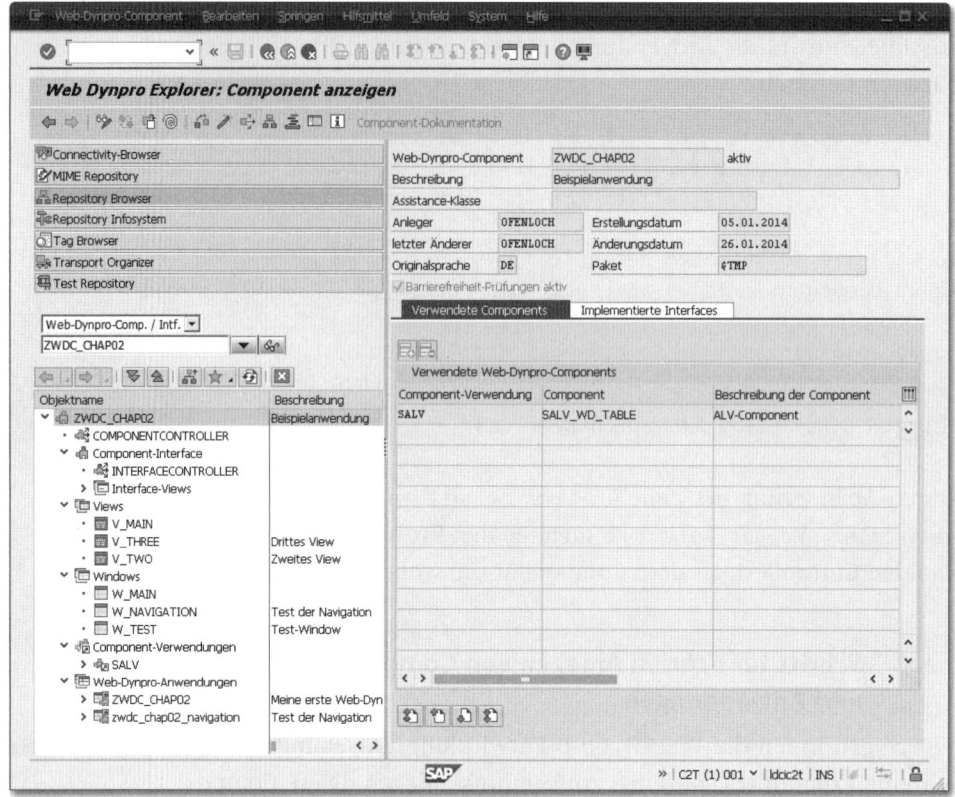

Abbildung 2.13 Web Dynpro Explorer

2. Legen Sie eine eigene Web-Dynpro-Component an. Geben Sie dazu den Namen der neuen Component ZWDC_CHAP02 in das Eingabefeld unter der Objektlistenauswahl ein, und drücken Sie die ⏎-Taste. Quittieren Sie die darauffolgende Abfrage, ob das bislang noch nicht existierende Objekt angelegt werden soll, mit JA.

3. Nun erscheint ein zweites Pop-up-Fenster, in dem Sie Details zu der neuen Web-Dynpro-Component angeben können. Geben Sie wie in Abbildung 2.14 eine Beschreibung der neuen Component ein. Wählen Sie anschließend den Typ WEB-DYNPRO-COMPONENT (die direkt darunter angebotenen Component-Interfaces stellen wir Ihnen in Abschnitt 2.7.5 vor). Mit jeder Component legen Sie gleichzeitig auch ein Window mit einem leeren View an. Geben Sie dazu den Namen des Windows W_MAIN in das Feld WINDOW-NAME und den Namen des Views V_MAIN in das Feld VIEW-NAME ein.

2.2 Components und Anwendungen

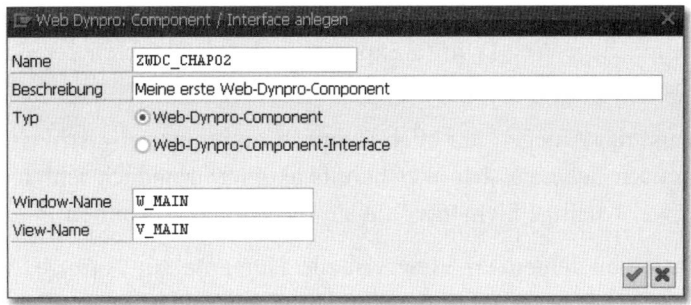

Abbildung 2.14 Anlegen der ersten Web-Dynpro-Component

4. Klicken Sie auf das grüne Häkchen, um Ihre Eingaben zu bestätigen. Je nach Systemkonfiguration und Namensraum Ihrer neuen Component müssen Sie in einem nächsten Schritt die Erzeugung der Component im Kundennamensraum bestätigen. Abschließend werden Sie nach der Paketzuordnung Ihrer neuen Component gefragt. Soll diese nicht transportiert werden, klicken Sie auf LOKALES OBJEKT. Anschließend gelangen Sie zurück in den Web Dynpro Explorer zur neu angelegten Component.

In der Objektliste am linken Fensterrand sehen Sie nun die standardmäßig mit der Web-Dynpro-Component angelegten Objekte (siehe Abbildung 2.15):

- Component-Controller
- Views
- Windows
- Component-Interface

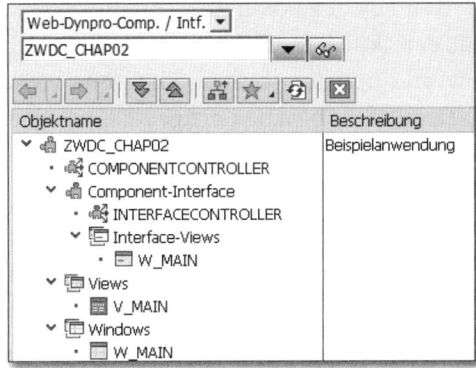

Abbildung 2.15 Objektliste der neu angelegten Component

Klicken Sie sich hier ruhig schon einmal durch die Component, um sich mit dem Web Dynpro Explorer und den Objekten der Component vertraut zu machen.

Schritte vor der Aktivierung

Damit ist das Anlegen der Web-Dynpro-Component abgeschlossen. Theoretisch ließe sie sich jetzt bereits aktivieren, jedoch fehlen ihr noch zwei wichtige Elemente, um sie verwenden zu können:

- Zum einen fehlen im View visuelle Elemente zur Anzeige, wie etwa ein UI-Element mit dem Text »Hello World«. Die Implementierung von Views und die Anlage von UI-Elementen besprechen wir in Abschnitt 2.3.1.
- Zum anderen fehlt noch eine Anwendung als Einstiegspunkt in die Web-Dynpro-Component. Damit werden wir uns als Nächstes beschäftigen.

Anwendung anlegen

Legen Sie nun eine neue Anwendung an.

1. Klicken Sie mit der rechten Maustaste auf die Wurzel der Component. Wählen Sie im Kontextmenü ANLEGEN • WEB-DYNPRO-ANWENDUNG aus.

2. Das anschließend erscheinende Dialogfenster belegt den Namen der Anwendung mit dem Component-Namen vor. Dieser Name wird später zum Bestandteil der URL. Lassen Sie den vorgeschlagenen Anwendungsnamen so, wie er ist, und geben Sie im Feld darunter eine passende Beschreibung ein. Quittieren Sie Ihre Eingaben durch einen Klick auf das grüne Häkchen.

3. Sie sehen nun eine Seite zur Festlegung der Eigenschaften der Anwendung (siehe Abbildung 2.16). Diese wurde bereits automatisch mit Vorschlagswerten aus der Component gefüllt: Das Feld COMPONENT wurde mit der aktuellen Component vorbelegt. Das Feld INTERFACE-VIEW wurde mit dem bislang einzigen Window und das Feld PLUG-NAME mit dem bislang einzigen Plug der Component vorbelegt.

4. Auf der Registerkarte PARAMETER können Sie Anwendungs- und Importparameter definieren. Diese können anschließend beim Start der Anwendung vom Benutzer an die URL angehängt und im Window als Importparameter ausgewertet werden. Mehr Informationen dazu finden Sie in Abschnitt 2.1.1, »Web Dynpro Explorer«.

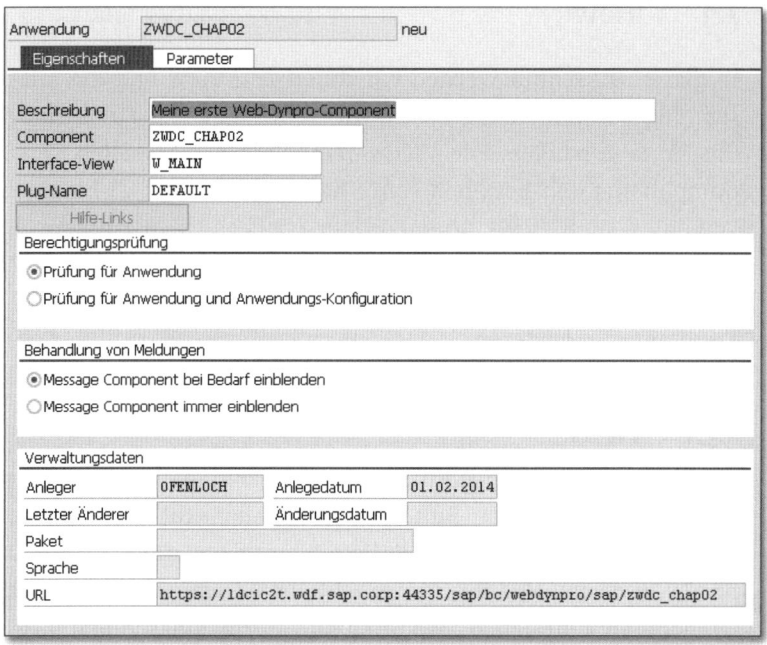

Abbildung 2.16 Eigenschaften der neuen Web-Dynpro-Anwendung

5. Speichern Sie die Anwendung. Falls Sie dabei gefragt werden, ob Sie einen Administrationsservice anlegen möchten, schließen Sie das Pop-up-Fenster ohne Änderung mit einem Klick auf das grüne Häkchen. Aktivieren Sie anschließend die Component. Wählen Sie dazu im Kontextmenü der Component den Eintrag AKTIVIEREN aus.

6. Nach der Aktivierung ist Ihre erste eigene Web-Dynpro-Component fertiggestellt.

Sie können nun die aktivierte Component testen, indem Sie die soeben erzeugte Anwendung starten. Klicken Sie dazu in der Objekthierarchie mit der rechten Maustaste auf die Anwendung, und wählen Sie den Eintrag TEST aus. Alternativ können Sie auch die URL aus den Eigenschaften der Anwendung in die Adresszeile Ihres Webbrowsers kopieren oder auf den Button 🖳 in der Symbolleiste klicken. In einem Browser-Fenster öffnet sich nun Ihre erste eigene Web-Dynpro-Anwendung, die jedoch zum jetzigen Zeitpunkt noch ohne Inhalte ist.

Starten der Anwendung

2.3 View

In diesem Abschnitt werden wir Ihnen den View und die mit diesem eng verbundenen Objekte wie Windows, Plugs und die *Message Area* vorstellen. Die Views beinhalten den visuellen Teil von Components und bestehen somit hauptsächlich aus UI-Elementen. Windows sind Views übergeordnet (siehe auch Abbildung 2.11) und ermöglichen die Navigation von View zu View über Plugs. Mithilfe der Message Area können Sie Meldungen innerhalb Ihrer Components platzieren.

2.3.1 Views

Aufbau eines Views Ein View enthält die eigentlichen Eingabe- und Bedienelemente, wie z. B. Texteingabefelder, Buttons und Tabellen, die zur Laufzeit im Browser angezeigt werden. All diese Elemente werden in Web Dynpro *UI-Elemente* genannt. Einige UI-Elemente können aus weiteren UI-Elementen bestehen, wodurch die Form eines hierarchischen Baums von UI-Elementen entsteht (siehe Abschnitt »Hierarchie von UI-Elementen«).

View-Controller Neben den UI-Elementen besitzt jeder View einen View-Controller, der die Reaktion auf Benutzeraktionen ermöglicht. Wie alle anderen Web-Dynpro-Controller besitzt der View-Controller Attribute, Methoden und einen Context zum Datenaustausch zwischen Benutzeroberfläche und Controller. Sogenannte *Aktionen*, die z. B. bei einem Klick auf einen Button ausgelöst werden, ermöglichen den Start eines beliebigen Folgeprozesses. Darüber hinaus können im View-Controller Navigation-Plugs zur Navigation zwischen Views angelegt und ausgeführt werden. Zur Navigation zwischen Views werden jedoch Windows benötigt, deshalb besprechen wir die Plugs erst in Abschnitt 2.3.2.

Beispiel für einen View Ein klassisches Beispiel für einen View ist ein Adress-Editor. Dieser besteht aus UI-Elementen zur Anzeige und Eingabe der Adressdaten von Geschäftspartnern. Standardmäßig befinden sich die Eingabefelder im Anzeigemodus. Über den Button ANZEIGEN/ÄNDERN können die Eingabefelder eingabebereit geschaltet werden. Nach Abschluss der Eingaben können Sie die Änderungen durch erneutes

Klicken auf den Button Anzeigen/Ändern speichern. In den folgenden Abschnitten können Sie dieses Beispiel nachbauen. Abbildung 2.17 zeigt Ihnen schon einmal vorab das Ergebnis im Browser.

Abbildung 2.17 Vorschau auf das Ergebnis des Praxisbeispiels

Anlegen eines Views

Sie können Views entweder dynamisch während der Laufzeit oder statisch zur Designzeit in der Web-Dynpro-Entwicklungsumgebung anlegen. Die Besprechung der dynamischen Variante erfordert umfassendere Web-Dynpro-Kenntnisse und erfolgt in Kapitel 6, »Dynamische Programmierung«.

Zum statischen Anlegen eines Views klicken Sie mit der rechten Maustaste auf die Wurzel der Component und wählen im Kontextmenü Anlegen • View aus. Im daraufhin erscheinenden Pop-up-Fenster können Sie den Namen des Views und einen dazu passenden Beschreibungstext eingeben. Nach Bestätigung der Eingaben wird der View erzeugt, und Sie gelangen auf die Layout-Registerkarte des neu erzeugten Views. Nach der erstmaligen Speicherung wird der View in die Objektliste der Component aufgenommen.

View anlegen

Layout-Editor

Bei der Betrachtung von Web-Dynpro-Views sehen Sie standardmäßig die Layout-Registerkarte des View-Editors (siehe Abbildung 2.18). Auf dieser können Sie mithilfe eines WYSIWYG-Editors (What you see is what you get) Ihre Views gestalten.

Registerkarte »Layout«

2   Web-Dynpro-Architektur

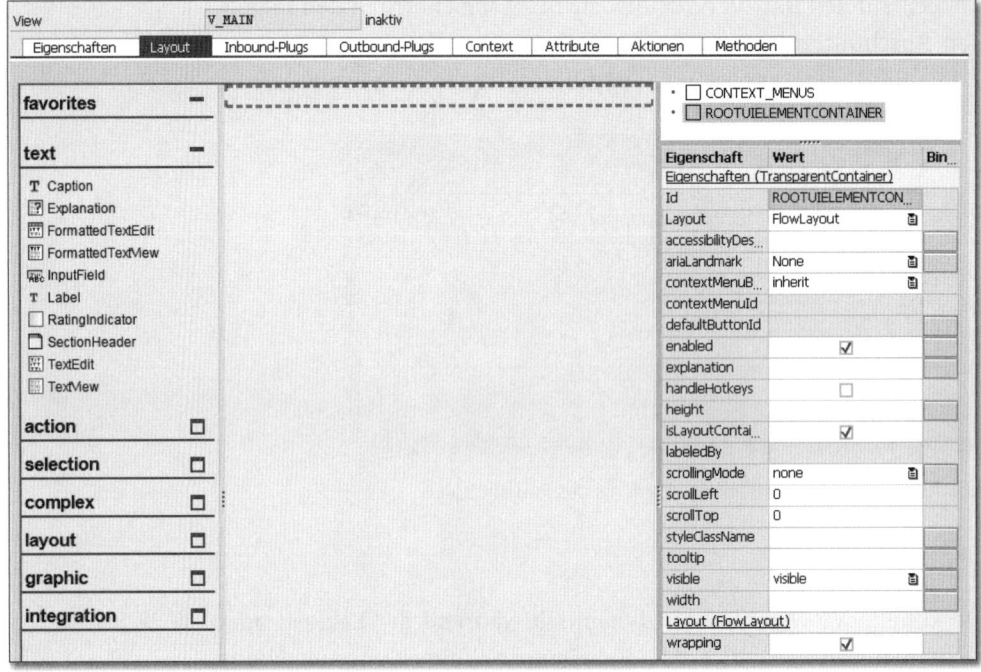

Abbildung 2.18 Layout-Editor in Web Dynpro

Aufbau des Layout-Editors

Der Layout-Editor ist dreispaltig gegliedert:

- Am linken Rand befindet sich im Änderungsmodus eine Toolbar mit einer Bibliothek aller in Web Dynpro zur Verfügung stehenden UI-Elemente. Diese sind durch eine Vielzahl von Registerkarten entsprechend ihrer Verwendung oder Komplexität kategorisiert. Per Drag & Drop können Sie einzelne Elemente von den Registerkarten auf die Registerkarte Favorites oder direkt an die gewünschte Position innerhalb des Views ziehen. Die Favoriten ermöglichen Ihnen den schnellen Zugriff auf Ihre wichtigsten UI-Elemente.

- In der Mitte befindet sich der View Designer, in dem Sie den View zur Designzeit sehen. Per Drag & Drop lassen sich die UI-Elemente aus der Toolbar in den Designer an die gewünschte Position des Views ziehen oder neu anordnen.

- Der rechte Bereich ist wiederum zweigeteilt:
  - Im oberen Bereich werden eventuell vorhandene Kontextmenüs und die statisch definierten UI-Elemente des Views hierar-

chisch dargestellt. Ausgangspunkt eines Views ist dabei immer das UI-Element ROOTUIELEMENTCONTAINER. Mithilfe der rechten Maustaste können Sie über ein Kontextmenü UI-Elemente unterhalb von ROOTUIELEMENTCONTAINER in die Hierarchie einfügen, ändern oder löschen.

▶ Im unteren Bereich werden die Eigenschaften des aktuell in der Hierarchie markierten UI-Elements angezeigt. Je nachdem, welchen UI-Element-Typ Sie in der Hierarchie selektieren, steht Ihnen dabei ein anderer Satz von Eigenschaften zur Verfügung.

Web Dynpro bietet Ihnen auch noch die Möglichkeit, die Elemente dynamisch während der Laufzeit einzurichten. Beide Wege können bei Bedarf auch miteinander kombiniert werden. Während das Anlegen von UI-Elementen mithilfe des View-Editors deutlich entwickler- und wartungsfreundlicher ist, bieten dynamisch angelegte UI-Elemente eine größere Flexibilität bei der View-Gestaltung. Dynamische Layoutänderungen werden ausführlich in Kapitel 4, »UI-Elemente und ihre Eigenschaften«, besprochen.

Dynamische Erzeugung von UI-Elementen

Hierarchie von UI-Elementen

Im Unterschied zu klassischen Dynpros, bei denen UI-Elemente in einem starren X/Y-Raster angeordnet sind, werden UI-Elemente in Web Dynpro in Form eines hierarchischen Baums angeordnet. Diese Hierarchie eröffnet gegenüber Dynpros flexiblere Gestaltungsmöglichkeiten, bringt jedoch auch Nachteile mit sich, wie z. B. sich dynamisch verändernde Seitenbreiten bei sich ändernden Seiteninhalten. So können durch prozentuale Angaben, wie z. B. »Breite: 100 %«, Elemente schnell verrutschen. Web Dynpro baut auf HTML auf, daher lässt sich die Web-Dynpro-Hierarchie mit der HTML-Hierarchie bei Webseiten vergleichen.

Mithilfe der verfügbaren Layouts FlowLayout, MatrixLayout, GridLayout, RowLayout etc., die wir in Abschnitt 3.3 detailliert behandeln, können Sie die UI-Elemente innerhalb der Hierarchie platzieren und so Folgendes steuern:

Layouts

▶ Abstände zwischen einzelnen UI-Elementen sowie zwischen UI-Element und Gitterzelle

- horizontale und vertikale Ausrichtung der UI-Elemente innerhalb des Gitters
- Breite und Höhe des UI-Elements

Für jeden Hierarchieteilbaum, der mithilfe sogenannter *Container-Elemente* realisiert wird, können Sie ein anderes Layout wählen. Die Kombination mehrerer Layouts innerhalb eines Views ermöglicht die Gestaltung komplexer Views und eröffnet flexible Gestaltungsmöglichkeiten bei der View-Entwicklung.

> **Weitere Informationen**
>
> In diesem Abschnitt schildern wir ausschließlich die Verwendung des Layout-Editors sowie die grundlegende Architektur und Hierarchie von UI-Elementen. Die Layouts, die maßgeblich für die Strukturierung des UI-Element-Hierarchiebaums und für das Web-Dynpro-Anzeigeverhalten im Browser verantwortlich sind, werden in diesem Abschnitt zwar angesprochen, jedoch erst in Abschnitt 3.3, »Layouts«, ausführlich geschildert.

Beispiel für eine Hierarchie

Am Beispiel des Adress-Editors zeigen wir Ihnen eine UI-Element-Hierarchie. Dieser Adress-Editor besteht aus Eingabefeldern für den Namen, die Postleitzahl und die Straße. Darüber hinaus rundet ein Button für den Wechsel zwischen Anzeige- und Änderungsmodus das Beispiel ab (siehe Abbildung 2.17). Das einfachste verfügbare Layout ist das `FlowLayout`. Dieses ordnet die UI-Elemente fließend von links nach rechts innerhalb einer Zeile an. Reicht der Platz in der Zeile nicht mehr aus, erfolgt automatisch ein Zeilenumbruch.

Layout im Beispiel

Im Gegensatz dazu ermöglicht das `MatrixLayout` die Anordnung der Elemente innerhalb einer Matrix (Tabelle). Soll der Adress-Editor adäquat gestaltet werden, ist die ausschließliche Verwendung eines `FlowLayout` eher ungeeignet. So würden alle Beschriftungen und Eingabefelder in einer langen Zeile angeordnet werden (siehe Abbildung 2.19, ❶). Die tabellarische Darstellung mithilfe des `MatrixLayout` ist hier schon deutlich passender, jedoch ist auch dieses für die Darstellung nicht optimal. So klafft bei der Anordnung mit dessen Hilfe zwischen den Eingabefeldern der Postleitzahl und der Stadt eine große Lücke ❷. Durch die Kombination beider Layouts mithilfe einer weiteren Hierarchie über einen Container lässt sich dieses Problem letztlich elegant lösen ❸.

2.3 View

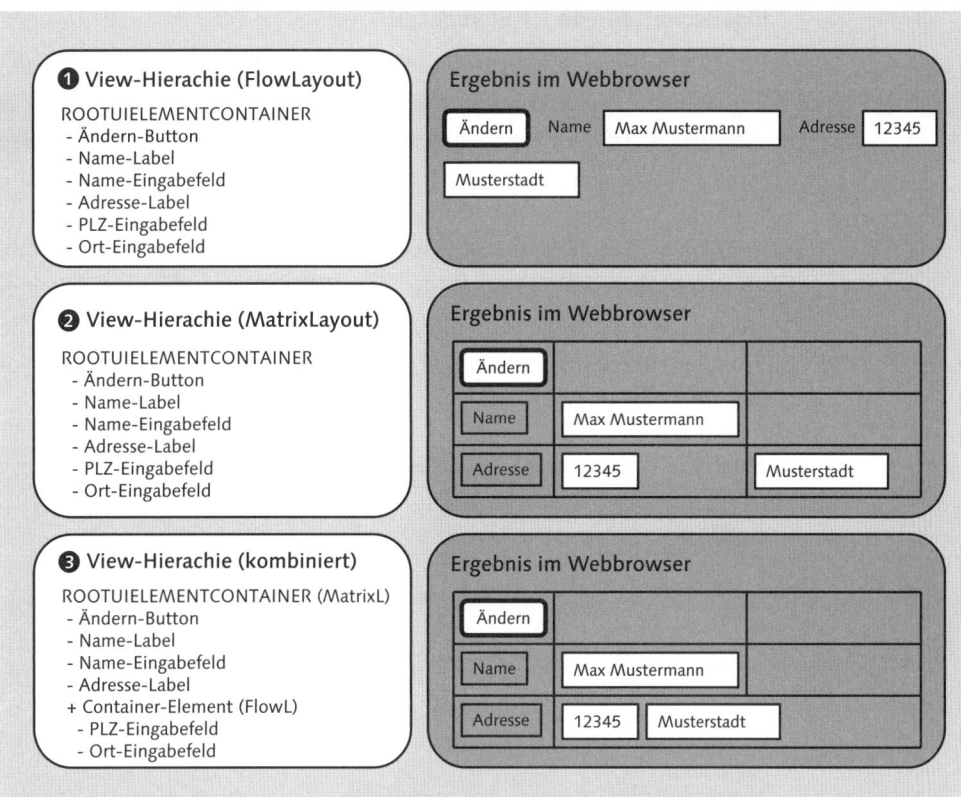

Abbildung 2.19 Beispiel für UI-Element-Hierarchien

Austausch des Wurzelelements [+]

In der Praxis kommt es häufig vor, dass Sie unter die Wurzel eines Views, den ROOTUIELEMENTCONTAINER, nur ein einziges Container-Element hängen, z. B. die Group. Da die View-Wurzel technisch betrachtet auch nur einen Container darstellt, ist es demnach naheliegend, die Group direkt als Wurzel des Views zu verwenden. Dadurch kann ein an dieser Stelle überflüssiges Container-Element eingespart werden. Klicken Sie dazu mit der rechten Maustaste auf das Element ROOTUIELEMENTCONTAINER, und wählen Sie ROOT-ELEMENT AUSTAUSCHEN. Anschließend öffnet sich ein Popup-Fenster. Wählen Sie Ihren alternativen Wurzelelementtyp. Die Funktion ROOT-ELEMENT AUSTAUSCHEN ist nur so lange auswählbar, wie der View keine Elemente enthält.

Der Austausch des Wurzelelements durch ein spezifischeres Element verringert die Schachtelungstiefe des Views und beeinflusst damit sowohl die zum Client übertragene Datenmenge als auch die Zeit für das Frontend-Rendering.

Eigenschaften von UI-Elementen

Wie Sie im Beispiel von Abbildung 2.20 erkennen können, unterteilen sich die Eigenschaften von UI-Elementen in einen Bereich für die eigentlichen Elementeigenschaften, einen Bereich für Ereignisse (falls beim jeweiligen Typ vorhanden) und einen Bereich für die Layouteigenschaften des Elements. Die Abbildung zeigt den ANZEIGEN/ÄNDERN-Button des Adress-Editors aus unserem Beispiel. Die Eigenschaft text beinhaltet die Beschriftung des Buttons. Klicken Sie auf den Button, wird die Aktion EDITMODE ausgeführt, die die Eingabefelder eingabebereit schaltet (siehe Abschnitt 2.4.6, »Aktionen und Ereignisse«).

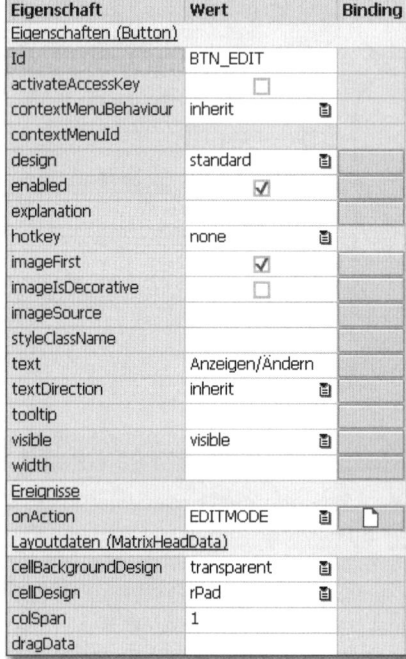

Abbildung 2.20 Eigenschaften des Button-UI-Elements

Eigenschaften der Eigenschaften

Der UI-Element-Eigenschaftsbereich ist dreispaltig aufgeteilt:

- In der ersten Spalte finden Sie die verfügbaren Eigenschaften des UI-Elements.
- In der zweiten Spalte sehen Sie die zugehörigen Werte der Eigenschaften.

- Über den zu manchen Eigenschaften in der dritten Spalte Binding verfügbaren Button können Sie die Werte einer Eigenschaft an Elemente aus dem Context binden.

Die verfügbaren Eigenschaften von UI-Elementen können je UI-Element komplett unterschiedlich ausfallen. So besitzen z. B. Buttons Ereignisse, auf die Sie reagieren können, während normale Textfelder über keinerlei Ereignisse verfügen. Einige Standardeigenschaften finden Sie dagegen bei nahezu allen UI-Elementen wieder. Dazu gehören vor allem die Eigenschaften `enabled` für die Aktivierung und Deaktivierung des UI-Elements und die Eigenschaft `visible` für die Steuerung der Sichtbarkeit des UI-Elements.

Methoden

Auf der Registerkarte Methoden können Sie Ihre eigenen View-Methoden implementieren. Sie sind ausschließlich innerhalb eines Views sichtbar. Sie können Methoden über die View-Selbstreferenz `wd_this` aufrufen. View-Methoden dienen zur Implementierung viewnaher Logik – wie etwa zur Überprüfung und Verarbeitung von Benutzereingaben, zur Reaktion auf Benutzeraktionen (Klick auf einen Button etc.) oder zur dynamischen Änderung des View-Layouts.

Web Dynpro unterscheidet zwischen den Methodentypen Methode, Ereignisbehandler und Supply-Funktion. Weitere Informationen zu diesen Typen finden Sie in Abschnitt 2.4.2, »Attribute«. | **Methodentypen**

Views besitzen standardmäßig die Methoden `wddoafteraction( )`, `wddobeforeaction( )`, `wddoexit( )`, `wddoinit( )`, `wddomodifyview( )` und `wddooncontextmenu( )`. Dabei handelt es sich um sogenannte *Hook-Methoden*, die zu bestimmten Zeitpunkten von der Web-Dynpro-Laufzeit automatisch gerufen werden. Als Anwendungsentwickler können Sie diese Methoden nach Belieben implementieren (siehe auch Abschnitt 2.4.4, »Phasenmodell«). | **Hook-Methoden**

Attribute

Auf der Registerkarte Attribute können Sie Ihre eigenen View-Attribute hinterlegen. Diese sind ausschließlich innerhalb des jeweiligen | **Standardattribute**

Views sichtbar. Es wird – im Unterschied zu Klassen – auch nicht zwischen statischen und Instanzattributen unterschieden. Standardmäßig beinhaltet jeder View diese nicht löschbaren Attribute:

- WD_CONTEXT für den Zugriff auf den View-Context
- WD_THIS für den Zugriff auf lokale Methoden und Attribute des Views
- WD_COMP_CONTROLLER für den Zugriff auf die Elemente des Component-Controllers

Verwendung von View-Attributen

Der Zugriff auf View-Attribute erfolgt immer über die View-Selbstreferenz WD_THIS. Haben Sie z. B. unter ATTRIBUTE ein Attribut namens GV_STRING definiert, können Sie dieses innerhalb Ihrer Methoden durch den Aufruf wd_this->gv_string ansprechen.

Context und Datenbindung

Context

Der Context stellt die Schnittstelle für Daten zwischen Benutzeroberfläche und System dar. Er hält alle Daten, die auf der Benutzeroberfläche angezeigt werden, innerhalb sogenannter *Knoten* und Elemente in Form von Objekten bereit. Eine Context-Struktur können Sie statisch auf der Registerkarte CONTEXT oder dynamisch während der Laufzeit erzeugen (siehe auch Abschnitt 2.5).

Datenbindung

Durch die Datenbindung (*Data Binding*) wird eine Verbindung zwischen dem Context und einer Eigenschaft eines UI-Elements hergestellt. Ist eine Eigenschaft erstmals an den Context gebunden, spiegelt sich jede Änderung im Browser in den Werten des Contexts wider. Umgekehrt führen Änderungen am Context zu Änderungen im Browser-Fenster. Die Datenbindung erläutern wir ausführlich in Abschnitt 2.5.6.

Aktionen

Eine Reihe von UI-Elementen kann sogenannte *Aktionen* auslösen. Dies sind spezielle Ereignisse, die durch bestimmte Handlungen eines Benutzers auf der Oberfläche einer Anwendung ausgelöst werden. Zugehörige Ereignisbehandler-Methoden steuern den anschließenden Verlauf der Anwendung.

Web Dynpro unterscheidet zwei Aktionstypen:

Aktionstypen

- **Standardaktionen**
  Standardaktionen können nicht bei vorliegenden Fehlern ausgeführt werden.

- **Validierungsunabhängige Aktionen**
  Validierungsunabhängige Aktionen können unabhängig von vorliegenden Fehlersituationen ausgeführt werden.

Aktionen können Sie aus dem jeweiligen UI-Element heraus durch einen Klick auf das ANLEGEN-Symbol (□) in der Spalte BINDING oder über die Registerkarte AKTIONEN (siehe Abbildung 2.21) des View-Controllers anlegen. Für jede Aktion wird dabei automatisch eine Ereignisbehandler-Methode nach der Konvention `onaction<Aktionsname>` angelegt. So existiert z. B. für die Aktion EDITMODE die Ereignisbehandler-Methode `onactioneditmode( )`.

Anlegen von Aktionen

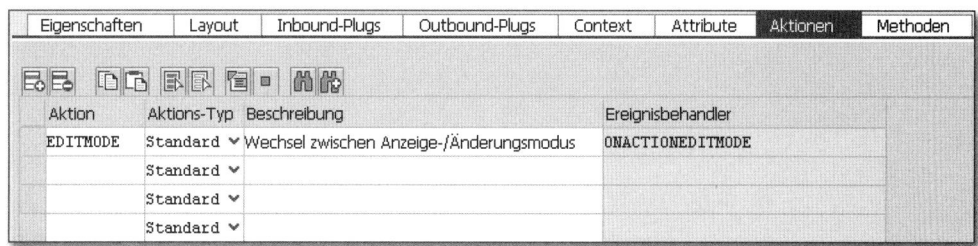

Abbildung 2.21 Registerkarte »Aktionen« im View V_MAIN

Wie bei anderen Ereignisbehandlern können Sie die Ereignisbehandler-Methoden von Aktionen selbst ausprogrammieren. Über einen Doppelklick auf die Aktion gelangen Sie in den Rumpf der jeweiligen Ereignisbehandler-Methode.

Inbound- und Outbound-Plugs

Auf den Registerkarten INBOUND-PLUGS und OUTBOUND-PLUGS können Sie Eintritts- und Austrittspunkte für Views definieren. Plugs werden zum Start eines Views und zur Navigation zwischen zwei verschiedenen Views benötigt. Outbound-Plugs werden über den Methodenaufruf `wd_this->fire_<Plug-Name>_plg( )` aktiviert. Eine ausführliche Erläuterung von Plugs und zu deren Verwendung finden Sie in Abschnitt 2.3.2, »Windows und Plugs«.

View-Eigenschaften

Auf der Registerkarte EIGENSCHAFTEN können Sie eine View-Beschreibung vergeben, die Lebensdauer des Views bestimmen und Component-Verwendungen eintragen. Darüber hinaus finden Sie hier Informationen über den Anleger bzw. den letzten Änderer sowie über das Erstellungs- und das letzte Änderungsdatum.

View-Lebensdauer Standardmäßig ist die View-Lebensdauer auf `framework controlled` eingestellt. In diesem Fall existiert ein View, bis Sie die Web-Dynpro-Component verlassen. Im Gegensatz dazu lebt ein View bei der Einstellung `when visible` nur, solange dieser sichtbar ist. Vor allem im Rahmen der Speicher- und Performance-Optimierung spielt die Lebensdauer von Views eine wichtige Rolle.

Component-Verwendungen Darüber hinaus haben Sie auf der Registerkarte EIGENSCHAFTEN die Möglichkeit, Component-Verwendungen einzutragen. So können Sie vom View aus auf andere Controller als den Component-Controller zugreifen (siehe auch Abschnitt 2.4.5, »Verwendung und Sichtbarkeit«).

Empty View

In jeder Web-Dynpro-Component existiert automatisch ein sogenannter *Empty View*. Empty Views sind ein spezieller, vom Web-Dynpro-Framework automatisch in jeder Component bereitgestellter View-Typ. Sie sind nicht in der Component-Objektliste sichtbar, sondern ausschließlich im Window-Editor bei der Integration von Views in die Window-Hierarchie auswählbar (siehe Abschnitt 2.3.2, »Windows und Plugs«).

Verwendung von Empty Views Empty Views dienen als Platzhalter für leere Windows und View-Container. Für den Fall, dass kein View in ein Window integriert wurde, werden sie implizit vom Web-Dynpro-Framework in das Window integriert. Vor allem im Bereich der Performance-Optimierung spielen Empty Views eine wichtige Rolle, da sie als Platzhalter in unsichtbaren View-Bereichen verwendet werden können (siehe Abschnitt 10.6.4, »Delta-Rendering«).

Schritt für Schritt: Anlegen von UI-Elementen

Adresss-Editor anlegen Im folgenden Beispiel legen Sie den in diesem Abschnitt vorgestellten Adress-Editor an. Dabei sammeln Sie erste Erfahrungen mit den

UI-Elementen `Label`, `InputField`, `TransparentContainer` sowie dem `Button`. Darüber hinaus werden Sie ein grundlegendes Verständnis für die Gestaltung von Views mithilfe des `FlowLayout` und `MatrixLayout` erhalten.

1. Öffnen Sie die Registerkarte LAYOUT des Views V_MAIN. Wechseln Sie in den Änderungsmodus. Klicken Sie auf das UI-Element ROOTUIELEMENTCONTAINER, und wählen Sie in den Eigenschaften des Elements als LAYOUT `MatrixLayout` aus. So stellen Sie sicher, dass die UI-Elemente in tabellenartiger Anordnung innerhalb des Views platziert werden.

2. Fügen Sie die folgenden UI-Elemente in der vorgegebenen Reihenfolge in Ihr Layout ein. Sie können die UI-Elemente entweder über die links befindliche Toolbar in das Layout ziehen oder über das per Rechtsklick erreichbare Kontextmenü der View-Hierarchie einfügen.

   ▸ Fügen Sie als Erstes einen Button namens `BTN_EDIT` vom Typ `Button` in den View ein. Mithilfe dieses Buttons wird es später möglich sein, zwischen Anzeige- und Änderungsmodus umzuschalten. Tragen Sie als Beschriftung unter der Eigenschaft `text` »Anzeigen/Ändern« ein.

   ▸ Erstellen Sie dann ein Label namens `LB_NAME`. Beschriften Sie das Label mit dem TEXT »Name«. Wählen Sie unter LAYOUTDATEN als WERT `MatrixHeadData` aus. Dies bewirkt, dass alle in der Hierarchie folgenden Elemente in einer neuen Zeile angeordnet werden.

   ▸ Legen Sie ein Eingabefeld vom Typ `InputField` mit der ID `IF_NAME` an. Wechseln Sie zurück zum Element `LB_NAME`, und wählen Sie unter der Eigenschaft `labelFor` das gerade neu angelegte Feld `IF_NAME` aus. Auf diese Weise stellen Sie eine direkte Verbindung zwischen `Label` und `InputField` her. Diese können Sie später für die Übernahme des Beschriftungstextes aus dem Data Dictionary verwenden.

| **Automatisch generierte Element-ID ändern** | [«] |

Während beim Einfügen eines UI-Elements über das Kontextmenü die Element-ID für jedes Element explizit angegeben werden muss, wird die ID bei Verwendung von Drag & Drop mithilfe der Toolbar automatisch vergeben. Sie können diese jedoch nachträglich in den Elementeigenschaften oder durch einen Rechtsklick auf das UI-Element und durch Auswahl von ELEMENT UMBENENNEN jederzeit anpassen.

Im Allgemeinen hat es sich in Web Dynpro eingebürgert, für verschiedene UI-Element-Typen verschiedene Präfixe voranzustellen. Häufige Präfixe sind:

- BTN für UI-Elemente vom Typ Button
- LB für Elementbeschriftungen (Label)
- IF für Eingabefelder (InputField)
- TC für transparente Container (TransparentContainer)

3. In der folgenden Zeile sollen insgesamt drei UI-Elemente platziert werden: ein Eingabefeld für die Postleitzahl, eines für den Ort und – den beiden vorangestellt – ein Label als Beschriftung. Damit zwischen der Postleitzahl und dem Ort später keine Lücke durch das MatrixLayout entsteht, werden diese beiden UI-Elemente gemeinsam in einen transparenten Container gepackt (siehe Abschnitt 3.1.4, »TransparentContainer«).

- Legen Sie ein gemeinsames Label für die Postleitzahl und den Ort an. Verwenden Sie als ID LB_POSTCODE, und tragen Sie unter text »PLZ/Ort« ein. Stellen Sie anschließend die LAYOUTDATEN des Labels auf MatrixHeadData um.

- Fügen Sie als Nächstes das UI-Element TC_POSTCODE_CITY vom Typ TransparentContainer in den View ein. Wählen Sie als LAYOUT (nicht zu verwechseln mit LAYOUTDATEN) für den Container FlowLayout. Dadurch werden die in den Container integrierten UI-Elemente direkt hintereinander ohne Matrix angeordnet.

- Fügen Sie nun die beiden Eingabefelder IF_POSTCODE und IF_CITY in die Hierarchie unterhalb von TC_POSTCODE_CITY ein. Gehen Sie anschließend zurück zu LB_POSTCODE, und wählen Sie für dessen Eigenschaft LABELFOR den Wert IF_CITY aus. Streng genommen, ist dies bei zwei Eingabefeldern zwar nicht ganz richtig, jedoch muss jedes Label mit einem Eingabefeld verbunden werden.

Damit ist das eigentliche Anlegen der UI-Elemente und der Elementhierarchie abgeschlossen. Abbildung 2.22 zeigt Ihnen den aktuellen Stand des Beispiels.

2.3 View

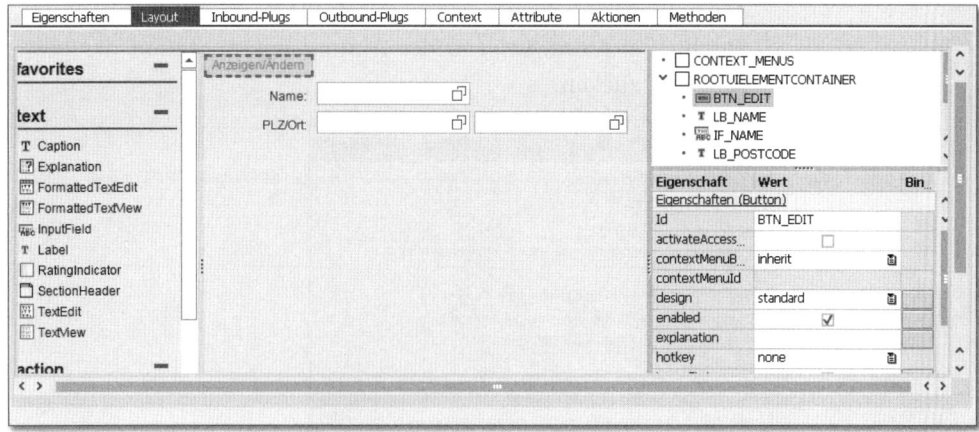

Abbildung 2.22 View-Hierarchie des Adress-Editors

Um den View fertigstellen und aktivieren zu können, fehlen jedoch noch die folgenden Schritte:

Nächste Schritte

- Die UI-Elemente sind bislang noch nicht an den Context gebunden. Erst durch die Bindung eines Elements an den Context können Daten zwischen Browser und Backend ausgetauscht werden. So müssen noch die drei Eingabefelder an den Context gebunden werden. Der Context und die Datenbindung werden in Abschnitt 2.5, »Context«, beschrieben.

- Der Button ANZEIGEN/ÄNDERN hat bislang noch keine Funktion. Erst durch das Anlegen einer Aktion wird ihm Leben eingehaucht.

Deshalb legen Sie nun eine Aktion für den ANZEIGEN/ÄNDERN-Button an.

Aktion anlegen

1. Markieren Sie das Button-UI-Element `BTN_EDIT`, und klicken Sie auf das ANLEGEN-Symbol in der rechten Spalte beim Ereignis on-Action (siehe Abbildung 2.23).

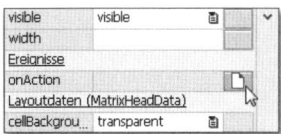

Abbildung 2.23 Anlegen von Aktionen

2. Nun öffnet sich ein Pop-up-Fenster mit der Abfrage der Aktion (siehe Abbildung 2.24). Tragen Sie als Aktionsnamen `EDITMODE`

ein, und vergeben Sie eine passende Beschreibung. Beenden Sie anschließend das Anlegen der Aktion, indem Sie auf das grüne Häkchen klicken.

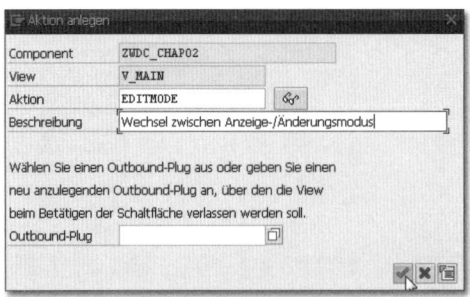

Abbildung 2.24 Anlegen der Aktion EDITMODE

Öffnen der Aktion

Klicken Sie nun doppelt auf die neue Aktion. Sie gelangen dadurch direkt in die Ereignisbehandler-Methode der Aktion. Alternativ können Sie auch auf die Registerkarte AKTIONEN wechseln und von dort die Ereignisbehandler-Methode per Doppelklick öffnen.

Wechsel zwischen Anzeige- und Änderungsmodus

Implementieren Sie Listing 2.2, um zwischen Anzeige- und Änderungsmodus über das noch anzulegende Context-Attribut EDIT_MODE wechseln zu können. Die Eigenschaft enabled der Adresseingabefelder muss dazu später noch an das Context-Attribut EDIT_MODE gebunden werden (siehe Abschnitt 2.5.1, »Aufbau des Contexts«).

```
DATA: lv_current_state TYPE char1,
      lv_new_state     TYPE char1.
* Lies den alten Status des Context-Attributs EDIT_MODE
wd_context->get_attribute(
  EXPORTING
    name = 'EDIT_MODE'
  IMPORTING
    value = lv_current_state ).
* Invertiere den Status
IF lv_current_state EQ 'X'.
  CLEAR lv_new_state.
ELSE.
  lv_new_state = 'X'.
ENDIF.
* Setze den neuen Status von EDIT_MODE
wd_context->set_attribute(
  EXPORTING
    name  = 'EDIT_MODE'
    value = lv_new_state ).
```

Listing 2.2 Wechsel zwischen Anzeige- und Änderungsmodus

Damit ist das Beispiel vorerst abgeschlossen. Die Aktion und der View sind jedoch noch nicht funktionstüchtig: Zur Fertigstellung müssen noch die Context-Attribute für die Adresseingabefelder angelegt und ihre Eigenschaften an die Attribute gebunden werden.

2.3.2 Windows und Plugs

In diesem Abschnitt stellen wir Ihnen das Konzept von Windows und Plugs im Web-Dynpro-Framework vor. Während im MVC-Architekturmuster ausschließlich Views existieren, werden diese in Web Dynpro durch das Window ergänzt. Das Web-Dynpro-Window strukturiert alle darzustellenden Views in einem sinnvollen Zusammenhang und ermöglicht die Navigation zwischen Views. Wird ein View im Rahmen einer Anwendung oder Component-Verwendung eingesetzt (siehe Abschnitt 2.7, »Multi-Component-Architekturen«), wird dieser nie direkt, sondern immer nur indirekt über seine integrierenden Windows angesprochen.

Windows im Web-Dynpro-Framework

Anlegen von Windows

Zum Anlegen eines Windows klicken Sie mit der rechten Maustaste auf die Wurzel der Component und wählen im Kontextmenü ANLEGEN • WINDOW aus. Im daraufhin erscheinenden Pop-up-Fenster können Sie den Namen des Windows und einen dazu passenden Beschreibungstext eingeben. Nach Bestätigung der Eingaben wird das Window erzeugt, und Sie gelangen auf die WINDOW-Registerkarte des Windows (siehe Abbildung 2.25). Nach der erstmaligen Speicherung wird das Window in die Objektliste der Component aufgenommen.

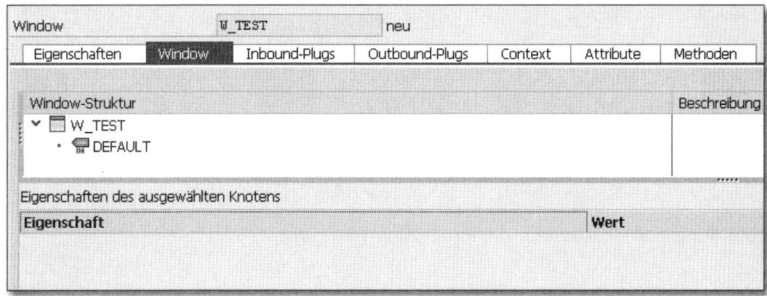

Abbildung 2.25 Neu angelegtes Window

Default-Plug Das Web-Dynpro-Framework erstellt beim Anlegen eines Windows automatisch immer einen Inbound-Plug DEFAULT vom Startup-Typ. Falls Sie lieber andere Plugs verwenden, können Sie diesen auch löschen.

Integration von Views in Windows

Ein View kann nur dann im Webbrowser angezeigt werden, wenn er vorab in ein Window eingebunden wurde. So verwendet jedes Window einen oder mehrere logisch zusammengehörende Views. Zu einem Zeitpunkt können immer nur ein Window und ein darin eingebetteter View angezeigt werden; jedoch können weitere Views durch die Bildung sogenannter *View-Hierarchien* in die Anzeige mit eingebunden werden. (Mehr darüber erfahren Sie in diesem Abschnitt unter »View-Hierarchien«.)

Beispiel für View-/ Window-Einbettung In Abbildung 2.26 sehen Sie ein einfaches Beispiel für eine Component mit zwei Windows und mehreren Views. Während das Window W_MAIN zwei Views integriert, beinhaltet W_<...> nur einen View. Wie bereits ausgeführt wurde, können zu einem Zeitpunkt immer nur ein Window und ein darin integrierter View im Browser angezeigt werden. In unserem Fall sind dies im Initialzustand die fett umrandeten Objekte Window W_MAIN und View V_MAIN. Soll nun anstelle des Views V_MAIN der View V_TWO angezeigt werden, müssen Sie diesen über im View oder im Window zu definierende Plugs und einen im Window zu definierenden Navigationslink aufrufen. Plugs und Navigationslinks erläutern wir im folgenden Abschnitt.

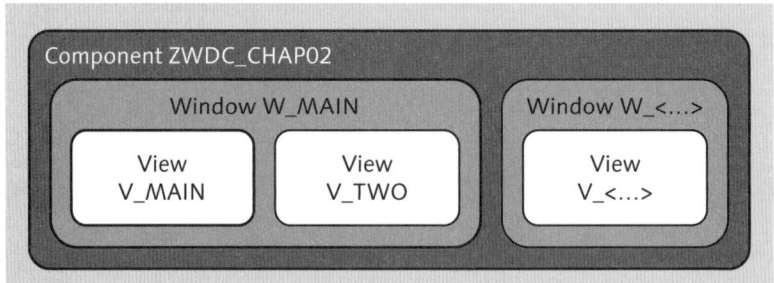

Abbildung 2.26 Beispiel für die Einbettung von Views in Windows

Integration von Views Sie können die Views Ihrer Component auf der Registerkarte WINDOW in ein Window integrieren. Gehen Sie dazu in den Änderungsmodus, und ziehen Sie den View per Drag & Drop aus der

Objektliste an die gewünschte Position im Window (siehe Abbildung 2.27, ❶). Alternativ können Sie einen View durch Rechtsklick an der gewünschten Position in der WINDOW-STRUKTUR und durch Auswahl von VIEW EINBETTEN ins Window integrieren ❷. Falls Sie bereits mit dem neuen grafischen Window-Editor arbeiten sollten, ist die Integration per Drag & Drop leider nicht möglich. Weitere Informationen zu den Editoren finden Sie in Abschnitt 2.3.2, »Windows und Plugs«.

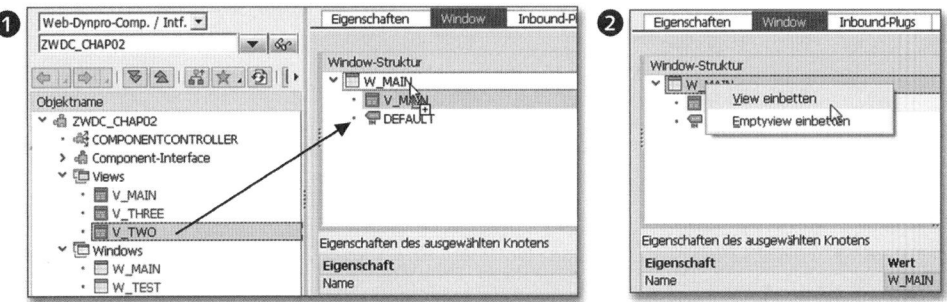

Abbildung 2.27 Integration von Views in Windows

Für jedes Window können Sie einen Default-View definieren. Dieser wird bei Initialisierung des Windows automatisch geladen und angezeigt. Sie erkennen einen Default-View im Window-Editor an seiner gelben Markierung. Falls Sie mit dem grafischen Window-Editor arbeiten, ist der View in einem intensiveren Farbton als die restlichen Views des Windows eingefärbt. Weitere Informationen dazu finden Sie in diesem Abschnitt unter »Window-Editor«.

Default-View

Plugs und Navigationslinks

Zur Navigation und Interaktion benötigen Views Eintritts- und Austrittspunkte, die in Web Dynpro als *Outbound-* und *Inbound-Plugs* bezeichnet werden. Die Verbindung eines Outbound-Plugs mit einem Inbound-Plug im Window wird *Navigationslink* genannt. Erst durch die Verbindung zweier Plugs mithilfe von Navigationslinks ist es möglich, zwischen den Views eines Windows zu wechseln. Outbound- und Inbound-Plugs können sowohl in Views als auch in Windows definiert werden. Die in Views definierten Plugs dienen ausschließlich zur Navigation innerhalb der jeweiligen Web-Dynpro-Component. Die in Windows definierten Plugs bieten erweiterte Navigationsmöglichkeiten, die in diesem Abschnitt unter »Plug-Typen«, erläutert werden.

Beispiel für eine Navigation

In Abbildung 2.28 wird das Prinzip von Plugs am Beispiel der um den View V_TWO erweiterten Component verdeutlicht. Dazu erhalten die beiden Views V_MAIN und V_TWO, die im Window W_MAIN integriert sind, je einen Button und je einen zugehörigen Outbound- und Inbound-Plug.

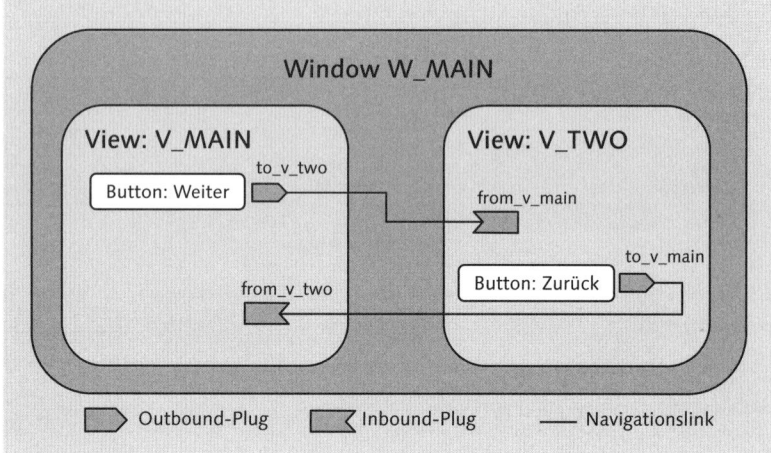

Abbildung 2.28 Navigation zwischen Views

Nach dem Start der Anwendung wird standardmäßig der View V_MAIN angezeigt. Innerhalb des Windows W_MAIN wurde der Outbound-Plug to_v_two mit dem Inbound-Plug from_v_main durch einen Navigationslink verbunden. Klickt der Anwender auf den WEITER-Button, wird der mit dem Inbound-Plug from_v_main verbundene Outbound-Plug to_v_two zum Wechsel auf den View V_TWO ausgelöst. Über den ZURÜCK-Button im View V_TWO gelangt der Anwender wieder zum ersten View. Dafür müssen die zugehörigen Plugs to_v_main und from_v_two im Window miteinander verbunden sein.

Anlegen von Plugs

Sie können Outbound- und Inbound-Plugs auf den gleichnamigen Registerkarten im View bzw. im Window anlegen (siehe Abbildung 2.29). Wechseln Sie dazu in den Änderungsmodus, und tragen Sie den gewünschten Namen sowie eine Beschreibung in der Spalte PLUG-NAME bzw. BESCHREIBUNG der Plug-Tabelle ein. Wir empfehlen Ihnen, Ihre Plugs von Anfang an durch Namenskonventionen zu unterscheiden, wie z. B. to_<...> für Outbound-Plugs und from_<...> für Inbound-Plugs.

Abbildung 2.29 Registerkarte »Outbound-Plugs« in einem Window

Sie können Outbound-Plugs auch über den ANLEGEN-Button von Aktionen bei bestimmten UI-Elementen einrichten, wie z. B. bei `Button`. Tragen Sie dazu den Namen des anzulegenden Plugs im Pop-up-Fenster AKTION ANLEGEN in das Feld OUTBOUND-PLUG ein, und bestätigen Sie Ihre Eingaben durch einen Klick auf das grüne Häkchen.

> **Outbound-Plugs in Views oder Windows anlegen** [«]
>
> Outbound-Plugs können sowohl in Views als auch in Windows definiert werden. Je nach Verwendungszweck empfehlen wir die Definition an folgender Stelle:
>
> - **View**
>   Definieren Sie einen Outbound-Plug im View, wenn der Ziel-View ausschließlich aus dem Quell-View heraus aufgerufen werden soll. Ein Beispiel dafür ist die Navigation von einer einfachen zu einer erweiterten Suchmaske und zurück. Es handelt sich hier um einen *lokalen* Plug.
>
> - **Window**
>   Definieren Sie einen Plug im Window, wenn der Ziel-View von verschiedenen Stellen aus angesteuert werden soll. Üblicherweise bietet sich die Definition eines Outbound-Plugs im Window für komplexe Navigationsvorgänge wie die Navigation zu einem umfangreichen View mit vielen Sub-Views an. Innerhalb eines Windows definierte Plugs können außerdem in das Interface der Component aufgenommen werden, das die Wiederverwendung des Plugs von anderen Components ermöglicht. In diesem Fall handelt es sich um einen *globalen* Plug.

Für Outbound-Plugs können Sie Importing-Parameter definieren, die während der Laufzeit an die über einen Navigationslink verbundene Inbound-Plug-Behandlermethode übergeben werden. In Abbil-

Importing-Parameter

dung 2.29 sehen Sie unterhalb der Tabelle mit den Plugs den Parameterdefinitionsbereich Ihrer Component.

Inbound-Plug-Behandler

Für jeden Inbound-Plug wird vom Web-Dynpro-Framework automatisch eine Inbound-Plug-Behandlermethode nach der Konvention `HANDLE<Inbound-Plug-Name>` angelegt. In dieser im View bzw. im Window des Inbound-Plugs liegenden Methode können Sie beliebiges Coding zur Initialisierung des Views bzw. des Windows hinterlegen. Sie können diese Methode z. B. zur Auswertung der Importing-Parameter des Outbound-Plugs verwenden.

Anlegen von Navigationslinks

Navigationslinks erstellen Sie im Window-Editor auf der Registerkarte WINDOW, indem Sie einen Outbound-Plug per Drag & Drop mit einem Inbound-Plug verbinden (siehe Abbildung 2.30). Bestätigen Sie das sich dabei öffnende Pop-up-Fenster durch einen Klick auf das grüne Häkchen. Das Anlegen von Navigationslinks per Drag & Drop funktioniert auch im Window-Editor.

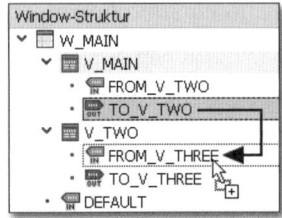

Abbildung 2.30 Anlegen eines Navigationslinks per Drag & Drop

Alternativ können Sie den Navigationslink in der WINDOW-STRUKTUR durch einen Rechtsklick auf das Window und Auswahl des Eintrags NAVIGATIONSLINK ERZEUGEN anlegen.

Plug-Typen

Während es in Views keine Unterscheidung von Plug-Typen gibt, haben Sie in Windows die Auswahl zwischen je drei unterschiedlichen Plug-Typen. Bei den Inbound-Plugs können Sie im Window zwischen Startup-, Resume- und Standard-Inbound-Plugs wählen. Im Bereich der Outbound-Plugs haben Sie die Auswahl zwischen Exit-, Suspend- und Standard-Outbound-Plugs. Im Folgenden werden wir diese Plug-Typen näher erläutern.

Inbound-Plugs

Auf der Registerkarte INBOUND-PLUGS sehen Sie in tabellarischer Form alle Inbound-Plugs des Windows (siehe Abbildung 2.31). Standardmäßig legt das Web-Dynpro-Framework mit jedem Window einen Inbound-Plug vom Typ `Startup` namens `default` an. Für jeden Inbound-Plug wird im Window-Controller eine Methode angelegt. In Windows gibt es insgesamt drei verschiedene Typen von Inbound-Plugs.

- **Startup-Plug**
  Die Eigenschaft `Startup` deklariert für den jeweiligen Inbound-Plug die Option, ihn in Anwendungen einzusetzen und somit Components zu instanziieren. Daher ist ein Startup-Plug nur dann sinnvoll, wenn er auch dem Interface des Windows zur Verfügung steht. Wenn Sie eine Web-Dynpro-Anwendung zu diesem Window anlegen, werden Ihnen nur solche Plugs für die Anwendung angeboten, die als Startup-Plugs gekennzeichnet sind.

- **Standard-Inbound-Plug**
  Die Eigenschaft `Standard` deklariert normale Inbound-Plugs ohne besondere Eigenschaften, die die einfache Navigation zwischen Views ermöglichen. Falls diese im Interface integriert sind, können sie über den Interface-View auch aus anderen Components heraus aufgerufen werden. Im Unterschied zum Startup-Plug können sie nicht zur Instanziierung einer Web-Dynpro-Component über Anwendungen eingesetzt werden.

- **Resume-Plug**
  Die Resume-Plugs erläutern wir gemeinsam mit den Suspend-Plugs bei der Betrachtung der Outbound-Plugs.

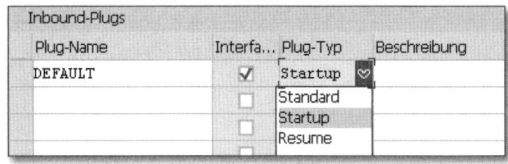

Abbildung 2.31 Inbound-Plugs im Window

Web Dynpro unterscheidet zwischen den drei folgenden Outbound-Plug-Typen:

Outbound-Plugs

- **Standard-Outbound-Plug**
  Der Standard-Outbound-Plug ist der im Window am häufigsten verwendete Outbound-Plug. Es handelt sich dabei um das Gegenstück zum Standard-Inbound-Plug, der die Navigation auslöst.

- **Exit-Plug**
  Exit-Plugs stellen das Pendant zu Startup-Plugs dar, über die die Applikationsinstanz ursprünglich gestartet wurde. Sie gehören aber zu den weniger gebräuchlichen Plugs. Sie ermöglichen das explizite Beenden einer Web-Dynpro-Anwendung, dabei benötigen sie im Gegensatz zu anderen Plugs keinen Navigationslink.
  Neben der Verwendungsmöglichkeit eines parameterlosen Exit-Plugs können Sie für einen Exit-Plug die beiden optionalen Parameter url (Typ STRING) und close_window (Typ WDY_BOOLEAN) definieren. Füllen Sie dann beim Auslösen eines Exit-Plugs den Parameter close_window mit X, versucht Web Dynpro das Browser-Fenster zu schließen. Alternativ können Sie über den Parameter url eine alternative Zieladresse angeben.

- **Suspend- und Resume-Plugs**
  Suspend-Plugs erlauben die Navigation zu einer zweiten, unabhängigen Anwendung oder Webseite, ohne die laufende Anwendung zu schließen. Der Aufruf eines Suspend-Plugs ist dem eines Exit-Plugs insofern ähnlich, als beide dazu dienen, eine laufende Web-Dynpro-Anwendung zu verlassen. Im Unterschied zum Exit-Plug erlaubt der Suspend-Plug jedoch die Rückkehr in die ursprüngliche Anwendung, nachdem die zweite Anwendung oder Webseite geschlossen wurde. Wann immer die sekundäre Anwendung oder Webseite verlassen wird, kann die primäre Anwendung über ihre URL und den Resume-Plug wieder aufgerufen werden.

> **[»] View-Hierarchien**
>
> Ein View kann nur dann im Webbrowser angezeigt werden, wenn er vorab in ein Window eingebunden wurde. So verwendet jedes Window einen oder mehrere logisch zusammengehörende Views. Zu einem Zeitpunkt kann jedoch immer nur ein Window und ein darin eingebetteter View angezeigt werden. In der Praxis sind solche Architekturen mit jeweils einem aktiven View nur für sehr kleine Anwendungen geeignet. Durch die Bildung von View-Hierarchien können Sie sich mehrere Views gleichzeitig anzeigen lassen. Dies ermöglicht die Umsetzung komplexer und anspruchsvoller UI-Architekturen, wie etwa einer Anwendung mit einer fest platzierten Toolbar zur Auswahl und zum Starten von Prozessen und einem Bereich zur Anzeige der eigentlichen Daten (bzw. der Prozessdetails).

Anlegen von View-Hierarchien

View-Hierarchien werden mithilfe eines im jeweiligen Eltern-View an gewünschter Position eingebetteten ViewContainer erstellt. Diese dienen als Platzhalter für die Sub-Views, die zur Laufzeit integriert werden müssen. Die eigentliche View-Hierarchie wird über die Struktur des Windows abgebildet. So werden die in einen View integrierten ViewContainer in der Window-Struktur als Unterknoten des Views angezeigt. In diese Container können Sie Ihre Sub-Views nun wie bei normalen Windows in die Window-Struktur integrieren.

Abbildung 2.32 zeigt Ihnen ein Beispiel für eine einfache Hierarchie. Im View V_TWO wurde ein ViewContainer-Element namens VC_TEST integriert. An der Position des ViewContainer wird zur Laufzeit der View V_THREE angezeigt.

Beispiel

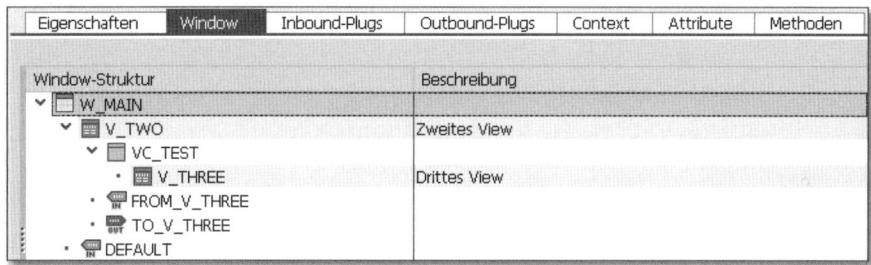

Abbildung 2.32 Beispiel für eine einfache View-Hierarchie

> **Interface-Views**
>
> Sie können in die Struktur eines Windows ausschließlich Views integrieren. Die Integration eines Windows in die Window-Struktur ist nicht erlaubt. Mithilfe von Component-Verwendungen ist es jedoch möglich, sogenannte *Interface-Views* in eine Window-Struktur einzubauen (siehe Abschnitt 2.7.2, »Verwendung von Interface-Views«).

Beim Öffnen eines Windows wird standardmäßig die Registerkarte WINDOW mit dem Window-Editor angezeigt, in dem die Struktur des Windows gepflegt wird. Der Editor teilt sich in zwei Bereiche auf:

Window-Editor

- Im oberen Bereich des Window-Editors wird die Window-Struktur abgebildet. Je nach Stand Ihres Systems wird Ihnen die Window-Struktur im klassischen Editor oder im grafischen Editor (ab Release 7.0 EHP 2) angezeigt.

- Der untere Bereich zeigt Ihnen die Eigenschaften des aktuell ausgewählten Objekts an. Dabei kann es sich um ein Window, einen View, einen Plug oder einen Navigationslink handeln.

Klassischer Window-Editor

Der klassische Window-Editor stellt die Window-Struktur in einer Baumansicht dar (siehe Abbildung 2.33). Er unterstützt Drag & Drop, Views können so z. B. aus der Objektliste direkt in die Window-Struktur gezogen werden. Alternativ können Sie Views über den Eintrag VIEW EINBETTEN im Kontextmenü des Windows integrieren. Default-Views sind im klassischen Window-Editor gelb hinterlegt.

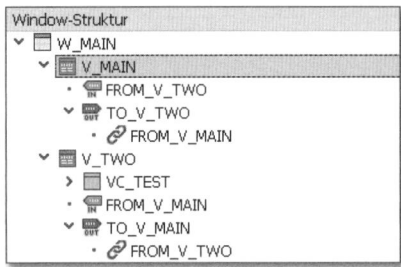

Abbildung 2.33 Window-Editor in der klassischen Baumansicht

Grafischer Window-Editor

Der grafische Window-Editor stellt die Window-Struktur mithilfe des JNET-ActiveX-Controls dar (siehe Abbildung 2.34). Dieses kann im Rahmen der SAP-GUI-Installation direkt mit implementiert werden. Der grafische Editor unterstützt auch Drag & Drop, jedoch nur innerhalb des Editors. So können Sie z. B. per Drag & Drop Navigationslinks anlegen, jedoch keine Views aus der Component-Objektliste in die Window-Struktur integrieren. Default-Views sind dunkelblau hinterlegt.

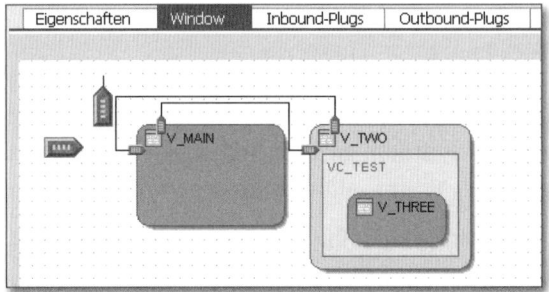

Abbildung 2.34 Window-Editor in der grafischen Ansicht

[»] **Wechsel zwischen klassischem und grafischem Editor**

Über den Toolbar-Button WINDOW-EDITOR-ANSICHT WECHSELN können Sie zwischen dem klassischen und dem grafischen Window-Editor wechseln.

Window-Eigenschaften

Auf der Registerkarte EIGENSCHAFTEN, die in Abbildung 2.35 zu sehen ist, finden Sie die administrativen Daten des Windows. Sie können außerdem eine Window-Beschreibung hinterlegen.

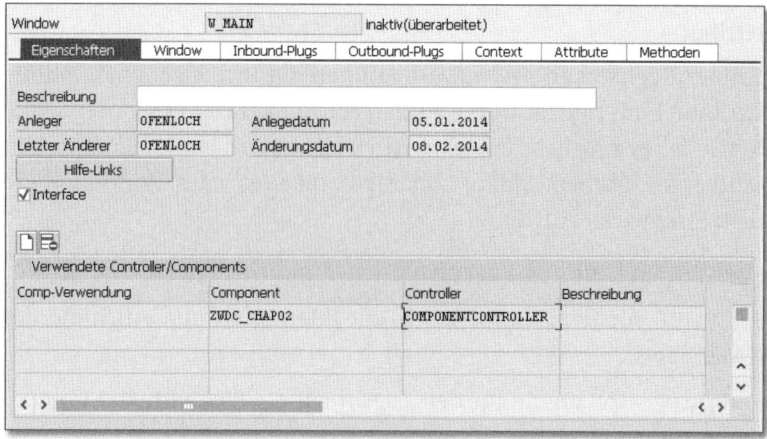

Abbildung 2.35 Eigenschaften eines Windows

Darüber hinaus haben Sie hier die Möglichkeit, Component-Verwendungen einzutragen, um vom View auf andere Controller als den Component-Controller zuzugreifen (siehe Abschnitt 2.4.5, »Verwendung und Sichtbarkeit«).

Component-Verwendungen

Haben Sie die Option INTERFACE durch ein Häkchen aktiviert, können Sie das Window in einer Anwendung zum Einstieg in die Component eintragen. Darüber hinaus ermöglicht die Option INTERFACE die Wiederverwendung des Windows der Component aus anderen Components heraus. Dazu wird für das Window vom Web-Dynpro-Framework ein *Interface-View* angelegt. Aus Sicht der externen Component handelt es sich bei dem Window dann um einen normalen View, der von der externen Component wie die eigenen Views im Window-Editor eingebunden werden kann.

Interface-Eigenschaft

Methoden

Auf der Registerkarte METHODEN können Sie Ihre eigenen Window-Methoden implementieren. Durch Eintragung von Component-Verwendungen können Sie auf die Methoden aus beliebigen Controllern der Component zugreifen.

Methodentypen Windows besitzen standardmäßig die Methoden `wddoexit( )`, `wddoinit( )`, `wddoonclose( )` und `wddoonopen( )`. Dabei handelt es sich ebenso wie bei den Methoden von Views um Hook-Methoden (siehe Abschnitt 2.4.4, »Phasenmodell«).

Attribute

Standardattribute Auf der Registerkarte ATTRIBUTE können Sie Ihre eigenen Window-Attribute hinterlegen. Durch Aktivierung des Häkchens in der Spalte PUBLIC ist es möglich, einzelne Attribute innerhalb der Component sichtbar zu machen. Standardmäßig beinhaltet jedes Window diese nicht löschbaren Attribute:

- `WD_CONTEXT` für den Zugriff auf den Window-Context
- `WD_THIS` für den Zugriff auf lokale Methoden und Attribute des Windows
- `WD_COMP_CONTROLLER` für den Zugriff auf die Elemente des Component-Controllers

Verwendung von Window-Attributen Der Zugriff auf Window-Attribute erfolgt wie der Zugriff auf View-Attribute über die Selbstreferenz `WD_THIS`. Wurde ein Attribut als `Public` definiert, können Sie dieses über die Window-Referenz nach dem gleichen Schema aufrufen.

Context

Der Context stellt die Schnittstelle für Daten zwischen Benutzeroberfläche (View) und System dar. Das Window besitzt einen eigenen Context, der über ein Mapping mit einem oder mehreren anderen Controllern verbunden werden kann. Der Context und das Mapping werden ausführlich in Abschnitt 2.5 dargestellt.

Schritt für Schritt: zwei Views

Im folgenden Beispiel lernen Sie den Umgang mit dem Window, den Plugs und mit Navigationslinks anhand zweier Views kennen. Jeder View wird mit einem Button zur Navigation auf den anderen View ausgestattet. Wird einer der Buttons angeklickt, löst dieser Button eine Aktion mit Ereignisbehandler-Methode aus. Die Methode ruft anschließend einen Outbound-Plug, der die Navigation zum zugehörigen Inbound-Plug des Ziel-Views über den im Window definierten Navigationslink startet.

1. Öffnen Sie die Component `ZWDC_CHAP02`, und legen Sie den View `V_TWO` an. Fügen Sie einen `Button` in den View ein, und beschriften Sie diesen mit »View 3 öffnen«.

2. Klicken Sie auf das ANLEGEN-Symbol der Eigenschaft `onAction`, und legen Sie eine neue Aktion an. Tragen Sie im sich nun öffnenden Pop-up-Fenster im Eingabefeld AKTION `navigate_to_v_three` und im Feld OUTBOUND-PLUG `to_v_three` ein, und bestätigen Sie Ihre Eingaben durch einen Klick auf das grüne Häkchen (siehe Abbildung 2.36).

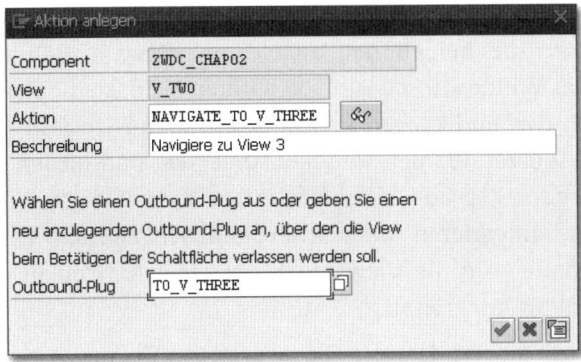

Abbildung 2.36 Anlegen der Aktion und des Outbound-Plugs

Bestätigen Sie die anschließende Frage, ob Sie den Outbound-Plug `to_v_three` anlegen möchten, mit JA. Sie haben nun eine Aktion mitsamt dem zugehörigen Outbound-Plug angelegt. In der Ereignisbehandler-Methode der Aktion finden Sie bereits den Aufruf des Outbound-Plugs implementiert.

3. Legen Sie nun einen Inbound-Plug für die Navigation zum View `V_TWO` an. Wechseln Sie auf die Registerkarte INBOUND PLUGS, und tragen Sie in der Tabelle unter PLUG-NAME den OUTBOUND-PLUG `from_v_three` ein. Speichern Sie anschließend den View.

4. Legen Sie nun einen zweiten View namens `V_THREE` an. Kopieren Sie dazu entweder `V_TWO` per Rechtsklick in die Objektliste, oder wiederholen Sie die vorangegangenen Schritte mit `V_THREE`. Benennen Sie die Objekte des Views `V_THREE` umgekehrt zu den Objekten von `V_TWO`. Tragen Sie als Inbound- und Outbound-Plug-Namen `from_v_two` und `to_v_two` in den View ein, und passen Sie die beim Button hinterlegte Aktion entsprechend an.

5. Legen Sie nun ein Window namens W_NAVIGATION an. Klicken Sie dazu mit der rechten Maustaste auf die Wurzel der Component, und wählen Sie ANLEGEN • WINDOW. Füllen Sie das folgende Pop-up-Fenster aus, und bestätigen Sie Ihre Eingaben durch einen Klick auf das grüne Häkchen.

[+] **Grafischen Window-Editor verwenden**

Im folgenden Schritt wird der klassische Window-Editor verwendet. Selbstverständlich ist das Vorgehen auch mit dem grafischen Window-Editor möglich.

6. Integrieren Sie die beiden neu angelegten Views V_TWO und V_THREE in das Window W_NAVIGATION. Öffnen Sie dazu die Registerkarte WINDOW, und klicken Sie mit der rechten Maustaste auf die Window-Wurzel. Wählen Sie VIEW EINBETTEN, und suchen Sie im nachfolgenden Pop-up-Fenster den ersten View über die Wertehilfe heraus. Integrieren Sie anschließend den zweiten View. Alternativ können Sie die Views auch per Drag & Drop in die Window-Struktur integrieren.

Stellen Sie noch sicher, dass der View V_TWO ein Default-View ist und damit beim Öffnen des Windows standardmäßig angezeigt wird. Um einen View in der Hierarchie als Default-View festzulegen, klicken Sie mit der rechten Maustaste auf den View und wählen ALS »DEFAULT« SETZEN aus.

7. Legen Sie nun die Navigationslinks zwischen den beiden Views an. Verbinden Sie den Outbound-Plug TO_V_THREE mit dem Inbound-Plug FROM_V_TWO per Drag & Drop. Wiederholen Sie die Aktion für den Outbound-Plug TO_V_TWO und den Inbound-Plug FROM_V_THREE. Ihre Window-Struktur sollte anschließend wie in Abbildung 2.37 aussehen.

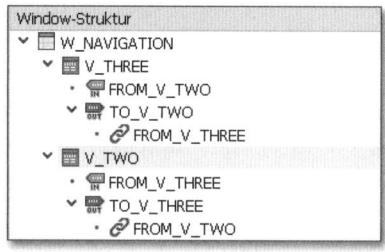

Abbildung 2.37 Window-Struktur nach Erstellung der Navigationslinks

8. Aktivieren Sie das Window W_NAVIGATION sowie die Views V_TWO und V_THREE.

Damit ist das Anlegen von Windows, Plugs und Navigationslinks abgeschlossen. Um das Beispiel zu testen, benötigen Sie jedoch noch eine Anwendung zum Aufruf des Windows. **Testen der Anwendung**

1. Klicken Sie mit der rechten Maustaste auf die Wurzel der Component, und wählen Sie ANLEGEN • WEB-DYNPRO-ANWENDUNG aus. Tragen Sie zwdc_chap02_navigation als Anwendungsnamen in das Pop-up-Fenster ein, und vergeben Sie eine passende Beschreibung. Bestätigen Sie Ihre Eingaben.

2. Sie gelangen nun in den Anwendungseditor. Gehen Sie zum Feld INTERFACE-VIEW, und wählen Sie über die Wertehilfe das Window W_NAVIGATION aus. Wechseln Sie anschließend zum Feld PLUG-NAME, und suchen Sie dort den automatisch mit dem Window angelegten Interface-Plug DEFAULT aus. Speichern Sie danach die Anwendung.

3. Testen Sie nun Ihre Anwendung, indem Sie in der Toolbar auf den TESTEN-Button klicken. In dem sich nun öffnenden Browser-Fenster können Sie durch einen Klick auf die Buttons zwischen den Views V_TWO und V_THREE hin- und herwechseln (siehe Abbildung 2.38).

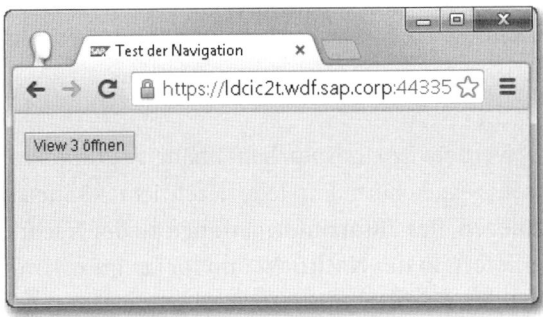

Abbildung 2.38 Test der Anwendung

2.3.3 Nachrichten – Message Manager und Message Area

Die Benachrichtigung von Benutzern in ABAP-Programmen mithilfe der MESSAGE-Anweisung dürfte keine Neuigkeit für Sie sein: **Klassische Nachrichten**

```
MESSAGE <Typ><Nr>(<Klasse>) WITH <Parameter>.
```

Bei Verwendung dieser Anweisung müssen Sie einen Nachrichtentyp (z. B. W für Warning), eine Nachrichtennummer und die Nachrichtenklasse der Meldung angeben. Darüber hinaus haben Sie die Möglichkeit, jede Nachricht um bis zu vier Variablenwerte zu ergänzen. In der Regel werden MESSAGE-Nachrichten in der Statusleiste angezeigt. Da alle MESSAGE-Nachrichten in der Datenbanktabelle T100 abgelegt werden, spricht man hier im Allgemeinen auch von *T100-Nachrichten*.

Nachrichten in Web Dynpro

In Web Dynpro ist die Nachrichtenausgabe von T100-Nachrichten mithilfe der MESSAGE-Anweisung nicht möglich. Stattdessen stellt Ihnen SAP für die Meldungsanzeige und Verwaltung die Message Area und den Message Manager zur Verfügung, die in den folgenden Abschnitten erläutert werden.

Nachrichtenquellen

Verschiedene Textquellen

In Web Dynpro können Sie mithilfe des Message Managers Nachrichten aus verschiedenen Textquellen ausgeben:

- **Texte**
  Sie können beliebige Texte für die Ausgabe von Meldungen verwenden. Dies können z. B. Kurztexte aus dem Online Text Repository (siehe Abschnitt 10.4.2, »Texte aus dem Online Text Repository«), Textsymbole aus der Assistenzklasse oder Texte aus dem ABAP Dictionary sein. Die Verwendung dieser Textquellen wird ausführlich in Abschnitt 10.4, »Nachrichten und Internationalisierung«, besprochen.

- **Tabelle T100**
  In Tabelle T100 werden Texte sprachenabhängig gruppiert in Nachrichtenklassen gespeichert. Für jede Nachricht können Sie einen Langtext anlegen, der Zusatzinformationen zu der Nachricht für den Benutzer liefert. In der Nachricht und im Langtext können Platzhalter verwendet werden, um Informationen während der Laufzeit in die Texte einzumischen.

- **Ausnahmen**
  Ausnahmen (Exceptions) sind ein Teil des Ausnahmemechanismus in ABAP Objects und werden über ABAP-Klassen definiert. Die Ausnahmeklassen leiten sich von der ABAP-Klasse CX_ROOT ab. Der Message Manager kann auf solche Weise angelegte Ausnahmen abfangen und die Fehlernachricht entsprechend ausgeben.

In den folgenden Abschnitten stellen wir Ihnen die Verwendung der jeweiligen Objekte im Detail vor.

Message Area

Die Message Area stellt den Bereich für die Nachrichtenausgabe innerhalb einer Web-Dynpro-Anwendung dar. Sie ermöglicht die Darstellung beliebiger Nachrichten/Texte, dennoch folgt sie auch weiterhin dem klassischen SAP-Nachrichtenschema mit Nachrichtentypen (z. B. Information, Warnung, Fehler) und der Angabe von Langtexten. In Abbildung 1.11 haben Sie schon ein Beispiel für die Message Area gesehen.

Sie können die Message Area auf zwei verschiedene Arten in Ihren Anwendungen verwenden. Die erste Möglichkeit besteht darin, die Message Area in einem von Web Dynpro vordefinierten Bereich im Kopf der Seite anzeigen zu lassen. In diesem Fall wird von der *Standard-Message-Area* gesprochen. Die Einbindung des UI-Elements `MessageArea`, das die zweite Möglichkeit darstellt, ist hier nicht erforderlich.

Standard-Message-Area

Sie können bestimmen, ob die Message Area immer oder nur bei Bedarf eingeblendet werden soll. Haben Sie eingestellt, dass die Message Area immer sichtbar ist, zeigt diese, falls keine Meldungen vorhanden sind, den Text »Keine Nachrichten« an. Um diese Einstellung vorzunehmen, müssen Sie in die Eigenschaften der entsprechenden Web-Dynpro-Anwendung wechseln (siehe Abbildung 2.39).

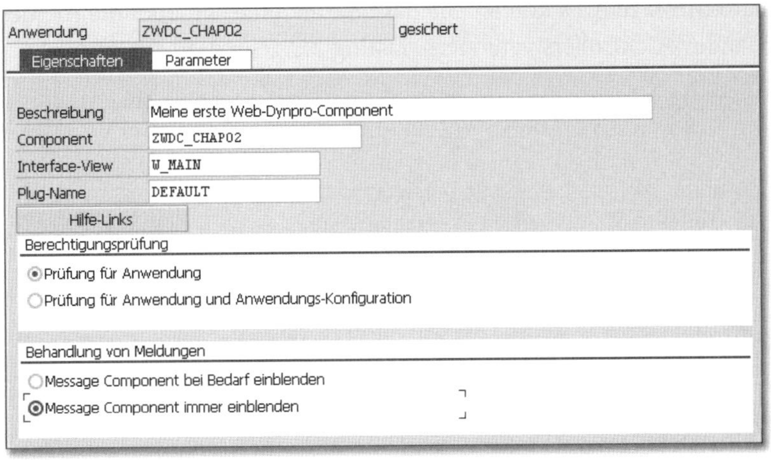

Anzeige

Abbildung 2.39 Sichtbarkeit der Message Area einstellen

In der Eigenschaftengruppe BEHANDLUNG VON MELDUNGEN können Sie festlegen, ob die Message Area nur bei Bedarf oder immer eingeblendet werden soll. Wenn Sie die Option MESSAGE COMPONENT BEI BEDARF EINBLENDEN wählen, verschieben sich die angezeigten View-Elemente bei der Anzeige einer Nachricht nach unten. Sofern keine Nachricht zur Ausgabe vorliegt, wird die Message Area nicht angezeigt, und die Anzeige der View-Elemente wird nach der Layoutdefinition durchgeführt.

UI-Element MessageArea

Alternativ zur Standard-Message-Area können Sie die Message Area auch an einer beliebigen Stelle innerhalb Ihres Layouts mithilfe des UI-Elements MessageArea einbinden. Dadurch ist es Ihnen möglich, die Nachrichten an einer gezielt ausgewählten Stelle im Layout auszugeben. Falls Sie dieses UI-Element einsetzen, müssen Sie nur darauf achten – speziell bei der Wiederverwendung von Components –, dass es in der gesamten Web-Dynpro-Anwendung pro Window nur einmal eingesetzt wird, da es andernfalls zu Laufzeitfehlern kommt.

Eigenschaften der Message Area

Unabhängig davon, ob Sie die Standard-Message-Area oder das MessageArea-Element zur Anzeige Ihrer Meldungen verwenden, können Sie das Erscheinungsbild der Message Area beeinflussen. So können Sie z. B. die Anzahl der maximal gleichzeitig anzuzeigenden Nachrichten einstellen. Eine vollständige Auflistung der möglichen MessageArea-Eigenschaften finden Sie in Abschnitt 4.6.4.

Attribuierung

Bei der Einbindung der Message Area mithilfe des UI-Elements können Sie deren Erscheinungsbild über die Eigenschaften im Layout-Editor des jeweiligen Views bearbeiten. Bei der Verwendung der Standard-Message-Area können Sie das Erscheinungsbild über die API des Window-Controllers verändern. Listing 2.3 zeigt dazu ein Beispiel.

```abap
DATA: lo_window_api    TYPE REF TO if_wd_window_controller,
      lo_message_area TYPE REF TO if_wd_message_area.

* Window-API und Message Area ermitteln
lo_window_api    ?= wd_this->wd_get_api( ).
lo_message_area = lo_window_api->get_message_area( ).

* Eigenschaften der Message Area setzen
CALL METHOD lo_message_area->set_display_attributes
  EXPORTING
    i_show_only_current  = abap_true
    i_msg_lines_visible  = 3
    i_use_toggle_area    = abap_false
```

```
  i_for_all_instances   = abap_true
  i_display_empty_lines = abap_false.
```

Listing 2.3 Attribuierung der Message Area

Message Manager

Um Meldungen an den Benutzer senden zu können, steht Ihnen der Message Manager, den Sie über die API des aktuellen Controllers erhalten, zur Verfügung. Der Message Manager ist das zentrale Objekt für die Verwaltung und Behandlung von Nachrichten und bietet dabei Methoden an, um Texte aus unterschiedlichen Quellen zu beziehen und diese mit der passenden Übersetzung in die Message Area zu setzen.

Aufgaben

Der Message Manager basiert auf dem Referenztyp IF_WD_MESSAGE_MANAGER. Sie können eine Referenz auf den Message Manager über die API eines beliebigen Controllers der Component durch den Aufruf der API-Methode get_message_manager( ) ermitteln (siehe Listing 2.4).

Message-Manager-Referenz ermitteln

```
DATA: lo_cntr_api    TYPE REF TO if_wd_controller,
      lo_msg_manager TYPE REF TO if_wd_message_manager.

* Controller-API und Message Manager ermitteln
lo_cntr_api = wd_this->wd_get_api( ).
lo_msg_manager = lo_cntr_api->get_message_manager( ).
```

Listing 2.4 Ermittlung der Message-Manager-Referenz

> **Referenz auf Message Manager einmalig ermitteln** [+]
>
> Um effizient mit dem Message Manager in der Web-Dynpro-Component arbeiten zu können, sollten Sie in einem Initialisierungsschritt die Referenz auf den Message Manager ermitteln und diese Referenz so ablegen, dass alle Controller darauf zugreifen können. Zur zentralen Ablage des Message Managers bietet sich meist die Verwendung des Component-Controllers an.

Zur Ermittlung der Message-Manager-Referenz können Sie auch auf die Funktionen des Web-Dynpro-Code-Wizards zurückgreifen. Dieser generiert das Coding für den Zugriff auf eine der Message-Manager-Methoden. Setzen Sie dazu den Cursor an die jeweilige Stelle, und rufen Sie das Pop-up-Fenster des Code-Wizards durch einen Klick auf das Code-Wizard-Symbol auf. Wechseln Sie auf die Registerkarte ALLGEMEIN, und wählen Sie dort die Option MELDUNG

Web-Dynpro-Code-Wizard

ERZEUGEN aus, wie in Abbildung 2.40 am Beispiel der Methode `report_success( )` dargestellt.

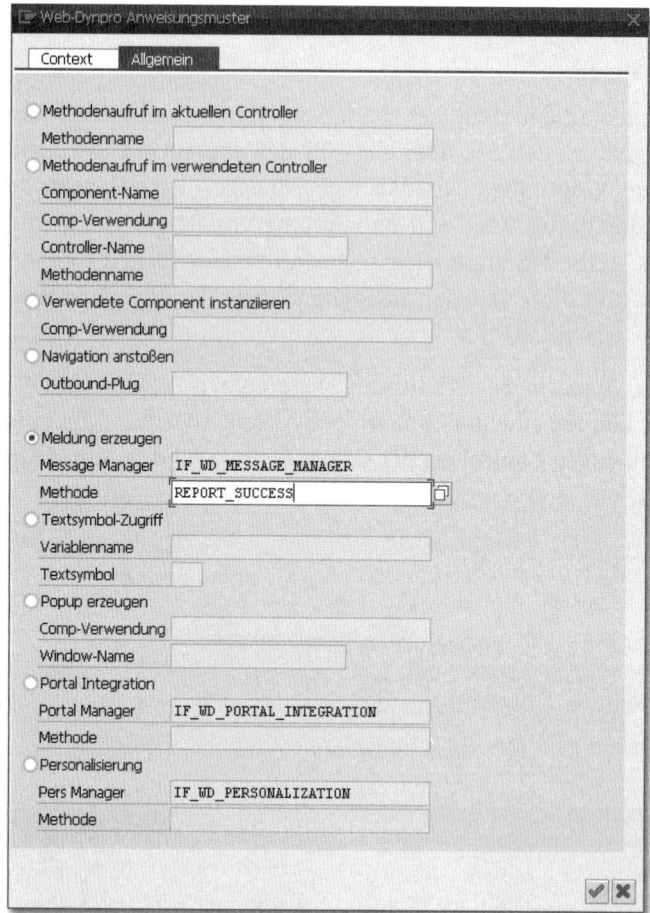

Abbildung 2.40 Meldung mit dem Web-Dynpro-Code-Wizard erzeugen

Das Interface des Message Managers bietet Ihnen eine Vielzahl von Methoden zur Verwaltung und Ausgabe von Meldungen an. Darüber hinaus stellt Ihnen der Message Manager Methoden zur Abfrage der aktuell angezeigten Meldungen und zu deren Löschung bereit.

Context-Verknüpfung — Es ist möglich, einzelne Meldungen mit Elementen des Contexts zu verbinden. Auf diese Weise können Sie die Meldungen direkt bei einem mit dem Context verbundenen UI-Element (z. B. einem Eingabefeld) einblenden und einen Link zwischen Meldung und UI-Element herstellen (siehe Abbildung 2.41).

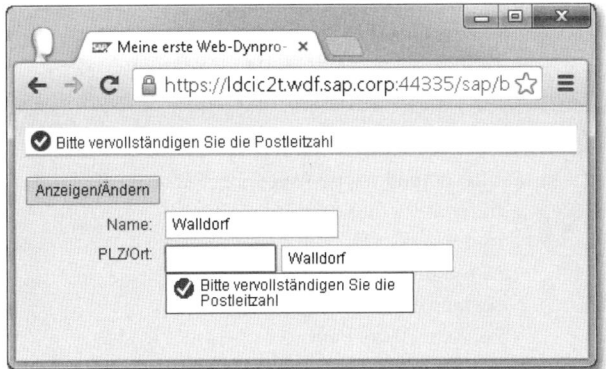

Abbildung 2.41 Mit dem Context verlinkte Meldung

Zur Ausgabe einer solchen kontextbezogenen Fehlermeldung ist es erforderlich, dem Message Manager eine Referenz auf das Context-Element und den Namen des Attributs zu übergeben (siehe Listing 2.5).

```
DATA: lo_root_element TYPE REF TO if_wd_context_element.
lo_root_element = wd_context->get_lead_selection( ).
* Gib eine Meldung für die Postleitzahl aus
CALL METHOD lo_msg_manager->report_attribute_message
  EXPORTING
    message_text   =
 'Bitte vervollständigen Sie die Postleitzahl'
    message_type   = if_wd_message_manager=>co_type_standard
    element        = lo_root_element
    attribute_name = 'POSTCODE'.
```

Listing 2.5 Kontextbezogene Meldung

Im Folgenden haben wir Ihnen eine Auflistung der Methoden des Message Managers, gruppiert nach den Meldungskategorien, zusammengestellt. Es handelt sich um die Kategorien Text, T100, Ausnahmen und die sonstigen Methoden.

Um eine Nachricht aus der Kategorie Text zu senden, müssen Sie zuerst den Nachrichtentext ermitteln. Über den für alle Methoden dieser Kategorie angebotenen Parameter `params` ist es möglich, den Text um zusätzliche Werte aus einer Parametertabelle zu ergänzen. Ein Teil der Methoden bietet eine Verlinkung von UI-Elementen mit der Meldung über den Context an. In Tabelle 2.2 sehen Sie die Methoden der Kategorie Text.

Kategorie Text

Methode	Beschreibung	Besonderheiten
report_success( )	Gibt eine Erfolgsmeldung aus.	Parametertabelle
report_warnung( )	Gibt eine Warnung aus.	Parametertabelle
report_message( )	Gibt eine einfache Meldung aus. Über den Parameter message_type ist es möglich, Erfolgsmeldungen, Warnungen oder Fehler auszugeben.	Parametertabelle
report_attribute_message( )	Gibt eine Meldung zu einem Context-Attribut aus. Über den Parameter message_type ist es möglich, Erfolgsmeldungen, Warnungen oder Fehler auszugeben.	Parametertabelle, Context-Link
report_error_message( )	Gibt eine Fehlermeldung aus.	Parametertabelle
report_fatal_error_message( )	Gibt eine fatale Fehlermeldung aus. Wird diese Methode innerhalb von wddoinit( ), wddoexit( ), wddomodifyview( ) oder eines Inbound-Plug-Behandlers aufgerufen, bricht die gesamte Anwendung mit einem Laufzeitfehler ab.	Parametertabelle
report_attribute_error_message( )	Gibt eine Fehlermeldung zu einem Context-Attribut aus.	Parametertabelle, Context-Link, Phasenmodell
report_element_error_message( )	Gibt eine Ausnahme zu mehreren Context-Attributen aus.	Parametertabelle, Context-Link, Phasenmodell

Tabelle 2.2 Message-Manager-Methoden der Kategorie Text

Kategorie T100 Für die Ausgabe von Texten aus der Tabelle T100 stehen drei Methoden des Message Managers zur Verfügung (siehe Tabelle 2.3). Allen drei Methoden müssen zumindest die Nachrichtennummer, die Nachrichtenklasse und der Nachrichtentyp übergeben werden.

Methode	Beschreibung	Besonderheiten
report_t100_message( )	Gibt eine Meldung auf Basis eines Eintrags in Tabelle T100 aus.	Parametertabelle
report_attribute_t100_message( )	Gibt eine T100-Meldung zu einem Context-Attribut aus.	Parametertabelle, Context-Link
report_element_t100_message( )	Gibt eine T100-Meldung zu mehreren Context-Attributen aus.	Parametertabelle, Context-Link, Phasenmodell

Tabelle 2.3 Message-Manager-Methoden der Kategorie T100

Bei den Methoden der Kategorie Ausnahmen besteht keine Möglichkeit, Platzhalter durch konkrete Werte zu ersetzen. In Tabelle 2.4 sehen Sie die Methoden dieser Kategorie.

Kategorie Ausnahmen

Methode	Beschreibung	Besonderheiten
report_exception( )	Gibt eine Ausnahme aus.	–
report_fatal_exception( )	Gibt eine fatale Ausnahme aus. Wird diese Methode innerhalb von wddoinit( ), wddoexit( ), wddomodifyview( ) oder eines Inbound-Plug-Behandlers aufgerufen, bricht die gesamte Anwendung mit einem Laufzeitfehler ab.	–
report_attribute_exception( )	Gibt eine Ausnahme zu einem Context-Attribut aus. Beeinflusst das Phasenmodell/Navigationsverhalten.	Context-Link, Phasenmodell
report_element_exception( )	Gibt eine Ausnahme zu mehreren Context-Attributen aus.	Context-Link, Phasenmodell

Tabelle 2.4 Message-Manager-Methoden der Kategorie Ausnahmen

Neben den Methoden zur Ausgabe von Meldungen besitzt der Message Manager weitere Methoden zu deren Verwaltung (siehe Tabelle 2.5).

Sonstige Methoden

Methode	Beschreibung
is_empty( )	Fragt ab, ob Meldungen vorhanden sind.
clear_messages( )	Löscht alle Meldungen.
remove_message( )	Löscht eine einzelne Meldung.
get_messages( )	Liest alle Meldungen des Message Managers.
get_messages_for_id( )	Gibt die Meldung zu einer bestimmten MESSAGE_ID zurück.
has_val_errors_for_window( )	Anfrage, ob Validierungsmeldungen für ein Window existieren.
has_validation_errors( )	Anfrage, ob generell Validierungsmeldungen existieren.

Tabelle 2.5 Sonstige Message-Manager-Methoden

Gültigkeitsdauer von Meldungen

Standardmäßig werden Meldungen immer nur bis zur nächsten Aktionsausführung in der Message Area angezeigt und im Message Manager gespeichert. Es ist jedoch auch möglich, Meldungen für einen längeren Zeitraum im Message Manager zu halten. Unterschieden werden daher diese beiden Meldungsarten:

- **Standardmeldungen**

    Diese Meldungen werden vor der Ausführung einer Aktion durch die Web-Dynpro-Laufzeit gelöscht und müssen daher bei Bedarf in jedem HTTP-Roundtrip neu erzeugt werden.

- **Permanente Meldungen**

    Diese Meldungen werden nicht automatisch vor der Ausführung einer Aktion gelöscht. Durch die Angabe eines Gültigkeitsbereichs über den Parameter scope_permanent_msg kann die Lebensdauer einer permanenten Meldung festgelegt werden. Mögliche Gültigkeitsbereiche sind: Component, Controller, Context-Element. Soll eine Meldung permanent sein, muss diese bei der Erzeugung als is_permanent gekennzeichnet werden.

Message Manager – Nachrichten und Navigationsverhalten

Nachrichten werden im Allgemeinen als Reaktion auf Prüfungen ausgegeben. Zeigt das Ergebnis einer Prüfung einen Fehler an, ist es manchmal erforderlich, die Verarbeitung des Programms abzubrechen und den Benutzer zu einer neuen Eingabe aufzufordern. Web Dynpro bietet hier ein ausgeklügeltes Modell zur Unterbrechung der Aktionsverarbeitung und der Navigation in Verbindung mit dem Message Manager an, das wir Ihnen im Folgenden vorstellen.

Web Dynpro unterscheidet zwischen Framework-Meldungen, die direkt aus dem Web-Dynpro-Framework kommen, und Meldungen aus der Anwendungslogik, die in beliebigen Situationen von der Applikation ausgegeben werden können. Framework-Meldungen erscheinen z. B., wenn Sie in ein Datumsfeld einen Nicht-Datumswert oder in ein Feld für die Domänenangabe einen Nicht-Domänenwert eingeben. Eine Prüfung innerhalb der Anwendung könnte sein, ob der eingegebene Datumswert in der Zukunft liegt.

Framework- und Anwendungsmeldungen

Beim Schreiben von Meldungen haben Sie mit dem Importing-Parameter `cancel_navigation` die Möglichkeit, den Wechsel auf andere Views durch die Beeinflussung des Phasenmodells zu verhindern. Für Framework-Meldungen ist `cancel_navigation` immer automatisch aktiv.

Auch Aktionen vom Typ Standard werden im Fall der Aktivierung von `cancel_navigation` nicht mehr ausgeführt. Bei contextbezogenen Fehlermeldungen können Sie jedoch die Ausführung von Standardaktionen durch das Setzen von `is_validation_independent` weiterhin zulassen. Dieser Parameter gilt nicht für das Navigationsverhalten. Beachten Sie an dieser Stelle, dass Sie Aktionen auch gezielt durch die Auswahl des Typs VALIDIERUNGSUNABHÄNGIG von der Unterbrechung im Fehlerfall ausnehmen können.

Damit die Navigation und Aktionsausführung im Fehlerfall auch wirklich verhindert werden können, ist es unumgänglich, dass die Meldung vor der Durchführung der Navigation bzw. der Aktion in der Message Area vorliegt. Aus diesem Grund sollten Sie jegliche Eingabeüberprüfungen innerhalb der `wddobeforenavigation( )`-Methoden Ihrer Views durchführen.

Zeitpunkt der Überprüfung

Neben den bereits erwähnten Auswirkungen auf die Navigation und auf die Aktionsausführung unterbinden Fehlermeldungen mit `cancel_navigation` auch die Ausführung der im Phasenmodell nach `wddobeforeaction( )` folgenden View-Methoden `wddoafteraction( )`, `wddobeforenavigation( )` und `wddomodifyview( )`. Weitere Informationen über das Phasenmodell erhalten Sie in Abschnitt 2.4.4.

Auswirkungen auf das Phasenmodell

2.4 Controller

In den vorangegangenen Abschnitten haben wir bereits mehrmals einige Web-Dynpro-Controller erwähnt und teils auch in kleinerem Umfang verwendet. Diese Controller stellen wir Ihnen in diesem Abschnitt ausführlich vor.

2.4.1 Controller-Typen

Fünf Controller-Typen

Das Web-Dynpro-Framework unterscheidet fünf verschiedene Controller-Typen:

- **Component-Controller**

    Der Component-Controller stellt den globalen Zugriffspunkt innerhalb einer jeden Web-Dynpro-Component dar. Er beinhaltet Konstruktor- und Destruktormethoden, die bei der Erstellung bzw. Löschung der Component ausgeführt werden. Jede Component besitzt exakt einen Component-Controller. Er eignet sich vor allem zur componentübergreifenden Kommunikation sowie zur Model-Anbindung. Darüber hinaus dient der Component-Controller mithilfe des Contexts (siehe Abschnitt 2.5) als globale Schnittstelle zum Datenaustausch zwischen den Windows und den Views der Component.

- **View-Controller**

    Die View-Controller sind nur innerhalb des entsprechenden Views sichtbar, und jeder View hat seinen eigenen Controller. Hauptaufgaben dieser Controller sind vor allem die Reaktion auf die vom Benutzer ausgelösten Aktionen, die Überprüfung der Benutzereingaben auf Korrektheit nach den im Controller fest definierten Regeln sowie die Steuerung der Eigenschaften der im View beheimateten UI-Elemente.

- **Window-Controller**

    Im Unterschied zum View-Controller ist der Window-Controller innerhalb des jeweiligen Windows und der darin befindlichen Views sichtbar. Beim Start von Web-Dynpro-Anwendungen wird der Window-Controller über im Window definierte Inbound-Plugs angesprochen. Pro Instanz einer Component kann immer nur ein Window gleichzeitig verwendet werden. Ausgehend vom Zugriff auf den Window-Controller der Views, muss das Window den Views explizit bekannt gemacht werden.

- **Custom-Controller**

  Custom-Controller können in beliebiger Zahl vom Entwickler erstellt werden. Sie besitzen die gleichen Eigenschaften wie der Component-Controller und eignen sich damit vor allem zum view- und windowübergreifenden Datenaustausch und zur Model-Anbindung. Custom-Controller können außerdem als sogenannte *Configuration-Controller* definiert werden (siehe Abschnitt 8.4.4 »Component-defined-Konfiguration«).

- **Interface-Controller**

  Der Interface-Controller veröffentlicht Methoden und Aktionen des Component-Controllers im Component-Interface. Die Definition von Methoden dieses Controllers muss damit immer über den Component-Controller erfolgen, da es sich beim Interface-Controller um ein Interface und nicht um einen Controller im eigentlichen Sinn handelt. Durch das Setzen des Interface-Kennzeichens im Component-Controller wird die entsprechende Methode componentübergreifend sichtbar.

Tabelle 2.6 fasst die Bestandteile der verschiedenen Controller-Typen zusammen.

Controller-Bestandteile im Überblick

Controller	Aktionen	Ereignisse	Plugs	Sichtbarkeit
Component		✓		componentweit
View	✓		✓	lokaler View
Window			✓	componentweit (lokaler View)
Custom		✓		componentweit
Interface		✓	✓	extern

Tabelle 2.6 Bestandteile von Controllern

2.4.2 Attribute

Sie können für jeden Controller, ähnlich wie bei ABAP-Klassen, eigene Attribute anlegen. Sie verwenden Attribute, um alle nicht UI-relevanten Anwendungsdaten – z. B. Objektreferenzen – abzulegen (für UI-relevante Daten wird der Context verwendet; siehe Abschnitt 2.5).

In Abbildung 2.42 ist die Registerkarte ATTRIBUTE des Component-Controllers zu sehen. Auf dieser werden die im Controller definierten Attribute in tabellarischer Form dargestellt. Durch Setzen des Häkchens in der Spalte PUBLIC können Sie Attribute für die verbliebenen Controller innerhalb der Component sichtbar machen.

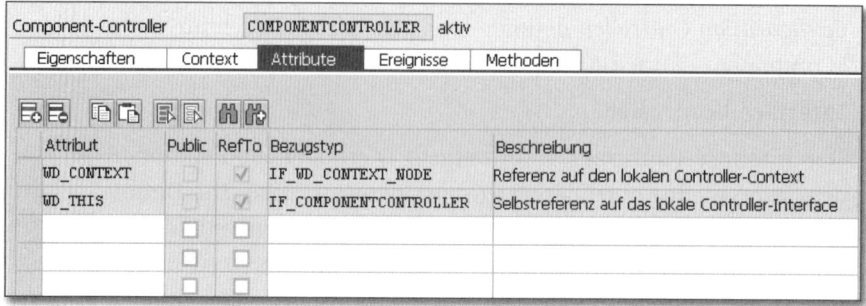

Abbildung 2.42 Attribute im Component-Controller

Standardattribute Standardmäßig beinhaltet jeder Controller die Attribute `wd_this` und `wd_context`. Beim Attribut `wd_this` handelt es sich um eine Selbstreferenz auf den jeweiligen Controller. Über diese können Sie auf die Methoden und Attribute des Controllers zugreifen. Das Attribut `wd_context` ist eine Referenz auf den Wurzelknoten des jeweiligen Contexts und wird ausführlich in Abschnitt 2.5 erläutert. View- und Window-Controller besitzen außerdem standardmäßig das Attribut `wd_comp_controller`. Über dieses Attribut können Sie direkt vom View oder Window aus auf die Methoden und Attribute des Component-Controllers zugreifen (Voraussetzung ist jedoch, dass sie als PUBLIC definiert sind).

2.4.3 Methoden

In Abbildung 2.43 ist die Registerkarte METHODEN des Component-Controllers dargestellt. Je nach Controller-Typ bietet Web Dynpro eine Reihe von Standardmethoden, die es dem Entwickler ermöglichen, zu einem bestimmten Zeitpunkt in den Programmablauf einzugreifen. Da diese Methoden ausschließlich von der Laufzeit zu einem festgelegten Zeitpunkt gerufen werden können, werden sie *Hook-Methoden* genannt.

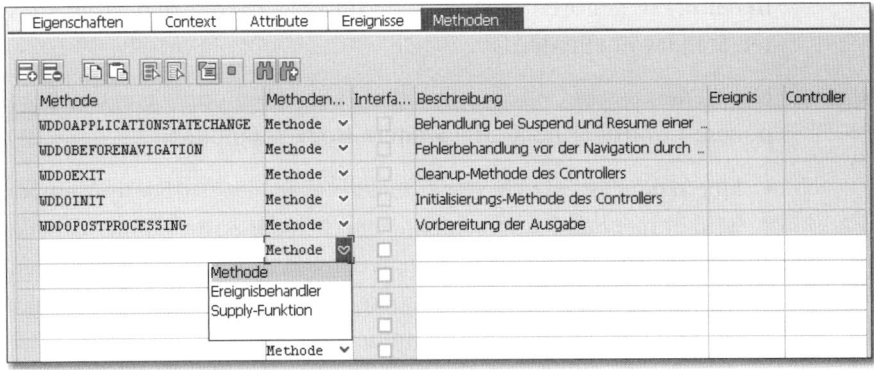

Abbildung 2.43 Methodentypen im Web-Dynpro-Framework

Tabelle 2.7 listet alle Controller und darin enthaltenen Hook-Methoden auf. Im Anschluss werden die Hook-Methoden einzeln beschrieben. Der Aufrufzeitpunkt und die Aufrufreihenfolge der Hook-Methoden werden in Abschnitt 2.4.4, »Phasenmodell«, erläutert.

Hook-Methoden

Controller	Verfügbare Hook-Methoden
Component	wddoinit( ), wddoexit( ), wddobeforenavigation( ), wddopostprocessing( ), wddoapplicationstatechange( )
Window	wddoinit( ), wddoexit( ), wddoonopen( ), wddoonclose( )
View	wddoinit( ), wddoexit( ), wddobeforeaction( ), wddoafteraction( ), wddomodifyview( )
Custom	wddoinit( ), wddoexit( )

Tabelle 2.7 Übersicht über alle Web-Dynpro-Hook-Methoden

Die Methoden wddoinit( ) und wddoexit( ) existieren bei jedem Controller-Typ und sind mit dem Konstruktor bzw. Destruktor von Objekten in anderen objektorientierten Programmiersprachen vergleichbar.

- wddoinit( ) wird immer dann aufgerufen, wenn ein Controller neu instanziiert wird. Innerhalb der Methode können Sie z. B. Hilfsklassen instanziieren oder Initialwerte von Attributen und des Contexts setzen.

- Im Gegenzug bietet Ihnen die Methode wddoexit( ) beim Verlassen des Controllers die Gelegenheit, aufzuräumen, Hilfsobjekte zu löschen und Sperren freizugeben.

In der Praxis gehören wddoinit( ) und wddoexit( ) zu den wichtigsten Standardmethoden.

Hook-Methoden des Component-Controllers

Neben der wddoinit( )- und wddoexit( )-Methode bietet der Component-Controller noch drei weitere Hook-Methoden:

- Eine davon ist wddoapplicationstatechange( ). Diese Methode wird immer dann durchlaufen, wenn sich der Zustand einer Anwendung ändert – also genau dann, wenn die Anwendung vom laufenden in den Suspend-Modus übergeht und anschließend über den Resume-Plug wieder aufgenommen wird (siehe Abschnitt 2.3.2, »Windows und Plugs«). Vor allem im Rahmen der Portalnavigation ist diese Methode von größerer Bedeutung.

- Die Methode wddobeforenavigation( ) wird vor allem in komplexeren Anwendungen zur Validierung von Benutzereingaben verwendet. Tritt während der Validierung ein Fehler auf, kann die Navigation innerhalb der Methode durch die Ausgabe einer Fehlermeldung vom Anwendungsentwickler abgebrochen werden. Kurz vor der Rendering-Phase der Benutzeroberfläche ermöglicht die Methode wddopostprocessing( ) nochmals einen letzten Zugriff auf die Component. Sie können diese Methode z. B. für anwendungsspezifische Bereinigungsarbeiten heranziehen.

Hook-Methoden des Window-Controllers

Jeder Window-Controller besitzt die beiden Hook-Methoden wddoonopen( ) und wddoonclose( ). Diese Methoden werden immer nur dann durchlaufen, wenn ein Window als Dialogfenster geöffnet bzw. geschlossen wird. Da mit dem Öffnen eines Dialogfensters keine Navigation verbunden ist, wird auch kein Inbound-Plug gerufen und keine damit verbundene Ereignisbehandler-Methode durchlaufen. Die Methode wddoonopen( ) dient daher unter anderem zur eventuellen Implementierung von Initialisierungen des Windows.

Hook-Methoden des View-Controllers

Die nach wddoinit( ) und wddoexit( ) wohl wichtigste Hook-Methode ist wddomodifyview( ). Diese Methode wird vor der Generierung des Views aufgerufen und ermöglicht die dynamische Modifizierung des Views zur Laufzeit (siehe Kapitel 6, »Dynamische Programmierung«). Dementsprechend ist sie auch nur im View-Controller verfügbar. Zusätzlich bietet der View noch die beiden Methoden wddobeforeaction( ) und wddoafteraction( ) an. Diese erlauben den Eingriff in das Geschehen vor bzw. nach der Ausführung von View-Aktionen.

Bei den Controller-Methoden unterscheidet Web Dynpro zwischen drei verschiedenen Methodentypen:

Methodentypen

- **Methoden**
  Dabei handelt es sich um Methoden im klassisch objektorientierten Sinn. Sie werden durch Eingabe des Methodennamens in der Spalte METHODE auf der Registerkarte METHODEN angelegt. Mithilfe eines Doppelklicks auf den Methodennamen können Sie von der Methodenliste in den Rumpf der Methode navigieren. Innerhalb des Rumpfes können Sie neben der Eingabe des Codings eine beliebige Anzahl an Übergabeparametern definieren.

- **Ereignisbehandler**
  Zur controller- und componentübergreifenden Navigation können innerhalb des Component- und Custom-Controllers Ereignisse definiert werden. Nach dem Auslösen des Ereignisses wird von der Laufzeit automatisch der zugehörige Ereignisbehandler in allen auf das Ereignis registrierten Controllern aufgerufen. Durch die Auswahl des Typs EREIGNISBEHANDLER können Sie die jeweilige Methode auf die verfügbaren Ereignisse registrieren. Wird ein Ereignis in das Component-Interface aufgenommen, können Sie Ereignisse sogar componentübergreifend ausführen (siehe Abschnitt 2.4.6, »Aktionen und Ereignisse«).

- **Supply-Funktionen**
  Supply-Funktionen dienen dem automatischen Füllen von Context-Knoten bei Anforderung. Sie werden in Abschnitt 2.5.8 beschrieben.

> **Methodenaufruf durch das Web-Dynpro-Framework** [«]
>
> Controller-Methoden oder Ereignisbehandler werden durch das Web-Dynpro-Framework gerufen. Dieses versorgt alle Web-Dynpro-Methodenparameter unabhängig von den wirklich verwendeten Parametern. Innerhalb von Controller-Methoden ist daher die Abfrage der Methoden-Parameterschnittstelle über die Zusätze IS REQUESTED und IS SUPPLIED nicht sinnvoll.

2.4.4 Phasenmodell

Je nach Typ bietet ein Controller eine Reihe unterschiedlicher Standardmethoden, die es Ihnen ermöglichen, zu einem bestimmten Zeitpunkt in den Programmablauf einzugreifen, die Hook-Methoden. Die Reihenfolge der einzelnen Methodenaufrufe wird im sogenannten *Phasenmodell* beschrieben. Web Dynpro unterscheidet zwischen verschiedenen Phasenmodellen, die in diesem Abschnitt ausführlich dargestellt werden.

Component-Instanziierung

Betrachten Sie zuerst in Abbildung 2.44 das Phasenmodell der Instanziierung einer Component. Wird eine Component instanziiert, haben Sie zuerst in der Methode wddoinit( ) des Component-Controllers die Gelegenheit, eigene Attribute und Objekte zu initialisieren. Im nächsten Schritt ruft das System die Methode wddoinit( ) des Windows auf. Zuletzt werden die im Window sichtbaren Views instanziiert.

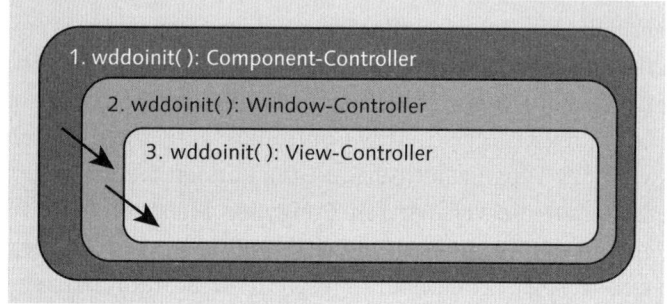

Abbildung 2.44 Phasenmodell der Component-Instanziierung

Roundtrip-Phasenmodell

Abbildung 2.45 zeigt die Ablaufreihenfolge eines normalen Roundtrips innerhalb des Phasenmodells. Alle Methoden des Modells werden bei jeder Aktion im User Interface in der dargestellten Reihenfolge durchlaufen. So ist es z. B. unerheblich, ob die vorgelagerte Aktion eine Navigation zwischen Views gestartet hat oder nicht.

Das Phasenmodell beginnt bei einer Eingabe des Benutzers im Client. Schließt dieser seine Eingabe durch Auslösung einer Folgeaktion ab (z. B. durch die ⏎-Taste oder einen Button-Klick), werden die Daten an das Web-Dynpro-Framework gesendet und von diesem validiert. Dabei überprüft das Framework z. B., ob in ein Datumsfeld auch wirklich ein Datum eingegeben wurde. Die erfolgreich validierten Daten werden anschließend in den Context der Component übernommen, und es wird die View-Methode wddobeforeaction( ) aufgerufen.

Ereignisbehandlung

An dieser Stelle hat nun erstmals der Anwendungsentwickler die Chance, seine eigenen Validierungen durchzuführen. Dabei gefundene Fehler werden in das Protokoll des Message Managers geschrieben. Im Anschluss findet die Ereignisbehandlung statt, bei der die vom Anwender ausgelöste Aktion gestartet wird.

- Handelt es sich um eine Standardaktion und existiert im Message Manager aufgrund einer Validierung ein Fehler, springt das Framework direkt zur Component-Controller-Methode wddopostprocessing( ).
- Handelt es sich bei der Aktion um eine validierungsunabhängige Aktion oder war die Validierung erfolgreich, wird der Standardpfad des Phasenmodells durchlaufen.

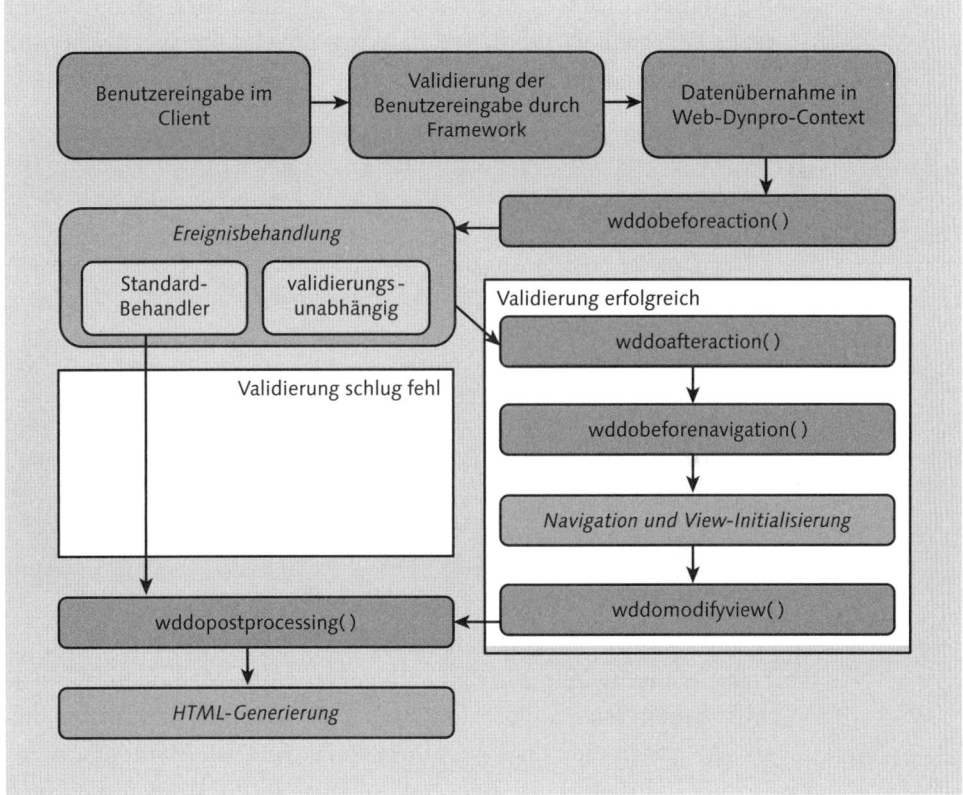

Abbildung 2.45 Phasenmodell eines Roundtrips

In diesem Fall wird zunächst die View-Methode wddoafteraction( ) gestartet. In dieser Methode werden sinnvollerweise Funktionen untergebracht, die für alle Ereignisbehandler gleichermaßen gelten sollen. Anschließend wird die Component-Controller-Methode wddobeforenavigation( ) gerufen. Hier können zusätzliche Überprüfungen stattfinden. Soll an dieser Stelle die kurz darauffolgende Navigation noch abgebrochen werden, können Sie dies durch einen Aufruf der Methode cancel_navigation( ) des Interfaces IF_WD_COMPONENT erledigen.

Falls Sie innerhalb der Ereignisbehandlung einen Plug gerufen haben, wird nun die zugehörige Navigation gestartet und der Inbound-Plug-Behandler des Ziel-Views gerufen. Im Anschluss findet wddomodifyview( ) in den Views statt. Hier haben Sie die Möglichkeit, direkt auf die UI-Element-Hierarchie des Views Einfluss zu nehmen. Zuletzt wird noch vor dem Rendering die Component-Controller-Methode wddopostprocessing( ) gerufen. Hier haben Sie die letzte Gelegenheit, vor dem Rendering anwendungsspezifische Aufräumarbeiten zu erledigen.

> **Regeln für Roundtrip-Aktionen**
>
> Web Dynpro erlaubt mehrere Aktionen pro Roundtrip. Dabei gelten die folgenden Regeln:
> - Pro Aktion, die durchgeführt werden soll, werden auch die Hook-Methoden wddobeforeaction( ) und wddoafteraction( ) ausgeführt.
> - Validierungsfehler verhindern wie bisher die Ausführung von Standardaktionen. Neu ist, dass auch Validierungsfehler, die in Aktionsbehandlern bzw. in der Hook-Methode wddoafteraction( ) gemeldet werden, die Ausführung nachfolgender Standardaktionen unterbinden.
> - Ab EHP 2 wird die Methode wddomodifyview( ) trotz Validierungsfehlern auch dann ausgeführt, wenn mindestens eine Aktion erfolgreich ausgeführt wurde.

Falls Sie die Vielfalt und Reihenfolge der Hook-Methoden nun verwirrt haben, seien Sie beruhigt: In der Praxis haben die meisten dieser Methoden eine untergeordnete Rolle. Mit den Methoden wddoinit( ), wddoexit( ) und wddomodifyview( ) können Sie einen Großteil der Standardaufgaben im Alltag meistern.

2.4.5 Verwendung und Sichtbarkeit

Häufig bietet es sich an, Methoden innerhalb des Component-, Custom- oder Window-Controllers anstelle des View-Controllers abzulegen. Dies ermöglicht die Wiederverwendung der Methoden aus anderen Controllern heraus.

Bevor ein Web-Dynpro-Controller A auf die Methoden und Attribute eines anderen Controllers B zugreifen kann, muss Controller B Controller A bekannt gemacht werden. Dies geschieht durch Eintragung einer Controller-Verwendung auf der Registerkarte EIGENSCHAFTEN des Controllers A. Anschließend können Sie sich über die Methode `wd_this->get_<ControllerName>_ctr( )` eine Referenz vom Interface-Datentyp `ig_<ControllerName>` auf Controller B besorgen und diese zum schnelleren Zugriff in den Attributen von Controller A ablegen.

Controller-Verwendungen

Einen Sonderfall für Controller-Verwendungen stellt der Component-Controller dar. Dieser ist einer der in der Praxis am häufigsten eingesetzten Controller. So ist bereits bei allen Views und Windows eine Controller-Verwendung des Component-Controllers eingetragen. Diese können Sie direkt über die Referenz `wd_comp_controller` ohne weitere Initialisierungen benutzen.

Probieren Sie die Verwendung fremder Controller einmal selbst aus: Dazu legen Sie im View-Controller `V_MAIN` eine Referenz auf den Window-Controller `W_MAIN` ab. Mithilfe dieser Referenz können Sie anschließend aus dem View heraus Methoden des Window-Controllers aufrufen.

Beispiel

1. Legen Sie im Window-Controller des Windows `W_MAIN` eine neue parameterlose Methode `comp_usage_test( )` an. Fügen Sie das Coding aus Listing 2.6 in die Methode ein.

```
DATA: lo_api_cntr    TYPE REF TO if_wd_controller,
      lo_msg_manager TYPE REF TO if_wd_message_manager.
lo_api_cntr ?= wd_this->wd_get_api( ).
lo_msg_manager = lo_api_cntr->get_message_manager( ).
lo_msg_manager->report_success(
  message_text = 'Ich wurde vom View gestartet!' ).
```

Listing 2.6 Window-Methode comp_usage_test( )

2. Navigieren Sie auf die Registerkarte EIGENSCHAFTEN des Views `V_MAIN`. Unter den allgemeinen View-Eigenschaften sehen Sie in der Tabelle VERWENDETE CONTROLLER/COMPONENTS die bereits im View eingetragenen Controller-Verwendungen. Bei allen Views

und Windows ist hier bereits automatisch die Benutzung des Component-Controllers eingetragen.

3. Klicken Sie nun auf das ANLEGEN-Symbol direkt über der Tabelle. In einem Pop-up-Fenster können Sie nun zwischen den verfügbaren Controller-Verwendungen wählen (siehe Abbildung 2.46). Wählen Sie den Window-Controller W_MAIN per Doppelklick.

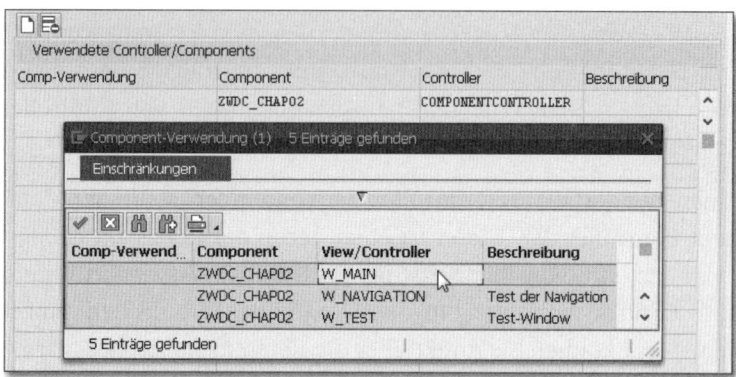

Abbildung 2.46 Hinzufügen von Controller-Verwendungen

4. Gehen Sie nun auf die Registerkarte METHODEN, und öffnen Sie die Methode wddoinit( ). In dieser implementieren Sie in den nächsten Schritten das Coding für den Zugriff auf den Controller.

5. Starten Sie den Web-Dynpro-Code-Wizard. Klicken Sie zum Start entweder auf den zugehörigen Toolbar-Button, oder drücken Sie die Tastenkombination [Strg] + [F7].

6. Im Pop-up-Fenster wählen Sie die Registerkarte ALLGEMEIN aus. Auf dieser haben Sie jetzt für den Zugriff auf den Window-Controller und dessen Methoden zwei Möglichkeiten:

   ▸ Über METHODENAUFRUF IM AKTUELLEN CONTROLLER können Sie die Methode get_w_main_ctr( ) auswählen. Der Wizard generiert hier das Coding für den Zugriff auf das Interface des Window-Controllers.

   ▸ Über METHODEN IM VERWENDETEN CONTROLLER können Sie direkt auf die Methoden des Window-Controllers zugreifen.

   Da Sie die Methode aus dem fremden Controller direkt ausführen sollen, wählen Sie, wie in Abbildung 2.47 dargestellt, die zweite

Möglichkeit aus und beenden den Code-Wizard durch einen Klick auf das grüne Häkchen.

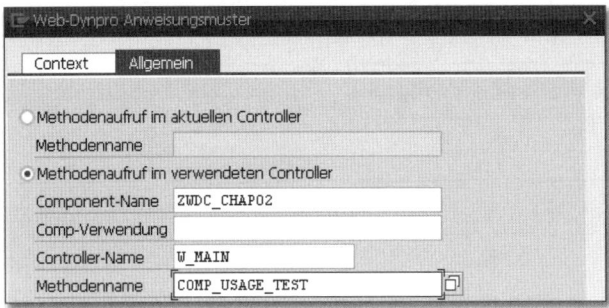

Abbildung 2.47 Aufruf einer fremden Methode mithilfe des Code-Wizards

Der Code-Wizard hat das folgende Coding für den Zugriff auf die Methode des Window-Controllers generiert:

```
DATA lo_w_main TYPE REF TO ig_w_main.
lo_w_main = wd_this->get_w_main_ctr( ).
lo_w_main->comp_usage_test( ).
```

Das neue Attribut `lo_w_main` ist aktuell nur innerhalb der Methode `wddoinit( )` sichtbar. Damit Sie auch von anderen Methoden des Views aus direkt auf das Attribut zugreifen können, muss es in die Attributliste des View-Controllers aufgenommen werden.

7. Fügen Sie das View-Attribut hinzu, indem Sie auf die Registerkarte ATTRIBUTE gehen und dort ein neues Attribut namens `go_w_main` mit dem Datentyp `ig_w_main` eintragen. Ändern Sie anschließend die Methode `wddoinit( )`, indem Sie die Datendeklaration löschen und in der zweiten Zeile `lo_w_main` durch `wd_this->go_w_main` ersetzen. Dadurch können Sie in allen View-Methoden über das Attribut `wd_this->go_w_main` auf den Window-Controller zugreifen.

Sie können nicht alle Controller mithilfe von Controller-Verwendungen miteinander verbinden. Abbildung 2.48 zeigt die erlaubten Controller-Verwendungen grafisch. So ist es z. B. nicht möglich, von außen auf einen View-Controller zuzugreifen. Im Gegenzug kann ein View-Controller wiederum auf beliebige andere Controller zugreifen. Die fett gezeichneten Pfeile symbolisieren die bereits automatisch eingetragenen Component-Controller-Verwendungen.

Sichtbarkeit von Controller-Verwendungen

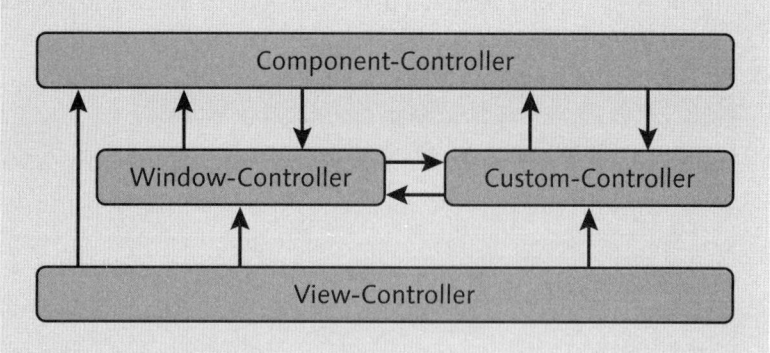

Abbildung 2.48 Sichtbarkeit von Controllern

2.4.6 Aktionen und Ereignisse

Wie in Abschnitt 2.4.5, »Verwendung und Sichtbarkeit«, erläutert, können Sie keine Controller-Verwendungen für den Zugriff auf View-Controller definieren. Somit sind alle Views von der Perspektive der restlichen Controller-Typen erst einmal komplett abgekapselt. So gibt es z. B. keine Möglichkeit, aus einem Component-Controller heraus eine View-Methode aufzurufen. Jedoch bietet Web Dynpro für dieses Szenario Alternativen, die *Ereignisse*.

Ereignisse Zur controllerübergreifenden Interaktion können Sie für Component- und Custom-Controller Ereignisse definieren. Diese Ereignisse können dann mithilfe der vordefinierten Methode fire_<Ereignis-Name>_evt( ) im jeweiligen Controller ausgelöst (gefeuert) werden. Nach dem Auslösen des Ereignisses wird von der Laufzeit automatisch der zugehörige Ereignisbehandler in einem anderen Controller aufgerufen. Dazu müssen Sie in dem anderen Controller eine Verwendung des auslösenden Controllers eintragen und einen Ereignisbehandler für das Ereignis definieren.

Auf ein Ereignis können sich beliebig viele andere Controller registrieren. So ist es z. B. möglich, ein vom Component-Controller ausgelöstes Ereignis sowohl innerhalb eines Views als auch innerhalb eines Windows abzufangen. Wie bei den Methoden können Ereignissen obligatorische und optionale Parameter übergeben werden. Wird ein im Component-Controller definiertes Ereignis in das Component-Interface aufgenommen, kann es auch componentübergreifend verwendet werden.

Im folgenden Beispiel legen Sie ein Ereignis und einen darauf reagierenden Ereignisbehandler an. Das Ereignis soll dazu dienen, die Buttons und Eingabefelder der Views im Fehlerfall zu sperren.

Beispiel: Ereignisdefinition

1. Navigieren Sie zur Registerkarte EREIGNISSE des Component-Controllers. Tragen Sie, wie in Abbildung 2.49 zu sehen ist, das neue Ereignis RAISE_ERROR in die Ereignistabelle ein. Durch Aktivieren des INTERFACE-Häkchens nehmen Sie das Ereignis in den Interface-Controller auf und machen das Ereignis componentweit und componentübergreifend sichtbar. Das Ereignis ist nun definiert und kann jederzeit über die Methode fire_raise_error_evt( ) im Component-Controller ausgelöst werden. Jedoch fehlen aktuell noch Ereignisbehandler, die auf das Ereignis reagieren können.

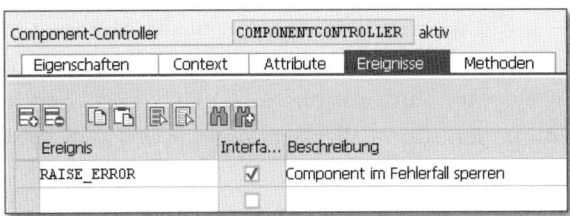

Abbildung 2.49 Definition von Ereignissen

2. Definieren Sie deshalb einen Ereignisbehandler im View V_MAIN. Navigieren Sie dazu auf die Registerkarte METHODEN des Views, und erstellen Sie eine neue Methode namens on_raise_error( ) vom Typ EREIGNISBEHANDLER. Die Implementierung dieser Methode wird erst später durchgeführt.

3. Registrieren Sie die neue Methode für das Component-Controller-Ereignis RAISE_ERROR. Klicken Sie dazu in die Spalte EREIGNIS der Ereignisbehandler-Methode, und öffnen Sie die dort angebotene Wertehilfe. Durch Registrierung für das Ereignis wird die Ereignisbehandler-Methode nach Auslösung des Ereignisses im Component-Controller automatisch ausgelöst.

4. In der Wertehilfe wählen Sie das Ereignis RAISE_ERROR, wie in Abbildung 2.50 dargestellt, durch einen Doppelklick aus. Das Pop-up-Fenster schließt sich dadurch automatisch, und die Methode on_raise_error( ) ist auf das Ereignis RAISE_ERROR registriert. Grundsätzlich wäre es an dieser Stelle problemlos möglich, mehrere Views auf das Ereignis RAISE_ERROR zu registrieren. Auf diese

Weise könnten Sie z. B. die gesamte Component im Fehlerfall inaktiv schalten.

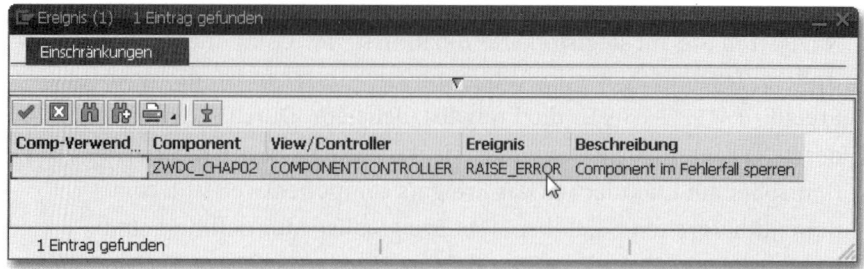

Abbildung 2.50 Registrierung auf das Ereignis RAISE_ERROR

5. Implementieren Sie nun die Ereignisbehandler-Methode `on_raise_error( )`. Klicken Sie dazu doppelt auf die Methode, und implementieren Sie Listing 2.7. Das Listing wird später dazu dienen, die Eingabefelder und Buttons des Views nach der Auslösung der Component-Controller-Methode `fire_raise_error_evt( )` im Fehlerfall inaktiv zu schalten.

```
METHOD on_raise_error.
* Deaktiviere alle Eingabefelder
  wd_context->set_attribute(
    EXPORTING
      name  = 'EDIT_MODE'
      value = abap_false ).
* Deaktiviere alle Buttons
  wd_context->set_attribute(
    EXPORTING
      name  = 'BUTTONS_ENABLED'
      value = abap_false ).
ENDMETHOD.
```

Listing 2.7 Ereignisbehandler-Methode on_raise_error( )

Sie haben hier im Component-Controller ein Ereignis und im View einen darauf registrierten Ereignisbehandler angelegt. Tritt nun eine unerwartete Situation ein, werden alle UI-Elemente des Views V_MAIN über den Ereignisbehandler `on_raise_error( )` nach dem Aufruf des gleichnamigen Ereignisses im Component-Controller inaktiv geschaltet. Für die Deaktivierung der Buttons und Eingabefelder wird in Listing 2.7 auf die Context-Attribute EDIT_MODE und BUTTONS_ENABLED zurückgegriffen. Die Eigenschaft `enabled` der Adresseingabefelder sowie die gleiche Eigenschaft des ANZEIGEN/ÄNDERN-Buttons müssen Sie dazu später noch an die anzulegenden Context-Attribute EDIT_MODE und BUTTONS_ENABLED binden (siehe auch Abschnitt 2.5.1, »Aufbau des Contexts«).

> **Ereignisbehandler-Methode des Inbound-Plugs** [«]
>
> Für jeden Inbound-Plug wird im jeweiligen Controller des Plugs automatisch eine Methode vom Typ Ereignisbehandler angelegt. Diese Methode wird automatisiert während eines Navigationsvorgangs mithilfe des Inbound-Plugs zur Initialisierung eines View- oder Window-Controllers aufgerufen. Sie können diese Methode z. B. zum Laden auszugebender Daten oder zur Vorbereitung der Ausgabe verwenden, etwa zum Ein- und Ausblenden von View-Elementen. Die Namenskonvention der Ereignisbehandler-Methoden des Inbound-Plugs lautet handle<InboundPlugName>( ).

Eine Reihe von UI-Elementen kann sogenannte *Aktionen* auslösen. Dies sind spezielle Ereignisse, die durch bestimmte Handlungen eines Benutzers auf der Oberfläche einer Anwendung ausgelöst werden. Zugehörige Ereignisbehandler-Methoden steuern den anschließenden Verlauf der Anwendung.

Aktionen

Aktionen können aus dem jeweiligen UI-Element heraus oder über die Registerkarte AKTIONEN des View-Controllers angelegt werden (siehe Abbildung 2.51). Für jede Aktion wird dabei automatisch eine Ereignisbehandler-Methode nach der Konvention onaction<Aktionsname> eingerichtet. So existiert z. B. für die Aktion EDITMODE die Ereignisbehandler-Methode onactioneditmode( ).

Anlegen von Aktionen

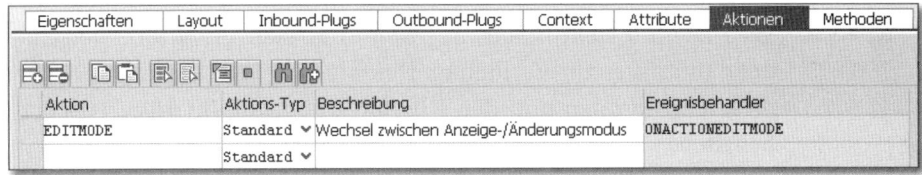

Abbildung 2.51 Registerkarte »Aktionen« im View V_MAIN

> **Aktionen anlegen**
>
> Sie haben unter »Schritt für Schritt: Anlegen von UI-Elementen« in Abschnitt 2.3.1, »Views«, erfahren, wie Sie eine Aktion anlegen.

Wie bei anderen Ereignisbehandlern können Sie die Ereignisbehandler-Methoden von Aktionen selbst ausprogrammieren. Über einen Doppelklick auf die Aktion gelangen Sie in den Rumpf der jeweiligen

Ereignisbehandler-Methode. Web Dynpro unterscheidet zwei Aktionstypen:

- **Standardaktionen**
  Bei Standardaktionen wird die Aktion nur dann ausgelöst, wenn die im Phasenmodell vorab erfolgten System- und Anwendungsvalidierungen in keinem entsprechenden Fehler im Message Manager resultierten. Geben Sie z. B. in ein Datumsfeld Buchstaben ein, wird die Aktionsausführung im gesamten View unterbrochen.

- **Validierungsunabhängige Aktionen**
  Validierungsunabhängige Aktionen werden unabhängig vom Ergebnis der Datenvalidierung ausgeführt.

[+] **Automatisches Hinzufügen von Parametern**

Grundsätzlich empfehlen wir Ihnen, neue Aktionen immer direkt aus dem jeweiligen UI-Element heraus anzulegen. Einige UI-Elemente bieten dabei die Möglichkeit, ergänzende Parameter des UI-Elements automatisch in die Parameterliste der jeweiligen Ereignisbehandler-Methode einzutragen. Als Beispiel kann hier das UI-Element InputField dienen. Dieses offeriert Ihnen ein Ereignis namens onEnter. Wird die zugehörige Aktion direkt über das UI-Element angelegt, überträgt das System automatisiert zwei ergänzende Parameter in die Methode der Aktion. So erhalten Sie in diesem Fall neben einem Context-Element den Namen des zugehörigen UI-Elements.

2.4.7 Controller-Interface-Typen

Typen von Interfaces

Web Dynpro stellt Ihnen für jeden Controller bis zu drei verschiedene Interfaces zur Verfügung. Die folgende Liste soll Ihnen helfen, diese einzuordnen und den Überblick über die Interface-Typen zu behalten.

- IF_<Controller-Name>
  Dieses Interface ist nur innerhalb des jeweiligen Controllers sichtbar und wird zur Programmierung innerhalb des Controllers verwendet. Die in jedem Controller vorhandene Selbstreferenz wd_this basiert immer auf diesem Datentyp.

- IG_<Controller-Name>
  Dieses Interface kann zur controllerübergreifenden Programmierung innerhalb einer Component verwendet werden. Für die Verwendung und Sichtbarkeit gelten dieselben Regeln, wie sie in

Abschnitt 2.4.5 beschrieben wurden. So existiert dieses Interface z. B. nicht für Views. Mithilfe der Methode `wd_this->get_<Controller-Name>_ctr( )` erhalten Sie eine Referenz auf den fremden Controller.

`<Namensraum>IWCI_<Component-Name>`
Dieses Interface dient ausschließlich zur componentübergreifenden Programmierung und repräsentiert einen Teil des Interface-Controllers. Da ausschließlich Component-Controller-Methoden in den Interface-Controller aufgenommen werden können, stellt das Interface eine Art Untermenge des Component-Controllers dar. Mithilfe der Methode `wd_this->wd_cpifc_<Component-Verwendung>( )` erhalten Sie eine Referenz auf den fremden Interface-Controller. Die componentübergreifende Programmierung mithilfe von Component-Verwendungen beschreiben wir in Abschnitt 2.7, »Multi-Component-Architekturen«.

2.4.8 Assistance-Klasse

Zu jeder Web-Dynpro-Component können Sie eine eindeutig zugeordnete Assistance-Klasse anlegen, die automatisch mit ihrer zugehörigen Component instanziiert wird. Die Instanz der Assistance-Klasse steht anschließend jedem Controller der Component über das Attribut `wd_assist` zur Verfügung.

Die Assistance-Klasse sollte (muss aber nicht) von der abstrakten Klasse `CL_WD_COMPONENT_ASSISTANCE` abgeleitet werden. Dadurch erbt sie Methoden zum Lesen von Textsymbolen innerhalb der erbenden Klasse. Der Konstruktor der Assistance-Klasse muss parameterlos sein.

Die Verwendung einer Assistance-Klasse bietet sich in den folgenden Fällen an: — *Anwendungsfälle*

- **Model-Anbindung**
  Die Assistance-Klasse kann als Schnittstelle zwischen der Web-Dynpro-Component und dem Model (z. B. auf die Datenbank zugreifende Methoden) verwendet werden.
- **Textsymbole**
  Durch die Ablage von Textsymbolen können Sie die Assistance-Klasse als Ablage für Ihre Texte verwenden.

> **Performance**
> Grundsätzlich empfiehlt es sich, jegliches Coding, das nicht im direkten Zusammenhang mit einem Controller oder dem User Interface steht, innerhalb von Klassen anzusiedeln. Methodenaufrufe der Assistance-Klasse sind aus Performance-Sicht wesentlich günstiger als Aufrufe von Methoden eines Web-Dynpro-Controllers.

Singleton

Durch die Übergabe der Klasseninstanz während des Anlegevorgangs einer verwendenden Component ist es möglich, eine einzelne Instanz der Assistance-Klasse in mehreren Components gemeinsam zu nutzen. Dazu müssen Sie bei Erzeugung der verwendenden Component für den Parameter ASSISTANCE_CLASS die Referenz auf die aktuelle Instanz der Haupt-Component übergeben. Das Anlegen verwendender Components wird in Abschnitt 2.7, »Multi-Component-Architekturen«, besprochen.

Definition von Assistance-Klassen

Assistance-Klassen können Sie im Kopfbereich von Components in das Feld ASSISTANCE-KLASSE eintragen (siehe Abbildung 2.52).

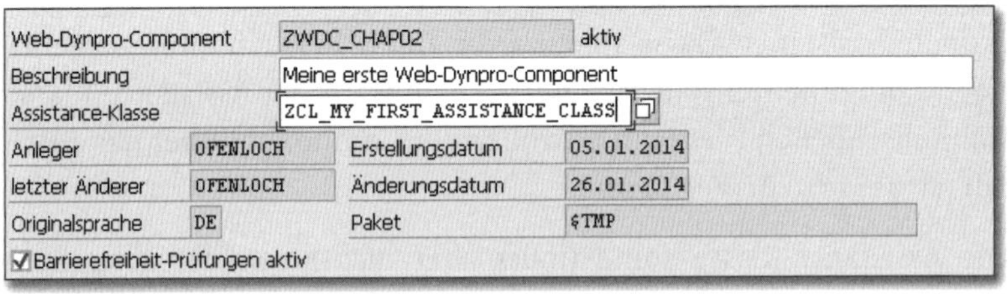

Abbildung 2.52 Eintragung von Assistance-Klassen

2.5 Context

Der Context ist der zentrale Baustein für die Datenspeicherung und den Datenaustausch UI-relevanter Daten zwischen Browser, Views, Controllern und Components. Jeder Web-Dynpro-Controller besitzt exakt einen Context. Die Sichtbarkeit des jeweiligen Contexts hängt von seinem Controller ab. Zum Beispiel ist der Context des Component-Controllers innerhalb der gesamten Component sichtbar, während ein View-Context nur innerhalb des Views zu sehen ist. Für die Sichtbarkeit des Contexts gelten dieselben Kriterien wie für den jeweiligen Controller.

Neben der Hauptaufgabe des Contexts, vom Benutzer in Eingabefelder eingetragene Werte vom Browser ins Backend und auch wieder zurück zu transportieren, kommen dem Context noch weitere bedeutsame Aufgaben zu:

Einsatzgebiete

- **Datenbindung**
  Mithilfe von Datenbindung ist es möglich, bestimmte Eigenschaften von UI-Elementen an Context-Attribute zu binden. Neben der klassischen Datenbindung von Eingabefeldern (Name, Straße etc.) kann eine Vielzahl weiterer Eigenschaften an den Context gebunden werden. Durch die Änderung eines Attributwertes kann anschließend gezielt das Anzeigeverhalten der an ein Attribut gebundenen UI-Elemente verändert werden, wie z. B. der Wert eines Eingabefeldes oder die Sichtbarkeit. Die Datenbindung erläutern wir in Abschnitt 2.5.6.

- **Mapping**
  Mithilfe des Mappings können Sie UI-relevante Daten zwischen den Controllern einer Component und zwischen verschiedenen Components austauschen. Ändern Sie den Wert eines gemappten Attributs innerhalb eines Controllers A, wird der Wert automatisch in Controller B übernommen. Durch Mapping ist es unter anderem möglich, mehrere Views mit denselben Daten aus einem zentralen Controller zu versorgen. Das Mapping wird in Abschnitt 2.5.7 dargestellt.

> **Context-Programmierung** [o]
>
> In diesem Abschnitt lernen Sie den Umgang mit dem Context, den Context-Editor, die Eigenschaften des Contexts und dessen wichtigste Facetten kennen. Die eigentliche Context-Programmierung, also die programmatische Manipulation von Daten im Context mithilfe von Coding, wird erst in Abschnitt 2.6 behandelt.

2.5.1 Aufbau des Contexts

Der Context ist eine hierarchische Baumstruktur, die aus Knoten und Attributen besteht. Ein Knoten kann beliebig viele Kinder haben. Diese Kinder existieren entweder in Form eines weiteren Knotens oder in Form von Attributen, die die im Context abgelegten Daten

Context zur Designzeit

beinhalten. Da Attribute keine Kinder haben dürfen, können sie mit Blättern von Bäumen verglichen werden. Analog dazu stellt der Knoten eine Verzweigung in der Baumstruktur dar. Abbildung 2.53 zeigt beispielhaft die Struktur eines Contexts zur Designzeit.

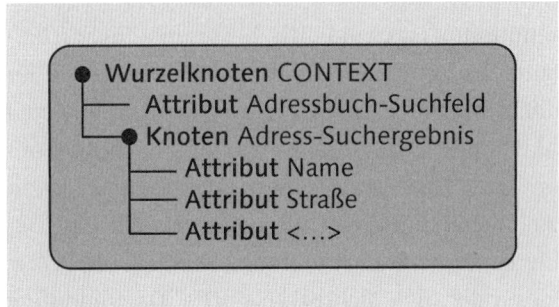

Abbildung 2.53 Beispiel-Context zur Designzeit

Vergleich mit Tabellen Sie können den Context auch als objektorientierten Ansatz interner Tabellen sehen: Tabellen werden im Context durch Knoten repräsentiert und basieren auf Zeilenstrukturen, die wiederum aus Feldern bestehen. Die Tabellenzeilen werden im Context durch Elemente dargestellt. Das Element trägt die Struktur der Zeile; die Felder der Struktur werden im Element als *Attribute* bezeichnet. Neben der Struktur beinhalten die Elemente noch Referenzen auf eventuelle Unterknoten. Über Methoden können Sie durch die Hierarchie von Knoten und Elementen navigieren.

Context zur Laufzeit Während der Laufzeit erzeugt das Framework aus den zur Designzeit definierten Context-Knoten Objektinstanzen. Jeder Knoten wird dabei in Form eines Objekts mit dem Interface `IF_WD_CONTEXT_NODE` abgebildet. Die im Context-Knoten definierten Attribute werden als zeilenartige Struktur in einem weiteren Objekt zusammengefasst, dem sogenannten *Context-Element*. Dieses Objekt basiert auf dem Typ `IF_WD_CONTEXT_ELEMENT`. Je nach Kardinalität und Anzahl der Exemplare innerhalb eines Context-Knotens kann eine genauso große Anzahl von Context-Elementen existieren.

Beispiel In Abbildung 2.54 ist dies an einem einfachen Beispiel schematisch dargestellt. Der Wurzelknoten `CONTEXT` beinhaltet exakt ein Element (das hier jedoch nicht dargestellt ist) mit dem Attribut `Adressbuch-Suchfeld` und einen Unterknoten `Adress-Suchergebnis`.

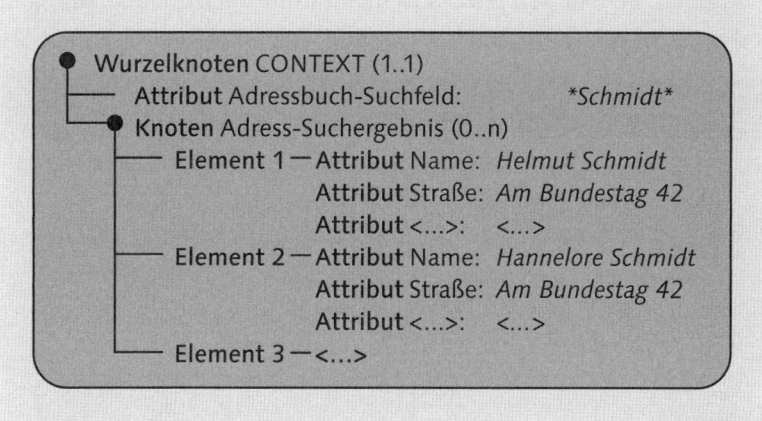

Abbildung 2.54 Beispiel-Context zur Laufzeit

Dieser Knoten, der während der Laufzeit in Form eines Objekts existiert, besitzt insgesamt drei Kindelemente. Über verschiedene Zugriffsmethoden der Knoten und Elemente können Sie auf die in den Knoten und Elementen gespeicherten Daten zugreifen und diese nach Belieben modifizieren.

2.5.2 Context-Editor

Der Context-Editor ist in drei Bereiche aufgeteilt (siehe auch Abbildung 2.55):

- **Context-Struktur**
  In der oberen linken Hälfte sehen Sie die statisch definierte Struktur des Contexts zur Designzeit. Hier werden die Knoten und Attribute des Contexts in einer Baumstruktur angezeigt. Jeder Context besitzt einen Wurzelknoten namens CONTEXT. Während der Laufzeit können Sie auf diesen und dessen Unterknoten über das Controller-Attribut `wd_context` zugreifen.

- **Eigenschaften des selektierten Context-Elements**
  In der unteren Hälfte des Context-Editors werden die Eigenschaften des links oben selektierten Knotens bzw. Attributs angezeigt. Die Eigenschaften werden wir Ihnen im Folgenden noch ausführlich erläutern.

- **Controller-Verwendungen**
  Rechts oben werden Buttons für alle im Controller eingetragenen Controller-Verwendungen abgebildet. Durch einen Klick auf diese

können Sie sich den jeweils fremden Controller-Context anzeigen lassen. In Abschnitt 2.5.7, »Mapping«, werden Sie lernen, wie Sie den Context controllerübergreifend verwenden können.

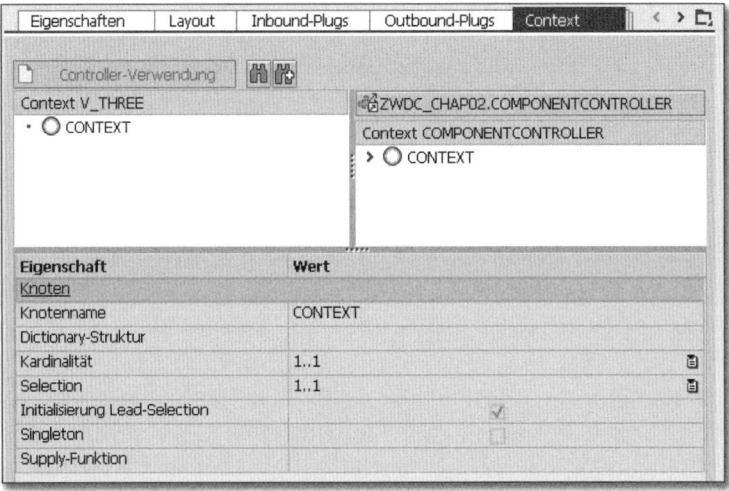

Abbildung 2.55 Context-Editor

Anlegen von Context-Knoten

Sie können neue Context-Knoten durch einen Rechtsklick auf einen beliebigen bereits vorhandenen Context-Knoten im Context-Editor eines Controllers anlegen. Wählen Sie anschließend ANLEGEN • KNOTEN im Kontextmenü.

Dialogfenster »Knoten anlegen«
Es öffnet sich das Pop-up-Fenster KNOTEN ANLEGEN (siehe Abbildung 2.56). Dort müssen Sie den Knotennamen eintragen und können weitere Eigenschaften des Knotens festlegen, z. B. die Kardinalität. Eine vollständige Auflistung und Beschreibung der Eigenschaften finden Sie in Abschnitt 2.5.3.

Schließen des Dialogfensters
Sie können das Anlegen des Knotens auf drei verschiedene Arten abschließen:

- Durch einen Klick auf das grüne Häkchen (ganz links) schließen Sie das Pop-up-Fenster, und der Knoten wird leer (ohne Attribute) angelegt.
- Soll direkt danach ein weiterer Knoten angelegt werden, bietet sich der Klick auf den Button WEITERER KNOTEN an.

▶ Falls Sie im Dialogfenster eine DICTIONARY-STRUKTUR angegeben haben, können Sie einzelne Komponenten der Struktur durch einen Klick auf den Button ATTRIBUTE AUS STRUKTUR HINZUFÜGEN übernehmen (dazu öffnet sich ein Folge-Pop-up-Fenster).

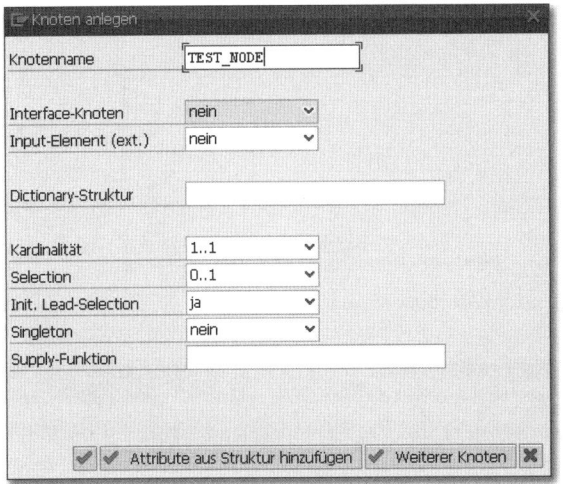

Abbildung 2.56 Dialogfenster »Knoten anlegen«

> **Ablage UI-relevanter Daten**
>
> Prinzipiell können Sie jeglichen Datentyp, wie z. B. Strukturen, Tabellen und Objekte, innerhalb des Contexts ablegen. Jedoch sollten Sie den Context nicht als alternative Ablage für Controller-Attribute, sondern ausschließlich für UI-relevante Daten verwenden.

Anlegen von Context-Attributen

Das Anlegen von Context-Attributen verläuft ähnlich wie das Anlegen von Context-Knoten. Klicken Sie mit der rechten Maustaste auf einen Context-Knoten, und wählen Sie ANLEGEN • ATTRIBUT aus. Es öffnet sich das Pop-up-Fenster ATTRIBUT ANLEGEN (siehe Abbildung 2.57). Tragen Sie dort den gewünschten Attributnamen und den Datentyp ein. Wählen Sie, falls gewünscht und verfügbar, die passende Wertehilfe aus. Durch einen Klick auf das grüne Häkchen können Sie den Anlegevorgang beenden. Sollen mehrere Attribute angelegt werden, können Sie Ihre Eingabe auch durch einen Klick auf den Button WEITERES ATTRIBUT abschließen und mit der Anlage des nächsten Attributs fortfahren.

Dialogfenster »Attribut anlegen«

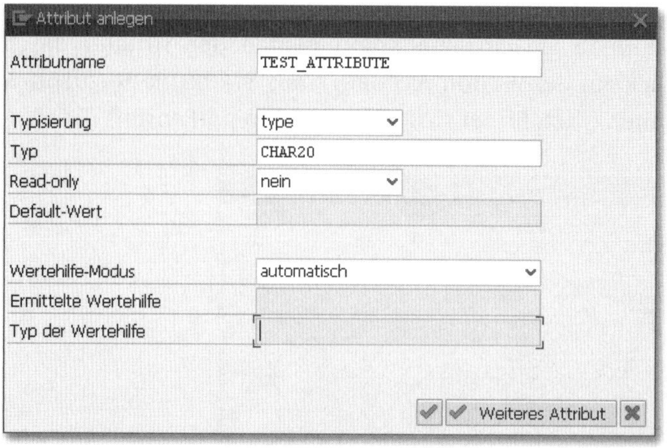

Abbildung 2.57 Dialogfenster »Attribut anlegen«

> **Konstante, Struktur und Tabellentyp**
>
> Für jeden Context-Knoten legt das Web-Dynpro-Framework im jeweiligen Controller eine Konstante nach dem Schema `WDCTX_<Knotenname>` an. Darüber hinaus werden für jeden Context-Knoten eine Struktur und ein dazu passender Tabellentyp eingerichtet. Die Struktur heißt `ELEMENT_<Knotenname>`, während der Tabellentyp dem Schema `ELEMENTS_<Knotenname>` folgt.
>
> Das folgende Beispiel zeigt die Verwendung dieser Konstanten am Beispiel des Knotens `ADDRESS_DATA`:
>
> ```
> DATA: lo_address_node TYPE REF TO if_wd_context_node,
>       lt_address_data TYPE wd_this->elements_address_data,
>       ls_address_data TYPE wd_this->element_address_data,
>       lv_city         TYPE wd_this->element_address_data-
>       city.
> lo_address_node = wd_context->get_child_node(
>                   wd_this->wdctx_address_data ).
> lo_address_node->get_static_attributes_table(
>   IMPORTING table = lt_address_data ).
> READ TABLE lt_address_data INDEX 1 INTO ls_address_data.
> lv_city = ls_address_data-city.
> ```

Schritt für Schritt: Anlegen von Knoten und Attributen

UI-Elemente an das Backend anbinden

Im Verlauf des Kapitels haben Sie die Component `ZWDC_CHAP02` mit dem View `V_MAIN` und den darin enthaltenen UI-Elementen für den Bau eines Adress-Editors bereits angelegt. Damit haben Sie den visuellen Teil dieses Beispiels zwar abgeschlossen, es fehlt jedoch noch eine Anbindung der UI-Elemente an das Backend. Dazu legen Sie nun in einem ersten Schritt einen Context-Knoten für die Speicherung der Adressdaten an. Darüber hinaus ermöglichen zwei weitere Attribute die Steuerung der Eingabebereitschaft der Adressfelder und des gesamten Views. In weiteren Verlauf werden die Datenelemente an den Context gebunden.

1. Legen Sie zuerst einen Context-Knoten zur Speicherung der Adressdaten an. Öffnen Sie dazu den View V_MAIN, und gehen Sie auf die Registerkarte CONTEXT. Wechseln Sie in den Änderungsmodus.

2. Klicken Sie mit der rechten Maustaste auf den Context-Wurzelknoten CONTEXT, und wählen Sie ANLEGEN • KNOTEN im Kontextmenü aus. Es öffnet sich das Dialogfenster KNOTEN ANLEGEN. Tragen Sie im Feld KNOTENNAME den Wert ADDRESS_DATA ein. Stellen Sie sicher, dass Sie die folgenden Eigenschaften wie angegeben eingestellt haben: KARDINALITÄT: 1..1 und INIT. LEAD-SELECTION: ja. Beenden Sie den Anlegevorgang durch einen Klick auf das grüne Häkchen.

Legen Sie nun im Knoten die Attribute für die Eingabe der Straße, der Postleitzahl und des Ortsnamens an. Klicken Sie dazu mit der rechten Maustaste auf den Knoten ADDRESS_DATA, und wählen Sie ANLEGEN • ATTRIBUT aus. Es öffnet sich das Dialogfenster ATTRIBUT ANLEGEN. Richten Sie nun nacheinander die Attribute aus Tabelle 2.8 ein. Beenden Sie Ihre Eingabe jeweils durch einen Klick auf den Button WEITERES ATTRIBUT.

Attributname	Typ
NAME	STRING
POSTCODE	CHAR10
CITY	STRING

Tabelle 2.8 Attribute zur Eingabe von Straße, Postleitzahl und Ort

3. Zuletzt fehlen Ihnen noch zwei Attribute zur Steuerung der Eingabebereitschaft des gesamten Views im Allgemeinen (Ereignis RAISE_ERROR) und der Adresseingabefelder im Speziellen (über den ANZEIGEN/ÄNDERN-Button). Legen Sie dazu die beiden Attribute EDIT_MODE und BUTTONS_ENABLED mit Datentyp CHAR1 direkt unter dem Wurzelknoten CONTEXT an. Tragen Sie für das Attribut BUTTONS_ENABLED den DEFAULT-WERT 'X' in dessen Eigenschaften ein.

Abbildung 2.58 zeigt Ihnen die fertige Context-Struktur. Im nächsten Schritt-für-Schritt-Beispiel in Abschnitt 2.5.6, »Datenbindung«, wird der Context mit den UI-Elementen des Views verbunden.

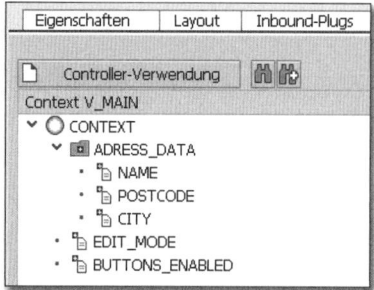

Abbildung 2.58 Context-Struktur nach Abschluss des Beispiels

2.5.3 Eigenschaften

Context-Knoten und Context-Elemente bieten eine Reihe verschiedener Eigenschaften zur Beeinflussung des Anzeige- und Reaktionsverhaltens. Sie können sowohl dynamisch zur Laufzeit als auch statisch im Context-Editor eingestellt werden.

Knoteneigenschaften

Betrachten wir zuerst die Eigenschaften des Context-Knotens. Darunter fallen die Eigenschaften KNOTENNAME, INTERFACE-KNOTEN, INPUT-ELEMENT (EXT.), DICTIONARY-STRUKTUR, KARDINALITÄT, SELECTION, INITIALISIERUNG LEAD-SELECTION, SINGLETON und zuletzt die Eigenschaft SUPPLY-FUNKTION.

Knotenname — Die Eigenschaft KNOTENNAME gibt den Namen eines Knotens an. Dieser kann bis zu 20 Zeichen lang sein und aus Buchstaben, Zahlen und einem Unterstrich bestehen. Der Knotenname darf nicht mit WD oder einer Ziffer beginnen und muss innerhalb des jeweiligen Contexts eindeutig sein. So dürfen Sie z. B. nicht einen Knoten NODE und darunter einen weiteren Knoten NODE anlegen. Für jeden statisch definierten Knoten legt das Web-Dynpro-Framework eine Konstante nach dem Muster wdctx_<Knotenname> im zugehörigen Controller an.

Interface-Knoten — Haben Sie die Eigenschaft INTERFACE-KNOTEN gesetzt, wird der jeweilige Context-Knoten in das Component-Interface aufgenommen. So wird ein componentübergreifendes Mapping zwischen Knoten möglich (siehe Abschnitt 2.7.4, »Componentübergreifendes Mapping«). Die Eigenschaft Interface-Knoten existiert daher nur für Knoten des Component-Controllers, die direkt unterhalb des Wurzelknotens CONTEXT hängen.

Die Eigenschaft INPUT-ELEMENT (EXTERNES MAPPING ERLAUBT) bestimmt, ob der Knoten für externes Mapping verwendet werden darf oder nicht. Die Eigenschaft kann ausschließlich bei Interface-Knoten gesetzt werden. Externes Mapping ist eine Spezialform des Mappings zwischen mehreren Components und ebenfalls Gegenstand von Abschnitt 2.7.4.

Input-Element externes Mapping

Über die Eigenschaft DICTIONARY-STRUKTUR können Sie einem Knoten eine Dictionary-Struktur »aufprägen«. Damit stehen zur Laufzeit alle Komponenten der Struktur als Attribute des Knotens zur Verfügung. Sie können auch einzelne Attribute der Struktur statisch in die Context-Struktur aufnehmen. Dies ist vor allem bei der Datenbindung von UI-Elementen von Vorteil (siehe Abschnitt 2.5.6). Klicken Sie dazu nach Eintragung der Struktur in der Spalte ATTRIBUTE ÜBERNEHMEN auf das Symbol der Tabelle.

Dictionary-Struktur

Die wichtigste Eigenschaft von Context-Knoten ist die KARDINALITÄT. Sie gibt an, wie viele Elemente eines Knotens zur Laufzeit erstellt werden dürfen. Sie können zwischen den folgenden Kardinalitäten wählen:

Kardinalität

- **0..1**
  Kein oder ein Exemplar des Knotens kann erstellt werden.
- **1..1**
  Es existiert genau ein Exemplar des Knotens.
- **1..n**
  Es existieren beliebig viele Exemplare, mindestens jedoch eins.
- **0..n**
  Es existieren beliebig viele Exemplare, auch keines ist möglich.

Die Kardinalität von 0..n können Sie z. B. für die Darstellung von Tabellen verwenden. Soll jedoch anstelle einer Tabelle nur ein einzelnes Eingabefeld dargestellt werden, bietet sich die Auswahl der Kardinalität 1..1 an.

Die Eigenschaft SELECTION legt fest, wie viele Elementinstanzen des Context-Knotens zur Laufzeit markiert/selektiert werden können. Sie

Selection

können dabei unter den Kardinalitäten des Context-Knotens wählen. Die Eigenschaft SELECTION ist vor allem bei der tabellarischen Darstellung von Context-Knoten von großer Wichtigkeit.

Initialisierung Lead-Selection

Innerhalb jedes Knotens kann ein einziges Element die sogenannte *Lead-Selection* tragen. Dabei handelt es sich um ein selektiertes Element, dem eine besondere Bedeutung im Zusammenspiel mit UI-Elementen zukommt. Ist die Eigenschaft INITIALISIERUNG LEAD-SELECTION aktiv, wird die Lead-Selection automatisch beim Anlegen des ersten Knotenelements angelegt. Weitere Informationen zur Lead-Selection und deren Initialisierung finden Sie in Abschnitt 2.5.4.

Singleton

Die Eigenschaft SINGLETON legt fest, wie viele Instanzen eines Knotens, der nicht direkt unter der Context-Wurzel hängt, existieren können. Ist die Eigenschaft gesetzt, existiert immer nur eine Instanz des Knotens. Ihr Inhalt ändert sich immer dann, wenn sich die Lead-Selection des Vaterknotens ändert. Ist die Eigenschaft nicht gesetzt, wird für jedes Element des Vaterknotens eine eigene Instanz für den Kindknoten angelegt. Die Eigenschaft SINGLETON ist standardmäßig deaktiviert.

Supply-Funktion

Supply-Funktionen ermöglichen es, einen Context-Knoten beim ersten Zugriff auf diesen automatisch mit Daten zu befüllen. Für jede im Context eingetragene Supply-Funktion wird eine gleichnamige Methode vom Typ SUPPLY-FUNKTION angelegt (siehe auch Abschnitt 2.5.8).

Attributeigenschaften

Im Folgenden schauen wir uns die Eigenschaften von Context-Attributen etwas genauer an. Es handelt sich um die Eigenschaften ATTRIBUTNAME, TYPISIERUNG, TYP, READ-ONLY, DEFAULT-WERT, NULL-WERT, WERTEHILFE-MODUS und FORMATIERUNG.

Attributname

Der ATTRIBUTNAME bezeichnet ein Context-Attribut eindeutig. Er darf wie die Context-Knoten maximal 20 Zeichen lang sein, wobei nicht zwischen Groß- und Kleinschreibung unterschieden wird. Innerhalb des Knotens muss der Attributname eindeutig sein.

Typisierung und Typ

Die Eigenschaften TYPISIERUNG und TYP definieren den Datentyp des jeweiligen Attributs. Es können beliebige ABAP-Datentypen angewandt werden. Für Klassen und Interfaces wird als Typisierung TYPE REF TO verwendet.

Die Eigenschaft READ-ONLY legt fest, ob das Attribut schreibgeschützt sein soll oder nicht. Durch Eintragung eines Wertes unter DEFAULT-WERT ist es so möglich, im Context Konstanten zu definieren.

Read-only, Default-Wert

Die Eigenschaft NULL-WERT legt fest, wie leere Eingaben behandelt werden sollen. Die Eigenschaft ist für nicht zeichenartige Attribute von Bedeutung. Ist der Null-Wert gesetzt, wird eine leere Eingabe tatsächlich als leere Eingabe interpretiert und nicht als typgerechter Initialwert. Ist der Null-Wert nicht gesetzt, wird eine leere Eingabe als typgerechter Initialwert interpretiert. Haben Sie z. B. ein Attribut vom Typ TIMS (Uhrzeit) definiert, wird eine leere Eingabe, wenn der Null-Wert nicht gesetzt ist, als Eingabe der Uhrzeit 00:00:00 interpretiert.

Null-Wert

Die Eigenschaft WERTEHILFE-MODUS gibt an, welche Art von Wertehilfen für ein Attribut verfügbar sein soll. Sie haben hier die Auswahl zwischen den folgenden Möglichkeiten: AUTOMATISCH, DICTIONARY-SUCHHILFE, OBJECT-VALUE-SELECTOR und FREI PROGRAMMIERT. Die einzelnen Möglichkeiten zur Entwicklung der Wertehilfe werden in Abschnitt 7.2 ausführlich vorgestellt.

Wertehilfe-Modus

Unter der Überschrift FORMATIERUNG finden Sie eine Reihe weiterer Eigenschaften zur Formatierung der Anzeige bestimmter Datentypen. Tabelle 2.9 gibt Ihnen eine Übersicht über die verfügbaren Eigenschaften.

Formatierung

Attribut	Mögliche Werte	Datentyp
Anzeige führender Nullen	▸ Nullen als Leerzeichen ▸ Nullen beibehalten ▸ Standardwert	P, NUMC
Position des Vorzeichens	▸ Vorzeichen links (Standard bei I) ▸ Vorzeichen rechts (Standard bei P) ▸ Standardwert	I, P
Komprimierung der Eingabe	▸ Eingabe komprimieren ▸ Eingabe nicht komprimieren ▸ Standardwert	CHAR, STRING
Zeitausgabeformat	▸ mit Sekunden (Standard) ▸ ohne Sekunden	T

Tabelle 2.9 Ausprägungen der Eigenschaft »Formatierung«

Dynamisches Setzen der Eigenschaften

Alle in diesem Abschnitt beschriebenen Eigenschaften können grundsätzlich auch dynamisch zur Laufzeit gesetzt werden. Dazu können Sie auf eine Vielzahl von Methoden des Interfaces IF_WD_CONTEXT_NODE_INFO zurückgreifen. So können Sie z. B. die Formatierungseigenschaften mithilfe der Methode set_attribute_format_props( ) dynamisch verändern. Weitere Informationen dazu finden Sie in Kapitel 6, »Dynamische Programmierung«.

2.5.4 Lead-Selection

Innerhalb jedes Knotens kann ein einziges Element die Lead-Selection tragen. Dabei handelt es sich um ein selektiertes Element, dem eine besondere Bedeutung im Zusammenspiel mit UI-Elementen zukommt. So bestimmt die Lead-Selection, von welchem der vorhandenen Context-Elemente die an die Knotenattribute gebundenen UI-Element-Eigenschaften gelesen werden, d. h., welches der verfügbaren Knotenelemente auf der Oberfläche angezeigt werden soll. Abbildung 2.59 veranschaulicht die Bedeutung der Lead-Selection für die Anzeige von Daten grafisch.

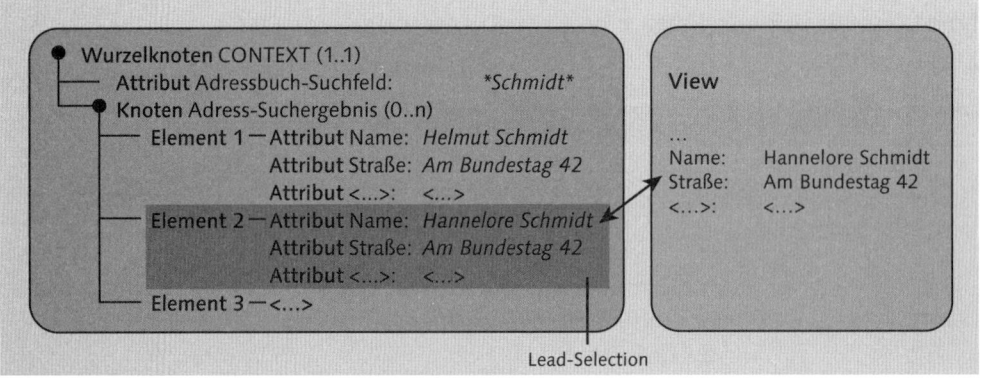

Abbildung 2.59 Zusammenhang zwischen Lead-Selection und View

Setzen der Lead-Selection

Die Lead-Selection kann auf verschiedene Arten gesetzt werden, z. B. über die Methode set_lead_selection( ) des Interfaces IF_WD_CONTEXT_NODE oder über einige UI-Elemente. Das UI-Element DropDownByIndex ist dafür ein gutes Beispiel: Wählen Sie innerhalb einer auf einem Context-Knoten basierenden Dropdown-Liste einen Eintrag aus, wird die Lead-Selection automatisch auf das selektierte Element gesetzt. In Tabellen wird immer die erste selektierte Zeile mit dem

Kennzeichen LEAD-SELECTION versehen. Alle darauffolgenden selektierten Elemente erhalten nur noch die Selection-Kennzeichnung. In Tabellen erkennen Sie die Lead-Selection an ihrer intensiveren Hintergrundfärbung im Vergleich zu den übrigen selektierten Zeilen.

> **Lead-Selection automatisch oder manuell initialisieren** [«]
>
> Stellen Sie sich folgendes Szenario vor: Der Inhalt eines Eingabefeldes soll an ein Attribut aus einem Context-Knoten mit der Kardinalität 1..1 gebunden werden. Im Knoten existiert demnach immer exakt ein Context-Element. Jedoch benötigt das Eingabefeld zur Auflösung der Bindung an den Knoten immer eine gesetzte Lead-Selection. Fehlt die Lead-Selection, bricht Web Dynpro die Anwendung ab.
>
> Sie haben nun zwei Möglichkeiten: Sie setzen die Lead-Selection manuell auf das einzig vorhandene Element, oder Sie setzen das Häkchen bei der Eigenschaft INITIALISIERUNG LEAD-SELECTION in den Eigenschaften des Knotens. Diese Eigenschaft bestimmt, ob die Lead-Selection automatisch gesetzt werden soll, sobald sie benötigt wird, aber noch nicht gesetzt ist.
>
> Die automatische Initialisierung der Lead-Selection funktioniert unabhängig von der gewählten Kardinalität. Existieren in einem Knoten mehrere Elemente, wird das erste Element des Knotens als Lead-Selection markiert.

2.5.5 Rekursive Context-Knoten

Innerhalb des Contexts ist eine dynamische Verschachtelung von Knoten durch die Verwendung sogenannter *Rekursivknoten* möglich. Mithilfe dieser Knoten können Sie zur Laufzeit eine beliebig tief verschachtelte Knotenstruktur erzeugen. Jeder Rekursivknoten erhält dabei die Struktur des zu wiederholenden Knotens.

Rekursiver Knoten

Die Verwendung von Rekursivknoten bietet sich vor allem bei der Erzeugung von Baumstrukturen an, etwa mit dem UI-Element Tree. Darüber hinaus ist es möglich, rekursive Knoten mithilfe von Tabellen abzubilden. Dabei werden die tiefer liegenden Daten in aufklappbaren Tabellenzeilen angezeigt.

Anwendungsbeispiele

Das Anlegen rekursiver Knoten gestaltet sich sehr einfach. Im Vorfeld müssen Sie die zu wiederholende Context-Struktur mit einem Knoten und beliebig vielen Unterknoten und Attributen anlegen. Anschließend klicken Sie mit der rechten Maustaste auf den Knoten, unter dem der rekursive Knoten angelegt werden soll, und wählen ANLEGEN • REKURSIONSKNOTEN aus. Es öffnet sich das in Abbildung 2.60 gezeigte Pop-up-Fenster REKURSIONSKNOTEN ANLEGEN. Geben

Anlegen rekursiver Knoten

Sie dort unter KNOTENNAME den Namen des rekursiven Knotens ein, und suchen Sie anschließend einen WIEDERHOLUNGSKNOTEN über den Button AUSWÄHLEN aus. Der Wiederholungsknoten muss ein über dem Rekursionsknoten liegender Knoten sein. Er bestimmt, ab welcher Ebene die Knotenstruktur rekursiv wiederholt werden soll.

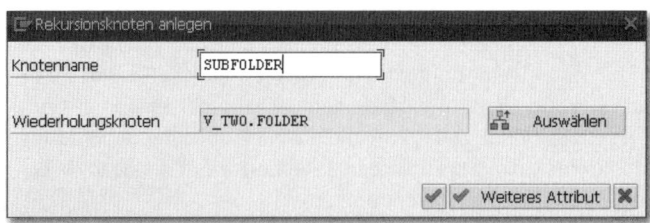

Abbildung 2.60 Anlegen von Rekursionsknoten

Beispiel für Rekursivknoten

In Abbildung 2.61 sehen Sie ein einfaches Beispiel für die Abbildung einer hierarchischen Verzeichnisstruktur in einem Context. Der Knoten FOLDER repräsentiert 0..n-Verzeichnisse. Für jedes Verzeichnis werden der Verzeichnisname und der anlegende Benutzer in den Attributen FOLDERNAME und CREATED_BY gespeichert. Jedes Verzeichnis kann eine beliebige Anzahl von Dateien beinhalten. Diese werden im Knoten FILE_LIST mit den Attributen FILENAME und FILE_CONTENT abgelegt. Unterhalb des Knotens FOLDER befindet sich der Rekursionsknoten SUBFOLDER, dessen Wiederholungsknoten auf FOLDER gesetzt wurde. Möchten Sie nun von einem Verzeichnis in ein Unterverzeichnis wechseln, können Sie das über den Knoten SUBFOLDER erreichen. Das Unterverzeichnis des Unterverzeichnisses ist wiederum über den Knoten SUBFOLDER erreichbar. Mithilfe dieser Struktur können Sie beliebig tief verschachtelte Hierarchien im Context abbilden.

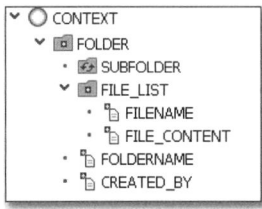

Abbildung 2.61 Rekursiver Verzeichnisbaum zur Designzeit

2.5.6 Datenbindung

Eigenschaften von UI-Elementen können mit wenigen Mausklicks im View-Editor an Context-Attribute gebunden werden. Dieser Vorgang wird als Datenbindung (*Data Binding*) bezeichnet. Durch die Bindung eines UI-Elements wird eine direkte Beziehung zwischen diesem und dem ausgesuchten Context-Attribut aufgebaut.

Je nach Typ des UI-Elements stehen Ihnen dabei teils sehr unterschiedliche Eigenschaften zur Bindung an den Context zur Verfügung. Nehmen Sie das im folgenden Schritt-für-Schritt-Beispiel benötigte UI-Element `InputField`: Dieses verfügt unter anderem über die Eigenschaften `value` und `visible`. Durch die Bindung der Eigenschaft `value` an ein Attribut stellen Sie eine Beziehung zwischen der Benutzeroberfläche und dem Context her. Ändern Sie im Browser den Text im Eingabefeld, wird sich diese Änderung direkt im entsprechenden Context-Element/-Attribut widerspiegeln. Über den Context können Sie auch das Anzeigeverhalten des UI-Elements im Browser beeinflussen. Haben Sie z. B. die Eigenschaft `visible` an ein Context-Attribut vom Typ `WDY_BOOLEAN` gebunden, können Sie die Sichtbarkeit des Eingabefeldes durch Setzen des Attributwertes auf `'X'` oder `' '` (Leerzeichen) steuern.

Bindungseigenschaften

Datenbindung von UI-Elementen zur Laufzeit

Die Datenbindung zwischen UI-Elementen und dem Context wird während der Designzeit im Context-Editor vorgenommen. Zu diesem Zeitpunkt existieren im Context weder Knoten- noch Elementinstanzen. Während der Laufzeit muss dann sichergestellt sein, dass die gebundenen Eigenschaften des UI-Elements im Context ausgelesen werden können. Bei falscher Programmierung kann dies zu Fehlern bis hin zu Programmabbrüchen führen.

Gehen Sie die möglichen Szenarien für die Bindung einer Eigenschaft eines UI-Elements an ein Attribut eines Context-Knotens mit der Kardinalität `0..n` im Einzelnen durch:

Bindungsszenarien

- **Knoten enthält kein Element**
  Dabei handelt es sich um den Worst Case. Das UI-Element versucht, die gebundene Eigenschaft aus dem Knoten auszulesen. Da jedoch kein Knotenelement mit dem Attribut existiert, wird das Framework die Anwendung mit folgender Fehlermeldung abbrechen:

  Context-Bindung des Propertys <Eigenschaftsname> kann nicht aufgelöst werden. Der Knoten <Knotenname> enthält keine Elemente.

- **Knoten enthält exakt ein Element**
  Das UI-Element kann die Eigenschaft problemlos aus dem Knoten bzw. dem Element im Context auslesen und darstellen. Voraussetzung dafür ist jedoch eine gesetzte Lead-Selection.

- **Knoten enthält mehrere Elemente**
  Das UI-Element kann die Eigenschaft problemlos aus dem Knoten bzw. dem Element im Context mit der gesetzten Lead-Selection auslesen und darstellen. Ändert sich die Lead-Selection, wird auch die Eigenschaft des UI-Elements geändert.

Dynamische Bindung

Darüber hinaus haben Sie zur Laufzeit auch die Möglichkeit, die Eigenschaften von UI-Elementen dynamisch über die Schnittstelle der entsprechenden UI-Elemente zu ändern. Weitere Informationen dazu finden Sie in Abschnitt 6.3.4, »UI-Elemente anlegen«. Beachten Sie dazu die Bindung von Context-Attribut-Eigenschaften in Abschnitt 2.5.9.

Schritt für Schritt: Datenbindung von UI-Elementen anlegen

Feldwerte an Context-Attribute binden

Im folgenden Beispiel lernen Sie, Eigenschaften von UI-Elementen an Context-Attribute zu binden, indem Sie die Werte der Adresseingabefelder des Views an die in der letzten Schritt-für-Schritt-Anleitung angelegten Context-Attribute anbinden. Anschließend verbinden Sie die Eigenschaft readOnly zur Steuerung der Eingabebereitschaft der Felder mit dem zugehörigen Context-Attribut EDIT_MODE.

1. Öffnen Sie die Registerkarte LAYOUT des Views V_MAIN. Stellen Sie sicher, dass Sie sich im Änderungsmodus befinden.

2. Binden Sie zuerst die Eingabefelder für den Namen, die Postleitzahl und den Ort an den Context. Wählen Sie dazu das Eingabefeld für den Namen aus (IF_NAME), und klicken Sie wie in Abbildung 2.62 auf den BINDING-Button rechts in der Zeile der Eigenschaft value. In dem sich öffnenden Fenster wählen Sie das Context-Attribut NAME im Knoten ADDRESS_DATA per Doppelklick aus. Das Eingabefeld ist nun an das Attribut gebunden.

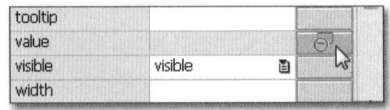

Abbildung 2.62 Datenbindung an den Context

3. Wiederholen Sie den Vorgang für das Postleitzahlen- und Ortseingabefeld. Klicken Sie dazu auf das Eingabefeld IF_POSTCODE, und binden Sie dessen value-Eigenschaft an das Attribut POSTCODE. Wählen Sie zuletzt das Eingabefeld IF_CITY aus, und binden Sie dieses an das Attribut CITY.

Damit haben Sie die Datenbindung der Eingabefelder erfolgreich abgeschlossen. Theoretisch könnten Sie die Component nun aktivieren und anschließend testen. Vorher binden Sie jedoch noch die Eingabebereitschaft des Buttons und der Eingabefelder an den Context.

Eingabebereitschaft an Context binden

1. Wählen Sie das Eingabefeld IF_NAME ein zweites Mal aus, und klicken Sie auf den BINDING-Button in der Zeile der Eigenschaft readOnly. Es öffnet sich das Pop-up-Fenster CONTEXT-BINDING DEFINIEREN (siehe Abbildung 2.63). Wählen Sie dort das Attribut EDIT_MODE aus, und aktivieren Sie anschließend das Ankreuzfeld ATTRIBUT/EIGENSCHAFT INVERTIEREN ("NOT"). Auf diese Weise erreichen Sie, dass bei EDIT_MODE = 'X' der Wert der Eigenschaft readOnly = ' ' (und somit das Feld eingabebereit) ist.

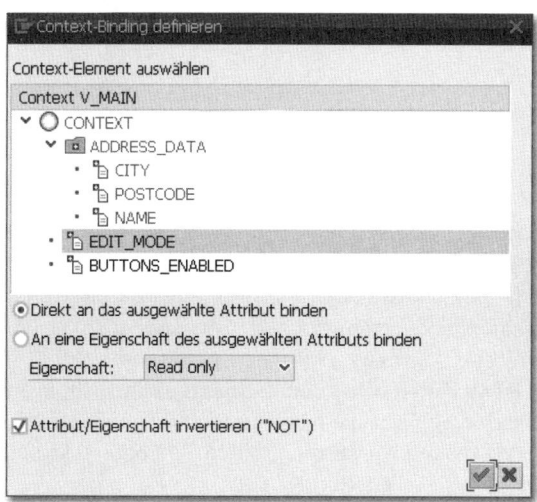

Abbildung 2.63 Definition eines Context-Bindings

2. Wiederholen Sie die beiden vorangegangenen Schritte für die Eingabefelder IF_POSTCODE und IF_CITY. Binden Sie die Eigenschaft für beide Felder an EDIT_MODE, und invertieren Sie den Attributwert.

3. Binden Sie zuletzt die Eigenschaft enabled des ANZEIGEN/ÄNDERN-Buttons an das Context-Attribut BUTTONS_ENABLED. Beachten Sie an dieser Stelle, dass Sie den Wert des Attributs diesmal nicht invertieren. Beim Anlegen des Attributs im vorangegangenen Schritt-für-Schritt-Beispiel wurde bereits definiert, dass es standardmäßig bei der Initialisierung auf 'X' gesetzt wird.

4. Speichern Sie die Änderungen, und aktivieren Sie die gesamte Component. Starten Sie anschließend die Anwendung zwdc_chap02, indem Sie mit der rechten Maustaste daraufklicken und im Kontextmenü TESTEN auswählen. Es öffnet sich ein Browser-Fenster mit der Anwendung. Durch einen Klick auf ANZEIGEN/ÄNDERN können Sie die Felder eingabebereit schalten und eine Adresse erfassen. In Abbildung 2.64 sehen Sie dafür ein Beispiel.

Abbildung 2.64 Test der Anwendung

> **[+] Context-Attribut-Eigenschaften**
>
> Im Beispiel haben Sie die Eigenschaften enabled und readOnly an die extra dafür angelegten Context-Attribute EDIT_MODE und BUTTONS_ENABLED gebunden. Bei vielen – vor allem kleineren – Anwendungen ist die Steuerung dieser Eigenschaften über Extraattribute sicherlich ausreichend. Jedoch ist dieser Weg nicht die eleganteste und damit auch nicht die empfehlenswerteste Lösung. Stattdessen sollten Sie Context-Attribut-Eigenschaften verwenden (siehe Abschnitt 2.5.9).

2.5.7 Mapping

Web Dynpro bietet die Möglichkeit, Knoten und Attribute von Context-Knoten contextübergreifend zu teilen. Dieser Vorgang wird als *Mapping* bezeichnet. Durch ein Mapping wird die Struktur des Originals kopiert und eine Referenz vom gemappten Context auf das

Original angelegt. Zur Laufzeit werden die Daten nicht kopiert, sondern nur referenziert. Die Daten existieren demnach nur einmal im Ursprungs-Context. Ändert nun ein beliebiger Controller gemappte Daten, wirken sich diese Änderungen sofort auf alle anderen Controller aus, die auf dieselben Daten referenzieren.

Das Mapping bietet Ihnen die Möglichkeit, den Context über die Grenze eines Controllers hinaus gemeinsam mit anderen Controllern zu teilen. Haben Sie z. B. zwei Views, die zum Teil dieselben Daten benötigen, bietet sich die Ablage der Daten in einem von beiden Views erreichbaren Controller-Context an. In der Praxis ist dies meist der Component-Controller. Aber auch der Window- oder ein Custom-Controller kann hier zum Einsatz kommen.

Gründe für Mapping

Abbildung 2.65 zeigt Ihnen – vereinfacht ohne Context-Attribute – ein Beispiel für das Mapping zwischen dem Component-Controller und zwei Views einer Component. Der Knoten ADDRESS_DATA wurde in diesem Beispiel ursprünglich im Component-Controller angelegt. Anschließend wurde der Knoten per Mapping auf View A und auf View B übernommen. Durch das Mapping wird die Knotenstruktur in den jeweiligen Ziel-Context kopiert und eine dauerhafte Verbindung zwischen dem Original- und dem Ziel-Context hergestellt. Im Context-Editor ist ein solcher Knoten an einem kleinen nach rechts weisenden Pfeil im Knotensymbol erkennbar. Ändert ein Anwender nun in View A eine Adresse, werden diese Änderungen direkt in den Original-Context des Component-Controllers geschrieben. Die Änderungen sind damit zeitgleich für alle anderen Views verfügbar, die ein Mapping mit dem Component-Controller-Knoten ADDRESS_DATA besitzen.

Beispiel

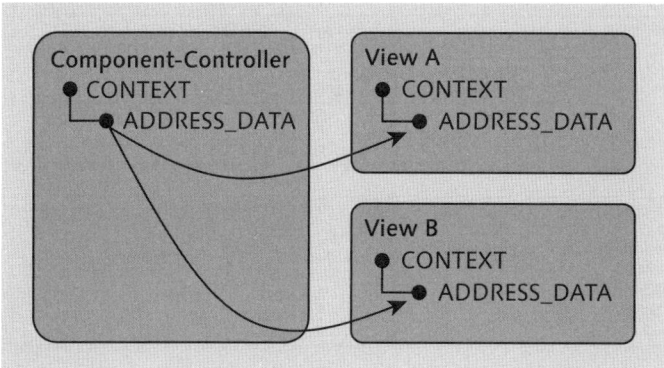

Abbildung 2.65 Beispiel für Mapping

Anlegen eines Mappings

Das Anlegen eines Mappings gestaltet sich einfach:

1. Erstellen Sie, falls nicht bereits vorhanden, den Original-Context-Knoten im Ursprungs-Controller. Beachten Sie dabei unbedingt die Regeln zur Sichtbarkeit von Controllern. So ist es z. B. nicht möglich, einen View-Knoten als Original zu verwenden.

2. Wechseln Sie nun zum Controller, für den das Mapping angelegt werden soll.

3. Tragen Sie, falls nicht bereits vorhanden, eine Controller-Verwendung des Ursprungs-Controllers mit dem Originalknoten in die Tabelle VERWENDETE CONTROLLER/COMPONENTS ein. Handelt es sich beim Ursprungs-Controller um den Component-Controller, sollten Sie dafür bereits eine Eintragung vorfinden.

4. Öffnen Sie die Registerkarte CONTEXT. Diese ist in drei Bereiche aufgeteilt: Links oben befindet sich der lokale Controller-Context, rechts oben sehen Sie alle fremden, in den Controller-Verwendungen eingetragenen Context-Elemente, und im unteren Bereich finden Sie die Eigenschaften des aktuell ausgewählten Context-Elements. Wählen Sie im rechten Bereich Ihren gewünschten Ursprungs-Context aus.

5. Ziehen Sie den zu mappenden Knoten anschließend per Drag & Drop an die gewünschte Ziel-Position innerhalb Ihres lokalen Contexts. In Abbildung 2.66 sehen Sie diesen Vorgang ❶ und das Ergebnis ❷ schematisch dargestellt.

Das Mapping zwischen beiden Contexten ist damit abgeschlossen. Änderungen im Component-Controller wirken sich so direkt auf die gemappten View-Context-Knoten aus.

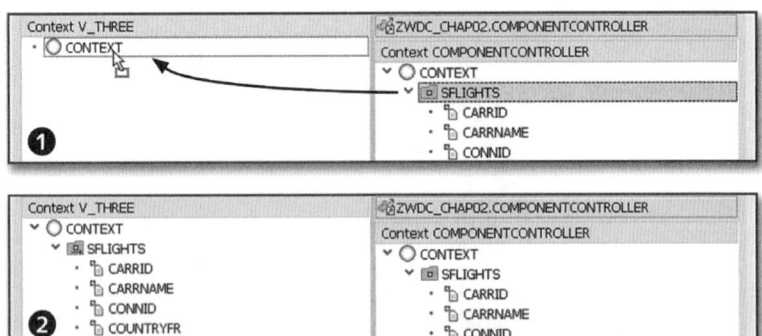

Abbildung 2.66 Mapping zwischen Component- und View-Controller

Stellen Sie sich aber folgendes Szenario vor: Sie haben einen Knoten im Component-Controller angelegt und diesen per Mapping in den Context eines Views eingebunden. Danach fällt Ihnen jedoch auf, dass Sie beim Anlegen des Originalknotens ein wichtiges Attribut vergessen haben. Um die Änderungen in den gemappten Knoten zu übernehmen und damit das Attribut auch im View verfügbar zu haben, müssen Sie das Mapping im View-Knoten aktualisieren.

Mapping aktualisieren

Wechseln Sie für die Aktualisierung des gemappten Knotens zu diesem, und klicken Sie diesen mit der rechten Maustaste an. Wählen Sie im Kontextmenü den Eintrag AKTUALISIEREN MAPPING aus. Bestätigen Sie die folgenden Pop-up-Warnungen jeweils mit JA. Dadurch werden alle Attribute und Unterknoten aus dem Originalknoten nochmals auf den gemappten Knoten übertragen. Nach der Aktualisierung des Mappings ist der Knoten im View wieder auf dem aktuellen Stand.

Das Mapping von Contexten ist auch über die Grenze einer Component hinweg möglich (siehe auch Abschnitt 2.7.4, »Componentübergreifendes Mapping«).

Componentübergreifendes Mapping

2.5.8 Supply-Funktionen

Supply-Funktionen ermöglichen es, Context-Knoten automatisch mit Daten zu initialisieren. Sie können für jeden Knoten eine eigene Supply-Funktion anlegen. Diese wird immer dann vom Framework aufgerufen, wenn auf die Daten des jeweiligen Knotens zugegriffen wird und der Knoten bisher nicht gefüllt ist oder in einem vorangegangenen Schritt invalidiert wurde.

Die Definition von Supply-Funktionen bietet sich vor allem für Vater-Kind-Knotenbeziehungen an. Stellen Sie sich dazu Folgendes vor: Sie haben eine Tabelle mit einer Auflistung Ihrer Geschäftspartner. Wählen Sie nun einen Geschäftspartner in der Liste aus, werden zu diesem Geschäftspartner weitere Informationen, wie etwa eine Bestellhistorie, unterhalb der Geschäftspartnertabelle angezeigt. In Form eines Context-Knotens könnte diese Beziehung wie in Abbildung 2.67 aussehen.

Verwendung von Supply-Funktionen

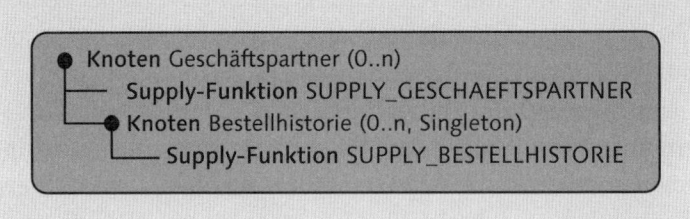

Abbildung 2.67 Beispiel für eine Vater-Kind-Beziehung

Der Knoten Geschäftspartner wird durch seine Supply-Funktion SUPPLY_GESCHAEFTSPARTNER beim ersten Zugriff mit Geschäftspartnern aus der Datenbank befüllt. Sobald Sie einen Geschäftspartner in der Tabelle ausgewählt haben (Lead-Selection wird gesetzt), werden die Detailinformationen zu diesem Geschäftspartner über die Supply-Funktionen der Unterknoten geladen. In unserem Beispiel wird dies durch die Supply-Funktion SUPPLY_BESTELLHISTORIE zur Initialisierung des Knotens Bestellhistorie exemplarisch abgebildet. Über den Importing-Parameter PARENT_ELEMENT, den jede Supply-Funktion besitzt, liest die Supply-Funktion SUPPLY_BESTELLHISTORIE die Geschäftspartner-ID aus dem übergeordneten Knoten Geschäftspartner aus und sucht anschließend die Bestellhistorie aus der Datenbank zusammen. Beim Knoten Bestellhistorie handelt es sich hier um einen Singleton-Knoten. Durch die Aktivierung dieser Eigenschaft wird der Knoten bei jeder Änderung der übergeordneten Lead-Selection neu von der Supply-Funktion aufgebaut.

Supply-Funktionen und Mapping

Supply-Funktionen werden grundsätzlich immer nur für ungemappte Context-Knoten aufgerufen. Verfügen Sie z. B. über einen Originalknoten in einem Component-Controller und einen gemappten Knoten innerhalb eines Views, wird die Supply-Funktion nur für den Originalknoten im Component-Controller aufgerufen.

Supply-Funktion anlegen

Zum Anlegen von Supply-Funktionen öffnen Sie den zu bearbeitenden Context und wählen den Knoten aus, für den die Supply-Funktion angelegt werden soll. Tragen Sie anschließend den Namen der neuen Supply-Funktion bei der Eigenschaft SUPPLY-FUNKTION ein. Nach Bestätigung Ihrer Eingaben mit der ⏎-Taste legt der Web-Dynpro-Editor automatisch eine Methode vom Typ Supply-Function an. Die Supply-Funktion erreichen Sie über einen Doppelklick in den Eigenschaften des Knotens; alternativ können Sie die Supply-Funktion auch über die Registerkarte METHODEN öffnen.

In den bereits vorhandenen, kommentierten Zeilen in der Supply-Funktion finden Sie bereits das wichtigste Coding für die Ausprogrammierung der Supply-Funktion vor. Weitere Hilfestellungen für die Programmierung von Supply-Funktionen erhalten Sie in Abschnitt 2.6, »Context-Programmierung«.

> **Range-Context-Knoten**
>
> Zum Ablegen großer Datenmengen in einem Knoten sollten Sie Range-Context-Knoten verwenden. Deren Funktionsweise stellen wir Ihnen in Abschnitt 2.6.5 vor.

2.5.9 Context-Attribut-Eigenschaften

Neben der primären Aufgabe des Contexts, Daten in Form von Knoten, Elementen und Attributen für die Anzeige und Bearbeitung auf der Benutzeroberfläche bereitzustellen, speichert der Context auch Daten zur Steuerung des Anzeige- und Bearbeitungsverhaltens von UI-Elementen. Dazu werden zur Laufzeit in jedem Context-Element für jedes Context-Attribut die folgenden fünf Eigenschaften gespeichert: `enabled`, `final`, `readOnly`, `required` und `visible`. Diese sogenannten *Context-Attribut-Eigenschaften* sind vor allem im Hinblick auf UI-Elemente mit direktem Context-Bezug, wie etwa einem `InputField`, von großem Interesse.

Die Context-Attribut-Eigenschaften können im View Designer an die zugehörigen UI-Element-Eigenschaften gebunden werden. Dies ermöglicht eine komfortable Steuerung des View-Anzeigeverhaltens, da die Eigenschaften vom UI-Element losgelöst im Context gemeinsam mit den eigentlichen Daten gespeichert werden. Tabelle 2.10 listet die für jedes Context-Attribut gehaltenen Eigenschaften und die korrespondierenden UI-Element-Eigenschaften auf.

Context-Attribut-Eigenschaften

Attributeigenschaft	UI-Element-Eigenschaft	Bemerkung
Enabled	enabled	Aktiv oder inaktiv?
final	–	Attribut (noch) änderbar?
readOnly	readOnly	Eingabebereit oder nicht?

Tabelle 2.10 Attribut- und zugehörige UI-Element-Eigenschaften

Attributeigenschaft	UI-Element-Eigenschaft	Bemerkung
Required	state	Die Ausprägungen sind normal und required.
Visible	visible	UI-Element sichtbar oder nicht?

Tabelle 2.10 Attribut- und zugehörige UI-Element-Eigenschaften (Forts.)

Verwendung
Grundsätzlich steht es Ihnen frei, die Eigenschaften Ihrer UI-Elemente an die entsprechenden Attributeigenschaften des Contexts zu binden. Das heißt, Sie können auf die Context-Attribut-Eigenschaften zur Steuerung des Anzeigeverhaltens eines UI-Elements zurückgreifen, müssen es aber nicht. Darüber hinaus ist es auch möglich, UI-Elemente ohne direkten Context-Bezug an eine Context-Attribut-Eigenschaft zu binden.

> **Primäre Eigenschaft**
>
> Im Folgenden sprechen wir im Bezug auf UI-Elemente von der *primären Eigenschaft*. Dabei handelt es sich um eine Eigenschaft mit besonderer Wichtigkeit für den jeweiligen UI-Elementtyp. Beispiele für UI-Elemente mit primären Eigenschaften sind:
> - UI-Element InputField: Eigenschaft value
> - UI-Element TextView: Eigenschaft text

Bindung von Context-Attribut-Eigenschaften
Sie können ein UI-Element im View Designer in nur wenigen Schritten an die Context-Attribut-Eigenschaften binden. Diese Bindung können Sie auf zwei verschiedene Arten durchführen: alle Eigenschaften auf einmal über die primäre Eigenschaft oder jede Eigenschaft des UI-Elements einzeln direkt.

Bindung über das primäre Attribut
Beginnen wir mit der Bindung über die primäre Eigenschaft.

1. Öffnen Sie die Registerkarte LAYOUT des zu bearbeitenden Views, und wählen Sie das zu bindende UI-Element aus.
2. Klicken Sie in der Zeile der primären Eigenschaft auf den BINDING-Button. Es öffnet sich das Standard-Pop-up-Fenster zur Auswahl des zu bindenden Knotens/Attributs.
3. Wählen Sie, falls nicht bereits geschehen, das zu bindende Attribut aus der Context-Struktur aus. Klicken Sie anschließend auf den Button CONTEXT-ATTR. EIGENSCHAFTEN BINDINGS, und wählen Sie

die zu bindenden Context-Attribut-Eigenschaften im Pop-up-Fenster aus (siehe Abbildung 2.68).

4. Bestätigen Sie Ihre Eingaben, und schließen Sie das Pop-up-Fenster durch einen Klick auf das grüne Häkchen.

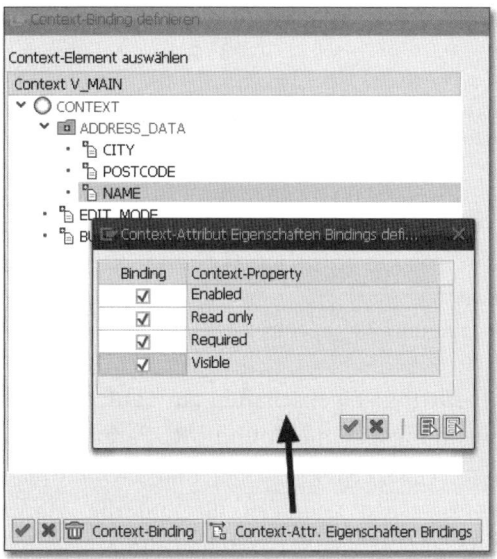

Abbildung 2.68 Auswahl der zu bindenden Context-Attribut-Eigenschaften

Alternativ kann eine Context-Attribut-Eigenschaft direkt über die jeweilige UI-Element-Eigenschaft gebunden werden:

Bindung direkt über die Eigenschaft

1. Öffnen Sie die Registerkarte LAYOUT des zu bearbeitenden Views, und wählen Sie das zu bindende UI-Element aus. Stellen Sie sicher, dass die primäre Eigenschaft des UI-Elements bereits gefüllt bzw. gebunden ist.

2. Klicken Sie in der Zeile der zu bindenden Eigenschaft (entweder Eigenschaft `enabled`, `readOnly`, `state` oder `visible`) auf den BINDING-Button. Es öffnet sich das Standard-Pop-up-Fenster zur Auswahl des zu bindenden Knotens/Attributs.

3. Klicken Sie das Auswahlfeld AN EINE EIGENSCHAFT DES AUSGEWÄHLTEN ATTRIBUTS BINDEN an, und überprüfen Sie, ob Web Dynpro für Ihre UI-Element-Eigenschaft die richtige Context-Attribut-Eigenschaft vorgeschlagen hat (siehe Abbildung 2.69).

4. Bestätigen Sie Ihre Eingaben, und schließen Sie das Pop-up-Fenster durch einen Klick auf das grüne Häkchen.

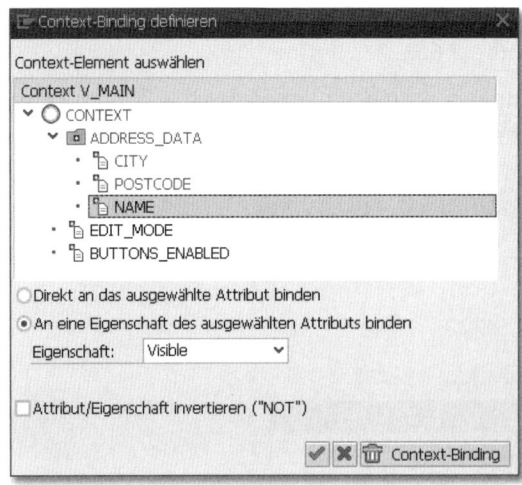

Abbildung 2.69 Direktes Binding über die gewählte Eigenschaft

Programmatischer Zugriff auf Eigenschaften

Sie können die Context-Attribut-Eigenschaften zur Laufzeit mithilfe der in Anhang A, »Anwendungsparameter und URL-Parameter«, aufgeführten Knoten- (Typ IF_WD_CONTEXT_NODE) und Elementmethoden (Typ IF_WD_CONTEXT_ELEMENT) ändern. Bis auf die Methode <set/get>_attribute_props_for_node( ) stehen diese sowohl für den Context-Knoten als auch für Context-Elemente bereit. Bei den Methoden, die sowohl im Knoten als auch im Element verfügbar sind, können Sie über den Importing-Parameter index bestimmen, für welches Context-Element die Methode aufgerufen werden soll. Wird der Parameter nicht befüllt, wird standardmäßig die Lead-Selection verwendet.

Beispiel

Listing 2.8 zeigt Ihnen ein einfaches Beispiel, bei dem das Attribut CITY des Knotens ADDRESS_DATA nur auf lesend gesetzt wird. In einem ersten Schritt wird dazu eine Referenz des Knotens ADDRESS_DATA vom Context gelesen. Anschließend wird die Methode set_attribute_property( ) verwendet, um die Eigenschaft readOnly des Attributs CITY für das die Lead-Selection tragende Context-Element auf wahr zu setzen.

```
DATA lo_address_node TYPE REF TO if_wd_context_node.
lo_address_node =
  wd_context->get_child_node( wd_this->wdctx_address_data ).
" Setze Attribut CITY auf ReadOnly --> true
CALL METHOD lo_adress_node->set_attribute_property
  EXPORTING
```

```
attribute_name = 'CITY'
property       = if_wd_context_element=>e_property-read_only
index          = if_wd_context_node=>use_lead_selection
value          = 'X'.
```

Listing 2.8 Beispiel für das Setzen der Stadt auf readOnly

2.5.10 Context-Change-Log

Beim Context-Change-Log handelt es sich um ein Protokoll, das Änderungen am Context durch den Benutzer überwacht und diese tabellarisch aufzeichnet. Mithilfe des dabei entstehenden Change-Log-Protokolls können Sie anschließend gezielt die Benutzereingaben weiterverarbeiten.

Versetzen Sie sich in die folgende Situation: Ein Benutzer ändert in einer Web-Dynpro-Tabelle mit mehreren Hundert Zeilen einige Datensätze. Um diese Änderungen nun in eine Datenbank zu übernehmen, können Sie verschiedene Strategien anwenden:

Verwendung des Change-Logs

- Sie lesen den Knoten der Tabelle vollständig aus und aktualisieren alle Datensätze in der Datenbank.
- Sie lesen den Knoten der Tabelle vollständig aus und finden die Änderungen durch einen Vorher-nachher-Vergleich der Datensätze heraus. Anschließend aktualisieren Sie die geänderten Datensätze in der Datenbank.
- Sie verwenden das Context-Change-Log.

Aktivierung und Verwendung des Change-Logs

Standardmäßig ist das Change-Log in jedem Controller deaktiviert. Bei Bedarf muss es daher im jeweiligen Context der Component aktiviert werden. Dies geschieht über das Interface IF_WD_CONTEXT. Sie erhalten die Referenz auf den Context durch den Aufruf der Methode wd_context->get_context( ). Anschließend können Sie das Change-Log durch einen Aufruf der Methode enable_context_change_log( ) aktivieren (siehe Listing 2.9).

Aktivierung des Change-Logs

```
DATA lo_context TYPE REF TO if_wd_context.lo_context =
wd_context->get_context( ).lo_context->enable_context_
change_log( ).
```

Listing 2.9 Aktivierung des Context-Change-Logs

> **Manuelle Erfassung von Änderungen**
>
> Das Change-Log erfasst ausschließlich Änderungen, die vom Benutzer vorgenommen wurden. Änderungen an Context-Elementen, die auf programmatischem Weg zustande gekommen sind, werden nicht aufgelistet. Es ist jedoch auch möglich, Änderungen manuell ins Change-Log zu schreiben. Dazu können Sie die Context-Methode `add_context_attribute_change( )` verwenden.

Verwendung des Change-Logs

Sie können das Change-Log durch den Aufruf der Methode `get_context_change_log( )` am Interface `IF_WD_CONTEXT` auslesen. Dabei erhalten Sie eine Tabelle vom Typ `WDR_CONTEXT_CHANGE_LIST` zurück. Über den optionalen Importparameter `and_reset` können Sie das Change-Log direkt nach dem Auslesen löschen lassen. Beachten Sie, dass das Change-Log bei gemappten Knoten ausschließlich für den Originalknoten geschrieben wird. Tabelle 2.11 gibt Ihnen einen Überblick über die Change-Log-Methoden von `IF_WD_CONTEXT`.

Methode	Beschreibung
`enable_context_change_log( )`	Diese Methode schaltet die Aufzeichnung der Benutzereingaben für diesen Controller ein.
`disable_context_change_log( )`	Diese Methode schaltet die Aufzeichnung wieder ab.
`get_context_change_log( )`	Diese Methode liefert den aktuellen Inhalt der Change-Log-Tabelle und setzt diese automatisch zurück (letztere Einstellung ist voreingestellt, kann über den Parameter `and_reset` jedoch auch deaktiviert werden).
`reset_context_change_log( )`	Diese Methode setzt die Change-Log-Tabelle zurück.
`add_context_attribute_change( )`	Über diese Methode können Änderungen an einem Context-Attribut manuell in die Change-Log-Tabelle aufgenommen werden.

Tabelle 2.11 Change-Log-Methoden von IF_WD_CONTEXT

Die Verwendung des Change-Logs bietet sich vor allem bei komplexeren Web-Dynpro-Architekturen an.

Context-Change-Log-Tabelle

Die Methode `get_context_change_log( )` liefert Ihnen eine Tabelle vom Tabellentyp `WDR_CONTEXT_CHANGE_LIST` zurück. Diese Tabelle basiert auf der Struktur `WDR_CONTEXT_CHANGE`, deren Zeilenstruktur in Tabelle 2.12 vorgestellt wird.

Spalte	Beschreibung
NODE_NAME	Name des Knotens, der die Änderung enthält
SEQUENCE	laufende Nummer des Eintrags
NODE	Referenz auf den Knoten
NODE_PATH	Knotenpfad
CHANGE_KIND	Kategorisiert die Art der Änderung. Für die Werte stehen die Konstanten IF_WD_CONTEXT=>CHANGED_<...> zur Verfügung.
ELEMENT_INDEX	Index des am tiefsten liegenden Context-Elements
ATTRIBUTE_NAME	Name des Attributs, das geändert wurde
OLD_VALUE	Referenz auf den bisherigen Attributwert
NEW_VALUE	Referenz auf den neuen Attributwert

Tabelle 2.12 Struktur WDR_CONTEXT_CHANGE

Der Knotenpfad `NODE_PATH` folgt dem Schema `<Controller bzw. Knotenname>.<ElementIndex>`. Auf der ersten Ebene befinden sich immer der Controller-Name und die Indexnummer 1 für die `CONTEXT`-Wurzel. Je nach Anzahl der Unterknoten wiederholt sich dieses Schema beliebig oft bis zur Ebene der jeweiligen Context-Änderung. Die Indexnummer der geänderten Ebene steht im Feld `ELEMENT_INDEX`.

Knotenpfad NODE_PATH

Nehmen wir den Context-Knoten `ADDRESS_DATA` aus den vorangegangenen Schritt-für-Schritt-Anleitungen als Beispiel. Hier würde bei einer Änderung eines Attributs der `NODE_PATH` wie folgt lauten: `V_MAIN.1.ADDRESS_DATA`. Unter `ELEMENT_INDEX` ist die Position des Elements im Adressknoten vermerkt.

Die Änderungsart `CHANGE_KIND` gibt an, was sich im Context geändert hat. Das Interface `IF_WD_CONTEXT` stellt für das Attribut Konstanten vom Typ `CHANGED_<...>` zur Verfügung. Es existieren die folgenden Ausprägungen:

Änderungsart CHANGE_KIND

- **Attributänderung (Konstante** CHANGED_ATTRIBUTE**)**
  Die Attributänderung ist die wichtigste der verfügbaren Änderungsarten. Sie wird zur Protokollierung von Context-Attributänderungen verwendet, z. B. bei der Eingabe einer Stadt in ein Eingabefeld. Der vorherige und der neue Wert werden dabei in den Feldern OLD_VALUE und NEW_VALUE der Struktur dokumentiert.

- **Collection-Änderung (Konstante** CHANGED_COLLECTION**)**
  Die Collection-Änderung dokumentiert eine Änderung der Elemente des Knotens. Kommen z. B. neue Context-Elemente hinzu oder werden einige gelöscht, wird dies als Collection-Change vermerkt.

- **Lead-Selection-Änderung (Konstante** CHANGED_LEADSELECTION**)**
  Die Lead-Selection-Änderung wird bei Änderung der Lead-Selection durch den Benutzer geschrieben.

- **Selection-Änderung (Konstante** CHANGED_SELECTION**)**
  Die Selection-Änderung dokumentiert die Änderung des Benutzers einer »normalen« Auswahl ohne Lead-Selection.

2.6 Context-Programmierung

Der Web-Dynpro-Context wurde vollständig in ABAP Objects entwickelt. Aus objektorientierter Sicht basiert er hauptsächlich auf Context-Knoten, Context-Elementen und einem Knotenmetaobjekt, das Context-Modifikationen zur Laufzeit erlaubt:

- Context-Knoten können über das Interface IF_WD_CONTEXT_NODE angesprochen werden. Sie stellen Container für »Tabellen« dar.

- Context-Elemente sind über das Interface IF_WD_CONTEXT_ELEMENT ansprechbar. Jedes Context-Element repräsentiert eine Zeilenstruktur.

- Das Knotenmetaobjekt erhalten Sie über die Knotenmethode get_node_info( ). Das Metaobjekt ermöglicht dynamische Context-Änderungen zur Laufzeit und basiert auf dem Interface IF_WD_CONTEXT_NODE_INFO.

Inhalt des Abschnitts Den programmatischen Umgang mit dem Context, also z. B. die Navigation von der Context-Wurzel über Knoten und Elemente bis hin zu Context-Attributen oder die Erzeugung und Löschung von

Context-Elementen, haben wir bewusst für diesen Abschnitt aufgehoben. Hier lernen Sie die für den Entwickleralltag wichtigsten Context-Operationen kennen. Der Abschnitt umfasst die Navigation durch den Context, die Erzeugung und Löschung von Context-Elementen, das Setzen der Lead-Selection und die Änderung von Attributwerten. Anhand zahlreicher Beispiele erhalten Sie jeweils einen Eindruck von der Verwendung des Contexts.

In Abschnitt 2.5.1, »Aufbau des Contexts«, wurde am Beispiel des Knotens ADDRESS_DATA besprochen, wie die Struktur eines Contexts zur Designzeit und während der Laufzeit aussieht. Abbildung 2.70 zeigt Ihnen nochmals das bereits verwendete Beispiel für den Knoten ADDRESS_DATA. Anhand dieses Knotens und dieser Struktur zeigen wir Ihnen nun die wichtigsten Context-Operationen.

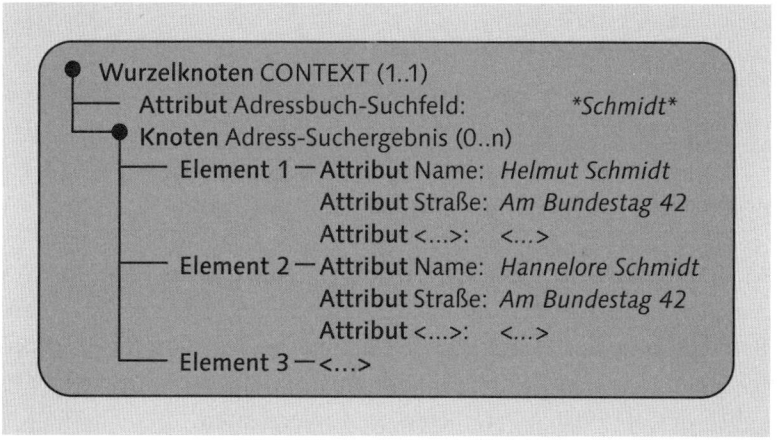

Abbildung 2.70 Beispiel für eine Context-Struktur zur Laufzeit

2.6.1 Navigation durch den Context

Die Navigation durch einen Context basiert auf einem Wechselspiel zwischen Context-Elementen und Context-Knoten. Ausgangspunkt ist immer ein Context-Element, das Referenzen zu all seinen Unterknoten beinhaltet. In der Praxis sieht man jedoch auch häufig, dass eine Navigation von einem Context-Knoten aus gestartet wird. Dazu ist es nötig, die Indexnummer des jeweiligen Knotenelements anzugeben. Wird kein Index vorgegeben, wird automatisch das Element mit der Lead-Selection verwendet.

Grundsätzliches zur Context-Navigation

Abbildung 2.71 verdeutlicht die Funktionsweise der Context-Navigation an einem Beispiel-Context. Ausgangspunkt für jede Navigation

Beispiel

durch einen Controller-Context ist der Wurzelknoten CONTEXT. Dieser hat die Kardinalität 1..1 und besitzt damit immer exakt ein Context-Element, für das die Lead-Selection gesetzt ist. Der Context ist in jedem Controller über das Controller-Attribut WD_CONTEXT (Typ IF_WD_CONTEXT_NODE) erreichbar.

```
● Knoten CONTEXT (1..1)
  └ Element 1: EDIT_MODE = 'X'
    ● Knoten ADDRESS_DATA (0..n)
      ├ Element 1: NAME = 'Helmut Schmidt'  POSTCODE = '10115'  CITY = 'Berlin'
      │   ● Knoten PHONE_NUMBERS (0..n)
      │     ├ Element 1: TYPE = 'MOBILE'  NUMBER = '+49 150 1234567'
      │     └ Element 2: TYPE = 'HOME,    NUMBER = '+49 30 76543213'
      ├ Element 2: NAME = 'Hannelore Schmidt'  POSTCODE = '10115'  CITY = 'Berlin'
      │   ● Knoten PHONE_NUMBERS (0..n)
      │     └ Element 1: TYPE = 'HOME'  NUMBER = '+49 30 76543213'
      └ Element 3: NAME = 'Helmut Kohl'  POSTCODE = '67071'  CITY = 'Oggersheim'
          ● Knoten PHONE_NUMBERS (0..n)
```

Abbildung 2.71 Beispiel für eine Hierarchie

Methode get_child_node()

Möchten Sie nun von der Wurzel CONTEXT zum Knoten ADDRESS_DATA navigieren, bietet sich dazu die Methode get_child_node( ) an. Betrachten Sie dazu Listing 2.10. Da die Lead-Selection für den Knoten CONTEXT immer gesetzt ist, können Sie in diesem Fall auf das Mitgeben des optionalen Parameters INDEX verzichten.

```
DATA lo_address_node TYPE REF TO if_wd_context_node.
lo_address_node =
  wd_context->get_child_node( wd_this->wdctx_address_data ).
```

Listing 2.10 Unterknoten lesen

Methode get_element()

Am Knoten ADDRESS_DATA haben Sie nun direkten Zugriff auf die drei im Knoten jeweils in einem Context-Element gespeicherten Adressen. Dazu können Sie die Knotenmethode get_element( ) verwenden, die ein Element vom Typ IF_WD_CONTEXT_ELEMENT zurückliefert. Über den Parameter INDEX können Sie angeben, welches Element zurückgeliefert werden soll. Auch bei dieser Methode gilt wieder: Geben Sie INDEX nicht an, wird automatisch die Lead-Selection verwendet. In Listing 2.11 sehen Sie ein Beispiel.

```
DATA lo_address_elem TYPE REF TO if_wd_context_element.
lo_address_elem = lo_address_node->get_element( index = 2 ).
```
Listing 2.11 Gezieltes Lesen eines Context-Elements

> **Importing-Parameter INDEX**
>
> Eine Vielzahl der Methoden für die Ausführung von Context-Element-spezifischen Operationen wird sowohl am Context-Element als auch am Context-Knoten angeboten. Für Methoden am Context-Knoten existiert immer der zusätzliche optionale Importing-Parameter INDEX. Über diesen Parameter können Sie die Operation gezielt an einem bestimmten Context-Element durchführen. Wird dieser nicht angegeben, wird bei den Methoden des Knotens automatisch das Element mit der Lead-Selection verwendet.

Mithilfe der Methode get_parent_element( ) des Knotens können Sie den Pfad rückwärts in Richtung der Wurzel CONTEXT gehen. Befinden Sie sich z. B. am Knoten PHONE_NUMBERS und rufen get_parent_element( ) auf, erhalten Sie das Eltern-Context-Element des Knotens ADDRESS_DATA zurück. In Anhang B, »Web-Dynpro-Programmierschnittstellen«, finden Sie noch weitere, weniger gebräuchliche Methoden zur Navigation durch den Context.

Rückwärtsnavigation

2.6.2 Setzen der Lead-Selection

Sie können die Lead-Selection durch den Aufruf der Methode set_lead_selection( ) oder set_lead_selection_index( ) am Context-Knoten setzen:

- Bei Aufruf der Methode set_lead_selection( ) müssen Sie das zu setzende Element über den Parameter ELEMENT direkt mitgeben.
- Bei Verwendung der Methode set_lead_selection_index( ) benötigen Sie kein Context-Element. Sie können hier die Indexposition des Elements direkt über den Parameter INDEX angeben.

In Listing 2.12 finden Sie ein Beispiel für das Setzen der Lead-Selection. Es wird davon ausgegangen, dass der Adressknoten LO_ADDRESS_NODE bereits bekannt ist. Das Beispiel teilt sich in drei Bereiche auf. Zuerst wird als Vorbereitung auf den folgenden Schritt das Element mit Indexposition 3 ausgelesen. Direkt im Anschluss wird die Lead-Selection mithilfe der Methode set_lead_selection( ) und des Context-Elements mit Index 3 gesetzt. Zum gleichen Ergebnis führt die Verwendung der Methode set_lead_

Beispiel

selection_index( ). Hier können Sie auf die Verwendung des Context-Elements verzichten.

```
...
DATA lo_address_element TYPE REF TO if_wd_context_element.
lo_address_element = lo_address_node->get_element( index =
  3 ).
* Setze die Lead-Selection über das Element
lo_address_node->set_lead_selection(
  element = lo_address_element ).
* Setze die Lead-Selection über den Index
lo_address_node->set_lead_selection_index( index = 3 ).
```

Listing 2.12 Lead-Selection setzen

2.6.3 Erzeugen und Löschen von Context-Elementen

Bei der Erzeugung und Löschung von Context-Elementen wird zwischen knoten- bzw. tabellenbasierten sowie element- bzw. zeilenbasierten Methoden unterschieden. Die tabellenbasierten Methoden ermöglichen die Modifikation aller Elemente eines Knotens auf einmal, und deshalb sollten Sie sie den zeilenbasierten Methoden vorziehen, vor allem wegen der besseren Performance. Trotzdem werden wir Ihnen die zeilenbasierten Context-Operationen zur Erzeugung neuer Context-Elemente nicht vorenthalten. Diese stellen wir Ihnen im Folgenden vor; direkt im Anschluss gehen wir dann zu den tabellenbasierten Methoden über. Demselben Schema folgend, erläutern wir Ihnen zuletzt das Löschen einzelner Context-Elemente oder ganzer Knoten.

Neues Element anfügen (einzelne Struktur)

Mithilfe der Knotenmethode bind_structure( ) können Sie neue Context-Elemente anlegen und diese direkt an den Context-Knoten binden. Über den Importing-Parameter NEW_ITEM können Sie dabei die zu verwendende Zeilenstruktur direkt mitgeben. Wird der Parameter SET_INITIAL_ELEMENTS beim Aufruf der Methode mit ABAP_FALSE gesetzt, wird das neue Element an den Knoten angehängt. Andernfalls überschreibt die Operation alle bisher vorhandenen Context-Elemente im Knoten. In Listing 2.13 sehen Sie ein Beispiel für die Verwendung der Methode bind_structure( ).

```
DATA: lo_address_node TYPE REF TO if_wd_context_node,
      ls_address_data TYPE wd_this->element_address_data.
* Schreibe die folgenden Informationen in den Knoten
ls_address_data-name     = 'Helmut Schmidt'.
ls_address_data-postcode = '10115'.
```

```
ls_address_data-city     = 'Berlin'.
* Hole den Addressknoten
lo_address_node =
  wd_context->get_child_node(
    name = wd_this->wdctx_address_data ).
* Füge Zeilenstruktur ls_address_data an den Knoten an
lo_address_node->bind_structure(
  new_item             = ls_address_data
  set_initial_elements = abap_false ).
```

Listing 2.13 Zeilenweises Anfügen neuer Context-Elemente

Soll anstelle einer einzelnen Zeile eine ganze Tabelle in den Context eingefügt werden, müssen Sie anstelle von Methode bind_structure( ) die Methode bind_table( ) verwenden (siehe Listing 2.14).

Neue Elemente anfügen (Tabellen)

```
DATA: lo_address_node TYPE REF TO if_wd_context_node,
      lt_address_data TYPE wd_this->elements_address_data,
      ls_address_data TYPE wd_this->element_address_data.
* Schreibe die folgenden Daten in den Context
ls_address_data-name     = 'Helmut Schmidt'.
ls_address_data-postcode = '10115'.
ls_address_data-city     = 'Berlin'.
APPEND ls_address_data TO lt_address_data.
<...Füge weitere Zeilen ein...>
lo_address_node =
  wd_context->get_child_node(
    name = wd_this->wdctx_address_data ).
* Füge die ganze Tabelle lt_address_data an den Knoten an
lo_address_node->bind_table(
  new_items            = lt_address_data
  set_initial_elements = abap_false ).
```

Listing 2.14 Tabellenweises Anfügen neuer Context-Elemente

Möchten Sie ein einzelnes Element aus dem Context entfernen, können Sie die Knotenmethode remove_element( ) verwenden. Die Methode bietet dazu den Importing-Parameter ELEMENT an. Bei erfolgreichem Entfernen liefert der Rückgabeparameter HAS_BEEN_REMOVED den Wert ABAP_TRUE zurück. Listing 2.15 zeigt Ihnen ein Beispiel für die Methode remove_element( ).

Einzelnes Element löschen

```
DATA: lo_address_node TYPE REF TO if_wd_context_node,
      lo_address_elem TYPE REF TO if_wd_context_element,
      lv_success      TYPE abap_bool.
wd_context->get_child_node( wd_this->wdctx_address_data ).
" Lies die aktuelle Lead-Selection
```

```
lo_address_elem = lo_address_node->get_element( ).
" Lösche die Lead-Selection aus dem Knoten
lv_success = lo_address_node->remove_element(
               element = lo_address_elem ).
IF lv_success NE abap_true.
  " Fehlerbehandlung
ENDIF.
```

Listing 2.15 Beispiel für die Verwendung von remove_element( )

[+] **Laufzeitfehler durch fehlende Lead-Selection verhindern**

Die Lead-Selection jedes Knotens hat eine wesentliche Funktion im Zusammenspiel (Binding) zwischen UI-Elementen und Context. Wird sie gelöscht und nicht durch eine neue ersetzt, führt dies bei den an den betroffenen Knoten gebundenen UI-Elementen zu einem Laufzeitfehler.

Um einen solchen Laufzeitfehler zu vermeiden, haben Sie zwei Möglichkeiten:

- Sie »verstecken« die betroffenen UI-Elemente. Haben Sie z. B. eine Tabelle und lassen sich darunter zu dem selektierten Datensatz Detailinformationen anzeigen, bietet es sich an, den gesamten Teil unterhalb der Tabelle auszublenden.
- Sie setzen eine neue Lead-Selection. Dies kann bei der genannten Tabelle z. B. das Element vor oder nach dem gelöschten Element sein.

Knoteninhalt löschen

Sollen alle Elemente eines Knotens gelöscht werden, können Sie dazu die Knotenmethode invalidate( ) verwenden. Die Methode hat keine Parameter. Beim Aufruf werden alle Elemente aus dem Knoten gelöscht und für ungültig erklärt. Beachten Sie dabei die möglichen Folgen für die an den Context gebundenen UI-Elemente. In Listing 2.16 finden Sie ein Beispiel.

```
DATA: lo_address_node TYPE REF TO if_wd_context_node.
wd_context->get_child_node( wd_this->wdctx_address_data ).
* Invalidiere den gesamten Knoten
lo_address_node->invalidate( ).
```

Listing 2.16 Löschung aller Elemente eines Knotens

[»] **Code-Wizard verwenden**

Sie können den Web-Dynpro-Code-Wizard dazu verwenden, Quellcode für Standard-Context-Operationen generieren zu lassen. Der Code-Wizard unterstützt die folgenden Context-Operationen, die sowohl jeweils als Einzeloperation (Strukturen/Elemente) als auch als Massenoperation (Tabellen/Knoten) möglich sind:

- Auslesen der Attribute/Knoten eines Context-Knotens
- Befüllen bzw. Anhängen von Daten an einen Context-Knoten

Sie können den Code-Wizard über das Zauberstabsymbol oder durch Drücken der Tastenkombination [Strg] + [F7] im Methodeneditor starten. Im Pop-up-Fenster des Code-Wizards öffnen Sie auf der Registerkarte CONTEXT die Wertehilfe des Feldes KNOTEN/ATTRIBUT. Wählen Sie dort das auszulesende Attribut oder den auszulesenden Knoten per Doppelklick aus. Selektieren Sie anschließend die durchzuführende Context-Operation in der Auswahlgruppe OPERATION AUF DEM CONTEXT.

2.6.4 Auslesen und Änderung existierender Context-Knoten/-Elemente

Das Context-Element IF_WD_CONTEXT_ELEMENT stellt Ihnen sowohl Methoden zum Auslesen bzw. Ändern einzelner Attributwerte als auch Methoden zum direkten Auslesen/Ändern der gesamten Struktur des Elements zur Verfügung. Die im Folgenden aufgeführten Context-Element-Methoden können Sie auch über das Interface des Context-Knotens aufrufen. Zusätzlich existiert dazu bei den Methoden der Importing-Parameter INDEX.

Mithilfe der Methode get_attribute( ) können Sie einzelne Context-Attribute eines Context-Elements auslesen. Die Methode bietet dazu den Importing-Parameter NAME und den Exporting-Parameter VALUE an. Die Methode set_attribute( ) stellt das Gegenstück der Methode get_attribute( ) dar.

Methode <get/set>_attribute( )

Listing 2.17 zeigt Ihnen das bereits in einem früheren Beispiel verwendete Coding zur Steuerung der Eingabebereitschaft von UI-Elementen als Beispiel für die Verwendung der beiden Methoden. Mithilfe von get_attribute( ) wird der Wert des booleschen Attributs EDIT_MODE ausgelesen und anschließend negiert. Zuletzt wird das Ergebnis mithilfe von set_attribute( ) zurück in den Context-Knoten geschrieben.

```
DATA: lo_context_element TYPE REF TO if_wd_context_element,
      lv_current_state    TYPE char1,
      lv_new_state        TYPE char1.
lo_context_element = wd_context->get_element( ).
* Lies den alten Status
lo_context_element->get_attribute(
  EXPORTING
```

```
        name = 'EDIT_MODE'
      IMPORTING
        value = lv_current_state ).
* Invertiere den Status
IF lv_current_state EQ 'X'.
  CLEAR lv_new_state.ELSE.
  lv_new_state = 'X'.
ENDIF.
lo_context_element->set_attribute(
  EXPORTING
    name  = 'EDIT_MODE'
    value = lv_new_state ).
```

Listing 2.17 Beispiel für die Verwendung von <get/set>_attribute( )

Methode
get_static_
attributes( )

Die Methode `get_static_attributes( )` erlaubt es, die gesamte Zeilenstruktur eines Context-Elements zu lesen. Die Methode bietet dazu den Parameter `STATIC_ATTRIBUTES` an. Mithilfe der Methode `set_static_attributes( )` ist es im Gegenzug möglich, die Zeilenstruktur zurück in das Context-Element zu schreiben. Sollen mehrere Attribute eines Elements auf einmal geändert werden, sollten Sie `set_static_attributes( )` immer der Einzelattributvariante `set_attribute( )` vorziehen.

Um Ihnen die Funktionsweise der Methode `get_static_attributes( )` zu demonstrieren, haben wir das Beispiel zur Methode `get_attribute( )` auf die Zeilenstrukturversion umgestellt (siehe Listing 2.18).

```
DATA: lo_context_element TYPE REF TO if_wd_context_element,
      ls_context         TYPE wd_this->element_context.
lo_context_element = wd_context->get_element( ).
* Lies den alten Status
lo_context_element->get_static_attributes(
  IMPORTING
    static_attributes = ls_context ).
* Invertiere den Status
IF ls_context-edit_mode EQ 'X'.
  CLEAR ls_context-edit_mode.
ELSE.
  ls_context-edit_mode = 'X'.
ENDIF.
lo_context_element->set_static_attributes(
  EXPORTING
    static_attributes = ls_context ).
```

Listing 2.18 Beispiel für die Methode <get/set>_static_attributes( )

2.6.5 Range-Context-Knoten

Zum Ablegen großer Datenmengen in einem Knoten sollten Sie Range-Context-Knoten verwenden. Im Unterschied zu normalen Context-Knoten ermöglichen Range-Context-Knoten die Verwaltung von Ausschnitten einer Tabelle. Normale Context-Knoten können dagegen ausschließlich den vollständigen Datenbestand einer Tabelle verwalten. Durch die Verwaltung eines kleinen Teils können Sie den Speicherbedarf von Tabellen deutlich reduzieren.

Ablage großer Datenmengen

Um Ihnen das Prinzip der Range-Context-Knoten etwas näherzubringen, möchten wir Ihnen die Funktionsweise am Beispiel einer Suchmaske mit einer Ergebnistabelle zeigen. Nehmen wir einmal an, Sie haben eine Anwendung für die Suche nach Flugverbindungen entwickelt. Nun suchen Sie nach allen Verbindungen der kommenden Woche und finden 1.000 Belege. In der Ergebnistabelle werden jedoch nur die ersten zehn Suchergebnisse angezeigt, die restlichen Datensätze sind nur durch Scrolling durch die Tabelle für den Anwender sichtbar.

Beispiel: Suche nach Flugverbindungen

Anstatt nun wie bei gewöhnlichen Context-Knoten das vollständige Suchergebnis in den Context zu laden, werden Range-Context-Knoten mit der Gesamtzahl der Datensätze initialisiert. Über eine Range-Supply-Funktion fragt der Knoten anschließend die von den UI-Elementen oder programmatisch angeforderten Datensätze ab. Bei Web-Dynpro-Tabellen wird vom Framework nur der sichtbare Scroll-Bereich abgefragt. Dazu wurde die Parameterschnittstelle der in Abschnitt 2.5.8 besprochenen Supply-Funktionen um die zusätzlichen Importing-Parameter FROM_INDEX und TO_INDEX erweitert. Innerhalb der Supply-Funktion können Sie den Datenbank-SELECT z. B. durch die Anweisung UP TO <n> ROWS optimieren. Abbildung 2.72 zeigt Ihnen schematisch das Funktionsprinzip der Range-Context-Knoten.

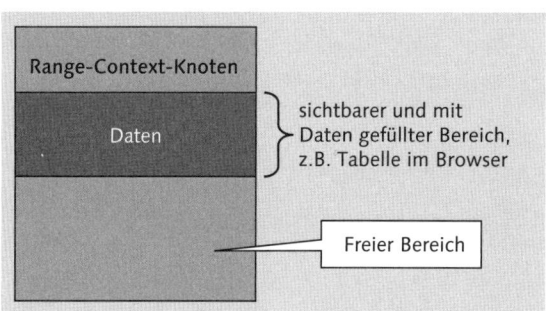

Abbildung 2.72 Funktionsschema von Range-Context-Knoten

Dynamische Anlage

Range-Context-Knoten können ausschließlich dynamisch während der Laufzeit angelegt werden. Dazu können Sie die Methode add_new_child_node( ) des Interfaces IF_WD_CONTEXT_NODE_INFO verwenden. Durch das Setzen des Parameters IS_RANGE_NODE auf X legen Sie fest, dass der zu erzeugende Knoten ein Range-Context-Knoten sein soll. Über die Parameter SUPPLY_METHOD und SUPPLY_OBJECT bestimmen Sie, welche Range-Supply-Methode aus welchem Controller verwendet werden soll. Im Unterschied zu normalen Supply-Funktionen muss die Range-Supply-Funktion vom METHODENTYP Methode und nicht vom Typ Supply-Funktion sein. Die Importing-Parameter der Range-Supply-Funktion müssen Sie in der Methode manuell definieren (siehe Tabelle 2.13). In Listing 2.19 sehen Sie ein Beispiel für die Erzeugung und Initialisierung eines Range-Context-Knotens. Listing 2.20 zeigt Ihnen dazu die Implementierung der Range-Supply-Funktion.

```
CHECK first_time EQ abap_true.
DATA: lo_nd_sflight_rng TYPE REF TO if_wd_context_node_range,
      lo_container      TYPE REF TO cl_wd_transparent_
      container,
      lv_sflight_count TYPE i.
* Erzeuge einen Range-Context-Knoten
wd_context->get_node_info( )->add_new_child_node(
  EXPORTING
    supply_method     = 'SUPPLY_SFLIGHT'
    supply_object     = me
    static_element_type = 'SFLIGHT'
    name              = 'SFLIGHT'
    is_range_node     = abap_true ).
lo_nd_sflight_rng ?= wd_context->get_child_node( 'SFLIGHT' ).
* Ermittle Anzahl der insgesamt verfügbaren Elemente
SELECT COUNT(*) FROM sflight INTO lv_sflight_count.
lo_nd_sflight_range->set_max_element_count( lv_sflight_
count ).
* Generiere eine dynamische Tabelle
lo_container ?= view->get_root_element( ).
cl_wd_dynamic_tool=>create_c_table_from_node(
  EXPORTING
    ui_parent = lo_container
    node      = lo_nd_sflight_range ).
```

Listing 2.19 Beispiel für die Erzeugung und Verwendung eines Range-Context-Knotens

Importing-Parameter	Referenz- bzw. Datentyp
NODE	IF_WD_CONTEXT_NODE_RANGE
PARENT_ELEMENT	IF_WD_CONTEXT_ELEMENT
FROM_INDEX	I
TO_INDEX	I

Tabelle 2.13 Importing-Parameter der Range-Supply-Funktion

```
TYPES:
  BEGIN OF ty_s_sflight_index,
    index   TYPE int4.
    INCLUDE TYPE sflight.
TYPES: END OF ty_s_sflight_index.
DATA: lt_sflight_range TYPE TABLE OF ty_s_sflight_index,
      ls_sflight_range TYPE ty_s_sflight_index,
      lt_sflight       TYPE SORTED TABLE OF sflight
                       WITH UNIQUE KEY carrid connid fldate.
FIELD-SYMBOLS: <sflight> LIKE LINE OF lt_sflight.
SELECT * FROM sflight INTO CORRESPONDING FIELDS OF TABLE
  lt_sflight UP TO to_index ROWS ORDER BY carrid connid fldate.
* Konvertiere die SFLIGHT-Tabelle in eine Range-Context-
* Zeilenstruktur mit vorangestelltem Zeilenindex
LOOP AT lt_sflight ASSIGNING <sflight> FROM from_index.
  MOVE-CORRESPONDING <sflight> TO ls_sflight_range.
  ls_sflight_range-index = sy-tabix.
  APPEND ls_sflight_range TO lt_sflight_range.
ENDLOOP.
* Übergib den angeforderten Range an den Range-Context-
* Knoten
node->set_table_range(
    new_items            = lt_sflight_range
    index                = from_index
    invalidate_child_nodes = abap_false ).
```

Listing 2.20 Beispiel für eine Range-Supply-Methode

2.7 Multi-Component-Architekturen

Web-Dynpro-Components sind wiederverwendbare Bausteine, die sich mit wenig Aufwand zu komplexen Anwendungen zusammensetzen lassen. In diesem Abschnitt lernen Sie die Grundlagen für die Programmierung componentübergreifender Architekturen kennen.

[+] Größe von Multi-Component-Anwendungen

Multi-Component-Architekturen bieten Ihnen eine Reihe von Möglichkeiten. Jedoch empfiehlt es sich, auf eine gesunde Mischung zwischen der Anzahl der Components und dem Nutzen durch die Auslagerung eines Anwendungsblocks in eine neue Component zu achten. Die Instanziierung einer Component schlägt sich sowohl in einer längeren Laufzeit als auch in einem erhöhten Speicherbedarf deutlich nieder.

2.7.1 Component-Verwendungen

Um eine fremde Component in einer Component verwenden zu können, muss die fremde Component der verwendenden Component bekannt gemacht werden. Dazu muss eine Component-Verwendung für die fremde Component in der verwendenden Component eingetragen werden. Component-Verwendungen werden im Kopfbereich der anwendenden Component eingetragen. Sie bestehen aus der Kombination eines Verwendungs- und Component-Namens. Der Verwendungsname muss dabei eindeutig sein, da über diesen auf die fremde Component zugegriffen wird. Nach der Definition einer Component-Verwendung können Sie auf die Objekte des Interface-Controllers der fremden Component zugreifen.

Beispiel für eine Component-Verwendung

In Abbildung 2.73 ist beispielhaft eine der in der folgenden Schritt-für-Schritt-Anleitung angelegten Component-Verwendungen zu sehen. Darin werden Sie zwei neue Components ZWDC_CHAP02_MAIN und ZWDC_CHAP02_NATIONS anlegen. Die Haupt-Component dient dabei als Rahmen für die Nations-Component, die zur Anzeige der Datenbanktabelle T005T verwendet wird. Diese Systemtabelle beinhaltet eine Liste aller im System gepflegten Länder in den verfügbaren Sprachen. Anhand dieser beiden Components und der Ländertexttabelle T005T lernen Sie die Grundlagen von Multi-Component-Architekturen kennen. Dazu werden Sie eine Methode zum Festlegen der Ausgabesprache der Ländertabelle in der Nations-Component schreiben. In Abschnitt 2.7.3, »Verwendung des Interface-Controllers«, werden wir Ihnen das componentübergreifende Mapping der Ländertabelle zwischen beiden Components vorstellen.

2.7 Multi-Component-Architekturen

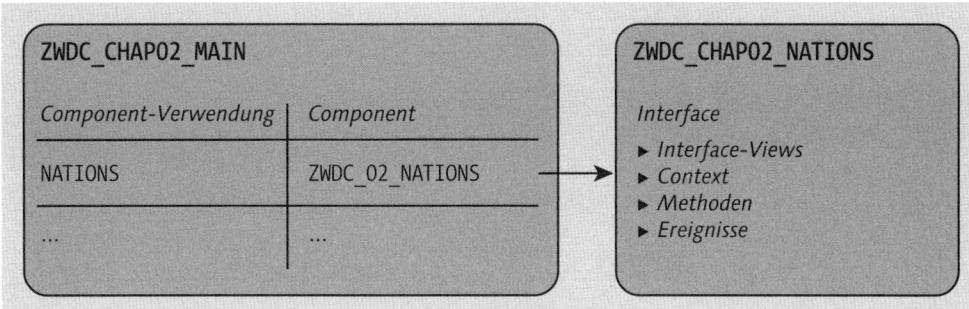

Abbildung 2.73 Definition von Component-Verwendungen

Mithilfe der Component-Verwendung NATIONS können Sie das Window (Interface-View) der Component ZWDC_CHAP02_NATIONS in die Haupt-Component integrieren. Über den Interface-Controller können Sie auf den Interface-View, den Context, die Methoden und Ereignisse der integrierten Component zugreifen.

> **Beliebig viele Component-Verwendungen** [«]
>
> Sie können eine beliebige Anzahl an Component-Verwendungen für eine fremde Component definieren. Während der Laufzeit können dann ebenso viele Instanzen der fremden Component instanziiert werden. Dadurch ist es z. B. möglich, einen Interface-View (Window) einer generischen Component mehrmals zum selben Zeitpunkt in einem View anzuzeigen.

Schritt für Schritt: Anlegen von Component-Verwendungen

Beginnen Sie damit, die beiden Components anzulegen und diese anschließend miteinander zu verbinden.

Component und Register anlegen

1. Legen Sie eine neue Component ZWDC_CHAP02_MAIN an. Nennen Sie das Window W_MAIN und den View V_MAIN. Gehen Sie zum View V_MAIN. Dieser soll im weiteren Verlauf des Beispiels als Rahmen für alle weiteren UI-Elemente und Views dienen.

2. Fügen Sie eine Registerkarte (UI-Element TabStrip) in den View ein. Legen Sie ein Register an. Klicken Sie dazu mit der rechten Maustaste auf die Registerkarte, und wählen Sie im Kontextmenü TAB EINFÜGEN. Suchen Sie auf dem neuen Register die Caption aus, und tragen Sie den Text »Formularsicht« bei der Eigenschaft text ein.

3. Fügen Sie einen neuen View-Container in die Registerkarte ein. Klicken Sie dazu mit der rechten Maustaste auf die Registerkarte, und wählen Sie ELEMENT IN TAB EINFÜGEN oder INHALT EINFÜGEN aus. Suchen Sie im folgenden Dialogfenster den Typ `ViewContainerUIElement` aus. Im Anschluss sollte der View wie in Abbildung 2.74 aussehen.

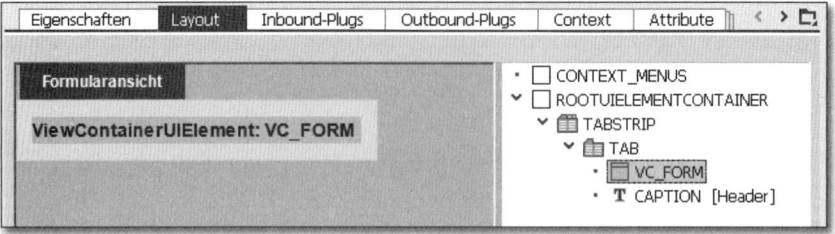

Abbildung 2.74 V_MAIN nach Fertigstellung

Einzubindende Component anlegen

Damit haben Sie die erste Component `ZWDC_CHAP02_MAIN` angelegt. Nun wird noch eine einzubindende Component benötigt.

1. Legen Sie nun die Component `ZWDC_CHAP02_NATIONS` an. Nennen Sie das Window `W_NATIONS` und den View `V_NATIONS`.
2. Wechseln Sie in der neuen Component zum Component-Controller. Öffnen Sie die Registerkarte CONTEXT, und legen Sie den Knoten `T005T` an. Definieren Sie diesen als Interface-Knoten. Verwenden Sie die DICTIONARY-STRUKTUR `T005T` und die KARDINALITÄT `0..n`. Lassen Sie die anderen Standardeinstellungen unverändert, und beenden Sie die Eingabe durch einen Klick auf ATTRIBUTE AUS DER STRUKTUR HINZUFÜGEN. Anschließend sollte der Knoten wie in Abbildung 2.75 aussehen.

Eigenschaft	Wert	Attribute übernehmen
Knoten		
Knotenname	T005T	
Interface-Knoten	☑	
Input-Element (Ext.)	☐	
Dictionary-Struktur	T005T	
Kardinalität	0..n	
Selection	0..1	
Initialisierung Lead-Selection	☑	
Singleton	☐	
Supply-Funktion		

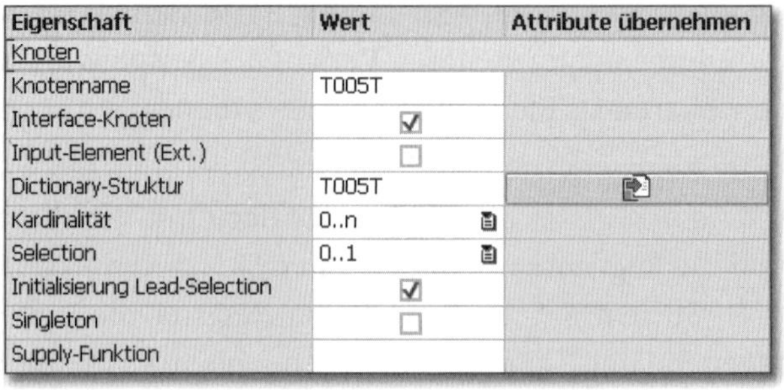

Abbildung 2.75 Eigenschaften des Knotens T005T

3. Im sich nun öffnenden Fenster können Sie einzelne Komponenten aus der Struktur durch Auswahl in den Context-Knoten übernehmen. Selektieren Sie alle Felder bis auf das Feld MANDT, und schließen Sie die Auswahl durch einen Klick auf das grüne Häkchen ab.

4. Legen Sie eine Supply-Funktion für den Knoten T005T an. Nennen Sie diese supply_t005t( ), und tragen Sie Listing 2.21 zum Lesen der Datenbanktabelle T005T in die Supply-Funktion ein.

```
DATA lt_t005t TYPE wd_this->elements_t005t.
SELECT * FROM t005t INTO TABLE lt_t005t
  WHERE  spras = 'D'
  ORDER BY land1.
* Binde interne Tabelle an Context-Knoten
node->bind_table(
  new_items            = lt_t005t
  set_initial_elements = abap_true ).
```

Listing 2.21 Supply-Funktion supply_t005t( )

5. Definieren Sie für den Knoten T005T zwischen dem Component-Controller und dem View V_NATIONS ein Mapping. Das Mapping wird zur Anzeige der Daten des Knotens im View benötigt.

6. Lassen Sie die Attribute LAND1, LANDX50 und NATIO50 des Knotens T005T im View anzeigen. Verwenden Sie im View das Matrix-Layout.

   ▸ Wählen Sie für das Attribut LAND1 das UI-Element DropDownByIndex. Binden Sie dessen Eigenschaft text gegen das Knotenattribut LAND1. Legen Sie eine leere Aktion zur Aktualisierung der Anzeige nach Auswahl eines Elements in der Dropdown-Liste an. Durch das Anlegen eines leeren Ereignisbehandlers stellen Sie sicher, dass das User Interface nach jeder Auswahl des Benutzers aktualisiert wird.

   ▸ Verwenden Sie für die beiden anderen UI-Elemente einen TextView. Binden Sie deren Eigenschaft text gegen die Knotenattribute LANDX50 und NATIO50.

   ▸ Fügen Sie zuletzt die TextView-Beschriftungen in Form des UI-Elements Label hinzu. Binden Sie deren Eigenschaft labelFor gegen das jeweilige TextView-Element. Überschreiben Sie die automatisch vom Attribut LANDX50 gezogene Label-Beschriftung mit dem Text »Land«.

Im Anschluss sollte Ihr View bei Verwendung des `MatrixLayout` wie in Abbildung 2.76 aussehen. Damit die Dropdown-Liste über die Breite der Labels hinausragen kann, wurde bei ihr die Eigenschaft `colSpan` mit dem Wert 2 belegt.

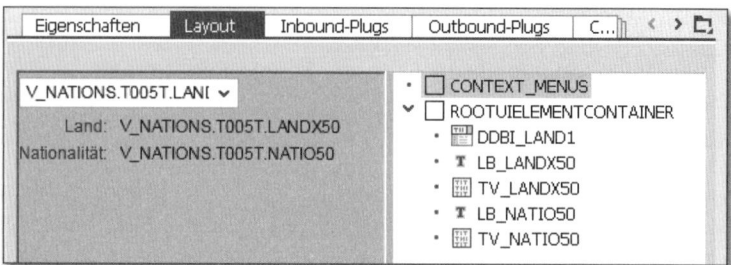

Abbildung 2.76 V_NATIONS nach Fertigstellung

7. Aktivieren Sie schließlich die Component `ZWDC_CHAP02_NATIONS`.

[»] **Interface-View**

Standardmäßig wird jedes neue Window in das Component-Interface der jeweiligen Component aufgenommen. Aus dem Blickwinkel einer anderen Component betrachtet, spricht man dann nicht mehr von einem Window, sondern von einem sogenannten *Interface-View*. Soll ein Window nicht als Interface-View aus anderen Components verwendet werden, können Sie dieses auf dem Component-Interface entfernen. Wechseln Sie dazu auf die Registerkarte EIGENSCHAFTEN des Windows, und deaktivieren Sie das Ankreuzfeld INTERFACE.

Component-Verwendung eintragen

Bis hierhin haben Sie vorhandenes Wissen aufgefrischt. Im folgenden Abschnitt werden die Components `ZWDC_CHAP02_MAIN` und `ZWDC_CHAP02_NATIONS` mithilfe einer Component-Verwendung verbunden.

1. Wechseln Sie zurück zur Component `ZWDC_CHAP02_MAIN`.

2. Wählen Sie in der Objektliste der Component die Wurzel aus, und tragen Sie dort auf der Registerkarte VERWENDETE COMPONENTS die Component-Verwendung `NATIONS` für die Web-Dynpro-Component `ZWDC_CHAP02_NATIONS` ein.

3. Nach Bestätigung der Eingabe mit der ⏎-Taste und Aktivierung der Component erscheint in der Objektliste der Component der Knoten COMPONENT-VERWENDUNGEN.

Zugriff auf Interface-Controller der fremden Component [»]

Für jede eingetragene Component-Verwendung zeigt Web Dynpro zwei Zeilen/Verwendungen im Pop-up-Fenster zu deren Anlage an: Diese unterscheiden sich durch die einmal leere und einmal mit INTERFACE-CONTROLLER gefüllte Spalte VIEW/CONTROLLER. Wählen Sie die erste Variante aus, haben Sie keinen Zugriff auf das Interface der verwendeten Component. Sie können jedoch die Component manuell instanziieren oder abbauen. Wählen Sie die zweite Variante mit INTERFACECONTROLLER aus, haben Sie anschließend die Möglichkeit, auf die Methoden und Ereignisse des Interface-Controllers der fremden Component zuzugreifen. In diesem Fall wird die Variante ohne Controller automatisch übernommen.

Damit ist das Anlegen der Component-Verwendung abgeschlossen. Durch Eintragung der Verwendung können Sie nun auf die Windows und alle Objekte des Interface-Controllers der fremden Component zugreifen. In Abbildung 2.77 sehen Sie den aktuellen Stand des Beispiels nach dem Eintrag der Component-Verwendung.

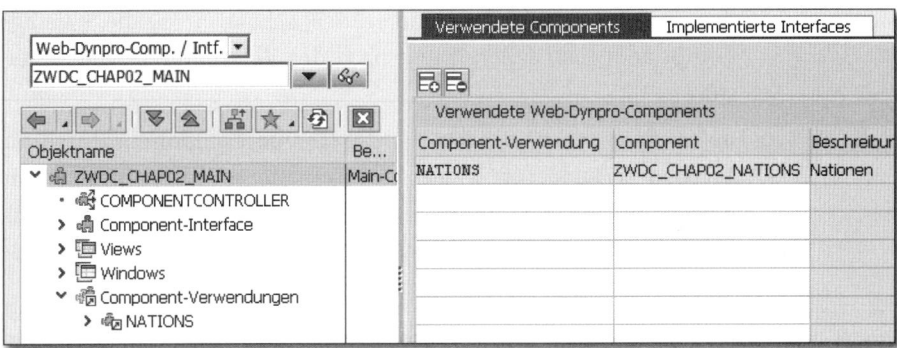

Abbildung 2.77 Eintragung von Component-Verwendungen

Instanziierung von Component-Verwendungen

Die Instanziierung einer durch eine Controller-Verwendung eingebetteten Component kann manuell oder auch automatisch erfolgen. Automatisch erfolgt die Instanziierung immer dann, wenn ein Interface-View der verwendeten Component in einem View-Container eines bereits instanziierten Views integriert ist und als Standard-View definiert wurde oder über einen Plug angesprochen wird.

Automatische Instanziierung

Manuelle Instanziierung

In allen anderen Szenarien muss die verwendete Component in der Regel manuell instanziiert werden. Dies ist z. B. der Fall, wenn Sie diese Component für die Ausgabe von Daten vorbereiten, deren Interface-View jedoch noch nicht vom Window instanziiert wurde.

Instanziierungsschritte

Prinzipiell kann eine fremde Component aus einem beliebigen Controller der verwendenden Component manuell instanziiert werden. Voraussetzung dazu ist jedoch, dass die bereits in den Eigenschaften der Component eingetragene Component-Verwendung in den jeweiligen Controller übernommen wird. Die anschließende Instanziierung der Component lässt sich in die beiden folgenden Schritte unterteilen:

1. Mithilfe der Methode wd_this->wd_cpuse_<Component-Verwendung>( ) erhalten Sie eine Referenz auf die jeweilige Component-Verwendung. Diese ist unabhängig vom Namen der fremden Component immer vom Typ IF_WD_COMPONENT_USAGE.

   Dieses Interface bietet Ihnen Methoden zur Verwaltung der fremden Component. Unter anderem können Sie mithilfe der Methoden create_component( ) und delete_component( ) die jeweilige Component instanziieren und nach der Verwendung wieder zerstören.

2. Im zweiten Schritt müssen Sie die fremde Component durch die Methode create_component( ) instanziieren. Vorab müssen Sie jedoch mit der Methode has_active_component( ) überprüfen, ob die Component bereits instanziiert ist. Falls das so ist, führt die erneute Ausführung zum Absturz der Anwendung.

Fehlersuche und Beispiel

Sollten Sie beim Versuch, diese Schritte auszuführen, eine Fehlermeldung bezüglich unbekannter Methoden erhalten, liegt das mit hoher Wahrscheinlichkeit an der fehlenden Component-Verwendung auf der Registerkarte EIGENSCHAFTEN des aktuellen Controllers. In Listing 2.22 sehen Sie ein Beispiel für die Instanziierung der Component-Verwendung NATIONS.

```
DATA lo_cmp_usage TYPE REF TO if_wd_component_usage.
lo_cmp_usage = wd_this->wd_cpuse_nations( ).
IF lo_cmp_usage->has_active_component( ) IS INITIAL.
  lo_cmp_usage->create_component( ).
ENDIF.
```

Listing 2.22 Beispiel für die Instanziierung der Nations-Component

> **Instanziierung mithilfe des Code-Wizards** [+]
>
> Mithilfe des Web-Dynpro-Code-Wizards können Sie fremde Components mit wenigen Mausklicks instanziieren. Starten Sie dazu den Code-Wizard, und wählen Sie dort die Registerkarte ALLGEMEIN aus. Klicken Sie dort auf VERWENDETE COMPONENT INSTANZIIEREN, und tragen Sie in das zugehörige Eingabefeld den Namen der Component-Verwendung (z. B. NATIONS) ein.

2.7.2 Verwendung von Interface-Views

Die Verwendung eines Interface-Views lässt sich grundsätzlich mit der Verwendung eines Views aus der lokalen Component vergleichen. So können Sie den Interface-View genauso wie einen normalen View in die Struktur eines Windows einbinden. Die Views und die Plugs der eingebundenen Component bleiben der verwendenden Component verborgen. An deren Stelle tritt nun der Interface-View, das ursprüngliche Window der eingebundenen Component. Die Plugs des Windows treten in der verwendenden Component als Plugs des Interface-Views auf.

Einbindung von Interface-Views

Um einen Interface-View in eine Window-Struktur einzubinden, gehen Sie genauso wie bei der Integration eines normalen Views in die Window-Struktur vor. Für diesen Schritt wird im Window keine eingetragene Controller-Verwendung benötigt. In der folgenden Schritt-für-Schritt-Anleitung werden Sie den Interface-View W_NATIONS der Component ZWDC_CHAP02_NATIONS in die Window-Struktur W_MAIN der Component ZWDC_CHAP02_MAIN integrieren.

Einbindung eines Interface-Views

Schritt für Schritt: Einbindung von Interface-Views

Binden Sie den Interface-View W_NATIONS aus der Nations-Component in die Window-Struktur der Component ZWDC_CHAP02_MAIN ein. Führen Sie dazu die folgenden Schritte durch:

Window integrieren

1. Ändern Sie das Window W_MAIN. Öffnen Sie den Knoten V_MAIN, und klicken Sie mit der rechten Maustaste auf den in den View V_MAIN integrierten View-Container.
2. Wählen Sie VIEW EINBETTEN. Es öffnet sich ein Pop-up-Fenster. Öffnen Sie die Wertehilfe, und wählen Sie wie in Abbildung 2.78 den Interface-View W_NATIONS (Window) in der Liste aus.

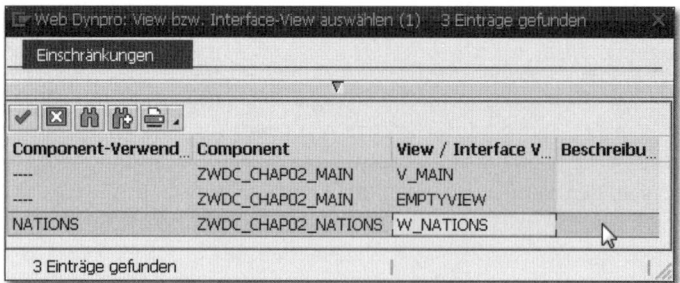

Abbildung 2.78 Einbettung des Windows W_NATIONS

3. Aktivieren Sie die Component, und legen Sie in der Component ZWDC_CHAP02_MAIN eine Anwendung mit dem Window W_MAIN an.
4. Starten Sie anschließend die Anwendung. Durch die Auswahl eines Länderkürzels in der Dropdown-Liste können Sie sich den Namen des zugehörigen Landes und die jeweilige Nationalität anzeigen lassen (siehe Abbildung 2.79).

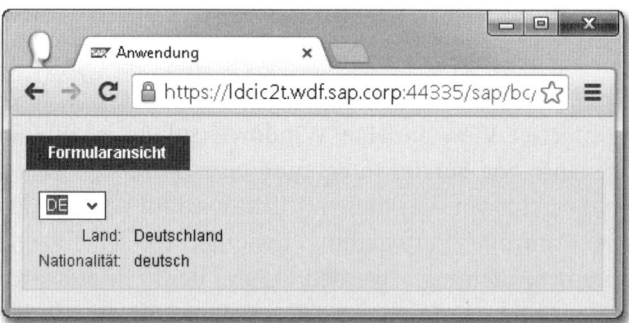

Abbildung 2.79 Multi-Component-Anwendung im Test

Die Component ZDWDC_CHAP02_NATIONS wird von der Component ZWDC_CHAP02_MAIN wiederverwendet. Es handelt sich dabei um zwei autarke Components, zwischen beiden existieren bislang keinerlei Schnittstellen. So wäre es theoretisch problemlos möglich, die Nations-Component durch einfaches Erstellen einer Anwendung ohne die Main-Component zu betreiben.

2.7.3 Verwendung des Interface-Controllers

Nach der Instanziierung einer Component haben Sie die Möglichkeit, über den jeweiligen Interface-Controller auf die fremde Component zuzugreifen. So können Sie sich z. B. auf fremde Ereignisse registrieren oder Methoden der fremden Component aufrufen.

Methoden und Ereignisse

Die Registrierung auf fremde Ereignisse ist einfach. Sie müssen nur eine Verwendung der fremden Component in den Eigenschaften des jeweiligen Controllers eintragen. Anschließend werden Ihnen bei der Definition eines neuen Ereignisbehandlers auch die Objekte der fremden Component in der Liste der verfügbaren Ereignisse angezeigt. — Fremde Ereignisse

Der Aufruf einer fremden Methode gestaltet sich dagegen etwas anders. So müssen Sie sich ähnlich wie bei lokalen Controller-Verwendungen eine Referenz auf den Interface-Controller besorgen. Mithilfe dieser Referenz können Sie anschließend auf die Methoden der fremden Component zugreifen. Den Interface-Controller der fremden Component erhalten Sie mithilfe der Methode `wd_this->wd_cpifc_<Component-Verwendung>( )`. Diese liefert den Interface-Controller vom Typ `<Namensraum>IWCI_<Component-Verwendung>` zurück. — Fremde Methoden

Schritt für Schritt: Methode aufrufen

Im folgenden Beispiel werden Sie in der Nations-Component die Methode `set_language( )` anlegen und diese über den Interface-Controller aus der Main-Component heraus aufrufen. Mithilfe dieser neuen Methode können Sie die Ausgabesprache der Länderliste setzen. — Nations-Component vorbereiten

1. Öffnen Sie im Component-Controller der Nations-Component die Registerkarte ATTRIBUTE. Tragen Sie das Attribut `gv_spras` mit dem Datentyp `SPRAS` in die Tabelle ein.

2. Gehen Sie zur Registerkarte METHODEN, und legen Sie die Methode `set_language( )` an. Definieren Sie die Methode als Interface-Methode (siehe Abbildung 2.80).

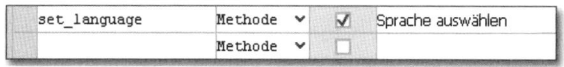

Abbildung 2.80 Methode set_language( )

3. Öffnen Sie den Methodenrumpf, und legen Sie einen Importparameter `iv_spras` vom Datentyp `SPRAS` an. Füllen Sie das Controller-

Attribut `gv_spras` mit dem Wert des Importparameters `iv_spras` (`wd_this->gv_spras = iv_spras.`).

4. Ändern Sie die Supply-Funktion `supply_t005t( )`. Tauschen Sie die `WHERE`-Bedingung im `SELECT`-Statement gegen die neue Bedingung `WHERE spras = wd_this->gv_spras` aus. Nehmen Sie einen Syntax-Check vor, und aktivieren Sie die Component.

Aufruf der fremden Component

Damit sind die Vorbereitungen in der Nations-Component abgeschlossen. Ändern Sie die Main-Component nun so ab, dass die Anzeigesprache in der Nations-Component über die Interface-Controller-Methode `set_language( )` vor dem Start der Supply-Funktion gesetzt wird. Nehmen Sie dazu die folgenden Schritte vor:

1. Gehen Sie zurück zum Component-Controller der Main-Component. Tragen Sie dort eine Component-Verwendung des Interface-Controllers der Nations-Component ein.

2. Öffnen Sie die Component-Controller-Methode `wddoinit( )`. Aus dieser soll nun nach der Component-Instanziierung die Methode `set_language( )` der Nations-Component mit dem Parameter `iv_spras = 'D'` (für Deutsch) aufgerufen werden.

Dazu benötigen Sie eine Referenz auf den Interface-Controller der Nations-Component. Anschließend können Sie die Methode über den Interface-Controller in der fremden Component aufrufen:

```
DATA lo_nations TYPE REF TO ziwci_wdc_chap02_nations.
lo_nations = wd_this->wd_cpifc_nations( ).
lo_nations->set_language( iv_spras = 'D' ).
```

3. Nehmen Sie einen Syntax-Check vor, und aktivieren Sie die Component. Testen Sie diese anschließend. Seien Sie hier ruhig etwas spielerisch: Durch die Änderung des Übergabewertes des Parameters `iv_spras` auf `sy-langu` können Sie z. B. die Ausgabesprache an die Anmeldesprache binden.

2.7.4 Componentübergreifendes Mapping

In Abschnitt 2.5.7 haben Sie bereits die Möglichkeiten des controllerübergreifenden Mappings kennengelernt. Neben dem controllerübergreifenden Mapping bietet Ihnen Web Dynpro auch ein componentübergreifendes Mapping an. Mithilfe solcher Mappings können Sie in Context-Knoten abgelegte Daten über die Grenze des Controllers hinweg austauschen. Das componentübergreifende Mapping ist jederzeit nach der Definition einer Component-Verwendung für die Interface-Knoten der fremden Component möglich.

Beim componentübergreifenden Mapping wird zwischen einfachem und externem Context-Mapping unterschieden. Während beim einfachen Mapping der Informationsfluss vom Context der externen Component zum Context der verwendenden Component läuft, ist dies beim externen Mapping genau umgekehrt. Der Begriff *Informationsfluss* bezieht sich an dieser Stelle jedoch erst einmal nur auf den primären Knoten, der z. B. für den Aufruf der Supply-Funktion verantwortlich ist.

Einfaches und externes Mapping

Einfaches Mapping

Beim einfachen Context-Mapping befindet sich der primäre Knoten in der fremden Component. Falls in der fremden Component eine Supply-Funktion existiert, versorgt diese den gemappten Knoten in der verwendenden Component. Beim einfachen Mapping müssen beide Knoten auf derselben Struktur basieren. Diese wird bei der Definition des einfachen Mappings vom Interface-Controller der eingebundenen Component in den Context der verwendenden Component übernommen.

Abbildung 2.81 zeigt Ihnen das einfache Mapping am Beispiel der Main- und der Nations-Component. In dieser ist ein Mapping des Knotens T005T von der Nations- auf die Main-Component definiert. Die Knoten werden dabei weiterhin von der Supply-Funktion aus der Nations-Component versorgt.

Beispiel

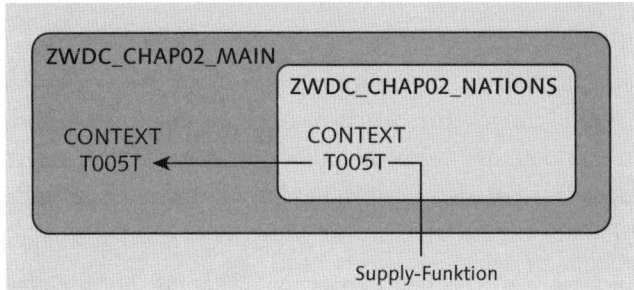

Abbildung 2.81 Einfaches Mapping

Das einfache componentübergreifende Context-Mapping unterscheidet sich kaum vom klassischen, bereits in Abschnitt 2.5.7 besproche-

Definition

nen controllerübergreifenden Mapping. So können Sie ein einfaches Mapping nach Eintragung einer Controller-Verwendung für den Interface-Controller der eingebundenen Component definieren.

1. Stellen Sie sicher, dass der zu mappende Knoten – im Component-Controller der einzubindenden Component – als Interface-Knoten definiert ist.
2. Binden Sie die fremde Component in die verwendende Component ein. Tragen Sie dazu eine Component-Verwendung, wie in Abschnitt 2.7.1 dargestellt, in den Kopfbereich der Component ein.
3. Wechseln Sie zur verwendenden Component, und öffnen Sie den Mapping-Ziel-Controller. Führen Sie dort die folgenden Schritte durch:

   - Öffnen Sie die Registerkarte EIGENSCHAFTEN. Tragen Sie dort für den Interface-Controller der eingebundenen Component eine Controller-Verwendung ein.
   - Wechseln Sie anschließend auf die Registerkarte CONTEXT. Wählen Sie dort rechts oben den Interface-Controller der eingebundenen Component aus. Ziehen Sie den fremden Context-Knoten per Drag & Drop in den lokalen Context. Dabei wird automatisch eine Kopie des fremden Knotens angelegt.

Damit ist das Anlegen eines einfachen componentübergreifenden Mappings abgeschlossen. Sie können nun den gemappten Knoten aus der fremden Component genauso wie einen lokalen Knoten in Ihrem Controller verwenden.

Externes Mapping

Beim externen Mapping ist der Informationsfluss im Vergleich zum einfachen Mapping umgekehrt: So ist nicht mehr der fremde, sondern der lokale Knoten der verwendenden Component der primäre Knoten. Dieser kann in der verwendenden Component mithilfe einer Supply-Funktion mit Daten gefüllt werden.

Besonderheiten beim externen Mapping

Darüber hinaus müssen Sie beim externen Mapping noch einige Besonderheiten beachten. So können Sie den extern zu mappenden Knoten der verwendeten Component beim Anlegevorgang völlig untypisiert lassen. Der Knoten erhält in diesem Fall seine komplette Typisierung erst durch den Context-Knoten, für den ein Mapping auf den externen Knoten definiert wird. Gegen einen so angelegten Knoten kann im zugehörigen Controller jedoch nur dynamisch programmiert werden, da seine Struktur zur Designzeit noch nicht bekannt ist.

In Abbildung 2.82 sehen Sie den Informationsfluss des externen Mappings schematisch dargestellt. Wie Sie beim Vergleich zum einfachen Mapping in Abbildung 2.81 erkennen können, ist der Informationsfluss beim externen Mapping genau umgekehrt. So befindet sich der primäre Knoten in der verwendenden und nicht in der eingebundenen Component. Der primäre Knoten ist strukturgebend und kann eine Supply-Funktion besitzen.

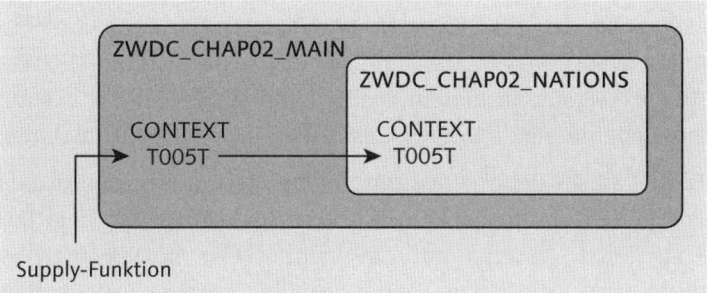

Abbildung 2.82 Externes Mapping

Einfaches oder externes Mapping wählen [+]

In vielen Fällen lässt sich ein gewünschtes Resultat sowohl über ein einfaches als auch über ein externes Mapping erreichen, wenn das Design der Anwendung entsprechend umgestellt wird. Zur Entscheidung, welches Mapping nun das richtige für Sie ist, geben wir Ihnen die folgenden Tipps:

- Haben Sie in Ihrer Architektur eine zentrale Component für den Datenaustausch vorgesehen, bietet sich meist das einfache Mapping der fremden Knoten auf die Knoten der verwendenden Component an.
- Haben Sie jedoch eine generische Component für die Anzeige von Daten aus einer lokalen Component vorgesehen, ist das externe Mapping meist die bessere Wahl. Sie können in diesem Fall den Knoten der externen Component völlig ohne Typisierung lassen.

Das Anlegen eines externen Mappings unterscheidet sich deutlich vom Anlegen eines einfachen Mappings. Das externe Mapping wird nicht im Controller der verwendenden Component definiert, sondern in einer extra dafür vorhandenen Benutzeroberfläche

Externes Mapping anlegen

1. Stellen Sie sicher, dass der zu mappende Knoten – im Component-Controller der eingebundenen Component – als Interface-Knoten und als INPUT-ELEMENT (EXT.) definiert ist.
2. Legen Sie, falls das nicht bereits erfolgt ist, den im Folgenden zu mappenden Knoten im Component-Controller der verwendenden Component an.
3. Binden Sie die fremde Component in die verwendende Component ein. Tragen Sie dazu eine Component-Verwendung, wie in Abschnitt 2.7.1 dargestellt, in den Kopfbereich der Component ein.
4. Aktualisieren Sie die Objektliste der Component. Öffnen Sie anschließend den Pfad COMPONENT-VERWENDUNGEN • <COMPONENT-VERWENDUNGS-NAME>, und wählen Sie dort INTERFACECONTROLLER_USAGE aus. In diesem Dialog können Sie nun das externe Mapping definieren. Führen Sie dazu die folgenden Schritte durch:
   - Tragen Sie als Erstes eine Component-Verwendung des lokalen Component-Controllers ein. Klicken Sie dazu auf der Registerkarte EIGENSCHAFTEN auf das Symbol CONTROLLER-VERWENDUNG ANLEGEN. Wählen Sie den lokalen Component-Controller aus, und schließen Sie das Pop-up-Fenster.
   - Wechseln Sie anschließend auf die Registerkarte CONTEXT, und legen Sie das externe Mapping an. Ziehen Sie den lokalen, zu mappenden Knoten von der rechten Bildhälfte per Drag & Drop zum Interface-Controller auf der linken Seite.

Damit ist das Anlegen des externen Mappings abgeschlossen. Speichern Sie die Änderungen, und aktivieren Sie die Component, um das externe Mapping zu testen.

> **Keine Kombination aus einfachem und externem Mapping**
>
> Es ist nicht zulässig, für ein und dieselbe Controller-Verwendung sowohl ein einfaches als auch ein externes Mapping einzurichten. Dies hätte ein zyklisches Mapping zur Folge, das zur Laufzeit unweigerlich zu Fehlern führen würde.

Schritt für Schritt: Externes Mapping definieren

Beispiel In der folgenden Anleitung werden Sie ein externes Mapping für den Knoten T005T zwischen den Components ZWDC_CHAP02_MAIN und

`ZWDC_CHAP02_NATIONS` anlegen. Dadurch wird der primäre Knoten von der Nations- in die Main-Component verlagert.

1. Öffnen Sie den Component-Controller in der Component `ZWDC_CHAP02_NATIONS`. Gehen Sie auf die Registerkarte CONTEXT, und betrachten Sie den Eigenschaftsdialog des Knotens T005T. Stellen Sie sicher, dass die Eigenschaft INTERFACE-KNOTEN ausgewählt ist. Kreuzen Sie das Ankreuzfeld INPUT-ELEMENT (EXT.) an. Aktivieren Sie die Component.

2. Falls Sie im vorangegangenen Schritt Änderungen am Controller der Nations-Component vorgenommen haben, müssen Sie die Component-Verwendung der Nations-Component in der verwendenden Component `ZWDC_CHAP02_MAIN` aktualisieren. Öffnen Sie dazu die Eigenschaften der Component `ZWDC_CHAP02_MAIN`. Löschen Sie die Component-Verwendung der Nations-Component aus der Tabelle VERWENDETE WEB-DYNPRO-COMPONENTS, und tragen Sie diese anschließend wieder neu in die Tabelle ein. Dies bewirkt eine Aktualisierung der Interface-Eigenschaft der Component-Verwendung. Ohne diese Aktualisierung würde die Nations-Component weiterhin als Component ohne Mapping (oder mit einfachem Mapping, falls INTERFACE-KNOTEN bereits gesetzt war) angesehen werden.

3. Legen Sie im Component-Controller der Main-Component den Knoten T005T an. Orientieren Sie sich dabei an den Eigenschaften des gleichen Knotens in der Nations-Component. Die Eigenschaften INTERFACE-KNOTEN und INPUT-ELEMENT (EXT.) dürfen dabei in der verwendenden Main-Component nicht aktiviert werden.

4. Erstellen Sie eine neue Supply-Funktion für den Knoten T005T. Navigieren Sie zum Rumpf der neuen Supply-Funktion, und fügen Sie das Coding der alten Supply-Funktion aus der Nations-Component ein. Passen Sie das `SELECT`-Statement an die Main-Component an, indem Sie `wd_this->gv_spras` in der `WHERE`-Bedingung durch `'D'` ersetzen.

5. Navigieren Sie zur Component-Verwendung der Nations-Component. Im Gegensatz zum einfachen Mapping wird ein externes Mapping nicht auf der Registerkarte CONTEXT, sondern im Interface-Controller der Component-Verwendung definiert. Öffnen Sie dazu den Pfad COMPONENT-VERWENDUNGEN • NATIONS, und wählen Sie `INTERFACECONTROLLER_USAGE` aus (siehe Abbildung 2.83).

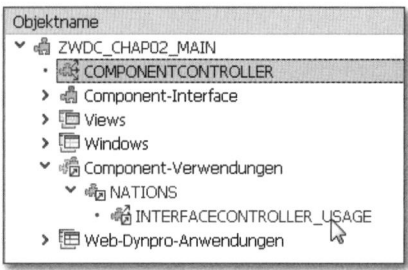

Abbildung 2.83 Component-Verwendung öffnen

6. Definieren Sie das externe Mapping für den Knoten T005T zwischen dem lokalen Component-Controller und dem Interface-Controller der fremden Component. Tragen Sie als Erstes eine Component-Verwendung des lokalen Component-Controllers ein. Klicken Sie dazu auf der Registerkarte EIGENSCHAFTEN auf das Symbol CONTROLLER-VERWENDUNG ANLEGEN. Wählen Sie den lokalen Component-Controller aus, und schließen Sie das Pop-up-Fenster.

7. Wechseln Sie anschließend auf die Registerkarte CONTEXT, und legen Sie das externe Mapping an. Ziehen Sie den lokalen Knoten T005T von der rechten Bildhälfte per Drag & Drop zum Interface-Controller auf der linken Seite (siehe Abbildung 2.84).

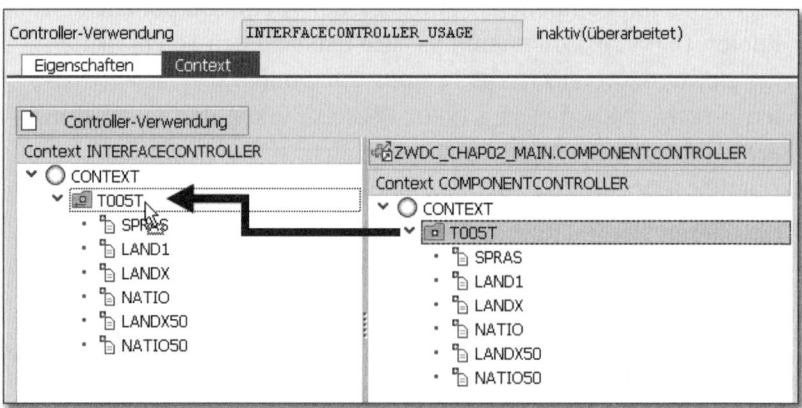

Abbildung 2.84 Externes Mapping anlegen

8. Aktivieren Sie die Components, und testen Sie anschließend die Anwendung. Diese sollte sich genauso wie vorher verhalten. Die Daten kommen jedoch nun aus der Main-Component.

2.7.5 Component-Interfaces

Stellen Sie sich folgendes Szenario vor: Sie arbeiten in einem mehrköpfigen Team an der Entwicklung einer komplexen Web-Dynpro-Architektur, und jedes Teammitglied soll mit der Entwicklung einer einzigen Component beauftragt werden. Nach Fertigstellung soll diese in die Architektur der bereits fertiggestellten Components eingebunden werden. Im Rahmen der Entwicklungsphase werden Sie hier sicherlich schnell die Erfahrung machen, dass jeder Entwickler des Teams ein anderes Verständnis von Schnittstellen mitbringt. So kann es rasch zu einem Wildwuchs kommen, d. h. zu unterschiedlichen Schnittstellen zwischen den einzelnen Components, die mit fortschreitendem Projektverlauf immer schwerer rückgängig zu machen sind. Spätestens an dieser Stelle sollten Sie sich überlegen, ob Ihre Component-Schnittstellen nicht durch die Verwendung eines Component-Interfaces vereinheitlicht werden sollten.

Einheitliche Schnittstellen

Mithilfe von Component-Interfaces ist es möglich, eine einheitliche Interface-Struktur zu definieren, die später in einer Vielzahl von Components verwendet werden kann. Dies stellt eine einheitliche Schnittstelle über alle auf einem Interface basierenden Components hinweg sicher, da in jeder Component ein einheitliches Set an bestimmten Controller-Bestandteilen vorhanden ist und von den Entwicklern angesprochen werden kann. Die Definition der Interface-Struktur erfolgt dabei zentral im Component-Interface, während die Implementierung der jeweiligen Interface-Objekte in den Components stattfindet.

Verwendung von Component-Interfaces

Component-Interfaces lassen sich in Web Dynpro prinzipiell mit normalen ABAP-Klassen-Interfaces vergleichen. Sie können bei Component-Interfaces z. B. wie in ABAP Objects Interface-Methoden definieren. Durch die Implementierung eines Interfaces in einer Component wird diese um die folgenden Objekte des Component-Interfaces erweitert:

Bestandteile des Component-Interfaces

- **Methoden**
  Sie können eine beliebige Anzahl von Interface-Methoden im Component-Interface definieren. Diese werden in die Component-Controller der auf dem Interface basierenden Components aufgenommen und können dort jeweils einzeln ausprogrammiert werden.

- **Ereignisse**
  Auch die Ereignisse werden in die Component-Controller der Components aufgenommen.
- **Context-Knoten**
  Für die Context-Knoten gilt das Gleiche wie für die Methoden und Ereignisse: Sie werden in die Component-Controller der auf dem Interface basierenden Components aufgenommen.
- **Interface-Views**
  Für Interface-Views können Sie neben dem eigentlichen Interface-View auch Outbound- und Inbound-Plugs definieren. Die im Component-Interface definierten Interface-Views werden als Windows in die das Interface implementierenden Components aufgenommen.

Die Verwendung von Component-Interfaces lässt sich in zwei Schritte aufteilen. In einem ersten Schritt müssen Sie das Component-Interface definieren. Wie Sie dazu vorgehen, erfahren Sie im nächsten Abschnitt. Im Anschluss müssen Sie das Component-Interface in die dafür vorgesehenen Components implementieren. Die Implementierung von Component-Interfaces wird im darauffolgenden Abschnitt »Schritt für Schritt: Implementierung eines Component-Interfaces« geschildert.

Definition eines Component-Interfaces

Component-Interface anlegen
Zum Anlegen eines Component-Interfaces müssen Sie den Namen des anzulegenden Component-Interfaces in das Eingabefeld unterhalb der Objektlistenauswahl eintragen und die ⏎-Taste drücken. Im folgenden Pop-up-Fenster vergeben Sie eine Beschreibung des Interfaces und wählen das Component-Interface aus.

Verwendung des Component-Interface-Editors
Nach Bestätigung der Eingaben im Pop-up-Fenster gelangen Sie in den Component-Interface-Editor (siehe Abbildung 2.85). Dieser besteht nach dem Anlegen ausschließlich aus dem im Objektbaum sichtbaren Interface-Controller INTERFACECONTROLLER. Nach einem Doppelklick auf diesen Interface-Controller können Sie dort auf den Registerkarten CONTEXT, EREIGNISSE und METHODEN das Interface definieren. Die dort definierten Objekte werden später bei der Implementierung des Interfaces dem Component-Controller der verwendenden Components aufgeprägt.

Multi-Component-Architekturen | **2.7**

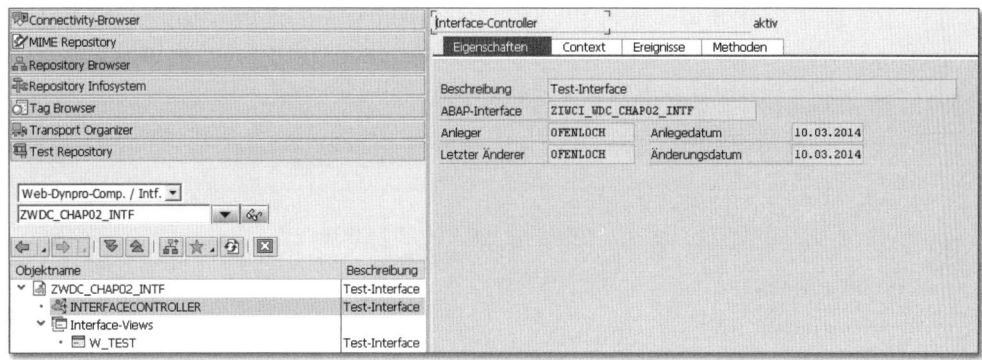

Abbildung 2.85 Component-Interface-Editor

Über das Kontextmenü des Component-Interfaces können Sie einen neuen Interface-View anlegen. Klicken Sie dazu mit der rechten Maustaste auf die Wurzel des Component-Interfaces in der Objektliste, und wählen Sie Anlegen • Interface-View aus. Geben Sie anschließend im sich öffnenden Pop-up-Fenster den Namen und eine Beschreibung des Interface-Views an, und schließen Sie das Pop-up-Fenster. Aktualisieren Sie die Objektliste. Nach dem Öffnen des Interface-Views durch einen Doppelklick in der Objektliste können Sie diesen bearbeiten. Für den Interface-View können Sie hier noch Inbound- und Outbound-Plugs definieren.

Interface-View anlegen

Schritt für Schritt: Implementierung eines Component-Interfaces

Sie können eine beliebige Anzahl von Component-Interfaces in eine Component integrieren. Zur Integration des Component-Interfaces nehmen Sie die folgenden Schritte vor:

Interface eintragen

1. Öffnen Sie die Component, in die das zuvor angelegte Component-Interface integriert werden soll. Klicken Sie anschließend doppelt auf den Namen der Component, um ihre Eigenschaften zu öffnen.

2. Wechseln Sie nun auf die Registerkarte Implementierte Interfaces. Tragen Sie den Namen des Component-Interfaces in die Tabelle Implementierte Web-Dynpro-Component-Interfaces ein, und bestätigen Sie Ihre Eingabe mit der ⏎-Taste.

3. Das Interface ist nun zwar eingetragen, jedoch noch nicht implementiert. Abbildung 2.86 zeigt Ihnen dazu ein Beispiel. Das noch nicht implementierte Interface erkennen Sie am roten Ampelsym-

Interface implementieren

bol in der Spalte IMPLEMENTIERUNGS-ZUSTAND. Um es zu implementieren, klicken Sie in der Spalte AKTION auf den Button NEU IMPLEMENTIEREN.

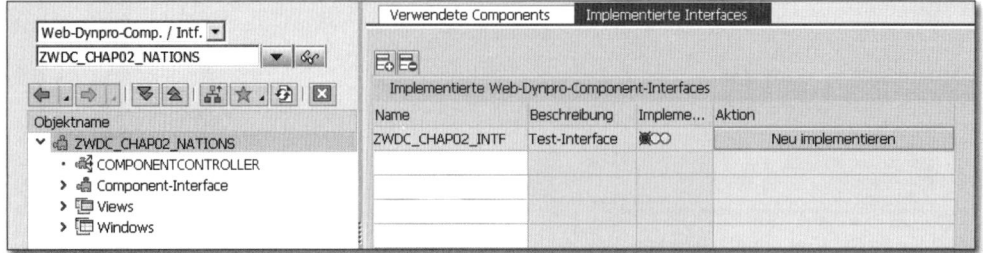

Abbildung 2.86 Eingetragenes Component-Interface

Besprechung Damit ist die Implementierung des Component-Interfaces abgeschlossen. Die im Interface definierten Controller-Objekte und Interface-Views wurden durch die Operation in die Component übernommen und können nun dort weiter ausgeprägt werden.

Änderung einer Interface-Definition Wird ein bereits verwendetes Component-Interface geändert, muss es bei allen verwendenden Components neu implementiert werden. Dass eine Reimplementierung nötig ist, erkennen Sie an der zurück auf rot gesetzten Ampel in der Spalte IMPLEMENTIERUNGS-ZUSTAND.

TEIL II
Referenz

Die richtige Anordnung von UI-Elementen fördert das intuitive Verständnis einer Web-Dynpro-Anwendung und erhöht die Akzeptanz beim Benutzer. In diesem Kapitel erfahren Sie, welche Möglichkeiten Web Dynpro ABAP Ihnen zum Anordnen, Gruppieren und Einblenden von UI-Elementen zur Verfügung stellt.

3 Container und Layouts

Auf Ihr in Abschnitt 2.3, »View«, erworbenes Wissen zu Views und Windows werden wir in diesem Kapitel aufbauen und Ihnen weitere Möglichkeiten zur View-Definition zeigen. Der Fokus liegt in diesem Kapitel auf Containern und Layouts, die die Grundlagen zur Anordnung und Gruppierung von View-Elementen in einem View bilden.

3.1 Container

In diesem Abschnitt stellen wir Ihnen die Container vor; dabei besprechen wir zuerst allgemeine Eigenschaften, die für alle Container gültig sind. Danach erläutern wir `ScrollContainer`, `TransparentContainer`, `LayoutContainer` `Group`, `Tray` und `Panel`. Dabei haben wir für die Erläuterungen den gleichen Aufbau gewählt:

Aufbau der Abschnitte

- Im Abschnitt »Visuelle Darstellung« zeigen wir Ihnen ein Beispiel für die Darstellung des UI-Elements auf der Anwendungsoberfläche.

- Im Abschnitt »Eigenschaften« erläutern wir die Eigenschaften des UI-Elements, die speziell für das betreffende UI-Element von Relevanz sind.

- Im Abschnitt »Ereignisse« beschreiben wir die vom UI-Element angebotenen Ereignisse.

- Im Abschnitt »Barrierefreiheit« gehen wir auf spezielle Aspekte der Verwendung des UI-Elements hinsichtlich der barrierefreien Implementierung ein.

Unter Umständen treten aggregierte Elemente auf, deren Beschreibung wir als eigenen Punkt in den Aufbau integrieren.

3.1.1 Hierarchische Struktur von UI-Elementen in Views

Hierarchische View-Struktur

Die Elemente eines Views werden in einer hierarchischen View-Struktur gepflegt. Die Hierarchie basiert auf Aggregationen (Beziehungen zwischen Objekten). Das können z. B. Eltern-Kind-Beziehungen zwischen Container-UI-Elementen und UI-Elementen oder Beziehungen zwischen einem zusammengesetzten UI-Element und dessen Unterelementen sein (z. B. das UI-Element TabStrip und dessen Tab-Unterelemente). Das übergeordnete Element in dieser Hierarchie ist ein Container-UI-Element, das zum View ergänzt wird oder bereits vorhanden ist, wie etwa der ROOTUIELEMENTCONTAINER, der vom Typ TransparentContainer ist.

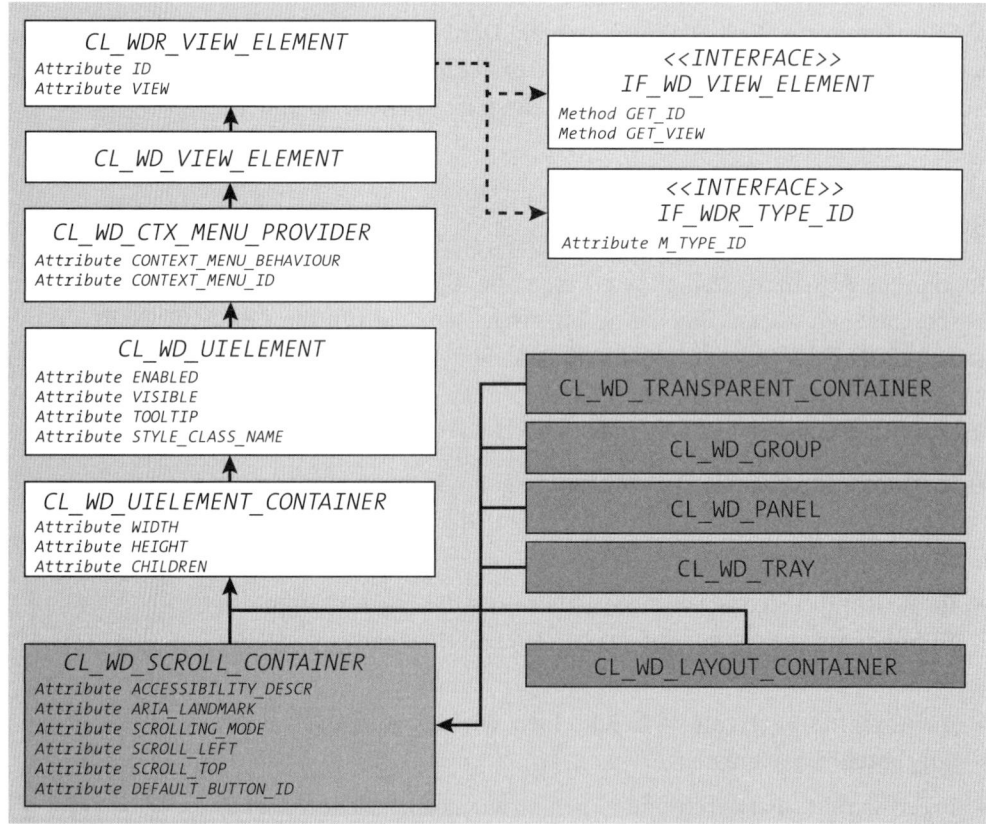

Abbildung 3.1 ABAP-Klassenhierarchie für Container-Elemente

Wie wir in Kapitel 6, »Dynamische Programmierung«, noch detailliert ausführen werden, wird jedes UI-Element durch eine ABAP-Klasse realisiert (siehe Abbildung 3.1). Die Eigenschaften von UI-Elementen, also auch von Containern, leiten sich davon ab, wo sie in der ABAP-Klassenhierarchie eingeordnet sind und von welchen Klassen sie erben.

Die Klassen, die mit hellem Hintergrund dargestellt sind, werden als *Basisklassen* bezeichnet, die nicht direkt über UI-Elemente visualisiert werden. Die Klassen, die dunkel hinterlegt sind, sind die Klassen, die die UI-Elemente implementieren, die Sie im View-Editor einfügen können. Wie Sie in der Abbildung sehen können, werden in der höchsten Klasse CL_WDR_VIEW_ELEMENT die Attribute ID und VIEW definiert. Damit steht diese Eigenschaft allen Unterklassen zur Verfügung.

Die Klasse CL_WD_CTX_MENU_PROVIDER steuert die Attribute CONTEXT_MENU_BEHAVIOUR und CONTEXT_MENU_ID bei. Die Klasse CL_WD_UIELEMENT leistet auch einen wichtigen Beitrag, nämlich die Attribute ENABLED, VISIBLE und TOOLTIP.

Das UI-Element UIElementContainer (ABAP-Klasse CL_WD_UIELEMENT_CONTAINER) stellt die abstrakte Basisklasse eines Containers dar. Von dieser erben die Klassen CL_WD_SCROLL_CONTAINER und CL_WD_LAYOUT_CONTAINER. Die erste Klasse definiert, dass in einem Container ein Scrollen möglich ist. Die zweite stellt ein Designelement dar, das zwar zur Anordnung von UI-Elementen verwendet, jedoch nicht gerendert wird und damit die Verschachtelungstiefe im DOM-Tree reduziert.

Abstrakte Basisklasse

> **DOM-Tree**
>
> Das *Document Object Model* (DOM) bezeichnet die W3C-Norm (World Wide Web Consortium) für eine Schnittstelle zum Zugriff auf beliebige Elemente eines Auszeichnungssprachen-Dokuments wie z. B. HTML oder XML.

Die Klasse CL_WD_UIELEMENT_CONTAINER steuert die ebenfalls grundlegenden Attribute WIDTH, HEIGHT und CHILDREN bei. Damit kann die Größe eines Containers über die UI-Elementeigenschaften width und height bestimmt werden.

Von der Klasse `CL_WD_SCROLL_CONTAINER` erben die Container-Klassen, die eine Menge beliebiger UI-Elemente aufnehmen können. Diese UI-Elemente werden als die Kinder (*Children*) des Containers bezeichnet. Die Darstellung der Container-Kinder innerhalb des Containers wird mithilfe der Layouts gesteuert, die in Abschnitt 3.3 vorgestellt werden.

3.1.2 Eigenschaften für alle Unterklassen von CL_WD_SCROLL_CONTAINER

Gemeinsame Eigenschaften

Den Container-ABAP-Klassen stehen aufgrund der Vererbung die Attribute der Superklassen zur Verfügung. Die Attribute dieser Klassen werden zu den Eigenschaften der UI-Elemente im View Designer. Die folgenden Eigenschaften stehen für alle Container im View-Editor im Zusammenhang mit der UI-Gestaltung eines Views zur Verfügung. In den folgenden Abschnitten zu den Eigenschaften spezifischer Container gehen wir auf diese Eigenschaften nicht noch einmal ein. Wir haben uns an die Reihenfolge der Eigenschaften im UI-Element `TransparentContainer` gehalten:

- Id
  Die Eigenschaft Id wird verwendet, um ein UI-Element eindeutig in einem View zu bezeichnen.

- accessibilityDescription
  Die Eigenschaft accessibilityDescription ermöglicht es Ihnen, das UI-Element semantisch näher zu erläutern. Der hinterlegte Text wird von einem Bildschirmausleseprogramm (Screenreader) nur vorgelesen, wenn der Benutzer das komplette UI-Element fokussiert. Das UI-Element `CL_WD_PANEL_STACK` besitzt ebenfalls diese Eigenschaft, obwohl es keine Unterklasse von `CL_WD_SCROLL_CONTAINER` ist.

- ariaLandmark
  Die Eigenschaft ariaLandmark dient zur Orientierung und ermöglicht die Navigation zu bestimmten Abschnitten einer Seite mithilfe von Bildschirmausleseprogrammen. Sie können Bereiche einer Seite durch vordefinierte *Landmark-Rollen* (Landmarks) für *Accessible Rich Internet Applications* (ARIA) kennzeichnen. Bei-

spiele für solche Bereiche sind Banner, Navigationsbereich, Suchbereich, Hauptbereich etc.

Das UI-Element `CL_WD_PANEL_STACK` besitzt ebenfalls diese Eigenschaft, obwohl es keine Unterklasse von `CL_WD_SCROLL_CONTAINER` ist.

- `contextMenuBehaviour`
  Über die Eigenschaft `contextMenuBehaviour` können Sie das Kontextmenü zum UI-Element zuordnen.
  - Falls Sie den Wert `inherit` wählen, erbt das UI-Element das statische Kontextmenü von seinen Eltern-UI-Elementen.
  - Falls Sie den Wert `provide` wählen, wird dem UI-Element das in der Eigenschaft `contextMenuID` definierte Kontextmenü zugeordnet.
  - Falls Sie den Wert `suppress` wählen, wird kein statisches Kontextmenü für das UI-Element erzeugt.

- `contextMenuID`
  Über die Eigenschaft `contextMenuID` ordnen Sie dem UI-Element und all seinen Kindern ein statisches Kontextmenü zu, das Sie definiert haben.

- `defaultButtonID`
  Über die Eigenschaft `defaultButtonID` definieren Sie die ID des Standardbuttons des Containers. Beachten Sie, dass der Button, der als Standardbutton für den Container definiert ist, ein Kindelement dieses Containers sein muss. Wenn der Benutzer auf ein Kindelement des Containers klickt, wird der Standardbutton optisch hervorgehoben. Drückt der Benutzer die ⏎-Taste, wird das Ereignis `onAction` des Standardbuttons ausgelöst.

- `enabled`
  Mithilfe der Eigenschaft `enabled` steuern Sie die Eingabebereitschaft und das Systemverhalten hinsichtlich der Auslösung von Ereignissen.

- `handleHotkeys`
  Mithilfe der Eigenschaft `handleHotkeys` können Sie die Behandlung von Tastenkombinationen realisieren. Die Eigenschaft han-

dleHotkeys definiert den Behandler von Hotkeys. Als Kandidaten können dabei alle Container und das UI-Element Table dienen.

- height
  Mithilfe der Eigenschaft height definieren Sie die Höhe des UI-Elements. Sie können dabei auf CSS-Einheiten zurückgreifen, die in Tabelle 3.18 beschrieben sind.

- scrollingMode
  Über die Eigenschaft scrollingMode legen Sie die Scroll-Funktion für den Fall fest, dass der darzustellende Inhalt im Container nicht ausreichend Platz findet.

  - Falls Sie den Wert auto verwenden, wird die Scrolling-Funktion automatisch aktiviert, falls nötig. Dazu muss die Eigenschaft height gesetzt sein.
  - Falls Sie den Wert both einsetzen, werden die vertikalen und horizontalen Scroll-Balken permanent aktiviert.
  - Falls Sie den Wert none verwenden, wird der Container, falls nötig, vergrößert, um die Inhalte vollständig anzuzeigen.

- scrollLeft
  Über die Eigenschaft scrollLeft legen Sie die horizontale Position des Scroll-Balkens fest.

- scrollTop
  Mit der Eigenschaft scrollTop legen Sie die vertikale Position des Scroll-Balkens fest.

- styleClassName
  Mit der Eigenschaft styleClassName können Sie dem UI-Element eine CSS-Klasse zuordnen.

- tooltip
  Mithilfe der Eigenschaft tooltip legen Sie einen Text fest, der erscheint, wenn der Benutzer mit dem Mauszeiger über das UI-Element fährt.

- visible
  Mithilfe der Eigenschaft visible steuern Sie die Sichtbarkeit des UI-Elements.

  - Falls Sie den Wert none verwenden, wird das UI-Element nicht dargestellt und nimmt auch keinen Raum ein.

- Falls Sie den Wert `visible` einsetzen, wird das UI-Element am Bildschirm dargestellt.
- `width`
  Mithilfe der Eigenschaft `width` definieren Sie die Breite des UI-Elements. Sie können dabei auf CSS-Einheiten zurückgreifen, die in Tabelle 3.18 beschrieben sind.

Das Web-Dynpro-Framework unterstützt bei eingeschaltetem Anwendungsparameter `WDLIGHTSPEED` die Funktion von *Aktionstasten*. Aktionstasten sind Tastenkombinationen, mit denen ein Benutzer eine konkrete Aktion (etwa das Öffnen eines Browser-Fensters) in bestimmten UI-Elementen auslösen kann. Die folgenden UI-Elemente bieten die Eigenschaft `hotkey`, um dort eine Tastenkombination zu hinterlegen: Aktionstasten

- `AbstractIconButton`, `IconButton` und `ToolBarIconButton` (`onAction` wird ausgelöst)
- `AbstractToggleButton` (`onToggle` wird ausgelöst)
- `Button` und `ToolBarButton` (`onAction` wird ausgelöst)
- `LinkToAction` (`onAction` wird ausgelöst)
- `MenuActionItem` (`onAction` wird ausgelöst)
- `ToggleLink` (`onToggle` wird ausgelöst)
- `ToolBarLinkToAction` (`onAction` wird ausgelöst)
- `ToolBarLinkToURL` (Ein Browser-Fenster wird geöffnet.)
- `ToolBarToggleButton` (`onToggle` wird ausgelöst)
- `LinkToURL` (Ein Browser-Fenster wird geöffnet.)

Die Tastenkombination für die betreffende Aktionstaste wird immer automatisch dem Tooltip des jeweiligen UI-Elements hinzugefügt. Ist bereits ein Text für den Tooltip vorhanden, wird der Text für die Aktionstaste an das Ende angehängt, so z. B. bei einem `MenuActionItem` (siehe Abbildung 3.2). Tooltip-Ergänzung

In der Eigenschaft `hotkey` hinterlegen Sie die gewünschte Tastenkombination, die Ihnen per Dropdown angeboten wird. Mit der Eigenschaft `tooltip` können Sie einen Text hinterlegen, der beim Mouseover, also beim Bewegen des Mauszeigers, über dem Button angezeigt wird. Ist `hotkey` gesetzt, werden die Werte von `tooltip` und `hotkey` gemeinsam als Information beim Mouseover dargestellt. Falls der hotkey-Eigenschaften

Benutzer die hotkey-Tastenkombination drückt, wird das Ereignis onAction ausgelöst.

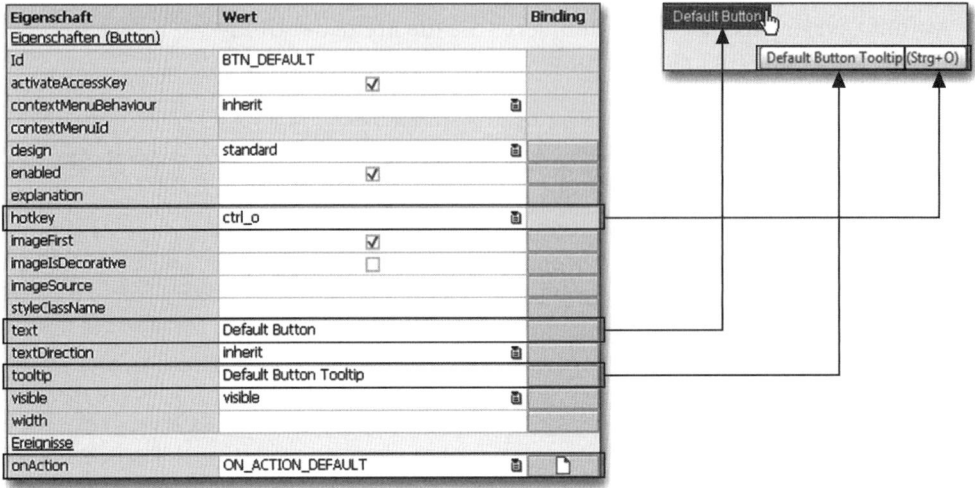

Abbildung 3.2 hotkey-Eigenschaft

handleHotkeys Neben der hotkey-Eigenschaft existiert noch die Eigenschaft handleHotkeys für die Behandlung von Aktionstasten. Diese Eigenschaft bietet die folgenden UI-Elemente an:

- ScrollContainer
- TransparentContainer
- Table
- Group
- Tray

handleHotkeys bestimmt, ob Aktionstasten, die innerhalb des UI-Elements (TransparentContainer, Table etc.) definiert werden, global oder lokal (d. h., der Fokus liegt auf dem UI-Element) ausgelöst werden können.

Hotkey-Behandler Ist handleHotkeys gesetzt, wird das UI-Element zu einem *Hotkey-Behandler*, d. h., dass alle Aktionstasten, die innerhalb dieses UI-Elements definiert sind, nur ausgelöst werden können, wenn der Fokus auf diesem UI-Element liegt. Liegt der Fokus außerhalb, wird beim Drücken der gleichen Aktionstastenkombination keine Aktion ausgeführt oder aber eine Aktion, die zu einem anderen UI-Element gehört. Standardmäßig ist der gesamte sichtbare Fensterbereich immer ein Hotkey-Behandler. Innerhalb eines Hotkey-Behandlers kann eine Aktionstaste immer nur einmal vergeben werden. Wird sie mehrfach definiert, wird der Hotkey komplett gelöscht, um Verwechslungen zu vermeiden.

> **Sonderfall TabStrips** [!]
> Bei TabStrips ist immer jeder Tab ein Hotkey-Behandler, d. h., dort definierte Aktionstasten sind nur aktiv, wenn der jeweilige Tab sichtbar und fokussiert ist.

3.1.3 ScrollContainer

Sie können in Abbildung 3.1 sehen, dass der ScrollContainer (Klasse CL_WD_SCROLL_CONTAINER) die Basisklasse für die Container-Klassen darstellt. Das bedeutet, dass z. B. Attribute, die in dieser Klasse definiert wurden, allen Unterklassen zur Verfügung stehen. Obwohl diese Klasse eine zentrale Rolle in der Vererbungshierarchie spielt, sollte sie nicht direkt für die Gestaltung des Views verwendet werden. In der Online-Dokumentation wird sie daher mit dem Status *deprecated* (nicht mehr zu verwenden) gekennzeichnet. Stattdessen sollten Sie den TransparentContainer heranziehen.

Nicht mehr verwenden

3.1.4 TransparentContainer

Der TransparentContainer ist ein Container, der keine visuelle Darstellung besitzt. Er kann eine beliebige Anzahl von UI-Elementen aufnehmen. Zusätzlich ermöglicht es das Oberflächenelement TransparentContainer, die eingefügten Oberflächenelemente über das definierte Layout (siehe auch Abschnitt 3.3) anzuordnen.

Einsatzszenarien

Das TransparentContainer-Element können Sie auf zwei Arten verwenden:

- **Als Layout-Container**
  (isLayoutContainer = abap_true)
  Mit dieser Einstellung verwenden Sie dieses Element für das Layout anderer UI-Elemente. Das TransparentContainer-Element selbst hat keinen Tabstop, das bedeutet, dass der TransparentContainer keine Haltestelle ist, wenn der Benutzer mit der ⇥-Taste

von UI-Element zu UI-Element navigiert. Er wird im barrierefreien Modus auch nicht von einem Screenreader vorgelesen.

- **Als gruppierender Container**
  (`isLayoutContainer = abap_false`)
  Mit dieser Einstellung verwenden Sie das Element `TransparentContainer` für die Gruppierung anderer Oberflächenelemente. Es hat dann analog zum `Group`-Element eine semantische Bedeutung. Das Element hat einen Tabstop, und es wird von einem Screenreader vorgelesen. Der Text, der dabei vorgelesen wird, ergibt sich aus den Werten, die für die Eigenschaften `tooltip` und `accessibilityDescription` definiert sind. Sind diese Eigenschaften nicht gesetzt, werden die Werte der Eigenschaften `tooltip` und `text` des unter Umständen zugeordneten UI-Elements `SectionHeader` oder dieselben Eigenschaftswerte des möglicherweise zum `TransparentContainer` zugeordneten UI-Elements `Label` herangezogen.

Gruppierendes Element

Mit dem `TransparentContainer` können Sie z. B. eine Menge von UI-Elementen gruppieren, die eine gemeinsame Bedeutung besitzen, etwa die eines Formulars, indem Sie als Titel den `SectionHeader` einfügen und darunter weitere UI-Elemente platzieren. Zusätzlich legen Sie fest, dass die Eigenschaft `isLayoutContainer` den Wert `abap_false` erhält. Damit definieren Sie, dass der `TransparentContainer` an sich wichtig ist und semantische Bedeutung hat.

Klammer

Ein weiteres Beispiel für ein Einsatzgebiet ist die Verwendung des `TransparentContainer` als Klammer, um festzulegen, dass mehrere Felder inhaltlich zusammengehören, etwa bei Währungsangaben, bei denen der Zahlenwert mit der Währung in Beziehung steht und nur in Verbindung mit dieser korrekt interpretiert werden kann. In diesem Verwendungsszenario setzen Sie ein Label vor den `TransparentContainer`, das seinerseits dann UI-Elemente wie `InputField` und/oder `DropDownListbox` enthält. Das Label muss auf den `TransparentContainer` verweisen. Die entsprechenden Eigenschaften des Labels werden dann für die Texte zur Barrierefreiheit verwendet und können vom Screenreader mit dem korrekten Bezug vorgelesen werden. Weil dabei der `TransparentContainer` inhaltlich zusammengehörige Felder verbindet, müssen Sie festlegen, dass die Eigenschaft `isLayoutContainer` den Wert `abap_true` erhält.

Visuelle Darstellung

In Abbildung 3.3 sehen Sie eine Darstellung des UI-Elements `Trans-parentContainer` im View-Editor. Wir haben als Beispiel den `ROOT-UIELEMENTCONTAINER` als Vertreter eines `TransparentContainer` verwendet. Für den `ROOTUIELEMENTCONTAINER` haben wir drei Kindelemente definiert, einen `SectionHeader` mit der ID `SH_HEADER` und zwei Buttons mit den IDs `BTN_DEFAULT` und `BTN_ANOTHER`.

Beispiel: ROOTUIELEMENT-CONTAINER

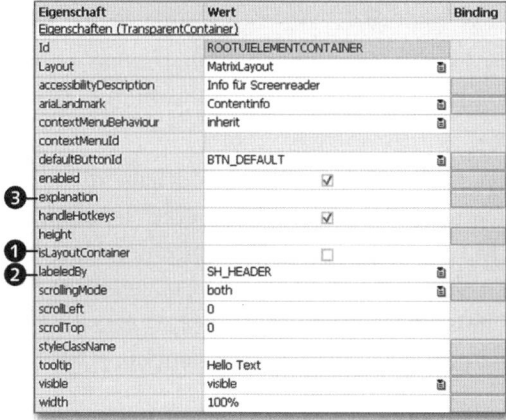
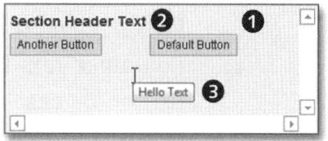

Abbildung 3.3 UI-Element TransparentContainer

In unserem Beispiel haben wir den `ROOTUIELEMENTCONTAINER` als gruppierenden Container attribuiert (❶, `isLayoutContainer = abap_false`). Daraus ergibt sich, dass dieser einen Tabstop besitzt und Texte zu diesem Container vom Screenreader vorgelesen werden können. Darüber hinaus verwenden wir das UI-Element `SectionHeader` mit der ID `SH_HEADER` als Quelle der Texte. Dazu ist es aber notwendig, das UI-Element `SectionHeader` dem Container mitzuteilen, was mithilfe der Eigenschaft `labeledBy` ❷ geschieht. Dort ist die ID des `SectionHeader` hinterlegt.

Von den zwei eingefügten Buttons wird der `Button` mit der ID `BTN_DEFAULT` als der Default-Button des Containers definiert. Dies erreichen wir mithilfe der Eigenschaft `defaultButtonId`, da wir dieser den Wert `BTN_DEFAULT` zugeordnet haben. Mit diesen Definitionen haben wir einerseits den `ROOTUIELEMENTCONTAINER` für die barrierefreie Verwendung vorbereitet und andererseits eine Default-Taste definiert, die die Behandlung einer gedrückten ⏎-Taste übernimmt, sofern der Container den Fokus besitzt.

Eigenschaften

Die Eigenschaften, die beim `TransparentContainer` zu den Eigenschaften für alle Container noch hinzukommen, sind `isLayoutContainer` ❶, `labeledBy` ❷ und `explanation` ❸.

isLayoutContainer

Layout-Container Mit der Eigenschaft `isLayoutContainer` legen Sie fest, ob der `TransparentContainer` als Layout-Container fungiert.

- Falls `isLayoutContainer` den Wert `abap_true` erhält, dient der Container nur für das Layout des Views und hat keine semantischen Eigenschaften. In diesem Fall können Sie keinen `defaultButton` angeben.

- Falls `isLayoutContainer` den Wert `abap_false` erhält, dient der Container für das Layout *und* stellt zugleich eine semantische Gruppierung dar, d. h., dass er UI-Elemente zu einer logischen Gruppe zusammenfasst, z. B. `Label` und `InputField` zu einem Formular. In diesem Fall müssen Sie eine `accessibilityDescription` angeben und können einen `defaultButton` verwenden.

labeledBy

Verknüpfung Mit der Eigenschaft `labeledBy` referenzieren Sie über die ID einen `SectionHeader`, der eine Beschriftung trägt. Diese Eigenschaft wird für nicht layoutstiftende Container verwendet (Eigenschaft `isLayoutContainer` hat den Wert `abap_false`), um einen `SectionHeader` als Titel-Control mit diesem Container zu verbinden. Die Verbindung zwischen einem existierenden `SectionHeader` und einem `TransparentContainer` über `labeledBy` ist wichtig für die Barrierefreiheit.

explanation

Die Eigenschaft `explanation` zeigt einen Hilfetext für den Container an, sofern der Hilfemodus aktiviert ist. Mehr zum Thema Hilfetexte und Benutzerunterstützung bei der Eingabe finden Sie in Kapitel 7, »Eingabe- und semantische Hilfen«.

Barrierefreiheit

Vorlesetext ermitteln Das Vorlesen durch Screenreader im Rahmen der Barrierefreiheit ist technisch nur in Fällen möglich, in denen die Eigenschaft `isLayoutContainer` den Wert `abap_false` besitzt. Zusätzlich verwenden Sie im `TransparentContainer` einen `SectionHeader`. Der Text für die

Barrierefreiheit wird bei einem `TransparentContainer` folgendermaßen bestimmt:

1. Das System ermittelt die Werte, die für die Eigenschaften `tooltip` und `accessibilityDescription` des `TransparentContainer` definiert sind.
2. Wenn die unter 1. genannten Eigenschaften nicht gesetzt sind, wird der Text der Werte für die Eigenschaften `tooltip` und `text` des UI-Elements `SectionHeader` verwendet.
3. Wenn weder die unter 1. noch die unter 2. genannten Eigenschaften gesetzt sind, wird der Text der Werte für die Eigenschaften `tooltip` und `text` des UI-Elements `Label` verwendet, das zu dem `TransparentContainer` gehört.

Barrierefreiheit [«]

Um eine betriebswirtschaftliche Anwendung auch solchen Benutzern zugänglich zu machen, die aufgrund von Behinderungen auf technische Unterstützung unterschiedlicher Art angewiesen sind, ermöglicht Ihnen das Web-Dynpro-Framework den Aufbau barrierefreier Anwendungen. Eine wichtige Voraussetzung für die Barrierefreiheit ist das Vorhandensein eines Tooltips für jedes UI-Element, da Tooltips mithilfe von Bildschirm-Leseprogrammen (Screenreadern) ausgewertet und für blinde Benutzer zugänglich gemacht werden können.

Für ein UI-Element müssen Sie die Eigenschaft `tooltip` immer aus folgenden Gründen pflegen:

- wenn das UI-Element keine Überschrift trägt
- wenn dem UI-Element kein `Label` zugeordnet ist
- wenn UI-Elemente mit einer `text`-Eigenschaft eingesetzt werden und diese Eigenschaft weder gesetzt noch gebunden wird – etwa bei einem fehlenden `text` eines UI-Elements `Button`

Fast alle UI-Elemente bieten zusätzlich die Eigenschaft `accessibilityDescription` an. Diese können Sie verwenden, um ersatzweise einen Titel aufzunehmen, wenn das UI-Element keinen sichtbaren Titel tragen soll oder kann.

Standardmäßig werden während der Designzeit im Rahmen der Syntax-Checks Prüfungen der Barrierefreiheit vorgenommen. Bei jeder Component gibt es dazu das Kennzeichen BARRIEREFREIHEIT-PRÜFUNGEN AKTIV. Wenn Sie dieses Kennzeichen ausschalten (Wert = `abap_false`), werden von der Entwicklungsumgebung während der Designzeit keine Prüfungen auf Barrierefreiheit für die entsprechende Component und ihre Views durchgeführt.

Gruppierender Container

Wenn Sie das Element `TransparentContainer` unter dem Aspekt der Barrierefreiheit als gruppierenden Container einsetzen, können Sie den Titel dieser Gruppe auf zwei Arten vergeben:

- Soll es keinen sichtbaren Gruppentitel geben, vergeben Sie die Werte für die Eigenschaften `accessibilityDescription` und `tooltip`. Setzen Sie außerdem die Eigenschaft `isLayoutContainer` auf `abap_false`.
- Soll es einen sichtbaren Gruppentitel geben, können Sie das Element `SectionHeader` verwenden. Dieses ersetzt dann die Eigenschaft `accessibilityDescription`. Legen Sie dazu ein Element `SectionHeader` für den Titel an, und verwenden Sie die Eigenschaft `labeledBy`, um das Element `TransparentContainer` mit dem `SectionHeader` zu verbinden.

Der Text und der Tooltip des Elements `SectionHeader` werden automatisch als `accessibilityDescription` des Elements `TransparentContainer` ausgegeben, falls dessen `accessibilityDescription` und `tooltip` leer sind.

3.1.5 LayoutContainer

Das UI-Element `LayoutContainer` ist vergleichbar mit dem `TransparentContainer`, es besteht jedoch ein fundamentaler Unterschied: Der `LayoutContainer` erhöht nicht die Verschachtelungstiefe im erzeugten DOM-Tree. Deshalb kann dieses UI-Element als reines *Designelement* bezeichnet werden. Die verwendbaren Eigenschaften des Elements `LayoutContainer` definieren sich anhand der Vererbungsbeziehung in Abbildung 3.1.

3.1.6 Group

Infobox

Das UI-Element `Group` können Sie dazu nutzen, eine Reihe von UI-Elementen unter einem gemeinsamen Titel farblich abgestuft zusammenzufassen. In seinem Aussehen erinnert dieses UI-Element an eine Infobox.

Visuelle Darstellung

In Abbildung 3.4 sehen Sie eine Darstellung des UI-Elements `Group`. Zusätzlich werden noch weitere Elemente gezeigt.

3.1 Container

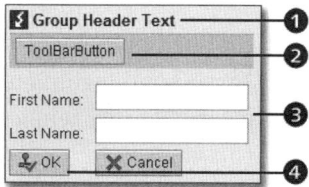

Abbildung 3.4 Group-Container

Die Caption ❶, ein aggregiertes Element der Group, definiert den Titel der Gruppe. Die Toolbar ❷, wiederum ein aggregiertes Element, enthält Elemente, die Aktionen auslösen, Auswahlmöglichkeiten anbieten oder optische Aufbereitungen in der Toolbar realisieren können. Die Group sammelt UI-Elemente ❸, die hierarchisch gesehen eine Ebene unter der Group zu finden sind. Die Group kann einen Default-Button ❹ festlegen, der optisch hervorgehoben wird, sobald die Group den Fokus erhält, etwa durch einen Klick des Benutzers.

Eigenschaften

In Abbildung 3.5 sind die spezifischen Eigenschaften markiert, die wir im Folgenden besprechen werden. Die nicht markierten Eigenschaften beschreiben wir in Abschnitt 3.1.2, »Eigenschaften für alle Unterklassen von CL_WD_SCROLL_CONTAINER«.

Eigenschaft	Wert		Binding
Id	GR_1		
Layout	MatrixLayout	📄	
accessibilityDescription			
activateAccessKey		✓	
ariaLandmark	None	📄	
contextMenuBehaviour	inherit	📄	
contextMenuId			
defaultButtonId	BTN_OK_G1	📄	
design	primarycolor	📄	
enabled		✓	
handleHotkeys		☐	
hasContentPadding		✓	
height			
scrollingMode	none	📄	
scrollLeft	0		
scrollTop	0		
styleClassName			
tooltip			
visible	visible	📄	
width			

Abbildung 3.5 Eigenschaften des UI-Elements Group

activateAccessKey

Zugangstasten Die Eigenschaft `activateAccessKey` steuert die Aktivität der Zugangstasten. Zugangstasten sind Tasten oder Tastenkombinationen, mit denen ein Benutzer den Fokus direkt auf ein Oberflächenelement setzt, ohne die dort hinterlegte Funktion auszulösen.

design

Darstellung Die Eigenschaft `design` definiert die Gestaltung des UI-Elements Group. In Abbildung 3.6 und Tabelle 3.1 sehen Sie die unterschiedlichen Modi und deren Auswirkungen auf die optische Erscheinung der Group im Corbu-Design, das wir für unsere Abbildungen genutzt haben. Auf Abweichungen bei der Darstellung im häufig noch verwendeten Signature-Design weisen wir Sie hin.

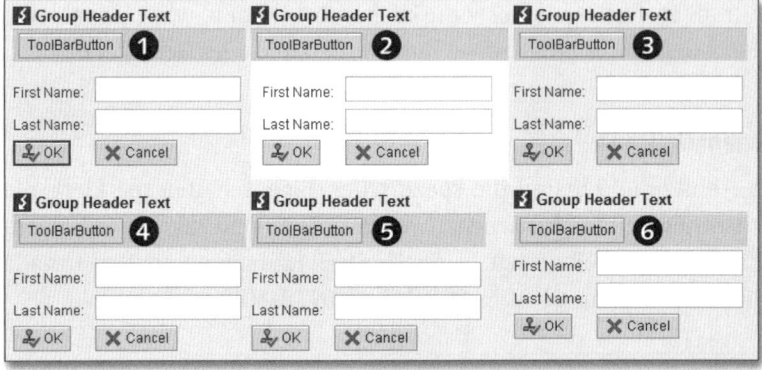

Abbildung 3.6 Farbmodi des UI-Elements Group

Wert	Beschreibung
primarycolor ❶	Der Inhaltsbereich der Gruppe ist mit der gleichen Hintergrundfarbe gefüllt wie der Titel (Farbe der Primärgruppierung).
sapcolor ❷	Der Titel (und im Signature-Design der Rahmen um den Inhaltsbereich) sind dunkelgrau (bzw. SAP-Blau im Signature-Design) eingefärbt, der Inhaltsbereich erhält als Hintergrund die Farbe Weiß.
secondarybox ❸	Der Inhaltsbereich wird nicht eingerahmt dargestellt.

Tabelle 3.1 Ausprägungen der Eigenschaft design

Wert	Beschreibung
secondarybox-color ❹	Der Inhaltsbereich wird mit einer Hintergrundfarbe gefüllt, die sich im Signature-Design von der Hintergrundfarbe des Titels unterscheidet.
secondarycolor ❺	Der Inhaltsbereich ist mit der gleichen Hintergrundfarbe eingefärbt wie der Titel (Farbe der Sekundärgruppierung). Dieser Wert eignet sich für eine Darstellung, bei der Sie innerhalb einer Gruppierung Untergruppen anzeigen lassen möchten.
underline ❻	Unter dem Titel wird zur Abgrenzung eine Linie angezeigt, die Farben von Titel und Inhaltsbereich sind gleich.

Tabelle 3.1 Ausprägungen der Eigenschaft design (Forts.)

hasContentPadding

Die Eigenschaft hasContentPadding legt fest, ob zwischen Inhalt und Group-Rahmen ein Abstand eingefügt werden soll (Wert = abap_true) oder nicht (Wert = abap_false).

Abstand

Barrierefreiheit

Um die Entwicklung barrierefreier Anwendungen zu ermöglichen, wird im Rahmen des Syntax-Checks die Eigenschaft accessibility-Description überprüft, wenn das UI-Element Caption nicht gesetzt wurde. Es findet keine Überprüfung auf die Eigenschaft tooltip hin statt. Ein gesetzter tooltip ist bei diesem Oberflächenelement nicht zwingend erforderlich, könnte aber – wenn er detaillierte semantische Informationen enthält – durchaus sinnvoll sein.

Aggregierte Elemente

In Abbildung 3.7 sehen Sie die aggregierten Elemente zur Group, die in diesem Abschnitt besprochen werden.

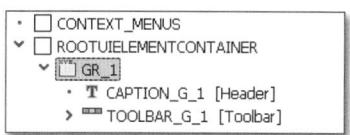

Abbildung 3.7 Aggregationen des UI-Elements Group

3 | Container und Layouts

Caption

Titel — Mit der Caption können Sie den Header (Titel) zu einer Group definieren. Eine detaillierte Beschreibung dazu finden Sie in Abschnitt 4.2.4, »Caption«.

Toolbar

Funktionen — Sie können eine Toolbar zur Group anlegen, die zwischen der Caption und dem Inhaltsbereich angezeigt wird. Verwenden Sie das Kontextmenü der Group im View-Editor und dort den Menüeintrag TOOLBAR EINFÜGEN, um die Toolbar anzulegen. Details zu Toolbars finden Sie in Abschnitt 4.9.4, »ToolBar«.

3.1.7 Tray

Visuelle Komprimierung — Das UI-Element Tray können Sie verwenden, um eine Menge von UI-Elementen unter einer gemeinsamen Überschrift anzuordnen. Es zählt deshalb wie die Group zu den Containern. Im Unterschied zur Group bietet es jedoch weitere Funktionen an, z. B. kann Tray auf- bzw. zugeklappt werden.

Visuelle Darstellung

In Abbildung 3.8 sehen Sie eine Darstellung des UI-Elements Tray. Zusätzlich werden noch weitere Elemente gezeigt.

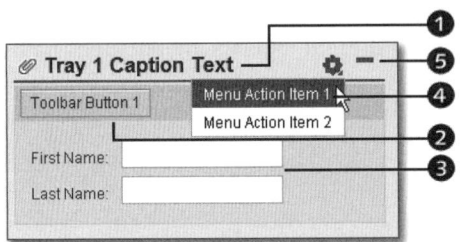

Abbildung 3.8 Tray-Container

Elemente des Tray — Die Caption ❶, ein aggregiertes Element des Tray, definiert den Titel des Tray. Die Toolbar ❷, wiederum ein aggregiertes Element, enthält Elemente, die Aktionen auslösen, Auswahlmöglichkeiten anbieten oder optische Aufbereitungen in der Toolbar realisieren können. Der Tray sammelt UI-Elemente ❸, die hierarchisch gesehen eine Ebene unter dem Tray zu finden sind. Zum Tray kann ein Menu ❹ in Form eines aggregierten Elements definiert werden. Dieses Menü

Container | **3.1**

kann aus Untermenüs (Element Menu), Aktionseinträgen (Elemente MenuActionItem, MultiMenuActionItem, MenuCheckBox und MenuRadioButton) und optischen Gestaltern (Element MenuSeparator) aufgebaut werden. Eine besondere Funktion stellt der Button COLLAPSE TRAY ❺ dar, mit dem die Anzeige des Tray auf den Titel reduziert oder der Tray mit Inhalt angezeigt wird.

Eigenschaften

Das UI-Element Tray enthält die Eigenschaft activateAccessKey zur Steuerung der Aktivität von Zugangstasten (beschrieben zum Element Group in Abschnitt 3.1.6) sowie die Eigenschaften, die alle Container enthalten (siehe Abschnitt 3.1.2, »Eigenschaften für alle Unterklassen von CL_WD_SCROLL_CONTAINER«). Weitere spezifische Eigenschaften beschreiben wir im Folgenden. Sie sind in Abbildung 3.9 markiert.

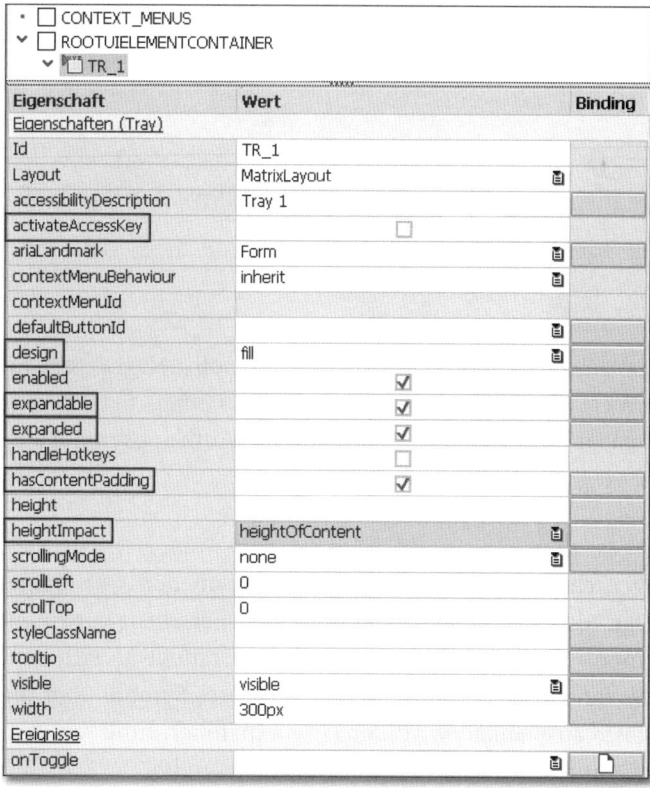

Abbildung 3.9 Eigenschaften des Elements Tray

205

design

Farbmodi — Die Eigenschaft design legt die Gestaltung des UI-Elements Tray fest. In Abbildung 3.10 sehen Sie die unterschiedlichen Farbmodi und deren Auswirkungen auf die optische Erscheinung des Elements Tray.

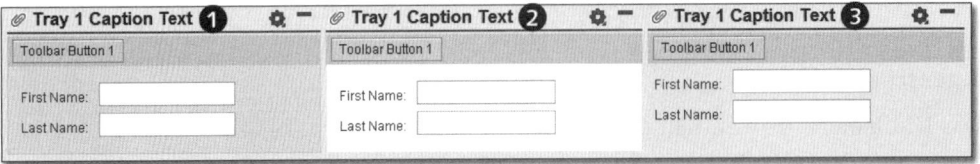

Abbildung 3.10 Farbmodi Tray

Ausprägungen von design — Je nach gewähltem Modus wird der Inhaltsbereich unterschiedlich dargestellt (siehe Tabelle 3.2):

Wert	Beschreibung
fill ❶	Der Inhaltsbereich wird mit einer Hintergrundfarbe dargestellt.
plain ❷	Der Inhaltsbereich wird mit weißem Hintergrund dargestellt.
transparent ❸	Der Hintergrund ist transparent, der Inhaltsbereich wird ohne Rahmen dargestellt.

Tabelle 3.2 Ausprägungen der Eigenschaft design

expandable

Expandierbarkeit — Mit der Eigenschaft expandable legen Sie fest, ob der Tray expandierbar ist (Wert = abap_true) oder nicht (Wert = abap_false). Falls der Wert auf abap_false gesetzt wird, wird das Aufklappsymbol ausgeblendet.

expanded

Mit der Eigenschaft expanded wird bestimmt, ob der Tray aufgeklappt ist. Der Wert abap_false zeigt nur eine Überschrift mit einem Aufklappsymbol. Die Werkzeugleiste und der Content-Bereich sind in diesem Zustand nicht sichtbar. Wenn Sie dieses Symbol über die linke Maustaste auswählen, wird der Tray expandiert, und das Aufklappsymbol verwandelt sich in ein Komprimiersymbol.

hasContentPadding

Mit der Eigenschaft `hasContentPadding` legen Sie fest, ob zwischen Inhalt und `Tray`-Rahmen ein Abstand eingefügt werden soll (Wert = `abap_true`) oder nicht (Wert = `abap_false`).

heightImpact

Mit der Eigenschaft `heightImpact` können Sie bestimmen, wie die Eigenschaft `height` die Höhe des `Trays` definieren soll (siehe Tabelle 3.3):

Ausprägungen von heightImpact

Wert	Beschreibung
`heightOfContent`	Damit legen Sie fest, dass der Wert in der Eigenschaft `height` die Höhe des `Trays` *ohne* Titel definiert.
`heightOfTray`	Damit bestimmen Sie, dass der Wert in der Eigenschaft `height` die Höhe des `Trays` *inklusive* Titel definiert.

Tabelle 3.3 Ausprägungen der Eigenschaft heightImpact

Ereignis

Das Ereignis `onToggle` wird ausgelöst, wenn der Benutzer den `Tray` expandiert oder komprimiert. Der zugeordnete Aktionsbehandler erhält neben den Standardparametern (`id` und `context_element`) den Parameter `expanded`. Dieser hat den Wert `abap_true`, wenn der `Tray` geöffnet wird. Wurde bei einem UI-Element `Tray` kein Aktionsbehandler für das Ereignis `onToggle` definiert, wird der Inhalt immer an den Browser geschickt. Das Öffnen und Schließen werden komplett am Browser abgehandelt. Gibt es einen Aktionsbehandler für das `onToggle`-Ereignis, wird der Inhalt des `Tray` nur an den Browser geschickt, falls die Eigenschaft `expanded` den Wert `abap_true` hat – es also offen ist.

Optimierungen

Barrierefreiheit

Um die Entwicklung barrierefreier Anwendungen zu ermöglichen, wird im Rahmen des Syntax-Checks die Eigenschaft `accessibilityDescription` überprüft, wenn das UI-Element `Caption` nicht gesetzt wurde. Es findet keine Überprüfung auf die Eigenschaft `tooltip` hin statt. Ein gesetzter Tooltip ist bei diesem Oberflächenelement nicht zwingend erforderlich, könnte aber – wenn er detaillierte semantische Informationen enthält – durchaus sinnvoll sein.

Aggregierte Elemente

In Abbildung 3.11 sehen Sie die aggregierten Elemente zum Tray. Mit der Caption können Sie den Header (Titel) zu einem Tray definieren. Außerdem können Sie eine Toolbar zum Tray anlegen, die zwischen der Caption und dem Inhaltsbereich angezeigt wird, wie in Abschnitt 3.1.6 für das Element Group beschrieben.

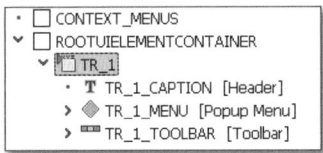

Abbildung 3.11 Aggregationen Tray

Aggregation Menu — Darüber hinaus können Sie zum Tray ein Menü anlegen, das vor dem COLLAPSE-Button angezeigt wird. Verwenden Sie das Kontextmenü auf dem Tray im View-Editor und dort den Menüeintrag MENÜ EINFÜGEN, um das Menü anzulegen. Details zu den Menüs finden Sie in Abschnitt 4.9.2, »Menu«.

3.1.8 Panel

Panel vs. Tray — Das UI-Element Panel können Sie verwenden, um eine Menge von UI-Elementen unter einer gemeinsamen Überschrift anzuordnen. Es ähnelt dem UI-Element Tray. Im Unterschied zum Tray bietet es jedoch zusätzliche Funktionen und aggregierte Elemente an. Da sich Tray und Panel sehr stark ähneln, sollten Sie in einer Web-Dynpro-Anwendung immer nur eine Kategorie verwenden und Tray und Panel nicht mischen.

Eine Besonderheit des Elements Panel ist, dass es anstelle des TransparentContainer als Typ für das Element ROOTUIELEMENTCONTAINER verwendet werden kann. Dazu müssen Sie das Root-Element mithilfe des Kontextmenüs zum ROOTUIELEMENTCONTAINER austauschen (Menüeintrag ROOT-ELEMENT AUSTAUSCHEN).

Visuelle Darstellung

In Abbildung 3.12 sehen Sie eine Darstellung des UI-Elements `Panel`. Zusätzlich zum `Panel` ❶ werden noch weitere Elemente gezeigt.

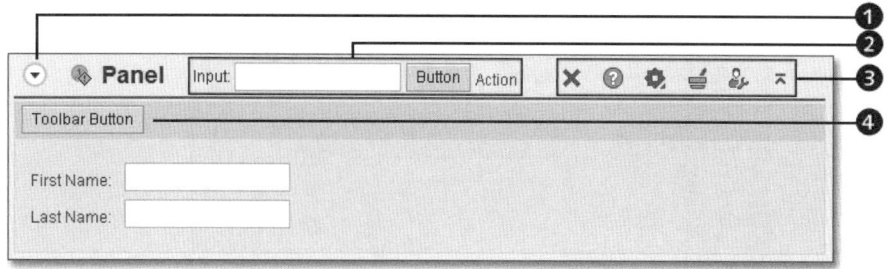

Abbildung 3.12 Panel-Container

Die `HeaderToolbar` ❷ ist ein aggregiertes Element des Panels und definiert Funktionen, die auch dann sichtbar sind, wenn das Panel zusammengeklappt wurde. Neben der `HeaderToolbar` finden Sie rechts im `PanelHeader` den Bereich `HeaderFunction` ❸. Zu diesen Funktionen können Sie zusätzlich Menüs definieren. Die `Toolbar` ❹, wiederum ein aggregiertes Element, enthält Elemente, die Aktionen auslösen, Auswahlmöglichkeiten anbieten oder optische Aufbereitungen in der `Toolbar` realisieren können.

Header, ToolBar

Das Panel sammelt ein UI-Element, das hierarchisch gesehen eine Ebene unter dem Panel zu finden ist. Eine besondere Funktion stellt der Button zum Zusammenklappen des Inhaltsbereichs ❺ des Panels dar. Dieser Button wird vor dem Namen des Panels als Dreieck angezeigt und weist mit der Spitze nach unten, wenn das Panel geöffnet ist, und nach rechts, wenn es geschlossen ist. Über diesen Button kann die Anzeige des Panels auf den Header reduziert werden oder das Panel mit Inhalt angezeigt werden.

Komprimieren

Eigenschaften

Das Element `Panel` enthält ebenso wie das Element `Tray` die Eigenschaften `expandable` und `expanded`, die wir in Abschnitt 3.1.7, »Tray«, besprochen haben, sowie die Eigenschaften, die alle Container besitzen. Weitere spezifische Eigenschaften beschreiben wir im Folgenden. Sie sind in Abbildung 3.13 markiert.

3 | Container und Layouts

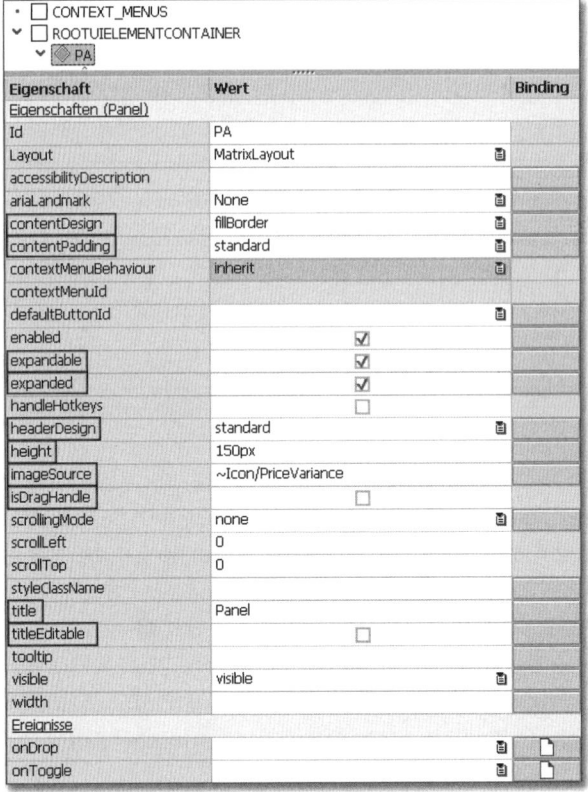

Abbildung 3.13 Eigenschaften des Elements Panel

contentDesign

Farbmodi Mit der Eigenschaft `contentDesign` legen Sie das Design des Inhaltsbereichs fest. Wie Sie in Abbildung 3.14 erkennen können, wird je nach gewähltem Modus der Inhaltsbereich farblich unterschiedlich dargestellt (siehe Tabelle 3.4).

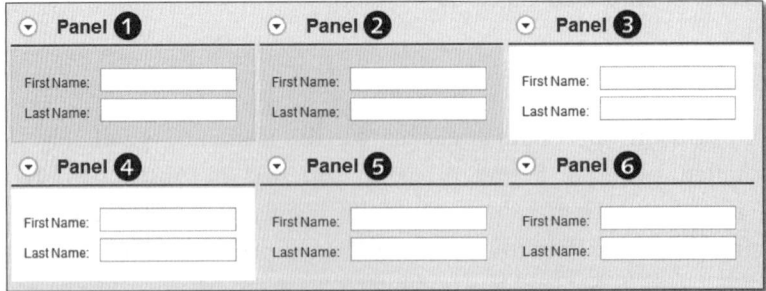

Abbildung 3.14 Farbmodi Panel Content

Wert	Beschreibung
fillBorder ❶	Der Inhaltsbereich wird mit einer Hintergrundfarbe und einem Rahmen dargestellt.
fillNoBorder ❷	Der Inhaltsbereich wird mit einer Hintergrundfarbe ohne Rahmen dargestellt.
plainBorder ❸	Der Inhaltsbereich wird mit weißem Hintergrund und im Signature-Design mit Rahmen dargestellt.
plainNoBorder ❹	Der Inhaltsbereich wird mit weißem Hintergrund ohne Rahmen dargestellt.
transparentNoBorder ❺	Der Hintergrund ist transparent, der Inhaltsbereich wird ohne Rahmen dargestellt.
transparentBorder ❻	Der Hintergrund ist transparent, der Inhaltsbereich wird mit Rahmen dargestellt.

Tabelle 3.4 Ausprägungen der Eigenschaft contentDesign

contentPadding

Mit der Eigenschaft contentPadding wird bestimmt, ob zwischen Inhalt und Panel-Rahmen ein Abstand eingefügt werden soll (Wert = standard) oder nicht (Wert = none).

headerDesign

Mit der Eigenschaft headerDesign definieren Sie das Design des Headers (siehe Abbildung 3.15 und Tabelle 3.5):

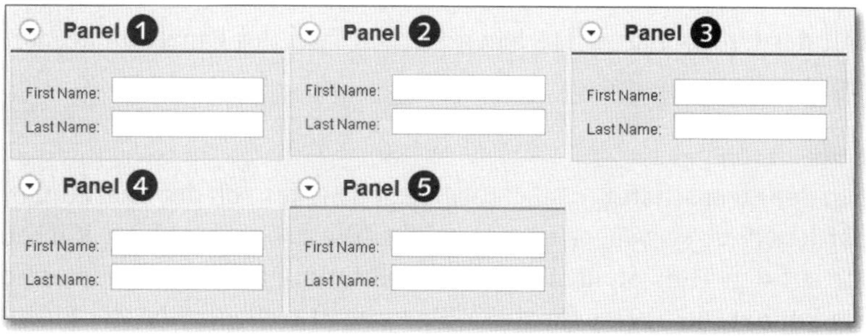

Farbmodi

Abbildung 3.15 Farbmodi Panel Header

Wert	Beschreibung
emphasized ❶	Der Header wird vom Inhaltsbereich durch einen starken, farbigen Trennstich separiert.
light ❷	Der Header wird vom Inhaltsbereich durch einen schwachen Trennstich separiert.
standard ❸	Die Default-Visualisierung entspricht der mit dem Wert emphasized.
transparent ❹	Es gibt keinen Trennstrich zwischen Header und Inhaltsbereich.
underline ❺	Der Header wird vom Inhaltsbereich durch einen starken Trennstich separiert.

Tabelle 3.5 Ausprägungen der Eigenschaft headerDesign

height

Mit der Eigenschaft height bestimmen Sie die Höhe des Panels. Im Gegensatz zum Tray ist die Gesamthöhe des Panels betroffen, d. h. inklusive des Header-Bereichs.

imageSource

Mit der Eigenschaft imageSource können Sie optional den Namen eines Icons festlegen, das zwischen dem Auf-/Zusammenklappsymbol und dem Titel des Panels platziert wird. So können Sie z. B. zusätzlich auf eine bestimmte Art von Information hinweisen.

isDragHandle

Drag & Drop   Mit der Eigenschaft isDragHandle definieren Sie, ob der Titel des Panels als DragHandle einer Drag-&-Drop-Operation verwendet werden kann (siehe auch Kapitel 5, »Drag & Drop für UI-Elemente«).

title

Mit der Eigenschaft title legen Sie den Titel des Panels im Header-Bereich fest.

titleEditable

Editierbarkeit   Mit der Eigenschaft titleEditable legen Sie fest, ob der Titel editierbar ist (Wert = abap_true) oder nicht (Wert = abap_false). Klicken Sie auf den Titel, stellt sich die Visualisierung auf Eingabe um, und Sie können den Wert für diese Eigenschaft festlegen. Ist die Eigenschaft title an den Context gebunden, wird der geänderte Wert in den Context zurückgeschrieben.

Ereignisse

Das Ereignis `onToggle` wird ebenso wie beim UI-Element `Tray` beim Expandieren oder Komprimieren des Panels ausgelöst und erhält dieselben Parameter (siehe auch Abschnitt 3.1.7, »Tray«). Falls kein Aktionsbehandler für das Ereignis `onToggle` definiert wurde, findet beim Öffnen und Schließen kein Roundtrip statt. Falls es einen Aktionsbehandler für das `onToggle`-Ereignis gibt, wird das Panel erst nach dem Roundtrip auf- bzw. zugeklappt. Darüber hinaus wird der Inhalt nicht gerendert, falls das Panel zugeklappt ist.

onToggle

Das Ereignis `onDrop` wird ausgelöst, wenn das Panel als Ziel einer Drag-&-Drop-Operation dient. Dies beschreiben wir ausführlich in Abschnitt 5.1, »Allgemeines«.

onDrop

Barrierefreiheit

Um die Entwicklung barrierefreier Anwendungen zu ermöglichen, wird im Rahmen des Syntax-Checks die Eigenschaft `accessibilityDescription` überprüft. Es findet keine Überprüfung auf die Eigenschaft `tooltip` hin statt. Ein gesetzter Tooltip ist bei diesem Element nicht zwingend erforderlich.

Aggregierte Elemente

In Abbildung 3.16 sehen Sie die aggregierten Elemente zum Panel, die in diesem Abschnitt besprochen werden.

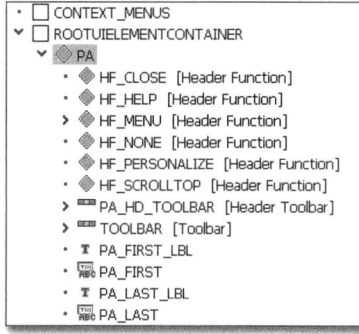

Abbildung 3.16 Aggregationen Panel

HeaderFunctions

Zu einem Panel können Sie im rechten Header-Bereich eine beliebige Anzahl von Buttons definieren, die vom Typ `IconButton` sind (siehe

Funktionen

Abschnitt 4.3.4, »IconButton«). Zum Einfügen im View-Editor verwenden Sie das Kontextmenü des Panels und dort den Menüeintrag INSERT HEADER_FUNCTION.

Im Gegensatz zu einem `Button` kann ein `IconButton` ein Menü haben, das durch ein kleines Dreieck in der rechten unteren Ecke des `IconButton` dargestellt wird. Wenn der Benutzer daraufklickt, wird das Menü geöffnet. Ein weiterer Unterschied zum `Button` besteht darin, dass ein `IconButton` keine Textaufschrift besitzt.

HeaderToolbar

Erste Toolbar — Zu einem Panel können Sie im Header-Bereich, zwischen dem Titel und den `HeaderFunctions`, eine Toolbar (siehe Abschnitt 4.9.4, »ToolBar«) einfügen. Diese legen Sie mithilfe des Kontextmenüs auf dem Panel und über den Menüeintrag INSERT TOOLBAR an. Die Toolbar besitzt einen Overflow-Mechanismus, d. h., wenn Sie das Panel verkleinern, werden automatisch alle Elemente, die nicht mehr in die Anzeigefläche passen, in ein Menü einsortiert. Für die `HeaderToolbar` dürfen laut Dokumentation ausschließlich die folgenden Elemente verwendet werden:

- ToolBarButton
- ToolBarButtonChoice
- ToolBarLinkToURL
- ToolBarLinkToAction

Toolbar

Zweite Toolbar — Neben der `HeaderToolbar` können Sie zusätzlich eine Toolbar anlegen, die zwischen dem Header und dem Inhaltsbereich angezeigt wird – ebenso wie die Toolbar eines `Tray` oder einer `Group`.

3.1.9 Splitter

Aufteilung durch Trennbalken — Das UI-Element `Splitter` kann dazu verwendet werden, eine Menge von UI-Elementen in zwei Bereichen anzuordnen, die entweder horizontal oder vertikal durch einen Trennbalken (*Sash*) separiert werden. Durch das Verschieben des Trennbalkens kann die Größe der beiden Bereiche angepasst werden. Dem einzelnen Bereich steht so mehr oder weniger Platz für die Visualisierung der UI-Elemente zur Verfügung, die Größe des gesamten Anzeigebereichs ändert sich jedoch nicht. Ist das Verschieben des Trennbalkens aus Sicht der Entwickler nicht gewünscht, kann die Veränderbarkeit auch deaktiviert werden.

Wichtige Randbedingungen für die Verwendung des `Splitter` sind:

- Es dürfen keine aktiven UI-Elemente, d. h. interaktive Formulare, Netzwerke, Gantt-Diagramme, OfficeControl- oder iFrame-Elemente, eingebunden werden (siehe auch SAP-Hinweis 1156163).
- Ein `Splitter` muss in einen Container eingebunden werden, der entweder eine Höhe von 100 % und dem Wert `stretchedVertically = abap_true` oder eine fixe Höhe besitzt.
- Ein `Splitter` darf nicht in einen `ScrollContainer` eingebunden sein.
- `Splitter` besitzen keine Scrolling-Funktion. Diese können Sie z. B. durch einen `TransparentContainer` realisieren, in den Sie die Splitterbereiche einbinden.

> **Aktive UI-Elemente**
>
> Das Active Component Framework (ACF) integriert aktive Komponenten in webbasierte Benutzeroberflächen von SAP. In der derzeitigen Implementierung sind ActiveX-Controls, JavaBeans und Applets enthalten, die in einem Webbrowser oder dem SAP NetWeaver Business Client (NWBC) laufen. Für Web Dynpro ABAP werden die folgenden ACF-basierten UI-Elemente zur Verfügung gestellt: `Gantt`, `Network`, `OfficeControl`, `InteractiveForm`, `AcfExecute`, `AcfUpDownload`, `FlashIsland`, `SilverlightIsland` und `ActiveX`.

- Auch wenn der Preview im View-Designer keine Vorschau zum Splitter liefert, wird dieser in der Web-Dynpro-Anwendung zur Laufzeit visualisiert.

Keine Vorschaufunktion

Visuelle Darstellung

In Abbildung 3.17 sehen Sie eine Darstellung des UI-Elements `Splitter`. Zusätzlich zum `Splitter` werden noch zwei Bilder angezeigt. In unserem Beispiel haben wir den Einbettungscontainer `ROOTUIELEMCONTAINER` auf `height = 100%` und `stretchedVertically = abap_true` gesetzt. Darüber hinaus haben wir für jeden der beiden Splitterbereiche einen `TransparentContainer` verwendet und in diesen jeweils ein `Image` eingebunden. Für die Eigenschaft `collapseDirection` haben wir den Wert `toBegin` eingestellt, um damit dem

Beispiel mit Scroll-Balken

Benutzer ein Expandieren bzw. Kollabieren des linken Bereichs zu ermöglichen (siehe folgenden Abschnitt »collapseDirection«).

Abbildung 3.17 Splitter

Eigenschaften

In Abbildung 3.18 sehen Sie die Eigenschaften des UI-Elements `Splitter`.

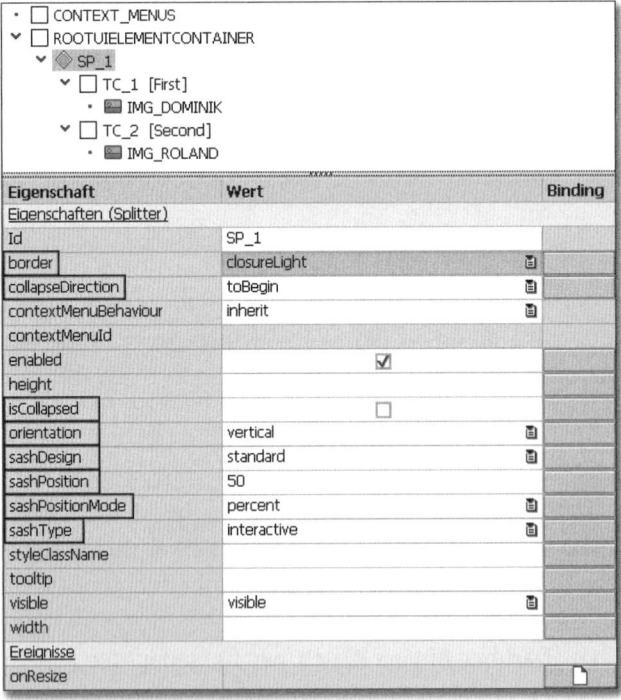

Abbildung 3.18 Eigenschaften Splitter

border

Mit der Eigenschaft `border` legen Sie den Rahmen und die Splitterbereiche fest (siehe Tabelle 3.6):

Darstellung des Rahmens

Wert	Beschreibung
`areaDivider`	Wählen Sie die Ausprägung `areaDivider`, wird der Rahmen um jeden Splitterbereich dreidimensional dargestellt.
`closure`	Wählen Sie die Ausprägung `closure`, wird ein einfacher, schmaler Rahmen um jeden Splitterbereich angezeigt.
`closureLight`	Wählen Sie die Ausprägung `closureLight`, wird ein einfacher, schmaler Rahmen um jeden Splitterbereich dargestellt, der heller ist als bei der Ausprägung `closure`.
`none` und `subareaDivider`	Wählen Sie die Ausprägung `none` oder `subareaDivider`, wird kein Rahmen um die Splitterbereiche angezeigt.

Tabelle 3.6 Ausprägungen der Eigenschaft border

collapseDirection

Mit der Eigenschaft `collapseDirection` bestimmen Sie, ob ein Splitterbereich expandiert/kollabiert werden kann. Mit dem Wert = `toBegin` wird der Splitterbereich nach links bzw. nach oben eingeklappt und mit dem Wert = `toEnd` nach rechts bzw. nach unten. Falls Sie diesen Mechanismus nicht wünschen, wählen Sie den Wert `none`.

Die Richtung des Kollabierens wird mit der Spitze des Dreiecks zwischen den beiden Splitterbereichen angedeutet. Klicken Sie z. B. auf das Dreieck, wie in Abbildung 3.17 dargestellt, wird der linke Bereich ausgeblendet und der rechte Bereich auf 100 % ausgedehnt. Nach dem Kollabieren ändert der Pfeil seine Richtung und deutet mit der Spitze die Expansionsrichtung an. Klicken Sie nun erneut auf das Dreieck, wird der ausgeblendete Bereich wieder angezeigt, der Trennbalken springt zu seiner Ausgangsposition zurück, und das Dreieck zeigt wieder in die Kollabier-Richtung. Das individuelle Ver-

Kollabieren/ Expandieren

ändern der Trennbalkenposition ist neben der Kollabier-/Expandierfunktion weiterhin möglich.

isCollapsed

Mit der Eigenschaft `isCollapsed` bestimmen Sie, ob der betroffene Splitterbereich kollabiert (Wert = `abap_true`) oder nicht kollabiert (Wert = `abap_false`) dargestellt wird. Falls die Eigenschaft `isCollapsed` verwendet wird, darf die Eigenschaft `collapseDirection` nicht den Wert `none` besitzen.

orientation

Mit der Eigenschaft `orientation` legen Sie fest, ob der Trennbalken von links nach rechts (Wert = `horizontal`) oder von oben nach unten (Wert = `vertical`) verläuft.

sashDesign

Trennbalkenfarbe

Mit der Eigenschaft `sashDesign` definieren Sie das Design des Trennbalkens (siehe Tabelle 3.7).

Wert	Beschreibung
standard	Der Trennbalken wird mit der Standardfarbgebung dargestellt.
contour	Der Trennbalken wird mit einer dunkleren Farbe als in der Standardfarbgebung dargestellt.

Tabelle 3.7 Ausprägungen der Eigenschaft sashDesign

sashPosition und SashPositionMode

Initialposition des Trennbalkens

Mit der Eigenschaft `sashPosition` bestimmen Sie die Initialposition des Trennbalkens. Die Interpretation der Zahl richtet sich nach der Eigenschaft `sashPositionMode`:

Wert	Beschreibung
absoluteFromBegin	Verwenden Sie die Ausprägung `absoluteFromBegin`, wird die Trennbalkenposition in Pixeln vom linken bzw. oberen Rand des Splitters gezählt.

Tabelle 3.8 Ausprägungen der Eigenschaft sashPositionMode

Wert	Beschreibung
absoluteFromEnd	Verwenden Sie die Ausprägung absoluteFromEnd, wird die Trennbalkenposition in Pixeln vom rechten bzw. unteren Rand des Splitters gezählt.
percent	Verwenden Sie die Ausprägung percent, wird die Trennbalkenposition prozentual am linken bzw. rechten Rand des Splitters ausgerichtet. Dabei müssen Sie die Breite des Splitters mit 100 % ansetzen. 50 % wäre also z. B. die Mittelposition.

Tabelle 3.8 Ausprägungen der Eigenschaft sashPositionMode (Forts.)

sashType

Mit der Eigenschaft sashType definieren Sie den Typ des Trennbalkens. Die möglichen Werte sehen Sie in Tabelle 3.9.

Sicht- und Änderbarkeit

Wert	Beschreibung
fixed	Die Position des Trennbalkens kann vom Benutzer nicht geändert werden.
interactive	Der Benutzer kann die Position des Trennbalkens ändern.
invisible	Der Trennbalken ist für den Benutzer nicht sichtbar und kann deshalb auch nicht verschoben werden.

Tabelle 3.9 Ausprägungen der Eigenschaft sashType

Ereignisse

Das Ereignis onResize wird ausgelöst, wenn der Benutzer die Position des Trennbalkens verändert. Der zugeordnete Aktionsbehandler erhält neben den Standardparametern die Parameter is_collapsed, sash_position und sash_position_mode. is_collapsed hat den Wert abap_true, wenn der Splitter kollabiert wird, und den Wert abap_false, wenn der Splitter expandiert wird. sash_position enthält die Position des Trennbalkens und sash_position_mode den Interpretationsrahmen für die Position, also ob der Wert absolut oder prozentual interpretiert werden muss.

onResize

Aggregierte Elemente

In Abbildung 3.19 sehen Sie die aggregierten Elemente zum Splitter, die in diesem Abschnitt besprochen werden.

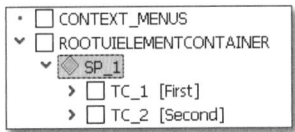

Abbildung 3.19 Aggregationen Splitter

UIElement — Zu einem Splitter werden zwei Bereiche definiert, die vom Typ UIElement sind. Sie können daher beliebige UI-Elemente den zwei Bereichen zuordnen. Zum Einfügen im View-Editor verwenden Sie das Kontextmenü des Splitters und dort den ersten Menüeintrag INSERT UIELEMENT für den ersten Bereich und den zweiten gleichlautenden Eintrag für den zweiten Bereich.

3.2 Quasi-Container

Klassenhierarchie — Es gibt spezielle UI-Elemente, wie z. B. das UI-Element TabStrip, die als Container gesehen werden können. Aber im Gegensatz zum UI-Element-Container können diese Elemente nur spezielle Unterelemente besitzen. Im Fall des UI-Elements TabStrip ist dies das View-Element Tab. In Abbildung 3.20 sehen Sie die ABAP-Klassenhierarchie für diese UI-Elemente, die als *Quasi-Container* bezeichnet werden. Im View-Editor werden diese Elemente in der Kategorie layout zusammengefasst.

Im Folgenden werden wir Ihnen die Quasi-Container vorstellen. Zu jedem Container lernen Sie die Motivation, die visuelle Darstellung, die Eigenschaften und Ereignisse sowie aggregierte Elemente kennen, sofern diese vorhanden sind. Wo es angebracht ist, liefern wir Ihnen einfache Beispiele, um das Thema auch praktisch zu vertiefen.

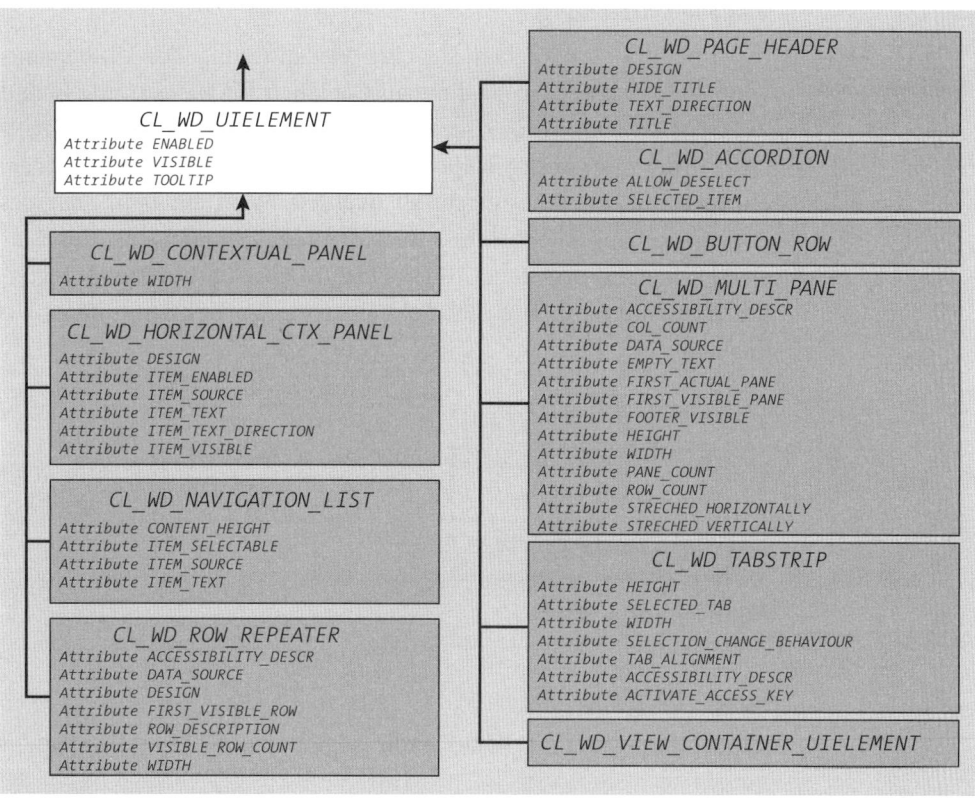

Abbildung 3.20 Quasi-Container in der ABAP-Klassenhierarchie

3.2.1 Accordion

Das UI-Element Accordion dient als Container für eine beliebige Anzahl von AccordionItem- und MultipleAccordionItem-Elementen, die übereinandergestapelt und durch deren Titel visualisiert werden. Das Accordion kann mit einem gekippten TabStrip verglichen werden. Jedoch können im Gegensatz zum TabStrip, in dem auf alle Fälle ein Tab sichtbar ist, im Accordion alle Items zusammengeklappt sein.

Gestapelte Items

Klicken Sie als Benutzer auf ein Item, wird ein Inhaltsbereich unter diesem sichtbar. Sie können immer nur ein Item selektieren – ebenso, wie Sie im TabStrip immer nur ein Tab wählen können.

Visuelle Darstellung

AccordionItem, MultipleAccordionItem

In Abbildung 3.21 sehen Sie eine Visualisierung des UI-Elements `Accordion`. Das `Accordion` dient als Container für `AccordionItem` und `MultipleAccordionItem`. Diese werden übereinandergestapelt dargestellt. In der zusammengeklappten Darstellung können das `ToggleIcon`, ein Icon und der Titel dargestellt werden. Wird ein Item oder das `ToggleIcon` angeklickt, öffnet sich der Inhaltsbereich mit der Darstellung der zugeordneten UI-Elemente. Im Abschnitt zu den aggregierten Elementen erfahren Sie mehr über die Verwendung dieser UI-Elemente.

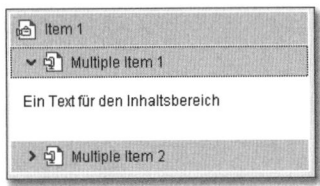

Abbildung 3.21 Accordion

Eigenschaften

In Abbildung 3.22 sehen Sie die Eigenschaften zum UI-Element `Accordion`.

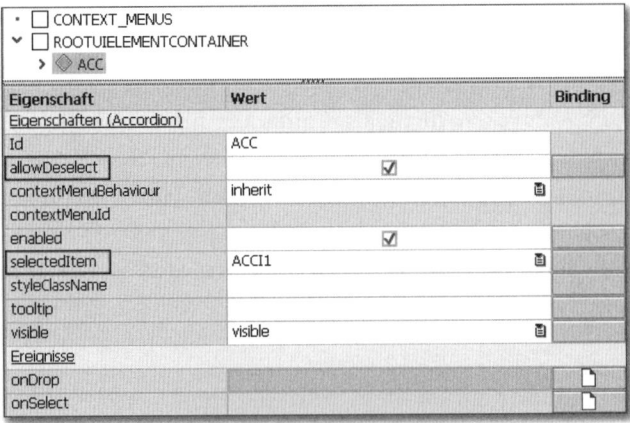

Abbildung 3.22 Eigenschaften Accordion

allowDeselect

Alles deselektieren

Anders als beim `TabStrip` können beim `Accordion` alle Einträge gleichzeitig deselektiert werden, wenn Sie die Eigenschaft allow-

`Deselect` auf `abap_true` setzen. Das Deselektieren nehmen Sie durch einen Klick auf ein geöffnetes Item vor.

selectedItem

Mit der Eigenschaft `selectedItem` legen Sie die ID des zu selektierenden `AccordionItem` bzw. `MultipleAccordionItem` fest. Wenn es sich um ein `MultipleAccordionItem` handelt, müssen Sie die Lead-Selection in jenem Knoten setzen, an den die Eigenschaft `dataSource` des `MultipleAccordionItem` gebunden ist. Die Lead-Selection bestimmt das Item, das ausgewählt dargestellt wird.

Auswahl

Ereignisse

Das `Accordion` bietet die beiden Ereignisse `onDrop` und `onSelect` an, die wir uns nun näher ansehen werden.

onDrop

Das Ereignis `onDrop` wird ausgelöst, wenn das `Accordion` als Ziel einer Drag-&-Drop-Operation dient, was wir in Abschnitt 5.7, »Accordion«, ausführliche erläutern.

Drag & Drop

onSelect

Das Ereignis `onSelect` wird ausgelöst, wenn der Benutzer ein Item auswählt. An die Aktionsbehandler-Methode werden die Standardparameter und die Parameter `old_item` und `new_item` übergeben, die die ID des Items beinhalten. `old_item` steht für das Item, das vor der Aktion gewählt war, und `new_item` für das gewählte Item.

Auswahl eines Items

Wenn Sie für dieses Event keine Aktionsbehandler-Methode setzen, wird der Inhalt jedes `AccordionItem` an den Browser geschickt, und jegliche Änderung der Selektion wird vom Client gehandhabt. Das bedeutet, dass der Benutzer die Selektion einfacher und schneller ändern kann, der Browser aber mehr Daten verarbeiten muss. Verwenden Sie dagegen das `onSelect`-Event, wird immer dann ein Roundtrip ausgelöst, wenn der Benutzer ein neues `AccordionItem` selektiert. In diesem Fall wird der Inhalt des aktuellen `AccordionItem` an den Browser geschickt. Das bedeutet für den Benutzer eventuell eine gewisse Wartezeit, bis das angeklickte `AccordionItem` angezeigt wird. Dies bietet jedoch den Vorteil, dass weniger Daten an den Browser geschickt werden.

Performance-Optimierung

Zusätzlich können Sie mit diesem Event ausgefeilte Load-on-Demand-Szenarien realisieren, um die Performance zu verbessern, etwa durch Instanziieren von Views oder durch das Laden der Daten, die tatsächlich benötigt werden. Der gleiche Mechanismus steht für `TabStrip`, `Panel` und `Tray` zur Verfügung.

Aggregierte Elemente

In Abbildung 3.23 sehen Sie die aggregierten Elemente zum `Accordion`, die in diesem Abschnitt besprochen werden.

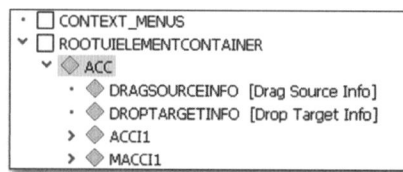

Abbildung 3.23 Aggregationen Accordion

DragSourceInfo und DropTargetInfo

Drag & Drop

Die Elemente `DragSourceInfo` und `DropTargetInfo` dienen dazu, Drag-&-Drop-Operationen mit einem `Accordion` zu implementieren (siehe auch Kapitel 5, »Drag & Drop für UI-Elemente«).

AccordionItem

Einzel-Item

Das UI-Element `AccordionItem` dient dazu, ein Item zu visualisieren. Sie können dem `Accordion` beliebig viele `AccordionItem`-Elemente zuordnen. Zum Anlegen eines `AccordionItem` im View-Editor öffnen

Sie das Kontextmenü für das `Accordion` und wählen den Menüeintrag ELEMENT EINFÜGEN. Im Folgedialog wählen Sie den Typ `AccordionItem`. Das `AccordionItem` stellt die folgenden Eigenschaften zur Verfügung (siehe auch Abbildung 3.23, links):

Eigenschaft	Beschreibung
`dragData`	Mit dieser Eigenschaft legen Sie die Daten fest, die bei einer Drag-&-Drop-Operation mitgegeben werden können.
`enabled`	Mit dieser Eigenschaft steuern Sie, ob das `AccordionItem` ausgewählt werden kann oder nicht.
`imageSource`	Dabei handelt es sich um den Namen des Icons, das auf dem Item dargestellt werden soll.
`readOnly`	Falls diese Eigenschaft den Wert `abap_false` hat, kann der Benutzer den Text des Items bearbeiten.
`showToggleIcon`	Mit dieser Eigenschaft können Sie das Toggle-Icon (Dreieck) unsichtbar machen, falls Sie den Wert `abap_false` zuordnen. Das Item können Sie aber trotzdem auswählen.
`title`	Mit dieser Eigenschaft legen Sie den Titel des Items fest, der für das Item im `Accordion` immer sichtbar ist.

Tabelle 3.10 Eigenschaften AccordionItem

MultipleAccordionItem

Das UI-Element `MultipleAccordionItem` dient dazu, mehrere Items zu visualisieren. Dem `Accordion` können beliebig viele `MultipleAccordionItem`-Elemente zugeordnet werden. Zum Anlegen eines `MultipleAccordionItem` wählen Sie im Kontextmenü zum `Accordion` den Menüeintrag ELEMENT EINFÜGEN und im Folgedialog den Typ `MultipleAccordionItem`.

Mehrfach-Item

Die Eigenschaften, die das `MultipleAccordionItem` zur Verfügung stellt, sind identisch mit den Eigenschaften des `AccordionItem`. Zusätzlich bietet das `MultipleAccordionItem` die Eigenschaft `dragSource`, mit der Sie eine Zuordnung zu einem Context-Knoten mit der Kardinalitätsobergrenze `n` herstellen. Die Elemente des Knotens entsprechen den Items, die im `Accordion` dargestellt werden. Die Lead-Selection bestimmt, welches Item ausgewählt wird, sofern im `Accordion` in der Eigenschaft `selectedItem` die ID des `MultipleAccordionItem` hinterlegt wurde. Der gebundene Context-Knoten sollte zu-

dragSource

mindest ein Attribut besitzen, das mithilfe eines Data Bindings an die Eigenschaft `title` gebunden und als Text des Items dargestellt wird.

> [!] **Probleme beim Rendering durch Scroll-Balken**
>
> Gehen Sie beim Einbetten des `Accordion` vorsichtig vor. Ein `Accordion-Item` kann Scroll-Balken enthalten, die aufgrund technischer Einschränkungen des Browsers, die außerhalb der Kontrolle des Frameworks von Web Dynpro ABAP liegen, beim Rendering zu Problemen führen können.

3.2.2 RowRepeater

Zeilenwiederholer

Ein `RowRepeater` dient der listenartigen Darstellung von UI-Elementen. Bei einem `RowRepeater` sieht jede Zeile gleich aus, da jede Zeile aus den gleichen UI-Elementen besteht, nur enthalten die einzelnen Zeilen verschiedene Inhalte. Beim Aufbau der Darstellung einer Zeile müssen Sie beachten, dass das UI-Element `Table` und generell alle komplexen UI-Elemente nicht unterstützt werden.

Ein `RowRepeater` wird an die `dataSource` von Context-Knoten mit Kardinalitätsobergrenze `n` gebunden. Für jedes Element im Context wird dann eine Zeile im `RowRepeater` angezeigt. Die Ermöglichung der Barrierefreiheit des `RowRepeater` ist nur dann sichergestellt, falls die Zeilen durch einen `TransparentContainer` mit `MatrixLayout` aufgebaut sind und dort keine weiteren containerartigen UI-Elemente (`TransparentContainer`, `Tray`, `Group` etc.) geschachtelt sind. Das UI-Element `RowRepeater` bietet keine Ereignisse an.

Visuelle Darstellung

In Abbildung 3.24 sehen Sie ein Visualisierungsbeispiel des UI-Elements `RowRepeater`. Wir haben nur `Label`- und `InputField`-Elemente für die Gestaltung der Zeilen verwendet. Sie können Ihrer Fantasie natürlich freien Lauf lassen und aus der Fülle der UI-Elemente schöpfen.

Gestaltung

In unserem einfachen Beispiel haben wir fünf Zeilen pro Seite dargestellt. Die UI-Elemente haben wir mithilfe eines `TransparentContainer` mit `MatrixLayout` zusammengestellt. Die Trennlinie zwischen den Zeilen wurde mithilfe des `HorizontalGutter` erzeugt. In der Fußzeile des `RowRepeater` befindet sich das *Paginator-Symbol*, um seitenweise blättern zu können.

3.2 Quasi-Container

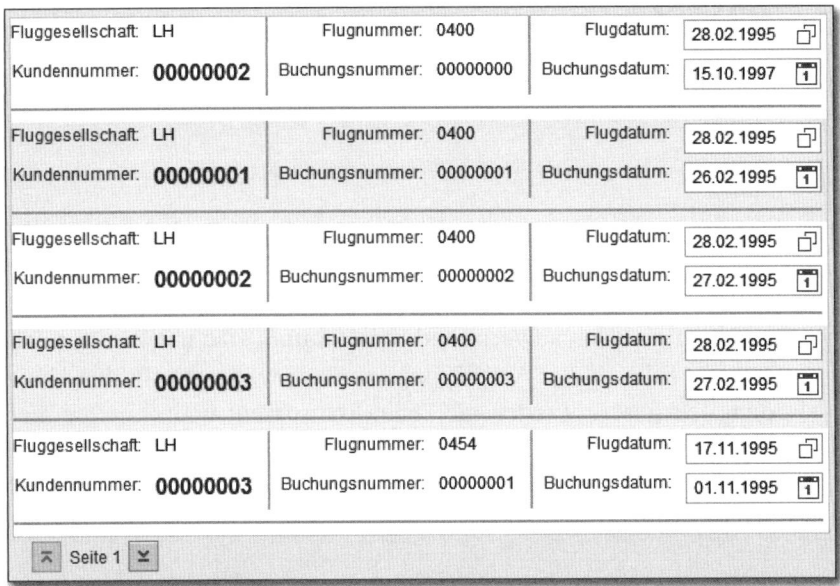

Abbildung 3.24 RowRepeater

Eigenschaften

In Abbildung 3.25 sehen Sie die Eigenschaften zum UI-Element `RowRepeater`.

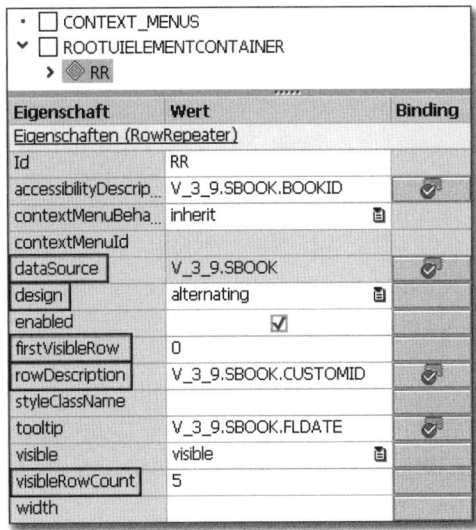

Abbildung 3.25 Eigenschaften RowRepeater

dataSource

Datenquelle — Mit der Eigenschaft `dataSource` stellen Sie den Bezug zum Context-Knoten (Kardinalitätsobergrenze n) her, der die Daten für die Zellen enthält.

design

Farbmodi — Für das `design` des `RowRepeater` stehen zwei Ausprägungen zur Verfügung: `alternating` und `transparent` (siehe Abbildung 3.26). Falls Sie die Ausprägung `alternating` (links in der Abbildung) einsetzen, werden die Zeilen abwechselnd in Weiß und Grau mit Rahmen dargestellt. Falls Sie die Ausprägung `transparent` (rechts in der Abbildung) einsetzen, werden die Zeilen transparent und ohne Rahmen visualisiert.

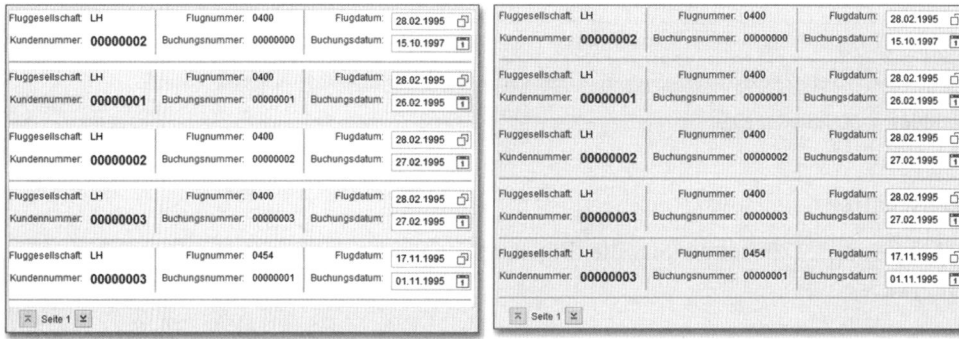

Abbildung 3.26 Farbmodi RowRepeater

firstVisibleRow

Anzeige — Mit der Eigenschaft `firstVisibleRow` legen Sie, basierend auf der Knoten-Collection, den Index der ersten sichtbaren Zeile fest. Falls Sie z. B. die `firstVisibleRow` auf den Wert 2 setzen, ist das zweite Element aus der Knoten-Collection die erste sichtbare Zeile im `RowRepeater`.

rowDescription

Barrierefreiheit — Mit der Eigenschaft `rowDescription` erstellen Sie den Beschreibungstext für eine einzelne Zeile. Damit können Sie pro Zeile einen Text für die Barrierefreiheit hinterlegen, die den Inhalt der Zeile erläutert.

visibleRowCount

Mit der Eigenschaft `visibleRowCount` bestimmen Sie die Anzahl der sichtbaren Listzeilen pro Seite. Eine große Anzahl sichtbarer Einträge (z. B. mehr als 30) kann zu Performance-Problemen führen. Verwenden Sie stattdessen die eingebauten Paging- bzw. Scroll-Möglichkeiten des dazugehörigen UI-Elements. Die Beschreibung zur Verwendung des Paging-Mechanismus finden Sie in Abschnitt 3.2.7, »MultiPane«.

Aggregierte Elemente

Zum `RowRepeater` können Sie beliebige UI-Elemente als Subelemente anlegen. Beim Aufbau der Darstellung einer Zeile sollten Sie beachten, dass das UI-Element `Table` und generell alle komplexen UI-Elemente nicht unterstützt werden.

3.2.3 ContextualPanel

Das UI-Element `ContextualPanel` dient als Container für eine beliebige Anzahl von UI-Elementen vom Typ `NavigationList`, `FreeContextualArea` oder `ViewSwitch`.

Ausgewählte Aggregate

Visuelle Darstellung

In Abbildung 3.27 sehen Sie ein Visualisierungsbeispiel des UI-Elements `ContextualPanel`. Wir haben jeweils ein Exemplar für `NavigationList`, `FreeContextualArea` und `ViewSwitch` eingebunden. Diese werden untereinander dargestellt. Im Kopfbereich zum `ContextualPanel` wird der Link `Personalize` angeboten. Als erstes Element haben wir eine `NavigationList` mit `ExpandableTitle` eingebunden. Darunter befindet sich eine `FreeContextualArea` ebenfalls mit `ExpandableTitle`. Am Ende des `ContextualPanel` sehen Sie ein `ViewSwitch` mit sieben Switches. Im folgenden Abschnitt »Aggregierte Elemente« erfahren Sie mehr über die Verwendung dieser unterschiedlichen UI-Elemente.

Spezielle UI-Elemente

Das UI-Element `ContextualPanel` besitzt über die Standardeigenschaften hinaus keine zusätzlichen Eigenschaften.

Eigenschaften

3 | Container und Layouts

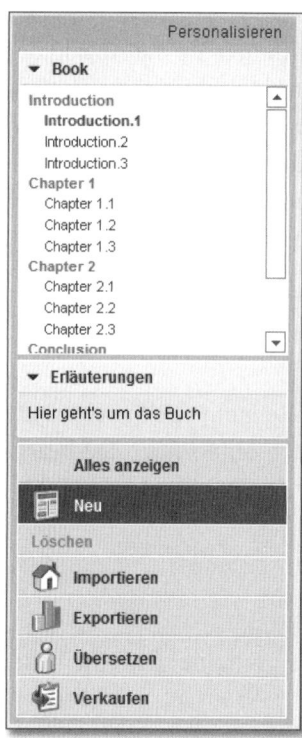

Abbildung 3.27 ContextualPanel

Ereignis

Header-Link

Das UI-Element `ContextualPanel` bietet das Ereignis `onPersonalize`. Dieses Ereignis hat über die Standardparameter der Behandlermethode hinaus keine zusätzlichen Parameter. Falls Sie dem Ereignis eine Aktion zuordnen, wird der Link `Personalize` im Kopfbereich des `ContextualPanel` eingeblendet.

Aggregierte Elemente

NavigationList, ViewSwitch und FreeContextualArea

Zum `ContextualPanel` können UI-Elemente vom Typ `NavigationList`, `FreeContextualArea` oder `ViewSwitch` als Subelemente angelegt werden. Das UI-Element `NavigationList` werden wir in Abschnitt 3.2.5 erläutern. In Abbildung 3.28 sehen Sie die aggregierten Elemente zum `ContextualPanel`, die in diesem Abschnitt besprochen werden.

Quasi-Container | 3.2

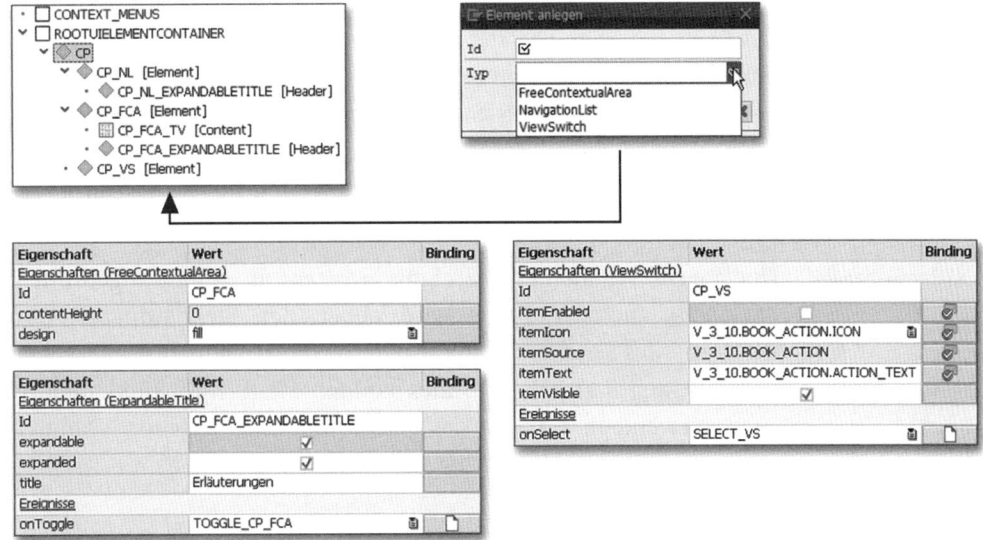

Abbildung 3.28 Aggregationen ContextualPanel

FreeContextualArea

Das UI-Element `FreeContextualArea` können Sie verwenden, um jedes beliebige UI-Element in einem expandierbaren Bereich darzustellen. Zur `FreeContextualArea` können Sie einen `ExpandableTitle` definieren, so wie wir es in Abschnitt 3.2.5, »NavigationList«, beschreiben. Die Eigenschaften, die die `FreeContextualArea` zur Verfügung stellt, sind `design`, um die Hintergrundfarbe zu ändern, und `contentHeight`, um die Höhe des UI-Elements explizit vorzugeben und nicht die vom Framework optimierte Höhe zu verwenden (Wert = 0).

Allgemeine Elemente

ViewSwitch

Das UI-Element `ViewSwitch` dient dazu, einen Schalter pro Element einer Knoten-Collection zu visualisieren. Die Zuordnung zum Context-Knoten mit der Kardinalitätsobergrenze n erfolgt über die Eigenschaft `itemSource`. Dabei bestimmt die Lead-Selection, welcher Schalter hervorgehoben wird. Der gebundene Context-Knoten sollte zumindest ein Attribut besitzen, das mithilfe eines Data Bindings an die Eigenschaft `itemText` gebunden und als Text des Schalters dargestellt wird. Mithilfe der Eigenschaft `itemEnabled` können Sie gezielt Schalter aktivieren/deaktivieren und mit `itemVisible` ein- oder aus-

Schalterstapel

blenden. Mit der Eigenschaft itemIcon können Sie die Visualisierung des Icons für jeden Schalter beeinflussen. Die zur Verfügung stehenden Visualisierungen sind blank, news, none, overview, report, self-Service und work. Falls Sie jetzt bereits an die Implementierung denken, wird die Klassenkonstantenstruktur cl_wd_view_switch=> e_item_icon mit den definierten Einzelwerten für die Visualisierungen von Nutzen sein.

Aktionsbehandler von onSelect

Der ViewSwitch bietet das Ereignis onSelect an. An die zugeordnete Aktionsbehandler-Methode wird neben den Standardparametern der index des Schalters, d. h. also des Context-Elements, übergeben (siehe Listing 3.1). Diesen Index können Sie in Ihrer Implementierung verwenden, z. B. für das Setzen der Lead-Selection. Dadurch wird der aktive Schalter farbig visualisiert.

```
METHOD onactionselect_vs.
  IF index IS NOT INITIAL.
    wd_context->get_child_node(
      wd_this->wdctx_book_action
    )->set_lead_selection_index( index = index ).
  ENDIF.
ENDMETHOD.
```

Listing 3.1 Aktiven Schalter im ViewSwitch setzen

Die ABAP-Syntax erlaubt kompakte, konkatenierte Aufrufe von Methoden. Wie Sie am Beispiel des Aktionsbehandlers sehen können, wird mit einer Programmzeile wd_context->get_child_node(wd_this->wdctx_book_action) der Kindknoten für die Schalterdaten geholt und dann mit ->set_lead_selection_index(index = index) der Index der neuen Lead-Selection gesetzt.

> **[»] Lead-Selection muss gesetzt sein**
>
> Um einen Schalter hervorzuheben, müssen Sie das Setzen der Lead-Selection implementieren. Achten Sie darauf, dass die Lead-Selection gesetzt ist, andernfalls bricht die Anwendung mit einem Laufzeitfehler ab.

3.2.4 HorizontalContextualPanel

Hierarchie

Das UI-Element HorizontalContextualPanel dient dazu, hierarchisch abhängige Daten von bis zu zwei Levels zu visualisieren. Die Daten der ersten Hierarchiestufe werden als Tabs abgebildet, die horizontal angeordnet sind. Die Daten der zweiten Hierarchiestufe, die von Daten der ersten Stufe abhängig sind, werden je nach Selektion des Tabs unter diesem horizontal als Links dargestellt.

Visuelle Darstellung

In Abbildung 3.29 sehen Sie die visuelle Darstellung des `HorizontalContextualPanel`. Die Daten aus dem Context sind auf zwei Ebenen angeordnet: Die erste Datenhierarchieebene wird durch Texte oberhalb der Trennlinie und die zweite durch Texte unterhalb der Trennlinie visualisiert. Selektierte Elemente werden fett dargestellt, selektierbare Elemente durch Normalschrift, und nicht selektierbare Elemente werden ausgegraut.

Tabs und Links

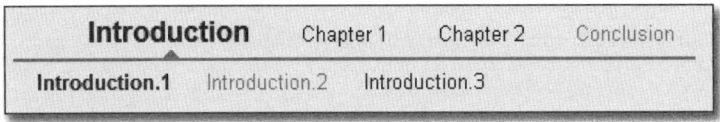

Abbildung 3.29 HorizontalContextualPanel

Voraussetzungen

Haben Sie zwei Datenhierarchiestufen visualisiert, müssen Sie die Daten im Context ablegen.

Datenhierarchie

- Für die erste Hierarchiestufe legen Sie einen Context-Knoten mit Kardinalitätsobergrenze n an. Zu diesem Knoten definieren Sie zumindest zwei Attribute: ein Attribut für den darzustellenden Text und ein Attribut, das das Element in der Knoten-Collection eindeutig kennzeichnet.

- Für die zweite Hierarchiestufe, sofern benötigt, definieren Sie einen rekursiven Context-Knoten, der den Context-Knoten der ersten Datenhierarchiestufe wiederholt. Im Gegensatz zum UI-Element `NavigationList` sind Sie auf zwei Hierarchiestufen beschränkt.

Rekursionsknoten

Eigenschaften

In Abbildung 3.30 sehen Sie die Eigenschaften des UI-Elements `HorizontalContextualPanel`.

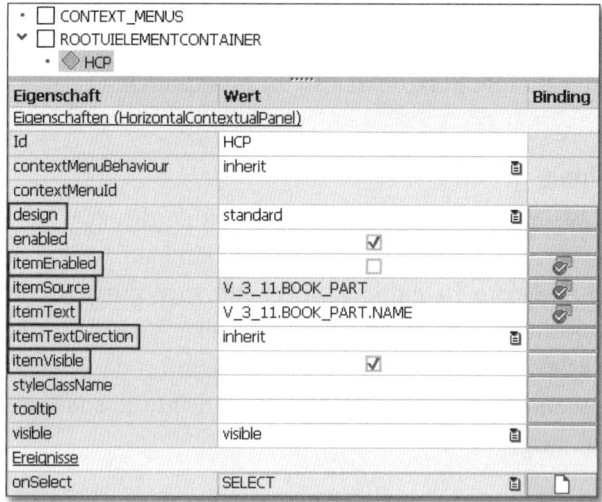

Abbildung 3.30 Eigenschaften HorizontalContextualPanel

design

Darstellung Header

Die Eigenschaft `design` steuert das Aussehen des UI-Elements. Die Eigenschaft `design` bietet zwei Werte an: `standard` und `emphasized`. Der Unterschied bei der Verwendung der beiden Werte liegt in der Farbgebung des Hintergrunds. Im Fall von `emphasized` ist dieser dunkler (siehe Abbildung 3.31).

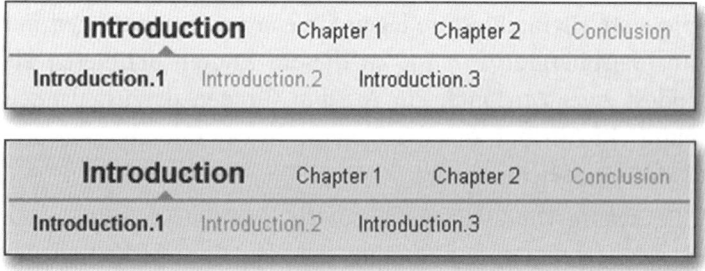

Abbildung 3.31 Design HorizontalContextualPanel

itemEnabled

Auswählbar oder nicht

Die Eigenschaft `itemEnabled` steuert, ob die angezeigten Texte auf der ersten und zweiten Stufe auswählbar sind. Falls nicht (Wert = `abap_false`), werden diese ausgegraut. Somit legen Sie mit dieser Eigenschaft fest, ob durch eine Benutzerinteraktion ein Ereignis für ein Item ausgelöst werden kann. Dies ist z. B. ein Feature, das in der `NavigationList` nicht zur Verfügung steht (siehe Abschnitt 3.2.5). Ist der Wert `abap_true`, werden auch die darüberliegenden View-Elemente zur Laufzeit für die Bestimmung des Wertes herangezogen. Das bedeutet, wenn der umgebende Container nicht `enabled = abap_true` ist, sind alle darinliegenden Container ebenfalls nicht `enabled = abap_true`.

itemSource

Mit der Eigenschaft `itemSource` legen Sie den Context-Knoten mit den Daten für die Einträge fest. Die Eigenschaft `itemSource` wird an den Context-Knoten der ersten Stufe gebunden. Enthält der Context-Knoten keinen Rekursionsknoten, werden nur Tabs dargestellt. Ist ein Rekursionsknoten vorhanden, aber keine Daten für den Rekursionsknoten, werden die Daten nur auf der ersten Ebene abgebildet, also im Tab. — *Datenquelle*

itemText

Mit der Eigenschaft `itemText` definieren Sie das Attribut aus dem Knoten, das den anzuzeigenden Text enthält. Die Eigenschaft `itemText` wird an das Attribut des Context-Knotens der ersten Stufe gebunden, das den Anzeigetext für die Tabs enthält. — *Beschriftung*

itemTextDirection

Mit der Eigenschaft `itemTextDirection` bestimmen Sie die Text- bzw. Schreibrichtung. Die möglichen Ausprägungen haben wir in Tabelle 3.11 zusammengestellt.

Wert	Beschreibung
`inherit`	Die Textrichtung wird vom Elternelement geerbt und besitzt damit die gleiche Ausrichtung wie das Elternelement.
`ltr`	`ltr` steht für Left-to-Right, d. h., die Textrichtung verläuft von links nach rechts.
`rtl`	`rtl` steht für Right-to-Left, d. h., die Textrichtung verläuft von rechts nach links.

Tabelle 3.11 Ausprägungen der Eigenschaft itemTextDirection

itemVisible

Die Eigenschaft `itemVisible` definiert, welche der Items (Tabs bzw. Links) sichtbar sind. Dies ist ein Feature, das das UI-Element `NavigationList` nicht anbietet. — *Sichtbarkeit*

Ereignisse

onSelect Für das UI-Element `HorizontalContextualPanel` steht das Ereignis `onSelect` zur Verfügung. Das Event wird bei Auswahl eines Eintrags ausgelöst, allerdings wird der gewählte Eintrag nicht automatisch selektiert. Dies müssen Sie explizit durch das Setzen der Lead-Selection implementieren. Der Parameter `context_element` der Behandlermethode enthält den gewählten Eintrag.

[!] **Eigenschaften für Datenhierarchiestufen setzen**

Achten Sie darauf, dass die Lead-Selection-Eigenschaften für die Datenhierarchiestufen gesetzt sind, da diese steuern, welcher Tab angezeigt wird bzw. welcher Link hervorgehoben wird. Falls Sie eine zweite Datenhierarchiestufe haben, darf der dazugehörige Context-Knoten nicht als Singleton-Knoten definiert werden.

3.2.5 NavigationList

Hierarchische Datenstruktur Die `NavigationList` erlaubt es Ihnen, hierarchisch organisierten Inhalt in Form einer Baumstruktur darzustellen. Der Unterschied zu einem `Tree` als einem weiteren Beispiel für ein UI-Element, das hierarchische Informationen darstellen kann (siehe Abschnitt 4.5.8), besteht darin, dass die Ein-/Ausblendfähigkeit (Expandieren und Kollabieren) fehlt. Ein weiterer Unterschied besteht beim Auslösen von Ereignissen. Beim `Tree` ist es möglich, dass alle Kindelemente Ereignisse auslösen können. Bei der `NavigationList` sind es nur die Blätter, d. h. die Einträge, die keine Kinder mehr besitzen.

Rekursionsknoten Die `NavigationList` stellt einen Navigationsbereich dar und wird z. B. im `ContextualPanel` eingesetzt. Beachten Sie, dass die `NavigationList` mindestens einen rekursiven Context-Knoten zum Aufbau der hierarchisch angeordneten Daten benötigt. Beim Aufbau dieser Hierarchie sind Sie nicht auf eine bestimmte Tiefe der Hierarchie beschränkt.

Zur `NavigationList` können Sie einen `ExpandableTitle` definieren. Dieser steht über der hierarchischen Darstellung der Daten und kann eine Ein-/Ausblendfunktion anbieten.

Visuelle Darstellung

Links und Titel In Abbildung 3.32 sehen Sie zwei Beispiele für die Visualisierung der `NavigationList`. Der Unterschied der beiden Darstellungen liegt in der Tiefe der Datenhierarchie, die als Datenquelle verwendet wird:

- Links sehen Sie die `NavigationList` mit einem `ExpandableTitle`, der das Einblenden und Ausblenden der `NavigationList` ermöglicht. Unter dem Titel befindet sich die Liste der Items mit zwei Hierarchiestufen. Die zweite Stufe ist selektierbar.
- Rechts sehen Sie ein Beispiel für eine `NavigationList` mit einer höheren Anzahl an Datenhierarchiestufen. Die Darstellung ändert sich dahingehend, dass die Daten ab Stufe 3 in einer Kontextmenüdarstellung präsentiert werden. Die Daten auf der letzten Stufe sind selektierbar.

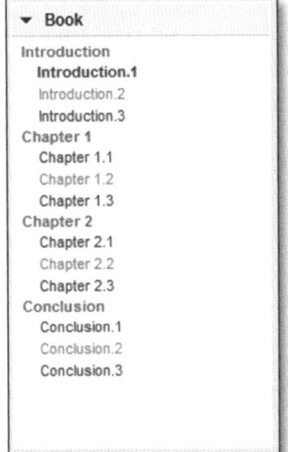
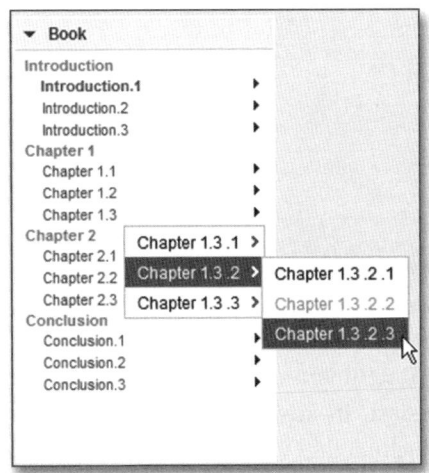

Abbildung 3.32 NavigationList

Voraussetzungen

An dieser Stelle besprechen wir die Voraussetzungen, die zu erfüllen sind, bevor das UI-Element `NavigationList` eingesetzt werden kann. Dies betrifft einerseits die Context-Definition und andererseits die Context-Programmierung.

Context-Knoten

Für die Verwendung der `NavigationList` benötigen Sie einen Context-Knoten mit zumindest einem Attribut für den Anzeigetext und ein Attribut für die Identifizierung des Eintrags. Unter diesem Context-Knoten müssen Sie einen Rekursionsknoten anlegen, der die Struktur des Context-Knotens wiederholt. Daraus entstehen die Datenhierarchiestufen. In Abbildung 3.33 sehen Sie ein Beispiel für die Context-Knoten-Definition.

Knotenhierarchie

Sie definieren einen Context-Knoten ❶, mit dem Sie die Attribute ❷ für jedes Element festlegen. In unserem Beispiel sind das die Attribute für den Namen, die Nummer und den Typ eines Buchabschnitts. Zudem haben wir das Attribut SELECTABLE eingefügt, um damit die Selektierbarkeit des Items in der NavigationList zu steuern.

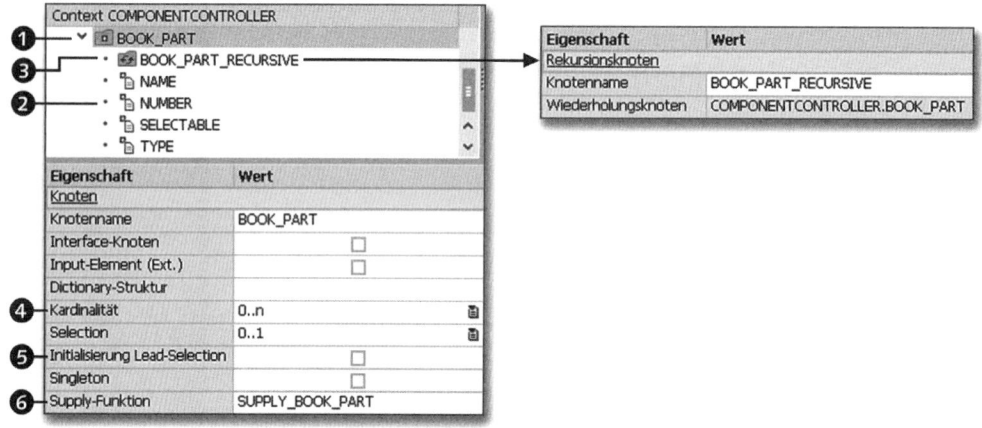

Abbildung 3.33 Context-Struktur für NavigationList

Rekursionsknoten   Die Datenhierarchiestufen werden mithilfe eines Rekursionsknotens realisiert. In unserem Beispiel wird dieser als BOOK_PART_RECURSIVE bezeichnet und verweist auf den Knoten BOOK_PART ❸. Für den Rekursionsknoten wird im Controller-Interface keine Namenskonstante angelegt. Der Context-Knoten BOOK_PART hat die Kardinalitätsobergrenze n ❹, um mehrere Elemente anlegen zu können. Wir haben die automatische Initialisierung der Lead-Selection deaktiviert ❺ und werden dies mithilfe einer Implementierung später erledigen. Zum Aufbau der Daten verwenden wir die Supply-Funktion supply_book_part( ) ❻.

Context-Programmierung

Supply-Funktion   Der Context-Knoten wird vor der Anzeige der NavigationList befüllt. Sie können dazu z. B. eine Supply-Funktion verwenden. In Listing 3.2 sehen Sie ein einfaches Beispiel für eine zweistufige Datenhierarchie.

```
METHOD supply_book_part.
* Referenz auf Context-Knoten
    DATA: lo_nd_book_part TYPE REF TO if_wd_context_node,
* Ein Element aus dem Context-Knoten
```

```abap
              lo_el_book_part TYPE REF TO if_wd_context_element.
* Die Daten zu einem Element
  DATA: ls_book_part TYPE wd_this->element_book_part,
* Die Daten des übergeordneten Elements
        ls_parent_book_part TYPE wd_this->element_book_part.
* Eine Tabelle mit Elementen
  DATA: lt_book_part TYPE wd_this->elements_book_part.
* Die Referenz auf den Elternknoten
  DATA: lo_node TYPE REF TO if_wd_context_node.
* Die Beschreibungsinformation für den Elternknoten
  DATA: lo_node_info TYPE REF TO if_wd_context_node_info,
* Der Name des Elternknotens
        ld_node_name TYPE string.
* Die Elemente ergänzen
  DATA: lo_child_node TYPE REF TO if_wd_context_node.
* Hilfsvariable zur Typkonvertierung
  DATA: ld_index TYPE string.

* Ist der Überknoten der CONTEXT? Dann ersten Level ergänzen
  lo_node      = parent_element->get_node( ).
  lo_node_info = lo_node->get_node_info( ).
  ld_node_name = lo_node_info->get_name( ).
* Ersten Daten-Level aufbauen
  IF ld_node_name = 'CONTEXT'.
* Introduction
     ls_book_part-name = 'Introduction'.
     ls_book_part-number = '0'.
     ls_book_part-type = 'CHAPTER'.
     ls_book_part-selectable = abap_true.
     lo_el_book_part = node->bind_structure(
         new_item = ls_book_part
         set_initial_elements = abap_true ).
* Chapt 1
     ls_book_part-name = 'Chapter 1'.
     ls_book_part-number = '1'.
     ls_book_part-type = 'CHAPTER'.
     ls_book_part-selectable = abap_true.
     lo_el_book_part = node->bind_structure(
         new_item = ls_book_part
         set_initial_elements = abap_false ).
* Chapt n
     ls_book_part-name = 'Chapter 2'.
     ls_book_part-number = '2'.
     ls_book_part-type = 'CHAPTER'.
     ls_book_part-selectable = abap_true.
     lo_el_book_part = node->bind_structure(
         new_item = ls_book_part
         set_initial_elements = abap_false ).
```

```abap
*   Conclusion
*   Chapt 1
       ls_book_part-name = 'Conclusion'.
       ls_book_part-number = '3'.
       ls_book_part-type = 'CHAPTER'.
       ls_book_part-selectable = abap_true.
       lo_el_book_part = node->bind_structure(
           new_item = ls_book_part
           set_initial_elements = abap_false ).
*   Nächsten Daten-Level aufbauen
     ELSE.
*      Daten von Parent holen
       parent_element->get_static_attributes(
           IMPORTING
           static_attributes = ls_parent_book_part ).
*   Je nach Level Daten aufbauen
       CASE ls_parent_book_part-type.
         WHEN 'CHAPTER'.
*   Tabelle der Elemente initialisieren
           CLEAR lt_book_part.
*   Den Kindknoten (= Rekursionsknoten) holen
           CALL METHOD parent_element->get_child_node
             EXPORTING
               name       = 'BOOK_PART_RECURSIVE'
             RECEIVING
               child_node = lo_child_node.
*   Den Typ des Elements festlegen
           ls_book_part-type = 'SECTION'.
*   Drei Elemente anlegen (SECTIONS für CHAPTERS)
           DO 3 TIMES.
*   Index in String umwandeln für Concatenate
             ld_index = sy-index.
*   Nummer der Section aufbauen
             CONCATENATE
               ls_parent_book_part-number
               '.'
               ld_index
               INTO ls_book_part-number.
*   Anzeigetext aufbauen
             CONCATENATE
               ls_parent_book_part-name
               '.'
               ld_index
               INTO ls_book_part-name.
*   Ist selektierbar
             ls_book_part-selectable = abap_true.
*   Tabelle mit Daten für zu erzeugende Elemente aufbauen
             APPEND ls_book_part TO lt_book_part.
```

```
        ENDDO.
* Elemente erzeugen
        lo_child_node->bind_table(
          new_items = lt_book_part
          set_initial_elements = abap_true ).
      WHEN OTHERS.
* Do something
    ENDCASE.
  ENDIF.ENDMETHOD.
```

Listing 3.2 Datenaufbau für NavigationList

Wir beginnen in der Supply-Funktion mithilfe des Parameters `parent_element` aus der Methodenschnittstelle mit der Ermittlung des Namens des Context-Knotens zum `parent_element`. Falls dieser CONTEXT lautet, können wir die erste Datenhierarchiestufe mittels des Methodenparameters `node` erzeugen. Falls dieser nicht CONTEXT lautet, ermitteln wir die Daten des `parent_element` und die Referenz auf den rekursiven Knoten. An dieser Stelle müssen wir den Namen des Rekursionsknotens explizit vorgeben, da vom Web-Dynpro-Framework keine Namenskonstante im Controller-Interface erzeugt wurde. Falls die Collection zum Rekursionsknoten noch nicht existiert, wird sie vom Framework angelegt. Wir bauen die Daten mithilfe einer internen Tabelle auf und übergeben diese an die Knotenreferenz mit der Methode `bind_table( )`.

Beschreibung des Listings

Wie im vorangegangenen Abschnitt gezeigt, haben wir bei der Definition des Contexts die Eigenschaft Lead-Selection auf den Wert `abap_false` gesetzt und erwähnt, dass man das Setzen implementieren muss. In Listing 3.3 sehen Sie die Implementierung in der Methode `wddomodifyview( )`.

Initialisierung Lead-Selection

```
METHOD wddomodifyview.
* Referenz auf die NavigationList
  DATA:
    lr_nl TYPE REF TO cl_wd_navigation_list,
* Knotenreferenz
    lr_node TYPE REF TO if_wd_context_node.
* Das erste Mal?
  CHECK first_time = abap_true.
* Quelle für späteres Setzen der Lead-Selection
  lr_nl ?= view->get_element( 'NL' ).
* Ermittle die DataSource
  wd_this->gr_nl_item_source = lr_nl->get_item_source( ).
* Init Lead-Selections auf erstes Element, erste Ebene
```

```
              wd_this->gr_nl_item_source->set_lead_selection_index( 1 ).
            * Ermittle die zweite Ebene
              lr_node = wd_this->gr_nl_item_source->get_child_node(
                'BOOK_PART_RECURSIVE' ).
            * Setze dort die Lead-Selection auf ersten Eintrag
              lr_node->set_lead_selection_index( 1 ).
            ENDMETHOD.
```

Listing 3.3 Setzen der Lead-Selection

Beschreibung des Listings Die Initialisierung der Lead-Selection sollte nur einmal durchgeführt werden. Danach wird sie durch die Behandlung der Interaktion des Benutzers mit der `NavigationList` verändert (siehe dazu den folgenden Abschnitt »Ereignisse«). Wir ermitteln die Referenz auf das UI-Element `NavigationList` und darüber die Datenquelle. Diese legen wir in den Attributen des View-Controllers ab, um sie für die Änderung der Lead-Selection zur Verfügung zu haben. Danach setzen wir die Lead-Selection für Context-Knoten und Rekursionsknoten auf den jeweils ersten Eintrag.

Eigenschaften

Das UI-Element `NavigationList` verfügt über die Eigenschaften `itemText` und `itemSource`, die wir in Abschnitt 3.2.4 zum Element `Horizontal ContextualPanel` beschrieben haben, sowie über die Eigenschaften, die alle Container besitzen. Die weiteren spezifischen Eigenschaften sind in Abbildung 3.34 markiert.

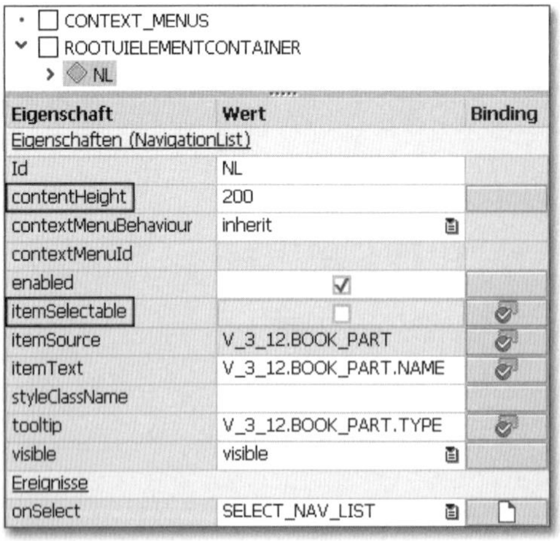

Abbildung 3.34 Eigenschaften NavigationList

contentHeight

Über `contentHeight` bestimmen Sie die Höhe der `NavigationList` in Pixeln. Wird dieser Wert nicht gesetzt (Wert = 0), errechnet das Framework die Höhe der `NavigationList` passend für die Einträge. Sollte die eingestellte Höhe für die Darstellung der Daten nicht ausreichen, wird eine vertikale Scroll-Bar eingeblendet.

Höhe

itemSelectable

Die Eigenschaft `itemSelectable` steuert, ob der Eintrag selektiert werden kann (Wert = `abap_true`) oder nicht (Wert = `abap_false`).

Selektierbarkeit

Ereignisse

Für die `NavigationList` ist das Ereignis `onSelect` definiert. Dieses wird ausgelöst, wenn der Benutzer ein Item auswählt, das die Eigenschaft `itemSelectable = abap_true` besitzt und sich auf der letzten Datenhierarchieebene befindet.

An die dem Ereignis zugeordnete Aktionsbehandler-Methode werden die ID der `NavigationList` und das `context_element` übergeben, das zum Item in der `NavigationList` gehört. In Listing 3.4 sehen Sie ein Beispiel dafür.

Setzen der Lead-Selection

```
METHOD onactionon_select_nav_list.
* Der Name des Items
  DATA: ld_name TYPE string.
* Namen ermitteln
  context_element->get_attribute(
    EXPORTING
      name = 'NAME'
    IMPORTING
      value = ld_name ).
* Weitere Logik
* ...
* Lead-Selection setzen
  cl_wd_dynamic_tool=>set_table_tree_lead_selection(
    lead_selection = context_element
    data_source    = wd_this->gr_nl_item_source ).
ENDMETHOD.
```

Listing 3.4 Aktionsbehandler für onSelect

In Listing 3.4 ermitteln wir den Namen eines Buchabschnitts über das `context_element`. Danach kann noch weitere Logik für die Aufgabenstellung folgen. Am Ende der Behandlermethode setzen wir

Beschreibung des Listings

die Lead-Selection neu, da der Benutzer möglicherweise auf ein noch nicht selektiertes Item geklickt hat. Dazu verwenden wir die statische Utility-Methode `cl_wd_dynamic_tool=>set_table_tree_lead_selection( )`.

Aggregierte Elemente

In Abbildung 3.35 sehen Sie die aggregierten Elemente zur `NavigationList`, die in diesem Abschnitt besprochen werden.

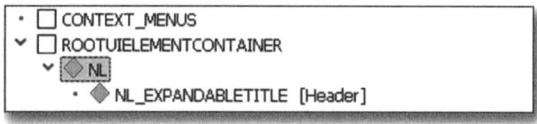

Abbildung 3.35 Aggregationen NavigationList

ExpandableTitle — Zur `NavigationList` kann ein Element vom Typ `ExpandableTitle` definiert werden. Dies ist ein auf- und zuklappbarer Titelbereich in der `NavigationList`. Mithilfe des `ExpandableTitle` können Sie die `NavigationList` komplett zu- bzw. aufklappen. Der `ExpandableTitle` hat die in Tabelle 3.12 beschriebenen Eigenschaften.

Eigenschaft	Beschreibung
expandable	Diese Eigenschaft legt fest, ob der `ExpandableTitle` auf- und zugeklappt werden kann.
expanded	Diese Eigenschaft steuert, ob der `ExpandableTitle` auf- oder zugeklappt ist.
title	Diese Eigenschaft beschreibt den Titel des `ExpandableTitle`, der in der `NavigationList` angezeigt wird.

Tabelle 3.12 Eigenschaften von ExpandableTitle

Zusätzlich zu den Eigenschaften verfügt der ExpandableTitle über das Ereignis onToggle. Der möglicherweise diesem Ereignis zugeordneten Aktionsbehandler-Methode wird neben den Standardparametern der Parameter expanded in der Schnittstelle übergeben. Dieser gibt Auskunft, ob der ExpandableTitle auf- (Wert = abap_true) oder zugeklappt (Wert = abap_false) ist.

onToggle

3.2.6 PageHeader

Mit dem PageHeader realisieren Sie eine Überschrift für eine Seite. Unterhalb und oberhalb der Überschrift können in der PageHeader-Area beliebige UI-Elemente angezeigt werden. Zusätzlich können Sie im Titel rechts einen Title Content einfügen und Zusatzinformationen darstellen.

Seitenüberschrift

Visuelle Darstellung

In Abbildung 3.36 sehen Sie eine mögliche Visualisierung des UI-Elements PageHeader sowie zusätzlich aggregierte Elemente.

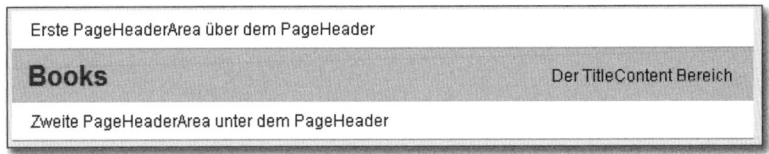

Abbildung 3.36 PageHeader

Zum PageHeader können ein TitleContent-, dargestellt im Titel, und beliebige PageHeaderArea-Elemente oberhalb und unterhalb des Titels definiert werden. Bei der Definition der UI-Elemente, die in diesen Bereichen abzubilden sind, können Sie entweder ein einzelnes UI-Element einsetzen, oder falls Sie mehrere UI-Elemente in einem Bereich visualisieren möchten, den TransparentContainer oder LayoutContainer verwenden. Dies gilt sowohl für den Title-Content als auch für jede PageHeaderArea.

Header, Content und Areas

Eigenschaften

In Abbildung 3.37 sehen Sie die Eigenschaften zum UI-Element.

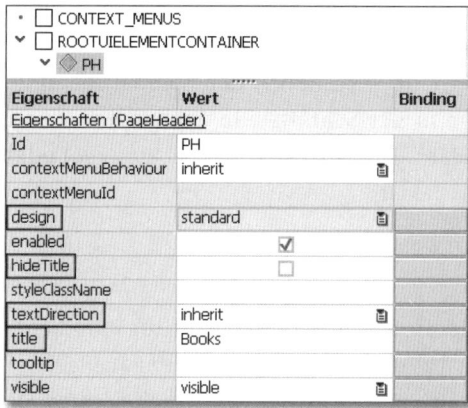

Abbildung 3.37 Eigenschaften PageHeader

design

Mit der Eigenschaft design legen Sie die Größe des Titels fest. Sie können die Werte standard (Normalgröße) oder small (reduzierte Schriftgröße und Titelhöhe) verwenden.

> [»] **Kein Darstellungsunterschied**
>
> In der von uns getesteten SAP-Version (Komponente SAP_UI 740 SP 7) war kein Unterschied in der Visualisierung im Corbu-Design feststellbar.

hideTitel

Mit der Eigenschaft hideTitle können Sie den Titel, und damit alle aggregierten Elemente, ausblenden.

textDirection

Mit der Eigenschaft textDirection legen Sie die Schreib-/Leserichtung des Textes im Titel fest. Die möglichen Ausprägungen haben wir in Tabelle 3.13 zusammengestellt.

Wert	Beschreibung
inherit	Die Textrichtung wird vom Elternelement geerbt und besitzt damit die gleiche Ausrichtung wie das Elternelement.
ltr	ltr steht für Left-to-Right, d. h., die Textrichtung verläuft von links nach rechts.

Tabelle 3.13 Ausprägungen der Eigenschaft textDirection

Wert	Beschreibung
rtl	rtl steht für Right-to-Left, d. h., die Textrichtung verläuft von rechts nach links.

Tabelle 3.13 Ausprägungen der Eigenschaft textDirection (Forts.)

title
Mit der Eigenschaft title legen Sie den Text des Titels fest.

Aggregierte Elemente

In Abbildung 3.38 sehen Sie die aggregierten Elemente PageHeaderArea und TitleContent zum PageHeader, die in diesem Abschnitt besprochen werden.

PageHeader-Aggregate

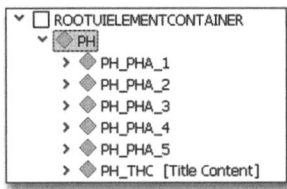

Abbildung 3.38 Aggregationen PageHeader

PageHeaderArea
Sie können beliebig viele Bereiche zum PageHeader über PageHeaderArea-Elemente realisieren. Die Anlage dieser Elemente können Sie im View-Editor im UI-Baum über das Kontextmenü des PageHeader anlegen (Menüeintrag BEREICH EINFÜGEN). Die Eigenschaften, die das UI-Element PageHeaderArea anbietet, sind in Tabelle 3.14 beschrieben.

Bereiche

Eigenschaft	Beschreibung
aboveHeader	Über diese Eigenschaft legen Sie fest, dass die PageHeaderArea oberhalb des Titels angezeigt werden soll.

Tabelle 3.14 Eigenschaften PageHeaderArea

Eigenschaft	Beschreibung
beginPadding	Diese Eigenschaft bestimmt den Abstand des Elements zum Anfang.
bottomPadding	Diese Eigenschaft bestimmt den Abstand des Elements zum unteren Rand.
design	Diese Eigenschaft steuert die Farbgebung des Hintergrunds der PageHeaderArea, hier sind folgende Möglichkeiten vorbereitet: emphasized, majorWarning, standard, transparent und warning. In Abbildung 3.39 sehen Sie die unterschiedlichen Darstellungen je nach Wert in obiger Reihenfolge.
endPadding	Diese Eigenschaft bestimmt den Abstand des Elements zum Ende.
topPadding	Diese Eigenschaft bestimmt den Abstand des Elements zum oberen Rand.

Tabelle 3.14 Eigenschaften PageHeaderArea (Forts.)

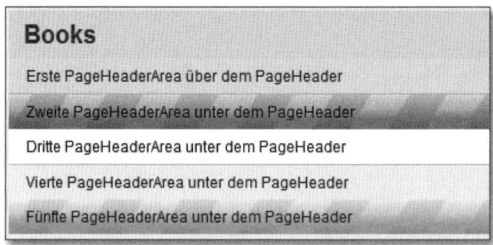

Abbildung 3.39 Design PageHeaderArea

TitleContent

Transparent-Container

Mittels TitleContent können Sie einen Inhaltsbereich einfügen, der zusätzlich zum Titel angezeigt wird. Sie legen den TitleContent im View-Editor, genauer im UI-Baum, über das Kontextmenü zum UI-Element PageHeader an (Menüeintrag TITLE CONTENT EINFÜGEN). Als Inhalt können Sie genau ein beliebiges UI-Element verwenden. Falls Sie mehr als ein UI-Element einfügen möchten, verwenden Sie den TransparentContainer oder den LayoutContainer und heben damit die Beschränkung des Einfügens auf nur ein UI-Element auf.

ButtonRow

Buttonleiste

Eine ButtonRow dient der regelmäßigen Anordnung mehrerer Button-Elemente. Sie können die Elemente Button und ToggleButton einfügen. Die ButtonRow selbst hat über die Standardeigenschaften hinaus keine zusätzlichen Eigenschaften und besitzt die Kontextmenümethoden im View-Editor zum Anlegen und Verwalten der eingefügten Buttons.

Visuelle Darstellung

In Abbildung 3.40 sehen Sie die Visualisierung einer ButtonRow. Wir haben je ein Beispiel für einen Button-Typ eingefügt. Die Darstellungen der Buttons sind von den Einstellungen der Eigenschaften abhängig. Mehr darüber erfahren Sie in den Abschnitten 4.3.2, »Button«, 4.3.3, »ButtonChoice«, und 4.4.2, »ToggleButton«.

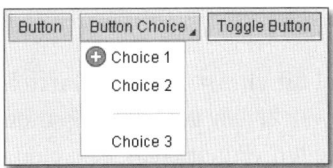

Abbildung 3.40 ButtonRow

Barrierefreiheit

Um die Entwicklung barrierefreier Anwendungen zu ermöglichen, wird im Rahmen des Syntax-Checks die Eigenschaft tooltip nicht überprüft, da ein Tooltip bei diesem Oberflächenelement nicht unbedingt sinnvoll ist.

Aggregierte Elemente

In Abbildung 3.41 sehen Sie die aggregierten Elemente zur Button-Row, die in diesem Abschnitt besprochen werden.

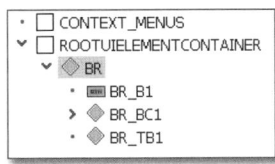 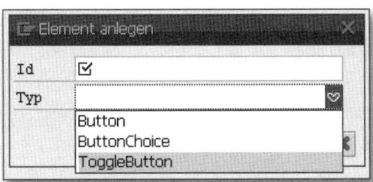

Abbildung 3.41 Aggregationen ButtonRow

Es können UI-Elemente vom Typ Button, ToggleButton und ButtonChoice aggregiert werden. Diese Elemente werden der Reihe nach in einer Zeile dargestellt. Sie können diese Elemente im View-Editor im

Button, ToggleButton, ButtonChoice

UI-Tree über das Kontextmenü anlegen (Menüeintrag BUTTON EINFÜGEN). Details zu den Buttons finden Sie in Abschnitt 4.3, »Kategorie »action««.

3.2.7 MultiPane

Datensatz-Darstellung

Das UI-Element `MultiPane` dient dazu, den Inhalt eines Elements einer Collection in einem Raster (Zellen) anzuordnen, das ein identisches Aussehen für jede Zelle besitzt. Damit stellt `MultiPane` eine Alternative zum UI-Element `Table` dar, um Daten aus einer Collection zu visualisieren.

Visuelle Darstellung

Rasteranordnung

In Abbildung 3.42 sehen Sie ein Beispiel für eine `MultiPane`-Darstellung. Wir haben für die Darstellung zwei Zeilen und zwei Spalten gewählt. Sie können die Anzahl der Zeilen (Eigenschaft `rowCount`) und Spalten (Eigenschaft `colCount`) verändern. Darüber hinaus ist die Gestaltung der Zellen beliebig, d. h., dass Sie jede Menge von UI-Elementen dafür verwenden können. Die Navigation durch die Datensätze wird durch Paginator-Elemente in der Fußzeile (Footer) der `MultiPane` ermöglicht.

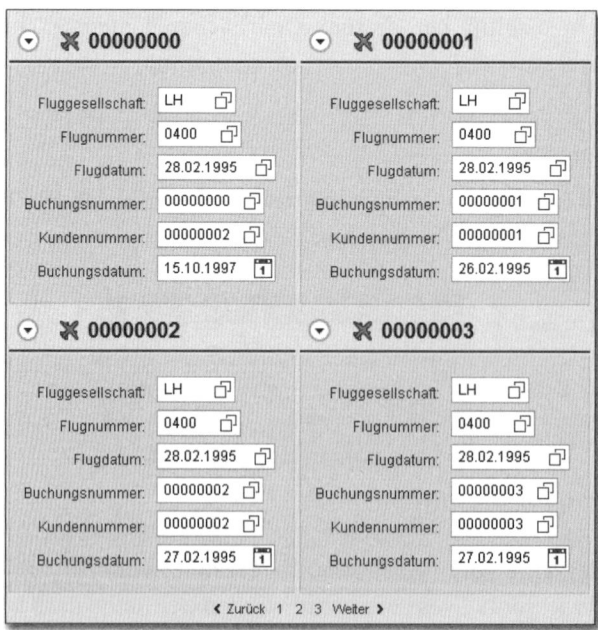

Abbildung 3.42 MultiPane

Voraussetzungen

Die Daten, die in einer MultiPane visualisiert werden können, sind in einem Context-Knoten mit Kardinalitätsobergrenze n zu finden. Dabei spielen die Einstellungen für die Lead-Selection und die Selection-Eigenschaft des Context-Knotens keine Rolle.

Eigenschaften

In Abbildung 3.43 sehen Sie die Eigenschaften des UI-Elements MultiPane. Die Eigenschaften firstActualPane und paneCount sind deprecated.

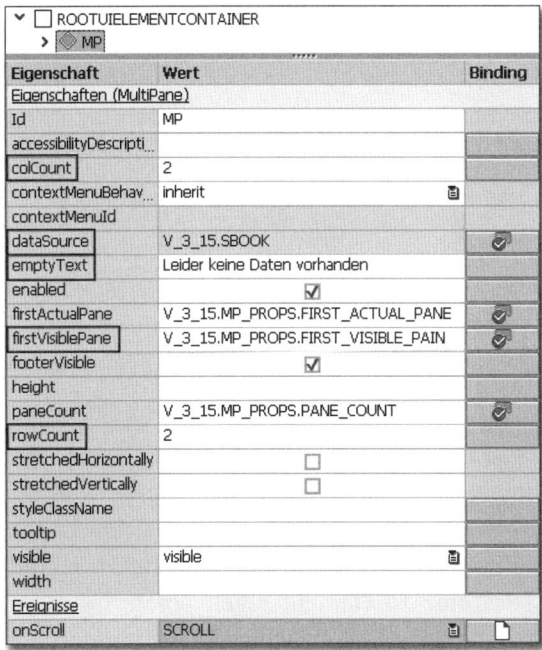

Abbildung 3.43 Eigenschaften MultiPane

colCount
Mit der Eigenschaft colCount definieren Sie die Anzahl der Zellen pro Zeile.

dataSource
Mit der Eigenschaft dataSource stellen Sie den Bezug zum Context-Knoten (Kardinalitätsobergrenze n) her, der die Daten für die Zellen hält.

Datenquelle

Keine Daten

emptyText

Die Eigenschaft `emptyText` verwenden Sie, um den Text festzulegen, der angezeigt wird, sofern keine Daten zur Anzeige vorhanden sind.

Erster sichtbarer Datensatz

firstVisiblePane

Mit der Eigenschaft `firstVisiblePane` legen Sie fest, welches `Collection`-Element als erste Zelle angezeigt werden soll. Diese Zahl kann als Offset interpretiert werden: Falls Sie z. B. das elfte Element als erstes anzeigen möchten, müssen Sie den Wert 10 vergeben.

Paginator

footerVisible

Mit der Eigenschaft `footerVisible` können Sie die Fußzeile aus-/einblenden.

Zeilenanzahl

rowCount

Mit der Eigenschaft `rowCount` definieren Sie die Anzahl der Zeilen für die Zellen.

Ereignis

onScroll

Das Ereignis `onScroll` ist deprecated.

Aggregiertes Element

Beliebiges UI-Element

Wir haben eingangs erwähnt, dass die Zellen der `MultiPane` mit beliebigen UI-Elementen gestaltet werden können. Im View-Editor haben Sie jedoch nur die Möglichkeit, ein Subelement zum UI-Element `MultiPane` zu definieren. Dies stellt jedoch keine Einschränkung dar, da Sie als das eine UI-Element einen `TransparentContainer` einfügen können, dem Sie dann beliebige Elemente zuordnen können.

3.2.8 TabStrip

TabStrip mit Tabs

Das UI-Element `TabStrip` wird verwendet, um Tabs (Registerkarten) horizontal anzuordnen und anzuzeigen. Der Benutzer kann zwischen mehreren Tabs durch das Auswählen eines bestimmten Registers wechseln. Falls der Platz im Layout für die Anzeige der definierten Tabs nicht ausreicht, werden im UI-Element `TabStrip` rechts oben

Navigationselemente angeboten, die das Anzeigen des nächsten oder vorangegangenen Tabs ermöglichen. Das Navigieren zu einem speziellen Tab ist über das Navigationsmenü möglich. In diesem werden die verfügbaren Tabs aufgelistet, und der selektierte Tab wird mit einem Häkchen markiert. Die Auswahl eines Eintrags bewirkt die Anzeige und das Setzen des selektierten Tabs.

Das Schließen von Tabs ist möglich. Dazu wird abhängig von den Werten der Eigenschaften eines Tabs auf dem Register rechts oben ein kleines »x« angezeigt. Wenn der Benutzer dieses anklickt, wird das Ereignis `onClose` ausgelöst, und Sie können die Behandlung dieses Ereignisses nach Ihren Vorstellungen implementieren.

Schließen

Visuelle Darstellung

Das UI-Element `TabStrip` ermöglicht die Darstellung eines Tabstrips (Registerleiste) mit `Tab`-Elementen (Registerkarten), wie Sie in Abbildung 3.44 sehen können.

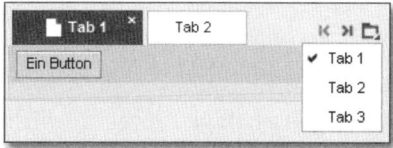

Abbildung 3.44 UI-Element TabStrip mit drei Tabs

Der `TabStrip` hat eine Menge von `Tab`-Elementen. Diese haben jeweils ein Register, auf dem ein Icon, ein Text und das Schließensymbol platziert sind. Ein Tab besitzt einen Inhaltsbereich, in dem UI-Elemente platziert werden können.

Eigenschaften

Die Ausprägungen zu den Eigenschaften des UI-Elements `TabStrip` haben unterschiedliche Auswirkungen. Per se sind keine Eigenschaften des UI-Elements vorhanden, die ein Data Binding auf den Context erzwingen. In Abbildung 3.45 zeigen wir Ihnen die Attribuierung der Eigenschaften des `TabStrip` für die Visualisierung aus Abbildung 3.44.

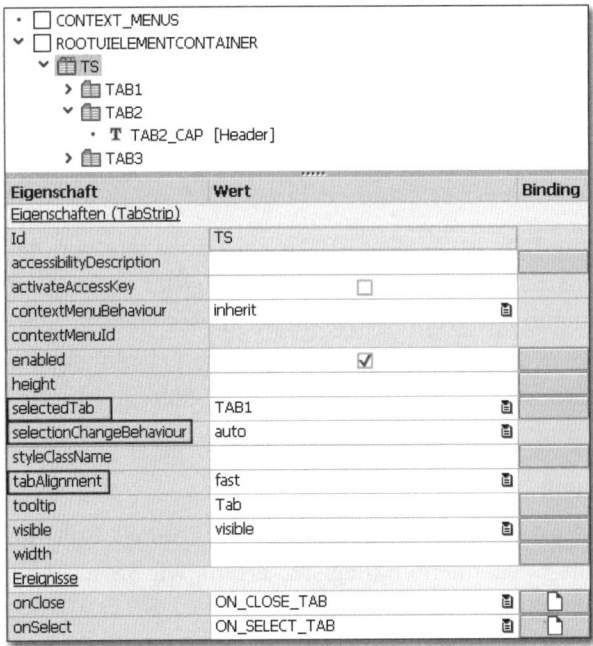

Abbildung 3.45 Eigenschaften TabStrip

selectedTab

Ausgewählter Tab

Wenn im UI-Element TabStrip die Eigenschaft selectedTab nicht bewertet ist oder der in selectedTab angegebene Tab in der Eigenschaft visible den Wert abap_false hat, wird stattdessen der erste sichtbare Tab beim erstmaligen Anzeigen des TabStrip dargestellt. Für die Auswahl des selektierten Tabs ist es nötig, dass bereits Tabs zum TabStrip angelegt wurden.

selectionChangeBehaviour

Mit der Eigenschaft selectionChangeBehaviour haben Sie die Möglichkeit, die Eigenschaft selectedTab neu zu setzen:

- Falls Sie der Eigenschaft den Wert auto zuordnen, wird bei der Auswahl eines Tabs durch den Benutzer die Eigenschaft selectedTab auf die ID des ausgewählten Tabs gesetzt und das onSelect-Ereignis ausgelöst.

- Falls Sie der Eigenschaft den Wert manual zuordnen, wird bei der Benutzerinteraktion der selectedTab nicht vom Web-Dynpro-Framework gesetzt, sondern nur das onSelect-Ereignis ausgelöst. Auf diese Weise können Sie entscheiden, ob der Tab-Wechsel erfolgen soll oder nicht. Soll der Tab-Wechsel erfolgen, muss die Anwendung die Eigenschaft `selectedTab` selbst setzen.

tabAlignment

Mithilfe der Eigenschaft `tabAlignment` können Sie die Tabs des `TabStrip` ausrichten:

- Falls Sie den Wert `exact` für die Eigenschaft verwenden, wird die Größe des `TabStrip` so ermittelt, dass die Inhalte aller Tabs in den `TabStrip` passen. Das bedeutet, dass beim Umschalten zwischen den einzelnen Tabs Breite und Höhe des `TabStrip` unverändert bleiben. Die Voraussetzung für diesen Mechanismus ist, dass das Ereignis `onSelect` nicht an eine Aktion gebunden ist und damit alle Tabs auf dem Browser vorhanden sind. Unter Umständen kann durch diese Einstellung die Darstellung der Seite aufgrund der Größenberechnungen verlangsamt werden.

- Falls Sie den Wert `fast` für die Eigenschaft verwenden, entspricht die Größe des `TabStrip` der Größe des gerade selektierten Tab. Diese Option sollten Sie wählen, wenn die Antwortgeschwindigkeit der Anwendung relevant ist. Ein meistens unerwünschter Seiteneffekt dieser Einstellung ist es, dass beim Wechsel der Tabs der `TabStrip` nicht »stabil« ist, da er unter Umständen immer eine andere Größe besitzt. Um diesen Effekt zu vermeiden, können Sie die Breite des `TabStrip` auf 100 % setzen und eine ausreichend große absolute Höhe angeben.

Ereignisse

Der `TabStrip` bietet Ereignisse für das Auswählen und Schließen eines Tabs. Diese werden wir nun besprechen.

onSelect

Das UI-Element `TabStrip` bietet das Ereignis `onSelect`. Dieses Ereignis wird ausgelöst, wenn der Benutzer einen Tab anklickt oder einen Menüeintrag aus dem Navigationsmenü auswählt. Es wird nicht ausgelöst, wenn der Benutzer die Navigationselemente des `TabStrip` verwendet, um zu nicht sichtbaren Tabs zu navigieren. Es wird auch nicht ausgelöst, wenn ein Tab bereits zuvor selektiert wurde und nochmals selektiert wird. Die Parameter der potenziell zugeordneten Aktionsbehandler-Methode sind `old_tab` (die ID des zuletzt selektierten Tabs) und `tab` (die ID des angeklickten Tabs).

Tab auswählen

onClose

Tab schließen
Das Ereignis `onClose` wird ausgelöst und damit die zugeordnete Aktionsbehandler-Methode aktiviert, wenn ein Tab geschlossen wird. Das Schließen des Tabs wird über das Anklicken des kleinen »x« rechts oben im Register realisiert. Der Behandlermethode wird der Parameter `tab` übergeben, der die `id` des zu schließenden Tabs darstellt.

Aggregierte Elemente

In Abbildung 3.46 sehen Sie die aggregierten Elemente zum `TabStrip` und zum `Tab`. Im oberen Bereich erkennen Sie den Anlegezyklus für den `TabStrip` und im unteren Bereich den für den Tab.

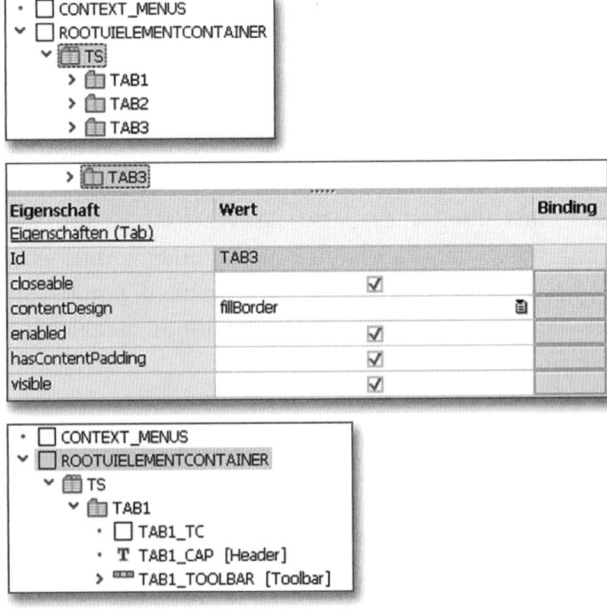

Abbildung 3.46 Aggregationen TabStrip und Tab

Tab
Das UI-Element `Tab` stellt einen einzelnen Tab innerhalb eines UI-Elements `TabStrip` dar. Der Tab besteht aus einem Register, einer Tab Page (Inhaltsbereich) und optional einer Toolbar (Werkzeugleiste). Die Eigenschaften, die für den Tab zur Verfügung stehen, sind in Tabelle 3.15 zusammengestellt.

Eigenschaft	Beschreibung
closeable	Diese Eigenschaft steuert, ob das Register geschlossen werden kann. Ist der Wert abap_true, erscheint ein kleines »x« auf dem Register, und falls der Benutzer es anklickt, wird das Ereignis onClose ausgelöst.
contentDesign	Diese Eigenschaft steuert die visuelle Aufbereitung des Inhaltsbereichs. Die Ausprägungen und Auswirkungen entsprechen denen der Eigenschaft contentDesign des UI-Elements Panel (siehe Abschnitt 3.1.8).
enabled	Diese Eigenschaft steuert, ob der Tab ausgewählt werden kann (Wert = abap_true) oder nicht (Wert = abap_false).
hasContentPadding	Diese Eigenschaft steuert, ob ein Abstand zwischen Rand und Inhalt des Tabs vorhanden ist oder nicht.
visible	Diese Eigenschaft steuert die Sichtbarkeit des Tabs.

Tabelle 3.15 Eigenschaften Tab

Zum Anzeigen des Inhalts aller Tabs wird derselbe Fensterbereich verwendet und so mit den anderen Tabs geteilt. Der Benutzer kann sich den Inhalt eines Tabs, d. h. der Tab Page, durch Auswählen des Registers anzeigen lassen.

Tab-Anzeige

Die Gestaltung eines Tabs wird durch die Zuordnung eines UI-Elements zum View-Element Tab realisiert. Tab-Elemente werden zu einem TabStrip definiert und können nur in Kombination mit diesem angezeigt werden. Ein Tab besitzt ein UI-Element Caption, das über die Eigenschaften text für den Titel und imageSource für ein Bild verfügt. Ein Tab kann eine Toolbar (siehe Abschnitt 4.9.4) haben, die über das Kontextmenü auf dem Tab und über den Menüeintrag TOOLBAR EINFÜGEN gesetzt werden kann. Zudem kann das UI-Element Tab über ein Subelement verfügen, um den Inhalt des Tabs darzustellen. Dieses Subelement könnte z. B. ein TransparentContainer sein, in dem eine beliebige Anzahl anderer UI-Elemente platziert werden kann, oder ein ViewContainerUIElement, um einen anderen View einbetten zu können.

Tab-Layout und aggregierte Elemente

3 | Container und Layouts

3.2.9 ViewContainerUIElement

Einbettungsposition Das UI-Element `ViewContainerUIElement` stellt einen Bereich innerhalb eines Views dar, in den ein View eingebettet werden kann. Das UI-Element definiert keine eigenen Eigenschaften, erbt jedoch alle Eigenschaften von der abstrakten Basisklasse `CL_WD_UIELEMENT`.

Sichtbarkeit Wie jedes andere UI-Element verfügt auch `ViewContainerUIElement` über die Eigenschaft `visible` zur Steuerung seiner Sichtbarkeit innerhalb des View-Layouts. Die `visible`-Eigenschaft kann dabei einen der zwei Werte `none` und `visible` annehmen. Falls Sie den Wert `none` auswählen, wird das `ViewContainerUIElement` nicht im View dargestellt und nimmt auch keinen Raum im Layout ein. Falls Sie den Wert `visible` einstellen, wird das Element angezeigt.

Eindeutigkeit Ein `ViewContainerUIElement` darf zur gleichen Zeit nur einmal dargestellt werden, daher darf es nicht in einer `MultiPane` oder einem sich wiederholenden `TablePopin` eingesetzt werden. Die Eigenschaften `enabled` und `tooltip` werden ignoriert und haben damit auch keine visuellen Auswirkungen im Browser.

3.3 Layouts

Anordnung der UI-Elemente Mithilfe von Layouts werden die Anordnungen von UI-Elementen in ihrem enthaltenden Container gesteuert. Dazu müssen Sie für jeden Container ein Layout in dessen Eigenschaften setzen bzw. das Default-Layout `FlowLayout` verwenden. An jedem in diesem Container enthaltenen Kindelement pflegen Sie jeweils die dazu passenden Layoutdaten. Die Layoutdaten steuern die Layouteigenschaften des jeweiligen Kindelements des Containers, z. B. könnte dies die Position in einem durch das Layout definierten Koordinatensystem sein.

Wir werden uns die unterschiedlichen Layouts in der Folge detailliert ansehen. Dazu erläutern wir die grundsätzlichen Eigenschaften der Layouts. Darüber hinaus zeigen wir die Auswirkungen der Auswahl eines Layouts bezüglich der Anordnung von UI-Elementen anhand von Beispielen.

Für UI-Element-Container wird mithilfe der UI-Element-Eigenschaft `Layout` festgelegt, wie die untergeordneten UI-Elemente im Container anzuordnen sind. Dabei stehen die folgenden Layouts zur Verfügung:

- FlowLayout
- RowLayout
- MatrixLayout
- GridLayout
- FormLayout
- FormDesignLayout
- FormLayoutAdvanced
- PageLayout
- RasterLayout

Jedem UI-Element im Container-UI-Element werden Layoutdaten zugeordnet. Diese Layoutdaten spezifizieren die Layouteigenschaften des UI-Elements, wie z. B. die Position im Raster, das durch das Layout definiert ist. Im folgenden Abschnitt werden wir die Auswirkungen des Layouts auf die Anordnung von UI-Elementen diskutieren.

Layoutdaten

3.3.1 Grundlagen

Damit das Layout die Positionierung von Elementen in ihrem enthaltenden Container steuern kann, müssen Sie an jeden Container ein Objekt von Subklassen des Typs CL_WD_LAYOUT anfügen, wie etwa CL_WD_MATRIX_LAYOUT (siehe Abbildung 3.47). An jedes in diesem Container enthaltene Kindobjekt müssen Sie jeweils ein dazu passendes Objekt von Subklassen des Typs CL_WD_LAYOUT_DATA anfügen, z. B. CL_WD_MATRIX_DATA oder CL_WD_MATRIX_HEAD_DATA. Die Zuordnung der Layoutdaten steuert die Layouteigenschaften des jeweiligen Kindes des Containers, z. B. könnte dies die Position in einem durch das Layout definierten Raster sein.

Layout

Die ABAP-Klassenhierarchie in Abbildung 3.47 zeigt, dass alle für das Layout relevanten Klassen von der Klasse CL_WD_VIEW_ELEMENT abgeleitet sind. Die Hauptvererbungszweige, die für Layouts relevant sind, werden durch die Klassen CL_WD_LAYOUT und CL_WD_LAYOUT_DATA repräsentiert. Die erste Klasse (CL_WD_LAYOUT) repräsentiert die Basis für die Layouts, die zu einem Container zugeordnet werden können. Die zweite Klasse (CL_WD_LAYOUT_DATA) ist die Vererbungsgrundlage für die Layoutdaten der Kindelemente in einem Container. Die Auswahl eines bestimmten Layouts für einen Container schränkt die Auswahlmöglichkeit der Layoutdaten für Kindelemente ein.

Basisklassen

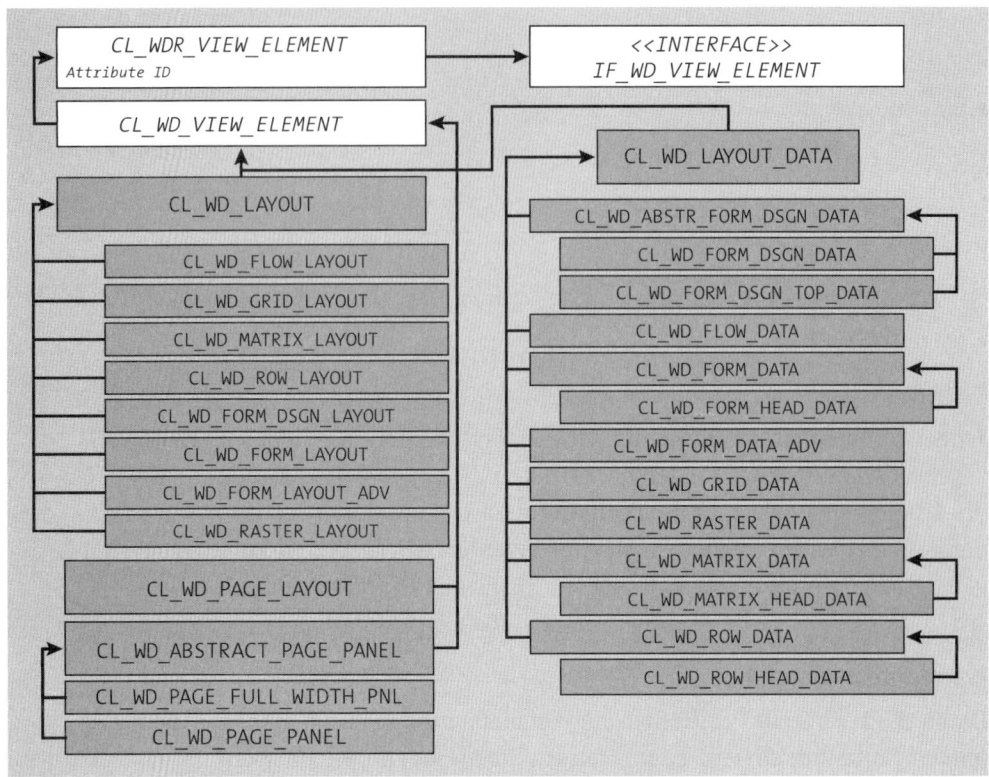

Abbildung 3.47 Layout/Layoutdaten ABAP-Klassenhierarchie

Layoutdaten Die Layoutdaten eines Elements dienen unter anderem zur Steuerung der Positionierung in seinem enthaltenden Container. Sie müssen zu dem aktuellen Layout des Containers passen. CL_WD_LAYOUT_DATA stellt die abstrakte Basisklasse aller Layoutdaten dar, zu denen die folgenden zählen:

- CL_WD_FLOW_DATA
- CL_WD_GRID_DATA
- CL_WD_MATRIX_DATA
- CL_WD_MATRIX_HEAD_DATA
- CL_WD_ROW_DATA
- CL_WD_ROW_HEAD_DATA
- CL_WD_ABSTR_FORM_DSGN_DATA
- CL_WD_FORM_DSGN_DATA
- CL_WD_FORM_DSGN_TOP_DATA

- CL_WD_FORM_DATA
- CL_WD_FORM_HEAD_DATA
- CL_WD_FORM_DATA_ADV
- CL_WD_RASTER_DATA

Diese UI-Elemente werden dazu verwendet, Abstände zwischen einzelnen Elementen sowie zwischen Elementen und Gitterzellen festzulegen. Darüber hinaus steuern sie die horizontale und vertikale Ausrichtung der Elemente innerhalb des Rasters. Breite und Höhe des Elements in der Zelle werden ebenfalls durch diese UI-Elemente beeinflusst.

3.3.2 FlowLayout

Das `FlowLayout` ist das Default-Layout für Container. Alle UI-Elemente in einem Container mit `FlowLayout` werden in einer Zeile dargestellt. Ist der Bereich für die Darstellung der UI-Elemente nicht breit genug, werden UI-Elemente in der nächsten Zeile dargestellt. Der Umbruch wird während der Laufzeit eingefügt. In Abbildung 3.48 sehen Sie die Eigenschaften des ROOTUIELEMENTCONTAINER bezüglich seines Layouts.

FlowLayout

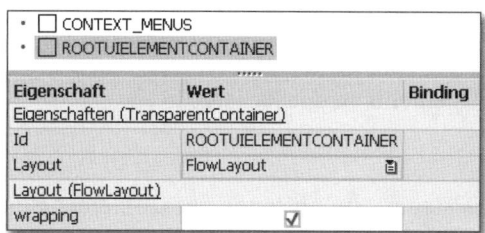

Abbildung 3.48 FlowLayout und Layout (FlowLayout)

Der Wert der Eigenschaft `Layout` ist auf `FlowLayout` gesetzt. Die Eigenschaft, die für das Layout zur Verfügung steht, hat den Namen `wrapping`. Die Ausprägung der Eigenschaft definiert, ob die UI-Elemente in die nächste Zeile umbrochen werden können oder nicht. Falls die Eigenschaft den Wert `abap_false` hat – visualisiert über eine nicht gesetzte Checkbox –, werden die UI-Elemente nicht umbrochen. Falls die Anzeigefläche zu klein ist, werden die Elemente nicht in einer Zeile angezeigt, aber es werden Blätterspalten ergänzt.

Layout (FlowLayout)

Layoutdaten (FlowData)

Die Layoutdaten-Eigenschaften zu einem UI-Element werden in den Eigenschaften des UI-Elements gesetzt. In Abbildung 3.49 sehen Sie z. B. die Eigenschaften zum UI-Element `TabStrip`.

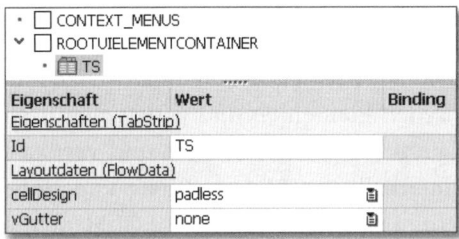

Abbildung 3.49 Eigenschaften Layoutdaten (FlowData) zu einem UI-Element

Die Eigenschaften zu den Layoutdaten, die durch das `FlowLayout` definiert werden, sind `cellDesign` und `vGutter`. Welche Eigenschaften zur Verfügung stehen, richtet sich nach der Auswahl des Layouts im übergeordneten Container.

Abstand halten und Anordnen

Generell kann das Setzen der Layoutdaten-Eigenschaften die folgenden Auswirkungen haben:

- Abstand halten zwischen den einzelnen UI-Elementen und zwischen dem UI-Element und der Rasterzelle
- horizontales und vertikales Anordnen der UI-Elemente innerhalb des Rasters
- Weite und Höhe des UI-Elements in der Rasterzelle

Eigenschaft cellDesign

Die Eigenschaft `cellDesign` steuert die Abstände des UI-Elements in einer Zelle zum Zellenrand. In Abbildung 3.50 sehen Sie die Auswirkungen der Ausprägungen `lPad`, `rPad`, `lrPad`, `lrNoPad` und `padless` auf die Abstände zum Zellenrand. l steht in einer Zelle für den Abstand des Zelleninhalts zum linken Rand, r für den Abstand zum rechten Rand, u für den Abstand zur Zellenunterkante und o für den Abstand zur Oberkante.

Die Abstände sind unter anderem dafür gedacht, dass die Inhalte aufeinanderfolgender Zellen nicht »aneinanderkleben«. In Tabelle 3.16 werden die Ausprägungen beschrieben. Wir empfehlen Ihnen, die Eigenschaft `cellDesign` auf den Wert `rPad` zu setzen, um damit einen Abstand zum rechts folgenden Element zu gewährleisten.

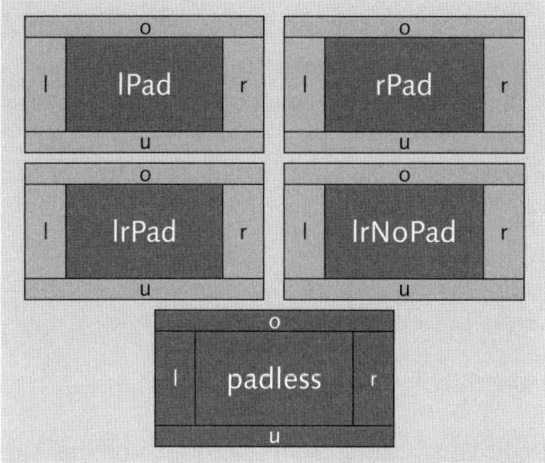

Abbildung 3.50 Ausprägungen der Eigenschaft cellDesign

Wert	Beschreibung
rPad	o = u = l = 2 Pixel r = 4 Pixel
lrNoPad	o = u = 2 Pixel l = r = 0 Pixel
lPad	o = u = r = 2 Pixel l = 4 Pixel
lrPad	o = u = 2 Pixel r = l = 4 Pixel
padless	o = u = l = r = 0 Pixel

Tabelle 3.16 Werte für die Eigenschaft cellDesign

Eigenschaft vGutter

Mithilfe der Eigenschaft vGutter können Sie einen zusätzlichen Abstand zur linken Zellkante einfügen. Zusätzlich zur Abstandsdefinition können Sie bestimmen, ob zusätzlich eine vertikale Linie (*Rule*) gezeichnet werden soll. Tabelle 3.17 beschreibt die Werte für die Eigenschaft vGutter und deren Auswirkungen auf die Visualisierung.

Wert	Beschreibung
none	kein zusätzlicher Abstand
medium	zusätzlicher Abstand von 17 Pixeln

Tabelle 3.17 Werte für die Eigenschaft vGutter

Wert	Beschreibung
mediumWithRule	zusätzlicher Abstand von 17 Pixeln mit einer vertikalen Linie
large	zusätzlicher Abstand von 31 Pixeln
largeWithRule	zusätzlicher Abstand von 31 Pixeln mit einer vertikalen Linie
xLarge	zusätzlicher Abstand von 63 Pixeln
xLargeWithRule	zusätzlicher Abstand von 63 Pixeln mit einer vertikalen Linie

Tabelle 3.17 Werte für die Eigenschaft vGutter (Forts.)

Abbildung 3.51 zeigt die Auswirkung des FlowLayout und die Ausprägung der Eigenschaft wrapping auf die UI-Element-Anordnung bei Veränderung der Breite des Browser-Fensters.

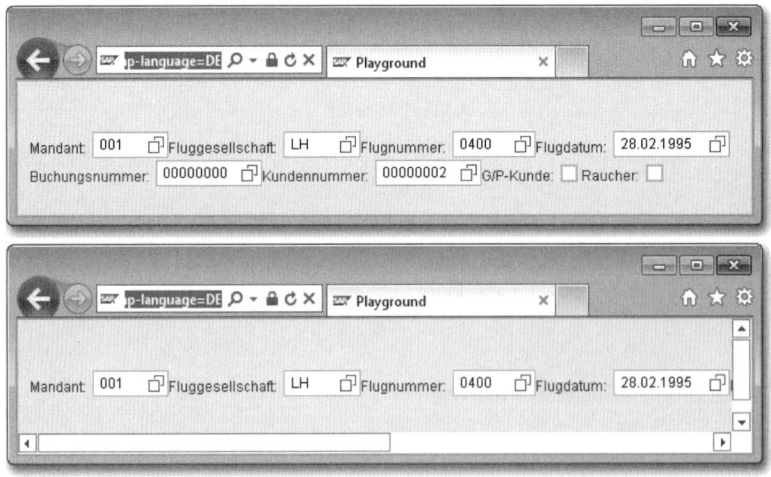

Abbildung 3.51 Auswirkung des FlowLayouts auf die Anordnung der UI-Elemente

Eigenschaft wrapping

Falls die Breite des Browser-Fensters ausreicht, werden alle Elemente in einer Zeile angeordnet. Der Wert der Eigenschaft wrapping steuert die Anordnung der Elemente, wenn der Benutzer die Breite des Browser-Fensters so verändert, dass nicht genügend Platz für alle UI-Elemente in einer Zeile zur Verfügung steht:

- Ist die Eigenschaft wrapping auf den Wert abap_true (selektierte Checkbox) gesetzt (oben in Abbildung 3.51), werden die Elemente, die nicht genügend Platz in der Zeile vorfinden, in der nächsten Zeile dargestellt.

- Ist die Eigenschaft wrapping auf den Wert abap_false (nicht selektierte Checkbox) gesetzt (unten in Abbildung 3.51), werden die Elemente in einer Zeile dargestellt, wobei Blätterleisten angeboten werden, um zu den nicht sichtbaren UI-Elementen zu blättern.

3.3.3 RowLayout

Wird dem Container das RowLayout zugeordnet, stehen im Gegensatz zum FlowLayout keine Eigenschaften für das Layout im Container zur Verfügung. Die dem Container untergeordneten UI-Elemente »erben« die Eigenschaften der Layoutdaten. Diese können die folgenden Werte annehmen:

RowData und RowHeadData

- RowHeadData sorgt für das Anordnen dieses Elements in einer neuen Zeile im Browser-Fenster und bietet Eigenschaften für die Werteausprägung der Layoutdaten an.

- RowData hängt das UI-Element in der derzeit gültigen Zeile an, stellt aber keine Eigenschaften für die Layoutdaten zur Verfügung.

Reicht die Breite des Browser-Fensters für die Visualisierung eines UI-Elements nicht aus, wird dieses in die nächste Zeile verschoben. Diese Anordnung kann auch als *Flattersatz* bezeichnet werden, da keine Ausrichtung der UI-Elemente in Spalten vorgenommen wird, wie etwa beim MatrixLayout.

Flattersatz

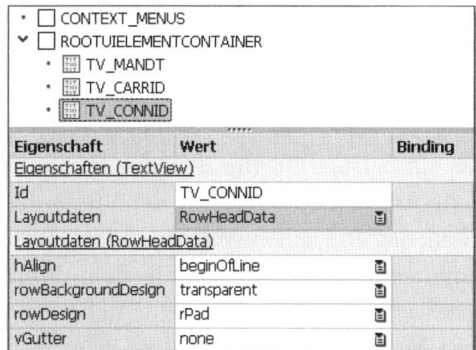

Abbildung 3.52 Eigenschaften der Layoutdaten (RowHeadData) für ein UI-Element

Falls einem UI-Element für die Layoutdaten-Eigenschaften der Wert RowHeadData zugeordnet wird, wie Sie es in Abbildung 3.52 sehen

Layoutdaten-Eigenschaften

können, stehen die Eigenschaften `hAlign`, `rowBackgroundDesign`, `rowDesign` und `vGutter` für die Layoutdaten zur Verfügung.

> **[»] Zuordnung des Wertes RowHeadData**
>
> In einem Container mit dem Layout `RowLayout` hat das erste UI-Kindelement automatisch den Layoutdaten-Wert `RowHeadData`, und dieser wird auch nicht angezeigt. Alle weiteren Elemente, die mit einer neuen Zeile beginnen, wie das Element LAYOUTDATEN in Abbildung 3.52, müssen explizit den Layoutdaten-Wert `RowHeadData` besitzen.

Eigenschaften Diese Eigenschaften haben die folgenden Bedeutungen (`vGutter` haben wir in Abschnitt 3.3.2, »FlowLayout«, besprochen):

- `hAlign`, um die horizontale Anordnung der UI-Elemente vorzunehmen, die zu dieser Zeile gehören
- `rowBackgroundDesign`, um den farbigen Hintergrund für alle Zellen dieser Zeile zu setzen
- `rowDesign`, um die Abstände des Zelleninhalts zum Zellenrand zu definieren

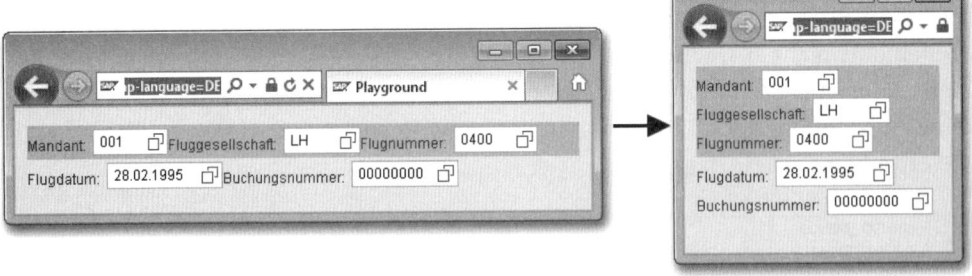

Abbildung 3.53 Auswirkung des RowLayouts auf die Anordnung der UI-Elemente

Änderung der Fensterbreite In Abbildung 3.53 sehen Sie ein Beispiel für die Anordnungsveränderung im Fall des `RowLayout` nach einer Änderung der Breite des Browser-Fensters. Die UI-Elemente sind zeilenweise orientiert. Zwei UI-Elemente haben die Layoutdaten-Eigenschaft mit dem Wert `RowHeadData` (Mandant, Flugdatum) und leiten damit eine neue Zeile ein. Für das UI-Element zum MANDANT haben wir die Eigenschaft `rowBackgroundDesign` auf den Wert `border` gesetzt und damit den Hintergrund der Zeile eingefärbt. Die restlichen UI-Elemente haben für die Layoutdaten den Wert `RowData` gesetzt. Ist die Breite des

Browser-Fensters nicht ausreichend, werden die UI-Elemente in die nächste Zeile verschoben.

3.3.4 MatrixLayout

Das `MatrixLayout` richtet die UI-Elemente in einer tabellenartigen Anordnung ein. Sie können einem Container das Layout `MatrixLayout` zuordnen, wie z. B. dem `ROOTUIELEMENTCONTAINER` in Abbildung 3.54.

Tabellenartige Anordnung

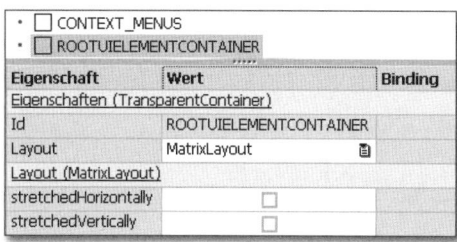

Abbildung 3.54 Layouteigenschaften von MatrixLayout

Für das `MatrixLayout` stehen die folgenden Eigenschaften zur Verfügung:

Eigenschaften

- `stretchedHorizontally` können Sie verwenden, um die UI-Elemente gleichmäßig horizontal über die Breite des Containers zu verteilen. Falls die Breite des Containers durch den Inhalt bestimmt wird, müssen Sie diese Option deaktivieren.

- `stretchedVertically` können Sie verwenden, um die UI-Elemente gleichmäßig vertikal über die Höhe des Containers zu verteilen. Falls die Höhe des Containers durch den Inhalt bestimmt wird, müssen Sie diese Option deaktivieren.

> **[!] Initialwert bei der dynamischen Programmierung beachten**
>
> Wenn wir in Kapitel 6 zur dynamischen Programmierung kommen, müssen Sie beachten, dass der Initialwert von `stretchedHorizontally` und `stretchedVertically` `abap_true` ist, im Gegensatz zum View Designer, wo der Initialwert `abap_false` ist.

Die dem Container untergeordneten UI-Elemente erben die Layoutdaten. Diese Eigenschaft kann die Werte `MatrixHeadData` und `MatrixData` annehmen, wie Sie in Abbildung 3.55 beispielhaft sehen können. Das Setzen des Wertes `MatrixHeadData` in der Layoutdaten-

MatrixData und MatrixHeadData

Eigenschaft bewirkt einen Zeilenumbruch. So wie bei `RowData` veranlasst der Wert `MatrixData`, dass das Element in derselben Zeile wie das vorherige UI-Element, aber in einer neuen Spalte platziert wird. Wenn der rechte Rand der darstellbaren Fläche erreicht ist, wird das UI-Element trotzdem platziert.

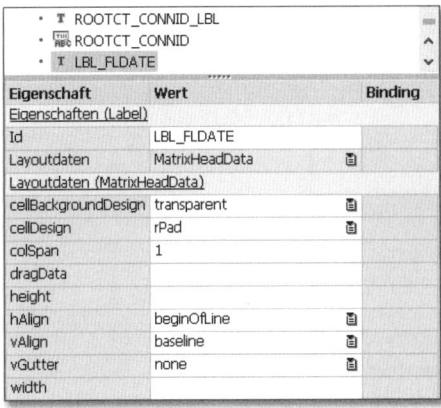

Abbildung 3.55 Eigenschaften der Layoutdaten (MatrixHeadData) zu einem UI-Element

Layoutdaten-Eigenschaften Die Anzahl der Spalten ist von vornherein nicht festgelegt, sondern ergibt sich aufgrund der maximalen Anzahl von UI-Elementen in einer Zeile innerhalb des übergeordneten Containers. Daraus ergibt sich auch, dass die Anzahl der UI-Elemente pro Zeile variieren kann. Sollte ein UI-Element über mehrere Spalten reichen, wie z. B. eine Überschrift, kann dies über die Eigenschaft `colSpan` festgelegt werden. Die Eigenschaften für `MatrixData` und `MatrixHeadData` sind identisch bis auf die Eigenschaft `dragData`, die nur für `MatrixHeadData` zur Verfügung steht. In der folgenden Aufzählung finden Sie die Eigenschaften und Erläuterungen zu den Layoutdaten:

- `cellBackgroundDesign`, um den farblichen Hintergrund für alle Zellen dieser Zeile zu setzen
- `cellDesign`, um die Abstände des Zelleninhalts zum Zellenrand zu definieren
- `colSpan`, um die Anzahl der Spalten zu definieren, die ein UI-Element im `MatrixLayout` einnimmt; dies könnte z. B. verwendet werden, um eine Überschrift über mehrere Spalten zu platzieren
- `dragData`, um die Zelle in einer Drag-&-Drop-Operation zu verwenden (siehe auch Kapitel 5, »Drag & Drop für UI-Elemente«)

- `height`, um die Höhe einer Zelle in CSS-Maßeinheiten (Cascading Stylesheets) zu definieren (siehe auch Tabelle 3.18)
- `hAlign`, um die horizontale Anordnung des UI-Elements in der Zelle vorzunehmen
- `vAlign`, um die vertikale Anordnung der UI-Elemente in der Zelle vorzunehmen
- `vGutter`, um zusätzliche Abstände zum linken Zellenrand einzufügen – mit oder ohne vertikalen Trennstrich
- `width`, um die Breite einer Zelle in CSS-Maßeinheiten zu definieren

Maßeinheit	Art	Beschreibung
em	relativ	Die Größe wird mit Bezug auf die Größe der verwendeten Schriftart gesetzt.
ex	relativ	Die Größe wird mit Bezug auf die Höhe des Kleinbuchstabens »x« in diesem Element gesetzt. Dies ist z. B. einsetzbar für die Breite von Tabellenspalten.
px	absolut	Die Angabe erfolgt in absoluten Pixelwerten. Probleme können auftreten, falls die Größe der Schrift verändert wird.
%	relativ	Die Größe wird als Prozentwert mit Bezug auf das Elternelement angegeben. Beachten Sie dabei jedoch, dass Prozentwerte im Allgemeinen nicht für Höhenwerte funktionieren.
%	relativ	Achtung: Die Prozentwerte funktionieren nicht korrekt für `ScrollContainer` und `TransparentContainer` mit `scrollingMode <> none`.

Tabelle 3.18 CSS-Maßeinheiten

In Abbildung 3.56 sehen Sie die Verwendung der Layoutdaten-Eigenschaften `cellBackgroundDesign`, `width` und `height`. Als Hintergrundfarbe wurde der Wert `border` der Layoutdaten-Eigenschaft `cellBackgroundDesign` verwendet, dadurch färbt sich der Hintergrund grau. Die Höhe der Zelle wurde mit der CSS-Maßeinheit »10ex« gesetzt und ist damit relativ zur Höhe des Kleinbuchstabens »x« der Schriftart in diesem Element. Wird die Größe der Schrift verändert, wird auch die Höhe der Zelle angepasst. Für die Breite der Zelle, d. h. die Layoutdaten-Eigenschaft `width`, wurde die Breite mit

Auswirkungen

»100px« angegeben. Dieses absolute Maß sorgt dafür, dass die Breite sich nach der Veränderung des Zelleninhalts nicht anpasst.

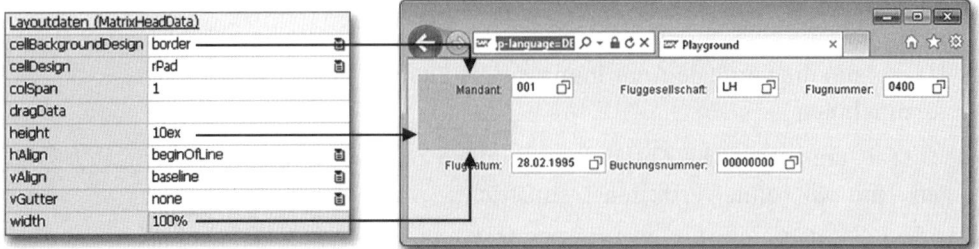

Abbildung 3.56 Verwendung der Layoutdaten-Eigenschaften im MatrixLayout und deren Auswirkungen

[»] **RowLayout oder MatrixLayout verwenden**

In der praktischen Verwendung sollten Sie das `RowLayout` dem `MatrixLayout` vorziehen. Die Implementierung des `RowLayout` ermöglicht performantere Anwendungen, und der Leistungsumfang des `RowLayout` ist ebenso mächtig wie der des `MatrixLayout`. Ziehen Sie das `RowLayout` bei horizontaler Ausrichtung des Layouts und das `MatrixLayout` bei vertikaler Ausrichtung vor.

3.3.5 GridLayout

Tabellenartige Anordnung Das `GridLayout` richtet die UI-Elemente ebenfalls in einer tabellenartigen Anordnung ein. Sie können das Layout `GridLayout` einem Container zuordnen, wie z. B. dem ROOTUIELEMENTCONTAINER in Abbildung 3.57.

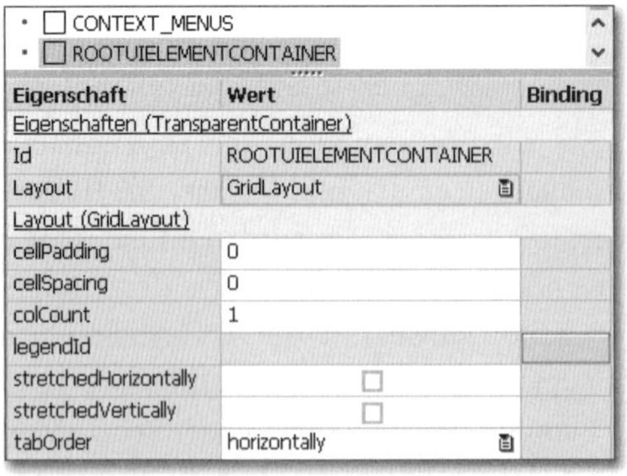

Abbildung 3.57 Layouteigenschaften von GridLayout

Beim `GridLayout` stehen die folgenden Eigenschaften zur Verfügung (wir besprechen wieder nur die noch nicht genannten Eigenschaften):

GridLayout-Eigenschaften

- `cellPadding`, um den Abstand des Zelleninhalts zur Zelle zu definieren, der dann für alle Elemente des `GridLayout` gilt (siehe Abbildung 3.58, ❷)
- `cellSpacing`, um den Abstand zwischen den Zellen zu definieren, der dann für alle Zellen des `GridLayout` gilt ❶
- `colCount`, um die Anzahl der Spalten im `GridLayout` festzulegen
- `tabOrder`, um beim Einsatz der ⇥-Taste durch den Benutzer festzulegen, ob der Fokus horizontal (Wert = `horizontally`) oder vertikal (Wert = `vertically`) zum nächsten Feld springt

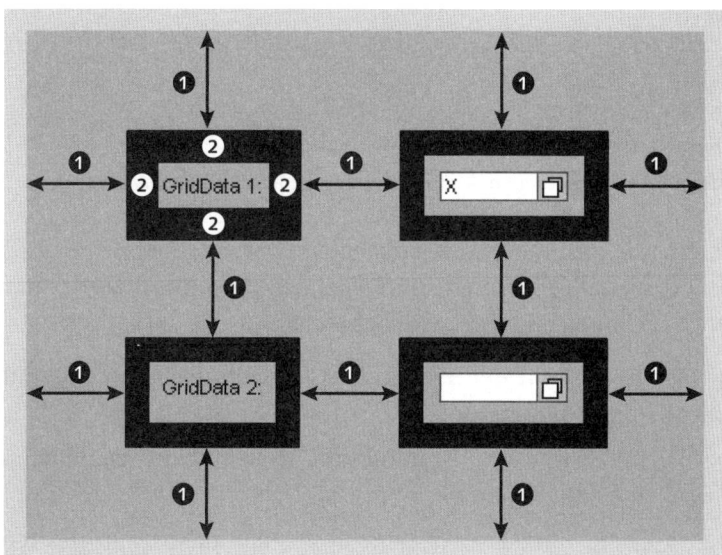

Abbildung 3.58 Wirkungsbereiche von cellPadding und cellSpacing

Im Gegensatz zu anderen Layouts existieren die Layoutdaten-Eigenschaften nicht für die zum Container zugeordneten Elemente. Deshalb können Sie auch nicht bestimmen, ob ein Element eine neue Zeile beginnt oder in der Zeile angezeigt wird.

Keine Layoutdaten

Wenn alle Zellen einer Zeile gefüllt sind, beginnt eine neue Zeile. Sobald ein Element entfernt wird, wird die Zuordnung der Elemente zu den Zellen neu berechnet. Dadurch kann es zu Verschiebungen der Elemente kommen. Soll ein Element entfernt werden, kann es durch ein UI-Element `InvisibleElement` ersetzt werden.

Zeilendefinition

Wir empfehlen Ihnen, das `GridLayout` für identisch aufgebaute Zeilen, die komplett eingefügt oder gelöscht werden, einzusetzen. In Abbildung 3.59 sehen Sie die Eigenschaften der `Layoutdaten(GridData)` zu einem UI-Element.

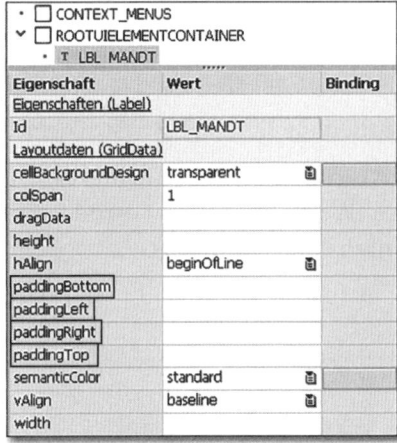

Abbildung 3.59 Eigenschaften der Layoutdaten (GridData) zu einem UI-Element

Layoutdaten-Eigenschaften

Die Eigenschaften zu den Layoutdaten werden in CSS-Maßeinheiten (siehe Tabelle 3.18) definiert. Im Folgenden führen wir wieder nur die noch nicht genannten Eigenschaften auf:

- `paddingBottom`, um den Abstand des Zelleninhalts zur unteren Zellenkante zu definieren
- `paddingLeft`, um den Abstand des Zelleninhalts zur linken Zellenkante zu definieren
- `paddingRight`, um den Abstand des Zelleninhalts zur rechten Zellenkante zu definieren
- `paddingTop`, um den Abstand des Zelleninhalts zur oberen Zellenkante zu definieren

cellPadding und cellSpacing

In Abbildung 3.60 sehen Sie die Verwendung der Layoutdaten-Eigenschaften `cellPadding`, `cellSpacing` und `colCount`. Der Abstand zwischen den Zellen wird über die Layouteigenschaft `cellPadding` mit dem Wert 20 belegt. Diese Einstellung sorgt dafür, dass um jedes angezeigte UI-Element ein Rand von 20 Pixeln definiert wird. Die Layouteigenschaft `cellSpacing` hat den Wert 20 und sorgt für den Abstand zwischen allen Zellen. Die Eigenschaft `colCount` hat den Wert 4 und legt damit fest, dass die Elemente in vier Spalten angeordnet werden.

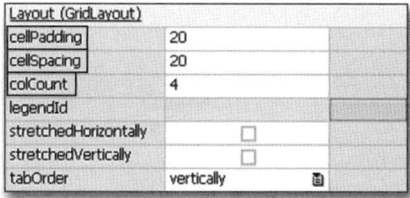

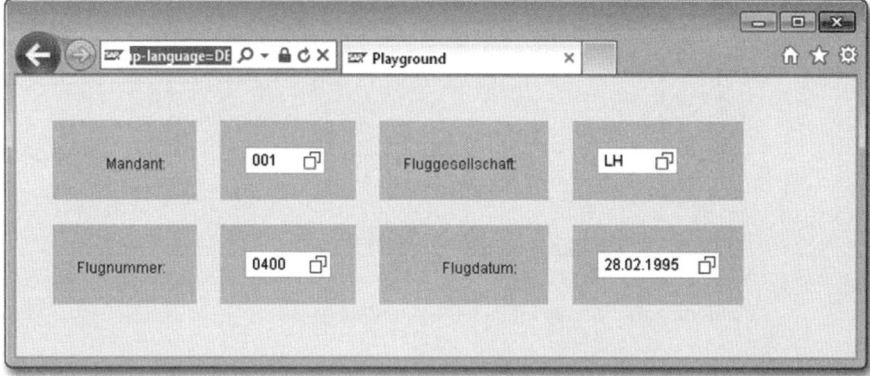

Abbildung 3.60 Verwendung der Layouteigenschaften im GridLayout

3.3.6 PageLayout

Das PageLayout dient, wie der Name bereits andeutet, dazu, eine Webseite komplett zu gestalten – und zwar so, wie Sie es z. B. von einer Buchseite gewohnt sind. Diese Seite hat z. B. einen Kopf- und Fußbereich, Seitenränder, Marginalien und einen Textbereich, also spezifische Bereiche für bestimmte Aufgaben.

Bevor Sie mit der Gestaltung eines Views mit dem PageLayout beginnen können, müssen Sie, im Gegensatz zu den bisher verwendeten Layouts, das Root-Element austauschen. Dazu verwenden Sie das Kontextmenü des ROOTUIELEMENTCONTAINERS und wählen den Menüeintrag ROOT-ELEMENT AUSTAUSCHEN. Im Dialog ELEMENT ANLEGEN wählen Sie den Eintrag PageLayout. Damit haben Sie das PageLayout für den View festgelegt.

Root-Element austauschen

Ein PageLayout hat neun Bereiche, die auch als *Panels* bezeichnet und mithilfe des Kontextmenüs eingefügt werden. Sie beeinflussen das Layout der separaten Seitenbereiche. In Abbildung 3.61 haben wir zusätzlich zu den Bereichen die verwendeten Panel-Typen angeführt, die dem Panel beim Anlegen eines bestimmten Bereichs automatisch zugeordnet werden.

Bereiche (Panels)

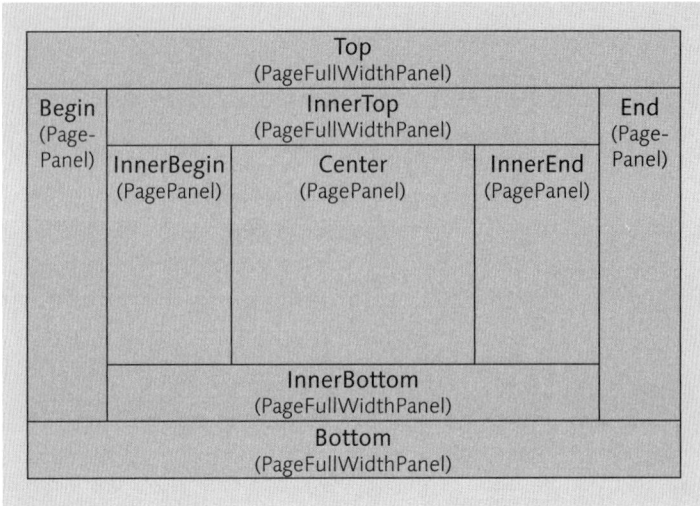

Abbildung 3.61 PageLayout Panels – Anordnung

PagePanel, PageFullWidthPanel
Der Unterschied zwischen dem `PagePanel` und dem `PageFullWidth-Panel` besteht darin, dass das `PageFullWidthPanel` die Eigenschaft `width` nicht besitzt, da der Wert dieser Eigenschaft immer 100 % beträgt.

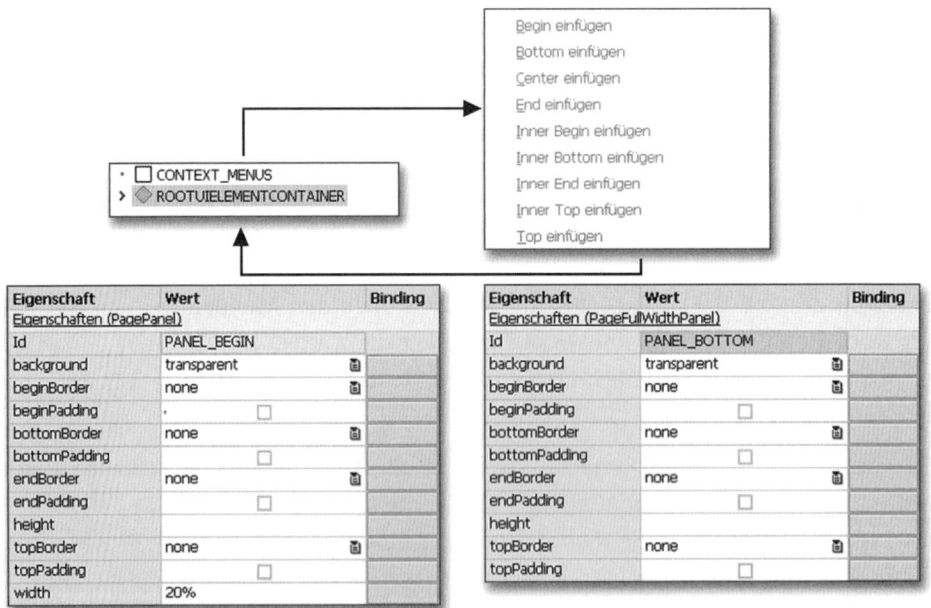

Abbildung 3.62 PageLayout Panels anlegen

Die Eigenschaften der PagePanels (siehe Abbildung 3.62) lassen sich hinsichtlich der Werteausprägungen in drei Gruppen zusammenfassen:

Eigenschaften des PagePanels

- die erste Gruppe mit den Ausprägungen der Eigenschaft background, die die Hintergrundfarbe beeinflussen:
  - fill: Das Panel wird farblich hervorgehoben.
  - plain: Das Panel wird in weißer Farbe dargestellt.
  - transparent: Die Farbe des Panels richtet sich nach der Hintergrundfarbe.
- die zweite Gruppe mit den Ausprägungen der Eigenschaften beginBorder, bottomBorder, endBorder und topBorder, die die Verwendung eines Rahmens definieren:
  - closure: Für die Seite des Panels wird ein Rahmen gezeichnet (top = oben, end = rechts etc.).
  - None: Es wird kein Rahmen auf der Seite verwendet.
- die dritte Gruppe mit den Eigenschaften beginPadding, bottomPadding, endPadding und topPadding, die den Abstand zwischen Rand und UI-Element bestimmen

> **UI-Element für jedes Panel** [!]
>
> Achten Sie darauf, dass jedes verwendete Panel ein Kind-UI-Element besitzt, da ansonsten ein Laufzeitfehler auftritt. Das SAP-Beispielprogramm DEMO_PAGE_LAYOUT können Sie als Kopiervorlage verwenden.

3.3.7 FormLayout

Das FormLayout erinnert sehr stark an das Layout einer Zeitungsseite, die in Spalten angeordnet ist. Springen Sie mit dem Tabulator von UI-Element zu UI-Element, erfolgt dies innerhalb einer Spalte von oben nach unten – ist das letzte UI-Element in der Spalte erreicht, springen Sie in die nächste Spalte.

Zeitungsseite

In Abbildung 3.63 sehen Sie acht Spalten, in denen unterschiedliche UI-Elemente angeordnet sind. Wir haben die für die Gestaltung wichtigen Layoutdaten der UI-Elemente hier angegeben und werden sie im Folgenden beschreiben.

Spaltenorientierung

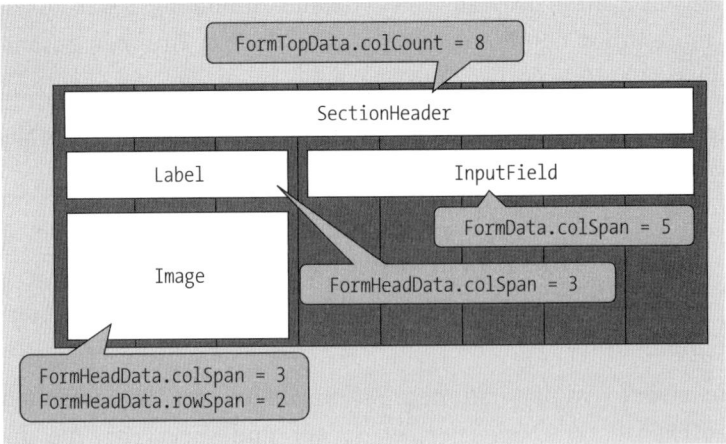

Abbildung 3.63 Layout und Layoutdaten FormLayout

FormTopData

Um mit einem UI-Element eine neue Spalte beginnen zu lassen, verwenden Sie `FormTopData` und für die Layouteigenschaft den Wert Layoutdaten. Als Standardeinstellung besitzt das erste UI-Element im Container bereits diese Eigenschaft (siehe Abbildung 3.64).

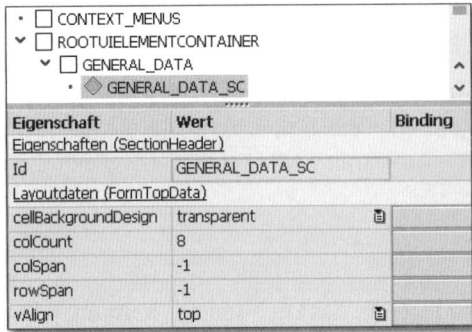

Abbildung 3.64 FormTopData

Spaltenanzahl Mit jeder Spalte wird ein unsichtbares Raster mit der Anzahl an Spalten definiert, die in der Layoutdaten-Eigenschaft `colCount` festgelegt ist. Defaultmäßig wird die Zahl 8 zugeordnet. Man spricht in diesem Fall von einem *8:1-Layout*, was bedeutet, dass eine Hauptspalte mit acht Unterspalten definiert wird. Weitere Layouts sind 16:1 und 16:2. Die Eigenschaften `colSpan` und `rowSpan` definieren, wie viele Spalten bzw. Zeilen das UI-Element im Layout umfassen sollte.

Die Berechnung der Spalten für das 8:1-Layout veranschaulichen wir Ihnen anhand eines Beispiel mit einem `Label`-Element und zwei `InputFields` (siehe auch Abbildung 3.65).

Spaltenalgorithmus

1. Reservieren Sie die drei ersten Spalten für die Darstellung des Labels.
2. Die restlichen Spalten (8 – 3 = 5) werden auf die restlichen UI-Elemente in der Zeile, also die zwei `InputFields`, aufgeteilt:
   - Dividieren Sie ganzzahlig die Anzahl der Spalten durch die Anzahl der UI-Elemente (z. B. zwei `InputFields` für fünf Spalten macht zwei Spalten mit einer Spalte Rest).
   - Addieren Sie von links beginnend zu jedem UI-Element eine Spalte von den Restspalten. Da wir eine Spalte übrig hatten, wird dem ersten `InputField` eine Spalte zugerechnet. Es hat insgesamt also drei Spalten. Das zweite `InputField` geht leer aus, da keine Restspalte mehr übrig ist, und verteilt sich auf zwei Spalten.

Das `FormLayout` kann mit dem `GridLayout` verglichen werden, denn genauso wie beim `GridLayout` können Sie die Spannbreite eines UI-Elements mithilfe der Layoutdaten-Eigenschaft `colSpan` definieren.

FormHeadData, FormData

Das `FormLayout` kann auch mit dem `MatrixLayout` verglichen werden, da mithilfe des Layoutdaten-Wertes `FormHeadData` eine neue Zeile gestartet und ansonsten der Wert `FormData` für ein UI-Element in derselben Zeile verwendet wird.

Besonderheiten

Eine Besonderheit beim `FormLayout` ist, dass Inhalte, die breiter als eine Spalte sind, abgeschnitten werden. Falls es dazu kommt, wird mit drei Auslassungspunkten (Ellipse) angedeutet, dass Inhalte beschnitten wurden. Als guter Stil hat sich herauskristallisiert, mithilfe des `tooltip` die vollständigen Informationen anzuzeigen.

Beschneiden von Inhalten

Muss-Felder werden durch einen roten Asterisk rechts neben dem Label gekennzeichnet. Ist die Breite einer Spalte zu gering, wird dieser Asterisk abgeschnitten. Ein möglicher Ausweg aus diesem Dilemma ist es, den URL-Parameter `WDUIGUIDELINE=GL20` zu verwenden, der den Asterisk auf die linke Seite des Labels verschiebt.

Muss-Felder

Einschränkungen Die folgenden Einschränkungen gelten für das UI-Element `FormLayout`:

- Es dürfen keine aktiven UI-Elemente verwendet werden.
- Die Layoutdaten-Eigenschaft `vAlign` muss den Wert `top` haben.
- Die Eigenschaft `width` der UI-Elemente muss auf 100 % eingestellt sein. Im View-Designer wird dieser Wert automatisch den UI-Elementen zugeordnet – das müssen Sie bei der dynamischen Programmierung berücksichtigen.
- In der dynamischen Programmierung muss das erste UI-Element im Container die Layoutdaten `FormTopData` besitzen.

3.3.8 FormLayoutAdvanced

Kaskadierende Darstellung Die Idee des `FormLayoutAdvanced` besteht darin, die Anordnung in Spalten über Container-Grenzen hinweg zu ermöglichen. Darüber hinaus ist es mit diesem Layout möglich, UI-Elemente über mehrere Zeilen kaskadieren zu lassen. In Abbildung 3.65 sehen Sie ein Beispiel für die Kombination dieser beiden Aspekte. Im Panel BACK TO SCHOOL, das das Layout `FormLayoutAdvanced` besitzt, werden zwei `LayoutContainer` (LC_LEFT und LC_RIGHT) mit dem Layout `FormLayoutAdvanced` definiert: Im linken Bereich werden drei Bilder kaskadierend nach unten dargestellt und im rechten Bereich kaskadierend nach oben. Damit diese Art der Anordnung funktioniert, müssen Elemente für Zwischenräume definiert werden, die die Layoutzeilen komplettieren.

Abbildung 3.65 FormLayoutAdvanced – Beispiel

Um das Layout `FormLayoutAdvanced` verwenden zu können, müssen Sie dem Container zunächst dieses Layout zuordnen (siehe Abbildung 3.66).

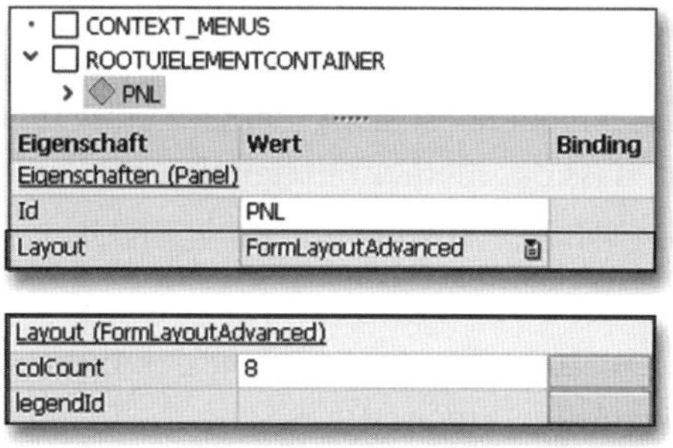

Abbildung 3.66 Container mit Layout FormLayoutAdvanced

Eigenschaften von `FormLayoutAdvanced` sind `colCount` sowie `FormTopData` und `legendID`, womit ein Bezug zu einem möglichen Legend-UI-Element hergestellt werden kann. In unserem Beispiel sind acht Spalten definiert. Diese sollten nun zu gleichen Teilen auf zwei Container aufgeteilt werden. Dazu legen Sie zwei `LayoutContainer` im Panel an, `LC_LEFT` und `LC_RIGHT`, und ordnen diesen ebenfalls das Layout `LayoutContainer` zu (siehe Abbildung 3.67). Für die UI-Elemente im Container steht nun die Layoutdaten-Eigenschaft `FormDataAdvanced` zur Verfügung.

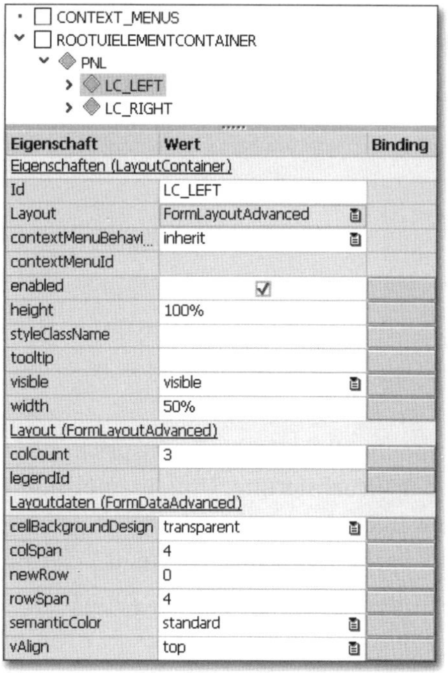

colCount, legendID

Abbildung 3.67 Subcontainer mit FormLayoutAdvanced

Die Eigenschaften von FormDataAdvanced sind Ihnen größtenteils schon bekannt. Noch nicht vorgestellt haben wir die Eigenschaft newRow, die angibt, wie viele Leerzeilen vor dem Element eingefügt werden. Der Wert 0 bedeutet, dass das Element in der gleichen Zeile angeordnet wird, der Wert 1, dass es in die nächste Zeile rückt.

Die Eigenschaft rowSpan definiert die Höhe einer Zeile, basierend auf den Zeilen, die umfasst werden. Zum Beispiel bedeutet der Wert 4, dass das UI-Element Panel vier Zeilen umfasst.

> [!] **Keine automatische Höhenanpassung**
> Die Höhe der Layoutzelle passt sich *nicht* automatisch an die Höhe des UI-Elements an wie bei anderen Layouts. Deshalb müssen Sie die Höhe in rowSpan angeben, falls nötig.

- Die Eigenschaft semanticColor legt die Hintergrundfarbe für das UI-Element fest.
- Die Eigenschaft vAlign legt die vertikale Positionierung des UI-Elements in der Layoutzelle fest.

Unterhalb des UI-Elements LayoutContainer ordnen Sie die weiteren UI-Elemente an, die Sie im Layout darstellen möchten. Wir haben vier UI-Elemente zugeordnet, wie Sie in Abbildung 3.68 sehen können.

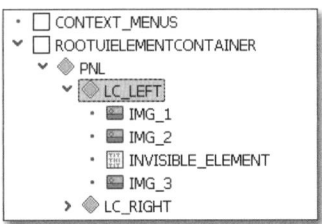

Abbildung 3.68 Anordnung der UI-Elemente im LayoutContainer

Zellenanordnung Die Anordnung der UI-Elemente im View Designer entspricht nicht unbedingt der Anordnung in der Visualisierung. Um die Anordnung im View-Designer passend zu wählen, ist es hilfreich, sich vorzustellen, wie die Layoutzeilen und Spalten von links startend Zelle für Zelle befüllt werden. Sehen wir uns die Ausprägungen zu den oben gezeigten UI-Elementen in Abbildung 3.69 genauer an.

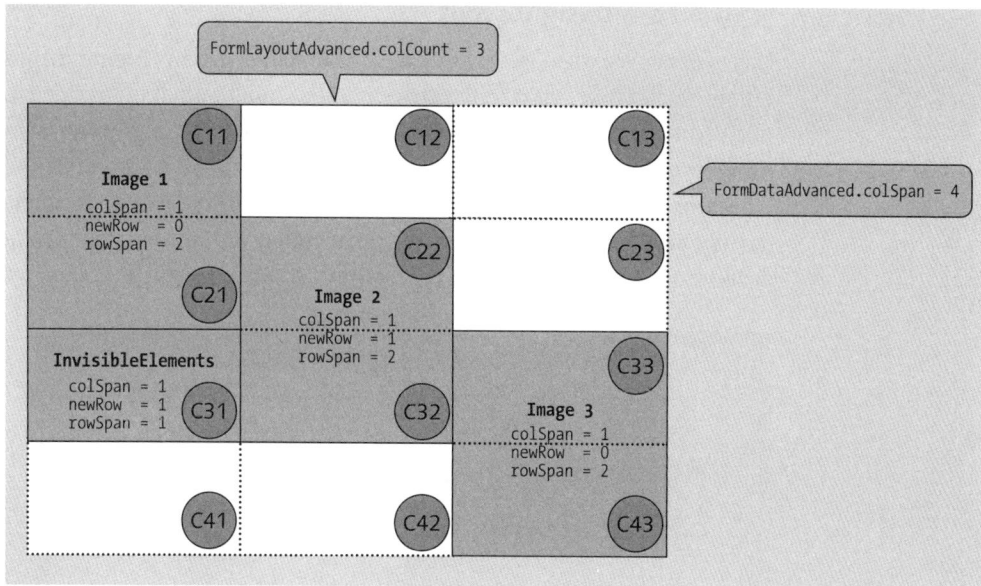

Abbildung 3.69 Anordnung der UI-Elemente im linken Container

Zuerst wird das Image 1 mit einer Spaltenbreite (colSpan = 1) und zwei Zeilen Höhe (rowSpan = 2) in die Zellen C11 und C21 eingefügt. Als Nächstes soll ein weiteres Bild eine Zeile nach unten kaskadiert eingefügt werden. Daher wird im LayoutContainer Image 2 mit den gleichen Eigenschaften wie Image 1 eingefügt, nur dass newRow nun den Wert 1 erhält, was dazu führt, dass das Bild um eine Zeile nach unten rutscht (Zellen C12 und C32).

Würden Sie nun versuchen, mit dem dritten Bild das gleiche Verfahren für die Kaskadierung zu verwenden, würden Sie scheitern, da unterhalb des Images 1 eine leere Zelle entstanden ist (C31). Sie müssen zuerst diese leere Zelle mit einem UI-Element »befüllen«, z. B. einem InvisibleElement. Die Eigenschaft newRow erhält den Wert 1, sodass das InvisibleElement hinter Image 2 im View Designer platziert, also relativ zu diesem in Zelle C23 eingefügt würde. Durch den Eigenschaftswert 1 wird das InvisibleElement allerdings in die nächste Zeile verschoben, und somit sind die Zellen C31 und C32 eingefügt. Image 3 wird, wie gewünscht, in die Zellen C33 und C43 kaskadiert. Für ein komplexeres Beispiel empfehlen wir Ihnen die Analyse des Layouts der Component WDR_TEST_FORM_LAYOUT_ADV.MAIN.

3.3.9 FormDesignLayout

Das `FormLayoutDesign` stellt die unterschiedlichen Elemente in einem Raster dar, das sehr stark an eine Tabellenkalkulation erinnert. Mit automatisch generiertem Zeilenindex und Spaltenbezeichnungen präsentiert dieses Layout auch optisch bereits vorgefertigte UI-Elemente. Die Gestaltung innerhalb des Rasters ist frei definierbar (siehe Abbildung 3.70). Von Einzelzellen bis hin zu Zellen, die größere Bereiche umfassen, ist gestalterisch alles möglich.

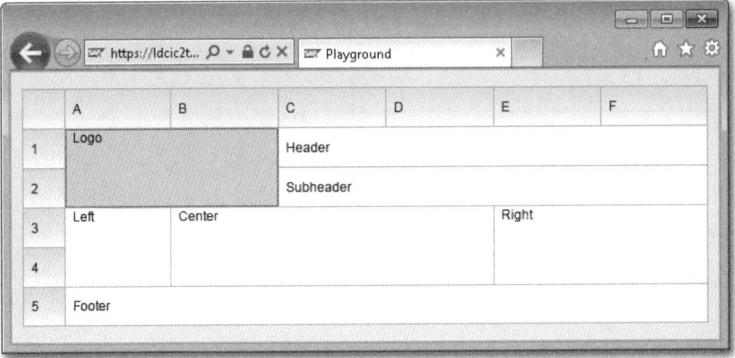

Abbildung 3.70 FormDesignLayout

Interaktivität Das Layout bietet zusätzlich zu den gestalterischen Aspekten Funktionen zu Interaktivität. Diese umfassen z. B. ein farbliches Hervorheben von Einzelzellen und miteinander verknüpften Zellen, eine Selektion einer oder mehrerer Zellen und einen Drop auf eine Zelle.

Abbildung 3.71 FormDesignLayout im ViewDesigner

Eigenschaften

Möchten Sie dieses Layout verwenden, müssen Sie dem Container das `FormDesignLayout` zuweisen. Als Standardeinstellung werden zehn Zeilen mit einer Indexspalte eingefügt, die die Zeilen von 1 bis 10 nummeriert. Die Anzahl der Zeilen kann mit der Eigenschaft `rowCount` geändert werden. Wie aus Abbildung 3.71 hervorgeht, haben wir auf fünf Zeilen umgestellt, um das Beispiel aus Abbildung 3.70 zu erzeugen.

rowCount

Aufteilung, Anordnung und Definition der Elemente im Layout erfolgen einerseits über die Auswahl der Layoutdaten und andererseits über die Ausprägung ihrer Eigenschaften. In Abbildung 3.72 haben wir ein einfaches Beispiel für das Layout `FormDesignLayout` mit zwei Spalten und drei Zeilen definiert. Sie beginnen die Gestaltung des Layouts immer mit den Layoutdaten `FormDesignTopData` zu einem UI-Element, gefolgt von den Layoutdaten `FormDesignData`. Im `FormDesignTopData` legen Sie über die Eigenschaft `colCount` die Anzahl der Spalten des Layouts fest. Über die Eigenschaft `colSpan` definieren Sie, wie viele Spalten und Zeilen das UI-Element umfassen sollte.

FormDesign-TopData

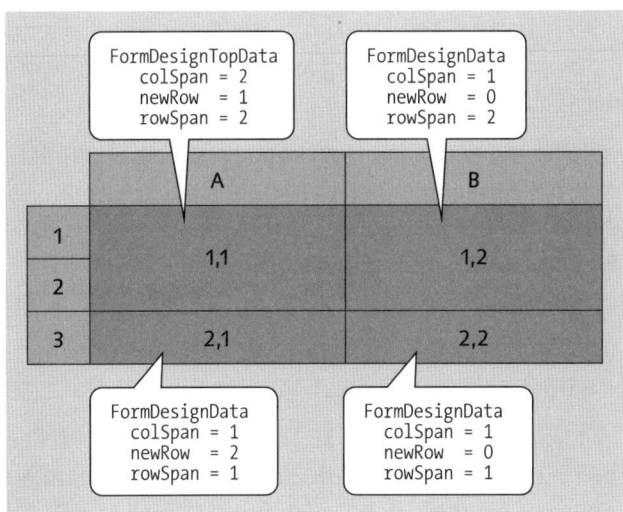

Abbildung 3.72 FormDesignLayout mit den Layoutdaten FormDesignTopData und FormDesignData

Für das nächste UI-Element mit den Layoutdaten `FormDesignData` legen Sie wiederum die Werte für die Eigenschaften `colCount` und `rowCount` fest. Zusätzlich besitzt es die Eigenschaft `newRow`, um auf eine neue Zeile zu springen und dort das UI-Element anzuzeigen.

FormDesignData

Das Vorgehen beim Belegen der Layoutdaten-Eigenschaftswerte ist identisch mit dem Vorgehen beim Layout `FormLayoutAdvanced`.

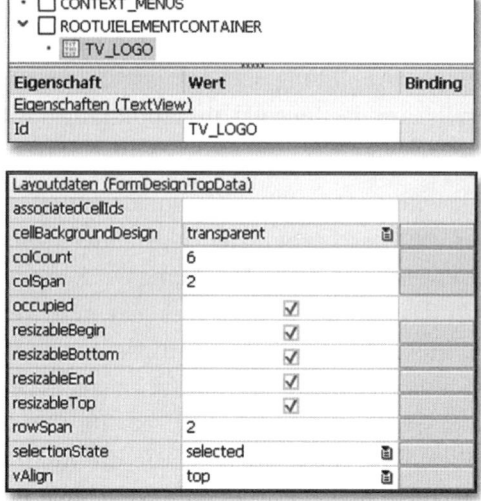

Abbildung 3.73 FormDesignTopData

In Abbildung 3.73 ist die Attribuierung des ersten UI-Elements (`TextView`) im Layout für unser Beispiel dargestellt. Das Layout wurde mit sechs Spalten definiert.

associatedCellIds
: Mit der Eigenschaft `associatedCellIds` können Sie eine Verknüpfung zu anderen UI-Elementen im Layout herstellen. Fährt der Benutzer mit der Maus über das Layout, werden die Zellen im Fokus und deren verknüpfte Zellen optisch hervorgehoben.

occupied
: Mit der Eigenschaft `occupied` können Sie verhindern (Wert = `abap_true`), dass eine Drop-Operation auf das UI-Element ausgeführt werden kann. Dies wird dem Benutzer durch ein Icon angezeigt.

resizableX
: Die `resizableX`-Eigenschaften zeigen an, ob die Größe der Zellen durch ein Ziehen am Zellrand mit gedrückter Maustaste verändert werden kann (Wert = `abap_true`). Dies können Sie für jeden Rand separat angeben.

selectionState
: Die Eigenschaft `selectionState` dient zur Beeinflussung der Selektierbarkeit des UI-Elements und deren Darstellung. Falls der Wert auf `notSelectable` gesetzt wird, kann das Element nicht ausgewählt werden und wird auch optisch beim Mouseover nicht hervorgehoben. Falls der Wert `notSelected` gesetzt wird, ist die Zelle prinzipiell

selektierbar, wird jedoch nicht selektiert dargestellt. Falls der Benutzer mit der Maus über die Zelle fährt, wird sie optisch hervorgehoben. Falls Sie den Wert `selected` verwenden, wird die Zelle selektiert dargestellt.

[«]

Selektion von Zellen

Die Selektion einer einzelnen Zelle erfolgt durch einen Mausklick auf diese Zelle. Zur Selektion mehrerer Zellen drücken Sie dabei die [Strg]-Taste.

newRow

Die `FormDesignData` bietet noch die zusätzliche Eigenschaft `newRow` an, um auf eine neue Zeile zu wechseln (siehe Abbildung 3.74). Der Wert von `newRow` hängt davon ab, wie viele Zeilen übersprungen werden müssen. In Abbildung 3.74 ist das der Wert 1 für das Element `TV_BORDER_LEFT`, und für das UI-Element `TV_FOOTER` wurde der Wert von `newRow` auf 2 gesetzt.

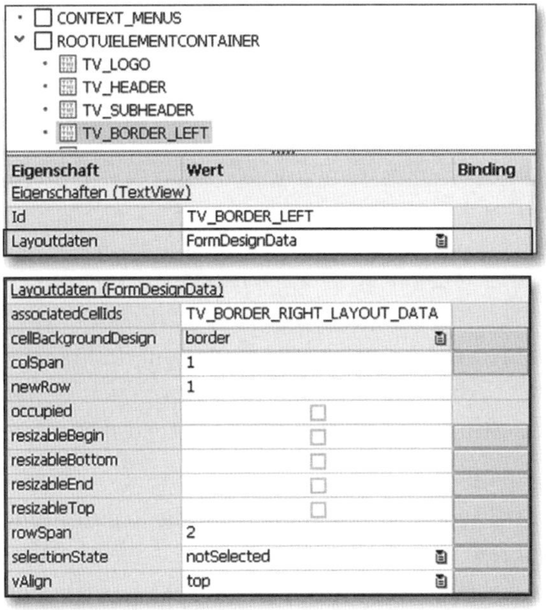
CONTEXT_MENUS
ROOTUIELEMENTCONTAINER
TV_LOGO
TV_HEADER
TV_SUBHEADER
TV_BORDER_LEFT
Eigenschaft
Wert
Binding
Eigenschaften (TextView)
Id
TV_BORDER_LEFT
Layoutdaten
FormDesignData
Layoutdaten (FormDesignData)
associatedCellIds
TV_BORDER_RIGHT_LAYOUT_DATA
cellBackgroundDesign
border
colSpan
1
newRow
1
occupied
resizableBegin
resizableBottom
resizableEnd
resizableTop
rowSpan
2
selectionState
notSelected
vAlign
top

Abbildung 3.74 FormDesignData

[!]

Übereinstimmung von Indexspalte und Zeilenzahl

Wenn die Zeilen des Layouts nicht exakt an der Indexspalte ausgerichtet sind, haben Sie zu wenige Zeilen (Summe der `colSpan`) definiert.

3 | Container und Layouts

Ereignisse

onSelect, onDrop, onCellResize

Auf den ersten Blick werden Sie keine Möglichkeit entdecken, Ereignisse für das Layout zu definieren. Nur durch dynamische Programmierung ist es möglich, `onSelect`, `onDrop` und `onCellResize` mit Aktionsbehandlern zu unterstützen (siehe Listing 3.5).

```
METHOD wddomodifyview.
  IF first_time = abap_true.
    DATA(lo_root) = CAST cl_wd_transparent_container(
      view->get_element( id = 'ROOTUIELEMENTCONTAINER' ) ).
    DATA(lo_layout) = CAST cl_wd_form_dsgn_layout(
      lo_root->get_layout( ) ).
    lo_layout->set_on_cell_resize( value = 'CELL_RESIZE' ).
    lo_layout->set_on_drop( value = 'DROP' ).
    lo_layout->set_on_select( value = 'SELECT' ).
  ENDIF.
ENDMETHOD.
```

Listing 3.5 Dynamisches Registrieren von Aktionsbehandlern

Behandlerregistrierung

In der Methode `wdmodifyview` wird die Registrierung der Aktionsbehandler durchgeführt. Zuerst ermitteln wir die Referenz auf das Root-Element, das in unserem Beispiel das `FormDesignLayout` besitzt.

[»] **Syntaxneuerungen in ABAP 7.4**

Mit dem Release SAP NetWeaver 7.4 wurde ABAP stark beschleunigt. Implizite Datendeklarationen (`DATA( )`, `CAST typ`) und konkatinierte Aufrufe sind nur einige Beispiele dafür, die wir in diesem Buch einsetzen werden.

Ausgehend vom Root Element, ermitteln wir das Layout mithilfe der Methode `get_layout( )`, die eine Referenz vom Typ `cl_wd_layout` liefert und daher ein Casting auf den Zieltyp `cl_wd_form_dsgn_layout` erfordert.

set_on_x( )

Nach der Ermittlung der Layoutreferenz können wir die Registrierung der Behandler durchführen. Voraussetzung dafür ist, dass bereits Aktionen definiert sind, wie z. B. `SELECT`, `DROP` und `CELL_RESIZE`. Das Layoutobjekt stellt die Methoden `set_on_[cell_resize|drop|select]( )` für die Registrierung zur Verfügung. Nachdem wir diese Pflichtübung absolviert haben, stehen die Behandlermethoden für die Implementierung der Anforderungen zur Verfügung.

Schnittstellenparameter

Die Schnittstellenparameter für die Behandlermethoden stehen noch aus und sind in Abbildung 3.75 zu sehen.

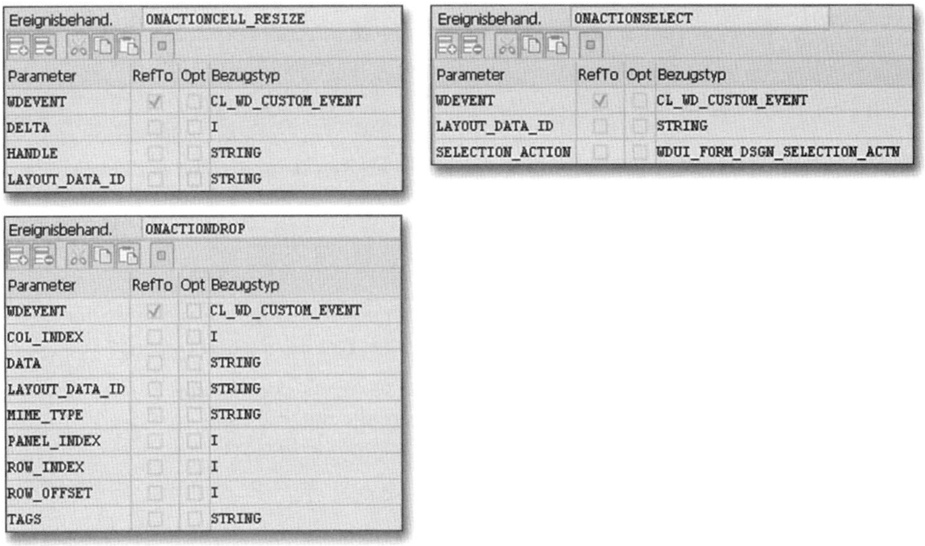

Ereignisbehand.	ONACTIONCELL_RESIZE		
Parameter	RefTo	Opt	Bezugstyp
WDEVENT	✓		CL_WD_CUSTOM_EVENT
DELTA			I
HANDLE			STRING
LAYOUT_DATA_ID			STRING

Ereignisbehand.	ONACTIONSELECT		
Parameter	RefTo	Opt	Bezugstyp
WDEVENT	✓		CL_WD_CUSTOM_EVENT
LAYOUT_DATA_ID			STRING
SELECTION_ACTION			WDUI_FORM_DSGN_SELECTION_ACTN

Ereignisbehand.	ONACTIONDROP		
Parameter	RefTo	Opt	Bezugstyp
WDEVENT	✓		CL_WD_CUSTOM_EVENT
COL_INDEX			I
DATA			STRING
LAYOUT_DATA_ID			STRING
MIME_TYPE			STRING
PANEL_INDEX			I
ROW_INDEX			I
ROW_OFFSET			I
TAGS			STRING

Abbildung 3.75 Schnittstellenparameter für Aktionsbehandler FormDesignLayout

In Tabelle 3.19 bis Tabelle 3.21 erläutern wir die Bedeutung der Parameter und deren mögliche Verwendung in den Implementierungen der Aktionsbehandler.

Parameter	Beschreibung
wdevent	Standardereignisobjekt
delta	Der Parameter delta liefert einen Wert größer 0 bzw. kleiner 0, je nachdem, ob die Zelle vergrößert oder verkleinert wird.
handle	Der Parameter handle liefert die Information, welche Seite von der Größe her verändert wurde (BEGIN, END, TOP, BOTTOM).
layout_data_id	Der Parameter layout_data_id liefert die ID der Zelle, deren Größe verändert wurde.

Tabelle 3.19 Aktionsbehandler ONACTIONCELL_RESIZE

Parameter	Beschreibung
wdevent	Standardereignisobjekt
data	Der Parameter data enthält die Daten aus dem Drag-Objekt.

Tabelle 3.20 Aktionsbehandler ONACTIONDROP

Parameter	Beschreibung
tags	Der Parameter tags enthält die Daten aus dem Drag-Objekt.
col_index	Der Parameter col_index enthält die Information zum Spaltenindex der Zelle, die Ziel der Drop-Aktion ist.
layout_data_id	Der Parameter layout_data_id liefert die ID der Zelle, deren Größe verändert wurde.
mime_type	Die Eigenschaft mimeType definiert die Art der Daten, die an das Ziel übertragen werden.
panel_index	Das FormDesignLayout kann mehrere Panel-Elemente besitzen, die durch jeweils ein FormDesignTopData eingeleitet werden. Damit liefert der Parameter panel_index die Information, welches Panel betroffen ist.
row_index	Der Parameter row_index enthält die Information zum Spaltenindex der Zelle, die Ziel der Drop-Aktion ist.
row_offset	Der Parameter row_offset enthält die Information, ob ein Drop aus dem Parameter row_index vor oder nach einer Zeile ausgeführt wurde. Falls die angegebene Zeile Ziel des Drops war, hat row_offset den Wert 0, falls die Zeile davor das Ziel war, hat er den Wert -1, falls der Drop auf die Zeile danach fiel, hat er den Wert 1.
tags	Der Parameter tags enthält die Tags, die von der DragSource geliefert werden.

Tabelle 3.20 Aktionsbehandler ONACTIONDROP (Forts.)

Parameter	Beschreibung
wdevent	Standardereignisobjekt
layout_data_id	Der Parameter layout_data_id liefert die ID der Zelle, deren Größe verändert wurde.
selection_action	Der Parameter selection_action gibt die Art der Selektion an. Eine Einfachselektion hat den Wert 00, eine Mehrfachselektion den Wert 01. Der Parameter ist mit dem Datenelement WDUI_FORM_DSGN_SELECTION_ACTN typisiert.

Tabelle 3.21 Aktionsbehandler ONACTIONSELECT

Kontextmenü

Das Kontextmenü ermöglicht es, Funktionen für die Benutzer zellengenau anzubieten. In Abbildung 3.76 sehen Sie einen Kontextmenüeintrag, der die ID der Zelle ausgibt.

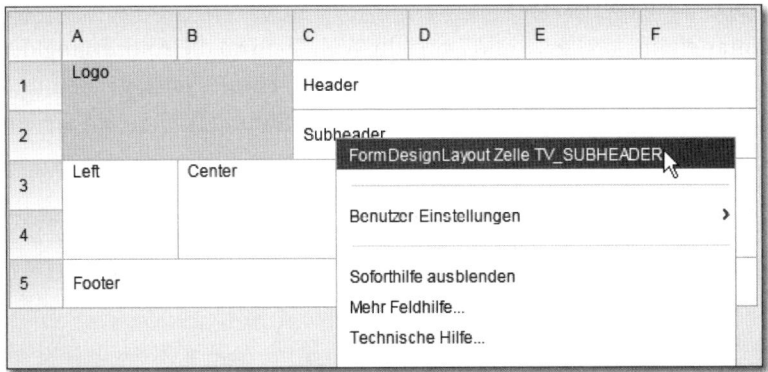

Abbildung 3.76 Kontextmenü FormDesignLayout

Um das Menü aufzubauen, können Sie wie in Listing 3.1 vorgehen.

```
METHOD wddooncontextmenu.
* Menü dynamisch anlegen
 menu = cl_wd_menu=>new_menu(
   id    = 'CM1'
   title = `FORMDESIGNLAYOUT` ).
* Menüitem erzeugen
 DATA(lr_menu_item) = cl_wd_menu_action_item=>new_menu_
action_item(
   id = 'CM1_CMI1'
   text = `FormDesignLayout Zelle ` &&
          context_menu_event->originator->id
   on_action = 'CM1' ).
* Item zum Menü ergänzen
 menu->add_item( lr_menu_item ).
ENDMETHOD.
```
Listing 3.6 Dynamisches Menü

Zuerst erzeugen Sie dynamisch ein Menü, das Sie über den Parameter menu zurückliefern. Dann erzeugen Sie einen Menüeintrag. In unserem Beispiel wird die ID der betroffenen Zelle `context_menu_event->originator->id` für die Bezeichnung des Menüeintrags verwendet. Zu guter Letzt wird noch der Menüeintrag zum Menü ergänzt.

Kontextmenü

Ihr SAP-System stellt Beispielkomponenten bereit, die Ihnen ein detailliertes Studium ermöglichen. Schauen Sie sich die Component `WDR_TEST_FORMDSGNLAYOUT[_2]` an.

3.3.10 RasterLayout

RasterLayout — Unter einem `RasterLayout` versteht Web Dynpro die Anordnung der Oberflächenelemente innerhalb eines Rasters mit gleich großen und gleichmäßig verteilten Rasterzellen. In Abbildung 3.77 sehen Sie ein einfaches Beispiel für die Rasteranordnung.

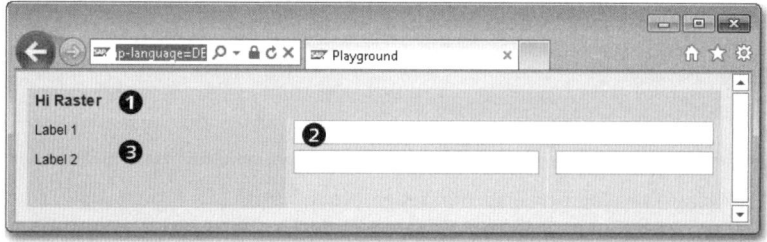

Abbildung 3.77 RasterLayout

Rasteranordnung — Wir haben das `RasterLayout` verwendet, um die UI-Elemente `SectionHeader` ❶, `Input Field` ❷ und `TextView` ❸ mit unterschiedlichen Breiten, aber in Zeilen und Spalten über die Gesamtbreite des Containers anzuordnen. Dabei können die Zellen individuelle Breiten und Höhen annehmen.

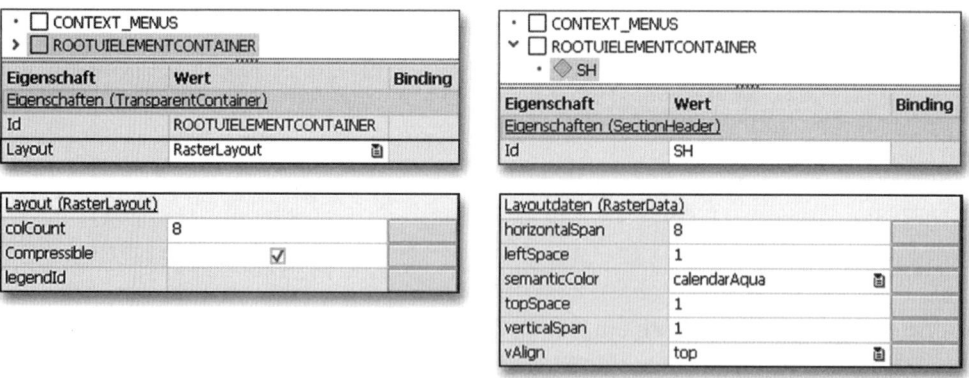

Abbildung 3.78 Rasterlayout und RasterData

colCount — In Abbildung 3.78 sehen Sie auf der linken Seite die Zuordnung des `RasterLayout` zum Container. Die für uns relevante Eigenschaft ist colCount. Damit wird die Anzahl der Spalten für das Layout definiert. Die Breite der Spalten richtet sich nach dem verwendbaren Bereich für den Container.

Im rechten Bereich werden die Layoutdaten RasterData dargestellt. Jedes UI-Element in einem RasterLayout besitzt diese Eigenschaften. Die Eigenschaft horizontalSpan definiert, wie viele Spalten das UI-Element umfassen sollte. leftSpace regelt den Abstand zum linken Rand und topSpace den Abstand vom oberen Rand in Zeilen. Die Eigenschaft verticalSpan definiert die Höhe des UI-Elements in Zeilen. In Abbildung 3.79 sehen Sie die konkreten Werteausprägungen für unser Eingangsbeispiel.

RasterData

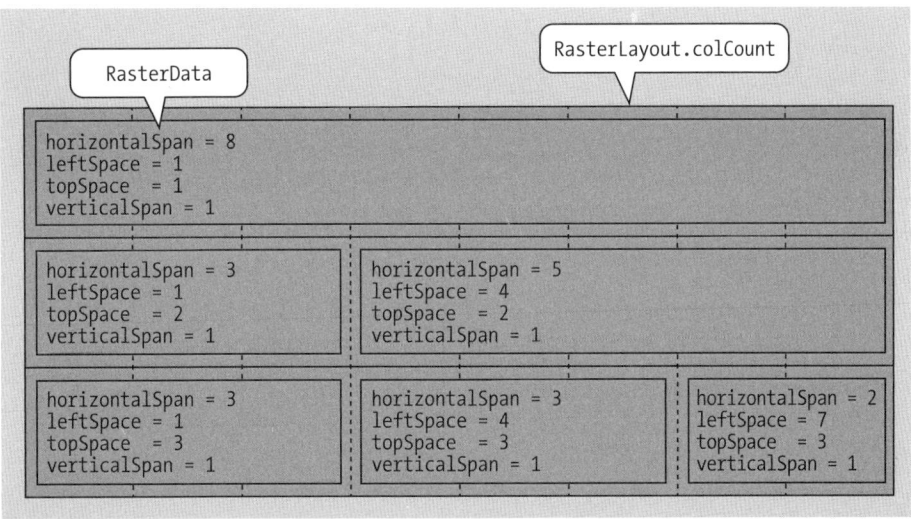

Abbildung 3.79 Werteausprägungen für die RasterLayout- und RasterData-Eigenschaften

Die Web-Dynpro-Component WDR_TEST_LAYOUT stellt als Beispiel eine Menge verschiedener Layouts zur Verfügung, unter anderem auch das RasterLayout.

Die UI-Elemente sind die essenziellen Zutaten zur Visualisierung Ihrer Web-Dynpro-Anwendung. Die Usability und Eleganz Ihres Meisterwerks steht und fällt mit der Kenntnis der Möglichkeiten, die Ihnen die UI-Elemente anbieten. In diesem Kapitel stellen wir Ihnen alle UI-Kategorien mit ihren UI-Elementen vor.

4 UI-Elemente und ihre Eigenschaften

Die von Web Dynpro zur Verfügung gestellten UI-Elemente dienen dazu, das User Interface zu gestalten. Dabei können Sie unterschiedlichste Oberflächenelemente in einem View zusammenstellen, um Ihren Anwendern die Erfüllung ihrer betriebswirtschaftlichen Aufgabenstellungen zu ermöglichen. Die Darstellungs- und Funktionsunterschiede der verwendeten UI-Elemente können dabei natürlich stark schwanken.

In diesem Kapitel stellen wir Ihnen zu diesem Zweck nahezu alle UI-Elemente vor, die Web Dynpro ABAP bietet – die UI-Elemente `DropDownByIndex`, `DropDownByKey`, `RadioButton`, `RadioButtonGroupByIndex`, `RadioButtonGroupByKey`, `CheckBox`, `CheckBoxGroup`, `ItemListBox` und `TriStateCheckBox` werden in Kapitel 7, »Eingabe- und semantische Hilfen«, und `FlashIsland`, `SilverlightIsland` sowie `Table` in Kapitel 9, »Integration komplexer UI-Elemente und Components«, dargestellt. Zudem liefern wir Ihnen greifbare und kompakte Beispiele, um den schnellen Einsatz der Elemente in der Praxis zu ermöglichen. Wir gehen bei der Besprechung der Elemente nach den UI-Kategorien im View-Editor vor, d. h.: `text`, `action`, `selection`, `complex`, `layout`, `graphic` und `integration`.

In der Besprechung einzelner UI-Elemente nach den Kategorien verwenden wir so weit wie möglich den gleichen strukturellen Aufbau:

▸ Im Abschnitt »Visuelle Darstellung« zeigen wir Ihnen ein Beispiel für die Darstellung des UI-Elements auf der Benutzeroberfläche.

- Im Abschnitt »Eigenschaften« erläutern wir die Eigenschaften zum UI-Element, die speziell für das erläuterte UI-Element von Relevanz sind.
- Im Abschnitt »Ereignisse« beschreiben wir die vom UI-Element angebotenen Ereignisse.
- Im Abschnitt »Barrierefreiheit« gehen wir auf spezielle Aspekte der Verwendung des UI-Elements hinsichtlich der barrierefreien Implementierung ein.

Unter Umständen treten aggregierte Elemente auf, diese werden wir in den Aufbau als eigenen Punkt integrieren.

4.1 Eigenschaften für alle UI-Elemente

Klassenhierarchie — Es gibt Eigenschaften, die für alle UI-Elemente gelten. Welche Bedeutung diese Eigenschaften für die Gestaltung des User Interfaces haben, werden wir Ihnen im Folgenden erläutern; auf eine wiederholte Besprechung dieser Eigenschaften werden wir in den Abschnitten zu den spezifischen UI-Elementen im Rest dieses Kapitels verzichten.

- ID

  Die ID ist die eindeutige Kennung eines UI-Elements im Kontext eines Views. Das bedeutet, dass Sie eine ID für ein UI-Element auf einem View nur einmal vergeben können.

- contextMenuBehaviour

  Die Eigenschaft contextMenuBehaviour dient der Zuordnung des Kontextmenüs. In Tabelle 4.1 sehen Sie die möglichen Ausprägungen, die die Eigenschaft annehmen kann. Die Verwendung der unterschiedlichen Ausprägungen der Eigenschaft wird in Abschnitt 10.2, »Kontextmenüs«, erläutert.

Wert	Beschreibung
inherit	Das UI-Element erbt das statische Kontextmenü von seinem Eltern-UI-Element.
provide	Das Kontextmenü aus der Eigenschaft contextMenuId wird verwendet.
suppress	Es wird kein statisches Kontextmenü erzeugt.

Tabelle 4.1 Ausprägungen der Eigenschaft contextMenuBehaviour

- contextMenuId

  Die Eigenschaft `contextMenuId` dient der Zuordnung der ID des statisch definierten Kontextmenüs (siehe ebenfalls Abschnitt 10.2, »Kontextmenüs«).

- enabled

  Die Eigenschaft `enabled` steuert die Eingabebereitschaft und das Systemverhalten hinsichtlich der Auslösung von Ereignissen. Ist der Wert auf `abap_false` gesetzt (Checkbox im View-Editor nicht gesetzt), wird die Eingabe bzw. das Auslösen von Ereignissen durch Benutzeraktionen unterbunden.

  Die Eigenschaft ist vererbungsrelevant, das bedeutet, dass bei hierarchisch organisierten (aggregierenden) UI-Elementen (z. B. einem `InputField` in einem `Tray`) der Wert der Eigenschaft vom Oberelement an die Unterelemente weitergereicht wird. Falls der Wert `abap_false` gesetzt wurde, haben auch alle Unterelemente den Wert `abap_false`.

  Bei `InteractiveForms` legt die Eigenschaft fest, ob es sich um ein interaktives (`abap_true`) oder kein interaktives (`abap_false`) Formular handelt.

- tooltip

  Ein Tooltip ist ein Text, der erscheint, wenn der Benutzer mit dem Mauszeiger über das UI-Element fährt. Der Text wird in Form einer Quick-Info dargestellt. Die Eigenschaft `tooltip` hat daher eine besondere Bedeutung für die barrierefreie Programmierung, da dieser Text von Screenreadern für die Ausgabe herangezogen wird.

- visible

  Die Eigenschaft `visible` steuert die Sichtbarkeit des UI-Elements. Falls das UI-Element als unsichtbar attribuiert wird (Wert = `none`), wird kein Platz für dieses Element im View reserviert. Dies führt unter Umständen zu einer neuen Anordnung der UI-Elemente, die Sie überarbeiten müssen. Falls Sie die Eigenschaft an ein Context-Attribut binden möchten, können Sie das Datenelement `WDUI_VISIBILITY` zur Typisierung verwenden.

- styleClassName

  Mit der Eigenschaft `styleClassName` können Sie dem UI-Element eine CSS-Klasse zuordnen.

In Abbildung 4.1 sehen Sie als Ausschnitt der gesamten ABAP-Klassenhierarchie der UI-Elemente die in diesem Kapitel besprochenen

UI-Elemente. Wie in Kapitel 6, »Dynamische Programmierung«, detailliert gezeigt wird, sind alle UI-Elemente während der Laufzeit durch ABAP-Klassen repräsentiert. Der Name der Klasse wird im Allgemeinen durch CL_WD_<Name des UI-Elements> gebildet.

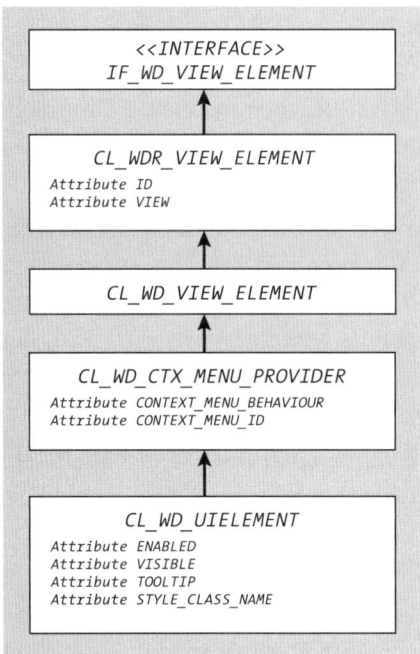

Abbildung 4.1 Klassenhierarchie der UI-Elemente bis CL_WD_UIELEMENT

Basisklassen

Die Klassen werden als *Basisklassen* bezeichnet, die nicht direkt über UI-Elemente visualisiert werden. Die Klassen, die in den folgenden Abschnitten erläutert werden, erben von diesen Basisklassen und können mithilfe des View-Editors oder der dynamischen Programmierung instanziiert werden.

Wie Sie in der Abbildung sehen können, wird in der höchsten Klasse CL_WDR_VIEW_ELEMENT, die das Interface IF_WD_VIEW_ELEMENT realisiert, das Attribut ID definiert. Damit steht diese Eigenschaft allen Unterklassen zur Verfügung. Die Klasse CL_WD_CTX_MENU_PROVIDER steuert die Attribute CONTEXT_MENU_BEHAVIOUR und CONTEXT_MENU_ID bei. Die Klasse CL_WD_UIELEMENT leistet auch einen wichtigen Beitrag, nämlich die Attribute ENABLED, VISIBLE und TOOLTIP.

Ausgewählte Attribute der dargestellten Klassen werden im View-Editor zu den Eigenschaften der UI-Elemente, d. h., Ihnen steht z. B.

für jedes UI-Element die Eigenschaft ID im View-Editor für die Pflege zur Verfügung.

4.2 Kategorie »text«

Die Kategorie text beinhaltet die UI-Elemente, die primär mit dem Editieren und der Ausgabe von Texten zu tun haben.

4.2.1 Allgemeines

In Abbildung 4.2 sehen Sie als Ausschnitt der gesamten ABAP-Klassenhierarchie der UI-Elemente die Klassenhierarchie für die in diesem Abschnitt besprochenen UI-Elemente. Wie in Kapitel 6, »Dynamische Programmierung«, detailliert gezeigt wird, sind alle UI-Elemente während der Laufzeit durch ABAP-Klassen repräsentiert. Der Name der Klasse wird im Allgemeinen durch CL_WD_<Name des UI-Elements> gebildet.

Klassenhierarchie

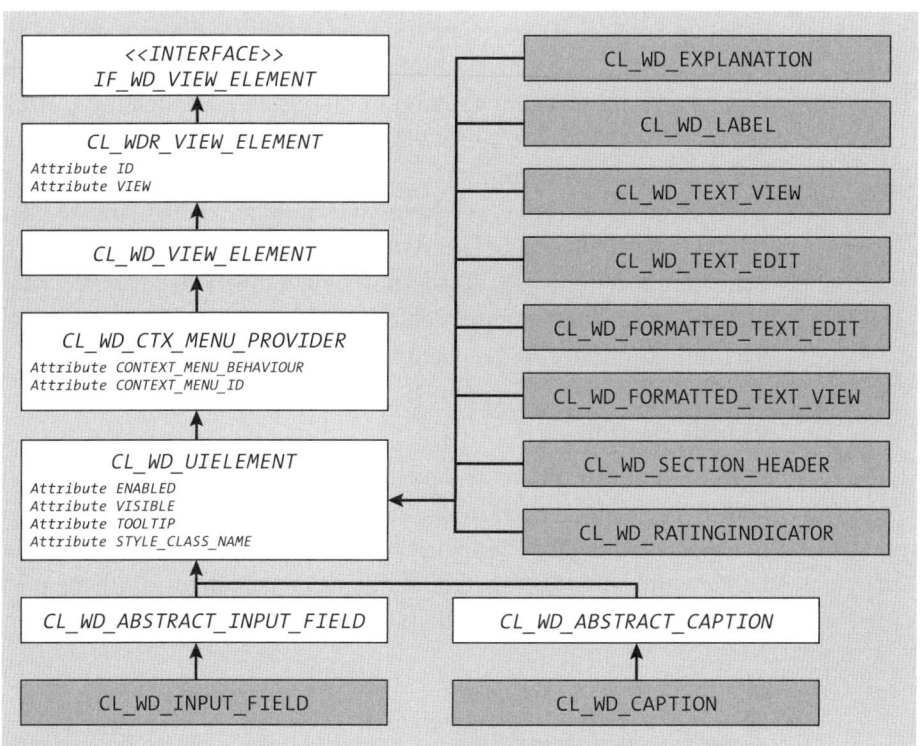

Abbildung 4.2 Klassenhierarchie der UI-Elemente aus der text-Kategorie

4 | UI-Elemente und ihre Eigenschaften

Basisklassen Die Klassen, die mit hellem Hintergrund dargestellt sind, werden als *Basisklassen* bezeichnet, die nicht direkt über UI-Elemente visualisiert werden. Die Klassen, die grau hinterlegt sind, sind die Klassen, die die UI-Elemente implementieren, die Sie im View-Editor einfügen können.

Wie Sie in Abbildung 4.2 sehen können, wird in der höchsten Klasse CL_WDR_VIEW_ELEMENT das Attribut ID definiert. Damit steht diese Eigenschaft allen Unterklassen zur Verfügung. Die Klasse CL_WD_CTX_MENU_PROVIDER steuert die Attribute CONTEXT_MENU_BEHAVIOUR und CONTEXT_MENU_ID bei. Die Klasse CL_WD_UIELEMENT leistet auch einen wichtigen Beitrag, nämlich die Attribute ENABLED, VISIBLE und TOOLTIP. Diese Eigenschaften gelten für alle UI-Elemente aus der Kategorie text, auf eine wiederholte Besprechung werden wir bei den spezifischen UI-Elementen im Folgenden verzichten.

4.2.2 InputField

Texteingabe Das UI-Element InputField verwenden Sie, um einzeilige Texte darzustellen bzw. veränderbar zu machen. Der Benutzer kann damit beliebige skalare Datentypen (Simple Types) editieren, wie z. B. string oder d. Die Umwandlung von der internen Darstellung als Variable (technische Darstellung) in die visuelle Darstellung (Anzeigedarstellung) und vice versa wird automatisch durch das Web-Dynpro-Framework vorgenommen. Im Fall einer Variablen vom Typ d wird diese intern mit yyyymmdd (vierstelliges Jahr, zweistelliger Monat, zweistelliger Tag laut ANSI-Codierung), aber visuell je nach Benutzereinstellung z. B. als »dd.mm.yyyy« abgebildet. Der Wert der Eingabe wird, sofern keine Fehler bei der Prüfung auftreten, beim nächsten Roundtrip in den Context übernommen.

Visuelle Darstellung

InputField und Label In Abbildung 4.3 sehen Sie die einfachste Darstellung eines Eingabefeldes. Der Benutzer hat in diesem Beispiel bereits Zeichen eingegeben (»My Input« ❶). Zusätzlich haben wir vor dem InputField ein UI-Element Label ❷ eingefügt, das ein eigenständiges UI-Element ist und in Abschnitt 4.2.3 detailliert beschrieben wird.

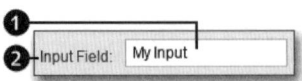

Abbildung 4.3 Eingabefeld (UI-Element InputField) mit Label

Eigenschaften

In Abbildung 4.3 sehen Sie die Eigenschaften, die in diesem Abschnitt besprochen werden. Die nicht explizit diskutierten Eigenschaften finden Sie in Abschnitt 4.1, »Eigenschaften für alle UI-Elemente«.

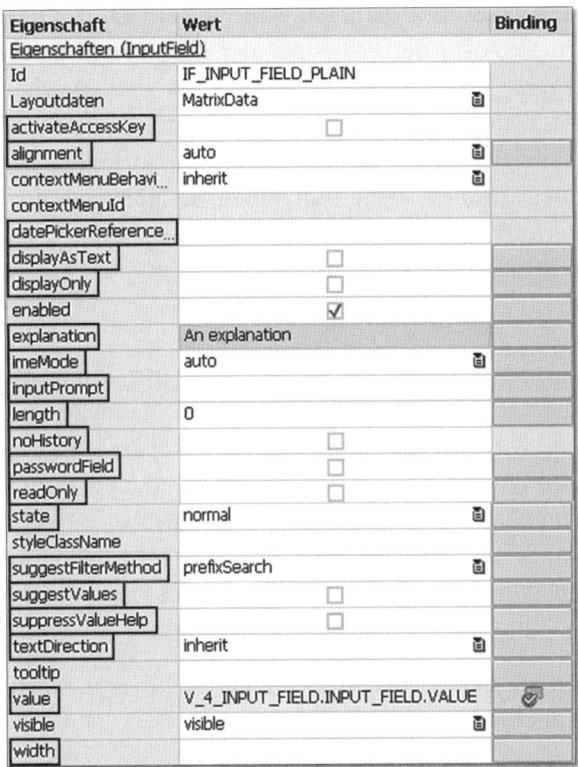

Abbildung 4.4 Eigenschaften InputField

activateAccessKey

Die Eigenschaft `activateAccessKey` dient der Aktivierung von Zugangstasten. Diese erlauben es dem Benutzer durch Tastenkombinationen, den Fokus auf ein UI-Element zu legen (siehe Abbildung 4.5). Funktionen, die möglicherweise mit dem UI-Element verknüpft sind, werden dabei nicht ausgelöst.

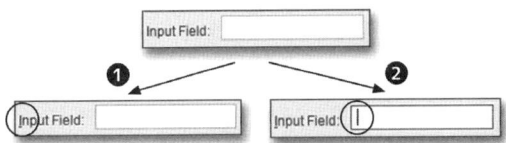

Abbildung 4.5 Verwendung der Zugangstasten

Alt-Taste Drückt der Benutzer die [Alt]-Taste, wird bei allen UI-Elementen, für die die Eigenschaft `activateAccessKey` auf `abap_true` gesetzt wurde, der Anfangsbuchstabe unterstrichen dargestellt ❶; in Abbildung 4.5 ist es der Buchstabe I. Drückt der Benutzer die Tastenkombination [Alt] + Anfangsbuchstabe des Textes (außer [Alt] + [D]), setzt das System den Fokus auf das erste gefundene UI-Element ❷. In unserem Beispiel sehen Sie, dass der Fokus auf das Eingabefeld gelegt wird. Haben mehrere Texte zu den UI-Elementen den gleichen Anfangsbuchstaben, kann der Benutzer durch mehrmaliges Drücken der Tastenkombination zwischen den UI-Elementen springen. Die Tastenkombinationen können nicht individuell definiert werden. Für weitere Erläuterungen zur Verwendung der Zugangstasten lesen Sie auch Abschnitt 10.2, »Kontextmenüs«.

alignment

Ausrichtung des Textes Die Eigenschaft `alignment` steuert die horizontale Ausrichtung des Textes im `InputField`. Diese kann auf `auto` oder auf manuelle Vorgabe gesetzt werden, wie z. B. `forcedLeft` oder `beginOfLine`. Zusätzlich müssen Sie die Ausprägung der Eigenschaft `textDirection` beachten, die wir im Folgenden noch im Detail beschreiben. Dies ist z. B. dann relevant, wenn `textDirection` den Wert `rtl` bekommt und `alignment` den Wert `forcedLeft` trägt. In diesem Fall wird der Text von rechts nach links, aber linksbündig dargestellt.

In Tabelle 4.2 sehen Sie alle möglichen Ausprägungen, die die Eigenschaft `alignment` annehmen kann.

Wert	Beschreibung
auto	Der Textinhalt wird automatisch ausgerichtet, z. B. basierend auf dem Datentyp des darzustellenden Wertes.
center	Der Textinhalt wird zentriert ausgerichtet.
forcedLeft	Der Textinhalt wird immer links dargestellt.
endOfLine	Der Text wird immer am Ende der Zeile unter Berücksichtigung der Eigenschaft `textDirection` dargestellt.
forcedRight	Der Textinhalt wird immer rechts dargestellt.
beginOfLine	Der Text wird immer am Anfang der Zeile unter Berücksichtigung der Eigenschaft `textDirection` dargestellt.

Tabelle 4.2 Ausprägungen der Eigenschaft alignment

datePickerReferenceId

Mit dieser Eigenschaft können zwei Eingabefelder verbunden werden, die einen Datumstyp besitzen. Dabei wird der Wert der Verknüpfungsquelle (InputField) dem verlinkten InputField zugewiesen, sofern er nicht initial ist. Das verlinkte InputField stellt mithilfe der Eigenschaft datePickerReferenceId den Bezug zum Quell-InputField her. Das im Date-Picker ausgewählte Datum des Quell-InputField wird als Vorschlagswert im Date-Picker des referenzierenden InputField optisch hervorgehoben.

Ist das Quell-InputField z. B. ID1, das Ziel-InputField ID2 und die Eigenschaft ID2.datePickerReferenceId hat den Wert ID1, wird nach Auswahl eines Datums in ID1 (z. B. 20.06.2014) im Date-Picker von ID2 das Datum 20.06.2014 optisch vorgeschlagen. | Beispiel

displayAsText

Falls Sie die Eigenschaft displayAsText auf abap_true setzen, erscheint das Eingabefeld wie ein reines Textfeld (siehe Abbildung 4.6). Dabei gibt es die folgenden Darstellungszustände:

❶ Besitzt das Feld keinen Fokus und wird auch nicht die Maus über das Feld bewegt, wird der Inhalt des Eingabefeldes als reiner Text dargestellt.

❷ Bewegt der Benutzer die Maus über dieses Feld, erscheint dieses hervorgehoben.

❸ Durch das Klicken mit der Maus kann der Benutzer wie gewohnt Angaben im Eingabefeld eintragen.

❹ Wechselt der Benutzer in weiterer Folge erneut den Fokus, erscheint das Eingabefeld wie ein herkömmliches Eingabefeld.

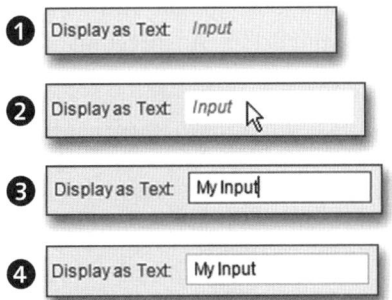

Abbildung 4.6 Zustände eines Eingabefeldes mit gesetzter Eigenschaft displayAsText

displayOnly

Mit dieser Eigenschaft legen Sie fest, ob der Benutzer mit dem UI-Element interagieren kann oder ob es nur zur Anzeige gedacht ist. Diese Eigenschaft ist der Eigenschaft readOnly sehr ähnlich. Der Unterschied besteht in der Farbgebung des Hintergrunds des UI-Elements (weiß im Falle von displayOnly) und darin, dass das Asterisk-Zeichen für die Muss-Eingabe nicht mehr angezeigt wird.

explanation

Die Eigenschaft explanation zeigt einen Hilfetext für das Eingabefeld am zugehörigen UI-Element Label an, sofern der Hilfemodus aktiviert ist. Mehr zum Thema Hilfetexte und Benutzerunterstützung bei der Eingabe finden Sie in Kapitel 7, »Eingabe- und semantische Hilfen«.

imeMode

Sprachen, die auf dem lateinischen Alphabet basieren (Deutsch, Englisch, Französisch, Spanisch etc.), werden durch eine Kombination von Zeichen aus einem beschränkten Zeichensatz gebildet. Da der Umfang der Zeichenmenge relativ gering ist, gibt es für die Zeichen der meisten Sprachen eine 1:1-Abbildung zu einer der Tasten des Keyboards.

Im Fall ostasiatischer Sprachen (Chinesisch, Japanisch, Koreanisch) geht die Zahl der Zeichen, die die Sprache repräsentieren, in die Zehntausende. Dies führt die 1:1-Abbildung auf dem Keyboard ad absurdum. Um dennoch die Eingabe zu ermöglichen, wurden unterschiedliche Eingabemethoden entwickelt, die als *Input Method Editors* (IME) bezeichnet werden. Input Method Editors erlauben es, auf einem Keyboard, das nicht alle chinesischen, japanischen und koreanischen Zeichen repräsentiert, ebendiese einzugeben und zu bearbeiten. In Tabelle 4.3 sehen Sie die möglichen Ausprägungen der Eigenschaft imeMode.

Wert	Beschreibung
active	IME-Modus ist aktiv und kann ausgeschaltet werden.
auto	IME-Modus-Einstellung wird nicht berücksichtigt.
disabled	IME-Modus ist inaktiv und kann nicht eingeschaltet werden.
inactive	IME-Modus ist inaktiv und kann eingeschaltet werden.

Tabelle 4.3 Ausprägungen der Eigenschaft imeMode

inputPrompt

Die Eigenschaft inputPrompt zeigt einen Aufforderungstext an, der dem Benutzer andeutet, dass noch keine Eingabe vorgenommen wurde (siehe Abbildung 4.6, ❶). Dieser Text verschwindet, sobald der Benutzer den Fokus auf das Eingabefeld setzt (siehe Abbildung 4.6, ❸). Zur Definition, Auswahl und Zuordnung des Textes können Sie auf Aliastexte im Online Text Repository (OTR) zurückgreifen.

Prompt

length

Die Eigenschaft length definiert die visuelle Länge des Eingabefeldes in der Anzahl an Zeichen, wobei bei Proportionalschriften der Durchschnitt der Zeichenbreite verwendet wird. Falls der Wert 0 eingegeben wird, wird die Definition des Typs des gebundenen Context-Attributs für die Längenermittlung herangezogen. Falls dies nicht möglich oder der Typ nicht längenbeschränkt ist, wie z. B. der Typ string, beträgt die Länge 20 Zeichen.

Visuelle Länge

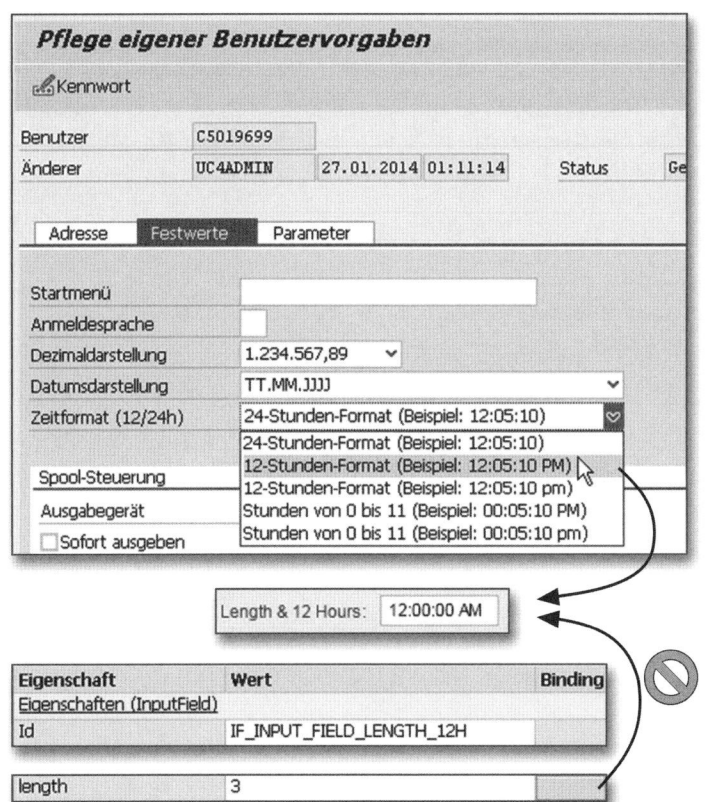

Abbildung 4.7 Übersteuerung der Eigenschaft length durch das 12-Stunden-Format

12-Stunden-Format Die Angabe der Länge wird ignoriert, wenn für die Angabe eines Zeitpunkts im 12-Stunden-Format der Platz nicht ausreicht (siehe Abbildung 4.7). Die Voraussetzung für die Darstellung einer Uhrzeit im 12-Stunden-Format ist, dass das gebundene Context-Attribut mit einem Zeittyp (z. B. t) normiert und in den Benutzervorgaben das Zeitformat auf eines der beiden 12-Stunden-Formate eingestellt wurde. Wählen Sie dazu den Menüpfad SYSTEM • BENUTZERVORGABEN • EIGENE DATEN, und klicken Sie auf das Register FESTWERTE. Obwohl in Abbildung 4.7 die Länge des Eingabefeldes in der Eigenschaft length auf 3 gesetzt wurde, wird diese Einstellung durch die Benutzervorgabe übersteuert. Die beschriebene Situation ist nicht der einzige Fall, in dem die Eigenschaft length übersteuert wird. Die Eigenschaft width übersteuert ebenfalls die Einstellungen zu length.

noHistory
Mit dieser Eigenschaft wird die Eingabehistorie des Eingabefeldes ein- bzw. ausgeschaltet.

[!] **Auswahlfeld »Keine Eingabe-Historie«**

Falls Sie die Eigenschaft KEINE EINGABE-HISTORIE im Datenelement gesetzt haben, kann diese Eigenschaft nicht übersteuert werden (siehe Abbildung 4.8).

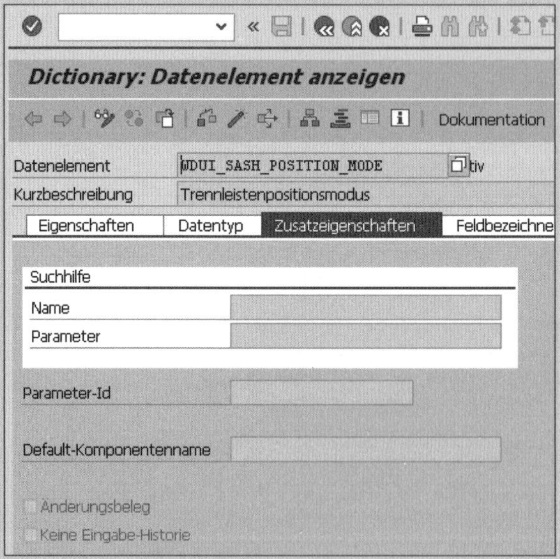

Abbildung 4.8 Eigenschaft »Keine Eingabe-Historie«

passwordField

Ist für diese Eigenschaft der Wert `abap_true` gesetzt, werden dem Benutzer »verdeckte« Eingaben ermöglicht. Dies kann z. B. bei Kennwörtern relevant sein. Die Eingabe des Benutzers wird dabei durch einen Asterisk (*) pro eingegebenem Zeichen dargestellt (siehe Abbildung 4.9).

Passwort

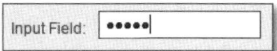

Abbildung 4.9 Feld zur Eingabe eines neutralisierten Textes

> **Darstellung im HTTPS-Format** [!]
>
> Ist die Eigenschaft `passwordField` im `InputField` gesetzt, wird der Inhalt des Feldes beim nächsten Roundtrip als unverschlüsselter Text übertragen. Hier sollten Sie aus Sicherheitsgründen durch eine Änderung im Service (Transaktion SICF) von HTTP auf HTTPS umsteigen.

readOnly

Die Eigenschaft `readOnly` dient dazu, die Eingabe des Benutzers durch das Setzen des Eigenschaftswertes auf `abap_true` zu unterbinden. Die Eigenschaft `enabled` bietet diese Möglichkeit ebenfalls an. Im Gegensatz zur Eigenschaft `enabled = abap_false`, die nur zur Anzeige von Daten dient, kann es jedoch sein, dass die Eingabe für den Benutzer im Kontext der Erfüllung seiner Aufgaben wieder ermöglicht werden muss. Daher deutet die Eigenschaft `readOnly` mit dem Wert `abap_true` eine temporäre Eingabesperre an. Dies zeigt sich auch in der visuellen Darstellung. In Abbildung 4.10 sehen Sie den Unterschied in der Darstellung zwischen `readOnly = abap_true` ❶ und `enabled = abap_false` ❷.

Nur Lesen

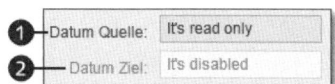

Abbildung 4.10 Visueller Unterschied zwischen den Eigenschaften readOnly und enabled

Im Fall eines Data Bindings der Eigenschaft `readOnly` muss kein eigenes Context-Attribut definiert werden, da es an die Context-Attribut-Eigenschaft `Read-only` gebunden werden kann. Falls Sie der Eigenschaft `Read-only` den Wert `abap_true` zuordnen, übersteuert dieser

Data Binding

die Eigenschaft readOnly im View. In Abschnitt 2.6, »Context-Programmierung«, erfahren Sie mehr über Context-Attribute und deren Eigenschaften.

state

Muss-Eingabe Die Eigenschaft state zeigt, ob in ein Eingabefeld Eingaben eingefügt werden müssen oder nicht. Sofern die Eigenschaft den Wert required besitzt, der eine Muss-Eingabe definiert, wird vor dem zugehörigen UI-Element Label ein Stern angezeigt (siehe Abbildung 4.11, ❶).

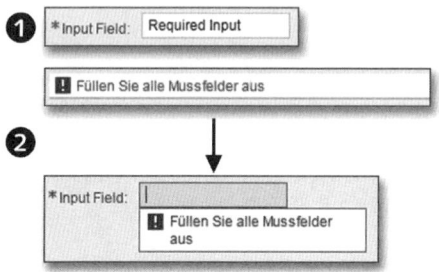

Abbildung 4.11 Muss-Eingabefeld und Fehlermeldung

Prüfung Das System prüft nicht automatisch, ob eine Eingabe vorgenommen wurde. Damit obliegt es dem Entwickler, diese Prüfung zu implementieren und einen Hinweis in einer MessageArea auszugeben (❷, siehe auch Abschnitt 4.5.4). Klickt der Benutzer auf diesen Hinweis, setzt das System den Fokus auf das betroffene Feld und bietet die Fehlermeldung zum Feld nochmals an.

Die Prüfung, ob in ein Muss-Feld tatsächlich Werte eingegeben wurden, muss vom Entwickler implementiert werden und wird nicht vom Framework durchgeführt. In Listing 4.1 sehen Sie ein Beispiel für solch eine Prüfung.

```
METHOD wddobeforeaction.
* API
  DATA lo_api_controller TYPE REF TO if_wd_view_controller.
* Aktion
  DATA lo_action
         TYPE REF TO if_wd_action.
* API ermitteln
  lo_api_controller = wd_this->wd_get_api( ).
* Aktion ermitteln
  lo_action = lo_api_controller->get_current_action( ).
* Nur auf bestimmte Aktion hin prüfen
```

```
    IF lo_action IS BOUND.
*   Name der Aktion auswerten
      CASE lo_action->name.
*   Nur im Fall der Aktion ON_ENTER prüfen
        WHEN 'ON_ENTER'.
*   Prüfung der Muss-Felder und Meldungsausgabe
          CALL METHOD
cl_wd_dynamic_tool=>check_mandatory_attr_on_view
            EXPORTING
              view_controller  = lo_api_controller
              display_messages = abap_true.
      ENDCASE.
    ENDIF.
ENDMETHOD.
```

Listing 4.1 Prüfung der Muss-Felder

Die Prüfung wird in der Hook-Methode wddobeforeaction( ) durchgeführt, um die Navigation im Fehlerfall abbrechen zu können. In unserem Beispiel wird im Fall der Aktion ON_ENTER, die mit dem Ereignis onEnter des InputField verknüpft wurde, die Prüfung auf Muss-Felder hin am View ausgeführt. Zur Prüfung verwenden Sie die statische Methode cl_wd_dynamic_tool=>check_mandatory_attr_on_view( ), der die Controller-API übergeben wird und die im Fehlerfall eine Meldung in der MessageArea ausgeben soll. Mithilfe dieser Meldung kann der Benutzer zum betroffenen Feld springen.

Beschreibung

> **Direkte Anbindung an die Eigenschaft »required«**
>
> In Abschnitt 2.3, »View«, erläutern wir, wie Sie die Eigenschaft state direkt an die Eigenschaft required des Context-Attributs binden können.

suggestFilterMethod
Mit dieser Eigenschaft können Sie in Kombination mit der Eigenschaft suggestValue = abap_true festlegen, ob die vorgeschlagene Werteliste auf der Suche nach Anfangszeichen basiert (Wert = prefixSearch, siehe Abbildung 4.12) oder ob die Werte enthalten sind (Wert = containsSearch). Beachten Sie jedoch, dass die containsSearch-Vergleichsmethode die Suche verlangsamt.

suggestValues
Mit der Eigenschaft suggestValues können Sie die Voraussetzung dafür schaffen (Wert = abap_true), dass Vorschlagswerte für ein Ein-

Vorschlagswerte anbieten

gabefeld angeboten werden. Eine weitere Voraussetzung ist, dass die Eigenschaft `value` an ein Context-Attribut mit Wertehilfe gebunden ist.

1. Setzen Sie die Eigenschaft `suggestValues` auf `abap_true`.
2. Definieren Sie ein Data Binding der Eigenschaft `value` an ein Context-Attribut mit Wertehilfe (siehe auch Abschnitt 7.2, »Wertehilfen«).
3. Setzen Sie den Anwendungsparameter `WDALLOWVALUESUGGEST` auf `ON` (zu den Parametern siehe Anhang A, »Anwendungsparameter und URL-Parameter«).
4. Deaktivieren Sie den Modus für Barrierefreiheit, z. B. mit dem Anwendungsparameter `WDACCESSIBILITY` (siehe dazu ebenso Anhang A).

Context-Anbindung

In Abbildung 4.12 sehen Sie ein Beispiel für die Verwendung von Vorschlagswerten. Hier werden dem Benutzer Vorschlagswerte für die Suche nach ABAP-Interfaces angeboten ❹. Dazu wurde die Eigenschaft `value` des `InputField` gegen ein Context-Attribut mit dem Typ `SEOCLSNAME` gebunden. Darüber hinaus wurde in der Eigenschaft Wertehilfe-Modus des Context-Attributs der Wert Dictionary-Suchhilfe und in der Eigenschaft Dictionary-Suchhilfe der Wert `PB_INTF_KEY` hinterlegt. Tippt nun der Benutzer die Anfangsbuchstaben ❶, sucht das System laufend nach passenden Vorschlägen, die in einer Dropdown-Liste dargestellt werden. Enthalten die angezeigten Werte solche aus der *Suchhistorie* des Benutzers, werden diese am Anfang der Ergebnisliste dargestellt und können mit einem Klick auf das X rechts in der Zeile einzeln gelöscht werden ❸.

Weitere nützliche Funktionen zeigen sich, sobald Sie das Kontextmenü des Eingabefeldes verwenden. Über den Menüeintrag Eingabe-Historie für Benutzer <XY> löschen ❷ können Sie die Einträge der Historie ❸ komplett entfernen. Wählen Sie im Menü Benutzer-Einstellungen • Historie für Eingabefeld »<XY>« aus, wird die Historie aktiviert bzw. deaktiviert ❻. Mit den Menüeinträgen Standardwert »<XY>« verwerten und Standardwert »<XY>« benutzen ❺ können Sie den aktuellen Wert als Standardwert verwenden oder diesen entfernen bzw. den Standardwert einfügen. Der Standardwert wird beim Aufruf des Views vorgeschlagen.

4.2 Kategorie »text«

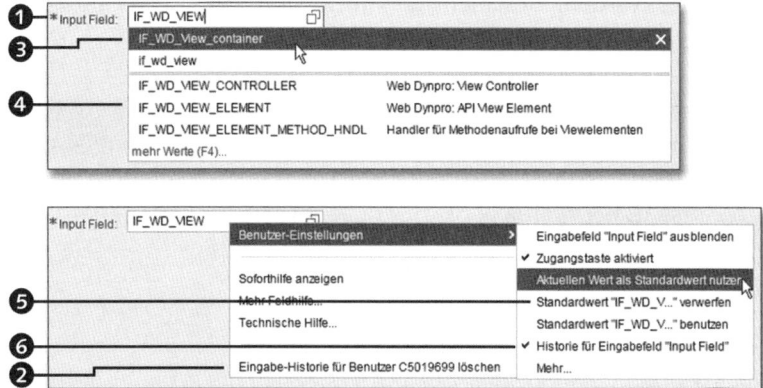

Abbildung 4.12 Vorschlagswerte zum InputField in Aktion

> **Serverbelastung durch Roundtrips** [«]
>
> Rein technisch werden Roundtrips mit dem Server durchgeführt, um so schnell wie möglich Vorschlagswerte an den Benutzer zu liefern. Dazu wird das Phasenmodell umgangen, und Sie haben aus Sicht der Anwendungsentwicklung keine Chance, einzugreifen. Viele Roundtrips erzeugen eine höhere Last im Netzwerk und auf dem Server. Sie müssen daher abwägen, ob Sie dieses Feature verwenden möchten, dafür aber auf Eingriffsmöglichkeiten im Sinn des Phasenmodells (Hook-Methoden) verzichten und eine höhere Belastung des Servers in Kauf nehmen.

suppressValueHelp

Mithilfe der Eigenschaft suppressValueHelp und des Wertes abap_true deaktivieren Sie die Anzeige, die andeutet, dass eine Wertehilfe für das Eingabefeld zur Verfügung steht.

textDirection

Die Eigenschaft textDirection gibt an, ob ein Text von links nach rechts (Wert: ltr) oder von rechts nach links (Wert: rtl) geschrieben wird, wie z. B. im Fall von Arabisch oder Hebräisch. Mit dem Wert inherit übernehmen Sie die Einstellung des Elternelements. — Textrichtung

value

Die Eigenschaft value enthält die Bindung zu einem Context-Attribut, das den Wert zur Darstellung im InputField-Rahmen hält. Diese Eigenschaft wird auch als *primäre Eigenschaft* bezeichnet und muss — Icon Primäre Eigenschaft gebunden werden. Geschieht dies nicht, wird bei der Prüfung des Views ein Fehler ausgegeben.

width

Die Eigenschaft width enthält die Breite des InputField in CSS-Angaben (Cascading Stylesheets). Tabelle 3.18 zeigt Maßeinheiten, die für diese Eigenschaft gültig sind. Die Eigenschaft width übersteuert die Eigenschaft length.

Ereignisse

onEnter Das UI-Element InputField bietet das Ereignis onEnter an. Sofern eine Aktion zu dem Ereignis hinterlegt ist, wird ein Roundtrip ausgelöst und das Phasenmodell mit dazugehörigem Ereignisbehandler abgearbeitet.

onTablePaste Das Ereignis onTablePaste ermöglicht es Ihnen, die kopierten Daten einer Tabelle zu verarbeiten. Das Ereignis wird ausgelöst, wenn der Benutzer mit der Tastenkombination [Strg] + [V] zuvor kopierte Daten eingefügt hat. Neben den Standardparametern wird der Parameter table verwendet, um die eingefügten Werte an den Aktionsbehandler zu übergeben.

[!] **Browser-Einstellungen prüfen**

Die Funktionsfähigkeit dieses Ereignisses hängt davon ab, ob die Einstellungen Ihres Browsers den JavaScript-Zugriff auf den Puffer zulassen.

Barrierefreiheit

Prüfmeldung Um die Barrierefreiheit Ihrer Anwendungen zu gewährleisten, prüft das System, ob Sie ein UI-Element Label für das InputField definiert haben. Falls dies nicht der Fall ist, prüft das System, ob für den Typ des gebundenen Context-Attributs ein Text im ABAP Dictionary definiert ist. Falls auch dies nicht der Fall ist, wird vom System geprüft, ob die Eigenschaft tooltip des UI-Elements InputField einen Wert besitzt. Falls auch hier kein Wert vorhanden ist, wird Ihnen dies bei der Prüfung als Barrierefreiheit-Fehler mitgeteilt (Accessibility, ACC), z. B.:

ACC: »TOOLTIP« oder Label für Element »IF_NO_LABEL« nicht gesetzt.

> **Fehler bei der Konvertierung in die Ausgabedarstellung** [!]
>
> Die Umwandlung der Eingabe eines Benutzers in die interne Ausgabedarstellung, z. B. bei einem Datumsfeld, wird durch das Framework durchgeführt. Tritt bei der Konvertierung ein Fehler auf, wird der Wert nicht in den Context zurückgestellt, sondern im Daten-Container gehalten. Dem Benutzer wird der fehlerhafte Wert im InputField rot umrandet dargestellt, und es wird eine Fehlernachricht ausgegeben.

4.2.3 Label

Das UI-Element Label dient dazu, andere Oberflächenelemente textuell näher zu beschreiben. Daher wird es immer mit anderen UI-Elementen verknüpft, wie z. B. dem InputField. Es kann vorkommen, dass Einstellungen an den verknüpften UI-Elementen sich auf das Aussehen des Label auswirken. Die Muss-Eingabeeinstellung am InputField wird z. B. durch einen Stern vor dem Label visualisiert oder das Deaktivieren (Eigenschaft enabled = abap_false) eines InputField bewirkt, dass das Label ebenfalls inaktiv dargestellt wird. Durch das Anklicken des Label-Elements wird der Fokus auf das verknüpfte UI-Element gelegt.

Textuelle Beschreibung

Visuelle Darstellung

In Abbildung 4.13 sehen Sie die einfachste Darstellung eines Label-Elements. Zusätzlich haben wir nach dem Label ein InputField-Element eingefügt, um die Verwendung des UI-Elements zu veranschaulichen. Der Text des Label-Elements wird vor dem Eingabefeld platziert und beschreibt dieses Feld näher.

Verwendungsbeispiel

Abbildung 4.13 Bezeichner (UI-Element Label)

Eigenschaften

Wie das UI-Element InputField enthält das UI-Element Label die Eigenschaften textDirection und width (siehe Abschnitt 4.2.2) sowie die Eigenschaften, die alle UI-Elemente aufweisen (siehe Abschnitt 4.1). Darüber hinaus enthält es die in Abbildung 4.14 markierten Eigenschaften, die in diesem Abschnitt besprochen werden.

4 | UI-Elemente und ihre Eigenschaften

Eigenschaft	Wert	Binding
Eigenschaften (Label)		
Id	LB_LABEL_TEST	
contextMenuBehaviour	inherit	
contextMenuId		
design	light	
editable	☐	
enabled	☑	
labelFor	IF_LABEL_TEST	
styleClassName		
text	A plain label	
textDirection	inherit	
tooltip	A tooltip for the label	
visible	visible	
width		
wrapping	☐	
Ereignisse		
onChange		

Abbildung 4.14 Eigenschaften Label

design

Textaussehen Die Ausprägung der Eigenschaft `design` steuert das Aussehen des Textes. In Abbildung 4.15 sehen Sie die Auswirkungen der Einstellungen des Designs. Die Labels sind entsprechend den Werteausprägungen bezeichnet.

- Die Ausprägung `standard` sorgt für eine Standarddarstellung mit einem Doppelpunkt hinter dem `Label`.
- Der Wert `emphasized` sorgt dafür, dass der Text hervorgehoben und ohne Doppelpunkt dargestellt wird.
- Die Einstellung `light` wirkt sich wie die Standarddarstellung aus, jedoch ohne Doppelpunkt.

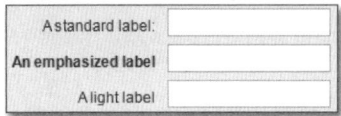

Abbildung 4.15 Auswirkungen der Eigenschaft design auf die Darstellung des Label-Textes

editable

Falls Sie den Wert dieser Eigenschaft auf `abap_true` gesetzt haben, können Sie die Bezeichnung mit einem Doppelklick auf dieselbe editieren. Haben Sie die Änderung vorgenommen und mit der ⏎-Taste bestätigt, wird der mögliche Aktionsbehandler für das Ereignis `onChange` gerufen.

labelFor

Die Eigenschaft `labelFor` stellt die Verknüpfung zu einem anderen UI-Element her, das durch das `Label` bezeichnet werden soll. Diese Verknüpfung können Sie ganz einfach über einen Dropdown mit den möglichen Feldern erstellen. Diese Eigenschaft ist dabei ein Muss-Feld und führt bei fehlender oder fehlerhafter Eingabe zu einer Warnung bei der Prüfung und zu einem Laufzeitfehler bei der Ausführung, wie z. B.:

Verknüpfung

> *Fehler im LABEL »<Label Name>« des Views »<View Name>«: Das Property »labelFor« des Labels ist leer. Es muss immer mit der ID eines UI-Elements befüllt werden.*

text

Die Eigenschaft `text` enthält den Text, der zur Beschreibung des verknüpften UI-Elements dient. In Abbildung 4.16 sehen Sie den Algorithmus zur Ermittlung des Textes:

Textermittlung

1. Für ein UI-Element `Label` wird geprüft, ob ein direkt eingegebener Text vorhanden ist.
2. Wenn ja, ist die Suche nach dem Text abgeschlossen. Falls nicht, wird das assoziierte UI-Element über den Wert der Eigenschaft `labelFor` ermittelt.
3. Je nach UI-Elementtyp besitzt dieses eine sogenannte *Primäreigenschaft* – für das UI-Element `InputField` ist das z. B. die Eigenschaft `value`. Das Data Binding der Primäreigenschaft wird auf ein Attribut des Context-Knotens durchgeführt, das ein Datenelement aus dem ABAP Dictionary zur Typisierung verwendet. Für dieses Datenelement wird unter den Feldbezeichnern der Kurztext gefunden, und damit ist die Suche abgeschlossen.

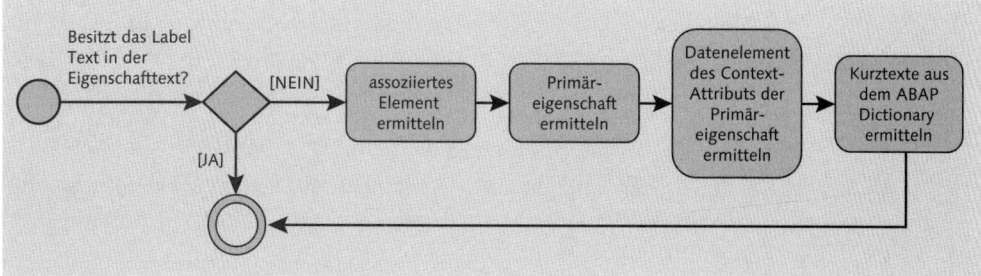

Abbildung 4.16 Ermittlung des Textes eines UI-Elements Label

wrapping

Umbruch — Mit der Eigenschaft `wrapping` wird gesteuert, ob ein Text in die nächste Zeile umbrochen wird oder nicht, sofern der zur Verfügung stehende Platz für das `Label` nicht ausreicht. In Abbildung 4.17 sehen Sie einen Zeilenumbruch im `Label`. Die Breite (Eigenschaft `width`) des `Label` reicht nicht aus (3em), um den Text in einer Zeile darzustellen. Da in diesem Beispiel die Eigenschaft `wrapping` auf `abap_true` gesetzt wurde, kann der Text vom System in mehrere Zeilen umbrochen werden.

Abbildung 4.17 Zeilenumbruch im UI-Element Label

Ereignisse

onEnter — Das UI-Element `Label` bietet das Ereignis `onChange` an. Sofern eine Aktion zu dem Ereignis hinterlegt ist, wird ein Roundtrip ausgelöst, sobald der Benutzer den Inhalt des `Labels` ändert, und das Phasenmodell mit dem dazugehörigen Ereignisbehandler wird abgearbeitet. Dazu muss die Eigenschaft `editable` den Wert `abap_true` besitzen.

Barrierefreiheit

Das UI-Element `Label` unterstützt aufgrund der Beschreibung verknüpfter Felder die Entwicklung barrierefreier Anwendungen. Falls an den verknüpften Elementen die benötigten Eigenschaften für barrierefreie Anwendungen nicht hinterlegt sind, werden die Eigenschaften vom `Label` verwendet.

> [!] **Einfluss verknüpfter UI-Elemente beachten**
>
> Die Darstellungen des `Label` und dessen Visualisierungen hängen nicht nur von den Eigenschaften des `Label` ab, sondern werden durch die Eigenschaften des verknüpften UI-Elements beeinflusst. In Abbildung 4.18 sehen Sie unterschiedliche Darstellungen für das UI-Element `Label` abhängig vom verknüpften `InputField`.
>
> ▶ Im Fall ❶ wird ein `Label` mit dem UI-Element verknüpft, wobei keine das `Label` beeinflussenden Eigenschaften im `InputField` gesetzt wurden.
> ▶ Im Fall ❷ wurde die Eigenschaft `explanation` des `InputField` mit einem Text in Form einer *Soforthilfe* versehen. Dies äußert sich beim

Label dadurch, dass dieses unterstrichen dargestellt wird. Die Darstellung der Soforthilfe kann durch den Benutzer über das Kontextmenü im View über den Menüpunkt SOFORTHILFE ANZEIGEN eingestellt werden.

▶ Im Fall ❸ wurde die Eigenschaft state des InputField auf den Wert required gesetzt. Dies wird in der visuellen Darstellung durch einen Stern beim Label-Text angedeutet.

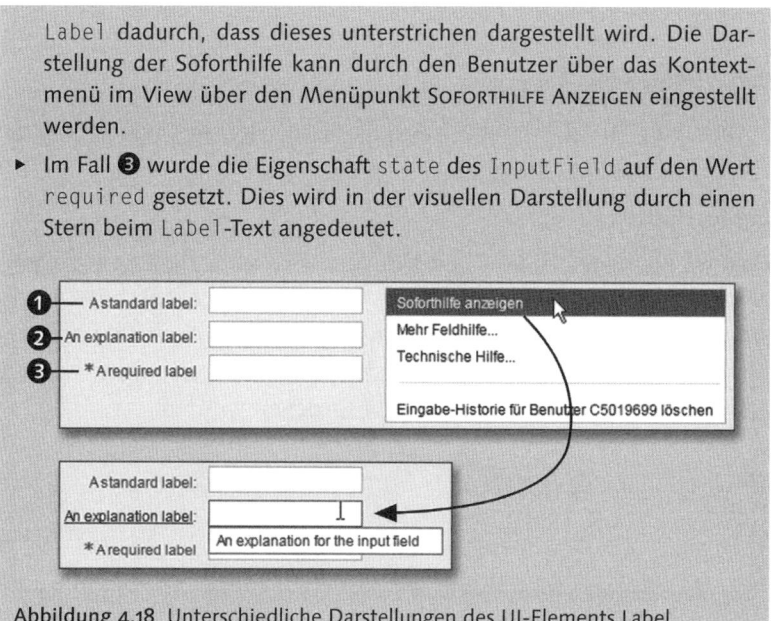

Abbildung 4.18 Unterschiedliche Darstellungen des UI-Elements Label

4.2.4 Caption

Das UI-Element Caption wird eingesetzt, um für die Elemente Group, Tab, Table, TableColumn und Tray eine Überschrift bzw. einen Titel zu definieren.

Überschrift[!]

> **Caption nicht allein verwenden**
>
> Das UI-Element Caption darf nicht direkt im Layout verwendet werden, sondern nur in Verbindung mit anderen UI-Elementen, wie z. B. als Header für Table, TableColumn, Tray, Group etc.

Visuelle Darstellung

In Abbildung 4.19 sehen Sie zwei Beispiele für die Darstellung von Caption-Elementen:

▶ In der Variante ❶ wurde für die Caption die Eigenschaft imageSource mit dem Namen des dargestellten Icons belegt (~IconLarge/AddShoppingcart) und für die Eigenschaft text der angezeigte Text verwendet.

▶ In der Variante ❷ wurde auf eine imageSource verzichtet.

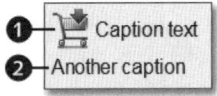

Abbildung 4.19 Unterschiedliche UI-Element-Darstellungen für Caption

Eigenschaften

Das UI-Element `Caption` enthält die Eigenschaften `text` (siehe Abschnitt 4.2.3, »Label«) und `textDirection` (siehe Abschnitt 4.2.2, »InputField«) sowie die Eigenschaften, die alle UI-Elemente aufweisen (siehe Abschnitt 4.1). In Abbildung 4.20 sind die Eigenschaften markiert, die in diesem Abschnitt besprochen werden.

Eigenschaft	Wert	Binding
Eigenschaften (Caption)		
Id	CP_IMG	
contextMenuBehaviour	inherit	
contextMenuId		
enabled	☑	
imageFirst	☑	
imageIsDecorative	☐	
imageSource	~IconLarge/AddShoppingcart	
isDragHandle	☐	
styleClassName		
text	Caption text	
textDirection	inherit	
tooltip		
visible	visible	

Abbildung 4.20 Eigenschaften Caption

imageFirst

Bildposition

Die Eigenschaft `imageFirst` steuert, ob ein Bild vor oder nach dem Text angezeigt werden soll. Wenn es mit dem Wert `abap_true` belegt wird, wird das Bild vor dem Text visualisiert.

imageIsDecorative

Die Eigenschaft `imageIsDecorative` steuert, ob der Tooltip zum Bild verwendet wird (Wert = `abap_false`) oder nicht verwendet wird (Wert = `abap_true`), falls kein Tooltip für das UI-Element definiert ist.

imageSource

Bildquelle

Mit dem Wert der Eigenschaft `imageSource` geben Sie den Namen und die Quelle eines darzustellenden Bildes an. Dieses kann aus den unterschiedlichsten Quellen stammen. Bei der Auswahl des passenden Bildes werden Sie durch eine Suchhilfe des Eigenschaftsfeldes unterstützt. Besitzt diese Eigenschaft keinen Wert, wird auch kein Bild angezeigt.

isDragHandle

Mit der Eigenschaft `isDragHandle` wird festgelegt, ob die `Caption` im Sinne von Drag & Drop in einen anderen Bereich verschoben werden kann (siehe auch Kapitel 5, »Drag & Drop für UI-Elemente«).

Drag & Drop

Barrierefreiheit

Für die Entwicklung barrierefreier Anwendungen wird, falls die Eigenschaft `text` nicht gesetzt wurde, geprüft, ob ein Wert bei der Eigenschaft `tooltip` hinterlegt ist.

> **Drag-Handle und Bezug zu anderen UI-Elementen** [!]
>
> Die `Caption` eines `Tab` kann nicht als Drag-Handle verwendet werden. Das UI-Element `Caption` darf außerdem nicht ohne Bezug zu einem anderen UI-Element eingesetzt werden.

4.2.5 Explanation

Das UI-Element `Explanation` bietet die Möglichkeit, ein- oder mehrzeilige Texte als Hilfe für den Benutzer darzustellen. Bei diesem Element erfolgt keine Prüfung der Eigenschaft `tooltip`.

Hilfe

Visuelle Darstellung

In Abbildung 4.21 sehen Sie eine einfache Darstellung des UI-Elements `Explanation`, einen einfachen Text mit Interaktionsmöglichkeit. Sie können den Link SOFORTHILFE AUSBLENDEN sehen, der zusätzlich zum Text angeboten wird. Der Benutzer hat damit die Möglichkeit, den `Explanation`-Text auszublenden und über das Kontextmenü (Menüeintrag SOFORTHILFE EINBLENDEN) wieder einzublenden. Der Text in Abbildung 4.21 wurde aus dem Standardtextdokument `BADI_ACTIVITY_TXT` (Dokumentenklasse: Allgemeiner Text) der Dokumentenpflege (Transaktion SE61) wiederverwendet.

Mit und ohne Interaktion

Falls bereits Implementierungen zu diesem BAdI angelegt wurden, gelangen Sie auf ein Dialogfenster, in dem die existierenden Implementierungen angezeigt werden. Wählen Sie in diesem Dialogfenster *Anlegen* und fahren Sie wie folgt fort:

1. Geben Sie im Dialogfenster im Feld *Implementierung* einen Namen für die Implementierung des BAdIs ein und wählen Sie danach *Anlegen*.
   Sie gelangen auf das Einstiegsbild zum Anlegen von BAdI-Implementierungen.
2. Geben Sie in dem Einstiegsbild im Feld *Kurztext zur Implementierung* einen Kurztext für die Implementierung ein.
3. Wählen Sie im Registerindex *Interface*.
   Auf der Registerkarte ist das Feld *Name der implementierten Klasse* bereits automatisch gefüllt, da das System aufgrund des Namens Ihrer Implementierung einen Klassennamen vergibt.
4. Sichern Sie Ihre Eingaben und nehmen Sie die Zuordnung zu einer Entwicklungsklasse vor.
5. Positionieren Sie den Cursor jeweils auf der Methode und verzweigen Sie per Doppelklick in die Methodenbearbeitung.
6. Geben Sie zwischen den Anweisungen method <Interface-Name>~<Name der Methode>. und endmethod. das von Ihnen gewünschte Coding zur Implementierung ein.
7. Sichern und aktivieren Sie Ihr Coding und navigieren Sie zurück zum Bild *Ändern Implementierung*.
8. Sichern Sie auf dem Bild *Ändern Implementierung*.

   Hinweis: Es ist ebenfalls möglich, für ein BAdI zunächst eine Implementierung anzulegen und diese später zu aktivieren. In diesem Fall schließen Sie die Bearbeitung zum jetzigen Zeitpunkt ab.

9. Wählen Sie *Aktivieren*.

Bei der Ausführung des Anwendungsprogramms wird jetzt das von Ihnen in der Methode hinterlegte Coding durchlaufen.

Soforthilfe ausblenden

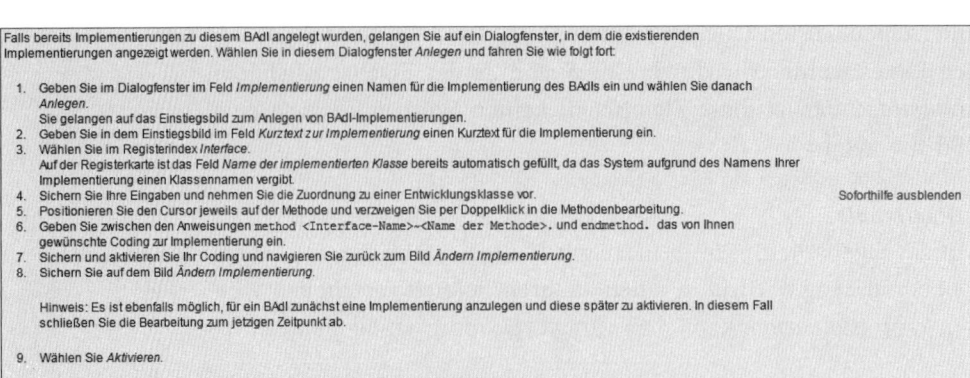

Abbildung 4.21 Erläuterungstext mit dem UI-Element Explanation

Eigenschaften

In Abbildung 4.22 sind die Eigenschaften, die in diesem Abschnitt besprochen werden, markiert.

Eigenschaft	Wert	Binding
Eigenschaften (Explanation)		
Id	EXP_FORMATTED_SE61	
contextMenuBehaviour	inherit	
contextMenuId		
design	emphasized	
enabled	☑	
styleClassName		
text		
textDocumentName	BADI_ACTIVITY_TXT	
tooltip		
visible	visible	

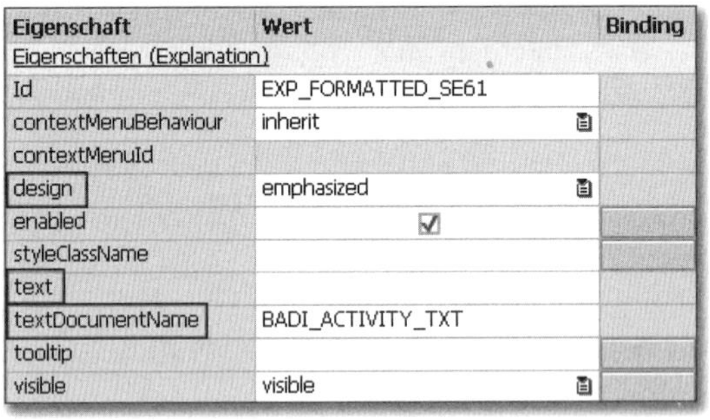

Abbildung 4.22 Eigenschaften Explanation

design

Darstellung Falls die Eigenschaft design den Wert emphasized besitzt, wird der Hilfetext mit grauem Hintergrund (bzw. blauem Hintergrund im Signature-Design) dargestellt. Darüber hinaus wird ein Link visualisiert, der das Ausblenden der Explanation ermöglicht (siehe Abbildung 4.23, ❷) Falls der Eigenschaft der Wert standard zugeordnet wird, wird der Text mit dem Standardhintergrund visualisiert ❶. Es erscheint kein Link, um den Text auszublenden.

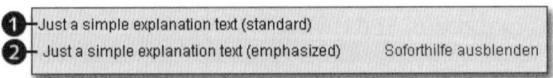

Abbildung 4.23 Unterschiedliche Darstellungen des UI-Elements Explanation

text

Der Eigenschaft `text` kann ein statischer Text oder ein Text aus dem Online Text Repository (OTR) zugewiesen werden. Es besteht keine Möglichkeit, über Data Binding einen Text an dieses Feld anzubinden. Daraus ergibt sich eine maximale Länge von 255 Zeichen.

Statischer Text oder OTR

Der Text kann mithilfe von Tags optisch gestaltet werden, die Sie in Tabelle 4.4 sehen. Wir haben hier nur die Namen der Tags aufgelistet. Um XML-Wohlgeformtheit zu erreichen, definieren Sie immer ein öffnendes und ein schließendes Tag.

Text-Tags

Tag	Beschreibung
OnScreenExplanation	Mit diesem Tag beginnen und beenden Sie den Beschreibungstext.
ScreenElement	Mit diesem Tag bestimmen Sie den Namen eines Bildschirmelements.
NavigationPath	Mit diesem Tag gruppieren Sie Bildschirmelemente zu einer Navigationsliste.
Emphasis	Mit diesem Tag heben Sie den von den Tags umklammerten Text hervor.
Paragraph	Mit diesem Tag definieren Sie einen Absatz.
BulletedList	Mit diesem Tag definieren Sie eine Aufzählung von Einträgen mit einem Punkt pro Eintrag als Aufzählungssymbol. Die Einträge definieren Sie mithilfe des `ListItem`-Tags.
NumberedList	Mit diesem Tag definieren Sie eine nummerierte Aufzählung von Einträgen. Die Einträge definieren Sie mithilfe des `ListItem`-Tags.
ListItem	Mit diesem Tag definieren Sie einen Eintrag in einer Aufzählung.

Tabelle 4.4 Formatierungs-Tags für den Explanation-Text

Die Formatierungs-Tags sind auch als Konstanten vorhanden – und zwar in der Konstantenstrukur `CL_WD_FORMATTED_TEXT=>E_WAD_TAG`, z. B. `CL_WD_FORMATTED_TEXT=>E_WAD_TAG-EMPHASIS` für das Tag Emphasis.

In Listing 4.2 haben wir für Sie ein Beispiel entwickelt, das den Erläuterungstext mit den Tags aus Tabelle 4.4 gestaltet und dynamisch – also während der Laufzeit – an die Eigenschaft `text` bindet.

Beispiel

```
METHOD wddomodifyview.
"Der Root-Container
  DATA: lr_root TYPE REF TO
        cl_wd_uielement_container,
"Der Transparent-Container
        lr_tc TYPE REF TO
        cl_wd_transparent_container,
"Die Explanation
        lr_exp_format TYPE REF TO
"Der Text
        cl_wd_explanation,
        ld_text TYPE string.
* Nur einmal ausführen
  CHECK first_time = abap_true.
* Ermittle das Root-Element
  lr_root ?= view->get_root_element( ).
* Ermittle den Container (TC_EXPLANATION =
  ID des Containers)
  lr_tc ?= lr_root->get_child(
       id      = 'TC_EXPLANATION' ).
* Ermittle die Explanation (EXP_FORMATTED =
  ID der Explanation)
  lr_exp_format ?= lr_tc->get_child(
       id      = 'EXP_FORMATTED' ).
* Erzeuge den Text mit den Formatierungen
  CONCATENATE
    '<OnScreenExplanation>'
    `Let's start with a bulleted list`
    '<BulletedList>'
    '<ListItem>'
    'So this is a simple text as a list item'
    '</ListItem>'
    '<ListItem>'
    'Here follows more text with '
    '<Emphasis> emphasis</Emphasis>'
    '</ListItem>'
    '<ListItem>'
    ' Want a navigation path? - here you go: '
    '<NavigationPath>'
    '<ScreenElement>'
    'My first screen element'
    '</ScreenElement>'
    '<ScreenElement>'
    'My second screen element'
    '</ScreenElement>'
```

```
      '</NavigationPath>'
      '</ListItem>'
      '</BulletedList>'
      'Finally a numbered list'
      '<NumberedList>'
      '<ListItem> Numbered List Item 1</ListItem>'
      '<ListItem> Numbered List Item 2</ListItem>'
      '</NumberedList>'
       '</OnScreenExplanation>'
    INTO ld_text.
* Setze den Text
  CALL METHOD lr_exp_format->set_text
    EXPORTING
       value = ld_text.ENDMETHOD.
```

Listing 4.2 Dynamische Erstellung eines Textes für das UI-Element Explanation

Da in der Eigenschaft `text` kein Data Binding angeboten wird, müssen Sie den Weg der dynamischen Programmierung wählen (siehe Kapitel 6), um einen Text zuordnen zu können. In der Methode `WDDOMODIFYVIEW( )` ermitteln Sie die Referenz auf das UI-Element `Explanation` mit der ID `EXP_FORMATTED`. Danach stellen Sie den gewünschten Text unter Zuhilfenahme der Tags zusammen. Beachten Sie dabei, dass ein öffnendes Tag immer auch ein schließendes Tag benötigt! Nachdem Sie den Text erstellt haben, weisen Sie dieses dem UI-Element mit der Methode `set_text( )` zu. Das Ergebnis der visuellen Aufbereitung mit Tags sehen Sie in Abbildung 4.24.

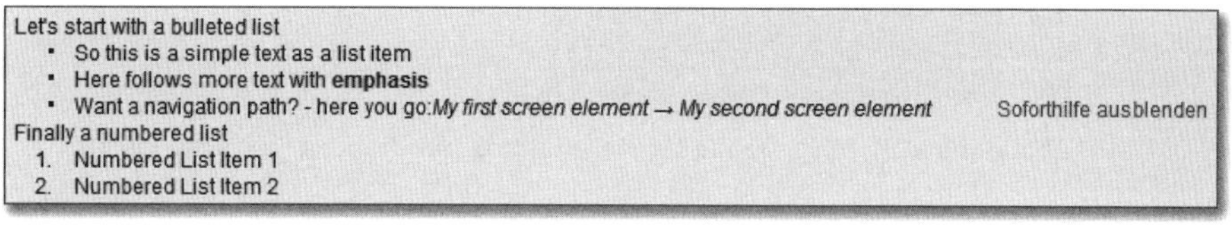

Beschreibung

```
Let's start with a bulleted list
    • So this is a simple text as a list item
    • Here follows more text with emphasis
    • Want a navigation path? - here you go:My first screen element → My second screen element    Soforthilfe ausblenden
Finally a numbered list
  1. Numbered List Item 1
  2. Numbered List Item 2
```

Abbildung 4.24 Formatierter Text für das UI-Element Explanation

textDocumentName

Mit der Eigenschaft `textDocumentName` können Sie ein Dokument über dessen Namen dem UI-Element `Explanation` zuordnen. Der Wert dieser Eigenschaft entspricht dem Dokumentennamen eines allgemeinen Textes (Dokumentenklasse `TX`) aus der Dokumentenpflege (Transaktion SE61). In Kapitel 7, »Eingabe- und semantische Hilfen«, erläutern wir, wie Sie Dokumente und Texte in der Dokumentenpflege anlegen können. Der Text des Dokuments wird als

Dokumentenname

Inhalt für die `Explanation` verwendet und die Formatierung so weit wie möglich berücksichtigt.

> **[!] Nur konforme SAPscript-Formatierungen**
>
> Wird ein Dokument aus der Dokumentenpflege verwendet, werden nur die `Explanation`-konformen SAPscript-Formatierungen zur Aufbereitung des Textes herangezogen. Alle anderen Formatierungen werden gefiltert und finden keine Berücksichtigung bei der optischen Gestaltung des Textes.
>
> Achten Sie zudem auf die Großschreibung bei der Namenseingabe in der Eigenschaft `textDocumentName`, da andernfalls das Dokument nicht gefunden wird.

4.2.6 TextView

Das UI-Element `TextView` wird eingesetzt, um Texte im View darzustellen. Die `tooltip`-Eigenschaft wird nicht geprüft.

Visuelle Darstellung

In Abbildung 4.25 sehen Sie unterschiedliche Darstellungen des UI-Elements `TextView`. Der Text im `TextView` kann in Größe ❶, Stärke ❷, Neigung ❸ und im Design ❹ variieren.

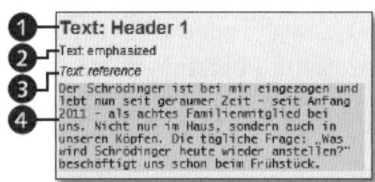

Abbildung 4.25 Ausgewählte Darstellungsmöglichkeiten des TextView-Elements

Eigenschaften

Das UI-Element `TextView` enthält neben den Eigenschaften für alle UI-Elemente die Eigenschaften `textDirection` und `width`, die wir in Abschnitt 4.2.2 zum UI-Element `InputField` erläutert haben, sowie die Eigenschaften `text` und `wrapping`, die wir in Abschnitt 4.2.3 zum Element `Label` besprochen haben. Darüber hinaus enthält es spezifische Eigenschaften, die in Abbildung 4.26 markiert sind und die wir in diesem Abschnitt besprechen.

Kategorie »text« | 4.2

Eigenschaft	Wert		Binding
Eigenschaften (TextView)			
Id	TV_BLOCK		
Layoutdaten	MatrixHeadData	🗐	
contextMenuBehaviour	inherit	🗐	
contextMenuId			
design	monospace	🗐	
enabled	☑		
hAlign	auto	🗐	
layout	block	🗐	
menuIndicator	triangleOnHover	🗐	
semanticColor	marked1	🗐	
styleClassName			
text	V_TEXTVIEW.TV.TEXT		✅
textDirection	inherit	🗐	
tooltip			
visible	visible	🗐	
width	50ex		
wrapping	☑		

Abbildung 4.26 Eigenschaften TextView

design

Die Eigenschaft design dient dazu, das Erscheinungsbild der Schrift zu bestimmen. Sie können Hervorhebungen, Schriftgrad etc. festlegen. In Tabelle 4.5 sehen Sie alle möglichen Ausprägungen.

Darstellung

Wert	Beschreibung
emphasized	Diese Ausprägung definiert, dass der Text hervorgehoben und in Standardgröße dargestellt wird.
groupTitle	Diese Ausprägung ist deprecated und sollte nicht mehr verwendet werden. Stattdessen sollten Sie das UI-Element SectionHeader einsetzen.
header1	Diese Ausprägung definiert, dass der Text hervorgehoben und in Standardgröße +4 dargestellt wird.
header2	Diese Ausprägung definiert, dass der Text hervorgehoben und in Standardgröße +2 dargestellt wird.
header3	Diese Ausprägung definiert, dass der Text hervorgehoben und in Standardgröße dargestellt wird.
header4	Diese Ausprägung definiert, dass der Text hervorgehoben und in Standardgröße –1 dargestellt wird.
label	Diese Ausprägung definiert, dass der Text in Standardgröße und mit Leerzeichen dargestellt wird.
label_small	Diese Ausprägung definiert, dass der Text in Standardgröße –1 und mit Leerzeichen dargestellt wird.

Tabelle 4.5 Ausprägungen der Eigenschaft design

Wert	Beschreibung
legend	Diese Ausprägung definiert, dass der Text in Standardgröße –1 dargestellt wird.
reference	Diese Ausprägung definiert, dass der Text in Standardgröße und kursiv dargestellt wird.
standard	Diese Ausprägung definiert, dass der Text in Standardgröße dargestellt wird.
monospace	Diese Ausprägung definiert, dass der Text in Standardgröße und nicht proportionaler Schrift dargestellt wird.

Tabelle 4.5 Ausprägungen der Eigenschaft design (Forts.)

hAlign

Ausrichtung Mit der Eigenschaft `hAlign` definieren Sie die horizontale Ausrichtung des Inhalts im UI-Element. Die Ausprägungen entsprechen denen des Elements `alignment` (siehe Tabelle 4.2).

[!] **hAlign-Eigenschaft des UI-Elements**

SAP empfiehlt, für die Positionierung des Textes die `hAlign`-Eigenschaft der Layoutdaten des UI-Elements zu setzen und nicht die Eigenschaft `hAlign` des UI-Elements zu verwenden. Falls Sie sich doch für die Eigenschaft `hAlign` des UI-Elements entscheiden, sollten Sie die `hAlign`-Eigenschaft der Layoutdaten des UI-Elements auf den Wert `block` und eine passende Breite mittels `width` setzen.

layout

Formatierung Die Eigenschaft `layout` legt die Formatierung des Textes im `TextView` fest. In Tabelle 4.6 sehen Sie die möglichen Werte.

Wert	Beschreibung
block	Das UI-Element `TextView` wird im erzeugten HTML-Output durch ein `<div>`-HTML-Tag dargestellt. Es werden keine zusätzlichen Leerzeilen im HTML-Output produziert.
native	Das UI-Element `TextView` wird im HTML-Output durch ein `<span>`-HTML-Tag dargestellt. Es kann eine zusätzliche Leerzeile im HTML-Output entstehen.
paragraph	Das UI-Element `TextView` wird im HTML-Output durch ein `<p>`-HTML-Tag dargestellt. Vor und nach dem `<p>`-Tag wird eine Leerzeile eingefügt.

Tabelle 4.6 Ausprägungen der Eigenschaft layout

4.2 Kategorie »text«

menuIndicator

Mit dieser Eigenschaft können Sie dem Benutzer andeuten, dass ein Menü zur Verfügung steht (siehe Abbildung 4.27). Die Eigenschaft kann die Werte aus Tabelle 4.7 annehmen.

Wert	Beschreibung
iconPermanent	Hinter dem TextView wird ein Menü-Symbol angezeigt. Klickt der Benutzer darauf, wird das Menü geöffnet.
triangleOnHover	Fährt der Benutzer mit der Maus über den TextView, wird ein Dreieck angezeigt. Gleichzeitig ändert sich die Farbe des TextViews. Das Menü öffnet sich, wenn der Benutzer auf den TextView bzw. das Dreieck klickt.
trianglePermanent	Hinter dem TextView wird ein Dreieck angezeigt. Falls der Benutzer mit der Maus über den TextView fährt, ändert sich seine Farbe. Das Menü öffnet sich, wenn der Benutzer auf den TextView bzw. das Dreieck klickt.

Tabelle 4.7 Ausprägungen der Eigenschaft menuIndicator

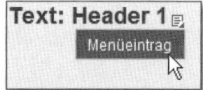

Abbildung 4.27 Eigenschaft menuIndicator mit Wert iconPermanent

semanticColor

Die Eigenschaft semanticColor ermöglicht die Zuordnung einer Farbe zum Text, der eine Bedeutung zugeordnet ist (semantische Farbe). Die vollständige Liste der möglichen Ausprägungen sehen Sie in Tabelle 4.8.

Farben

Wert	Beschreibung
standard	Diese Ausprägung definiert die Verwendung der Standardfarbe für den Text.
diminished	Diese Ausprägung definiert die Verwendung der Farbe Grau für den Text.
positive	Diese Ausprägung definiert die Verwendung der Farbe Grün für den Text.

Tabelle 4.8 Ausprägungen der Eigenschaft semanticColor

Wert	Beschreibung
critical	Diese Ausprägung definiert die Verwendung der Farbe Orange für den Text.
negative	Diese Ausprägung definiert die Verwendung der Farbe Rot für den Text.
marked1	Diese Ausprägung definiert die Verwendung von schwarzer Farbe für den Text auf hellorangefarbenem Hintergrund.
marked2	Diese Ausprägung definiert die Verwendung von schwarzer Farbe für den Text auf orangefarbenem Hintergrund.

Tabelle 4.8 Ausprägungen der Eigenschaft semanticColor (Forts.)

Aggregierte Elemente

In Abbildung 4.28 sehen Sie das aggregierte Element Menu zum TextView. Zum TextView können Sie damit ein Menü anlegen, das rechts neben dem Text als Menüsymbol angezeigt wird. Klickt der Benutzer das Symbol an, erscheinen die Menüeinträge unterhalb dieses Symbols. Um das Menü anzulegen, wählen Sie im Kontextmenü des TextView im View-Editor den Menüeintrag MENÜ EINFÜGEN. Details zu den Menüs finden Sie in Abschnitt 4.8.2, »AcfExecute«.

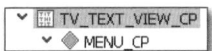

Abbildung 4.28 Aggregationen TextView

4.2.7 TextEdit

Edition Das UI-Element TextEdit erlaubt die Darstellung und Edition mehrzeiliger Texte. Die Fläche des UI-Elements ist von einem Rahmen umgeben. Falls der horizontale bzw. vertikale Platz für die Eingabe nicht ausreicht, werden zusätzlich Scroll-Balken eingeblendet.

Visuelle Darstellung

In Abbildung 4.29 sehen Sie eine Darstellung des UI-Elements TextEdit mit einem Label, das wir ergänzt haben, um das UI-Element präziser benennen zu können. In der Darstellung von TextEdit erkennen Sie, dass der definierte Platz (Eigenschaften: rows, cols) für die Darstellung des Inhalts nicht ausreicht. Das System fügt automatisch einen Scroll-Balken ein, um dem Benutzer die Navigation auf den nicht darstellbaren Text zu ermöglichen (Eigenschaft: `wrapping`).

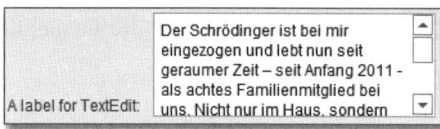

Abbildung 4.29 UI-Elemente Label und TextEdit

Eigenschaften

Das UI-Element `TextEdit` enthält die Eigenschaften `activateAccessKey`, `explanation`, `value`, `width`, `textdirection`, `imeMode`, `readOnly`, `state`, `displayOnly` und `displayAsText`, die wir in Abschnitt 4.2.2 zum UI-Element `InputField` besprochen haben, sowie die Eigenschaften, die alle UI-Elemente gemeinsam haben. Das mit der Eigenschaft `value` zu bindende Context-Attribut, in dem sich die Werte für die textuelle Darstellung befinden, kann vom Typ `string` oder `string_table` sein. In Abbildung 4.30 sind die Eigenschaften, die in diesem Abschnitt besprochen werden, markiert.

Eigenschaft	Wert	Binding
Eigenschaften (TextEdit)		
Id	LC_TEXTEDIT_TEXT	
Layoutdaten	MatrixData	
activateAccessKey	☐	
adjustRowsToText	☑	
cols	40	
contextMenuBehaviour	inherit	
contextMenuId		
design	standard	
displayAsText	☑	
displayOnly	☐	
enabled	☑	
explanation		
height		
imeMode	auto	
readOnly	☐	
rows	5	
state	normal	
styleClassName		
textDirection	inherit	
tooltip		
value	V_TEXTEDIT.TV.TEXT	
visible	visible	
width		
wrapping	soft	

Abbildung 4.30 Eigenschaften TextEdit

adjustRowsToText

Falls Sie den Wert der Eigenschaft `adjustRowsToText` mit `abap_true` belegen und die Eigenschaft `displayAsText` den Wert `abap_true` besitzt, wird die Anzahl der Zeilen des UI-Elements an die tatsächlichen Zeilen im Text angepasst.

cols

Spalten
Mit der Eigenschaft `cols` bestimmen Sie die Anzahl der Spalten des UI-Elements in Zeichen.

design

Aussehen
Mit der Eigenschaft `design` legen Sie die zu verwendende Schrift für den Text im UI-Element fest. Wird der Wert `monospace` zugeordnet, wird eine nicht proportionale Schrift verwendet. Beim Wert `standard` wird die Standardschrift verwendet.

height

Mit der Eigenschaft `height` definieren Sie die Höhe des UI-Elements in CSS-Einheiten (siehe Tabelle 3.18).

rows

Zeilen
Mit der Eigenschaft `rows` definieren Sie die Höhe des UI-Elements in einer Anzahl von Zeilen. Diese Eigenschaft kann durch die Eigenschaft `height` übersteuert werden.

wrapping

Umbruch
Mit der Eigenschaft `wrapping` definieren Sie, wie der Text in die nächste Zeile umbrochen wird. In Tabelle 4.9 sehen Sie die Ausprägungen der Eigenschaft.

Wert	Beschreibung
off	Der Text wird nicht umbrochen, und bei Bedarf wird ein Scroll-Balken eingeblendet.
hard	Der Text wird am Rand des UI-Elements hart umbrochen, und ein Carriage Return wird eingefügt.
soft	Der Text wird am Rand des UI-Elements hart umbrochen.

Tabelle 4.9 Ausprägungen der Eigenschaft wrapping

Textfluss
Diese Ausprägungen bestimmen den Textfluss und die visuelle Darstellung des UI-Elements:

- Wenn der darstellbare Platz nicht ausreicht und die Eigenschaft den Wert `soft` besitzt, wird der Text am Rand des UI-Elements umbrochen, ohne einen Carriage Return einzufügen. Zudem wird ein vertikaler Scroll-Balken für die Navigation auf den nicht dargestellten Text angeboten.
- Wenn der darstellbare Platz nicht ausreicht und die Eigenschaft den Wert `off` besitzt, wird der Text am Rand des UI-Elements nicht umbrochen. Zudem wird ein horizontaler Scroll-Balken für die Navigation auf den nicht dargestellten Text angeboten.

Barrierefreiheit

Beim UI-Element `TextEdit` wird geprüft, ob ein `Label` vorhanden ist. Wenn nicht, findet eine Prüfung statt, ob das gebundene Context-Attribut einen Typ mit semantischer Information besitzt. Falls nicht, folgt eine Prüfung, ob die Eigenschaft `tooltip` mit einem Wert belegt ist.

Cursor-Position und Markierung von Textpassagen

Ihre Anwendung kann die Cursor-Position im Text des `TextEdit`-Elements beeinflussen und Textpassagen als hervorgehoben darstellen:

- Ihre Anwendung kann die Position des Text-Cursors innerhalb des `TextEdit` festlegen.
- Ihre Anwendung kann die Position der Selektion innerhalb des `TextEdit` festlegen.
- Text-Cursor und Selektion sind innerhalb des `TextEdit` sichtbar.

In Listing 4.3 zeigen wir Ihnen die dazu nötigen Implementierungen.

```
METHOD set_focus_and_selection.
 DATA lo_view TYPE REF TO if_wd_view.
 lo_view ?= wd_this->wd_get_api( ).
* Bereich selektieren
 lo_view->request_focus_on_view_elem(
     view_element   = lo_view->get_element( 'LC_TEXTEDIT_
     TEXT' )
     focus_info     = cl_wd_focus_info=>new_selection(
       from_position   = 0
       from_line       = 1
       to_position     = 8
```

```
              to_line         = 1
          )
      ).
*   Fokus setzen
    lo_view->request_focus_on_view_elem(
        view_element    = lo_view->get_element( 'LC_TEXTEDIT_
        TEXT' )
        focus_info    = cl_wd_focus_info=>new_cursor(
          cursor_position = 10
          cursor_line    = 1
        )
    ).
ENDMETHOD.
```

Listing 4.3 Fokus und Selektion im TextEdit setzen

Der Aufruf der Methode `set_focus_and_selection( )` kann zu jedem beliebigen Zeitpunkt stattfinden. Im ersten Schritt ermitteln wir die Referenz auf den View durch ein Cast auf das Interface `IF_WD_VIEW`, um einen Zugriff auf die Methode `request_focus_on_view_elem( )` zu erlangen. Mithilfe dieser Methode wird die Cursor-Position bzw. die Selektion für das mit `lo_view->get_element( )` ermittelte Element gesetzt. Dazu ist es außerdem nötig, die passende Information über das Setzen eines `cl_wd_focus_info`-Objekts (Interface `IF_WD_FOCUS_INFO`) in der Struktur zu übergeben.

4.2.8 FormattedTextView

Formatieren

Das UI-Element `FormattedTextView` dient der Ausgabe formatierter Texte, die Links, Bilder und geordnete Listen enthalten können. Die Formatierung wird mit einer an der Extensible Markup Language (XML) angelehnten Syntax vorgenommen, die einer Untermenge von XHTML plus SAP-spezifischen Tags entspricht. Die Eigenschaft `tooltip` wird für das UI-Element `FormattedTextView` nicht geprüft.

Visuelle Darstellung

Formatierungsmöglichkeiten

In Abbildung 4.31 sehen Sie ein Beispiel für die Darstellung des `FormattedTextView`. Der Text wurde mit den zur Verfügung stehenden Tags gestaltet und zeigt eine kleine Auswahl der Formatierungsmöglichkeiten. Eine umfassende Beschreibung der Möglichkeiten finden Sie im folgenden Abschnitt zur Eigenschaft `text`.

Kategorie »text« | **4.2**

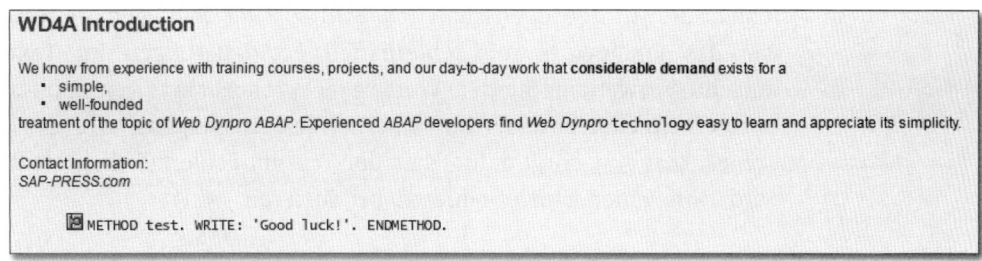

Abbildung 4.31 UI-Element FormattedTextView mit Formatierungen

Eigenschaften

Das UI-Element `FormattedTextView` enthält die Eigenschaft `textDirection` (siehe Abschnitt 4.2.2, »InputField«) sowie die Eigenschaften, die alle UI-Elemente besitzen. In Abbildung 4.32 sind die Eigenschaften markiert, die in diesem Abschnitt besprochen werden.

Eigenschaft	Wert	Binding
Eigenschaften (FormattedTextView)		
Id	FTV_EX	
contextMenuBehaviour	inherit	
contextMenuId		
dataSource		
enabled	☑	
invalidTextHandling	rejectWrongFormatting	
styleClassName		
text	V_FTV.FTV.TEXT	✓
textDirection	inherit	
tooltip		
visible	visible	
Ereignisse		
onAction		

Abbildung 4.32 Eigenschaften FormattedTextView

dataSource

Mit der Eigenschaft `dataSource` definieren Sie die Werte für das Tag `sap:field`. Die Werte werden aber nicht direkt eingegeben, sondern basieren auf den Elementen zu einem Context-Knoten. Der gebundene Context-Knoten muss ein Attribut besitzen, dem der anzuzeigende Wert zugewiesen wurde. Sind mehrere Elemente für den Context-Knoten vorhanden, wird das Element der Lead-Selection als Datenquelle verwendet.

Tags

invalidTextHandling

Falls Sie den Text, den Sie der Eigenschaft `text` zugewiesen haben, nicht XML-konform erzeugen, tritt im Allgemeinen ein Laufzeit-

331

fehler auf. Mit der Eigenschaft `invalidTextHandling` legen Sie fest, wie das Framework mit fehlerhaften Formatierungen im Text umgeht. Verwenden Sie den Wert `rejectWrongFormatting`, kommt es zu einem Laufzeitfehler im Fehlerfall. Die Ausprägung `tolerateWrongFormatting` sorgt dafür, dass der Text im Fehlerfall dargestellt wird, ohne einen Laufzeitfehler zu produzieren.

text

Mit der Eigenschaft `text` legen Sie den Text fest, der dargestellt werden soll. Die in Tabelle 4.10 aufgelisteten Tags können Sie zur visuellen Aufbereitung nutzen. Falls Sie Tags verwenden, die nicht in der Tabelle vorkommen, werden diese ausgefiltert und nicht für die visuelle Aufbereitung berücksichtigt.

Tag	Beschreibung
Text	
a	Dieses Tag beschreibt einen Anker für Links und führt zum Auslösen des Ereignisses `onAction` und in weiterer Folge zum Aufruf des hinterlegten Aktionsbehandlers. Die Syntax dazu lautet: `<a href="Aktion" [Title="Tooltip"]>FormattedText</a>`
abbr	Dieses Tag formatiert einen Text als Abkürzung.
acronym	Dieses Tag formatiert einen Text als Akronym.
address	Dieses Tag formatiert einen Text als Adresse.
blockquote	Dieses Tag setzt einen Textblock vom Rest des Textes ab. Die genaue Darstellung bestimmt der Browser. In der Regel wird der Text in `blockquote` rechts und links eingerückt und kursiv gerendert. Vor und nach dem `blockquote`-Element gibt es einen Zeilenumbruch.
br	Dieses Tag fügt einen Zeilenumbruch im Text ein.
cite	Dieses Tag formatiert einen Text als Zitat oder Referenz auf eine andere Quelle.
code	Dieses Tag formatiert einen Text als Programmtext.
dfn	Dieses Tag formatiert einen Text als Definition.
div	Dieses Tag dient als Gruppierungselement (Block-Level) für weitere Tags. Bei der Ausgabe wird ein Zeilenumbruch vor und hinter dem Element eingefügt.

Tabelle 4.10 Tags für FormattedTextView

Tag	Beschreibung
em	Dieses Tag hebt einen Text hervor.
formattedText	Dieses Tag definiert den Beginn und das Ende des formatierten Textes.
h1	Dieses Tag formatiert einen Text als Überschrift der Stufe 1.
h2	Dieses Tag formatiert einen Text als Überschrift der Stufe 2.
h3	Dieses Tag formatiert einen Text als Überschrift der Stufe 3.
h4	Dieses Tag formatiert einen Text als Überschrift der Stufe 4.
img	Dieses Tag ermöglicht die Darstellung eines Bildes. Die Syntax dazu lautet: `<img src="ImageSource" [title="Tooltip"]/>`
kbd	Dieses Tag formatiert einen Text als Text, der über die Tastatur eingegeben werden muss.
p	Dieses Tag formatiert einen Text als Absatz.
pre	Dieses Tag formatiert einen Text als vorformatierten Text. Der Text wird vom Browser exakt in der gleichen Weise dargestellt, wie er innerhalb des öffnenden und schließenden pre-Tags steht – inklusive Weißraum, Tabulatoren und Zeilenumbrüchen. Zeilen und Spalten bleiben bestehen, ebenso extra Weißraum.
q	Dieses Tag formatiert einen Text als Zitat im Textverlauf.
samp	Dieses Tag formatiert einen Text als Output eines Programms, Skripts etc.
span	Dieses Tag dient als Gruppierungselement für weitere Tags (Inline-Level).
strong	Dieses Tag formatiert einen Text als stark hervorgehoben.
var	Dieses Tag formatiert einen Text als Variable.
Listen	
dl	Dieses Tag definiert eine Liste mit Bezeichnungen.
dt	Dieses Tag definiert die Bezeichnung (Term) für einen Eintrag.

Tabelle 4.10 Tags für FormattedTextView (Forts.)

4 | UI-Elemente und ihre Eigenschaften

Tag	Beschreibung
dd	Dieses Tag definiert einen Eintrag in einer Liste mit Bezeichnungen.
ol	Dieses Tag definiert eine geordnete, nummerierte Liste.
ul	Dieses Tag definiert eine ungeordnete Liste, deren Einträge durch Aufzählungspunkte markiert werden.
li	Dieses Tag definiert einen Listeneintrag für geordnete und ungeordnete Listen.
SAP	
sap:field	Dieses Tag definiert einen Platzhalter für ein SAP-Feld mit Bezug auf das Context-Attribut der Eigenschaft dataSource. Die Syntax lautet: <sap:field name = "Context Attribute Name"/>.

Tabelle 4.10 Tags für FormattedTextView (Forts.)

Beispiel In Listing 4.4 zeigen wir Ihnen die Implementierung zur Texterzeugung für unser Eingangsbeispiel in Abbildung 4.31.

```
METHOD set_formatted_text_ex.
  DATA lo_nd_formatted_text_view TYPE REF TO
       if_wd_context_node.
  DATA lo_el_formatted_text_view TYPE REF TO
       if_wd_context_element.
  DATA ls_formatted_text_view TYPE
       wd_this->element_formatted_text_view.
  DATA lv_text_ex TYPE
       wd_this->element_formatted_text_view-text_ex.
*   Navigiere von <CONTEXT> zu <FORMATTED_TEXT_view_ex> mit
*   der Lead-Selection
  lo_nd_formatted_text_view =
    wd_context->get_child_node(
      name = wd_this->wdctx_formatted_text_view ).
*   Ermittle das Element mit der Lead-Selection
  lo_el_formatted_text_view =
    lo_nd_formatted_text_view->get_element( ).
*   Erzeuge den formatierten Text
  CONCATENATE
  '<' cl_wd_formatted_text=>e_tag-formattedtext '>'
  '<h1><acronym>WD4A</acronym> Introduction</h1>'
  '<p>'
  ' We know from experience with training courses, projects,'
  ' and our day-to-day work that '
  ' <strong>considerable demand</strong> exists for a '
  '<ul>'
```

```
'<li>simple,</li>'
'<li>well-founded</li>'
'</ul>'
' treatment of the topic of <em>Web Dynpro ABAP</em>. '
' Experienced <em>ABAP</em>'
' developers find <em>Web Dynpro</em>'
' <code>technology</code> easy to learn and appreciate'
' its simplicity.'
'</p>'
'<p>'
' Contact Information:'
'<address>SAP-PRESS.com</address>'
'</p>'
'<blockquote>'
' <a href="GO" title="Click here to get the details!" >'
' <img src="ICON_DETAIL" title="An image" />'
' </a>'
`<code>METHOD test. WRITE: 'Good luck!'. ENDMETHOD.</
code>``</blockquote>'
'</' cl_wd_formatted_text=>e_tag-formattedtext '>'
INTO lv_text_ex.
* Setze das Attribut
lo_el_formatted_text_view->set_attribute(
  name =  `TEXT_EX`
  value = lv_text_ex ).
ENDMETHOD.
```

Listing 4.4 Formatierung des Textes für das UI-Element FormattedTextView

Wir haben beim Aufbau des Textes die Tags ohne Verwendung von Konstanten ausgeführt, außer für den Textwurzelknoten `cl_wd_formatted_text=>e_tag-formattedtext`. Bevorzugen Sie die Verwendung dieser Konstanten, können Sie auf die Struktur `cl_wd_formatted_text=>e_tag` zurückgreifen. Die Klasse `CL_WD_FORMATTED_TEXT` bietet zudem Hilfsmethoden, um formatierte Texte zu erzeugen, von *SAPscript* zu konvertieren und zu validieren.

Beschreibung

Ereignisse

Das UI-Element `FormattedTextView` bietet das Ereignis `onAction` an. Sofern eine Aktion zu dem Ereignis hinterlegt ist und im Text ein a-Feld (Anker) vorkommt, wird ein Roundtrip ausgelöst und das Phasenmodell mit dem dazugehörigen Ereignisbehandler abgearbeitet. Der Aktionsbehandler-Methode wird neben den Standardparametern der Parameter `HREF` übergeben. Dieser entstammt dem href-Attribut des a-Tags. Weitere Erläuterungen zum Thema Ereignisbehandlung finden Sie in Kapitel 2, »Web-Dynpro-Architektur«.

onAction

4.2.9 FormattedTextEdit

Texte formatieren

Mit dem UI-Element `FormattedTextEdit` können Sie formatierte Texte mithilfe von Funktionen editieren, die in einer Toolbar am oberen Rand des UI-Elements zur Verfügung gestellt werden. Das UI-Element unterstützt Sie bei der Formatierung von Texten als Header1, Header2, Header3, alphabetischen und nicht alphabetischen Listen, Einzug sowie fetten und kursiven Elementen. Nicht unterstützte Formate sind Bilder, Links, Unterstriche und Farben.

Visuelle Darstellung

Werkzeugleiste

In Abbildung 4.33 sehen Sie eine Darstellung des UI-Elements `FormattedTextEdit`. In einer Werkzeugleiste am oberen Rand des UI-Elements bietet das UI-Element verschiedene Funktionen zum Formatieren des Textes an, der in einem Eingabefeld eingetragen wird. Der Button B dient zum Hervorheben eines Textabschnitts durch Fettung. Markieren Sie dazu den Text im Eingabefeld, und klicken Sie dann auf den Button B ❶. Um die Formatierung zurückzunehmen, markieren Sie den Text wiederum. Sie sehen, dass der Button B visuell eingedrückt dargestellt wird. Klicken Sie erneut auf den Button, und der Text wird wieder auf die Standardformatierung zurückgesetzt. Das eben beschriebene Vorgehen gilt für alle Formatierungsoptionen in der Toolbar.

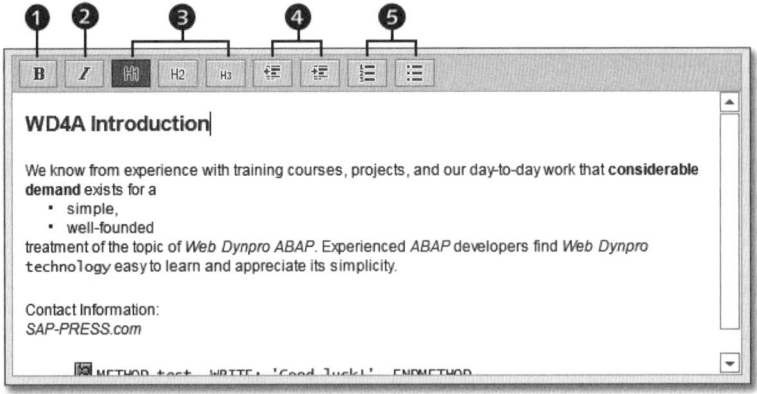

Abbildung 4.33 Texteditor für das UI-Element FormattedTextEdit

Der Button I ❷ wird verwendet, um den selektierten Text kursiv darzustellen. H1, H2 und H3 dienen zur Formatierung eines Textes als Überschriften ❸. Zwei Buttons werden angeboten, um Einrückungen zu definieren und wieder zurückzunehmen ❹. Zur Aufbereitung von Listen steht ein Button für nummerierte und einer für nicht nummerierte Listen zur Verfügung ❺.

Eigenschaften

Die Eigenschaften von `FormattedTextEdit` decken sich mit denen von `FormattedTextView` (siehe Abschnitt 4.2.8). Zusätzlich zu den `FormattedTextView`-Eigenschaften wird noch die Eigenschaft `showFormattingOptions` angeboten (siehe Abbildung 4.34).

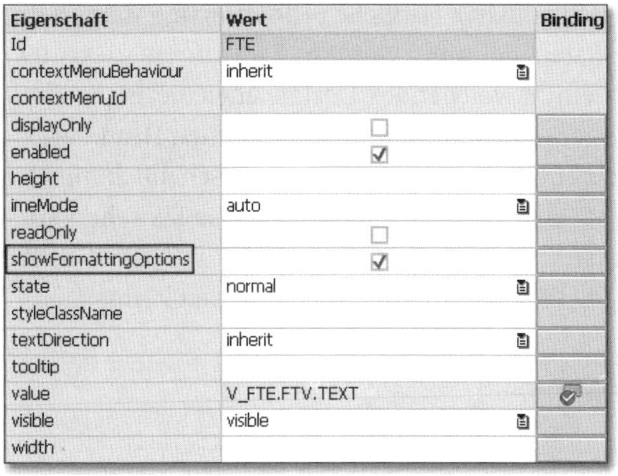

Eigenschaft	Wert	Binding
Id	FTE	
contextMenuBehaviour	inherit	
contextMenuId		
displayOnly	☐	
enabled	☑	
height		
imeMode	auto	
readOnly	☐	
showFormattingOptions	☑	
state	normal	
styleClassName		
textDirection	inherit	
tooltip		
value	V_FTE.FTV.TEXT	✓
visible	visible	
width		

Abbildung 4.34 Eigenschaften FormattedTextEdit

Sie dient dazu, die Werkzeugleiste zum `FormattedTextEdit` ein- und auszublenden. Falls Sie den Wert `abap_true` hinterlegen, wird die Werkzeugleiste eingeblendet.

Barrierefreiheit

Für das UI-Element `FormattedTextEdit` wird die Eigenschaft `tooltip` geprüft.

4.2.10 SectionHeader

Das UI-Element `SectionHeader` können Sie verwenden, um die Überschrift zu einem Abschnitt in einem Formular darzustellen. Das UI-Element `SectionHeader` wird mit einem `TransparentContainer` durch die Eigenschaft `labeledBy` des UI-Elements `TransparentContainer` verknüpft (siehe auch Abschnitt 3.1.4).

Überschrift

> [!] **Verknüpfung mit TransparentContainer**
>
> Falls Sie das UI-Element `SectionHeader` nicht mit einem UI-Element `TransparentContainer` verknüpfen, erzeugt das Laufzeitsystem eine Fehlermeldung.

Visuelle Darstellung

In Abbildung 4.35 sehen Sie Beispiele für die Darstellung des UI-Elements `SectionHeader`. Es werden drei `SectionHeader` (SECTION HEADER (HEADER4), SECTION HEADER (HEADER5) und SECTION HEADER (HEADER6) mit unterschiedlicher farblicher Hinterlegung dargestellt, die über die Layoutdaten definiert werden. SECTION HEADER (HEADER6) hat zusätzlich ein abweichendes Design über die Eigenschaft `design` erhalten. Dies erkennen Sie am unterstrichenen Header-Text. Die anderen UI-Elemente dienen nur zur Veranschaulichung der Verwendung des `SectionHeader` als Überschrift. Wie Sie sehen können, unterscheiden sich die `SectionHeader` aufgrund der Schriftgröße, die Sie über die Eigenschaft `level` beeinflussen können.

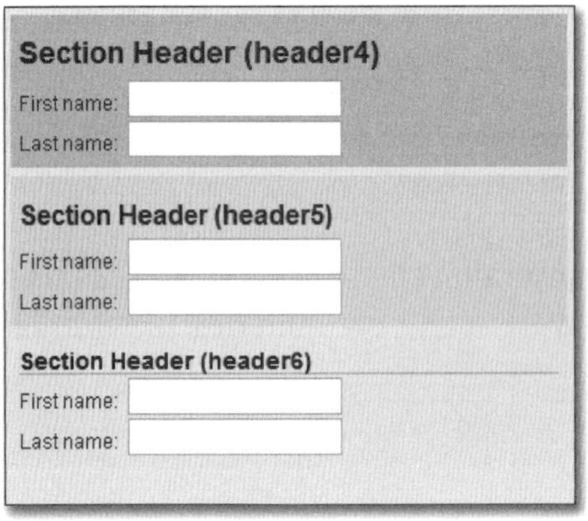

Abbildung 4.35 UI-Element SectionHeader

Eigenschaften

Das UI-Element `SectionHeader` enthält die Eigenschaft `isDragHandle`, die wir in Abschnitt 4.2.4 zum Element `Caption` besprochen haben, sowie die Eigenschaften, die alle UI-Elemente gemeinsam haben. In Abbildung 4.36 sind die Eigenschaften markiert, die in diesem Abschnitt besprochen werden.

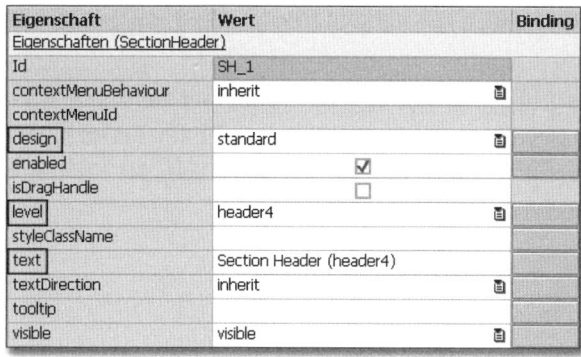

Abbildung 4.36 Eigenschaften SectionHeader

design

Mithilfe der Eigenschaft `design` können Sie festlegen, ob der Header unterstrichen (Wert = `underline`) oder nicht unterstrichen (Wert = `standard`) dargestellt wird (siehe Abbildung 4.35).

level

Mit der Eigenschaft `level` definieren Sie die visualisierte Hierarchiestufe des Abschnitts, die sich in der Größe der Überschrift ausdrückt. Die möglichen Werte sehen Sie in Tabelle 4.11 und die visuellen Darstellungen dazu in Abbildung 4.35.

Ebene

Wert	Beschreibung
`header4`	Dieser Wert repräsentiert die höchste Stufe.
`header5`	Dieser Wert repräsentiert die mittlere Stufe.
`header6`	Dieser Wert repräsentiert die tiefste Stufe.

Tabelle 4.11 Ausprägungen der Eigenschaft level

text

In der Eigenschaft `text` bestimmen Sie den Text, der als Beschriftung ausgegeben wird. Es gibt keine Längenbeschränkung.

Icon Primäre Eigenschaft

Barrierefreiheit

Der `SectionHeader` ist nicht über Tabulatoren erreichbar. Ist die Eigenschaft `accessibilityDescription` des verknüpfenden `TransparentContainer`-Elements nicht gesetzt, wird der Text des `SectionHeader` für die Barrierefreiheit herangezogen.

4.2.11 RatingIndicator

Der `RatingIndicator` ist ein UI-Element, um Bewertungen anzuzeigen. Mithilfe eines grafischen Symbols wird auf einer Skala angedeutet, wie hoch eine Bewertung aufgrund der Anzahl der Bewertungssymbole ist. Der Benutzer kann mit einem Mausklick, der Pfeiltaste oder einer Zahlentaste die Bewertung festlegen.

Visuelle Darstellung

In Abbildung 4.37 sehen Sie Beispiele für die Darstellung des UI-Elements `RatingIndicator`. Die Bewertungsskala umfasst fünf Einheiten, von denen hier drei ausgewählt wurden. Wir haben das UI-Element so konfiguriert, dass nur ganzzahlige Wertungen mit dem Standardbewertungssymbol (einem Stern) angezeigt werden.

Abbildung 4.37 UI-Element RatingIndicator

Eigenschaften

Das UI-Element `RatingIndicator` enthält die Eigenschaft `readOnly`, die wir in Abschnitt 4.2.2 zum Element `InputField` besprochen haben, sowie die Eigenschaften, die alle UI-Elemente besitzen. In Abbildung 4.38 sind die Eigenschaften markiert, die in diesem Abschnitt besprochen werden.

Eigenschaft	Wert	Binding
Eigenschaften (RatingIndicator)		
Id	RT_PLAIN	
contextMenuBehaviour	inherit	
contextMenuId		
displayMode	continuous	
emptyItemIconSource		
enabled	✓	
fullItemIconSource		
hoverItemIconSource		
maxValue	5	
readOnly	☐	
styleClassName		
tooltip		
value	3	
visible	visible	
Ereignisse		
onRate		

Abbildung 4.38 Eigenschaften RatingIndicator

displayMode

Mit der Eigenschaft `displayMode` legen Sie den Füllungsgrad der Bewertungssymbole fest (siehe Tabelle 4.12).

Wert	Beschreibung
continuous	Der Rating-Wert wird nicht gerundet.
full	Die Rating-Werte werden über ganz volle und ganz leere Symbole repräsentiert. Sie werden auf- bzw. abgerundet.
half	Die Rating-Werte werden über volle, halb volle und leere Symbole repräsentiert. Sie werden auf- bzw. abgerundet.

Tabelle 4.12 Ausprägungen der Eigenschaft displayMode

In Abbildung 4.39 sehen Sie die unterschiedlichen Visualisierungen. Die Eigenschaft `value` wurde mit der Bewertung 3,65 belegt. Das oberste Rating wurde mit `full`, das zweite mit `continuous` und das dritte mit `half` erstellt.

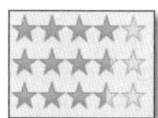

Abbildung 4.39 Eigenschaft displayMode

emptyItemIconSource und fullItemIconSource

Die Eigenschaft `emptyItemIconSource` gibt die URL des Icons an, das leere Werteeinheiten repräsentiert, die Eigenschaft `fullItemIconSource` die URL des Icons, das volle Werteeinheiten repräsentiert. In Abbildung 4.40 haben wir für die Eigenschaft `emptyItemIconSource` den Wert `~Icon/RecipeBuildingBlock` verwendet und die Eigenschaft `fullItemIconSource` mit dem Wert `~Icon/Recipe` belegt.

Abbildung 4.40 Eigenschaften emtyItemIconSource und fullItemIconSource

Bei genauem Hinsehen bemerken Sie, dass das UI-Element für eine kontinuierliche Wertedarstellung die Bilder für `empty`- und `fullItemIconSource` anteilig mischt.

hoverItemIconSource

Diese Eigenschaft enthält die URL des Icons, das angezeigt wird, wenn der Benutzer mit dem Mauszeiger über die Rating-Icons fährt. Damit dieses Icon angezeigt wird, müssen die Eigenschaften readOnly <> abap_true und enabled <> abap_false gesetzt werden.

maxValue

Diese Eigenschaft definiert den Bereich der Werte auf der Skala bzw. die Anzahl der Icons, die angezeigt werden.

value

Diese Eigenschaft beinhaltet den Wert des Ratings, den der Benutzer eingegeben hat. Sie wird mithilfe der Icons und deren Befüllungsgrad visualisiert.

Ereignisse

onRate — Das UI-Element RatingIndicator bietet das Ereignis onRate an, das ausgelöst wird, wenn der Benutzer einen Wert eingegeben hat. Durch die Zuordnung des Ereignisses wird ein Roundtrip ausgelöst, der Wert wird gesetzt, und das korrespondierende Icon der Eigenschaft fullItemIconSource wird für die Visualisierung verwendet.

Zusätzlich zu den Standardparametern wird der Parameter value an die Aktionsbehandler-Methode übergeben. Dieser repräsentiert den eingegebenen Wert des Benutzers und kann für die weiteren Berechnungen von Benutzerbewertungen verwendet werden.

4.3 Kategorie »action«

Die Kategorie action beinhaltet die UI-Elemente, die Ereignisse anbieten. Ein Beispiel für ein Ereignis ist onAction für das UI-Element Button, das Sie durch die Zuordnung einer Aktion »aktivieren« und mittels einer Reaktion auf das Ereignis in der durch das Anlegen der Aktion automatisch erzeugten Aktionsbehandler-Methode implementieren können.

4.3.1 Allgemein

Klassenhierarchie — In Abbildung 4.41 sehen Sie als Ausschnitt der gesamten ABAP-Klassenhierarchie der UI-Elemente die Klassenhierarchie für die in diesem Abschnitt besprochenen UI-Elemente. Die Klassen, die mit hellem Hintergrund dargestellt sind, sind die Basisklassen. Wie Sie der Abbildung entnehmen können, wird in der höchsten Klasse CL_WDR_VIEW_ELEMENT das Attribut ID definiert. Damit steht diese Eigenschaft allen Unterklassen zur Verfügung. Die Klasse CL_WD_CTX_MENU_PROVIDER steuert die Attribute CONTEXT_MENU_BEHAVIOUR und CONTEXT_MENU_ID bei. Die Klasse CL_WD_UIELEMENT leistet auch einen wichtigen Beitrag, nämlich die Attribute ENABLED, VISIBLE und TOOLTIP.

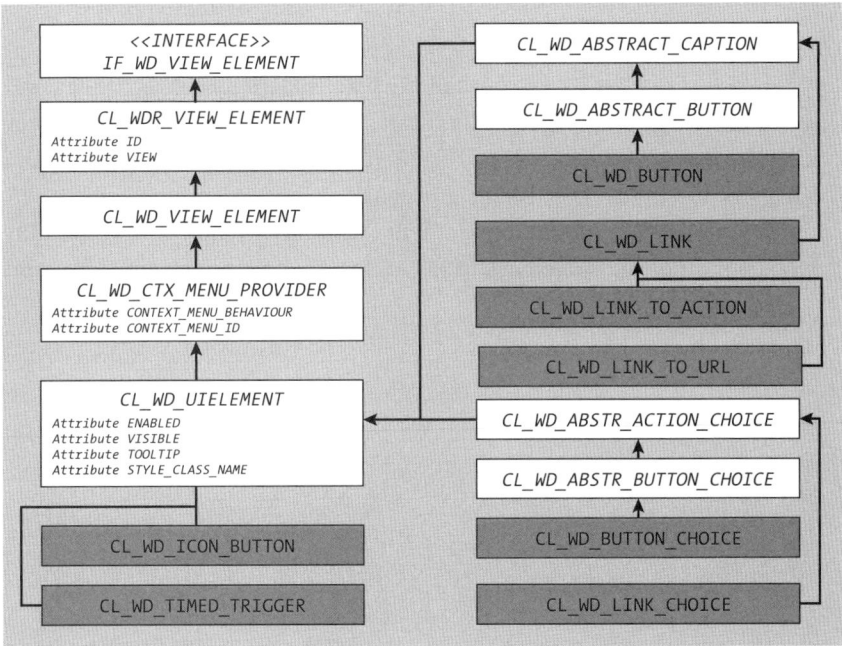

Abbildung 4.41 Klassenhierarchie der UI-Elemente aus der action-Kategorie

Ausgewählte Attribute der dargestellten Klassen werden im View-Editor zu den Eigenschaften der UI-Elemente, d. h., Ihnen steht z. B. für jedes UI-Element die Eigenschaft ID im View-Editor für die Pflege oder auch die Eigenschaft width zur Verfügung, mit der Sie die Breite des UI-Elements in CSS-Einheiten einstellen können (siehe Tabelle 3.18).

Attribute und Eigenschaften

4.3.2 Button

Das UI-Element Button stellt eine Schaltfläche bzw. einen Button am Bildschirm dar. Durch Anklicken des Button kann der Benutzer einen Roundtrip auslösen.

Schaltfläche

4 | UI-Elemente und ihre Eigenschaften

Visuelle Darstellung

In Abbildung 4.42 sehen Sie eine einfache Darstellung eines `Button`. Dem Button haben wir durch die Pflege der Eigenschaften ein Image zugeordnet.

Abbildung 4.42 Button

Eigenschaften

Das UI-Element `Button` enthält die Eigenschaften `activateAccessKey` und `explanation` (siehe Abschnitt 4.2.2, »InputField«), `text` (siehe Abschnitt 4.2.10, »SectionHeader«), `imageFirst`, `imageSource` und `imageIsDecorative` (siehe Abschnitt 4.2.4, »Caption«) sowie die Eigenschaften, die alle UI-Elemente gemeinsam haben. In Abbildung 4.43 sind die Eigenschaften markiert, die in diesem Abschnitt besprochen werden.

Eigenschaft	Wert	Binding
Id	BTN_STANDARD	
activateAccessKey	☐	
contextMenuBehaviour	inherit	
contextMenuId		
design	standard	
enabled	✓	
explanation	Standard Button	
hotkey	none	
imageFirst	✓	
imageIsDecorative	☐	
imageSource	~Icon/TextPad	
styleClassName		
text	Standard	
textDirection	inherit	
tooltip		
visible	visible	
width		
Ereignisse		
onAction	GO	

Abbildung 4.43 Eigenschaften Button

design

Optische Gestaltung Die Eigenschaft `design` legt die farbliche und optische Gestaltung des UI-Elements `Button` fest. In Abbildung 4.44 sehen Sie die optischen Auswirkungen der unterschiedlichen Wertausprägungen.

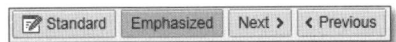

Abbildung 4.44 Eigenschaft design

Der STANDARD-Button, dem wir mithilfe der Eigenschaft image-Source eine Grafik zugeordnet haben, hat keine außergewöhnlichen Darstellungsattribute. Der EMPHASIZED-Button wird farbig hervorgehoben (im Signature-Design betrifft dies nur den linken Rand des Buttons). Der NEXT- und der PREVIOUS-Button zeichnen sich durch spezielle Icons aus, die die Richtung indizieren.

hotkey

Mit der Eigenschaft hotkey können Sie Aktionstasten zuordnen. Aktionstasten sind Tastenkombinationen, mit denen ein Benutzer das Ereignis onAction auslösen kann (siehe Abschnitt 3.1.2, »Eigenschaften für alle Unterklassen von CL_WD_SCROLL_CONTAINER«).

Ereignisse

Das UI-Element Button bietet das Ereignis onAction an. Falls Sie dem Ereignis eine Aktion zuordnen, werden der Aktionsbehandler-Methode die Standardparameter context_element und id übergeben.

Barrierefreiheit

Um die Entwicklung barrierefreier Anwendungen zu ermöglichen, wird im Rahmen des Syntax-Checks die Eigenschaft tooltip überprüft, wenn die text-Eigenschaft nicht gesetzt wurde.

4.3.3 ButtonChoice

Eine ButtonChoice ist ein Button, der über ein kleines Dreieckssymbol eine Auswahl verschiedener Optionen anbietet. Wenn der Benutzer auf das Dreieckssymbol klickt, öffnet sich ein Menü, aus dem er eine Aktion auswählen kann, die anschließend sofort ausgeführt werden kann. Eine ButtonChoice ist funktional identisch mit einer ToolBarButtonChoice (siehe Abschnitt 4.8.4, »FileDownload«), nur der Einsatz ist unterschiedlich, denn die ButtonChoice kann außerhalb einer Toolbar verwendet werden.

Optionen

Visuelle Darstellung

In Abbildung 4.45 sehen Sie eine einfache Darstellung einer Button-Choice. Zu der ButtonChoice haben wir drei MenuActionItem-Elemente aggregiert.

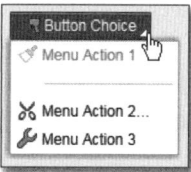

Abbildung 4.45 ButtonChoice mit aggregiertem MenuActionItem

Eigenschaften

Das UI-Element ButtonChoice enthält die Eigenschaften activateAccessKey (siehe Abschnitt 4.2.2, »InputField«), imageSource (siehe Abschnitt 4.2.4, »Caption«), text (siehe Abschnitt 4.2.10, »SectionHeader«) sowie die Eigenschaften, die alle UI-Elemente besitzen. In Abbildung 4.46 sind die Eigenschaften markiert, die in diesem Abschnitt besprochen werden.

Eigenschaft	Wert	Binding
Id	BC	
activateAccessKey	☐	
contextMenuBehaviour	inherit	
contextMenuId		
enabled	☑	
hideIfNoVisibleOptions	☐	
imageSource	~Icon/Equipment	
repeatSelectedAction	☑	
selectedActionItem		
styleClassName		
text	Button Choice	
tooltip		
visible	visible	
width		

Abbildung 4.46 Eigenschaften ButtonChoice

hideIfNoVisibleOptions

Mit der Eigenschaft hideIfNoVisibleOptions legen Sie fest, dass das UI-Element ausgeblendet wird, sofern kein MenuActionItem sichtbar ist.

repeatSelectedAction

Letzte Auswahl   Mithilfe der Eigenschaft repeatSelectedAction können Sie festlegen, dass die Bezeichnung der zuletzt ausgewählten Aktion als Text der ButtonChoice angezeigt wird (Wert = abap_true) oder nicht

(Wert = abap_false). Visuell wird dies nach Auswahl einer Aktion durch einen vertikalen Strich vor dem Dreieck dargestellt.

selectedActionItem

Mit der Eigenschaft selectedActionItem können Sie die Aktion für die ButtonChoice auswählen. Dazu müssen Sie die auszuwählende ID des MenuActionItem als Wert angeben.

Auswahl

Barrierefreiheit

Um die Entwicklung barrierefreier Anwendungen zu ermöglichen, wird im Rahmen des Syntax-Checks die Eigenschaft tooltip überprüft, wenn die text-Eigenschaft nicht gesetzt wurde.

Aggregierte Elemente

In Abbildung 4.47 sehen Sie die aggregierbaren UI-Elemente MenuActionItem und MultiMenuActionItem zur ButtonChoice. Das UI-Element MenuActionItem stellt einen konkreten Menüeintrag für die ButtonChoice zur Verfügung. Sie können beliebig viele Einträge zur ButtonChoice anlegen. Das UI-Element MultiMenuActionItem besitzt dieselben Eigenschaften wie MenuActionItem plus der Eigenschaft dataSource, die – aufgrund der Anzahl der Elemente zur gewählten Datenquelle im Context – mehrere Einträge erzeugen kann. Die Details zu MenuActionItem und MultiMenuActionItem erläutern wir in Abschnitt 4.8.2, »AcfExecute«.

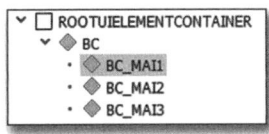

Eigenschaft	Wert	Binding
Eigenschaften (MenuActionItem)		
Id	BC_MAI1	
disabledImageSource		
enabled	☐	
hotkey	none	
imageSource	~Icon/CopyValue	
needsMoreInfo	☐	
startSection	☐	
text	Menu Action 1	
textDirection	inherit	
visible	☑	
Ereignisse		
onAction	MAI_GO	

Eigenschaft	Wert	Binding
Eigenschaften (MultiMenuActionItem)		
Id	BC_MMA	
dataSource	V_BUTTON_CHOICE.ITEMS	✓
disabledImageSource		
enabled	☑	
hotkey	none	
imageSource		
needsMoreInfo	☐	
startSection	☐	
text	V_BUTTON_CHOICE.ITEMS.TITLE	✓
textDirection	inherit	
visible	☑	
Ereignisse		
onAction		

Abbildung 4.47 Aggregationen ButtonChoice

4.3.4 IconButton

Der `IconButton` ist ein einfacher Button, der keinerlei Text enthält, sondern nur ein Bild. Der `IconButton` bietet aufgrund der Eigenschaft `type` die Möglichkeit, ein vordefiniertes Bild mit Tooltip zu verwenden. Diese vordefinierten Einstellungen können übersteuert werden, indem Sie die Eigenschaften `imageSource` und `tooltip` direkt eingeben.

Menü

Im Gegensatz zu einem `Button` kann ein `IconButton` ein Menü haben. Wenn ein Menü angegeben ist und der `type` einen Wert ungleich `menu` hat, wird der `IconButton` in zwei Bereiche aufgeteilt. Beim Klicken auf den linken Bereich wird das `onAction`-Ereignis ausgelöst, und beim Klicken auf den rechten Bereich wird ein Menü aufgeklappt.

`IconButton`-Elemente, bei denen die Eigenschaft `type` den Wert `menu` hat, weisen ein anderes Verhalten auf. Beim Klicken auf solch einen `IconButton` wird immer ein Menü geöffnet, und die Aktionsbehandler-Methode für das Ereignis `onAction` wird nicht aufgerufen. Hier ist ein `IconButton` nur dann aktiviert, wenn die Eigenschaft `enabled` auf `abap_true` gesetzt und ein Menü aggregiert ist, für das die Eigenschaft `visible` auf `visible` gesetzt wurde.

Visuelle Darstellung

In Abbildung 4.48 sehen Sie eine einfache Darstellung eines `IconButton`. Zum `IconButton` haben wir ein Menü aggregiert.

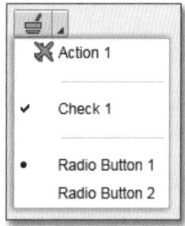

Abbildung 4.48 IconButton mit aggregiertem Menu

Eigenschaften

Das UI-Element `IconButton` enthält die Eigenschaft `hotkey`, die wir in Abschnitt 4.2.2 zum Element `Button` besprochen haben, sowie die Eigenschaft `ImageSource`, die wir in Abschnitt 4.2.4 zum Element

Caption besprochen haben. In diesem Abschnitt erläutern wir die Eigenschaft type, die in Abbildung 4.49 markiert ist.

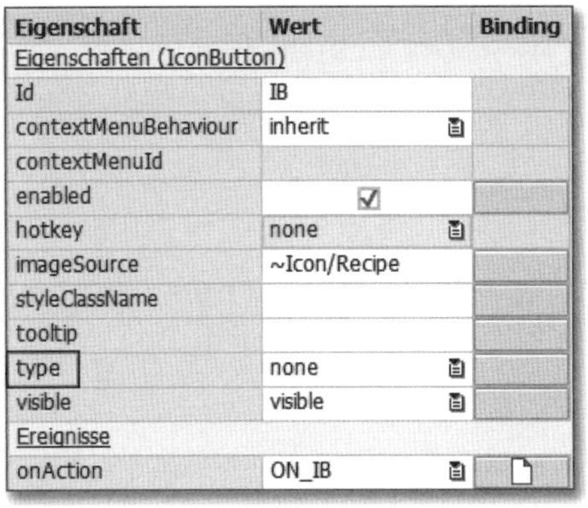

Eigenschaft	Wert	Binding
Eigenschaften (IconButton)		
Id	IB	
contextMenuBehaviour	inherit	
contextMenuId		
enabled	✓	
hotkey	none	
imageSource	~Icon/Recipe	
styleClassName		
tooltip		
type	none	
visible	visible	
Ereignisse		
onAction	ON_IB	

Abbildung 4.49 Eigenschaften IconButton

Mithilfe der Eigenschaft type können Sie dem IconButton ein vordefiniertes Bild mit Tooltip zuordnen. Die möglichen Werte und deren Auswirkungen sehen Sie in Abbildung 4.50. Die Ausprägung close ❶ sorgt für die Darstellung eines kleinen »x« und repräsentiert das SCHLIESSEN-Symbol. Die Ausprägung help ❷ stellt ein Fragezeichen dar und repräsentiert einen Button für die Hilfe. Die Ausprägung menu ❸ stellt eine Auswahlliste dar und deutet das Vorhandensein eines Menüs an. Die Ausprägung none ❹ steht für einen leeren Button. Die Ausprägung personalize ❺ wird durch ein Werkzeugsymbol (im Signature-Design ein Bleistift-Symbol) veranschaulicht und deutet dem Benutzer eine Einstellungsmöglichkeit an. Die Ausprägung scrollTop ❻ wird als Dreieck mit der Spitze nach oben dargestellt und deutet dem Benutzer eine Navigationsmöglichkeit an.

Vordefinierte Typen

Abbildung 4.50 Eigenschaft type

Ereignisse

Das UI-Element IconButton bietet das Ereignis onAction an. Falls Sie dem Ereignis eine Aktion zuordnen, werden der Aktionsbehandler-Methode die Standardparameter context_element und id übergeben.

onAction

4 | UI-Elemente und ihre Eigenschaften

> [!] **Aktivierung des IconButton**
>
> Beachten Sie, dass ein IconButton nur dann aktiviert ist, wenn seine Eigenschaft enabled auf abap_true gesetzt und eine Aktion zum Ereignis onAction zugeordnet ist. Dieses UI-Element steht nicht für den SAP NetWeaver Business Client zur Verfügung.

Aggregierte Elemente

In Abbildung 4.51 sehen Sie das aggregierte Element Menu zum Icon-Button, dessen Funktionsweise wir für das UI-Element TextView in Abschnitt 4.2.6 beschrieben haben.

Abbildung 4.51 Aggregationen IconButton

4.3.5 LinkChoice

Optionen

Eine LinkChoice ist ein Button, der über ein kleines Dreieckssymbol eine Auswahl verschiedener Optionen anbietet und bei aktiviertem Anwendungsparameter WDLIGHTSPEED zur Verfügung steht. Klickt der Benutzer auf das Dreieckssymbol, öffnet sich ein Menü, aus dem eine Aktion ausgewählt werden kann. Eine bestimmte Aktion kann sofort ausgeführt werden, indem der Benutzer den entsprechenden Menüeintrag selektiert. Eine LinkChoice ist funktional identisch mit einer ToolBarLinkChoice, nur der Einsatz ist unterschiedlich, denn die LinkChoice kann außerhalb einer Toolbar verwendet werden.

Visuelle Darstellung

In Abbildung 4.52 sehen Sie eine einfache Darstellung einer LinkChoice. Zu der LinkChoice haben wir zwei MenuActionItem-Elemente aggregiert.

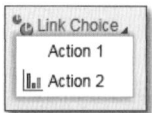

Abbildung 4.52 LinkChoice mit aggregiertem MenuActionItem

Eigenschaften

Das UI-Element LinkChoice enthält neben den Eigenschaften activateAcessKey (siehe Abschnitt 4.2.2, »InputField«), text (siehe Abschnitt 4.2.10, »SectionHeader«), hideIfNoVisibleOptions (siehe Abschnitt 4.2.3, »Label«) und imageSource (siehe Abschnitt 4.2.4, »Caption«) die Eigenschaften, die alle UI-Elemente besitzen.

Barrierefreiheit

Um die Entwicklung barrierefreier Anwendungen zu ermöglichen, wird im Rahmen des Syntax-Checks die Eigenschaft tooltip überprüft, wenn die text-Eigenschaft nicht gesetzt wurde.

Aggregierte Elemente

Das Element LinkChoice hat die aggregierten Elemente MenuActionItem und MultiMenuActionItem, die wir in Abschnitt 4.2.4 für das UI-Element IconButton beschrieben haben.

4.3.6 LinkToAction

Das UI-Element LinkToAction stellt eine einem Hypertext-Link ähnliche Verknüpfung zum Ereignis onAction dar. Klickt der Benutzer auf den Link, wird dieser ausgeführt, sofern eine Aktionsbehandler-Methode vorhanden ist.

Link

Visuelle Darstellung

In Abbildung 4.53 sehen Sie eine einfache Darstellung eines LinkToAction. Zum LinkToAction haben wir ein Menu aggregiert.

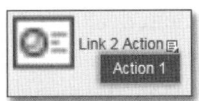

Abbildung 4.53 LinkToAction mit aggregiertem Menu

Eigenschaften

Das UI-Element LinkToAction enthält die Eigenschaften activateAccessKey und textDirection (siehe Abschnitt 4.2.2, »InputField«), hotkey (siehe Abschnitt 4.2.2, »InputField«), imageFirst, imageIs-

Decorative und imageSource (siehe Abschnitt 4.2.4, »Caption«), text (siehe Abschnitt 4.2.10, »SectionHeader«) und wrapping (siehe Abschnitt 4.2.3, »Label«) sowie die Eigenschaften, die alle UI-Elemente enthalten. In Abbildung 4.54 sind die Eigenschaften markiert, die in diesem Abschnitt besprochen werden.

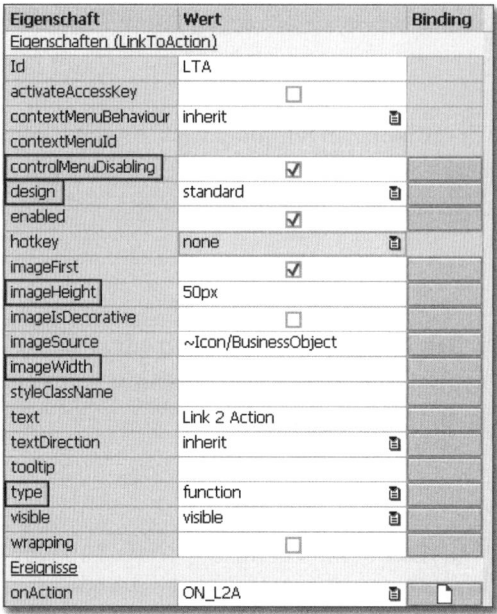

Abbildung 4.54 Eigenschaften LinkToAction

controlMenuDisabling

Menü deaktivieren Mit der Eigenschaft controlMenuDisabling können Sie die Aktivität des Menüs steuern. Hat die Eigenschaft controlMenuDisabling den Wert abap_false, kann das Menü verwendet werden, auch wenn die Eigenschaft enabled den Wert abap_false für den Link gesetzt hat. Wird der Link jedoch durch ein übergeordnetes Element deaktiviert, wird das Menü ebenfalls deaktiviert. Hat die Eigenschaft controlMenuDisabling den Wert abap_true, verhält sich das Menü bezüglich der Aktivität wie der Link.

design

Darstellung Mit der Eigenschaft design steuern Sie das Aussehen des UI-Elements LinkToAction. In Abbildung 4.55 sehen Sie die unterschiedlichen Darstellungsmöglichkeiten dieses UI-Elements.

Abbildung 4.55 Eigenschaft design

imageHeight

Die Eigenschaft `imageHeight` bestimmt die Höhe der Grafik, die sich links neben dem Link befindet. Die Höhe wird entweder in CSS-Größen wie em, ex, Pixel (siehe Tabelle 3.18) oder in Prozentwerten angegeben.

imageWidth

Die Eigenschaft `imageWidth` bestimmt die Breite der Grafik, die sich links neben dem Link befindet, in CSS-Größen oder in Prozentwerten.

type

Mithilfe der Eigenschaft `type` können Sie dem `LinkToAction` ein bestimmtes Aussehen geben. In Abbildung 4.56 sehen Sie die unterschiedlichen Darstellungen in Abhängigkeit von den gewählten Werten. Zwischen den Typen `function` und `navigation` gibt es keinen optischen Unterschied, sondern nur einen semantischen.

Abbildung 4.56 Eigenschaft type

In Tabelle 4.13 haben wir die unterschiedlichen Ausprägungen mit ihren Beschreibungen zusammengefasst.

Wert	Beschreibung
navigation	Link wird im Standarddesign, also farblich hervogehoben, visualisiert. Im Signature-Design wird der Text zusätzlich mit einem Unterstrich dargestellt.
function	Link wird im Standarddesign und im Signature-Design mit Unterstrich dargestellt.
reporting	Link wird im Standarddesign und im Signature-Design ohne Unterstrich dargestellt.
result	Link wird ohne Unterstrich dargestellt. Im Signature-Design wird der Text ohne Standarddesign angezeigt.

Tabelle 4.13 Ausprägungen der Eigenschaft type

Ereignisse

onAction — Das UI-Element `LinkToAction` bietet das Ereignis `onAction` an. Falls Sie dem Ereignis eine Aktion zuordnen, werden der Aktionsbehandler-Methode die Standardparameter `context_element` und `id` übergeben. Die Parameter `ctrl` und `shift` berücksichtigen, ob zusätzlich zum Mausklick auch noch die [Strg]- bzw. die [⇧]-Taste gedrückt wurde. Ist dies der Fall, wird dem jeweiligen Parameter der Wert `abap_true` zugewiesen, wenn nicht `abap_false`.

Barrierefreiheit

Um die Entwicklung barrierefreier Anwendungen zu ermöglichen, wird im Rahmen des Syntax-Checks die Eigenschaft `tooltip` überprüft, wenn die Eigenschaft `text` nicht gesetzt wurde.

Aggregierte Elemente

Zum `LinkToAction` können Sie mit dem aggregierten Element `Menu` ein Menü anlegen, das rechts neben dem Link-Text als Menüsymbol angezeigt wird (siehe auch Abschnitt 4.2.6, »TextView« und Abschnitt 4.8.2, »AcfExecute«).

4.3.7 LinkToURL

Link — Das UI-Element `LinkToURL` ist eine Hypertext-Verknüpfung. Ein Anwählen des Links führt zu einer beliebigen Webressource (URL) und damit auch zu anderen SAP-Anwendungen, wie z. B. Anwendungen in Web Dynpro ABAP. Der `LinkToURL` dient ausschließlich dem Öffnen von URLs in einem separaten Fenster; er dient nicht dazu, innerhalb von Web-Dynpro-Applikationen zu navigieren. Um die aktuelle Web-Dynpro-Anwendung zu verlassen, können Sie einen Exit-Outbound-Plug (siehe Abschnitt 2.3.2, »Windows und Plugs«) verwenden.

Visuelle Darstellung

In Abbildung 4.57 sehen Sie eine einfache Darstellung eines `LinkToURL`. Dazu haben wir ein `Menu` aggregiert.

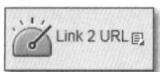

Abbildung 4.57 LinkToURL mit aggregiertem Menu

Eigenschaften

In Abbildung 4.58 sind Sie die Eigenschaften markiert, die in diesem Abschnitt besprochen werden. Die nicht explizit diskutierten Eigenschaften finden Sie in Abschnitt 4.1, »Eigenschaften für alle UI-Elemente«, und in Abschnitt 4.2.6, »TextView«.

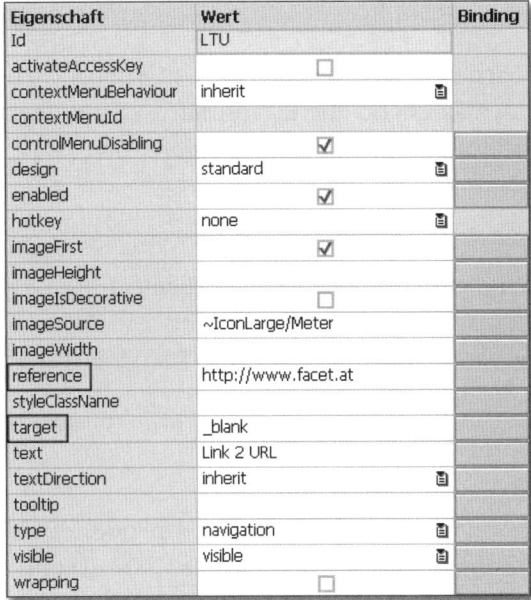

Abbildung 4.58 Eigenschaften LinkToURL

reference

Mit der Eigenschaft reference geben Sie die Adresse/URL der Webseite an, die geöffnet werden soll. Die URL muss eine gültige absolute URL (*http://*, *https://*, *ftp://*, *mailto://* etc.) oder ein absoluter Pfad auf dem SAP-Applikationsserver sein. Relative Pfade beziehen sich auf den MIME-Ordner der aktuellen Web-Dynpro-Component. Sie können die URL auch relativ zum Applikationsserver über einen vorangestellten *Slash* (/) angeben.

URL

target

Mit der Eigenschaft target können Sie das neue Browser-Fenster festlegen, in dem die Seite geöffnet werden soll. Sie können den Namen des Zielfensters selbst bestimmen oder den Wert _blank verwenden, der sich auf den W3C-HTML-Standard bezieht und dafür sorgt, dass das zu ladende Dokument in einem neuen, unbenannten

Zielfenster

Fenster geöffnet wird. Wird ein Link mit einem `target` geöffnet, das noch nicht existiert, wird ein neues Fenster geöffnet. Falls es bereits ein Fenster mit `target`-Bezeichnung gibt, wird der bestehende Inhalt in diesem Fenster verworfen und durch den Inhalt ersetzt, der durch die URL referenziert wird.

Barrierefreiheit

Um die Entwicklung barrierefreier Anwendungen zu ermöglichen, wird im Rahmen des Syntax-Checks die Eigenschaft `tooltip` überprüft, wenn die Eigenschaft `text` nicht gesetzt wurde.

Aggregierte Elemente

Zum `LinkToURL` können Sie über das aggregierte Element `Menu` ein Menü anlegen, das rechts neben dem Link-Text als Menüsymbol angezeigt wird (siehe auch Abschnitt 4.2.6, »TextView«, und Abschnitt 4.8.2, »AcfExecute«).

4.3.8 TimedTrigger

Automatischer Roundtrip

Das UI-Element `TimedTrigger` löst automatisch und periodisch ein Ereignis mit einer bestimmten Verzögerung aus. `TimedTrigger` besitzt keine visuelle Darstellung auf der Benutzeroberfläche, daher ignoriert es sowohl den Tooltip als auch die Eigenschaft `visibility`. Jedoch nimmt es in bestimmten Layouts, wie etwa dem `MatrixLayout`, Raum ein, d. h., dass dieses UI-Element zwar nicht sichtbar ist, aber wie ein sichtbares UI-Element eine Zelle im Layout belegt. Um eine Aktion auszulösen, müssen Sie die Eigenschaft `onAction` an eine Aktion binden. Mit der Eigenschaft `delay` bestimmen Sie den Zeitverzug in Sekunden.

Das Auslösen von Ereignissen über das `TimedTrigger`-Element verhindern Sie durch:

- Setzen der Verzögerung auf 0 Sekunden
- Deaktivieren (`enabled = abap_false`) des `TimedTrigger`-Elements
- Setzen der Eigenschaft `visible` auf einen Wert ungleich `visible`

Push

Durch periodische Server-Requests können Sie das UI-Element `TimedTrigger` bedingt zum Auslösen von Push-Ereignissen in der

Web-Dynpro-Anwendung einsetzen, d. h. zum gezielten Auslösen von Ereignissen, etwa als Nachricht für den Benutzer. Der Timed-Trigger verhält sich eher nach dem Pull-Prinzip, d. h., dass sich der Client aktiv die Daten vom Server holt. Durch die damit verbundene hohe Serverauslastung sollten Sie von dieser Möglichkeit jedoch nur Gebrauch machen, wenn wenige Clients vorhanden sind.

Eigenschaften

In diesem Abschnitt besprechen wir nur die Eigenschaft `delay` (siehe Abbildung 4.59). Die nicht explizit diskutierten Eigenschaften finden Sie in Abschnitt 4.1, »Eigenschaften für alle UI-Elemente«.

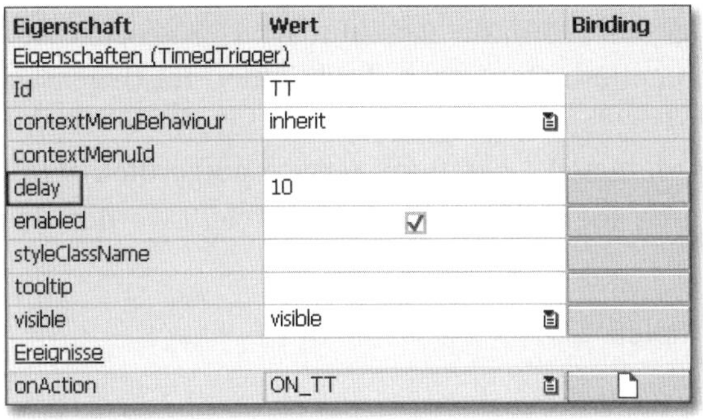

Eigenschaft	Wert	Binding
Eigenschaften (TimedTrigger)		
Id	TT	
contextMenuBehaviour	inherit	
contextMenuId		
delay	10	
enabled	✓	
styleClassName		
tooltip		
visible	visible	
Ereignisse		
onAction	ON_TT	

Abbildung 4.59 Eigenschaften TimedTrigger

Mit der Eigenschaft `delay` stellen Sie die Verzögerung in Sekunden ein, bevor das Ereignis `onAction` ausgelöst wird. Der Wert dieser Eigenschaft darf nicht negativ sein. Eine Verzögerung von 0 Sekunden bedeutet, dass der Timer ausgeschaltet ist und keine Aktion ausgeführt wird. Die Verzögerung zählt von dem Zeitpunkt an, an dem der Client die Antwort erhält. Auf diese Weise wird der Timer nach jedem Roundtrip zum Server neu gestartet – also aufgrund einer Benutzerinteraktion. Sehr kurze Verzögerungen (< 5 Sekunden) sollten Sie mit äußerster Vorsicht behandeln, weil dadurch die Benutzeroberfläche unter Umständen nicht mehr bedienbar ist.

Verzögerung

Ereignisse

Das UI-Element `TimedTrigger` bietet das Ereignis `onAction` an. Falls Sie dem Ereignis eine Aktion zuordnen, werden der Aktionsbehand-

onAction

ler-Methode die Standardparameter `context_element` und `id` übergeben.

> [!] **Unterbrechung von Benutzerinteraktionen**
>
> Beachten Sie, dass das Auslösen des `onAction`-Ereignisses jede Benutzerinteraktion unterbricht. Dadurch kann es für den Benutzer zu unerwarteten Unterbrechungen in der Interaktion mit der Benutzeroberfläche kommen, wie z. B. beim Blättern in einer Tabelle.

Notification Service

Alternative zum UI-Element

Als Alternative zum UI-Element `TimedTrigger` sei der *Notification Service* erwähnt, der mithilfe der Klasse `CL_WD_NOTIFICATION_SERVICE` zur Verfügung gestellt wird, die das Interface `IF_WD_NOTIFICATION_SERVICE` implementiert. Der Service funktioniert im Gegensatz zum `TimedTrigger` nach dem *Push-Prinzip*. Dem Service wird eine Aktion eines Views mitgeteilt, der vom Service aufgerufen wird, sobald die Verarbeitung abgeschlossen ist. Die Services werden wie folgt verwendet:

1. Servicebehandler holen
2. Aktion des Views registrieren
3. asynchronen Task rufen
4. Service beenden

In Abbildung 4.60 haben wir die Schritte und die Verwendung der Klassen grafisch dargestellt.

Serviceregistrierung

Zuerst müssen Sie den Service registrieren, wie in Listing 4.5 gezeigt. Dafür steht die Methode `get_service( )` der Klasse `CL_WD_NOTIFICATION_SERVICE` zur Verfügung. Diese Methode liefert eine Referenz auf ein Serviceobjekt. Über diese Referenz holen Sie sich eine *Notification ID*, indem Sie die Methode `register_new_event( )` aufrufen. Diese Methode verlangt den Namen einer View-Aktion, die beim Abschluss des Services gerufen werden kann, in unserem Beispiel die Aktion `DONE`.

```
METHOD wddoinit.
* Servicebehandler holen
DATA lo_notification_service TYPE REF TO if_wd_notification_
service.
```

```
  lo_notification_service = cl_wd_notification_service=>get_
service( wd_this->wd_get_api( ) ).
* Aktion registrieren
* gd_notification_id ist vom Typ WDR_NOTIFICATION_ID.
  wd_this->gd_notification_id = lo_notification_service-
>register_new_event( 'DONE' ).
* Langläufer-Aktion aufrufen, z. B. als Funktionsbaustein IN
* BACKGROUND TASK
ENDMETHOD.
```

Listing 4.5 Registrierung des Services

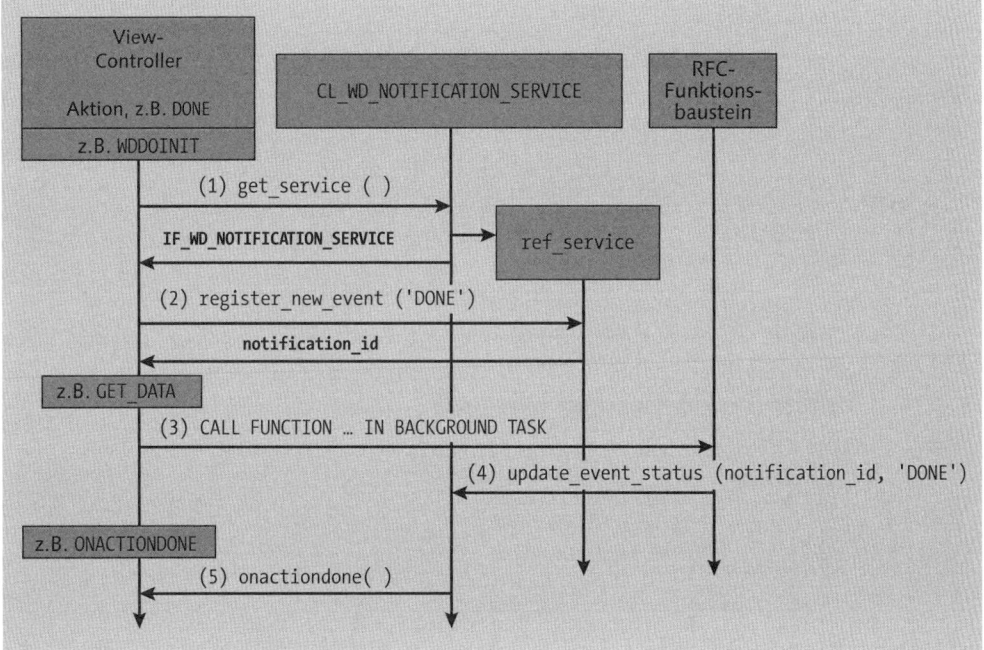

Abbildung 4.60 Ablaufdiagramm des Notification Services

Nach den Registrierungsschritten sind Sie so weit, die lang laufende Aktion, z. B. einen asynchronen Funktionsbaustein, zu rufen. Sofern dieser die Arbeit abgeschlossen hat, können Sie mit der Methode CL_WD_NOTIFICATION_SERVICE=>update_event_status( ) den Service abschließen und den View-Aktionsbehandler (in unserem Beispiel onactiondone( )) rufen.

Der Vorteil des Notification-Service-Ansatzes liegt darin, dass die Web-Dynpro-Anwendung nicht gesperrt wird und der Benutzer die

Vorteil

Anwendung während des Servicelaufs verwenden kann. In der SAP-Testanwendung WDR_TEST_NOTIFICATION finden Sie ein zusammenhängendes Beispiel.

4.4 Kategorie »selection«

Die Kategorie selection beinhaltet die UI-Elemente, die dem Benutzer Auswahlmöglichkeiten anbieten.

4.4.1 Allgemein

Ein Großteil der UI-Elemente, die der Kategorie selection angehören, ist Gegenstand von Kapitel 7, »Eingabe- und semantische Hilfen«. Die restlichen drei Elemente, ToggleButton, ToggleLink und TagCloud, diskutieren wir in diesem Abschnitt.

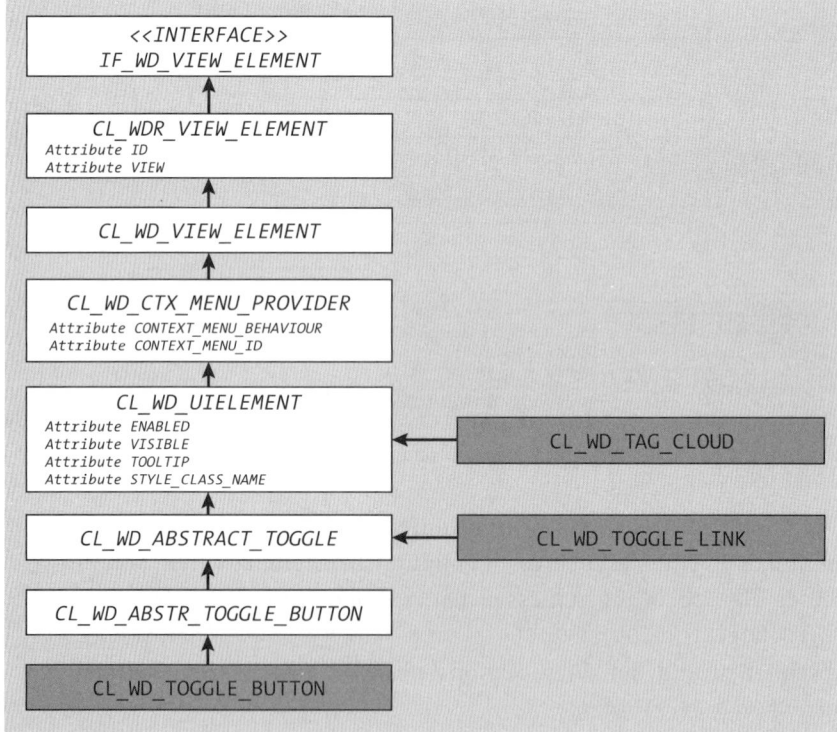

Abbildung 4.61 Auswahl der Klassenhierarchie der UI-Elemente aus der selection-Kategorie

In Abbildung 4.61 sehen Sie als Ausschnitt der gesamten ABAP-Klassenhierarchie der UI-Elemente die Klassenhierarchie für die in diesem Abschnitt besprochenen UI-Elemente.

Klassenhierarchie

Die Klassen, die mit hellem Hintergrund dargestellt sind, sind die Basisklassen. Wie Sie in Abbildung 4.61 sehen können, wird in der höchsten Klasse CL_WDR_VIEW_ELEMENT das Attribut ID definiert. Damit steht diese Eigenschaft allen Unterklassen zur Verfügung. Die Klasse CL_WD_CTX_MENU_PROVIDER steuert die Attribute CONTEXT_MENU_BEHAVIOUR und CONTEXT_MENU_ID bei. Die Klasse CL_WD_UIELEMENT leistet auch einen wichtigen Beitrag, nämlich die Attribute ENABLED, VISIBLE und TOOLTIP.

Basisklassen

4.4.2 ToggleButton

Das UI-Element ToggleButton stellt einen Button dar, der zwei Zustände besitzen kann – gedrückt und nicht gedrückt –, die entsprechend visualisiert werden. Durch Anklicken des ToggleButton kann der Benutzer Anweisungen und Aktionen ausführen.

Schalter

Visuelle Darstellung

In Abbildung 4.62 sehen Sie eine einfache Darstellung eines Toggle-Button. Wir haben die beiden Darstellungen des ToggleButton im nicht gedrückten (links) und gedrückten Zustand (rechts) angedeutet.

Zustände

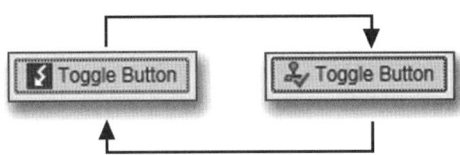

Abbildung 4.62 ToggleButton

Eigenschaften

Das UI-Element ToggleButton besitzt die Eigenschaften activateAccessKey (siehe Abschnitt 4.2.2, »InputField«), hotkey (siehe 4.2.2, »Button«), imageFirst und imageSource (siehe Abschnitt 4.2.4, »Caption«), text (siehe Abschnitt 4.2.10, »SectionHeader«) sowie die Eigenschaften, die alle UI-Elemente besitzen. In Abbildung 4.63 sind die Eigenschaften markiert, die in diesem Abschnitt besprochen werden.

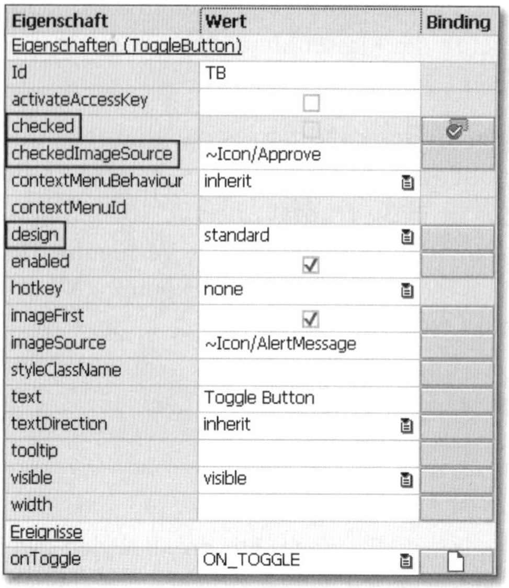

4 | UI-Elemente und ihre Eigenschaften

Eigenschaft	Wert	Binding
Eigenschaften (ToggleButton)		
Id	TB	
activateAccessKey	☐	
checked	☐	✓
checkedImageSource	~Icon/Approve	
contextMenuBehaviour	inherit	
contextMenuId		
design	standard	
enabled	✓	
hotkey	none	
imageFirst	✓	
imageSource	~Icon/AlertMessage	
styleClassName		
text	Toggle Button	
textDirection	inherit	
tooltip		
visible	visible	
width		
Ereignisse		
onToggle	ON_TOGGLE	

Abbildung 4.63 Eigenschaften ToggleButton

checked

Zustand festlegen — Mit der Eigenschaft `checked` legen Sie fest, ob das UI-Element angewählt ist. Steht der Wert auf `abap_true`, ist der Button gedrückt, und dessen Visualisierung wird auf der Benutzeroberfläche durch einen gedrückten Button dargestellt. Ist der Wert `abap_false`, wird der Button erhaben dargestellt.

checkedImageSource

Bild — Mit dem Wert der Eigenschaft `checkedImageSource` geben Sie den Namen und die Quelle eines darzustellenden Bildes für den gedrückten Zustand des `ToggleButton` an. Dieses kann aus den unterschiedlichsten Quellen stammen. Bei der Auswahl des passenden Bildes werden Sie durch eine Suchhilfe des Eigenschaftsfeldes unterstützt. Falls diese Eigenschaft keinen Wert besitzt, wird auch kein Bild angezeigt.

design

Darstellung — Die Eigenschaft `design` legt die farbliche und optische Gestaltung des `ToggleButton` fest. In Abbildung 4.64 und Tabelle 4.14 sehen Sie die optischen Auswirkungen der unterschiedlichen Wertausprägungen.

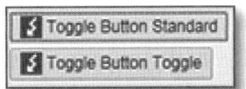 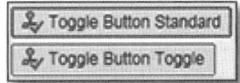

Abbildung 4.64 Eigenschaft design

Wert	Beschreibung
standard	Bei der Standarddarstellung wird durch die Gestaltung des ToggleButton gezeigt (3-D im Signature-Design, farbliche Hervorhebung im Corbu-Design), wenn der ToggleButton gedrückt oder nicht gedrückt ist.
toggle	Nur für Signature-Design: Für diesen Wert wird die Darstellung wie die Abbildung mit standard und zusätzlich mit einem Dreieckssymbol links neben dem Icon angezeigt, das den gedrückten (Spitze nach unten)/nicht gedrückten (Spitze nach rechts) Zustand anzeigt.

Tabelle 4.14 Ausprägungen der Eigenschaft design

Ereignisse

Das Ereignis onToggle wird ausgelöst, wenn der Benutzer den ToggleButton anklickt. Der zugeordnete Aktionsbehandler erhält, sofern eine Aktion zugeordnet ist, neben den Standardparametern den Parameter checked. Dieser hat den Wert abap_true, wenn der ToogleButton gedrückt ist. Durch die Zuordnung einer Aktion zum Ereignis onToggle wird ein Roundtrip erzwungen.

Barrierefreiheit

Um die Entwicklung barrierefreier Anwendungen zu ermöglichen, wird im Rahmen des Syntax-Checks die Eigenschaft tooltip überprüft, wenn die Eigenschaft text nicht gesetzt wurde.

4.4.3 ToggleLink

Das UI-Element ToggleLink dient der Darstellung eines Hypertext-Links. Vor dem Element wird ein Dreieck visualisiert, das entweder mit der Spitze nach rechts oder mit der Spitze nach unten zeigt. Dies ist eine ähnliche Visualisierung, wie wir sie beim UI-Element ToggleButton für die design-Ausprägung toggle geschildert haben.

Link

Visuelle Darstellung

In Abbildung 4.65 sehen Sie zwei ToggleLinks im nicht angeklickten (links) und angeklickten Zustand (rechts).

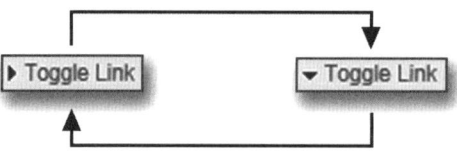

Abbildung 4.65 ToggleLink

Eigenschaften

Die Eigenschaften des ToggleLink sind analog zu den in Abschnitt 4.3.2, »Button«, beschriebenen. Darüber hinaus enthält das UI-Element die Eigenschaft wrapping, die wir in Abschnitt 4.2.3, »Label«, beschrieben haben.

Ereignisse

Die Ereignisse des ToggleLink verlaufen analog zu den in Abschnitt 4.3.2, »Button«, beschriebenen.

Barrierefreiheit

Um die Entwicklung barrierefreier Anwendungen zu ermöglichen, wird im Rahmen des Syntax-Checks die Eigenschaft tooltip überprüft, wenn die Eigenschaft text nicht gesetzt wurde.

4.4.4 TagCloud

Link

Das UI-Element TagCloud dient zur Darstellung einer Liste von Elementen als Hypertext-Links. Die Gewichtung jedes Links innerhalb dieser Linkliste ist frei wählbar und kann z. B. der Häufigkeit der Verwendung eines Indexeintrags in einem Index entsprechen. Der Indexeintrag »Web Dynpro« wird in dem Buch, das Sie gerade in der Hand halten, öfter verwendet als der Eintrag »Atomuhr«, daher bekommt der Eintrag »Web Dynpro« ein höheres Gewicht. Die Reihenfolge der Elemente der Liste ergibt sich aus der Reihenfolge, in der sie vom Server gesendet wurden.

Visuelle Darstellung

In Abbildung 4.66 sehen Sie eine einfache Darstellung einer Tag-Cloud. Die unterschiedlichen Begriffe werden in variierenden Größen dargestellt. Hinter dem Begriff steht in runden Klammern das Gewicht (Synonyme: Häufigkeit oder Hitcount). Fährt der Benutzer mit der Maus über den Begriff, wird gekennzeichnet, dass es sich um einen Link handelt.

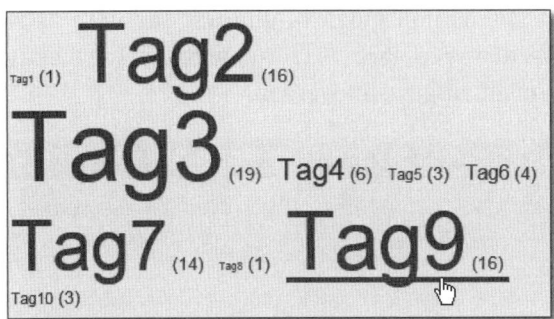

Abbildung 4.66 TagCloud

Eigenschaften

In Abbildung 4.67 sehen Sie die Eigenschaften, die in diesem Abschnitt besprochen werden. Die nicht explizit diskutierten Eigenschaften finden Sie in Abschnitt 4.1, »Eigenschaften für alle UI-Elemente«.

Eigenschaft	Wert	Binding
Eigenschaften (TagCloud)		
Id	TCL	
contextMenuBehaviour	inherit	
contextMenuId		
dataSource	V_TAG_CLOUD.TAGS	✓
enabled	☑	
styleClassName		
tagEnabled	☑	
tagHitcount	V_TAG_CLOUD.TAGS.TAGHITCOUNT	✓
tagSize	V_TAG_CLOUD.TAGS.TAGHITCOUNT	✓
tagText	V_TAG_CLOUD.TAGS.TAGTEXT	✓
tagTooltip	V_TAG_CLOUD.TAGS.TAGTEXT	✓
tooltip		
visible	visible	
Ereignisse		
onTagSelect	TAGSELECT	

Abbildung 4.67 Eigenschaften TagCloud

dataSource

Die Eigenschaft `dataSource` stellt die Datenquelle für die Liste der Tags dar. Diese bezieht sich auf einen Context-Knoten mit der Kardinalitätsobergrenze `n`.

tagEnabled

Die Eigenschaft `tagEnabled` legt fest, ob der Benutzer durch Interaktion mit einem Tag ein Ereignis auslösen kann. Weisen Sie den Wert `abap_true` zu, ist die Interaktion möglich, und das Tag wird aktiv dargestellt. Weisen Sei den Wert `abap_false` zu, wird das Tag inaktiv dargestellt und kann nicht ausgewählt werden.

> [!] **Alle Tags deaktivieren**
>
> Mithilfe der Eigenschaft `enabled` und des Wertes `abap_false` werden alle Tags deaktiviert.

tagHitcount

Die Eigenschaft `tagHitcount` ist die Gewichtung des Tags. Dabei müssen die Werte größer als 0 sein, um angezeigt zu werden. Falls die Werte kleiner oder gleich 0 sind, werden sie nicht angezeigt.

tagSize

Die Eigenschaft `tagSize` definiert die Größe des Tags mit Bezug zur Größenangabe `em` (siehe CSS-Größen in Tabelle 3.18). Die Größe wirkt sich nur auf den Text aus der Eigenschaft `tagText` aus, jedoch nicht auf die Anzahl in der Eigenschaft `tagHitcount`, die immer in derselben Größe dargestellt wird.

tagText

Mit der Eigenschaft `tagText` legen Sie den Text für ein Tag fest.

tagTooltip

Mit der Eigenschaft `tagTooltip` legen Sie einen individuellen Tooltip für ein Tag fest. Falls diese Eigenschaft gesetzt ist, wird die Eigenschaft `tooltip` damit überschrieben.

Ereignisse

onTagSelect Das UI-Element `TagCloud` bietet das Ereignis `onTagSelect` an und löst eine Aktion aus, sobald ein Tag ausgewählt wird. Falls Sie dem Ereignis eine Aktion zuordnen, werden der Aktionsbehandler-Methode die Standardparameter context_element und id übergeben.

4.5 Kategorie »complex«

In der Kategorie complex sind alle UI-Elemente zusammengefasst, die in Aufbau und Inhalt eine gewisse Komplexität aufweisen. Das bedeutet für diese UI-Elemente im Allgemeinen, dass sie immer Aggregationen anderer UI-Elemente besitzen.

4.5.1 Allgemein

In Abbildung 4.68 sehen Sie als Ausschnitt der gesamten ABAP-Klassenhierarchie der UI-Elemente die Klassenhierarchie für die in diesem Abschnitt besprochenen UI-Elemente.

Klassenhierarchie

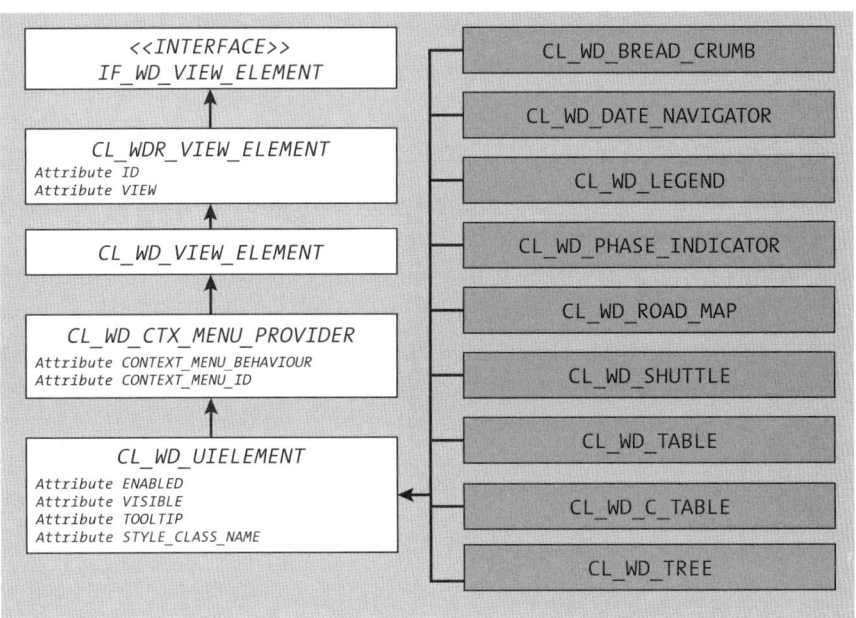

Abbildung 4.68 Klassenhierarchie der UI-Elemente aus der complex-Kategorie

Die Klassen, die mit hellem Hintergrund dargestellt sind, sind die Basisklassen. Wie Sie in Abbildung 4.68 sehen, wird in der höchsten Klasse CL_WDR_VIEW_ELEMENT das Attribut ID definiert. Damit steht diese Eigenschaft allen Unterklassen zur Verfügung. Die Klasse

CL_WD_CTX_MENU_PROVIDER steuert die Attribute CONTEXT_MENU_BEHAVIOUR und CONTEXT_MENU_ID bei. Die Klasse CL_WD_UIELEMENT leistet auch einen wichtigen Beitrag, nämlich die Attribute ENABLED, VISIBLE und TOOLTIP.

Attribute und Eigenschaften Ausgewählte Attribute der dargestellten Klassen werden im View-Editor zu den Eigenschaften der UI-Elemente.

> [◉] **UI-Elemente Table und CTable**
>
> Die komplexen UI-Elemente Table und CTable werden in den Abschnitten 9.5 und 9.10 besprochen.

4.5.2 BreadCrumb

Hänsel und Gretel Ein BreadCrumb zeigt den aktuellen Schritt im Kontext eines Navigationspfades an. Sie können z. B. eine Historie der zuletzt besuchten Seiten oder die Struktur der gebotenen Informationen anzeigen. Ein BreadCrumb besteht aus einzelnen Links oder stellt als Ganzes einen Link dar.

Visuelle Darstellung

In Abbildung 4.69 sehen Sie zwei Darstellungen eines BreadCrumb mit unterschiedlichen Ausprägungen der angeführten Eigenschaften. Im oberen BreadCrumb haben wir die Eigenschaft behaviour mit dem Wert multipleLink verwendet, um jeden Schritt als einzelnen Link zu visualisieren. Darüber hinaus haben wir für die Trennung der Links (separatorImageSource) ein Bild verwendet (hier einen roten Trennbalken). In der unteren Darstellung werden alle Schritte als ein Link abgebildet (behaviour = singleLink), und die Trennung zwischen den Schritten wird mithilfe der Eigenschaft separatorText textuell dargestellt.

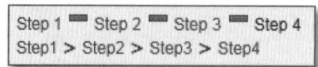

Abbildung 4.69 BreadCrumb

Eigenschaften

In Abbildung 4.70 sind die Eigenschaften markiert, die in diesem Abschnitt besprochen werden. Die nicht explizit diskutierten Eigenschaften finden Sie in Abschnitt 4.1, »Eigenschaften für alle UI-Elemente«.

Abbildung 4.70 Eigenschaften BreadCrumb

behaviour
Mit der Eigenschaft behaviour legen Sie fest, ob der gesamte Bread-Crumb-Pfad ein Link ist oder jeder einzelne BreadCrumbStep als Link dargestellt wird.

Link

separatorImageSource
Mit dem Wert der Eigenschaft separatorImageSource geben Sie den Namen und die Quelle des Bildes an, das als Trennzeichen zwischen jedem einzelnen BreadCrumbStep dient. Besitzt diese Eigenschaft keinen Wert, wird auch kein Bild angezeigt. Bei der Auswahl des passenden Bildes werden Sie durch eine Suchhilfe im Eigenschaftsfeld unterstützt.

Trennzeichen

separatorText
Mit der Eigenschaft separatorText legen Sie den Text oder das Zeichen fest, der bzw. das als Trennzeichen zwischen jedem einzelnen BreadCrumbStep dient.

Trenntext

Ereignisse
Das UI-Element BreadCrumb bietet das Ereignis onSelect an. Es wird ausgelöst, wenn der Benutzer auf einen BreadCrumbStep oder MultipleBreadCrumbStep klickt. Falls Sie dem Ereignis eine Aktion zuordnen, werden der Aktionsbehandler-Methode die Standardparameter id und context_element sowie der zusätzliche Parameter step übergeben.

onSelect

4 | UI-Elemente und ihre Eigenschaften

Step Falls der Benutzer auf einen BreadCrumbStep klickt, ist der Wert von step gleich der id des angeklickten Steps. Falls der Benutzer auf einen MultipleBreadCrumbStep klickt, erhält der Parameter step die id des MultipleBreadCrumbStep als Wert und context_element das den angeklickten Step repräsentierende Context-Element des MultipleBreadCrumbStep.

Barrierefreiheit

Um die Entwicklung barrierefreier Anwendungen zu ermöglichen, wird im Rahmen des Syntax-Checks die Eigenschaft tooltip überprüft.

Aggregierte Elemente

In Abbildung 4.71 sehen Sie die aggregierten Elemente zum BreadCrumb, die in diesem Abschnitt besprochen werden.

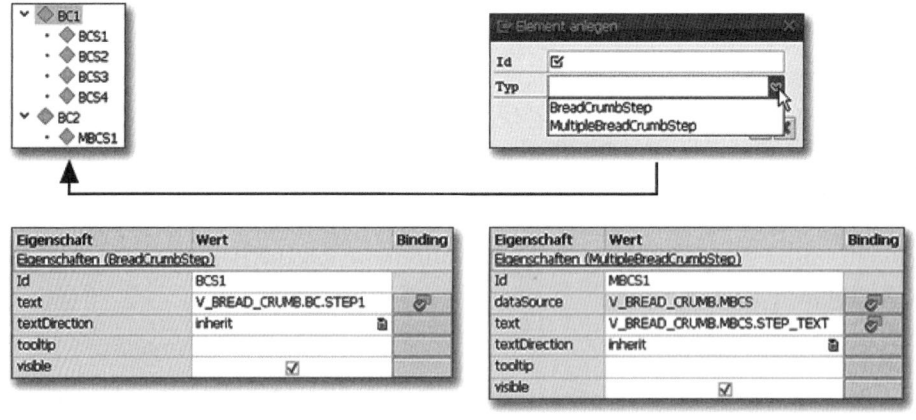

Abbildung 4.71 Aggregationen BreadCrumb

BreadCrump-Schritt-Arten Sie können in einen BreadCrumb zwei verschiedene Arten von BreadCrumb-Schritten einfügen:

- BreadCrumbStep
- MultipleBreadCrumbStep

Ein MultipleBreadCrumbStep wird an einen Context-Knoten gebunden. Damit ist es möglich, die Anzahl der angezeigten Schritte zur Laufzeit dynamisch anzupassen.

BreadCrumbStep

Das UI-Element `BreadCrumbStep` dient dazu, einen Schritt zu visualisieren. Dem `BreadCrumb` können beliebig viele `BreadCrumbStep`-Elemente zugeordnet werden. Zum Anlegen eines `BreadCrumbStep` können Sie im View-Editor das Kontextmenü auf dem `BreadCrumb` und dort den Menüeintrag STEP EINFÜGEN verwenden. Im Folgedialog wählen Sie den Typ `BreadCrumbStep`. Die wichtigste Eigenschaft, die das UI-Element `BreadCrumbStep` zur Verfügung stellt, ist `text`, um den Text des Schrittes festzulegen.

Ein Schritt

MultipleBreadCrumbStep

Das UI-Element `MultipleBreadCrumbStep` dient dazu, mehrere Schritte zu visualisieren. Dem `BreadCrumb` können beliebig viele `MultipleBreadCrumbStep`-Elemente zugeordnet werden. Zum Anlegen eines `MultipleBreadCrumbStep` können Sie im View-Editor das Kontextmenü auf dem `BreadCrumb` und dort den Menüeintrag ELEMENT EINFÜGEN verwenden. Im Folgedialog wählen Sie den Typ `MultipleBreadCrumbStep`.

Viele Schritte

Die Eigenschaften, die der `MultipleBreadCrumbStep` zur Verfügung stellt, sind identisch mit den Eigenschaften des `BreadCrumbStep` (siehe Abbildung 4.71). Zusätzlich bietet der `MultipleBreadCrumbStep` die Eigenschaft `dataSource`, mit der Sie eine Zuordnung zu einem Context-Knoten mit der Kardinalitätsobergrenze n herstellen. Die Elemente des Knotens entsprechen den Schritten, die im `BreadCrumb` dargestellt werden. Der gebundene Context-Knoten sollte zumindest ein Attribut besitzen, das mithilfe eines Data Bindings an die Eigenschaft `text` gebunden und als Text des Schrittes dargestellt wird.

> **Anzeige des Tooltips** [«]
>
> Beachten Sie, dass der Tooltip des `BreadCrumb` nur auf den Symbolen *zwischen* den einzelnen `BreadCrumbStep`-Elementen angezeigt wird (z. B. auf dem Standardsymbol >). Auf jedem einzelnen `BreadCrumbStep` hingegen wird der jeweilige Tooltip des `BreadCrumbStep` angezeigt.

4.5.3 DateNavigator

Das UI-Element `DateNavigator` unterstützt die Anzeige und Eingabe eines Datums. Unter anderem ermöglicht es das Navigieren innerhalb eines Kalenders sowie die Auswahl eines Tages, Monats, Jahres

Kalender

oder Datumsbereichs. In erster Linie soll das UI-Element jedoch dem Benutzer bei der Eingabe eines Datums helfen und das Datum in einem entsprechenden Format eintragen.

Legende Mithilfe der Elemente `Legend` und des `DateNavigatorMarking` kann dem `DateNavigator`-Element eine Legende hinzugefügt werden, die der Beschreibung markierter Daten dient. Damit können Sie dem Benutzer zu bestimmten Daten, die einer Kategorie zugeordnet werden, Informationen weitergeben.

> [!] **UI-Element DateNavigatorLegend**
>
> Das UI-Element `DateNavigatorLegend` ist obsolet. Stattdessen sollten Sie das UI-Element `Legend` verwenden.

Das UI-Element `DateNavigator` bietet die folgenden Kalenderformate an:

- Gregorianisch
- Islamisch
- Japanisch

Das früheste Datum, das angezeigt werden kann, ist 01.01.1901, das späteste 30.11.9999.

Visuelle Darstellung

In Abbildung 4.72 sehen Sie eine einfache Darstellung eines `DateNavigator`. In unserem Beispiel werden zwei Monate durch die Eigenschaft `monthPerRow` dargestellt. Durch die Eigenschaft `startsWith` haben wir festgelegt, mit welchem Monat die Darstellung zu beginnen hat.

Abbildung 4.72 DateNavigator

Die Markierung des Zeitraums 19.04.2014 bis 27.04.2014 in der Abbildung wurde mithilfe der Eigenschaften firstSelectedDate und lastSelectedDate erreicht. Mithilfe der Dreiecke, die nach links und rechts zeigen, haben Sie die Möglichkeit, im Kalender zu vorangegangenen und nachfolgenden Monaten zu navigieren.

Eigenschaften

In Abbildung 4.73 sind die Eigenschaften markiert, die in diesem Abschnitt besprochen werden. Die nicht explizit diskutierten Eigenschaften finden Sie in Abschnitt 4.1, »Eigenschaften für alle UI-Elemente«.

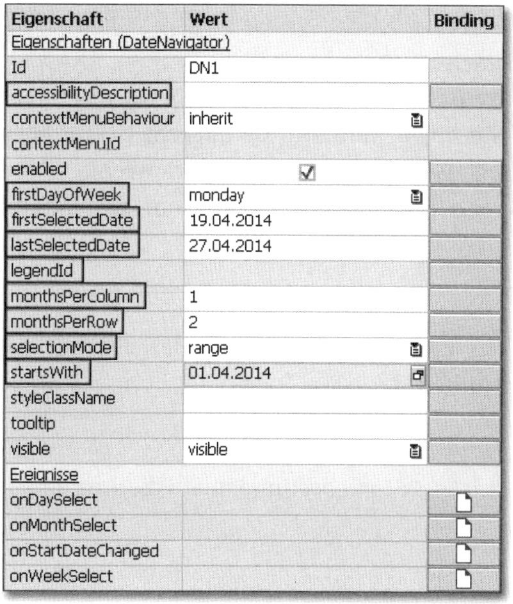

Eigenschaft	Wert	Binding
Eigenschaften (DateNavigator)		
Id	DN1	
accessibilityDescription		
contextMenuBehaviour	inherit	
contextMenuId		
enabled	✓	
firstDayOfWeek	monday	
firstSelectedDate	19.04.2014	
lastSelectedDate	27.04.2014	
legendId		
monthsPerColumn	1	
monthsPerRow	2	
selectionMode	range	
startsWith	01.04.2014	
styleClassName		
tooltip		
visible	visible	
Ereignisse		
onDaySelect		
onMonthSelect		
onStartDateChanged		
onWeekSelect		

Abbildung 4.73 Eigenschaften DateNavigator

accessibilityDescription

Mithilfe der Eigenschaft accessibilityDescription können Sie zusätzliche textuelle Informationen spezifizieren. Wenn Sie die Barrierefreiheit aktiviert haben, wird der zugeordnete Text dem Tooltip hinzugefügt. Diese Beschreibung soll den DateNavigator semantisch näher erläutern und wird vom Screenreader nur vorgelesen, wenn der Benutzer das komplette UI-Element fokussiert.

firstDayOfWeek

Erster Tag der Woche

Mit der Eigenschaft `firstDayOfWeek` definieren Sie den ersten Tag der Woche. Falls Sie den Wert `auto` verwenden, bestimmt das System den ersten Tag der Woche automatisch, z. B. nach dem landesüblichen Wochenanfang. Der Standardwert für den ersten Tag der Woche ist Montag. Sie können mit dem Business-Add-in (BAdI) `CALENDAR_DEFINITION` über die Methode `get_first_day_of_week( )` einen anderen Tag definieren, dadurch verändern sich die Anzeige der Wochentage und die Berechnung der Wochennummer. Weitere Informationen finden Sie in SAP-Hinweis 1063178. Falls Sie einen anderen Tag über die Eigenschaft festlegen möchten, können Sie aus der Menge der Wochentage `monday`, `tuesday`, `wednesday`, `thursday`, `friday`, `saturday` und `sunday` auswählen.

firstSelectedDate und lastSelectedDate

Auswahl

Mithilfe der beiden Eigenschaften `firstSelectedDate` und `lastSelectedDate` können Sie einen Zeitraum definieren, der farblich hervorgehoben dargestellt wird. Dies können Sie anwenden, um einen Zeitraum gegenüber den restlichen dargestellten Tagen besonders zu kennzeichnen.

legendId

Legende

Mit der Eigenschaft `legendId` legen Sie die ID der zugehörigen Legende fest (siehe Abschnitt 4.4.4, »TagCloud«).

monthsPerColumn

Spalten

Mit der Eigenschaft `monthsPerColumn` bestimmen Sie die Anzahl der Monate pro Spalte.

monthsPerRow

Zeilen

Mit der Eigenschaft `monthsPerRow` definieren Sie die Anzahl der Monate pro Zeile.

selectionMode

Mit der Eigenschaft `selectionMode` können Sie festlegen, ob kein Datum (Wert = `none`), ein Einzeldatum (Wert = `single`) oder ein Datumsbereich (Wert = `range`) ausgewählt werden kann.

startsWith

Startmonat

Mit der Eigenschaft `startsWith` bestimmen Sie den ersten anzuzeigenden Monat, in den das Datum fällt. Mit dieser Eigenschaft können Sie, wenn Sie sie an ein Context-Attribut gebunden haben, ein beliebiges Navigationsverhalten durch den Kalender implementieren, indem Sie während der Laufzeit den Startmonat des UI-Elements festlegen.

Ereignisse

Der `DateNavigator` bietet eine Fülle von Ereignissen an, vom Anklicken eines Tages bis zur Änderung des Startdatums.

onDaySelect

Das Ereignis `onDaySelect` wird ausgelöst, wenn der Benutzer auf einen Tag im `DateNavigator` klickt. Der Aktionsbehandler-Methode, die möglicherweise zur Behandlung des Ereignisses aufgerufen wird, werden die Standardparameter `id` und `context_element` sowie zusätzlich `day` übergeben. Der Parameter `day` ist vom Typ eines Datums und erhält den Wert des angeklickten Tages im `DateNavigator`. | Tag auswählen

onMonthSelect

Das Ereignis `onMonthSelect` wird ausgelöst, wenn der Benutzer auf einen Monat im `DateNavigator` klickt. Der Aktionsbehandler-Methode, die möglicherweise zur Behandlung des Ereignisses aufgerufen wird, werden die Standardparameter `id` und `context_element` sowie zusätzlich `month` und `year` übergeben. Die Parameter `month` und `year` sind vom Typ `i` und erhalten den Wert des angeklickten Monats und Jahres im `DateNavigator`. Beachten Sie, dass die Zählung der Monate bei 0 beginnt und der Januar daher den Wert 0 hat. | Monat auswählen

onStartDateChanged

Das Ereignis `onStartDateChanged` wird ausgelöst, wenn der Benutzer im `DateNavigator` blättert. Der Aktionsbehandler-Methode, die möglicherweise zur Behandlung des Ereignisses aufgerufen wird, werden die Standardparameter `id` und `context_element`, `month` sowie zusätzlich `start_date` übergeben. Der Parameter `start_date` ist vom Typ `d` und erhält den Wert des Startdatums des angezeigten Monats im `DateNavigator`. | Blättern

onWeekSelect

Das Ereignis `onWeekSelect` wird ausgelöst, wenn der Benutzer im `DateNavigator` auf eine Wochennummer klickt. Der Aktionsbehand- | Woche auswählen ler-Methode, die möglicherweise zur Behandlung des Ereignisses aufgerufen wird, werden die Standardparameter `id` und `context_element` sowie zusätzlich `first_day`, `week` und `year` übergeben. Der Parameter `first_day` enthält den ersten selektierten Tag. Die Parameter `week` und `year` sind vom Typ `i` und erhalten den Wert der angeklickten Woche und des Jahres im `DateNavigator`. Die Zählung der Wochen beginnt bei 1.

Barrierefreiheit

Um die Entwicklung barrierefreier Anwendungen zu ermöglichen, wird im Rahmen des Syntax-Checks die Eigenschaft `accessibilityDescription` überprüft, wenn die Eigenschaft `tooltip` nicht gesetzt wurde. Die Eigenschaft `accessibilityDescription` gilt für den gesamten `DateNavigator` und wird von Screenreadern vorgelesen, wenn der `DateNavigator` selbst fokussiert wird. Der Tooltip wird für jeden Tag angezeigt – es sei denn, dieser Tag hat eine Markierung, und diese enthält einen gefüllten Tooltip.

Aggregierte Elemente

DateNavigator-Marking

In Abbildung 4.74 sehen Sie das aggregierte Element `DateNavigatorMarking`, das in diesem Abschnitt besprochen wird.

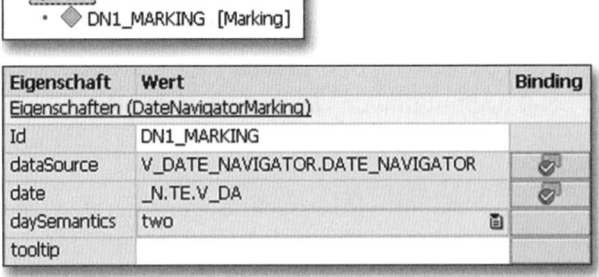

Abbildung 4.74 Aggregationen DateNavigator

Markierung

Mit dem UI-Element `DateNavigatorMarking` können Sie Einträge innerhalb eines `DateNavigator` markieren, die zu einer bestimmten Kategorie gehören. Für den markierten Eintrag kann zusätzlich ein Tooltip definiert werden. Sie sollten dieses UI-Element nur in Verbindung mit dem UI-Element `Legend` (siehe Abschnitt 4.4.4) verwenden, mit dem Sie dem Benutzer auch die Erklärung der Markierungen mitteilen können. In Tabelle 4.15 sehen Sie die Eigenschaften zum Element.

Eigenschaft	Beschreibung
dataSource	Die Eigenschaft dataSource beschreibt den Pfad zu einem Context-Knoten mit Kardinalitätsobergrenze n, der die Kategorie, das Datum, die Tagessemantik und den Tooltip der Markierungen speichert.
date	Die Eigenschaft date beschreibt den Pfad des Context-Attributs, das das Datum der Markierung speichert.
daySemantics	Die Eigenschaft daySemantics beschreibt den Pfad des Context-Attributs, das die semantische Information (Farbe) der Markierung speichert. Zur Typisierung des Context-Attributs können Sie das Datenelement WDUI_TABLE_CELL_DESIGN verwenden.

Tabelle 4.15 Eigenschaften DateNavigatorMarking

> **Abbruch** [!]
>
> Falls Sie die Eigenschaft startsWidth nicht mit einem Wert versorgen, bricht die Web-Dynpro-Anwendung mit einem ASSERT-Fehler ab. Zudem sollten Sie beachten, dass die Zählung der Monate im Ereignis onMonthSelect mit 0 beginnt.

4.5.4 Legend

Das UI-Element Legend ermöglicht es, einen erklärenden Text zu verschiedenen in einem zugeordneten UI-Element verwendeten Farben anzuzeigen. Das Legend-Element kann auf dem View frei platziert und einer Table (siehe Abschnitt 9.5), einem DateNavigator (siehe Abschnitt 4.4.3) oder einem FormLayoutAdvanced (siehe Abschnitt 3.3.8) zugewiesen werden. Die Zuordnung des Legend-Elements erfolgt je nach UI-Element unterschiedlich:

Erläuterungen

- **Table**
  Sie können ein Legend-Element nach der Table einfügen und es über die Eigenschaft legendId der Table zuordnen. Um das Legend-Element am unteren Rand der Table zu platzieren, steht ein Pop-in der Table bereit. Fügen Sie ein Legenden-Pop-in in die Table und in dieses Legenden-Pop-in einen Content ein. In diesen Content können Sie ein Legend-Element einbinden. Die farbliche

Zuordnung des `LegendItem` erfolgt über das `TableCellDesign`. Folgende Eigenschaften sind von diesem Typ:

- `semantics` beim `LegendItem`
- `daySemantics` beim `DateNavigatorMarking`
- `cellDesign` der `TableColumn` bei der `Table`

- **DateNavigator**
  Das `Legend`-Element fügen Sie im View nach dem `DateNavigator`-Element ein und ordnen es dem `DateNavigator`-Element zu, indem Sie die `ID` des `Legend`-Elements als Eigenschaft `legendId` des `DateNavigator`-Elements setzen.

- **FormLayoutAdvanced**
  Das `Legend`-Element ordnen Sie dem `FormLayoutAdvanced`-Element zu, indem Sie die `ID` des `Legend`-Elements als Eigenschaft `legendId` des `FormLayoutAdvanced`-Layouts setzen. Die Zuordnung der Farben in der Legende zu deren Bedeutung erfolgt über das Datenelement `WDUI_TABLE_CELL_DESIGN` mit den Werten aus Tabelle 4.16. Die detaillierte Beschreibung der Eigenschaften finden Sie in den Beschreibungen des jeweiligen UI-Elements.

UI-Element	Eigenschaft
`LegendItem` (siehe folgenden Abschnitt »Aggregierte Elemente«)	`semantics`
`DateNavigatorMarking` (siehe Abschnitt, 4.4.3, »Date Navigator«)	`daySemantics`
`TableColumn` (siehe Abschnitt 9.5, »TablePopin«)	`cellDesign`
`FormDataAdvanced` (siehe Abschnitt 3.3.8, »FormLayoutAdvanced«)	`semanticColor`

Tabelle 4.16 Farbzuordnung der Legend

Visuelle Darstellung

In Abbildung 4.75 sehen Sie die Darstellung einer `Legend`. Wir haben zusätzlich noch einen `DateNavigator` visualisiert, um die Verwendung der `Legend` zu zeigen. Im `DateNavigator` sehen Sie den aktuellen Tag, den 19. Mai 2014, markiert. In der `Legend` unter dem `DateNavigator` kann die Bedeutung der Markierungen in einem Text erläutert werden.

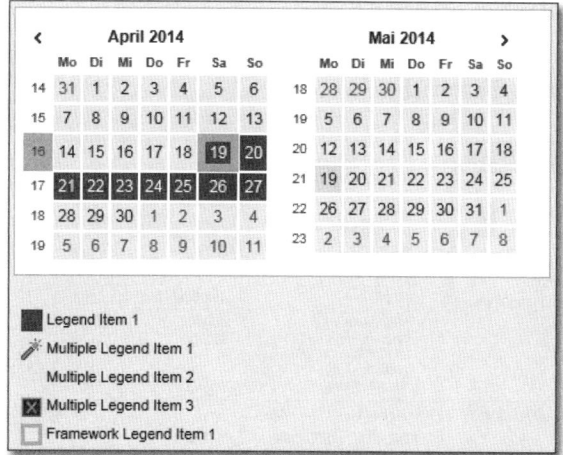

Abbildung 4.75 Legend

Eigenschaften

In Abbildung 4.76 ist die Eigenschaft `colCount` markiert, über die Sie die Anzahl der Spalten definieren, in denen die `LegendItem`-Elemente angezeigt werden. Darüber hinaus enthält das UI-Element `Legend` dieselben Eigenschaften, die alle UI-Elemente besitzen.

Eigenschaft	Wert	Binding
Eigenschaften (Legend)		
Id	L1	
colCount	1	
contextMenuBehaviour	inherit	
contextMenuId		
enabled	✓	
styleClassName		
tooltip		
visible	visible	
width		

Abbildung 4.76 Eigenschaften Legend

Barrierefreiheit

Um die Entwicklung barrierefreier Anwendungen zu ermöglichen, wird im Rahmen des Syntax-Checks überprüft, ob die Eigenschaft `legendId` des `Legend`-Elements im `DateNavigator` und/oder der `Table` gesetzt wurde.

4 | UI-Elemente und ihre Eigenschaften

Aggregierte Elemente

In Abbildung 4.77 sehen Sie die aggregierten Elemente zur `Legend`, die in diesem Abschnitt besprochen werden.

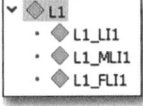
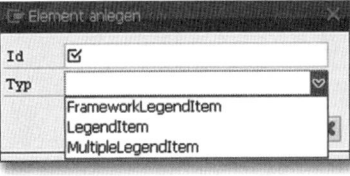

Eigenschaft	Wert	Binding
Eigenschaften (LegendItem)		
Id	L1_LI1	
imageSource		
semantics	one	
striped	☐	
text	Legend Item 1	
textDirection	inherit	
tooltip		
visible	☑	

Eigenschaft	Wert	Binding
Eigenschaften (MultipleLegendItem)		
Id	L1_MLI1	
dataSource	V_DATE_NAVIGATOR.LEGEND	✓
imageSource	V_DATE_NAVIGATOR.LEGEND.IMAGESOURCE	✓
semantics	V_DATE_NAVIGATOR.LEGEND.SEMANTICS	✓
striped	☐	
text	V_DATE_NAVIGATOR.LEGEND.TEXT	✓
textDirection	inherit	
tooltip		
visible	☑	

Eigenschaft	Wert	Binding
Eigenschaften (FrameworkLegendItem)		
Id	L1_FLI1	
frameworkSemantics	today	
text	Framework Legend Item 1	
textDirection	inherit	
tooltip		
visible	☑	

Abbildung 4.77 Aggregationen Legend

LegendItem

Ein Eintrag   Ein `LegendItem` ist ein Element einer `Legend` und besteht aus beschreibenden Informationen für einen Legendeneintrag. Die Eigenschaften, die das `LegendItem`-Element anbietet, sind in Tabelle 4.17 zusammengestellt.

Eigenschaft	Beschreibung
imageSource	Die Eigenschaft `imageSource` beschreibt den Pfad zu einem optionalen Icon für die Legende, das anstelle der Farbe herangezogen werden kann. Alle verwendeten Bilder sollten die Größe 12 × 12 Pixel haben, damit eine exakte Ausrichtung an den anderen Einträgen erreicht wird. Die Ausmaße kleinerer oder größerer Icons werden nicht auf 12 × 12 Pixel geändert.
semantics	Mit der Eigenschaft `semantics` können Sie die semantische Information (Farbe) des Items festlegen. Die möglichen Ausprägungen werden über das Datenelement `WDUI_TABLE_CELL_DESIGN` gesteuert.

Tabelle 4.17 Eigenschaften LegendItem

Eigenschaft	Beschreibung
striped	Mit der Eigenschaft striped bestimmen Sie, ob ein gestreiftes Icon dargestellt wird. Ein eventuell festgelegter Wert für die Eigenschaft imageSource übersteuert diese Eigenschaft.
text	Mit der Eigenschaft text legen Sie den Text für den Legendeneintrag fest.

Tabelle 4.17 Eigenschaften LegendItem (Forts.)

MultipleLegendItem

Ein MultipleLegendItem verhält sich wie ein LegendItem-Element einer Legend mit der zusätzlichen Eigenschaft dataSource. Mit dieser Eigenschaft definieren Sie das Data Binding zu einem Context-Knoten mit Kardinalitätsobergrenze n, der als Elemente die Daten für die Items hält.

Mehrere Einträge

FrameworkLegendItem

Ein FrameworkLegendItem ist ein Element einer Legend, das aus einem Farbfeld und einem Text besteht. Mit diesem können Sie z. B. den aktuellen Tag in einem Kalender referenzieren. Die Eigenschaften, die dieses Element anbietet, sind in Tabelle 4.18 zusammengestellt.

Bezug zu Framework-Daten

Eigenschaft	Beschreibung
frameworkSemantics	Mit der Eigenschaft frameworkSemantics können Sie aufgrund des Wertes einen Bezug zu Framework-Daten herstellen, wie z. B. dem aktuellen Tag. Die möglichen Werte, die zur Verfügung stehen, sind today, total und subtotal.
text	Mit der Eigenschaft text legen Sie den Text für den Legendeneintrag fest.

Tabelle 4.18 Eigenschaften FrameworkLegendItem

4.5.5 PhaseIndicator

Ähnlich wie das UI-Element RoadMap (siehe Abschnitt 4.5.6) visualisiert das UI-Element PhaseIndicator die einzelnen Phasen eines Vorgangs. Jeder Schritt wird durch ein eigenes Phasenobjekt repräsentiert. Im Unterschied zum UI-Element RoadMap soll die Anwen-

Große Schritte

dungsentwicklung damit größere Schritte abbilden, die vom Benutzer mehr Zeit in Anspruch nehmen können.

Visuelle Darstellung

In Abbildung 4.78 sehen Sie eine einfache Darstellung eines PhaseIndicator. Wir haben vier Phasen mit Statusinformationen eingeblendet.

Abbildung 4.78 PhaseIndicator

Eigenschaften

Das UI-Element PhaseIndicator besitzt die Eigenschaft accessibilityDescription, die wir in Abschnitt 4.4.3 zum Element DateNavigator beschrieben haben, sowie die Eigenschaften, die alle UI-Elemente gemeinsam haben. In Abbildung 4.79 sind die Eigenschaften markiert, die in diesem Abschnitt besprochen werden.

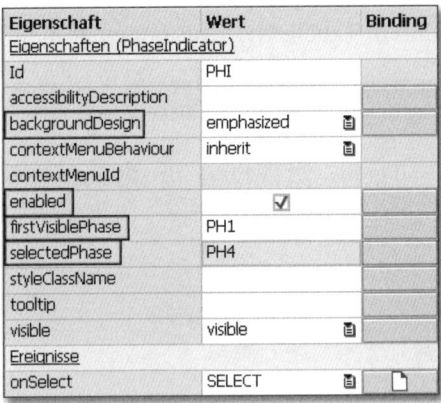

Abbildung 4.79 Eigenschaften PhaseIndicator

backgroundDesign

Hintergrund Mit der Eigenschaft backgroundDesign steuern Sie die Farbe des Hintergrunds des PhaseIndicator. In Abbildung 4.80 sehen Sie die Auswirkungen der Attribuierung.

382

❶ emphasized: Der Hintergrund wird in dunklem Grau dargestellt.

❷ transparent: Der Hintergrund ist transparent und zeigt somit die Farbe des Containers, in dem der PhaseIndicator eingebettet ist.

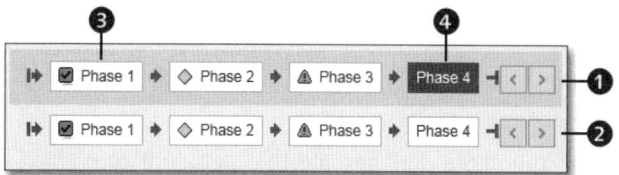

Abbildung 4.80 Eigenschaft backgroundDesign

enabled

Mit der Eigenschaft enabled steuern Sie den Aktivitätszustand des PhaseIndicator. Falls Sie den Wert abap_false zuordnen, ist das UI-Element nicht interaktiv und wird inaktiv dargestellt.

firstVisiblePhase

Mit der Eigenschaft firstVisiblePhase legen Sie fest, welche der Phasen die erste sichtbare ist. Sie hinterlegen als Wert die ID der Phase (siehe ❸ in Abbildung 4.80).

Erste Phase

selectedPhase

Mit der Eigenschaft selectedPhase ❹ bestimmen Sie, welche Phase als ausgewählt dargestellt werden soll. Verwenden Sie dazu die ID der entsprechenden Phase. Beachten Sie, dass die Phase nicht automatisch umgeschaltet wird, wenn sie angeklickt wird. Sie legen die ausgewählte Phase über die Aktionsbehandler-Methode zum Ereignis onSelect des PhaseIndicator fest.

Ausgewählte Phase

Ereignisse

Das UI-Element PhaseIndicator bietet das Ereignis onSelect an. Dieses wird ausgelöst, wenn der Benutzer auf ein Phase-UI-Element klickt. Falls Sie dem Ereignis eine Aktion zuordnen, werden der Aktionsbehandler-Methode die Standardparameter id und context_element sowie der zusätzliche Parameter phase übergeben.

onSelect

Falls der Benutzer auf ein Phase-UI-Element klickt, ist der Wert von Phase gleich der id der angeklickten Phase. Falls der Benutzer auf ein MultiPhase-UI-Element klickt, hält der Parameter Phase die id der MultiPhase, und context_element hält das die angeklickte Phase repräsentierende Context-Element der MultiPhase.

Phase

4 | UI-Elemente und ihre Eigenschaften

Barrierefreiheit

Um die Entwicklung barrierefreier Anwendungen zu ermöglichen, wird im Rahmen des Syntax-Checks die Eigenschaft accessibility-Description überprüft, wenn die tooltip-Eigenschaft nicht gesetzt wurde.

Aggregierte Elemente

Phase und MultiplePhase

In Abbildung 4.81 sehen Sie die aggregierten Elemente zum PhaseIndicator, die in diesem Abschnitt besprochen werden. Sie können in einen PhaseIndicator zwei verschiedene Arten von PhaseIndicator-Phasen einfügen:

- Phase
- MultiplePhase

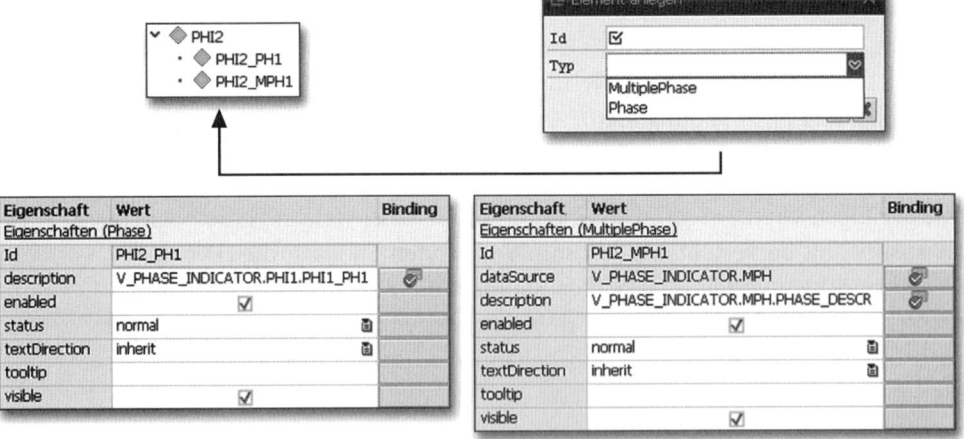

Abbildung 4.81 Aggregationen PhaseIndicator

Eine MultiplePhase wird an einen Context-Knoten gebunden. Damit ist es möglich, die Anzahl der angezeigten Phasen zur Laufzeit dynamisch anzupassen.

Phase

Eine Phase

Das UI-Element Phase dient dazu, eine Phase zu visualisieren. Dem PhaseIndicator können beliebig viele Phase-Elemente zugeordnet werden. Verwenden Sie zum Anlegen einer Phase im View-Editor das Kontextmenü auf dem `PhaseIndicator` und dort den Menüeintrag PHASE EINFÜGEN. Im Folgedialog wählen Sie den Typ PHASE.

Die wichtigsten Eigenschaften, die das UI-Element `Phase` zur Verfügung stellt, sind in Tabelle 4.19 zusammengestellt.

Eigenschaft	Beschreibung
description	Die Eigenschaft `description` enthält die Beschreibung, die als Text auf der `Phase` angezeigt wird.
enabled	Die Eigenschaft `enabled` steuert die Interaktivität der `Phase`. Falls Sie den Wert `abap_false` zuordnen, wird die `Phase` inaktiv dargestellt.
status	Mithilfe der Eigenschaft `status` können Sie die Visualisierung des Status der `Phase` festlegen. Es wird ein Icon vor der `description` der `Phase` eingeblendet, und es stehen die Werte `completed` ✅, `normal` (ohne Symbol), `unavailable` ◇ und `warning` ⚠ zur Verfügung (siehe Abbildung 4.80).

Tabelle 4.19 Eigenschaften Phase

MultiplePhase

Das UI-Element `MultiplePhase` dient dazu, mehrere Phasen zu visualisieren. Dem `PhaseIndicator` können beliebig viele `MultiplePhase`-Elemente zugeordnet werden. Zum Anlegen einer `MultiplePhase` verwenden Sie im View-Editor das Kontextmenü des `PhaseIndicator` und dort den Menüeintrag PHASE EINFÜGEN. Im Folgedialog wählen Sie den Typ `MultiplePhase`. Die Eigenschaften, die die `MultiplePhase` zur Verfügung stellt, sind identisch mit den Eigenschaften der `Phase`.

Mehrere Phasen

Zusätzlich bietet das UI-Element `MultiplePhase` die Eigenschaft `dataSource`, mit der Sie eine Zuordnung zu einem Context-Knoten mit der Kardinalitätsobergrenze `n` herstellen. Die Elemente des Knotens entsprechen den Phasen, die im `PhaseIndicator` dargestellt werden. Der gebundene Context-Knoten sollte zumindest ein Attribut besitzen, das mithilfe eines Data Bindings an die Eigenschaft `description` gebunden und als Text der Phase dargestellt wird.

4.5.6 RoadMap

Das UI-Element `RoadMap` visualisiert die Schritte eines Vorgangs. Jeder Schritt wird durch ein eigenes `RoadMapStep`- bzw. `MultipleRo-`

Schritte

adMapStep-Objekt repräsentiert. Sie können die Anfangspunkte und Endpunkte dieses Oberflächenelements mit verschiedenen Symbolen markieren. Wenn Sie der Eigenschaft startPointDesign oder endPointDesign den Wert more zuordnen, können Sie damit den Benutzer darauf hinweisen, dass sich weitere Schritte vor dem ersten sichtbaren Schritt bzw. nach dem letzten sichtbaren Schritt befinden.

Arbeitsabläufe
Das UI-Element RoadMap eignet sich zur schrittweisen Darstellung von Arbeitsabläufen. Als Entwickler können Sie damit kleine Einzelschritte eines klar festgelegten Arbeitsprozesses visualisieren.

Visuelle Darstellung

In Abbildung 4.82 sehen Sie eine einfache Darstellung einer RoadMap. Wir haben unterschiedliche Arten von Steps dazu eingeblendet.

Abbildung 4.82 RoadMap

Die RoadMap in unserem Beispiel beginnt mit dem Standardschritt S1 (Step ❶), gefolgt von Schritt S2, der als RoundtripStart bezeichnet wird. Zudem ist dieser Schritt markiert und damit farblich hervorgehoben (selectedStep ❷). Danach folgt der SubStep S2.1, der niedriger als der Standardschritt dargestellt wird ❸. Der folgende Schritt S3 schließt den geöffneten Roundtrip visuell. Der Schritt S4 stellt einen RoundtripStep dar, der aber im Gegensatz zu Schritt S2 geschlossen abgebildet wird. Am Ende wird noch der MultiStep MS1 gezeigt ❹, der sich in unserem Beispiel bezüglich der Darstellung nicht vom StandardStep unterscheidet, jedoch anders zu implementieren ist, wie Sie später sehen werden.

Eigenschaften

Das UI-Element RoadMap besitzt die Eigenschaften accessibilityDesign (siehe Abschnitt 4.4.3, »ToggleLink«) und enabled (siehe Abschnitt 4.5.5, »PhaseIndicator«) sowie die Eigenschaften, die alle UI-Elemente gemeinsam haben. In Abbildung 4.83 sind die Eigenschaften markiert, die in diesem Abschnitt besprochen werden.

Eigenschaft	Wert	Binding
Eigenschaften (RoadMap)		
Id	RM	
accessibilityDescription		
contextMenuBehaviour	inherit	
contextMenuId		
enabled	✓	
endPointDesign	standard	
selectedStep	RM_S2	
startPointDesign	standard	
styleClassName		
tooltip		
visible	visible	
Ereignisse		
onLoadSteps	LOADSTEPS	
onSelect	SELECT	

Abbildung 4.83 Eigenschaften RoadMap

startPointDesign und endPointDesign

Mit den Eigenschaften startPointDesign und endPointDesign legen Sie die visuelle Erscheinung des Startpunktes und des Endpunktes der RoadMap fest (siehe Abbildung 4.84). In Tabelle 4.20 haben wir die möglichen Ausprägungen für die Eigenschaft startPointDesign zusammengestellt.

startPointDesign

Wert	Beschreibung
disabled ❶	Mit diesem Wert kann bei Auswahl des Anfangspunktes kein Ereignis ausgelöst werden. Daher wird der Anfangspunkt auch als nicht aktiviert dargestellt.
more ❷	Diesem Wert gehen weitere Schritte voraus.
moreDisabled ❸	Es kann bei Auswahl des Anfangspunktes kein Ereignis ausgelöst werden, daher wird der Anfangspunkt auch als nicht aktiviert dargestellt. Jedoch zeigt dieser Wert an, dass noch mehr Schritte vorausgehen.
selected ❹	Der Anfangspunkt des UI-Elements RoadMap kann farblich hervorgehoben, d. h. ausgewählt dargestellt werden, um einen Text zur Information an den Benutzer anzuzeigen.
standard ❺	Standarddarstellung des Anfangspunktes eines Road-Map-UI-Elements

Tabelle 4.20 Ausprägungen der Eigenschaft startPointDesign

Falls Sie die Eigenschaft startPointDesign an den Context binden möchten, steht Ihnen dafür das Datenelement WDUI_ROAD_MAP_EDGE_DESIGN zur Verfügung.

EndPointDesign Die Eigenschaft `endPointDesign` verfügt ebenfalls über die Ausprägungen `disabled`, `more`, `moreDisabled` und `selected`. Bei den Ausprägungen `more` und `moreDisabled` folgen in diesem Fall weitere Schritte. Zusätzlich gibt es den Wert `standard` ❺ als Standarddarstellung eines Endpunktes des UI-Elements `RoadMap`. Falls Sie die Eigenschaft `endPointDesign` an den Context binden möchten, steht Ihnen dafür das Datenelement `WDUI_ROAD_MAP_EDGE_DESIGN` zur Verfügung.

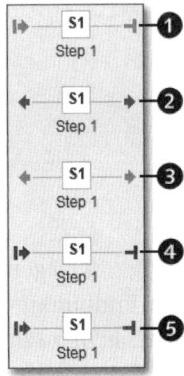

Abbildung 4.84 Eigenschaften startPointDesign (links) und endPointDesign (rechts)

selectedStep

Ausgewählter Schritt Mit der Eigenschaft `selectedStep` legen Sie fest, welcher Step als ausgewählt dargestellt werden soll. Nehmen Sie dazu die ID des entsprechenden Steps. Beachten Sie, dass der Step nicht automatisch umgeschaltet wird, wenn er angeklickt wird. Sie legen den ausgewählten Step über die Aktionsbehandler-Methode zum Ereignis `onSelect` oder `onLoadSteps` der `RoadMap` fest.

Ereignisse

Die `RoadMap` bietet Ihnen zwei Ereignisse an. Diese werden wir im Folgenden besprechen.

onSelect

Auswahl Das Ereignis `onSelect` wird ausgelöst, wenn der Benutzer auf einen Step klickt. Der Aktionsbehandler-Methode, die möglicherweise zur Behandlung des Ereignisses aufgerufen wird, werden die Standardparameter `id` und `context_element` sowie `step` übergeben.

Falls der Benutzer auf einen `RoadMapStep` klickt, ist der Wert von `step` identisch mit der `id` des angeklickten Steps. Falls der Benutzer auf einen `MultipleRoadMapStep` klickt, hält der Parameter `step` die `id` des `MultipleRoadMapStep`, und `context_element` hält das den angeklickten Step repräsentierende Context-Element des `MultipleRoadMapStep`. Der Benutzer kann das Ereignis durch das Anklicken eines Steps oder der `description` eines Steps auslösen. Ist ein Step als selektiert markiert, kann dieser Step nicht angeklickt werden.

onLoadSteps

Das Ereignis `onLoadSteps` wird ausgelöst, wenn das UI-Element RoadMap mehr Schritte enthält, als angezeigt werden, und der Benutzer auf den Start-/Endpunkt mit `startPointDesign`/`endPointDesign` = `more` klickt. Falls eine Aktionsbehandler-Methode zur Behandlung des Ereignisses aufgerufen wird, werden dieser die Standardparameter `id` und `context_element` sowie zusätzlich `at_end` übergeben. Der Parameter `id` enthält die ID der `RoadMap`. Der Parameter `at_end` hat den Wert `abap_true`, falls der Benutzer das Endsymbol angeklickt hat, und den Wert `abap_false`, falls der Benutzer das Startsymbol angeklickt hat.

Nachladen

Aggregierte Elemente

In Abbildung 4.85 sehen Sie die aggregierten Elemente zur `RoadMap`, die in diesem Abschnitt besprochen werden.

Schrittarten in der RoadMap

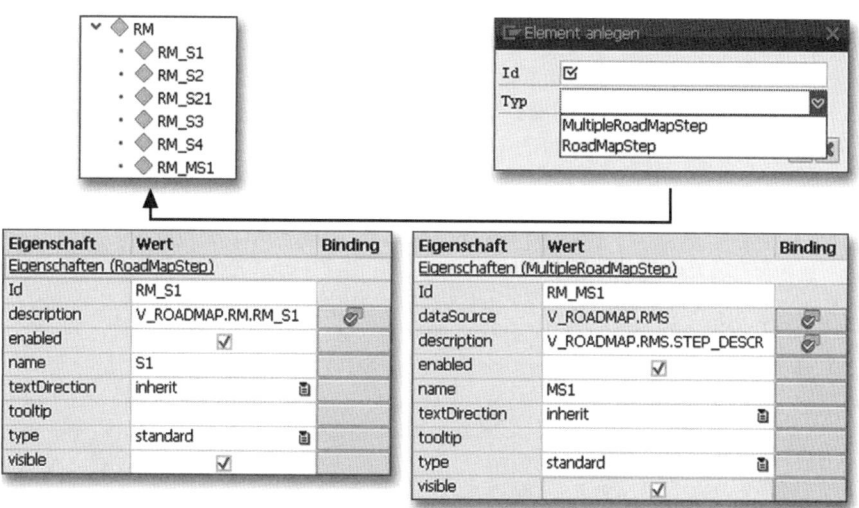

Abbildung 4.85 Aggregationen RoadMap

Sie können in einer RoadMap zwei verschiedene Arten von RoadMap-Steps einfügen:

- RoadMapStep
- MultipleRoadMapStep

Ein MultipleRoadMapStep wird an einen Context-Knoten gebunden. Damit ist es möglich, die Anzahl der angezeigten Steps zur Laufzeit dynamisch anzupassen.

RoadMapStep

Ein Schritt

Das UI-Element RoadMapStep dient dazu, einen Step zu visualisieren. Der RoadMap können beliebig viele RoadMapStep-Elemente zugeordnet werden. Verwenden Sie zum Anlegen eines RoadMap-Step im View-Editor das Kontextmenü der RoadMap und dort den Menüeintrag STEP EINFÜGEN. Im Folgedialog wählen Sie den Typ RoadMapStep. Die wichtigsten Eigenschaften, die das UI-Element RoadMapStep zur Verfügung stellt, sind in Tabelle 4.21 zusammengestellt.

Eigenschaft	Beschreibung
description	Die Eigenschaft description enthält die Beschreibung, die als Text unter dem RoadMapStep angezeigt wird.
enabled	Die Eigenschaft enabled steuert die Interaktivität des RoadMapStep. Falls Sie den Wert abap_false zuordnen, wird der RoadMapStep inaktiv dargestellt.
name	Die Eigenschaft name enthält den Namen, der als Text auf dem RoadMapStep angezeigt wird.
type	Mithilfe der Eigenschaft type können Sie die Visualisierung des Typs des RoadMapStep festlegen. Es stehen die Werte roundtripClosed ❶, roundtripEnd ❷, roundtripStart ❸, standard ❹ und substep ❺ zur Verfügung (siehe Abbildung 4.86). Falls Sie die Eigenschaft an ein Context-Attribut binden, können Sie das Datenelement WDUI_ROAD_MAP_STEP_TYPE zur Typisierung verwenden.

Tabelle 4.21 Eigenschaften RoadMapStep

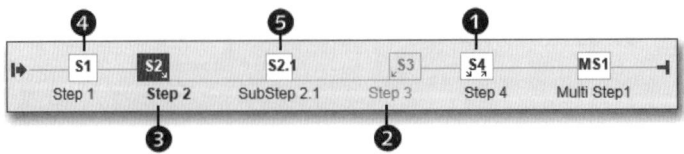

Abbildung 4.86 Eigenschaft type

Ein Step, dessen Eigenschaft type den Wert roundtripEnd erhält, wird als inaktiv dargestellt und kann nicht selektiert werden. Wird der Wert roundtripClosed verwendet, wird zwar angedeutet, dass Substeps vorhanden sind, diese werden jedoch nicht angezeigt.

MultipleRoadMapStep

Das UI-Element MultipleRoadMapStep dient dazu, mehrere Steps zu visualisieren. Der RoadMap können beliebig viele MultipleRoadMapStep-Elemente zugeordnet werden. Verwenden Sie zum Anlegen eines MultipleRoadMapStep im View-Editor das Kontextmenü zur RoadMap und dort den Menüeintrag STEP EINFÜGEN. Im Folgedialog wählen Sie den Typ MultipleRoadMapStep.

Mehrere Schritte

Die Eigenschaften, die der MultipleRoadMapStep zur Verfügung stellt, sind identisch mit den Eigenschaften des RoadMapStep. Zusätzlich bietet der MultipleRoadMapStep die Eigenschaft dataSource, mit der Sie eine Zuordnung zu einem Context-Knoten mit der Kardinalitätsobergrenze n herstellen. Die Elemente des Knotens entsprechen den Steps, die in der RoadMap dargestellt werden. Der gebundene Context-Knoten sollte zumindest ein Attribut besitzen, das mithilfe eines Data Bindings an die Eigenschaft description gebunden und als Text des Steps dargestellt wird. Mithilfe der Eigenschaft visible können Sie elegant nicht zu visualisierende Steps ausblenden.

4.5.7 Shuttle

Das UI-Element Shuttle dient der Implementierung eines *Browse-and-Collect-Patterns*, mit dem der Benutzer Einträge hin und her bewegen kann.

Browse & Collect

Visuelle Darstellung

In Abbildung 4.87 sehen Sie eine einfache Darstellung eines Shuttle. Wir haben alle Buttons des Shuttle für das Hinzufügen (❶ bzw. alle hinzufügen ❷) und Entfernen (❸ bzw. alle entfernen ❹) ergänzt. Außerdem haben wir zwei ItemListBox-Elemente für die Veranschaulichung des Einsatzgebietes hinzugefügt.

4 | UI-Elemente und ihre Eigenschaften

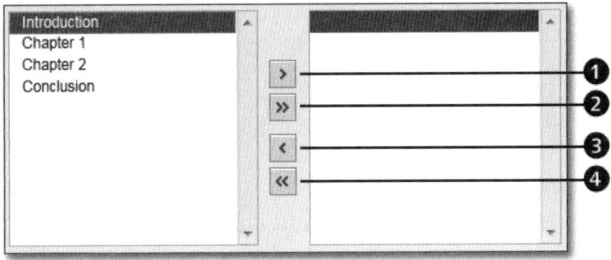

Abbildung 4.87 Shuttle

Eigenschaften

In Abbildung 4.88 sehen Sie die Eigenschaften, die in diesem Abschnitt besprochen werden. Die nicht explizit diskutierten Eigenschaften finden Sie in Abschnitt 4.1, »Eigenschaften für alle UI-Elemente«.

Eigenschaft	Wert	Binding
Eigenschaften (Shuttle)		
Id	SHU	
Layoutdaten	MatrixData	
availableListId	ILB_LEFT	
contextMenuBehaviour	inherit	
contextMenuId		
enabled	☑	
enableAddButtons	☑	
enableRemoveButtons	☑	
selectedListId	ILB_RIGHT	
showAllButtons	☑	
styleClassName		
tooltip	Shuttle	
vertical	☑	
visible	visible	
Ereignisse		
onAdd	ADD	
onRemove	REMOVE	

Abbildung 4.88 Eigenschaften Shuttle

availableListId

Quellliste   Mit der Eigenschaft availableListId legen Sie die ID der Liste oder Tabelle fest, die den Vorrat aller Einträge enthält, die über das Shuttle in die aktuelle Auswahlliste übernommen werden sollen.

enabled

Mit der Eigenschaft enabled können Sie das Shuttle interaktiv (Wert = abap_true) oder nicht interaktiv (Wert = abap_false) setzen. Das heißt, die zur Verfügung stehenden Buttons können angeklickt werden.

enableAddButtons
Mit der Eigenschaft `enableAddButtons` legen Sie fest, dass das Hinzufügen von Einträgen ermöglicht wird und die entsprechenden Buttons aktiviert angezeigt werden (Wert = `abap_true`) oder nicht (Wert = `abap_false`).

Hinzufügen-Button

enableRemoveButtons
Mit der Eigenschaft `enableRemoveButtons` definieren Sie, dass das Entfernen von Einträgen ermöglicht wird und die jeweiligen Buttons aktiviert angezeigt werden (Wert = `abap_true`) oder nicht (Wert = `abap_false`).

Entfernen-Button

selectedListId
Mit der Eigenschaft `selectedListId` bestimmen Sie die ID der ausgewählten Liste oder Tabelle, die alle Einträge enthält, die über das `Shuttle` in die aktuelle Auswahlliste übernommen werden sollen.

Zielliste

showAllButtons
Mit der Eigenschaft `showAllButtons` legen Sie fest, dass die Buttons für die Funktionen ALLE HINZUFÜGEN und ALLE ENTFERNEN angezeigt werden, falls der Wert `abap_true` ist.

Alle Buttons

vertical
Mit dem Wert für `vertical` bestimmen Sie die Anordnungsrichtung der Buttons. Ist der Wert `abap_true`, werden die Buttons untereinander (vertikal) dargestellt, falls der Wert `abap_false` ist, werden sie nebeneinander (horizontal) dargestellt.

Ausrichtung

Ereignisse

Das UI-Element `Shuttle` bietet Ihnen zwei Ereignisse an. Diese werden wir im Folgenden besprechen.

onAdd
Das Ereignis `onAdd` wird ausgelöst, wenn der Benutzer auf einen HINZUFÜGEN-Button klickt. Falls mit dem Ereignis eine Aktion verknüpft ist, wird die zugehörige Aktionsbehandler-Methode gerufen und erhält neben den Standardparametern `id` und `context_element` auch

Hinzufügen

den Parameter all. Mithilfe des Wertes dieses Parameters können Sie feststellen, ob alle oder nur einige Elemente hinzugefügt werden sollen. Falls der Wert abap_true ist, hat der Benutzer ALLE HINZUFÜGEN gewählt, andernfalls nur HINZUFÜGEN.

In Listing 4.6 zeigen wir Ihnen, wie Sie die Implementierung des Hinzufügens realisieren können.

```
METHOD onactionon_add_shuttle.
* Falls "Alle-Hinzufügen-Button" gewählt wurde
  IF all = abap_true.
* Alle aus ItemListBox 1 wählen
* In den Context für ItemListBox 2 kopieren
* Aus dem Context von ItemListBox 1 entfernen
    wd_this->copy_all_from_itl1_to_itl2( ).
    wd_this->remove_all_from_itl1( ).
* Falls "Hinzufügen-Button" gewählt wurde
  ELSEIF all = abap_false.
* Ein Element aus ItemListBox 1 wählen
* In den Context für ItemListBox 2 kopieren
* Aus dem Context von ItemListBox 1 entfernen
    wd_this->copy_one_from_itl1_to_itl2( ).
    wd_this->remove_one_from_itl1( ).
  ENDIF.
ENDMETHOD.
```

Listing 4.6 Implementierungsidee für onAdd-Behandler

Beschreibung   Im ersten Schritt überprüfen wir durch die Auswertung des Parameters all, ob der Button für ALLE HINZUFÜGEN gewählt wurde. Danach rufen wir eine Methode zum Kopieren aller Einträge von ItemListBox 1 zu ItemListBox 2. Nach dem Kopiervorgang entfernen wir die Einträge aus der ItemListBox 1. Wir gehen analog für den Fall vor, dass nur ein Eintrag kopiert werden soll.

onRemove

Entfernen   Das Ereignis onRemove wird ausgelöst, wenn der Benutzer auf einen ENTFERNEN-Button klickt. Ist mit dem Ereignis eine Aktion verknüpft, wird die zugehörige Aktionsbehandler-Methode gerufen und erhält neben den Standardparametern id und context_element auch den Parameter all. Mithilfe des Wertes dieses Parameters können Sie feststellen, ob alle oder nur einige Elemente entfernt werden sollen. Ist der Wert `abap_true`, hat der Benutzer ALLE ENTFERNEN gewählt, andernfalls nur ENTFERNEN.

4.5.8 Tree

Mithilfe des UI-Elements `Tree` können im Context definierte Hierarchien durch Knoten und Blätter visualisiert werden. Die darzustellende Hierarchie wird zunächst im Context definiert. Zwei Möglichkeiten stehen zur Verfügung, um diese Context-Struktur zu beschreiben:

Hierarchische Darstellung

- mit sogenannten *nicht rekursiven Knoten*, wenn zur Designzeit bereits eine bestimmte Anzahl an Ebenen festgelegt werden kann
- mit sogenannten *rekursiven Knoten*, wenn zur Designzeit die Anzahl der Ebenen noch nicht bekannt ist

> **Rekursion**
>
> Als *Rekursion* bezeichnet man die Technik in Mathematik, Logik und Informatik, eine Funktion durch sich selbst zu definieren. Das bedeutet, dass eine Funktion aufgerufen wird, die auf der gegebenen Ebene eine bestimmte Arbeit erledigt und dann, solange Unterebenen vorhanden sind, für jede ihrer Unterebenen erneut aufgerufen wird.
>
> In diesem erneuten Aufruf wird nun die jeweilige Unterebene bearbeitet, und die Prozedur wird wiederum erneut für jede der dortigen Unterebenen aufgerufen. Werden auf einer Ebene keine Unterebenen mehr angetroffen, endet dieser Bearbeitungszweig.

[«]

Knoten und Blätter, die zu der Lead-Selection gehören, werden im `Tree` optisch hervorgehoben.

Nicht rekursive Knoten

Ein Beispiel für nicht rekursive Knoten ist ein Context-Knoten für Methoden einer ABAP-Klasse mit einem Unterknoten für die Parameter der Methode. Die Anzahl der Unterknoten für die Methoden ist festgelegt und bekannt.

Ein `Tree`-Element dient der Visualisierung hierarchischer Strukturen und der Navigation. Es bietet nicht die Möglichkeit der Selektion von Einträgen, wie z. B. das UI-Element `ItemListBox`, es kann nur mit der Lead-Selection umgehen. Beachten Sie, dass dies visuell wie

Lead-Selection

eine Selektion aussieht, es von der Performance her jedoch eine sehr teure Operation ist, sodass es in den meisten Szenarien eher hinderlich wäre, das `Tree`-Element einzusetzen.

> [!] **Context-Hierarchiestufen werden nicht berücksichtigt**
>
> Die Hierarchie des Contexts spiegelt sich nicht in der Sicht der Layoutgestaltung wider. Alle Knoten und Blätter zum `Tree` werden in der Layouthierarchie direkt unter dem `Tree` angezeigt, *ohne* die Hierarchiestufen zu berücksichtigen.

Rekursive Knoten

Beispiel Ein Beispiel für einen rekursiven Knoten ist ein Context-Knoten für ABAP-Klassen mit einem Unterknoten für vererbte ABAP-Klassen. Zur Entwicklungszeit ist noch nicht bekannt, wie tief eine Vererbungshierarchie reichen kann, da eine vererbte Klasse wieder vererbte Klassen haben kann. Daher wiederholt ein Unterknoten die Knotenstruktur eines Überknotens – man könnte auch sagen, dass dies eine Rekursion ist.

Unbekannte Hierarchietiefe Eine `Tree`-Struktur kann aus einer rekursiven Wiederholung von Knoten bestehen, bei der die Tiefe der Hierarchie nicht von vornherein bekannt ist. Deshalb kann zur Entwicklungszeit keine bestimmte Tiefe festgelegt werden. Diese ergibt sich erst während der Laufzeit.

Um einen `Tree` mit rekursiven Knoten definieren zu können, ist es nötig, eine passende Context-Definition anzulegen und dann das `Tree`-Element mit seinen Subelementen festzulegen. In Abbildung 4.89 sehen Sie das prinzipielle Vorgehen bei der Definition der Context-Struktur für einen rekursiven Knoten.

Context-Struktur definieren In unserem Beispiel definieren wir eine Context-Struktur für ein Buch mithilfe eines rekursiven Knotens, der es uns ermöglicht, auf die von vornherein nicht absehbare Schachtelungstiefe eines Buches zu reagieren. Die folgende Schritt-für-Schritt-Beschreibung erläutert, welche Aktivitäten für die Definition erforderlich sind.

1. Im ersten Schritt legen Sie die Knoten im Context an, die wiederholt werden sollen, z. B. den Knoten für einen Buchteil (BOOK_PART). Natürlich kann eine beliebig tief geschachtelte Context-Struktur aufgebaut werden, also Knoten mit Unterknoten.

2. Im nächsten Schritt legen Sie zu dem oder den Context-Knoten, die sich wiederholen können, einen rekursiven Context-Knoten an. Navigieren Sie dazu zum Kontextmenü des Knotens, der sich wiederholen kann, und über den Menüpunkt REKURSIONSKNOTEN.

3. Im sich daraufhin öffnenden Fenster REKURSIONSKNOTEN ANLEGEN vergeben Sie einen Namen für den Rekursionsknoten, in diesem Fall BOOK_PART_RECURSIVE, und stellen über den Button AUSWÄHLEN den Bezug zu dem sich wiederholenden Knoten her. Wir wiederholen den Knoten BOOK_PART. Nach der Bestätigung der Eingaben erscheint der Rekursionsknoten in der Context-Hierarchie und wird symbolisch von den »normalen« Context-Knoten unterschieden (siehe Abbildung 4.89).

4. Zur Befüllung des Context-Knotens mit Daten können Sie das Beispiel aus Abschnitt 3.2.5, »NavigationList«, verwenden.

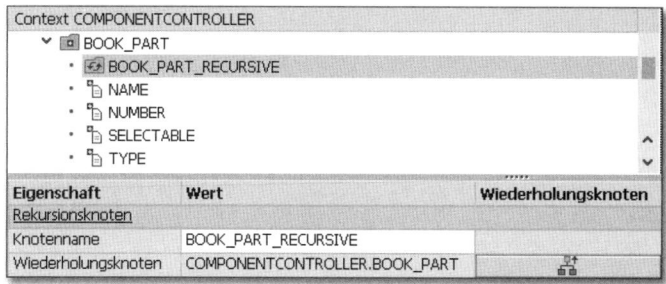

Abbildung 4.89 Context-Definition für einen Tree mit rekursivem Knoten

Visuelle Darstellung

In Abbildung 4.90 sehen Sie eine einfache Darstellung eines Tree. Wir haben die beiden unterschiedlichen Arten von Aggregaten, TreeNodeType ❶ und TreeItemType ❷, dazu eingeblendet.

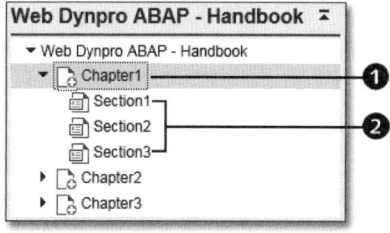

Abbildung 4.90 Tree

4 | UI-Elemente und ihre Eigenschaften

Eigenschaften

Das UI-Element `Tree` besitzt die Eigenschaft `width`, die wir in Abschnitt 4.2.2 zum UI-Element `InputField` beschrieben haben, sowie die Eigenschaften, die alle UI-Elemente gemeinsam haben. In Abbildung 4.91 sind die Eigenschaften markiert, die in diesem Abschnitt besprochen werden.

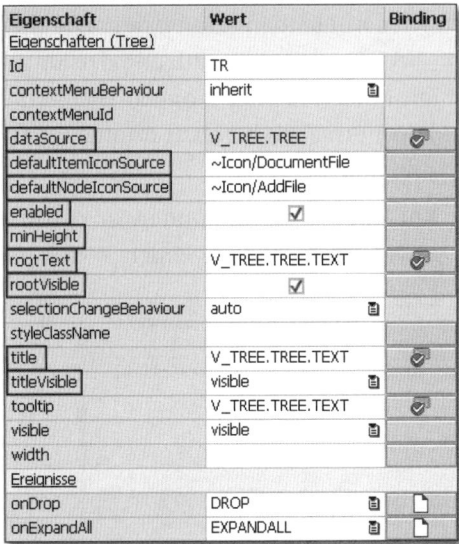

Abbildung 4.91 Eigenschaften Tree

dataSource

Datenquelle Mithilfe der Eigenschaft `dataSource` können Sie auf jeden Context-Knoten binden, d. h. auf den obersten Context-Knoten, der im Tree dargestellt werden soll. Unterknoten von diesem Context-Knoten können als Knoten im `Tree` mithilfe des UI-Elements `TreeNodeType` angezeigt werden. Context-Knoten-Unterelemente können als Blätter mit dem UI-Element `TreeItemType` dargestellt werden.

Hierarchiestufen Es können keine im Context definierten Hierarchiestufen bei der Darstellung des Oberflächenelements `Tree` ausgelassen werden. Bei allen Knoten, die nicht direkt unter dem Context-Wurzelknoten hängen, muss es sich um Nicht-Singleton-Knoten handeln, da in einem Baum alle Elemente angezeigt werden sollen, unabhängig von der Lead-Selection. Zur Entwicklungszeit ist es zwar möglich, die Eigenschaft `Singleton` für einen Context-Knoten zu setzen, dies führt jedoch während der Ausführungszeit zu einem Laufzeitfehler.

> **Singleton** [«]
>
> Zur effizienten Nutzung des Speichers für Context-Daten können Sie die Eigenschaft Singleton eines Context-Knotens heranziehen. Diese Eigenschaft steuert, wie oft die Instanz eines Context-Knotens während der Laufzeit vorhanden ist. Falls Sie die Eigenschaft Singleton auf den Wert ABAP_TRUE (gesetzte Checkbox) setzen, existiert für den betroffenen Knoten während der Laufzeit nur eine Instanz.
>
> Context-Knoten, die direkt unter dem Context-Wurzelknoten angeordnet sind, sind immer Singleton-Knoten. Unterknoten beliebiger Context-Knoten können sowohl als Nicht-Singleton- als auch als Singleton-Knoten attribuiert werden.
>
> ▸ Falls der Unterknoten als Nicht-Singleton-Knoten attribuiert ist, wird für jedes Element des Überknotens eine Instanz des Unterknotens angelegt. Das heißt, dass Speicherplatz für den Unterknoten und für *jedes* Element des Überknotens reserviert wird. Das ist die schlechte Nachricht. Die gute Nachricht ist, dass die Context-Daten für die Elemente des Unterknotens ermittelt, eingelagert und später beliebig verwendet werden können.
>
> ▸ Falls der Unterknoten als Singleton-Knoten attribuiert ist, wird für alle Elemente des Überknotens *genau eine* Instanz des Unterknotens angelegt. Die gute Nachricht lautet, dass für alle Elemente des Überknotens genau eine Instanz des Unterknotens vorhanden ist. Die schlechte Nachricht ist, dass, sobald sich das Element des Überknotens verändert (das ist die Lead-Selection), die Daten für die Elemente des Unterknotens neu ermittelt werden müssen. Die Supply-Funktion kann für genau diesen Zweck eingesetzt werden.

Sie können den Tree auch so binden, dass die dataSource des Tree auf einen strukturierten Context-Knoten (1..1) bindet und die Elementknoten des Tree sich erst unter dem Context-Knoten befinden. Dies ist z. B. für die Abbildung von Verzeichnisstrukturen notwendig. Bei einem rekursiven Tree können Sie die Rekursion gegen diesen 1..1-Knoten zeigen lassen. Dabei wird dieser Context-Knoten dann beim Rendering übersprungen.

Kardinalitäten

defaultItemIconSource

Mit der Eigenschaft defaultItemIconSource legen Sie das Icon für Blätter fest, das für die visuelle Darstellung im Allgemeinen verwendet werden soll. Diese Default-Belegung können Sie bei Bedarf in den Blättern noch übersteuern.

Standardbild Blatt

4 | UI-Elemente und ihre Eigenschaften

Standardbild Knoten

defaultNodeIconSource

Mit der Eigenschaft `defaultNodeIconSource` bestimmen Sie das Icon für Knoten, das für die visuelle Darstellung im Allgemeinen verwendet werden soll. Diese Default-Belegungen können Sie bei Bedarf in den Knoten noch übersteuern.

enabled

Mit der Eigenschaft `enabled` legen Sie fest, ob der Benutzer mit dem Tree, Knoten und/oder Blättern interagieren kann.

minHeight

Mit der Eigenschaft `minHeight` bestimmen Sie die minimale Höhe des Tree.

Wurzeltext

rootText

Falls der Wurzelknoten angezeigt wird, können Sie mit der Eigenschaft `rootText` den Text für den Wurzelknoten festlegen.

Wurzelsichtbarkeit

rootVisible

Das UI-Element Tree kann einen Wurzelknoten darstellen, sofern die Eigenschaft `rootVisible` auf den Wert `abap_true` gesetzt wird.

Titel

title

Mit der Eigenschaft `title` können Sie einen Titel für den Tree definieren.

Titelsichtbarkeit

titleVisible

Die Sichtbarkeit des Titels und der Button zum Einklappen der Knoten werden über die Eigenschaft `titleVisible` festgelegt. Falls die Eigenschaft den Wert `none` hat, ist der Titel nicht sichtbar, mit dem Wert `visible` ist er sichtbar.

Ereignisse

onExpandAll

Das UI-Element Tree bietet das Ereignis `onExpandAll` an, dem eine Aktion zugeordnet werden kann. Dadurch wird zusätzlich zum Button KOLLABIEREN (Dreiecksspitze zeigt nach oben) auch der Button EXPANDIEREN (Dreiecksspitze zeigt nach unten) in der Titelzeile des Tree eingeblendet (siehe Abbildung 4.92).

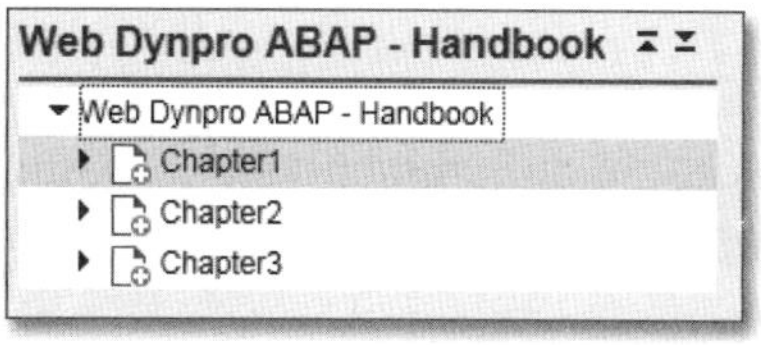

![Web Dynpro ABAP - Handbook tree with Chapter1, Chapter2, Chapter3]

Abbildung 4.92 Ereignis onExpandAll

Im Ereignisbehandler zur Aktion können Sie das Verhalten für das Expandieren implementieren. Die Voraussetzung für die Implementierung ist, dass die Eigenschaft `expanded` eines darunterliegenden UI-Elements `TreeNodeType` auf ein Context-Attribut gebunden ist, um die Eigenschaft während der Laufzeit setzen zu können. Der Aktionsbehandler-Methode werden die Standardparameter `id` und `context_element` übergeben.

Das Ereignis `onDrop` wird im Kontext von Drag-&-Drop-Operationen benötigt (siehe auch Kapitel 5, »Drag & Drop für UI-Elemente«). onDrop

Aggregierte Elemente

In Abbildung 4.93 sehen Sie die aggregierten Elemente zum `Tree`, die in diesem Abschnitt besprochen werden.

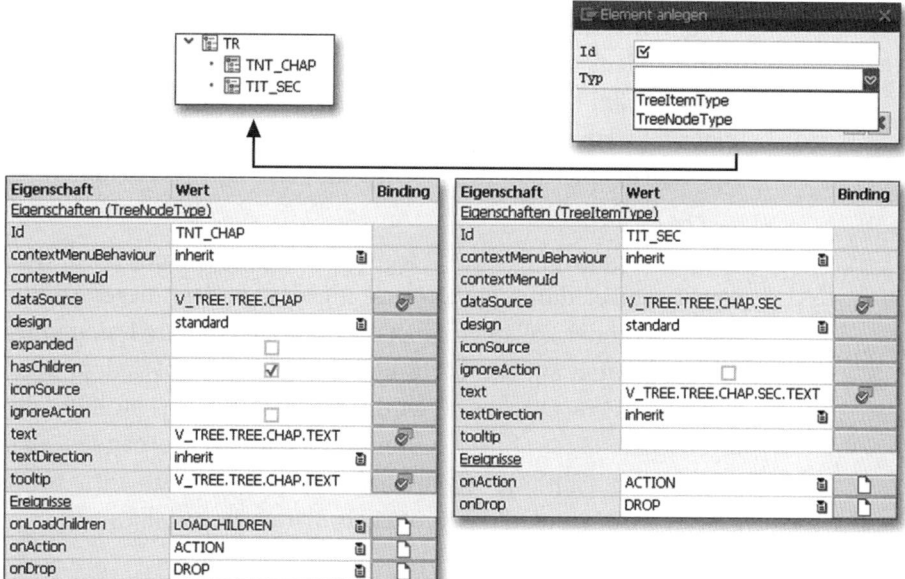

Abbildung 4.93 Aggregationen Tree

4 | UI-Elemente und ihre Eigenschaften

Eigenschaften

TreeNodeType

Ein `TreeNodeType` beschreibt einen `Tree`-Knotentyp, der im Unterschied zum `TreeItemType` weitere Knoten aufnehmen kann, es sind die Knoten des `Tree`. Die Eigenschaften, die der `TreeNodeType` anbietet, werden im Folgenden beschrieben:

- `dataSource`
  Die Auswahl eines Context-Knotens als Datenquelle definiert, welche Context-Attribute als Text oder Tooltip dargestellt werden können. Die Eigenschaft `dataSource` des `TreeNodeType` wird dazu gegen den entsprechenden Context-Knoten gebunden.

- `design`
  Mithilfe der Eigenschaft `design` legen Sie das visuelle Erscheinungsbild des Knotens fest. Falls Sie den Wert `emphasized` verwenden, wird der Knoten durch eine fette Schrift hervorgehoben. Falls Sie den Wert `standard` verwenden, wird der Text laut Standard ohne Fettschrift dargestellt. Falls Sie die Eigenschaft an ein Context-Attribut binden möchten, steht Ihnen dafür das Datenelement `WDUI_TREE_NODE_DESIGN` zur Verfügung.

- `expanded`
  Die Eigenschaft `expanded` legt fest, ob der dargestellte Knoten im `Tree` geöffnet (expandiert) oder geschlossen (kollabiert) abgebildet wird. Wird die Eigenschaft an den Context gebunden, wird pro Context-Element das gebundene Attribut ausgewertet. Damit haben Sie bei der Implementierung die Möglichkeit, auf Knotenebene zu steuern, ob ein Knoten geöffnet wird oder nicht. Diese Eigenschaft spielt mit der Eigenschaft `hasChildren` zusammen.

- `hasChildren`
  Falls die Eigenschaft `hasChildren` auf `abap_true` gesetzt wird, wird dem Benutzer durch ein Dreieck angedeutet, dass dieser Knoten expandier- oder kollabierbar ist und dass sich weitere Daten unter diesem Knoten auf der nächsten Hierarchiestufe befinden. Beim UI-Element `TreeNodeType` wird erst zur Laufzeit mithilfe der Eigenschaft `hasChildren` bestimmt, ob Kinder vorhanden sind oder nicht. Falls die Eigenschaft `hasChildren` auf `abap_false` gesetzt wird, werden die Knoten als Blätter dargestellt.

- `iconSource`
  Mittels der Eigenschaft `iconSource` beeinflussen Sie die Darstellung des Knotens. Zusätzlich zum Wert der Eigenschaft `text` wird

links vom Text ein Icon angezeigt, das durch Data Binding je nach Knoten individuell ausfallen kann. Wird die Eigenschaft `Icon-Source` nicht bewertet, wird die Eigenschaft `defaultNodeIcon-Source` aus dem UI-Element `Tree` zur Bewertung herangezogen.

- `ignoreAction`
Falls die Eigenschaft `ignoreAction` auf `abap_true` gesetzt wird, wird die der Eigenschaft `onAction` zugeordnete Aktion nicht ausgeführt, genauso wenig wie die Hook-Methoden `wddobeforeaction( )` und `wddoafteraction( )`. Dennoch wird durch das Anklicken eines Eintrags im Baum ein HTTP-Roundtrip ausgelöst, da die Lead-Selection für den angebundenen Context-Knoten gesetzt wird.

- `text`
Mithilfe der Eigenschaft `text` stellen Sie ein Binding zum Context-Attribut her, das den Text zur Visualisierung speichert.

Das UI-Element `TreeNodeType` besitzt das Ereignis `onAction`. Falls diesem eine Aktion zugeordnet ist und der Benutzer einen `Tree`-Eintrag anklickt, wird ein HTTP-Roundtrip ausgelöst und der zugeordnete Aktionsbehandler aufgerufen. Die Parameter der Behandlermethode sind die folgenden:

onAction

- Im ersten Parameter `id` ist die Bezeichnung des auslösenden `Tree`-Elements hinterlegt.
- Im zweiten Parameter `context_element` ist die Referenz auf das Context-Element hinterlegt, das zum selektierten `Tree`-Element gehört.
- Im dritten Parameter `path` werden der Name des Context-Knotens und der Index des Context-Elements angeboten.

Zusätzlich zur Abarbeitung des Aktionsbehandlers werden die Hook-Methoden `wddobeforeaction( )` und `wddoafteraction( )` durchlaufen.

Die Daten zu den Knoten und Blättern im `Tree` können im Context vorgeladen werden. Dies führt unter Umständen zu einer starken Belastung des Servers und Clients, sofern eine große Menge an Daten im Speicher vorrätig gehalten werden muss. Ein alternativer Ansatz besteht darin, die Daten nur bei einer konkreten Anfrage durch den Benutzer zu laden, d. h. durch das Öffnen eines Knotens.

Dynamisches Laden

Man könnte in diesem Zusammenhang auch vom dynamischen Laden der Daten sprechen.

onLoadChildren
Dazu ist für das UI-Element `TreeNodeType` das Ereignis `onLoadChildren` definiert. Wurde dem Ereignis eine Aktion zugeordnet, werden ein HTTP-Roundtrip ausgelöst, der Aktionsbehandler durchlaufen und zusätzlich die Hook-Methoden `wddobeforeaction( )` und `wddoafteraction( )` abgearbeitet. Beim Schließen des Knotens wird die Behandlung nicht durchgeführt.

Im Aktionsbehandler kann wie beim Ereignis `onAction` auf die gleichen Informationen aus dem `wdevent`-Parameter zugegriffen werden – d. h. `id`, `context_element` und `path`. In der Implementierung des Aktionsbehandlers wird dann die abhängige Information zum `context_element` ermittelt. Dies kann unter Umständen aufwendig sein. Darum bietet es sich an, über ein Context-Attribut festzuhalten, ob die Daten bereits in einem vorangegangenen Schritt ermittelt wurden.

onDrop
Das Ereignis `onDrop` wird im Kontext von Drag-&-Drop-Operationen benötigt (siehe auch Kapitel 5, »Drag & Drop für UI-Elemente«).

Menu
Zum `TreeNodeType` können Sie ein Menü anlegen, dessen Existenz bei einem Mouseover, also beim Bewegen des Mauszeigers über das UI-Element, am `TreeNodeType` rechts unten als Dreieck angezeigt wird (siehe auch Abschnitt 4.2.6, »TextView«, und Abschnitt 4.8.2, »AcfExecute«).

TreeItemType

Blatt
Ein `TreeItemType` beschreibt einen Tree-Knotentyp, der im Unterschied zum `TreeNodeType` keine weiteren Knoten aufnehmen kann. `TreeItemType`-Elemente können niemals Kinder haben und werden deshalb immer als Blätter angezeigt. Sie werden verwendet, wenn schon zur Designzeit feststeht, dass der entsprechende Knoten keine Kinder hat, dass also der Context-Knoten keine Unterknoten besitzt. Die für den `TreeItemType` definierten Eigenschaften, Ereignisse und Aggregate verhalten sich so wie für den `TreeNodeType`.

4.6 Kategorie »layout«

In der Kategorie `layout` sind ausgewählte UI-Elemente zusammengefasst, die zur Gestaltung des Layouts beitragen. Die restlichen UI-Elemente aus dieser Kategorie werden in Kapitel 3, »Container und Layouts«, dargestellt.

4.6.1 Allgemein

In Abbildung 4.94 sehen Sie als Ausschnitt der gesamten ABAP-Klassenhierarchie der UI-Elemente die Klassenhierarchie für die in diesem Abschnitt besprochenen UI-Elemente.

Klassenhierarchie

Die Klassen, die mit hellem Hintergrund dargestellt sind, sind die Basisklassen. In der höchsten Klasse CL_WDR_VIEW_ELEMENT wird das Attribut ID definiert. Damit steht diese Eigenschaft allen Unterklassen zur Verfügung. Die Klasse CL_WD_CTX_MENU_PROVIDER steuert die Attribute CONTEXT_MENU_BEHAVIOUR und CONTEXT_MENU_ID bei. Die Klasse CL_WD_UIELEMENT leistet auch einen wichtigen Beitrag, nämlich die Attribute ENABLED, VISIBLE und TOOLTIP. Ausgewählte Attribute der dargestellten Klassen werden im View-Editor zu den Eigenschaften der UI-Elemente.

Basisklassen

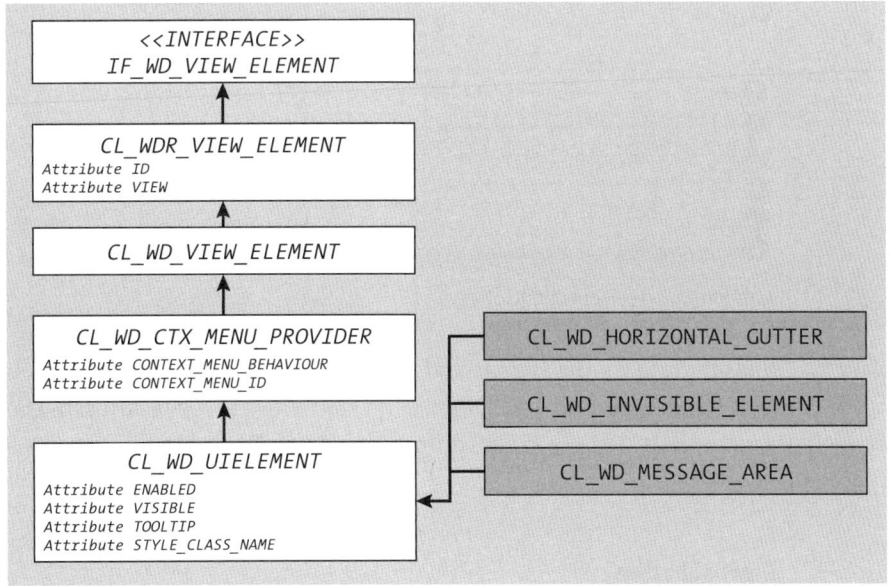

Abbildung 4.94 Klassenhierarchie der UI-Elemente aus der layout-Kategorie

4.6.2 HorizontalGutter

Das UI-Element HorizontalGutter unterstützt ähnlich wie das HTML-Tag <hr> die Strukturierung des Layouts und von Text-

Abstand

abschnitten. Es kann dazu verwendet werden, zusätzliche, vertikale Abstände zwischen Oberflächenelementen einzufügen bzw. zusammengehörige Bestandteile und Texte optisch zusammenzufassen. Das UI-Element `HorizontalGutter` bietet unterschiedliche Höhen an, und Sie können es entweder mit oder ohne Trennlinie darstellen.

Visuelle Darstellung

In Abbildung 4.95 sehen Sie mehrere Darstellungen eines `HorizontalGutter` mit unterschiedlichen Ausprägungen der Eigenschaften `height` und `ruleType`:

❶ `height = large, ruleType = areaRule`

❷ `height = medium, ruleType = areaRule`

❸ `height = ruleHeight, ruleType = areaRule`

❹ `height = small, ruleType = areaRule`

❺ `height = large, ruleType = pageRule`

❻ `height = large, ruleType = none`

Abbildung 4.95 HorizontalGutter

Sie sehen, dass die Eigenschaft `height` den Abstand zwischen den Bereichen vor und nach dem `HorizontalGutter` beeinflusst. Die Eigenschaft `ruleType` bestimmt das Aussehen des `HorizontalGutter`.

Eigenschaften

In Abbildung 4.96 sind die Eigenschaften markiert, die in diesem Abschnitt besprochen werden. Die nicht explizit diskutierten Eigenschaften finden Sie in Abschnitt 4.1, »Eigenschaften für alle UI-Elemente«.

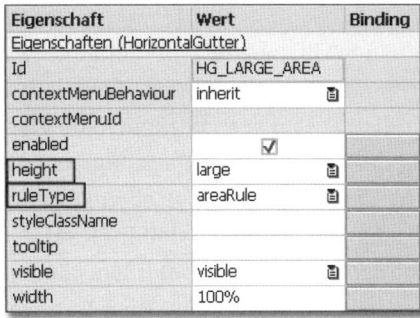

Abbildung 4.96 Eigenschaften HorizontalGutter

height

Mit der Eigenschaft height legen Sie die Höhe des HorizontalGutter fest. Es stehen Ihnen die Ausprägungen small, medium, large und ruleHeight zur Verfügung.

Höhe

ruleType

Mit der Eigenschaft ruleType bestimmen Sie die visuelle Darstellung des HorizontalGutter. Es stehen die Ausprägungen none, areaRule und pageRule bereit:

Art

- Falls Sie die Ausprägung none verwenden, ist die Darstellung unsichtbar, und es wird lediglich der leere Platz für das UI-Element ausgegeben.
- Die Ausprägung areaRule deutet die vertikale Trennung zwischen Bereichen am Bildschirm optisch an.
- Die Ausprägung pageRule deutet die vertikale Trennung zwischen größeren Bereichen am Bildschirm optisch an.

4.6.3 InvisibleElement

Das UI-Element InvisibleElement repräsentiert ein nicht sichtbares Element. Es kann dazu verwendet werden, im GridLayout oder MatrixLayout eine leere Zelle zu füllen. Außerdem kann es als Platzhalter dienen, falls ein UI-Element dynamisch erzeugt wird. Die Eigenschaften enabled, tooltip und visible werden jedoch ignoriert und haben damit auch keine visuellen Auswirkungen im Browser.

Platzhalter

4.6.4 MessageArea

Nachrichtenbereich Die MessageArea repräsentiert einen Platzhalter, der angibt, wo Nachrichten wie Fehlermeldungen oder Warnungen im View dargestellt werden sollen. Damit stellt die MessageArea bezüglich der Darstellungsposition eine Ergänzung der Meldungen zu den Eigenschaften der Web-Dynpro-Anwendung dar, in der Sie einstellen können, ob der Meldungsbereich immer oder nur im Bedarfsfall im Kopf der Web-Dynpro-Anwendung abgebildet werden soll. Unter Umständen wird die Positionsangabe der MessageArea durch das Web-Dynpro-Framework verändert, falls andere Vorgaben Vorrang haben, z. B. Portalmechanismen zur Anzeige von Fehlermeldungen.

Visuelle Darstellung

In Abbildung 4.97 sehen Sie mehrere Darstellungen einer MessageArea. Wir haben zwei Varianten abgebildet, einmal ohne (oben) und einmal mit Attribuierung (unten) der MessageArea. Die Attribuierung werden wir noch erklären. Auf alle Fälle sehen Sie bereits jetzt, dass im Falle der Attribuierung zusätzliche Funktionen für die MessageArea zur Verfügung stehen, wie etwa die Filterung der Nachrichten nach Nachrichtentyp.

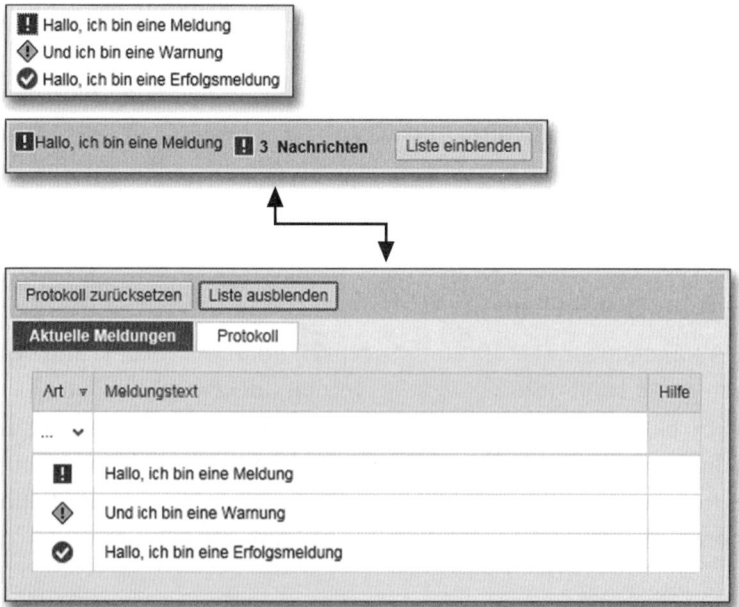

Abbildung 4.97 MessageArea

Eigenschaften

Zusätzlich zu den in Abschnitt 4.1, »Eigenschaften für alle UI-Elemente«, beschriebenen besitzt die `MessageArea` keine weiteren Eigenschaften.

Ereignisse

Die `MessageArea` bietet das Ereignis `onNavigate` an. Um dieses Ereignis zu aktivieren, müssen Sie dem Anwendungsparameter `WDLIGHTSPEED` den Wert `'X'` zuweisen. Bei einem Bericht über eine Meldung mit dem Message Manager (siehe Abschnitt 10.4, »Nachrichten und Internationalisierung«) müssen Sie den Parameter `enable_message_navigation` der Methoden auf den Wert `abap_true` setzen. Nur dann wird die in der `MessageArea` angezeigte Meldung als Link dargestellt und kann zum Auslösen des Ereignisses führen.
onNavigate

Die Methoden des Message Managers zum Berichten einer Meldung verfügen über den Parameter `msg_user_data`. Dieser kann dazu verwendet werden, die Meldung mit zusätzlichen Informationen anzureichern, die in der Aktionsbehandler-Methode des Ereignisses `onNavigate` wieder ausgewertet werden können. Dazu wird im Parameter der Aktionsbehandler-Methode die ID der Meldung übergeben, für die das Ereignis ausgelöst wurde. Mit dieser ID kann die Methode `if_wd_message_manager~get_message_for_id( )` aufgerufen werden, die alle Informationen zu der Meldung zurückliefert.

Sie können das Erscheinungsbild der `MessageArea` beeinflussen, indem Sie an einer geeigneten Stelle, z. B. in der Methode `wddoinit( )` eines Windows, die Attribuierung der `MessageArea` vornehmen. In Abbildung 4.97 haben Sie bereits ein Beispiel für die Auswirkungen der Attribuierung der `MessageArea` gesehen.
Attribuierung der MessageArea

Ohne Attribuierung wird die `MessageArea` mit weißem Hintergrund und einer Liste aller Nachrichten angezeigt. Mit Attribuierung kann die `MessageArea` unterschiedliche Erscheinungsbilder und Funktionen zur Verfügung stellen. In unserem Beispiel wird nur die erste Meldung mit der Zusatzinformation angezeigt, wie viele Nachrichten vorhanden sind. Zusätzlich wird der Button LISTE EINBLENDEN angeboten, um die Liste der Nachrichten einzublenden. In Listing 4.7 sehen Sie den Quelltext zur Attribuierung der `MessageArea`.
Auswirkungen der Attribuierung

```abap
METHOD set_message_area.
* API von Window-Controller
DATA: l_api_mycomp TYPE REF TO if_wd_window_controller,
* MessageArea
      l_wd_message_area TYPE REF TO if_wd_message_area.
* Window-API ermitteln
l_api_mycomp ?= wd_this->wd_get_api( ).
* MessageArea ermitteln
l_wd_message_area = l_api_mycomp->get_message_area( ).
* Attribute der MessageArea setzen
l_wd_message_area->set_display_attributes(
"Nur aktuelle Meldungen anzeigen
  i_for_all_instances = abap_false
"Gleichzeitig sichtbare Meldungen bei expandiertem Log
  i_msg_lines_visible = '3'
"MessageArea ist umschaltbar zwischen Textzeile und Liste
  i_use_toggle_area = abap_true
"Setzt Attribute für alle MessageArea-Instanzen
  i_show_only_current = abap_false ).
ENDMETHOD.
```

Listing 4.7 Attribuierung der MessageArea

Beschreibung Wir haben die Attribuierung der `MessageArea` in der Window-Controller-Methode `set_message_area( )` gekapselt, um diese einfach in der Methode `wddoinit( )` des Window-Controllers aufrufen zu können. Um die Attribuierung der `MessageArea` vornehmen zu können, ist es notwendig, zuerst die Referenz auf die Window-API zu ermitteln. Diese API stellt die Zugriffsmethode `get_message_area( )` zur Ermittlung der Referenz auf die `MessageArea` bereit. Durch die Versorgung der Schnittstellenparameter der Methode `set_display_attributes( )` der `MessageArea`-Referenz werden das Aussehen und die Funktion der `MessageArea` gesteuert. Die Bedeutung der Parameter können Sie Tabelle 4.22 entnehmen.

Parameter	Wert	Auswirkung
`i_use_toggle_area`	SPACE	neues Design der `MessageArea` (Default)
	X	altes Design der `MessageArea`

Tabelle 4.22 Parameter der Methode set_display_attributes( )

Parameter	Wert	Auswirkung
i_msg_lines_visible	0	Alle Nachrichten werden angezeigt (Default).
	größer 0	Nur x Nachrichten sind sichtbar, die restlichen Nachrichten sind durch Blättern erreichbar.
i_show_only_current	X	Falls der Parameter I_USE_TOG-GLE_AREA den Wert X besitzt, wird kein Meldungsprotokoll angezeigt.
	SPACE	Falls der Parameter I_USE_TOG-GLE_AREA den Wert SPACE besitzt, wird ein Link angezeigt, mit dem das Meldungsprotokoll eingeblendet werden kann.

Tabelle 4.22 Parameter der Methode set_display_attributes( ) (Forts.)

> **Sichtbarkeit von View und Element** [!]
>
> Achten Sie darauf, dass auch der View, in dem sich das Element befindet, sichtbar ist, wenn die MessageArea sichtbar sein soll, d. h., die Sichtbarkeit von View und Element sollten sich entsprechen.

4.7 Kategorie »graphic«

In der Kategorie graphic sind alle UI-Elemente zusammengefasst, die Präsentationsgrafiken, Landkarten etc. enthalten.

4.7.1 Allgemein

In Abbildung 4.98 sehen Sie als Ausschnitt der gesamten ABAP-Klassenhierarchie der UI-Elemente die Klassenhierarchie für die in diesem Abschnitt besprochenen UI-Elemente.

Klassenhierarchie

Die Klassen, die mit hellem Hintergrund dargestellt sind, sind die Basisklassen. In der höchsten Klasse CL_WDR_VIEW_ELEMENT wird das Attribut ID definiert. Damit steht diese Eigenschaft allen Unterklassen zur Verfügung. Die Klasse CL_WD_CTX_MENU_PROVIDER steuert die Attribute CONTEXT_MENU_BEHAVIOUR und CONTEXT_MENU_ID bei. Die Klasse CL_WD_UIELEMENT leistet auch einen wichtigen Beitrag, nämlich die Attribute ENABLED, VISIBLE und TOOLTIP.

Basisklassen

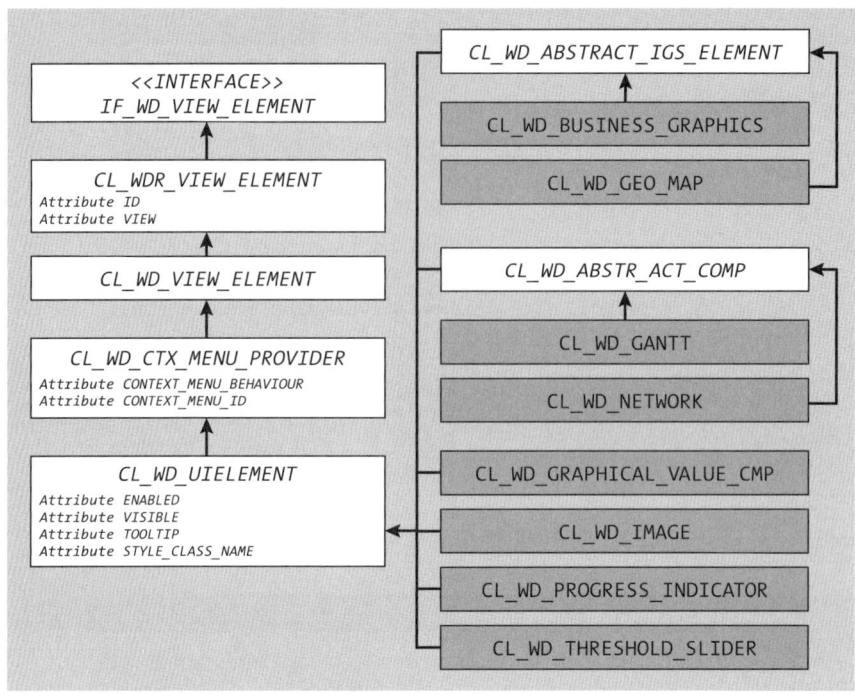

Abbildung 4.98 Klassenhierarchie der UI-Elemente aus der graphic-Kategorie

4.7.2 BusinessGraphics

Geschäfts-diagramme

Das UI-Element BusinessGraphics bietet eine Reihe von Diagrammtypen wie *Säulendiagramme* oder *Kreisdiagramme*, die Sie zur grafischen Darstellung von Daten und deren Beziehungen zueinander verwenden können. Zusätzlich werden Ihnen auch komplexere Diagrammtypen wie portfolio oder gantt angeboten, die dem Benutzer Ihrer Webanwendung bereits als Entscheidungshilfe für die unternehmerische Planung oder ganz allgemein als Informationstafel dienen.

Chart Designer

Mithilfe des *Chart Designers* können Sie die UI-Element-Eigenschaften sowie weitere Eigenschaften, die sogenannten *Chart-Elements*, einer Präsentationsgrafik modifizieren und entsprechend Ihren Anforderungen anpassen.

Visuelle Darstellung

In Abbildung 4.99 sehen Sie eine einfache Darstellung einer BusinessGraphics des chartType columns. Die hier präsentierte Visualisierung ist ein sehr einfaches Beispiel, das die vielfältigen Darstellungsmöglichkeiten des UI-Elements nur andeutet.

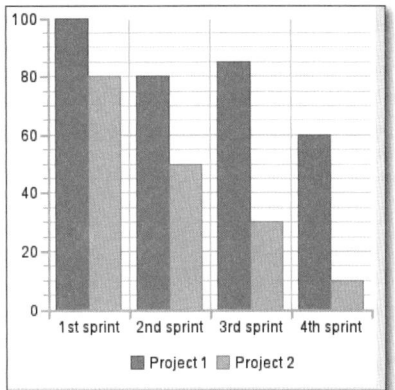

Abbildung 4.99 BusinessGraphics vom Typ columns

Eigenschaften

Das UI-Element BusinessGraphics enthält die Eigenschaften height und width, über die Sie Höhe und Breite des Elements in Pixeln festlegen können, sowie die Eigenschaften, die alle UI-Elemente gemeinsam haben. In Abbildung 4.100 sind die Eigenschaften markiert, die in diesem Abschnitt besprochen werden.

Eigenschaft	Wert	Binding
Eigenschaften (BusinessGraphics)		
Id	BG1	
backgroundColor	blue	
categorySource		
chartType	columns	
contextMenuBehaviour	inherit	
contextMenuId		
customizing		
dimension	two	
enabled	✓	
fontFamily	Batang	
height	300	
igsUrl		
imageData	V_BG.BG_IMAGE_DATA.IMAGE_DATA	
seriesSource	V_BG.SIMPSER	
styleClassName		
tooltip	Burn-Down-Chart	
transparentColor		
visible	visible	
width	300	
Ereignisse		
onAction	ACTION	

Abbildung 4.100 Eigenschaften BusinessGraphics

backgroundColor

Hintergrund Mit der Eigenschaft `backgroundColor` können Sie die Hintergrundfarbe des UI-Elements `BusinessGraphics` einstellen. Falls Sie die Eigenschaft an ein Context-Attribut binden möchten, steht Ihnen das Datenelement `WDUI_BGTYPE` für die Typisierung zur Verfügung. Die Farbe können Sie in den Formaten RGB (Rot, Grün, Blau), HSB (Hue, Saturation, Brightness) oder X11 (X-System) angeben, z. B. `rgb(255,0,0)` oder `slateblue`.

categorySource

Datenquelle Mit der Eigenschaft `categorySource` definieren Sie den Pfad zum Context-Knoten, der die Daten für das Aggregat `Category` liefert.

chartType

Diagrammtyp Mit der Eigenschaft `chartType` können Sie den Diagrammtyp für die `BusinessGraphics` festlegen. Falls Sie die Eigenschaft an ein Context-Attribut binden möchten, steht Ihnen das Datenelement `WDUI_BGTYPE` für die Typisierung zur Verfügung. In Tabelle 4.23 sehen Sie die Liste der möglichen Werte und damit der möglichen Diagrammtypen.

Wert	Beschreibung
area	Flächendiagramm: Bei einem Flächendiagramm ist die Fläche zwischen den Achsen und der Datenreihe gefüllt. Im Übrigen entspricht das Flächendiagramm dem Liniendiagramm. Ein gestapeltes Flächendiagramm stellt die Summe der aufgetragenen Werte dar und illustriert dadurch das Verhältnis der Teile zueinander.
bars	Balkendiagramm: In einem Balkendiagramm werden Vergleiche zwischen einzelnen Elementen dargestellt. Kategorien werden vertikal und Werte horizontal angeordnet. Der Schwerpunkt liegt auf dem Vergleich von Werten und nicht auf der Darstellung einer zeitlichen Veränderung.
columns	Säulendiagramm: In einem Säulendiagramm werden Vergleiche zwischen einzelnen Elementen dargestellt. Kategorien werden horizontal und Werte vertikal angeordnet.
delta_chart	Deltadiagramm: Ein Deltadiagramm zeigt die Entwicklung einer Summe über die Darstellung diverser Zwischenwerte.

Tabelle 4.23 Ausprägungen der Eigenschaft chartType

Wert	Beschreibung
doughnut	Ringdiagramm: Im Unterschied zum Kreisdiagramm kann das Ringdiagramm mehrere Datenreihen darstellen, wobei jeder Ring einer Datenreihe entspricht.
gantt	Gantt-Diagramm: In einem Gantt-Diagramm können Sie den zeitlichen Ablauf von Projekten und deren Teilschritte abbilden. Diese Teilschritte können Sie zusätzlich in Kategorien zusammenfassen. Die x-Achse ist die Zeitachse, die Teilschritte und Kategorien werden auf der y-Achse dargestellt. Wenn Sie Kategorien gebildet haben, werden für jede Kategorie jeweils alle Teilschritte getrennt voneinander auf der y-Achse dargestellt.
histogram	Histogramm: In einem Histogramm wird die Häufigkeitsverteilung eines Merkmals dargestellt. Die Häufigkeiten werden in Klassen eingeteilt, wobei jede Klasse einer Säule im Histogramm entspricht. In einem Histogramm werden Kategorien (= Klassen) entlang der x-Achse und die Anzahl der zugehörigen Werte entlang der y-Achse aufgetragen.
lines	Liniendiagramm: In einem Liniendiagramm werden Datentrends dargestellt. Die Daten werden in regelmäßigen Intervallen aufgetragen. Üblicherweise werden Kategorien entlang der x-Achse und Werte entlang der y-Achse aufgetragen.
mta	Meilenstein-Trendanalysen-Diagramm: Die Meilenstein-Trendanalyse ermöglicht Ihnen die Überwachung des inhaltlichen Projektfortschritts. Sie definieren dafür Meilensteine und können damit die Terminvereinbarungen und eventuelle Abweichungen aufzeigen. Die y-Achse wird als die Soll-Zeitachse mit den geplanten Meilensteinen definiert, die y-Achse stellt die Ist-Zeitachse dar.
pie	Kuchendiagramm: In einem Kuchendiagramm wird der proportionale Anteil von Elementen einer Datenreihe an einem Ganzen dargestellt. Dieser Chart-Typ stellt nur eine einzige Datenreihe dar und wird vor allem eingesetzt, um ein wichtiges Element besonders hervorzuheben.
polar	Polardiagramm: Wie im Radardiagramm hat jede Kategorie ihre eigene Wertachse. Die Werte einer Datenreihe werden als Flächen dargestellt.
portfolio	Portfoliodiagramm: In einem Portfolio wird dargestellt, welche Position ein Objekt in einer Vier-Felder-Matrix hat. Die Position des Objekts wird anhand zweier Dimensionen ermittelt. Portfolios werden hauptsächlich bei Unternehmens- oder Produktvergleichen verwendet.

Tabelle 4.23 Ausprägungen der Eigenschaft chartType (Forts.)

Wert	Beschreibung
profiles	Profildiagramm: In einem Profildiagramm werden die Linien vertikal angeordnet und nicht horizontal wie beim Liniendiagramm. Im Übrigen entspricht das Profildiagramm dem Liniendiagramm.
profile_area	Profilflächendiagramm: In einem Profilflächendiagramm werden die Flächen vertikal angeordnet und nicht horizontal wie beim Flächendiagramm. Im Übrigen entspricht das Profilflächendiagramm dem Flächendiagramm.
radar	Radardiagramm: In einem Radardiagramm hat jede Kategorie ihre eigene Wertachse, die vom Mittelpunkt ausgeht. Die Werte einer Datenreihe werden durch Linien verbunden. Radardiagramme eignen sich zum Vergleich von Datenreihen: Die Datenreihen mit den höchsten Werten nehmen den meisten Raum ein.
scatter	Punktdiagramm: In einem Punktdiagramm wird entweder das Verhältnis zwischen numerischen Werten in mehreren Datenreihen angezeigt, oder es werden zwei Zahlengruppen als eine Reihe von xy-Koordinaten aufgetragen. Dieser Chart-Typ stellt unregelmäßige Intervalle (sogenannte *Cluster*) dar und wird in der Regel für wissenschaftliche Daten verwendet. Bei Punktdiagrammen handelt es sich bei beiden Achsen um Wertachsen. Bei anderen Chart-Typen dient die x-Achse dagegen zur Darstellung von Kategorien.
smart_map	Smartmap-(Heatmap-)Diagramm: Heatmaps ermöglichen die kompakte Diagrammdarstellung eines großen Datenvolumens. Für eine Anzahl von Datenreihen lassen sich die Werte von genau zwei Kennzahlen kompakt unabhängig voneinander darstellen. Die Darstellung erfolgt entlang zweier Dimensionen: der Fläche (Rechteckgröße) und der Farbe (Position im Farbverlauf). Sie können damit auffällige Werte und Trends schnell erkennen und Geschäftsfragen beantworten.
speedometer	Tachometerdiagramm: Mit einem Tachometer werden ein oder mehrere Kennzahlen in Form von Tachonadeln dargestellt. Der Tachometer ist in mehrere Wertebereiche unterteilt und lässt auf einen Blick erkennen, in welchem Wertebereich die Tachonadeln derzeit stehen.
split_pie	Unterteiltes Kuchendiagramm: In einem unterteilten Kuchendiagramm werden pro Kategorie mehrere Datenreihen als Kreissegment abgebildet und insgesamt in Proportion zueinander gestellt.

Tabelle 4.23 Ausprägungen der Eigenschaft chartType (Forts.)

Wert	Beschreibung
time_bars	Diagramm des Typs *Time Bars*, Zeitbalkendiagramm: Das Zeitbalkendiagramm ist dem Balkendiagramm ähnlich. Der y-Wert kann ein Datums- oder Uhrzeitwert sein.
time_columns	Zeitsäulendiagramm: Das Zeitsäulendiagramm ist dem Säulendiagramm ähnlich. Der x-Wert kann ein Datums- oder Uhrzeitwert sein.
time_scatter	Zeitpunktdiagramm: Das Zeitpunktdiagramm ist dem Punktdiagramm ähnlich. Der x-Wert kann ein Datums- oder Uhrzeitwert sein.

Tabelle 4.23 Ausprägungen der Eigenschaft chartType (Forts.)

Die Diagrammtypen time_bars, time_columns, bars, columns, lines, profiles, profile_area und radar existieren auch in einer gestapelten Variante und haben die Bezeichnung stacked_<Diagrammtyp>. Diese Varianten verhalten sich wie die Diagrammtypen, auf die sie sich beziehen, jedoch werden dabei die jeweiligen Werte der Datenreihen addiert, also übereinandergestapelt, in einer Kategorie dargestellt. Gestapelte Diagramme zeigen das Verhältnis einzelner Elemente zur Summe aller Werte.

Gestapelte Diagramme

customizing

Mit der Eigenschaft customizing definieren Sie die Art und Weise der Darstellung der Grafik am Bildschirm. Dieser Eigenschaft wird eine Webadresse (URL) zugeordnet, die auf eine XML-Datei zeigt, die das Aussehen der Präsentationsgrafik am Bildschirm beschreibt – z. B. Farbe der Grafik, Farbe des Hintergrunds, Schriftarten etc. oder ob die Grafik eine Legende anzeigen soll.

Darstellungsart und -weise

Diese Einstellungen können Sie auch direkt im View Designer über den *Chart Designer* vornehmen. Für mehr Informationen zum Chart Designer lesen Sie den folgenden Abschnitt »Chart Designer«.

Die BusinessGraphics-Eigenschaften dimension und fontFamily, die das Metamodell selbst zur Verfügung stellt, überschreiben die Customizing-Einstellungen, wenn diese davon abweichen. Falls noch kein Customizing zum UI-Element vorhanden ist, kann diese Eigenschaft im View-Editor nicht bearbeitet werden. Nachdem Sie ein Customizing, z. B. mit dem Chart Designer, angelegt haben, erscheint eine Auswahlliste mit den gespeicherten Customizings.

dimension

Mit der Eigenschaft `dimension` legen Sie die Dimensionen des Diagramms fest. Es stehen die Werte `two`, `three` und `pseudo_three` zur Verfügung. Der Unterschied zwischen `three` und `pseudo_three` ist, dass bei `three` tatsächlich ein Wert für die dritte Dimension vorhanden sein muss und nicht nur eine Pseudo-3-D-Darstellung verwendet wird, ohne einen konkreten Wert für die dritte Dimension zu haben. Falls Sie die Eigenschaft an ein Context-Attribut binden möchten, steht Ihnen das Datenelement `WDUI_BGDIMENSION` für die Typisierung zur Verfügung.

fontFamily

Mit der Eigenschaft `fontFamily` wählen Sie die Schriftart aus, die die Grafikelemente verwenden sollen. Für die verfügbaren Schriftarten orientieren Sie sich am Chart Designer, der im Folgenden noch vorgestellt wird.

igsUrl

Internet Graphics Service

Mit der Eigenschaft `igsUrl` legen Sie die Webadresse (URL) des Servers fest, auf dem der Internet Graphics Service (IGS) laufen soll. Die Notation für die Adresse lautet: *$<RFC-Destination>$*.

imageData

Die Visualisierung, die vom UI-Element `BusinessGraphics` am Bildschirm dargestellt wird, kann in einem Context-Attribut abgelegt und z. B. dem Benutzer für den Download angeboten werden. Sie müssen dazu die Eigenschaft `imageData` an ein Attribut vom Typ `xstring` binden, das den Inhalt der Grafik beinhaltet, der an den Browser geschickt wird. Der Inhalt des Attributs wird nach jedem Roundtrip neu befüllt. Beachten Sie, dass diese Eigenschaft nicht für unsichtbare `BusinessGraphics` zur Verfügung steht.

seriesSource

Datenquelle

Mit der Eigenschaft `seriesSource` geben Sie den Pfad zum Context-Knoten an, der die Daten für die `Series` oder `SimpleSeries` liefert.

transparentColor

Mit der Eigenschaft `transparentColor` definieren Sie die Farbe, die als Transparenzfarbe verwendet werden soll. Die Farbe können Sie in den Formaten RGB (Rot, Grün, Blau), HSB (Hue, Saturation, Brightness) oder X11 (X-System) angeben, wie z. B. `rgb(255,0,0)` oder `slateblue`.

Ereignisse

Das UI-Element BusinessGraphics bietet das Ereignis onAction an, dem eine Aktion zugeordnet werden kann. Durch diese Zuordnung legt das Framework eine Aktionsbehandler-Methode an, an die die Standardparameter id und context_element sowie zusätzlich der Parameter event_id übergeben werden. Der Parameter event_id enthält den Wert, der einem bestimmten Bereich der Präsentationsgrafik zugeordnet wurde.

onAction

Barrierefreiheit

Achten Sie bei der Verwendung einer Präsentationsgrafik darauf, dass Sie dieses Oberflächenelement aufgrund der Barrierefreiheit einer Anwendung in Verbindung mit einem UI-Element Label darstellen, d. h. mit einer Beschriftung. Um die Entwicklung barrierefreier Anwendungen zu ermöglichen, wird im Rahmen des Syntax-Checks die Eigenschaft tooltip überprüft.

Aggregierte Elemente

In Abbildung 4.101 sehen Sie die aggregierten Elemente zum BusinessGraphics-Element, die in diesem Abschnitt besprochen werden.

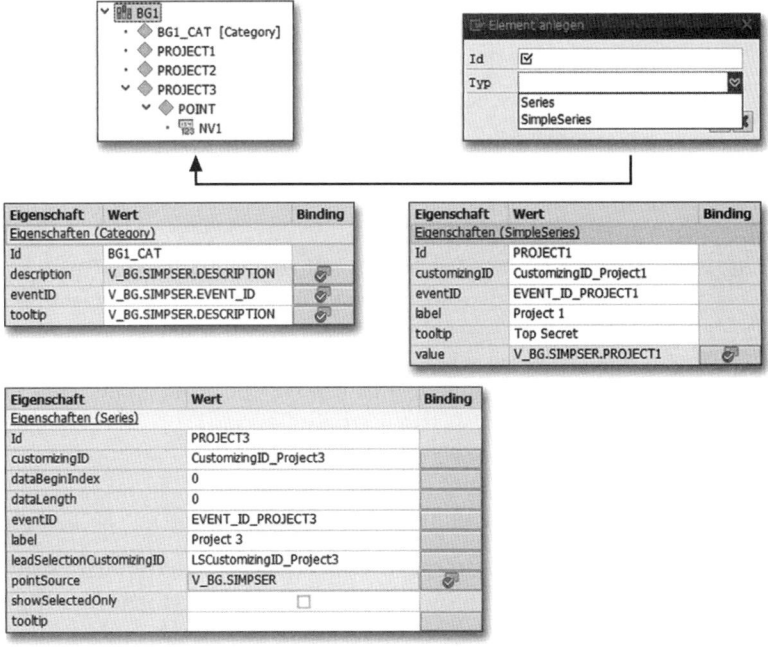

Abbildung 4.101 Aggregationen BusinessGraphics

Category

Kategorie

Das Objekt `Category` repräsentiert einen Bestandteil des `Business-Graphics`-Elements und beschreibt die Art seiner grafischen Darstellung. Unter den *Categorys* eines Diagramms versteht man einen diskreten Wertebereich oder eine ungeordnete Menge an Objekten, wie z. B. Januar, Februar, März etc., die keinen Abstandsbegriff und damit auch keine Beziehung zueinander besitzen. In einem Säulendiagramm werden diese Categorys spaltenartig nebeneinander dargestellt, dazu werden die Categorys horizontal und die Werte vertikal abgetragen. Damit hat der Benutzer die Möglichkeit, einzelne Categorys, wie etwa die Umsatzzahlen für jeden Monat eines Jahres, zu vergleichen.

Im Unterschied zu einfachen `Category`-basierten Diagrammen wie Säulendiagrammen besitzen komplexere Diagramme wie Scatter- oder Portfoliodiagramme keine Categorys. Ein Kuchendiagramm stellt alle Categorys für eine Datenreihe dar. In Tabelle 4.24 finden Sie die angebotenen Eigenschaften des `Category`-Objekts.

Eigenschaft	Beschreibung
description	Die Eigenschaft `description` enthält die Texte der jeweiligen Kategorien. Sie können den Wert dieser Eigenschaft entweder zur Designzeit statisch bestimmen oder an ein Context-Attribut binden, dann wird der Wert zur Laufzeit automatisch durch den Context zur Verfügung gestellt.
eventID	Die Eigenschaft `eventID` enthält die ID, mit der festgestellt werden kann, von welchem Objekt das Ereignis ausgelöst wurde. Diese ID ist relevant bezüglich des `onAction`-Ereignisses des `BusinessGraphics`-Elements, da die `eventId` an die Behandlermethode übergeben wird.
tooltip	Die Eigenschaft `tooltip` enthält den Text für die Quick-Info, die erscheint, wenn der Benutzer den Mauszeiger über das Oberflächenelement führt. Wenn Screenreader unterstützt werden, wird automatisch zusätzlicher Text zur Quick-Info hinzugefügt, um die Barrierefreiheit zu unterstützen.

Tabelle 4.24 Eigenschaften Category

SimpleSeries

Daten

Mit einer `SimpleSeries` können Sie eine einfache Datenreihe bestimmen. Dieses Element sollte unter folgenden Voraussetzungen verwendet werden:

- Eine feste Anzahl von Datenreihen liegt vor, und diese Anzahl ist bereits zur Designzeit bekannt, wie z. B. die monatlichen Verkaufszahlen eines bestimmten Jahres für die Abteilungen eines Unternehmens.
- Die Grafik ist Category-basiert, und jeder Punkt hat nur einen y-Wert, wie z. B. die Verkaufszahlen nach Monaten.

In Tabelle 4.25 finden Sie die Eigenschaften, die Ihnen dieses Element zur Verfügung stellt.

Eigenschaft	Beschreibung
customizingID	Die Eigenschaft customizingID enthält die ID, unter der in der Customizing-XML-Datei des BusinessGraphics-Oberflächenelements Informationen zur Darstellung der Datenreihe gespeichert werden.
eventID	siehe Tabelle 4.24
label	Die Eigenschaft label enthält optionalen Text, der für einen Punkt in der Präsentationsgrafik ausgegeben werden soll.
tooltip	siehe Tabelle 4.24
value	Die Eigenschaft value enthält den Pfad zum Context-Attribut, das die Daten für dieses Objekt zur Verfügung stellt.

Tabelle 4.25 Eigenschaften SimpleSeries

Series

Mit einer Series können Sie eine komplexere Datenreihe bestimmen als im Fall von SimpleSeries. Sie können diese Möglichkeit zur Darstellung von Datenreihen verwenden, wenn Sie eine nicht Category-basierte Grafik darstellen möchten bzw. wenn zur Designzeit die Anzahl der Datenreihen noch nicht feststeht. Die verfügbaren Eigenschaften finden Sie in Tabelle 4.26.

Komplexe Daten

Eigenschaft	Beschreibung
customizingID	siehe Tabelle 4.25
dataBeginIndex	Die Eigenschaft dataBeginIndex dient der Darstellung einer Auswahl von Collection-Elementen des gebundenen Context-Knotens. Mit der Eigenschaft dataLength definieren Sie die Anzahl der auszuwählenden Collection-Elemente.

Tabelle 4.26 Eigenschaften Series

Eigenschaft	Beschreibung
dataLength	Die Eigenschaft dataLength beinhaltet die Anzahl der Collection-Elemente, wenn Sie zuvor mit der Eigenschaft dataBeginIndex eine Auswahl festgelegt haben.
eventID	siehe Tabelle 4.24
label	siehe Tabelle 4.25
leadSelection CustomizingID	Mit der Eigenschaft leadSelectionCustomizingID können Sie ein alternatives Customizing auswählen, wobei die Datenreihe selektiert sein muss.
pointSource	Sie können mit der Eigenschaft pointSource den Pfad zum Context-Knoten spezifizieren, der die Daten für dieses Objekt zur Verfügung stellt.
showSelectedOnly	Die Eigenschaft showSelectedOnly beschreibt die Auswahl einer Datenreihe. Falls der Wert auf abap_true gesetzt ist, werden nur die selektierten Datenreihen angezeigt.
tooltip	siehe Tabelle 4.24

Tabelle 4.26 Eigenschaften Series (Forts.)

Im Folgenden erläutern wir Schritt für Schritt die UI-Elemente mit ihren Eigenschaften, die erforderlich sind, um ein UI-Element Series einzusetzen.

- Point
  Eine Datenreihe, die durch eine Series repräsentiert wird, kann genau einen Point enthalten. Ein UI-Element Point definiert die Struktur der Punkte einer komplexeren Datenreihe. In Abbildung 4.102 sehen Sie die Aggregate zu Point.

  Ein Point gibt durch seine Datenbindung und die Struktur der Unterobjekte an, aus wie vielen Werten (Dimensionen) welcher Wertetypen (Dimensionstypen) ein Datenpunkt einer Datenreihe besteht. Eine Datenreihe, die durch eine Series repräsentiert wird, kann genau ein Point-Element enthalten, und ein Point-Element kann ein oder mehrere Value-Elemente aufnehmen, entweder NumericValue oder TimeValue. Die Eigenschaften des Point-Elements sind identisch mit denen der SimpleSeries – außer der Eigenschaft valueSource, die die Datenquelle des Points darstellt.

4.7 Kategorie »graphic«

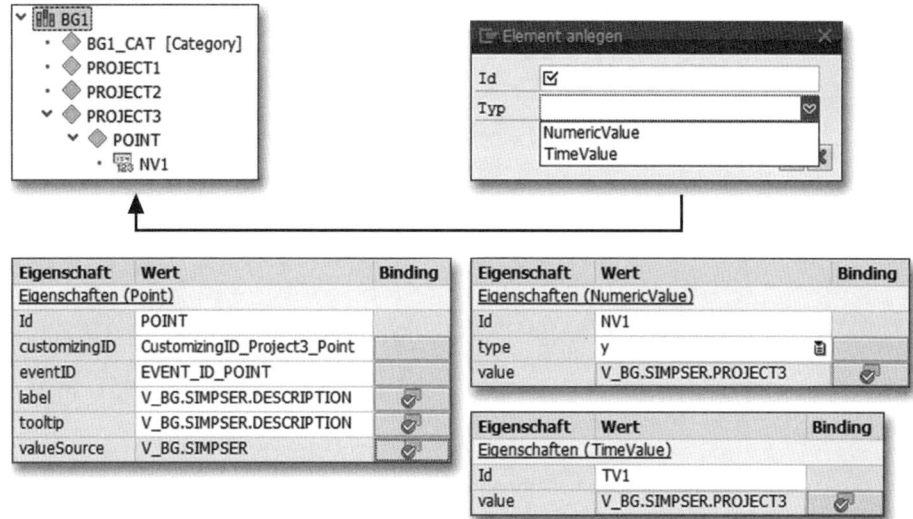

Abbildung 4.102 Aggregate Point

- NumericValue

  Das NumericValue-Element steht zur Verwendung numerischer Werte bereit. Das Oberflächenelement kann dazu verwendet werden, den Wert eines Punktes zu bestimmen, z. B. den x-Wert für Scatter-Diagramme oder den y-Wert für Category-basierte Präsentationsgrafiken.

- Value

  Das NumericValue-Element stellt die Eigenschaften type und value zur Verfügung. Die value-Eigenschaft repräsentiert den numerischen Wert eines Punktes. Er muss an ein Context-Attribut innerhalb einer gegebenen Context-Struktur gebunden werden, das zur Laufzeit die Daten für die Werte liefert. Der Anfangswert für diese Eigenschaft ist 0.0.

- Type

  Die Eigenschaft type steht für den Wertetyp des NumericValue. In Tabelle 4.27 sehen Sie die angebotenen Werte der Eigenschaft. Falls Sie die Eigenschaft type an ein Context-Attribut binden möchten, wird Ihnen das Datenelement WDUI_VALUE_TYPE_ENUMERATION für die Typisierung angeboten.

Wert	Beschreibung
chart	Wert für ein kleines »Diagramm im Diagramm« im Portfoliodiagramm
size	Größe eines Punktes im Portfoliodiagramm
trendX	x-Komponente im Trendpfeil eines Punktes im Portfoliodiagramm
trendY	y-Komponente im Trendpfeil eines Punktes im Portfoliodiagramm
X	x-Wert in einer Präsentationsgrafik (z. B. im Scatter-Diagramm)
Y	y-Wert in einer Präsentationsgrafik (z. B. bei Category-basierten Grafiken)

Tabelle 4.27 Eigenschaftswerte type

- TimeValue

  Im Gegensatz zum NumericValue dient der TimeValue der Verwendung von Zeitwerten. Er bietet das Attribut value an, um einen Zeitwert als Punkt in der Grafik darzustellen. Diese Eigenschaft muss an ein Context-Attribut innerhalb einer gegebenen Context-Struktur gebunden werden, das zur Laufzeit die Daten für die Werte liefert. Die Zeitwerte müssen im Format yyyymmdd vorliegen, wobei y für Jahr, m für Monat und d für Tag steht, z. B. 20140330. Zusätzlich kann man für den Zeitwert Stunden (h), Minuten (m), Sekunden (s) und Millisekunden (z) angeben. Damit ergeben sich folgende Formate:

  - yyyymmdd
  - yyyymmddhhmmss
  - yyyymmddhhmmsszzz

  Dieses Format bezieht sich prinzipiell auf alle Grafiken mit Zeitachsen, z. B. auch auf die TimeScatter-Grafik.

Internet Graphics Service

Grafiken

Der *Internet Graphics Service* (IGS) stellt eine Infrastruktur zur Verfügung, die es einem Anwendungsentwickler erlaubt, mit minimalem Aufwand Grafiken in einem Internet-Browser darzustellen. Der IGS wurde in unterschiedliche UI-Technologien von SAP integriert, wie z. B. das HTML GUI oder Web Dynpro ABAP/Java. Der IGS stellt eine Serverarchitektur zur Verfügung, die es erlaubt, Daten von einer SAP- oder anderen Quelle in grafischen oder nicht grafischen Output zu transformieren.

Bis zum Release 6.40 war der IGS nur als Standalone Engine erhältlich. Ab Release 6.40 ist er zusätzlich als integraler Bestandteil des SAP NetWeaver Application Servers verfügbar und wird bei jeder Installation mit installiert. Sie können ab Release 6.40 zwischen der integrierten oder der Standalone-Variante wählen. Ab SAP NetWeaver 7.0 sollte nur noch die integrierte Variante verwendet werden. Der IGS wird mit dem SAP NetWeaver Application Server gestartet und gestoppt, jedoch ist er nicht Teil des Kernels und muss daher separat gepatcht werden.

Das Framework von Web Dynpro ABAP verbindet sich mit dem IGS über die RFC-Verbindung `IGS_RFC_DEST` (Verbindungstyp T). Für die integrierte Version des IGS wird diese Verbindung automatisch angelegt. Die Grafiken des IGS werden durch die sogenannte *Chart Engine* erzeugt, die als C++-Library zur Verfügung steht.

Chart Designer

Der *Chart Designer* ist ein Werkzeug, mit dem Sie die Eigenschaften einer Präsentationsgrafik, die sogenannten *Grafikelemente*, also z. B. Diagrammtyp, Größe, Layout, Farbe und Schattierungen, beeinflussen können. Zur Bearbeitung der `BusinessGraphics`-Elemente können Sie den Chart Designer direkt vom View-Editor aus aufrufen. Nutzen Sie dazu das Kontextmenü der `BusinessGraphics` im Preview und hier den Menüeintrag CUSTOMIZING EDITIEREN. Sie öffnen damit ein Pop-up-Fenster ähnlich dem in Abbildung 4.103.

Eigenschafteneditor

Der Chart Designer gliedert sich in drei Bereiche:

Bereiche des Chart Designers

❶ **Grafikvorschau (Preview)**
Die Grafikvorschau ist der Bereich auf der linken Seite, in dem die Präsentationsgrafik angezeigt wird. Dieser Bereich wird dazu verwendet, eine Vorschau der Customizing-Einstellungen anzuzeigen. Änderungen dieser Einstellungen werden unmittelbar in der Grafikvorschau abgebildet, sodass Sie die Möglichkeit haben, gewünschte Änderungen in der Darstellung der Präsentationsgrafik sofort vorzunehmen.

4 | UI-Elemente und ihre Eigenschaften

❷ **Übersicht der Grafikelemente (Kategorie)**
Eine Liste der möglichen Grafikelemente finden Sie auf der rechten oberen Seite. Jedes Grafikelement besitzt wiederum eine oder mehrere Eigenschaften. Um eine Eigenschaft zu ändern, wählen Sie ein Chart-Element entweder über das Chart-Window oder über den Namen des Chart-Elements im Chart-Elements-Window aus. Die Eigenschaften des Chart-Elements werden dann angezeigt, und Sie können den Wert dieser Eigenschaften editieren und ändern.

❸ **Eigenschaftenliste (Kategoriedetails)**
Die Eigenschaften der Grafikelemente werden im Bereich unterhalb der Grafikelemente aufgelistet. Um eine Eigenschaft zu ändern, wählen Sie ein Grafikelement entweder über die Maustaste in die Grafikvorschau oder über die Übersicht der Grafikelemente. Die Eigenschaften des Grafikelements werden dann angezeigt. Sie können die Werte dieser Eigenschaften ändern.

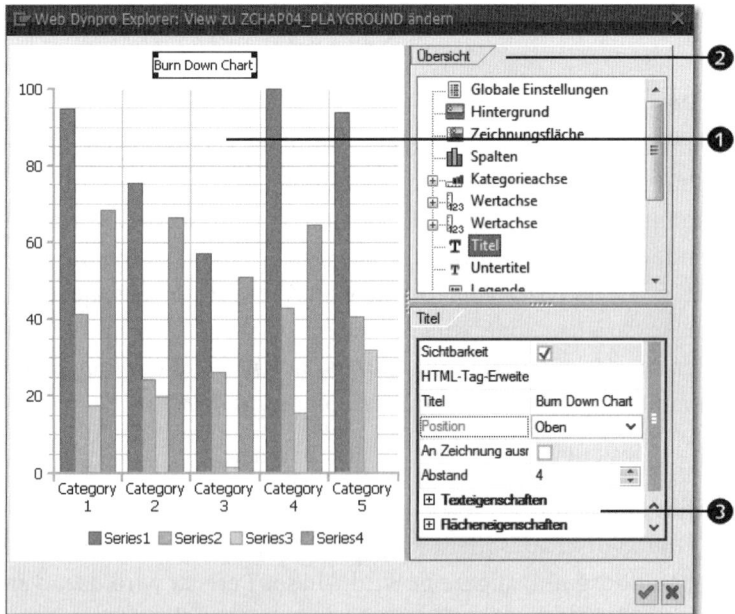

Abbildung 4.103 Chart Designer

Die erstellten Customizings können als XML-Dateien gespeichert und für die Anpassungen der Charts verwendet werden. Das Einsatzgebiet des Chart Designers ist hauptsächlich das Branding der Grafiken, um ein einheitliches Erscheinungsbild im Sinn des Unternehmens zu erreichen.

IF_WD_BUSIN_GRAPHICS_MTD_HNDL

In einem BusinessGraphics-Element können verschiedene zusätzliche Aktionen ausgeführt werden, die mit dem Customizing zusammenhängen und zusätzlich zu den allgemeinen vorhandenen Methoden zur Verfügung stehen. Auf den Methodenbehandler können Sie in der Hook-Methode wddomodifyview( ) zugreifen, wie es in Abschnitt 9.3, »Table«, gezeigt wird. Das Attribut in der Klasse CL_WD_BUSINESS_GRAPHICS, das die Referenz auf den Methodenbehandler anbietet, ist _method_handler. Der Methodenbehandler stellt die folgenden Methoden bereit:

Methoden-behandler

- add_direct_customizing( )
  Während der Laufzeit können Sie mit dieser Methode zusätzlich zum bereits vorhandenen Customizing weitere Customizing-Einstellungen festlegen.

- clear_direct_customizing( )
  Während der Laufzeit können Sie mit dieser Methode ein durch die Methode add_direct_customizing( ) zusätzlich erstelltes Customizing wieder löschen.

- get_direct_customizing( )
  Während der Laufzeit können Sie mit dieser Methode weitere XML-Dateien für das zusätzliche Customizing auslesen.

- set_direct_customizing_mode( ), get_direct_customizing_mode( )
  Während der Laufzeit können Sie mit dieser Methode bestimmen, ob das über die vorangegangenen Methoden festgelegte zusätzliche Customizing das bereits vorhandene Designtime-Customizing überschreiben soll oder ob es zusätzlich zum Tragen kommen soll.

Beispiel

In diesem Abschnitt verwenden wir ein einfaches UI-Element BusinessGraphics, um drei Series mit Points und Categorys abzubilden. Diese repräsentieren den Verlauf von Projekten im Sinn eines Scrum-Burn-Down-Charts, von dem der Projektfortschritt abgelesen werden kann; Scrum ist ein Vorgehensmodell zur agilen Softwareentwicklung.

Scrum-Burn-Down-Chart entwickeln

Wir wählen dazu den in den Grundlagen verwendeten `charType columns`. Als nützliches Feature erhält der Benutzer die Möglichkeit, einen Download der erstellten Grafiken durchzuführen.

1. Wechseln Sie auf das Context-Register eines Views in der zu implementierenden Web-Dynpro-Component.
2. Definieren Sie im Context einen Context-Knoten mit Kardinalitätsobergrenze n und Namensvorschlag SIMPSER (siehe Abbildung 4.104, ❶).
3. Zu dem Context-Knoten geben Sie drei Attribute (Namensvorschlag: PROJECT1/PROJECT2/PROJECT3) an, die die Werte der y-Achse halten werden ❷. Als Typ haben wir i verwendet. In unserem Beispiel repräsentieren die y-Werte die Menge an Tasks, die am Ende eines Sprints in Scrum noch offen sind.
4. Darüber hinaus definieren Sie ein Attribut mit einer Beschreibung (Namensvorschlag: DESCRIPTION) vom Typ string für den Point ❸. Diese wird in unserem Beispiel für die Category verwendet und auf der x-Achse aufgetragen.

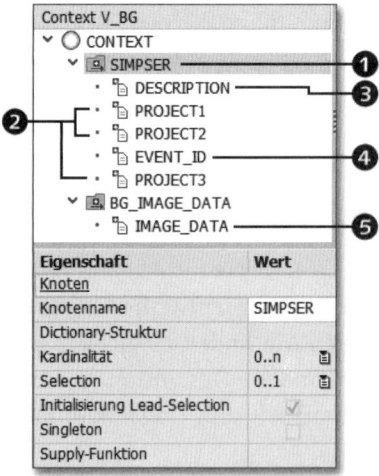

Abbildung 4.104 BusinessGraphics – Context-Definition

5. Das letzte Attribut, das Sie ergänzen, ist zum Ablegen einer Bezeichnung für ein Event gedacht (Namensvorschlag: EVENT_ID) und hat den Typ string, der in der Aktionsbehandler-Methode des Ereignisses onAction ausgewertet wird ❹. Damit haben Sie die Chance, in der Behandlermethode festzustellen, in welchen Bereich der Grafik der Benutzer geklickt hat.

6. Definieren Sie im Context ein Attribut für den Download der Grafik (Namensvorschlag: IMAGE_DATA, ❺). Achten Sie darauf, dass Sie dieses mit xstring typisieren. In diesem Attribut werden wir die Grafikdaten ablegen und mit dem UI-Element FileDownload exportieren.

7. Wechseln Sie nun auf das LAYOUT-Register Ihres Views, um das Layout zu gestalten und die nötigen UI-Elemente anzulegen.

8. Beginnen Sie damit, dass Sie ein BusinessGraphics-Element anlegen (Namensvorschlag: BG1). Anschließend können Sie die Eigenschaften attribuieren. In Abbildung 4.105 sehen Sie unsere Einstellungen. Die Pfeile symbolisieren das Data Binding.

Die erwähnenswerten Attribuierungen sind die folgenden:

- chartType auf den Wert columns
- dimension auf den Wert 2
- das imageData-Data-Binding auf das Context-Attribut IMAGE_DATA
- das seriesSource-Data-Binding auf den Context-Knoten SIMPSER

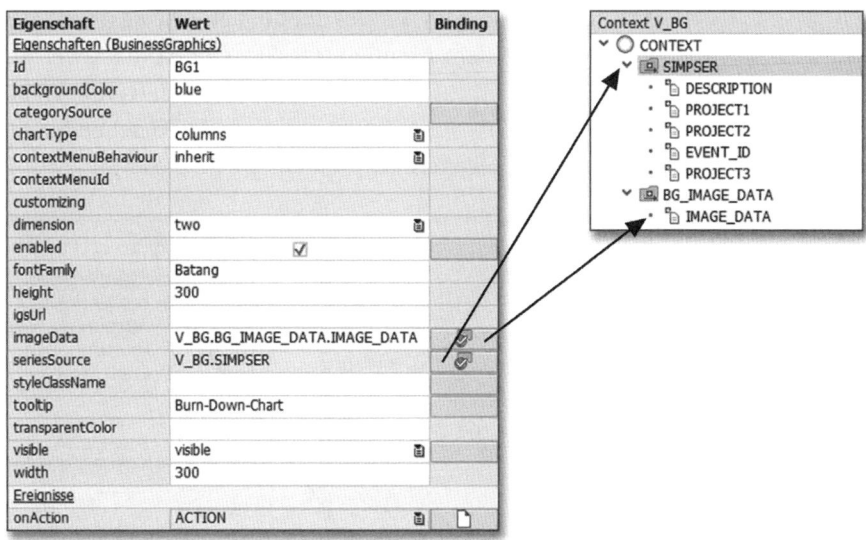

Abbildung 4.105 BusinessGraphics – UI-Element-Anlage

9. Im nächsten Schritt legen wir die Category zu BusinessGraphics an (Namensvorschlag: BG1_CAT). Diese repräsentiert die Beschriftung der x-Achse in unserem Diagramm. Verwenden Sie dazu das Kontextmenü des UI-Elements im View-Editor und hier den Ein-

trag KATEGORIE EINFÜGEN. In Abbildung 4.106 sehen Sie die attribuierten Eigenschaften.

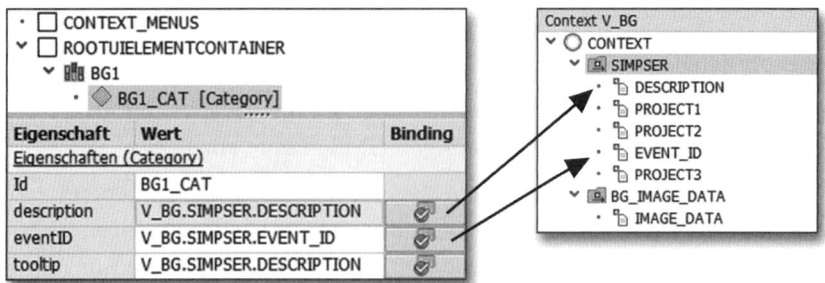

Abbildung 4.106 BusinessGraphics – Category

Die Eigenschaften description und tooltip haben wir an das Context-Attribut DESCRIPTION des SIMPSER-Context-Knotens gebunden und die Eigenschaft eventID an das Context-Attribut EVENT_ID.

10. Der nächste Schritt betrifft die Anlage von Serien für die Datenpunkte. Wir werden zwei SimpleSeries und eine Series anlegen. Öffnen Sie das Kontextmenü der BusinessGraphics, und fügen Sie mit dem Menüeintrag SERIE EINFÜGEN zwei Elemente vom Typ SimpleSeries nacheinander ein (Namensvorschlag: PROJECT1 und PROJECT2). In Abbildung 4.107 sehen Sie die Attribuierung der Eigenschaften zu einer SimpleSeries.

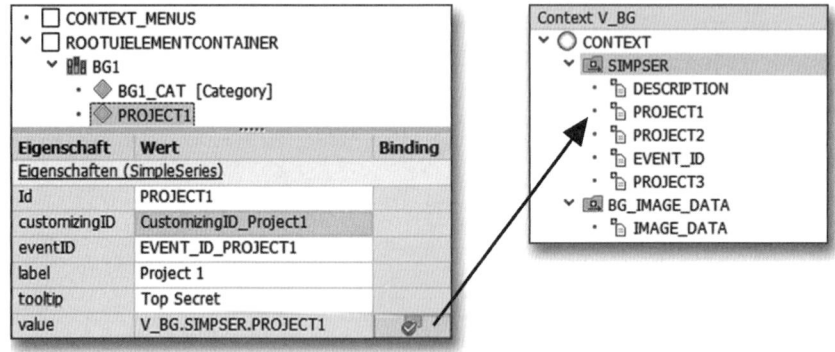

Abbildung 4.107 BusinessGraphics – SimpleSeries

Die Eigenschaften customizingID, eventID, label und tooltip geben Sie von Hand ein. Die Eigenschaft value binden Sie mittels Data Binding an das Attribut, in dem sich die Daten für die y-Achse befinden. In unserem Fall ist dies das Context-Attribut PROJECT1 bzw. PROJECT2 im SIMPSER-Context-Knoten.

11. Im nächsten Schritt legen Sie für die dritte Datenserie ein Element vom Typ Series an (Namensvorschlag: PROJECT3). Gehen Sie wie im vorangegangenen Schritt vor. In Abbildung 4.108 sehen Sie die Attribuierung der Eigenschaften zur Series.

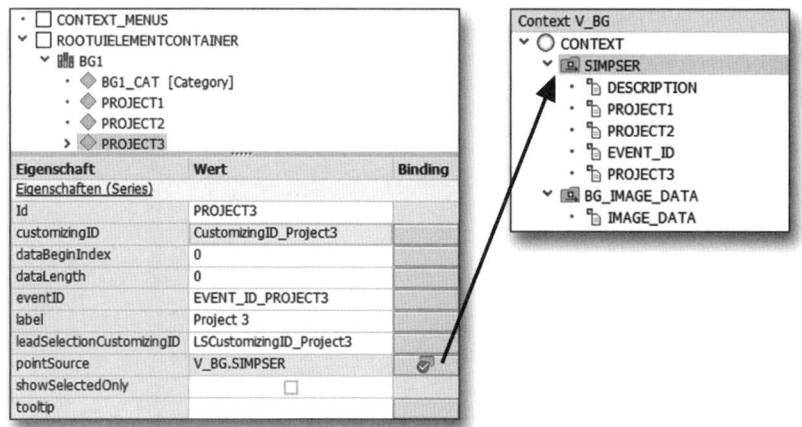

Abbildung 4.108 BusinessGraphics – Series

12. Zur Series wird noch die Definition des Point benötigt. Mit diesem definieren Sie die unterschiedlichen Dimensionen. Legen Sie dazu mithilfe des Kontextmenüeintrags PUNKT EINFÜGEN auf Series den Point an. In Abbildung 4.109 sehen Sie die relevanten Attribuierungen der Eigenschaften.

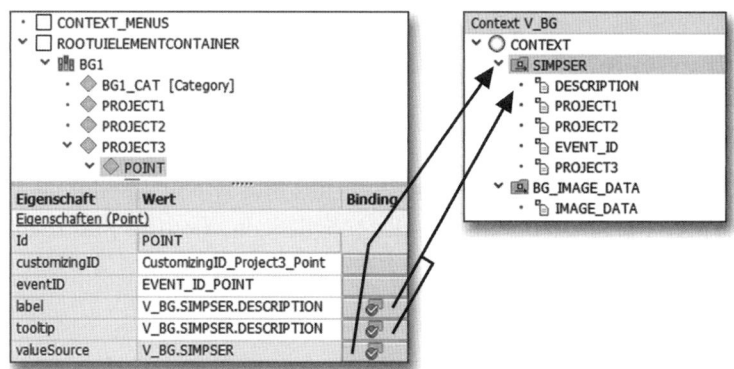

Abbildung 4.109 BusinessGraphics – Point

13. Die tatsächlichen Dimensionen des Point-Elements stammen aus der Definition der Werte zu dem Point. In unserem Beispiel benötigen wir eine Dimension, da das Category-Element bereits die andere Dimension übernimmt.

Wählen Sie das Kontextmenü auf dem Point und dort den Eintrag WERT EINFÜGEN, um einen Wert vom Typ NumericValue einzufügen (Namensvorschlag: NV1). In Abbildung 4.110 sehen Sie die relevanten Werte der Eigenschaften zum NumericValue.

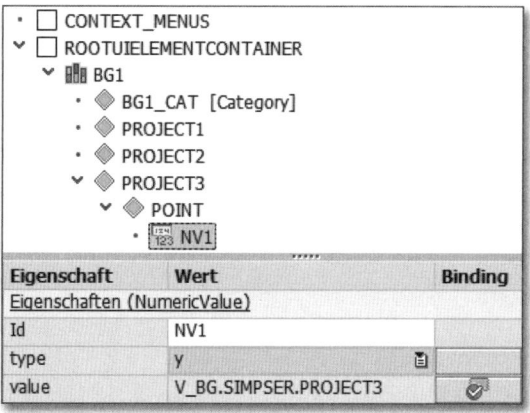

Abbildung 4.110 BusinessGraphics – NumericValue

Den type des NumericValue haben wir auf y gesetzt, da dieser Wert den Wert auf der y-Achse repräsentieren soll. Damit ist die Definition des BusinessGraphics-Elements abgeschlossen.

14. Der letzte Punkt betrifft den optionalen Schritt der Anlage des FileDownload. Legen Sie dazu ein UI-Element FileDownload an, und platzieren Sie es an einer geeigneten Stelle in Ihrem View. In Abbildung 4.111 sehen Sie die relevanten Werte für das UI-Element.

Als Abschluss sollten Sie ein ähnliches Bild wie in Abbildung 4.112 sehen: Die Spaltengrafik mit der Möglichkeit, diese als Bild zu exportieren.

Kategorie »graphic« | 4.7

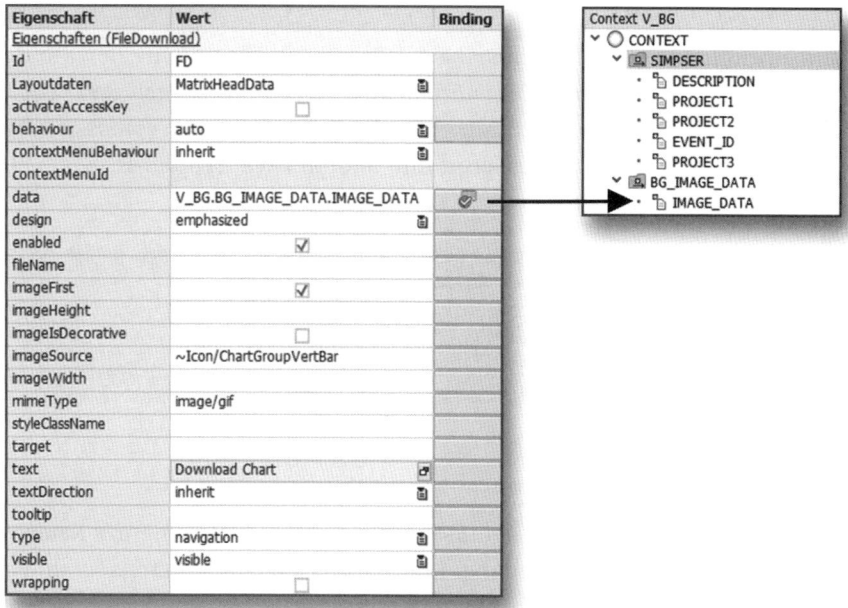

Abbildung 4.111 FileDownload

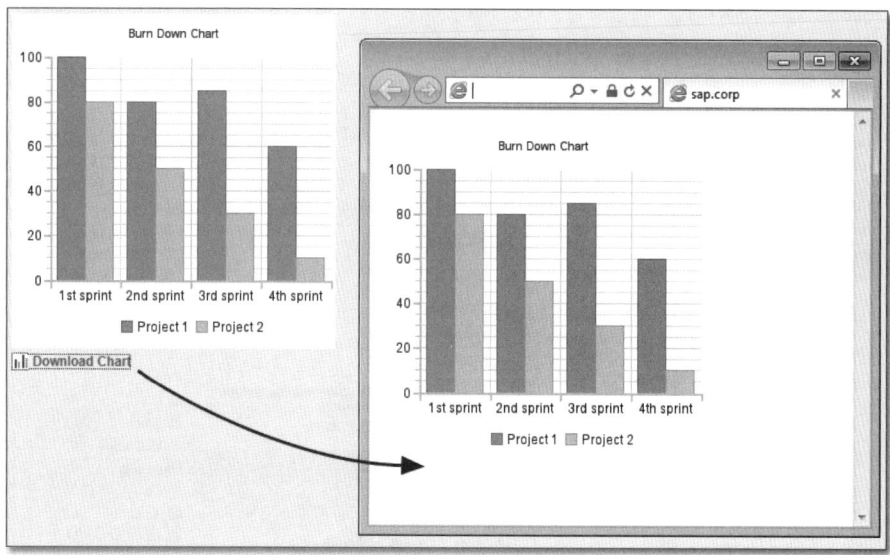

Abbildung 4.112 BusinessGraphics – Ergebnis

4.7.3 Chart

CVOM Mithilfe des UI-Elements Chart können Sie Diagramme der Bibliothek *Common Visualization Framework* (CVOM) erzeugen und anzeigen. Im Unterschied zum UI-Element BusinessGraphics basiert das Element Chart auf JavaScript und anderen Webstandards, wie z. B. HTML5, CSS3 und SVG.

[»] **Anwendungsparameter WDPREFERREDRENDERING**
Für Web-Dynpro-Anwendungen mit eingebetteten Diagrammen müssen Sie den Anwendungsparameter WDPREFERREDRENDERING auf STANDARDS setzen.

Visuelle Darstellung

In Abbildung 4.113 sehen Sie eine einfache Darstellung der Kategorie Chart (Testanwendung WDR_TEST_CHART), die bereits erahnen lässt, welche Möglichkeiten durch dieses UI-Element zur Verfügung gestellt werden.

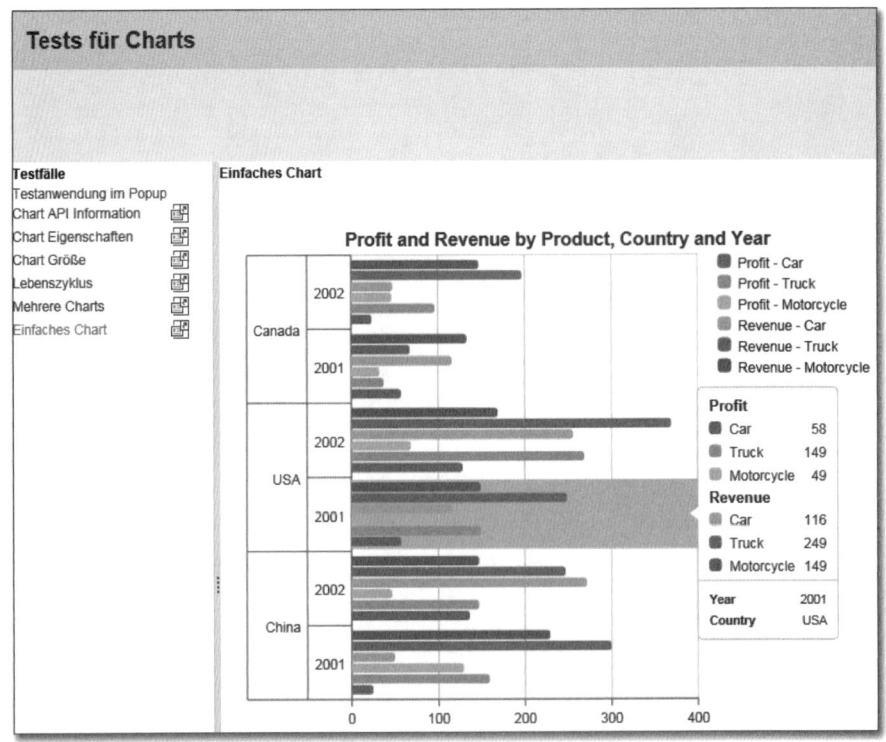

Abbildung 4.113 Chart

Kategorie »graphic« | **4.7**

> **Beispiele im Internet**
> Neben der Testanwendung WDR_TEST_CHART stehen unter der Adresse *https://sapui5.hana.ondemand.com/sdk/test-resources/sap/viz/Charting.html* mehrere Beispiele zur Verfügung, die Ihnen die angebotenen Chart-Typen veranschaulichen.

Eigenschaften

Das UI-Element Chart enthält die Eigenschaften height und width, mit denen Sie Höhe und Breite des Elements in CSS-Einheiten festlegen, sowie die Eigenschaften, die alle UI-Elemente besitzen. In Abbildung 4.114 sind die Eigenschaften markiert, die in diesem Abschnitt besprochen werden.

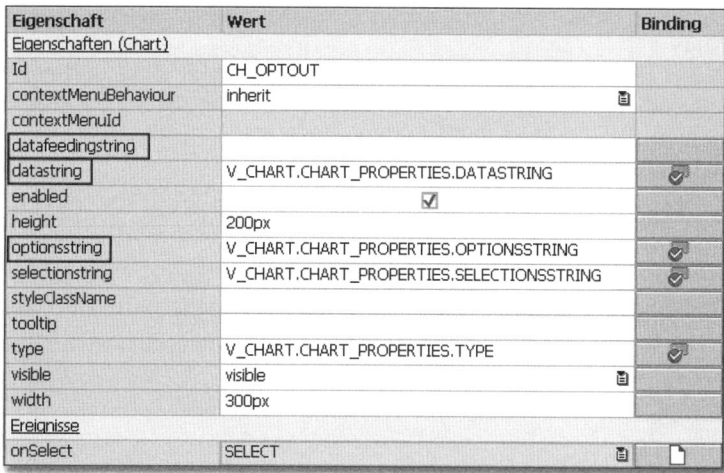

Abbildung 4.114 Eigenschaften Chart

datafeedingstring

Mit der Eigenschaft datafeedingstring haben Sie die Möglichkeit, die Dimensionen des Charts zu ändern. Die Information wird mithilfe des Formats *JavaScript Object Notation* (JSON) angegeben.

datastring

Mit der Eigenschaft datastring übergeben Sie die Daten des Charts in der JSON-Formatierung.

> **JSON**
>
> Das Format JavaScript Object Notation (JSON) ist ein kompaktes, für Menschen lesbares Austauschformat, das ein syntaktisch fehlerfreies und auswertbares JavaScript darstellt, das mit der Funktion `eval()` interpretierbar ist. Es ist unabhängig von einer bestimmten Programmiersprache und als Alternative zu XML gedacht, bei dem Ressourcen sparsam eingesetzt werden müssen.
>
> Die hauptsächlich eingesetzten Typen sind:
>
> - **Objekte**
>   Objekte werden mit dem Zeichen { begonnen und mit dem Zeichen } abgeschlossen. Innerhalb dieser Klammer befindet sich eine durch Kommata getrennte, ungeordnete Liste von Eigenschaften. Die Eigenschaften wiederum bestehen jeweils aus einem Schlüssel und einem Wert, die durch einen Doppelpunkt voneinander getrennt sind (Schlüssel:Wert). Der Schlüssel ist eine Zeichenkette, und der Wert kann ein Objekt, ein Array, eine Zeichenkette, eine Zahl oder `true`, `false` oder `null` sein.
>
> - **Array**
>   Arrays werden mit dem Zeichen [begonnen und mit dem Zeichen] abgeschlossen. Innerhalb dieser Klammer befindet sich eine durch Kommata getrennte, geordnete Liste von Werten.
>
> - **Zeichenketten**
>   Zeichenketten werden mit dem Zeichen " begonnen und abgeschlossen.

optionsstring

Mit der Eigenschaft `optionsstring` legen Sie Eigenschaften für das Diagramm fest, wie z. B. den Titel. Das verwendete Format für die Optionen ist JSON.

Ereignisse

onSelect — Das UI-Element `Chart` bietet das Ereignis `onSelect` an, dem eine Aktion zugeordnet werden kann. Durch diese Zuordnung legt das Framework eine Aktionsbehandler-Methode an, an die die Standardparameter `id` und `context_element` sowie zusätzlich die Parameter `data` und `is_deselection` übergeben werden. Der Parameter `data` enthält die Werte für den selektierten Datenpunkt im JSON-Format. Der Parameter `is_deselection` ist gesetzt (`abap_true`), sofern kein Datenpunkt selektiert ist.

Beispiel

Als Beispiel wollen wir das einfache Kuchendiagramm (Pie Chart) anlegen, das Sie in Abbildung 4.115 sehen. Die Namen der verfügbaren Chart-Typen können Sie aus der Testanwendung `WDR_TEST_CHART` ermitteln.

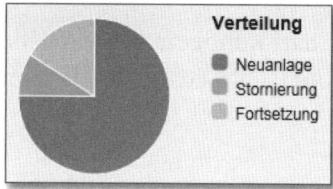

Abbildung 4.115 Pie Chart

1. Legen Sie eine neue Web-Dynpro-Component mit dem View `V_CHART` und dem Window `W_MAIN` an. Der View muss im Window eingebettet sein.

2. Definieren Sie im View-Context den Knoten `CHART_PROPERTIES` (Kardinalität 1..1) mit den folgenden Attributen:

   ▸ DATASTRING: Typ STRING

   ▸ TYPE: Typ STRING

   ▸ OPTIONSSTRING: Typ STRING

   ▸ SELECTIONSSTRING: Typ STRING

   Fügen Sie im View `V_CHART` das UI-Element `Chart` ein, und verwenden Sie das in Abbildung 4.114 gezeigte Data Binding für die unterschiedlichen Eigenschaften.

3. Wechseln Sie auf die Registerkarte METHODEN des Views `V_CHART`, und legen Sie dort die Methode `init_chart( )` an.

4. Wechseln Sie in den Quelltexteditor der Methode, und übernehmen Sie die Implementierung aus Listing 4.8:

```
METHOD init_chart.
* Initialisierung der Chart-Parameter
 wd_context->get_child_node( wd_this->wdctx_chart_properties )
 ->bind_structure( wd_assist->get_chart_config( ) ).
ENDMETHOD.
```

Listing 4.8 Initialisierung des Charts

Das Ermitteln der Properties überlassen wir der Assistenzklasse und deren Methode `get_chart_config( )`, die wir im nächsten Schritt implementieren werden.

5. Rufen Sie die Methode `init_chart( )` in der Methode `V_CHART ->wddoinit( )` auf.

6. Legen Sie eine Assistenzklasse zur Komponente an.

7. Legen Sie einen lokalen Typ für die Chart-Konfiguration an (siehe Listing 4.9). Dieser wird für die Schnittstelle der Methode zum Setzen der Konfiguration benötigt.

```
types:
  begin of lts_chart_config,
        type type string,
        optionsstring type string,
        datastring type string,
  end of lts_chart_config.
```

Listing 4.9 Chart – Konfigurationstyp

8. Implementieren Sie in der Assistenzklasse die Methode `get_chart_config( )`, wie in Listing 4.10 dargestellt, um die Konfiguration des Charts durchzuführen:

```
METHOD get_chart_config.
* Returning CHART_CONFIG: LTS_CHART_CONFIG
* Wir verwenden das Pie Chart
  chart_config-type = `viz/pie`.
* Daten aufbereiten
  chart_config-datastring = format_json(
   `{"analysisAxis": [{"index": 1,"data": [
  {"type":"Dimension","name":"BPS",` &&
   `"values":["Neuanlage","Stornierung","Fortsetzung"` &&
   `]}]}],"measureValuesGroup": ` &&
   `[{"index": 1,"data": [
  {"type":"Measure","name":"Measure Sector Size, dimension \"` &&
   `BPS\"","values":[[256 ,30 ,55 ]]}]}]` ).
* Optionen setzen
*   chart_config-optionsstring = format_json(
*`{` &&
*`"legend":{"title":{"text":"Verteilung","visible":true}}` &&
*`}`
*   ).
ENDMETHOD.
```

Listing 4.10 Dateninitialisierung für das Pie Chart

9. Danach setzen Sie das Datenobjekt für das Chart. Die zur Verfügung stehenden Eigenschaften entnehmen Sie ebenfalls der Testanwendung, die eine vollständige Liste aller Eigenschaften im JSON-Format liefert. Wir bauen in unserem Beispiel einen String

auf, der durch die Assistenzklassen-Hilfsmethode `format_json( )` in das JSON-Format konvertiert wird (siehe Listing 4.11). Als Variante haben wir noch das Setzen von Optionen dargestellt. Das Beispiel setzt für den Titel über der Legende den Status sichtbar und vergibt dafür einen Text.

```
METHOD format_json.
* Importing IN: CSEQUENCE
* Returning OUT: STRING
* Hilfsvariablen String -> JSON-Konvertierung
  DATA l_reader TYPE REF TO if_sxml_reader.
  DATA l_writer TYPE REF TO if_sxml_writer.
  DATA l_writer_typed TYPE REF TO cl_sxml_string_writer.
  DATA l_error TYPE REF TO cx_sxml_parse_error.
* Konvertierung
  TRY.
      l_reader = cl_sxml_string_reader=>create( cl_abap_
codepage=>convert_to( in ) ).
      l_writer = cl_sxml_string_writer=>create( type = if_
sxml=>co_xt_json ).
      l_writer->set_option( option = if_sxml_writer=>co_opt_
linebreaks ).
      l_writer->set_option( option = if_sxml_writer=>co_opt_
indent ).
      l_reader->next_node( ).
      l_reader->skip_node( l_writer ).
      l_writer_typed ?= l_writer.
      out = cl_abap_codepage=>convert_from( l_writer_typed
->get_output( ) ).
    CATCH cx_sxml_parse_error INTO l_error.
      CLEAR out.
  ENDTRY.
ENDMETHOD.
```

Listing 4.11 JSON-Konvertierung

Nachdem Sie eine Web-Dynpro-Anwendung für Ihre Component angelegt haben, sind Sie bereit, diese zu testen.

4.7.4 Gantt

Mit dem UI-Element `Gantt` erstellen Sie Gantt-Diagramme. Sie können damit den zeitlichen Ablauf von Projekten und die Teilschritte darstellen, aus denen die Projekte bestehen. Insbesondere können Sie sequenzielle und parallele Arbeitsfortschritte in einem Projekt aufzeigen. Ein Gantt-Diagramm ähnelt einem Balkendiagramm.

Projektverlauf

4 | UI-Elemente und ihre Eigenschaften

Voraussetzungen

JNet Das `Gantt`-Element verwendet *JNet* wie das `Network`-Element (siehe Abschnitt 4.7.8). JNet ist ein Editor für Netzwerkgrafiken, der von Anwendungen zur Darstellung unterschiedlicher grafischer Repräsentationen eingesetzt werden kann. JNet ist als Java-Applet realisiert, das vom Browser geladen wird. Am Frontend müssen ein üblicher Browser und eine Java-Runtime in Form des Plug-ins von Oracle installiert sein, mit dem Windows und Linux unterstützt werden. Beachten Sie, dass das Skripting von Java-Applets in den Einstellungen Ihres Webbrowsers erlaubt sein muss.

[»] **Applet-Version**

Mit dem Anwendungsparameter `WDUSESIGNEDAPPLETS` können Sie einstellen, ob die Applet-Version *signed* oder *unsigned* von JNet verwendet wird. Falls die Variante unsigned verwendet wird, öffnet sich ein Java-Sicherheitshinweis, sofern das Gantt-Diagramm angezeigt wird.

XML Für die Verwendung des UI-Elements `Gantt` in Web Dynpro ABAP benötigen Sie im Context Ihres Views ein einziges Attribut vom Typ `xstring`. Diesem Attribut wird zur Laufzeit die XML-Datei übergeben, die die anzuzeigenden Daten enthält, die in einer an das `JGantt`-Control angepassten Form vorliegen müssen. Die XML-Datei kann z. B. mithilfe des *Transformation Editors* im Object Navigator (Transaktion SE80) aus einer ABAP-Datenstruktur erzeugt worden sein. Da die XML-Transformation sowohl aus der Datenstruktur heraus in die XML-Datei als auch in der umgekehrten Richtung verwendet werden kann, ist es möglich, Änderungen, die innerhalb des angezeigten Gantt-Diagramms vorgenommen wurden, wieder als Datenstruktur im Backend abzulegen.

Die XML-Datei wird innerhalb des Servers automatisch mithilfe des dort vorhandenen XML-Parsers ausgelesen. Als Entwickler der Anwendung müssen Sie dafür keine weiteren Hinweise beachten. Zur Darstellung des Gantt-Diagramms aus den Daten der XML-Datei reicht allein die Bindung der Eigenschaft `dataSource` des UI-Elements `Gantt`. Die Implementierung sämtlicher angebotener Ereignisse ist optional und bietet Funktionen, die über die reine Darstellung hinausgehen. Sie werden einige der Ereignisse verwenden, wenn Sie z. B. Daten, die in der Gantt-Diagrammdarstellung vom Benutzer geändert wurden, wieder in die ABAP-Datenstruktur zurückschreiben.

Visuelle Darstellung

In Abbildung 4.116 sehen Sie die Darstellung eines Gantt-Diagramms (entnommen aus der Testanwendung `WDR_TEST_GANTT`). Das Beispiel zeigt Planungseinheiten mit Zusatzdaten, die hierarchisch organisiert sind. Entlang der Zeitachse werden planungsrelevante Zeitabschnitte und Abhängigkeiten der Planungseinheiten visualisiert.

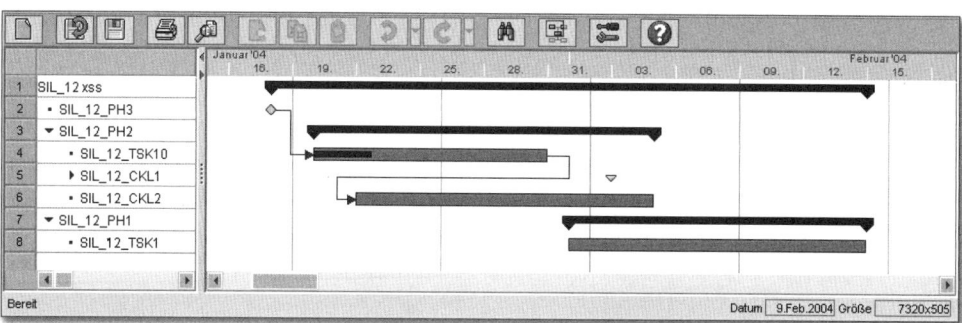

Abbildung 4.116 Gantt

Eigenschaften

Das UI-Element `Gantt` besitzt die Eigenschaften `height` und `width`, über die Höhe und Breite des Elements in CSS-Einheiten definiert werden, die Eigenschaft `dataSource` (siehe Abschnitt 4.5.8, »Tree«) sowie die Eigenschaften, die alle UI-Elemente gemeinsam haben. Im Folgenden werden wir die in Abbildung 4.117 markierten Eigenschaften beschreiben.

Eigenschaft	Wert	Binding
Id	GANTT_1	
additionalArchives		
contextMenuBehaviour	inherit	🗎
contextMenuId		
dataSource	TEST_VIEW.DATA_SOURCE	✓
enabled	✓	
height	600px	
lifeTime	TEST_VIEW.GANTT_PROPERTIES.LIFE_TIME 🗎	✓
lookAndFeel	ur	🗎
styleClassName		
tooltip	$OTR:SWDP_TEST/GANTTCHART_TEST	
visible	visible	🗎
width	100%	

Abbildung 4.117 Eigenschaften Gantt

Java-Archiv **additionalArchives**

Mit der Eigenschaft additionalArchives können Sie zusätzliche, von den Anwendungen geschriebene Erweiterungen von Gantt und Network angeben, die in ein Java-Archiv (JAR) gepackt und im Client geladen werden.

lifeTime

Die Eigenschaft lifeTime steuert die Lebensdauer aktiver UI-Elemente. Diese müssen im Gegensatz zu herkömmlichen UI-Elementen am Client instanziiert werden, was einige Zeit in Anspruch nehmen kann. Darüber hinaus können clientseitige UI-Elemente einen eigenen Zustand besitzen, der bei einem Abbau des UI-Elements wieder verloren geht. Aktive UI-Elemente haben daher einen begrenzten Lebenszeitraum, der mithilfe der Werteausprägung der lifeTime-Eigenschaft festgelegt wird (siehe Tabelle 4.28).

Wert	Erläuterung
whenVisible	Der Default-Wert whenVisible wird initialisiert, sobald das Gantt-Diagramm sichtbar ist. Falls es zwischenzeitlich unsichtbar war, wird es neu initialisiert. Dies gilt im Speziellen für das Context-Binding der Daten, die neu transportiert werden.
whenAlive	Das UI-Element wird initialisiert, sobald es sichtbar ist. Es ist so lange aktiv, bis der umgebende View oder die umgebende Web-Dynpro-Component geschlossen wird bzw. bis das aktive UI-Element kein Elternelement mehr besitzt.

Tabelle 4.28 Ausprägungen der Eigenschaft lifeTime

Die Eigenschaft lifeTime kann an ein Context-Attribut vom Typ WDUI_LIFE_TIME gebunden werden.

Aussehen **lookAndFeel**

Mit der Eigenschaft lookAndFeel können Sie das Aussehen des kompletten Oberflächenelements inklusive all seiner enthaltenen Controls (wie Table, Tree oder Button) ändern. Wenn sich das Oberflächenelement vom Aussehen her möglichst gut in die umgebende Applikation einfügen soll, also die Table so aussieht wie andere Table-Elemente der Applikation, die Buttons genauso aussehen etc., dann sollte lookAndFeel auf den Wert ur (Unified Rendering) gesetzt sein. Weitere Werte, die zur Verfügung stehen, sind corbu (SAP-Theme), frog (SAP-GUI-Design) und java (Java-Design).

Ereignisse

Das UI-Element `Gantt` stellt eine Fülle von Ereignissen zur Verfügung. Wir haben diese in Tabelle 4.29 aufgelistet und beschrieben. Die Parameter der Ereignisse haben wir nicht ergänzt, dafür aber eine Anmerkung zum Parameter PARAMETERS, der für alle Ereignisse definiert ist.

Der Wert des Parameters PARAMETERS ist eine Kette von Name-Wert-Paaren, die auf eine bestimmte Art formatiert ist. Die Namen können indiziert sein (z. B. die Beschriftungen eines Knotens, deren Texte vom Benutzer geändert wurden). Die Werte können aus Listen von Einträgen bestehen. Die Einträge können Indizes sein (z. B. kann eine Tabellenzelle von einem Paar, bestehend aus Zeilen-ID und Spalten-ID, repräsentiert werden). Das Format des Parameter-Strings ist konfigurierbar; standardmäßig sieht ein komplexer Parameter-String folgendermaßen aus: `name1=wert1&name2=wert2` ...

Parameter PARAMETERS

Ereignis	Beschreibung
`onCellsSelected`	Das Ereignis `onCellsSelected` besagt, dass der Benutzer eine Tabellenzelle angeklickt hat.
`onCellEdited`	Das Ereignis `onCellEdited` besagt, dass der Benutzer eine Tabellenzelle editiert hat, d. h., der Zelleninhalt wurde verändert.
`onColumnAdded`	Das Ereignis `onColumnAdded` besagt, dass eine Tabellenspalte hinzugefügt wurde.
`onColumnMoved`	Das Ereignis `onColumnMoved` besagt, dass eine Tabellenspalte verschoben oder in ihrer Größe verändert wurde. Die Parameter hängen von der Ereignisursache ab: Es werden nur dann neue Werte für die Breite ausgegeben, wenn eine Spalte in ihrer Größe verändert wurde.
`onColumnRemoved`	Das Ereignis `onColumnRemoved` besagt, dass eine Tabellenspalte entfernt wurde.
`onCustomCommand`	Das Ereignis `onCustomCommand` besagt, dass ein anwendungsspezifisches Kommando aufgerufen wurde (vom Benutzer oder von einem externen Controller).
`onEdgeAdded`	Das Ereignis `onEdgeAdded` besagt, dass einem Knoten eine Verbindung hinzugefügt wurde, jedoch noch nicht mit einem anderen Knoten verbunden wurde.

Tabelle 4.29 Ereignisse Gantt

Ereignis	Beschreibung
onEdgePropsChanged	Das Ereignis onEdgePropsChanged besagt, dass Verbindungseigenschaften geändert wurden. Mit diesem Ereignis werden nur »dekorative« Eigenschaften gemeldet und nicht die Quelle oder das Ziel einer Kante.
onEdgeRemoved	Das Ereignis onEdgeRemoved besagt, dass eine ungebundene Verbindung entfernt wurde.
onEdgeSelected	Das Ereignis onEdgeSelected besagt, dass eine Kante angeklickt wurde (nicht nur selektiert).
onFrameSwitched	Das Ereignis onFrameSwitched besagt, dass ein SWITCH_FRAME ausgeführt wurde. Dieser Parameter gibt an, ob das Applet vom Browser-Fenster losgelöst oder wieder eingebettet wurde.
onGeneric	Das Ereignis onGeneric bietet einen Wrapper um alle möglichen und denkbaren Events, der seinerseits jedes der eigentlichen Events umhüllen kann.
onGraphAdded	Das Ereignis onGraphAdded besagt, dass eine Gruppe von Knoten inklusive ihrer Verbindungen dem Graphen hinzugefügt wurde.
onGraphRemoved	Das Ereignis onGraphRemoved besagt, dass eine Gruppe von Knoten aus dem Graphen entfernt wurde.
onInitialized	Das Ereignis onInitialized besagt, dass ein JNet ausgelöst wurde – d. h. die init()-Methode des Applets.
onLayoutChanged	Das Ereignis onLayoutChanged besagt, dass ein Knoten (oder mehr) die Position geändert hat. Dieses Ereignis wird nur dann ausgelöst, wenn der Knoten tatsächlich wegfällt. Es wird nicht jede Bewegung mit der Maus berichtet. Wenn eine Gruppe von Knoten vom Benutzer verschoben wird, sendet jeder verschobene Knoten sein eigenes onLayoutChanged-Ereignis.
onLinkAdded	Das Ereignis onLinkAdded besagt, dass dem Graphen eine Verbindung hinzugefügt wurde.
onLinkChanged	Das Ereignis onLinkChanged besagt, dass der Zielknoten einer Verbindung geändert wurde.

Tabelle 4.29 Ereignisse Gantt (Forts.)

Ereignis	Beschreibung
onLinkRemoved	Das Ereignis onLinkRemoved besagt, dass eine Verbindung aus dem Graphen entfernt wurde.
onModelAdded	Das Ereignis onModelAdded besagt, dass das gesamte Graphenmodell ersetzt wurde.
onModelDirty	Das Ereignis onModelDirty besagt, dass das gesamte Graphenmodell geändert wurde. Dieses Ereignis wird für ein Modell nur einmal gesendet, wenn ein anderes Ereignis stattgefunden hat, das zu einer Änderung des Modells geführt hat.
onModelExtracted	Das Ereignis onModelExtracted besagt, dass ein neues Modell von einem bereits existierenden Modell extrahiert wurde. Dies ist üblicherweise das Resultat einer Graphenanalyse, die der Benutzer durchführen kann, um eine bestimmte Untermenge eines Modells herauszufiltern.
onModelSaved	Das Ereignis onModelSaved besagt, dass ein Graphenmodell gesichert wurde.
onNodeAdded	Das Ereignis onNodeAdded besagt, dass dem Graphen ein Knoten hinzugefügt wurde.
onNodeDoubleClicked	Das Ereignis onNodeDoubleClicked besagt, dass der Benutzer einen Doppelklick auf einem Knoten vorgenommen hat.
onNodePropsChanged	Das Ereignis onNodePropsChanged besagt, dass die Knoteneigenschaften geändert wurden. Dieses Ereignis berichtet jedoch keine Änderungen an den Knotengrenzen, die durch onLayoutChanged durchgeführt werden.
onNodeRemoved	Das Ereignis onNodeRemoved besagt, dass ein Knoten aus dem Graphen entfernt wurde.
onNodeSelected	Das Ereignis onNodeSelected besagt, dass ein Knoten angeklickt wurde (nicht nur selektiert).
onRectangleSelected	Das Ereignis onRectangleSelected besagt, dass der Benutzer auf dem Hintergrund des Zeichenbereichs mit der Maus ein Rechteck erstellt hat. Dieses Ereignis ist für Anwendungen wichtig, die einen neuen Knoten über Position und Größe eines Rechtecks erstellen. Wenn die Parameter Koordinaten sind, sind sie Modellkoordinaten, d. h., sie dienen der Korrektur des aktuellen Skalierungsfaktors.

Tabelle 4.29 Ereignisse Gantt (Forts.)

Ereignis	Beschreibung
onRowAdded	Das Ereignis onRowAdded besagt, dass eine Tabellenzeile hinzugefügt wurde.
onRowCollapsed	Das Ereignis onRowCollapsed besagt, dass eine Tabellenzeile zusammengeklappt wurde.
onRowExpanded	Das Ereignis onRowExpanded besagt, dass eine Tabellenzeile aufgeklappt wurde.
onRowMoved	Das Ereignis onRowMoved besagt, dass eine Tabellenzeile verschoben wurde.
onRowRemoved	Das Ereignis onRowRemoved besagt, dass eine Tabellenzeile entfernt wurde.
onRowSelected	Das Ereignis onRowSelected besagt, dass der Benutzer auf den Header einer Tabellenzeile geklickt hat.
onSelectionChanged	Das Ereignis onSelectionChanged besagt, dass etwas ausgewählt wurde oder dass die Markierung entfernt wurde. Ein Klick auf eine Component (siehe on_node_selected( ), on_edge_selected( ) oder on_cells_selected( )) führt normalerweise zu einer Änderung ihres Selektionsstatus. Es ist jedoch nicht möglich, die gerade ausgewählte Menge nur durch das Verarbeiten der Klick-Ereignisse zu verfolgen. Das heißt, der Benutzer kann beim Klicken auf eine Component diese auswählen oder auch die Auswahl über die [Strg]-Taste rückgängig machen. Die Selektion kann auch über die Tastatur geändert werden (z. B. [Strg] + [A], alles auswählen) oder sogar von externen Controllern durch das JNet-Kommando-Interface. Daher wird dieses spezielle Ereignis für Selektionsänderungen benötigt. Beachten Sie, dass das Registrieren auf dieses Event eine hohe Netzwerkbelastung für das Verarbeiten anderer Lokationen bedeuten kann.
onTraceLevelChanged	Das Ereignis onTraceLevelChanged besagt, dass der Trace-Level geändert wurde.

Tabelle 4.29 Ereignisse Gantt (Forts.)

IF_WD_GANTT_METHODS

Einige Eigenschaften des UI-Elements Gantt werden nicht über die Eigenschaften des UI-Elements, sondern mithilfe des Methodenbehandlers IF_WD_GANTT_METHODS gesetzt. Auf den Methodenbehandler können Sie in der Hook-Methode wddomodifyview( ) zugreifen, wie es in Abschnitt 9.3, »Table«, gezeigt wird. Der Behandler stellt die Methode process_command( ) mit den Parametern zur Verfügung, die in Tabelle 4.30 aufgelistet und beschrieben sind.

Methodenbehandler

Parameter	Beschreibung
ID_TARGET	Dies ist die ID des Target-Modells. Falls kein Wert mitgegeben wird, wird das aktuell aktive, in Gantt angezeigte Modell angesprochen.
CMD	Dies ist der Command-String, ein Kommando aus der Liste der JNet-Kommandos, wie z. B. CLOSE, OPEN, ZOOM etc.
PARAMS	Dies ist ein Command-Parameter-String, d. h. der zu einem Kommando gehörige Parameter. Das Format hängt vom gewählten Kommando ab. Zum Beispiel kann bei der Verwendung des ZOOM-Kommandos der Wert FIT an diesen Parameter übergeben werden. Das bedeutet, dass die Anzeige des Modells an die Fenstergröße angepasst wird.
REQUEST_ID	Dies ist die Request-ID als Returning-Parameter.

Tabelle 4.30 Parametermethode process_command( )

XML File Gantt

Wie bereits in der Einleitung zu diesem UI-Element erwähnt, verwendet JNet eine XML-Datei mit den Daten für die Visualisierung. In Listing 4.12 sehen Sie ein Schema für den Aufbau der XML-Datei für Gantt.

XML-Datei

```
<?xml version="1.0" encoding="iso-8859-1" ?>
   <SAPJNetData version="1.0">
     <Application type="GANTT" version="1.0" />
     <TypeRepository href="apps/gantt/vc/
TypeRepository.xml" version="1.0"/>
     <UserInterface version="1.0"/>
     <Graph type="Gantt.Graph" version="1.0"/>
   </SAPJNetData>
```

Listing 4.12 XML-Datei für Gantt

Das XML-Listing beginnt mit der Feststellung, dass es sich um eine XML-Datei handelt. Darauf folgt das Tag `<SAPJNetData>`, das andeutet, dass es sich um eine Datendatei für JNet in der angegebenen Version handelt. Danach folgt das optionale `<Application>`-Tag, mit dem Sie die Applikation näher beschreiben können. Das Tag `<TypeRepository>` stellt die Verbindung zum Type Repository her. Dieses ist in XML realisiert und beinhaltet Typen z. B. für Farben, Layouts, Knoten und Linien. Das Tag `<UserInterface>` erlaubt es Ihnen, den Editiermodus, die Kommandos und UI-Elemente für die Anwendung festzulegen. Das Tag `<Graph>` beinhaltet die eigentliche Definition des Graphen, z. B. in unserem Fall für `Gantt`.

4.7.5 GeoMap

Karte — Das UI-Element `GeoMap` kann dazu verwendet werden, den Ausschnitt einer Landkarte darzustellen. Mit den Werten der Eigenschaften `top`, `left`, `bottom` und `right` bestimmen Sie die Geo-Koordinaten und ziehen den Ausschnitt der Landkarte auf, den Sie anzeigen möchten. Die geografischen Koordinaten berechnen sich aus Längen- und Breitengraden einer geografischen Position und müssen basierend auf dem Bezugssystem im WGS84-Format (World Geodetic System – 1984) eingegeben werden. In der weltweiten Satellitennavigation wird das Bezugssystem WGS84 ebenfalls verwendet.

Spezielle Anforderungen — Die Verwendung des UI-Elements `GeoMap` erfordert eine spezielle Softwarekomponente, die die geografischen Karten zur Verfügung stellt. Diese Softwarekomponente, mit der Sie den Internet Graphics Service (IGS) erweitern, wird nicht mit dem SAP NetWeaver Application Server ABAP ausgeliefert, sondern muss von einem externen Anbieter zusätzlich erworben werden. Ohne diese ergänzende Softwarekomponente ist eine Darstellung der `GeoMap` nicht möglich. Weitere Informationen finden Sie in SAP-Hinweis 994568.

Features — Dies sind die grundsätzlichen Features, die die `GeoMap` anbietet:

- Zoom-in und Zoom-out durch den Benutzer sind möglich.
- Punkte können markiert und mit einem Beschreibungstext versehen werden.
- Linien und Polygone können zu dem Beschreibungstext definiert werden.

- Die GeoMap kann durch die Eigenschaft enabled so attribuiert werden (Wert = abap_true), dass ein Roundtrip ausgelöst wird, wenn der Benutzer auf Geo-Objekte wie Punkte, Linien oder Polygone klickt.

Visuelle Darstellung

In Abbildung 4.118 sehen Sie eine Darstellung einer GeoMap. In der GeoMap wird das Zoomen in der Karte unterstützt. Zur Verschiebung des Kartenausschnitts können Sie die Panels oder die Maus verwenden. Darüber hinaus ist es möglich, Geo-Objekte im Kartenausschnitt darzustellen.

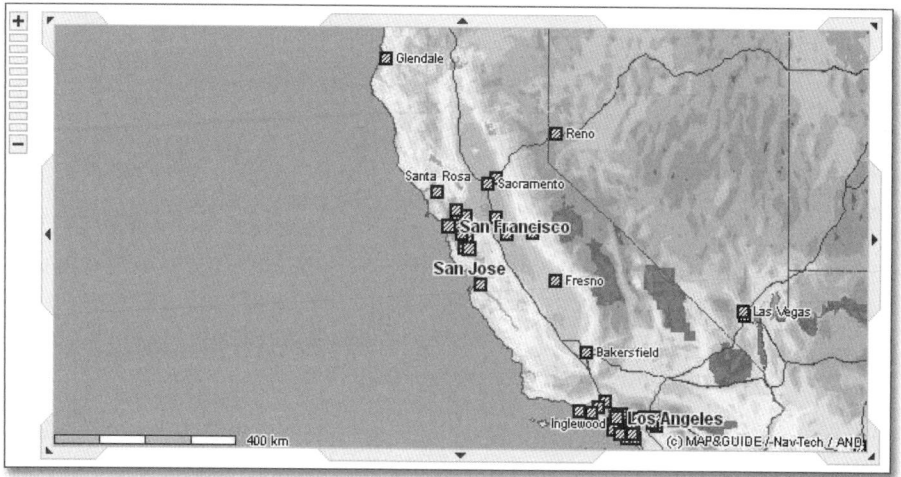

Abbildung 4.118 GeoMap

Eigenschaften

Neben den Eigenschaften aller UI-Elemente und der Eigenschaft accessibilityDescription (siehe Abschnitt 4.4.3, »ToggleLink«) besitzt das UI-Element GeoMap die Eigenschaften height und width, über die Sie die Höhe und Breite des UI-Elements in Pixeln steuern. Diese Eigenschaften können nicht an den Context gebunden werden, darum müssen Sie, falls Sie die Eigenschaft ändern möchten, diese in der Methode wddomodifyview( ) setzen (siehe Kapitel 6, »Dynamische Programmierung«). In Abbildung 4.119 sind darüber hinaus die Eigenschaften markiert, die in diesem Abschnitt besprochen werden (entnommen der Testanwendung WDR_TEST_GEOMAP).

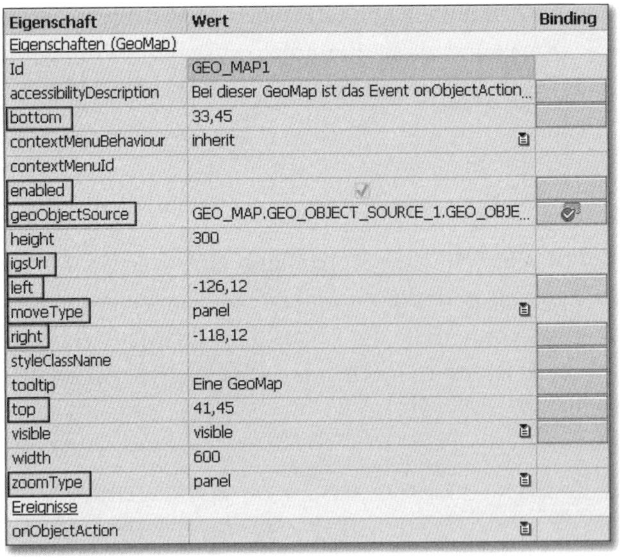

Eigenschaft	Wert	Binding
Eigenschaften (GeoMap)		
Id	GEO_MAP1	
accessibilityDescription	Bei dieser GeoMap ist das Event onObjectAction...	
bottom	33,45	
contextMenuBehaviour	inherit	
contextMenuId		
enabled	✓	
geoObjectSource	GEO_MAP.GEO_OBJECT_SOURCE_1.GEO_OBJE...	✓
height	300	
igsUrl		
left	-126,12	
moveType	panel	
right	-118,12	
styleClassName		
tooltip	Eine GeoMap	
top	41,45	
visible	visible	
width	600	
zoomType	panel	
Ereignisse		
onObjectAction		

Abbildung 4.119 Eigenschaften GeoMap

bottom

Geo-Koordinate — Die Eigenschaft bottom gibt den Wert einer Geo-Koordinate in Dezimalzahlen gemäß dem WGS84-Standard an. Zusammen mit dem Wert für die Eigenschaft right wird die rechte untere Position des Ausschnitts bestimmt. Falls Sie diese Eigenschaft an ein Context-Attribut binden möchten, können Sie den Typ f verwenden.

enabled

Mithilfe der Eigenschaft enabled steuern Sie die Interaktivität der Karte. Falls Sie den Wert abap_true zuordnen, wird das Ereignis onObjectAction ausgelöst, wenn der Benutzer auf ein Geo-Objekt klickt. Falls Sie den Wert auf abap_false setzen, werden die Positionierung und das Zoomen der Karte deaktiviert.

geoObjectSource

Geo-Objekte — In der Landkarte können Sie sogenannte *Geo-Objekte* platzieren, mit denen Sie eine bestimmte Position optisch hervorheben können. Diese Geo-Objekte dienen dazu, dem Benutzer für eine bestimmte Position spezielle Informationen anzubieten. Zum Beispiel können Sie damit den Startpunkt bzw. Endpunkt einer Strecke auf der Landkarte kennzeichnen. Die Datenbindung dieser Eigenschaft an ein Context-Attribut ist obligatorisch. Für die Typisierung des Context-Attributs können Sie eine Referenz auf die ABAP-Klasse CL_WD_GEO_

OBJECT oder die Klassen, die Sie im folgenden Abschnitt »Geo-Objektklassen« finden, verwenden.

Für die Geo-Objekte werden Sie einen Context-Knoten mit dem Context-Attribut für das Geo-Objekt definieren. Von der Anzahl der Geo-Objekte ist abhängig, wie Sie die Kardinalität des Context-Knotens wählen. Möchten Sie mehrere Geo-Objekte verwenden, wählen Sie die Kardinalitätsobergrenze n.

igsUrl

Mit der Eigenschaft igsUrl definieren Sie die Webadresse (URL) des Servers, auf dem der Internet Graphics Service (IGS) laufen soll. Im Attribut igsUrl können Sie die RFC-Destination (Transaktion SM59) zum IGS angeben. Beachten Sie dabei, dass die RFC-Destination gemäß der allgemein üblichen Notation in Web Dynpro mit dem Dollar-Zeichen ($) umschlossen sein muss, z. B. RFC_DEST. Wenn die Eigenschaft igsUrl leer ist, wird die Standard-RFC-Destination IGS_RFC_DEST verwendet. Zudem kann die Eigenschaft nicht an den Context gebunden werden, darum müssen Sie, falls Sie die Eigenschaft ändern möchten, diese in der Methode wddomodifyview( ) setzen.

Internet Graphics Service

left

Mit der Eigenschaft left legen Sie den Wert einer Geo-Koordinate in Dezimalzahlen gemäß dem WGS84-Standard fest. Zusammen mit dem Wert für die Eigenschaft top wird die linke obere Position des Ausschnitts bestimmt. Falls Sie diese Eigenschaft an ein Context-Attribut binden möchten, können Sie den Typ f verwenden. Der Wert dieser Eigenschaft bestimmt die westlichste Position.

Geo-Koordinate

moveType

Mit der Eigenschaft moveType legen Sie fest, ob die geografische Grenze einer Karte durch den Benutzer interaktiv geändert werden kann. Die Eigenschaft kann die in Tabelle 4.31 aufgelisteten Werte annehmen.

Interaktivität

Wert	Beschreibung
mouse	Die geografische Grenze kann mithilfe der Maustasten geändert werden.
none	Die geografische Grenze kann nicht geändert werden.

Tabelle 4.31 Ausprägungen der Eigenschaft moveType

Wert	Beschreibung
panel	Die geografische Grenze kann mithilfe von Bedienelementen am Kartenrand geändert werden.
panelAndMouse	Die geografische Grenze kann mithilfe von Bedienelementen und Maustasten geändert werden.

Tabelle 4.31 Ausprägungen der Eigenschaft moveType (Forts.)

Falls Sie diese Eigenschaft an ein Context-Attribut binden möchten, können Sie den Typ `WDUI_MOVE_TYPE` verwenden. Zudem kann die Eigenschaft nicht an den Context gebunden werden, darum müssen Sie, falls Sie die Eigenschaft ändern möchten, diese in der Methode `wddomodifyview( )` setzen.

right

Geo-Koordinate — Mit der Eigenschaft `right` legen Sie den Wert einer Geo-Koordinate in Dezimalzahlen gemäß dem WGS84-Standard fest. Zusammen mit dem Wert für die Eigenschaft `bottom` wird die rechte untere Position des Ausschnitts bestimmt. Falls Sie diese Eigenschaft an ein Context-Attribut binden möchten, können Sie den Typ `f` verwenden. Der Wert dieser Eigenschaft bestimmt die östlichste Position.

top

Geo-Koordinate — Mit der Eigenschaft `top` definieren Sie den Wert einer Geo-Koordinate in Dezimalzahlen gemäß dem WGS84-Standard. Zusammen mit dem Wert für die Eigenschaft `left` wird die linke obere Position des Ausschnitts bestimmt. Falls Sie diese Eigenschaft an ein Context-Attribut binden möchten, können Sie den Typ `f` verwenden.

zoomType

Zoomen — Mit der Eigenschaft `zoomType` legen Sie das Zoom-Verhalten der Karte fest. Die Eigenschaft kann die in Tabelle 4.32 aufgelisteten und beschriebenen Werte annehmen.

Wert	Beschreibung
none	Ein Zoomen der Karte ist nicht möglich, und es werden auch keine Bedienelemente zum Zoomen angeboten.
panel	Erlaubt das Zoomen der Karte durch Bedienelemente, die links oben im UI-Element dargestellt werden.

Tabelle 4.32 Eigenschaften zoomType

Falls Sie diese Eigenschaft an ein Context-Attribut binden möchten, können Sie den Typ WDUI_GEO_MAP_ZOOM verwenden. Weiter kann die Eigenschaft nicht an den Context gebunden werden, darum müssen Sie, falls Sie die Eigenschaft ändern möchten, diese in der Methode wddomodifyview( ) setzen.

Ereignisse

Das UI-Element GeoMap bietet das Ereignis onObjectAction an, dem eine Aktion zugeordnet werden kann. Durch diese Zuordnung legt das Framework eine Aktionsbehandler-Methode an, an die die Standardparameter id und context_element sowie zusätzlich der Parameter event_id übergeben werden. Der Parameter event_id enthält als Wert die ID des Geo-Objekts, auf das der Benutzer geklickt hat.

onObjectAction

Barrierefreiheit

Um die Entwicklung barrierefreier Anwendungen zu ermöglichen, werden im Rahmen des Syntax-Checks die Eigenschaften tooltip und accessibilityDescription überprüft.

Geo-Objektklassen

In der GeoMap können Sie Geo-Objekte platzieren, die bestimmte Punkte hervorheben. Es werden ABAP-Klassen zur Verfügung gestellt, mit denen Sie diese Punkte und deren Verbindungen erzeugen können. In Abbildung 4.120 sehen Sie die ABAP-Klassenhierarchie der Geo-Objekte.

Klassenhierarchie

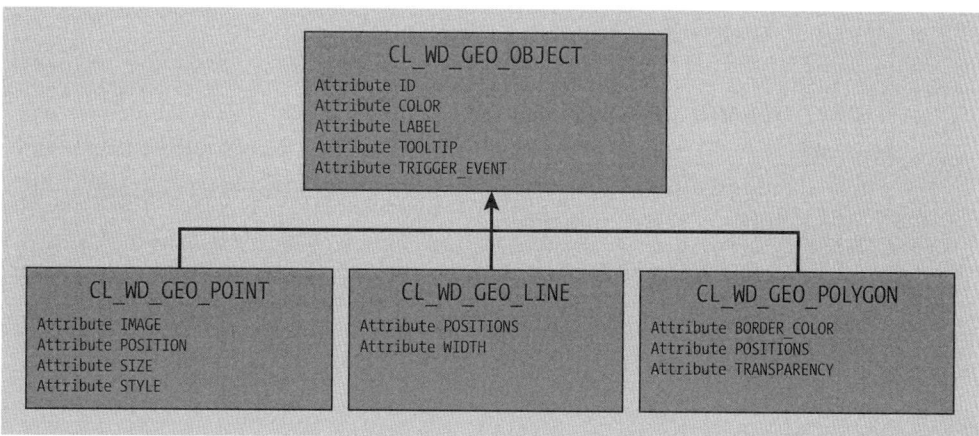

Abbildung 4.120 ABAP-Klassenhierarchie der Geo-Objekte

Im Folgenden werden wir die Klassenattribute genauer besprechen. Prinzipiell ist zu erwähnen, dass Sie immer, wenn Sie ein Geo-Objekt anzeigen möchten, eine der abgebildeten Klassen instanziieren müssen. Die Konstruktoren der Klassen bieten keine Parameter, aber Setter-Methoden, um die Attribute zu setzen.

CL_WD_GEO_OBJECT

Geo-Objekt

Die Klasse CL_WD_GEO_OBJECT ist die Wurzelklasse für alle Geo-Objekte. Die in ihr definierten Attribute stehen allen Unterklassen zur Verfügung. In Tabelle 4.33 sehen Sie die Liste der Attribute, die die Klasse anbietet.

Attribut	Beschreibung
ID	Dies ist die Kennung, um das Geo-Objekt eindeutig zu identifizieren. Falls der Benutzer das Objekt anklicken kann (Attribut TRIGGERS_EVENT), wird die ID an den Parameter EVENT_ID der Aktionsbehandler-Methode übergeben.
COLOR	Dies ist die Farbe, die für das Geo-Objekt verwendet werden soll. Diese wird in RGB-Notation angegeben.
LABEL	Dies ist der Text, der mit dem Geo-Objekt angezeigt wird.
TOOLTIP	Dies ist der Text, der bei einem Mouseover über das Geo-Objekt angezeigt wird.
TRIGGERS_EVENT	Mit diesem Attribut legen Sie fest, ob der Benutzer das Geo-Objekt anklicken kann (Wert = abap_true) oder nicht (Wert = abap_false). Falls der Wert abap_true ist, wird das Ereignis onObjectAction ausgelöst.

Tabelle 4.33 Attribute CL_WD_GEO_OBJECT

CL_WD_GEO_POINT

Geo-Punkt

Die Klasse CL_WD_GEO_POINT ist die Repräsentationsklasse für alle Geo-Punkt-Objekte. In Tabelle 4.34 sehen Sie die Liste der Attribute, die die Klasse anbietet.

Attribut	Beschreibung
IMAGE	Mit diesem Attribut legen Sie den Pfad zu einem Bild fest, das angezeigt werden soll. Das Attribut STYLE muss dabei den Wert 04 haben.

Tabelle 4.34 Attribute CL_WD_GEO_POINT

Attribut	Beschreibung
POSITION	Mit diesem Attribut, das vom Strukturtyp GEOPOSITION ist, bestimmen Sie Longitudinal- und Lateralwerte für die Position des Punktes im WGS84-Format. Für die beiden Werte stehen die Felder LONGITUDE und LATITUDE des Strukturtyps GEOPOSITION zur Verfügung.
SIZE	Mit diesem Attribut können Sie die Größe der Punktvisualisierung festlegen. Diese Eigenschaft ist nur für die STYLE-Werte 00, 01 und 02 relevant.
STYLE	Mit diesem Attribut, das vom Typ WDUI_GEO_POINT_STYLE ist, legen Sie die visuelle Erscheinung des Punktes fest. Es stehen Ihnen die Ausprägungen 00 (Kreis), 01 (Dreieck), 02 (Quadrat), 03 (Ellipse) und 04 (Image) zur Verfügung.

Tabelle 4.34 Attribute CL_WD_GEO_POINT (Forts.)

CL_WD_GEO_LINE

Die Klasse CL_WD_GEO_LINE ist die Repräsentationsklasse für alle Linien-Geo-Objekte. In Tabelle 4.35 sehen Sie die Liste der Attribute, die die Klasse anbietet.

Geo-Linie

Attribut	Beschreibung
POSITIONS	Mit diesem Attribut, das vom Tabellentyp GEOPOSITIONS_TAB ist, bestimmen Sie pro Tabellenzeile (Typ GEOPOSITION) ein Paar von Longitudinal- und Lateralwerten für die Position eines Punktes im WGS84-Format. Für die beiden Werte stehen die Felder LONGITUDE und LATITUDE des Zeilentyps GEOPOSITION zur Verfügung. Zur Laufzeit werden die aufeinanderfolgenden Punkte in der Tabelle zu Zeilen verbunden.
WIDTH	Mit diesem Attribut können Sie die Breite der Linie festlegen.

Tabelle 4.35 Attribute CL_WD_GEO_LINE

CL_WD_GEO_POLYGON

Die Klasse CL_WD_GEO_POLYGON ist die Repräsentationsklasse für alle Polygon-Geo-Objekte. In Tabelle 4.36 sehen Sie die Liste der Attribute, die die Klasse anbietet.

Geo-Polygon

Attribut	Beschreibung
BORDER_COLOR	Dies ist die Farbe, die für die Linie um das Geo-Objekt verwendet werden soll. Diese wird in RGB-Notation angegeben.

Tabelle 4.36 Attribute CL_WD_GEO_POLYGON

Attribut	Beschreibung
POSITIONS	Mit diesem Attribut, das vom Tabellentyp GEOPOSITIONSTAB ist, legen Sie pro Tabellenzeile (Typ GEOPOSITION) ein Paar von Longitudinal- und Lateralwerten für die Position eines Punktes im WGS84-Format fest. Für die beiden Werte stehen die Felder LONGITUDE und LATITUDE des Zeilentyps GEOPOSITION zur Verfügung. Zur Laufzeit werden die aufeinanderfolgenden Punkte in der Tabelle zu Zeilen verbunden. Der letzte und der erste Punkt in der Tabelle werden miteinander verbunden.
TRANSPARENCY	Mit diesem Attribut können Sie die Transparenz des Polygons festlegen. Ein Wert von 0 bedeutet nicht transparent, und ein Wert von 100 bedeutet vollständig transparent.

Tabelle 4.36 Attribute CL_WD_GEO_POLYGON (Forts.)

Beispiel

Geo-Punkt erzeugen

In Listing 4.13 zeigen wir Ihnen ein einfaches Beispiel, um ein Geo-Objekt vom Typ Point zu erzeugen.

```
METHOD CREATE_GEO_OBJECT_POINT.
* Context-Knoten für den Geo-Objekt-Knoten
    DATA lo_nd_geo_map_object TYPE REF TO if_wd_context_node.
* Tabelle der Geo-Objekte
    DATA lt_geo_map_object TYPE
            wd_this->elements_geomap_object.
* Arbeitsstruktur   DATA ls_geo_map_object TYPE
            wd_this->element_geomap_object.
* Ein Geo-Objekt vom Typ Point
    DATA lo_geo_point TYPE REF TO cl_wd_geo_point.
* Die Geo-Position
    DATA ls_position TYPE geoposition.
* Punkt erzeugen
    CREATE OBJECT lo_geo_point.
* Position angeben
    ls_position-longitude = '8.64'.
    ls_position-latitude  = '49.293'.
* Attribute setzen
    lo_geo_point->set_color( the_color = '255,0,0' ).
    lo_geo_point->set_id( the_id = 'GP1' ).
    lo_geo_point->set_image( the_image = '' ).
    lo_geo_point->set_label( the_label = 'SAP Walldorf' ).
    lo_geo_point->set_position( the_position = ls_position ).
```

```
  lo_geo_point->set_size( the_size = '30' ).
  lo_geo_point->set_style( the_style = '03' ).
  lo_geo_point->set_tooltip(
    the_tooltip = 'My first Geo-Point ...' ).
  lo_geo_point->set_triggers_event(
    the_triggers_event = abap_true ).
* Den Punkt in der Tabelle der Geo-Objekte ergänzen
  ls_geo_map_object-geo_object_source = lo_geo_point.
  INSERT ls_geo_map_object INTO TABLE lt_geo_map_object.
* Im Context ablegen
  lo_nd_geo_map_object = wd_context->get_child_node(
    name = wd_this->wdctx_geomap_object ).
  lo_nd_geo_map_object->bind_table( lt_geo_map_object ).
ENDMETHOD.
```

Listing 4.13 Geo-Objekt vom Typ Point erzeugen

Das Beispiel beginnt mit der Instanziierung des Punktes (lo_geo_point). Wie bereits erwähnt, besitzt der Konstruktor des Objekts keine Parameter, darum müssen die Werte der Attribute mit den passenden Setter-Methoden gesetzt werden. Nehmen Sie als Beispiel die Definition der Position des Punktes. Dafür verwenden wir die Variable ls_position, die wir mit den Longitudinal- und Lateralwerten versorgen. Mithilfe der Methode set_position( ), an die wir die Positionsinformation übergeben, setzen wir die Positionsdaten im Geo-Objekt.

| Beschreibung

Nachdem alle relevanten Attribute des Geo-Objekts mithilfe der Setter-Methoden gesetzt wurden, wird das Geo-Objekt in die Menge der Geo-Objekte für den Context-Knoten aufgenommen und an den Context-Knoten gebunden.

4.7.6 ValueComparison

Das UI-Element ValueComparison dient der grafischen Darstellung verschiedener Werte innerhalb eines Balkens. Neben einer 100 %-Marke kann z. B. angezeigt werden, dass Werte über die 100 % hinausgehen.

| Wertevergleich

Visuelle Darstellung

In Abbildung 4.121 sehen Sie eine einfache Darstellung einer ValueComparison. Das UI-Element hat einen Text, der beschreibt, wofür der Wertevergleich abgebildet wird. Der aktuelle Wert (Marker ❶) wird in der Bar ❷ dargestellt, wobei die Box ❸ einen Teilwertebereich der Bar markiert. Um eine Klassifikation der Werte in der Bar darstellen zu können, ist es möglich, Schwellenwertgrenzen (Lower-Threshold ❹, UpperThreshold ❺) zu definieren und dadurch farbliche Kategorien anzuzeigen.

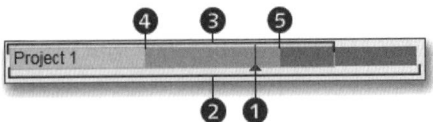

Abbildung 4.121 ValueComparison

Eigenschaften

Das UI-Element ValueComparison besitzt die Eigenschaften text (siehe Abschnitt 4.2.10, »SectionHeader«) und with (in Pixeln, siehe Abschnitt 4.2.2, »InputField«) sowie die Eigenschaften, die alle UI-Elemente besitzen. In Abbildung 4.122 sind die Eigenschaften markiert, die in diesem Abschnitt besprochen werden.

Eigenschaft	Wert	Binding
Eigenschaften (ValueComparison)		
Id	VALCO	
barValue	150	
boxValue	120	
colorAboveThreshold	negative	
colorBelowThreshold	positive	
colorBetweenThresholds	neutral2	
contextMenuBehaviour	inherit	
contextMenuId		
enabled	✓	
lowerThresholdValue	50	
markerType	neutral	
markerValue	90	
maxValue	250	
styleClassName		
text	Project 1	
tooltip		
upperThresholdValue	100	
visible	visible	
width	500	

Abbildung 4.122 Eigenschaften ValueComparison

barValue

Balkenbreite   Mit der Eigenschaft barValue definieren Sie die Breite des Balkens in Pixeln. Dieser wird in den definierten Farben der Bereiche dargestellt. Die absolute Breite des Balkens errechnet sich aus folgender Formel:

$(barValue/maxValue) \times width$

Falls Sie diese Eigenschaft an ein Context-Attribut binden möchten, müssen Sie dieses mit dem Typ f typisieren.

boxValue

Mit der Eigenschaft boxValue definieren Sie die Breite der Box auf dem Balken in Pixeln. Diese wird optisch als Rechteck mit Rand, aber ohne Füllung hervorgehoben. Die absolute Breite der Box errechnet sich aus folgender Formel:

Boxbreite

$(boxValue/maxValue) \times width$

Falls Sie diese Eigenschaft an ein Context-Attribut binden möchten, müssen Sie dieses mit dem Typ f typisieren.

colorAboveThreshold

Mit der Eigenschaft colorAboveThreshold bestimmen Sie die Farbe für die Darstellung von Werten oberhalb des oberen Schwellenwertes (Eigenschaft upperThresholdValue). Falls Sie diese Eigenschaft an ein Context-Attribut binden möchten, steht Ihnen das Datenelement WDUI_BAR_COLOR für die Typisierung zur Verfügung. In Abbildung 4.123 und Tabelle 4.37 sehen Sie die Auswirkungen der unterschiedlichen Farbgebungen.

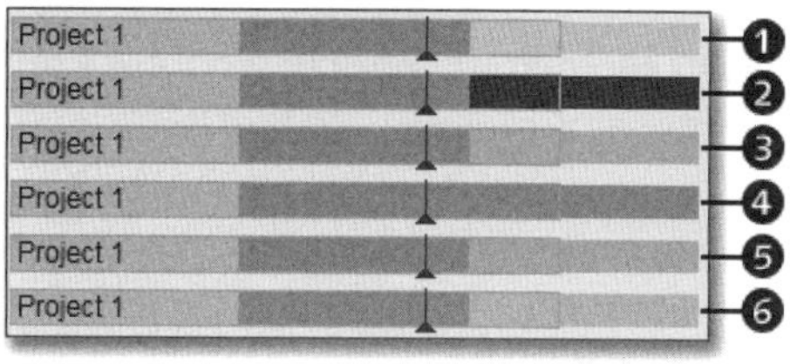

Farbe über Schwellenwert

Abbildung 4.123 Eigenschaft colorAboveThreshold

Wert	Beschreibung
critical ❶	Gelb
negative ❷	Rot
neutral1 ❸	Hellblau (Dunkelblau im Signature-Design)

Tabelle 4.37 Ausprägungen der Eigenschaft colorAboveThreshold

Wert	Beschreibung
neutral2 ❹	Dunkelblau (Mittelblau im Signature-Design)
neutral3 ❺	Hellblau
positive ❻	Grün

Tabelle 4.37 Ausprägungen der Eigenschaft colorAboveThreshold (Forts.)

colorBelowThreshold

Mit der Eigenschaft `colorBelowThreshold` legen Sie die Farbe für die Darstellung von Werten unterhalb des unteren Schwellenwertes (Eigenschaft `lowerThresholdValue`) fest. Falls Sie diese Eigenschaft an ein Context-Attribut binden möchten, steht Ihnen das Datenelement `WDUI_BAR_COLOR` für die Typisierung zur Verfügung. Die Farbgebungen entsprechen denen zur Eigenschaft `colorAboveThreshold`.

colorBetweenThreshold

Mit der Eigenschaft `colorBetweenThreshold` definieren Sie die Farbe für die Darstellung von Werten zwischen den Schwellenwerten (Eigenschaft `lowerThresholdValue` und `upperThresholdValue`). Falls Sie diese Eigenschaft an ein Context-Attribut binden möchten, steht Ihnen das Datenelement `WDUI_BAR_COLOR` für die Typisierung zur Verfügung. Die Farbgebungen entsprechen denen zur Eigenschaft `colorAboveThreshold`.

lowerThresholdValue

Mit der Eigenschaft `lowerThresholdValue` bestimmen Sie den unteren Schwellenwert in Pixeln. Falls Sie diese Eigenschaft an ein Context-Attribut binden möchten, müssen Sie dieses mit dem Typ `f` typisieren.

markerType

Mit der Eigenschaft `markerType` legen Sie die Art des Markierungsstrichs fest (siehe Abbildung 4.124). Falls Sie diese Eigenschaft an ein Context-Attribut binden möchten, steht Ihnen das Datenelement `WDUI_MARKER_TYPE` für die Typisierung zur Verfügung.

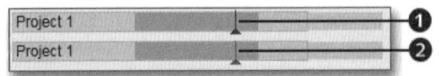

Abbildung 4.124 Eigenschaft markerType

Wird der `markerType = neutral` ❶ verwendet, wird der Marker schwarz dargestellt. Für `markerType = critical` ❷ wird die Farbe Grau, im Signature-Design die Farbe Rot verwendet.

markerValue

Mit der Eigenschaft `markerValue` legen Sie den Wert in Pixeln fest, bei dem der Markierungsstrich angezeigt wird. Falls Sie diese Eigenschaft an ein Context-Attribut binden möchten, müssen Sie dieses mit dem Typ `f` typisieren.

Marker-Wert

maxValue

Mit der Eigenschaft `maxValue` können Sie den gedachten maximalen Wert (100 %) der Skala definieren. Alle anderen Werte werden in Relation zu diesem Wert visualisiert. Falls Sie diese Eigenschaft an ein Context-Attribut binden möchten, müssen Sie dieses mit dem Typ `f` typisieren.

100 %

upperThresholdValue

Mit der Eigenschaft `upperThresholdValue` bestimmen Sie den oberen Schwellenwert in Pixeln. Falls Sie diese Eigenschaft an ein Context-Attribut binden möchten, müssen Sie dieses mit dem Typ `f` typisieren.

Schwellenwert

Barrierefreiheit

Um die Entwicklung barrierefreier Anwendungen zu ermöglichen, wird im Rahmen des Syntax-Checks die Eigenschaft `tooltip` überprüft.

4.7.7 Image

Über das UI-Element `Image` können Grafiken in einem Format, das der SAP NetWeaver Application Server verarbeiten kann, wie z. B. das GIF-, JPG- und PNG-Format, in die Web-Dynpro-Anwendung eingebunden werden. Höhe und Breite der Grafik können über die Eigenschaften `height` und `width` in CSS-Einheiten bestimmt werden, und die Grafik wird ohne Rand dargestellt.

Ein Bild

Visuelle Darstellung

In Abbildung 4.125 sehen Sie eine einfache Darstellung eines `Image`.

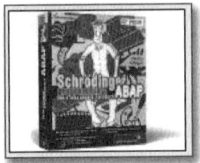

Abbildung 4.125 Image

Eigenschaften

Abbildung 4.126 zeigt die Eigenschaften, die in diesem Abschnitt besprochen werden.

Eigenschaft	Wert	Binding
Eigenschaften (Image)		
Id	IMG	
adjustImageSize	☑	
border	1	
contextMenuBehaviour	inherit	
contextMenuId		
enabled	☑	
height	100px	
isDecorative	☐	
isDragHandle	☐	
source	roland.png	
styleClassName		
tooltip	Schrödinger programmiert ABAP	
visible	visible	
width		

Abbildung 4.126 Eigenschaften Image

adjustImageSize

Proportionen erhalten

Mit der Eigenschaft `adjustImageSize` legen Sie fest, ob die Größe des `Image`-Elements entsprechend den Proportionen, also dem Verhältnis zwischen Höhe und Breite des Bildes, angepasst wird. Wenn diese Eigenschaft auf `abap_false` gesetzt wird, wird das `Image` gemäß der gegebenen Höhe und Breite dargestellt, die Proportionen bleiben nicht erhalten.

border

Rahmen

Mit der Eigenschaft `border` bestimmen Sie, ob die Grafik mit einem Rahmen dargestellt wird.

isDecorative

Mit der Eigenschaft `isDecorative` entscheiden Sie, ob ein `Image` nur dekorativ ist und keinerlei funktionale Bedeutung hat. Wenn es keinerlei Information für den Benutzer liefert, sollte diese Eigenschaft auf `abap_true` gesetzt werden. Wenn Sie die Barrierefreiheit in Ihrer Component aktiviert haben, wird das `Image` ignoriert und aus der Tabulator-Reihenfolge entfernt.

Funktional oder nicht

isDragHandle

Mit der Eigenschaft `isDragHandle` legen Sie das `Image` als Drag-Handle fest, damit es im Rahmen von Drag-&-Drop-Operationen verwendet werden kann (siehe auch Kapitel 5, »Drag & Drop für UI-Elemente«).

source

Mit der Eigenschaft `source` definieren Sie die Webadresse (URL) der Grafik, durch die das UI-Element die Daten zur Visualisierung erhält. Wenn Sie Webicons verwenden, geben Sie den entsprechenden symbolischen Namen an. Sie werden bei der Eingabe durch Eingabehilfen unterstützt.

Barrierefreiheit

Um die Entwicklung barrierefreier Anwendungen zu ermöglichen, wird im Rahmen des Syntax-Checks die Eigenschaft `tooltip` überprüft, wenn die Eigenschaften `label` und `isDecorative` nicht gesetzt wurden.

Aggregierte Elemente

Zum `Image` können Sie ein Menü anlegen, dessen Existenz bei einem Mouseover am `Image` rechts unten als Dreieck angezeigt wird (siehe Abschnitt 4.2.6, »TextView«, und Abschnitt 4.8.2, »AcfExecute«).

4.7.8 Network

Das UI-Element `Network` ist ein generischer Editor von Netzwerkgrafiken. Mit dem `Network`-Element können Sie alles anzeigen, was als Menge von Knoten und Verbindungen zwischen Knoten visualisiert werden kann. Die technische Basis für die Visualisierung ist die gleiche wie für das UI-Element `Gantt`, nämlich JNet. Daher verweisen

Netzwerkgrafik

wir Sie für die Diskussion dieses Elements auf Abschnitt 4.6.4, »MessageArea«. In Abbildung 4.127 sehen Sie die Darstellung eines `Network`-Elements.

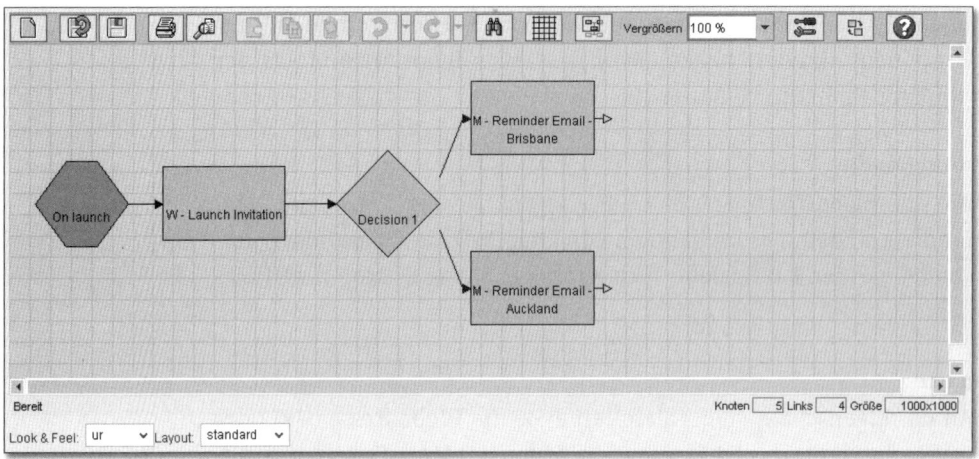

Abbildung 4.127 Network

4.7.9 ProgressIndicator

Fortschrittsanzeige

Das UI-Element `ProgressIndicator` zeigt den Fortschritt einer Aktivität in Form eines Fortschrittsbalkens an. Dabei wird eine Skala verwendet, die den Fortschrittsgrad darstellt, d. h. den Wert, den Sie der Eigenschaft `percentValue` zugeordnet haben. Sie können mit der Eigenschaft `displayValue` innerhalb des `ProgressIndicator` einen Text auf der linken Seite des UI-Elements darstellen. Damit ist es möglich, bei bestimmten Prozentwerten auch Beschreibungen anzugeben.

Über die Eigenschaft `showValue` kann die Anzeige des `displayValue`-Wertes unterdrückt werden. Mit der Eigenschaft `barColor` kann der `ProgessIndicator` in verschiedenen Farben visualisiert werden. Einem `ProgressIndicator` können Sie ein Pop-up-Menü zuordnen. Sie können das UI-Element `ProgressIndicator` z. B. zur Anzeige eines Projektstatus in Prozent verwenden.

Visuelle Darstellung

In Abbildung 4.128 sehen Sie eine einfache Darstellung eines `ProgressIndicator`. In der Abbildung wird ein Fortschrittsbalken angezeigt, der je nach Forstschritt gefüllt ist. Dabei entsprechen 100 % einem vollständig gefüllten Balken und 0 % einem nicht gefüllten Balken. Im Balken können Sie einen Text so platzieren wie in unserem Beispiel.

Abbildung 4.128 ProgressIndicator

Eigenschaften

In Abbildung 4.129 sehen Sie die Eigenschaften, die in diesem Abschnitt besprochen werden. Darüber hinaus wird mit der Eigenschaft width die Breite des Elements in Pixeln definiert.

Eigenschaft	Wert	Binding
Eigenschaften (ProgressIndicator)		
Id	PI	
barColor	neutral	
contextMenuBehaviour	inherit	
contextMenuId		
displayValue	Project 1	
enabled	✓	
percentValue	75	
showValue	✓	
styleClassName		
tooltip	Project 1	
visible	visible	
width	200px	

Abbildung 4.129 Eigenschaften ProgressIndicator

barColor

Mit der Eigenschaft barColor definieren Sie die semantische Farbe des ProgressIndicator. Falls Sie diese Eigenschaft an ein Context-Attribut binden möchten, steht Ihnen das Datenelement WDUI_PROG_IND_BAR_COL für die Typisierung zur Verfügung. In Abbildung 4.130 sehen Sie die Auswirkungen der unterschiedlichen Farbgebungen.   Farbe

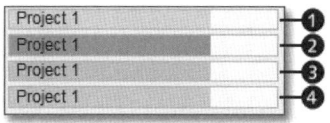

Abbildung 4.130 Eigenschaft barColor

In Tabelle 4.38 haben wir die unterschiedlichen Ausprägungen der Eigenschaft `barColor` zusammengefasst.

Wert	Beschreibung
Critical ❶	Gelb
Negative ❷	Rot
Neutral ❸	Blau
Positive ❹	Grün

Tabelle 4.38 Ausprägungen der Eigenschaft barColor

displayValue

Anzeigetext — Mithilfe der Eigenschaft `displayValue` können Sie einen Text zur Anzeige im `ProgressIndicator` definieren. Wenn Sie dieser Eigenschaft keinen Wert zugeordnet haben, wird standardmäßig der Wert, den Sie für die Eigenschaft `percentValue` gesetzt haben, mit Prozentzeichen als Text dargestellt, z. B. »75 %«.

percentValue

Prozentwert — Mit der Eigenschaft `percentValue` bestimmen Sie den prozentuellen Wert des Fortschritts.

showValue

Mit der Eigenschaft `showValue` legen Sie fest, ob der Wert der Eigenschaft `displayValue` auf dem `ProgressIndicator` angezeigt wird (Wert = `abap_true`) oder nicht (Wert = `abap_false`).

Barrierefreiheit

Um die Entwicklung barrierefreier Anwendungen zu ermöglichen, wird im Rahmen des Syntax-Checks die Eigenschaft `tooltip` überprüft.

Aggregierte Elemente

Zum `ProgressIndicator` können Sie ein Menü anlegen, dessen Existenz bei einem Mouseover am `ProgressIndicator` rechts unten als Dreieck angezeigt wird (siehe auch Abschnitt 4.2.6, »TextView«, und Abschnitt 4.8.2, »AcfExecute«).

4.7.10 ThresholdSlider

Schieber — Ein `ThresholdSlider` dient der balkenähnlichen Darstellung eines Zustands bzw. eines ganzzahligen Wertes, wobei sich nach bestimmten festgelegten Schwellenwerten die Farbe ändert.

Visuelle Darstellung

In Abbildung 4.131 sehen Sie eine einfache Darstellung eines ThresholdSlider. Wir haben den gleichen Slider, aber mit unterschiedlichen Positionen und damit unterschiedlichen Farben (Rot, Hellgrün, Dunkelgrün) untereinander visualisiert.

Das Intervall zwischen zwei Schwellenwerten (Thresholds) ist eine Unit, und die Größe dieses Intervalls wird durch die Eigenschaft unitWidth in Pixeln festgelegt. Ein ThresholdSlider aggregiert Threshold-Elemente. Die Threshold-Elemente bestimmen unter anderem die Farbänderungen des ThresholdSlider. Der Gesamt-Tooltip des ThresholdSlider ist der tooltip der ThresholdSlider plus dem tooltip des aktiven Threshold-Elements.

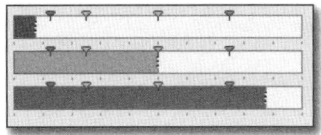

Abbildung 4.131 ThresholdSlider

Die kleinen Markierungen unterhalb eines ThresholdSlider sind TickMark-Elemente, die dazu beitragen, dass die Unterseite des ThresholdSlider optisch einem Lineal ähnelt. Mit der Eigenschaft showTickMarks legen Sie fest, ob diese TickMark-Elemente angezeigt werden sollen oder nicht. Der Abstand zwischen zwei TickMark-Elementen wird durch die Eigenschaft tickMarkSpacing in Units festgelegt.

Die Breite eines ThresholdSlider ist durch die Anzahl der TickMark-Intervalle festgelegt, die durch die Eigenschaft maxTickMarks gesetzt wird. Die Breite eines ThresholdSlider in Pixeln berechnet sich daher folgendermaßen:

maxTickMarks × *tickMarkSpacing* × *unitWidth*

Eigenschaften

Das UI-Element ThresholdSlider besitzt die Eigenschaft state, die wir in Abschnitt 4.2.2 zum UI-Element InputField beschrieben haben, sowie die Eigenschaften, die alle UI-Elemente haben. In Abbildung 4.132 sind die Eigenschaften markiert, die in diesem Abschnitt besprochen werden.

4 | UI-Elemente und ihre Eigenschaften

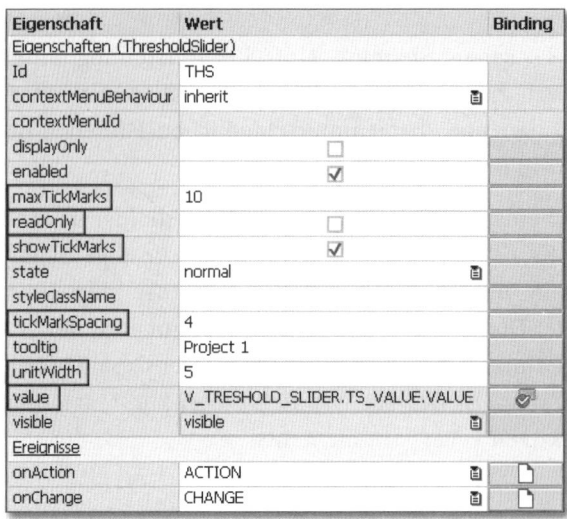

Abbildung 4.132 Eigenschaften ThresholdSlider

maxTickMarks

Mit der Eigenschaft `maxTickMarks` legen Sie die Gesamtanzahl der `TickMark`-Elemente fest.

readOnly

Mit der Eigenschaft `readOnly` bestimmen Sie, ob der farbige Balken vom Benutzer mit der Maustaste verschoben werden kann oder nicht. Wenn der Wert `abap_true` ist, kann der `ThresholdSlider` nicht verschoben werden, aber der Benutzer kann auf den `ThresholdSlider` klicken. Dies löst die Web-Dynpro-Action `onAction` aus. Ist der Wert `abap_false`, kann der Benutzer die Position des `ThresholdSlider` mit der Maustaste und damit auch den Wert des `ThresholdSlider` verändern. Folgende Empfehlungen gelten dabei:

- Das Ereignis `onChange` ist für den Fall nicht sinnvoll, dass die Eigenschaft den Wert `abap_true` hat, da dann der Benutzer den Schieber nicht bewegen kann.

- Das Ereignis `onAction` wird nur im Fall des Wertes `abap_false` ausgelöst, da sonst beim Klicken des Benutzers nicht klar wäre, ob der Wert verändert werden soll oder ob der `ThresholdSlider` angeklickt wurde.

showTickMarks

Markierung Mithilfe der Eigenschaft `showTickMarks` können Sie die `TickMark`-Elemente anzeigen (Wert = `abap_true`) oder nicht (Wert = `abap_false`).

tickMarkSpacing

Mit der Eigenschaft `tickMarkSpacing` definieren Sie den Abstand zwischen zwei `TickMark`-Elementen in Units (siehe auch die folgende Eigenschaft `unitWidth`).

Abstand

unitWidth

Mit der Eigenschaft `unitWidth` legen Sie die Breite einer Unit in Pixeln fest.

value

Mit der Eigenschaft `value` legen Sie die Position des farbigen Balkens in Units fest. Diese Eigenschaft muss an einen Context-Knoten gebunden sein.

Position

Ereignisse

Der `ThresholdSlider` bietet Ihnen zwei Ereignisse an. Diese werden wir im Folgenden besprechen.

onAction

Das UI-Element `ThresholdSlider` bietet das Ereignis `onAction` an, sofern die Eigenschaft `readOnly` den Wert `abap_false` hat. Das Ereignis wird ausgelöst, wenn der Benutzer auf den farbigen Balken klickt oder doppelklickt. Der Aktionsbehandler-Methode werden die Standardparameter `id` und `context_element` übergeben.

onChange

Dieses Ereignis wird ausgelöst, wenn der Benutzer die Länge des farbigen Balkens verändert und die Eigenschaft `readOnly` den Wert `abap_true` besitzt. Der Aktionsbehandler-Methode werden die Standardparameter `id` und `context_element` übergeben.

Aggregierte Elemente

In Abbildung 4.133 sehen Sie die aggregierten Elemente zum `ThresholdSlider`, die in diesem Abschnitt besprochen werden.

Sie können in einem `ThresholdSlider` zwei verschiedene Arten von Threshold-Elementen einfügen:

Threshold-Typen

- `Threshold`
- `MultipleThreshold`

Ein `MultipleThreshold` wird an einen Context-Knoten gebunden. Damit ist es möglich, die Anzahl der angezeigten `Threshold`-Elemente zur Laufzeit dynamisch anzupassen.

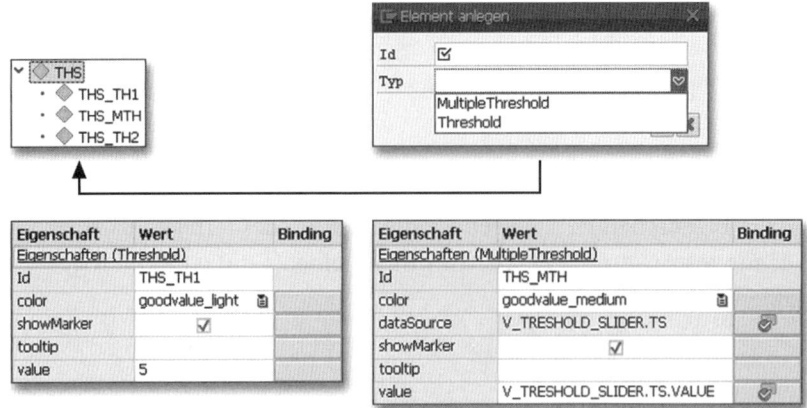

Abbildung 4.133 Aggregationen ThresholdSlider

Threshold

Schwellenwert

Das UI-Element `Threshold` definiert einen Schwellenwert, ab dem sich bei einem `ThresholdSlider` der farbliche Verlauf des Balkens ändert. `Threshold`-Elemente können verschiedene Farben annehmen, und sie beeinflussen die Balkenfarbe und den Balken-Tooltip, wenn der Schieber zwischen diesem `Threshold` und dem nächsten steht.

Dem `ThresholdSlider` können beliebig viele `Threshold`-Elemente zugeordnet werden. Verwenden Sie zum Anlegen eines `Threshold`-Elements im View-Editor das Kontextmenü auf dem `ThresholdSlider` und dort den Menüeintrag SCHWELLENWERT EINFÜGEN. Im Folgedialog wählen Sie den Typ `Threshold`. Die wichtigsten Eigenschaften, die das UI-Element `Threshold` zur Verfügung stellt, sind in Tabelle 4.39 zusammengestellt.

Eigenschaft	Beschreibung
color	Mit der Eigenschaft `color` definieren Sie eine semantische Farbe für den `Threshold`. Falls Sie diese Eigenschaft an ein Context-Attribut binden, können Sie das Datenelement `WDUI_TABLE_CELL_DESIGN` zur Typisierung verwenden. Die zulässigen Werte sind: `badvalue_dark`, `badvalue_light`, `criticalvalue_dark`, `five`, `selection`, `total`, `subtotal_light`, `goodvalue_medium`, `three`, `goodvalue_dark`.

Tabelle 4.39 Eigenschaften Threshold

Eigenschaft	Beschreibung
showMarker	Mit der Eigenschaft showMarker legen Sie fest, ob der Threshold als farbige Markierung oberhalb des Sliders angezeigt werden soll.
value	Mit der Eigenschaft value geben Sie in Units an, wo der Threshold steht. Vor dem ersten Threshold ist die Farbe gleich der Farbe des ersten Threshold-Elements.

Tabelle 4.39 Eigenschaften Threshold (Forts.)

MultipleThreshold

Das UI-Element MultipleThreshold dient dazu, mehrere Threshold-Elemente zu visualisieren. Dem ThresholdSlider können beliebig viele MultipleThreshold-Elemente zugeordnet werden. Zum Anlegen eines MultipleThreshold im View-Editor können Sie das Kontextmenü auf dem ThresholdSlider und dort den Menüeintrag SCHWELLENWERT EINFÜGEN verwenden. Im Folgedialog wählen Sie den Typ MultipleThreshold.

Mehrere Schwellenwerte

Die Eigenschaften, die der MultipleThreshold zur Verfügung stellt, sind identisch mit den Eigenschaften des Threshold-Elements. Zusätzlich bietet der MultipleThreshold die Eigenschaft dataSource, mit der Sie eine Zuordnung zu einem Context-Knoten mit der Kardinalitätsobergrenze n herstellen. Die Elemente des Knotens entsprechen den Schwellenwerten, die im ThresholdSlider dargestellt werden. Der gebundene Context-Knoten sollte zumindest ein Attribut besitzen, das mithilfe eines Data Bindings an die Eigenschaft value gebunden wird.

4.8 Kategorie »integration«

In der Kategorie integration sind alle UI-Elemente zusammengefasst, die unterschiedliche Technologien in Web Dynpro integrieren.

4.8.1 Allgemein

In Abbildung 4.134 sehen Sie als Ausschnitt der gesamten ABAP-Klassenhierarchie der UI-Elemente die Klassenhierarchie für die in diesem Abschnitt besprochenen UI-Elemente.

Klassenhierarchie

4 | UI-Elemente und ihre Eigenschaften

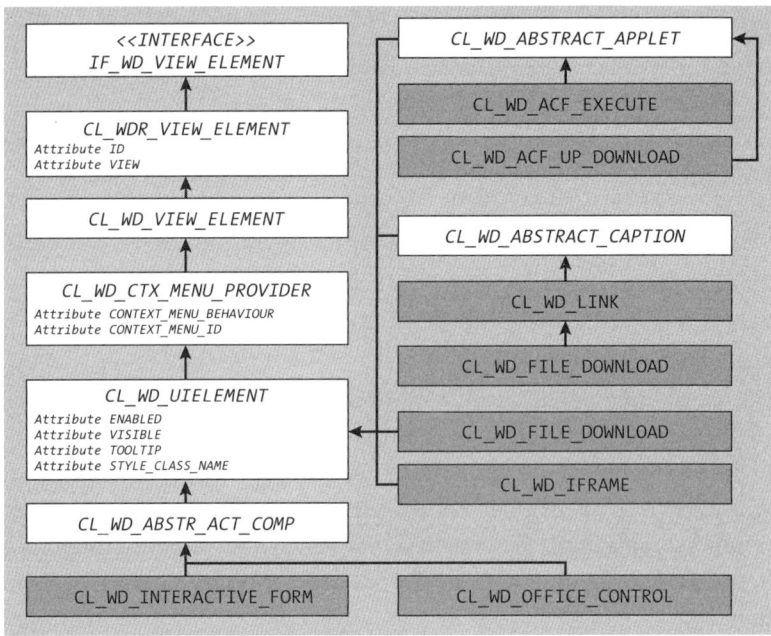

Abbildung 4.134 Klassenhierarchie der UI-Elemente aus der integration-Kategorie

Basisklassen

Die Klassen, die mit hellem Hintergrund dargestellt sind, sind die Basisklassen. In der höchsten Klasse CL_WDR_VIEW_ELEMENT wird das Attribut ID definiert. Damit steht diese Eigenschaft allen Unterklassen zur Verfügung. Die Klasse CL_WD_CTX_MENU_PROVIDER steuert die Attribute CONTEXT_MENU_BEHAVIOUR und CONTEXT_MENU_ID bei. Die Klasse CL_WD_UIELEMENT leistet auch einen wichtigen Beitrag, nämlich die Attribute ENABLED, VISIBLE und TOOLTIP.

4.8.2 AcfExecute

Externe Applikation starten

Das UI-Element AcfExecute dient dem Start einer externen Applikation, z. B. Notepad oder Paint, innerhalb einer Web-Dynpro-Anwendung.

Methodenbehandler

Wie im Fall des UI-Elements OfficeControl (siehe Abschnitt 4.7.8) können Methoden ausgeführt werden, für die der ACF-Methodenbehandler CL_WDR_ACFEXECUTE_HNDL benötigt wird. Dieser muss, wie z. B. im Fall des UI-Elements Table (siehe Abschnitt 9.5, »Table-Popin«), über die Referenz auf ein UI-Element ermittelt werden. Für die Ermittlung bietet sich die Hook-Methode wddomodifyview( ) an.

Das UI-Element `AcfExecute` ist im Gegensatz zu anderen UI-Elementen so in Web Dynpro ABAP implementiert, dass die Aktion nur durch einen Methodenaufruf ausgelöst wird. Das heißt, für `AcfExecute` erfolgt eine Ausführung nur durch den Methodenaufruf von `if_wd_acfexecute~execute( )`.

`execute()`

> **[!] Keine Einbindung in Dialogfenster**
>
> Beachten Sie, dass die Integration von `AcfExecute` in Web-Dynpro-Dialogfenstern (Pop-up-Fenstern) nicht unterstützt wird.

Voraussetzungen

Die technischen Voraussetzungen für das Betriebssystem, die Java-Version und den Internet-Browser zur Verwendung des `AcfExecute` sind in den SAP-Hinweisen 1178747 und 1224097 beschrieben.

Da in Web Dynpro die gerenderten Seiten üblicherweise in einem Webbrowser dargestellt werden, der mit dem Internet verbunden ist, müssen bei einem UI-Element wie `AcfExecute` Sicherheitsaspekte berücksichtigt werden:

Sicherheit

- `AcfExecute` kommuniziert nur mit autorisierten Servern.
- Es werden nur autorisierte Executables auf dem Client-PC gestartet.
- Daten können nur in autorisierten Verzeichnissen abgelegt werden.
- Daten können nur aus autorisierten Verzeichnissen ausgelesen werden.

Die autorisierten Server und Verzeichnisse stehen in einer Whitelist, die von einem Administrator aufgebaut wurde. Der Administrator kann die Whitelist über Transaktion WDR_ACF_WLIST erzeugen. In Listing 4.14 sehen Sie eine einfache Whitelist, die mit der Transaktion für die Verwendung des Programms *notepad.exe* auf einem Windows-Client erstellt wurde, um Texte zu editieren.

Whitelist

```
<?xml version="1.0" encoding="utf-8" ?>
  <frontendServices version="7.0.0.0">
    <execute>
      <application path="$windir$/system32/notepad.exe">
        <parameter position="01" type="STRING">
          <legalValue>*.txt</legalValue>
```

```
            <legalValue>*asc</legalValue>
          </parameter>
          <parameter position="02" type="STRING" />
        </application>
      </execute>
    <upload />
  </frontendServices>
```

Listing 4.14 Whitelist-Beispiel

Installation
Um in einem SAP-System mit einer lokalen Whitelist zu arbeiten, benötigen Sie ein Zertifikat des betreffenden Systems. Daher muss der Administrator das Zertifikat des betreffenden Systems über Transaktion ACF_WHITELIST_SETUP herunterladen. Diese Transaktion stellt eine Funktion zur Verfügung, um das Zertifikat in einem lokalen Verzeichnis abzulegen. Über die SAP-GUI-Installation kann das Zertifikat in alle benötigten Systeme verteilt werden.

Weitere Informationen zu Whitelists finden Sie im SAP-Referenz-Einführungsleitfaden (Implementation Guide, IMG). Klicken Sie dazu in Transaktion SPRO auf den Button SAP-REFERENZ-IMG. Der weitere Pfad lautet dann: APPLICATION SERVER • WEB DYNPRO ABAP • WHITELIST FÜR AKTIVE CONTROLS EINRICHTEN und WHITELIST FÜR AKTIVE CONTROLS AKTIVIEREN.

Die Whitelist wird automatisch installiert, wenn ein Administrator die entsprechenden Einstellungen vorgenommen hat. Es ist nicht mehr nötig, dass jeder Benutzer sie selbst lokal installiert. Die Whitelist wird signiert übertragen und entschlüsselt. Ein Administrator muss lediglich den Schlüssel zum Entschlüsseln im System hinterlegen. Der Schlüssel kann dann über die SAP-GUI-Installation in der Systemlandschaft verteilt werden.

Eigenschaften

Das UI-Element AcfExecute verfügt über die Eigenschaft lifeTime, die wir in Abschnitt 4.6.4 zum Element Gantt besprochen haben, sowie über die Eigenschaften, die alle UI-Elemente besitzen. In Abbildung 4.135 sind die Eigenschaften class und archives markiert. Sie werden automatisch vom Framework gesetzt, nehmen Sie daher hier keine Einstellungen vor.

Abbildung 4.135 Eigenschaften AcfExecute

Beispiel

Um das UI-Element AcfExecute einzusetzen, können Sie es z. B. dynamisch erzeugen (siehe auch Kapitel 6, »Dynamische Programmierung«). Dafür verwenden Sie in der Methode wddomodifyview( ) den Aufruf cl_wd_acf_execute=>new_acf_execute( ) für die Instanziierung. Über diese Referenz können Sie auch den Behandler ermitteln, und zwar mithilfe des Attributs _method_handler. In Abschnitt 9.5, »TablePopin«, finden Sie weitere Implementierungsdetails.

Dynamische Generierung

Der Benutzer erhält die Möglichkeit, über ein interaktives Element, wie z. B. einen Button, das externe Werkzeug aufzurufen. In der Behandlermethode des Interaktionselements rufen Sie die Methode if_wd_acfexecute~execute( ) des AcfExecute auf. Ein Beispiel dieses Aufrufs finden Sie in Listing 4.15.

```
METHOD onactionon_action_notepad.
* Die Applikation
    DATA: ld_application TYPE string,
* Die Argumente
        ld_argument TYPE string,
* Error-Element
        lr_el_error TYPE REF TO if_wd_context_element,
* Error-Info
        ls_elem_stru TYPE wdr_ext_attribute_pointer,
* Exception
        lr_exc TYPE REF TO cx_wd_acf_exception,
* Message
        ld_message_text TYPE string.
* Argumente befüllen
* Hier könnte der Name einer Datei übergeben werden,
* die zu öffnen ist
```

```abap
          CLEAR ld_argument.
*  Die Applikation
          ld_application = 'C:\WINDOWS\system32\notepad.exe'.
*  Ausführen
          TRY.
*  Ermittle das Error-Element
              lr_el_error = wd_context->get_lead_selection( ).
*  Fülle die Error-Struktur
              ls_elem_stru-attribute_name = 'ERROR'.
              ls_elem_stru-element = lr_el_error.
*  Rufe die Execute-Methode
              wd_this->gr_execute_handler->if_wd_acfexecute~execute(
                 application =  ld_application
                 argumentlist = ld_argument
                 errorinformation = ls_elem_stru ).
            CATCH cx_wd_acf_exception INTO lr_exc.
*  Nachrichtentext
              ld_message_text = lr_exc->if_message~get_text( ).
*  Ermittle den Message Manager
            DATA lo_api_controller
                    TYPE REF TO if_wd_controller.
            DATA lo_message_manager
                    TYPE REF TO if_wd_message_manager.
*  Ermittle die API
              lo_api_controller ?= wd_this->wd_get_api( ).
*  Hole den Manager
              CALL METHOD lo_api_controller->get_message_manager
                RECEIVING
                  message_manager = lo_message_manager.
*  Berichte den Erfolg
              CALL METHOD lo_message_manager->report_success
                EXPORTING
                  message_text = ld_message_text.
          ENDTRY.
        ENDMETHOD.
```

Listing 4.15 Methode execute( )

Beschreibung   Wir beginnen damit, die Struktur für die Error-Information der `execute( )`-Methode aufzubauen. Dazu ermitteln wir die Referenz auf das Element und das Attribut, in dem die Error-Information abgelegt wird. Danach rufen wir die Methode `execute( )` über den Methodenbehandler auf. Tritt ein Fehler auf, wird dieser im CATCH-Block behandelt und eine Nachricht an den Benutzer ausgegeben.

4.8.3 AcfUpDownload

Das UI-Element `AcfUpDownload` ermöglicht den Up- und Download großer Dateien von einem KPro Content Server (Knowledge Provider). Vom `AcfUpDownload` können Dateien von bis zu zwei Gigabyte gesendet bzw. empfangen werden. Die Up- und Downloads werden von einem KPro Content Server auf das lokale Dateisystem vorgenommen. Der eigentliche Datenaustausch zwischen dem Content Server und Web Dynpro erfolgt dabei über das ACF-Protokoll.

Up-/Download von Server

> **SAP Content Server und Knowledge Provider** [«]
>
> Der SAP Content Server ist eine unabhängige Komponente, in der große Mengen an elektronischen Dokumenten beliebigen Inhalts und Formats abgelegt werden können. Die Verwendung des SAP Content Servers muss von den entsprechenden SAP-Anwendungen unterstützt werden. Die Dokumente können wahlweise in einer oder in mehreren MaxDB-Instanzen oder im Dateisystem gesichert werden. Der SAP Content Server ist für die in der *SAP Product Availability Matrix* (PAM) definierten Datenbank- und Betriebssystemkombinationen verfügbar.
>
> Der *Knowledge Provider* (KPro) stellt eine anwendungs- und medienneutrale informationstechnische Infrastruktur im Rahmen des SAP NetWeaver Application Servers zur Verfügung. Die dem Knowledge Provider zugrunde liegende Modularität und Offenheit spiegeln sich in den bereitgestellten modularen Services und klar definierten Schnittstellen wider. Durch seine große Flexibilität verarbeitet der Knowledge Provider die unterschiedlichsten Informationstypen innerhalb und zwischen Dokumenten und dokumentartigen Objekten, d. h. sowohl Verwaltungsdaten und Indexdaten als auch den reinen Content. Der KPro erlaubt die Integration des SAP Content Servers oder externer Content Server.

Wie beim `OfficeControl` (siehe Abschnitt 4.7.8) können Methoden ausgeführt werden, dazu wird der ACF-Methodenbehandler `CL_WDR_ACFUPDOWNLOAD_HNDL` benötigt. Das `AcfUpDownload`-Element ist im Gegensatz zu anderen UI-Elementen so in Web Dynpro ABAP implementiert, dass die Aktion nur durch einen Methodenaufruf ausgelöst wird. Das heißt, für `AcfUpDownload` erfolgt ein Upload bzw. Download nur bei einem Aufruf folgender Methoden:

Behandler

- `if_wd_acfupdownload_scms~http_put( )`
- `if_wd_acfupdownload_scms~http_get( )`

Ein Up- bzw Download großer Dateien aus dem Applikationsserver ohne KPro ist derzeit nicht realisiert.

4 | UI-Elemente und ihre Eigenschaften

Dateiauswahl-Dialog
Einige Eigenschaften des `AcfUpDownload`-Elements werden nicht über die Eigenschaften des UI-Elements, sondern mithilfe des Interfaces `IF_WD_ACFUPDOWNLOAD_SWFS` gesetzt. Damit können Sie einen Dateiauswahl-Dialog anzeigen lassen. Die Methode `choose_file( )` des Interfaces bietet den Parameter `DIRECTORY_ONLY`, mit dem Sie festlegen können, dass bei der Verwendung des UI-Elements `AcfUpDownload` eine Verzeichnisauswahl anstelle einer Dateiauswahl vorgenommen werden soll.

Voraussetzungen

Für das reibungslose Funktionieren des `AcfUpDownload` auf einem Client müssen die folgenden Voraussetzungen erfüllt sein:

- Installation eines Oracle Java Plug-ins (Java 5 oder höher), siehe SAP-Hinweis 1178747
- Vorhandensein einer validen Whitelist-XML-Datei, unter Microsoft Windows ist dies `%APPDATA%\SAP`

Eigenschaften

Das UI-Element `AcfUpDownload` besitzt dieselben Eigenschaften wie das Element `AcfExecute` (siehe Abschnitt 4.7.2). In Abbildung 4.136 ist darüber hinaus die Eigenschaft `virusScanProfile` markiert, die in diesem Abschnitt besprochen wird.

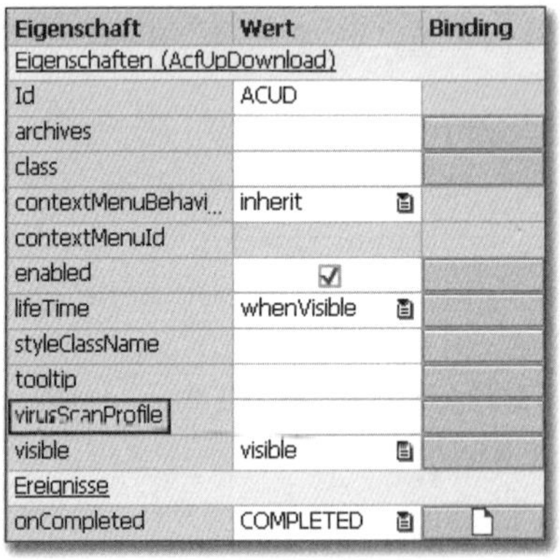

Eigenschaft	Wert	Binding
Eigenschaften (AcfUpDownload)		
Id	ACUD	
archives		
class		
contextMenuBehavi...	inherit	
contextMenuId		
enabled	✓	
lifeTime	whenVisible	
styleClassName		
tooltip		
virusScanProfile		
visible	visible	
Ereignisse		
onCompleted	COMPLETED	

Abbildung 4.136 Eigenschaften AcfUpDownload

virusScanProfile
Mit der Eigenschaft `virusScanProfile` können Sie ein Profil abweichend vom Standardprofil setzen. Dies geschieht entweder per Con-

text-Binding oder mithilfe der Methode `cl_wd_file_upload->set_virus_scan_profile( )`. Achten Sie darauf, dass für das Profil zumindest ein Roundtrip gesetzt wird, bevor der Upload stattfindet. Die Definition der Virus-Scan-Profile ist in der Datenbank-Tabelle `VSCAN_PROOF` abgelegt.

> **Virus Scan Interface (VSI)**
>
> Das *Virus Scan Interface* (VSI) können Sie verwenden, um externe Virus-Scanner (siehe SAP-Hinweis 786179) einzubinden, die Dokumente und Dateien auf Virenfreiheit prüfen, die im SAP-System durch Anwendungen verarbeitet werden.

[«]

Virus-Scan-Profile definieren die schrittweise Durchführung von Prüfungen, wobei pro Schritt unterschiedliche Gruppen von Virus-Scannern angesprochen werden. Die notwendigen Transaktionen zur Konfiguration des VSI sind in Tabelle 4.40 zusammengefasst.

Transaktion	Beschreibung
VSCAN	Konfiguration der Virus-Scan-Provider
VSCANGROUP	Konfiguration der Virus-Scan-Gruppen
VSCANPROFILE	Konfiguration der Virus-Scan-Profile
VSCANTEST	Testen des VSI
VSCANTRACE	Memory-Trace für den Virus-Scan-Server

Tabelle 4.40 VSI-Transaktionen

Für die Einbindung des VSI in Ihre eigenen Entwicklungen können Sie die Klasse `CL_VSI` verwenden.

Ereignisse

Das UI-Element `AcfUpDownload` bietet das Ereignis `onCompleted` an. Dieses wird ausgelöst, sofern die Methoden `http_create( )`, `http_get( )` oder `http_post( )` vollständig abgearbeitet wurden. Wenn eine Aktion zugeordnet wurde, werden an die zugehörige Aktionsbehandler-Methode die Standardparameter `id` und `context_element` sowie die Parameter `status` und `status_message` übergeben. Der Wert des Parameters `status` ist die ID der Nachrichtenklasse `SACF` im Paket `SWDP_UIEL_ACTIVE_COMPONENT`. Die IDs für `AcfUpDownload` liegen zwischen 200 und 300.

onComplete

Der Wert des Parameters STATUS_MESSAGE ist ein Parameter für interne Zwecke. In diesem werden zusätzliche technische Beschreibungen des Fehlers geliefert. Beachten Sie, dass diese Beschreibung sprachenabhängig ist und nur auf Englisch vorliegt.

[!] **Verwendung von AcfUpDownload**

Beachten Sie, dass die Integration von AcfUpDownload in Web-Dynpro-Dialogfenstern (Pop-up-Fenstern) nicht unterstützt wird. Bedenken Sie auch, dass aufseiten des Backends (Content Server) eine Einschränkung für die Dateigrößen besteht: Der Content Server unterstützt zurzeit bis zu zwei Gigbyte große Dateien. Außerdem müssen am Client das Java-Plug-in mit mindestens Java 5 oder höher und eine gültige Whiteliste-XML-Datei (unter Microsoft Windows *%APPDATA%\SAP*) vorhanden sein.

4.8.4 FileDownload

Download — Das UI-Element FileDownload dient dazu, Daten vom Server auf den Client zu laden.

Visuelle Darstellung

In Abbildung 4.137 sehen Sie eine Darstellung eines FileDownload-Elements. Wir haben zum FileDownload mit der Eigenschaft imageSource ein Bild definiert, um eine optisch ansprechende Visualisierung zu erzeugen.

Abbildung 4.137 FileDownload

Eigenschaften

Das UI-Element FileDownload besitzt neben den Eigenschaften aller UI-Elemente die Eigenschaften activateAccessKey (siehe Abschnitt 4.2.2, »InputField«), imageFirst und imageSource (siehe Abschnitt 4.2.4, »Caption«), imageHeight und imageWidth (siehe Abschnitt 4.2.6, »TextView«), target (siehe Abschnitt 4.2.7, »TextEdit«), text und wrapping (siehe Abschnitt 4.2.3, »Label«). In Abbildung 4.138 sind darüber hinaus die Eigenschaften markiert, die in diesem Abschnitt besprochen werden.

4.8 Kategorie »integration«

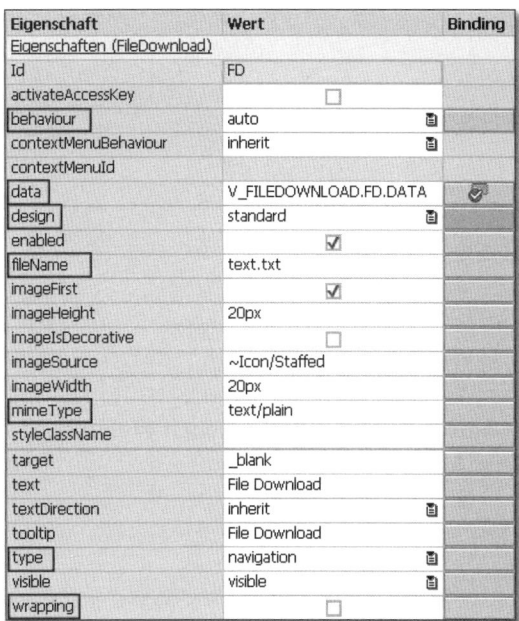

Abbildung 4.138 Eigenschaften FileDownload

behaviour

Für die beiden Fälle, dass es sich um eine einzelne Datei oder um mehrere Dateien handelt, gibt es die gleichen Möglichkeiten für die Anzeige und das Speichern, die über die Eigenschaft behaviour festgelegt werden:

Verhalten

- Die Ausprägung allowSave legt fest, dass ein Speichern-Dialog angezeigt wird. Sofern der Benutzer die Daten als Datei speichert, wird als Dateiname der Wert der Eigenschaft fileName verwendet.

- Die Ausprägung openInplace öffnet die Daten in Abhängigkeit vom MIME-Typ und dem damit assoziierten Programm im Browser.

- Die Ausprägung auto überlässt es dem Browser, zu entscheiden, wie die Daten geöffnet werden. Das vom Dateityp abhängige Verhalten des Browsers wird verwendet: Ein Dialog zum Anzeigen bzw. Speichern der Datei wird angezeigt.

Falls Sie ein Context-Attribut für das Data Binding definieren möchten, können Sie das Datenelement WDUI_FILE_DOWNLOAD_BHVR verwenden, für das wir Ihnen im Folgenden drei Visualisierungsbeispiele vorstellen.

481

Abbildung 4.139 Visualisierung 1 – Text auf neuer Webbrowser-Seite

In Abbildung 4.139 wurde für die Eigenschaft behaviour der Wert auto, für mimeType der Wert text/plain und für target der Wert _blank verwendet. Diese Wertausprägungen sorgen dafür, dass der Inhalt des Attributs im Context-Knoten in einer neuen Webbrowser-Seite als Text dargestellt wird.

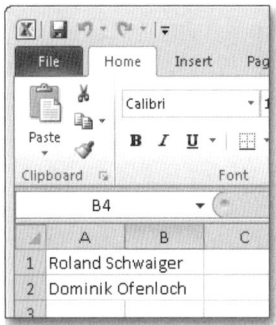

Abbildung 4.140 Visualisierung 2 – Excel-Tabelle auf neuer Webbrowser-Seite

In Abbildung 4.140 wurde für die Eigenschaft behaviour der Wert openInplace, für mimeType der Wert application/vnd.mx-excel und für target der Wert _blank verwendet. Diese Wertausprägungen sorgen dafür, dass der Inhalt des Attributs im Context-Knoten in einer neuen Webbrowser-Seite mithilfe des Microsoft-Excel-Plug-ins dargestellt wird. Der Name des Excel-Blattes, auf dem der Inhalt dargestellt wird, leitet sich von der Eigenschaft fileName ab.

In Abbildung 4.141 wurde für die Eigenschaft behaviour der Wert allowSave, für mimeType der Wert text/plain und für target der Wert _blank verwendet. Diese Wertausprägungen sorgen dafür, dass der Benutzer mithilfe des Dialogs FILE DOWNLOAD gefragt wird, ob der Inhalt des Attributs im Context-Knoten angezeigt (Button OPEN), gesichert (Button SAVE) oder der Vorgang abgebrochen (Button CANCEL) werden soll.

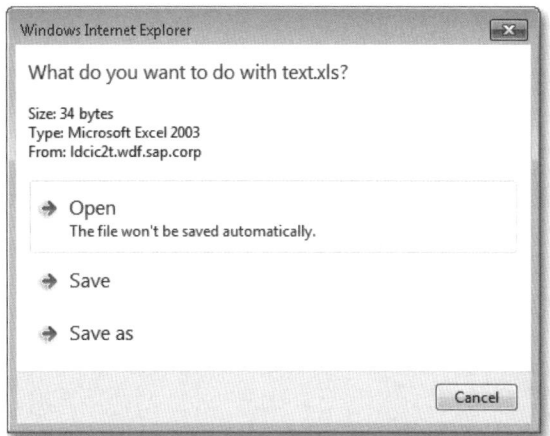

Abbildung 4.141 Visualisierung 3 – Benutzerdialog

data

Die Eigenschaft data des UI-Elements FileDownload bestimmt die Datenquelle im View-Context. Sie muss an einen Context-Knoten gebunden sein, der folgende Kriterien erfüllt:

Datenquelle

- Der Knoten besitzt eine Supply-Funktion.
- Der Knoten besitzt lediglich ein Attribut mit dem Typ xstring.

Dadurch wird sichergestellt, dass die Supply-Funktion erst dann aufgerufen wird, wenn der Benutzer die Daten anfordert. Um unnötige Daten im Context zu vermeiden, wird der FileDownload-Knoten nach dem Download invalidiert. Dies geschieht jedoch nur, wenn der Knoten nicht vor dem Download bereitgestellt wurde. Auf diese Weise können keine Daten verloren gehen.

design

Mit der Eigenschaft design können Sie steuern, ob der Anzeigetext des FileDownload-Elements hervorgehoben (Wert = emphasized) oder in der Standarddarstellung abgebildet wird (Wert = standard). Falls Sie ein Context-Attribut für das Data Binding definieren möchten, können Sie das Datenelement WDUI_LINK_DESIGN verwenden.

Darstellung

fileName

Mit der Eigenschaft fileName vergeben Sie den Namen, der für die herunterzuladende Datei auf dem Client verwendet wird.

FileName

mimeType

MIME-Typ Das Datenformat des Download-Inhalts, das über die Eigenschaft `mimeType` spezifiziert wird, wird über den sogenannten *MIME-Typ* festgelegt.

> **[»] MIME-Typ**
>
> *Multipurpose Internet Mail Extensions* (MIME) ist ein Internetstandard zur Beschreibung des Inhaltstyps einer Nachricht. Die offiziellen MIME-Standards werden von der Internet Engineering Task Force (IETF) zur Verfügung gestellt. MIME-Nachrichten können Texte, Bilder, Audio- und Videodateien und applikationsspezifische Daten beinhalten. Eine Liste der gültigen MIME-Typen können Sie im SAP-System z. B. in der Datenbanktabelle SDOKFEXT über Transaktion SE17 abrufen.

type

Typ Mit der Eigenschaft `type` definieren Sie die grafische Darstellung des `FileDownload`-Oberflächenelements. Die zur Verfügung stehenden Visualisierungen unterscheiden sich nur im Signature-Design dadurch, ob das Element mit Unterstrich (Werte `navigation` und `function`) oder ohne Unterstrich (Werte `reporting` und `result`) dargestellt wird. Falls Sie ein Context-Attribut für das Data Binding definieren möchten, können Sie das Datenelement `WDUI_LINK_TYPE` verwenden.

Barrierefreiheit

Um die Entwicklung barrierefreier Anwendungen zu ermöglichen, wird im Rahmen des Syntax-Checks die Eigenschaft `tooltip` überprüft, wenn die Eigenschaften `text` und `label` nicht gesetzt wurden.

Beispiel

Konvertierung In Listing 4.16 sehen Sie die Implementierung zur Erzeugung des Inhalts des Context-Attributs, das als Datenquelle für den Download verwendet wird und an das die Eigenschaft `data` gebunden ist. Dabei wird die ABAP-Klasse `CL_ABAP_CONV_OUT_CE`, eine wichtige Serviceklasse in diesem Kontext, zur Konvertierung der Daten eingesetzt. Wie Sie aufgrund der Namensgebung der Methode sehen können, ist die Datenaufbereitung als Supply-Funktion realisiert und wird somit durchgeführt, bevor der Benutzer auf das `FileDownload`-Element klickt.

```abap
METHOD supply_fd.
* Referenz auf den Context-Knoten für Download
  DATA: ls_fd TYPE wd_this->element_fd,
* Export Converter-Referenz
        lo_converter TYPE REF TO cl_abap_conv_out_ce,
* Ausnahmereferenz
        lo_root TYPE REF TO cx_root,
* Alle Teammitglieder aus dem Context-Knoten
        lt_team TYPE wd_this->elements_team,
* Ein Teammitglied aus dem Context
        ls_team LIKE LINE OF lt_team,
* Hilfsstring, Vorbereitung für die XSTRING-Konvertierung
        ld_team_string TYPE string.
* Team aus dem Context ermitteln
  lt_team = wd_this->getctx_team( ).
* Konvertierung
  TRY.
* Den Konvertierer instanziieren
      lo_converter = cl_abap_conv_out_ce=>create( ).
* Aufbereitungslogik für Exportdaten
      LOOP AT lt_team INTO ls_team.
        CONCATENATE
          ld_team_string
          cl_abap_char_utilities=>cr_lf
          ls_team-first_name
          ls_team-last_name
          INTO ld_team_string SEPARATED BY space.
      ENDLOOP.
* Konvertierung durchführen
      lo_converter->convert(
        EXPORTING
          data = ld_team_string
        IMPORTING
          buffer = ls_fd-data ).
    CATCH cx_root INTO lo_root.
* Ausnahmetext ermitteln
      ld_team_string = lo_root->get_text( ).
* Konvertierung durchführen für Ausnahmetext
      lo_converter->convert(
        EXPORTING
          data = ld_team_string
        IMPORTING
          buffer = ls_fd-data ).
  ENDTRY.
* Ergebnis in den Context-Knoten stellen
```

```
node->bind_structure(
    new_item            = ls_fd
    set_initial_elements = abap_true ).
ENDMETHOD.
```

Listing 4.16 Beispiel einer Supply-Funktion zum Befüllen des Context-Attributs für das UI-Element FileDownload

Beschreibung

In unserem Beispiel, in dem Daten zu Teammitgliedern eines Teams abgelegt sind, werden diese Daten für die Teammitglieder aus dem Context ausgelesen. Danach wird der Datenkonvertierer mithilfe der statischen Methode cl_abap_conv_out_ce=>create( ) instanziiert. Als Konvertierungs-Input wird die String-Variable ld_team_string durch Textverknüpfung (CONCATENATE) aufgebaut.

Wir beschränken uns darauf, nur die Vornamen und Nachnamen der Teammitglieder zu einem String zu verknüpfen, wobei diese durch einen Zeilenumbruch und Zeilenvorsprung (cl_abap_char_utilities=>cr_lf) getrennt sind. Dies sorgt für eine neue Zeile im Output. Die Instanzmethode convert( ) des Konvertierungsobjekts übernimmt die Transformation des Strings in einen Text vom Typ xstring, der dann an den Context gebunden wird.

Browser-Darstellung

Nach dem Klick auf das UI-Element FileDownload wird zu diesem Datenstrom die passende URL generiert und das Ergebnis in einem Browser-Fenster angezeigt. Die Art der Darstellung ist vom MIME-Typ abhängig, der mithilfe der Eigenschaft mimeType näher spezifiziert wird.

Alternative

CL_WD_RUN_TIME_SERVICES

Eine Alternative zum UI-Element FileDownload ist die statische Methode attach_file_to_response( ) der ABAP-Klasse CL_WD_RUN_TIME_SERVICES für den Dateiexport. Diese Methode dient dazu, an eine HTTP-Response eine beliebige Anzahl von Dateien anzuhängen. Dazu gibt es die in Tabelle 4.41 aufgelisteten Methodenparameter.

Name	Beschreibung	Optional
i_filename	Name der Datei	
i_content	Inhalt der Datei als xstring	
i_mime_type	MIME-Typ in der im Web üblichen Form	

Tabelle 4.41 Formalparameter für die Methode cl_wd_run_time_services=>attach_file_to_response( )

Name	Beschreibung	Optional
i_in_new_window	Boolean-Parameter, der angibt, ob die Datei in einem neuen Fenster angezeigt werden soll (Default abap_false)	✓
i_inplace	Boolean-Parameter, der angibt, ob die Datei den Inhalt des aktuellen Fensters ersetzt (Default abap_false). Wenn dieser Parameter abap_false ist, erscheint ein Dialog SPEICHERN ALS.	✓

Tabelle 4.41 Formalparameter für die Methode cl_wd_run_time_services=> attach_file_to_response( ) (Forts.)

Beachten Sie, dass der Parameter i_inplace nicht verwendet werden kann, wenn mehrere Dateien im aktuellen Fenster gleichzeitig angezeigt werden sollen. In diesem Fall werden alle Dateien in einem neuen Fenster angezeigt.

4.8.5 FileUpload

Das UI-Element FileUpload dient dazu, Dateien vom Client auf den Server hochzuladen. Das Oberflächenelement wird mit einem InputField-Element, in dem der Verzeichnispfad und der Name der Datei angezeigt werden, und einem Button zum Suchen der Datei dargestellt.

Verwendung

Durch Anklicken des Buttons BROWSE wird der Suchdialog aus dem Browser für die Suche der Datei geöffnet. Nachdem eine Datei ausgewählt wurde, wird der absolute Pfad in das Eingabefeld gestellt.

Browse-Button

Aufgrund von Browser-Restriktionen, auf die Web Dynpro ABAP keinerlei Einfluss hat, kann es sein, dass beim Anklicken eines FileUpload-Elements der vorher angegebene Dateipfad, -name oder -typ verschwindet. Bei neueren Browser-Versionen ist es daher unmöglich, den Dateinamen in das Eingabefeld zurückzuschreiben, das Feld bleibt immer leer.

data, fileName und mimeType

Visuelle Darstellung

In Abbildung 4.142 sehen Sie eine einfache Darstellung eines File-Upload. Wir haben zum FileUpload ein Label und einen Button definiert. Zudem haben wir beim Label angezeigt, dass eine Explanation vorhanden und eine Eingabe erforderlich ist. Der Button ist dafür gedacht, einen Roundtrip auszulösen und damit die Daten zum Server zu übertragen.

Abbildung 4.142 FileUpload

Eigenschaften

Das UI-Element FileUpload besitzt die Eigenschaften activateAccessKey, explanation, state und width (siehe Abschnitt 4.2.2, »InputField«), data, fileName und mimeType (siehe Abschnitt 4.7.4, »Gantt«) sowie virusScanProfile (siehe Abschnitt 4.7.3, »Chart«). Darüber hinaus besitzt es die Eigenschaften aller UI-Elemente, die wir in Abschnitt 4.1 besprochen haben.

Ereignisse

Es gibt kein Ereignis in den Eigenschaften des UI-Elements FileUpload, dem eine Aktion für den Upload zugeordnet werden kann. Generell empfiehlt es sich, für den Upload einen dedizierten Screen oder ein Pop-up-Fenster zu verwenden, da ein Upload durch jede Benutzerinteraktion, die einen HTTP-Roundtrip erfordert, ausgelöst wird, z. B. auch durch Blättern einer Tabelle, und dies zur Irritation des Benutzers führen kann.

Prüfen Sie bei jeder Aktion, ob Daten hochgeladen wurden, indem Sie die Daten aus dem Context lesen. Löschen Sie die Daten danach gleich aus dem Context. Andernfalls würde die Datei bis zum Abbau des Contexts oder einem erneuten Upload im Speicher gehalten.

4.8.6 IFrame

Inline-Frame

Das UI-Element IFrame (Inline-Frame) ist ein Element, das der Strukturierung von Views dient. Es wird eingesetzt, um andere Webinhalte als selbstständige Dokumente in einem definierten Bereich des Views anzuzeigen.

[!] **Verwendung von IFrame**

SAP empfiehlt die Verwendung des UI-Elements IFrame nur mit Einschränkungen. Ein IFrame ist ein Bereich des Browser-Fensters, in dem zustandslose Inhalte (Bilder, Dokumente etc.) über eine eigene Source-URL dargestellt werden. Diese Source wird im IFrame genauso abgebildet und vom Browser behandelt wie ein zustandsloses Dokument. Daraus ergeben sich insbesondere folgende Konsequenzen:

Bei der Einbettung interaktiver zustandsbehafteter Applikationen, z. B. BSP- und JSP-Applikationen, werden diese nach dem Verlassen der gesamten Seite in ihrem aktuellen Zustand zurückgelassen. Beim erneuten Aufruf der Seite, etwa durch Zurücknavigieren, wird der Inhalt des IFrame komplett neu aufgebaut. Insbesondere für die zustandsbehaftete Anwendung bedeutet das, dass sie wieder initial gestartet wird. Damit wäre z. B. der Kontext der eingebetteten Anwendung zweimal am Backend vorhanden, da mit der Verwendung des IFrame keinerlei übergreifendes Session-Handling von Web Dynpro ABAP unterstützt wird. Insbesondere kann das Web-Dynpro-Framework (mehrfach) bestehende Sessions nicht schließen, die durch die Verwendung des IFrame initiiert wurden. Zudem wird die Einbindung von Web-Dynpro-Anwendungen in einem IFrame nicht unterstützt.

Visuelle Darstellung

In Abbildung 4.143 sehen Sie eine einfache Darstellung eines IFrame. Wir haben zum IFrame einen Rahmen und die Scroll-Balken eingeblendet.

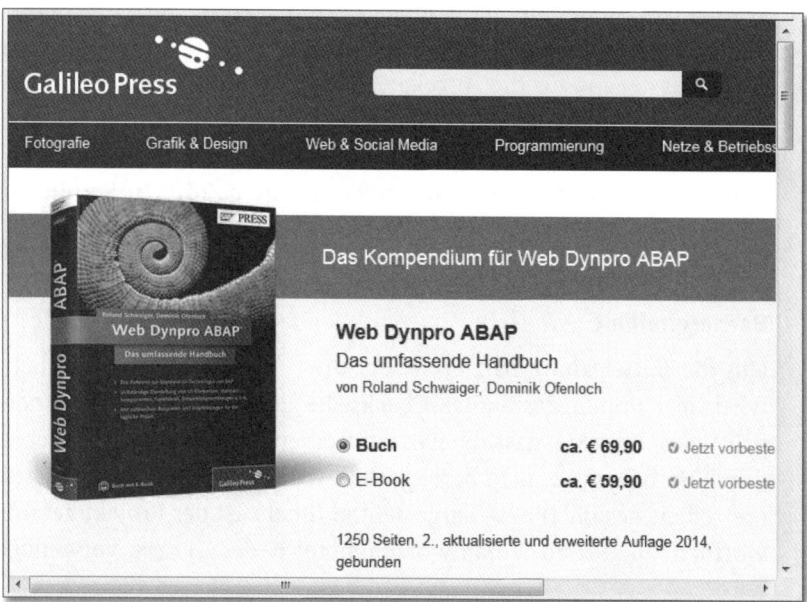

Abbildung 4.143 IFrame

Eigenschaften

Das UI-Element `IFrame` besitzt die Eigenschaften `border` und `source` (siehe Abschnitt 4.7.7, »Image«), `height` (siehe Abschnitt 4.2.7, »TextEdit«), `lifeTime` (siehe Abschnitt 4.6.4, »MessageArea«) und `with` (siehe Abschnitt 4.5.2, »InputField«) sowie die Eigenschaften, die alle UI-Elemente besitzen. In Abbildung 4.144 ist außerdem die Eigenschaft `scrollingMode` markiert, die wir in diesem Abschnitt besprechen.

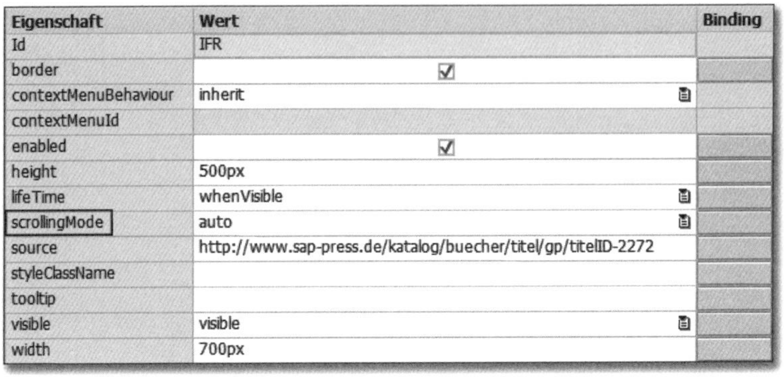

Eigenschaft	Wert		Binding
Id	IFR		
border		☑	
contextMenuBehaviour	inherit	📄	
contextMenuId			
enabled		☑	
height	500px		
lifeTime	whenVisible	📄	
scrollingMode	auto	📄	
source	http://www.sap-press.de/katalog/buecher/titel/gp/titelID-2272		
styleClassName			
tooltip			
visible	visible	📄	
width	700px		

Abbildung 4.144 Eigenschaften IFrame

scrollingMode   Mit der Eigenschaft `scrollingMode` bestimmen Sie, ob der Inhalt gescrollt werden kann. Sie können dazu die Werte `auto` (die Scroll-Balken werden automatisch eingeblendet, wenn die Breite und/oder Höhe des `IFrame` für die Anzeige der Inhalte nicht ausreichend ist), `both` (es werden beide Scroll-Balken eingeblendet) und `none` (es werden keine Scroll-Balken eingeblendet) angeben. Falls Sie diese Eigenschaft an ein Context-Attribut binden möchten, können Sie für die Typisierung das Datenelement `WDUI_SCROLLING_MODE` verwenden.

Barrierefreiheit

Um die Entwicklung barrierefreier Anwendungen zu ermöglichen, wird im Rahmen des Syntax-Checks die Eigenschaft `tooltip` überprüft. Beachten Sie, dass die Barrierefreiheit des Inhalts eines `IFrame` durch Web Dynpro nicht bereitgestellt wird. Das heißt, für die Barrierefreiheit des im `IFrame` dargestellten Inhalts ist das Projekt verantwortlich, in dessen Verantwortungsbereich der `IFrame` verwendet wird.

4.8.7 InteractiveForm

Mit dem UI-Element `InteractiveForm` können Sie in einen View ein interaktives oder nicht interaktives PDF-Dokument einfügen. PDF-Dokumente können aus den unterschiedlichsten Quellen stammen. Zusätzlich haben Sie die Möglichkeit, ein mit dem *Form Builder* erstelltes Formular einzubinden. Diesen können Sie aufrufen, wenn Sie doppelt auf die Eigenschaft `templateSource` des Elements `InteractiveForm` klicken oder über das Kontextmenü des UI-Elements im View-Editor (Menüeintrag NAVIGATION ZUM FORM BUILDER) gehen.

PDF-Dokument

> **Verwendung von InteractiveForms** [!]
>
> Die Integration von `InteractiveForm`-Elementen in Web-Dynpro-Popup-Fenstern wird nicht unterstützt, und es kann nur ein `InteractiveForm`-Element pro Window pro Zeitpunkt verwendet werden.

Eigenschaften

Das UI-Element `InteractiveForm` enthält die Eigenschaften `additionalArchives` und `lifeTime` (siehe Abschnitt 4.6.4, »MessageArea«), `height` (siehe Abschnitt 4.2.7, »TextEdit«), `readOnly` und `width` (siehe Abschnitt 4.2.2, »InputField«) sowie die Eigenschaften, die alle UI-Elemente gemeinsam haben. In Abbildung 4.145 sind die Eigenschaften markiert, die in diesem Abschnitt besprochen werden.

Eigenschaft	Wert	Binding
Eigenschaften (InteractiveForm)		
Id	IAF	
additionalArchives		
contextMenuBehaviour	inherit	
contextMenuId		
dataSource		
displayType	native	
enabled	☐	
fileName		
formLanguage		
height	500px	
jobProfile		
lifeTime	whenVisible	
pdfSource	V_FILEUPLOAD.FU.DATA	✓
readOnly	☐	
styleClassName		
templateSource		
tooltip		
visible	visible	
width	500px	
Ereignisse		
onError		
onSubmit		

Abbildung 4.145 Eigenschaften InteractiveForm

dataSource
Datenquelle

Mit der Eigenschaft dataSource legen Sie den Pfad zur Datenquelle im Context für das PDF fest.

displayType
Layoutart

Mit der Eigenschaft displayType bestimmen Sie die Art des Layouttyps des Formulars. Es stehen die Werte native (für ZCI-Formulare, Zero Client Installation) und activeX zur Verfügung. Der Wert activeX wird für ACF-Formulare (Active Component Framework) verwendet. Beachten Sie, dass der Wert activeX deprecated ist. Für neu angelegte InteractiveForm-Elemente wird von der ABAP Workbench lediglich der Wert native angeboten.

enabled
Interaktiv

Mit der Eigenschaft enabled legen Sie fest, ob es sich um ein interaktives oder ein nicht interaktives Formular handelt. Ist der Wert ausgewählt (Wert = abap_true), wird ein interaktives Formular angezeigt. Ist die Eigenschaft nicht selektiert (Wert = abap_false), wird das Formular lediglich zum Drucken angezeigt.

fileName

Der Wert für die Eigenschaft fileName dient als Vorschlag für den Dateinamen (ohne die Extension .pdf) beim Speichern des Dokuments.

formLanguage

Die Eigenschaft formLanguage definiert die Sprache, in der das Formular dargestellt wird. Falls der Wert nicht gesetzt wird, wird die Sprache der Web-Dynpro-Component verwendet.

jobProfile

Die Eigenschaft jobProfile bietet Unterstützung für Jobprofile an. Jobprofile sind Anweisungen, die von den *Adobe Document Services* (ADS) in einem interaktiven Formular ausgeführt werden, wie z. B. das Ändern des Papierformats.

pdfSource
PDF-Dokument

Mit der Eigenschaft pdfSource geben Sie das PDF-Dokument in Form eines xstring an. Achten Sie darauf, dass das Context-Attribut, an das die Eigenschaft pdfSource gebunden ist, nicht innerhalb der Struktur des Context-Knotens eingefügt wird, der für die Daten des

PDF-Dokuments verwendet werden soll (Eigenschaft `dataSource`). Da die Context-Knoten-Struktur in der Datenansicht des Form Builders sichtbar ist, würde dieses Context-Attribut auch dort erscheinen.

templateSource

Mit der Eigenschaft `templateSource` geben Sie den Namen der Formularvorlage an. — **Formularvorlage**

Ereignisse

Das UI-Element `InteractiveForm` bietet das Ereignis `onSubmit` an, das ausgeführt wird, wenn der Benutzer auf den Button SENDEN auf dem Formular klickt. Falls diesem Ereignis eine Aktion zugeordnet wird, werden der Aktionsbehandler-Methode die Standardparameter `id` und `context_element` übergeben. — **onSubmit**

Beachten Sie, dass das `onSubmit`-Ereignis nur dann ausgewertet wird, wenn ein Senden innerhalb oder außerhalb des Formulars erfolgt. Innerhalb bedeutet dabei, dass im Adobe Designer der spezielle SENDEN-Button für Adobe eingebunden wurde, der sich in der Web Dynpro Native Library befindet.

Das Ereignis `onError` dient dazu, eine fehlende Installation des Adobe Reader bzw. dessen Deaktivierung im Browser zu behandeln. Falls kein Aktionsbehandler definiert ist, erscheint eine Fehlermeldung im Browser. — **onError**

Szenarien

Das Layout eines PDF-Dokuments können Sie mit dem Form Builder (Transaktion SFP) erstellen. Für das effiziente und einfache Entwickeln des User Interfaces wurden der Adobe LiveCycle Designer mit Editor sowie Adobe-UI-Elemente in die Development Workbench integriert.

Offline

Im Offline-Szenario werden bereits vorhandene PDF-Dokumente angezeigt, die im MIME Repository vorhanden sind oder hochgeladen werden (z. B. per `FileUpload`, siehe Abschnitt 4.7.5). In Abbildung 4.146 sehen Sie ein Beispiel für ein Offline-Dokument, das keine interaktiven Elemente besitzt und nur zur Visualisierung von Daten verwendet wird.

4 | UI-Elemente und ihre Eigenschaften

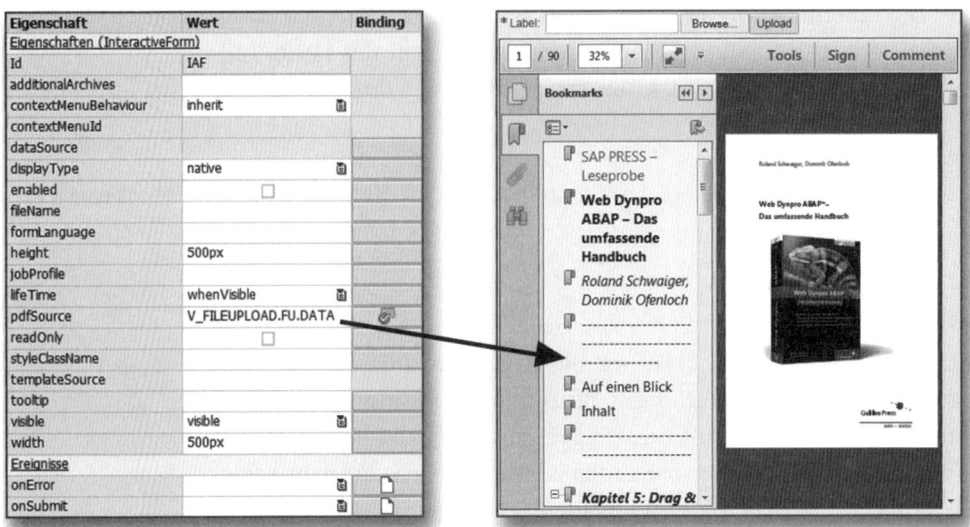

Abbildung 4.146 Offline-PDF

pdfSource an Context-Attribut binden
Die Eigenschaft `pdfSource` muss für das Offline-Szenario an ein Context-Attribut vom Typ `xstring` gebunden werden. In dieses Attribut werden zur Laufzeit die Daten des PDFs gespeichert. Die Eigenschaften `dataSource` und `templateSource` bleiben initial. Die Werte der Eigenschaften `enabled` und `readOnly` werden ignoriert.

API zum MIME Repository ermitteln
Um die Daten des PDFs aus dem MIME Repository auszulesen, müssen Sie mithilfe der Methode `cl_mime_repository=>get_api( )` die API zum MIME Repository ermitteln und dort die Daten zum PDF auslesen (siehe Listing 4.17).

```
METHOD load_pdf.
* Context-Element
    DATA: lr_el_context TYPE REF TO if_wd_context_element,
* Daten für Context-Element
        ls_context TYPE wd_this->element_context,
* PDF-Daten
        ld_pdf_data LIKE ls_context-pdf_data,
* API - MIME Repository
        lr_mime_rep TYPE REF TO if_mr_api,
* URL zum PDF
        ld_url TYPE string.
*** Hole das MIME-Objekt
* Pfad zum PDF
    ld_url = '/sap/bc/webdynpro/sap/zwdc_chap04/web4a.pdf'.
* MIME Repository - API
```

```
      lr_mime_rep = cl_mime_repository_api=>get_api( ).
* PDF holen
   lr_mime_rep->get(
     EXPORTING
        i_url = ld_url
     IMPORTING
        e_content = ld_pdf_data ).
*** Daten im Context ablegen
* Referenz auf Element holen
   lr_el_context = wd_context->get_element( ).
* Daten von PDF setzen
   lr_el_context->set_attribute(
     EXPORTING
       name = 'PDF_DATA'
       value = ld_pdf_data ).
ENDMETHOD.
```

Listing 4.17 PDF-Daten aus MIME Repository

Nachdem die API zum MIME Repository ermittelt wurde, können die Daten des PDFs mit der API-Methode `get( )` ausgelesen werden. Danach setzen Sie die PDF-Daten im Context-Attribut, an das Sie die Eigenschaft `pdfSource` der `InteractiveForm` gebunden haben.

Druck

Das Druckszenario ist für die Anzeige und den Druck von PDF-Dokumenten gedacht. Der Unterschied zum Offline-Szenario ist, dass nur nicht eingabefähige PDF-Dokumente verwendet werden.

Um dieses Szenario verwenden zu können, müssen Sie die Eigenschaft `templateSource` mit dem Namen des Formulars bewerten, das im View eingebettet werden soll. In der Eigenschaft `dataSource` müssen Sie den Pfad zu den Daten im Context hinterlegen, die an das Formular übergeben werden. Die Eigenschaft `enabled` setzen Sie auf den Wert `abap_false`.

templateSource

Falls die Eigenschaften `templateSource` und `dataSource` nicht initial sind, wird die Eigenschaft `pdfSource` ignoriert. Falls die Eigenschaft `enabled` auf den Wert `abap_false` gesetzt wird, wird der Wert der Eigenschaft `readOnly` ignoriert. Um ein Formular der Eigenschaft `templateSource` zuzuordnen, können Sie zwei Arten wählen:

- **Der Name des Formulars ist bekannt**
  Geben Sie den Namen des Formulars in der Eigenschaft `template-Source` ein und bestätigen Sie Ihre Eingabe mit der ⏎-Taste. Das

System öffnet einen Dialog mit der Frage, ob ein Context-Knoten passend zur Schnittstelle des Formulars erzeugt werden soll. Falls Sie JA wählen, wird ein Context-Knoten mit der Bezeichnung des Formulars angelegt und in der Eigenschaft dataSource eingetragen. Falls Sie NEIN wählen, müssen Sie einen Context-Knoten zuordnen, dessen Struktur zur Schnittstelle des Formulars passt.

- **Das Formular existiert noch nicht**
  Geben Sie den Namen des neu anzulegenden Formulars in die Eigenschaft templateSource ein, und bestätigen Sie Ihre Eingabe mit der ⏎-Taste. Es erscheint ein Pop-up-Fenster, in das Sie den Namen eines existierenden oder neuen Form-Interfaces eingeben. Für die Erzeugung eines neuen Form-Interfaces können Sie die Definition eines Context-Knotens mit dem Button CONTEXT verwenden. Bestätigen Sie Ihre Eingabe mit der ⏎-Taste. Das Formular und das Form-Interface werden erzeugt, und das Formular wird im Layout Designer geöffnet.

Bei Anpassungen der Schnittstelle zwischen dem Formular und Web Dynpro können Sie einen einfachen Weg beschreiben. Passen Sie zuerst die Definition im Context nach Ihren Vorstellungen an. Wechseln Sie dann in das Formular, das Sie in der Eigenschaft templateName hinterlegt haben. Das System erkennt die Änderungen an der Context-Struktur und passt das XML-Schema und die Datensicht im Form Builder automatisch an. Die beschriebene Anpassung der Schnittstelle ist nur für Schnittstellen möglich, deren Definition auf XML basiert.

Interaktiv
Das interaktive Szenario ist für die Darstellung eingabebereiter PDF-Dokumente gedacht. Diese Formulare sollten Sie nach sorgfältiger Abwägung des Einsatzgebietes verwenden. Die zentrale Frage, die Sie sich stellen müssen, ist, wo die Formulare Vorteile gegenüber Web-Dynpro-Views bieten. Ein vorstellbares Szenario wäre die 1:1-Abbildung papierbasierter Prozesse.

Falls Sie interaktive Formulare einsetzen möchten, müssen Sie folgendes Vorgehen zur Anlage wählen:

1. Der Layouttyp des Formulars muss ZCI (Zero Client Installation) oder xACF (Active Component Framework) sein. Falls Sie ein Formular haben, dessen Typ Sie auf ZCI ändern möchten, können Sie Transaktion SFP_ZCI_UPDATE verwenden.

2. Um ZCI für Formulare in Web Dynpro zu aktivieren, müssen die Formulare ein spezielles Skripting enthalten, das Sie einbinden müssen. Das Einbinden erfolgt im Form Builder mithilfe des Menüs HILFSMITTEL • INSERT WEB DYNPRO SCRIPTING.

3. Das Layout von Formularen vom Typ ZCI muss mit Elementen aus der Web Dynpro Native Library gestaltet werden.

4. Die Eigenschaft `enabled` des UI-Elements `InteractiveForm` muss auf den Wert `abap_true` gesetzt werden. Mithilfe der Eigenschaft `readOnly` können Sie die Eingabefelder im Formular auf bereit für Eingabe oder nicht bereit schalten.

5. Die Eigenschaft `displayType` des UI-Elements `InteractiveForm` muss auf den Wert `native` (ZCI-Formulare) oder `activeX` (ACF-Formulare) gesetzt werden.

6. Wir benötigen noch eine Ablagestruktur für die Daten, die vom Benutzer eingegeben werden können. Diese werden automatisch zur Context-Struktur transportiert. Zusätzlich ist es möglich, die XML-Daten direkt anzusprechen. Zu diesem Zweck definieren Sie ein Context-Attribut vom Typ `xstring` und binden an dieses die Eigenschaft `pdfSource`. Nachdem der Benutzer das Formular gesendet hat, stehen dem Entwickler die Daten im Context-Attribut zur Verfügung.

SAP empfiehlt die Verwendung von Formularen vom Typ ZCI und Schnittstellen, die auf XML basieren. Formulare vom Typ ZCI erfordern, dass gewisse Vorbedingungen erfüllt sind:

Vorbedingungen

- Der Adobe Reader in der Version größer/gleich 7.08 muss am Benutzer-Client installiert sein. Wird das Protokoll HTTPS eingesetzt, muss es die Version größer/gleich 8.1 sein.

- Am Entwicklerrechner muss der Adobe Designer in der Version größer/gleich 7.1 SPS 1 installiert sein.

- Am Entwicklerrechner muss das SAP-GUI-Release größer/gleich 6.40 (Patch-Level 20) installiert sein.

Methodenbehandler

Für das UI-Element `InteractiveForm` steht der Methodenbehandler `IF_WD_IACTIVE_FORM_METHOD_HNDL` zur Verfügung. Dieser wird auf gewohnte Weise durch das Attribut `_method_handler` aus der Referenz auf das UI-Element `InteractiveForm` in der Methode `wddomodifyview( )` ermittelt. Der Methodenbehandler bietet Methoden zum Setzen und Holen von Attachments (`set_attachments( )` und `get_attachments( )`), zum Setzen des Hide Toolbar Flags (`set_hide_toolbars( )` und `get_hide_toolbars( )`) und die Methode, die die Editierbarkeit von Feldern steuert (`set_legacy_editing_enabled( )` und `get_legacy_editing_enabled( )`).

4.8.8 OfficeControl

Inplace-Visualisierung

Office-Dokumente vom Typ Microsoft Word (Endung *.doc*), Microsoft Excel (Endung *.xls*) und Microsoft Project (Endung *.mpp*) können mithilfe des UI-Elements `OfficeControl` in Web-Dynpro-Views integriert werden. Der Zugriff wird zur Laufzeit über *ActiveX-Controls* realisiert, was bedeutet, dass ActiveX-Controls im Internet-Browser aktiviert werden müssen. Ist dies nicht der Fall, wird dem Benutzer folgende Meldung angezeigt:

Office Integration through Applet is not supported.

Features

Die Implementierung des UI-Elements `OfficeControl` unterstützt für die genannten Office-Dokumente die folgenden Funktionen:

- Öffnen
- Schließen
- Sichern
- Anlegen neuer Dokumente

visible

Beachten Sie, dass das Öffnen und Schließen eines Dokuments ausschließlich über ein Setzen der Eigenschaft `visible` des UI-Elements `OfficeControl` auf den Wert `visible` bzw. `none` möglich ist. Bedenken Sie zusätzlich, dass das `OfficeControl` nur beim Setzen der Eigenschaft `visible` auf den Wert `visible` aktiv ist. Eine Hintergrundverarbeitung erfolgt beim Wert `visible` der Eigenschaft `visible` und dem Wert 0 bei den Eigenschaften `width` und `height`.

expertMode

Falls die Eigenschaft `expertMode` auf den Wert `abap_true` gesetzt wird, stehen zusätzlich Methodenaufrufe für komplexe Operationen zur Verfügung und damit die Möglichkeit, diese in der Verarbeitung von UI-Elementen anzusprechen. Zum Beispiel könnten Sie eigene `Button`-Elemente für das Speichern eines Dokuments anbieten. Falls die Eigenschaft auf `abap_false` gesetzt ist, stehen insbesondere die

Menüeinträge für NEU, ÖFFNEN und SCHLIESSEN nicht über das Office-ActiveX zur Verfügung.

> **Keine Anzeige in Pop-up-Fenstern** [!]
>
> Die Integration von `OfficeControl`-Elementen in Web-Dynpro-Pop-up-Fenstern wird nicht unterstützt.

Visuelle Darstellung

In Abbildung 4.147 sehen Sie eine einfache Darstellung eines `OfficeControl`-Elements. Wir haben ein Microsoft-Word-Dokument eingeblendet.

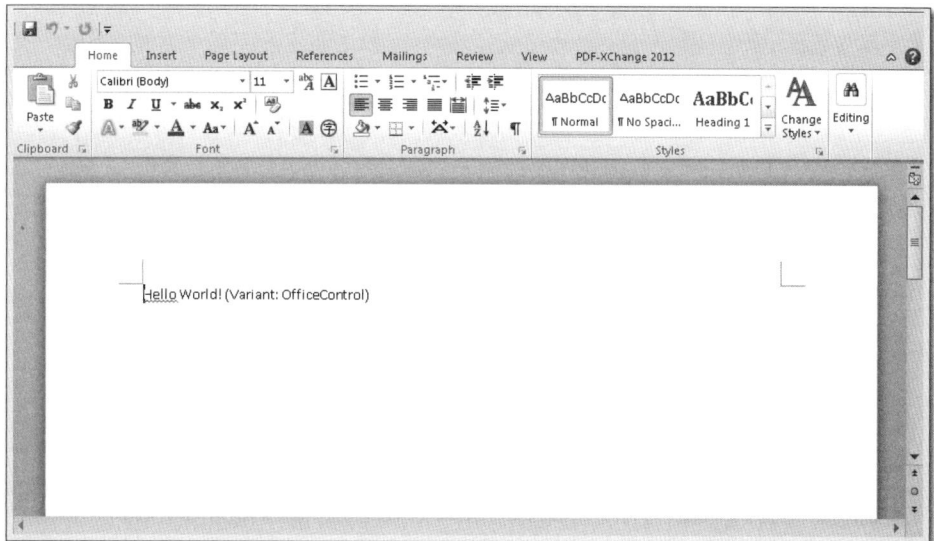

Abbildung 4.147 OfficeControl

Voraussetzungen

Um das UI-Element `OfficeControl` einsetzen zu können, müssen die folgenden Voraussetzungen erfüllt sein:

- Die Installation von Microsoft Office. Weitere Informationen über die von SAP unterstützten Office-Versionen finden Sie in SAP-Hinweis 892638.
- Die Verwendung von ActiveX muss im Internet-Browser aktiviert sein.

4 | UI-Elemente und ihre Eigenschaften

Installation Beim ersten Aufruf kann es sein, dass ActiveX noch nicht installiert ist. In diesem Fall erscheint die Frage des Systems, ob Sie ActiveX installieren möchten (siehe Abbildung 4.148).

Beschreibung Nach einem Klick auf die Aufforderung KLICKEN SIE HIER, UM DAS FOLGENDE ACTIVEX-STEUERELEMENT ZU INSTALLIEREN: »IOS_ACF« VON SAP AG ... wählen Sie den ersten Eintrag ACTIVEX-STEUERELEMENT INSTALLIEREN ... Daraufhin öffnet sich eine Sicherheitswarnung, die Sie über den Button INSTALL bestätigen. Damit ist der Installationsvorgang abgeschlossen.

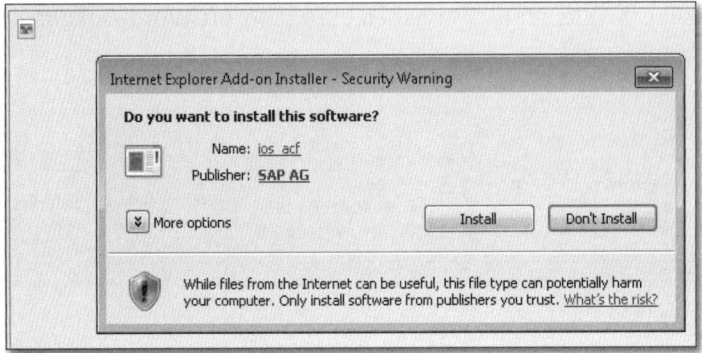

Abbildung 4.148 ActiveX installieren

Eigenschaften

Das UI-Element `OfficeControl` besitzt die Eigenschaften `additionalArchives` und `lifeTime` (siehe Abschnitt 4.6.4, »MessageArea«), `height` (siehe Abschnitt 4.2.7, »TextEdit«), `virusScanProfile` (siehe Abschnitt 4.7.3, »Chart«) und `width` (siehe Abschnitt 4.2.2, »InputField«) sowie die Eigenschaften, die alle UI-Elemente gemeinsam haben. In Abbildung 4.149 sind die Eigenschaften markiert, die in diesem Abschnitt besprochen werden.

activateInPlace

Inplace Mit der Eigenschaft `activateInPlace` steuern Sie, ob das Dokument im Browser-Fenster dargestellt wird (Wert = `abap_true`) oder ob zur Darstellung die mit dem Dokumenttyp verknüpfte Office-Anwendung in einem separaten Fenster geöffnet wird (Wert = `abap_false`). Falls Sie das Dokument extern öffnen, steht Ihnen der volle Funktionsumfang zur Verfügung, jedoch werden die Änderungen am Dokument nur lokal gespeichert.

Kategorie »integration« | 4.8

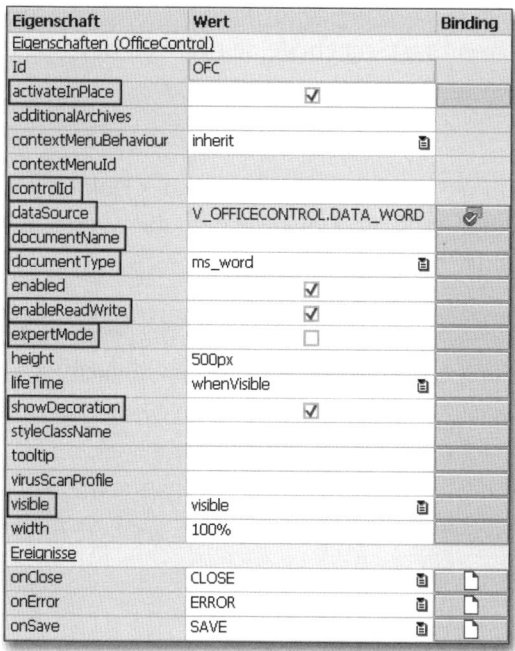

Abbildung 4.149 Eigenschaften OfficeControl

Achten Sie darauf, dass das UI-Element `OfficeControl`, auch wenn es nicht inplace dargestellt wird, trotzdem Platz im View einnimmt. Sie können über die Eigenschaften `width` und `height` die Größe beeinflussen. Zudem ist anzumerken, dass ein Vergrößern des Dokuments im Browser-Fenster zur Laufzeit nicht möglich ist.

controlId

Der Wert für die Eigenschaft `controlId` wird automatisch gesetzt. Geben Sie hier daher nichts ein.

dataSource

Mit der Eigenschaft `dataSource` können Sie den Pfad zum Context-Attribut spezifizieren, das die Daten zur Verfügung stellt. Wird diese Property nicht gebunden, wird im Nicht-Expertenmodus (Eigenschaft `expertMode` mit Wert `abap_false`) automatisch ein neues Dokument angelegt. Im Expertenmodus führt die Ausführung der Behandlermethode `opendocument( )` im Methodenbehandler (siehe den folgenden Abschnitt »Methodenbehandler«) zu einem Fehler. Es ist nur die korrekte Ausführung der Methode `createdocument( )` möglich.

Datenquelle

documentName

Dokumentenname Mit der Eigenschaft `documentName` geben Sie den Namen des Dokuments an.

documentType

Dokumententyp Mit der Eigenschaft `documentType` legen Sie den Typ des Dokuments fest, das angezeigt werden soll. Es stehen Ihnen die Werte aus Tabelle 4.42 zur Verfügung.

Wert	Beschreibung
`ms_excel`	Microsoft-Word-Dokument mit der Erweiterung *.xls*
`ms_project`	Microsoft-Project-Dokument mit der Erweiterung *.mpp*. Diese Ausprägung ist mit EHP2 neu.
`ms_word`	Microsoft-Word-Dokument mit der Erweiterung *.doc*
`star_calc`	Tabellenkalkulation Sun Star Office
`star_writer`	Textverarbeitung Sun Star Office

Tabelle 4.42 Eigenschaften documentType

enableReadWrite bzw. expertMode

Expertenmodus Die Eigenschaft `enableReadWrite` ist deprecated, Sie sollten sie daher nicht mehr verwenden. Setzen Sie stattdessen die Eigenschaft `expertMode` ein. Mit der Eigenschaft `expertMode` legen Sie fest, dass das UI-Element im Expertenmodus für komplexe Operationen gestartet wird. Wenn Sie diese Eigenschaft auf `abap_true` setzen, stehen zusätzliche Methodenaufrufe durch den Methodenbehandler zur Verfügung (siehe auch den folgenden Abschnitt »Methodenbehandler IF_IOS_FACTORY«).

showDecoration

Menü Mit der Eigenschaft `showDecoration` können Sie Menüs einblenden (Wert = `abap_true`) oder ausblenden (Wert = `abap_false`).

visible

visible Mit der Eigenschaft `visible` können Sie die Sichtbarkeit des UI-Elements steuern. Falls das `OfficeControl` mit dem Wert `abap_false` für die Eigenschaft `expertMode` gestartet wird, wird das Dokument automatisch geschlossen, falls die Eigenschaft `visible` auf den Wert `none` gesetzt wird. Veränderungen, die nicht gesichert wurden, gehen dabei verloren.

Ereignisse

Das UI-Element `OfficeControl` bietet Ereignisse an, über die Sie mit Ihrer Web-Dynpro-Component kommunizieren können. In diesem Abschnitt werden wir diese besprechen.

onClose

Das Ereignis `onClose` wird ausgeführt, wenn das Dokument geschlossen wird. Dies ist dann der Fall, wenn das Dokument in einem eigenen Fenster dargestellt wird und der Benutzer entweder die Tastenkombination [Alt] + [F4] verwendet oder über das SCHLIESSEN-Symbol des Office-Softwareprogramms das Dokument schließt. Falls Sie eine Aktion zugeordnet haben, werden die Standardparameter `id` und `context_element` an die Aktionsbehandler-Methode übergeben.

onError

Das Ereignis `onError` wird im Fehlerfall ausgelöst. Falls Sie eine Aktion zugeordnet haben, werden die Standardparameter `id` und `context_element` sowie die zusätzlichen Parameter `id` und `message` übergeben. Die `id` steht für die Nachrichtenklasse und die `message` für die Nummer der Nachricht in der Nachrichtenklasse.

onSave

Das Ereignis `onSave` wird ausgelöst, wenn das Dokument gesichert wird. Falls Sie eine Aktion zugeordnet haben, werden die Standardparameter `id` und `context_element` übergeben. Diese Aktion wird ebenfalls beim Schließen eines geänderten Dokuments ausgelöst. Das Sichern wird aktiviert, wenn der Benutzer entweder die Tastenkombination [Strg] + [S] verwendet oder auf den SICHERN-Button in der Werkzeugleiste des Office-Softwareprogramms klickt.

Zusammenspiel der Ereignisse

Soll ein angezeigtes Dokument (D1) durch ein anderes Dokument (D2) ersetzt werden, muss dies über die Veränderung des Context-Attributs geschehen, an das die Eigenschaft `dataSource` gebunden ist. Geschieht dies, werden die Daten von D2 aus dem Context mit der nächsten HTTP-Response an das UI-Element am Client gesendet. In diesem Fall prüft das UI-Element, ob Dokument D1 verändert wurde.

expertMode = abap_false

- Falls keine Veränderung stattgefunden hat, schließt das UI-Element D1 und löst das Ereignis `onClose` aus. Dadurch wird wieder ein Roundtrip ausgelöst, und die Information für D2 wird wieder an das UI-Element gesendet und dort geöffnet.
- Falls D1 geändert wurde und der Benutzer vergessen hat, die Daten zu sichern, werden die Daten automatisch gesichert, und das Ereignis `onSave` wird ausgelöst. Der folgende Request enthält die aktuell angezeigten Daten, die in den Context gespeichert werden. Das gesicherte Dokument wird nochmals angezeigt.
- Falls der Benutzer die geänderten Daten gesichert hat, wird wie bei einem nicht veränderten Dokument vorgegangen.
- Falls der Benutzer über die Oberflächenfunktionalität (Menü) das Sichern des Dokuments durchführt, wird im Experten- und Nicht-Expertenmodus das Ereignis `onSave` ausgelöst, und das geänderte Dokument wird im Context gespeichert.

Sicherheit

Whitelist

Beim Importieren bzw. Exportieren von Microsoft-Project-Dokumenten (Methoden `if_ios_project~export_xml( )` und `if_ios_project~import_xml( )`) wird aus Sicherheitsgründen eine Whitelist ausgewertet. Dazu wird in der Interface-Methode `if_ios_project~set_whitelist( )` auf den Namen der Whitelist referenziert. Es handelt sich dabei um dieselbe Whitelist wie für das UI-Element `AcfUpDownload` (siehe Abschnitt 4.7.3) mit denselben Voraussetzungen, und es werden die Pfade des Up-/Downloads benutzt.

Methodenbehandler IF_IOS_FACTORY

Methodenbehandler

Den Methodenbehandler `IF_IOS_FACTORY` müssen Sie wie bei anderen UI-Elementen über die Referenz auf das UI-Element ermitteln. Die Referenz auf das UI-Element hat das Attribut `_method_handler`, das auf den Typ `IF_IOS_FACTORY` gecastet wird. Mithilfe der Methode `get_document_proxy( )` kann die Referenz auf das Dokument ermittelt werden. Sie liefert eine Referenz vom Typ `IF_IOS_DOCUMENT`. Mithilfe dieser Referenz auf das Dokument können Sie die Methoden `closedocument( )`, `opendocument( )`, `createdocument( )`, `savedocument( )` und `printdocument( )` verwenden.

In Listing 4.18 sehen Sie ein Beispiel, wie Sie ein Dokument aus dem MIME Repository auslesen, dieses im Context setzen und die Referenz auf das Office-Dokument ermitteln können.

Beispiel

```
METHOD wddomodifyview.
  DATA:
* Referenz auf Office-View-Element
      lr_office_control TYPE REF TO cl_wd_view_element,
* MIME Repository - API
      lr_mime_repository TYPE REF TO if_mr_api,
* Die Daten des Dokuments im MIME Repository
      ld_content TYPE xstring,
* Die Adresse des Dokuments
      ld_url TYPE string VALUE
'/SAP/BC/WebDynpro/SAP/' &
      'zwdc_chap04_app/web_dynpro_abap.doc'.
* Ausnahme
  DATA lr_exc TYPE REF TO cx_ios_exception.
***
* Nur beim ersten Mal
  CHECK first_time = abap_true.
***
* MIME-Repository-API ermitteln
  lr_mime_repository = cl_mime_repository_api=>get_api( ).
* Dokument aus MIME Repository lesen
  CALL METHOD lr_mime_repository->get
    EXPORTING
      i_url     = ld_url
    IMPORTING
      e_content = ld_content.
* Setzen der Daten im Context
  wd_context->set_attribute(
    name  = 'DATA_WORD'
    value = ld_content ).
***
* UI-Element ermitteln
  lr_office_control ?= view->get_element( 'OFC1' ).
* Methodenbehandler ermitteln
  wd_this->gr_word_method_handler ?=
      lr_office_control->_method_handler.
* Zugriff über Behandler
  TRY.
* Dokument-Proxy für Operationen auf Dokument ermitteln
      wd_this->gr_word_method_handler->get_document_proxy(
```

```
                   IMPORTING proxy = wd_this->gr_document   ).
*   ...
      CATCH cx_ios_document INTO lr_exc.
      CATCH cx_ios_communicationwrapper INTO lr_exc.
      CATCH cx_ios_factory INTO lr_exc.
      CATCH cx_ios_environment INTO lr_exc.
      CATCH cx_ios_exception INTO lr_exc.
* Ausnahme behandeln
    ENDTRY.
*   ...
  ENDMETHOD.
```

Listing 4.18 Office-Dokument ermitteln

Beschreibung
Der erste Abschnitt des Listings betrifft die Ermittlung der MIME-Repository-API. Mithilfe der API-Referenz lesen wir ein Microsoft-Word-Dokument, das wir zuvor in Transaktion SE80 in das MIME Repository geladen haben. Die gelesenen Dokumentendaten stellen wir in das Context-Attribut, an das die Eigenschaft dataSource des OfficeControl-Elements gebunden ist.

Im zweiten Abschnitt wenden wir uns der Ermittlung der Dokumentenreferenz zu. Mithilfe der Referenz auf das UI-Element für das OfficeControl ermitteln wir den Methodenbehandler (lr_office_control->_method_handler) und casten die Referenz auf den Typ IF_IOS_FACTORY. Damit die Referenzen auch in anderen Methoden verwendet werden können, legen wir die Referenzen in den Attributen ab. Über die Methodenbehandler-Referenz ermitteln wir die Referenz auf das Dokument (wd_this->gr_word_method_handler->get_document_proxy()). Damit haben Sie den Zugriff auf die Methoden, um Dokumente zu öffnen, zu sichern etc.

Der Methodenbehandler bietet noch weitere Methoden an, um wichtige Referenzen zu ermitteln, die im Kontext der Bearbeitung des Dokuments relevant sind, wie z. B. die Methode get_wordprocessing_proxy( ), die eine Referenz vom Typ IF_IOS_WORDPROCESSING liefert. Diese Referenz bietet unter anderem die Möglichkeit, Felder im Word-Dokument zu ersetzen. Für weitere Beispiele empfehlen wir Ihnen einen Blick in Ihr System. Das Paket SIOS hat noch weitere Anwendungsfälle für Office-Dokumente als Web-Dynpro-Components realisiert.

4.9 Aggregierte Elemente

In diesem Abschnitt beschreiben wir UI-Elemente, die von anderen UI-Elementen aggregiert werden, wie z. B. Menüs oder Toolbars.

4.9.1 Allgemein

Aggregierte Elemente stellen zentrale Funktionen zur Verfügung, die Ihre Anwendung für den Benutzer kompakt und effizient verwendbar machen und dazu noch gut aussehen.

In Abbildung 4.150 sehen Sie als Ausschnitt der gesamten ABAP-Klassenhierarchie der UI-Elemente die Klassenhierarchie für die in diesem Abschnitt besprochenen UI-Elemente.
   Klassenhierarchie

Die Klassen, die mit hellem Hintergrund dargestellt sind, sind die Basisklassen. In der höchsten Klasse CL_WDR_VIEW_ELEMENT wird das Attribut ID definiert. Damit steht diese Eigenschaft allen Unterklassen zur Verfügung. Die Klasse CL_WD_CTX_MENU_PROVIDER steuert die Attribute CONTEXT_MENU_BEHAVIOUR und CONTEXT_MENU_ID bei. Die Klasse CL_WD_UIELEMENT leistet auch einen wichtigen Beitrag, nämlich die Attribute ENABLED, VISIBLE und TOOLTIP.
   Basisklassen

Neben den in der Abbildung angezeigten Klassen stehen noch weitere zur Verfügung. Für die Klasse CL_WD_MENU_ITEM können Sie neben der Unterklasse CL_WD_MENU noch die folgenden Unterklassen nutzen:
   Weitere Klassen

- CL_WD_MENU_ACTION_ITEM
- CL_WD_MENU_CHECKBOX
- CL_WD_MENU_RADIOBUTTON
- CL_WD_MENU_SEPARATOR

Für die Klassen CL_WD_MENU_BAR und CL_WD_TOOLBAR folgen die Beschreibungen der Unterklassen in den entsprechenden Abschnitten.

Ausgewählte Attribute der dargestellten Klassen werden im View-Editor zu den Eigenschaften der UI-Elemente, d. h., Ihnen steht z. B. für jedes UI-Element die Eigenschaft ID im View-Editor für die Pflege zur Verfügung. Welche Bedeutung diese Eigenschaften für die Gestaltung des User Interfaces haben, werden wir Ihnen im Folgenden näher erläutern.
   Attribute und Eigenschaften

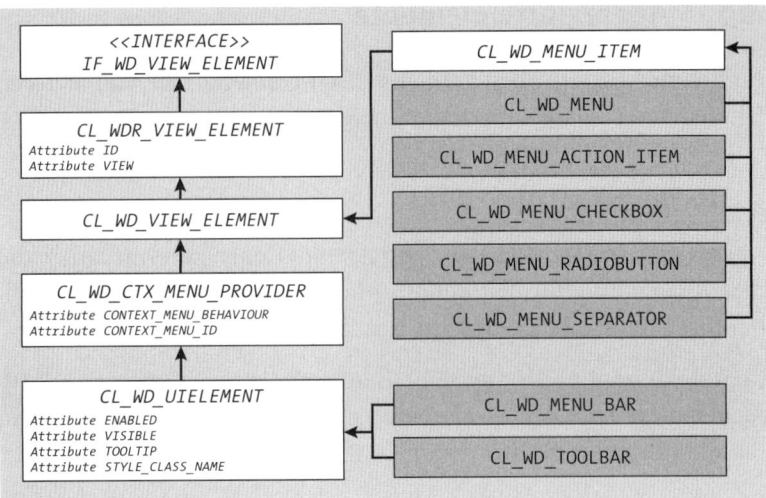

Abbildung 4.150 Klassenhierarchie der aggregierten UI-Elemente

4.9.2 Menu

Mit dem UI-Element Menu können Sie ein Menü erstellen. Dies geschieht über die Aggregation. Das Menu steht für die folgenden UI-Elemente zur Verfügung:

- TextView (siehe Abschnitt 4.2.6)
- ButtonChoice (siehe Abschnitt 4.2.3)
- IconButton (siehe Abschnitt 4.2.4)
- LinkChoice (siehe Abschnitt 4.2.5)
- LinkToAction (siehe Abschnitt 4.2.6)
- LinkToURL (siehe Abschnitt 4.2.7)
- Tree (siehe Abschnitt 4.5.8)
- TreeNodeType und TreeItemType (siehe Abschnitt 4.5.8)
- Image (siehe Abschnitt 4.7.7)
- ProgressIndicator (siehe Abschnitt 4.7.9)
- CTable (siehe Abschnitt 9.8)

Visuelle Darstellung

In Abbildung 4.151 sehen Sie eine einfache Darstellung eines Menu. Wir haben alle Aggregate zum Menu mit eingeblendet.

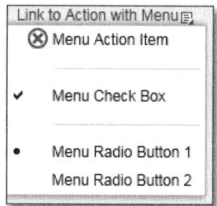

Abbildung 4.151 Menu

Das UI-Element `Menu` bietet die spezielle Eigenschaft `title`, mit der Sie die übersetzungsrelevante Bezeichnung des Menüs definieren können. Dieser Titel wird z. B. in einem UI-Element `MenuBar` als oberster Eintrag eines Menüs verwendet. Die Eigenschaft `imageSource` findet bei Topmenüs, also Menüs auf der höchsten Ebene, keine Verwendung, wohl aber für Submenüs. Bei diesen wird das Icon vor dem Namen des Menüs dargestellt (Abbildung 4.153). Mit der Eigenschaft `visible` steuern Sie die Sichtbarkeit des Menüs.

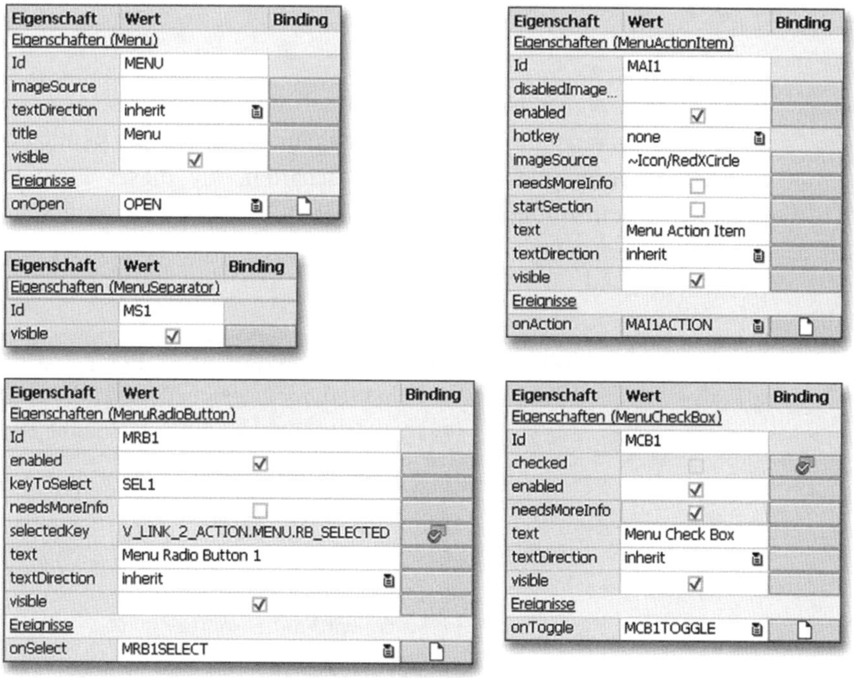

Eigenschaft	Wert	Binding
Eigenschaften (Menu)		
Id	MENU	
imageSource		
textDirection	inherit	
title	Menu	
visible	☑	
Ereignisse		
onOpen	OPEN	

Eigenschaft	Wert	Binding
Eigenschaften (MenuSeparator)		
Id	MS1	
visible	☑	

Eigenschaft	Wert	Binding
Eigenschaften (MenuRadioButton)		
Id	MRB1	
enabled	☑	
keyToSelect	SEL1	
needsMoreInfo	☐	
selectedKey	V_LINK_2_ACTION.MENU.RB_SELECTED	
text	Menu Radio Button 1	
textDirection	inherit	
visible	☑	
Ereignisse		
onSelect	MRB1SELECT	

Eigenschaft	Wert	Binding
Eigenschaften (MenuActionItem)		
Id	MAI1	
disabledImage...		
enabled	☑	
hotkey	none	
imageSource	~Icon/RedXCircle	
needsMoreInfo	☐	
startSection	☐	
text	Menu Action Item	
textDirection	inherit	
visible	☑	
Ereignisse		
onAction	MAI1ACTION	

Eigenschaft	Wert	Binding
Eigenschaften (MenuCheckBox)		
Id	MCB1	
checked	☐	
enabled	☑	
needsMoreInfo	☑	
text	Menu Check Box	
textDirection	inherit	
visible	☑	
Ereignisse		
onToggle	MCB1TOGGLE	

Abbildung 4.152 Menu und Aggregate

In Abbildung 4.152 sehen Sie die Eigenschaften von `Menu` und das Ereignis `onOpen`, das beim Öffnen des Menüs ausgelöst wird. Beachten Sie, dass die zugeordnete Aktion vom Typ OHNE PHASENMODELL sein muss, da sonst ein Laufzeitfehler produziert wird. Der Behandlermethode zum Ereignis werden die Standardparameter `id` und `context_element` übergeben.

Aggregierbare Elemente

Darüber hinaus haben wir die aggregierbaren Elemente für die folgende Diskussion in die Abbildung integriert. Die aggregierbaren Elemente werden über ein Kontextmenü auf dem UI-Element `Menu` im View-Editor zugeordnet. Ihnen stehen vier aggregierbare Elemente zur Gestaltung des Menüs zur Verfügung.

MenuSeparator

Wie der Name schon sagt, ist das UI-Element `MenuSeparator` für das Separieren von Menüeinträgen gedacht. Dementsprechend spärlich fallen die Eigenschaften dieses UI-Elements aus. Mit der Eigenschaft `visible` können Sie die Sichtbarkeit des Separators setzen.

MenuActionItem

ActionItem — Das `MenuActionItem` ist für das Auslösen des Ereignisses `onAction` zuständig, um eine direkte Behandlung einer Auswahl des Benutzers im `Menu` zu ermöglichen. Die Eigenschaften, die dieses Element anbietet, sind in Abbildung 4.152 zu sehen, und die nicht zum Standard gehörenden Eigenschaften sind in Tabelle 4.43 aufgelistet und beschrieben.

Eigenschaft	Beschreibung
`disabledImageSource`	Mit dem Wert der Eigenschaft `disabledImageSource` geben Sie den Namen und die Quelle des Bildes an, das angezeigt wird, wenn die Eigenschaft `enabled` den Wert `abap_false` hat.
`enabled`	Mit der Eigenschaft `enabled` legen Sie den Aktivitätszustand fest. Falls der Wert `abap_false` ist, wird der Text ausgegraut.
`hotkey`	Mit der Eigenschaft `hotkey` können Sie Aktionstasten zuordnen.

Tabelle 4.43 Eigenschaften MenuActionItem

Eigenschaft	Beschreibung
imageSource	Mit dem Wert der Eigenschaft imageSource geben Sie den Namen und die Quelle des Bildes an, das angezeigt wird, wenn die Eigenschaft enabled den Wert abap_true hat.
needsMoreInfo	Mit der Eigenschaft needsMoreInfo definieren Sie, ob hinter dem Text noch drei Punkte (...) angezeigt werden (Wert = abap_true) oder nicht (Wert = abap_false). Dies soll dem Benutzer andeuten, dass zur Erfüllung der Aktion noch Informationen benötigt werden, die z. B. über einen Zwischendialog erfragt werden.
startSection	Mit dem Eintrag startSection legen Sie fest, ob vor diesem Eintrag ein Separator angezeigt wird.
text	Mit der Eigenschaft text bestimmen Sie den Anzeigetext der Aktion.

Tabelle 4.43 Eigenschaften MenuActionItem (Forts.)

Bei einem `MenuActionItem` wird das Ereignis `onAction` ausgelöst, wenn der Benutzer auf dieses Element klickt. Falls eine Aktion dem Ereignis zugewiesen ist, werden der zugeordneten Aktionsbehandler-Methode die Standardparameter `id` und `context_element` übergeben.

MenuCheckBox

Die `MenuCheckBox` ist für das Auslösen des Ereignisses `onToggle` gedacht, um die sofortige Behandlung einer Selektion des Benutzers im `Menu` zu ermöglichen. Die Eigenschaften, die dieses Element anbietet, sind in Abbildung 4.152 zu sehen, und die nicht zum Standard gehörenden Eigenschaften haben wir in Tabelle 4.44 aufgelistet und beschrieben. Weitere Informationen zu Checkboxen finden Sie in Kapitel 7, »Eingabe- und semantische Hilfen«.

CheckBox

Eigenschaft	Beschreibung
checked	Mit dem Wert der Eigenschaft checked legen Sie fest, ob das UI-Element als ausgewählt (Wert = abap_true) dargestellt werden soll oder nicht (Wert = abap_false).

Tabelle 4.44 Eigenschaften MenuCheckBox

Eigenschaft	Beschreibung
enabled	siehe Tabelle 4.43
needsMoreInfo	siehe Tabelle 4.43
text	siehe Tabelle 4.43

Tabelle 4.44 Eigenschaften MenuCheckBox (Forts.)

Bei einer `MenuCheckBox` wird das Ereignis `onToggle` ausgelöst, wenn der Benutzer dieses Element selektiert. Falls eine Aktion dem Ereignis zugewiesen ist, werden der zugeordneten Aktionsbehandler-Methode die Standardparameter `id` und `context_element` übergeben. Zudem wird der Parameter `checked` übergeben, der anzeigt, ob der Benutzer das Element selektiert (Wert = `abap_true`) oder deselektiert hat (Wert = `abap_false`).

MenuRadioButton

RadioButton · Der `MenuRadioButton` ist für das Auslösen des Ereignisses `onSelect` verantwortlich, um eine sofortige Behandlung einer Auswahl aus einer Menge von Optionen des Benutzers im `Menu` zu ermöglichen. Die Eigenschaften, die dieses Element anbietet, sind in Abbildung 4.152 zu sehen, und die nicht zum Standard gehörenden Eigenschaften finden Sie in Tabelle 4.45. Weitere Informationen zu Radiobuttons erhalten Sie in Kapitel 7, »Eingabe- und semantische Hilfen«.

Eigenschaft	Beschreibung
enabled	siehe Tabelle 4.43
keyToSelect	Mit der Eigenschaft `keyToSelect` definieren Sie den Vergleichswert, über den das System feststellen kann, ob der aktuelle Wert im Context mit diesem übereinstimmt. Falls die Übereinstimmung zutrifft, wird der `MenuRadioButton` als selektiert dargestellt, sonst nicht.
needsMoreInfo	siehe Tabelle 4.43
selectedKey	Mit der Eigenschaft `selectedKey` legen Sie den Pfad zum Context-Knoten fest, in dem sich die möglichen Werte der Auswahl befinden. Die Lead-Selection definiert den selektierten Wert.
text	siehe Tabelle 4.43

Tabelle 4.45 Eigenschaften MenuRadioButton

Bei einem `MenuRadioButton` wird das Ereignis `onSelect` ausgelöst, wenn der Benutzer dieses Element selektiert. Beachten Sie, dass immer nur ein `MenuRadioButton` aus einer Gruppe von `MenuRadioButton`-Elementen ausgewählt werden kann, im Gegensatz zur `MenuCheckBox`. Falls eine Aktion dem Ereignis zugewiesen ist, werden der zugeordneten Aktionsbehandler-Methode die Standardparameter `id` und `context_element` übergeben. Zudem wird der Parameter `key` übergeben, der anzeigt, welches Element der Benutzer selektiert hat.

4.9.3 MenuBar

Eine `MenuBar` dient der gegliederten Darstellung von Aktionen. Die `MenuBar` bildet eine Leiste, die in verschiedene Blöcke, bestehend aus `Menu`-Elementen, gegliedert werden kann. Unter diesen Blöcken können Sie einzelne Menüpunkte und weitere `Menu`-Elemente anordnen. Um die `Menu`-Elemente einzufügen, verwenden Sie im View-Editor das Kontextmenü zum UI-Element `MenuBar` und dort den Eintrag MENÜ EINFÜGEN.

Menüleiste

Visuelle Darstellung

In Abbildung 4.153 sehen Sie eine einfache Darstellung einer `MenuBar`. Wir haben drei `Menu`-Aggregate mit eingeblendet. Zusätzlich haben wir ein Untermenü eingefügt, um die Auswirkung der Eigenschaft `imageSource` für Submenüs zu veranschaulichen. Im Gegensatz zu Menüs auf der höchsten Ebene (Topmenüs), bei denen die Eigenschaft nicht verwendet wird, kommt sie bei Untermenüs zur Anwendung, und ein Icon wird dargestellt.

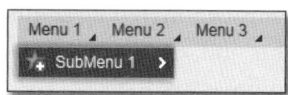

Abbildung 4.153 MenuBar

Eigenschaften

In Abbildung 4.154 sind die Eigenschaften markiert, die in diesem Abschnitt besprochen werden.

4 | UI-Elemente und ihre Eigenschaften

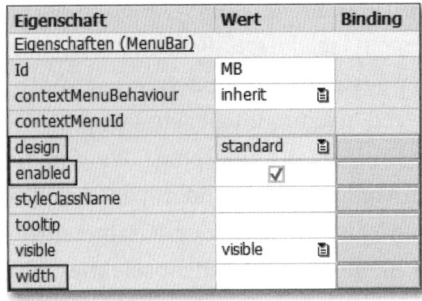

Abbildung 4.154 Eigenschaften MenuBar

design

Erscheinungsbild Mit der Eigenschaft `design` steuern Sie das Erscheinungsbild der MenuBar. Falls Sie den Wert `standard` wählen, wird der Hintergrund der MenuBar dunkler dargestellt. Falls Sie den Wert `transparent` zuordnen, wird die MenuBar mit der Farbe des Hintergrunds abgebildet. Mithilfe des Datenelements `WDUI_MENU_BAR_DESIGN` können Sie ein Context-Attribut typisieren, das Sie als Data-Binding-Ziel für diese Eigenschaft verwenden können.

enabled

Mit der Eigenschaft `enabled` steuern Sie die Interaktivität des UI-Elements MenuBar. Falls Sie den Wert `abap_true` verwenden, werden die Titel der Menüs als interaktiv dargestellt und können ausgewählt werden. Falls Sie den Wert `abap_false` verwenden, werden die Titel ausgegraut und können nicht ausgewählt werden.

width

Mit der Eigenschaft `width` legen Sie die Breite des UI-Elements MenuBar fest. Falls die Breite über den für die Menüs benötigten Platz hinausgeht, wird der überschüssige Platz rechts mit der Darstellung, basierend auf dem Wert der Eigenschaft `design`, visualisiert.

4.9.4 ToolBar

Gruppierung Das UI-Element ToolBar repräsentiert eine Sammlung von Werkzeugen, die über UI-Elemente aufgerufen werden. ToolBar-Elemente stellen somit eine Möglichkeit dar, UI-Elemente zu gruppieren und funktional zusammenzufassen. Eine Toolbar kann folgende Elemente enthalten:

- ToolBarButton
- ToolBarButtonChoice
- ToolBarDropDownByIndex
- ToolBarDropDownByKey
- ToolBarDropDownListBox
- ToolBarIconButton
- ToolBarInputField
- ToolBarLinkToAction
- ToolBarLinkToURL
- ToolBarLinkChoice
- ToolBarSeparator
- ToolBarToggleButton

Die einzelnen Elemente verfügen über die Eigenschaft collapsible, mit der sie versteckt werden können. Alle Elemente, die zusammenklappbar sind, können über ein kleines Dreieckssymbol versteckt werden.

Die ToolBar-Elemente sind in der Toolbar in einer Zeile horizontal angeordnet. Die Größe und die Position der einzelnen Oberflächenelemente werden automatisch berechnet. Mit der Eigenschaft wrapping können Sie bestimmen, ob die Elemente in eine neue Zeile umbrochen werden können.

Anordnung

Visuelle Darstellung

In Abbildung 4.155 sehen Sie eine einfache Darstellung einer Toolbar. Wir haben einige der möglichen Aggregate eingeblendet.

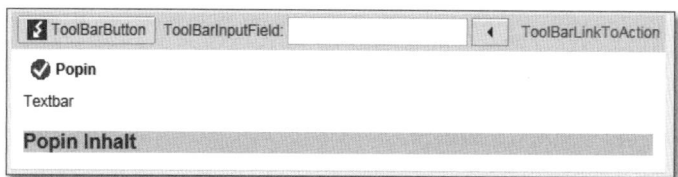

Abbildung 4.155 ToolBar

Die Aggregate (ToolBar-Elemente) in der Toolbar haben als Aufschrift ihre technischen Bezeichnungen. Das zugeordnete Table-Pop-in haben wir geöffnet und ein UI-Element `TextView` als Inhalt ergänzt. Darüber hinaus wurde eine `TextBar` ergänzt. Der Dreieck-Button wird eingeblendet, sobald ein Element der Toolbar die Eigenschaft `collapsible` mit dem Wert `abap_true` besitzt.

Eigenschaften

Das UI-Element `ToolBar` besitzt die Eigenschaft `accessibilityDescription`, die wir in Abschnitt 4.4.3 zum Element `DateNavigator` beschrieben haben, sowie die Eigenschaften, die alle UI-Elemente besitzen. In Abbildung 4.156 sind die Eigenschaften markiert, die in diesem Abschnitt besprochen werden.

Abbildung 4.156 Eigenschaften ToolBar

design

Erscheinungsbild — Mit der Eigenschaft `design` steuern Sie das Erscheinungsbild der Toolbar. Falls Sie den Wert `standard` wählen, wird der Hintergrund der Toolbar dunkler dargestellt. Falls Sie den Wert `transparent` zuordnen, wird die Toolbar mit der Farbe des Hintergrunds abgebildet. Falls Sie den Wert `emphasized` auswählen, wird im Fall des Standardthemes der Hintergrund wie bei dem Wert `standard` dargestellt. Mithilfe des Datenelements `WDUI_TOOLBAR_DESIGN` können Sie ein Context-Attribut typisieren, das Sie als Data-Binding-Ziel für diese Eigenschaft verwenden können.

enabled

Mit der Eigenschaft `enabled` steuern Sie die Interaktivität des UI-Elements `ToolBar`. Die Funktion des Expandieren und Kollabierens steht auch bei der Einstellung `enabled = abap_false` zur Verfügung.

hideIfEmpty

Mit der Eigenschaft `hideIfEmpty` steuern Sie, ob das UI-Element `ToolBar` unsichtbar wird (Wert `abap_true`), wenn es keine `ToolBar`-Elemente oder ausschließlich unsichtbare `ToolBar`-Elemente besitzt.

itemOverflow und wrapping

Mit dieser Eigenschaft legen Sie das Verhalten fest, das vom Framework gewählt werden soll, falls die Elemente der Toolbar nicht in eine Zeile passen. Wenn Sie den Eigenschaftswert `Item Menu` verwenden, werden die Elemente der Toolbar bei zu geringem Platz in einem Dropdown-Menü visualisiert (*Overflow-Mechanismus*). Wenn Sie den Eigenschaftswert `Wrap Items` verwenden, werden die Elemente, die nicht mehr in die Zeile passen, in die nächste Zeile verschoben.

Falls Sie die Eigenschaft `itemOverflow` nutzen möchten, müssen Sie die Eigenschaft `wrapping` auf `abap_true` setzen. Ist der Wert `abap_false` eingetragen, werden die Elemente nicht in die nächste Zeile umbrochen, und die Toolbar wird so breit, dass alle Elemente in eine Zeile passen.

Aggregierte Elemente

Für die Toolbar steht eine Fülle von UI-Elementen zur Verfügung, die aggregiert werden können. Diese sind natürlich wieder in die ABAP-Klassenhierarchie der UI-Elemente integriert (siehe Abbildung 4.157).

Klassenhierarchie

Die Klasse `CL_WD_TOOLBAR_SEPARATOR` stellt eine Ausnahme im Vergleich zu allen anderen Toolbar-relevanten Klassen dar, da sie sich direkt von der Basisklasse `CL_WD_VIEW_ELEMENT` ableitet. Alle anderen für die Toolbar relevanten Klassen leiten sich indirekt von der Klasse `CL_WD_UIELEMENT` ab und erben dadurch die in Abbildung 4.157 erkennbaren Attribute. Eines der Grundprinzipien bei den Toolbar-relevanten Klassen ist, dass diese von abstrakten Klassen abgeleitet werden und damit von SAP sehr einfach weitere Klassen mit Bezug zu den abstrakten Klassen ausgeliefert sowie Teile der Methoden der abstrakten Klassen implementiert werden können.

In Abbildung 4.157 haben wir aus Platzgründen nicht jede Vererbung mit dem dafür vorgesehenen Symbol (Pfeil) darstellen können. Wir haben die Vererbung veranschaulicht, indem dort, wo Klassen in Vererbungsbeziehung zueinander stehen, die Kästchen der Klassen direkt ohne Zwischenraum übereinander dargestellt werden.

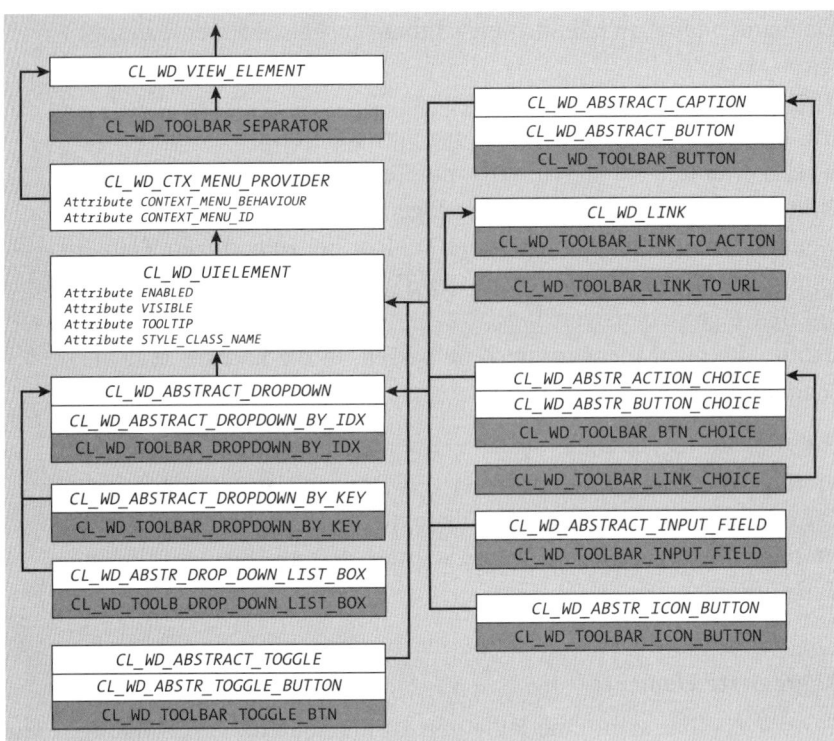

Abbildung 4.157 Aggregierbare Elemente für ToolBar

Aggregationen   In Abbildung 4.158 sehen Sie die aggregierbaren Elemente zur Toolbar im View-Editor, die in diesem Abschnitt besprochen werden.

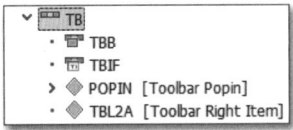

Abbildung 4.158 Aggregationen ToolBar

Allgemeine Eigenschaften

collapsible   Mithilfe der Eigenschaft collapsible können Sie für jedes ToolBar*-Element einstellen, ob es kollabierbar ist. Das heißt, dass ein Button zum Kollabieren solch attribuierter Elemente eingeblendet wird (rechts neben den linksbündigen ToolBar-Elementen), sobald eines der Elemente die Eigenschaft collapsible mit dem Wert abap_true besitzt.

Beachten Sie, dass die Eigenschaft `collapsible` lediglich für die normalen `ToolBar`-Elemente zur Verfügung steht und nicht für die rechtsbündigen `ToolBar`-Elemente.

ToolBar*-Elemente

Der Unterschied zwischen den `ToolBar*`-und den (namens-)verwandten UI-Elementen ist die Eigenschaft `collapsible`, die bereits erläutert wurde, sonst bestehen im Großen und Ganzen keine Differenzen. Daher verweisen wir Sie bezüglich der Erläuterungen für die folgenden `ToolBar*`-Elemente auf die verwandten UI-Elemente:

- `ToolBarButton` (siehe Abschnitt 4.2.2, »InputField«)
- `ToolBarButtonChoice` (siehe Abschnitt 4.2.3, »Label«)
- `ToolBarIconButton` (siehe Abschnitt 4.2.4, »Caption«)
- `ToolBarDropDownByIndex`
  (siehe Abschnitt 7.1.1, »Dropdown-Menüs«)
- `ToolBarDropDownByKey`
  (siehe Abschnitt 7.1.1, »Dropdown-Menüs«)
- `ToolBarDropDownListBox`
  (siehe Abschnitt 7.1.1, »Dropdown-Menüs«)
- `ToolBarInputField` (siehe Abschnitt 4.2.2, »InputField«)
- `ToolBarLinkToAction` (siehe Abschnitt 4.2.6, »TextView«)
- `ToolBarLinkToURL` (siehe Abschnitt 4.2.7, »TextEdit«)
- `ToolBarLinkChoice` (siehe Abschnitt 4.2.5, »Explanation«)
- `ToolBarToggleButton` (siehe Abschnitt 4.3.2, »Button«)

Für das UI-Element `ToolBarSeparator` gibt es noch keine Entsprechung bei den bisher vorgestellten UI-Elementen. Es ist für die Separierung von Toolbar-Einträgen gedacht. Mit der Eigenschaft `visible` können Sie die Sichtbarkeit des Separators setzen.

Rechtsbündige ToolBar-Elemente

Sie können in die Toolbar Elemente einfügen, die rechtsbündig ausgerichtet werden. Beachten Sie, dass die Eigenschaft `collapsible` nicht für die rechtsbündigen `ToolBar`-Elemente gilt, d. h., dass sie nicht kollabiert werden können. Sie können die rechtsbündigen Elemente mittels Kontextmenü auf dem `ToolBar`-Element im View-Editor anlegen. Dabei stehen Ihnen alle `ToolBar*`-Elemente zur Verfügung.

Ausrichtung rechts

4 | UI-Elemente und ihre Eigenschaften

Zusatzbereich

ToolbarPopin

Das `ToolbarPopin` ist vom Typ `Popin` und bietet den gleichen Funktionsumfang wie das `TablePopin` (siehe Abschnitt 9.3 »Table«), mit dem Unterschied, dass es auch außerhalb von Tabellen einsetzbar ist. Die Anzeige eines `Popin`-Elements ist abhängig vom Wert der `Popin`-Eigenschaft `visible`. Es wird angezeigt, wenn der Wert `abap_true` ist, oder nicht angezeigt, wenn der Wert `abap_false` ist. Die Anlage des `Popin`-Elements für die Toolbar erfolgt im View Designer über das Kontextmenü zur Toolbar (Menüeintrag TOOLBAR-POPIN EINFÜGEN). Das `Popin` bietet die Eigenschaften, die in Tabelle 4.46 aufgelistet und beschrieben sind.

Eigenschaft	Beschreibung
accessibility Description	Mithilfe der Eigenschaft `accessibilityDescription` können Sie zusätzliche Texte definieren. Wenn Sie die Barrierefreiheit aktiviert haben, wird der zugeordnete Text der Quick-Info hinzugefügt. Diese Beschreibung soll das `Popin` semantisch näher erläutern und wird vom Screenreader nur vorgelesen, wenn der Benutzer das komplette UI-Element fokussiert.
design	Mithilfe der Eigenschaft `design` können Sie festlegen, wie der Hintergrund des Pop-ins dargestellt werden soll. Falls Sie diese Eigenschaft an ein Context-Attribut binden möchten, können Sie das Datenelement `WDUI_POPIN_DESIGN` für die Typisierung verwenden. Die visuelle Darstellung und die möglichen Werte finden Sie in Abbildung 4.159.
hasContentPadding	Mithilfe der Eigenschaft `hasContentPadding` definieren Sie, ob zwischen Inhalt und UI-Element-Rahmen ein Abstand eingefügt werden soll (Wert = `abap_true`).
titleDesign	Mit der Eigenschaft `titleDesign` können Sie das Erscheinungsbild des Titels festlegen. Falls Sie diese Eigenschaft an ein Context-Attribut binden möchten, können Sie das Datenelement `WDUI_TABLE_POPIN_TITLE_DESIGN` für die Typisierung verwenden. Die visuelle Darstellung der möglichen Werte `critical` ❶, `error` ❷, `ok` ❸ und `text` ❹ finden Sie in Abbildung 4.160.

Tabelle 4.46 Eigenschaften Popin

Eigenschaft	Beschreibung
titleText	Mit der Eigenschaft titleText setzen Sie den Text für die Überschrift.
visible	Mit der Eigenschaft visible setzen Sie die Sichtbarkeit des Popin. Sie können diese Eigenschaft verwenden, um das Ein- (Wert = abap_true) und Ausblenden (Wert = abap_false) des Popin zu realisieren.

Tabelle 4.46 Eigenschaften Popin (Forts.)

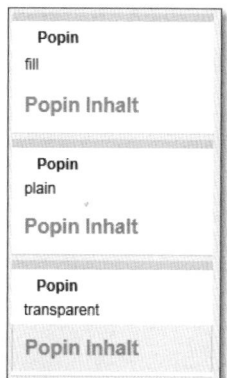

Abbildung 4.159 Eigenschaft design

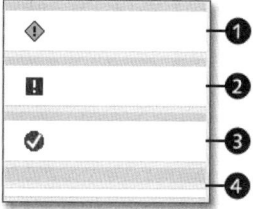

Abbildung 4.160 Eigenschaft titleDesign

Das Popin kann zwei UI-Elemente aggregieren, eines davon definiert den Inhalt des Popin. Dies kann jedes beliebige UI-Element sein. Bei der Definition des Inhalts sind Sie auf ein UI-Element beschränkt, jedoch können Sie als Inhaltselement das UI-Element Transparent-Container verwenden und erreichen damit, dass Sie eine beliebige Anzahl von UI-Elementen für den Inhaltsbereich einsetzen können. Gehen Sie über den Menüeintrag INHALT EINFÜGEN des Kontextmenüs zum Popin, um dieses Element einzufügen.

Inhalt

4 | UI-Elemente und ihre Eigenschaften

Textbar
Das zweite aggregierbare Element ist TextBar. Dieses Element wird zwischen dem Titel des Popin-Elements und dessen Inhaltsbereich angezeigt. Sie können mithilfe der Eigenschaft text den Anzeigetext definieren und über die Eigenschaft visible die Sichtbarkeit steuern. Gehen Sie über den Menüeintrag TEXTBAR EINFÜGEN des Kontextmenüs zum Popin, um dieses Element einzufügen.

onClose
Ein Teil des Funktionsumfangs des Popin fehlt noch: das Ereignis onClose. Wenn Sie dem Ereignis eine Aktion zuordnen, wird im Popin rechts oben ein kleines »x« eingeblendet. Wenn der Benutzer auf das kleine »x« klickt, wird das Ereignis ausgelöst und damit die zugehörige Aktionsbehandler-Methode. Dieser werden die Standardparameter id und context_element übergeben.

4.10 PanelStack

In diesem Abschnitt beschreiben wir das UI-Element PanelStack, das keiner der bisher beschriebenen Kategorien zuzuordnen ist.

Visuelle Darstellung

Ein UI-Element PanelStack beinhaltet mehrere Panel-UI-Elemente und sorgt für deren horizontale Anordnung (siehe Abbildung 4.161). Es sollten mindestens zwei Panels vorhanden sein, wobei ein Panel immer sichtbar ist und expandiert dargestellt wird. Die inaktiven Panels werden als Tabs oder Menüeinträge dargestellt.

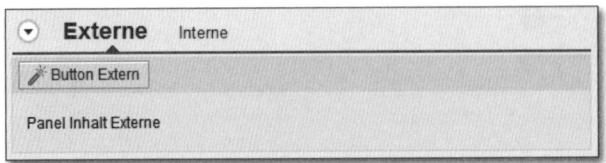

Abbildung 4.161 PanelStack

Um das UI-Element PanelStack einsetzen zu können, fügen Sie es entweder über das Kontextmenü im View-Designer ein oder tauschen das Root-Element zu einem View aus. Wählen Sie dazu im Kontextmenü zum ROOTUIELEMENTCONTAINER den Menüeintrag ROOT-ELEMENT AUSTAUSCHEN und wählen dann im nächsten Schritt den

Typ `PanelStack`. Damit steht Ihnen das UI-Element `PanelStack` als Wurzelelement der View-Gestaltung zur Verfügung.

Eigenschaften

Das UI-Element `PanelStack` besitzt die Eigenschaften `height` (siehe Abschnitt 4.2.7, »TextEdit«), `scrollingMode` (siehe Abschnitt 4.8.6, »IFrame«) und `width` (siehe Abschnitt 4.2.2, »InputField«) sowie die Eigenschaften, die alle UI-Elemente gemeinsam haben. In Abbildung 4.162 sind die Eigenschaften markiert, die in diesem Abschnitt besprochen werden.

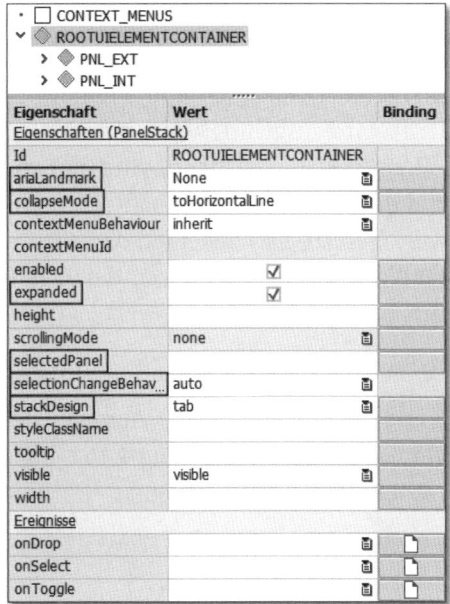

Abbildung 4.162 Eigenschaften PanelStack

ariaLandmark

Die Eigenschaft `ariaLandmark` dient zur Orientierung und ermöglicht die Navigation zu bestimmten Abschnitten einer Seite mithilfe von Bildschirmausleseprogrammen (siehe auch Abschnitt 3.1.2).

collapseMode

Mit der Eigenschaft `collapseMode` können Sie definieren, ob das Kollabieren-Symbol links im `PanelStack` angezeigt wird (Wert = `toHorizontalLine`) (siehe Abbildung 4.161) oder nicht (Wert = `none`).

4 | UI-Elemente und ihre Eigenschaften

expanded

Mit der Eigenschaft `expanded` legen Sie fest, ob der `PanelStack` geöffnet oder geschlossen dargestellt wird.

selectedPanel

Mit der Eigenschaft `selectedPanel` definieren Sie das Panel, mit dem die Anzeige gestartet wird bzw. das Panel, das zur Anzeige gebracht werden sollte. Dazu belegen Sie diese Eigenschaft mit der ID des gewünschten Panels. Achten Sie darauf, dass das selektierte Panel sichtbar ist. Ihre Anwendung darf das Panel nicht auf unsichtbar stellen.

selectionChangeBehaviour

Falls Sie der Eigenschaft `selectionChangeBehaviour` den Wert `auto` zuordnen, wird die Eigenschaft `selectedPanel` vom Framework gesetzt, und das Ereignis `onSelect` wird ausgelöst, sofern eine Aktion zugeordnet ist. Falls Sie den Wert `manual` zuordnen, wird nur die Aktion `onSelect` ausgeführt, und der Wert der Eigenschaft `selectedPanel` wird nicht vom Framework gesetzt. Das bedeutet, dass Sie für den Wechsel der Panels zuständig sind und das Setzen der Eigenschaft `selectedPanel` übernehmen müssen.

stackDesign

Mit der Eigenschaft `stackDesign` steuern Sie, ob die Auswahl der Panels über Registerkarten (Wert = `tab`, siehe Abbildung 4.161) oder ein Menü (Wert = `menu`, siehe Abbildung 4.163) erfolgt.

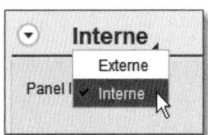

Abbildung 4.163 Panel-Auswahl über Menü

Ereignisse

Der `PanelStack` bietet Ihnen drei Ereignisse an. Diese werden wir im Folgenden besprechen.

onSelect

Das Ereignis `onSelect` wird ausgelöst, wenn der Benutzer auf eine Registerkarte klickt bzw. einen Menüeintrag auswählt. Falls dem Ereignis kein Aktionsbehandler zugeordnet wurde, werden die Inhalte aller Panels an den Client gesendet, und jeder Panel-Wechsel wird durch den Client vorgenommen. Dies hat den Vorteil, dass die Navigation zwischen den Panels schneller ist. Es müssen allerdings mehr Daten übertragen werden.

Falls Sie eine Aktion hinterlegt haben, werden nur die Daten des selektierten bzw. aktuellen Panels übertragen. Dies führt dazu, dass eine gewisse Wartezeit für den Benutzer nach dem Panel-Wechsel entsteht. Dafür werden weniger Daten übertragen.

Der Aktionsbehandler-Methode werden die Standardparameter `id` und `context_element` übergeben. Zusätzlich werden noch `old_panel` für das zuvor aktive Panel und `panel` für das neue selektierte Panel übergeben.

onToggle

Das Ereignis `onToggle` wird ausgelöst, wenn der Benutzer den `PanelStack` expandiert bzw. kollabiert. Neben den Standardparametern wird der Parameter `expanded` an eine mögliche Aktionsbehandler-Methode übergeben, die andeutet, ob der `PanelStack` expandiert (Wert = `abap_true`) bzw. kollabiert (Wert = `abap_false`) wurde.

onDrop

Das Ereignis `onDrop` wird im Kontext von Drag-&-Drop-Operationen verwendet, sofern der Benutzer einen oder mehrere Panels verschiebt.

Aggregierte Elemente

In Abbildung 4.133 sehen Sie die aggregierten Elemente zum `Panel-Stack`, die in diesem Abschnitt besprochen werden.

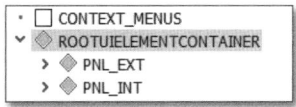

Abbildung 4.164 Aggregationen PanelStack

Sie können in einem `PanelStack` drei Aggregationen einfügen:

- `DragSource`
- `DropTarget`
- `Panel`

Die Aggregate `DragSource` und `DropTarget` werden in Kapitel 5, »Drag & Drop für UI-Elemente«, detailliert besprochen. Mehr über das Aggregat `Panel` erfahren Sie in Abschnitt 3.1.8.

Einfache und effiziente Interaktivität des Benutzers mit dem User Interface ist das höchste Ziel. Drag & Drop ist ein effektiver Ansatz, um diese Anforderungen zu erfüllen. In diesem Kapitel erfahren Sie, wie Sie Drag & Drop in Web Dynpro ABAP einsetzen können.

5 Drag & Drop für UI-Elemente

Mithilfe der Drag-&-Drop-Funktion in Web Dynpro ABAP können Sie den Benutzern intuitive und einfache Interaktionsformen anbieten. Unter *Drag & Drop* versteht man jene Benutzerinteraktion, die ein UI-Element oder die Einträge eines UI-Elements – die sogenannte *Quelle* (Source) – auf das gleiche oder ein anderes UI-Element zieht, das als *Ziel* (Target) bezeichnet wird. Zur Durchführung dieser Interaktion dient ein Eingabegerät – z. B. die Maus.

Interaktionsform

> **Barrierefreie Nutzung**
>
> Beachten Sie, dass die Barrierefreiheit einer Web-Dynpro-Anwendung erfordert, dass die Interaktionen, die mit Drag & Drop durchgeführt werden können, auch barrierefrei sein müssen.

[«]

Im Fall der Drag-&-Drop-Operation mithilfe der Maus lässt sich das Vorgehen aus Sicht des Benutzers folgendermaßen beschreiben:

Benutzer

- Der Benutzer klickt ein UI-Element (die Quelle bzw. *Drag Source*) an und hält die Maustaste gedrückt.

- Dem Benutzer wird durch ein Geisterbild (*Ghost Image*) angedeutet, dass er gerade eine Drag-&-Drop-Operation ausführt. Bewegt der Benutzer, immer noch mit gedrückter Maustaste, den Mauszeiger, bewegt sich auch das Geisterbild mit. Dieser Vorgang wird als Ziehen (*Drag*) bezeichnet.

- Bewegt der Benutzer den Mauszeiger auf ein gültiges UI-Element, wird dies optisch z. B. durch eine Umrandung des Ziels (*Drop Target*) angedeutet. Weist der Mauszeiger auf ein ungültiges Ziel hin, wird dies durch ein »Verboten«-Bild visualisiert.

- Falls sich der Benutzer über einem gültigen Ziel befindet und die Maustaste loslässt, wird beim Ziel ein Ereignis ausgelöst und die vom Entwickler beabsichtigte Funktion ausgeführt.

Entwickler Aus Sicht des Entwicklers sind für die Implementierung einer Drag-&-Drop-Operation einige Schritte zu erledigen. Diese gestalten sich nach den eingesetzten UI-Elementen und den Operationsmodi (siehe Abschnitt 5.9) und lassen sich wie folgt zusammenfassen:

- Für das UI-Element, das als Quelle dienen soll, muss eine `DragSourceInfo` im View Designer definiert werden.
- Die `DragSourceInfo` bietet die Eigenschaft `data` an, mit deren Hilfe Sie Daten übergeben und später bei der Behandlung im Ziel verwenden können.
- Für das UI-Element, das als Ziel dienen soll, muss eine `DropTargetInfo` im View Designer definiert werden.
- In der Eigenschaft `tag` der `DragSourceInfo` bzw. der `DropTargetInfo` definieren gleiche Bezeichner (*Flavor*) die Verbindung von Ziel und Quelle.
- Wird ein Element auf einem Ziel fallengelassen, kann dies das Ereignis `onDrop` auslösen. Der Entwickler ist für die Implementierung der Reaktion auf das Ereignis verantwortlich, also z. B. Sortieren, Löschen etc.

UI-Elemente für Drag & Drop Die Elemente, die im Web-Dynpro-Kontext die Drag-&-Drop-Funktion unterstützen, sind in Tabelle 5.1 aufgelistet. In der Spalte UI-Elemente sehen Sie die Namen der UI-Elemente und Aggregate, in der Spalte Rolle, ob das UI-Element in einer Drag-&-Drop-Operation die Quelle oder das Ziel darstellt, und in der Spalte Beschreibung eine Erläuterung zu der Operation.

UI-Elemente	Rolle	Beschreibung
Tree: Knoten/Blatt	Quelle	Einzelne Knoten und Blätter können bewegt werden.
Tree: Knoten/Blatt	Quelle	Mehrere Knoten können selektiert werden, falls sie zumindest einen gemeinsamen Flavor besitzen.

Tabelle 5.1 UI-Elemente mit Drag-&-Drop-Rollen

UI-Elemente	Rolle	Beschreibung
Tree: Knoten	Ziel	Knoten können zwischen Kindknoten, an erster und letzter Stelle in einem Elternknoten und als neue Unterknoten unter einem Elternknoten eingefügt werden.
GridLayout: Layoutzelle	Quelle	Einzelne Zellen können bewegt werden. Voraussetzung dafür ist ein Griff (Handle), z. B. Image, SectionHeader, Caption. Einschränkung: Es ist nur ein einspaltiges GridLayout möglich.
GridLayout: Layoutzelle	Ziel	UI-Elemente können zwischen den Zellen abgelegt werden. Einschränkung: Es ist nur ein einspaltiges GridLayout möglich.
MatrixLayout: Layoutzelle	Quelle	Einzelne Zellen können bewegt werden. Voraussetzung dafür ist ein Griff (Handle), z. B. Image, SectionHeader, Caption. Einschränkung: Es ist nur ein einzeiliges MatrixLayout möglich.
MatrixLayout: Layoutzelle	Ziel	UI-Elemente können zwischen den Zellen abgelegt werden. Einschränkung: Es ist nur ein einzeiliges MatrixLayout möglich.
Image	Quelle	Das Bild kann bewegt werden.
Image	Ziel	Auf das Bild kann ein anderes UI-Element bewegt werden.
ItemListBox	Quelle	Einzelne oder mehrere Einträge können bewegt werden.
ItemListBox	Ziel	Einträge können zwischen bestehenden Einträgen sowie an der ersten und letzten Position in der Liste eingefügt werden.
Table: Zeilen	Quelle	Einzelne Tabellenzeilen können bewegt werden.
Table: Zeile	Ziel	Einträge können zwischen bestehenden Einträgen und an der ersten und letzten Position eingefügt werden. Zudem können Elemente auf eine Tabellenzeile gezogen werden.
CTable: Zeilen	Quelle	Einzelne Tabellenzeilen können bewegt werden.

Tabelle 5.1 UI-Elemente mit Drag-&-Drop-Rollen (Forts.)

UI-Elemente	Rolle	Beschreibung
CTable: Spalten	Quelle	Einzelne Spalten können bewegt werden.
CTable: Zeilen	Ziel	Einträge können zwischen bestehenden Einträgen und an der ersten und letzten Position eingefügt werden. Zudem können Elemente auf eine Tabellenzeile gezogen werden.
CTable: Spalten	Ziel	Einträge können zwischen, vor und nach Spalten eingefügt werden. Zudem können Elemente auf eine Tabellenspalte gezogen werden.
Accordion	Quelle	Einzelne Items können bewegt werden.
Accordion	Ziel	Zwischen Items sowie am Anfang und Ende der Items können Elemente eingefügt werden. Zudem kann ein Element auf ein Item gezogen werden.
PanelStack	Quelle	Ein ganzer PanelStack kann als ein Objekt gezogen werden.
PanelStack	Ziel	Einzelne Panels können auf den Stack gedroppt werden.
DropTarget	Ziel	Dabei handelt es sich um einen Wrapper für UI-Elemente, die keine generische Drag-&-Drop-Unterstützung anbieten.
UI-Element-Eigenschaft isDragHandle	Quelle	Die UI-Elemente Image, SectionHeader und Caption können als Griff für den Drag verwendet werden.
Ereignis onDrop	Auslöser	Das Ereignis onDrop löst den Aufruf der Behandlermethode zu einem Drop aus. In der Behandlermethode werden die Reaktionen auf den Drop implementiert.

Tabelle 5.1 UI-Elemente mit Drag-&-Drop-Rollen (Forts.)

Im folgenden Abschnitt besprechen wir die Elemente DragSourceInfo, DropTargetInfo, DropTarget und das Ereignis onDrop, die die Grundbausteine der Drag-&-Drop-Mechanismen darstellen. In den weiteren Abschnitten 5.2, »Tree«, bis 5.8, »PanelStack«, diskutieren wir im Detail die UI-Elemente, die für Drag & Drop verwendet werden können. Dabei beschreiben wir jeweils die Rolle des UI-Elements als Quelle, als Ziel und die Behandlung des »Fallenlassens« auf dieses Element anhand von Beispielen. In Abschnitt 5.9, »Operationsmodi«, gehen wir auf die unterschiedlichen Verwendungsvarianten von Drag & Drop ein.

5.1 Allgemeines

Die Implementierung von Drag-&-Drop-Operationen baut auf elementaren Bausteinen auf:

Bausteine

- Die `DragSourceInfo` dient als Information für die Quelle der Drag-&-Drop-Operation.
- Die `DropTargetInfo` sammelt die Informationen über das Ziel der Drag-&-Drop-Operation, wobei für die Sammlung der Zielinformation auch das Drop Target verwendet werden kann.
- Mithilfe des Ereignisses `onDrop` kann ein Aktionsbehandler festgelegt werden, der die Implementierung der Reaktion auf das Fallenlassen eines Elements auf ein anderes Element beinhaltet.

Im Folgenden geben stellen wir Ihnen einige Beispiele, die als Anschauungsmaterial für die Verwendung der Bausteine dienen können.

5.1.1 DragSourceInfo

In den UI-Element-Eigenschaften der `DragSourceInfo` (❶ in Abbildung 5.1) werden alle Informationen gesammelt, die zu der Quelle einer Drag-&-Drop-Operation gehören, d. h. einer *DragSource*. Auf der linken Seite wird das UI-Element `ItemListBox` ❷, für das die `DragSourceInfo` definiert wird, in der Designdarstellung gezeigt. Auf der rechten Seite sind die dazugehörenden UI-Elemente in der UI-Elemente-Hierarchie mit den Eigenschaften zur `DragSourceInfo` abgebildet.

Quelle

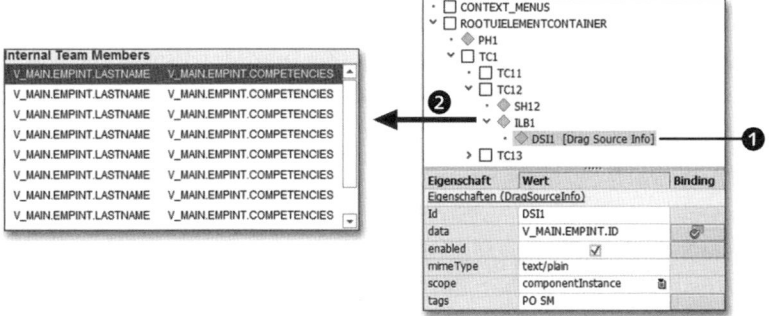

Abbildung 5.1 DragSourceInfo

Eigenschaften

- Id

  Der Wert der Eigenschaft Id legt die eindeutige Bezeichnung der DragSourceInfo fest (siehe Abschnitt 4.1, »Eigenschaften für alle UI-Elemente«). Diese kann in weiterer Folge beim Ziel verwendet werden, um festzustellen, von welcher Quelle (Source) aus die Drag-&-Drop-Operation gestartet wurde.

- data

  Mithilfe der Eigenschaft data können Sie Daten hinterlegen, die bei der Drag-&-Drop-Operation »transportiert« werden sollen. Diese Daten können vom Ziel (Target) der Drag-&-Drop-Operationen verwendet werden. Zum Beispiel könnte die ID eines Teammitglieds transportiert und im Ziel für die Ermittlung der Abrechnungsergebnisse herangezogen werden.

  Achten Sie darauf, dass keine sicherheitsbedenklichen oder voluminösen Daten übergeben werden, da Drag-&-Drop-Operationen auf dem Client ausgeführt werden. Aus sicherheitstechnischen Gründen bietet es sich an, die Daten nicht direkt (z. B. den Namen eines Teammitglieds), sondern indirekt (z. B. die Personalnummer) als Referenzen zu übertragen. Wie Sie in Abbildung 5.1 erkennen können, haben Sie die Möglichkeit, die Eigenschaft data an den Context zu binden. Damit können Sie z. B. zeilenbezogene Daten für Tabellenzeilen hinterlegen.

- enabled

  Die Eigenschaft enabled steuert, ob die Drag-&-Drop-Operation aus Sicht der Quelle aktiviert ist oder nicht. Diese Eigenschaft kann auch per Data Binding an ein Context-Attribut angebunden werden und ist somit während der Laufzeit aufgrund der Datenänderung im Context änderbar.

- mimeType

  Die Eigenschaft mimeType definiert die Art der Daten, die an das Ziel übertragen werden. Defaultmäßig wird der Wert text/plain vorgegeben. Sie wird im zugrunde liegenden Release nicht vom Web-Dynpro-Framework umgesetzt und ist für zukünftige Verwendungen vorgesehen.

- scope

  Die Eigenschaft scope legt die Reichweite der DragSourceInfo fest. Wird dieser Eigenschaft der Wert componentInstance zugewiesen, kann die DragSourceInfo nur in der Component verwendet wer-

den, in der sie auch definiert wurde. Wurde der Wert `global` zugewiesen, kann die `DragSourceInfo` über Component-Grenzen hinweg verwendet werden.

- `tags`

    Die Eigenschaft `tags` (manchmal auch als *Flavor* bezeichnet) der `DragSourceInfo` ermöglicht es Ihnen, zu definieren, welche Ziele für diese Quelle relevant sind. Pro Tag können ein oder mehrere Bezeichner definiert werden, je nachdem, wie das Zusammenspiel zwischen UI-Elementen gewünscht ist.

    Falls ein Bezeichner aus der Source mit einem Bezeichner aus dem Target komplett oder in Teilen übereinstimmt, ist das Zusammenspiel möglich. Werden mehrere Bezeichner für ein Tag festgelegt, müssen diese durch Leerzeichen getrennt werden. Die Groß- und Kleinschreibung ist relevant für die Bezeichner. Außerdem dürfen Sie die Zeichen Doppelpunkt (:), Komma (,), Strichpunkt (;), Backslash (\), Slash (/) und Punkt (.) für die Bezeichner nicht verwenden. Ein Beispiel für den Wert eines Tags wäre »PO SM TM«, wobei die Bezeichner der Reihe nach für »Process Owner«, »Scrum Master« und »Team Member« stehen.

Wird eine `DragSourceInfo` auf ein UI-Element aggregiert, das mehrfach instanziiert wird (wie z. B. Zelleditoren pro Zeile in einer Tabelle), und haben Sie eine Eigenschaft der `DragSourceInfo` an ein Attribut der `dataSource` des Aggregats gebunden, wird der Wert des Attributs der Lead-Selection verwendet.

5.1.2 DropTargetInfo

Im UI-Element `DropTargetInfo` (❶ in Abbildung 5.2) werden alle Informationen in Form von Eigenschaften gesammelt, die für die Definition des Ziels einer Drag-&-Drop-Operation relevant sind. Auf der linken Seite wird das UI-Element `Tree` ❷ im View Designer dargestellt, und auf der rechten Seite sehen Sie die dazugehörenden UI-Elemente in der UI-Elemente-Hierarchie. Zum `Tree` haben wir zwei `TreeNodeTypes` ❸ und einen `TreeItemType` ❹ für unser Beispiel definiert (siehe Abschnitt 4.5.8, »Tree«). | Ziel

Für den `TreeNodeType` erkennen Sie auf der rechten Seite eine `DropTargetInfo` mit den dazugehörenden Eigenschaften. Die Eigenschaften `Id`, `enabled`, `tags` und `scope` werden analog wie für die `DragSourceInfo` (siehe Abschnitt 5.1.1) auch für die `DropTargetInfo` verwendet. | Eigenschaften

5 | Drag & Drop für UI-Elemente

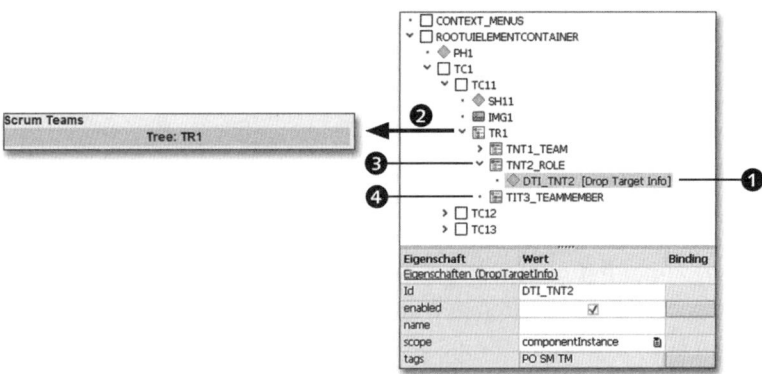

Abbildung 5.2 DropTargetInfo

name — Mithilfe der Eigenschaft name legen Sie einen Namen fest, der bei der Behandlung der Drag-&-Drop-Operation im Ereignis onDrop ausgewertet werden kann (siehe Abschnitt 5.1.4, »Ereignis ›onDrop‹«). Im Speziellen wird diese Eigenschaft für die Behandlung der Drag-&-Drop-Operationen im Kontext von Table verwendet (siehe Abschnitt 5.5).

Asterisk in tags — Eine besondere Bedeutung hat der Stern (*) in den Bezeichnern, die mithilfe der Eigenschaft tags definiert werden, da dieser als Joker verwendet werden kann. Ein Beispiel für den Wert eines Tags wäre »PO SM TEAM*«, wobei die Bezeichner der Reihe nach für »Process Owner«, »Scrum Master« und »TEAM*« mit beliebigem Text stehen. In diesem Beispiel wird vom System ein Mustervergleich mit den Source-Bezeichnern vorgenommen, und würde die Source einen Bezeichner »TEAM_AT« beinhalten, würde dieser dem Muster »TEAM*« im Ziel entsprechen. Mit dem Joker haben Sie demnach die Möglichkeit, Gruppen von Bezeichnern identisch zu behandeln.

5.1.3 DropTarget

Zielkapsel — UI-Elemente, die keine DropTargetInfo als Unterelement anbieten, können mithilfe des UI-Elements DropTarget als Ziel eines Drag-&-Drop-Vorgangs definiert werden. Dabei funktioniert das DropTarget wie eine Kapsel um das UI-Element, das als Ziel dienen soll. Im View Designer können Sie nur ein Element unter dem DropTarget einfügen, jedoch stellt dies keine Einschränkung dar, da Sie einfach das UI-Element TransparentContainer einfügen können, das wiederum mehrere UI-Elemente aufnehmen kann.

Allgemeines | **5.1**

In Abbildung 5.3 sehen Sie ein Beispiel für die Verwendung des UI-Elements DropTarget, das exemplarisch für den Einsatz in anderen Verwendungskontexten ist. Im oberen Bereich wird der Drag-Vorgang eines Teammitglieds ❶ von einer ItemListBox auf einen TransparentContainer, in dem die Details zum Teammitglied dargestellt werden, veranschaulicht. Der TransparentContainer beinhaltet ein Bild (Foto des Teammitglieds) und einen FormattedTextView (Rolle und Kompetenzen des Teammitglieds) und ist selbst durch ein DropTarget gekapselt. Im rechten unteren Bereich wird das Ergebnis nach dem Drop ❷ auf den TransparentContainer dargestellt, also nachdem die Behandlermethode für den Zeitpunkt onDrop aus der Drag Source abgearbeitet wurde.

DropTarget erzeugen

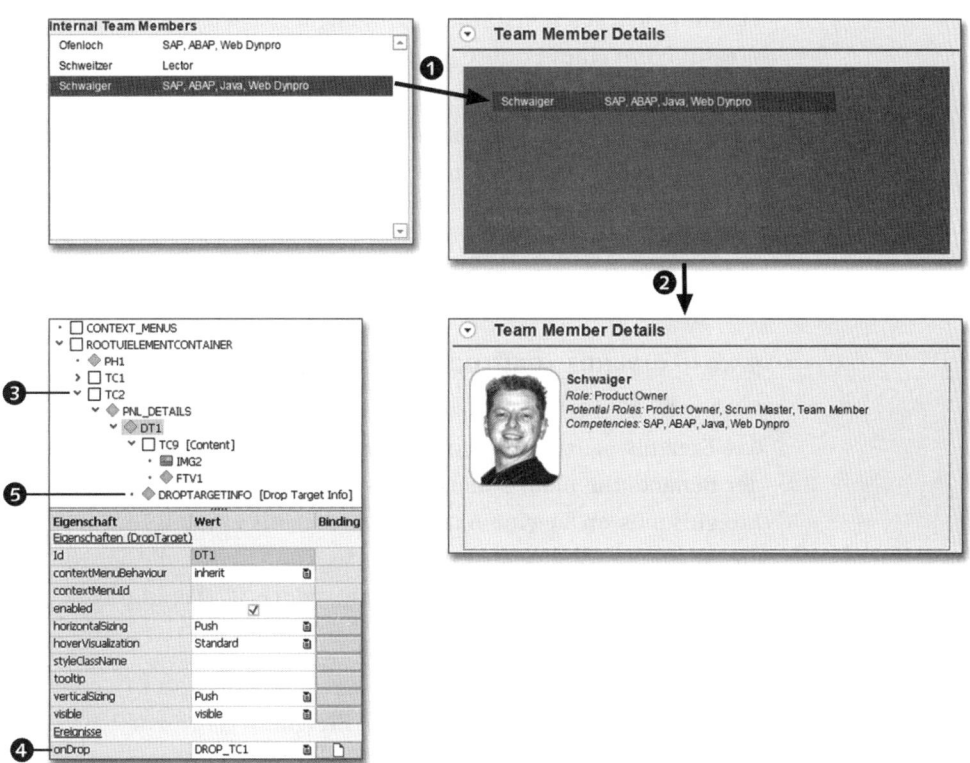

Abbildung 5.3 UI-Element DropTarget

Um ein DropTarget in Ihrem Layout zu verwenden, müssen Sie nur wenige Schritte ausführen.

535

1. Fügen Sie im ersten Schritt das UI-Element DropTarget in die UI-Elemente-Hierarchie ein ❸.
2. Definieren Sie eine Aktion für das Ereignis onDrop ❹, wie in Abschnitt 5.1.4 beschrieben.
3. Erzeugen Sie für das DropTarget eine DropTargetInfo ❺ (siehe Abschnitt 5.1.2).
4. Definieren Sie das Unterelement für das DropTarget.

Die Arbeit, die jetzt noch zu erledigen ist, betrifft die Implementierung der Behandlermethode für das Ereignis onDrop. Diese gestalten Sie je nach der gewünschten Reaktion auf den Drop. In unserem Beispiel wird in der Implementierung das Context-Element für das ausgewählte Teammitglied gelesen, formatiert und dem Image und FormattedText-View in Form eines Context-Knoten-Elements zur Verfügung gestellt.

[!] **Roundtrip vor der Drop-Behandlung**

Beim Auslesen der Daten aus dem Context-Knoten für die DropDownListBox mittels der Lead-Selection muss vor der Drop-Behandlung noch ein Roundtrip durchgeführt werden. Dazu können Sie z. B. eine Aktion für das Ereignis onLeadSelection anlegen.

5.1.4 Ereignis »onDrop«

In den UI-Elementen, die als Ziel verwendet werden können, wird das Ereignis onDrop angeboten. Damit wird der funktionale Aspekt der Behandlung eines Fallenlassens auf das Ziel implementiert. Dem Ereignis müssen Sie eine Aktion zuordnen, die eine zugeordnete Aktionsbehandler-Methode besitzt. Darin können Sie die gewünschte Reaktion des Drops implementieren, wie z. B. das Einfügen einer neuen Tabellenzeile.

Drop-Daten Die Daten, die vom Ziel übertragen werden, stehen als Parameter der Aktionsbehandler-Methode für das Ereignis onDrop zur Verfügung, wie Sie im Beispiel in Abbildung 5.4 sehen können. Dort werden die Parameter dargestellt, die im Kontext eines ItemListBox-Drops übertragen, also an die Aktionsbehandler-Methode für onDrop als Parameter übergeben werden:

▸ Der Parameter WDEVENT ❶ repräsentiert wie immer bei einer Aktionsbehandler-Methode das Ereignis. In diesem Objekt sind die

ereignisrelevanten Daten abgelegt, die sich auch in der Schnittstelle der Aktionsbehandler-Methode widerspiegeln.
- Die weiteren Parameter werden in unserem Beispiel explizit über die Schnittstelle der Behandlermethode übergeben. Explizit bedeutet, dass Sie die Parameter entweder manuell in der Schnittstelle der Behandlermethode anlegen oder diese mithilfe des Buttons PARAMETER AUS UI-EREIGNIS (▫) anlegen lassen.

Die Menge und Art der Parameter richten sich nach dem Typ des Drop-Ziels, daher werden wir zu den folgenden Beschreibungen der UI-Elemente immer auch die Parameter in einem Abschnitt »Ereignis onDrop« erläutern.

Die Parameter, die wir in Abbildung 5.4 als Teil der Parameterliste zur Aktionsbehandler-Methode für das Ereignis onDrop gezeigt haben, finden sich auch im Objektattribut PARAMETERS des Referenzparameters WDEVENT wieder. Das bedeutet für Sie, dass Sie auf zwei Arten auf die Daten zugreifen können.

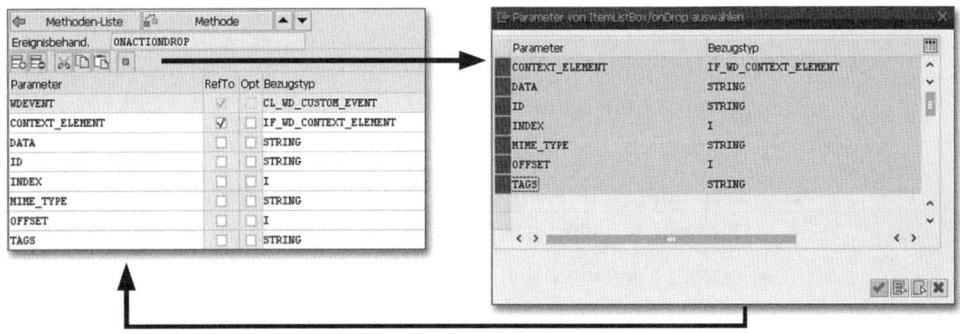

Abbildung 5.4 onDrop-Parameter der ItemListBox

Im Folgenden erläutern wir die für das Drag & Drop relevanten Parameter im Attribut PARAMETERS des Ereignisobjekts WDEVENT, das Sie in Abbildung 5.5 sehen können.

Das Ereignisobjekt WDEVENT vom Typ CL_WD_CUSTOM_EVENT besitzt die Attribute PARAMETERS ❶, NAME ❷ und SOURCE_COMPONENT_ID ❸. Das Attribut NAME beinhaltet den Namen des Auslöseereignisses, in unserem Fall ON_DROP. Das Attribut SOURCE_COMPONENT_ID hält den Namen der Web-Dynpro-Component, von der aus der Drag gestartet wurde. Falls die Drag-&-Drop-Operation in derselben Web-Dynpro-Component ausgeführt wird, ist das Attribut initial.

WDEVENT

5 | Drag & Drop für UI-Elemente

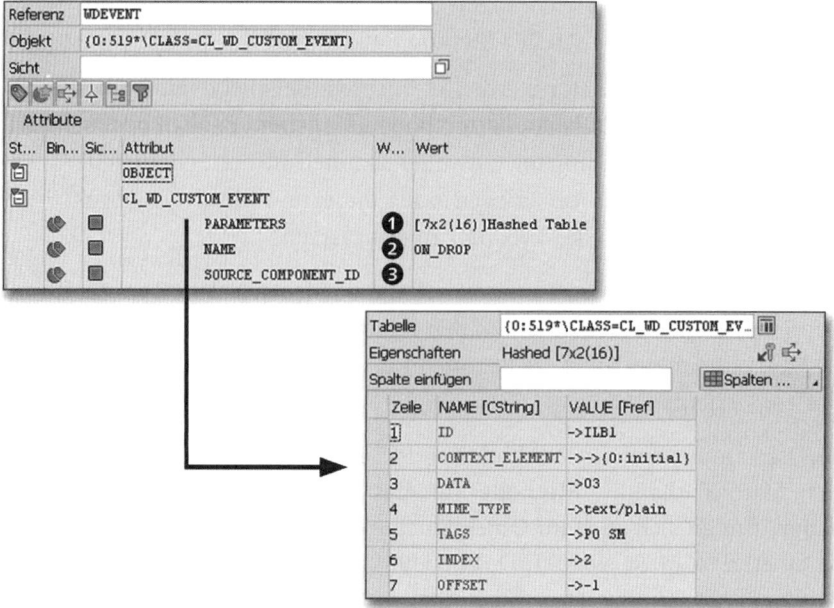

Abbildung 5.5 WDEVENT-Objektattribute

Das Attribut PARAMETERS repräsentiert eine interne Tabelle mit den folgenden Einträgen:

- ID
  Der Eintrag ID steht für die ID des UI-Elements, das das onDrop-Ereignis ausgelöst hat, d. h. für das Ziel der Drag-&-Drop-Operation.

- CONTEXT_ELEMENT
  Der Eintrag CONTEXT_ELEMENT repräsentiert das Context-Element aus der Quelle, die zu der Drag-&-Drop-Operation gehört.

- DATA, MIME_TYPE, TAGS
  Diese drei Einträge liefern die Daten, die in der DragSourceInfo der Quelle definiert wurden (siehe Abschnitt 5.1.1).

- INDEX
  Der Eintrag INDEX bietet die Information über die Drop-Position im betroffenen Ziel. Zum Beispiel hat der INDEX den Wert 2 in einer ItemListBox, weil der Benutzer den Drop vor dem zweiten Eintrag ausgeführt hat.

- OFFSET
  Der Eintrag OFFSET liefert die Positionsinformation der Drop-Position relativ zum Eintrag INDEX oder anderen Bezugsgrößen. Zum

Beispiel hat OFFSET den Wert -1 in einer ItemListBox, da der Benutzer den Drop vor dem zweiten Eintrag ausgeführt hat.

5.2 Tree

Das UI-Element Tree bietet vielfältige Möglichkeiten und Unterstützungen für die Drag-&-Drop-Operationen. Wie Sie diese im Detail umsetzen können, erfahren Sie in diesem Abschnitt.

DragSourceInfo

Falls Sie einen Knoten oder ein Blatt eines Baums als Drag Source verwenden möchten, müssen Sie zu dem Knoten (TreeNodeType) oder Blatt (TreeItemType) ein Unterelement vom Typ DragSourceInfo im View Designer definieren.

Knoten oder Blatt

In Abbildung 5.6 sehen Sie eine eingefügte DragSourceInfo für ein Blatt ❶ und einen Knoten ❷. Im unteren Bereich der Abbildung erkennen Sie die optische Darstellung des Drag-Vorgangs ❸.

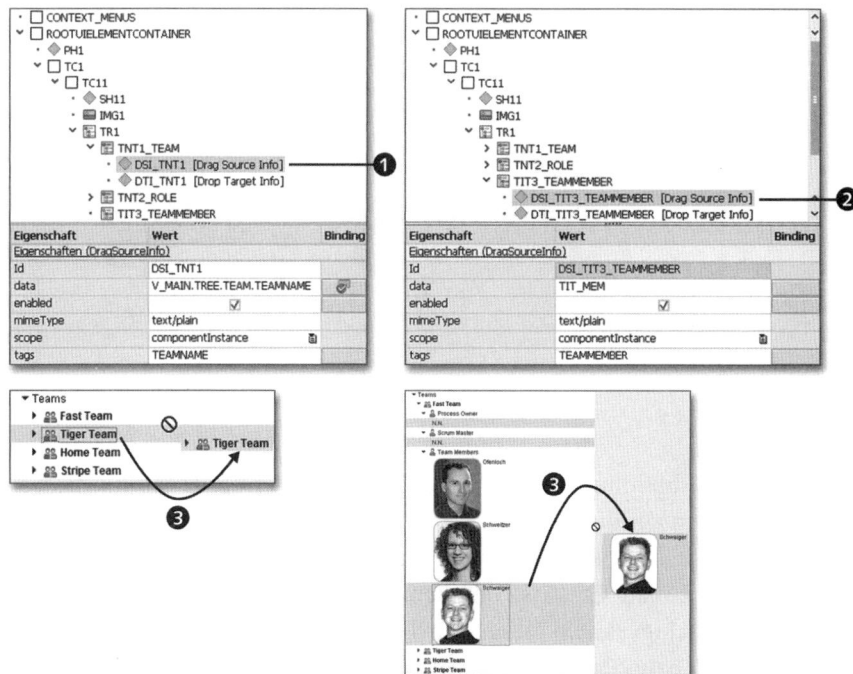

Abbildung 5.6 Tree DragSourceInfo

DropTargetInfo

Wird der Tree als Drop Target verwendet, stehen die folgenden Einfügepositionen zur Verfügung:

- zwischen existierenden Blättern
- als erstes oder letztes Blatt
- auf ein existierendes Blatt bzw. auf einen existierenden Knoten

Beispiel In Abbildung 5.7 sehen Sie ein Drop-Beispiel. Im unteren Bereich der Abbildung erkennen Sie auf der linken Seite die Visualisierung der Suche nach der Einfügeposition durch den Benutzer ❶. Dieser hat sich für das Einfügen an der zweiten Position entschieden.

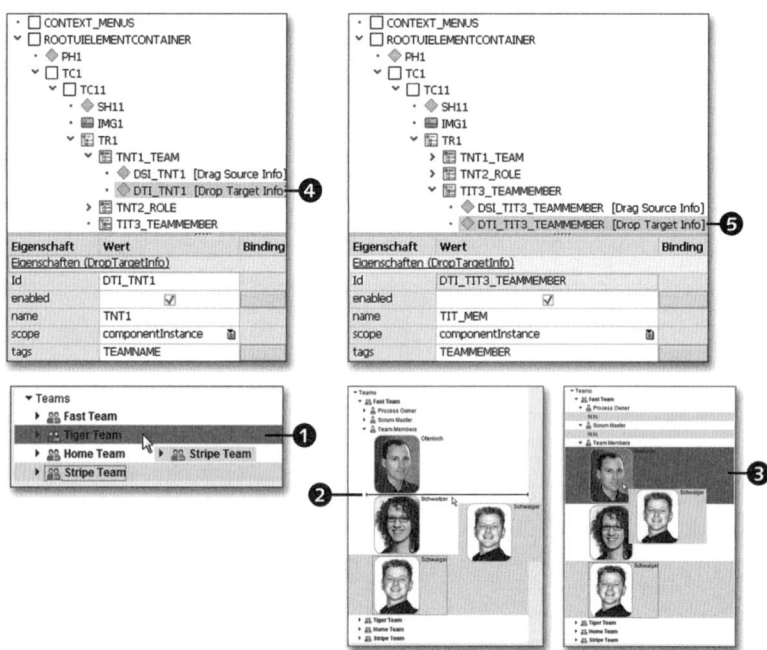

Abbildung 5.7 Tree DropTargetInfo

In der Abbildung rechts unten sehen Sie zwei Varianten für das Fallenlassen auf den TreeItemType: einerseits zwischen den Blättern ❷ mit Visualisierung der Einfügeposition und andererseits auf einem anderen Blatt ❸. Lässt der Benutzer das Element an der von ihm gewünschten Stelle fallen, wird das Ereignis onDrop des TreeNodeType ❹ bzw. TreeItemType ❺ ausgelöst und kann durch die Implementierung behandelt werden. Für den Drop zwischen den Blättern müssen Sie noch eine `DropTargetInfo` für den Knoten `TNT2_ROLE` anlegen und ein Tag definieren, das mit dem Tag `TEAMMEMBER` vom `TreeItemType` `TIT3_TEAMMEMBER` zusammenpasst, z. B. `TEAM*`.

Ereignis »onDrop«

Das Ereignisobjekt `WDEVENT`, das an die Behandlermethode übergeben wird, liefert für die Implementierung die folgenden Informationen:

Parameter

- `ID`: Das Element `ID` beschreibt die ID des Drop Targets.
- `CONTEXT_ELEMENT`: Das Element liefert eine Referenz auf ein Context-Element.
  - Falls auf ein Baumblatt oder einen Baumknoten gedroppt wird, ist dies das Context-Element, das die Datenbasis des Blattes/Knotens bildet.
  - Falls zwischen Blättern/Knoten gedroppt wird, ist dies das Context-Element, das für das Blatt/den Knoten nach der Drop-Position steht.
  - Falls am Ende von Blättern/Knoten gedroppt wird, ist dies das Context-Element, das für das letzte Blatt/den letzten Knoten steht.
- `DATA`: Das Element `DATA` beinhaltet die Daten aus der Drag Source.
- `MIME_TYPE`: Das Element `MIME_TYPE` enthält den MIME-Typ aus der Drag Source.
- `TAGS`: Das Element `TAGS` beinhaltet die Tags aus der Drag Source.
- `OFFSET`: Über `OFFSET` wird die Elementposition im Knoten des Baums bestimmt.
  - Der Parameter hat den Wert -1, falls in einer Liste von Blättern/Knoten gedroppt wird.
  - Er hat den Wert 1, falls am Ende einer Liste von Blättern/Knoten gedroppt wird.
  - Er hat den Wert 0, falls direkt auf ein Blatt/einen Knoten gedroppt wird.
- `PATH`: Das Element `PATH` enthält den Pfad zum `CONTEXT_ELEMENT` im Context.

Für die Implementierung der Reaktion auf das Fallenlassen von Elementen bieten sich unter anderem die Methoden `move_*` aus dem Interface `IF_WD_CONTEXT_NODE` dazu an, Elemente zu einem Context-Knoten zu verschieben.

5.3 GridLayout/MatrixLayout

Layout Im `GridLayout` und `MatrixLayout` (siehe Abschnitt 3.3, »Layouts«) können einzelne Zellen dieses Layouts verschoben bzw. Objekte zwischen Zellen eingefügt werden. Beachten Sie dabei, dass Drag & Drop nur bei einspaltigem `GridLayout` bzw. einzeiligem `MatrixLayout` möglich ist.

DragSource

Damit eine Drag-Operation durchgeführt werden kann, muss für eine Zelle ein Griff (Handle) definiert werden. Dieser ermöglicht das »Angreifen« der Zelle. Dabei können ein `SectionHeader`, eine `Caption` oder ein `Image` mit der UI-Element-Eigenschaft `isDragHandle = true` eingesetzt werden.

Beispiel In Abbildung 5.8 sehen Sie ein Beispielszenario, das es dem Benutzer ermöglicht, die Position einer `ItemListBox` zu verändern. Beim Verschieben der Box wird im User Interface die neue potenzielle Einfügeposition durch eine gestrichelte Linie visualisiert.

In Abbildung 5.9 haben wir das Layout des Szenarios schematisch dargestellt. Der zentrale Container für die Gestaltung ist der `TransparentContainer` TC1, der als Layout den Wert `GridLayout` und die Spaltenanzahl `Layout.colCount = 1` erhält. In TC1 haben wir die drei weiteren `TransparentContainer` TC11, TC12 und TC13 platziert, die dann gezogen werden. Beim Drag-Vorgang können auch Daten mitgegeben werden, diese werden in den Layoutdaten (`LayoutDaten.dragData`) abgelegt. In unserem Beispiel wird der `TransparentContainer` gezogen, daher werden die Drag-Daten in den dortigen Layoutdaten abgelegt. Als Ausprägungen haben wir in unserem Beispiel »TEAMS«, »ITM« (für »Internal Team Members«) und »ETM« (für »External Team Members«) verwendet.

GridLayout/MatrixLayout | **5.3**

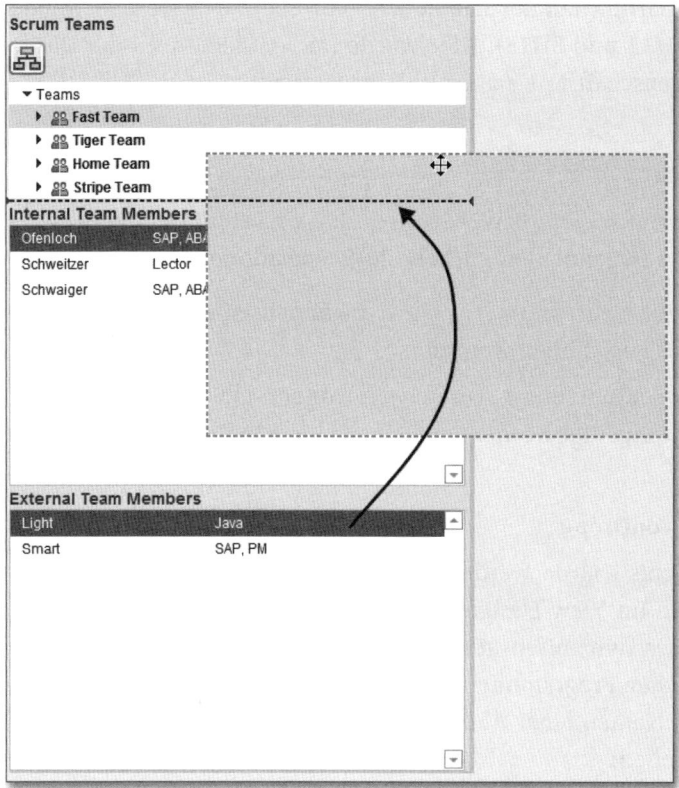

Abbildung 5.8 Drag & Drop einer ItemListBox

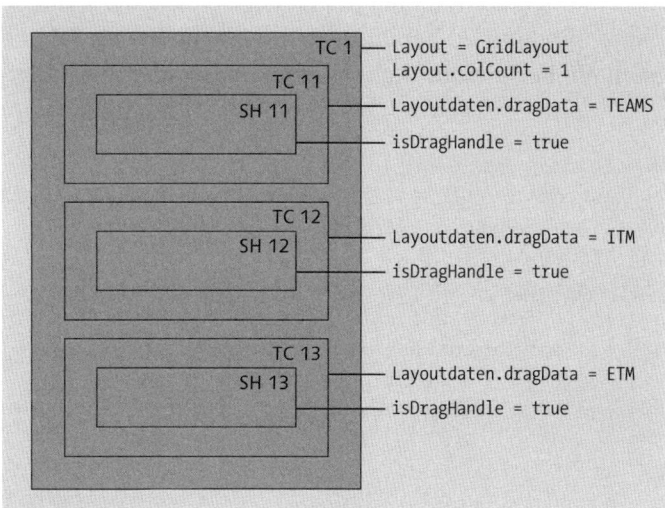

Abbildung 5.9 Drag GridLayout/MatrixLayout

Handle Für den Griff (Handle) haben wir den `SectionHeader` verwendet (SH11, SH12 und SH13). Hier wurde im `SectionHeader` die UI-Element-Eigenschaft `isDragHandle = true` gesetzt.

DropTarget

Wird das `GridLayout` bzw. `MatrixLayout` als Drop Target verwendet, stehen die folgenden möglichen Einfügepositionen zur Verfügung:

- Im `GridLayout` und `MatrixLayout` können einzelne Zellen dieses Layouts verschoben werden.
- Im `GridLayout` und `MatrixLayout` können Objekte zwischen den Zellen eingefügt werden.

Ereignis »onDrop«

Das Ereignis `onDrop` werden Sie für `GridLayout` und `MatrixLayout` vergeblich im View Designer suchen. Der einfache Grund dafür ist, dass dieses dynamisch gesetzt werden muss. Jedoch ist es in der dynamischen Programmierung beim Setzen des Ereignisses erforderlich, den Namen einer Aktion an die Setter-Methode (`set_on_drop`) zu übergeben.

Aktion und Behandler Legen Sie als Vorbereitung für die dynamische Programmierung mithilfe der Registerkarte AKTIONEN eine Aktion an. Dadurch wird automatisch eine Behandlermethode erzeugt, die für die Behandlung des `onDrop`-Ereignisses herangezogen wird. In Listing 5.1 zeigen wir Ihnen ein Beispiel für die Implementierung der Behandlermethode.

```
METHOD onactiondrop_tc.
* Hier wird nur das Event-Objekt in den Attributen abgelegt.
* Die eigentliche Behandlung erfolgt in WDDOMODIFYVIEW
  IF wdevent IS BOUND.
    wd_this->gd_index = wdevent->get_string( 'INDEX' ).
    wd_this->gd_offset = wdevent->get_string( 'OFFSET' ).
    wd_this->gd_data = wdevent->get_string( 'DATA' ).
    wd_this->gd_tags = wdevent->get_string( 'TAGS' ).
    wd_this->gd_id = wdevent->get_string( 'ID' ).
  ENDIF.
ENDMETHOD.
```

Listing 5.1 Behandlermethode für GridLayout/MatrixLayout

Im Gegensatz zu den anderen Drag-&-Drop-Realisierungen müssen Sie bei `GridLayout` und `MatrixLayout` die Daten aus dem Ereignisobjekt `WDEVENT` zwischenspeichern, da diese zu einem späteren Zeitpunkt in der Methode `wddomodifyview` benötigt werden. Wir haben im Beispiel in Listing 5.1 die Attribute des View-Controllers verwendet. Die Bedeutung der dabei verwendeten Parameter `ID`, `MIME_TYPE` und `TAGS` haben wir zum Ereignis `Tree.onDrop` in Abschnitt 5.2, »Tree«, besprochen. Die übrigen Parameter haben die folgende Bedeutung:

WDEVENT puffern

▸ `CONTEXT_ELEMENT`: Der Parameter `CONTEXT_ELEMENT` ist immer initial.

▸ `DATA`: Der Parameter `DATA` repräsentiert die Daten aus der Layoutdaten-Eigenschaft `dragData` des gezogenen Elements.

▸ `OFFSET`: Der Parameter `OFFSET` hält die Elementposition in den Zellen des `GridLayout` oder `MatrixLayout`. Der Parameter hat den Wert -1, falls der Wert des `INDEX` als Einfügeposition verwendet werden soll. Er hat den Wert 1, falls am Ende der Zellen gedroppt wird.

▸ `INDEX`: Der Parameter `INDEX` liefert den Wert der Referenzposition, die in Kombination mit dem `OFFSET` die tatsächliche Position ergibt.

Dynamische Programmierung

Im Vergleich zu den anderen Drag-&-Drop-UI-Elementen ist bei der Verwendung von `GridLayout` und `MatrixLayout` ein hohes Maß an dynamischer Programmierung (siehe Kapitel 6, »Dynamische Programmierung«) erforderlich. In Listing 5.2 sehen Sie ein Beispiel für eine solche Implementierung.

Beispiel

```
METHOD wddomodifyview.
  DATA:
* Der TransparentContainer für die D&D-Operation
      lr_tc TYPE REF TO cl_wd_transparent_container,
* Das GridLayout im TransparentContainer
      lr_grid_layout TYPE REF TO cl_wd_grid_layout,
* Die GridLayout-Daten für dragData
      lr_grid_layout_data TYPE REF TO cl_wd_grid_data,
* Eine neue DragSourceInfo für den TransparentContainer
      lr_drag_source_info TYPE REF TO cl_wd_drag_source_
      info,
```

```abap
* Eine neue DropTargetInfo für den TransparentContainer
        lr_drop_target_info TYPE REF TO cl_wd_drop_target_
        info.
* Beim ersten Mal
  IF first_time = abap_true.
****************************************************
* TC1
****************************************************
* TransparentContainer ermitteln für Drag & Drop
    lr_tc ?= view->get_element(
        id    = 'TC1' ).
* Layout zum TransparentContainer ermitteln
    lr_grid_layout ?= lr_tc->get_layout( ).
* DropTargetInfo instanziieren
    CALL METHOD cl_wd_drop_target_info=>new_drop_target_info
      EXPORTING
        enabled = abap_true
        id      = 'DTI_TC1'
        name    = 'TC1'
        tags    = 'TC'
        view    = view
      RECEIVING
        control = lr_drop_target_info.
* DropTarget zum Layout ergänzen
    CALL METHOD lr_grid_layout->set_drop_target_info
      EXPORTING
        the_drop_target_info = lr_drop_target_info.
* DragSourceInfo instanziieren
    CALL METHOD cl_wd_drag_source_info=>new_drag_source_info
      EXPORTING
        data    = 'TC1'
        enabled = abap_true
        id      = 'DSI_TC1'
        tags    = 'TC'
        view    = view
      RECEIVING
        control = lr_drag_source_info.
* DragSource zum Layout ergänzen
    CALL METHOD lr_grid_layout->set_drag_source_info
      EXPORTING
        the_drag_source_info = lr_drag_source_info.
* Drop-Aktion setzen
* Muss vorher in den Aktionen definiert werden!
    CALL METHOD lr_grid_layout->set_on_drop
      EXPORTING
        value = 'DROP_TC'. ENDIF.
****************************************************
```

```abap
* Behandlung des Drops auf die TransparentContainer
  DATA: lt_children TYPE
cl_wd_uielement_container=>tt_uielement,
        lr_child LIKE LINE OF lt_children,
        ld_drag_data TYPE string,
        ld_target_index TYPE i,
        ld_source_index TYPE i.
* Ist ein onDrop aufgetreten?
  IF wd_this->gd_index IS NOT INITIAL.
* TransparentContainer ermitteln
    lr_tc ?= view->get_element(
      id       = 'TC1' ).
* Kinder
    lt_children = lr_tc->get_children( ).
* Finde das UI-Element, von dem gedraggt wurde
    LOOP AT lt_children INTO lr_child.
      ld_source_index = sy-tabix.
* Hole die Layoutdaten vom Kind
      lr_grid_layout_data ?= lr_child->get_layout_data( ).
* Hole von der UI-Eigenschaft dragData den Wert
      ld_drag_data = lr_grid_layout_data->get_drag_data( ).
* Vergleiche den Wert mit den Daten von onDrop
      IF ld_drag_data = wd_this->gd_data.
* Gefunden!
        EXIT.
      ENDIF.
    ENDLOOP.
* Neue Position ermitteln
    IF wd_this->gd_offset = -1.
      ld_target_index = wd_this->gd_index.
* Am Ende
    ELSE.
      ld_target_index = wd_this->gd_index + 1.
    ENDIF.
* Durch das Löschen verschiebt sich der Index
    IF ld_source_index < ld_target_index.
      ld_target_index = ld_target_index - 1.
    ENDIF.
* Aus der alten Position löschen und in die neue einfügen
    IF ld_source_index <> ld_target_index.
* Löschen
      lr_tc->remove_child( index = ld_source_index ).
* Einfügen
      lr_tc->add_child(
        the_child = lr_child
        index = ld_target_index ).
* Fertig
```

```
        CLEAR wd_this->gd_index.
      ENDIF. "Ungleiche Position?
    ENDIF. "D&D?
ENDMETHOD.
```

Listing 5.2 Drag & Drop GridLayout/MatrixLayout

Container-Layout ermitteln
Die Implementierung startet mit der Ermittlung der Referenz auf den `TransparentContainer` (es können auch andere Container sein, wie z. B. eine Gruppe), für den Drag & Drop realisiert wird, d. h., in den Elemente eingefügt werden sollen oder dessen Kindelemente Sie per Drag & Drop verschieben möchten. Über diese Referenz wird eine Referenz auf das `GridLayout` (`MatrixLayout`) bezogen.

DropTargetInfo, DragSourceInfo, onDrop
Nach der Erzeugung eines `DropTargetInfo`- und `DragSourceInfo`-Objekts werden beide Objekte dem Layout zugewiesen. Darüber hinaus wird das `onDrop`-Ereignis mit einer Aktion gekoppelt, die Sie zuvor definiert haben.

Die genannten Schritte werden nur einmal in der Lebenszeit des View-Controllers ausgeführt. Die nächsten Schritte werden immer dann ausgeführt, wenn der Benutzer eine Drag-&-Drop-Operation im Layout durchführt.

Betroffenes Element
Anschließend ermitteln Sie zu Ihrem Container die Kindelemente, um für jedes Element prüfen zu können, ob es das durch die Drag-&-Drop-Operation betroffene ist. Sie können dazu mithilfe der Layoutdaten der Kindelemente die `dragData` ermitteln. Darüber hinaus sind die `dragData` des fallengelassenen Elements aus der Aktionsbehandler-Methode bekannt. Durch einen einfachen Vergleich auf Gleichheit können Sie feststellen, welches der Kindelemente es war, das gezogen wurde.

Positionieren
Mithilfe von `INDEX` und `OFFSET` berechnen Sie die neue Position für das gezogene Kindelement. Danach löschen Sie dieses Element aus der alten Position und fügen es in die neue Position ein.

5.4   ItemListBox

In einer `ItemListBox` werden Einträge in einer Box aufgelistet. Diese Einträge kann der Benutzer einzeln oder mehrfach markieren und ziehen. Um einen einzelnen Eintrag zu draggen, reicht es, diesen anzuklicken und zu ziehen.

Möchte ein Benutzer mehrere Einträge ziehen, muss er mithilfe der Tastenkombination aus ⇧ und der linken Maustaste oder mithilfe der Pfeiltasten bzw. Strg und der linken Maustaste oder über die Pfeiltasten den gewünschten Bereich markieren.

Mehrfachselektion

DragSourceInfo

In Abbildung 5.10 sehen Sie die DragSourceInfo, die es ermöglicht, dass der Benutzer einen oder mehrere Einträge aus einer ItemList-Box ziehen kann.

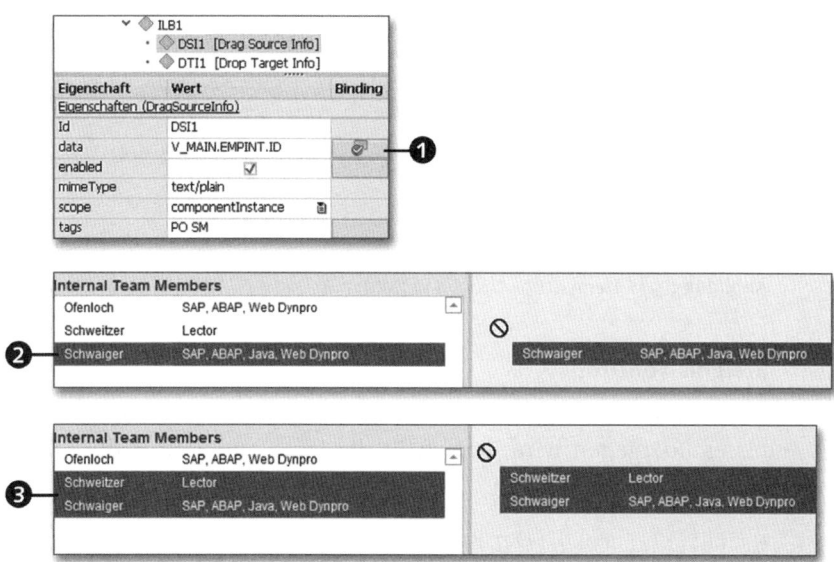

Abbildung 5.10 ItemListBox DragSourceInfo

Die Eigenschaft data ❶ haben wir an den Context gebunden, um von dort die Referenz – hier als ID des Teammitglieds realisiert – auf ein Element der DragSourceInfo zuzuweisen. Diese Referenz wird an das Drop Target übergeben. Unter ❷ sehen Sie ein Beispiel für eine Einzelselektion und unter ❸ für eine Mehrfachselektion. Ausschlaggebend für die Fähigkeit der Mehrfachselektion ist die UI-Element-Eigenschaft multipleSelection = true im UI-Element ItemListBox.

Beschreibung

DropTargetInfo

Wird die ItemListBox als Drop Target verwendet, stehen die folgenden Einfügepositionen zur Verfügung:

Einfügepositionen

- zwischen existierenden Einträgen
- an erster und letzter Position innerhalb der Liste

In Abbildung 5.11 finden Sie ein Drop-Beispiel. Im rechten Bereich der Abbildung sehen Sie die Visualisierung der Suche nach der Einfügeposition durch den Benutzer. Dieser hat sich für das Einfügen an der vorletzten Position entschieden. Droppt der Benutzer an der von ihm gewünschten Stelle, wird das Ereignis onDrop der ItemListBox ausgelöst und kann durch die Implementierung behandelt werden.

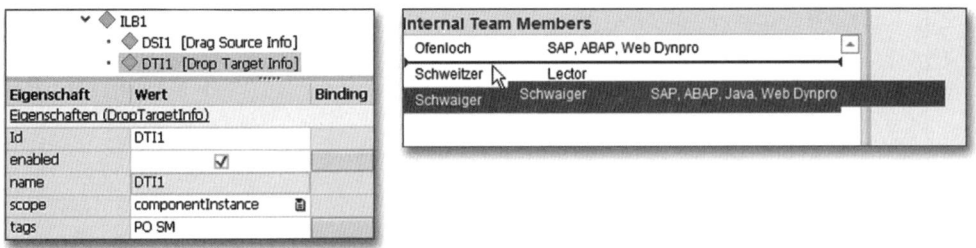

Abbildung 5.11 ItemListBox DropTargetInfo

Ereignis »onDrop«

Parameter Das Ereignisobjekt WDEVENT, das an die Behandlermethode des Ereignisses übergeben wird, liefert für die Implementierung die folgenden Informationen:

- CONTEXT_ELEMENT: Der Parameter CONTEXT_ELEMENT liefert das Context-Element zur Drag Source.
- INDEX: Der Parameter INDEX liefert die Basisinformation zur Einfügeposition.
- OFFSET: Der Parameter OFFSET liefert die Position relativ zum Index.

Darüber hinaus enthält WDEVENT die Parameter ID, DATA, MIME_TYPE und TAGS, die analog zu den in Abschnitt 5.2, »Tree«, besprochenen Ereignisparametern verwendet werden.

Werte nach Einfügeposition Falls der Benutzer einen Eintrag an das Ende anhängen möchte, hat der Index den Wert, dem die Anzahl der Einträge entspricht. Außerdem erhält der Offset den Wert 1. Falls der Benutzer einen Eintrag in die Liste einfügen möchte, hat der Index den Wert, der dem Index des Eintrags nach der Einfügeposition entspricht. Zudem erhält der Offset den Wert –1. Falls der Benutzer einen Eintrag am Anfang in die Liste einfügen möchte, hat der Index den Wert 1 und der Offset den Wert –1.

Um die Reaktion auf den Drop des Benutzers in der Aktionsbehandler-Methode zu implementieren, können Sie das folgende Muster verwenden:

Muster für Aktionsbehandler

1. Ermitteln Sie die Quelle der Drag-&-Drop-Operation. Dafür können Sie das Attribut DATA aus dem Event-Objekt WDEVENT oder aus den Parametern der Aktionsbehandler-Methode verwenden.

2. Ermitteln Sie die selektierten Einträge auf der ItemListBox. Dazu beschaffen Sie sich die Referenz (IF_WD_CONTEXT_NODE) auf den Kontextknoten, an den die ItemListBox gebunden ist. Mithilfe der Methode get_selected_elements der Knotenreferenz ermitteln Sie die selektierten Einträge des Benutzers.

3. Aufgrund der Attribute INDEX und OFFSET aus dem Event-Objekt WDEVENT oder aus den Parametern der Aktionsbehandler-Methode bestimmen Sie die Drop-Position.

4. Realisieren Sie Ihre gewünschte Reaktion auf den Drop.

5.5 Table

Das UI-Element Table bietet vielfältige Möglichkeiten und Unterstützungen für die Drag-&-Drop-Operationen.

5.5.1 Nicht hierarchische Tabellen

Sie können selektierte Zeilen einer Table ziehen und Tabellenzeilen, Bilder und andere Quellen (Drag Source) zwischen oder auf bereits existierende Tabellenzeilen fallenlassen. Die zur Verfügung gestellten Modi sind die folgenden:

Modi

▶ **Einfügen**
Für die Tabelle werden DragSourceInfo, DropTargetInfo und onDrop festgelegt. In diesem Fall kann ein oder können eines oder mehrere Elemente zwischen bestehenden Zeilen eingefügt werden (z. B. von einer ItemListBox).

- **Verschieben**
  Für die Tabelle werden DragSourceInfo, DropTargetInfo und onDrop definiert. In diesem Fall können eine oder mehrere Zeilen zwischen bestehenden Zeilen in der Table verschoben werden. Sollen mehrere Elemente verschoben werden, muss die Selektionskardinalität im Context angepasst werden.

- **Zeilen-Drop**
  Wählen Sie aus dem Kontextmenü des UI-Elements Table den Eintrag INSERT DROP_ROW_TRG_INF. Damit wird eine DropTargetInfo für den Drop auf eine Zeile eingefügt. Pflegen Sie die Werte zu den Eigenschaften der DropTargetInfo. Übernehmen Sie für die Eigenschaft dropOnRowName des UI-Elements Table den Wert der Eigenschaft name der DropTargetInfo. Für die Tabelle können Sie mehrere DropTargetInfo für den Zeilen-Drop definieren. In diesem Fall verwenden Sie das Data Binding der Eigenschaft dropOnRowName, um den unterschiedlichen Zeilen den Namen der DropTargetInfo zuzuordnen.

Selection — Für das Verschieben mehrerer Zeilen in der Tabelle müssen Sie im Context die Eigenschaft Selection für die dataSource der Tabelle mit der Obergrenze n setzen, d. h. 0..n oder 1..n. Falls Sie Zeilengruppierungen in der Tabelle verwenden (siehe Abschnitt 9.3, »Table«), müssen Sie keine Besonderheiten beachten.

DragSource

Beispiel — Falls Sie eine oder mehrere Zeilen einer Tabelle als Drag Source verwenden möchten, müssen Sie zum Tree ein Unterelement vom Typ DragSourceInfo im View Designer definieren. In Abschnitt 5.1.1 finden Sie die Definition der DragSourceInfo. Abbildung 5.12 zeigt eine eingefügte DragSourceInfo für eine Tabelle. Im unteren Bereich sehen Sie die optische Darstellung des Drag-Vorgangs ❶. Wir unterscheiden zwischen einem Drag einzelner ❷ und mehrerer Zeilen ❸. Notwendige Voraussetzung für den Mehrfach-Drag ist, dass die Eigenschaft Selection für die dataSource der Tabelle mit der Obergrenze n gesetzt ist.

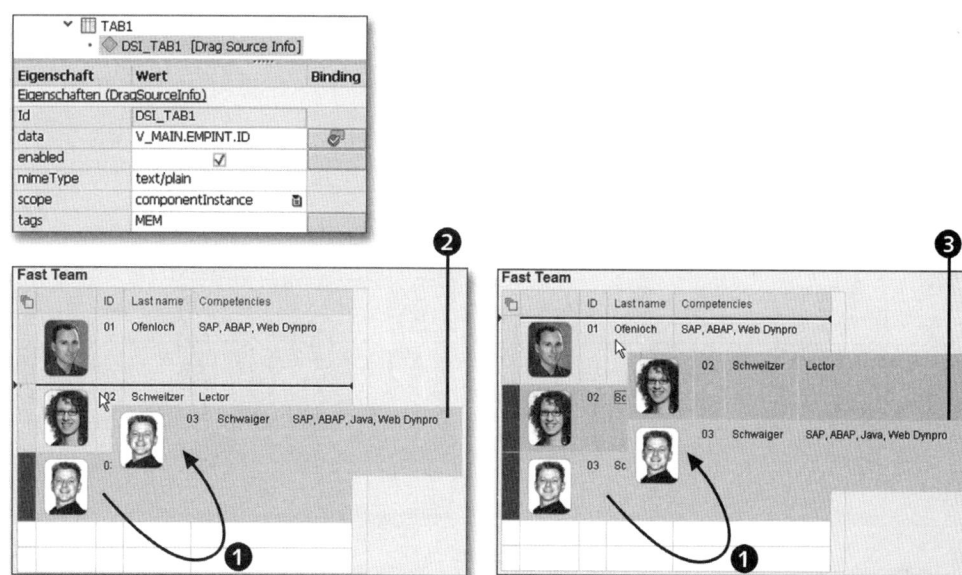

Abbildung 5.12 Table DragSourceInfo

DropTarget

Wird die Table als Drop Target verwendet, stehen die folgenden Einfügepositionen zur Verfügung:

Einfügepositionen

- zwischen existierenden Zeilen
- an erster und letzter Position innerhalb der aufgelisteten Zeilen
- auf eine Zeile

In Abbildung 5.13 sehen Sie ein Beispiel für das Fallenlassen zwischen Zeilen. Im oberen Bereich erkennen Sie die Eigenschaften der DropTargetInfo, die mit den passenden Werten versehen werden, wie in Abschnitt 5.1.2 beschrieben. In der Abbildung sehen Sie zwei Varianten für das Fallenlassen *zwischen Tabellenzeilen*. Unabhängig davon, ob Sie eine ❶ oder mehrere Zeilen ❷ fallenlassen möchten, ist es ausreichend, eine DropTargetInfo für den Vorgang zu definieren. Führt der Benutzer den Drop an der von ihm gewünschten Stelle ❸ aus, wird das Ereignis onDrop der Table ausgelöst und kann durch die Implementierung behandelt werden.

Zwischen den Zeilen

5 | Drag & Drop für UI-Elemente

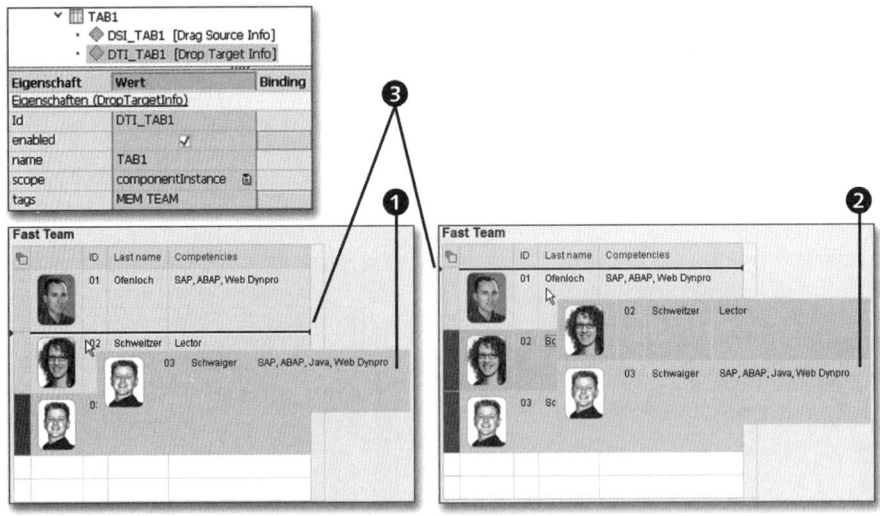

Abbildung 5.13 Table DropTargetInfo

Auf eine Zeile   Möchten Sie das Fallenlassen auf *eine Zeile* erlauben, müssen Sie andere Definitionen für das UI-Element Table festlegen (siehe auch Abbildung 5.14):

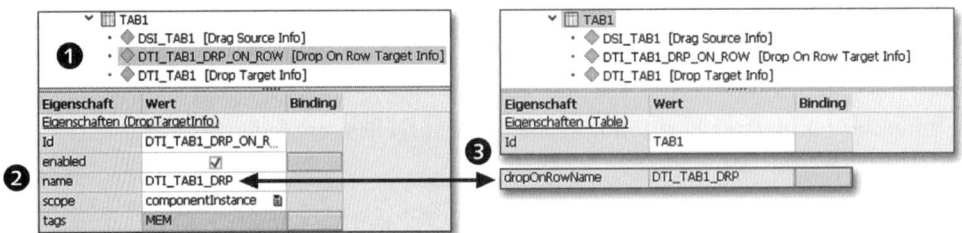

Abbildung 5.14 Table dropOnRowTargetInfo

1. Wählen Sie aus dem Kontextmenü des UI-Elements Table den Eintrag INSERT DROP_ROW_TRG_INF (Drop On Row Target Info ❶). Damit wird eine DropTargetInfo für den Drop auf eine Zeile eingefügt.

2. Pflegen Sie die Werte zu den Eigenschaften der DropTargetInfo (siehe Abschnitt 5.1.2). Der Wert der Eigenschaft name ❷ wird im nächsten Schritt verwendet.

3. Übernehmen Sie für die Eigenschaft dropOnRowName des UI-Elements Table den Wert der Eigenschaft name der DropTargetInfo ❸. Damit haben Sie die Definition abgeschlossen.

Alternativ zur Definition der `DROP_ROW_TRG_INF` (Drop On Row Target Info) können Sie auch eine bereits bestehende `DropTargetInfo` verwenden. Gehen Sie analog zum letzten Schritt der vorangegangenen Aufzählung vor.

Für die Tabelle können Sie mehrere `DropTargetInfo` für den Zeilen-Drop definieren. In diesem Fall verwenden Sie das Data Binding der Eigenschaft `dropOnRowName` des UI-Elements `Table`, um den unterschiedlichen Zeilen den Namen der `DropTargetInfo` zuzuordnen.

Ereignis »onDrop«

Das Ereignisobjekt `WDEVENT`, das an die Behandlermethode des Ereignisses übergeben wird, liefert neben den bereits in Abschnitt 5.2, »Tree«, besprochenen Parametern `ID`, `DATA`, `MIME_TYPE` und `TAGS` die folgenden Attribute für die Implementierung: *Parameter*

- `CONTEXT_ELEMENT`: Der Parameter `CONTEXT_ELEMENT` ist immer initial.
- `OFFSET`: Der Parameter `OFFSET` hält einen Wert, der relativ zum `ROW_ELEMENT` zu interpretieren ist. Der Offset kann die Werte -1 (davor), 1 (danach, für das Ende der Elemente) und 0 (auf ein Element) annehmen.
- `ROW_ELEMENT`: Der Parameter `ROW_ELEMENT` hält das Context-Element aus der `dataSource` der `Table`, in die etwas eingefügt werden soll.

Die Implementierung der Reaktion auf den Drop beinhaltet im Allgemeinen drei Schritte. *Implementierungsidee*

1. **Ermittlung der Datenquelle(n) der Drag-&-Drop-Operation**
   Um die Datenquelle(n) herauszufinden, bestimmen Sie z. B. die Referenz (`IF_WD_CONTEXT_NODE`) auf den Kontextknoten, an den die Quelle gebunden ist. Mithilfe der Methode `get_selected_elements` der Knotenreferenz ermitteln Sie die selektierten Elemente der Quelle.

2. **Ermittlung von Positionen**
   Ermitteln Sie den Index der Einfügeposition(en). Dabei unterstützen Sie die Methode `get_index` aus dem Interface `IF_WD_CONTEXT_ELEMENT` und das `OFFSET`-Attribut aus dem Ereignisobjekt.

3. **Manipulation der Context-Elemente der dataSource der Tabelle**
Das Interface `IF_WD_CONTEXT_NODE` bietet die Methoden `move_*` an, um Elemente auf einen Context-Knoten zu verschieben. Damit können Sie die zu verschiebenden Elemente an die Einfügeposition im Context und somit in der `Table` verschieben.

5.5.2 Hierarchische Tabellen

Modi — In hierarchischen Tabellen, d. h. in Tabellen, die eine Master-Spalte `TreeByKeyTableColumn` oder `TreeByNestingTableColumn` besitzen (siehe Abschnitt 9.3, »Table«), gibt es zwei unterschiedliche Drag-&-Drop-Modi:

- **Einfacher Modus**
  Dieser Modus ist dafür gedacht, einen Drop zwischen Tabellenzeilen ausführen zu können. Falls Sie diesen Modus verwenden möchten, reicht es, für die Tabelle eine `DragSourceInfo` anzulegen (siehe Abschnitt 5.1.1). Beachten Sie, dass Sie die Eigenschaft `name` initial belassen müssen.

- **Komplexer Modus**
  Falls Sie der Eigenschaft `name` der `DropTargetInfo` einen Wert geben, ist nur der Drop zwischen den Zeilen der höchsten Hierarchiestufe (direkt unter der Wurzel) möglich. Für das Fallenlassen zwischen den Zeilen und auf eine Zeile niedrigerer Hierarchiestufen müssen Sie eine oder mehrere `dropOnRowTargetInfo` anlegen und diese über die Eigenschaft `dropOnRowName` des UI-Elements `Table` der Tabelle bzw. den Zeilen der Tabelle zuordnen (siehe Abschnitt 5.5.1, »Nicht hierarchische Tabellen«).

Beispiel — In Abbildung 5.15 sehen Sie Beispiele für den Drag unter Einbeziehung einer hierarchischen Tabelle:

- Im oberen Bild wird aus einer `ItemListBox` ein Eintrag auf den Baum gezogen ❶. Sie sehen die Markierung für die Einfügeposition zwischen den Zeilen.

- Im unteren Bereich des Bildes dient der Baum selbst als Drag-Quelle ❷. Sie sehen aufgrund der markierten Zeile und der Markierung für die Einfügeposition, dass zwischen die Zeilen gezogen wird. Bei der Implementierung der Behandlung des `onDrop`-Ereignisses können Sie sich an Abschnitt 5.1.4 orientieren.

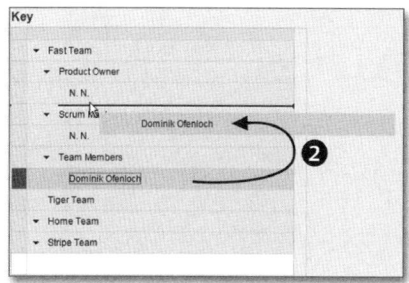

Abbildung 5.15 Hierarchische Tabelle DragSource

5.6 CTable

In der CTable, die wir ausführlich in Abschnitt 9.8 besprechen, gibt es verschiedenste Möglichkeiten, Drag & Drop zu verwenden. Verschiedene Elemente können in und auf Zeilen und Spalten sowie Zeilen- und Spaltenzwischenräumen bewegt werden. In Abbildung 5.16 haben wir die Drop-Optionen hervorgehoben.

Drop-Optionen

❶ Ein Drop kann auf Zeilen ausgeführt werden
(Eigenschaft CTable.rowDropInfo, Kardinalitätsobergrenze n).

❷ Ein Drop kann zwischen Zeilen ausgeführt werden (Eigenschaft CTable.tableBodyDropInfo, Kardinalitätsobergrenze 1).

❸ Ein Drop kann zwischen Zeilen ausgeführt werden und übersteuert zeilenweise die Eigenschaft CTable.tableBodyDropInfo (Eigenschaft CTable.rowEdgeDropInfo, Kardinalitätsobergrenze n).

❹ Ein Drop kann auf Spalten ausgeführt werden (Eigenschaft CTableColumn.columnDropInfo, Kardinalitätsobergrenze 1).

❺ Ein Drop kann zwischen Spalten ausgeführt werden (Eigenschaft CTableColumn.columnHeaderDropInfo, Kardinalitätsobergrenze 1).

❻ Ein Drop kann zwischen Spalten ausgeführt werden und übersteuert spaltenweise die Eigenschaft CTableColumn.columnHeaderDropInfo (Eigenschaft CTableColumn.columnEdgeDropInfo, Kardinalitätsobergrenze 1).

❼ Ein Drop kann auf Zellen ausgeführt werden (UI-Element DropTargetCellEditor).

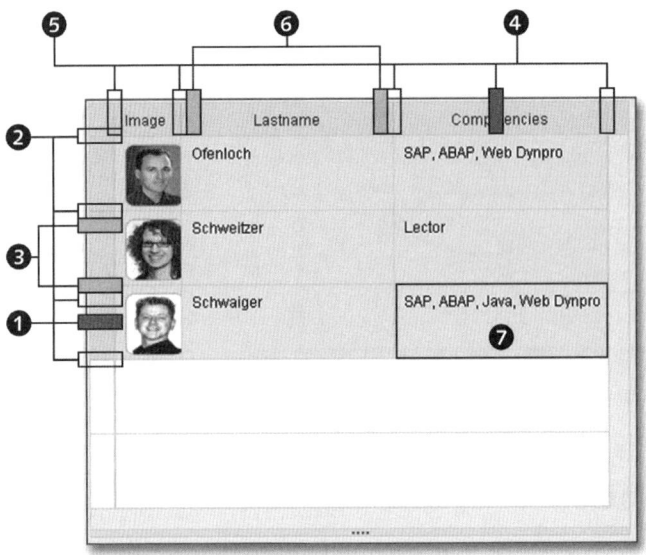

Abbildung 5.16 Drop-Positionen in der CTable

Kardinalitätsobergrenze Wir haben hinter den Eigenschaftsnamen auch die Obergrenze der Kardinalität für die aggregierbaren DropTargetInfos angegeben. Es kann z. B. nur maximal eine DropTargetInfo für tableBodyDropInfo angegeben werden, jedoch eine beliebige Anzahl für rowDropInfo.

DropTargetInfo

DropTargetInfo anlegen Bei der Anlage und der Verwendung der DropTargetInfo gehen Sie im Falle der CTable und CTableColumn folgendermaßen vor:

1. Klicken Sie mit der rechten Maustaste auf die CTable, und wählen Sie im Kontextmenü den Eintrag INSERT DROP_TARGET_INFO, um eine DropTargetInfo anzulegen.

2. Vergeben Sie im View-Designer oder per Programmierung eine eindeutige ID für die DropTargetInfo.

- *Im View-Designer*: Ordnen Sie der CTable bzw. CTableColumn eine Eigenschaft für den Drop, z. B. rowDropInfo oder columnDropInfo, sowie die zuvor vergebene ID der DropTargetInfo zu.
- *Per Programmierung*: Binden Sie die Eigenschaft der CTable bzw. CTableColumn (z. B. rowEdgeDropInfo oder columnEdgeDropInfo) an ein Attribut des Contexts, das die ID der DropTargetInfo beinhaltet.

DragSourceInfo

Für die CTable können Sie eine Reihe von Quellen definieren. Die Eigenschaften rowDragInfo bzw. columnDragInfo beinhalten die IDs der DragSourceInfo (siehe Abbildung 5.17).

rowDragInfo

Für Zeilen als Ausgangspunkt des Drags wird die Eigenschaft rowDragInfo in der CTable verwendet (❶ in Abbildung 5.17). Alle Zeilen haben dieselbe DragSourceInfo ❷.

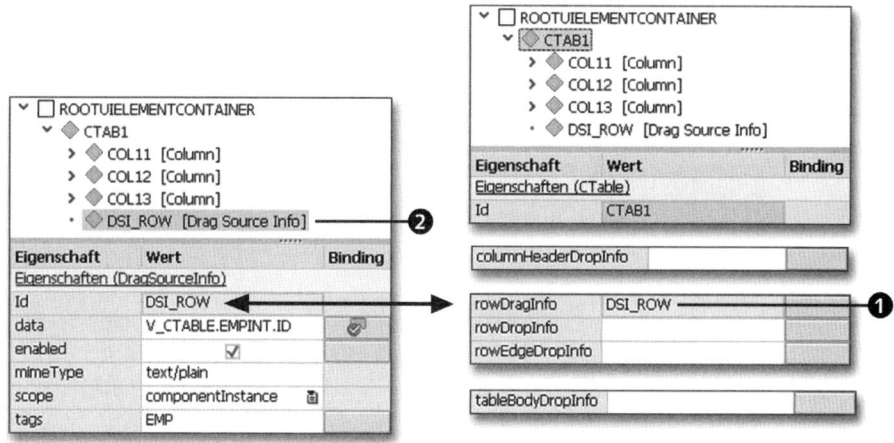

Abbildung 5.17 Verwendung der Eigenschaft rowDragInfo der CTable

columnDragInfo

Für Spalten als Ausgangspunkt des Drags wird die Eigenschaft columnDragInfo in der CTableColumn verwendet (❶ in Abbildung 5.18). Jede Spalte hat ihre eigene DragSourceInfo ❷.

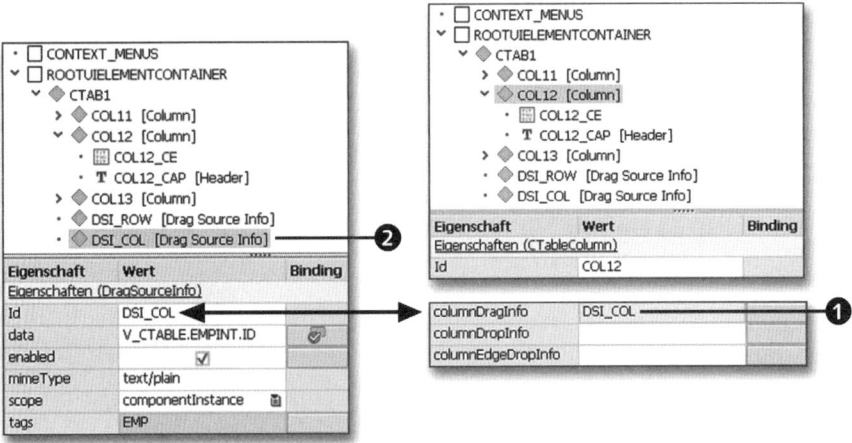

Abbildung 5.18 Verwendung der Eigenschaft columnDragInfo der CTableColumn

DropTarget

In Abbildung 5.16 haben Sie bereits die unterschiedlichen Möglichkeiten gesehen, um den Drop im Zusammenhang mit einer CTable zu implementieren. Diese basieren immer darauf, dass Sie eine DropTargetInfo zur CTable anlegen und diese dann über ihre DropTargetInfo-ID der passenden CTable- bzw. CTableColumn-Eigenschaft zuordnen. Die möglichen Eigenschaften für CTable bzw. CTableColumn sind in Tabelle 5.2 aufgeführt.

Drop-Zone	Eigenschaft von CTable	Eigenschaft von CTableColumn	Erläuterung
zwischen den Spalten	columnHeader-DropInfo		Beschreibt, welche Elemente zwischen allen Spalten gedroppt werden können.
auf einer Spalte		column-DropInfo	Beschreibt, welche Elemente auf eine Spalte gedroppt werden können.

Tabelle 5.2 DropTarget-Eigenschaften der CTable bzw. CTableColumn

Drop-Zone	Eigenschaft von CTable	Eigenschaft von CTableColumn	Erläuterung
vor oder nach einer Spalte, aber mit Bezug zur Spalte		columnEdge-DropInfo	Beschreibt, welche Elemente vor oder nach einer Spalte, aber innerhalb dieser Spalte gedroppt werden können.
zwischen Zeilen	tableBody-DropInfo		Beschreibt, welche Elemente zwischen den Zeilen gedroppt werden können.
auf Zeilen	rowDropInfo		Beschreibt, welche Elemente auf eine Zeile gedroppt werden können.
vor oder nach einer Zeile, aber mit Bezug zu einer Tabellenzeile	rowEdge-DropInfo		Beschreibt, welche Elemente vor oder nach einer Zeile, aber innerhalb dieser Zeile gedroppt werden können.
Tabellenzellen		DropTarget-CellEditor	Um ein Element mit DragSource-Info in eine Tabellenzelle zu droppen, verwenden Sie einen DropTargetCell-Editor als Zelleneditor.

Tabelle 5.2 DropTarget-Eigenschaften der CTable bzw. CTableColumn (Forts.)

rowDropInfo

In Abbildung 5.19 sehen Sie ein Beispiel für die Verwendung der DropTargetInfo ❶ für die Eigenschaft rowDropInfo der CTable ❷. Durch diese Einstellungen wird ein Drop auf Tabellenzeilen, unter der Voraussetzung ermöglicht, dass für das Ereignis drop der CTable eine Aktion angelegt wurde.

5 | Drag & Drop für UI-Elemente

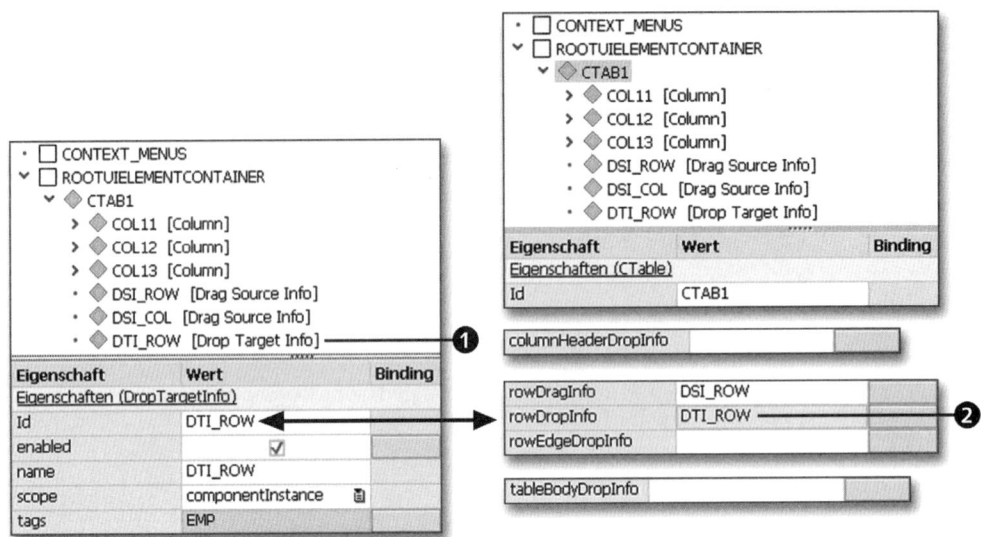

Abbildung 5.19 DropTarget für die Eigenschaft rowDropInfo der CTable

Im Ergebnis ist es möglich, eine Zeile der CTable auf eine andere Tabellenzeile zu ziehen. In Abbildung 5.20 sehen Sie den kombinierten Drag-&-Drop-Vorgang.

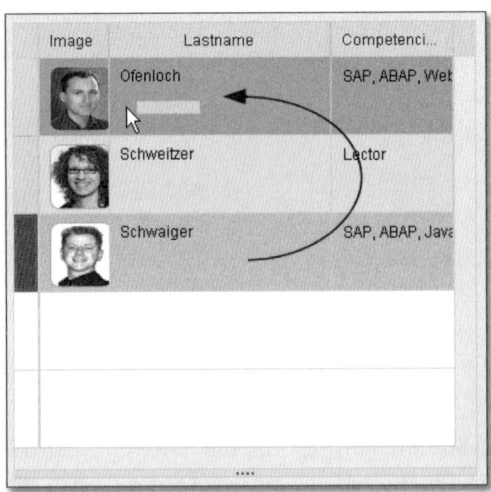

Abbildung 5.20 Drag & Drop auf CTable-Zeilen

tableBodyDropInfo

In Abbildung 5.21 sehen Sie ein Beispiel für die Verwendung der Eigenschaft tableBodyDropInfo in einer CTable ❶. Durch die Zuordnung der ID einer DropTargetInfo ❷ zur Eigenschaft tableBodyDropInfo kann der Benutzer den Drop an den Anfang oder das Ende der Tabelle oder zwischen den Zeilen ausführen.

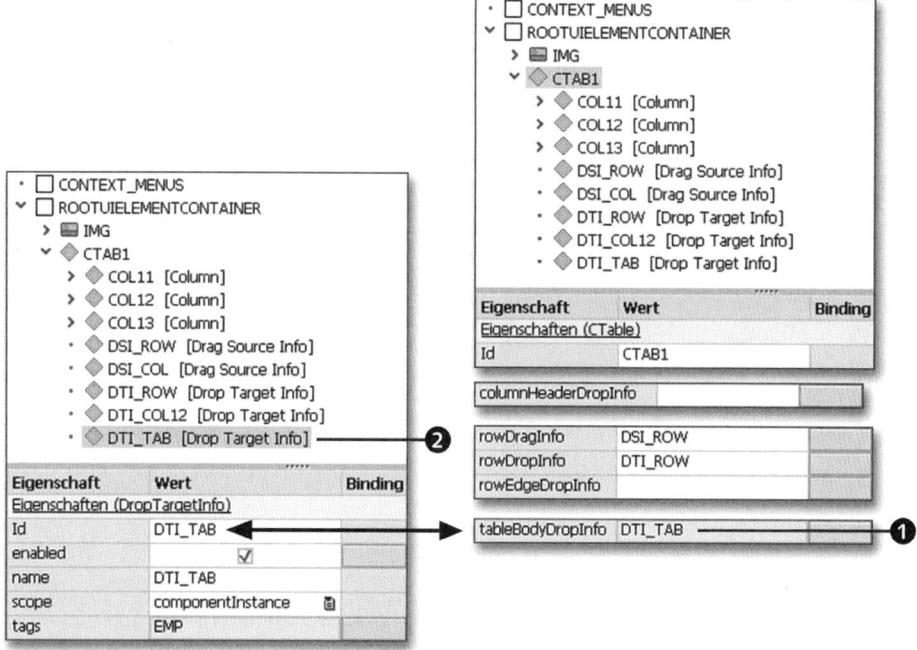

Abbildung 5.21 DropTarget für die Eigenschaft tableBodyDropInfo der CTable

rowEdgeDropInfo

Einzelne Zeilen können die Einstellung der Eigenschaft tableBodyDropInfo übersteuern, wenn Sie der CTable-Eigenschaft rowEdgeDropInfo eine DropTargetInfo zuordnen (siehe ❶ in Abbildung 5.22). Dies ermöglicht die individuelle Behandlung eines Drops auf eine bestimmte Tabellenzeile. Dazu müssen Sie ein Data-Binding der Eigenschaft rowEdgeDropInfo an ein Attribut vom Typ string vornehmen, in das Sie zur Laufzeit den Namen einer DropTargetInfo hinterlegen. Die DropTargetInfo kann entweder bereits während der Entwicklungszeit oder dynamisch während der Laufzeit erzeugt worden sein.

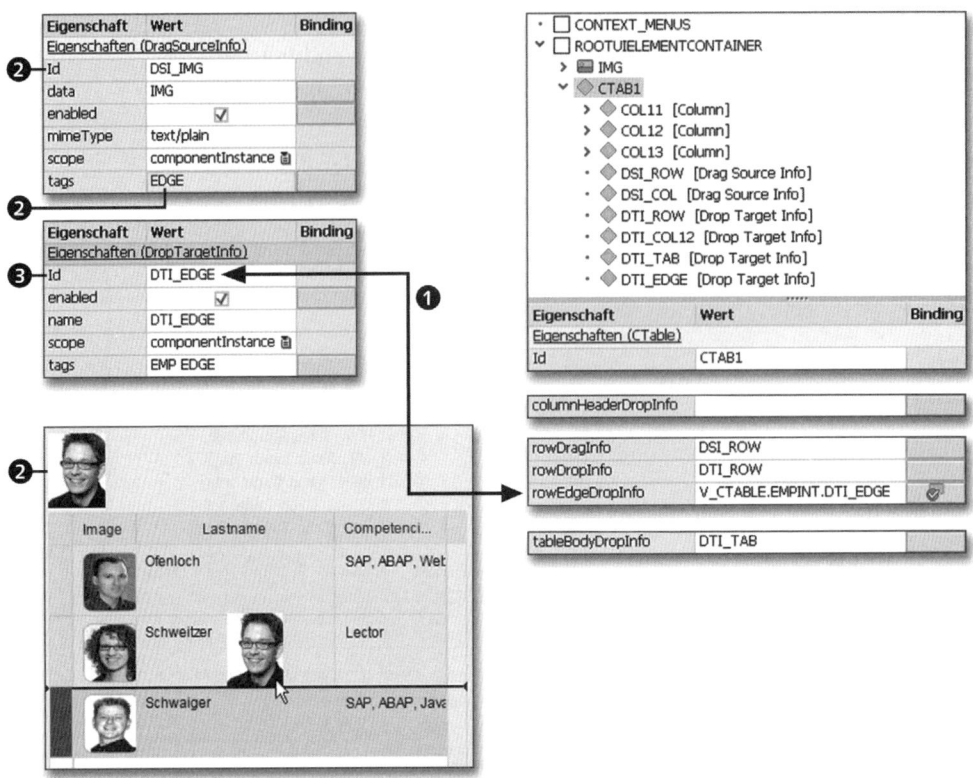

Abbildung 5.22 DropTarget für die Eigenschaft rowEdgeDropInfo der CTable

In unserem Beispiel in Abbildung 5.22 haben wir die DragSource-Info mit der ID DSI_EDGE ❷ einem Image mit dem Tag EDGE zugeordnet. Anschließend haben wir im View-Designer die DropTargetInfo DTI_EDGE für eine Zeile angelegt ❸. Im Gegensatz zu den bisherigen Beispielen soll diese Information zeilenbezogen zugeordnet werden und dadurch die Eigenschaft tableBodyDropInfo für diese Zeile übersteuern. Haben wir dies für Zeile 2 in der CTable definiert, wird im Context im Attribut DTI_EDGE die ID der DropTargetInfo zu dieser Zeile hinterlegt und mittels Data-Binding an die CTable-Eigenschaft rowEdgeDropInfo gebunden ❶. Damit ist das individuelle Behandeln von Drop-Ereignissen auf eine bestimmte Zeile realisiert, wie in unserem Beispiel das Ziehen eines Bildes, das außerhalb einer Tabelle liegt, auf eine bestimmte Tabellenzeile, in der die Tags (in unserem Beispiel EDGE) übereinstimmen.

> **Vorrangregeln** [«]
>
> Die folgenden Regeln für die Überschreibung von Drag-&-Drop-Eigenschaften sollten Sie beachten:
>
> - Wird für eine Zeile eine spezifische `rowEdgeDropInfo` definiert, wird die Eigenschaft `tableBodyDropInfo` der betreffenden Zeile überschrieben.
> - Wird für eine Spalte eine spezifische `columnEdgeDropInfo` definiert, wird die Eigenschaft `columnHeaderDropInfo` der betreffenden Spalte überschrieben.

> **Einschränkungen** [!]
>
> Es gelten die folgenden einschränkenden Bedingungen für die Verwendung von IDs in den UI-Elementen `CTableColumn` und `CTable`:
>
> - `CTableColumn`:
>   - Der Wert für die Eigenschaft `columnDropInfo` darf nicht dem Wert für die Eigenschaft `columnEdgeDropInfo` entsprechen.
>   - Der Wert für die Attribute `rowDropInfo` und `rowEdgeDropInfo` der Eigenschaft `columnDropInfo` muss ungleich sein.
>   - Der Wert für die Attribute für `rowDropInfo` und `rowEdgeDropInfo` der Eigenschaft `columnEdgeDropInfo` muss ungleich sein.
> - `CTable`:
>   - Der Wert der Eigenschaft `columnHeaderDropInfo` darf nicht dem Wert der Eigenschaft `tableBodyDropInfo` entsprechen.

Ereignis »onDrop«

Um den Drop in einer `CTable` zu behandeln, stehen unterschiedliche Drop-Ereignisse für Zeilen, Spalten und Zellen zur Verfügung.

CTable.onDrop

Das Ereignis `onDrop` von `CTable` wird ausgelöst, wenn ein Element auf eine Tabellenzeile oder zwischen den Tabellenzeilen gedroppt wird. Das Ereignisobjekt `WDEVENT`, das an die Behandlermethode des Ereignisses übergeben wird, liefert neben den bereits in Abschnitt 5.2, »Tree«, besprochenen Parametern `ID`, `MIME_TYPE` und `TAGS` die folgenden Attribute für die Implementierung:

- `CONTEXT_ELEMENT`: Der Parameter `CONTEXT_ELEMENT` ist immer initial.

- DATA: Der Parameter DATA liefert die Daten aus der Drag Source. Falls DATA an ein Context-Attribut der dataSource der Tabelle gebunden ist, müssen Sie unter Umständen zuvor das Ereignis onSelect der CTable verwenden, um die Lead-Selection auf den selektierten Zeilenindex zu setzen.
- OFFSET: Der Parameter OFFSET hält einen Wert, der relativ zum ROW_ELEMENT zu interpretieren ist. Der Offset kann die Werte –1 (vor ein Element), 1 (hinter alle Elemente) und 0 (auf ein Element) annehmen.
- DIRECTION: Der Parameter DIRECTION erhält den Wert VERTICAL, falls Zeilen gedroppt werden, oder HORIZONTAL, falls Spalten gedroppt werden.
- ROW_ELEMENT: Der Parameter ROW_ELEMENT hält das Context-Element aus der dataSource der CTable, auf das der Drop durchgeführt wurde.

CTableColumn.onDrop

Das Ereignis onDrop von CTableColumn wird ausgelöst, wenn ein Element auf eine Tabellenspalte oder zwischen die Tabellenspalten gedroppt wird.

DropTargetCellEditor.onDrop

Das Ereignis onDrop des UI-Elements DropTargetCellEditor wird ausgelöst, wenn ein Element auf eine Zelle gedroppt wird.

5.7 Accordion

Items

In einem Accordion werden anklickbare AccordionItem- und MultipleAccordionItem-Elemente vertikal aufgelistet (siehe Abschnitt 3.2.1, »Accordion«). Diese Items kann der Benutzer im Accordion verschieben, d. h. ein Item vor oder nach einem anderen Item platzieren. Darüber hinaus ist es möglich, dass andere UI-Elemente in einer Drag-&-Drop-Operation auf ein Item gezogen werden.

DragSource

Beispiel

Falls Sie ein Item eines Accordion als DragSource verwenden möchten, müssen Sie ein Unterelement zum Accordion vom Typ Drag-

SourceInfo im View Designer definieren (siehe Abschnitt 5.1.1). In Abbildung 5.23 sehen Sie eine eingefügte DragSourceInfo für ein Accordion ❶. Zudem erkennen Sie unter Punkt ❷ und ❸ die Eigenschaft dragData des AccordionItem und des UI-Elements MultipleAccordionItem, in der Sie Daten für den Drag-Vorgang hinterlegen können.

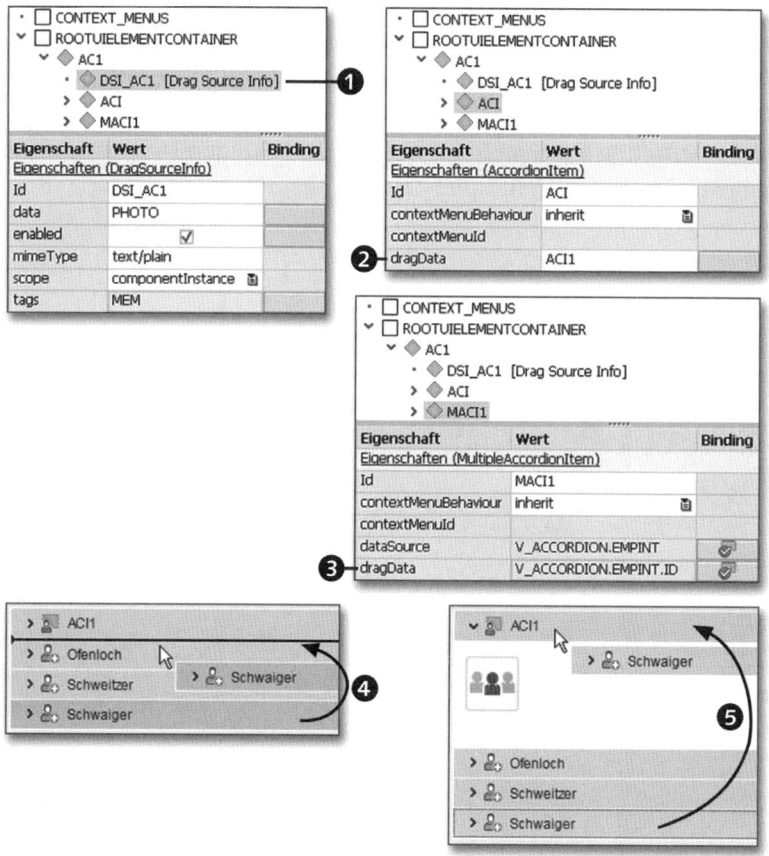

Abbildung 5.23 Accordion – DragSourceInfo

Im unteren Bereich der Abbildung sehen Sie die optische Darstellung des Drag-Vorgangs. Wir unterscheiden zwischen einem Drag einzelner Items ❹ und einem Drag auf ein Item ❺. Voraussetzung für den Drag auf ein Item ist die Definition einer DropTargetInfo.

5 | Drag & Drop für UI-Elemente

DropTargetinfo

Wird das Accordion als Drop Target verwendet, stehen die folgenden Einfügepositionen zur Verfügung:

- zwischen existierenden Items
- an erster und letzter Position der Items
- auf ein Item

Beispiel   In Abbildung 5.24 finden Sie zwei Drop-Beispiele. Für den Drop zwischen den Items müssen Sie zunächst die DropTargetInfo zum Accordion definieren ❶. Anderseits benötigen Sie die DropTarget-Info-Definition für jene Items, auf denen Sie einen Drop ausführen möchten, in unserem Beispiel das AccordionItem und das MultipleAccordionItem.

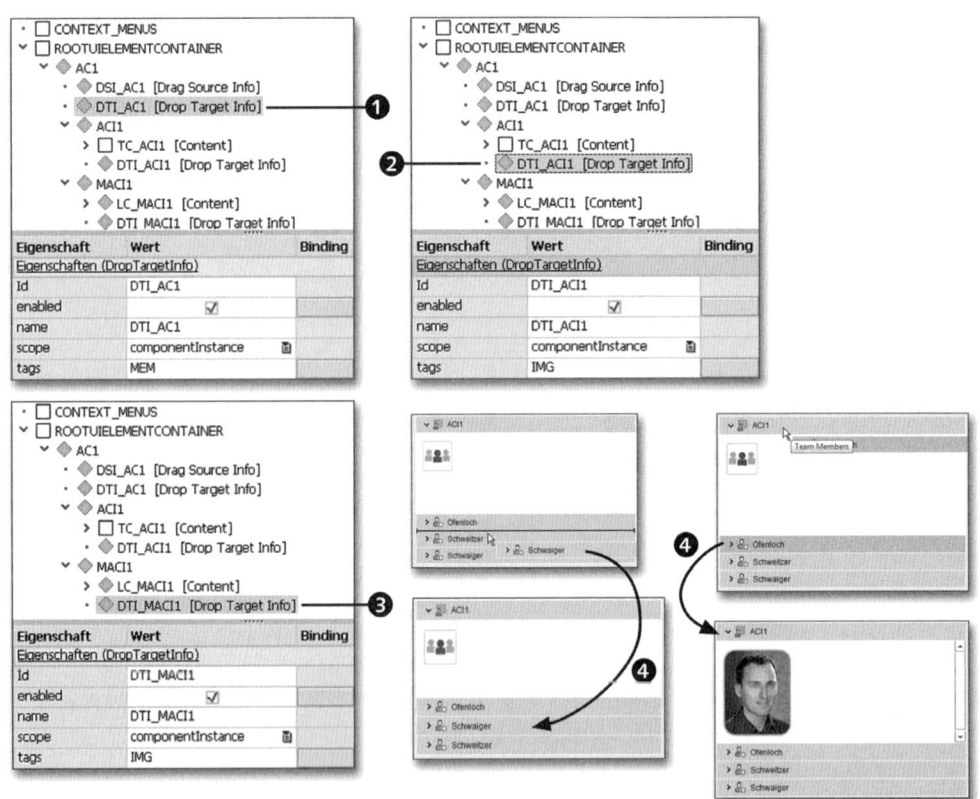

Abbildung 5.24 Accordion, MultipleAccordionItem, AccordionItem DropTargetInfo

Beschreibung   Im unteren Bereich der Abbildung sehen Sie die Visualisierung des Fallenlassens auf eine Einfügeposition durch den Benutzer ❹. Dieser hat sich im linken Beispiel für das Einfügen zwischen den Items entschieden. Im rechten Beispiel wird ein Drop auf ein Item ausgeführt und bewirkt eine Reaktion, die im Ereignis onDrop des Accordion implementiert ist.

Mit den Attribuierungen der UI-Elemente ist nur die halbe Strecke zum Ziel genommen. In der Aktionsbehandler-Methode des onDrop-Ereignisses müssen Sie die Elemente entsprechend der Aktion des Benutzers programmatisch verschieben, verändern und anpassen. Dazu benötigen Sie die Parameter der Aktionsbehandler-Methode, die durch das Ereignis onDrop definiert sind.

Ereignis »onDrop«

Das Ereignisobjekt WDEVENT, das an die Behandlermethode des Ereignisses übergeben wird, liefert neben den bereits in Abschnitt 5.2, »Tree«, besprochenen Parametern ID, MIME_TYPE und TAGS die folgenden Informationen für die Implementierung:

Parameter

- CONTEXT_ELEMENT: Der Parameter CONTEXT_ELEMENT ist immer initial.
- ITEM: Der Parameter ITEM liefert die Bezeichnung des betroffenen Items aus dem Accordion.
- ITEM_PATH: Der Parameter ITEM_PATH hält den Pfad zum Element im Context, falls das betroffene Item ein MultipleAccordionItem ist. Ist das Element ein AccordionItem, ist ITEM_PATH leer.
- OFFSET: Der Parameter OFFSET hält die Position relativ zum ITEM. Falls OFFSET den Wert 1 hat, wurde nach dem (unterhalb des) Item(s) gedroppt, und falls er den Wert -1 hat, wurde vor dem (oberhalb des) Item(s) gedroppt. OFFSET nimmt den Wert 0 an, wenn ein Drop auf ein Item durchgeführt wird.

5.8 PanelStack

Ein PanelStack umfasst mehrere Panel-UI-Elemente, die immer sichtbar sind, geöffnet und kollabiert werden können. Die inaktiven Panels werden entweder als Tabs dargestellt oder als Eintrag in einem Menü. Im PanelStack können mithilfe von Drag & Drop ein oder mehrere Panels verschoben werden.

5 | Drag & Drop für UI-Elemente

[»] **Voraussetzung für Drag & Drop**

Drag & Drop wird für den gesetzten Anwendungsparameter WDUIGUIDE-LIND=GL20 unterstützt. Weitere Informationen zum Setzen der Anwendungsparameter finden Sie in Anhang A, »Anwendungsparameter und URL-Parameter«.

DragSource

Ein Panel im `PanelStack` kann als Drag Source verwendet werden. In Abbildung 5.25 sehen Sie die `DragSourceInfo` des `PanelStack` ❶, über die Sie definieren, dass der Benutzer den Drag für ein Panel ausführen kann.

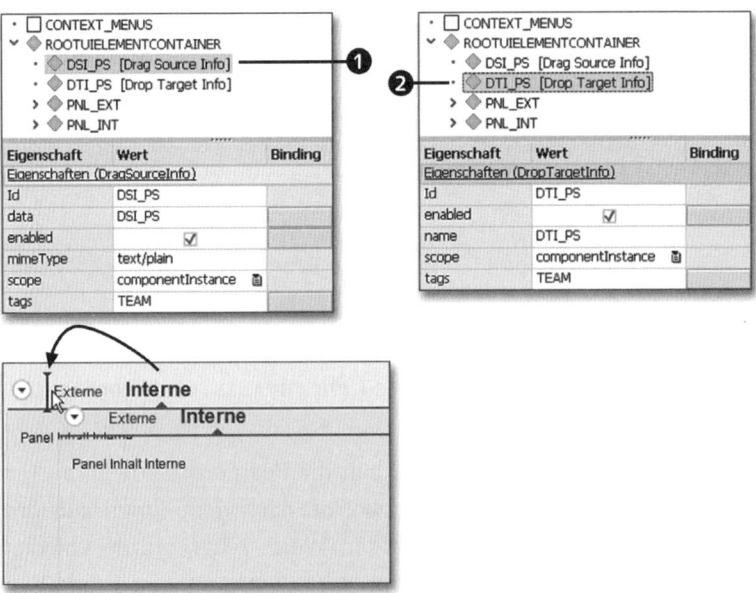

Abbildung 5.25 PanelStack – DragSourceInfo und DropTargetInfo

DropTarget

In der `DropTargetInfo` des `PanelStack` ❷ werden die bekannten Eigenschaften gepflegt. Dabei werden unterschiedliche Einfügepositionen für den Drop im `PanelStack` zur Verfügung gestellt:

- als erstes Panel (im unteren Teil von Abbildung 5.25 dargestellt)
- als letztes Panel

Ereignis »onDrop«

Das Ereignis onDrop des UI-Elements PanelStack wird ausgelöst, wenn ein Panel auf dem PanelStack losgelassen wird. Das Ereignisobjekt WDEVENT, das an die Behandlermethode des Ereignisses übergeben wird, liefert neben den bereits in Abschnitt 5.2, »Tree«, besprochenen Parametern ID, CONTEXT-ELEMENT und TAGS die folgenden Informationen für die Implementierung:

- DATA: Der Parameter DATA beinhaltet die Daten aus der Drag Source, d. h. die Eigenschaft data der DragSourceInfo.
- MIME_TYPE: Der Parameter MIME_TYPE beinhaltet den MIME-Typ aus der Drag Source, wird derzeit aber nicht verwendet.
- PANEL_ID: Der Parameter PANEL_ID beinhaltet die ID des Panels, auf das, vor das oder hinter das gedroppt wurde.
- OFFSET: Der Parameter OFFSET liefert die Position des Drops relativ zur PANEL_ID. Der Wert –1 bedeutet, dass der Drop über (vor) dem Panel erfolgt, und der Wert +1 bedeutet, dass er unter (hinter) dem Panel erfolgt.

5.9 Operationsmodi

Beim Drag & Drop kristallisieren sich bestimmte Verwendungsmuster des Benutzers heraus. Wir beschreiben diese im Folgenden.

5.9.1 Browse & Collect

Beim Browse & Collect wählt ein Benutzer einen Eintrag bzw. mehrere Einträge aus und zieht diese an eine bestimmte Position auf einem anderen UI-Element. Dadurch werden Daten entweder verschoben oder kopiert. Für alle Zeilen wird die gleiche DragSourceInfo verwendet. Überall, wo ein DropTargetInfo definiert ist, können Einträge hineinkommen. Browse & Collect steht für die folgenden UI-Elemente zur Verfügung:

- ItemListBox
- Table

- CTable
- Tree

5.9.2 Generisches Drag & Drop

Beim generischen Drag & Drop zieht der Benutzer ein UI-Element fort und lässt es auf ein `DropTarget` fallen. Dazu können `Image`, `GridLayout` und `MatrixLayout` verwendet werden. Wie Sie in Abschnitt 5.1.3 erfahren haben, wird in diesem Fall ein `DropTarget` als verschalendes UI-Element verwendet.

5.9.3 Laufzeit-Authoring

Beim Laufzeit-Authoring zieht der Benutzer ein UI-Element an eine andere Stelle in einem `GridLayout` oder `MatrixLayout` (siehe Abschnitt 5.3). Dabei klickt er den Griff des UI-Elements an und zieht diesen an die gewünschte Stelle. Damit ein UI-Element als Griff definiert werden kann, muss es die Eigenschaft `isDragHandle` besitzen. Die folgenden UI-Elemente bieten diese Eigenschaft an:

- Image
- Caption
- SectionHeader
- PanelStack

Zu einer Drag-&-Drop-Operation gehört nicht nur die Quelle, sondern auch ein Ziel, das das Ereignis `onDrop` für die Behandlung des Drops anbietet. Für die folgenden UI-Elemente steht das Event `onDrop` zur Verfügung:

- Tree (über `AbstractTreeNodeType`)
- Accordion
- DropTarget
- GridLayout
- MatrixLayout
- ItemListBox
- Table
- CTable
- PanelStack

In Web Dynpro ABAP lassen sich während der Laufzeit nahezu alle Elemente von Web-Dynpro-Components dynamisch verändern. In diesem Kapitel lesen Sie alles über Context-Veränderungen, View-Anpassungen, Aktionszuordnungen und Component-Verwendungen.

6 Dynamische Programmierung

Angenommen, Sie entwickeln eine Web-Dynpro-Anwendung zur Suche und Anzeige von ABAP-Klassen mit einem TabStrip (siehe Abschnitt 3.2.8, »TabStrip«) und je einem Tab für implementierte ABAP-Interfaces der ABAP-Klasse. In diesem Fall kann es vorkommen, dass eine vom Benutzer gesuchte ABAP-Klasse keine, ein einzelnes oder mehrere ABAP-Interfaces implementiert. Die Information über die Anzahl der ABAP-Interfaces steht erst zur Laufzeit zur Verfügung und beeinflusst den Aufbau des Contexts, da dort die Daten für das oder die ABAP-Interfaces abgelegt werden müssen. Zudem wird der Aufbau des Views beeinflusst, da pro ABAP-Interface ein Tab angezeigt werden muss.

Veränderungen während der Laufzeit

Dies ist nur eine von vielen Möglichkeiten, dass Informationen erst während der Laufzeit vorhanden sind, die den Aufbau der Controller-Contexte, der Views und der Zuordnung von Aktionen zu UI-Elementen beeinflussen. Ein weiterer Grund für Veränderungsmöglichkeiten während der Laufzeit kann in der Verwendung implementierender Components liegen. Möglicherweise können Sie erst während der Ausführung des Programms entscheiden, welche und wie viele Components tatsächlich in Ihrer Anwendung eingesetzt werden sollen. Vielleicht sollen aber auch zur Laufzeit der Anwendung Views ausgetauscht oder Aktionen mit zusätzlichen Parametern versehen werden.

Sie haben bereits in Abschnitt 2.5, »Context«, Veränderungsmöglichkeiten der Eigenschaften von UI-Elementen während der Laufzeit kennengelernt. Zur Entwicklungszeit kann der Context mit seinen Attributen definiert werden, und die Werte der Eigenschaften eines

Definition während der Entwicklungszeit

6 | Dynamische Programmierung

UI-Elements können durch Data Binding an die Attribute oder Knoten des Contexts festgelegt oder statisch definiert werden. Im Fall des Data Bindings kann durch die Veränderung der Inhalte der Context-Attribute Einfluss auf die Eigenschaften der UI-Elemente genommen werden, wie z. B. auf die Sichtbarkeit eines UI-Elements.

Argumente gegen dynamische Programmierung

Generell sollten Sie immer versuchen, die Eigenschaften von UI-Elementen durch Data Binding und nicht durch dynamische Programmierung zu beeinflussen und diese Möglichkeit so weit wie möglich auszuschöpfen. Die Gründe dafür sind die folgenden:

- Dynamische Programmierung ist komplex.
- Dynamische Programmierung erzeugt umfangreiches Coding.
- Dynamisch programmierte Anwendungen sind schwerer zu warten als statisch programmierte Anwendungen.
- Dynamisch programmierte Anwendungen sind unter Umständen langsamer als statisch programmierte Anwendungen.

Argumente für dynamische Programmierung

Die Verwendung der dynamischen Programmierung zur Manipulation statisch definierter Werte von UI-Element-Eigenschaften ist daher der falsche Einsatzort der dynamischen Programmierung. Gründe für die dynamische Programmierung, aus denen der Einsatz dieser Technik gerechtfertigt ist, sind vielmehr die folgenden:

- falls der Aufbau der Daten erst während der Laufzeit bekannt ist
- falls generische Anwendungen entwickelt werden müssen
- falls der Aufbau der Views generisch ist

Wenn diese Voraussetzungen auf Ihr Entwicklungsvorhaben zutreffen und Sie sich entsprechend für die dynamische Programmierung entschieden haben, stehen Ihnen verschiedene Alternativen zur Verfügung, die in diesem Kapitel vorgestellt werden.

6.1 Arten dynamischer Programmierung

Möglichkeiten

In Web Dynpro stehen unterschiedliche Arten dynamischer Änderungen während der Laufzeit zur Verfügung. In unseren Erläuterungen werden die folgenden Möglichkeiten dargestellt:

- **Context**
  Während der dynamischen Context-Manipulation können Con-

text-Knoten und Context-Attribute erzeugt, verändert und gelöscht werden.

- **View**
  Beim Aufbau des Views während der Laufzeit können UI-Elemente erzeugt, verändert und gelöscht werden.

- **Aktion**
  Bestehende Aktionen können an Ereignisse gebunden werden, und das Parameter-Mapping von Ereignisparametern kann während der Laufzeit manipuliert werden.

- **Component-Verwendung**
  Component-Interfaces bieten wie Interfaces in der objektorientierten Programmierung die Möglichkeit, Schnittstellen zwischen Web-Dynpro-Components zu definieren. Mit dieser Definition muss eine verwendende Component nicht den konkreten Namen einer das Web-Dynpro-Component-Interface implementierenden Component kennen. Während der Laufzeit können Sie die implementierenden Components von Web-Dynpro-Component-Interfaces austauschen und definierte Component-Verwendungen vervielfachen. Bei der Verwendung von Components stehen die dynamische Einbettung von Interface-Views und die Registrierung auf Ereignisse bereit.

6.2 Context

In Abschnitt 2.5, »Context«, haben wir den Aufbau, die Funktionsweise und die Verwendung des Contexts detailliert geschildert. Sie haben dort erfahren, wie Sie während der Entwicklungszeit (Design Time) den Context aufbauen und die nötigen Einstellungen vornehmen können.

In diesem Abschnitt erfahren Sie nun, wie Sie während der Laufzeit (Runtime) den Context aufbauen. Das Prinzip der dynamischen Änderung des Contexts ist grundsätzlich einfach:

Prinzip der dynamischen Context-Änderung

- Der Context-Wurzelknoten ist immer vorhanden und kann nicht verändert und auch nicht gelöscht werden.

- Ermitteln Sie die Referenz auf den Context-Knoten, unter dem Sie einen Knoten anlegen möchten, oder dessen Struktur, die Sie verändern möchten.

- Finden Sie über die ermittelte Referenz auf den Context-Knoten das Beschreibungsobjekt (alternative Bezeichnungen: Metainformationsobjekt oder Informationsobjekt) zum Context-Knoten heraus.
- Ergänzen Sie mithilfe des Beschreibungsobjekts den neuen Context-Knoten, oder verändern Sie die Metainformationen eines existierenden Context-Knotens.

Damit sind die prinzipiellen Schritte festgelegt, und wir können uns auf die Details zu den einzelnen Schritten konzentrieren.

6.2.1 Context-Knoten-Metainformation

Der erste Schritt in Richtung dynamischer Programmierung des Contexts besteht darin, das Beschreibungsobjekt eines Context-Knotens zu ermitteln. Alle dynamisch anzulegenden Knoten im Context benötigen einen übergeordneten Context-Knoten. Der Context-Knoten, der immer vorhanden ist und auch nicht gelöscht oder verändert werden kann, ist der Wurzelknoten des Contexts.

In Abbildung 6.1 sehen Sie den Context-Wurzelknoten mit dem zugehörigen Laufzeitobjekt wd_context, das in jedem Controller unter den Attributen definiert ist. wd_context ist vom Typ IF_WD_CONTEXT_NODE, wird in der Abbildung durch WD_CONTEXT:IF_WD_CONTEXT_NODE notiert und allgemein beschrieben durch <Variable>:<Typ>.

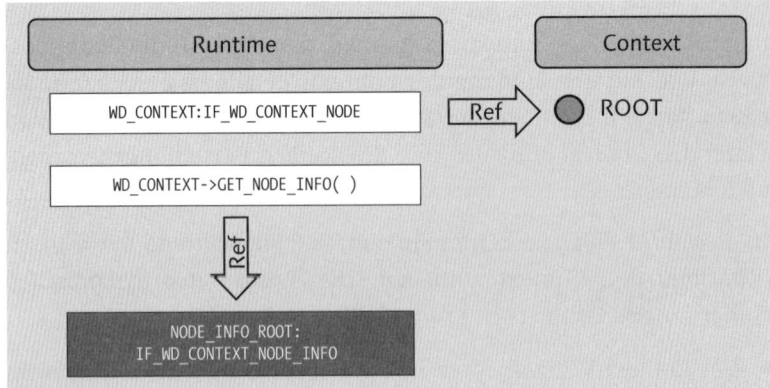

Abbildung 6.1 get_node_info( )

Beschreibungsobjekt ermitteln Über den Wurzelknoten oder über andere vorhandene Knoten kann ein Unterknoten angelegt werden. Dazu ist es notwendig, das

Beschreibungsobjekt des Context-Knotens zu ermitteln, für den ein Unterknoten angelegt werden soll. Dies ist einfach über die Referenz auf den Context-Knoten möglich.

Sobald Sie die Referenz auf den Context-Knoten ermittelt haben, z. B. des Wurzelknotens durch das Controller-Attribut `wd_context`, rufen Sie über diese ermittelte Knotenreferenz die Methode `get_node_info( )` auf und erhalten das Beschreibungsobjekt zum Context-Knoten – in Abbildung 6.2 ist es `NODE_INFO_ROOT:IF_WD_CONTEXT_NODE_INFO`. In Listing 6.1 sehen Sie das Coding für die Ermittlung des Beschreibungsobjekts zum Wurzelknoten, wobei das implementierte Vorgehen für alle Context-Knoten gültig ist.

```
* Beschreibungsobjekt des ROOT-Knotens
DATA: lo_nd_info_root TYPE REF TO
        if_wd_context_node_info.
* Informationsobjekt für ROOT-Knoten ermitteln
lo_nd_info_root = wd_context->get_node_info( ).
```

Listing 6.1 Beschreibungsobjekt zum Context-Wurzelknoten

In Listing 6.1 wird die Objektreferenzvariable `lo_nd_info_root` für das Beschreibungsobjekt vom Typ `IF_WD_CONTEXT_NODE_INFO` definiert. Die Referenz auf den Context-Wurzelknoten steht durch das Attribut `wd_context` bereits zur Verfügung und muss nicht explizit ermittelt werden. Falls Sie die Referenz eines Unterknotens zum Context-Wurzelknoten benötigen, verwenden Sie z. B. die Methode `wd_context->get_child_node( )` und übergeben dieser den Namen des Context-Knotens. Über die ermittelte Referenz können Sie die Methode `get_node_info( )` aufrufen.

Beschreibung

Mit dem Aufruf `wd_context->get_node_info( )` ermitteln Sie das Beschreibungsobjekt zum Context-Wurzelknoten, das Sie in der Referenzvariablen `lo_nd_info_root` ablegen. Damit sind Sie bereits im Besitz des Beschreibungsobjekts zu einem Context-Knoten. Mit dem ermittelten Informationsobjekt zum Knoten stehen Ihnen die Möglichkeiten zur Verfügung, um den Aufbau des Contexts zu verändern – z. B. können Sie Unterknoten im Context anlegen.

6.2.2 Context-Knoten anlegen

In diesem Abschnitt beschreiben wir das dynamische Anlegen von Context-Knoten. Im ersten Schritt zeigen wir Ihnen eine einfache Vari-

Context-Koten

ante der Anlage mithilfe einer Utility-Klasse. Darauf folgt die Erläuterung des allgemeinen Ansatzes zur Context-Aufbaugestaltung.

Beispiel Wir werden die Konzepte anhand eines einfachen Beispiels zur Visualisierung von Softwareentwicklungsteams beschreiben. Dazu benötigen wir eine ABAP-Dictionary-Struktur als Grundlage. Falls Sie die Beispiele anhand dieser Struktur nachvollziehen möchten, legen Sie diese in Ihrem System an. In Tabelle 6.1 sehen Sie die Felder für die Struktur ZST_07_UI_MEMBER.

Feld	Typ	Beschreibung
ROLE	STRING	die Rolle des Teammitglieds in dem Projekt
FIRSTNAME	STRING	der Vorname eines Teammitglieds
LASTNAME	STRING	der Nachname eines Teammitglieds
PHOTO	STRING	die Referenz auf ein Foto des Teammitglieds im MIME Repository
POTROLE1	STRING	die potenzielle Rolle eines Teammitglieds in einem Projekt
POTROLE2	STRING	die potenzielle Rolle eines Teammitglieds in einem Projekt
POTROLE3	STRING	die potenzielle Rolle eines Teammitglieds in einem Projekt
COMPETENCIES	STRING	eine Liste von Kompetenzen eines Teammitglieds, getrennt durch Semikolon (;)
ID	STRING	die ID eines Teammitglieds
PHOTO_SMALL	STRING	die Referenz auf ein kleines Foto des Teammitglieds im MIME Repository

Tabelle 6.1 Beispielstruktur ZST_07_UI_MEMBER

Empfehlung Der Name der Struktur deutet an, dass es aus unserer Sicht empfehlenswert ist, für die Typisierung der Context-Knoten eigene Strukturen im ABAP Dictionary anzulegen. Damit entkoppeln Sie diese vollständig von dem zugrunde liegenden Modell.

CL_WD_DYNAMIC_TOOL=>create_nodeinfo_from_struct( )

Beispiel Als Nächstes legen Sie einen Context-Knoten mithilfe einer Utility-Klasse an. Dies stellt den einfachsten Weg zur Erzeugung eines Context-Knotens dar. Die Klasse CL_WD_DYNAMIC_TOOL ist eine Hilfsklasse, die Sie bei der dynamischen Programmierung unterstützt. Sie bietet z. B. die Methode `create_nodeinfo_from_struct( )` zur dynamischen Erzeugung eines Context-Knotens an. In Abbildung 6.2 sehen Sie den Aufruf der Methode und das Ergebnis des Aufrufs.

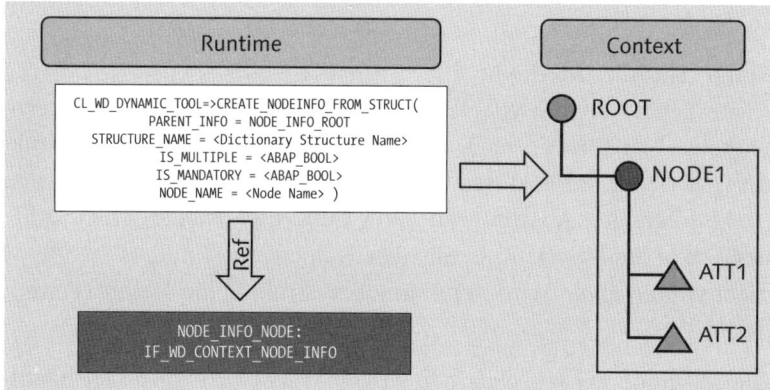

Abbildung 6.2 cl_wd_dynamic_tool=>create_nodeinfo_from_struct( )

Der Aufruf der Methode bedingt, dass das Beschreibungsobjekt eines Elternknotens (NODE_INFO_ROOT) ermittelt werden muss (siehe Abschnitt 6.2.1, »Context-Knoten-Metainformation«), unter dem der neue Context-Knoten eingefügt werden soll. Nach dem Aufruf stehen zwei Ergebnisse zur Verfügung: der neue Context-Knoten mit den Attributen aus der Dictionary-Strukturdefinition und die Referenz auf dessen Beschreibungsobjekt. In Listing 6.2 ist die einfache Verwendung der Methode dargestellt.

Context-Knoten mit Attributen und Beschreibungsobjekt

```
* Das Beschreibungsobjekt für den Context-Knoten
  DATA: lo_nd_info_team TYPE REF TO if_wd_context_node_info.

* Erzeugung mit der Hilfsklasse
  CALL METHOD
cl_wd_dynamic_tool=>create_nodeinfo_from_struct
    EXPORTING
      parent_info    = lo_nd_info_root
      structure_name = 'ZST_07_UI_MEMBER'
      is_multiple    = abap_true
      is_mandatory   = abap_true
      node_name      = 'MEMBERS'
    RECEIVING
      new_node       = lo_nd_info_team.
```

Listing 6.2 Knotenerzeugung mit CL_WD_DYNAMIC_TOOL

Beschreibung	Um die Methode in Ihrer Implementierung verwenden zu können, definieren Sie eine Hilfsvariable, die das Beschreibungsobjekt des neu erzeugten Context-Knotens aufnehmen kann. Die Referenz auf das Objekt benötigen Sie nur dann, wenn später noch mit dem Objekt gearbeitet werden soll. Im Beispiel ist dies die Variable `lo_nd_info_team`.
	Rufen Sie die Methode `CL_WD_DYNAMIC_TOOL=>create_nodeinfo_from_struct( )` auf, wobei Sie das Beschreibungsobjekt des Elternknotens (`lo_nd_info_root`), den Namen der ABAP-Dictionary-Struktur (`ZST_07_UI_MEMBER`) und die Kardinalität des Knotens übergeben (siehe folgenden Abschnitt »IF_WD_CONTEXT_NODE_INFO->add_new_child_node( )«). Falls Sie den Namen des Knotens (`MEMBERS`) nicht weitergeben, wird der Name der Struktur für diesen verwendet.
Reduzierte Funktionalität	Die Methode `create_nodeinfo_from_struct( )` eignet sich hauptsächlich für einfache Verwendungsszenarien, da nicht sehr viele Möglichkeiten der Attribuierung eines Context-Knotens angeboten werden. Bei genauerer Analyse der Methode `create_nodeinfo_from_struct( )` stellt man fest, dass die Methode `add_new_child_node( )` des Beschreibungsobjekts des Elternknotens aufgerufen wird und die Parameterwerte an die Methodenschnittstelle übergeben werden. Die Methode `add_new_child_node( )` bietet eine Fülle weiterer Alternativen, um einen neuen Context-Knoten anzulegen; diese stellen wir Ihnen im folgenden Abschnitt vor.

IF_WD_CONTEXT_NODE_INFO->add_new_child_node( )

add_new_child_node( )	Das ABAP-Interface `IF_WD_CONTEXT_NODE_INFO`, das wir bei der Ermittlung des Informationsobjekts eines Knotens besprochen haben (siehe Abschnitt 6.2.1, »Context-Knoten-Metainformation«), enthält unter anderem die Methode `add_new_child_node( )` zum Anlegen eines neuen Context-Knotens, der eine Hierarchiestufe tiefer angelegt wird (siehe Abbildung 6.3).
Beschreibung	Mithilfe der Referenz auf das Beschreibungsobjekt eines Context-Knotens können Sie die Methode `add_new_child_node( )` aufrufen. Dadurch wird ein Context-Knoten angelegt und das Beschreibungsobjekt des neuen Context-Knotens als Ergebnis der Methode zurückgeliefert. In Listing 6.3 sehen Sie ein Beispiel für die Verwendung der Methode `add_new_child_node( )`.

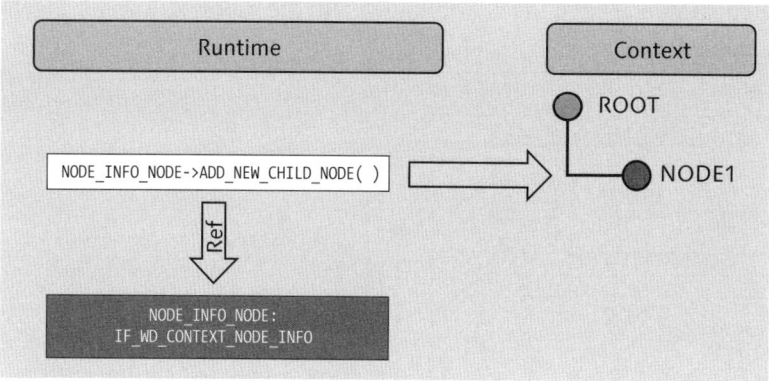

Abbildung 6.3 add_new_child_node( )

```
* Das Informationsobjekt der Interface-Knoten
DATA: lo_nd_info_node TYPE REF TO if_wd_context_node_info.
* Neuen Kindknoten anlegen
    lo_nd_info_node = lo_nd_info_root->add_new_child_node(
      name                        = 'NODE1'
      is_mandatory                = ld_is_mandatory
      is_multiple                 = ld_is_multiple
      is_mandatory_selection      = ld_is_mand_sel
      is_multiple_selection       = ld_is_mult_sel
      is_singleton                = ld_is_singleton
      is_initialize_lead_selection = ld_is_init_lead_sel
      is_static                   = ld_is_static
*     static_element_type         =
*     static_element_rtti         =
*     attributes                  =
*     supply_method               =
*     supply_object               =
*     dispose_method              =
*     dispose_object              =
).
```

Listing 6.3 Erzeugung eines Context-Knotens

Mithilfe des Beschreibungsobjekts des Context-Wurzelknotens lo_nd_info_root, das wir zuvor ermittelt haben (siehe Abschnitt 6.2.1, »Context-Knoten-Metainformation«), kann die Methode add_new_child_node( ) mit dem Ziel aufgerufen werden, einen Unterknoten zum Context-Wurzelknoten anzulegen. Der Aufruf der Methode liefert ein Beschreibungsobjekt für den neu angelegten Context-Knoten mit den Eigenschaften, die über die Aktualparameter der Methode gesetzt werden. Abbildung 6.4 erläutert die Metho-

Knoten-Eigenschaften als Methodenparameter

denparameter und ihre Abbildung auf die Context-Knoten-Eigenschaften.

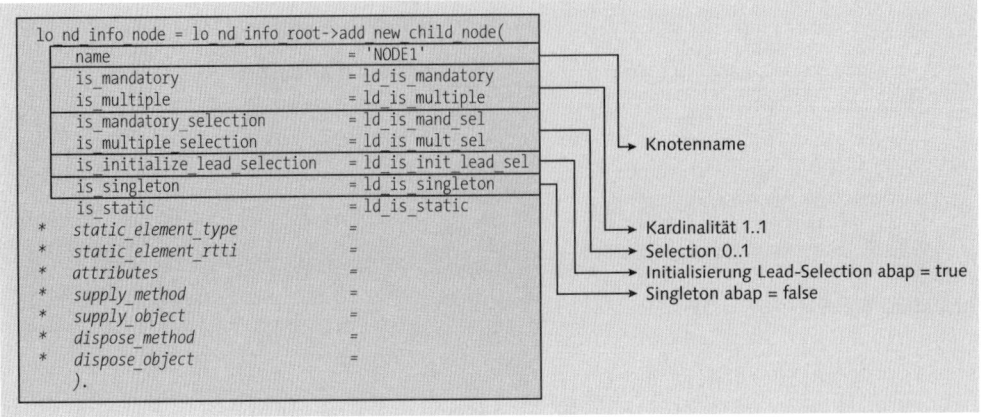

Abbildung 6.4 Festlegung der Eigenschaftswerte eines Context-Knotens durch die Methode add_new_child_node( )

Parameter der Methode add_new_child_node( )

Natürlich dient diese Abbildung nur zur Veranschaulichung, da dieser Context-Knoten zur Laufzeit entsteht und nicht in der Context-Struktur sichtbar ist. Beim Aufruf der Methode add_new_child_node( ) können die folgenden Importing-Parameter verwendet werden:

- name
  Dabei handelt es sich um die ID des Knotens. Beachten Sie, dass der name eindeutig im Context sein muss.

- is_mandatory, is_multiple
  Diese Parameter werden zur Angabe der Kardinalität verwendet. is_mandatory steht für die Kardinalitätsuntergrenze, wobei abap_true dem Wert 1 und abap_false dem Wert 0 entspricht. is_multiple steht für die Kardinalitätsobergrenze, wobei abap_true dem Wert n und abap_false dem Wert 1 entspricht.

- is_mandatory_selection, is_multiple_selection
  Diese Parameter werden zur Angabe der Selection verwendet. Die Belegungen entsprechen denen der Parameter is_mandatory und is_multiple.

- is_singleton
  Dieser Parameter beschreibt die Singleton-Eigenschaft eines Context-Knotens.

- `is_initialize_lead_selection`
  Dieser Parameter beschreibt die Initialisierung der Lead-Selection. Falls dem Parameter der Wert `abap_true` zugeordnet wird, wird die Lead-Selection initialisiert, und beim Wert `abap_false` wird sie nicht initialisiert.

- `is_static`
  Dieser Parameter legt fest, ob der Knoten zur Laufzeit gelöscht werden kann – eine sehr wichtige Eigenschaft für die dynamische Programmierung. Hat der Parameter den Wert `abap_false`, kann der Knoten wieder gelöscht werden. Wird der Wert `abap_true` übergeben, kann der Knoten nicht mehr gelöscht werden.

- `static_element_type`, `static_element_rtti`, `attributes`
  Die drei Parameter `static_element_type`, `static_element_rtti` und `attributes` dienen zur Übergabe der Informationen an die Attribute des Context-Knotens. Wie diese Parameter verwendet werden können, erfahren Sie in den folgenden Abschnitten.

- `supply_method`, `supply_object`
  Die Parameter `supply_method` und `supply_object` dienen dazu, eine Supply-Methode zum Context-Knoten festzulegen. Dabei muss dem Parameter `supply_method` der Name der vorhandenen Supply-Methode weitergegeben werden. Dem Parameter `supply_object` übergeben Sie die Referenz auf den implementierenden Controller der Supply-Funktion.

Mit dem Aufruf der Methode `add_new_child_node( )` ist der neue Unterknoten zur Laufzeit angelegt worden, jedoch fehlt noch die Definition der Attribute. Diesen Aspekt behandeln wir im Folgenden.

6.2.3 Context-Attribute anlegen

Attribute können über zwei Vorgehensweisen angelegt werden. Die erste verwendet die Methode `add_attribute( )` aus dem Interface `IF_WD_CONTEXT_NODE_INFO`, um ein einzelnes Attribut anzulegen. Die zweite verwendet die Schnittstellenparameter der Methode `add_new_child_node( )` aus demselben Interface, um eine Menge von Attributen anzulegen.

Einzel- und Mehrfachanlage

6 | Dynamische Programmierung

IF_WD_CONTEXT_NODE_INFO->add_attribute( )

Einzelanlage von Attributen

Wir beginnen mit der Einzelanlage von Attributen. Wenn Sie zur Designzeit einen Context-Knoten mit einer ABAP-Dictionary-Struktur angelegt haben oder generell Attribute zu einem Knoten frei definieren, können Sie diese Attribute aufgrund zur Laufzeit ermittelter Informationen erzeugen. In Abbildung 6.5 sind die Datengrundlagen, Methoden und Ergebnisse darstellt.

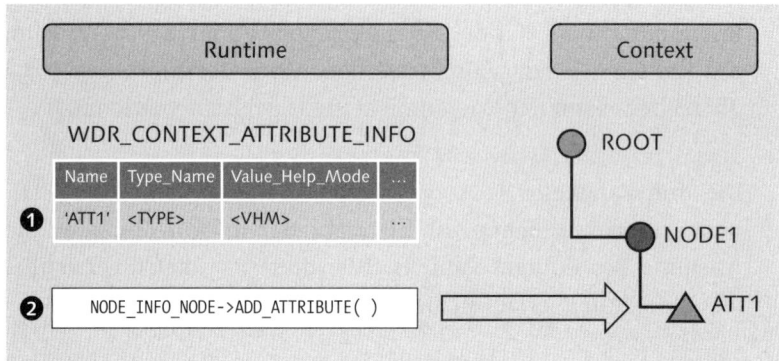

Abbildung 6.5 Erzeugung einzelner Attribute mit der Methode add_attribute( )

add_attribute( )

Das ABAP-Interface IF_WD_CONTEXT_NODE_INFO enthält für die Anlage eines Attributs die Methode add_attribute( ). Dafür muss zuvor eine Struktur vom Typ WDR_CONTEXT_ATTRIBUTE_INFO befüllt ❶ und an die Methode übergeben werden ❷ (siehe Listing 6.4).

```
* Die Attribute eines Context-Knotens
DATA: ls_attribute TYPE wdr_context_attribute_info.
* Context-Attribut zum Context-Knoten anlegen
* Felder für einzufügendes Attribut
ls_attribute-name = 'ATT1'.
ls_attribute-type_name = 'STRING'.
ls_attribute-value_help_mode = '0'."automatisch
* und weitere Felder ...
* Attribut zum Knoten ergänzen
lo_nd_info_node->add_attribute(
   attribute_info = ls_attribute ).
```

Listing 6.4 Attribut zu einem Context-Knoten

Felder

Die Struktur vom Typ WDR_CONTEXT_ATTRIBUTE_INFO enthält die Felder, die für die Beschreibung eines Attributs relevant sind. In Tabelle 6.2 haben wir die wichtigsten Felder zusammengestellt und beschrieben.

Feld	Beschreibung
`name`	der Name des Attributs
`default_value`	der Default-Wert des Attributs
`type_name`	Der Name des Feldtyps. Hier können neben den ABAP-Dictionary-Typen auch Typen aus einer Typgruppe verwendet werden. Dies stellt einen fundamentalen Unterschied zur Definition des Contexts während der Entwicklungszeit dar. Zur Entwicklungszeit können Sie keine Typen aus Typgruppen für die Typisierung von Attributen verwenden, dies steht Ihnen nur in der dynamischen Programmierung zur Verfügung.
`node_info`	Diesem Feld wird die Objektreferenz auf das Beschreibungsobjekt selbst zugewiesen.
`value_set`	Dies ist die Wertemenge, die für das Attribut hinterlegt werden kann (siehe Abschnitt 7.1.1, »Dropdown-Menüs«).
`type_id`	Alternativ zum Feld `type_name` können Sie die interne technische Bezeichnung verwenden. Nehmen Sie die Konstanten aus der Klasse `CL_ABAP_TYPEDESCR`.
`rtti`	Mit diesem Feld wird der Typ mithilfe der Run Time Type Services (RTTS) festgelegt.
`is_read_only`	Falls dieses Feld den Wert `abap_true` erhält, kann der Inhalt nur gelesen und nicht manipuliert werden.
`is_static`	Falls dieses Feld den Wert `abap_true` erhält, kann das Attribut nicht mehr zur Laufzeit gelöscht werden, andernfalls schon.
`is_primary`	Dieses Feld dient zur Kennzeichnung, ob ein Attribut das Primärattribut ist.
`is_nullable`	Dieses Feld legt für das Attribut fest, welchen Wert das Attribut besitzt, wenn keine Werte zugewiesen werden. Falls das Attribut den Wert `abap_false` hat, wird der typgerechte Initialwert verwendet, andernfalls ist der Wert undefiniert.

Tabelle 6.2 Felder der Struktur WDR_CONTEXT_ATTRIBUTE_INFO

Feld	Beschreibung
reference_field	Mit diesem Feld legen Sie das Referenzfeld (Attribut) für dieses Attribut fest. Dies wird bei Einheiten oder Währungen benötigt, um die passende Aufbereitung zu ermöglichen.
value_help_id	Dieses Feld dient der Bezeichnung der Suchhilfe aus dem ABAP Dictionary.
value_help_mode	Dieses Feld adressiert den Wertehilfe-Modus. Verwenden Sie die Struktur CL_WDR_CONTEXT_NODE_INFO=>IF_WD_CONTEXT_NODE_INFO~C_VALUE_HELP_MODE mit den Konstantenwerten, um diese an den Parameter zu übergeben.
value_help_available	Falls dieses Feld den Wert BLANK ( ) erhält, ist das Vorhandensein der Hilfe nicht bestimmt, falls es den Wert X erhält, ist eine Hilfe verfügbar, und falls es den Wert N erhält, ist keine Hilfe verfügbar.
value_help_type	Dieses Feld beschreibt den Typ der Wertehilfe. Verwenden Sie für die Belegung des Feldes die Konstante CL_WD_VALUE_HELP_HANDLER=>IF_WD_VALUE_HELP_HANDLER~CO_VH_TYPE*.
reference_field_type	Dieses Feld legt den Typ des Referenzfeldes fest. Sie können für den Wert die Konstanten CL_WDR_CONTEXT_NODE_INFO=>IF_WD_CONTEXT_NODE_INFO~REFFIELDTYPE_CURR und CL_WDR_CONTEXT_NODE_INFO=>IF_WD_CONTEXT_NODE_INFO~REFFIELDTYPE_QUAN verwenden.
alias_id	Dieses Feld enthält eine eindeutige ID und wird während der Laufzeit durch das Framework vergeben.
format_properties	Dieses Feld dient der Formatierung der Ein- und Ausgabe für UI-Elemente, die das Attribut visualisieren. Sie müssen an dieses Feld eine Arbeitsstruktur vom Typ WDY_ATTRIBUTE_FORMAT_PROP übergeben, um die Formatierung festzulegen.
is_boolean	Falls dieses Feld den Wert true erhält, wird das Attribut als Boolean-Feld interpretiert.

Tabelle 6.2 Felder der Struktur WDR_CONTEXT_ATTRIBUTE_INFO (Forts.)

Vorwärtsnavigation Die möglichen Werte für die Felder können Sie bequem über das ABAP Dictionary ermitteln, indem Sie per Vorwärtsnavigation aus der

Struktur `WDR_CONTEXT_ATTRIBUTE_INFO` zuerst in die interessanten Datenelemente und dann in die Domänen navigieren. Die Festwerte zu den Domänen zeigen Ihnen die möglichen Werte der Felder.

> **Verwendung von Konstanten** [+]
>
> Um die UI-Eigenschaften mit Werten zu belegen, können Sie Absolutwerte verwenden. Ein alternativer Weg dazu ist die Verwendung von Konstanten in den implementierenden Klassen der UI-Elemente (siehe Kapitel 4, »UI-Elemente und ihre Eigenschaften«). Zum Beispiel wird das UI-Element `TabStrip` durch die Klasse `CL_WD_TABSTRIP` implementiert. In dieser Klasse sind Konstanten definiert, die die Werte der Eigenschaften halten. Diese Konstanten folgen dem Namensaufbau `E_<Eigenschaft>` (E steht für Enumeration, d. h. Aufzählung).
>
> Im Class Builder (Transaktion SE24) finden Sie z. B. in der ABAP-Klasse `CL_WD_TABSTRIP` im Register Attribute die Konstante `E_VISIBLE`. Diese Konstante ist als Struktur definiert, die die Felder `blank`, `none` und `visible` besitzt. Eines dieser Konstantenfelder, z. B. `none`, kann folgendermaßen in der Programmierung angesprochen werden:
>
> `cl_wd_tabstrip=>e_visible-none.`
>
> Die Verwendung von Konstanten in der Programmierung sollten Sie den Absolutwerten vorziehen, da die Namen der Konstanten unabhängig von den Absolutwerten sind und somit bei Änderungen der Absolutwerte nicht beeinflusst werden.

Nachdem die Werte für ein Attribut gesammelt und gesetzt wurden, wird die befüllte Struktur an die Methode `add_attribute( )` übergeben und damit das Attribut definiert. Das Befüllen der Struktur und den Aufruf der Methode müssen Sie für jedes Attribut einzeln vornehmen.

Befüllte Struktur übergeben

Sollen nun sehr viele Context-Attribute zum Context-Knoten ergänzt werden, kann das Coding unter Umständen ziemlich lang werden. Das Anlegen der Attribute ist natürlich kompakter: Im folgenden Abschnitt beginnen wir mit der Erläuterung der Möglichkeiten, die zur gebündelten Anlage mehrerer Attribute zur Verfügung stehen. Die Varianten beziehen sich immer auf die Methode `add_new_child_node( )` und deren Schnittstellenparameter.

Mehrere Attribute ergänzen

add_new_child_node( ) – Parameter static_element_type

Die einfachste Herangehensweise für die Erzeugung mehrerer Context-Attribute zu einem Context-Knoten ist es, einen flachen Strukturtyp

ABAP-Dictionary-Strukturtyp

(Struktur, transparente Tabelle oder View) aus dem ABAP Dictionary zu verwenden und diesen namentlich an den Schnittstellenparameter `static_element_type` der Methode `add_new_child_node( )` zu übergeben. Dabei werden alle Felder der Struktur zu Attributen des Context-Knotens. In Abbildung 6.6 sehen Sie die Verwendung der ABAP-Dictionary-Strukturtypen bei der Typisierung der Aktualparameter.

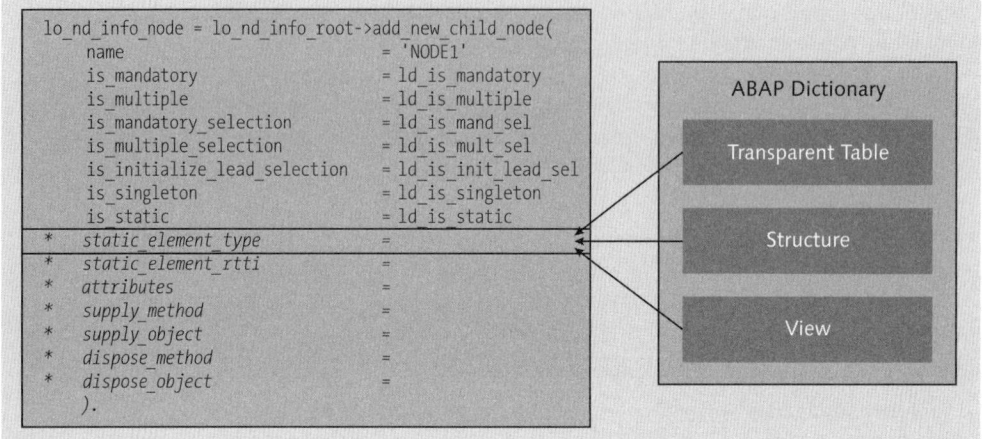

Abbildung 6.6 Verwendung des Formalparameters static_element_type zur Festlegung der Attribute

Beispiel In Abbildung 6.6 sehen Sie die Erzeugung eines neuen Knotens `NODE1` als Unterknoten des Context-Wurzelknotens. Für den Formalparameter `static_element_type` können Sie die Strukturtypen aus dem ABAP Dictionary heranziehen. In Listing 6.5 zeigen wir Ihnen ein einfaches Beispiel für die Verwendung des Parameters.

```abap
* Neuen Kindknoten für Scrum-Teammitglied anlegen
  wd_this->gd_nd_name_members = 'MEMBERS'.
* Knoten anlegen
  lo_nd_info_members =
    lo_nd_info_scrum_teams->add_new_child_node(
      name                        = wd_this->gd_nd_name_members
      is_mandatory                = abap_true
      is_multiple                 = abap_true
      is_mandatory_selection      = abap_true
      is_multiple_selection       = abap_false
      is_singleton                = abap_false
      is_initialize_lead_selection = abap_true
      is_static                   = abap_false
      static_element_type         = 'ZST_07_UI_MEMBER'
   ).
```

Listing 6.5 Parameter static_element_type

Der Name des zu erzeugenden Context-Knotens wird in den Controller-Attributen abgelegt (`wd_this->gd_nd_name_members`), damit er später in der dynamischen View-Programmierung verwendet werden kann. Danach wird über die Beschreibungsinformation zum Elternknoten (`lo_nd_info_scrum_teams`), der zuvor über den Context-Wurzelknoten ermittelt wurde, der neue Knoten mithilfe der Methode `add_new_child_node( )` und des Strukturtyps `ZST_07_UI_MEMBER` angelegt. Damit ist die Anlage des Context-Knotens während der Laufzeit abgeschlossen.

Context-Knoten-Name in Controller-Attributen

Oft sollen jedoch während der Laufzeit einzelne Attribute ergänzt werden, die nicht unbedingt Teil eines Strukturtyps sind. Oder Typen sollen aus einer Typgruppe des ABAP Dictionarys verwendet werden. Beide Varianten sehen wir uns in den nächsten beiden Abschnitten an.

add_new_child_node( ) – Parameter attributes

Die Methode `add_new_child_node( )` bietet den Parameter `attributes`, um eine interne Tabelle mit Attributbeschreibungen zu übergeben. Diese Möglichkeit ist ähnlich der Variante zur Einzelanlage eines Attributs, in der pro anzulegendem Attribut eine Beschreibungsstruktur vom Typ `WDR_CONTEXT_ATTRIBUTE_INFO` befüllt werden muss. Im Fall der Nutzung des Parameters `attributes` werden die Daten zu den Attributen in einer internen Tabelle vom Typ `WDR_CONTEXT_ATTR_INFO_MAP` gesammelt (siehe Abbildung 6.7, ❶) und dann an den Parameter übergeben ❷.

Interne Tabelle anstelle einer Struktur

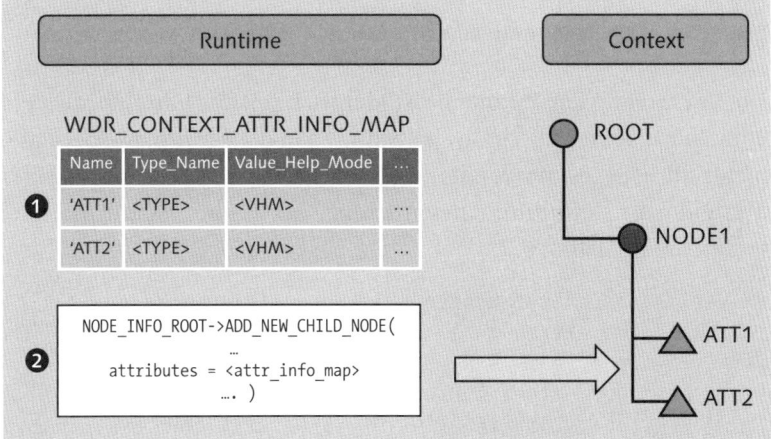

Abbildung 6.7 Erzeugung von Attributen mit Formalparameter attributes

6 | Dynamische Programmierung

Attributtabelle Ein weiterer Unterschied zur Einzelanlage (Methode `add_attribute( )`) besteht darin, dass die interne Tabelle mit den Attributinformationen befüllt werden muss, bevor die Methode zur Anlage des Context-Knotens aufgerufen wird. Sehen wir uns nun diese Variante als Alternative zum vorangegangenen Beispiel an: Listing 6.6 zeigt die Implementierungsvariante mit der Attributtabelle.

```
* Die Attribute eines Context-Knotens
DATA: ls_attribute TYPE wdr_context_attribute_info,
* Tabelle der Attribute eines Context-Knotens
      lt_attributes TYPE wdr_context_attr_info_map.
** Variante: Knoten anlegen, Attribute über Tabelle **
* Felder für ein Attribut 1
ls_attribute-name = 'ATT1'.
ls_attribute-type_name = 'STRING'.
ls_attribute-value_help_mode = '0'. "Automatisch
INSERT ls_attribute INTO TABLE lt_attributes. "Einfügen
* Felder für Attribut 2ls_attribute-name = 'ATT2'.
ls_attribute-type_name = 'ABAP_BOOL'.
ls_attribute-value_help_mode = '0'. "Automatisch
INSERT ls_attribute INTO TABLE lt_attributes. "Einfügen
* Knoten anlegen
    lo_nd_info_node = lo_nd_info_root->add_new_child_node(
      name                         = <NODE1
      is_mandatory                 = ld_is_mandatory
      is_multiple                  = ld_is_multiple
      is_mandatory_selection       = ld_is_mand_sel
      is_multiple_selection        = ld_is_mult_sel
      is_singleton                 = ld_is_singleton
      is_initialize_lead_selection = ld_is_init_lead_sel
      is_static                    = ld_is_static
      attributes                   = lt_attributes ).
```

Listing 6.6 Definition der Attribute zum Context-Knoten über die Attributtabelle

Beispiel Die Versorgung der Parameter ist identisch mit der Variante aus dem vorangegangenen Abschnitt, jedoch wird in dieser Variante der Parameter `attributes` verwendet, und es ist kein separater Aufruf einer Methode zur Definition eines Attributs nötig. Ein weiteres Beispiel finden Sie in Listing 6.7.

```
** Variante: Context-Knoten anlegen, Attribute Menge **
* Tabelle der Attribute eines Context-Knotens
DATA: lt_scrum_teams TYPE wdr_context_attr_info_map,
* Die Attribute eines Context-Knotens
      ls_scrum_team LIKE LINE OF lt_scrum_teams.
* Name des Knotens setzen
```

```
  wd_this->gd_nd_name_scrum_teams = 'SCRUM_TEAMS'.

* Attribute anlegen
  ls_scrum_team-name = 'TEAM_NAME'.
  ls_scrum_team-type_name = 'STRING'.
  INSERT ls_scrum_team INTO TABLE lt_scrum_teams.
  ls_scrum_team-name = 'TEAM_ID'.
  ls_scrum_team-type_name = 'STRING'.
  INSERT ls_scrum_team INTO TABLE lt_scrum_teams.

* Neuen Kindknoten für Scrum-Team anlegen
  lo_nd_info_scrum_teams =
    lo_nd_info_root->add_new_child_node(
    name                        = wd_this->gd_nd_name_scrum_teams
    is_mandatory                = abap_true
    is_multiple                 = abap_true
    is_mandatory_selection      = abap_true
    is_multiple_selection       = abap_false
    is_singleton                = abap_true
    is_initialize_lead_selection = abap_true
    is_static                   = abap_false
    attributes                  = lt_scrum_teams
    supply_method               = 'SUPPLY_TEAMS'
    supply_object               = wd_this ).
```

Listing 6.7 Parameter attributes

Wir beginnen mit der Deklaration der Attributtabelle für Teams (`lt_scrum_teams`). Diese wird in den nächsten Schritten mit den Attributen `TEAM_NAME` und `TEAM_ID` befüllt und in der Folge an die Methode `add_new_child_node( )` des Beschreibungsobjekts des Context-Wurzelknotens übergeben. Zusätzlich verwenden wir die Formalparameter `supply_method` und `supply_object`, um eine Supply-Funktion (siehe Abschnitt 2.5.8, »Supply-Funktionen«) zu hinterlegen, die den Context mit Daten befüllt.

Beschreibung

Mit dieser Variante der Anlage von Attributen sind noch nicht alle Möglichkeiten erschöpft. Es steht noch der Weg über ein RTTI-Beschreibungsobjekt zur Verfügung.

add_new_child_node( ) – Parameter static_element_rtti

Die Methode `add_new_child_node( )` bietet den Parameter `static_element_rtti`, an den ein RTTI-Struktur-Beschreibungsobjekt übergeben werden kann, d. h. ein Objekt, das eine Struktur beschreibt

RTTI-Beschreibungsobjekt

und diese Beschreibung kapselt. In Listing 6.8 sehen Sie ein Beispiel für diese Variante.

```
* RTTI-Beschreibungsobjekt zur Struktur
DATA: o_intf_rtti TYPE REF TO cl_abap_structdescr.
** Variante: Knoten anlegen, RTTI **
* RTTI-Beschreibungsobjekt zur Struktur erzeugen
lo_intf_rtti ?= cl_abap_typedescr=>describe_by_name(
    'ABAP_INTFDESCR' )."Strukturtyp aus ABAP Dictionary
* Knoten anlegen
lo_nd_info_node = lo_nd_info_root->add_new_child_node(
      name                        = <NODE1
      is_mandatory                = ld_is_mandatory
      is_multiple                 = ld_is_multiple
      is_mandatory_selection      = ld_is_mand_sel
      is_multiple_selection       = ld_is_mult_sel
      is_singleton                = ld_is_singleton
      is_initialize_lead_selection = ld_is_init_lead_sel
      static_element_rtti         = lo_intf_rtti
      is_static                   = abap_false ).
```

Listing 6.8 Context-Attribut-Definition über ein RTTI-Beschreibungsobjekt

RTTI-Beschreibungsobjekt erzeugen

Das RTTI-Beschreibungsobjekt wird in diesem Beispiel durch den Aufruf der öffentlichen statischen Methode `cl_abap_typedescr=>describe_by_name( )` erzeugt. Welcher Typ vom Beschreibungsobjekt zurückgeliefert wird, auf den dann gecastet werden kann, hängt vom Typ des Aktualparameters ab. In unserem Beispiel übergeben wir an die Methode `describe_by_name( )` den Strukturtyp ABAP_INTFDESCR, der in der Typgruppe ABAP definiert ist. Aufgrund des Typs von ABAP_INTFDESCR wird ein Beschreibungsobjekt vom Typ CL_ABAP_STRUCTDESCR geliefert, das in der Folge an den Parameter `static_element_rtti` der Methode `add_new_child_node( )` übergeben werden kann.

6.2.4 Context-Mapping

Eine zentrale Funktion des Web-Dynpro-Frameworks ist die Verteilung von Daten über mehrere Controller durch Context-Mapping (siehe Abschnitt 2.5.7, »Mapping«). In der dynamischen Programmierung benötigen wir ebenfalls die Möglichkeit, ein Context-Mapping definieren zu können. In Abbildung 6.8 sehen Sie eine Zusammenstellung der notwendigen Schritte für das dynamische Context-Mapping.

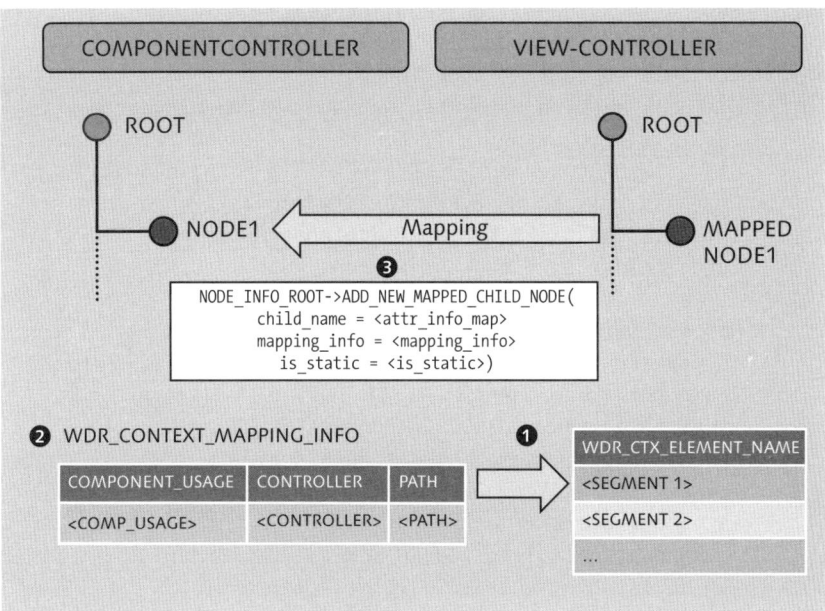

Abbildung 6.8 Context-Mapping dynamisch – Schritte

Das Mapping eines Context-Knotens setzt die Existenz eines Mapping-Ziels voraus. In Abbildung 6.8 sehen Sie, dass im COMPONENT-CONTROLLER ein Knoten NODE1 definiert wurde, der als solch ein Ziel verwendet wird. Aus Sicht des View-Controllers soll dieser nun gemappt werden. Dies sind die prinzipiellen Schritte, um das Mapping zu implementieren:

Prinzipielle Schritte

1. Im ersten Schritt müssen Sie den Pfad zum Mapping-Ziel definieren. Dies geschieht über die Befüllung einer internen Tabelle (Typ WDR_CTX_ELEMENT_PATH_SEGMENTS) mit den Segmenten des Pfades ❶.

2. Im nächsten Schritt befüllen Sie eine Beschreibungsstruktur (Typ WDR_CONTEXT_MAPPING_INFO) für das Mapping ❷.

3. Im letzten Schritt rufen Sie über das Elternbeschreibungsobjekt im Mapping-Controller, das die Einfügeposition des gemappten Knotens bestimmt, die Methode add_new_mapped_child_node( ) auf ❸.

Nachdem Sie nun den prinzipiellen Ablauf kennen, besprechen wir ein konkretes Beispiel. In Listing 6.9 finden Sie die Implementierung zum dynamischen Context-Mapping.

Beispiel

```abap
* Beschreibungsobjekt des ROOT-Knotens
  DATA: lo_nd_info_root TYPE REF TO
          if_wd_context_node_info,
        ls_mapping_info TYPE wdr_context_mapping_info,
        lt_path_segments TYPE wdr_ctx_element_path_segments,
        ls_path_segment LIKE LINE OF lt_path_segments,
        lo_nd_info TYPE REF TO if_wd_context_node_info.
* Informationsobjekt für ROOT-Knoten ermitteln
  lo_nd_info_root = wd_context->get_node_info( ).

* Mapping-Info
  ls_mapping_info-controller = 'COMPONENTCONTROLLER'.
* Segment für Component
  ls_path_segment = 'ZWDC_CHAP06_PLAYGROUND'.
  APPEND ls_path_segment TO lt_path_segments.
* Segment für Knoten
  ls_path_segment =
    wd_comp_controller->GD_ND_NAME_SCRUM_TEAMS.
  APPEND ls_path_segment TO lt_path_segments.
  ls_mapping_info-path = lt_path_segments.

* Scrum-Teams
  CALL METHOD lo_nd_info_root->add_new_mapped_child_node
    EXPORTING
      child_name    =
        wd_comp_controller->GD_ND_NAME_SCRUM_TEAMS
      mapping_info  = ls_mapping_info
      is_static     = abap_false
    RECEIVING
      child_node_info = lo_nd_info.
```

Listing 6.9 Context-Mapping dynamisch

Um das Context-Mapping dynamisch durchzuführen, gehen Sie nach den folgenden Schritten vor:

1. Ermitteln Sie das Beschreibungsobjekt für den Context-Knoten, unter dem Sie den gemappten Context-Knoten anlegen möchten (lo_nd_info_root).

2. Befüllen Sie die Mapping-Info-Struktur (ls_mapping_info). Geben Sie im Feld ls_mapping_info-controller den Namen des Controllers an, in dem sich die Mapping-Quelle befindet. Legen Sie den Pfad Segment für Segment in der Pfadtabelle (lt_path_segments) an.

> **Aufbau eines Pfades**
>
> Der prinzipielle Aufbau eines Pfades lautet: *<Name Component>.<Name Controller>[.<Name Knoten>]*. Die Punkte zwischen den Bezeichnungen definieren Segmente. Die Knoten können geschachtelt sein, daher kann eine Menge von Knoten gemäß der Definition im Context angegeben werden. Die Namen der Knoten werden durch Punkte getrennt und entsprechen der Schachtelung in der Definition.

[«]

3. Rufen Sie die Methode `add_new_mapped_child_node( )` des Beschreibungsobjekts des Context-Knotens, und übergeben Sie den Namen des neuen Knotens und die Mapping-Information. Als Ergebnis erhalten Sie das Beschreibungsobjekt des gemappten Knotens.

6.2.5 Weitere Methoden

Sie haben im vorangegangenen Abschnitt die zentrale Bedeutung des Interfaces `IF_WD_CONTEXT_NODE_INFO` kennengelernt. Für unsere Bedürfnisse war die Methode `add_new_child_node( )` von zentraler Bedeutung und wurde ausführlich besprochen. Weitere ausgewählte Methoden, die das Interface `IF_WD_CONTEXT_NODE_INFO` anbietet, sind in Tabelle 6.3 für Sie zusammengefasst.

Context-Knoten-Info

Methode	Beschreibung
`add_attribute( )`	Anlegen eines Attributs zu einem Knoten
`add_child_node( )`	Ergänzt einen bestehenden Knoten zum Context. Der Knoten muss vorher aus dem Context entfernt worden sein.
`add_new_child_node( )`	Anlegen eines neuen Knotens eine Hierarchiestufe tiefer
`add_new_mapped_child_node( )`	Anlegen eines Knotens im Kontext von Context-Mapping
`add_recursive_child_node( )`	Anlegen eines rekursiven Knotens im Context
`follow_path( )`	Folgt dem Pfad im Context und liefert das Zielknoten-Beschreibungsobjekt.

Tabelle 6.3 Ausgewählte Methoden des Interfaces IF_WD_CONTEXT_NODE_INFO

Methode	Beschreibung
get_attribute( )	Gibt die Metadaten eines Attributs zu einem Knoten zurück.
get_attributes( )	Gibt die Metadaten aller Attribute zu einem Knoten zurück.
get_attribute_valuehelp_type( )	Liefert den Typ der Wertehilfe eines Attributs.
get_attribute_value_help( )	Liefert die Wertehilfe eines Attributs.
get_child_node( )	Gibt die Metadaten eines Kindknotens zu einem Knoten zurück.
get_child_nodes( )	Gibt die Metadaten aller Kindknoten zu einem Knoten zurück.
get_controller( )	Liefert die Controller-Referenz für den Controller, in dem der Knoten definiert ist.
get_name( )	Liefert den Namen des Knotens.
get_parent( )	Gibt die Metadaten eines übergeordneten Knotens zu einem Knoten zurück.
get_primary_attribute( )	Liefert die Beschreibung zum Primärattribut des Knotens, falls vorhanden.
get_static_attributes_type( )	Liefert das RTTI-Objekt für den Strukturtyp des Knotens.
get_attribute_format_props( )	Liefert die Formatierungseigenschaften eines Attributs.
has_attribute_value_help( )	Liefert abap_true, falls das Attribut eine Wertehilfe hat, andernfalls abap_false.
is_child_node_recursive( )	Liefert abap_true, falls der namentlich angegebene Kindknoten rekursiv ist, andernfalls abap_false.
is_finalized( )	Liefert abap_true, falls die Informationen zum Knoten nicht mehr geändert werden können, andernfalls abap_false.

Tabelle 6.3 Ausgewählte Methoden des Interfaces IF_WD_CONTEXT_NODE_INFO (Forts.)

Methode	Beschreibung
is_initialize_lead_selection( )	Liefert abap_true, falls für den Knoten die Initialisierung der Lead-Selection gesetzt wurde, andernfalls abap_false.
is_mandatory( )	Liefert abap_true, falls mindestens ein Element in der Knoten-Collection vorhanden sein muss, andernfalls abap_false.
is_mandatory_selection( )	Liefert abap_true, falls mindestens ein Element in der Knoten-Collection selektiert sein muss, andernfalls abap_false.
is_multiple( )	Liefert abap_true, falls mehrere Elemente in der Knoten-Collection vorkommen können, andernfalls abap_false.
is_multiple_selection( )	Liefert abap_true, falls mehrere Elemente in der Knoten-Collection selektiert werden können, andernfalls abap_false.
is_singleton( )	Liefert abap_true, falls der Knoten ein Singleton-Knoten ist, andernfalls abap_false.
remove_attribute( )	Löscht das Attribut eines Knotens.
remove_child_node( )	Löscht einen Kindknoten eines Knotens.
remove_dynamic_attribute( )	Löscht alle Attribute eines Knotens.
set_attribute_value_set( )	Setzt die Wertemenge zu einem Attribut im Knoten.
set_finalized( )	Setzt die Informationen des Knotens auf nicht mehr änderbar.
set_attribute_reference_field( )	Setzt das Referenzfeld eines Attributs für Währungen und Einheiten.
set_nullable( )	Setzt, ob ein Attribut den Wert NULL annehmen kann.
set_attribute_format_props( )	Setzt die Formatierungseigenschaften eines Attributs.

Tabelle 6.3 Ausgewählte Methoden des Interfaces IF_WD_CONTEXT_NODE_INFO (Forts.)

Methode	Beschreibung
set_attribute_value_help( )	Setzt die Wertehilfe eines Attributs.
has_attribute( )	Liefert abap_true, falls ein Attribut mit dem spezifizierten Namen existiert, andernfalls abap_false.
is_alive( )	Liefert abap_true, falls die Referenz noch gültig ist, andernfalls abap_false.
get_attribute_names( )	Liefert eine Liste mit allen Namen der Attribute.

Tabelle 6.3 Ausgewählte Methoden des Interfaces IF_WD_CONTEXT_NODE_INFO (Forts.)

6.3 View

Views dienen der Visualisierung von Daten im Context und der Interaktion mit dem Benutzer. Bei der Erstellung eines Views stehen somit UI-Elemente und Layouts zur Verfügung, um diesen zu gestalten. Dies war bereits Thema in Kapitel 3, »Container und Layouts«, und in Kapitel 4, »UI-Elemente und ihre Eigenschaften«, in denen wir uns auf die Gestaltung während der Entwicklungszeit konzentriert haben. Nun nehmen wir die Gestaltung während der Laufzeit in den Blick.

wddomodifyview( ) Grundsätzlich sollte die dynamische Manipulation des Layouts – genau wie die dynamische Manipulation des Contexts – nur dann zum Einsatz kommen, wenn eine Web-Dynpro-Component nicht auf deklarativem Weg zur Entwicklungszeit aufgebaut werden kann. Sollte die dynamische Programmierung jedoch nötig sein, müssen die Änderungen an der Struktur eines View-Layouts in der View-Controller-Methode wddomodifyview( ) oder in einer darin gerufenen Methode durchgeführt werden. Nur in dieser Methode steht der Zugriff auf die UI-Elemente-Hierarchie durch die Parameterreferenz view zur Verfügung.

first_time Ein weiterer Parameter, der von besonderer Bedeutung ist, ist first_time. Dieser Parameter enthält die Information, ob die Methode wddomodifyview( ) zum ersten Mal während der Lebensdauer des View-Controllers durchlaufen wird. Damit können Sie kontrollieren, ob der dynamische Aufbau des View-Layouts bereits vorgenommen wurde. Muss der View-Aufbau während der Ausführung der Web-Dynpro-Anwendung mehrfach ausgeführt werden, müssen Sie einen eigenen Parameter definieren, der kennzeichnet, ob das View-Layout neu aufgebaut werden muss.

6.3.1 ABAP-Klassenhierarchie für UI-Elemente

Soll einem View-Container ein neues UI-Element hinzugefügt werden, müssen Sie folgende Schritte bedenken: *Prinzip*

- Sie müssen festlegen, um welchen Typ von UI-Element es sich handelt.
- Zu dem Container-Element, in das das neue UI-Element eingefügt werden soll, müssen Sie eine Referenz erzeugen. Für den Zugriff auf den ROOTUIELEMENTCONTAINER gibt es die spezielle Methode view->get_root_element( ).
- Sie müssen die Stelle im Layout des Containers bestimmen, an der sich das neue Element einordnen soll. Zu diesem Zweck müssen Sie für das neu angelegte UI-Element die passenden Layoutdaten angeben.

Es gibt eine Vielzahl von UI-Elementen, die für die Definition eines Views verwendet werden können (siehe Kapitel 4, »UI-Elemente und ihre Eigenschaften«). Diese UI-Elemente werden zur Laufzeit über ABAP-Klassen repräsentiert, deren Kenntnis für die dynamische Programmierung erforderlich ist. Die ABAP-Klassen sind in einer Vererbungshierarchie angeordnet. In Abbildung 6.9 sehen Sie einen Ausschnitt aus der Vererbungshierarchie für ausgewählte UI-Elemente. Erschrecken Sie nicht: Obwohl viele ABAP-Klassen gezeigt werden, ist der Aufbau nicht kompliziert. *ABAP-Klassenhierarchie zu den UI-Elementen*

Die Klasse CL_WDR_VIEW_ELEMENT stellt die Basis aller UI-Elemente dar. Man könnte auch sagen, dass diese Klasse die höchste oder am meisten allgemeine Klasse in der Vererbungshierarchie darstellt. Die Klasse besitzt unter anderem ein öffentliches Attribut mit dem Namen id vom Typ STRING. Diese id haben Sie schon häufiger in den Eigenschaften von UI-Elementen im View Designer gesehen. Dort haben Sie den Namen – oder eben diese id – als Bezeichnung eines UI-Elements vergeben, wie z. B. TREE_TEAM. Darüber hinaus implementiert die Klasse CL_WDR_VIEW_ELEMENT das Interface IF_WD_VIEW_ELEMENT, das damit aufgrund der Vererbung für alle Unterklassen zur Verfügung steht. *Basisklasse der UI-Elemente*

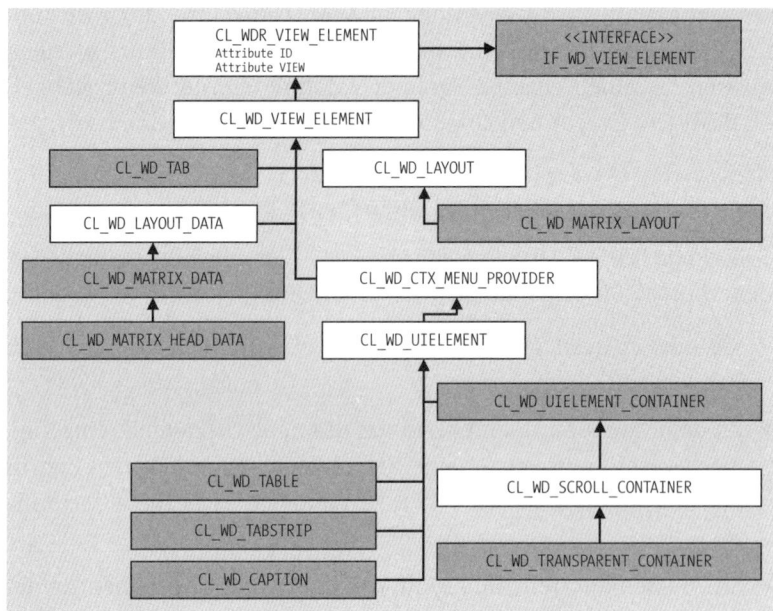

Abbildung 6.9 Vererbungshierarchie für ausgewählte UI-Elemente

CL_WD_VIEW_ELEMENT

Durch die Definition der Vererbung auf die nächste Ebene, die durch die Klasse CL_WD_VIEW_ELEMENT repräsentiert wird, steht das Attribut id auch dieser Klasse zur Verfügung. Dieses »Weiterreichen« der Attribute ist eine Grundeigenschaft der Vererbung.

Unterklassen

In der Vererbungshierarchie werden unter anderem unterhalb der Klasse CL_WD_VIEW_ELEMENT zwei Unterklassen dargestellt, die Klassen CL_WD_CTX_MENU_PROVIDER und CL_WD_TAB. Die Klasse CL_WD_TAB beendet einen Vererbungszweig und bildet das Teilelement Tab des zusammengesetzten UI-Elements TabStrip, wobei dieses UI-Element durch die Klasse CL_WD_TABSTRIP dargestellt wird. Diese ist eine Unterklasse der Klasse CL_WD_UI_ELEMENT, die wiederum eine Unterklasse von CL_WD_CTX_MENU_PROVIDER ist.

Vererbungshierarchie im Class Builder

Die vollständige Sicht auf die Vererbungshierarchie haben Sie im Class Builder (Transaktion SE24). Über die Anzeige der Objektliste zu einer ABAP-Klasse (Tastenkombination [Strg] + [⇧] + [F5]) können Sie durch die Vererbungshierarchie und die Verzeichnisse SUPER- und SUBKLASSEN navigieren (siehe Abbildung 6.10).

Super- und Subklassen

Beim Einstieg in den Class Builder wählen Sie den Namen einer ABAP-Klasse aus, die ein View-Element repräsentiert ❶. In der

Objektliste erscheinen, sofern vorhanden, Ordner für SUPERKLASSEN
❷ und SUBKLASSEN ❸. In der Abbildung sehen Sie die Subklassen zur
ABAP-Klasse CL_WD_LAYOUT_DATA. Eine davon ist die ABAP-Klasse
CL_WD_MATRIX_DATA. Diese besitzt wiederum die Subklasse CL_WD_MA-
TRIX_HEAD_DATA.

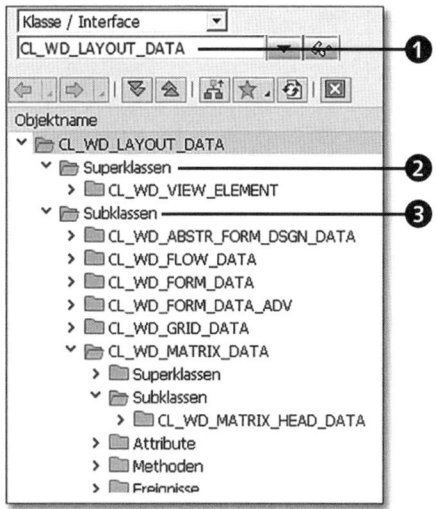

Abbildung 6.10 Analyse der Vererbungshierarchie zu UI-Elementen

6.3.2 Referenz eines UI-Elements ermitteln

Mit diesem grundsätzlichen Wissen über View- und UI-Elemente
können wir die Detaildiskussion beginnen und die unterschiedlichen
Einsatzgebiete und Definitionsaspekte von UI-Elementen besprechen. Wir werden anhand von Listings, die als Anregungen zu verstehen sind, die Konzepte zur dynamischen View-Programmierung
erläutern. In Ihren Projekten werden Sie diese immer in der
Methode wddomodifyview( ) realisieren, da nur dort der Zugriff auf
den View möglich ist.

Bei der dynamischen Gestaltung von View-Layouts beginnen Sie im
Allgemeinen mit der Ermittlung der Referenz auf den ROOTUIELE-
MENTCONTAINER. Von diesem navigieren Sie wie in einem Dateiver-
zeichnis die UI-Hierarchie entlang, bis Sie die Stelle lokalisiert haben,
an der die dynamische Programmierung angewandt werden soll.

Der Methodenparameter view der Methode wddomodifyview( ) liefert die Zugriffsmethoden get_element( ) bzw. get_root_element( )

get_element(),
get_root_element()

(siehe Abbildung 6.11, ❶), um das Beschreibungsobjekt ermitteln zu können.

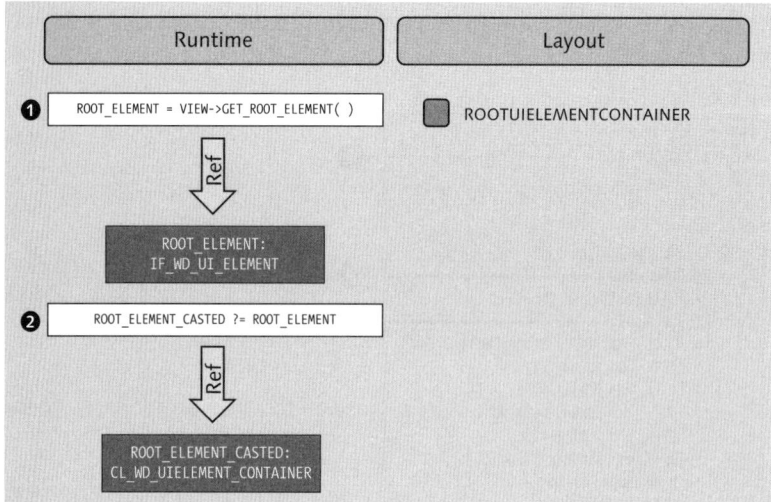

Abbildung 6.11 ROOTUIELEMENTCONTAINER-Referenz ermitteln

Beispiel Nach der Ermittlung der ROOTUIELEMENTCONTAINER-Referenz wenden Sie einen Cast auf eine Referenz vom Typ CL_WD_UIELEMENT_CONTAINER ❷ an. Ein Beispiel mit Erläuterungen finden Sie in Listing 6.10.

```
* Die Referenz auf den View-Wurzelknoten
DATA: lo_ui_root TYPE REF TO if_wd_view_element,
* Die gecastete View-Wurzelknoten-Referenz
      lo_container TYPE REF TO cl_wd_uielement_container.
* Root-Referenz ermitteln
** Variante 1 **
* lo_ui_root = view->get_element(
* id = 'ROOTUIELEMENTCONTAINER' ).
** Variante 2 **
lo_ui_root = view->get_root_element( ).
* Widening-Cast auf Container durchführen
lo_container ?= lo_ui_root.
```

Listing 6.10 Ermittlung des ROOTUIELEMENTCONTAINER-Beschreibungsobjekts

Um die Objektreferenz auf das Beschreibungsobjekt ROOTUIELEMENTCONTAINER herauszufinden, sind die folgenden Schritte erforderlich:

1. Definieren Sie eine Objektreferenz vom Typ IF_WD_VIEW_ELEMENT. Diese Referenzvariable hält die Referenz, die von der Methode

view->get_element( ) bzw. view->get_root_element( ) geliefert wird.

Wie Sie in Abbildung 6.12 sehen können, befindet sich das Interface IF_WD_VIEW_ELEMENT an der höchsten Stelle in der Vererbungshierarchie. Da wir aber auf die speziellen Eigenschaften des ROOTUIELEMENTCONTAINER zugreifen müssen, ist es notwendig, diese Interface-Referenz auf eine Referenz vom Typ CL_WD_UIELE-MENT_CONTAINER zu casten. Dazu definieren Sie eine zweite Objektreferenz vom Typ CL_WD_UIELEMENT_CONTAINER.

2. Sie können zwischen zwei Varianten wählen, um das Beschreibungsobjekt des ROOTUIELEMENTCONTAINER zu ermitteln, entweder view->get_element( ) oder view->get_root_element( ). Gleichgültig, welche Variante Sie wählen, Sie müssen danach den Cast durchführen, um auf die speziellen Eigenschaften des ROOTUIELE-MENTCONTAINER zugreifen zu können.

6.3.3 Eigenschaft und Layout eines UI-Elements ändern

Nachdem Sie nun das Beschreibungsobjekt des ROOTUIELEMENTCON-TAINER ermittelt haben, beginnen Sie damit, die Eigenschaften und das Layout für den ROOTUIELEMENTCONTAINER zu setzen. In Abbildung 6.12 sehen Sie ein Beispiel für das Setzen des Layouts eines UI-Elements auf MatrixLayout ❶ und die Änderung der Eigenschaft width auf 100% ❷.

Eigenschaften und Layout setzen

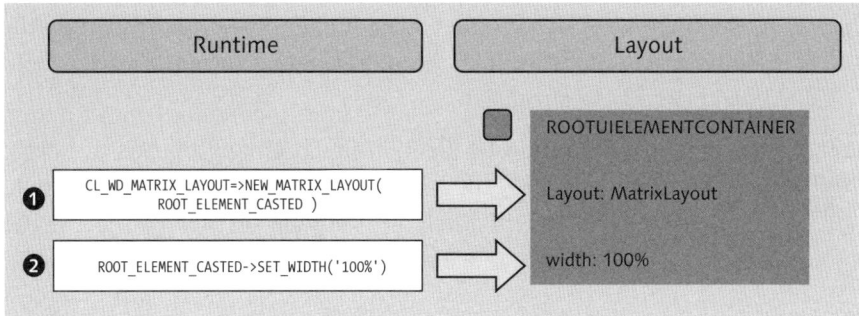

Abbildung 6.12 Layout und Eigenschaften von UI-Elementen

Listing 6.11 zeigt Ihnen die passende Implementierung z. B. in Abbildung 6.12. Obwohl das Beispiel für den ROOTUIELEMENTCON-TAINER entwickelt ist, können Sie es auf andere Container anwenden.

```
* Falls die Methode das erste Mal gerufen wird
IF first_time = abap_true.
* MatrixLayout setzen
  cl_wd_matrix_layout=>new_matrix_layout(
    container = lo_container ).
* Breite auf 100% setzen
  lo_container->set_width( value = '100%' ).
ENDIF.
```

Listing 6.11 Attribuierung des ROOTUIELEMENTCONTAINER

Importing-Parameter first_time

Das Setzen des Layouts und der Eigenschaften des ROOTUIELEMENTCONTAINER sollten nur beim Start der Web-Dynpro-Anwendung durchgeführt werden. Danach bleiben diese Einstellungen unverändert. Die Antwort auf die Frage, ob die Methode wddomodifyview( ) das erste Mal durchlaufen wird, liefert der Methodenparameter first_time. Dieser hat den Wert abap_true, falls die Methode zum ersten Mal abgearbeitet wird. Andernfalls hat er den Wert abap_false. Wir verwenden den Parameter in unserer Implementierung und stellen damit sicher, dass das Layout und die Eigenschafen nur einmal geändert werden.

Layout anlegen

Jeder UI-Container besitzt ein Layout, das diesem zugewiesen wird. Das MatrixLayout soll für den ROOTUIELEMENTCONTAINER verwendet werden. Dazu steht die statische Methode cl_wd_matrix_layout=>new_matrix_layout( ) zur Verfügung. Erwähnenswert ist die Art der Verwendung dieser Methode, da diese die Referenz auf den Container als Aktualparameter erwartet. Darüber hinaus kann für alle UI-Elemente festgehalten werden, dass immer eine öffentliche statische Methode new_<UI-Element>( ) zur Verfügung steht, um ein Laufzeitobjekt der Klasse anzulegen.

SET- und GET-Methoden für Eigenschaften

Um Eigenschaften eines UI-Element-Beschreibungsobjekts zu setzen, werden öffentliche set_<Eigenschaft>( )-Methoden bereitgestellt. In unserem Beispiel wird durch die Methode set_width( ) die Breite des ROOTUIELEMENTCONTAINER auf 100 % gesetzt.

6.3.4 UI-Elemente anlegen

Mit der Verwendung der besprochenen Methoden aus dem vorangegangenen Abschnitt haben wir die Eigenschaften und das Layout des ROOTUIELEMENTCONTAINER auf die gewünschten Werte gesetzt und können uns nun dem Anlegen von UI-Elementen zuwenden. Wir werden Ihnen das Anlegen typischer Elemente als Folge von Beispielen präsentieren, die exemplarisch für alle View-Elemente stehen. Im Detail ist es auch nicht erforderlich, die Verwendung aller UI-Elemente zu zeigen, da diese Verwendung der UI-Elemente immer dem gleichen Schema folgt.

Die Folge von Beispielen soll zu einem View führen, auf dem ein TabStrip mit mehreren Tab-Elementen angelegt wird. Die Anzahl der Tabs ist abhängig von der Anzahl der Elemente im Context-Knoten SCRUM_TEAMS, den Sie aus Abschnitt 6.2.2, »Context-Knoten anlegen«, kennen. In den Tab-Elementen befinden sich ViewContainer-UIElement-Elemente für die Detailanzeige eines Teams.

TabStrip (Aggregierendes Element)

In Listing 6.12 sehen Sie, wie ein UI-Element TabStrip instanziiert und zum View ergänzt wird. Dieser TabStrip dient als Aggregat für die unterschiedlichen Tab-Elemente, die abhängig von den Elementen im Context-Knoten SCRUM_TEAMS angelegt werden.

```
* Die TabStrip-Referenz
DATA: lo_tabstrip TYPE REF TO cl_wd_tabstrip.
* TabStrip anlegen
  lo_tabstrip = cl_wd_tabstrip=>new_tabstrip(
    id = 'TS1' ).
* Zur View-Hierarchie hinzufügen
  lo_container->add_child( the_child = lo_tabstrip ).
* Layoutdaten auf MatrixHeadData setzen
  cl_wd_matrix_head_data=>new_matrix_head_data(
    element = lo_tabstrip ).
```

Listing 6.12 Erzeugung des UI-Elements TabStrip

In Abbildung 6.13 sehen Sie die Visualisierung der Schritte, die zur Anlage des TabStrip notwendig sind. Um den TabStrip anzulegen, wird die statische Methode cl_wd_tabstrip=>new_tabstrip( ) aufgerufen und die eindeutige Kennung des TabStrip an den Importing-Parameter id übergeben. Die Methode liefert eine Referenz auf das erzeugte TabStrip-Objekt ❶.

TabStrip anlegen

Das TabStrip-Objekt kann dem ROOTUIELEMENTCONTAINER zugeordnet werden. Dazu rufen Sie die Methode add_child( ) über das Beschreibungsobjekt des ROOTUIELEMENTCONTAINER auf, an das Sie die Referenz des neuen UI-Elements übergeben ❷.

TabStrip ergänzen

6 | Dynamische Programmierung

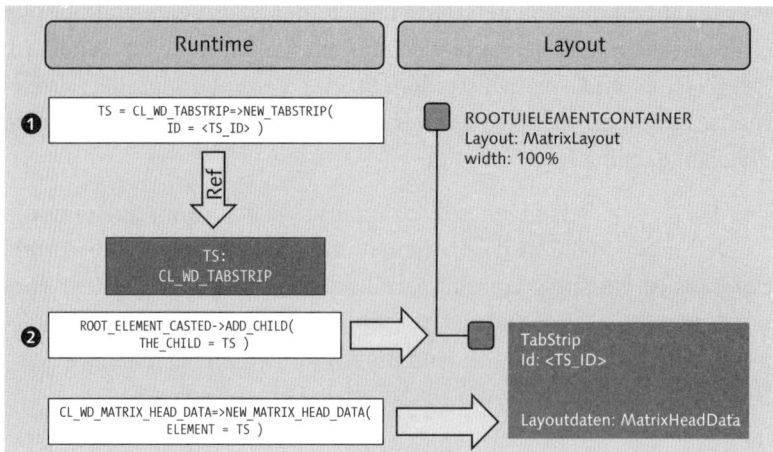

Abbildung 6.13 TabStrip im View-Layout

Layoutdaten anlegen

Das UI-Element `TabStrip` sollte als erstes Element im Layout des `ROOTUIELEMENTCONTAINER` platziert werden, dem wir im vorangegangenen Abschnitt ein `MatrixLayout` zugewiesen haben. Für die Platzierung des `TabStrip` müssen wir diesem die passenden Layoutdaten zuordnen. Der Aufruf der Methode `cl_wd_matrix_head_data=>new_matrix_head_data( )` sorgt für die Zuordnung der `MatrixHeadData`-Layoutdaten zum `TabStrip`, diese führt dazu, dass der `TabStrip` an der ersten Stelle in einer Matrixzeile platziert wird (❸, siehe auch Abschnitt 3.2.8, »TabStrip«, und 3.3.4, »MatrixLayout«).

Tab (Aggregiertes Element)

Knoten-Collection als Datenbasis

Ein Beispiel für ein aggregiertes UI-Element neben vielen anderen ist ein `Tab` zu einem `TabStrip`. Dieses werden wir nun, stellvertretend für andere, in diesem Abschnitt betrachten. Die Datenbasis für aggregierte Elemente kann aus den unterschiedlichsten Quellen stammen: von der Datenbank, aus berechneten Werten, von Context-Knoten oder von Elementen aus einer Knoten-Collection. Wir verwenden als Beispiel die Collection eines Context-Knotens, der mit Context-Mapping an einen Knoten des Component-Controllers gemappt ist.

Tab pro Knotenelement

Für jedes Element des gemappten Context-Knotens wird ein UI-Element `Tab` angelegt. Listing 6.13 zeigt die Implementierung dazu.

6.3 View

```
* Beschreibungsobjekt für den Scrum-Team-Knoten
TYPES: BEGIN OF st_scrum_team,
         team_name TYPE string,
         team_id TYPE string,
       END OF st_scrum_team.
* Knotenreferenz
DATA: lo_nd_scrum_teams TYPE REF TO if_wd_context_node,
* Die Elemente für Teams
      lt_set TYPE wdr_context_element_set,
* Arbeitsstruktur
      ls_set LIKE LINE OF lt_set,
* Scrum-Teams
      lt_scrum_team TYPE TABLE OF st_scrum_team,
* Arbeitsstruktur
      ls_scrum_team LIKE LINE OF lt_scrum_team,
* Die Tab-Referenz
      lo_tab TYPE REF TO cl_wd_tab.
** Für jedes Scrum-Team einen Tab anlegen
* Knotenreferenz des gemappten Scrum-Team-Knotens
lo_nd_scrum_teams = wd_context->get_child_node(
  wd_comp_controller->gd_nd_name_scrum_teams ).
* Die Elemente des Scrum-Team-Knotens ermitteln
CALL METHOD lo_nd_scrum_teams->get_elements
  RECEIVING
    set   = lt_set.
** Jedes Team wird als Tab im TabStrip dargestellt.
LOOP AT lt_set INTO ls_set.
* Attribute TEAM_ID des Teams lesen
  ls_set->get_attribute(
    EXPORTING
      name = 'TEAM_ID'
    IMPORTING
      value = ls_scrum_team-team_id ).
** Neuen Tab pro Scrum-Team-Context-Knoten anlegen
* Tab anlegen mit ID
  lo_tab = cl_wd_tab=>new_tab(
    id = ls_scrum_team-team_id ).
* Tab ergänzen in TabStrip
  lo_tabstrip->add_tab( the_tab = lo_tab ).
```

Listing 6.13 Erzeugung des UI-Elements Tab

Die Implementierung beginnt mit der Definition eines lokalen Typs für die Aufbaustruktur des Context-Knotens SCRUM_TEAMS. Hier bietet sich auch der Weg einer globalen Typdefinition an. Es folgt die Definition der Datenobjekte. Um die Menge der Elemente des Context-

Tab anlegen und dem TabStrip zuordnen

Knotens herauszufinden, verwenden Sie die Referenz darauf und die Methode `get_elements( )`. So ermitteln Sie die Elemente in Form einer internen Tabelle. Für jedes Element bestimmen Sie die ID des Scrum-Teams und verwenden diese ID als ID für die Anlage des Tabs (dies bedingt natürlich, dass die IDs eindeutig sind). In Abbildung 6.14 sehen Sie die Schritte zur Anlage und Ergänzung des `Tab`-Elements.

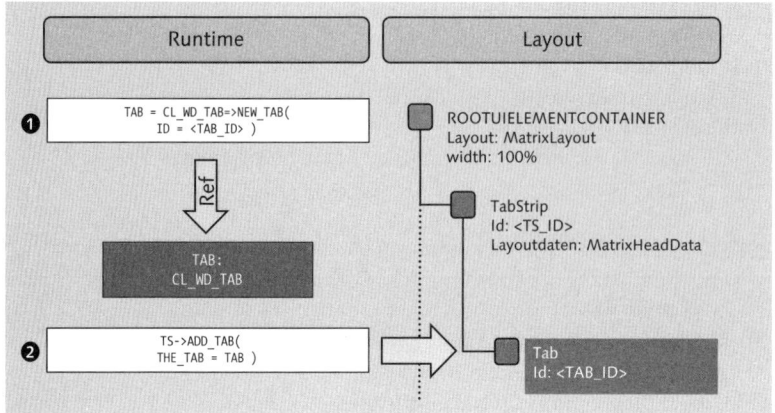

Abbildung 6.14 Tab zu TabStrip hinzufügen

Die statische Methode `cl_wd_tab=>new_tab( )` erzeugt ein neues UI-Element `Tab` ❶. Dieses ergänzen wir mit der Methode `add_tab( )` zum `TabStrip` ❷. Falls Sie Ihre Web-Dynpro-Anwendung in diesem Entwicklungsstand testen, werden Sie die folgende Fehlermeldung erhalten:

Zugriff über 'NULL' Objektreferenz nicht möglich.

Dies liegt daran, dass noch keine `Caption` für den Tab definiert ist.

Tab Caption (Aggregiertes Element)

Caption Für jeden Tab, also für jedes Team, sollte die Bezeichnung zum Team eingeblendet werden. Das bedeutet, dass wir zu jedem UI-Element `Tab` ein UI-Element `Caption` benötigen. In Listing 6.14 sehen Sie, wie Sie dies umsetzen.

```
* Die Tab-Caption-Referenz
DATA: lo_tab_caption TYPE REF TO cl_wd_caption,
* Der Data-Binding-Pfad für die Tab Caption
      ld_tab_caption_binding TYPE string,
```

```
* Typkonvertierung des LOOP-Index
    ld_index TYPE string.
* Index der LOOP-Anweisung für den Bezug zum Element
ld_index = sy-tabix.
* Leerzeichen eliminieren
CONDENSE ld_index.
* Data-Binding-Pfad für die Caption des Tabs
CONCATENATE
  wd_comp_controller->gd_nd_name_scrum_teams
  '.'
  ld_index
  '.TEAM_NAME' INTO ld_tab_caption_binding.
* Die Caption erzeugen mit Data Binding
lo_tab_caption = cl_wd_caption=>new_caption(
* text = ls_node-name "Alternative zu bind_text = statisch
  bind_text = ld_tab_caption_binding ).
* Caption zum Tab ergänzen
lo_tab->set_header( the_header = lo_tab_caption ).
* Das Caption-Icon setzen, da Methoden gefunden wurden
lo_tab_caption->set_image_source(
    'ICON_SHARED_POSITION' ).
```

Listing 6.14 Erzeugung der Caption und der TransparentContainer

Da ein UI-Element Caption angelegt werden soll, benötigen wir eine Objektreferenzvariable vom Typ CL_WD_CAPTION sowie weitere Variablen, z. B. für den Data-Binding-Pfad zum Text der Caption. Abbildung 6.15 erläutert Listing 6.14 grafisch.

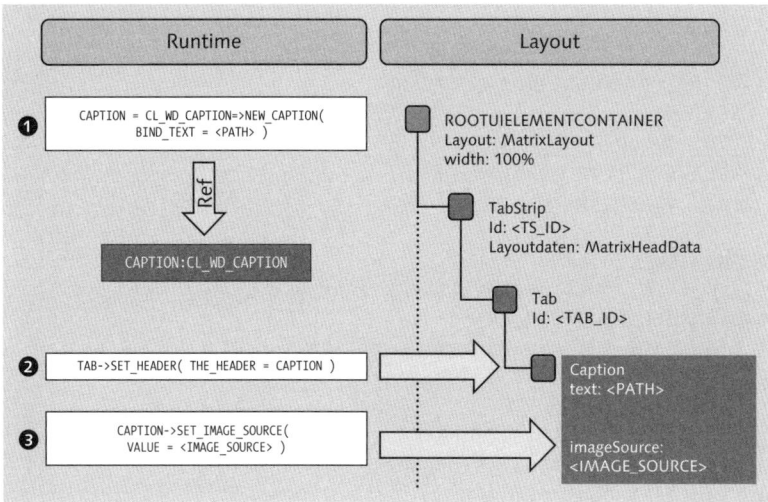

Abbildung 6.15 Caption zum Tab

6 | Dynamische Programmierung

Data Binding

Beim Aufruf der statischen Methode cl_wd_caption=>new_caption( ) ❶ wird der Formalparameter bind_text verwendet. Mit diesem Parameter kann das Data Binding von der UI-Eigenschaft zum Context-Attribut definiert werden. Der Pfad zum Context-Attribut wird nach der Syntax <Name des Knotens>.<Index des Elements>.<Name des Attributs> festgelegt. Als Alternative können Sie auch einen statischen Text über den Parameter text an die Methode übergeben. Mithilfe der Methode set_header( ) wird die Caption an den Tab übergeben ❷.

Eigenschaft imageSource setzen

Mithilfe eines Icons im Titel des Tabs werden optische Informationen zum Tab ergänzt. Um dieses Icon im UI-Element Caption zu setzen, verwenden wir die Methode lo_tab_caption->set_image_source( ) mit dem Namen eines Icons ❸. Die Icons können Sie z. B. mit Transaktion ICON auswählen.

ViewContainerUIElement (Container)

ViewContainer-UIElement

Ein UI-Element Tab kann nur ein Unterelement aufnehmen. Sollen mehrere UI-Elemente im Tab angezeigt werden, können Sie dies z. B. mithilfe eines UI-Elements ViewContainerUIElement ermöglichen, das dem Tab zugeordnet wird. In dieses Element kann ein anderer View eingebettet werden (siehe Listing 6.15).

```
* ViewContainerUIElement für anderen View
DATA: lo_view_container
        TYPE REF TO cl_wd_view_container_uielement,
* ViewController-ID
      ld_vc_id TYPE string.
* ID für ViewContainer erzeugen
CONCATENATE
  'VC'
  ls_scrum_team-team_id
  INTO ld_vc_id.
* ViewContainer anlegen
  lo_view_container =
cl_wd_view_container_uielement=>new_view_container_
uielement( id   = ld_vc_id ).
* Flow-Data für ViewContainer setzen
CALL METHOD cl_wd_flow_data=>new_flow_data
  EXPORTING
    element = lo_view_container.
* ViewContainer zum Tab ergänzen
lo_tab->set_content(
  the_content = lo_view_container ).
```

```
ENDLOOP. "Elemente
ENDIF. "first_time
```
Listing 6.15 ViewContainerUIElement einfügen

Das `ViewContainerUIElement` legen wir mithilfe der öffentlichen statischen Methode `cl_wd_view_container_uielement=>new_view_container_uielement( )` an und übergeben an diese eine eindeutige ID für die spätere Referenzierung (siehe Abbildung 6.16, ❶). Dem `ViewContainerUIElement` wird ein `FlowData` für die Eigenschaften-Layoutdaten zugeordnet ❸ (siehe auch Abschnitt 3.3.2, »FlowLayout«).

ViewContainer-UIElement anlegen

Zum Abschluss weisen wir dem Tab das `ViewContainerUIElement` mithilfe der Methode `lo_tab->set_content( )` zu ❷. Wird bei der Anlage eines UI-Elements mithilfe der Methode `new_<UI-Element>( )` keine `id` vorgegeben, erzeugt das Web-Dynpro-Framework automatisch eine `id`. In Abbildung 6.17 sehen Sie das Ergebnis der Schritte, die wir in Abschnitt 6.2, »Context«, und in Abschnitt 6.3, »View«, erläutert haben. Hier beschreibt das Element `Caption`, dass eine Registerkartenüberschrift vorhanden ist, und `Caption.text` stellt den Text der Registerkartenüberschrift dar. Das Icon in der Registerkartenüberschrift wird mit der Eigenschaft `Caption.icon-Source` festgelegt.

ViewContainer-UIElement ergänzen

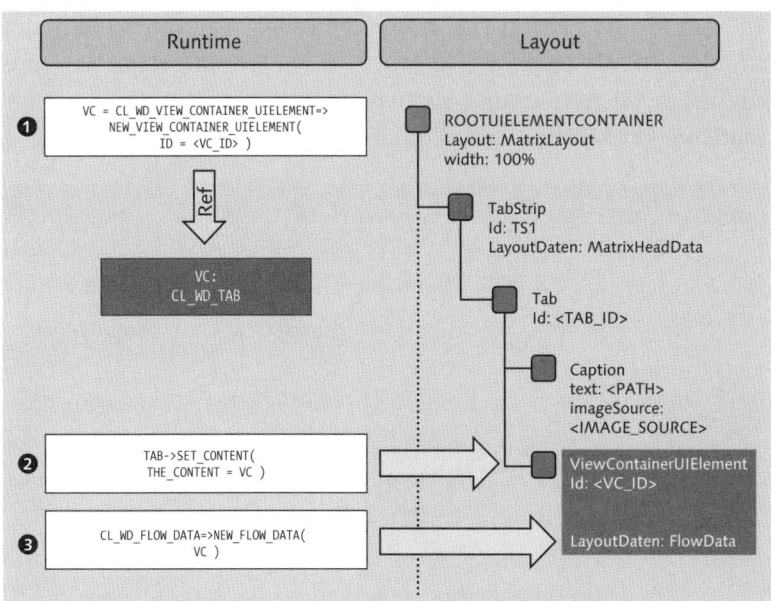

Abbildung 6.16 ViewContainerUIElement zum Tab

Abbildung 6.17 Web-Dynpro-Anwendung ScrumTeams

Weitere Methoden

wddomodifyview( )
Die Methode wddomodifyview( ) ist die Hook-Methode, mit der der View-Aufbau während der Laufzeit verändert werden kann. Der Parameter view bietet über die Methoden get_element( ) bzw. get_root_element( ) den Zugriff auf Elemente im View-Layout. Der Parameter first_time liefert die Information, ob die Methode wddomodifyview( ) das erste Mal durchlaufen wurde.

ABAP-Klassenhierarchie
Die ABAP-Klassenhierarchie mit der Wurzelklasse CL_WDR_VIEW_ELEMENT steht für die Erzeugung von UI-Elementen zur Verfügung. Die Namen der ABAP-Klassen folgen dem Namensschema CL_WD_<UI-Element> und bieten die öffentliche statische Methode new_<UI-Element>( ), um ein neues UI-Element anzulegen.

Unterelemente ergänzen
Container-Elemente bieten die Methode add_child( ), um dem Container neue UI-Elemente zuzuordnen. Für zusammengesetzte UI-Elemente gibt es spezielle Methoden, um UI-Elemente zu ergänzen, wie z. B. die Methode add_tab( ) des UI-Elements TabStrip.

Ausgewählte Methoden
In den vorangegangenen Beispielen haben wir natürlich nur einen Teil der für die dynamische Programmierung relevanten Methoden aus den ABAP-Klassen CL_WD_<UI-Element> besprochen. Weitere, aus unserer Sicht relevante Methoden für die die UI-Elemente repräsentierenden ABAP-Klassen sind in Tabelle 6.4 zusammengestellt.

Methode	Beschreibung
Alle View-Elemente	
get_<Eigenschaft>( )	Gibt den Wert der Eigenschaft zurück.
set_<Eigenschaft>( )	Setzt die Eigenschaft auf den übergebenen Wert.
bind_<Eigenschaft>( )	Bindet den Wert der Eigenschaft an ein Context-Attribut bzw. einen Context-Knoten.
bound_<Eigenschaft>( )	Gibt das Context-Attribut bzw. den Context-Knoten zurück, an das bzw. an den die Eigenschaft gebunden ist.

Tabelle 6.4 Ausgewählte Methoden der ABAP-Klassen CL_WD_<UI-Element>

Methode	Beschreibung
UI-Elemente mit Ereignis	
set_on_<Ereignis>( )	Bindet die Aktion an die Eigenschaft on<Ereignis>.
get_on_<Ereignis>( )	Liefert den Namen der Aktion, die an die Eigenschaft on<Ereignis> gebunden ist.
Container-Elemente	
get_child( )	Gibt das Unterelement zurück.
get_children( )	Gibt alle Unterelemente zurück.
remove_child( )	Entfernt ein Unterelement.
remove_all_children( )	Entfernt alle Unterelemente.
add_child( )	Fügt ein Element hinzu.

Tabelle 6.4 Ausgewählte Methoden der ABAP-Klassen CL_WD_<UI-Element>

6.4 Aktion

Manche UI-Elemente können clientseitige Ereignisse auslösen, wie z. B. das UI-Element TabStrip bei Auswahl eines Tabs. Die Web-Dynpro-Component kann auf solche Ereignisse durch eine zugeordnete Aktion und die damit verbundene Aktionsbehandler-Methode reagieren (siehe Abschnitt 2.4.6, »Aktionen und Ereignisse«). Wir haben diesen Mechanismus bereits mehrfach eingesetzt, jedoch haben wir die Zuordnung von Aktionen immer während der Entwicklungszeit durchgeführt. Diese Zuordnung von Aktionen zu Ereignissen ist auch während der Laufzeit möglich, wobei Aktionen und Aktionsbehandler nicht während der Laufzeit dynamisch erzeugt werden können.

Ereignis – Aktion – Aktionsbehandler

Jedes UI-Element, mit dem Sie ein clientseitiges Ereignis auslösen können, hat dazu in seiner repräsentierenden ABAP-Klasse ein passendes Klassenattribut on_<Ereignis>. Bei der dynamischen Anlage eines UI-Elements durch die new_<UI-Element>-Methoden können Sie über den Methodenparameter on_<Ereignis> den Namen der Aktion mitgeben. Darüber hinaus existiert die Methode set_on_<Ereignis>, um einem bestehenden UI-Element-Ereignis eine Aktion zuzuweisen.

Aktion zuordnen

6 | Dynamische Programmierung

Importing-Parameter wdevent
Alle Aktionsbehandler zu einer Aktion besitzen einen Formalparameter wdevent, der von der Web-Dynpro-Laufzeit befüllt wird, wenn ein clientseitiges Ereignis auftritt. In Abbildung 6.18 sehen Sie z. B., wie der Inhalt des Parameters wdevent im ABAP Debugger dargestellt wird.

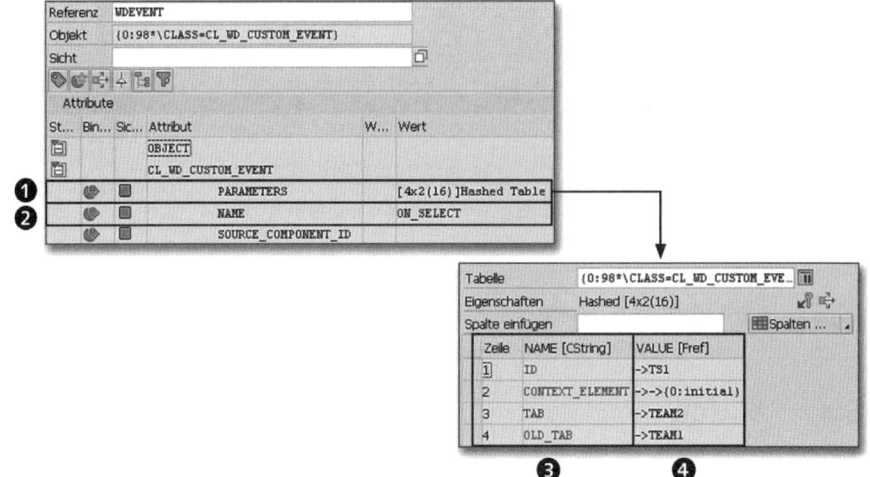

Abbildung 6.18 Attribute und PARAMETERS des wdevent-Objekts

wdevent im Debugger
Um den Inhalt des Objekts im ABAP Debugger betrachten zu können, führen Sie die folgenden Schritte aus:

1. Setzen Sie einen Session-Breakpoint in der Aktionsbehandler-Methode.

2. Starten Sie Ihre Web-Dynpro-Anwendung, und lösen Sie das clientseitige Ereignis aus.

3. Durch das clientseitige Auslösen eines Ereignisses wird die Aktionsbehandlung aktiviert und der ABAP Debugger gestartet. Dort wechseln Sie auf die Registerkarte OBJEKTE und geben im Unterregister EINZELANZEIGE im Eingabefeld REFERENZ den Wert wdevent ein.

4. Nach der Bestätigung mit der ⏎-Taste werden die Attribute zum Objekt wdevent angezeigt. Die interne Tabelle wdevent->parameters (siehe Abbildung 6.18, ❶) enthält zusätzliche Informationen zum Ereignis des UI-Elements. Das Attribut wdevent->name ❷ hält den Namen des Ereignisses. Das Attribut wdevent->source_compo-

nent_id wird nur bei der Nutzung einer Component-Verwendung (siehe Abschnitt 2.7.1) mit einem Wert befüllt.

5. Den Inhalt der internen Tabelle wdevent->parameters erhalten Sie durch einen Doppelklick auf das Attribut wdevent->parameters. Die Tabelle hat zwei Spalten: name ❸ und value ❹. Die id des UI-Elements, das das Ereignis ausgelöst hat, ist immer als Eintrag in der Tabelle vorhanden. Zusätzliche Name-/Wertpaare können je nach UI-Element-Typ vorhanden sein.

6.4.1 Implementierung der Methode »wddomodifyview( )«

Im Folgenden werden wir besprechen, welche Schritte für die dynamische Anbindung von Aktionen an Ereignisse erforderlich sind. Bei der Implementierung einer dynamischen Ereignisbehandlung werden zwei Aspekte betrachtet: einerseits die Zuordnung einer Aktion zu einem Ereignis eines dynamisch erzeugten UI-Elements, andererseits die dynamische Erweiterung der Parameterliste, die über das Ereignis an den Aktionsbehandler durch das Objekt wdevent übergeben wird. Dieser Vorgang wird als *Parameter-Mapping* bezeichnet. Unter diesem Begriff versteht man die Bindung eines Ereignisparameters an einen Parameter einer Aktionsbehandler-Methode.

Das Hinzufügen von Parametern wird immer in der Methode wddomodifyview( ) eines View-Controllers durchgeführt. Bei der Implementierung müssen Sie die folgenden Schritte ausführen:

Parameter-Mapping

1. Definieren Sie eine Aktion, die die Behandlung des Ereignisses mit ihrer Behandlermethode vornimmt.
2. Erzeugen Sie dynamisch ein UI-Element, das ein Ereignis auslösen kann, und übergeben Sie an dieses Element den Namen der Aktion.
3. Optional: Erweitern Sie die Parameterliste des Ereignisses, falls Sie zusätzliche Parameter benötigen.

In Listing 6.16 sehen Sie ein Beispiel mit einer Toolbar, der zwei ToolBarButton-Elemente mit ergänzten Ereignisparametern hinzugefügt werden. Beide ToolBarButton-Elemente verwenden denselben Ereignisparameter, aber mit unterschiedlichen Werten. Diese werden in der Behandlermethode ausgewertet, die wir noch erläutern werden.

Beispiel

6 | Dynamische Programmierung

```abap
*****************************************************************
* Toolbar
    DATA: lo_toolbar TYPE REF TO cl_wd_toolbar.
* Neue Toolbar
    CALL METHOD cl_wd_toolbar=>new_toolbar
      EXPORTING
        id      = 'TOOLB1'
      RECEIVING
        control = lo_toolbar.
* Zur View-Hierarchie hinzufügen
    lo_container->add_child( the_child = lo_toolbar ).
* Matrix-Head-Data setzen
    CALL METHOD cl_wd_matrix_head_data=>new_matrix_head_data
      EXPORTING
        element = lo_toolbar.
*****************************************************************
* Supply-Button ergänzen
    DATA: lo_button TYPE REF TO cl_wd_toolbar_button.
* Button anlegen
    CALL METHOD cl_wd_toolbar_button=>new_toolbar_button
      EXPORTING
        id        = 'BUT_SUPPLY'
        on_action = 'ON_BUT'
        text      = 'Erzeuge Teams'
      RECEIVING
        control   = lo_button.
* Zur Toolbar hinzufügen
    CALL METHOD lo_toolbar->add_toolbar_item
      EXPORTING
        the_toolbar_item = lo_button.
* Parameter zur Aktion ergänzen
    DATA: lt_parameters LIKE if_wd_event=>parameters,
          ls_parameter  LIKE LINE OF lt_parameters.
* Setzen des Parameterwertes
    CLEAR lt_parameters.
    ls_parameter-name  = 'BUT_MODE'.
    ls_parameter-value = 'SUPPLY'.
    ls_parameter-type  = 'g'. "String
    INSERT ls_parameter INTO TABLE lt_parameters.
* Zuordnung der Parameter zum Ereignis
    CALL METHOD lo_button->map_on_action
      EXPORTING
        parameters = lt_parameters.
*****************************************************************
* Invalidate-Buttons ergänzen
    CALL METHOD cl_wd_toolbar_button=>new_toolbar_button
      EXPORTING
        id        = 'BUT_INVALIDATE'
        on_action = 'ON_BUT'
```

```abap
          text     = 'Lösche Teams'
        RECEIVING
          control  = lo_button.
* Zur Toolbar hinzufügen
      CALL METHOD lo_toolbar->add_toolbar_item
        EXPORTING
          the_toolbar_item = lo_button.
* Setzen des Parameterwertes
      CLEAR lt_parameters.
      ls_parameter-name  = 'BUT_MODE'.
      ls_parameter-value = 'INVALIDATE'.
      ls_parameter-type  = 'g'. "String
      INSERT ls_parameter INTO TABLE lt_parameters.
* Zuordnung der Parameter zum Ereignis
      CALL METHOD lo_button->map_on_action
        EXPORTING
          parameters = lt_parameters.
```

Listing 6.16 Dynamische Zuordnung von Aktionsbehandler und Parametern

Das Beispiel beginnt mit der Anlage der Toolbar, die zum View ergänzt wird. Danach wird der erste `ToolBarButton` instanziiert. Bei der Anlage werden diesem die ID `BUT_SUPPLY`, der Text »Erzeuge Teams« und die Aktion `ON_BUT` zugeordnet, die natürlich zuvor angelegt werden muss (siehe Abschnitt 2.4.6, »Aktionen und Ereignisse«). Nach der erfolgten Anlage des `ToolBarButton`-Elements wird dieses zur Toolbar (Methode `add_toolbar_item( )`) ergänzt.

Toolbar und Tool-BarButton anlegen

Nun folgt die Erzeugung des zusätzlichen Ereignisparameters `BUT_MODE` mit dem Wert `SUPPLY` vom Typ `STRING` (g). Wir verwenden zur Typisierung der Parametertabelle das Interface-Attribut `if_wd_event=>parameters` vom Typ `WDR_NAME_VALUE_LIST`, in das der Parameter eingefügt wird und dann mithilfe der Methode `map_on_action( )` des `ToolBarButton`-Elements an diesen übergeben wird. Für alle UI-Elemente, die Ereignisse anbieten, finden Sie in der Methodenliste der repräsentierenden ABAP-Klassen die Methoden `map_on_<Ereignis>( )`, mit denen Sie das Parameter-Mapping durchführen können.

Parameterliste erweitern

Das beschriebene Vorgehen wiederholt sich in unserem Beispiel identisch für den zweiten `ToolBarButton`. Damit ist die dynamische Erzeugung zweier `ToolBarButton`-Elemente mit Ereignisbehandler-Zuordnung und zusätzlicher Ereignisparameter-Erzeugung abgeschlossen, und wir können uns auf die Auswertung des Ereignisses in einer Aktionsbehandler-Methode konzentrieren.

6 | Dynamische Programmierung

6.4.2 Implementierung Aktionsbehandler-Methode

Um Parameter und besonders den zusätzlichen Parameter aus der Schnittstelle der Aktionsbehandler-Methode verwenden zu können, müssen Sie diesen aus dem Methodenparameter wdevent ermitteln. Danach können Sie, basierend auf den gewonnenen Daten, Ihre gewünschte Logik implementieren. Wie bereits in der Einleitung zu diesem Abschnitt erwähnt, befinden sich die Name-/Wertpaare (siehe Abbildung 6.19, ❷) in der Tabelle wdevent->parameters ❶.

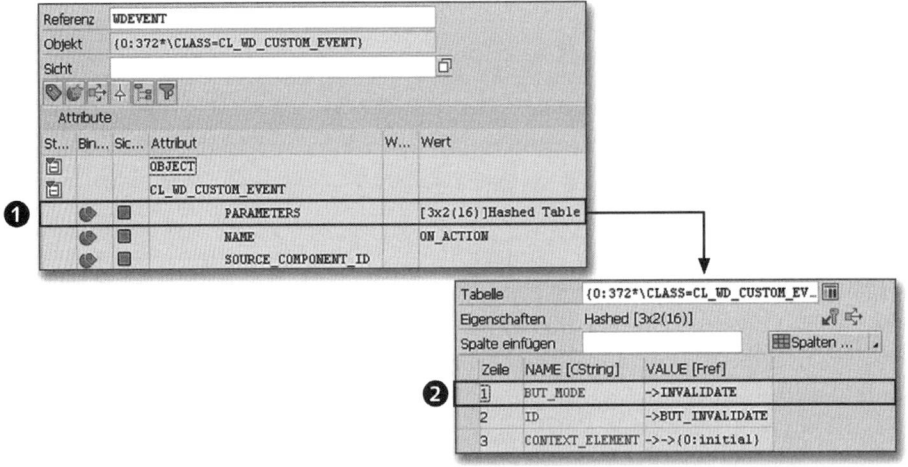

Abbildung 6.19 Zusätzlicher Ereignisparameter

Beispiel In der Abbildung sehen Sie den zusätzlichen Parameter BUT_MODE und seinen Wert INVALIDATE, den wir zuvor dynamisch ergänzt haben. Ein Beispiel für die Reaktion auf den Wert des zusätzlichen Ereignisparameters zeigt Listing 6.17.

```
* Ermittelter Modus aus den Parametern
  DATA: ld_but_mode TYPE string.
* Modus ermitteln = Zusatzparameter
  CALL METHOD wdevent->get_string
    EXPORTING
      name  = 'BUT_MODE'
    RECEIVING
      value = ld_but_mode.
* Reaktion
  IF ld_but_mode = 'INVALIDATE'.
    wd_comp_controller->delete_teams( ).
```

```
ELSEIF ld_but_mode = 'SUPPLY'.
  wd_comp_controller->setctx_scrum_teams( ).
ENDIF.
```

Listing 6.17 Auswertung des dynamischen Ereignisses

Wir verwenden die Hilfsmethode `wdevent->get_string( )` aus dem Ereignisobjekt, um auf den Parameter BUT_MODE zuzugreifen und dessen Wert zu extrahieren. Dieser wird in der Folge als Entscheidungskriterium für die Abarbeitung von Logikzweigen herangezogen.

6.5 Component-Verwendung

In Abschnitt 2.7.1 haben Sie bereits einen Überblick über Component-Verwendungen (*Component Usages*) erhalten. In diesem Abschnitt beschäftigen wir uns mit der dynamischen Programmierung im Kontext der Component-Verwendungen. Dies sind die Themen, die wir dabei behandeln werden:

Themen

- Instanziierung von Component-Verwendungen (statisch und dynamisch)
- Klonen von Component-Verwendungen (statisch und dynamisch)
- Einbettung von Views
- dynamische Registrierung auf Ereignisse

Wenn wir von *statischer Component-Verwendung* sprechen, ist damit der Sachverhalt gemeint, dass der Name der Component zur Entwicklungszeit bekannt ist und dieser Name zu den verwendeten Components einer verwendenden Component ergänzt wurde.

6.5.1 Verwendung von Components

Vor dem Beginn einer Diskussion der Einsatzmöglichkeiten von Verwendungen werden wir nochmals überlegen, wodurch Schnittstellen und deren Vorgaben entstehen. Prinzipiell unterscheiden wir drei Szenarien für die Entstehung und Definition von Schnittstellen zwischen Components (siehe auch Abbildung 6.20), die wir in ihrer Rolle als Verwendende (eine Component, die eine andere verwendet) und Verwendete (eine Component, die von einer anderen verwendet wird) bezeichnen.

Szenarien

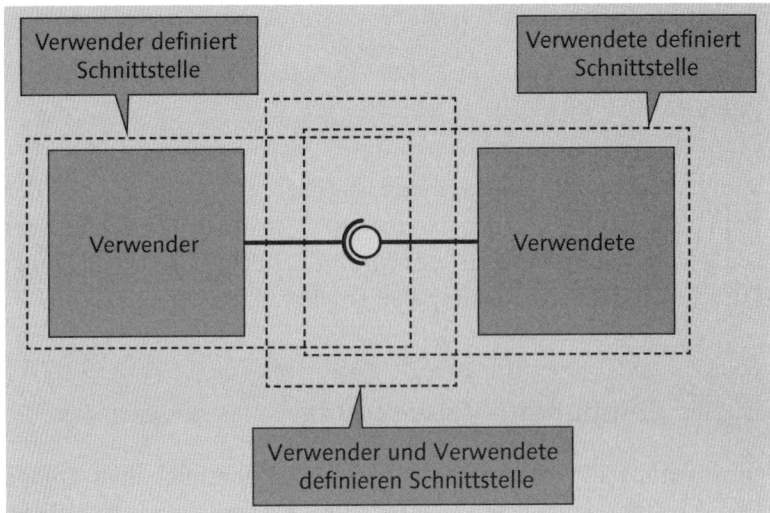

Abbildung 6.20 Component-Schnittstellen

- **Verwendete definiert Schnittstelle**
  Eine Component bietet Funktionen, die für andere Components von Interesse sind. Beispiele für ein solches Szenario sind die Components `SALV_WD_TABLE`, `WDR_SELECT_OPTIONS` oder `WDR_OVS`. In diesem Szenario liegt die »Macht« bei der verwendeten Component, die Schnittstelle und das Protokoll zu bestimmen – d. h., wie mit ihr kommuniziert und wie sie verwendet werden soll. Die Verwender müssen sich an die Vorgaben halten. Dieses Szenario führt im Allgemeinen zu einer statischen (zur Entwicklungszeit festgelegten) Verwendung.

- **Verwender und Verwendete definieren Schnittstelle**
  Dabei handelt es sich um einen demokratischen Prozess, in dem die Bedürfnisse des Verwenders durch die Verwendete umgesetzt und abgebildet werden. Auslöser für diesen Vorgang ist eine architektonische Überlegung hinsichtlich der Trennung von Aufgaben der Components. Diese enge Zusammenarbeit zwischen Verwender und Verwendeter führt oft zu einer starken Kopplung der Components und macht die Wiederverwendung der Verwendeten in anderen Verwendungsszenarien aufwendig.

- **Verwender definiert Schnittstelle**
  In diesem Szenario legt der Verwender die Schnittstelle und das Protokoll fest, die für die Zusammenarbeit mit einer Verwendeten die Basis bilden. Die »Macht« liegt beim Verwender und wird tech-

nisch mithilfe eines Web-Dynpro-Component-Interfaces (WDCI) realisiert. Die Verwendeten müssen dieses Interface implementieren und können dann die Zusammenarbeit anbieten. Ein Beispiel für ein Web-Dynpro-Component-Interface ist `IWD_VALUE_HELP`.

Component-Verwendung

Ist eine Component-Verwendung einer Web-Dynpro-Component definiert (siehe Abbildung 6.21, ❶), werden im verwendenden Controller zwei Einträge bei VERWENDETE CONTROLLER/COMPONENTS aufgelistet: einmal für die Instanziierung der Usage ❷ und einmal für den Zugriff auf die Funktionalität, die im Interface-Controller der verwendeten Component angelegt ist ❸.

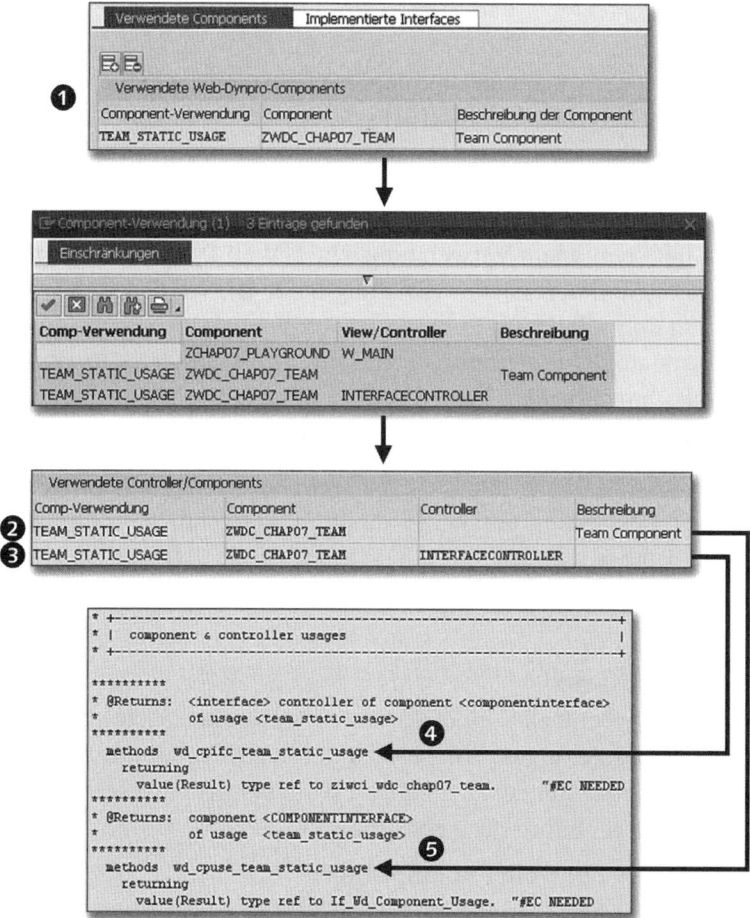

Abbildung 6.21 Verwendungdeklaration Web-Dynpro-Component

6 | Dynamische Programmierung

wd_cpuse_*(),
wd_cpifc_*()

Bei der Deklaration der Verwendung im verwendenden Controller werden die Methoden wd_cpuse_<CompUsage>( ) ❹ und wd_cpifc_<CompUsage>( ) ❺ im Interface des verwendenden Controllers generiert.

- **<CompUsage>**

  Falls ein Controller eine <CompUsage> zu seiner Liste der COMP-VERWENDUNG ergänzt hat, erfolgt der Zugriff auf das Interface der Verwendung mit der Methode wd_this->wd_cpuse_<CompUsage>( ) und liefert ein Interface vom Typ IF_WD_COMPONENT_USAGE.

- **Interface-Controller <CompUsage>**

  Falls ein Controller den INTERFACECONTROLLER der <CompUsage> zu seiner Liste der COMP-VERWENDUNG ergänzt hat, erfolgt der Zugriff auf dieses Interface mit der Methode wd_this->wd_cpifc_<CompUsage>( ) und liefert ein Interface vom Typ (Z)IWCI_<UsedComponent>. Die Elemente des Interfaces, die für die Interaktion mit der verwendeten Component eingesetzt werden, stammen aus der Definition des Interfaces der verwendeten Component.

Component Interface Usage

Ist eine Component-Verwendung eines Web-Dynpro-Component-Interfaces definiert (siehe Abbildung 6.22, ❶), werden im verwendenden Controller zwei Einträge bei VERWENDETE CONTROLLER/COMPONENTS aufgelistet: einmal für die Instanziierung der Verwendung ❷ und einmal für den Zugriff auf die Funktionen, die im Interface-Controller des verwendeten Web-Dynpro-Component-Interfaces angelegt sind ❸.

wd_cpuse_*(),
wd_cpifc_*()

Bei der Deklaration der Verwendung im verwendenden Controller werden die Methoden wd_cpuse_<CompUsage>( ) ❹ und wd_cpifc_<CompUsage>( ) ❺ im Interface des verwendenden Controllers generiert.

- **<CompUsage>**

  Falls ein Controller eine <CompUsage> zu seiner Liste der COMP-VERWENDUNG ergänzt hat, erfolgt der Zugriff auf das Interface der Verwendung mit der Methode wd_this->wd_cpuse_<CompUsage>( ) und liefert ein Interface vom Typ IF_WD_COMPONENT_USAGE.

- **Interface-Controller <CompUsage>**

  Falls ein Controller den INTERFACECONTROLLER der <CompUsage> zu seiner Liste der COMP-VERWENDUNGEN ergänzt hat, erfolgt der

Zugriff auf dieses Interface mit der Methode wd_this->wd_cpifc_
<CompUsage>( ) und liefert ein Interface vom Typ (Z)IWCI_
<UsedComponent>. Die Elemente des Interfaces, die für die Interaktion mit der verwendeten Component eingesetzt werden, stammen aus der Definition des Web-Dynpro-Component-Interfaces.

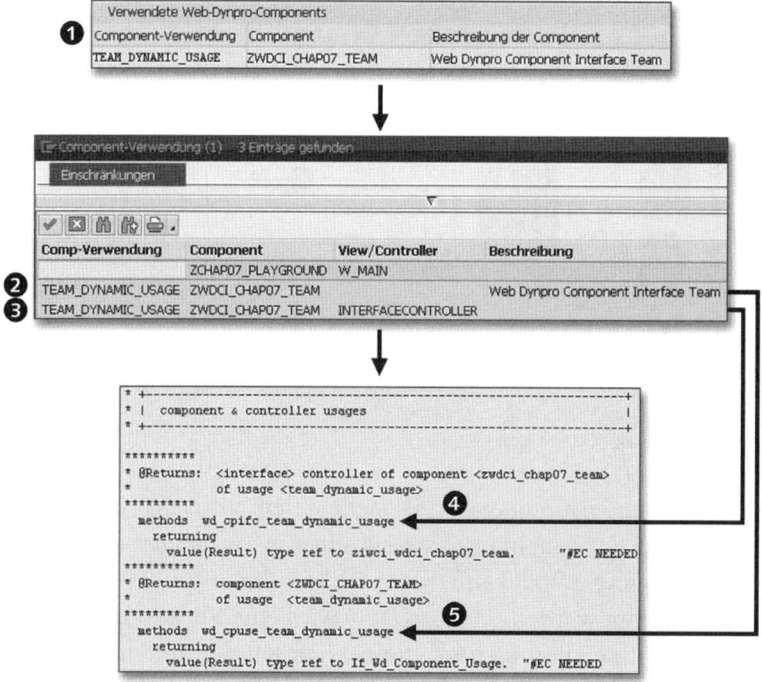

Abbildung 6.22 Verwendungsdeklaration Web-Dynpro-Component-Interface

6.5.2 Klonen von Verwendungserklärungen

In Abschnitt 2.7, »Multi-Component-Architekturen«, haben wir den Einsatz statischer Verwendungserklärungen erläutert. Dabei sind wir vom statischen Einsatz der Usages ausgegangen. In der Praxis tritt jedoch häufiger die Situation ein, dass von einer Usage mehrere Exemplare benötigt werden.

Anzahl zur Laufzeit

- Ist die Anzahl bereits zur Entwicklungszeit bekannt, können entsprechend dieser Anzahl statische Verwendungen angelegt werden.
- Falls sich die Anzahl aber erst während der Laufzeit ermitteln lässt, erfordert dies einen anderen Ansatz, den wir in den folgenden Abschnitten besprechen.

Als Beispiel dazu dient das folgende Szenario: Die Verwender-Component verwaltet Softwareentwicklungsteams. Für die Visualisierung und Verwaltung der Teammitglieder wird eine verwendete Component ❶ eingesetzt (siehe Abbildung 6.23).

Abbildung 6.23 Klonen von Usages

Verwender

Die Verwender-Component ❷ stellt einen Visualisierungsrahmen (TabStrip) für den Interface-View einer verwendeten Component zur Verfügung. Dabei kann die Anzahl der Teams (Tab) nur zur Laufzeit bestimmt werden. Je Team (Tab) wird eine Verwendete instanziiert. Die Instanziierung wird in unserem Beispiel in der Aktionsbehandler-Methode zum Ereignis Select des TabStrip realisiert. Wie wir in der Abbildung angedeutet haben, handelt es sich um das Szenario »Verwendete definiert Schnittstelle« (siehe Abschnitt 6.5.1, »Verwendung von Components«).

IF_WD_COMPONENT_USAGE

Klonen und verwalten

Ist es notwendig, zur Laufzeit mehrere Instanzen einer statischen Usage zu erzeugen, benötigen Sie die Information (Referenz) auf die statische Verwendungserklärung und eine Möglichkeit, diese zu klonen (im Sinn von kopieren). Eine weitere Überlegung betrifft die Verwaltung der zur Laufzeit erzeugten Usages. In Listing 6.18 zeigen wir Ihnen ein Beispiel, in dem diese Aspekte diskutiert werden, und Sie werden sehen, welche Werkzeuge Sie brauchen, um das Klonen und Verwalten von Usages effizient abbilden können.

```abap
  DATA: ld_tab TYPE string,
        ld_vc_id TYPE string.
* Tab-Name ermitteln = Teamname
  ld_tab = wdevent->get_string( 'TAB' ).
* Einbettung View
  CONCATENATE
  'VC'
  ld_tab
  INTO ld_vc_id.
* Usage erzeugen
* Statische Usage
  DATA: lo_cmp_usage TYPE REF TO if_wd_component_usage,
* Neue Usage
        lo_cmp_usage_new LIKE lo_cmp_usage.
* Prüfung, ob Usage schon existiert
  READ TABLE wd_this->gt_static_usage_clones
    INTO lo_cmp_usage_new
    WITH KEY table_line->name = ld_vc_id.
* Falls es die Usage noch nicht gibt
  IF sy-subrc <> 0.
    lo_cmp_usage =   wd_this->wd_cpuse_team_static_usage( ).
* Clone Usage instanziieren
    CALL METHOD lo_cmp_usage->create_comp_usage_of_same_type
      EXPORTING
        name             = ld_vc_id
      RECEIVING
        component_usage = lo_cmp_usage_new.
* Usage implementierende Component instanziieren
    IF lo_cmp_usage_new->has_active_component( ) IS INITIAL.
      lo_cmp_usage_new->create_component( ).
    ENDIF.
* Usage anfügen
    APPEND lo_cmp_usage_new TO
      wd_this->gt_static_usage_clones.
  ENDIF. "exists
```

Listing 6.18 Klone einer statischen Verwendungserklärung

Um eine statische Verwendungserklärung zu klonen, müssen Sie die folgenden Schritte durchführen:

Statische Verwendungserklärung klonen

1. Die Implementierung der Aktionsbehandler-Methode in das Ereignis Select des UI-Elements Tab beginnt mit der Ermittlung der Bezeichnung des Tabs. Diese Bezeichnung wird in der Folge zur

Erzeugung der Bezeichnung des Elements `ViewControllerUIElement` verwendet, in das der View der verwendeten Component dynamisch eingebettet wird. Das `ViewControllerUIElement` wurde zuvor dynamisch angelegt (siehe Abschnitt 6.3.4, »UI-Elemente anlegen«). Zudem wird der Name als Bezeichner für die dynamisch erzeugte Usage verwendet.

2. Dynamisch erzeugte Usages werden mithilfe einer internen Tabelle (`wd_this->gt_static_usage_clones`) verwaltet. Diese besitzt den Typ `WD_COMPONENT_USAGE_GROUP` und wird als Controller-Attribut definiert. Der Zeilentyp der Usage-Tabelle ist `IF_WD_COMPONENT_USAGE`.

   Eine Alternative zur Ablage in einer Tabelle stellt die Struktur `WDAPI_COMPONENT_USAGE` dar. Diese kann als Typ eines Attributs zur Ablage einer Usage-Referenz dienen. Der Tabellentyp `WDAPI_COMPONENT_USAGES`, der diese Struktur als Zeilentyp besitzt, kann als Variante zu `WD_COMPONENT_USAGE_GROUP` eingesetzt werden. Der Unterschied der beiden Tabellentypen besteht in der Menge an Informationen, die zu einer Usage abgelegt wird.

3. Falls die Usage noch nicht existiert, wird mithilfe der Methode `wd_this->wd_cpuse_team_static_usage( )` die Referenz auf die statische Verwendungserklärung ermittelt, die vom Typ `IF_WD_COMPONENT_USAGE` ist.

4. Die Methode `create_comp_usage_of_same_type( )` aus dem Interface `IF_WD_COMPONENT_USAGE` dient zum Klonen der statischen Verwendungserklärung und stellt damit die zentrale Funktion im Listing dar. Beim Aufruf der Methode müssen Sie einen Namen für die dynamisch erzeugte Usage übergeben. Diese wird genauso benannt wie z. B. das `ViewControllerUIElement`, in das der Interface-View der Usage eingebettet wird.

5. Die Methode `create_component( )`, aufgerufen über die neue Usage, sorgt für die Instanziierung der Component.

6. Abschließend sichern wir die Referenz der neuen Usage in die Usage-Tabelle. Sollte der Benutzer zu einem späteren Zeitpunkt nochmals auf den Tab klicken, kann er auf die vorhandene Instanz zugreifen.

Das Interface `IF_WD_COMPONENT_USAGE` bietet noch weitere Methoden für die Arbeit mit Usages an, die in Tabelle 6.5 aufgelistet sind.

Weitere Methoden

Name	Beschreibung
`create_component( )`	Instanziierung einer Component in einer Usage
`delete_component( )`	Entfernung der Component-Instanz in einer Usage
`has_active_component( )`	Feststellung, ob eine Usage eine instanziierte Component besitzt
`get_interface_controller( )`	den Interface-Controller der instanziierten Component ermitteln
`add_event_handler( )`	Registrierung einer Ereignis-behandler-Methode zu einem Ereignis der Usage
`create_comp_usage_of_same_type( )`	Erzeugung einer Component Usage vom selben Typ
`get_component_usage_info( )`	Ermittlung der Beschreibung (Metainformation) einer Component Usage
`remove_event_handler( )`	Deregistrierung einer Ereignis-behandler-Methode

Tabelle 6.5 Methoden von IF_WD_COMPONENT_USAGE

IF_WD_COMPONENT_USAGE_GROUP

Alternativ zum Interface `IF_WD_COMPONENT_USAGE` und der Anlage einer internen Tabelle zur Verwaltung der Usages können Sie auch einen Mechanismus verwenden, der vom Web-Dynpro-Framework angeboten wird. Das Interface `IF_WD_COMPONENT_USAGE_GROUP` bietet Ihnen die Infrastruktur, um einfach und elegant den Verwaltungsaspekt der dynamisch erzeugten Verwendungen abzubilden.

Elegante Verwaltung von Usages

Die Verwendung des Interfaces bedingt, dass Sie eine Referenz auf das Interface `IF_WD_COMPONENT` ermitteln. Dazu stehen unterschiedliche Möglichkeiten zur Verfügung. In Abbildung 6.24 sehen Sie eine Ermittlungsvariante aus dem Kontext eines View-Controllers.

IF_WD_COMPO-NENT ermitteln

6 | Dynamische Programmierung

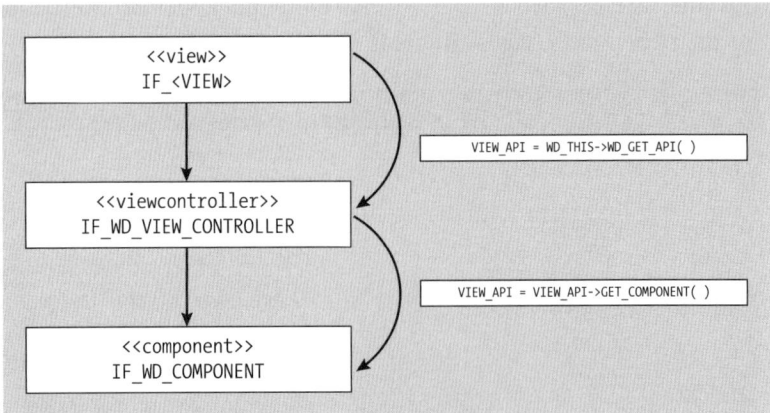

Abbildung 6.24 IF_WD_COMPONENT ermitteln

Variante 1 Ausgehend von einer Controller-Methode in einem View-Controller, kann durch die Selbstreferenz `wd_this->wd_get_api( )` die Referenz auf die View-Controller-API ermittelt werden, die vom Typ IF_WD_VIEW_CONTROLLER ist. Über die ermittelte Referenz wird mithilfe der Methode `get_component( )` die Referenz auf die Component-API beschafft, die vom Typ IF_WD_COMPONENT ist. In Listing 6.19 haben wir den beschriebenen Weg als »Variante 1« implementiert und noch zwei weitere Varianten für die Ermittlung der Component-API realisiert – viele Wege führen nach Rom!

```
* View-Controller-API
  DATA: lo_view_api TYPE REF TO if_wd_view_controller,
* Component-Controller
      lo_comp_controller TYPE REF TO ig_componentcontroller,
* Component-API
      lo_comp_api TYPE REF TO if_wd_component.
************************************************************
* Referenz auf die Component-API ermitteln
* Variante 1
  lo_view_api = wd_this->wd_get_api( ).
  lo_comp_api = lo_view_api->get_component( ).
* Variante 2
*  lo_comp_controller =
*    wd_this->get_componentcontroller_ctr( ).
*  lo_comp_api = lo_comp_controller->wd_get_api( ).
* Variante 3
*  lo_comp_api = wd_comp_controller->wd_get_api( ).
```

Listing 6.19 Referenz auf Component-API

In Variante 2 wird in einem ersten Schritt die Referenz auf das globale Interface des Component-Controllers vom Typ IG_COMPONENT-CONTROLLER ermittelt. Über diese Referenz ermitteln Sie mit der Methode wd_get_api( ) wiederum die Referenz auf die Component-API, die vom Typ IF_WD_COMPONENT ist.

Variante 2

In Variante 3 – der kompaktesten Variante – verwenden Sie die Referenz wd_comp_controller auf den Component-Controller, die in den Attributen des View-Controllers als Standardattribut vorhanden ist. Über diese Referenz ermitteln Sie mit der Methode wd_get_api( ) wiederum die Referenz auf die Component-API, die vom Typ IF_WD_COMPONENT ist.

Variante 3

Ausgehend von der Referenz auf IF_WD_COMPONENT, können Sie die Referenz auf eine Usage Group ermitteln. Dazu stehen Ihnen die Methoden get_cmp_usage_group( ), has_cmp_usage_group( ) sowie create_cmp_usage_group( ) zur Verfügung, mit denen Sie den Umgang mit Usage Groups implementieren können. Listing 6.20 zeigt ein Beispiel für das Handling von Usage Groups.

IF_WD_COMPO-NENT_USAGE_GROUP ermitteln

```abap
* Referenz auf Usage Group
DATA: lo_comp_usage_group TYPE REF TO
        if_wd_component_usage_group,
* Name der Usage Group
      ld_name_comp_usage_group TYPE string
          VALUE 'CUG_TEAM'.
* Gibt es die Usage Group bereits?
IF lo_comp_api->has_cmp_usage_group(
    ld_name_comp_usage_group ) = abap_true.
* Die Referenz auf die Usage Group ermitteln
  lo_comp_usage_group = lo_comp_api->get_cmp_usage_group(
    ld_name_comp_usage_group ).
  ENDIF.
* Falls die Usage Group nicht existiert, dann anlegen
* Anmerkung: Immer der gleiche Typ, egal, ob statische oder
*            dynamische Verwendung
IF lo_comp_usage_group IS NOT BOUND.
  lo_comp_usage_group =
    lo_comp_api->create_cmp_usage_group(
      name = ld_name_comp_usage_group
*     used_component = 'ZWDCI_CHAP06_TEAM'). "Dynamischer Typ
      used_component = 'ZWDC_CHAP06_TEAM').  "Statischer Typ
ENDIF.
```

Listing 6.20 Usage Group ermitteln/instanziieren

6 | Dynamische Programmierung

Usage Group ermitteln

Das Listing beginnt mit der Deklaration einer Referenz für die zu ermittelnde bzw. anzulegende Usage Group vom Typ IF_WD_COMPO-NENT_USAGE_GROUP und mit dem Namen der Gruppe. Mithilfe der Referenz auf die Component-API (lo_comp_api) wird mit der Methode has_cmp_usage_group( ) festgestellt, ob die Usage Group bereits vorhanden ist. Ist dies der Fall, wird die Referenz mit der Methode get_cmp_usage_group( ) ermittelt.

Usage Group hinzufügen

Ist die Usage Group noch nicht vorhanden, verwenden Sie die Methode create_cmp_usage_group( ), um eine neue Gruppe mit einem bestimmten Namen und einem statischen (dynamischen) Typ zu instanziieren. Der Typ ist der Name der Web-Dynpro-Component (Web-Dynpro-Component-Interface), die in der statischen (dynamischen) Verwendungserklärung benutzt wurde.

Usage Group verwenden

Das Verwenden der Usage Group umfasst das Anlegen, Auslesen und Löschen von Usages. In Listing 6.21 zeigen wir Ihnen das Beispiel aus dem vorangegangenen Abschnitt, dieses Mal jedoch mithilfe von Usage Groups implementiert.

```
* Arbeiten mit einzelnen Usages
  DATA: ld_tab TYPE string,
        ld_vc_id TYPE string.
* Tab-Name ermitteln = Teamname
  ld_tab = id_tab_name.
* Einbettung des Views
  CONCATENATE
  'VC'
  ld_tab
  INTO ld_vc_id.
* Usage erzeugen
  DATA: lo_if_controller TYPE REF TO ziwci_wdc_chap06_team.
* Statische Usage
  DATA: lo_cmp_usage TYPE REF TO if_wd_component_usage,
* Neue Usage
        lo_cmp_usage_new LIKE lo_cmp_usage.
* Prüfung, ob Usage schon existiert
  lo_cmp_usage_new =
     lo_comp_usage_group->get_component_usage( ld_vc_id ).
* Falls es die Usage noch nicht gibt
  IF lo_cmp_usage_new IS NOT BOUND.
* Usage anlegen
     lo_cmp_usage_new =
       lo_comp_usage_group->add_component_usage(
         name = ld_vc_id ).
* Usage implementierende Component instanziieren
```

```
  IF lo_cmp_usage_new->has_active_component( ) IS INITIAL.
    lo_cmp_usage_new->create_component( ).
  ENDIF.
ENDIF. "exists
```
Listing 6.21 Usage in Usage Group ergänzen

Über die Referenz auf die Usage Group kann mit der Methode `get_component_usage( )` die Usage mit einem bestimmten Namen ermittelt werden. Existiert diese Usage noch nicht, wird eine ungebundene Referenz zurückgeliefert. Mit der Methode `add_component_usage( )` der Usage Group können Sie eine neue Usage anlegen, die zusätzlich in die Usage Group ergänzt wird.

In Tabelle 6.6 sind alle relevanten Methoden des Interfaces `IF_WD_COMPONENT_USAGE_GROUP` aufgelistet und beschrieben. Hier finden Sie die Details zu den Methoden.

Methoden

Name	Beschreibung
`get_component_usage( )`	Diese Methode liefert eine Referenz auf eine Usage, wobei sie den Namen der Usage an die Methode übergibt.
`get_component_usages( )`	Diese Methode liefert alle Usages aus der Gruppe. Die Rückgabe ist vom Typ `WDAPI_COMPONENT_USAGES`.
`add_component_usage( )`	Mit dieser Methode können Sie eine neue Usage in die Usage Group einfügen. Die Methode bietet die folgenden Parameter an: ▸ NAME = eindeutiger Name der Usage ▸ LIFECYCLE_CONTROL = steuert, ob manuell oder automatisch instanziiert wird. ▸ EMBEDDING_POSITION = definiert die Einbettungsposition für einen View. Die Position wird nach dem Schema '<Name View>/<Name Container>.<Name Sub-View>/<Name Container2>*' beschrieben. ▸ USED_COMPONENT = Name der verwendeten Component

Tabelle 6.6 Methoden von IF_WD_COMPONENT_USAGE_GROUP

Name	Beschreibung
remove_component_usage( )	Mit dieser Methode entfernen Sie eine Usage aus der Gruppe, die Sie als Referenz an die Methode übergeben.
remove_all_cmp_usages( )	Mit dieser Methode leeren Sie die Gruppe.
set( )	Mit dieser Methode setzen Sie die Eigenschaften einer Usage. Sie übergeben den NAME der Usage, die EMBEDDING_POSITION und USED_COMPONENT.

Tabelle 6.6 Methoden von IF_WD_COMPONENT_USAGE_GROUP (Forts.)

6.5.3 Dynamische View-Einbettung

Durch die Usage-Erklärung stehen der verwendenden Component Elemente der Schnittstelle von Verwendeten (statisch, dynamisch) zur Verfügung. Dies können unter anderen Elementen natürlich auch Interface-Views sein. Wie diese dynamisch eingebunden werden, zeigen wir Ihnen in diesem Abschnitt. Das Prinzip der Einbettung eines Views während der Entwicklungszeit wurde bereits in Abschnitt 2.3, »View«, besprochen. An dieser Stelle geht es darum, wie Sie während der Laufzeit Interface-Views in Einbettungspositionen einblenden können. Listing 6.22 veranschaulicht das Konzept der dynamischen View-Einbettung.

```
* Referenzen für die Navigation
  DATA: lr_api_view TYPE REF TO if_wd_view_controller,
        lr_view_info TYPE REF TO if_wd_rr_view,
        lr_comp_usage TYPE REF TO if_wd_component_usage,
        ld_embedding_pos TYPE string.
* Hole die API des aktuellen Controllers
  lr_api_view = wd_this->wd_get_api( ).
* Einbettungsposition
  CONCATENATE
  'V_SCRUM_TEAMS/'
  ld_vc_id
  INTO ld_embedding_pos.
* Teams-View
  CALL METHOD
    lr_api_view->prepare_dynamic_navigation
    EXPORTING
      source_window_name      = 'W_MAIN'
      source_vusage_name      = 'V_SCRUM_TEAMS_USAGE_1'
```

```
      source_plug_name           = 'OUT_SCRUM_TEAMS'
      target_component_name      = 'ZWDC_CHAP06_TEAM'
      target_component_usage     = ld_vc_id
      target_view_name           = 'W_MAIN'
      target_plug_name           = 'IN_SCRUM_TEAM'
      target_embedding_position  = ld_embedding_pos
    RECEIVING
      component_usage            = lr_comp_usage.
* Fire: Übergang auslösen und damit die Visualisierung
  wd_this->fire_out_scrum_teams_plg( ).
```

Listing 6.22 Dynamische Einbettung eines Interface-Views

Das Listing beginnt mit der Ermittlung der Laufzeit-API des View/Window-Controllers (`wd_this->wd_get_api( )`), von dem aus die Definition der View-Einbettung erfolgt. Dieser ist vom Typ `IF_WD_VIEW_CONTROLLER` und bietet aufgrund der Einbettung des Interfaces `IF_WD_NAVIGATION_SERVICES` die Methode `prepare_dynamic_navigation( )`. Darüber hinaus steht im Interface `IF_WD_NAVIGATION_SERVICES` die Methode `do_dynamic_navigation( )` bereit, die für den Navigationsübergang zum View sorgt und die wir später noch verwenden werden.

IF_WD_NAVI-
GATION_SERVICES

Für die Einbettung eines Views wird die Einbettungsposition benötigt. Wie Sie in Abschnitt 2.3, »View«, gelesen haben, kann dies ein Window oder ein `ViewContainerUIElement` sein. Um nun die konkrete Position anzugeben, müssen wir einen String erstellen, der den Pfad zur Position beinhaltet. Der Aufbau des Textes folgt dabei dem Schema: <ÄUSSERER_VIEW>/<CONTAINER>.<INNERER_VIEW>/<CONTAINER>, also z. B. V_SCRUM_TEAMS/VC<TEAM_NAME>, wenn V_SCRUM_TEAM der äußere View der Einbettung und VC<TEAM_NAME> das `ViewContainerUIElement` des Containers ist, dem der Interface-View zugeordnet wird. In Listing 6.22 wird der Text der Einbettungsposition dynamisch erstellt.

Einbettungsposition

Der wichtigste Abschnitt im Listing betrifft die Einbettung des Interface-Views, die durch den Aufruf der Methode `prepare_dynamic_navigation( )` über die View-Controller-API erreicht wird. Die Formalparameter der Methode haben die folgenden Bedeutungen:

prepare_dynamic_
navigation( )

- `source_window_name`
  An diesen Parameter übergeben Sie den Namen des Windows in der Verwendenden, in der sich die Einbettungsposition befindet.

6 | Dynamische Programmierung

- `source_vusage_name`
  An diesen Parameter übergeben Sie den Namen der View-Verwendung aus dem Window für den View, in den der Interface-View eingebettet wird.

- `source_plug_name`
  An diesen Parameter übergeben Sie den Namen des Outbound-Plugs des Views, von dem aus der Navigationsübergang zum Interface-View startet.

- `target_component_name`
  An diesen Parameter übergeben Sie den Namen der Web-Dynpro-Component oder des Web-Dynpro-Component-Interfaces aus der Usage.

- `target_component_usage`
  An diesen Parameter übergeben Sie den Namen der statischen oder dynamischen Usage.

- `target_view_name`
  An diesen Parameter übergeben Sie den Namen des Interface-Views, der eingebettet werden soll.

- `target_plug_name`
  An diesen Parameter übergeben Sie den Namen des Inbound-Plugs des Interface-Views.

- `target_embedding_position`
  An diesen Parameter übergeben Sie die Einbettungsposition des Interface-Views.

Einbettung, Navigationslink, Auslösung

Durch den Aufruf der Methode `prepare_dynamic_navigation( )` wird der Interface-View eingebettet und ein dynamischer Navigationslink erstellt. Jedoch ist der alleinige Aufruf der Methode nicht ausreichend für die Visualisierung des Views. Zusätzlich müssen Sie noch den Outbound-Plug des Source-Views feuern (`wd_this->fire_out_scrum_teams_plg( )`), um diesen anzustoßen.

do_dynamic_navigation( )

Die Methode `do_dynamic_navigation( )` stellt eine Alternative zur Definition der Einbettung und zum Auslösen des Navigationsübergangs dar. Sie koppelt die Funktionalität der `prepare_dynamic_navigation( )` und der Methode `fire_*`. Somit ist nur ein Aufruf zur Definition und zum Anstoß der Navigation notwendig.

Darüber hinaus bietet das in das Interface `IF_WD_VIEW_CONTROLLER` eingebettete Interface `IF_WD_NAVIGATION_SERVICES_NEW` auch die

Methoden `prepare_dynamic_navigation( )` und `do_dynamic_navigation( )` an. Der Unterschied zu den gleichnamigen Methoden aus dem Interface IF_WD_NAVIGATION_SERVICES ist, dass die Plugs nicht zur Entwicklungszeit existieren müssen, sondern während der Laufzeit erzeugt werden. Ein weiterer Unterschied liegt in der Typisierung des Ergebnisobjekts: Im Fall der IF_WD_NAVIGATION_SERVICES-Methoden wird eine Referenz auf das Interface IF_WD_COMPONENT_USAGE retourniert, im Fall der Methoden aus dem Interface IF_WD_NAVIGATION_SERVICES_NEW eine Referenz auf das Interface IF_WD_REPOSITORY_HANDLE.

Das Interface IF_WD_VIEW_CONTROLLER bettet die Interfaces IF_WD_CONTROLLER, IF_WD_NAVIGATION_SERVICES und IF_WD_NAVIGATION_SERVICES_NEW ein. Eine Auswahl der für die praktisch Arbeit wichtigsten Methoden und deren Beschreibungen finden Sie in Tabelle 6.7.

Relevante Methoden

Name	Beschreibung
if_wd_navigation_services_new~prepare_dynamic_navigation( )	Diese Methode bietet Ihnen die Möglichkeit, einen Interface-View an einer Einbettungsposition einzubinden und einen Navigationsübergang mithilfe noch nicht existierender Plugs zu definieren.
if_wd_navigation_services_new~do_dynamic_navigation( )	Diese Methode bietet Ihnen die Möglichkeit, einen Interface-View an einer Einbettungsposition einzubinden und einen Navigationsübergang mithilfe noch nicht existierender Plugs zu definieren. Zudem löst diese Methode den Navigationsübergang aus.
if_wd_navigation_services~prepare_dynamic_navigation( )	Diese Methode bietet Ihnen die Möglichkeit, einen Interface-View an einer Einbettungsposition einzubinden und einen Navigationsübergang mithilfe existierender Plugs zu definieren.
if_wd_navigation_services~do_dynamic_navigation( )	Diese Methode bietet Ihnen die Möglichkeit, einen Interface-View an einer Einbettungsposition einzubinden und einen Navigationsübergang mithilfe existierender Plugs zu definieren. Außerdem löst diese Methode den Navigationsübergang aus.

Tabelle 6.7 Methoden von IF_WD_VIEW_CONTROLLER

Name	Beschreibung
if_wd_navigation_services~remove_dynamic_meta_data( )	Mit dieser Methode können Sie dynamisch erzeugte Metadaten entfernen, wie z. B. einen Navigationsübergang.
if_wd_controller~get_component( )	Mit dieser Methode ermitteln Sie die Referenz auf die Component.
if_wd_controller~get_controller_info( )	Mit dieser Methode ermitteln Sie das Beschreibungsobjekt des Controllers.

Tabelle 6.7 Methoden von IF_WD_VIEW_CONTROLLER (Forts.)

6.5.4 Dynamische Ereignisregistrierung

Die Ereignisse wurden in Abschnitt 2.4.6, »Aktionen und Ereignisse«, ausführlich behandelt. Hier zeigen wir Ihnen die Möglichkeiten, während der Laufzeit die Registrierung auf Ereignisse vorzunehmen.

Wurde eine Component-Verwendung nicht zur Entwicklungszeit definiert, ist eine statische Registrierung einer Ereignisbehandler-Methode für ein Ereignis in der verwendeten Component zur Entwicklungszeit nicht möglich. Jedoch bietet das Web-Dynpro-Framework eine Alternative, um die Registrierung während der Laufzeit vorzunehmen. Dazu muss im ersten Schritt die Referenz auf die Usage ermittelt werden. Über diese Referenz wird im nächsten Schritt die Methode add_event_handler( ) aufgerufen und die Registrierung durchgeführt. Listing 6.23 veranschaulicht diesen Vorgang.

```
* Ereignisregistrierung
* View-Controller-API
    DATA: lo_view_api TYPE REF TO if_wd_view_controller.
    lo_view_api = wd_this->wd_get_api( ).

    CALL METHOD lo_cmp_usage_new->add_event_handler
      EXPORTING
        listener        = lo_view_api
        handler_name    = 'ON_SELECT_TEAM_MEMBER'
        controller_name = 'INTERFACECONTROLLER'
        event_name      = 'TEAM_MEMBER_SELECT'.
```

Listing 6.23 Ereignisbehandler registrieren

Bevor Sie mit der dynamischen Registrierung eines Ereignisbehandlers beginnen können, müssen Sie diesen in den Methoden des implementierenden Controllers definiert haben. In unserem Beispiel in Listing 6.23 ist dies der Ereignisbehandler ON_SELECT_TEAM_MEMBER. Wie alle Ereignisbehandler besitzt dieser den Parameter wdevent, über den die Daten des Ereignisses zur Verfügung gestellt werden.

Für die dynamische Registrierung eines Ereignisbehandlers auf ein Ereignis aus dem Interface-Controller einer Usage benötigen Sie die Referenz auf die Usage. In unserem Beispiel sind wir davon ausgegangen, dass diese bereits ermittelt wurde (lo_cmp_usage_new). Außerdem müssen Sie die Referenz auf die Controller-API herausfinden (lo_view_api), in unserem Fall von einem View-Controller.

Referenzen ermitteln

Über die Referenz der Usage können Sie die Methode add_event_handler( ) aufrufen. Die Parameter der Methode haben dabei die folgende Bedeutung:

Parameter von add_event_handler( )

- listener
  Dieser Parameter dient dazu, die Controller-API des behandelnden Controllers zu übergeben.

- handler_name
  Dieser Parameter dient dazu, den Namen der Ereignisbehandler-Methode zu übergeben.

- controller_name
  Dieser Parameter dient dazu, den Namen des Controllers zu übergeben, zu dem das Ereignis gehört (in dem es definiert ist).

- event_name
  Dieser Parameter dient dazu, den Namen des Ereignisses zu übergeben.

Nachdem Sie die Registrierung des Ereignisses erfolgreich abgeschlossen haben, können Sie sich der Implementierung des Ereignisbehandlers zuwenden. Wie bereits erwähnt, wird an den Ereignisbehandler-Methodenparameter wdevent das Ereignisobjekt mit den aktuellen Daten des Ereignisses übergeben. In Abbildung 6.25 sehen Sie die Daten im Ereignisobjekt für unser Beispiel.

wdevent

Mithilfe des Objektattributs wdevent->parameters ❶ des Ereignisobjekts können Sie die Daten ermitteln ❷, die vom Ereignis der auslösenden Component über dessen Parameter geliefert werden. In unserem Fall sind dies zwei Datenreferenzen, die ausgelesen werden können: ED_TEAM_MEMBER_ID und ER_TEAM_MEMBER_ELEMENT. Den Wert des Parameters ED_TEAM_MEMBER_ID können Sie einfach über

Ereignisdaten

6 | Dynamische Programmierung

die Methode `get_string( name = 'ED_TEAM_MEMBER_ID' )` des Ereignisobjekts herausfinden.

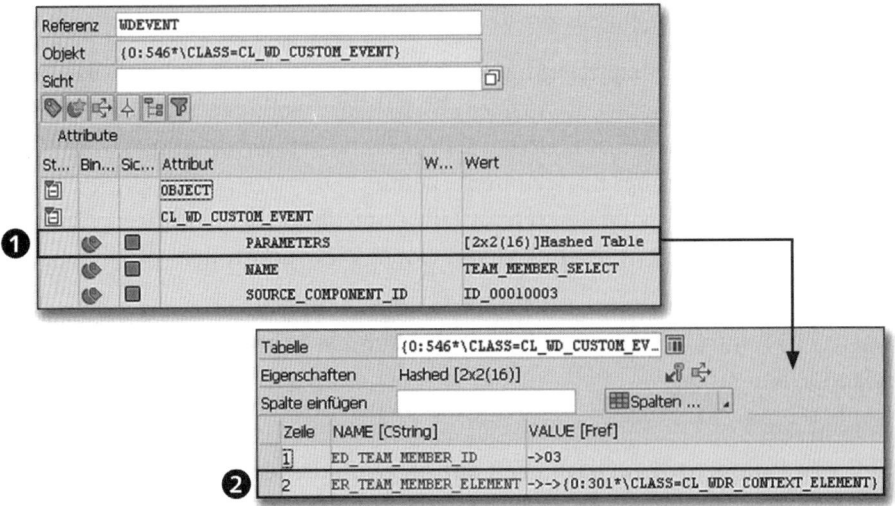

Abbildung 6.25 Ereignisparameter

Daten- und Objektreferenzen

Interessanter wird der Parameter ER_TEAM_MEMBER_ELEMENT zu ermitteln sein, da dieser als eine Datenreferenz (wie alle Elemente der Tabelle PARAMETERS) auf eine Objektreferenz realisiert ist. Da Sie die Extraktion der Referenzen oft betreffen wird, haben wir Ihnen in Listing 6.24 die Schritte zur Ermittlung der Objektreferenz als Beispiel zusammengestellt.

```
DATA: lr_team_member_element TYPE REF TO
        if_wd_context_element,
* Eine Zeile aus den WDEVENT-Parametern
        lr_event_parameter TYPE wdr_event_parameter,
* Datenreferenz-Beschreibung
        lr_refdescr TYPE REF TO cl_abap_refdescr.
* Dereferenzierung der Datenreferenz
  FIELD-SYMBOLS: <fs_ref> TYPE any.
***
* Referenz auf Member-Element auslesen
  READ TABLE wdevent->parameters INTO lr_event_parameter
    WITH KEY name = 'ER_TEAM_MEMBER_ELEMENT'.
* Gefunden?
  IF sy-subrc = 0.
* Das Datenreferenz-Beschreibungsobjekt erzeugen
    lr_refdescr ?= cl_abap_typedescr=>describe_by_data_ref(
      lr_event_parameter-value ).
```

```
* Dereferenzierung der Datenreferenz mit RTTS
    ASSIGN lr_event_parameter-value->* TO <fs_ref>
      CASTING TYPE HANDLE lr_refdescr.
* Objektreferenz auf Context-Element Team Member ermitteln
    lr_team_member_element ?= <fs_ref>.
* Hier kommt die Logik
* ...
  ENDIF.
```

Listing 6.24 Objektreferenz extrahieren

Aus der Tabelle PARAMETERS des Ereignisobjekts lesen wir den Eintrag mit dem Namen ER_TEAM_MEMBER_ELEMENT. Zur Ablage der Information verwenden wir eine Variable vom Typ WDR_EVENT_PARAMETER, d. h. den Zeilentyp der Tabelle PARAMETERS. Falls dieser Eintrag gefunden wurde, können wir uns der Ermittlung der Objektreferenz zuwenden.

Parameter auslesen

Nachdem ein Cast von einer Datenreferenz auf eine Objektreferenz nicht direkt möglich ist, verwenden wir die Run Time Type Services, um ein Beschreibungsobjekt zu erzeugen. Dieses Beschreibungsobjekt verwenden wir zur Dereferenzierung unter Zuhilfenahme eines Feldsymbols (<fs_ref>). Mithilfe des Feldsymbols und eines Casts können wir die Objektreferenz auf das Element extrahieren und mit der Implementierung der Logik fortfahren.

RTTS und Feldsymbol

Das Interface IF_WD_COMPONENT_USAGE bietet noch weitere Methoden für die Arbeit mit Ereignissen an, die in Tabelle 6.8 aufgelistet sind.

Relevante Methoden

Name	Beschreibung
add_event_handler( )	Registrierung einer Ereignisbehandler-Methode zu einem Ereignis der Usage
remove_event_handler( )	Deregistrierung einer Ereignisbehandler-Methode

Tabelle 6.8 Methoden von IF_WD_COMPONENT_USAGE

Eingabehilfen und semantische Hilfen steigern den Benutzerkomfort bei der Interaktion mit der Anwendung, die Qualität der eingegebenen Daten und die Usability. In diesem Kapitel lernen Sie, wie Sie Auswahlmöglichkeiten, Wertehilfen und semantische Hilfen für Ihre Web-Dynpro-Anwendung einsetzen können.

7 Eingabe- und semantische Hilfen

Eingabehilfen für den Benutzer einer Web-Dynpro-Anwendung haben vielfältige Auswirkungen. Sie erhöhen z. B. die Benutzerfreundlichkeit, steigern die Arbeitsgeschwindigkeit, verringern Eingabefehler durch die Benutzer und reduzieren so andere Aufwände, etwa im Support. Web Dynpro bietet eine breite Palette an Möglichkeiten zur Realisierung von Eingabehilfen, die in zwei große Gruppen unterteilt werden können:

- **Auswahlmöglichkeiten**
  Auswahlmöglichkeiten bieten dem Benutzer eine vordefinierte Menge selektierbarer Werte. Diese Menge kann aus dem ABAP Dictionary stammen oder zur Laufzeit durch den Entwickler aufgebaut werden. Der Benutzer kann nur aus dieser vordefinierten Menge von Werten auswählen. Der Umfang der Werte ist im Allgemeinen sehr gering.

- **Wertehilfen**
  Im Gegensatz dazu stellen Wertehilfen komplexe Selektionsmethoden dar. Die Menge der Werte ist signifikant höher als bei den Auswahlmöglichkeiten. Darum wird auch ein mehrstufiges Selektionsverfahren verwendet. Der bekannteste Vertreter der Kategorie Wertehilfen ist die Suchhilfe.

Zudem muss der Benutzer bei der Auswahl von Werten unter Umständen durch Hilfetexte und Zusatzinformationen unterstützt werden. Web Dynpro bietet verschiedene technische Möglichkeiten,

Semantische Hilfe

um dem Benutzer von kurzen Hilfetexten bis zu ausführlichen Dokumentationstexten inhaltliche Hilfestellung anzubieten. Wir werden die unterschiedlichen Varianten dieser semantischen Hilfen in diesem Kapitel besprechen.

7.1 Implementierung von Auswahlmöglichkeiten

UI-Elemente

In diesem Abschnitt konzentrieren wir uns auf die Möglichkeiten in Web-Dynpro-Anwendungen, dem Benutzer eine Menge von Werten anzubieten und diese zu visualisieren. Für solche Auswahlmöglichkeiten können Sie die folgenden UI-Elemente verwenden:

- `DropDownByIndex`
- `DropDownByKey`
- `DropDownListBox`
- `RadioButton`
- `RadioButtonGroupByIndex`
- `RadioButtonGroupByKey`
- `CheckBox`
- `CheckBoxGroup`
- `ItemListBox`
- `TriStateCheckBox`

> **Vollständige Behandlung der UI-Elemente**
>
> In diesem Kapitel werden die UI-Elemente nicht vollständig dargestellt, sondern nur der Aspekt der Auswahl von Werten wird erläutert. Eine umfassende Diskussion aller Fähigkeiten der UI-Elemente finden Sie in Kapitel 4, »UI-Elemente und ihre Eigenschaften«.

7.1.1 Dropdown-Menüs

1 aus n

Die erste Kategorie von Möglichkeiten für die Benutzerauswahl sind UI-Elemente für Dropdown-Menüs. Diese bieten dem Benutzer eine Liste von Werten an, aus denen dieser einen Eintrag auswählen kann. Diese Art der Auswahl wird als *1 aus n* bezeichnet, da ein Eintrag aus einer Menge von Werten ausgewählt wird. Dies bedeutet aber auch, dass auf alle Fälle einer der Einträge selektiert wird.

Die grafischen Bestandteile einer Dropdown-Liste sind ein Textfeld, ein Button und eine Auswahlliste. Ein bereits ausgewählter Listeneintrag wird im Textfeld dargestellt. Die Liste aller möglichen Werte wird angezeigt, wenn der Button angeklickt wird. Die Dropdown-Auswahlmöglichkeiten stehen in Web Dynpro in drei Varianten zur Verfügung:

Textfeld, Button und Auswahlliste

- DropDownByIndex
- DropDownByKey
- DropDownListBox

Die drei Varianten unterscheiden sich nicht in der Visualisierung. Der prinzipielle Unterschied besteht in der Art der Anbindung an den Context.

DropDownByIndex

Im Fall des UI-Elements DropDownByIndex wird das UI-Element an ein Context-Attribut in einem Context-Knoten gebunden, der eine Menge von Elementen enthält (Kardinalitätsobergrenze n). Die Elemente definieren die Einträge in der Dropdown-Liste. Das ausgewählte Element entspricht der Lead-Selection des Knotens.

Mithilfe der Eigenschaft selectionChangeBehaviour können Sie steuern, wie die Lead-Selection geändert werden soll. Falls Sie den Wert auto vergeben, wird die Lead-Selection vom Framework geändert. Falls Sie jedoch den Wert manual setzen, müssen Sie in der Aktionsbehandler-Methode des Ereignisses onSelect das Setzen der Lead-Selection selbst implementieren.

Die Schritte, um ein UI-Element DropDownByIndex einzusetzen, sind im Folgenden zusammengestellt (siehe auch Abbildung 7.1):

DropDownByIndex, Verwendungsschritte

1. Definieren Sie einen Context-Knoten mit der Kardinalitätsobergrenze n ❶.
2. Bestimmen Sie zumindest ein Context-Knoten-Attribut, das den darzustellenden Wert im UI-Element DropDownByIndex aufnimmt.
3. Erzeugen Sie ein UI-Element DropDownByIndex, das die Elemente des Context-Knotens visualisiert ❷.
4. Definieren Sie das Data Binding der Eigenschaft texts des UI-Elements an das Context-Knoten-Attribut ❸.

7 | Eingabe- und semantische Hilfen

Eine Möglichkeit für den Benutzer, die Auswahl in einem UI-Element `DropDownByIndex` zu initialisieren, stellt die UI-Element-Eigenschaft `deselectable` dar ❹. Falls Sie den Wert dieser Eigenschaft auf `abap_true` setzen, erscheint zusätzlich zu den Einträgen ein leerer Eintrag an erster Stelle der Werteliste. Bei Auswahl dieses Eintrags wird die Lead-Selection des Context-Knotens zurückgesetzt, an den gebunden wurde. Der Wert des Aktionsbehandler-Methodenparameters `index` ist in diesem Fall `IF_WD_CONTEXT_NODE=>NO_SELECTION`. Weitere Erläuterungen zu den Eigenschaften finden Sie in Abschnitt 4.2.2, »InputField«.

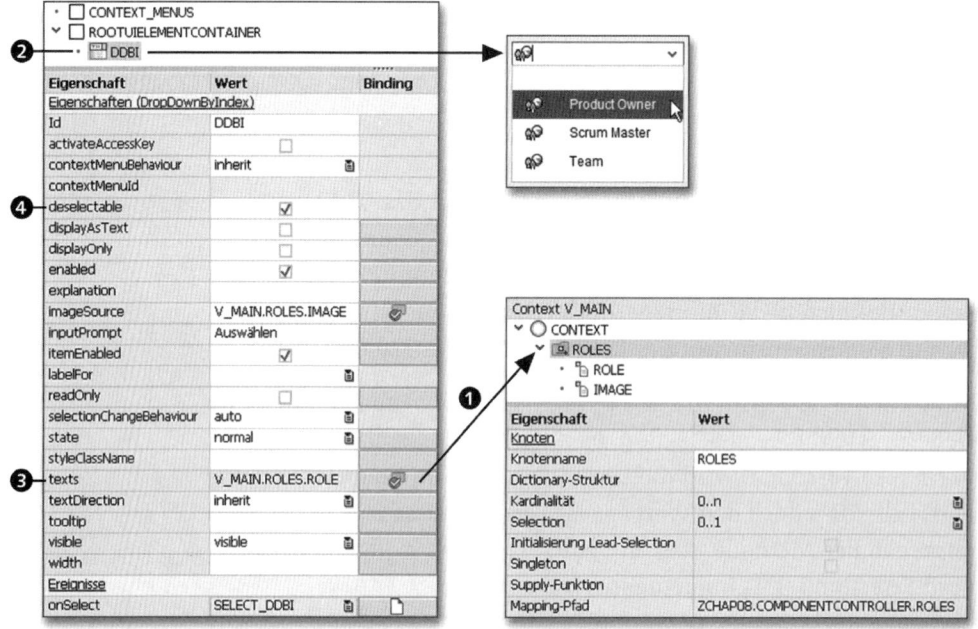

Abbildung 7.1 DropDownByIndex

Beispielimplementierung Wir werden Ihnen die unterschiedlichen UI-Elemente und ihre Einsatzgebiete im Sinn der Eingabehilfe anhand eines einfachen Beispiels erläutern. Dazu gehen wir davon aus, dass im Context die benötigten Definitionen von Knoten und Attributen, wie z. B. die Rollen in einem Scrum-Team, bei der Softwareentwicklung bereits formuliert sind. Zum Context-Knoten der Rollen (`ROLES`) müssen für die Anzeige der Werte im UI-Element noch Elemente erzeugt werden, die die unterschiedlichen Rollen beinhalten. In Listing 7.1 zeigen wir Ihnen zur Veranschaulichung eine einfache Methode.

```abap
METHOD init_roles.
* Rollen-Context-Knoten
  DATA lo_nd_roles TYPE REF TO if_wd_context_node.
* Rollen
  DATA: lt_roles TYPE wd_this->elements_roles,
* Arbeitsstruktur
        ls_role LIKE LINE OF lt_roles.
***
* Knotenreferenz ermitteln
  lo_nd_roles = wd_context->get_child_node(
    name = wd_this->wdctx_roles ).
* Behandlung nicht vorhandener Knoten
  IF lo_nd_roles IS INITIAL.
    EXIT.
  ENDIF.
***
* Rollen befüllen
* Product Owner
  ls_role-role =
    wd_assist->if_wd_component_assistance~get_text( 'R01' ).
  APPEND ls_role TO lt_roles.
* Scrum Master
  ls_role-role =
    wd_assist->if_wd_component_assistance~get_text( 'R02' ).
  APPEND ls_role TO lt_roles.
* Team
  ls_role-role =
    wd_assist->if_wd_component_assistance~get_text( 'R03' ).
  APPEND ls_role TO lt_roles.
***
* Rollen setzen
  lo_nd_roles->bind_table(
    new_items = lt_roles
    set_initial_elements = abap_true ).
ENDMETHOD.
```

Listing 7.1 Erzeugung der Elemente

Erwähnenswert an dieser Stelle ist, dass drei Elemente, d. h. drei Einträge für die Dropdown-Liste, zum Context-Knoten erzeugt werden. Die drei Texte werden mithilfe der Methode if_wd_component_assistance~get_text() der Assistenzklasse ermittelt, die durch die Objektreferenz wd_assist repräsentiert ist (siehe Abschnitt 2.4.8, »Assistance-Klasse«).

> **HTTP-Roundtrip**
>
> Die Auswahl eines Wertes führt nicht unbedingt zu einem HTTP-Roundtrip. Dies geschieht nur, wenn für das Ereignis onSelect eine Aktion definiert wurde. Die im Context abgelegten Daten werden durch die Auswahl eines Wertes durch den Benutzer nicht verändert.

DropDownByKey

Für das UI-Element DropDownByKey werden die Werte der Auswahlliste über die Attributinfo in der Knoteninfo bestimmt (siehe Abschnitt 6.2.1, »Context-Knoten-Metainformation«). Die Knoteninfo, die zu einem Knoten ermittelt werden kann, beschreibt den Knoten. Diese Beschreibung beinhaltet unter anderem alle Informationen, die bei der Definition des Context-Knotens festgelegt wurden. Dazu gehören natürlich auch die Attributinformationen. Die Liste der Werte kann auf zwei Arten entstehen:

- Domänenfestwerte
- Implementierung

Domänenfestwerte Wurde die Typisierung des Attributs durch einen Bezug auf ein ABAP-Dictionary-Datenelement mit Domäne durchgeführt, werden die Texte zu den Domänenfestwerten zur Anzeige herangezogen. Im nächsten Beispiel zeigen wir, wie Sie das UI-Element DropDownByKey zur Gestaltung von Auswahlmöglichkeiten einsetzen können. Der Benutzer erhält die Gelegenheit, ABAP-Klassen-Methoden nach Sichtbarkeiten auszuwählen. Ein dafür passendes Datenelement ist SEOEXPOSE, das die Domäne SEOEXPOSE mit den Festwerten 0 (Private), 1 (Protected) und 2 (Public) referenziert.

Verwendungsschritte Die Schritte, um ein UI-Element DropDownByKey mit Domänenfestwerten einzusetzen, sind im Folgenden zusammengestellt (siehe auch Abbildung 7.2):

1. Definieren Sie ein Context-Attribut, das mit einem Datenelement typisiert ist, dessen Domäne Festwerte besitzt ❶, ❷. Wie Sie aufgrund der automatisch ermittelten Wertehilfe sehen können ❸, erkennt die Entwicklungsumgebung, dass Domänenfestwerte vorhanden sind.

2. Erzeugen Sie ein UI-Element DropDownByKey, das die Domänenfestwerte visualisiert ❹.

3. Definieren Sie das Data Binding der Eigenschaft selectedKey des UI-Elements an das Context-Knoten-Attribut ❺.

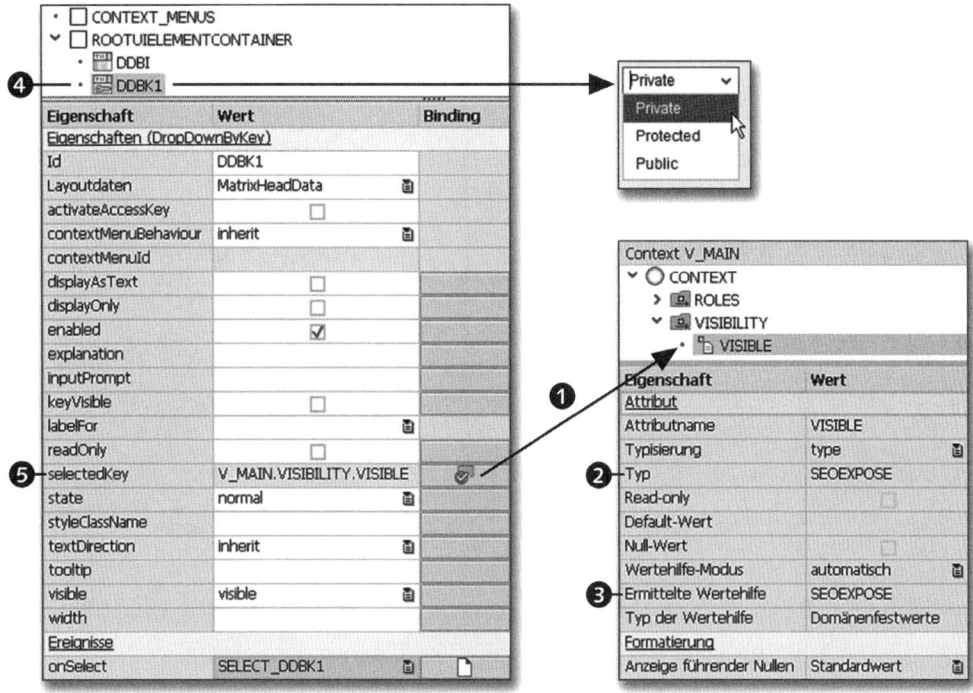

Abbildung 7.2 DropDownByKey – Domänenfestwerte

Beachten Sie bei der Verwendung der Key-Technik, dass die Auswahl eines Wertes in der Dropdown-Liste nur zu einem HTTP-Roundtrip führt, wenn zum Ereignis onSelect eine Aktion gebunden wurde. Im Gegensatz zum DropDownByIndex wird die Lead-Selection durch die Auswahl eines Wertes nicht verändert. Die im Attribut abgelegten Daten des Elements werden durch den zur Auswahl gehörenden Schlüsselwert überschrieben. Erwähnenswert ist außerdem die Eigenschaft keyVisible, mit der Sie die Schlüsselinformation zu den Auswahlmöglichkeiten einblenden können.

Wie bereits erwähnt, können die Werte der Auswahlliste auch während der Laufzeit durch Implementierung erzeugt werden. Die Schritte, um ein UI-Element DropDownByKey mit Implementierung einzusetzen, sind im Folgenden zusammengestellt (siehe auch Abbildung 7.3):

DropDownByKey mit Implementierung

7 | Eingabe- und semantische Hilfen

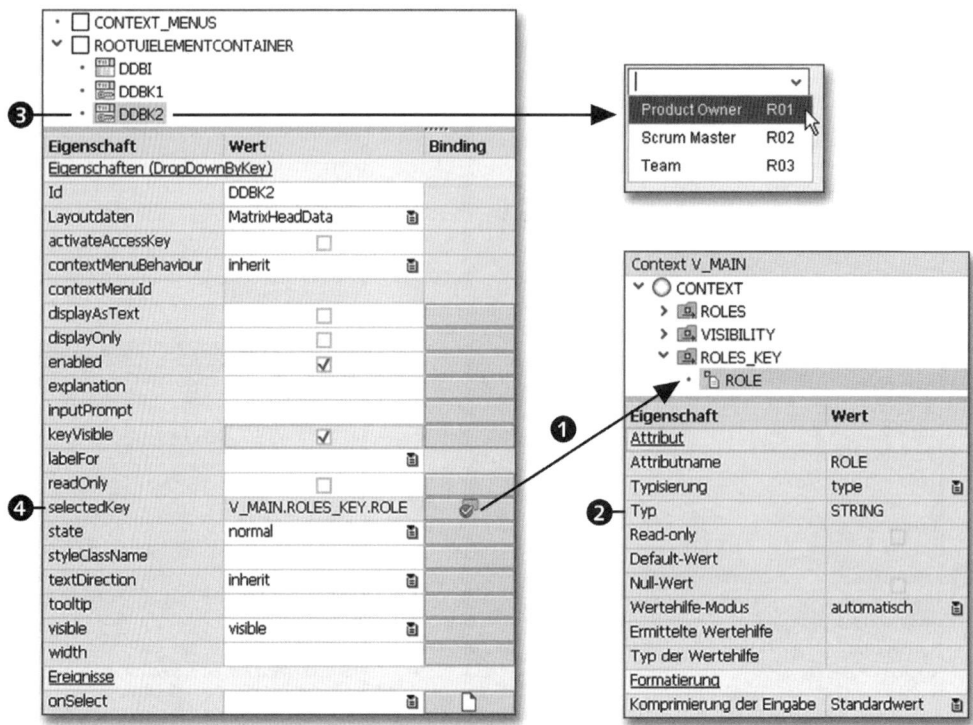

Abbildung 7.3 DropDownByKey – Implementierung

1. Definieren Sie ein Context-Attribut ❶. Sie können für die Typisierung einen beliebigen Typ verwenden ❷, wie z. B. STRING.

2. Erzeugen Sie ein UI-Element DropDownByKey, das die durch die Implementierung erzeugten Werte visualisiert ❸.

3. Definieren Sie das Data Binding der Eigenschaft selectedKey des UI-Elements an das Context-Knoten-Attribut ❹.

Beispielimplementierung Zum Context-Knoten-Attribut muss für die Anzeige der Werte im UI-Element noch die Wertetabelle erzeugt werden. In Listing 7.2 zeigen wir Ihnen eine einfache Methode zur Veranschaulichung dieser Nutzungsvariante des UI-Elements DropDownByKey.

```
METHOD init_roles_key.
* Referenz auf den Knoten
    DATA: lo_nd_roles_key TYPE REF TO if_wd_context_node,
* Referenz auf die Knoteninfo
          lo_nd_roles_key_info TYPE REF TO
            if_wd_context_node_info,
* Die Werte zur Auswahlmöglichkeit als interne Tabelle
```

```abap
            lt_value_set TYPE TABLE OF wdr_context_attr_value,
* Arbeitsstruktur
            ls_value_set LIKE LINE OF lt_value_set.
*    Navigiere zum Knoten <KLASSEN_SEL_KRIT> durch
*    Lead-Selection
  lo_nd_roles_key = wd_context->get_child_node(
     name = wd_this->wdctx_roles_key ).
* Hole die Information zum Knoten
  lo_nd_roles_key_info = lo_nd_roles_key->get_node_info( ).
***
* Rollen befüllen
* Product Owner
  ls_value_set-value = 'R01'.
  ls_value_set-text =
     wd_assist->if_wd_component_assistance~get_text( 'R01' ).
  APPEND ls_value_set TO lt_value_set.
* Scrum Master
  ls_value_set-value = 'R02'.
  ls_value_set-text =
     wd_assist->if_wd_component_assistance~get_text( 'R02' ).
  APPEND ls_value_set TO lt_value_set.
* Team
  ls_value_set-value = 'R03'.
  ls_value_set-text =
     wd_assist->if_wd_component_assistance~get_text( 'R03' ).
  APPEND ls_value_set TO lt_value_set.
* Setzen der Wertemenge im Beschreibungsobjekt
  lo_nd_roles_key_info->set_attribute_value_set(
       name      = 'ROLE'
       value_set = lt_value_set ).
ENDMETHOD.
```

Listing 7.2 Definition der Wertemenge eines Attributs durch Implementierung

Die Definition der Wertemenge des Attributs ROLE erfolgt durch diese Schritte:

Wertemenge von ROLE definieren

1. Im ersten Schritt wird die Referenz auf den Context-Knoten ermittelt, der das Attribut beinhaltet, für das die Wertemenge gesetzt werden soll.

2. Danach ermitteln Sie mithilfe der Methode `get_node_info( )` die Knoteninformation über die Context-Knoten-Referenz aus dem vorangegangenen Schritt.

3. Die anzuzeigenden Werte werden in einer internen Tabelle mit dem Zeilentyp WDR_CONTEXT_ATTR_VALUE gesammelt (interne Tabelle lt_value_set). In unserem Beispiel haben wir die interne Tabelle

lt_value_set mittels TYPE TABLE OF WDR_CONTEXT_ATTR_VALUE definiert und dann Zeile für Zeile mit den gewünschten Werten befüllt.

4. Zum Abschluss setzen wir die Werte für das Attribut mit der Methode set_attribut_value_set( ) über die Knoteninfo-Referenz. Beim Aufruf der Methode müssen der Name des Attributs und der Name der internen Tabelle übergeben werden.

DropDownListBox

Das UI-Element DropDownListBox kombiniert die Funktionen der beiden UI-Elemente DropDownByIndex und DropDownByKey. Es verwendet die Eigenschaften itemDataSource, itemKey und itemText für die Daten- und Indexbindung und die Eigenschaft selectedKey für die Schlüsselbindung.

Das UI-Element wird an ein Context-Attribut in einem Context-Knoten gebunden, der eine Menge von Elementen enthält (Kardinalitätsobergrenze n). Die Elemente definieren die Einträge in der Dropdown-Liste. Das ausgewählte Element entspricht der Lead-Selection des Knotens.

Verwendungsschritte

Ein UI-Element DropDownListBox setzen Sie wie folgt ein (siehe auch Abbildung 7.4):

1. Definieren Sie einen Context-Knoten mit den Kardinalitätsobergrenzen ❶.
2. Legen Sie zumindest ein Context-Knoten-Attribut für den Schlüssel und den darzustellenden Text an ❷, ❸. Optional können Sie auch ein Attribut für eine Bildquelle definieren ❺, um ein Bild zu jedem Eintrag anzuzeigen.
3. Erzeugen Sie ein UI-Element DropDownListBox, das die Elemente des Context-Knotens visualisiert ❻.
4. Definieren Sie das Data Binding der Eigenschaften itemKey ❷, itemText ❸ und selectedKey ❹ des UI-Elements an die Context-Knoten-Attribute.

Wurde dem Ereignis onSelect eine Aktion zugeordnet, werden der Aktionsbehandler-Methode zusätzlich zu den Standardparametern auch die Parameter key und index übergeben. Weitere Erläuterungen zu den hier verwendeten Eigenschaften finden Sie in den vorangegangenen Abschnitten »DropDownByIndex« und »DropDownByKey«.

Implementierung von Auswahlmöglichkeiten | **7.1**

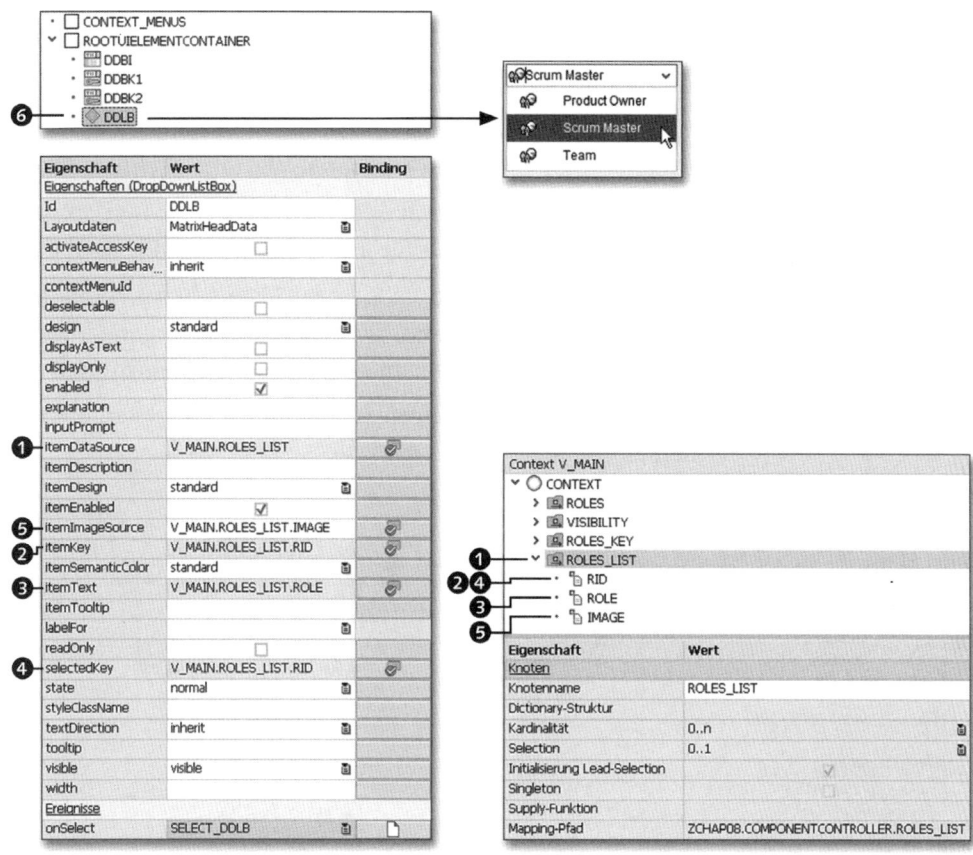

Abbildung 7.4 DropDownListBox

7.1.2 Radiobutton

Ein Radiobutton repräsentiert ein Oberflächenelement mit zwei Zuständen, die über einen gesetzten oder leeren Button visualisiert werden. Charakteristisch für eine Gruppe von Radiobuttons ist, dass maximal ein Radiobutton ausgewählt ist. Für die Definition solcher Gruppen werden unterschiedliche UI-Elemente angeboten.

RadioButton

In Abbildung 7.5 sehen Sie ein Beispiel für eine Gruppe von Radio-Button-Elementen. Zur optischen Gruppierung wurde ein UI-Element Group verwendet, in das drei RadioButton-UI-Elemente platziert wurden. Gehen Sie wie folgt vor, um eine Gruppe von RadioButton-Elementen einzusetzen:

RadioButton – Verwendungsschritte

651

7 | Eingabe- und semantische Hilfen

1. Definieren Sie ein Context-Attribut ❶, das einen Key aufnehmen kann (siehe auch die Informationen zur Key-Technik in Abschnitt 7.1.1, »Dropdown-Menüs«).

2. Erzeugen Sie eine Menge von `RadioButton`-Elementen, wobei jeder Radiobutton einen selektierbaren Wert repräsentiert ❷.

3. Definieren Sie das Data Binding der Eigenschaft `selectedKey` an das Context-Knoten-Attribut für jedes `RadioButton`-Element ❸.

4. Vergeben Sie mithilfe der UI-Element-Eigenschaft `keyToSelect` den Wert, der dafür sorgt, dass der Radiobutton als gesetzt dargestellt wird ❹, sofern er mit dem `selectedKey` übereinstimmt.

5. Formulieren Sie den Anzeigetext, der neben dem Radiobutton erscheinen soll ❺.

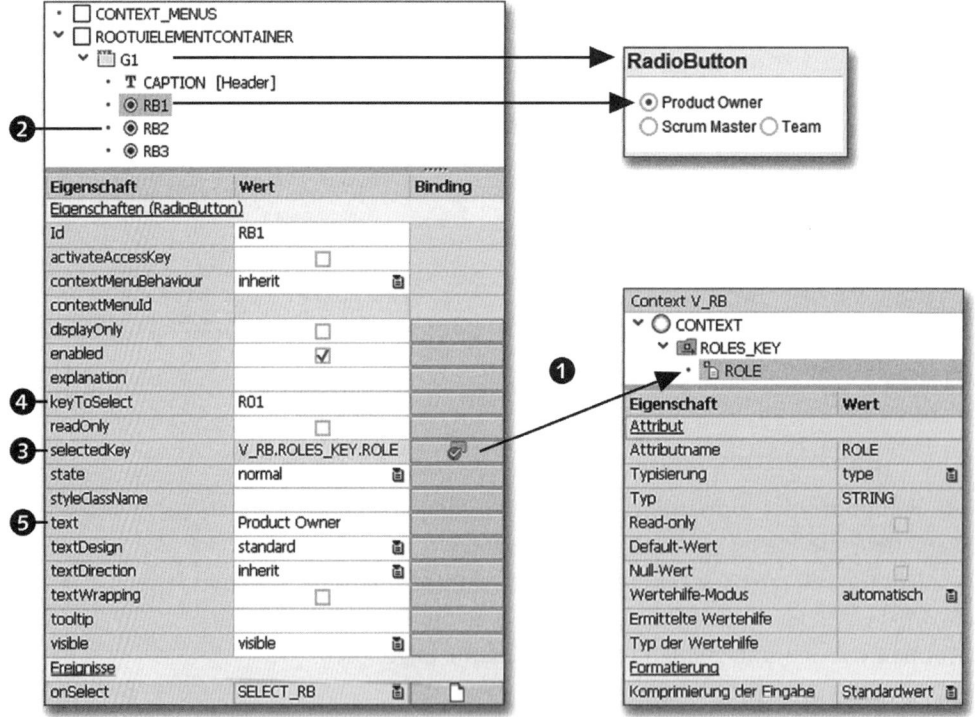

Abbildung 7.5 Gruppe von RadioButton-Elementen

Anordnung von RadioButton-Elementen
Aus einer Gruppe von Radiobuttons kann immer nur maximal einer ausgewählt werden (1 aus n). Im Gegensatz zu den UI-Elementen `RadioButtonGroupByIndex` und `RadioButtonGroupByKey`, bei denen

die `RadioButton`-Elemente in Zeilen und Spalten angeordnet werden, können einzelne Radiobuttons beliebig im Layout platziert werden. In Abbildung 7.5 sehen Sie, dass der Radiobutton mit der Beschriftung PRODUCT OWNER in der ersten Zeile angezeigt wird und die beiden weiteren `RadioButton`-Elemente in der zweiten Zeile.

Die Gruppierung dieser `RadioButton`-Elemente ergibt sich aufgrund des Data Bindings über die `RadioButton`-Eigenschaft `selectedKey` ❸ an das Context-Attribut. Der Radiobutton wird gesetzt, sofern der Wert der Eigenschaft `selectedKey` den Wert des zu diesem Auswahlbutton gehörigen Schlüssels enthält – und zwar festgelegt über die Eigenschaft `keyToSelect` ❹. Die Eigenschaft `text` gibt die Beschriftung des Radiobuttons an ❺.

Gruppierung

RadioButtonGroupByIndex

Das UI-Element `RadioButtonGroupByIndex` stellt im Gegensatz zum UI-Element `RadioButton` eine Menge von Radiobuttons in Zeilen und Spalten dar. Die Schritte, um das UI-Element `RadioButtonGroupByIndex` einzusetzen, sind im Folgenden zusammengestellt (siehe auch Abbildung 7.5):

Verwendungsschritte

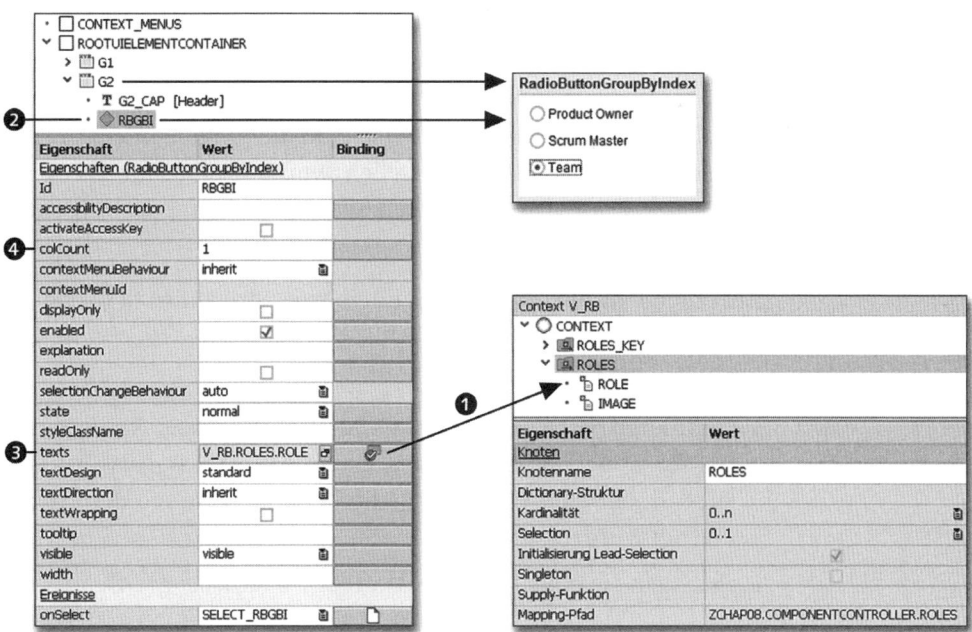

Abbildung 7.6 RadioButtonGroupByIndex

1. Definieren Sie ein Context-Attribut ❶, das eine Menge von Werten aufnehmen kann (siehe auch die Informationen zum UI-Element `DropDownByIndex` in Abschnitt 7.1.1, »Dropdown-Menüs«).
2. Erzeugen Sie ein UI-Element `RadioButtonGroupByIndex` ❷.
3. Definieren Sie das Data Binding der Eigenschaft `texts` an das Context-Knoten-Attribut ❸.
4. Legen Sie mithilfe der UI-Element-Eigenschaft `colCount` die Anzahl der Spalten fest, die steuern, wie viele Radiobuttons pro Zeile nebeneinander dargestellt werden ❹. In Abbildung 7.6 sehen Sie die Anordnung von `RadioButton`-Elementen in einer Spalte.

Der Benutzer kann in dieser Menge von `RadioButton`-Elementen genau einen auswählen. Die Eigenschaft `texts` des UI-Elements ❸ wird über Data Binding an ein Attribut in einem Knoten gebunden, der eine Kardinalitätsobergrenze n besitzt. Bei einem `RadioButtonGroupByIndex` wird für jedes Element eines Knotens ein Radiobutton angezeigt. Der ausgewählte Radiobutton wird in der Context-Programmierung über die Lead-Selection des Context-Knotens bestimmt.

RadioButtonGroupByKey

Verwendungsschritte

Bei einem `RadioButtonGroupByKey` wird im Gegensatz zu einem `RadioButtonGroupByIndex` auf Context-Knoten-Attribut-Wertemengen als Datenbasis zugegriffen. Dies und die Wege, um eine Wertemenge zu einem Attribut zu erstellen, wurden bereits für das UI-Element `DropDownByKey` in Abschnitt 7.1.1, »Dropdown-Menüs«, besprochen.

Ausgehend davon, dass die Wertemenge vorhanden ist, sind die Schritte, um das UI-Element `RadioButtonGroupByKey` einzusetzen, die folgenden (siehe auch Abbildung 7.7):

1. Definieren Sie einen Context-Knoten mit Context-Knoten-Attribut ❶, wobei das Attribut mit einem ABAP-Dictionary-Typ typisiert ist, der eine Wertemenge besitzt oder während der Laufzeit erzeugt wurde.
2. Erzeugen Sie ein UI-Element `RadioButtonGroupByKey` ❷.
3. Definieren Sie das Data Binding der Eigenschaft `selectedKey` an das Context-Knoten-Attribut ❸.

4. Legen Sie mithilfe der UI-Element-Eigenschaft colCount die Anzahl der Spalten fest, die steuern, wie viele Radiobuttons pro Zeile nebeneinander dargestellt werden ❹.

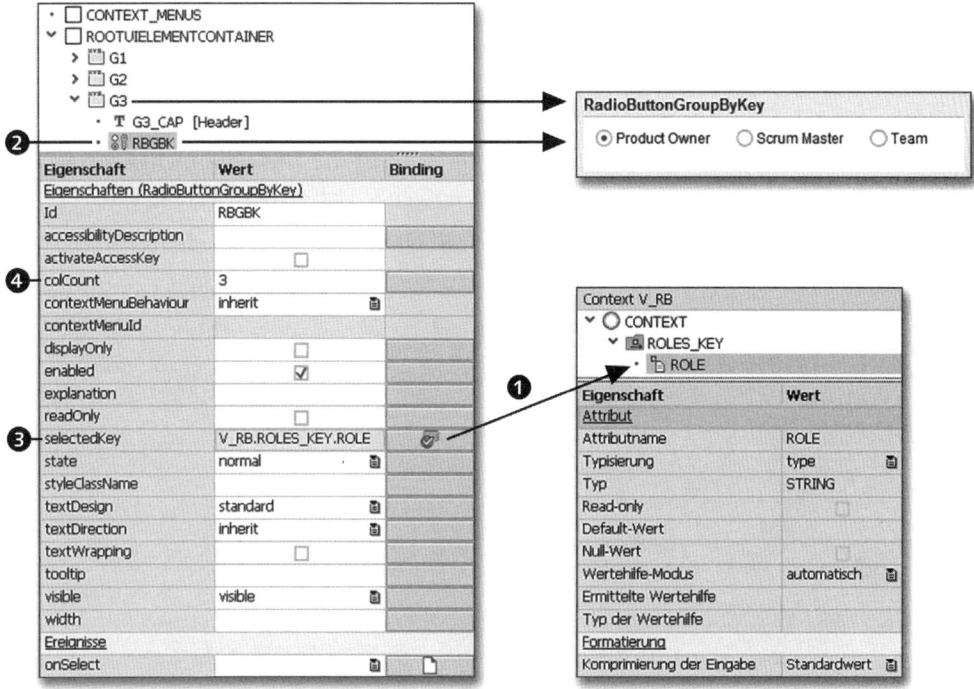

Abbildung 7.7 RadioButtonGroupByKey

Bei einem RadioButtonGroupByKey wird für jeden einzelnen Schlüssel ein Radiobutton entsprechend der Anordnung angezeigt, die in der Eigenschaft colCount ❹ definiert wurde. Wird ein Radiobutton ausgewählt, wird der zugehörige Wert an das Context-Attribut zurückgegeben und kann mithilfe der Context-Programmierung ermittelt werden.

7.1.3 Checkbox

Mit einer Checkbox realisieren Sie das Konzept eines einzelnen Ein-/Aus-Schalters in Form eines Ankreuzfeldes. Charakteristisch für eine Gruppe von CheckBox-Elementen ist, dass beliebig viele Elemente ausgewählt werden können. Wie Sie bei der Definition einer einzelnen oder einer Gruppe von CheckBox-Elementen vorgehen, erläutern wir in diesem Abschnitt.

7 | Eingabe- und semantische Hilfen

CheckBox

Verwendungsschritte

Das UI-Element `CheckBox` setzen Sie wie folgt ein (siehe auch Abbildung 7.8):

1. Definieren Sie je Auswahlmöglichkeit ein Context-Attribut ❶, das den Wert eines Zeichens (*Character*) mit der Länge 1 aufnehmen kann, wie z. B. `WDY_BOOLEAN` ❷. Sie können die Auswahl bereits mithilfe der Eigenschaft DEFAULT-WERT ❸ vorbelegen. Falls Sie keinen Wert eingeben (initial), ist die Auswahl nicht gesetzt; falls Sie einen anderen Wert eingeben, ist die Auswahl gesetzt.
2. Erzeugen Sie je Auswahlmöglichkeit ein UI-Element `CheckBox` ❹.
3. Definieren Sie das Data Binding der Eigenschaft `checked` an das Context-Knoten-Attribut ❺.
4. Formulieren Sie mithilfe der UI-Element-Eigenschaft `text` den Anzeigetext für die Auswahlmöglichkeit ❻.

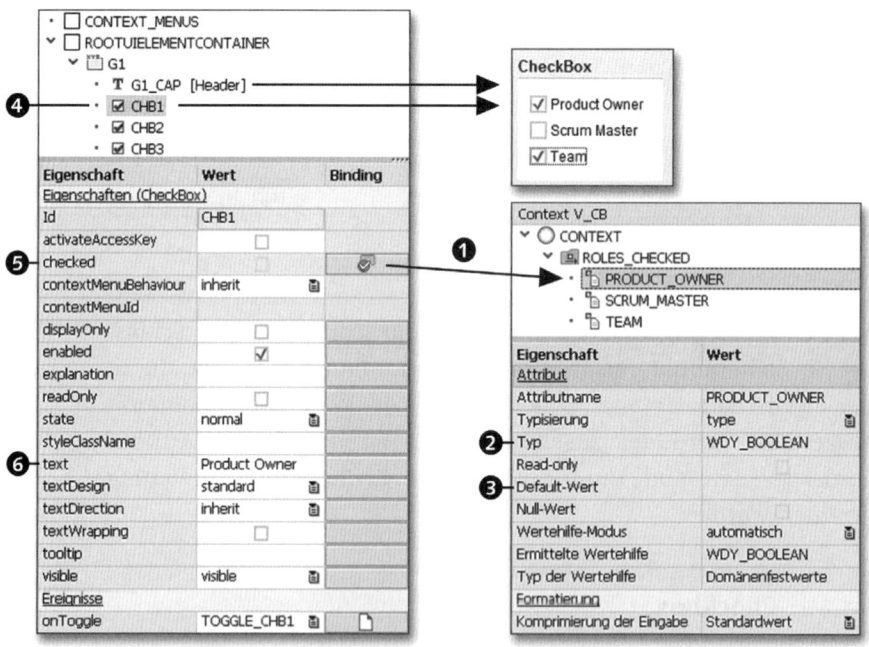

Abbildung 7.8 CheckBox

Das Oberflächenelement besteht aus einer Grafik mit zugehörigem Text. Ein Häkchen in der Grafik zeigt an, dass die Option ausgewählt und der Wert auf `abap_true` gesetzt wurde. Die Auswahl des Benut-

Implementierung von Auswahlmöglichkeiten | 7.1

zers wird im gebundenen Context-Attribut abgelegt, das Sie z. B. mit dem Typ WDY_BOOLEAN definieren. Die Eigenschaft checked wird für das Data Binding an den Context verwendet.

CheckBoxGroup

Das UI-Element CheckBoxGroup erlaubt dem Benutzer, ein Element aus einer Menge vorgegebener Alternativen durch Ankreuzen auszuwählen. Man spricht dabei von einer *m-aus-n-Auswahl*. Das Oberflächenelement CheckBoxGroup ordnet die einzelnen CheckBox-Elemente ein- oder mehrspaltig in tabellarischer Form an.

m aus n

Für eine CheckBoxGroup muss ein Knoten mit Kardinalitätsobergrenze n zur Verfügung gestellt werden. Eines der Attribute aus dem Context-Knoten, das über die Eigenschaft texts gebunden wird, liefert die Texte für die CheckBox-Elemente. Das Attribut kann mit einem beliebigen einfachen Datentyp typisiert werden, wie z. B. STRING, INT etc.

Data Binding

Abbildung 7.9 zeigt die Schritte, um das UI-Element CheckBoxGroup einzusetzen:

Verwendungsschritte

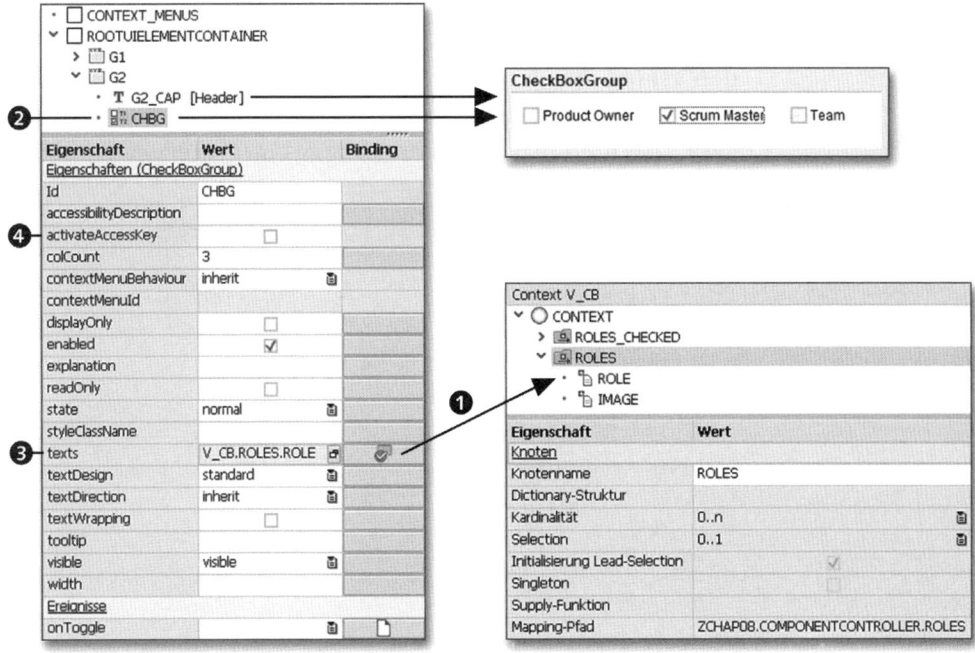

Abbildung 7.9 CheckBoxGroup

657

7 | Eingabe- und semantische Hilfen

1. Definieren Sie ein Context-Attribut ❶, das eine Menge von Werten aufnehmen kann (siehe auch Abschnitt 7.1.1, Überschrift »DropDownByIndex«).
2. Erzeugen Sie ein UI-Element CheckBoxGroup ❷.
3. Definieren Sie das Data Binding der Eigenschaft texts an das Context-Knoten-Attribut ❸.
4. Legen Sie mithilfe der UI-Element-Eigenschaft colCount die Anzahl der Spalten fest, die steuern, wie viele Checkboxen pro Zeile nebeneinander dargestellt werden ❹. In Abbildung 7.9 sehen Sie die Anordnung von CheckBox-Elementen in einer Zeile.

set_selected( ) Für das Setzen einer Checkbox in einer CheckBoxGroup können Sie aus zwei Alternativen auswählen:

> **Referenz auf den Context-Knoten**
> Um über die Context-Knoten-Referenz den Zustand von CheckBox-Elementen in der Gruppe zu beeinflussen, verwenden Sie die Methode set_selected( ) aus dem Interface IF_WD_CONTEXT_NODE. Ein Beispiel für diesen Weg sehen Sie in Listing 7.3.
>
> Die Context-Knoten-Referenz wird über die Methode path_get_node( ) ermittelt. Durch den ersten Aufruf der Methode set_selected( ) wird die Checkbox deselektiert, die zur Lead-Selection gehört. Durch den zweiten Aufruf der Methode set_selected( ) wird das Element an der Indexposition 2 als selektiert markiert. Dies führt in der Visualisierung zu einer gesetzten Checkbox.

```
* Knotenreferenz
DATA lo_nd_<knoten> TYPE REF TO if_wd_context_node.
* Knotenreferenz ermitteln
lo_nd_<knoten> =
  wd_context->path_get_node( path = <Pfad> ).
* Löschen der Selektion über Lead-Selection
lo_nd_<knoten>->set_selected(
    flag  = abap_false
    index = if_wd_context_node=>USE_LEAD_SELECTION ).
* Setzen der Selektion über Index
lo_nd_<knoten>->set_selected(
    flag  = abap_true
    index = 2 ).
```

Listing 7.3 CheckBox setzen über Knotenreferenz

- **Referenz auf ein Context-Element**
  Um über eine Elementreferenz den Zustand einer Checkbox zu setzen, verwenden Sie für das zugehörige Context-Element die Methode set_selected( ) aus dem Interface IF_WD_CONTEXT_ELEMENT.

Für das Lesen der selektierten CheckBox-Elemente stehen ebenfalls zwei Varianten zur Verfügung: die Methode get_selected_elements( ) aus dem Interface IF_WD_CONTEXT_NODE, die auf Knotenreferenzen angewandt wird, sowie die Methode is_selected( ) aus dem Interface IF_WD_CONTEXT_ELEMENT, die auf Elementreferenzen angewandt wird.

Lesen des Selektierzustands

7.1.4 ItemListBox

Das Oberflächenelement ItemListBox ähnelt dem klassischen GUI-Konzept einer Auswahlliste mit Einfach- und Mehrfachselektion (Listbox). Es wird eine Liste von Texteinträgen in einem Kasten von fester Größe (Eigenschaft visibleItems) angezeigt, wobei bei Bedarf auch geblättert werden kann. Für die Werte werden eine (Eigenschaft text) oder zwei Spalten (Eigenschaft descriptiveText) sowie eventuell auch eine Spalte für Symbole (Eigenschaft iconSource) angezeigt, die vor der Wertespalte aufgeführt wird.

Das UI-Element ItemListBox verwenden Sie wie folgt (siehe auch Abbildung 7.10):

Verwendungsschritte

1. Definieren Sie einen Context-Knoten mit seinen Kardinalitätsobergrenzen ❶.
2. Bestimmen Sie zumindest ein Context-Knoten-Attribut, das den darzustellenden Wert in dem UI-Element ItemListBox aufnimmt.
3. Erzeugen Sie ein UI-Element ItemListBox ❷.
4. Definieren Sie das Data Binding der Eigenschaft dataSource an den Context-Knoten ❸.
5. Definieren Sie das Data Binding der Eigenschaft text an das Context-Knoten-Attribut für den Text ❹.
6. Optional: Definieren Sie das Data Binding der Eigenschaft iconSource an das Context-Knoten-Attribut für ein Bild ❺.

7. Optional: Definieren Sie das Data Binding der Eigenschaft `descriptiveText` an das Context-Knoten-Attribut für einen beschreibenden Text ❻.

8. Legen Sie mithilfe der UI-Element-Eigenschaft `visibleItems` die Anzahl der sichtbaren Zeilen fest ❼. Sind mehr Elemente als die Anzahl der sichtbaren Zeilen (`visibleItems`) vorhanden, können Sie diese mit der Blättertaste anzeigen lassen.

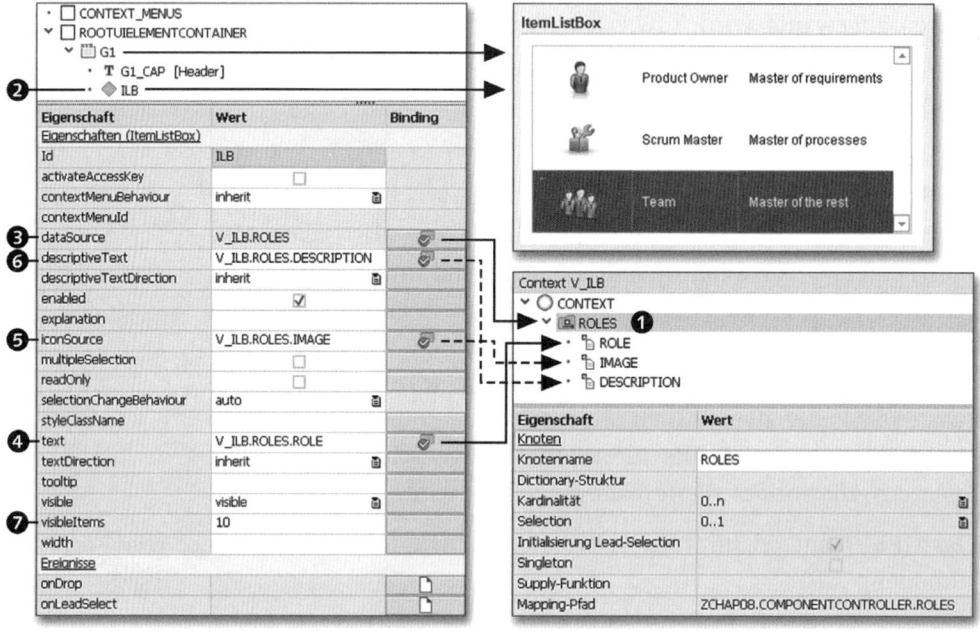

Abbildung 7.10 ItemListBox

Verhalten Im Fall der Einfachauswahl (Eigenschaft `multipleSelection` mit dem Wert `abap_false`) wird der ausgewählte Eintrag durch die Lead-Selection des über die Eigenschaft `dataSource` angebundenen Context-Knotens bestimmt. Bei Änderung der Selektion durch den Benutzer wird die Eigenschaft `selectionChangeBehaviour` berücksichtigt. Bei der Mehrfachauswahl (Eigenschaft `multipleSelection` mit dem Wert `abap_true`) werden die gewählten Einträge nur durch die Selektion der Eigenschaft `dataSource` bestimmt, `selectionChangeBehaviour` wird nicht beachtet.

Auswahl Der Benutzer selektiert mehrere Einträge aus der Liste über die gedrückte ⇧- oder Strg-Taste und per Mausklick auf den gewünschten Eintrag.

7.1.5 TriStateCheckBox

Das UI-Element `TriStateCheckBox` ähnelt einer Checkbox, mit dem Unterschied, dass hier der angeklickte Zustand variabel ist:

Anklickzustand variabel

- Option kann aktiviert (ausgewählt) sein.
- Option kann nicht aktiviert (ausgewählt) sein.
- Option ist unspezifiziert.

Das UI-Element `TriStateCheckBox` setzen Sie wie folgt ein (siehe auch Abbildung 7.11):

Verwendung

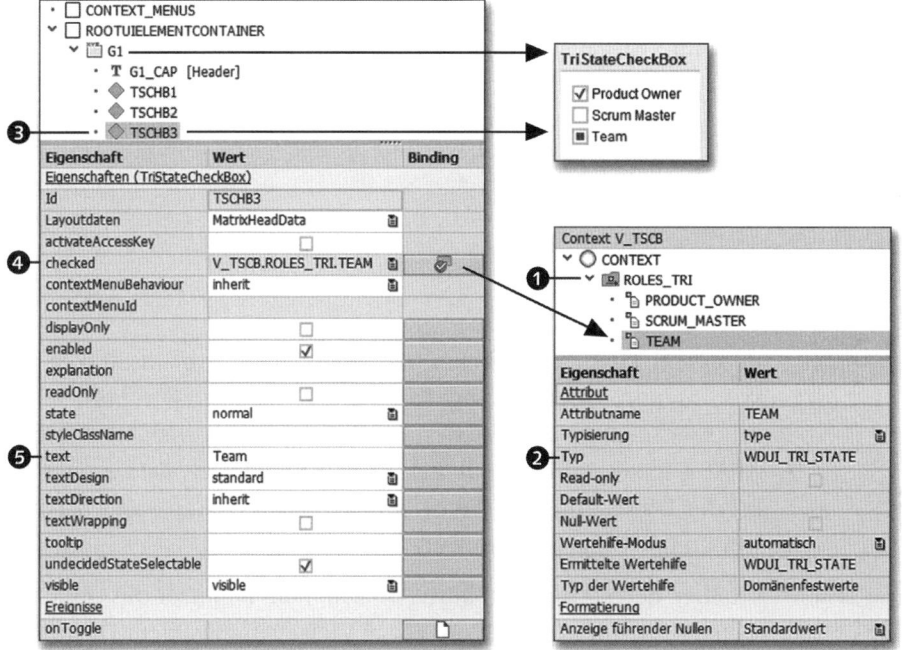

Abbildung 7.11 TriStateCheckBox

1. Definieren Sie je Auswahlmöglichkeit ein Context-Attribut ❶, z. B. mit dem Typ `WDUI_TRI_STATE` ❷. Sie können die Auswahl bereits mithilfe der Eigenschaft DEFAULT-WERT vorbelegen.

2. Erzeugen Sie je Auswahlmöglichkeit ein UI-Element `TriStateCheckBox` ❸.

3. Definieren Sie das Data Binding der Eigenschaft `checked` an das Context-Knoten-Attribut ❹. Mithilfe der Eigenschaft `undecidedStateSelectable` können Sie den Zustand `undecided` (unspezifi-

661

ziert) von der Auswahl ausschließen, sodass der Benutzer wie bei einer Checkbox nur zwei Zustände auswählen kann.

4. Legen Sie mithilfe der UI-Element-Eigenschaft `text` den Anzeigetext für die Auswahlmöglichkeit fest ❺.

Typisierung Die Bindung des UI-Elements an ein Context-Attribut erfolgt über die Eigenschaft `checked`. Das Context-Attribut können Sie z. B. mit dem Run Time Type `WDUI_TRI_STATE` typisieren. Dieses Datenelement referenziert die Domäne `WDUI_TRI_STATE` mit den folgenden drei Festwerten:

- `00` für `undecided`
- `01` für `true`
- `02` für `false`

Diese können für die Auswertung in der Context-Programmierung verwendet werden.

7.2 Wertehilfen

Verwendung In diesem Abschnitt stellen wir Ihnen eine der großen Stärken von Web Dynpro vor, die sogenannten *Wertehilfen*. Die Stärke liegt hauptsächlich in der Wiederverwendung von Objekten aus dem ABAP Dictionary. Das bedeutet für den Entwickler, dass er viel Zeit bei der Umsetzung von Anforderungen sparen kann – mit maximalem Komfort für den Benutzer.

Abgrenzung zu Auswahlmöglichkeiten Die Idee der Wertehilfen besteht darin, dem Benutzer die Option zu bieten, aus einer Menge möglicher Werte auszuwählen. Der Unterschied zu den Auswahlmöglichkeiten, die wir in Abschnitt 7.1 besprochen haben, ist, dass der Benutzer nicht aus einer vordefinierten Menge auswählen *muss*, sondern *kann*. Es obliegt somit dem Benutzer, zu entscheiden, ob die Wertehilfe für die Eingabe verwendet wird oder nicht. Für die Wertehilfe werden auch die Begriffe *Suchhilfe* oder *F4-Hilfe* verwendet.

> **[»] Suchhilfe im ABAP Dictionary**
>
> Im ABAP Dictionary wird ein Mechanismus für Wertehilfen auf Eingabefeldebene angeboten, der auch als *Suchhilfe* bezeichnet wird. Diese Suchhilfe stellt eine gekapselte Funktion dar, die zum Selektieren und Auffinden von Werten dient (siehe Abbildung 7.12). Dabei können Werte, die

vom Benutzer in ein Eingabefeld eingetragen wurden – auch mit Joker (* und +) – an die Suchhilfe über die Importparameter übergeben werden.

Aufgrund der in der Suchhilfe definierten Selektionsmethode (transparente Tabelle oder View) werden die Daten im Datenbanksystem selektiert und dem Benutzer als Treffermenge angeboten. Übersteigt die Treffermenge eine gewisse Anzahl an Treffern (100), kann eingestellt werden, dass ein Zwischendialog zur Werteselektion angezeigt wird. Wird ein bestimmter Wert vom Benutzer selektiert, wird dieser in das Eingabefeld oder die Eingabefelder über die Exportparameter zurückgestellt.

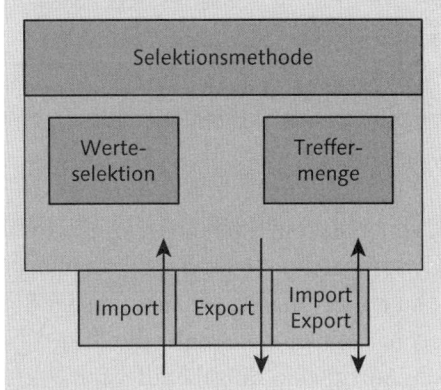

Abbildung 7.12 Aufbau der ABAP-Dictionary-Suchhilfe

Sofern der Benutzer nicht auf die Auswahl eines Wertes aus einer Menge von Werten beschränkt, sondern ihm die freie Eingabe ermöglicht werden soll, ist das UI-Element InputField als Eingabemedium die richtige Wahl. An dieses Feld muss die passende Wertehilfe angebunden werden. Die folgenden Arten von Wertehilfen stehen für Eingabefelder zur Verfügung:

`Arten von Wertehilfen`

- Prüftabelle
- Domänenfestwerte und Festwertebereich
- Datumsauswahl

Die Antworten darauf, wo die Einstellung vorgenommen werden kann und welcher Modus von der Wertehilfe verwendet werden soll, finden Sie in den Eigenschaften zu den Context-Attributen, und zwar in der Eigenschaft WERTEHILFE-MODUS (siehe Abbildung 7.13). Für die Eigenschaft WERTEHILFE-MODUS stehen fünf unterschiedliche Werte zur Verfügung, die wir detailliert besprechen werden. Eine

`Wertehilfe-Modus`

7 | Eingabe- und semantische Hilfen

bestimmte Auswahl eines Modus beeinflusst, welche Zusatzfelder für die Eingabe oder Anzeige angeboten werden.

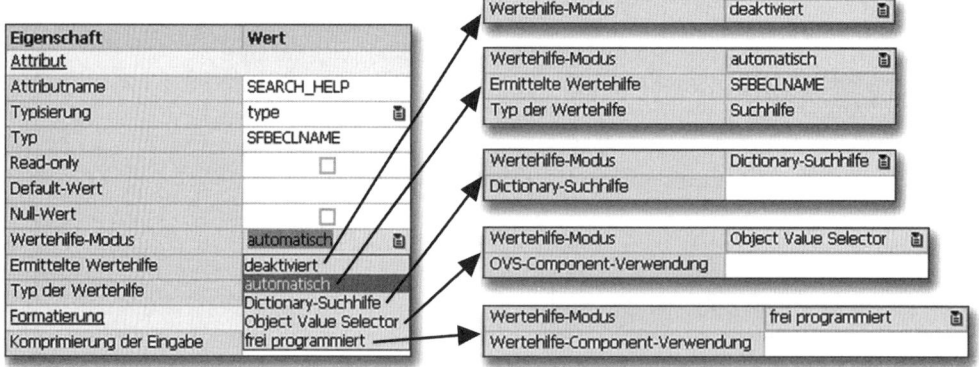

Abbildung 7.13 Unterschiedliche Wertehilfe-Modi

Aktivierung der Hilfe Das Web-Dynpro-Framework generiert und implementiert als Resultat der Moduswahl für das entsprechende InputField automatisch genau das Icon, das zur Laufzeit vom Benutzer zum Aufrufen der Eingabehilfe angeklickt werden soll. Parallel dazu steht die Taste [F4] ebenfalls automatisch für den Aufruf der Eingabehilfe zur Verfügung. Das Symbol für das Vorhandensein einer Suchhilfe ist immer das gleiche, unabhängig davon, ob es sich um eine Suchhilfe aus dem ABAP Dictionary, eine OVS-Suchhilfe (Object Value Selector) oder eine frei programmierte Suchhilfe handelt.

7.2.1 Wertehilfe-Modus »Deaktiviert«

Deaktiviert Wie der Name schon sagt, ist die Wertehilfe in diesem Modus deaktiviert. Dem Benutzer wird ein InputField angeboten, das keine Anzeichen einer Wertehilfe zeigt, d. h. kein Icon und keine [F4]-Tastenfunktion.

7.2.2 Wertehilfe-Modus »Automatisch«

Automatisch Im automatischen Wertehilfe-Modus entscheidet das Web-Dynpro-Framework, welche Wertehilfe verwendet wird. Die Suche nach der Wertehilfe wird zur Entwicklungszeit durchgeführt. Den dabei verwendeten Suchalgorithmus beschreiben wir im Folgenden. Der Algorithmus sieht bei der ersten Betrachtung ziemlich kompliziert aus. Sie werden mit der Zeit jedoch feststellen, dass die Herangehensweise ganz natürlich ist, wenn die Definitionen aus dem ABAP Dictionary verwendet werden sollen.

Suchhilfeanbindung

Wurde das Context-Attribut mithilfe eines Feldes aus einem Strukturtyp typisiert und existiert eine Suchhilfeanbindung im ABAP Dictionary für dieses Feld, wird diese Suchhilfe verwendet (siehe Abbildung 7.14).

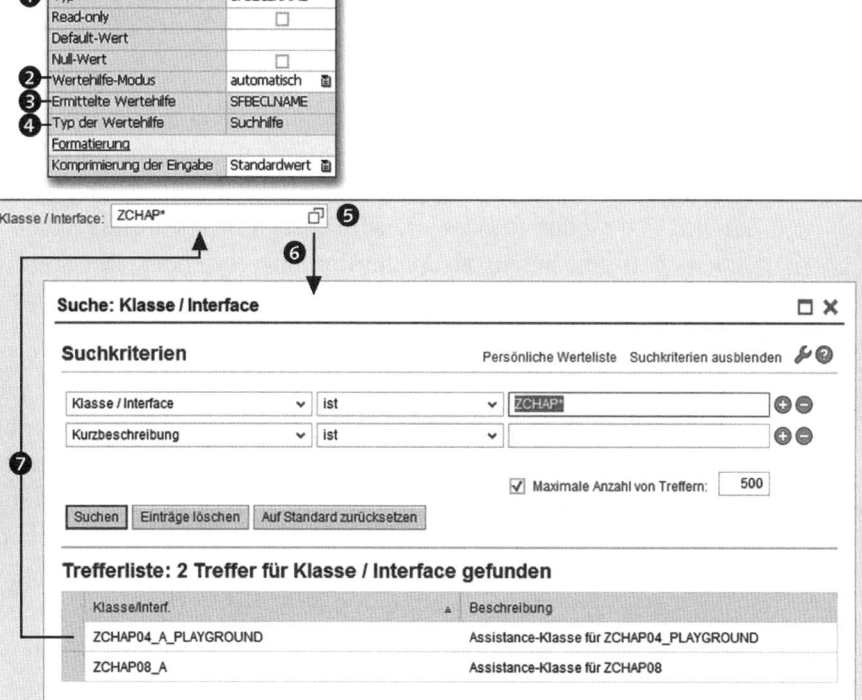

Abbildung 7.14 Automatisch gefundene Suchhilfe als Wertehilfe

▸ Das Attribut SEARCH_HELP wurde mit dem Datenelement SFBECLNAME aus der ABAP-Dictionary-Struktur typisiert ❶. Dieses Datenelement hat eine explizite Suchhilfeanbindung, die durch den Wertehilfe-Modus AUTOMATISCH ❷ gefunden (SFBECLNAME ❸) und vom Web-Dynpro-Framework korrekt als Suchhilfe klassifiziert wurde ❹.

- Der gefundene Typ der Wertehilfe steuert, dass zum UI-Element `InputField`, das das Attribut `SEARCH_HELP` über Data Binding bindet, ein Icon für eine Wertehilfe angezeigt wird ❺.

- Der Benutzer kann durch die Auswahl des Icons oder Drücken der [F4]-Taste die Suchhilfe aktivieren ❻, dort nach einem Wert suchen und den gefundenen Wert durch Auswahl in das `InputField` zurückstellen ❼.

Funktionen

Die Funktionen der Suchhilfe verdienen eine detaillierte Diskussion, weil eine Menge an Funktionen angeboten wird, ohne dass Sie diese explizit implementieren müssen, da sie aus der Definition der Suchhilfe im ABAP Dictionary automatisch durch das Web-Dynpro-Framework erzeugt werden.

Die Verwendung der Suchhilfe startet mit einem möglichen Eintrag in ein Eingabefeld mit Wertehilfe. Falls am Ende der Eingabe ein Stern (*) oder ein oder mehrere Pluszeichen (+) angegeben werden (z. B. `ZCHAP*` oder `ZCHAP++++`), wird diese Eingabe an die Suchhilfe übergeben und bereits als Suchkriterium verwendet. Der Stern (*) steht als Platzhalter für eine beliebige Zeichenkette und ein Plus (+) für ein beliebiges Zeichen.

Bei der Anzeige der Wertemenge (siehe ❶ in Abbildung 7.15) wird das Suchkriterium, sofern vorhanden, nicht angezeigt. Sie können es jedoch über den Button SUCHKRITERIEN EINBLENDEN ❷ anzeigen lassen. In der Anzeige der Suchkriterien sind weitere Möglichkeiten eingebaut. Neben zusätzlichen Suchkriterien finden Sie auch die Möglichkeit, die Anzahl der Werte in der Werteliste mengenmäßig zu beschränken. Dazu setzen Sie die Checkbox MAXIMALE ANZAHL VON TREFFERN und vergeben im Eingabefeld rechts davon die Anzahl ❺.

Falls Sie die Suche mit neuen Suchkriterien starten möchten, geben Sie die neuen Kriterien ein und starten die Suche über den Button SUCHEN ❹. Falls Sie alle Suchkriterien und die Anzahl der Einträge initialisieren möchten, klicken Sie auf den Button EINTRÄGE LÖSCHEN ❺. Möchten Sie die ursprünglichen Suchkriterien wieder anzeigen, klicken Sie auf den Button AUF STANDARD ZURÜCKSETZEN ❻. Die Auswahl eines Eintrags in der Werteliste erfolgt, indem Sie auf einen

Eintrag klicken. Falls Sie die Suche abbrechen möchten, klicken Sie auf das SCHLIESSEN-Symbol im Pop-up-Fenster rechts oben ❼.

Abbildung 7.15 Suchhilfefunktionen

Zwei weitere Funktionen sind noch von Interesse. Der Link PERSÖNLICHE WERTELISTE ❽ erlaubt Ihnen, eine Liste mit persönlichen Werten für diese Suche einzustellen. Durch die Auswahl dieses Links öffnet sich das Pflegefenster (siehe Abbildung 7.16).

Persönliche Werteliste

Sie finden rechts oben zwei Links: ALLE WERTE ❶ und PFLEGE DER PERSÖNLICHEN WERTELISTE ❷. Der Link ALLE WERTE bringt Sie wieder zur vollständigen Liste der Werte zurück. Über den Link PFLEGE DER PERSÖNLICHEN WERTELISTE öffnen Sie einen Pflegedialog für Ihre persönliche Werteliste. Dort finden Sie wieder den Button SUCHKRITERIEN EINBLENDEN für die Veränderung der Selektionskriterien. Darüber hinaus sehen Sie die Werteliste ❸, aus der Sie Einträge auswählen können (verwenden Sie dazu die Markierspalte).

7 | Eingabe- und semantische Hilfen

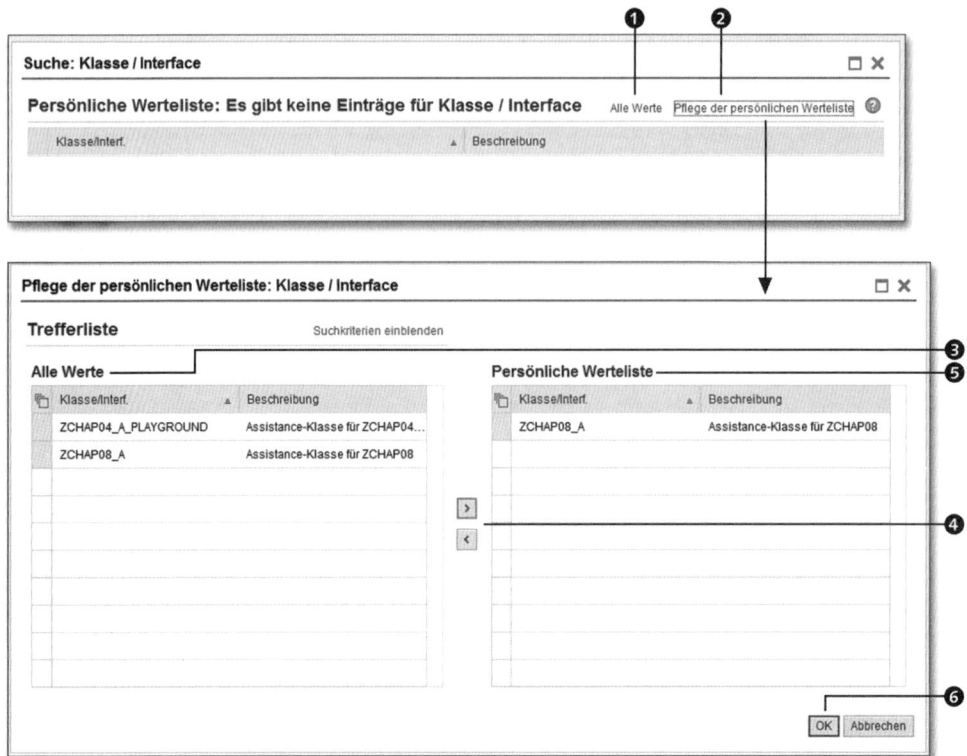

Abbildung 7.16 Persönliche Werteliste

Nach Ihrer Auswahl klicken Sie auf den Button mit dem nach rechts deutenden Pfeil ❹, um die selektierten Werte in Ihre persönliche Werteliste zu übernehmen ❺. Entsprechend dem geschilderten Vorgehen können Sie die Werte aus Ihrer persönlichen Werteliste auch wieder entfernen. Sobald Sie die Auswahl der Werte abgeschlossen haben, können Sie die Selektion mit OK ❻ bestätigen.

Durch die Pflege der persönlichen Werteliste verändert sich die Darstellung der Suchhilfe (siehe Abbildung 7.17). Die persönlichen Werte werden als Pop-up-Fenster angezeigt. Von diesem Dropdown-Menü aus können Sie ganz leicht neue Werte in Ihre persönliche Werteliste aufnehmen (Link PFLEGE DER PERSÖNLICHE WERTELISTE) oder alle Werte anzeigen (Link ALLE WERTE).

Einstellungen — Ein Symbol haben wir noch nicht erläutert, nämlich den Schraubenschlüssel für die Einstellungen. Diesen finden Sie in der Suchhilfe rechts oben, neben dem Link SUCHKRITERIEN EINBLENDEN/AUSBLEN-

DEN (siehe Abbildung 7.15). Klicken Sie das Symbol an, öffnet sich ein Dialog für die Einstellungen zu der oder den Suchhilfen (siehe Abbildung 7.18).

Abbildung 7.17 Auswahlliste der persönlichen Werte

Abbildung 7.18 Wertehilfe-Einstellungen

Auf der Registerkarte WERTEHILFE FÜR <NAME DER WERTEHILFE> finden Sie die Einstellungsmöglichkeiten für die Suchhilfe, die Sie gerade verwenden. Mit der Checkbox PERSÖNLICHE WERTELISTE

7 | Eingabe- und semantische Hilfen

BEVORZUGT ANZEIGEN können Sie steuern, ob bei der Verwendung der Wertehilfe Ihre persönliche Werteliste (abap_true) oder alle Werte (abap_false) zuerst angezeigt werden. Die Checkbox VOREINSTELLUNG (500) DER MAXIMALEN ANZAHL DER EINTRÄGE IN DER ALLGEMEINEN WERTELISTE ÜBERSTEUERN gibt Ihnen die Möglichkeit, die Menge der dargestellten Werte von 500 abweichend festzulegen. Die Checkbox SUCHKRITERIEN DER ALLGEMEINEN WERTELISTE IMMER EINBLENDEN erlaubt es Ihnen, zu steuern, ob die Suchkriterien beim Öffnen der Wertehilfe immer eingeblendet werden (abap_true) oder nicht (abap_false). Die Registerkarte ALLE WERTEHILFEN bezieht sich auf die Einstellungsmöglichkeiten, die auf alle Wertehilfen angewandt werden sollen. Die Checkboxen haben wir bereits erläutert.

Prüftabelle

Prüfung auf Fremdschlüsselverprobung

Wurde keine Suchhilfe gefunden, überprüft das Web-Dynpro-Framework, ob eine Fremdschlüsselverprobung für die Komponente oder das Feld aus dem ABAP Dictionary definiert wurde.

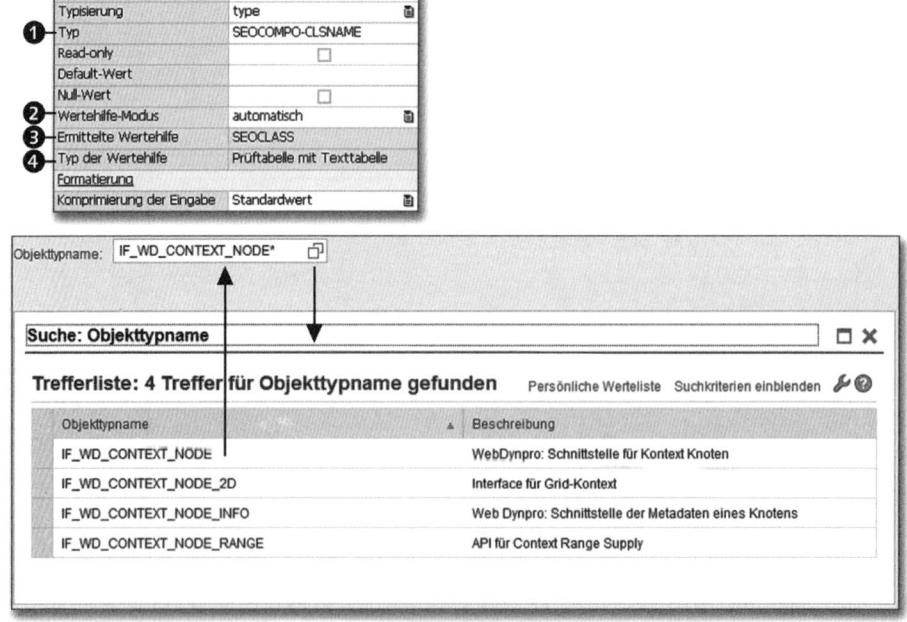

Abbildung 7.19 Automatisch gefundene Prüftabelle mit Texttabelle als Wertehilfe

Sofern diese vorhanden ist, wird als Nächstes geprüft, ob eine Suchhilfe für die Prüftabelle existiert. Wenn ja, wird diese Suchhilfe angezeigt, andernfalls die Schlüsselfelder der Prüftabelle mit Beschreibungstexten, falls eine Texttabelle zur Prüftabelle definiert wurde.

Das Attribut CLSNAME wurde mit der Komponente SEOCOMPO-CLSNAME aus dem ABAP Dictionary typisiert (siehe Abbildung 7.19, ❶). Diese ABAP-Dictionary-Komponente hat eine Fremdschlüsselverprobung, die durch den Wertehilfe-Modus AUTOMATISCH ❷ gefunden (SEOCLASS, ❸) und vom Web-Dynpro-Framework korrekt als Prüftabelle mit Texttabelle klassifiziert wurde ❹.

CLSNAME

Suchhilfe für Datenelement

Wurde keine Fremdschlüsselverprobung gefunden, wird eine mögliche Suchhilfe zu dem zugrunde liegenden Datenelement im ABAP Dictionary gesucht. Wurde diese gefunden, wird sie zur Definition der Wertehilfe verwendet. Das Suchergebnis zur automatischen Ermittlung wird genauso wie bei der Suchhilfe für Felder dargestellt.

Der Unterschied zwischen Suchhilfe auf Feldebene und Datenelementebene liegt in Folgendem: Sofern die Suchhilfe auf Feldebene angebunden ist, können andere Felder der Struktur über die Import-/Exportparameter der Suchhilfe mit berücksichtigt werden, d. h., Daten können in die Suchhilfe übernommen und an die Felder zurückgeliefert werden. Man spricht hier vom *Suchhilfekontext*. Dies ist nicht möglich, wenn die Suchhilfe an das Datenelement gebunden ist.

Festwerte

Als nächste Suchmöglichkeit prüft das Web-Dynpro-Framework, ob Festwerte oder Festwertbereiche für die zugrunde liegende Domäne vorhanden sind. Das Attribut DOMVALUE wurde mit dem Datenelement SEOEXPOSE aus der ABAP-Dictionary-Struktur typisiert (siehe Abbildung 7.20, ❶). Dieses ABAP-Dictionary-Datenelement hat eine ABAP-Dictionary-Domäne, die durch den Wertehilfe-Modus AUTOMATISCH ❷ gefunden (SEOEXPOSE ❸) und vom Web-Dynpro-Framework korrekt als Domänenfestwert klassifiziert wurde ❹.

Abbildung 7.20 Automatisch gefundene Domänenfestwerte als Wertehilfe

Datenelement DATS oder TIMS für Typisierung

Attributtypisierung Die letzte Prüfung bei der automatischen Suche nach einer Wertehilfe untersucht die Typisierung des Attributs. Wurde das Datenelement DATS oder TIMS für die Typisierung verwendet, wird die Kalender-Hilfe oder die Uhrzeit-Hilfe gefunden, wie Sie z. B. für das Datenelement DATS in Abbildung 7.21 sehen:

1. Das Attribut DATUM wurde mit dem ABAP-Dictionary-Datenelement DATS typisiert ❶.

2. Dieses ABAP-Dictionary-Datenelement enthält die Kalender-Hilfe, die durch den Wertehilfe-Modus AUTOMATISCH ❷, ❸ gefunden und vom Web-Dynpro-Framework korrekt als Kalender-Hilfe klassifiziert wurde ❹.

3. Der gefundene Typ der Wertehilfe steuert, dass zum UI-Element InputField, das das Attribut DATUM über Data Binding bindet, ein Datums-Icon für die Wertehilfe angezeigt wird ❺.

4. Der Benutzer kann durch die Auswahl des Icons oder Drücken der F4 -Taste die Suchhilfe aktivieren, dort nach einem Datum suchen und den gefundenen Wert durch Auswahl in das InputField zurückstellen.

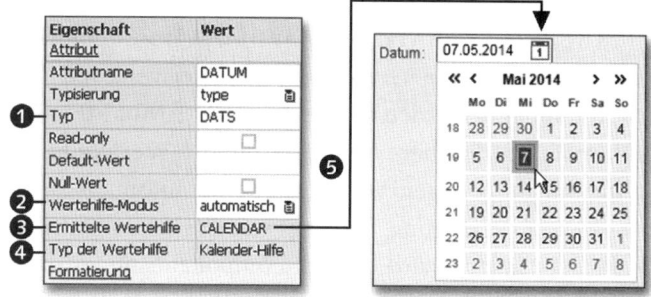

Abbildung 7.21 Automatisch gefundene Wertehilfe für das Datenelement DATS

Keine Hilfe

War keiner der Suchschritte erfolgreich, wird keine Wertehilfe angezeigt.

7.2.3 Wertehilfe-Modus »Dictionary-Suchhilfe«

Manchmal kann es vorkommen, dass die automatische Suche nach einer Wertehilfe nicht zum gewünschten Ergebnis führt. In diesem Fall können Sie über den Wertehilfe-Modus DICTIONARY-SUCHHILFE eine Suchhilfe aus dem ABAP Dictionary direkt durch die Eingabe im Eingabefeld DICTIONARY-SUCHHILFE vorgeben.

Manuelle Vorgabe

Testen Sie die direkte Zuordnung! Verwenden Sie z. B. die vordefinierte Suchhilfe `SFBECLNAME` für ein Context-Attribut. Sie werden sehen, dass dem Benutzer als Hilfe genau die von Ihnen zugeordnete Suchhilfe angezeigt wird.

7.2.4 Wertehilfe-Modus »Object Value Selector«

Die OVS-Wertehilfe (Object Value Selector) können Sie verwenden, wenn es nicht möglich ist, die Suche mit Mitteln des ABAP Dictionarys durchzuführen, z. B. wenn die Wertemenge in der Web-Dynpro-Anwendung ermittelt werden soll. Außerdem bietet sie wie die Suchhilfeanbindung auf Komponenten oder Feldebene den Vorteil, dass Sie bei entsprechender Implementierung mit einem Mal mehrere Felder füllen können (z. B. die beiden Felder für den Namen der ABAP-Klasse und deren Beschreibung).

Verwendung

Web-Dynpro-Component WDR_OVS

Die `OVS`-Wertehilfe ist durch die bereitgestellte Web-Dynpro-Component `WDR_OVS` realisiert, die von jeder Web-Dynpro-Component verwendet werden kann. Die Grundlagen zur Verwendung von Web-Dynpro-Components werden in Abschnitt 2.7, »Multi-Component-Architekturen«, beschrieben. Nachdem die `OVS`-Wertehilfe für ein Context-Attribut eingetragen wurde, steht sie automatisch für jedes `InputField` zur Verfügung, das an dieses Context-Attribut gebunden wird. Zur Laufzeit wird die `OVS`-Component immer dann automatisch instanziiert, wenn ein Benutzer bei markiertem `Input-Field` die (F4)-Taste drückt oder auf das Wertehilfe-Icon neben dem `InputField` klickt. Auch die Erzeugung des Pop-up-Fensters auf dem Bildschirm erfolgt in diesem Moment automatisch.

Anbindung

Um eine `OVS`-Wertehilfe an ein Context-Attribut anzubinden, sind folgende Schritte notwendig, die wir anhand eines Beispiels veranschaulichen werden. Wir werden für ein Eingabefeld eine `OVS`-Wertehilfe definieren.

1. Wechseln Sie wie in Abbildung 7.22 in Ihre Web-Dynpro-Component, und tragen Sie im Register COMPONENT-VERWENDUNG die Component-Verwendung `USAGE_OVS` ❶ für die `OVS`-Component `WDR_OVS` ❷ ein.

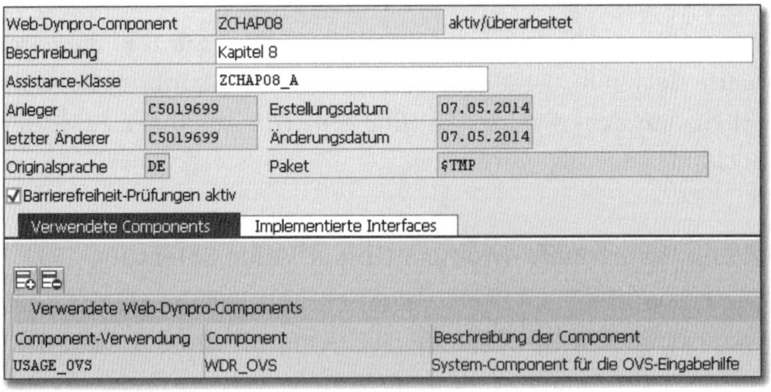

Abbildung 7.22 Deklaration der Verwendung der Web-Dynpro-Component WDR_OVS

Verwendung definieren

2. Legen Sie diese Verwendung auch auf der Registerkarte EIGENSCHAFTEN des Views fest, in dem sich Ihr Eingabefeld befindet, wie Sie es in Abbildung 7.23 sehen. Über den Button CONTROLLER-VERWENDUNG ANLEGEN (🗋) übernehmen Sie die `OVS`-Verwendung.

Wertehilfen | **7.2**

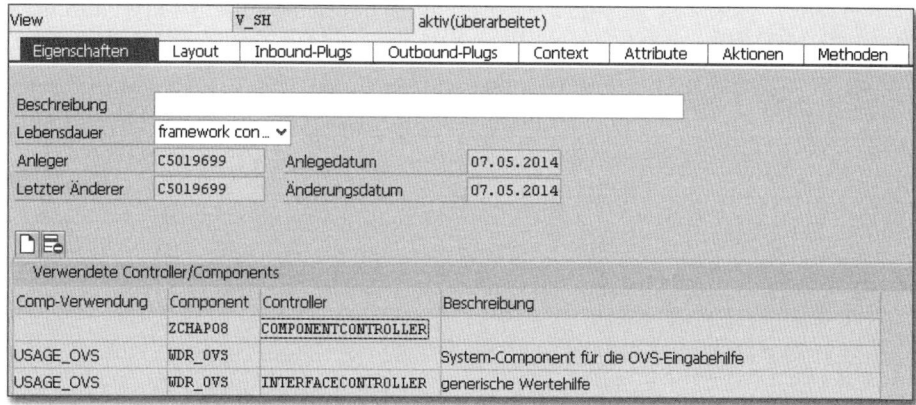

Abbildung 7.23 Verwendungserklärung der OVS-Wertehilfe im View

Wechseln Sie in den Context des Component-Controllers und dort zu dem Attribut, für das die Wertehilfe definiert werden soll. In der Eigenschaftstabelle des Context-Attributs (siehe Abbildung 7.24) können Sie nun in der Zeile WERTEHILFE-MODUS den Eintrag OBJECT VALUE SELECTOR auswählen. In der neuen Zeile OVS-COMPONENT-VERWENDUNG in der Eigenschaftstabelle müssen Sie die für die Wertehilfe vorgesehene Component-Verwendung eintragen. Dafür steht eine Eingabehilfe in dieser Zeile bereit. Wählen Sie die Wertehilfe USAGE_OVS.

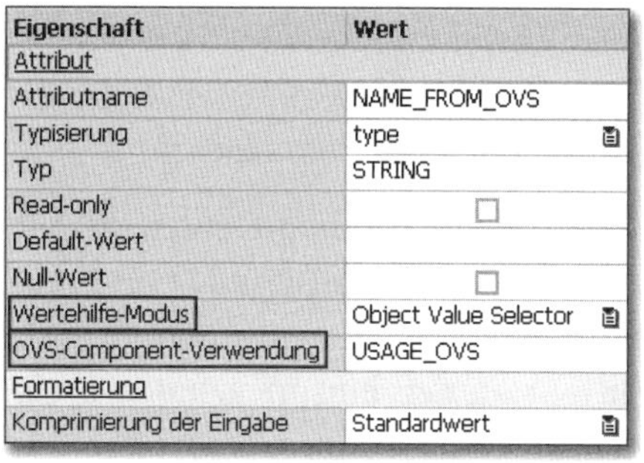

Eigenschaft Wertehilfe-Modus setzen

Abbildung 7.24 Zuordnung der OVS-Component-Verwendung

Für den View muss ein Ereignisbehandler für das Ereignis OVS der verwendeten OVS-Component USAGE_OVS angelegt werden. Dazu wechseln Sie auf die Registerkarte METHODEN des Views (siehe Abbildung 7.25). Vergeben Sie dort den Namen, z. B. on_ovs, für die Ereignisbehandler-Methode. Als METHODEN-TYP wählen Sie den Eintrag EREIGNISBEHANDLER über die Eingabehilfe. Suchen Sie das EREIG-

Ereignisbehandler-Methode anlegen

675

NIS OVS aus der Eingabehilfe der Component-Verwendung aus. Damit ist die Registrierung der Ereignisbehandler-Methode on_ovs( ) für das Ereignis OVS abgeschlossen.

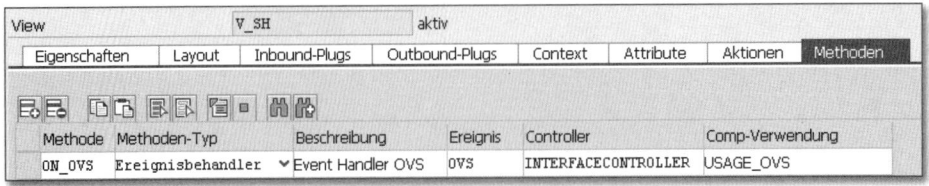

Abbildung 7.25 Definition des OVS-Ereignisbehandlers

Automatische Generierung des Quelltext-Rahmens

Bei der Implementierung der Ereignisbehandler-Methode werden Sie weitgehend unterstützt, da ein Gerüst an Quelltext bereits durch die Zuordnung der Behandlermethode zum Ereignis OVS generiert wird. Um das Quelltext-Gerüst verstehen zu können, müssen Sie sich zuvor Gedanken über den inneren Aufbau und das Interaktionsverhalten der OVS-Component machen.

Die Component WDR_OVS bietet einen Ergebnis-View an, in dem die Suchergebnisse als Tabelle dargestellt werden. Zusätzlich enthält die Component einen Selektions-View, der zur Einschränkung der Suchergebnisse eingesetzt werden kann. Sowohl die Eingabefelder des Selektions-Views als auch die Struktur und die Inhalte der Tabelle des aus dieser Einschränkung resultierenden Suchergebnis-Views werden durch die verwendende Anwendungs-Component festgelegt. Daher muss die OVS-Component zu einem geeigneten Zeitpunkt wieder mit der verwendenden Component kommunizieren.

OVS-Phasenmodell

Die Kommunikation mit der verwendenden Component wird mithilfe des Ereignisses OVS der OVS-Component realisiert. Dieses Ereignis wird automatisch viermal hintereinander ausgelöst und übergibt den Parameter ovs_callback_object an den entsprechenden Ereignisbehandler in der verwendenden Web-Dynpro-Component. In Abbildung 7.26 sehen Sie das sogenannte *Phasenmodell* der OVS-Component anhand eines Beispiels visualisiert.

In den folgenden Abschnitten werden wir das Phasenmodell detailliert besprechen. Bei den Erläuterungen orientieren wir uns am zeitlichen Ablauf des Zusammenspiels zwischen der verwendenden und der verwendeten Component (WDR_OVS).

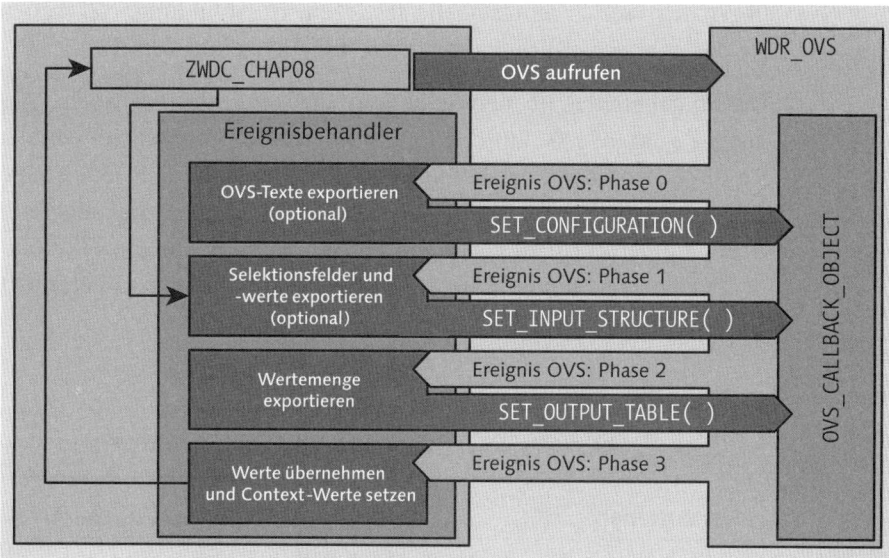

Abbildung 7.26 Phasenmodell der OVS-Component

Object Value Selector aufrufen

Der Benutzer aktiviert die OVS-Wertehilfe durch einen Klick auf das Wertehilfe-Icon oder die [F4]-Taste eines Eingabefeldes. Dies führt dazu, dass die OVS-Component initialisiert wird. Von der OVS-Component wird das Ereignis OVS ausgelöst und dadurch der Ereignisbehandler in der verwendenden Component aufgerufen.

Aufruf

Der Ereignisbehandler, den wir zuvor angelegt haben, besitzt den Importing-Parameter ovs_callback_object, der wiederum das öffentliche Instanzattribut ovs_callback_object->phase_indicator besitzt. Dieses verwenden Sie, um festzustellen, in welcher OVS-Phase sich der OVS befindet. Die unterschiedlichen Phasen repräsentieren das Protokoll der Zusammenarbeit zwischen der verwendenden Component und der OVS-Component. Die Phasenzählung beginnt bei 0, wobei für die unterschiedlichen Phasen die Konstanten if_wd_ovs=>co_phase_[0|1|2|3] definiert sind. Nun liegt es am Ereignisbehandler, die Reaktionen auf die Ereignisse zu implementieren.

Ereignis OVS: Phase 0

Zu diesem Zeitpunkt kann die OVS-Component konfiguriert werden. So können Sie z. B. den Fenstertitel, die Überschrift oder die Spalten-

Konfiguration

überschrift der Ergebnistabelle festlegen. In Abbildung 7.27 sehen Sie die unterschiedlichen Gestaltungsmöglichkeiten der OVS-Views.

Die Eingabefelder für den Selektions-View und dessen Labels können Sie vorgeben ❶. Für den Ergebnis-View (die Werteliste) können Sie die Anzahl der Anzeigespalten und -zeilen sowie für jede Spalte eine Überschrift definieren. Die Trefferliste können Sie mit einer Gruppenüberschrift ❷ versorgen. Für die Fenster, die die OVS-Component anzeigt, können Sie eine Fenster- und Gruppenüberschrift anlegen (❸ und ❹).

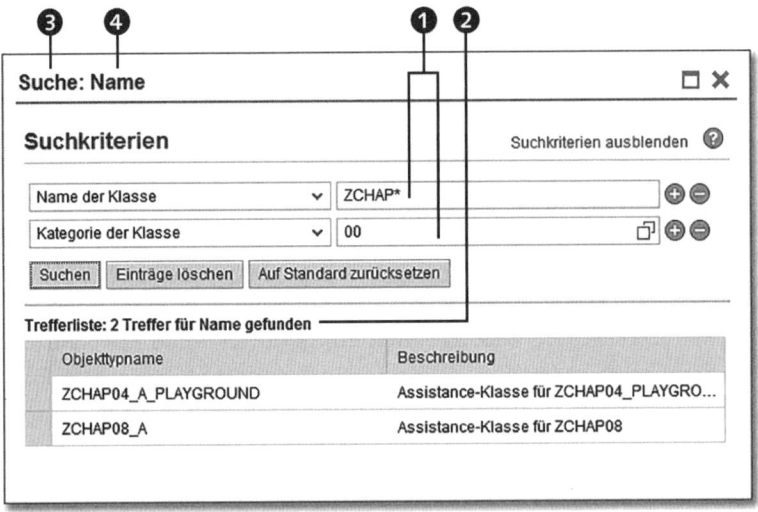

Abbildung 7.27 Gestaltung der OVS-Views

set_configuration() Außerdem können Sie zu diesem Zeitpunkt einstellen, ob aus der Ergebnistabelle eine oder mehrere Zeilen selektiert werden können. Dafür bietet der Ereignisparameter `ovs_callback_object` die Methode `set_configuration( )`, die ausdrücklich nur zu diesem Zeitpunkt verwendet werden kann. Ein Aufruf dieser Methode zu einem anderen Zeitpunkt löst eine Fehlermeldung aus.

Praxis Als ersten Schritt in der Implementierung der Anforderungen wechseln Sie in den Ereignisbehandler `on_ovs( )`. Sie werden feststellen, dass das vollständige Gerüst der Implementierung bereits angelegt ist. Sie können sich auf die Erfordernisse konzentrieren und die vorgenerierten Teile verwenden. In Phase 0 geht es um die Konfigurationsaspekte, die wir in Listing 7.4 für das Beispiel realisiert haben.

```abap
METHOD on_ovs.
* Deklaration der Datenstruktur für die Suchfelder und
* die Spalten der Treffermenge
  TYPES:
    BEGIN OF lty_stru_input,
* Felder für die Suche
      name_from_ovs TYPE seoclsname, "Name der Klasse
      cat_from_ovs TYPE seocategory, "Kategorie der Klasse
    END OF lty_stru_input,
* Felder für die Ergebnisliste
    BEGIN OF lty_stru_list,
      name_from_ovs TYPE seoclsname, "Name der Klasse
      desc_from_ovs TYPE seodescr,   "Name der Beschreibung
    END OF lty_stru_list.
* Definitionen
* Suchkriterien
  DATA: ls_search_input TYPE lty_stru_input,
* Ergebnisliste
        lt_select_list TYPE STANDARD TABLE OF lty_stru_list,
* Texte
        ls_text         TYPE wdr_name_value,
* Texte für Eingabefelder in der Selektionsmaske
        lt_label_texts  TYPE wdr_name_value_list,
* Texte für Spalten in der Ergebnismaske
        lt_column_texts TYPE wdr_name_value_list,
* Fenstertitel
        lv_window_title TYPE string,
* Gruppenüberschrift
        lv_group_header TYPE string,
* Tabellenüberschrift
        lv_table_header TYPE string.
* Referenzen
  FIELD-SYMBOLS: <ls_query_params> TYPE lty_stru_input,
                 <ls_selection>    TYPE lty_stru_list.
* Auswertung
* Welche OVS-Phase?
  CASE ovs_callback_object->phase_indicator.
* Konfigurationsphase, optional
    WHEN if_wd_ovs=>co_phase_0.
* Texte für Eingabefelder in der Selektionsmaske
* Name der Klasse
      ls_text-name = `NAME_FROM_OVS`. "Name=Suchfeldname
      ls_text-value = `Name der Klasse`. "der Text
      INSERT ls_text INTO TABLE lt_label_texts.
* Kategorie der Klasse
      ls_text-name = `CAT_FROM_OVS`. "Name=Suchfeldname
```

7 | Eingabe- und semantische Hilfen

```
            ls_text-value = `Kategorie der Klasse`. "der Text
            INSERT ls_text INTO TABLE lt_label_texts.
* Texte für Spalten in der Ergebnismaske
* Name der Klasse
            ls_text-name  = `NAME_KLASSE`. "Name=Listruktur
            ls_text-value = `Klasse`. "der Text
            INSERT ls_text INTO TABLE lt_column_texts.
* Noch eine Spalte für die Beschreibung
            ls_text-name  = `BESCHR_KLASSE`. "Name=Listruktur
            ls_text-value = `Beschreibung`. "der Text
            INSERT ls_text INTO TABLE lt_column_texts.
* Texte für Titel, GroupHeader und TableHeader
            lv_window_title = 'Klassensuche'.
            lv_group_header = 'Klassengruppe'.
            lv_table_header = 'Name und Beschreibung'.
* Setze die Konfiguration über Callback-Objekt
            ovs_callback_object->set_configuration(
                label_texts   = lt_label_texts
                column_texts  = lt_column_texts
                group_header  = lv_group_header
                window_title  = lv_window_title
                table_header  = lv_table_header
                col_count     = 2
                row_count     = 5
                table_multi_select = abap_false ).
```

Listing 7.4 Behandlung der OVS-Phase 0 im Ereignisbehandler

Suchmaske konfigurieren

Die generierte Behandlermethode beginnt mit dem Deklarationsabschnitt. Dort ist der Strukturtyp LTY_STRU_INPUT für die Definition der Felder vorbereitet, die auf der Suchmaske erscheinen sollen. Wir haben die beiden Felder name_from_ovs und cat_from_ovs ergänzt, die es dem Benutzer ermöglichen, einen Namen und die Kategorie der Klasse für die Selektion einzugeben. Der Name kann mit Joker-Symbolen, wie z. B. Stern (*) oder Pluszeichen (+), eingegeben werden. Die Kategorie steht für die Art der Klasse, wie z. B. ALLGEMEINER OBJEKTTYP oder AUSNAHMEKLASSE.

Ergebnistabelle konfigurieren

Der Strukturtyp LTY_STRU_LIST dient zur Definition der Ergebnistabelle. Die Felder, die Sie in diesen Typ einfügen, werden die Spalten der Ausgabetabelle. Wir haben die beiden Felder name_from_ovs und desc_from_ovs ergänzt, damit hat unsere Ergebnistabelle zwei Spalten. Es folgen weitere Deklarationen, die zur Übergabe an die Methoden des Callback-Objekts dienen.

Der Implementierungsteil beginnt mit der Anweisung `CASE ovs_callback_object->phase_indicator`, um festzustellen, in welcher OVS-Phase sich die OVS-Component befindet. Das öffentliche Instanzattribut `phase_indicator` hält den Wert für die aktuelle Phase. Der Vergleich, ob sich die OVS-Component in der Phase 0 befindet, lautet `WHEN if_wd_ovs=>co_phase_0`.

Phasenbestimmung

Für die Phase 0 (Konfigurationsphase) werden die Strukturen und Tabellen gefüllt, um die Initialisierung der OVS-Component durchzuführen:

Konfigurationsstrukturen

- `lt_label_texts` wird befüllt, um die Texte für die Selektionsfelder festzulegen.
- `lt_column_texts` wird befüllt, um die Überschriften für die Ergebnistabelle festzulegen.
- `lv_window_title` wird befüllt, um den Titel des Such- und Ergebnisfensters festzulegen.
- `lv_group_header` wird befüllt, um einen Zusatztext zum Titel festzulegen.
- `lv_table_header` wird befüllt, um der Ergebnistabelle eine Überschrift zu geben.

Zuletzt folgt der Aufruf der Methode `ovs_callback_object->set_configuration( )`, um die Werte an die OVS-Component zurückzugeben.

Ereignis OVS: Phase 1

Soll der optionale Selektions-View der OVS-Component verwendet werden, müssen Sie in dieser Phase die Struktur der darzustellenden Selektionsfelder festlegen und an die OVS-Component übergeben. Gleichzeitig können Sie Initialwerte für die Selektionsfelder mit übergeben, die Methode `set_input_structure( )` steht dafür zur Verfügung. Auch für diese Methode gilt wie für die Methode `set_configuration( )`: Wird sie zu einem anderen Zeitpunkt aufgerufen, wird eine Fehlermeldung ausgelöst. Wird die Methode nicht gerufen, entfällt die Anzeige des Selektions-Views, und der Ergebnis-View wird direkt angezeigt. In Abbildung 7.28 sehen Sie die Auswirkungen der Behandlung der OVS-Phasen auf das Selektionsbild.

Selektions-View konfigurieren

Abbildung 7.28 Auswirkungen der Behandlung der OVS-Phasen auf das Selektionsbild

Wird die Behandlung der OVS-Phase 0 in der Behandlermethode implementiert, kann das Selektionsbild explizit gestaltet werden, wie es bereits für Phase 0 besprochen wurde ❶. Wird die Phase 0 ausgelassen, werden Standardtexte aus dem ABAP Dictionary verwendet, sofern verfügbar ❷.

Implementierung der Phase 1 Obwohl die Behandlung der Phase 1 optional ist, bieten wir dem Benutzer die Möglichkeit an, das Suchergebnis für den Namen einer ABAP-Klasse einzuschränken. Dazu müssen wir die Suchstruktur und bereits eingegebene Werte des Benutzers berücksichtigen. In Listing 7.5 sehen Sie die Implementierung für die OVS-Phase 1.

```
* Suchstruktur- und Vorschlagswertephase, optional
* Wird diese ausgelassen, erscheint kein Such-View
    WHEN if_wd_ovs=>co_phase_1.
* Ermittle bereits eingegebene Werte des Benutzers aus
* dem InputField-Suchfeld
ovs_callback_object->context_element->get_static_attributes(
    IMPORTING static_attributes = ls_search_input ).
* Setze allgemeine Klassenkategorie
ls_search_input-cat_from_ovs = '00'. "Allgemein
* Übergib die Werte an OVS für Suche durch Callback-Objekt
ovs_callback_object->set_input_structure(
    input = ls_search_input ).
```

Listing 7.5 Behandlung der OVS-Phase 1 im Ereignisbehandler

Mithilfe des öffentlichen Instanzattributs `context_element` des Callback-Objekts `ovs_callback_object` kann die bereits erfolgte Eingabe des Benutzers ermittelt werden. Wie immer in der Context-Programmierung steht dafür die Methode `get_static_attributes( )` zur Verfügung. Wir schränken durch die Belegung des Attributs `ls_search_input-cat_from_ovs` den Suchraum auf allgemeine ABAP-Klassen ein. Zu guter Letzt kann die Struktur mit den Daten an die Methode `set_input_structure( )` des Callback-Objekts übergeben und damit die Definition des Selektionsbildes abgeschlossen werden.

Selektionsbild setzen

Ereignis OVS: Phase 2

In Phase 2 muss die Ergebnismenge der Suche von der verwendenden Component ermittelt werden. Wurden auf einem Selektions-View Werte für die Selektionsparameter eingegeben, stehen diese nun als Instanzattribut `query_parameters` des Ereignisparameters `ovs_callback_object` zur Verfügung. Außerdem muss die Anwendungs-Component die Tabelle mit den zur Auswahl stehenden Werten an die OVS-Component übergeben. Dies wird mithilfe der Methode `set_output_table( )` des Ereignisparameters `ovs_callback_object` realisiert. Der Aufruf von `set_output_table( )` ist zwingend und muss in dieser Phase erfolgen. In Listing 7.6 sehen Sie die Details der Implementierung.

Ergebnismenge ermitteln

```
* Ermittle die Werte für die Trefferlistenphase
    WHEN if_wd_ovs=>co_phase_2.
* Wurde Phase 1 implementiert, verwende Eingabe
* Falls nicht, verwende eigene Werte
      IF ovs_callback_object->query_parameters IS BOUND.
* Ausnahmebehandlung
        ASSIGN ovs_callback_object->query_parameters->*
          TO <ls_query_params>.
        IF NOT <ls_query_params> IS ASSIGNED.
* Initialisiere die Parameter
          ls_search_input-name_from_ovs = 'ZCL*'. "Cust Dev
          ls_search_input-cat_from_ovs = '00'. "Allgemein
        ELSE. "<ls_query_params> not ASSIGNED
* Werte aus den Query-Parametern übernehmen
          ls_search_input-name_from_ovs =
            <ls_query_params>-name_from_ovs.
          ls_search_input-cat_from_ovs =
            <ls_query_params>-cat_from_ovs.
        ENDIF.
      ELSE. "Query_parameters not bound
* Initialisiere die Parameter
```

```abap
              ls_search_input-name_from_ovs = 'ZCL*'. "Custom Dev
              ls_search_input-cat_from_ovs  = '00'.   "Allgemein
            ENDIF.
* Ermittle die Werte für die Trefferliste
            wd_comp_controller->getmodel_class_list(
              EXPORTING
                clstype        = '0'"Suche nach Klassen
                clsname_pattern = ls_search_input-name_from_ovs
                category       = ls_search_input-cat_from_ovs
                langu          = sy-langu
              IMPORTING
                clsnames_w_description = lt_select_list ).
* Setze die Treffermenge
            ovs_callback_object->set_output_table(
              output = lt_select_list ).
```

Listing 7.6 Behandlung der OVS-Phase 2 im Ereignisbehandler

query_parameter Es wird überprüft, ob das öffentliche Instanzattribut `query_parameters` des Callback-Objekts `ovs_callback_object` gebunden ist. Dies wird mit der Anweisung `if ovs_callback_object->query_parameters is bound` ausgeführt. Wurde in der Phase 0 oder 1 ein Selektionsbild definiert, ist dies der Fall.

Jedoch kann es vorkommen, dass die OVS-Phasen 0 und 1 in unserer Behandlermethode nicht bearbeitet wurden. Dann müssen wir darauf reagieren. In unserem Beispiel belegen wir die Hilfsvariablen `ls_search_input-name_from_ovs` mit dem Wert `ZCL*` und `ls_search_input-cat_from_ovs` mit `00`. Dies sorgt dafür, dass allgemeine ABAP-Klassen ermittelt werden, deren Namen mit `ZCL*` beginnen.

Geschäftslogik Der nächste Abschnitt der Implementierung betrifft die Ermittlung der Treffermenge, d. h. die Geschäftslogik. Wir haben in unserem Beispiel die Servicemethode `getmodel_class_list( )`, basierend auf dem Funktionsbaustein `SEO_CLASS_LIB_INTROSPECTION`, mit dem Service-Aufruf-Wizard angelegt, der die ABAP-Klassen ermittelt. Den Service-Aufruf-Wizard erreichen Sie über das Kontextmenü der Web-Dynpro-Component in der Objektliste im Object Navigator (Transaktion SE80). Wählen Sie zum Aufrufen des Wizards den Menüeintrag ANLEGEN • SERVICE-AUFRUF.

[!] **Parameterabbildung**

Achten Sie beim Schritt CONTEXT ANPASSEN darauf, dass alle Parameter des Funktionsbausteins auf Parameter der Methode abgebildet werden. Dies können Sie in der Spalte OBJEKTART über ein Dropdown-Menü einstellen.

Die Werte, die von der Servicemethode als interne Tabelle geliefert werden, werden an die Methode set_output_table( ) des Callback-Objekts ovs_callback_object übergeben. In unserem Fall ist die Typisierung der internen Tabelle, die von der Servicemethode zurückgeliefert wird, identisch mit dem Aufbau der Trefferliste. Dadurch ist keine Konvertierung der Daten in der internen Tabelle auf die Typisierung der Trefferliste notwendig. Die OVS-Component sorgt für die Darstellung der Trefferliste, die Sie in Abbildung 7.29 sehen. Die Verwendung der Phasen 0 und 1 steuert das Aussehen der Suche ❶. Ohne die Phasen 0 und 1 wird direkt die Trefferliste angezeigt ❷.

| set_output_table( ) |

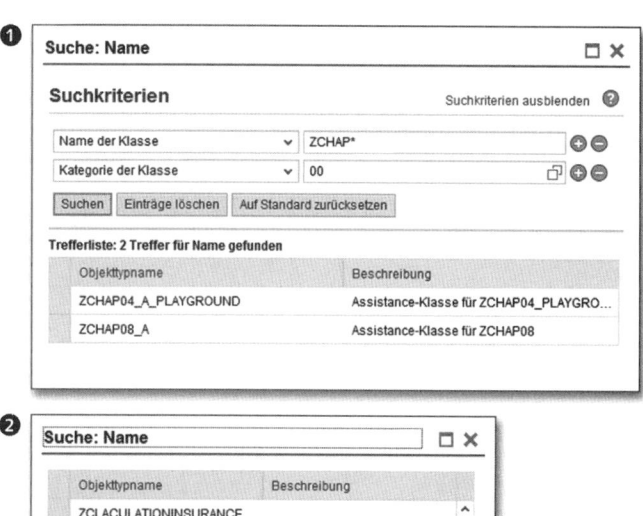

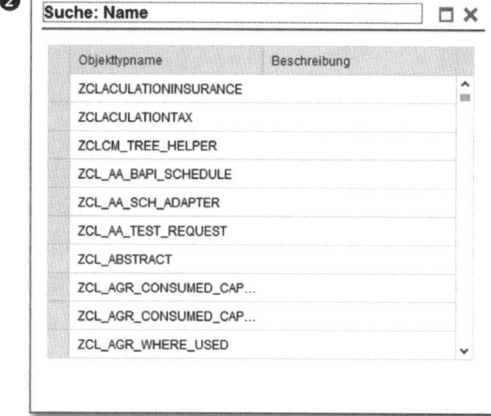

Abbildung 7.29 Unterschiedliche Darstellungen des Selektions-Views und Ergebnis-Views

Ereignis OVS: Phase 3

Das Ergebnis der Suche wurde im Ergebnis-View der OVS-Component dargestellt. Der Anwender hat nun die Möglichkeit, eine oder

| Übernehmen der Benutzerauswahl |

mehrere Zeilen der Tabelle auszuwählen. Letzteres ist allerdings nur dann möglich, wenn in der ersten Phase des Ablaufs über die Methode set_configuration( ) eine Mehrfachselektion für die Ergebnistabelle konfiguriert wurde.

In der Standardkonfiguration der OVS-Component kann nur eine Zeile der Ergebnistabelle ausgewählt werden. Der Inhalt der ausgewählten Zeile steht dann im Instanzattribut selection des Ereignisparameters ovs_callback_object zum Auslesen bereit (siehe Listing 7.7).

```
WHEN if_wd_ovs=>co_phase_3.
*Daten lesen
IF ovs_callback_object->selection IS BOUND.
*Daten dereferenzieren, um sie zu lesen
ASSIGN ovs_callback_object->selection->* TO <ls_selection>.
IF <ls_selection> IS ASSIGNED.
*Daten zurück in die Selektionsbedingungen stellen
ovs_callback_object->context_element->set_static_attributes(
  static_attributes = <ls_selection> ).
ENDIF.
ENDIF.
ENDCASE.
ENDMETHOD.
```

Listing 7.7 Behandlung der OVS-Phase 3 im Ereignisbehandler

Selektierte Werte in die View-Felder setzen

Durch die Anweisung ASSIGN ovs_callback_object->selection->* TO <ls_selection> kommt es zur Dereferenzierung der Auswahl des Benutzers. In dem Feldsymbol <ls_selection> stehen die ausgewählten Werte des Benutzers zur Verfügung und können in die View-Felder zurückgestellt werden. Wir haben dafür die Methode set_static_attributes( ) des context_element aus dem Callback-Objekt ovs_callback_object verwendet. Mit der Behandlung der OVS-Phase 3 ist die Implementierung der Behandlermethode für das Ereignis OVS abgeschlossen.

7.2.5 Wertehilfe-Modus »Frei Programmiert«

IWD_VALUE_HELP

Es steht noch ein weiterer Wertehilfe-Modus zur Verfügung: Das Web-Dynpro-Framework bietet die Möglichkeit, eigene Wertehilfe-Components anzulegen und einzusetzen. Eine Web-Dynpro-Component, die als Wertehilfe dienen soll, muss das Component-Interface (WDCI) IWD_VALUE_HELP implementieren. Nachdem die frei programmierte Wertehilfe an ein Context-Attribut geknüpft wurde, steht die Wertehilfe automatisch für jedes an dieses Attribut gebundene InputField zur Verfügung.

In Abbildung 7.30 haben wir das Zusammenspiel – man könnte auch sagen: das Protokoll – zwischen der Hilfe verwendenden Component und der Hilfe anbietenden Component (Hilfe-Component) dargestellt. Alle weiteren Erläuterungen beziehen sich auf diese Abbildung.

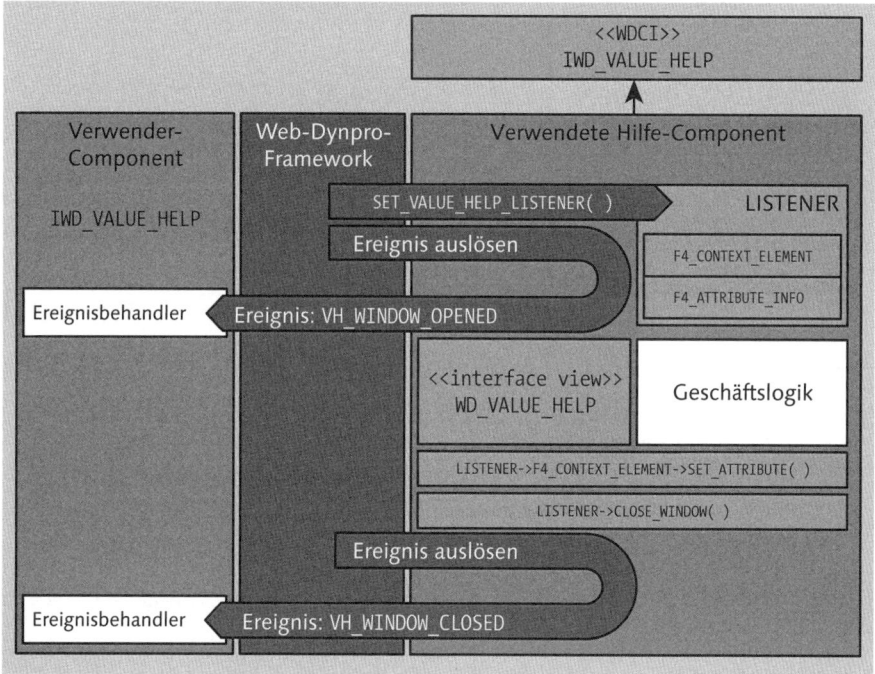

Abbildung 7.30 IWD_VALUE_HELP-Einsatz

Um die Wertehilfe für Ihre Component einzusetzen, werden Sie in zwei Schritten vorgehen. Der erste Schritt betrifft die Implementierung der Wertehilfe-Component und der zweite Schritt die Einbindung in eine verwendende Component.

Implementierung der Hilfe-Component

Hilfe-Component implementieren

Wie bereits erwähnt, müssen Sie bei der Implementierung einer Hilfe-Component das Web-Dynpro-Component-Interface IWD_VALUE_HELP einrichten. Sie gehen dabei vor, wie in Abschnitt 2.7.5,

Web-Dynpro-Component-Interface IWD_VALUE_HELP

»Component-Interfaces«, beschrieben. Durch das implementierte Web-Dynpro-Component-Interface stehen der Hilfe-Component unterschiedliche Elemente zur Verfügung. In Abbildung 7.31 sehen Sie diese Elemente in der Übersicht.

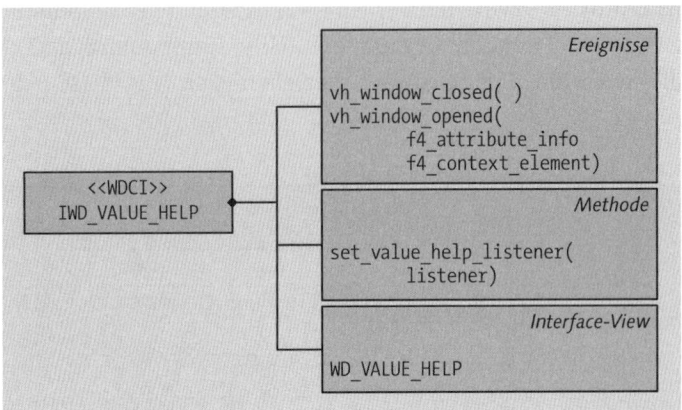

Abbildung 7.31 Elemente des Web-Dynpro-Component-Interfaces IWD_VALUE_HELP

Ereignisse   Das Web-Dynpro-Component-Interface bietet zwei Ereignisse: vh_window_closed und vh_window_opened. Wie die Namen schon andeuten, wird das Ereignis mit der Endung closed ausgelöst, wenn der Interface-View WD_VALUE_HELP geschlossen wird, der als Pop-up-Fenster angezeigt wird. Das Ereignis mit der Endung opened wird ausgelöst, wenn der Interface-View WD_VALUE_HELP geöffnet wird.

Das Ereignis vh_window_opened bietet zwei Parameter an: f4_attribute_info und f4_context_element. Diese Parameter liefern Detailinformationen sowie den Zugriff auf Daten zu dem Attribut bzw. Element, an das die Hilfe in der verwendenden Component gebunden wurde. Der Typ des Referenzparameters f4_context_element ist IF_WD_CONTEXT_ELEMENT, ein bekanntes Interface aus der Context-Programmierung (siehe Abschnitt 2.6). Der Typ des Parameters f4_attribute_info ist WDR_CONTEXT_ATTRIBUTE_INFO. Er enthält die Beschreibungsinformationen zum Context-Attribut, dem die Hilfe zugeordnet ist. Dieser Typ ist in Abschnitt 6.2.3, »Context-Attribute anlegen«, näher beschrieben.

Methode   Das Web-Dynpro-Component-Interface bietet die Methode set_value_help_listener( ) mit dem Parameter listener, der für die Realisierung der Hilfe-Component von zentraler Bedeutung ist.

Diese Methode dürfen Sie nicht aufrufen, sie wird vom Web-Dynpro-Framework aufgerufen. Der `listener`-Parameter ist vom Typ `IF_WD_VALUE_HELP_LISTENER` und bietet die Elemente, die in Tabelle 7.1 aufgelistet sind.

Attribut	Beschreibung
`f4_context_element`	Knotenelement
`f4_attribute_info`	Beschreibungsinformationen zum Context-Attribut
Methode	**Beschreibung**
`close_window( )`	Methode zum Schließen des Interface-Views

Tabelle 7.1 Elemente von IF_WD_VALUE_HELP_LISTENER

Da diese Methode vom Web-Dynpro-Framework nach dem Öffnen des Interface-Views gerufen wird, können Sie in der Implementierung dieser Methode das Setup der Hilfe-Component einfügen. Dabei werden Sie im Allgemeinen das `listener`-Objekt aus der Schnittstelle verwenden oder dieses in einem Controller in einem Attribut zwischenlagern.

Der Interface-View `WD_VALUE_HELP` ist die visuelle Schnittstelle der Hilfe-Component und wird als Pop-up-Fenster dargestellt. In der Implementierung der Hilfe-Component dient Ihnen dieser Interface-View zur Einbettung Ihrer Views.

Interface-View

Wir zeigen Ihnen die Verwendung der einzelnen bereits besprochenen Elemente anhand eines konkreten Beispiels. Darin erhält der Benutzer die Gelegenheit, Teammitglieder eines Entwicklungsteams nach dem emotionalen Zustand zu suchen, der durch die Tags von Fotos der Mitglieder repräsentiert wird. Der Benutzer kann mithilfe einer `TriStateCheckBox` einstellen, ob das Mitglied auf dem Foto lächeln (`abap_true`) oder nicht lächeln soll (`abap_false`) oder neutral in den Fotoapparat blickt (*).

Beispiel

Da der Benutzer nach dem Namen eines Teammitglieds mit solch einem Foto sucht, wählt er das Hilfe-Icon zum Eingabefeld des Namens (siehe Abbildung 7.32, ❶). Daraufhin öffnet sich der Interface-View der Hilfe-Component, und der Benutzer kann die Teammitglieder suchen ❷. Die Suchkriterien (SMILING) wurden aus der verwendenden Component übernommen und können durch den

Benutzer verändert werden. Über den Button SUCHE löst der Benutzer den Suchvorgang aus. Hat er nun ein Teammitglied mit den gewünschten Kriterien gefunden, wählt er dieses mit einem Mausklick aus ❸. Der Interface-View wird geschlossen und der Name des selektierten Teammitglieds im Suchfeld dargestellt ❹.

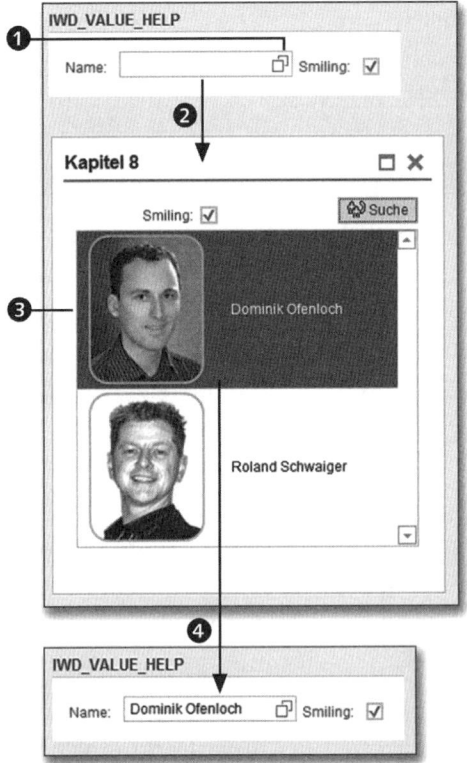

Abbildung 7.32 Hilfe-Component-Beispiel

Implementierung der Hilfe-Component
Legen Sie eine Web-Dynpro-Component an, die das Web-Dynpro-Component-Interface IWD_VALUE_HELP implementiert. Diese bezeichnen wir als verwendete *Hilfe-Component* (siehe Abbildung 7.33). In unserem Beispiel haben wir die Component mit ZWDC_CHAP08_HELP bezeichnet.

Interface-View WD_VALUE_HELP
Das Web-Dynpro-Component-Interface IWD_VALUE_HELP stellt den Interface-View WD_VALUE_HELP zur Verfügung (siehe Abbildung 7.34). In diesen betten Sie Ihren View ein, der die Wertehilfe visualisiert. In unserem Beispiel haben wir den View mit V_MAIN bezeichnet.

Wertehilfen | 7.2

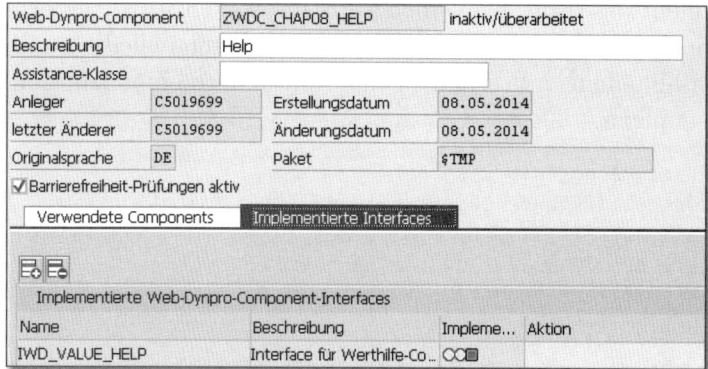

Abbildung 7.33 Hilfe-Component

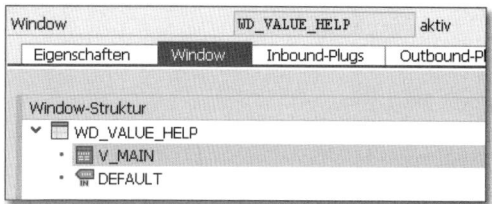

Abbildung 7.34 View-Einbettung in Window WD_VALUE_HELP

Implementieren Sie die Methode set_value_help_listener( ), die im COMPONENTCONTROLLER zu finden ist und aus dem Web-Dynpro-Component-Interface stammt (siehe Abbildung 7.35). Dort können Sie z. B. das listener-Objekt für die spätere Verwendung aus dem Parameter der Methode in die Component-Attribute übernehmen.

set_value_help_ listener( )

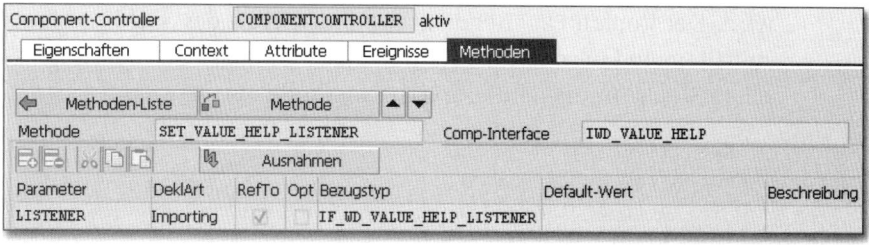

Abbildung 7.35 Methode set_value_help_listener( )

Für unser Beispiel zeigen wir Ihnen eine einfache Implementierung (siehe Listing 7.8). In dieser Implementierung übernehmen wir das listener-Objekt aus der Schnittstelle der Methode und legen es in einem public-Attribut ab, damit es später von allen Controllern der

Implementierung

691

7 Eingabe- und semantische Hilfen

Component angesprochen werden kann. Im zweiten Schritt verwenden wir die Suchkriterien, um die Liste der Teammitglieder zu filtern. In Abbildung 7.36 sehen Sie den Aufbau des Component-Controller-Contexts.

```
METHOD set_value_help_listener.
* Setzen des listener-Objekts als public-Attribut
    wd_this->setatt_listener( listener ).
* Filtern des Teams für den Smile-Faktor
    wd_this->filter_team( ).
ENDMETHOD.
```

Listing 7.8 Beispielimplementierung

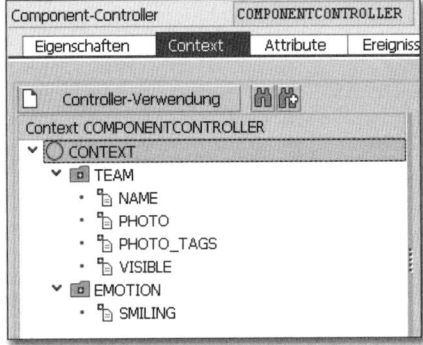

Abbildung 7.36 Component-Controller-Context der Hilfe-Component

filter_team( ) Die Elemente des Context-Knotens TEAM repräsentieren die Teammitglieder, somit ist die Kardinalität 1..n. Das Attribut PHOTO_TAGS hält die Tag-Informationen für das Foto des Mitglieds, nach dem gefiltert wird. Der Knoten EMOTION dient dazu, den Wert des Suchkriteriums zu halten, und wird mit der Kardinalität 1..1 angelegt. In Listing 7.9 sehen Sie die Implementierung der Methode filter_team( ).

```
METHOD filter_team.
* Knoten zum Suchkriterium
    DATA lo_nd_emotion TYPE REF TO if_wd_context_node.
* Element zum Suchkriterium
    DATA lo_el_emotion TYPE REF TO if_wd_context_element.
* Smile
    DATA: lv_smiling TYPE wd_this->element_emotion-smiling,
* Suchmuster in den Tags
        ld_pattern TYPE string.
* Knoten für Teammitglieder
    DATA lo_nd_team TYPE REF TO if_wd_context_node.
```

```abap
* Tags des Fotos
  DATA: ld_photo_tags TYPE string,
* Ein Teammitglied
        ls_team LIKE LINE OF wd_this->gt_team,
* Ergebnistabelle für das Team
        lt_buffer_team LIKE wd_this->gt_team.
*************************************************************
* Knoten für Suchkriterium ermitteln
  lo_nd_emotion = wd_context->get_child_node(
    name = wd_this->wdctx_emotion ).
* Behandlung nicht existierender Knoten
  IF lo_nd_emotion IS INITIAL.
    EXIT.
  ENDIF.
* Element für Suchkriterium ermitteln
  lo_el_emotion = lo_nd_emotion->get_element( ).
* Falls keine Lead-Selection
  IF lo_el_emotion IS INITIAL.
    EXIT.
  ENDIF.
* Hole den Wert des Suchkriteriums
  lo_el_emotion->get_attribute(
    EXPORTING
      name =   `SMILING`
    IMPORTING
      value = lv_smiling ).
* TriState in Suchmuster übersetzen
* Falls 01, dann smiling.
* Falls 02, dann nosmiling.
* Sonst neutral.
  IF lv_smiling = '01'.
    ld_pattern = ':SMILE:'.
  ELSEIF lv_smiling = '02'.
    ld_pattern = ':NOSMILE:'.
  ELSE.
    ld_pattern = ':NEUTRAL:'.
  ENDIF.
*************************************************************
* Filtern der Teammitglieder
* Für jedes Teammitglied
  LOOP AT wd_this->gt_team INTO ls_team.
* Vergleich der Foto-Tags mit dem Suchmuster
    IF ls_team-photo_tags CS ld_pattern.
* Falls gefunden, dann in die Ergebnismenge
      APPEND ls_team TO lt_buffer_team.
    ENDIF.
  ENDLOOP.
```

```
    *   Ermittle den Knoten zum Team
      lo_nd_team = wd_context->get_child_node(
        name = wd_this->wdctx_team ).
    ************************************************************
    * Setze die Ergebnismenge im Context
      lo_nd_team->bind_table(
        new_items = lt_buffer_team
        set_initial_elements = abap_true ).
  ENDMETHOD.
```

Listing 7.9 Implementierung der Methode filter_team( )

Die Methode ist einfach zu verstehen. Im ersten Abschnitt ermitteln wir das Suchkriterium `lv_smiling`. Danach übersetzen wir den Wert des Suchkriteriums in ein Suchmuster. Dieses wird verwendet, um alle Foto-Tags jedes Teammitglieds zu durchsuchen. Am Ende der Methode wird das Ergebnis in den TEAM-Knoten zurückgestellt. Die Methode `filter_team( )` ist Teil der Logik (Funktionalität) Ihrer Wertehilfe. Als zusätzliche Informationsquelle zum auslösenden Context-Attribut für die Logik können Sie das `listener`-Attribut `f4_attribute_info` verwenden.

<small>f4_context_element</small>

Um die Daten an die verwendende Component zurückzuliefern, ziehen Sie die Context-Element-Referenz `f4_context_element` im `listener` heran. Mithilfe dieser Referenz können Sie die Attribute setzen, die Sie an die rufende Component zurückgeben möchten (siehe Listing 7.10).

```
METHOD onactionlead_selection.
  * Name des Teammitglieds
      DATA: ld_name TYPE string.
    * Teamknoten
      DATA lo_nd_team TYPE REF TO if_wd_context_node.
    * Das Element der Lead-Selection
      DATA lo_el_team TYPE REF TO if_wd_context_element.
    * Ermittle den Teamknoten
      lo_nd_team = wd_context->get_child_node(
        name = wd_this->wdctx_team ).
    * Hole Element mit dem Index der Behandlerschnittstelle
      lo_el_team = lo_nd_team->get_element( index = index ).
    * Falls Referenz initial = kein Element
      IF lo_el_team IS INITIAL.
        EXIT.
      ENDIF.
    * Hole den Namen aus dem Element
```

```
  CALL METHOD lo_el_team->get_attribute
    EXPORTING
      name  = 'NAME'
    IMPORTING
      value = ld_name.
* Setze Namen für Ergebnis über Listener
  CALL METHOD wd_comp_controller->gr_listener->
    f4_context_element->set_attribute
    EXPORTING
      name  = 'NAME'
      value = ld_name.
* Schließen des Hilfe-Interface-Views
  CALL METHOD wd_comp_controller->gr_listener->close_
window( ).
ENDMETHOD.
```

Listing 7.10 Implementierung des Aktionsbehandlers onactionlead_selection( )

Die Methode `onactionlead_selection( )` ist eine Aktionsbehandler-Methode für die Änderungsbehandlung der Lead-Selection im Context-Knoten `TEAM`. Die Änderung könnte z. B. durch das Klicken des Benutzers auf einen Eintrag in der Teammitgliederliste ausgelöst werden. Der interessante Teil in Listing 7.10 befindet sich am Ende der Methode. Zuerst wird der Name des Teammitglieds mithilfe des Objekts `f4_context_element`, das über das `listener`-Objekt zur Verfügung steht, durch die Methode `wd_comp_controller->gr_listener->f4_context_element->set_attribute( )` gesetzt. Damit ist der selektierte Wert des Benutzers als Ergebnis abgelegt. Danach wird der Interface-View durch die Methode `wd_comp_controller->gr_listener->close_window( )` geschlossen, und die Arbeit der Hilfe-Component ist erledigt.

close_window( )

Hilfe-Component verwenden

Die Verwendung der frei programmierten Hilfe gestaltet sich sehr einfach. Die folgenden Schritte beschreiben, wie Sie zu einer zielgerichteten Verwendung kommen:

Verwender-Component

1. Um Ihre Wertehilfe in einer Verwender-Component einsetzen zu können, müssen Sie eine Usage in dieser und in dem Controller deklarieren, in dem die Hilfe benötigt wird. Für unser Beispiel haben wir in der die Hilfe verwendenden Component `ZWDC_CHAP08` die Component-Verwendung `USAGE_HELP` (siehe Abbil-

dung 7.37) deklariert, basierend auf der Component `ZWDC_CHAP08_HELP`. Außerdem benötigen wir die Component-Verwendung im View `V_MAIN` und haben diese daher dort angelegt (siehe Abbildung 7.38).

Abbildung 7.37 Usage-Deklaration in der Component

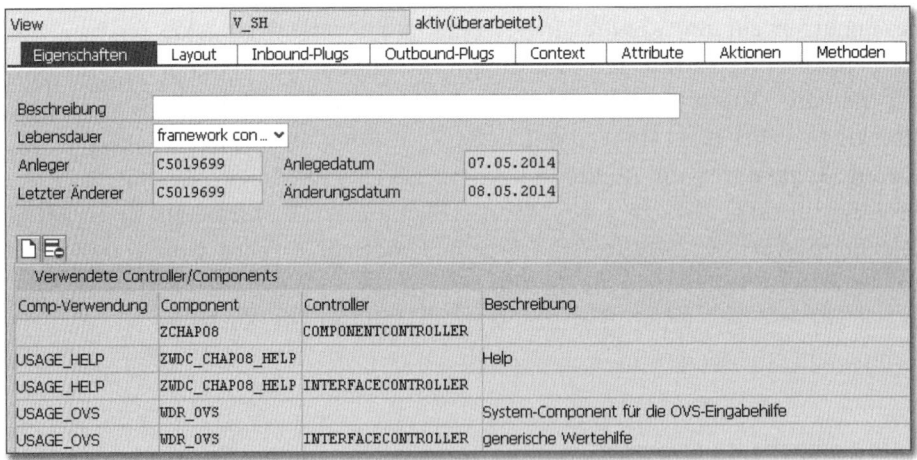

Abbildung 7.38 Usage-Deklaration im View

2. Die Anbindung der Hilfe erfolgt über ein Context-Attribut. Setzen Sie für das Context-Attribut, an das Sie die Hilfe anbinden möchten (siehe Abbildung 7.39), die Context-Attribut-Eigenschaft WERTEHILFEMODUS auf FREI PROGRAMMIERT. Tragen Sie in der Context-Attribut-Eigenschaft WERTEHILFE-COMPONENT-VERWENDUNG den Namen der Usage ein.

3. Optional: Falls Sie über das Öffnen und Schließen des Hilfefensters in der verwendenden Component benachrichtigt werden möchten, müssen Sie für das Ereignis vh_window_opened bzw. vh_window_closed eine Ereignisbehandler-Methode einrichten.

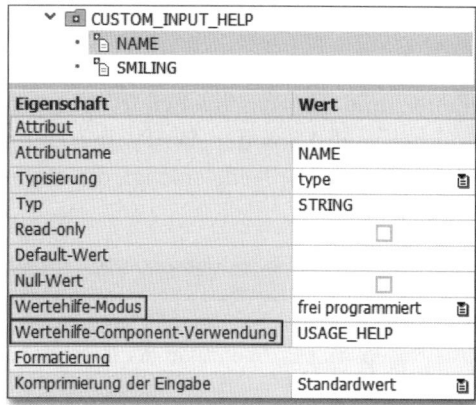

Abbildung 7.39 Anbindung der frei programmierten Hilfe

7.3 Select-Options

Bisher haben Sie in diesem Kapitel erfahren, wie Sie einen Selektions-View manuell zusammenstellen. Sie mussten die View-Felder definieren und die Behandlung von Inkonsistenzen und fehlerhaften Eingaben programmieren. Wir haben zwar bei der Anbindung der Suchhilfen erwähnt, dass die Berücksichtigung des Suchkontextes möglich ist, aber möglicherweise haben Sie sich bereits gedacht, dass irgendetwas fehlt.

Verwendung

7.3.1 Select-Options in ABAP-Programmen

Wenn Sie sich noch einmal die Definition von Standardselektionsbildern in der ABAP-Programmierung ins Gedächtnis rufen, gibt es für eben diese die ABAP-Anweisung SELECT-OPTIONS. Diese Anweisung erzeugt, sehr komfortabel für Entwickler und Benutzer, eine Intervalleingabemöglichkeit. In Abbildung 7.40 sehen Sie ein Selektionsbild, das mit folgender Anweisungsfolge definiert wurde:

SELECT-OPTIONS

```
DATA: ls_seoclass TYPE seoclassdf.
SELECT-OPTIONS: clsname FOR ls_seoclass-clsname.
```

Abbildung 7.40 Select-Options in einem ausführbaren Programm

Range-Tabelle Damit können Sie Einzeleingaben und Intervalleingaben ermöglichen, die Sie als einschließende und als ausschließende Kriterien festlegen können. Programmintern wird aus der ABAP-Anweisung SELECT-OPTIONS eine interne Tabelle mit Kopfzeile erzeugt, die die in Tabelle 7.2 gezeigten Spalten besitzt.

Komponenten	Typ	Beschreibung
sign	C(1)	Mithilfe der Komponente sign können Sie festlegen, ob das Ergebnis in der Gesamtergebnismenge ein- oder ausgeschlossen wird. Werte sind I für Einschluss und E für Ausschluss.
option	C(2)	Mithilfe der Komponente option definieren Sie die Selektionsoption für die Bedingung der Zeile in Form logischer Operatoren, z. B. EQ für Gleichheit.
low	SEOCLSNAME	Mithilfe der Komponente low definieren Sie den Vergleichswert in Einzelvergleichen oder die untere Intervallgrenze bei Intervallabgrenzungen.
high	SEOCLSNAME	Mithilfe der Komponente high definieren Sie die obere Intervallgrenze bei Intervallabgrenzungen.

Tabelle 7.2 Spalten der Select-Options-Tabelle

Der Typ der Spalte low und high leitet sich vom Bezugstyp der Anweisung SELECT-OPTIONS ab. Diese interne Tabelle wird Zeile für Zeile mit den Eingaben des Benutzers gefüllt und kann für spätere Operationen verwendet werden.

Im den folgenden Abschnitten werden wir auf die Select-Options für Web Dynpro eingehen. Dazu stellen wir Ihnen in Abschnitt 7.3.2, »Klassische Select-Options«, deren klassische Realisierung und in Abschnitt 7.3.3, »Select-Options 2.0«, eine neue Realisierung der Select-Options vor. Falls Sie eine Neuentwicklung planen, sollten Sie die neue Realisierung der Select-Options nutzen und können den Abschnitt zur klassischen Variante überspringen. Falls Sie noch alte Web-Dynpro-Anwendungen warten müssen, werden die Ausführungen zur klassischen Realisierung hilfreich für Sie sein.

7.3.2 Klassische Select-Options

In Web Dynpro gibt es die Möglichkeit, Select-Options einzusetzen. Dafür wird in der klassischen Variante die Web-Dynpro-Component WDR_SELECT_OPTIONS zur Verfügung gestellt.

Web-Dynpro-Component WDR_SELECT_OPTIONS

Abbildung 7.41 vermittelt Ihnen einen ersten Eindruck vom Leistungsumfang der Component. Die Funktionen der Web-Dynpro-Component WDR_SELECT_OPTIONS ❶ werden über Buttons ❷, Eingabefelder für Selektionswerte und -intervalle ❸ sowie über den Button MEHRFACHSELEKTION ❹ dargestellt, um weitere Selektionswerte und -intervalle einzugeben.

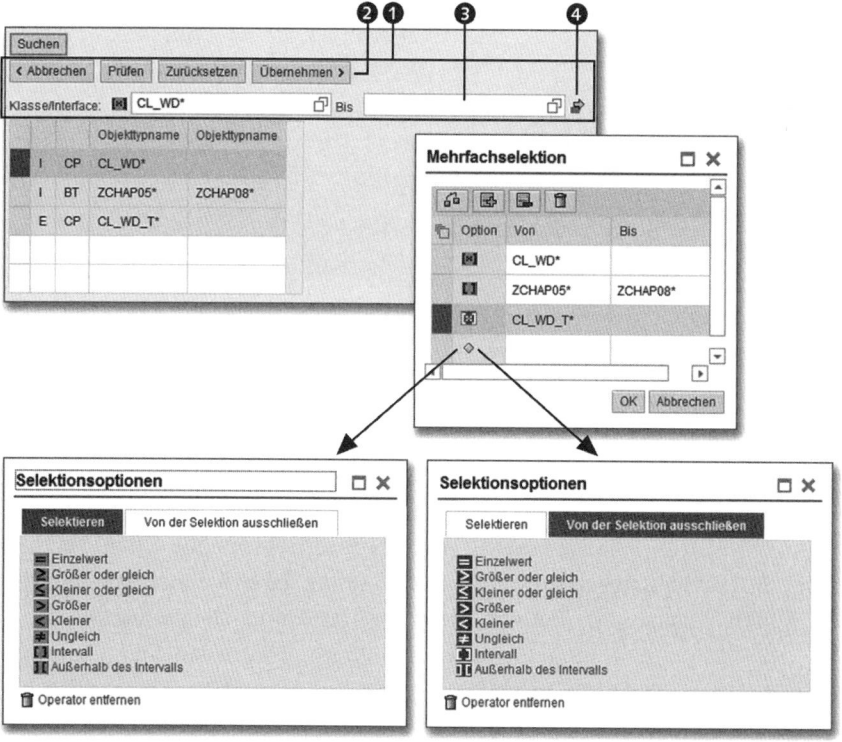

Abbildung 7.41 Web-Dynpro-Anwendung mit Select-Option

Haben Sie diesen Button angeklickt, können Sie die Optionen aus dem SELEKTIONSOPTIONEN-Dialog auswählen. Einschließende Bedingungen werden in Grün, ausschließende Bedingungen in Rot abgebildet.

Technische Objekte

Die technischen Objekte, die zu der Web-Dynpro-Component WDR_SELECT_OPTIONS definiert sind, haben wir in Abbildung 7.42 zusammengestellt. Der Interface-Controller der Web-Dynpro-Component WDR_SELECT_OPTIONS bietet die Methode init_selection_screen( ) mit dem Returning-Parameter R_HELPER_CLASS vom Typ IF_WD_SELECT_OPTIONS an, mit dem eine Referenz auf die Select-Option ermittelt werden kann. Diese Referenz stellt die Methoden zur Verfügung, um z. B. die Select-Option optisch zu gestalten.

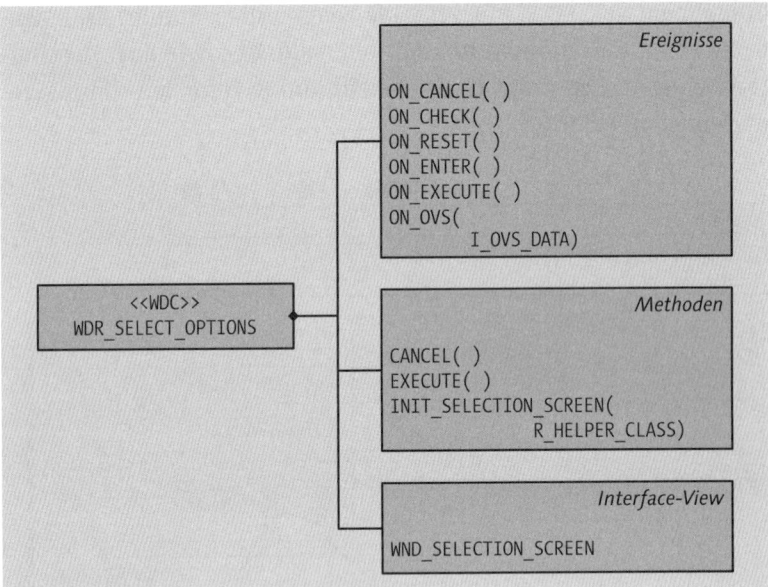

Abbildung 7.42 Elemente der Web-Dynpro-Component WDR_SELECT_OPTIONS

WND_SELECTION_SCREEN — Die Visualisierung der Select-Option, die als Interface-View WND_SELECTION_SCREEN der Web-Dynpro-Component WDR_SELECT_OPTIONS umgesetzt ist, zeigt in der ersten Zeile die Standardfunktionen ABBRECHEN, PRÜFEN, ZURÜCKSETZEN und ÜBERNEHMEN. Diese Funktionen können deaktiviert werden, sofern sie nicht benötigt werden (Methode set_global_options( ) und Konstanten m_display_btn_* aus dem Interface IF_WD_SELECT_OPTIONS).

Die hauptsächliche Aufgabe der Select-Options-Component ist es, dem Benutzer die Einzel- und Intervallpflege von Selektionskriterien anzubieten. In Abbildung 7.41 wurde z. B. ein Selektionsfeld für die Eingabe des Namens einer ABAP-Klasse definiert (Methoden create_range_table( ) und add_selection_field( ) aus dem Interface IF_WD_SELECT_OPTIONS). Damit werden die Untergrenze und Obergrenze des Selektionsfeldes als Eingabefelder angezeigt. Für die Felder und Parameter stehen, sofern definiert, Eingabehilfen bereit.

Selektions- und Parameterfelder

Noch ein Wort zu den Standardfunktionen: Dazu sind Ereignisse im Interface-Controller der Web-Dynpro-Component WDR_SELECT_OPTIONS definiert, wie z. B. on_check. Diese Ereignisse werden ausgelöst, wenn die zugehörige Taste gedrückt wird, z. B. die Taste PRÜFEN. In der verwendenden Component muss ein EREIGNISBEHANDLER definiert werden, der sich auf das gewünschte Ereignis der Web-Dynpro-Component WDR_SELECT_OPTIONS registriert und dieses behandelt.

Funktionen und Ereignisse

Protokoll

Die eben beschriebene Funktion fassen wir mit den technischen Grundlagen visuell zusammen. In Abbildung 7.43 haben wir das Zusammenspiel – man könnte auch sagen: das Protokoll – zwischen der Select-Options verwendenden Component und der Component WDR_SELECT_OPTIONS (Select-Options-Component) dargestellt.

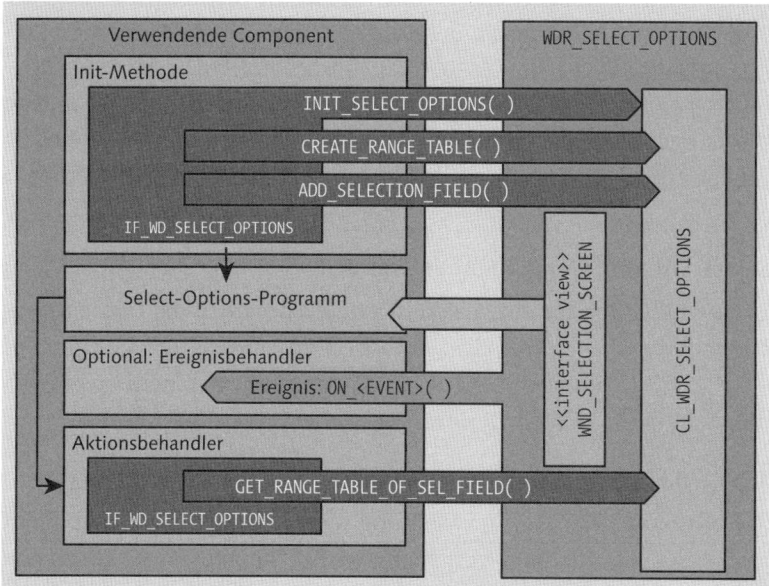

Abbildung 7.43 WDR_SELECT_OPTIONS-Einsatz

Implementierung der Hilfe-Component

Um die Select-Option für Ihre Component zu initialisieren, rufen Sie eine Initialisierungsmethode Ihrer Component auf, die die Methode init_select_options( ) des Interface-Controllers der Select-Options-Component aufruft. Diese Methode liefert eine Referenz vom Typ IF_WD_SELECT_OPTIONS, die das funktionale Zusammenspiel mit der Select-Options-Component ermöglicht. Auf der Seite der Select-Options-Component wird ein Laufzeitobjekt vom Typ CL_WDR_SELECT_OPTIONS instanziiert. Mithilfe dieser Referenz können Sie die Select-Options optisch gestalten und die technischen Grundlagen definieren. Als Beispiel haben wir die Methode create_range_table( ) zum Erzeugen der Datenreferenz auf eine Range-Tabelle für den übergebenen Typ sowie die Methode add_selection_field( ) angeführt, die eine Select-Option ergänzt.

Die Visualisierung der Select-Options-Component übernimmt der Interface-View WND_SELECT_OPTIONS, den Sie in die verwendende Component eingebettet haben. Hier findet die Benutzerinteraktion statt. Auf Interaktionen des Benutzers können Sie durch die optionale Implementierung von Ereignisbehandler-Methoden für Ereignisse der Select-Options-Component reagieren. Diese Ereignisse haben wir mit ON_<EVENT> bezeichnet.

In unserem Beispiel haben wir den Button SUCHE für den Benutzer angeboten, um die Suche, basierend auf den Selektionskriterien, zu starten. Ein Aktionsbehandler übernimmt die Implementierung der Reaktion auf das Anklicken des Buttons. Dabei wird wieder die Interface-Referenz IF_WD_SELECT_OPTIONS, insbesondere die Methode get_range_table_of_sel_field( ), verwendet, um die eingegebenen Werte des Benutzers zu ermitteln. Diese können in der Folge für die Geschäftslogik in der verwendenden Component eingesetzt werden.

Select-Options-Component verwenden

Beispiel Es ist wieder Zeit für ein Beispiel, um die Theorie in die Praxis umzusetzen. Wir werden uns eine einfache Verwendung der Component WDR_SELECT_OPTIONS ansehen und das eingangs beschriebene Selektionsbild in einer Web-Dynpro-Component realisieren.

1. Legen Sie eine Web-Dynpro-Component mit einem View an.
2. Definieren Sie die Verwendung der Web-Dynpro-Component WDR_SELECT_OPTIONS. Vergeben Sie den Namen USAGE_SO für die Verwendung.

3. Deklarieren Sie die COMP-VERWENDUNG der USAGE_SO in Ihrem View.

4. Definieren Sie in den Attributen des Views die beiden neuen Objektreferenzen GO_SO (Bezugstyp IF_WD_SELECT_OPTIONS) und GO_IC_SO (Bezugstyp IWCI_WDR_SELECT_OPTIONS):

   ▶ Das Attribut GO_IC_SO dient als Referenz auf den Interface-Controller der Select-Options-Component.

   ▶ Das Attribut GO_SO stellt die Methoden zur Verfügung, um z. B. das Selektionsbild zu gestalten.

Legen Sie nun die neue Methode init_select_options( ) im View-Controller an, und implementieren Sie diese, wie in Listing 7.11 gezeigt:

init_select_options()

1. Im ersten Schritt überprüfen Sie, ob die Component Usage bereits instanziiert ist. Dies nehmen Sie mit der Methode has_active_component( ) vor. Falls nicht, instanziieren Sie diese mit der Methode create_component( ).

2. Danach ermitteln Sie die Referenz auf den Interface-Controller (wd_this->go_ic_so), über den Sie im nächsten Schritt die Referenz auf das Selektionsbild ermitteln (wd_this->go_so). Diese Referenz dient in der Folge dazu, das Selektionsbild aufzubauen und zu gestalten.

3. Sie legen eine Range-Tabelle für das Datenelement SEOCLSNAME mit der Methode create_range_table( ) an. Damit haben Sie für den Benutzer die Möglichkeit geschaffen, Intervalle als Selektionskriterien einzugeben.

4. Am Ende ergänzen Sie das neue Selektionsfeld CLSNAME mit der Methode add_selection_field( ). Diese Methode bietet eine Vielzahl von Parametern, die das Anlegen des Feldes steuern. Wir haben z. B. die Möglichkeit genutzt, die explizite Suchhilfe SFBECLNAME für das Feld festzulegen.

```
METHOD init_select_options.
* Die Range-Tabelle für das Selektionsfeld
DATA: lt_range_table TYPE REF TO data,
* Referenz auf den Select-Options-Usage-Controller
  lo_ref_cmp_usage TYPE REF TO if_wd_component_usage.
* Die Usage Component instanziieren, falls nötig
lo_ref_cmp_usage = wd_this->wd_cpuse_usage_so( ).
IF lo_ref_cmp_usage->has_active_component( ) IS INITIAL.
```

```
      lo_ref_cmp_usage->create_component( ).
    ENDIF.
  * Referenz auf den Interface-Controller ermitteln
    wd_this->go_ic_so = wd_this->wd_cpifc_usage_so( ).
  * Selektionsbild initialisieren
    wd_this->go_so =
      wd_this->go_ic_so->init_selection_screen( ).
  * Range-Tabelle für Datenelement erzeugen
    lt_range_table = wd_this->go_so->create_range_table(
      i_typename = 'SEOCLSNAME' ).
  * Feld im Selektionsbild erzeugen
    wd_this->go_so->add_selection_field(
      i_id = 'CLSNAME'
      it_result = lt_range_table
      i_value_help_type =
        if_wd_value_help_handler=>co_prefix_searchhelp
      i_value_help_id = 'SFBECLNAME' ).
  ENDMETHOD.
```

Listing 7.11 Initialisierung des Selektionsbildes

wddoinit()

Sie müssen die Methode noch in der `wddoinit( )`-Methode des View-Controllers aufrufen, damit die Initialisierung des Selektionsbildes durchgeführt wird. Definieren Sie im Context den Knoten `NAME_CLASSES` mit der Kardinalität `0..n`. Die Context-Attribute entsprechen den Spalten der internen Tabelle für Select-Options, d. h. `SIGN` (Typ `CHAR1`), `OPTION` (Typ `CHAR2`), `LOW` (Typ `SEOCLSNAME`) und `HIGH` (Typ `SEOCLSNAME`). Legen Sie im View eine Tabelle für den Context-Knoten `NAME_CLASSES` an.

Button anlegen

Erzeugen Sie den Button `BTN_GO` im View, und ordnen Sie dem Button-Ereignis `onAction` die Aktion `GO` zu. Wechseln Sie in die Implementierung der Aktionsbehandler-Methode, und implementieren Sie diese, wie in Listing 7.12 gezeigt:

1. Mit der Methode `get_range_table_of_sel_field( )` lesen Sie die Range-Tabelle des Feldes `CLSNAME` aus. Diese hat den Aufbau, der bereits beschrieben wurde. Interessant ist, dass die Methode eine Datenreferenz zurückliefert (`TYPE REF TO DATA`).

2. Um mit der Datenreferenz weiterarbeiten zu können, muss sie dereferenziert werden. Dies geschieht über ein Field-Symbol. Nach der Dereferenzierung können Sie mit dem Field-Symbol wie mit einer »normalen« Variablen arbeiten.

3. Die Geschäftslogik in unserem Beispiel ist minimal. Wir stellen die Range-Tabelle in den Context zurück, damit sie angezeigt werden kann.

```
METHOD onactiongo.
* Referenz des Context-Knotens
DATA: lo_nd_namen_klassen TYPE REF TO if_wd_context_node,
* Die Eingaben des Benutzers als Datenreferenz
      rt_name_klasse TYPE REF TO data.
* Zur Dereferenzierung der Range-Tabelle
FIELD-SYMBOLS: <fs_name_klasse> TYPE table.
* Eingabe des Benutzers holen
rt_name_klasse =
  wd_this->go_so->get_range_table_of_sel_field(
    i_id = 'CLSNAME' ).
* Dereferenzierung der Datenreferenz mit Feldsymbol
ASSIGN rt_name_klasse->* TO <fs_name_klasse>.
* Hier kommt die Geschäftslogik
* Wir stellen die Range-Tabelle in den Context
lo_nd_namen_klassen = wd_context->get_child_node(
  name = `NAME_CLASSES` ).
lo_nd_namen_klassen->bind_table( <fs_name_klasse> ).
ENDMETHOD.
```

Listing 7.12 Aktionsbehandler für die Aktion GO

Legen Sie noch ein `ViewContainerUIElement` im View an, um das Window `WND_SELECTION_SCREEN` aus der Select-Options-Component einzubetten. Wechseln Sie in das Window, und betten Sie den Interface-View im View-Container des Views ein. Legen Sie eine Web-Dynpro-Anwendung zu Ihrer Web-Dynpro-Component an, und testen Sie die Anwendung.

ViewContainer-UIElement

Interface IF_WD_SELECT_OPTIONS

Der Dreh- und Angelpunkt der Verwendung der Component `WDR_SELECT_OPTIONS` ist das Interface `IF_WD_SELECT_OPTIONS`. Dieses bietet eine Vielzahl von Methoden, die zur Gestaltung und Definition der Select-Option dienen. Wir werden Ihnen im Folgenden die wichtigsten Elemente vorstellen und beginnen mit der zentralen Methode `add_selection_field( )` und deren Parametern in Tabelle 7.3.

add_selection_field()

Parameter	Beschreibung
i_id	Mithilfe des Parameters i_id übergeben Sie die ID des betreffenden Selektionsfeldes. Diese ID wird für das spätere Abholen der Daten benötigt. Dieser Parameter ist als einziger nicht optional.
i_within_block	Mithilfe des Parameters i_within_block legen Sie fest, ob sich das Selektionsfeld innerhalb eines Blocks befindet.
i_description	Mithilfe des Parameters i_description übergeben Sie den Beschreibungstext für das Feld. Geben Sie keine Beschreibung mit, wird automatisch die Datenelement-Beschreibung aus dem ABAP Dictionary verwendet.
i_is_auto_description	Mithilfe des Parameters i_is_auto_description kennzeichnen Sie, ob das Feld selbstbeschreibend ist. Standardwert: abap_true.
it_result	Mithilfe des Parameters it_result können Sie eine Referenz auf eine Range-Tabelle übergeben. Die Range-Tabelle können Sie auch über create_range_table( ) erzeugen lassen, oder Sie definieren sie selbst. Geben Sie dabei den Typnamen mit. Geben Sie keine Range-Tabelle mit, müssen Sie sie vor dem ersten Rendering mitgeben.
i_obligatory	Mithilfe des Parameters is_obligatory können Sie festlegen, ob es sich um ein Muss-Feld handelt (Standardwert: abap_false).
i_complex_restrictions	Mithilfe des Parameters i_complex_restrictions definieren Sie Einschränkungen, was erlaubt bzw. nicht erlaubt ist, z. B. keine Muster, keine spitzen Klammern oder Ähnliches. Zum Festlegen möglicher Optionen können Sie die Dictionary-Struktur RSOPTIONS für das In- und Exkludieren verwenden.
i_use_complex_restriction	Mithilfe des Parameters i_use_complex_restriction geben Sie an, ob i_complex_restrictions verwendet werden soll. Standardwert: abap_false oder nicht gesetzt.
i_no_complex_restrictions	Mithilfe des Parameters i_no_complex_restrictions legen Sie fest, ob komplexe Restriktionen überhaupt nicht angezeigt werden, d. h., sie existieren nicht. Standardwert: abap_false oder nicht gesetzt.
i_value_help_type	Mithilfe des Parameters i_value_help_type legen Sie die Art der Wertehilfe fest, die als Typ von IF_WD_VALUE_HELP_HANDLER übergeben wird.

Tabelle 7.3 Parameter der Methode add_selection_field( )

Parameter	Beschreibung
i_value_help_id	Mit dem Parameter i_value_help_id definieren Sie die ID der Wertehilfe, z. B. können Sie die ID einer OVS-Suchhilfe mitgeben (Bezugstyp WDY_VALUE_HELP_ID).
i_value_help_mode	Mithilfe des Parameters i_value_helpmode schalten Sie den Wertehilfe-Modus ein oder aus (Bezugstyp WDY_MD_VALUE_HELP_MODE_ENUM).
i_value_help_structure, i_value_help_structure_field	Bei mehreren Select-Options-Feldern und Suchhilfeanbindung über mehrere Felder (z. B. Stadt und Land) erkennen die Select-Options nicht, dass diese Felder zusammengehören. Daher können Sie Strukturen bzw. Strukturen und Felder mithilfe der Parameter i_value_help_structure und i_value_help_structure_field angeben. Dadurch wird gewährleistet, dass alle Felder mit gleichen Strukturnamen zusammengehören.
i_help_request_handler	Dieser Parameter ist für zukünftige Erweiterungen gedacht.
i_lower_case	Dieser Parameter ist für zukünftige Erweiterungen gedacht.
i_memory_id	Dieser Parameter ist für zukünftige Erweiterungen gedacht.
i_no_extension	Mit dem Parameter i_no_extension definieren Sie, dass keine Mehrfachselektion angeboten wird.
i_no_intervals	Mithilfe des Parameters i_no_interval legen Sie für die Anzeige fest, dass kein Intervall (von ... bis ...) angezeigt wird, es gibt nur ein Feld. Beachten Sie dabei, dass Sie Intervalle über i_no_extension wieder aktivieren können.
i_as_checkbox, i_as_dropdown	Mithilfe dieses Parameters legen Sie fest, ob das Feld als Checkbox oder als Dropdown-Menü angezeigt werden soll. Dabei können Sie eine Wertemenge mitgeben, oder das dazugehörige Datenelement besitzt eine Wertemenge in seiner Domäne.
it_value_set	Mit diesem Parameter legen Sie die Wertemenge für i_as_checkbox oder i_as_dropdown fest, Bezugstyp WDY_KEY_VALUE_TABLE.

Tabelle 7.3 Parameter der Methode add_selection_field( ) (Forts.)

Die Methode add_selection_field( ) ist natürlich nicht die einzige im Interface IF_WD_SELECT_OPTIONS. Wir haben weitere Methoden für das Behandeln von Feldern im Selektionsbild in Tabelle 7.4 zusammengestellt und beschrieben.

Weitere Felder

Methode	Beschreibung
add_selection_fields( )	Mit dieser Methode können Sie mehrere Felder in einem Selektionsbild hinzufügen.
get_selection_field( )	Mit dieser Methode ermitteln Sie die Daten eines Feldes in einem Selektionsbild.
get_selection_fields( )	Mit dieser Methode ermitteln Sie die Daten aller Felder in einem Selektionsbild.
reset_selection_field( )	Mit dieser Methode setzen Sie die Range-Tabelle zu einem Selektionsfeld zurück.
reset_all_selection_fields( )	Mit dieser Methode setzen Sie die Range-Tabellen zu allen Selektionsfeldern zurück.
check_all_selection_fields( )	Mit dieser Methode überprüfen Sie die Korrektheit der Eingaben in allen Selektionsfeldern.
upd_selection_field( )	Mit dieser Methode aktualisieren Sie die Einstellungen eines Selektionsfeldes.
get_range_table_of_sel_field( )	Mit dieser Methode lesen Sie eine Range-Tabelle.
set_range_table_of_sel_field( )	Mit dieser Methode setzen Sie eine Range-Tabelle.

Tabelle 7.4 Weitere Methoden des Interfaces IF_WD_SELECT_OPTIONS

Gestaltung Neben den Methoden zur Definition und Verwaltung von Feldern im Selektionsbild stellt das Interface IF_WD_SELECT_OPTIONS noch weitere Methoden zur Verfügung – z. B. solche Methoden, die die Gestaltung des Selektionsbildes ermöglichen. In Tabelle 7.5 sehen Sie die Methoden für die Beeinflussung des Layouts.

Methode	Beschreibung
add_horizontal_divider( ), get_horizontal_divider( )	Mithilfe dieser Methoden ergänzen und ermitteln Sie die Daten eines Querbalkens im Selektionsbild.

Tabelle 7.5 Layoutmethoden des Interfaces IF_WD_SELECT_OPTIONS

Methode	Beschreibung
add_horizontal_dividers( ), get_horizontal_dividers( )	Mithilfe dieser Methoden ergänzen und ermitteln Sie die Daten mehrerer Querbalken im Selektionsbild.
add_text_line( ), get_text_line( )	Mithilfe dieser Methoden ergänzen und ermitteln Sie die Daten einer Textzeile (als String) im Selektionsbild. Dabei sind alle beim TextView erlaubten Designs zulässig.
add_text_lines( ), get_text_lines( )	Mithilfe dieser Methode ergänzen und ermitteln Sie die Daten mehrerer Textzeilen (als String) im Selektionsbild.

Tabelle 7.5 Layoutmethoden des Interfaces IF_WD_SELECT_OPTIONS (Forts.)

Weitere Gestaltungsmöglichkeiten im Selektionsbild betreffen die Gruppierung von Elementen in Blöcken mithilfe der UI-Elemente `Group`, `Tray` oder `TransparentContainer` (siehe Tabelle 7.6). Die Parameter der Methoden `add_block( )` und `get_block( )` sind in Tabelle 7.7 beschrieben.

Blöcke

Methode	Beschreibung
add_block( )	einen Block ergänzen
add_blocks( )	mehrere Blöcke ergänzen
get_block( )	einen Block ermitteln
get_blocks( )	mehrere Blöcke ermitteln

Tabelle 7.6 Blockmethoden des Interfaces IF_WD_SELECT_OPTIONS

Parameter	Beschreibung
i_id	Mithilfe des Parameters i_id legen Sie die ID des Blocks fest.
e_within_block	Mithilfe dieser ID wird die ID des umschließenden Blocks vom Block mitgegeben. Die Reihenfolge des Mitgebens ist auch die Reihenfolge des Auftauchens. Wenn nichts angegeben ist, wird ein vordefinierter Block verwendet.

Tabelle 7.7 Parameter für die Methoden add_block( ) und get_block( )

Parameter	Beschreibung
e_block_type	Mithilfe des Parameters e_block_type wird die Art des Blocks definiert, siehe Bezugstyp T_BLOCK_TYPE.
e_title	Mithilfe des Parameters e_title können Sie für Group- und Tray-Elemente einen Titel angeben. Bei einem TransparentContainer entspricht der Titel der accessibilityDescription.
e_hide_if_empty	Mithilfe des Parameters e_hide_if_empty legen Sie fest, dass dieser aus der Anzeige herausgenommen wird, wenn ein Block leer ist.

Tabelle 7.7 Parameter für die Methoden add_block( ) und get_block( ) (Forts.)

Parameter Auf einem Selektionsbild können nicht nur Select-Options definiert werden, sondern auch Parameterfelder. Dafür werden ebenfalls Methoden zur Verfügung gestellt. Diese Methoden entsprechen denen für Selektionsfelder, mit dem Unterschied, dass sie sich auf Parameter beziehen. Die Namen der Methoden sind in Tabelle 7.8 aufgelistet.

Methode	Beschreibung
add_parameter_field( )	Mit dieser Methode können Sie ein Feld in einem Selektionsbild hinzufügen.
add_parameter_fields( )	Mit dieser Methode können Sie mehrere Felder in einem Selektionsbild hinzufügen.
get_parameter_field( )	Mit dieser Methode ermitteln Sie die Daten eines Feldes in einem Selektionsbild.
get_parameter_fields( )	Mit dieser Methode ermitteln Sie die Daten aller Felder in einem Selektionsbild.
set_value_of_parameter_field( )	Mit dieser Methode setzen Sie die Daten zu einem Parameter zurück.
get_value_of_parameter_field( )	Mit dieser Methode ermitteln Sie die Daten zu einem Parameter.

Tabelle 7.8 Parametermethoden des Interfaces IF_WD_SELECT_OPTIONS

Methode	Beschreibung
reset_parameter_field( )	Mit dieser Methode setzen Sie die Daten zu einem Parameter zurück.
reset_all_parameter_fields( )	Mit dieser Methode setzen Sie die Daten zu allen Parametern zurück.
check_all_parameter_fields()	Mit dieser Methode überprüfen Sie die Korrektheit der Eingaben in allen Parametern.

Tabelle 7.8 Parametermethoden des Interfaces IF_WD_SELECT_OPTIONS (Forts.)

Die letzte Gruppe von Methoden betrifft die Behandlung allgemeiner Strukturen. Die Namen der Methoden dafür sind in Tabelle 7.9 aufgelistet.

Allgemeine Strukturen

Methode	Beschreibung
get_selection_screen_item( )	Mithilfe dieser Methode ermitteln Sie eine allgemeine Struktur im Selektionsbild.
get_selection_screen_items( )	Mithilfe dieser Methode ermitteln Sie die allgemeinen Strukturen im Selektionsbild.
add_selection_screen_item( )	Mithilfe dieser Methode ergänzen Sie eine allgemeine Struktur im Selektionsbild.
add_selection_screen_items( )	Mithilfe dieser Methode ergänzen Sie die allgemeinen Strukturen im Selektionsbild.
remove_selection_screen_item( )	Mithilfe dieser Methode entfernen Sie ein Element aus dem Selektionsbild. Einziger Parameter ist hier die ID des zu entfernenden Feldes.
remove_all_sel_screen_items( )	Mithilfe dieser Methode entfernen Sie alle Elemente aus dem Selektionsbild. Bei einem Block wird auf diese Weise der komplette Block mitsamt seinem Inhalt aus der Anzeige entfernt.

Tabelle 7.9 Allgemeine Strukturmethoden des Interfaces IF_WD_SELECT_OPTIONS

7 | Eingabe- und semantische Hilfen

Hilfsmethoden Im Interface IF_WD_SELECT_OPTIONS sind noch Hilfsmethoden definiert, die in der Implementierung von Nutzen sind. Die Namen dieser Hilfsmethoden sind in Tabelle 7.10 aufgelistet.

Methode	Beschreibung
create_range_table( )	Mithilfe dieser Methode erzeugen Sie eine Range-Tabelle zur Laufzeit.
set_global_options( )	Mithilfe dieser Methode setzen Sie die Sichtbarkeit der Buttons im Selektionsbild.

Tabelle 7.10 Hilfsmethoden des Interfaces IF_WD_SELECT_OPTIONS

7.3.3 Select-Options 2.0

SAP hat die Select-Options zu den sogenannten *Select-Options 2.0* weiterentwickelt (Web-Dynpro-Component WD_SELECT_OPTIONS_20). Sie stellen nun nicht mehr ein Abbild der Lösung in ABAP-Programmen dar, sondern haben eine eigene visuelle Identität entwickelt. Die Vorgängerversion sollte in Neuimplementierungen nicht mehr verwendet werden. Wie werden in diesem Abschnitt auf die Grundzüge der Select-Options 2.0 eingehen und Ihnen wie immer ein Beispiel zur Verwendung zeigen. Betrachten Sie zunächst Abbildung 7.44.

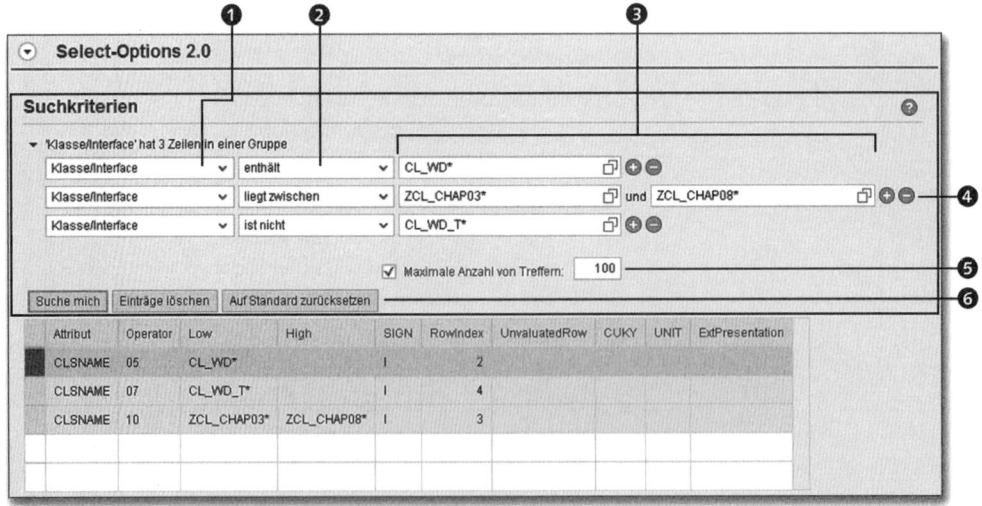

Abbildung 7.44 Select-Options 2.0

Die Visualisierung der Select-Option ist schwarz umrandet darge- **Aufbau der**
stellt. Im oberen Bereich der Select-Option sehen Sie einen einblend- **Select-Option 2.0**
baren *Titel* (SUCHKRITERIEN). Darunter folgt die Darstellung von *Attributgruppen*, sofern mindestens drei Suchkriterien zu einem Attribut hintereinander angegeben sind.

Es folgen die Zeilen der *Selektionsbedingungen* zur Festlegung der Suchkriterien. Diese Zeilen folgen immer dem gleichen Zeilenaufbau: Eine Dropdown-Liste für die auswählbaren Attribute ❶, eine Dropdown-Liste für die Vergleichsoperatoren ❷, ein oder zwei Eingabefelder für die Vergleichswerte ❸ und Buttons zum Ergänzen oder Eliminieren von Selektionsbedingungen ❹. In unserem Beispiel haben wir uns auf das Attribut KLASSE/INTERFACE beschränkt, um die Analogie zu den Beispielen in Abschnitt 7.3, »Select-Options«, herzustellen.

Die Select-Option 2.0 bietet eine Menge vordefinierter Funktionen, wie z. B. die Anzeige der maximalen Anzahl von Treffern im Suchergebnis ❺ oder Buttons (❻, z. B. SUCHE MICH), die Sie für das Handling der Select-Option nutzen können. Weitere mögliche Funktionen, wie etwa die Behandlung von Suchen (Laden, Speichern und Löschen), sind in Abbildung 7.44 nicht dargestellt.

Unterhalb der Select-Option haben wir zusätzlich eine Tabelle dargestellt, die nicht Teil der Select-Option ist. Sie zeigt die auslesbaren Werte zu den einzelnen Attributen an. Diese Werte werden Sie bei der Implementierung Ihrer Ereignisbehandler verwenden, da diese *nicht* von der Select-Option zur Verfügung gestellt werden und Sie selbst für deren Realisierungen zuständig sind.

Technische Objekte

Die technischen Objekte, die zu der Web-Dynpro-Component **Interface-Controller**
`WD_SELECT_OPTIONS_20` definiert sind, haben wir in Abbildung 7.45 zusammengestellt. Der Interface-Controller der Web-Dynpro-Component `WD_SELECT_OPTIONS_20` bietet die Methode `init_select_options( )` mit dem Returning-Parameter `SEL_OPT_HANDLER` vom Typ `IF_WD_SELECT_OPTIONS_20` an, mit dem eine Referenz auf die Select-Option ermittelt werden kann. Diese Referenz stellt die Methoden zur Verfügung, um z. B. Attribute zur Select-Option zu ergänzen.

7 | Eingabe- und semantische Hilfen

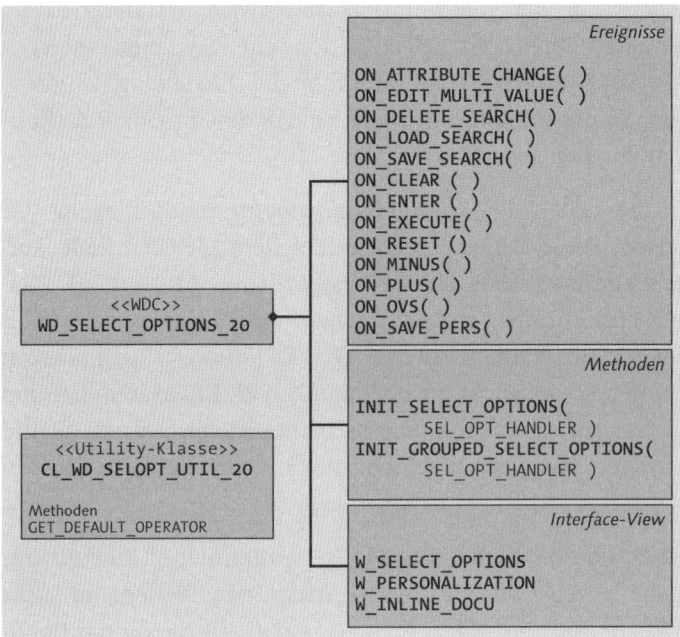

Abbildung 7.45 Schnittstellenelemente der Web-Dynpro-Component WD_SELECT_OPTIONS_20

W_SELECT_OPTIONS

Die Visualisierung der Select-Option, die als Interface-View W_SELECT_OPTIONS der Web-Dynpro-Component WD_SELECT_OPTIONS_20 umgesetzt ist, können Sie mithilfe der Interface-Methode init_select_options( ) konfigurieren. Sie zeigt z. B. den Titel, Hilfen, Einzel- und Gruppenselektionszeilen, Zusatzfelder wie die maximalen Treffer sowie Standardfunktionen wie SUCHEN, EINTRÄGE LÖSCHEN und AUF STANDARD ZURÜCKSETZEN. Diese Funktionen können Sie aktivieren, sofern Sie sie benötigen (Parameter general_visibility und general_texts).

[!] **Initialisierung**

Bevor die Visualisierung der Select-Option gerendert wird, muss die Initialisierung durchgeführt werden, z. B. durch einen Aufruf der Methode init_select_options( ) zum Zeitpunkt wddoinit( ) des Views.

Selektions- und Parameterfelder

Die hauptsächliche Aufgabe der Select-Options-Component ist es, dem Benutzer die Einzel- und Intervallpflege von Selektionskriterien anzubieten. In Abbildung 7.44 wurde z. B. ein Attribut für die Eingabe des Namens einer ABAP-Klasse definiert (Methode add_attributes( ) aus dem Interface IF_WD_SELECT_OPTIONS_20). In der Folge werden die Unter- und Obergrenze des Selektionsfeldes als Eingabefelder angezeigt. Für die Felder und Parameter stehen, sofern definiert, Eingabehilfen bereit.

Zu den Standardfunktionen sind Ereignisse im Interface-Controller der Web-Dynpro-Component `WD_SELECT_OPTIONS_20` definiert, wie z. B. `on_execute`. Diese Ereignisse werden ausgelöst, wenn die zugehörige Taste gedrückt bzw. die Funktion ausgewählt wird, z. B. die Taste SUCHE MICH. In der verwendenden Component muss ein EREIGNISBEHANDLER definiert werden, der sich auf das gewünschte Ereignis der Web-Dynpro-Component `WD_SELECT_OPTIONS_20` registriert und dieses behandelt.

Funktionen und Ereignisse

Die Anlage von Attributen in der Select-Option ermöglicht dem Benutzer die Auswahl dieser Attribute, um Selektionsbedingungen anzugeben. Die Attribute werden mithilfe der Methode `IF_WD_SELECT_OPTIONS_20->add_attributes( )` definiert. Der Schnittstellenparameter `attributes` übernimmt eine interne Tabelle mit dem Zeilentyp `WDR_SO_S_ATTRIBUTES`. Mittels dieser Struktur können Sie nun den Namen (Komponente `attribute`), die Typisierung (Datenelement, Strukturkomponententyp, RTTI), Suchhilfen etc. und insbesondere den Attributtyp (Komponente `attr_type`) festlegen (siehe Listing 7.14). Die gültigen Typen der Attribute können Sie mithilfe der Konstantenstruktur `IF_WD_SELECT_OPTIONS_20=>E_ATTRIBUTE_TYPES-<Konstante>` ermitteln. Der Attributtyp steuert u. a., welche Operatoren für den betreffenden Typ verwendet werden sollten. Die Methode `CL_WD_SELOPT_UTIL_20=>GET_DEFAULT_OPERATOR( )` liefert die vorgesehenen Operatoren für einen Attributtyp. In Tabelle 7.11 sehen Sie ein Beispiel für die Abhängigkeit zwischen Attributtyp und Operatoren.

Attribute

Attributtyp	<Konstante>	Operatoren
ID-Feld (alphanumerisch)	id	equals does_not_equal is_greater_than is_less_than is_greater_equal is_less_equal is_between is_empty contains

Tabelle 7.11 Attributtyp und zugehörige Operatoren

Die Methode `IF_WD_SELECT_OPTIONS_20->add_attributes( )` kann genau einmal gerufen werden. Sind zu einem späteren Zeitpunkt noch Änderungen an den Attributen notwendig, können Sie dafür die Methode `IF_WD_SELECT_OPTIONS_20->reset_attribute_definition( )` verwenden.

Eingaben auslesen

Sollen die Eingaben des Benutzers aus der Select-Option ausgelesen werden, können Sie die `IF_WD_SELECT_OPTIONS_20`-Methoden `get_input_complete()` und `get_input_complete_as_range()` verwenden. Das Auslesen erfolgt, nachdem ein passendes Ereignis zur Suche ausgelöst wurde, z. B. durch Standard-Buttons der Select-Option oder Buttons in der verwendenden Component.

Protokoll

Die Funktion der Select-Options 2.0 fassen wir mit den technischen Grundlagen visuell zusammen. In Abbildung 7.46 haben wir das Zusammenspiel – das Protokoll – zwischen der die Select-Options verwendenden Component und der Component `WD_SELECT_OPTIONS_20` (Select-Options-Component) dargestellt.

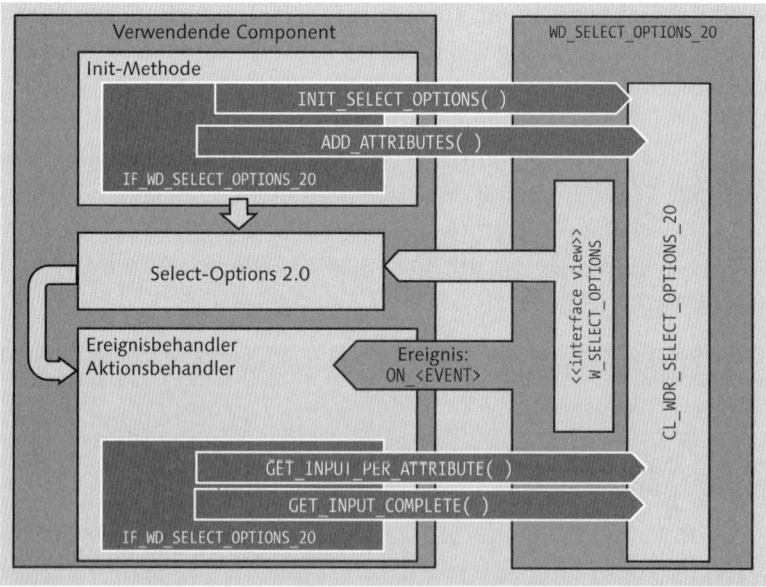

Abbildung 7.46 WD_SELECT_OPTIONS_20-Einsatz

Implementierung der Hilfe-Component

Um die Select-Option für Ihre Component zu initialisieren, rufen Sie eine Initialisierungsmethode Ihrer Component auf, die wiederum die Methode `init_select_options( )` des Interface-Controllers der Select-Options-Component aufruft. Diese Methode liefert eine Referenz vom Typ `IF_WD_SELECT_OPTIONS_20`, die das funktionale Zusammenspiel mit der Select-Options-Component ermöglicht. Auf der Seite der Select-Options-Component wird ein Laufzeitobjekt vom Typ `CL_WDR_SELECT_OPTIONS_20` instanziiert. Mithilfe dieser Referenz können Sie die Select-Options optisch gestalten und die technischen Grundlagen definieren. Als Beispiel haben wir die Methode `add_attributes( )` zum Erzeugen der Attribute angeführt.

Die Visualisierung der Select-Options-Component übernimmt der Interface-View `W_SELECT_OPTIONS`, den Sie in die verwendende Component eingebettet haben. Hier findet die Benutzerinteraktion statt. Auf Interaktionen des Benutzers können Sie durch die optionale Implementierung von Ereignisbehandler-Methoden für Ereignisse der Select-Options-Component reagieren. Diese Ereignisse haben wir mit `ON_<EVENT>` bezeichnet.

In unserem Beispiel haben wir den Standard-Button SUCHE MICH für den Benutzer angeboten, um die Suche, basierend auf den Selektionskriterien, zu starten. Eine Ereignisbehandler-Methode übernimmt die Implementierung der Reaktion auf das Anklicken des Buttons. In diesem wird wieder die Interface-Referenz `IF_WD_SELECT_OPTIONS_20`, spezieller die Methode `get_input_per_attribute( )` bzw. `get_input_complete( )`, verwendet, um die eingegebenen Werte des Benutzers zu ermitteln. Diese können in der Folge für die Geschäftslogik in der verwendenden Component eingesetzt werden.

Select-Options-Component verwenden

In diesem Abschnitt zeigen wir anhand eines Beispiels eine mögliche Verwendung der Select-Options-Component. Das Ergebnis der nun folgenden Schritte konnten Sie bereits in Abbildung 7.44 sehen.

Beispiel

1. Legen Sie eine neue Komponente an und dazu ein Window mit einem View, z. B. `V_SO`.
2. Deklarieren Sie in Ihrer Komponente die Komponentenverwendung für die Web-Dynpro-Komponente `WD_SELECT_OPTIONS_20`.
3. Erstellen Sie einen View-Container im View (Beispiel `V_SO`), um darin den Interface-View der Select-Option einbetten zu können.
4. Betten Sie den Interface-View `W_SELECT_OPTIONS` der Komponente `WD_SELECT_OPTIONS_20` in das Window ein.

5. Als Nächstes folgt die Instanziierung der Komponente. Am besten legen Sie dazu eine View-Controller-Methode an (Beispiel init_select_options_20) und rufen diese in der wddoinit( )-Methode des Views. Wir zeigen in Listing 7.13 eine einfache, aber typische Variante der Select-Option-Initialisierung.

```
METHOD init_select_options_20.
* Select-Options-2.0-Component instanziieren
  DATA lo_cmp_usage TYPE REF TO if_wd_component_usage.
* Component instanziieren
  lo_cmp_usage =   wd_this->wd_cpuse_usage_so2( ).
  IF lo_cmp_usage->has_active_component( ) IS INITIAL.
    lo_cmp_usage->create_component( ).
  ENDIF.
* Ermittlung der Usage-Referenz
  DATA(lo_interfacecontroller) =
    wd_this->wd_cpifc_usage_so2( ).

* Initialisierungen der Sichtbarkeiten, Texte etc.
  DATA: ls_general_texts      TYPE wdr_so_s_general_texts,
        ls_general_visibility TYPE wdr_so_s_general_visibility,
        ls_global_options     TYPE wdr_so_s_global_options.
* Allgemeine Einstellungen
* Sichtbarkeiten
  ls_general_visibility-show_button_search = abap_true.
  ls_general_visibility-show_button_clear = abap_true.
  ls_general_visibility-show_button_reset = abap_true.
  ls_general_visibility-show_header = abap_true.
  ls_general_visibility-show_max_nr_rows = abap_true.
* Texte
  ls_general_texts-text_button_search = 'Suche mich'.
* Global
ls_global_options-default_max_nr_rows = 100.

* Aufruf der Initialisierung der Select-Option 2.0
  wd_this->go_so_20 =
lo_interfacecontroller->init_select_options(
    general_texts = ls_general_texts
    general_visibility = ls_general_visibility
    global_options = ls_global_options
  ).
```

Listing 7.13 Instanziierung und Initialisierung der Select-Option

Wie immer beginnt die Nutzung einer Component mit deren Instanziierung und der folgenden Ermittlung der Referenz auf den

Interface-Controller, um die Funktionalität der Component nutzen zu können. Wir haben einige Initialisierungen durchgeführt, um die Gestaltung der Select-Option vorzubereiten, wie z. B. das Einblenden des SUCHE-Buttons oder die Sichtbarkeit der Überschrift.

Die so vorbereiteten Daten werden an die Interface-Methode `init_select_options( )` übergeben, um das Aussehen und den Funktionsumfang der Select-Option zu beeinflussen. Die Parameter der Methode haben unterschiedliche Auswirkungen: `general_text` beeinflusst z. B. die Texte der Standard-Buttons, `general_visibility` steuert die Verwendung der Standard-UI-Elemente zur Select-Option, und `global_options` setzt allgemeine Parameter, wie z. B. das Interaktionsverhalten der Attribute am Selektionsbild.

6. Im nächsten Schritt legen Sie die Attribute für die Select-Option an. Dazu verwenden Sie die Methode `add_attributes( )` aus dem Interface, wie in Listing 7.14 skizziert.

```
* Attribute ergänzen
* Die Attributdaten:
  DATA: lt_attributes TYPE wdr_so_t_attributes,
  ls_attribute LIKE LINE OF lt_attributes,
  lt_initial_data TYPE wdr_so_t_values,
  lt_var_date_attributes TYPE wdr_so_t_opdep_valueset.
* Attribut initialisieren
  ls_attribute-attribute = 'CLSNAME'.
  ls_attribute-attr_type = if_wd_select_options_20=>e_attribute_types-text.
  ls_attribute-dataelement = 'SEOCLSNAME'.
  ls_attribute-value_help_mode = if_wd_context_node_info=>c_value_help_mode-ddic.
  ls_attribute-ddic_shlp_name = 'SFBECLNAME'.
  APPEND ls_attribute TO lt_attributes.
* Werte initialisieren
  DATA: lt_initial_data TYPE       wdr_so_t_values,
        ls_initial_data LIKE LINE OF lt_initial_data.
* Initialdaten für Vergleich mit Contains Pattern
  ls_initial_data-attribute = 'CLSNAME'.
  ls_initial_data-low = 'CL_WD*'.
  ls_initial_data-operator = if_wd_select_options_20=>e_operators-contains.
  ls_initial_data-sign = 'I'.
  APPEND ls_initial_data TO lt_initial_data.
* Initialdaten für Vergleich mit Including Range
  ls_initial_data-attribute = 'CLSNAME'.
  ls_initial_data-low = 'ZCL_CHAP03*'.
```

```
      ls_initial_data-high = 'ZCL_CHAP08*'.
      ls_initial_data-operator = if_wd_select_options_20=>e_operators-
    is_between.
      ls_initial_data-sign = 'I'.
      APPEND ls_initial_data TO lt_initial_data.
* Initialdaten für Vergleich mit Excluding Pattern
      ls_initial_data-attribute = 'CLSNAME'.
      ls_initial_data-low = 'CL_WD_T*'.
      ls_initial_data-operator = if_wd_select_options_20=>e_operators-
    does_not_equal.
      ls_initial_data-sign = 'I'.
      APPEND ls_initial_data TO lt_initial_data.

* Attribute zur Select-Option ergänzen
      wd_this->go_so_20->add_attributes(
      EXPORTING
         attributes    = lt_attributes
         initial_data  = lt_initial_data
         var_date_attributes = lt_var_date_attributes ).
    ENDMETHOD.
```

Listing 7.14 Attribute mit der Methode add_attributes( ) ergänzen

Bei der Anlage der Attribute geht es im Prinzip darum, diese mithilfe der internen Tabelle `lt_attributes` namentlich festzulegen und mit Zusatzinformationen zu versehen. Diese weiteren Informationen betreffen den Attributtyp, Einstellungen zur Wertehilfe, Vorschlagswerte, Vergleichsoperatoren etc., d. h. all jene Informationen, die Sie z. B. auch bei der Anlage eines Context-Attributs hinterlegen. Zusätzlich haben wir in unserem Beispiel die Initialisierung mit Vorschlagswerten genutzt.

7. Für die Übernahme der Eingabedaten des Benutzers ist es nötig, eine Ereignisbehandler-Methode für das Ereignis `on_execute` der Select-Options-Component in Ihrer Komponente zu registrieren, falls in der Select-Option der Standard-Suchbutton angezeigt wird. Alternativ registrieren Sie einen Ereignisbehandler für ein Ereignis aus Ihrer Component. Für die Implementierung der Ereignisbehandlung haben Sie zwei Möglichkeiten, auf die Daten zuzugreifen: Einzelzugriff und Komplettzugriff. Beide stellen wir in Listing 7.15 vor.

```
METHOD on_execute.
  DATA: ld_attribute TYPE wdr_so_attribute,
* Unbewertete Zeilen übernehmen
  ld_include_unvaluated_rows TYPE wdy_boolean value abap_true,
* Werte aus der Select-Option
  lt_values TYPE   wdr_so_t_values.
```

```
* Variante 1: Einzelattribut lesen
* Attribut initialisieren
  ld_attribute = 'CLSNAME'.
* Daten aus einem Attribut holen
  wd_this->go_so_20->get_input_per_attribute(
  EXPORTING
    attribute = ld_attribute
    include_unvaluated_rows = ld_include_unvaluated_rows
  IMPORTING
    values = lt_values ).

* Variante 2: alle Attribute lesen
* oder Daten aus allen Attributen holen
  wd_this->go_so_20->get_input_complete( IMPORTING values =
  lt_values ).
ENDMETHOD.
```

Listing 7.15 Einzel- und Komplettzugriff auf die Attribute des Ereignisses

Beim Einzelzugriff ist es nötig, den Namen des Attributs vorzugeben, für das die Werte ausgelesen werden sollen. Mit der Interface-Methode `get_input_per_attribute( )` werden die Daten geholt und in einer internen Tabelle zurückgestellt. Beim Ermitteln aller Werte durch die Methode `get_input_complete( )` ist keine Namensvorgabe nötig.

Die so ermittelten Daten können Sie nun für die tatsächliche Suchimplementierung verwenden.

Interface IF_WD_SELECT_OPTIONS_20

Der Dreh- und Angelpunkt der Verwendung der Component WD_SELECT_OPTIONS_20 ist das Interface IF_WD_SELECT_OPTIONS_20. Dieses bietet eine Vielzahl von Methoden, die zur Gestaltung und Definition der Select-Option dienen. In Tabelle 7.12 stellen wir Ihnen die Parameter der zentralen Methode `add_attributes( )` vor.

add_attributes( )

Parameter	Beschreibung
attributes	Mithilfe des Parameters attributes übergeben Sie die Beschreibung der einzelnen Attribute.
initial_data	Mithilfe des Parameters initial_data definieren Sie die Vorschlagswerte der Attribute für den Benutzer.

Tabelle 7.12 Parameter der Methode add_attributes( )

Parameter	Beschreibung
proposed_rows	Dieser Exporting-Parameter liefert die gerenderten Zeilen an den Aufrufer zurück.

Tabelle 7.12 Parameter der Methode add_attributes( ) (Forts.)

Weitere Methoden Die Methode add_attributes( ) ist natürlich nicht die einzige im Interface IF_WD_SELECT_OPTIONS_20. Es stehen weitere Methoden zum Auslesen und Zurücksetzen von Eingaben, zum Setzen des Fokus und der Personalisierungsdaten etc. zur Verfügung.

7.4 Semantische Hilfen

Verwendung Bisher ging es bei den Eingabehilfen hauptsächlich darum, den Benutzer bei der konkreten Eingabe von Werten in Eingabefelder zu unterstützen. Oft ist es aber notwendig, dem Benutzer die Bedeutung des Eingabefeldes zu erläutern – *was* gebe ich eigentlich ein? Dazu werden dem Benutzer Erläuterungen oder semantische Informationen (Hilfen) präsentiert. In Web Dynpro stehen dafür die folgenden Möglichkeiten zur Verfügung:

- feldbezogene Hilfetexte mit Quick-Infos
- feldbezogene Erläuterungstexte
- feldbezogene F1-ABAP-Dictionary-Hilfe
- feldunabhängige Erläuterungen
- anwendungs- oder windowbezogene KW-Dokumente

Den unterschiedlichen Ansätzen liegt abermals das Prinzip der Wiederverwendung der Definitionen aus dem ABAP Dictionary zugrunde. Lassen Sie uns die unterschiedlichen Varianten im Detail ansehen.

7.4.1 Hilfetexte mit Quick-Infos

Verwendung Wie wir bereits gesehen haben, existiert für View-Elemente eine Vielzahl von Eigenschaften. Unter diesen befindet sich auch die Eigenschaft tooltip, die für alle UI-Elemente zur Verfügung steht, da sie in der ABAP-Klasse CL_WD_UIELEMENT definiert wird. Diese ermöglicht die Anzeige von Kurztexten bis zu einer maximalen Länge von 255 Zeichen.

Die Anzeige des Hilfetextes in einem gelben Kästchen wird durch das Bewegen des Maus-Cursors über das View-Element ausgelöst (siehe Abbildung 7.47). Sobald sich der Maus-Cursor wieder außerhalb des Feldes befindet, erlischt die Anzeige.

Anzeige

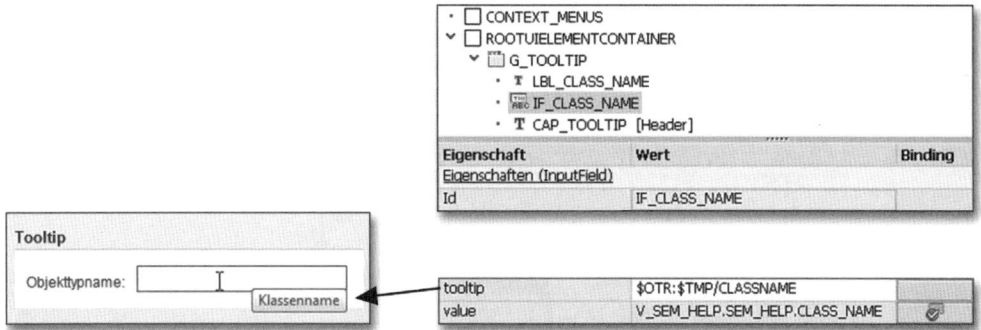

Abbildung 7.47 Quick-Info mit OTR-Aliaskurztext

Der Wert der tooltip-Eigenschaften kann aus unterschiedlichen Quellen stammen. Entweder wird er direkt eingegeben, oder es wird ein OTR-Aliaskurztext verwendet, oder es werden die Texte zum verwendeten Datenelement herangezogen. In unserem Beispiel haben wir den OTR-Aliaskurztext $OTR:$TMP/CLASSNAME als Textquelle verwendet.

tooltip

7.4.2 Erläuterungstexte

Die nächste Möglichkeit wird ebenfalls mit den Eigenschaften von View-Elementen realisiert – genauer: mithilfe der Eigenschaft explanation. Diese Eigenschaft steht nicht für alle, sondern nur für eine Untermenge der View-Elemente zur Verfügung (z. B. Button, Drop-Down* oder InputField).

Verwendung

Die Anzeige des Hilfetextes erfolgt durch einen Klick auf ein View-Element oder das Bewegen des Maus-Cursors auf das Label des View-Elements. Dieser wird durch einen grünen Unterstrich farblich hervorgehoben.

Anzeige

Der Wert der Eigenschaft explanation kann wie zuvor durch direkte Eingabe oder OTR-Aliaskurztexte erfolgen. Ist die primäre Eigenschaft eines UI-Elements an ein Context-Attribut gebunden, können dem Benutzer Teile der Datenelement-Dokumentation präsentiert werden. Dazu ist es notwendig, über das Dropdown-Menü im Eingabefeld der Eigenschaft oder den Button BINDING ERZEUGEN rechts neben dem Eingabefeld einen Pflegedialog für den Erläuterungstext

7 | Eingabe- und semantische Hilfen

zu öffnen und dort die gewünschten Einstellungen vorzunehmen (siehe Abbildung 7.48).

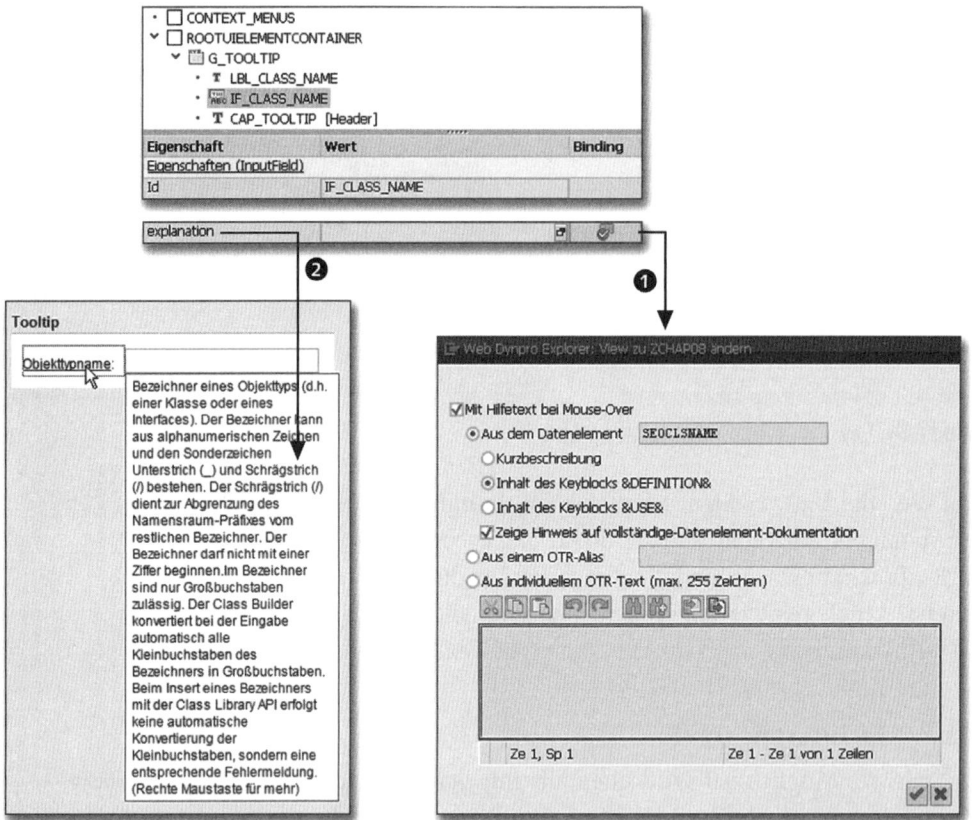

Abbildung 7.48 Pflege und Anzeige der Werte von explanation

Zur Wahl stehen die KURZBESCHREIBUNG, der INHALT DES KEYBLOCKS &DEFINITION& sowie der INHALT DES KEYBLOCKS &USE&. Die Anzeige der Erläuterungstexte können Sie über das Kontextmenü an einer beliebigen Stelle im View über den Menüeintrag SOFORTHILFE AUSBLENDEN deaktivieren bzw. über den Menüeintrag SOFORTHILFE ANZEIGEN aktivieren.

7.4.3 ABAP-Dictionary-Hilfe

F1-Hilfe   Aus der klassischen Dynpro-Programmierung kennen Sie sicher die [F1]-Hilfe für Eingabefelder. Diese wird von der Dokumentation der Datenelemente aus dem ABAP Dictionary abgeleitet. Voraussetzung für die F1-Hilfe ist natürlich, dass das View-Element an ein Context-Attribut gebunden ist, das mit einem Datenelement typisiert wurde. Um die Hilfe anzuzeigen, kann der Benutzer diese mit der Tastenkombination Strg + F1 oder über das Kontextmenü auf dem Element und den Menüeintrag MEHR FELDHILFE aktivieren (siehe Abbildung 7.49).

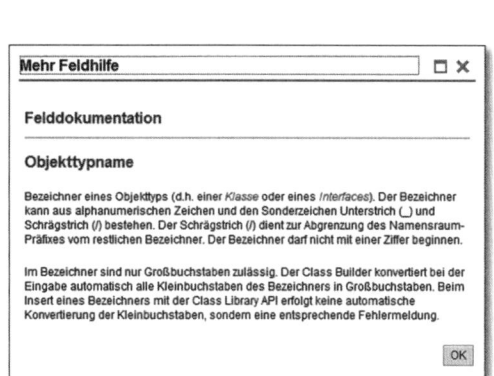

Abbildung 7.49 F1-Hilfe mit Felddokumentation und technischer Hilfe

Ist die Dokumentation zum Datenelement vorhanden, wird dem Benutzer die Felddokumentation in dem modalen Dialogfenster MEHR FELDHILFE angezeigt. Über den Eintrag TECHNISCHE HILFE im Kontextmenü kann sich der Benutzer die technischen Details zum Feld anzeigen lassen. Diese bestehen aus:

Anzeige

- allgemeinen Informationen zur Anwendung und Komponente: Applikation, Start der Komponente, aktueller View, Anwendungsparameter, URL-Startparameter, URL-Resume-Parameter
- Systemdaten
- Browser: Client-Identifikation, Browser-Daten
- Views und View-Elemente: Liste der Fenster und Pop-up-Fenster, Liste der Views und Container, UI-Elemente und Aggregationen, Feldeigenschaften und Layoutdaten
- View-Element-Adapter
- Komponenten

Ist keine Datenelement-Dokumentation vorhanden, wird sofort die technische Hilfe angezeigt. Dies gilt auch, wenn der Anwendungsparameter `WDHIDEMOREFIELDHELPASDEFAULT` auf `abap_true` gesetzt wird. Das heißt, dass keine Datenelement-Dokumentation mehr angezeigt wird – es sei denn, es wurde die Eigenschaft `explanation` mithilfe des ABAP Dictionarys für ein Feld angelegt.

7.4.4 Erläuterungen

Explanation Bis hierher hatten alle beschriebenen semantischen Hilfen einen Bezug zu einem Feld im View. Nun sehen wir uns feldunabhängige Hilfen an. Das UI-Element `Explanation` dient der Ausgabe ein- oder mehrzeiliger Hilfetexte für ein View-Element einer Web-Dynpro-Anwendung. Ein Beispiel sehen Sie in Abbildung 7.50.

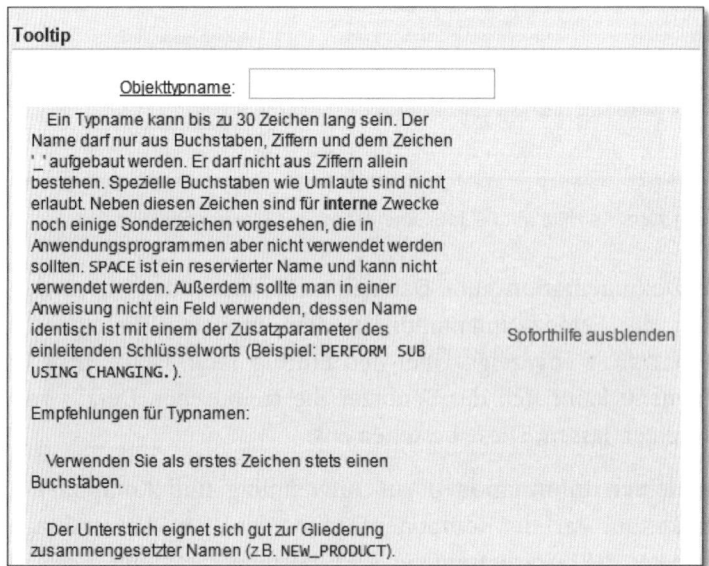

Abbildung 7.50 UI-Element Explanation

Web-Dynpro-Autorenumgebung Der Hilfetext wird in der Regel zur Designzeit vom jeweiligen Dokumentationsentwickler in der Web-Dynpro-Autorenumgebung bearbeitet.

[»] **Text-Browser**

Übersetzbare Texte werden unter anderem im *Online Text Repository* (OTR) abgelegt. Um Texte nachträglich bearbeiten zu können, ohne in die

Entwicklungsumgebung einsteigen zu müssen, bietet die ABAP Workbench eine separate Autorenumgebung, den Text-Browser. Diesen können Sie über Transaktion SE80 und den Menüpfad HILFSMITTEL • EINSTELLUNGEN, die Registerkarte WORKBENCH ALLGEMEIN in der Gruppe BROWSER-AUSWAHL und dort über die Option WEB DYNPRO TEXT BROWSER aktivieren. Nach der Bestätigung mit dem grünen Häkchen wird der Text-Browser nun in Ihrer Browser-Auswahl oberhalb der Objektliste am linken Rand des Workbench-Fensters angezeigt.

Klicken Sie auf diesen Button, werden nur mehr die Views der Web-Dynpro-Component angezeigt, die änderungsbereite Texte aus dem OTR besitzen, die wiederum folgenden Einschränkungen unterliegen:

- Es können nur Texte aus dem OTR und nicht aus dem ABAP Dictionary geändert werden.
- Alle OTR-Texte einer Web-Dynpro-Anwendung können nur in der originalen Anmeldesprache bearbeitet werden.
- Es können nur Textelemente aus aktiven Views geändert werden, inaktive Views werden im Web-Dynpro-Text-Browser nicht angezeigt.

Das UI-Element `Explanation` besitzt die Eigenschaft `text`, der ein statischer Text oder ein Text aus dem OTR zugewiesen werden kann. Es besteht keine Möglichkeit, über Data Binding einen Text an dieses Feld zu binden. Daraus ergibt sich eine maximale Länge von 255 Zeichen (siehe Abbildung 7.51, ❶).

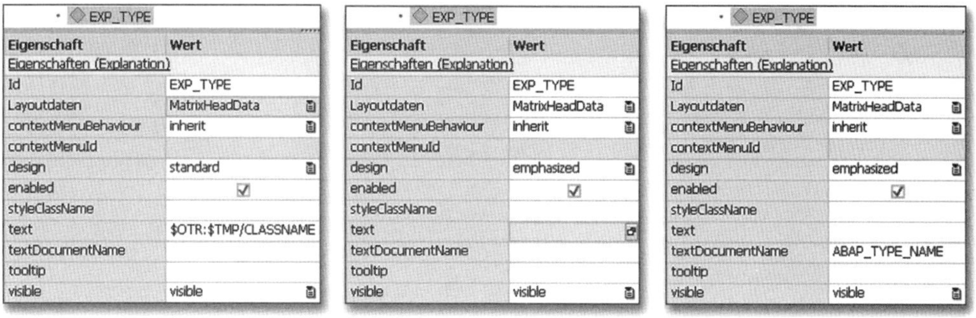

text

Abbildung 7.51 Texte für EXPLANATION

Es ist auch möglich, längere Texte zuzuweisen. In Listing 7.16 sehen Sie ein Beispiel, wie Sie der UI-Element-Eigenschaft `text` des UI-Elements `Explanation` einen Text bzw. einen Dokumentationsbaustein zuweisen können.

Längere Texte

```
METHOD wddomodifyview.
* Referenz auf das Explanation-Element
```

```abap
                DATA: lo_explanation TYPE REF TO cl_wd_explanation,
                * Dokubausteintext in interner Tabelle (für Variante 1)
                      lt_tline TYPE text_line_tab,
                * Formatierter Text für Explanation (für Variante 1)
                      lo_formatted_text TYPE REF TO cl_wd_formatted_text.
                * Referenz auf View-Element ermitteln
                lo_explanation ?= view->get_element(
                  id = 'EXP_TYPE' ).
                *** Variante 1 (SPS < 11)**
                ** Dokubaustein lesen
                *  CALL FUNCTION 'DOCU_GET'
                *    EXPORTING
                *      id     = 'TX' "Allgemeiner Text
                *      langu  = 'D'
                *      object = 'ABAP_TYPE_NAME'
                *    TABLES
                *      line   = lt_tline
                *    EXCEPTIONS
                *      OTHERS = 5.
                *  IF sy-subrc <> 0.
                *    EXIT.
                *  ENDIF.
                ** Von SAPscript in Web Application Documentation umwandeln
                *  lo_formatted_text =
                *    cl_wd_formatted_text=>create_from_sapscript(
                *      sapscript_lines = lt_tline
                *      type            = cl_wd_formatted_text=>e_type-wad ).
                ** Text setzen
                *  lo_explanation->set_text(
                *    value = lo_formatted_text->m_xml_text ).
                ** Variante 2 (SPS >= 11)**
                * Namen des Dokubausteins setzen
                lo_explanation->set_text_document_name(
                  value = 'ABAP_TYPE_NAME' ).
                ENDMETHOD.
```

Listing 7.16 Dynamisches Setzen der Eigenschaft text der Explanation

[»] **Funktionsbausteine DOCU_GET und DOCU_CREATE**

Der Funktionsbaustein DOCU_GET stellt den Inhalt eines Dokumentationsbausteins in einer internen Tabelle zur Verfügung. Das Format der Dokumentation entspricht dem SAPscript-Format. Mit der statischen Methode cl_wd_formatted_text=>create_from_sapscript( ) kann der Text in einen anzeigbaren Text umgewandelt werden.

> Der Funktionsbaustein DOCU_CREATE dient zum Anlegen eines Dokumentationsbausteins. Wählen Sie für die KLASSE DER DOKUMENTATION den Eintrag ALLGEMEINER TEXT, vergeben Sie eine Bezeichnung, und wechseln Sie dann in den SAPscript-Editor, um den Text zu pflegen.

In Variante 1 sehen Sie die dynamische Variante für SPS < 11. Zuerst wird über den Funktionsbaustein DOCU_GET der Dokumentationsbaustein ausgelesen. Dieser muss natürlich zuvor mit dem Funktionsbaustein DOCU_CREATE angelegt werden. Als Rückgabe liefert der Funktionsbaustein eine interne Tabelle mit SAPscript-Formatierung. Mithilfe der statischen Methode cl_wd_formatted_text=>create_from_sapscript wird diese in das WAD-Format (Web Application Documentation) umgewandelt und in einem Objekt vom Typ CL_WD_FORMATTED_TEXT im öffentlichen Instanzattribut m_xml_text abgelegt. Dieses Attribut wird dann an die Methode set_text( ) des UI-Elements Explanation übergeben. **Variante 1 (SPS < 11)**

Variante 2 für SPS >= 11 ist denkbar einfach. Übergeben Sie den Namen des Dokumentationsbausteins an die Methode set_text_document_name( ) des UI-Elements Explanation. Mit der Eigenschaft design können Sie, sofern Sie ihr den Wert emphasized zuordnen, steuern, ob dem Benutzer ein Link zum Ausblenden der Explanation angeboten wird. Andernfalls steht Ihnen immer noch das Kontextmenü zur Verfügung, um die Explanation auszublenden. **Variante 2 (SPS >= 11)**

7.4.5 SAP-Knowledge-Warehouse-Dokumente

Für eine Web-Dynpro-Anwendung oder ein Window können Sie im SAP Knowledge Warehouse (SAP KW) angelegte InfoObjects (Hilfetexte) als Hilfe verwenden. **Verwendung**

> **SAP Knowledge Warehouse** [«]
>
> Das SAP KW ist eine Lösung für alle Materialien, die in den Bereichen Training, Dokumentation und Handbücher Verwendung finden. Das SAP KW ist eine integrierte Umgebung für das Erstellen, Übersetzen, Präsentieren, Verteilen und Verwalten von Informationsobjekten (InfoObjects), die Sie unter anderem zu folgenden Zwecken einsetzen können:
> - Dokumentation (z. B. für Hilfen zu Anwendungen)
> - Schulungsunterlagen (für Präsenztrainings)
> - Handbücher (insbesondere für das Qualitätsmanagement)

7 | Eingabe- und semantische Hilfen

> Alle im SAP KW verwalteten *Inhalte* sind dort als InfoObjects abgelegt. Mithilfe von *Strukturen*, einer besonderen Art von InfoObjects, und von Hyperlinks können InfoObjects zu multimedialen Hyperdokumenten (z. B. für Trainingskurse) verknüpft werden.
>
> InfoObjects mit einem gemeinsamen Themenbereich werden in *Mappen* zusammengefasst und verwaltet. InfoObjects und Mappen sind jeweils einem *Bereich* zugeordnet (primäre Verwendung). InfoObjects liegen im SAP KW in verschiedenen Versionen vor, auf die über unterschiedliche *Kontexte* zugegriffen wird.

Anbindung Um die Inhalte des SAP KW in Ihrer Web-Dynpro-Anwendung nutzen zu können, wechseln Sie auf die Registerkarte EIGENSCHAFTEN einer Web-Dynpro-Anwendung oder eines Windows in Ihrer Web-Dynpro-Component (siehe Abbildung 7.52).

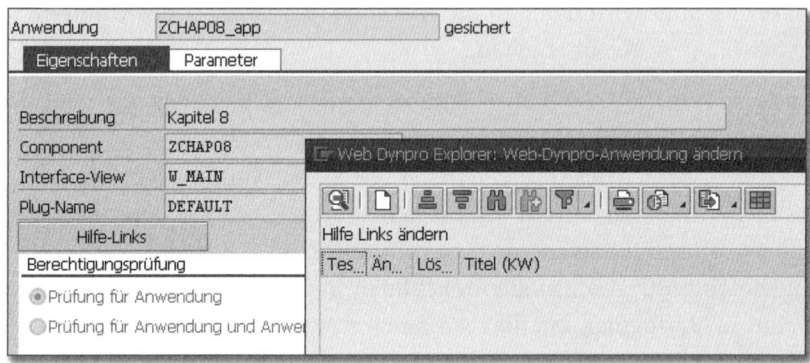

Abbildung 7.52 Anbindung von InfoObjects aus dem SAP Knowledge Warehouse

RFC-Verbindung Klicken Sie auf den Button HILFE-LINKS. Dadurch öffnet sich ein Pflegedialog, um Links zu Inhalten aus dem SAP KW anzulegen. Über den Button LINK ANLEGEN ( ) können Sie diese Links erzeugen. Dazu muss die *RFC-Verbindung* AIO_FOR_HELP_LINKS in Transaktion SM59 zu Ihrem Knowledge-Warehouse-System gepflegt worden sein.

Suchkontext einschränken Nach einem Klick auf LINK ANLEGEN erscheint ein Dialog zur Einschränkung des Suchkontextes für die Suche nach InfoObjects im SAP KW. Hier können Sie die verfügbaren Informationen nach Sprache, Release, Erweiterung und Land filtern (siehe Abbildung 7.53).

Semantische Hilfen | 7.4

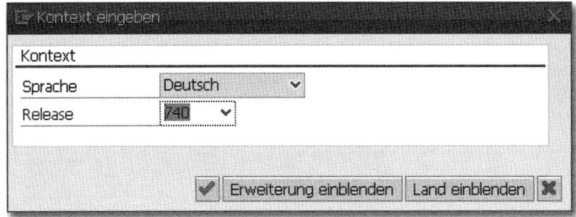

Abbildung 7.53 Festlegung des Kontextes

Nach der Eingabe und der Bestätigung mit dem grünen Häkchen folgt ein Dialog zur Auswahl des Bereichs eines Themas *(Topic)* im SAP KW, in dem das InfoObject gesucht werden soll (siehe Abbildung 7.54).

Bereich eines Themas

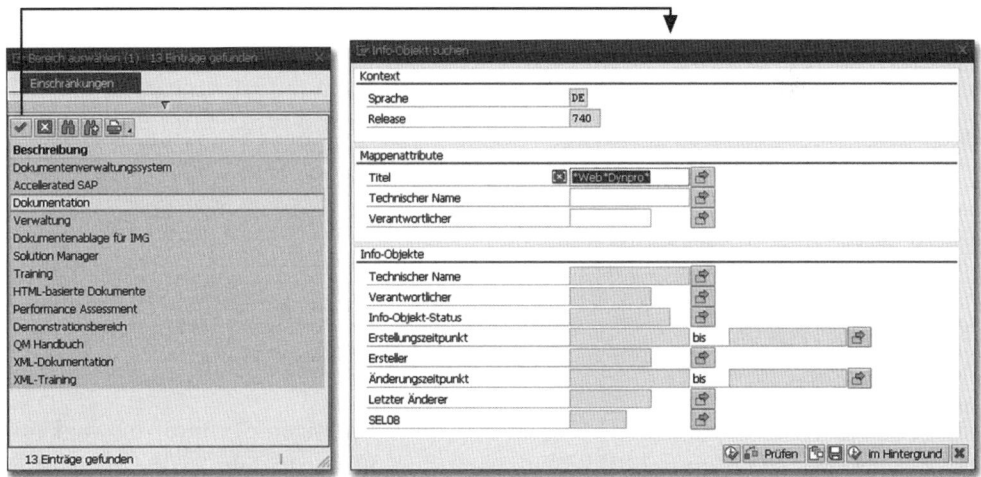

Abbildung 7.54 Auswahl des Bereichs eines Themas (Topic)

Wählen Sie z. B. den Bereich DOKUMENTATION, und bestätigen Sie Ihre Auswahl mit einem Klick auf das grünen Häkchen ❶, wechseln Sie in den nächsten Dialog. Dort können Sie das InfoObject suchen. Dazu steht Ihnen eine Vielzahl von Eingabefeldern zur Verfügung. Nehmen wir an, wir sind an der Dokumentation zu Web Dynpro ABAP interessiert. Im Eingabefeld TITEL können wir unter Verwendung von Jokern (*) nach InfoObjects mit der technischen Bezeichnung »*Web*Dynpro*« suchen ❷.

Bestätigen Sie Ihre Eingabe mit dem grünen Häkchen. Im Folgebild wird das Suchergebnis als Liste präsentiert, und Sie können ein InfoObject auswählen (siehe Abbildung 7.55).

Auswahl eines InfoObjects

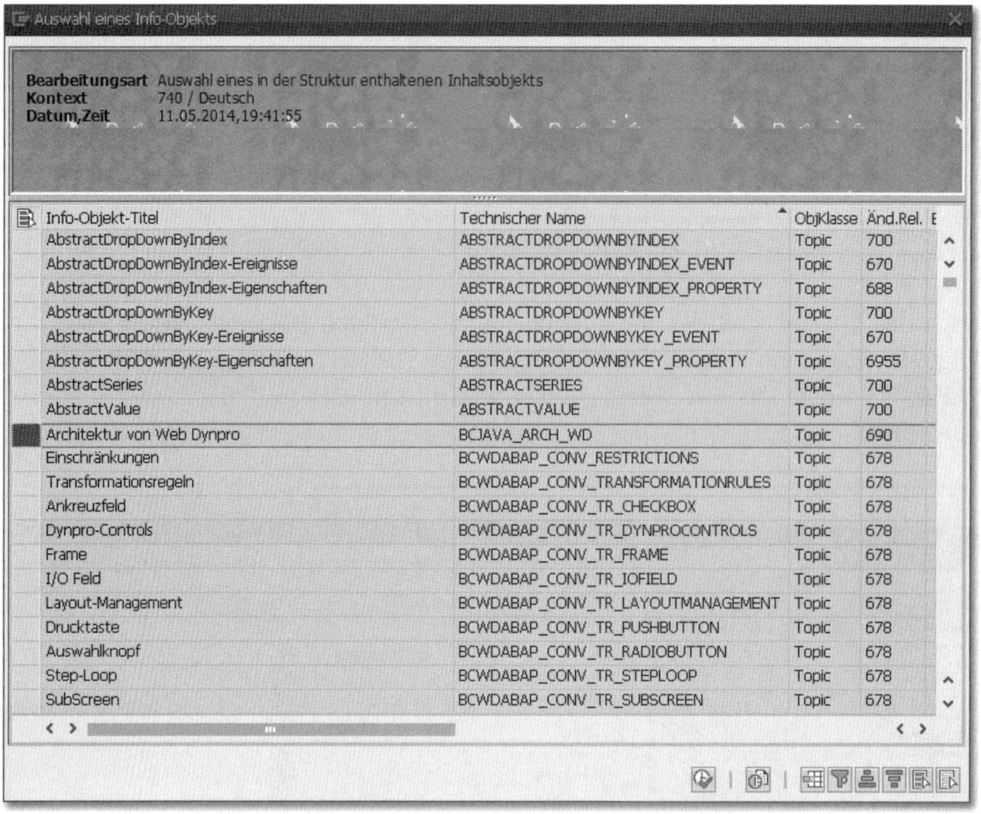

7 | Eingabe- und semantische Hilfen

![Screenshot: Auswahl eines Info-Objekts]

Info-Objekt-Titel	Technischer Name	ObjKlasse	Änd.Rel.
AbstractDropDownByIndex	ABSTRACTDROPDOWNBYINDEX	Topic	700
AbstractDropDownByIndex-Ereignisse	ABSTRACTDROPDOWNBYINDEX_EVENT	Topic	670
AbstractDropDownByIndex-Eigenschaften	ABSTRACTDROPDOWNBYINDEX_PROPERTY	Topic	688
AbstractDropDownByKey	ABSTRACTDROPDOWNBYKEY	Topic	700
AbstractDropDownByKey-Ereignisse	ABSTRACTDROPDOWNBYKEY_EVENT	Topic	670
AbstractDropDownByKey-Eigenschaften	ABSTRACTDROPDOWNBYKEY_PROPERTY	Topic	6955
AbstractSeries	ABSTRACTSERIES	Topic	700
AbstractValue	ABSTRACTVALUE	Topic	700
Architektur von Web Dynpro	BCJAVA_ARCH_WD	Topic	690
Einschränkungen	BCWDABAP_CONV_RESTRICTIONS	Topic	678
Transformationsregeln	BCWDABAP_CONV_TRANSFORMATIONRULES	Topic	678
Ankreuzfeld	BCWDABAP_CONV_TR_CHECKBOX	Topic	678
Dynpro-Controls	BCWDABAP_CONV_TR_DYNPROCONTROLS	Topic	678
Frame	BCWDABAP_CONV_TR_FRAME	Topic	678
I/O Feld	BCWDABAP_CONV_TR_IOFIELD	Topic	678
Layout-Management	BCWDABAP_CONV_TR_LAYOUTMANAGEMENT	Topic	678
Drucktaste	BCWDABAP_CONV_TR_PUSHBUTTON	Topic	678
Auswahlknopf	BCWDABAP_CONV_TR_RADIOBUTTON	Topic	678
Step-Loop	BCWDABAP_CONV_TR_STEPLOOP	Topic	678
SubScreen	BCWDABAP_CONV_TR_SUBSCREEN	Topic	678

Abbildung 7.55 Gefundene InfoObjects mit Einzelselektion

Bereich einer Struktur Wählen Sie ein Objekt aus, und bestätigen Sie Ihre Auswahl mit dem grünen Häkchen. Daraufhin öffnet sich ein Dialog zur Festlegung des Bereichs für die Struktur. Dieser ähnelt sehr stark der Suche nach einem Bereich eines Themas und kann auch übersprungen werden. Als Nächstes wird der Link zum SAP KW erzeugt (siehe Abbildung 7.56).

Abbildung 7.56 Linkerzeugung als Ergebnis der Suche im SAP Knowledge Warehouse

Semantische Hilfen | **7.4**

Nachdem Sie die Web-Dynpro-Anwendung gestartet haben, können Sie mit der [F1]-Taste die SAP-KW-basierte Hilfe (Help Center) starten. Es öffnet sich ein separates Browser-Fenster (siehe Abbildung 7.57).

Help Center

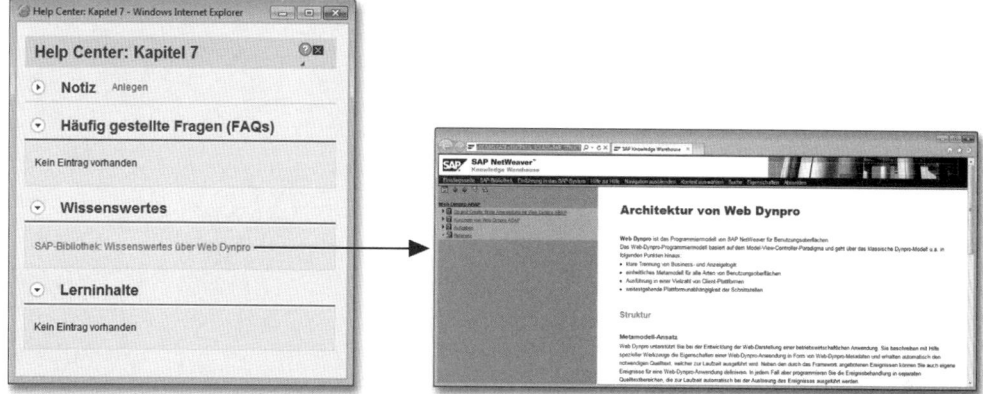

Abbildung 7.57 Die Hilfe aus dem SAP Knowledge Management

Im Abschnitt WISSENSWERTES wird das von Ihnen in den Eigenschaften der Web-Dynpro-Anwendung definierte KW-InfoObject mit dem Link zum Hilfe-Menü-Text angezeigt.

Das Auslösen der Anzeige des Help Centers kann auch durch einen Aktionsbehandler implementiert werden (siehe Listing 7.17).

Auslösen der Anzeige

```
* Referenz auf die API des Component-Controllers
DATA: lo_api_comp_controller TYPE REF TO if_wd_component,
* Referenz auf die Anwendung
      lo_application TYPE REF TO if_wd_application.
* API-Referenz ermitteln
lo_api_comp_controller = wd_comp_controller->wd_get_api( ).
* Referenz auf die Anwendung ermitteln
lo_application = lo_api_comp_controller->get_application( ).
* SAP-KW-Hilfe öffnen
lo_application->open_help_center( ).
```

Listing 7.17 Auslösen der Anzeige des SAP Help Centers

TEIL III
Fortgeschrittene Techniken

Zu den Stärken des Web-Dynpro-Frameworks gehören die flexiblen Anpassungsmöglichkeiten von Web-Dynpro-Components, bei denen die eigentlichen Components und der Quellcode nicht verändert werden müssen. In diesem Kapitel lernen Sie diese Anpassungsmöglichkeiten kennen.

8 Erweiterung, Konfiguration, Customizing und Personalisierung

Es liegt in der Natur von Standardsoftware, dass diese an die Bedürfnisse jedes einzelnen Kunden angepasst werden muss. Verwenden Sie eine auf der Web-Dynpro-Technologie basierende Lösung von SAP, werden Sie sicherlich den einen oder anderen Wunsch zur Anpassung der Lösung an Ihre Geschäftsprozesse haben. Die Anforderungen reichen von unternehmensweiten Anpassungen des Funktionsumfangs über branchenspezifische Anforderungen bis hin zu mandanten- oder benutzerspezifischen Veränderungen.

Mit Web Dynpro steht Ihnen eine anpassungsfähige UI-Technologie zur Verfügung, die umfassende, modifikationsfreie Anpassungen der Benutzeroberfläche ermöglicht. Web-Dynpro-Anwendungen können dazu auf unterschiedliche Weise von verschiedenen Zielgruppen angepasst werden:

Überblick

- **Erweiterung**
  Mit SAP NetWeaver 7.0 wurde von SAP das Enhancement Framework eingeführt. Dieses erlaubt die Anpassung und Erweiterung von Entwicklungsobjekten, ohne diese direkt zu modifizieren. Für eine existierende Web-Dynpro-Component können Sie so unter anderem modifikationsfrei Controller-Methoden oder Aktionen angleichen, Context-Knoten anlegen oder bestehende erweitern und das View-Layout nach Belieben ändern.

- **Konfiguration**
  Im Unterschied zur Erweiterung erhalten Sie bei der Konfiguration von Web-Dynpro-Components keine Möglichkeiten zur An-

8 | Erweiterung, Konfiguration, Customizing und Personalisierung

passung der Entwicklungsobjekte, wie z. B. dem Quellcode. Dafür können für eine Component von einem Entwickler mit Entwicklerberechtigung beliebig viele Konfigurationsdatensets angelegt werden, die die entwicklungsseitig vorgegebenen Eigenschaften existierender UI-Elemente und/oder Context-Knoten übersteuern und damit das Erscheinungsbild der Benutzeroberfläche verändern. Die Konfiguration erfolgt zur Designzeit und ist mandantenunabhängig.

▸ **Customizing**
Weniger umfassend als die Web-Dynpro-Konfiguration ist das Web-Dynpro-Customizing. Dieses ermöglicht einem Administrator mit entsprechenden Berechtigungen die mandantenabhängige Anpassung von Benutzeroberflächen an die Bedürfnisse eines bestimmten Benutzerkreises. Das Customizing erfolgt in der Regel zur Laufzeit und ist mandantenabhängig.

▸ **Personalisierung**
Einzelne Benutzer können individuelle Einstellungen an der Benutzeroberfläche durch Personalisierung vornehmen. Der Umfang der Änderungsmöglichkeiten ist jedoch stark eingeschränkt, wobei die Einstellungen abhängig vom und zutreffend für einen Benutzer sind. Die Personalisierung erfolgt ausschließlich zur Laufzeit und ist mandantenabhängig.

Web-Dynpro-Built-In und Component-defined

Darüber hinaus wird in Web Dynpro auf der Konfigurationsebene und den darunterliegenden Ebenen zwischen Web-Dynpro-Built-In- und component-defined-basierten Anpassungen unterschieden:

▸ **Component-defined**
Component-defined-Anpassungen erlauben ausschließlich die Änderung von Eigenschaften, die der Anwendungsentwickler explizit für die Konfiguration definiert hat. Dazu muss in der Component ein eigens vorgesehener Custom-Controller mit den zu pflegenden Eigenschaften vorhanden sein. Ein Beispiel für eine component-defined-konfigurierbare Eigenschaft könnte ein Schwellenwert sein, der den Wert angibt, ab wann eine Statusampel auf der Oberfläche auf Rot wechselt.

Component-defined-Eigenschaften werden in einem auf Web Dynpro basierenden Konfigurationseditor gepflegt. Sie können dabei auf einen generischen Standardeditor zurückgreifen oder Ihren eigenen Konfigurationseditor speziell für die Konfiguration einer Component anlegen. Das Prinzip eigener Konfigurationseditoren macht sich vor allem der Floorplan Manager (FPM) zunutze.

▶ **Web-Dynpro-Built-In**
Web-Dynpro-Built-In ermöglicht die Änderung von UI-Element-Eigenschaften beliebiger UI-Elemente innerhalb der View-Hierarchie. Die UI-Elemente müssen dazu nicht extra freigegeben werden. Es können Eigenschaften angepasst werden, wie z. B. Beschriftungen, die Eingabebereitschaft oder die Sichtbarkeit von UI-Elementen.

Abbildung 8.1 fasst die bis zu diesem Zeitpunkt beschriebenen Erweiterungsmöglichkeiten (mit Ausnahme der Erweiterung) grafisch in einer Anpassungshierarchie zusammen. Wie darin zu erkennen ist, ziehen sich die Möglichkeiten sowohl der Web-Dynpro-Built-In- als auch der Component-defined-Anpassungen von der Konfigurations- bis zur Personalisierungsebene. Durch die gezielte Finalisierung von Eigenschaften können diese von der Anpassung in tiefer liegenden Schichten ausgenommen werden.

Anpassungshierarchie

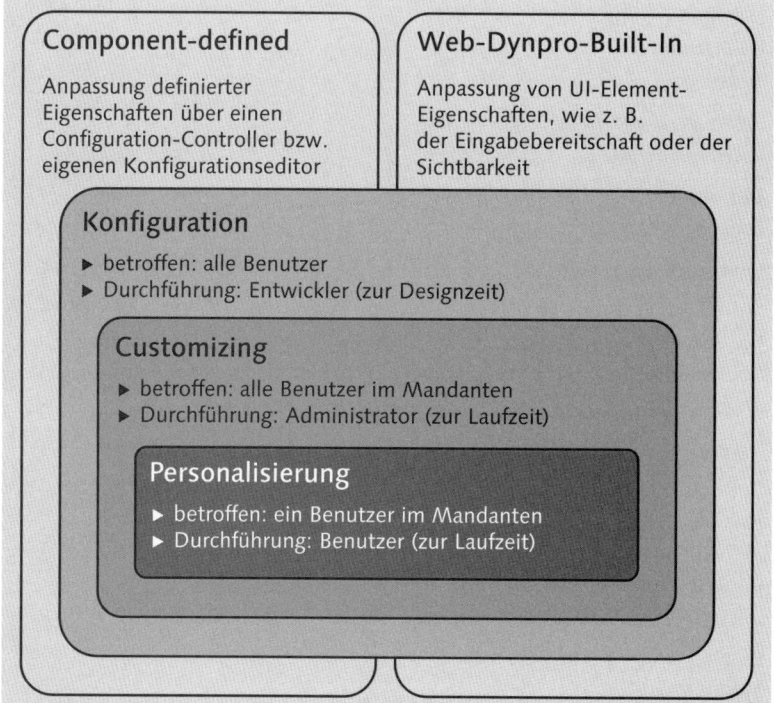

Abbildung 8.1 Web-Dynpro-Anpassungshierarchie

8 | Erweiterung, Konfiguration, Customizing und Personalisierung

Typische Anpassungen Tabelle 8.1 gibt Ihnen zusätzlich einen Überblick über die wichtigsten Anpassungsmöglichkeiten von Web-Dynpro-Components.

Eigenschaft/ Anpassungs- möglichkeit	Erweite- rung	Konfigura- tion	Customizing	Personali- sierung
Anschluss an das Transportsystem	ja	ja	ja, siehe Abschnitt 8.6.2, »Transport des Customizings«	nein
mandanten- abhängig	nein	nein	ja	ja
Änderung von Entwicklungs- objekten (Methoden, Context etc.)	ja	nein	nein	nein
Finalisierung von Eigenschaften	nein	ja	ja	nein
Sichtbarkeit von UI-Elementen ändern	ja	ja	ja	ja
Vertauschen von Tabellenspalten	ja	ja	ja	ja
Definition von Muss-Feldern	ja	ja	ja	nein
Beschriftungen ändern	ja	ja	ja	nein
Größen von UI-Elementen ändern	ja	ja	ja	nein
Umsortieren von UI-Elementen	ja	ja	ja	nein
Hinzufügen zusätzlicher Bil- der oder Texte	ja	nein	ja	nein
Setzen von Eingabefeld- Standardwerten	nein	nein	nein	ja

Tabelle 8.1 Überblick über Anpassungsmöglichkeiten

Der folgende Abschnitt behandelt die Erweiterung von Web-Dynpro-Components mithilfe des Enhancement Frameworks. Sie erhalten dort einen Überblick über die erweiterbaren Objekte und erfahren, wie Sie Erweiterungen anlegen können. In den darauffolgenden Abschnitten 8.2 bis 8.7 lernen Sie die Verwendung der Konfiguration bis hin zur Personalisierung kennen.

Ausblick

8.1 Erweiterungen mit dem SAP Enhancement Framework

Um individuelle Anpassungen an Entwicklungsobjekten einfacher und einheitlich handhaben zu können, hat SAP mit dem Release SAP NetWeaver 7.0 das SAP Enhancement Framework eingeführt. Bei diesem neuartigen Erweiterungskonzept handelt es sich um eine Technologie zur Modifikation und Erweiterung sowie zum Austausch von Entwicklungsobjekten. Diese Änderungen können über den in der ABAP Workbench integrierten *Enhancement Builder* durchgeführt werden.

Enhancements können Sie an beliebigen Coding-Stellen innerhalb eines zu ändernden Entwicklungsobjekts vornehmen. Es handelt sich bei Enhancements also um implizite Erweiterungen. Im Gegensatz dazu stehen explizite Erweiterungen, die nur an vorher vom Anwendungsentwickler vorgesehenen Stellen vorgenommen werden dürfen. Der bekannteste Vertreter der expliziten Erweiterungen ist das Business Add-in (BAdI).

Implizite vs. explizite Änderungen

Die im Enhancement Builder geänderten Entwicklungsobjekte können über das sogenannte *Switch Framework* verwaltet werden. Mit dessen Hilfe können Sie Ihre an einzelnen Entwicklungsobjekten durchgeführten Änderungen in sogenannten *Business Function Sets* gruppieren, die sich über spezielle Schalter steuern lassen. Die Schalter und damit auch die darin enthaltenen Enhancements lassen sich im Anschluss nach Belieben über das Switch Framework aktivieren und wieder deaktivieren.

Switch Framework

Enhancements ermöglichen im Unterschied zur Konfiguration die Anpassung sowohl der nicht visuellen als auch der visuellen Bestandteile einer Component. So können Sie in einer erweiterten Component neue Controller-Methoden anlegen, existierende Methoden überschreiben oder Pre- und Post-Exits anlegen. Im visuellen Bereich,

Erweiterungen in Web Dynpro

d. h. in den Windows und Views, können Sie neue Navigationslinks anlegen, neue UI-Elemente in die Views aufnehmen und die Eigenschaften existierender UI-Elemente ändern. Sogar die Löschung existierender UI-Elemente ist im Rahmen von Enhancements möglich.

8.1.1 Anlegen einer Erweiterung

Zum Anlegen einer neuen Erweiterung klicken Sie auf das Menü des jeweiligen Component-Objekts und wählen ERWEITERN. So können Sie z. B. einen View durch einen Klick auf VIEW • ERWEITERN, durch Drücken der Tastenkombination ⌈Strg⌉ + ⌈F4⌉ oder durch Auswahl des entsprechenden Icons in der Toolbar erweitern.

Nach der Auswahl öffnet sich das in Abbildung 8.2 dargestellte Pop-up-Fenster ERWEITERUNGSIMPLEMENTIERUNG ANLEGEN. In diesem müssen Sie den Namen der anzulegenden Erweiterung und eine zugehörige Beschreibung eingeben.

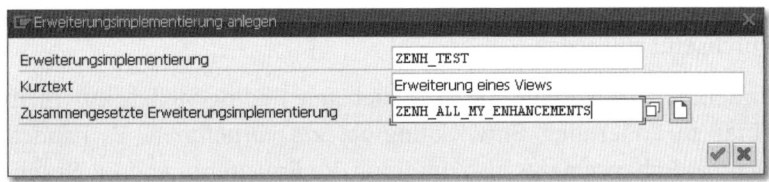

Abbildung 8.2 Erweiterungsimplementierung anlegen

Darüber hinaus können Sie noch eine der anzulegenden Erweiterung übergeordnete ZUSAMMENGESETZTE ERWEITERUNGSIMPLEMENTIERUNG angeben. Zusammengesetzte Erweiterungsimplementierungen dienen der semantischen Bündelung einfacher Erweiterungen. Mithilfe zusammengesetzter Erweiterungsimplementierungen lassen sich einfache Erweiterungen zu sinnvollen Einheiten zusammenfassen. Durch einen Klick auf das grüne Häkchen schließt sich das Pop-up-Fenster, und die Erweiterung wird vom System angelegt.

[»] **Dialogfenster zur Auswahl existierender Erweiterungen**
Nachdem Sie eine erste Erweiterung angelegt haben, wird das Anlege-Dialogfenster nicht mehr automatisch angezeigt. Anstelle dieses Dialogfensters bietet Ihnen Web Dynpro einen Dialog zur Auswahl der bereits existierenden Erweiterungen an. In diesem haben Sie selbstverständlich auch die Gelegenheit, eine neue Erweiterung anzulegen.

8.1.2 Erweiterung von Web-Dynpro-Objekten

Prinzipiell kann jeder Bestandteil einer Component erweitert werden:

Erweiterbare Bestandteile

- **Components**
  Sie können zusätzliche Component-Verwendungen anlegen. Die Implementierung von Component-Interfaces ist jedoch nicht erlaubt.

- **Controller**
  Sie können für Methoden und Ereignisbehandler Pre-Exits, Post-Exits und Overwrite-Exits anlegen. Darüber hinaus können Sie neue Aktionen und Ereignisse definieren, neue Methoden anlegen und neue Attribute in die Controller aufnehmen.

- **Context**
  Sie können neue Knoten und neue Attribute in den Context aufnehmen. Vorhandene Knoten können jedoch nicht verändert werden.

- **View-Layout**
  Sie können neue UI-Elemente in bestehende Views aufnehmen. Darüber hinaus können Sie die Eigenschaften existierender UI-Elemente nach Belieben ändern. Sogar die Löschung von UI-Elementen ist erlaubt.

- **Plugs und Navigationslinks**
  Sie können neue Plugs anlegen und diese im Window-Editor über Navigationslinks miteinander verbinden.

Im Folgenden schauen wir uns diese Möglichkeiten des Enhancement Frameworks in Web Dynpro genauer an.

Erweiterung von Components

Zur Erweiterung einer Component wählen Sie deren Wurzel in der Objektliste der ABAP Workbench aus und legen eine neue Erweiterungsimplementierung an. Im Anschluss können Sie in der Tabelle VERWENDETE WEB-DYNPRO-COMPONENTS beliebig viele Components eintragen (siehe Abbildung 8.3). Sie erkennen eine erweiterte Component-Verwendung am Namen der Erweiterung in der Spalte ERWEITERUNGS-IMPL.

Eintragung

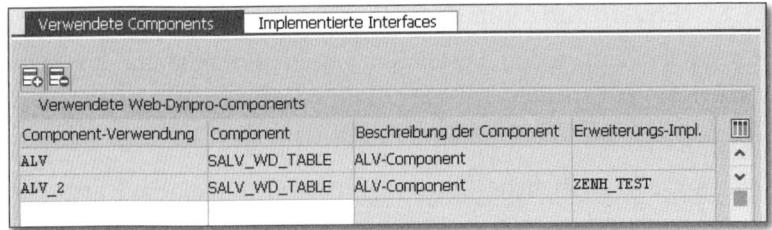

Abbildung 8.3 Erweiterung einer Component

Verwendung

Nachdem Sie eine erweiterte Component-Verwendung eingetragen haben, können Sie diese wie gewöhnliche Component-Verwendungen in den Controllern Ihrer Component auf der Registerkarte EIGENSCHAFTEN registrieren und anschließend einsetzen. Die Implementierung von Component-Interfaces auf der Registerkarte IMPLEMENTIERTE INTERFACES ist im Erweiterungsmodus nicht erlaubt.

Erweiterung von Controller-Methoden

Die Erweiterung von Methoden ist eines der wichtigsten Angebote des Enhancement Frameworks. Im Unterschied zur Modifikation werden die Originalmethoden bei Enhancements nicht direkt verändert. Stattdessen bietet Ihnen das Enhancement Framework sogenannte *Pre-Exit-*, *Post-Exit-* und *Overwrite-Exit-Methoden* an.

Eigenschaften von Exits

Exits können für jede beliebige Methode eines Controllers implementiert werden. Außerdem können Sie in einer Erweiterung im Controller neue Methoden anlegen:

- Pre- bzw. Post-Exits werden vor bzw. nach dem Aufruf der eigentlichen Controller-Methode vom Framework ausgeführt.
- Overwrite-Exits ermöglichen das Ersetzen der Methode. So wird die Originalmethode nach dem Anlegen eines Overwrite-Exits nicht mehr aufgerufen.

Alle drei Exit-Typen verfügen über die gleichen Importing-/Changing-/Exporting-Parameter wie die Originalmethoden.

Beispiel

In Abbildung 8.4 sehen Sie die Registerkarte METHODEN eines erweiterten Views. Durch den Klick auf einen der ANLEGEN-Buttons hinter den Methoden legen Sie eine neue Exit-Methode an. Nach der Implementierung der Erweiterung verändert sich das Anlegesymbol des Buttons zu einem Quelltext-Symbol (siehe Methode wddoinit( ) in Abbildung 8.4). Durch einen Klick auf diesen Button gelangen Sie in den Quelltext der jeweiligen Erweiterung, und durch Anklicken des LÖSCHEN-Buttons in der Toolbar können Sie Erweiterungen von Methoden wieder löschen.

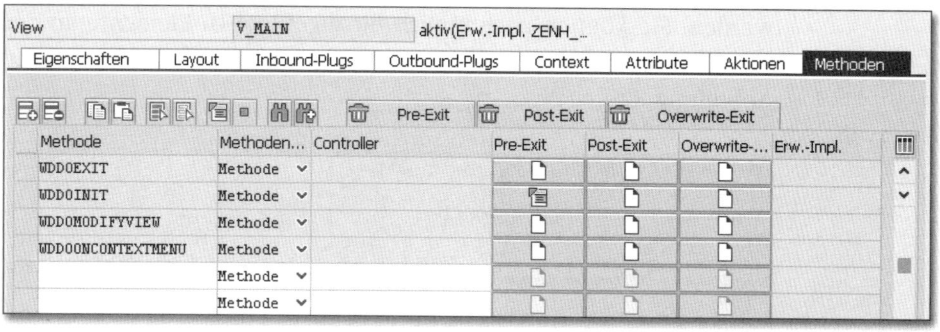

Abbildung 8.4 Erweiterung von Controller-Methoden

Erweiterung des Contexts

Die Erweiterung eines Contexts gestaltet sich im Vergleich zur Erweiterung von Controller-Methoden um einiges restriktiver. So können Sie im Erweiterungsmodus keinerlei Änderungen an den Originalknoten vornehmen. Ausschließlich das Anlegen neuer Knoten und das Hinzufügen neuer Attribute sind gestattet. Diese können jedoch auch unter bereits existierenden Knoten angelegt werden. Das Mapping über Controller-Grenzen hinweg ist problemlos möglich.

Erweiterung des View-Layouts

Bei der Erweiterung von Web-Dynpro-Components steht in den meisten Fällen die Anpassung des existierenden View-Layouts an eigene Bedürfnisse im Vordergrund. Sie können im Erweiterungsmodus die folgenden Änderungen am View-Layout existierender Views vornehmen:

- Anlegen neuer UI-Elemente
- Änderung der Eigenschaften vorhandener UI-Elemente
- Ausblenden vorhandener UI-Elemente

Darüber hinaus ist es im Erweiterungsmodus auch möglich, neue Views anzulegen. Klicken Sie dazu in der Objektliste der Component mit der rechten Maustaste auf den Knoten-View, und wählen Sie den Kontextmenüeintrag ALS ERWEITERUNG ANLEGEN aus.

Anlegen von UI-Elementen

Das Anlegen neuer UI-Elemente im Erweiterungsmodus unterscheidet sich technisch nicht vom Anlegen der gleichen Elemente im normalen Editiermodus. Alle im Rahmen der Erweiterungsimplementierung hinzugefügten UI-Elemente können wie gewohnt bearbeitet werden. Sie können nachträglich hinzugefügte UI-Elemente an der zusätzlich vorhandenen Eigenschaft ERWEITERUNG erkennen (siehe Abbildung 8.5).

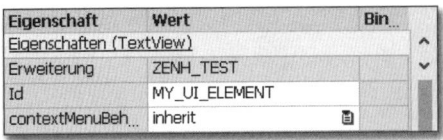

Abbildung 8.5 Erweitertes TextView-Element MY_UI_ELEMENT

Änderung existierender Elemente

Die Eigenschaften existierender UI-Elemente können im Erweiterungsmodus nach Belieben geändert werden. So können Sie z. B. das vorhandene Binding eines Eingabefeldes ändern oder dessen Design anpassen.

Löschung von UI-Elementen

Auch die Löschung existierender UI-Elemente ist im Erweiterungsmodus möglich. Klicken Sie dazu mit der rechten Maustaste auf das zu löschende UI-Element, und wählen Sie ELEMENT ENTFERNEN. Das Originalelement wird dabei jedoch nicht direkt aus dem View gelöscht: Stattdessen wird es im View mit einem roten X in der BINDING-Spalte als gelöscht markiert (siehe Abbildung 8.6). Durch die Auswahl LÖSCHUNG ZURÜCKNEHMEN können Sie ein Original-UI-Element wiederherstellen.

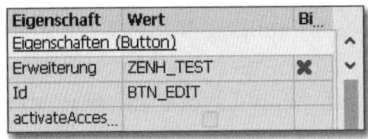

Abbildung 8.6 Gelöschtes UI-Element in einer Erweiterung

Erweiterung von Plugs und Navigationslinks

Grundsätzlich steht es Ihnen im Erweiterungsmodus offen, neue Plugs und andere Entwicklungsobjekte wie Attribute oder Methoden nach den bereits besprochenen Regeln im Window-Controller anzulegen. Daneben haben Sie im Erweiterungsmodus noch die Option, neue Windows anzulegen. Klicken Sie dazu in der Objektliste der

Component mit der rechten Maustaste auf den Knoten WINDOWS, und wählen Sie den Kontextmenüeintrag ALS ERWEITERUNG ANLEGEN aus.

Bei der Erweiterung von Navigationslinks gelten die folgenden Regeln:

Besonderheiten bei Navigationslinks

- Neue Navigationslinks zwischen Plugs können Sie auf die gewohnte Weise anlegen.
- Bestehende Navigationslinks können Sie über das Kontextmenü über den Menüpunkt LÖSCHEN »löschen«. Vergleichbar mit der Löschung von UI-Elementen im Erweiterungsmodus werden die Plugs dabei aber nur als gelöscht markiert.
- Zu einem bestehenden Navigationslink können Sie ein neues Ziel definieren. Dazu müssen Sie das zu ersetzende Ziel-Plug unterhalb des Navigationslinks auswählen und anschließend über den Menüpunkt ZIEL-PLUG ERSETZEN ändern.

> **[+] Abgleich nach Upgrade**
>
> Haben Sie in einem System Erweiterungen vorgenommen, kann es bei einem System-Upgrade zu Konflikten zwischen den neuen Entwicklungsobjekten und den alten Erweiterungen kommen. Diese können Sie über Transaktion SPAU_ENH begutachten und abgleichen.

8.2 Konfiguration im Überblick

Die Konfiguration befindet sich bei Betrachtung der Web-Dynpro-Anpassungshierarchie in Abbildung 8.1 auf der höchsten Ebene der Anpassungen. Sie ist an das SAP-Transportwesen angeschlossen, mandantenunabhängig und damit für alle Benutzer des Systems gültig. Die Konfiguration wird in der Regel direkt vom Anwendungsentwickler einer Component zur Designzeit durchgeführt.

Die Konfiguration lässt sich grundsätzlich in zwei Schritte einteilen:

Konfigurationsschritte

1. In einem ersten Schritt muss die sogenannte *Component-Konfiguration* durchgeführt werden. Dazu werden vom Entwickler Konfigurationsdatensätze für einzelne Web-Dynpro-Components angelegt. Der Konfigurationsdatensatz bestimmt das Verhalten und Erscheinungsbild einer Component bei Verwendung des jeweiligen Datensatzes. Für eine Component können grundsätzlich belie-

big viele Konfigurationsdatensätze angelegt werden. Die Component-Konfiguration wird in Abschnitt 8.4 behandelt.

2. Anschließend können Sie die *Anwendungskonfiguration* vornehmen. Unter Verwendung der Konfigurationsdatensätze zu den Web-Dynpro-Components wird zu einer Web-Dynpro-Anwendung eine Anwendungskonfiguration angelegt. Diese gibt vor, welche der Web-Dynpro-Components mit welcher Konfiguration verwendet werden. Die Anwendungskonfiguration ist Gegenstand von Abschnitt 8.5.

Beispiel In Abbildung 8.7 sehen Sie ein Beispiel zur Verdeutlichung der Unterschiede zwischen der Component- und der Anwendungskonfiguration. Component A verwendet über ihre Component-Verwendungen zwei weitere Components: Component B und C.

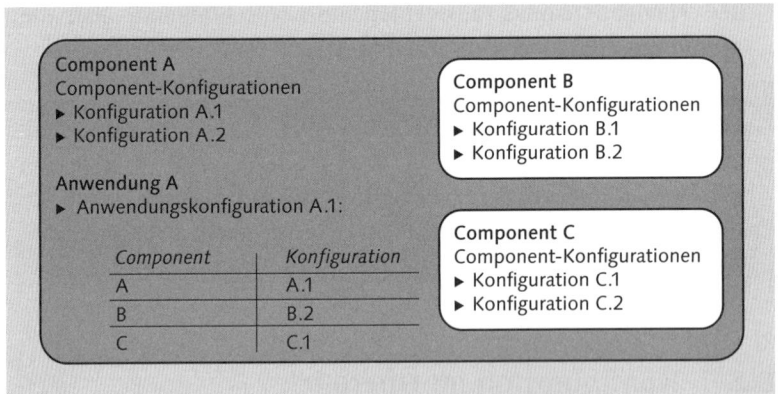

Abbildung 8.7 Component- und Anwendungskonfiguration

Jede dieser Components besitzt je zwei Component-Konfigurationen zur Definition des Anzeigeverhaltens namens <A/B/C>.1 oder <A/B/C>.2. Die Anwendung A von Component A besitzt darüber hinaus noch eine Anwendungskonfiguration A.1, die festlegt, welche (verwendete) Component in welche Component-Konfiguration geladen werden soll.

8.3 Berechtigungen

Benutzerkreise Die Konfiguration und das Customizing von Web-Dynpro-Anwendungen sind nur für einen eingeschränkten Benutzerkreis zugänglich:

- **Personalisierung**
  Personalisierung erfordert keinerlei Berechtigungen. Sie kann jedoch von Administratoren für einzelne Anwendungen oder systemweit unterbunden werden.

- **Customizing**
  Für die Durchführung des Customizings wird die Berechtigung des Berechtigungsobjekts S_WDR_P13N benötigt. Über das Feld OBJNAME können Sie die Anwendungen einschränken, für die ein Benutzer das Customizing vornehmen darf. Ist keine Einschränkung gewünscht, geben Sie hier * ein.

- **Konfiguration**
  Die Durchführung der Konfiguration erfordert vom Benutzer das Berechtigungsobjekt S_DEVELOP.

8.4 Component-Konfiguration

Betrachten wir nun die Component-Konfiguration im Detail. Dazu behandelt dieser Abschnitt die Grundlagen der Component-Konfiguration, das Anlegen von Konfigurationsdatensätzen, die Verwendung der Web-Dynpro-Built-In- und Component-defined-Konfiguration sowie die Möglichkeit, neue Konfigurationseditoren anzulegen.

8.4.1 Bestandteile

Jeder Component-Konfigurationsdatensatz besitzt die folgenden Bestandteile: *Konfigurationsdatensatz*

- **Allgemeine Verwaltungsdaten**
  Dies sind z. B. der Name der Konfiguration, der Beschreibungstext und der Name der zugehörigen Web-Dynpro-Component. Der Konfigurationsname muss innerhalb des Systems eindeutig sein (siehe auch Abschnitt 8.4.2, »Anlegen einer Component-Konfiguration«).

- **Component-defined-Konfiguration (explizite Konfiguration)**
  Voraussetzung der Component-defined-Konfiguration ist das Vorhandensein eines *Configuration-Controllers* in der jeweiligen Component. Pro Web-Dynpro-Component gibt es maximal einen Configuration-Controller, der einen Sonderfall des Custom-Controllers darstellt. Web Dynpro unterscheidet darüber hinaus zwischen den Standardkonfigurationseditoren und selbst definierten

▶ **Web-Dynpro-Built-In-Konfiguration (implizite Konfiguration)**
Die Web-Dynpro-Built-In-Konfiguration ermöglicht die Anpassung und Übersteuerung der im Layout-Editor definierten UI-Element-Eigenschaften in der View-Hierarchie der Component. Da die Built-In-Konfiguration zur Designzeit im Konfigurationseditor erfolgt, funktioniert sie ausschließlich mit statisch definierten UI-Elementen. Die Web-Dynpro-Built-In-Konfiguration wird in Abschnitt 8.4.3 erläutert.

8.4.2 Anlegen einer Component-Konfiguration

Konfigurationsdatensatz anlegen/ändern

Zum Anlegen oder Ändern eines Konfigurationsdatensatzes gehen Sie wie folgt vor:

1. Wechseln Sie in der ABAP Workbench auf die Web-Dynpro-Component, für die Sie den Component-Konfigurationsdatensatz anlegen möchten.

2. Öffnen Sie das Kontextmenü der Component, und wählen Sie dort den Menüpunkt KONFIGURATION ANLEGEN/ÄNDERN aus. In einem Browser-Fenster öffnet sich der Web-Dynpro-Konfigurationseditor (siehe Abbildung 8.8). Der Name der Component ist dort bereits eingetragen.

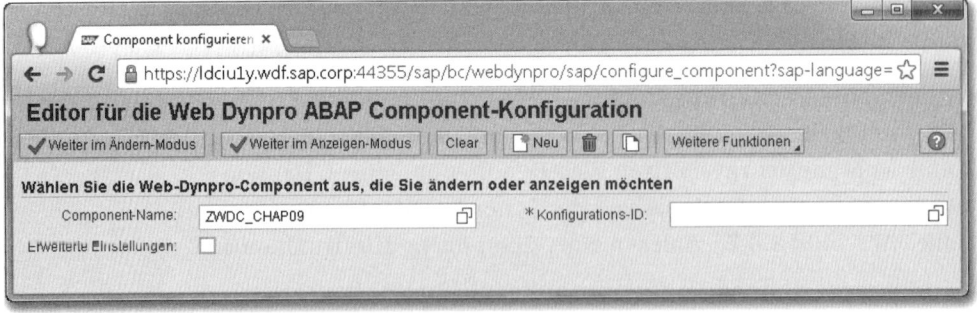

Abbildung 8.8 Einstiegsseite des Konfigurationseditors

3. Geben Sie den Namen des Konfigurationsdatensatzes im Eingabefeld KONFIGURATIONS-ID ein. Beachten Sie bei der Namensvergabe, dass Sie Ihren Konfigurationsdatensatz im Kundennamensraum anlegen müssen und der Name global eindeutig sein muss.

4. Wählen Sie in der Toolbar der Component die Funktion NEU aus. Es öffnet sich ein Dialogfenster zur Eingabe einer Konfigurationsbeschreibung (siehe Abbildung 8.9). Geben Sie diese ein, und klicken Sie auf OK. Wählen Sie in dem folgenden Pop-up-Fenster noch ein Paket für die Konfiguration aus, und bestätigen Sie Ihre Eingabe mit einem Klick auf OK. Falls Sie bei der Eingabe ein Paket mit gepflegter Transportschicht ausgewählt haben, wird der zu verwendende Transportauftrag nach Bestätigung der Eingabe in einem weiteren Dialogfenster abgefragt.

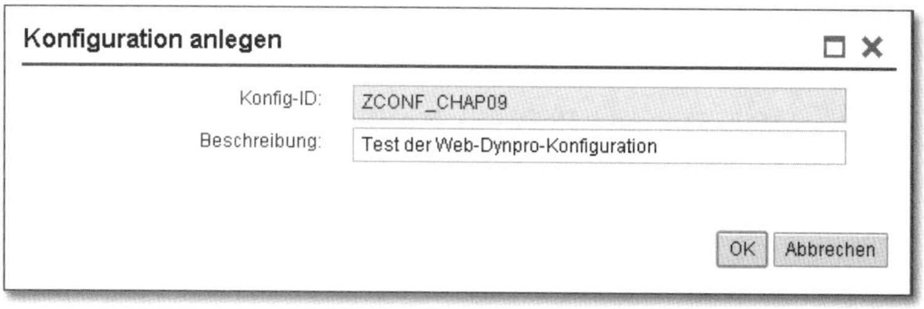

Abbildung 8.9 Anlegen eines Konfigurationsdatensatzes

Damit ist das Anlegen des Konfigurationsdatensatzes abgeschlossen. Abbildung 8.10 zeigt Ihnen die Oberfläche des Konfigurationseditors. Über den Button EIGENSCHAFTEN können Sie auf die Beschreibung der Konfiguration zugreifen und die administrativen Daten einsehen.

Konfigurationseditor

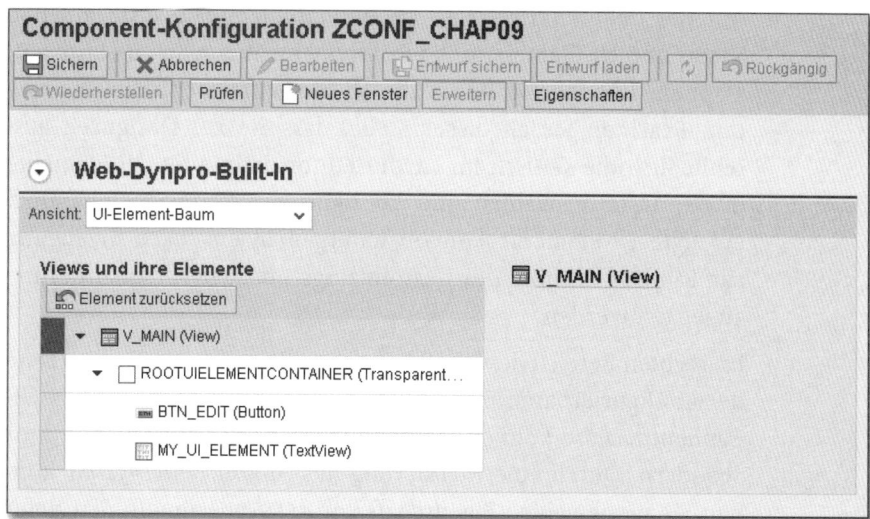

Abbildung 8.10 Pflegeoberfläche für einen Konfigurationsdatensatz

8 | Erweiterung, Konfiguration, Customizing und Personalisierung

Unterhalb der Toolbar sehen Sie in einem Panel den Konfigurationseditor WEB-DYNPRO-BUILT-IN. Existiert für die Component noch ein Configuration-Controller, wird für diesen der Konfigurationseditor COMPONENT-DEFINED angezeigt. Im Folgenden stellen wir Ihnen diese beiden Editoren vor.

Konfigurationsdatensatz
Nach der Speicherung der Component-Konfiguration im Konfigurationseditor wird diese in der ABAP Workbench in die Objektliste der entsprechenden Component aufgenommen. Nach der Aktualisierung der Objektliste erscheint die Konfiguration unterhalb der Component-Wurzel im Knoten COMPONENT-KONFIGURATIONEN.

8.4.3 Web-Dynpro-Built-In-Konfiguration

Die Web-Dynpro-Built-In-Konfiguration ermöglicht die Änderung einer Vielzahl von UI-Element-Eigenschaften innerhalb der View-Hierarchie einer Component. Es können Eigenschaften angepasst werden, wie z. B. Beschriftungen, die Eingabebereitschaft oder die Sichtbarkeit von UI-Elementen. Die UI-Elemente müssen für die Konfiguration nicht extra freigegeben werden. Für den Entwickler der Component entsteht also bei der Konfiguration keinerlei Programmieraufwand.

Built-In-Editor
Abbildung 8.11 zeigt Ihnen ein Beispiel für den Web-Dynpro-Built-In-Konfigurationseditor. Dieser ist in zwei Bereiche aufgeteilt:

- Auf der linken Seite sehen Sie eine aufklappbare Liste mit den Views und UI-Elementen der Component. Wenn Sie die Liste aufklappen, können Sie durch die UI-Elemente-Hierarchie navigieren. Beachten Sie an dieser Stelle, dass Sie zur Designzeit ausschließlich die statisch im Layout-Editor definierten UI-Elemente in der Liste auswählen und konfigurieren können. Dynamisch erzeugte UI-Elemente können naturgemäß erst nach Erzeugung zur Laufzeit mithilfe des Customizings und der Personalisierung angepasst werden.

- Im rechten Bereich des Konfigurationseditors finden Sie eine Liste der konfigurierbaren Eigenschaften des aktuell ausgewählten UI-Elements. Diese können Sie nach Ihren Vorstellungen im Editor abändern. Durch eine Markierung des Ankreuzfeldes FINAL können Sie die jeweilige Eigenschaft vor der Änderung in den tiefer liegenden Konfigurationsschichten sperren, d. h. bei der Konfiguration des Customizings und der Personalisierung.

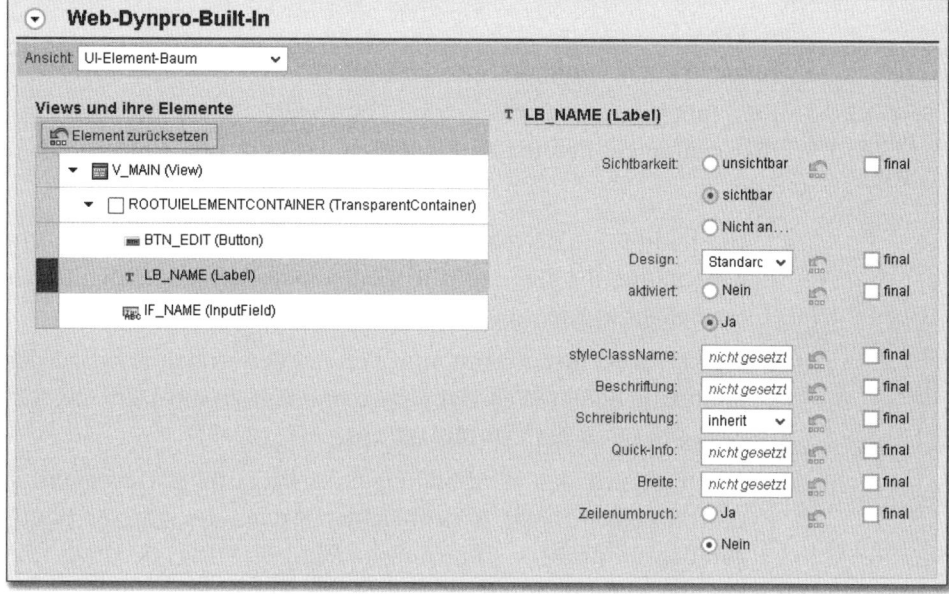

Abbildung 8.11 Web-Dynpro-Built-In-Konfigurationseditor

Um eine neu angelegte Component-Konfiguration verwenden zu können, muss diese erst über eine Anwendungskonfiguration angesprochen werden. Weitere Informationen dazu erhalten Sie in Abschnitt 8.5.

8.4.4 Component-defined-Konfiguration

Sind die Möglichkeiten der Web-Dynpro-Built-In-Konfiguration nicht ausreichend, weil Sie z. B. den Programmablauf durch eine Konfiguration beeinflussen möchten, müssen Sie zuerst etwas Definitions- und Programmieraufwand in Kauf nehmen, um die explizite Component-defined-Konfiguration zu ermöglichen. Sie gehen dabei in zwei Schritten vor:

1. In einem ersten Schritt müssen Sie einen Configuration-Controller in Ihrer Component anlegen, der die zu konfigurierenden Eigenschaften als Attribute in einem Context-Knoten beinhaltet.
2. Anschließend können Sie im Konfigurationseditor nach dem Anlegen eines Konfigurationsdatensatzes die Component-defined-Kon-

figurationen für die Component anlegen bzw. bearbeiten. Dieser Vorgang unterscheidet sich nur unwesentlich von der Bearbeitung einer Web-Dynpro-Built-In-Konfiguration.

Anlegen eines Configuration-Controllers

Custom-Controller anlegen und umwandeln

Zum Anlegen eines Configuration-Controllers, der die Grundlage für die Component-defined-Konfiguration darstellt, gehen Sie wie folgt vor:

1. Wechseln Sie in der ABAP Workbench auf die Web-Dynpro-Component, für die die explizite Component-defined-Konfiguration ermöglicht werden soll.

2. Legen Sie einen Custom-Controller an. Verwenden Sie dazu das Kontextmenü der Web-Dynpro-Component, und wählen Sie dort ANLEGEN • CUSTOM-CONTROLLER aus.

3. Es öffnet sich das in Abbildung 8.12 dargestellte Dialogfenster CONTROLLER ANLEGEN, in dem Sie den Namen des späteren Configuration-Controllers im Eingabefeld CONTROLLER und die BESCHREIBUNG des Controllers angeben. Bestätigen Sie Ihre Eingaben über einen Klick auf das grüne Häkchen.

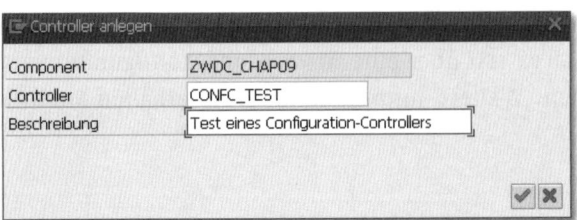

Abbildung 8.12 Anlegen eines Custom-Controllers

4. Wandeln Sie den Custom-Controller in einen Configuration-Controller um. Speichern Sie dazu den Custom-Controller, und wählen Sie diesen anschließend in der Objektliste der Component unter CUSTOM-CONTROLLERS mit der rechten Maustaste aus. Klicken Sie nun, wie in Abbildung 8.13 gezeigt, auf den Eintrag ALS CONFIG. CONTROLLER (ZURÜCK)SETZEN. Dadurch wird der Custom-Controller als Configuration-Controller in der Component definiert. Pro Web-Dynpro-Component kann es nur einen Configuration-Controller geben.

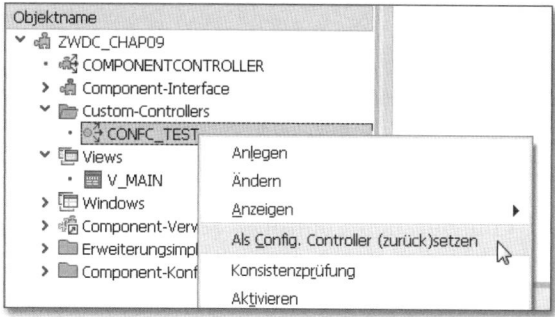

Abbildung 8.13 Umwandlung des Custom- in einen Configuration-Controller

Damit haben Sie das eigentliche Anlegen des Configuration-Controllers abgeschlossen. Als Nächstes können Sie den Context des Configuration-Controllers nach Ihren Vorstellungen ausprägen. Beachten Sie dabei die folgenden, durch das Web-Dynpro-Framework vorgegebenen Regeln:

Besonderheiten des Configuration-Controllers

- Rekursive Knoten werden nicht unterstützt.
- Die Context-Attribute müssen einfache Datentypen besitzen, d. h. keine Referenztypen und strukturierten Typen.
- Singleton-Knoten sind nicht erlaubt und können auch nicht angelegt werden.
- Verwenden Sie für boolesche Attributwerte einen Datentyp mit der Domäne WDY_BOOLEAN. Auf diese Weise wird sichergestellt, dass für die betroffenen Attribute im Konfigurationseditor ein Ankreuzfeld angezeigt wird. Eingabehilfen werden, soweit vorhanden, aus dem ABAP Dictionary gezogen.
- Die Beschriftungen für die Context-Attribute im Konfigurationseditor werden, soweit möglich, aus dem ABAP Dictionary gezogen. Ist dies nicht umsetzbar, wird der Attributname verwendet.
- Für einen multiplen Knoten (Kardinalitätsobergrenze n) muss eines der Attribute des Knotens als PRIMARY-ATTRIBUT in den Eigenschaften gekennzeichnet sein. Zur Laufzeit erlaubt dieses Attribut dem Web-Dynpro-Framework die Unterscheidung zwischen Konfiguration und Customizing; damit wird dem Framework eine Abmischung zwischen beiden Varianten ermöglicht. Diese Eigenschaft ist nur im Configuration-Controller und nicht im Custom-Controller sichtbar.

8 | Erweiterung, Konfiguration, Customizing und Personalisierung

[+] **Configuration-Controller im SAP List Viewer**

Der mit Web Dynpro ausgelieferte SAP List Viewer verwendet die Funktion des Configuration-Controllers intensiv. Sie können sich dessen Configuration-Controller SALV_WD_MODEL_CTLR in der Web-Dynpro-Component SALV_WD_TABLE als Beispiel ansehen.

Configuration-Controller ausprägen

Wir prägen nun den Configuration-Controller zur Demonstration seiner Möglichkeiten aus. Dazu legen wir einen neuen Knoten ICON_COLORS mit den beiden Attributen YELLOW_SIGN und RED_SIGN vom Datentyp I an. Dieses Konstrukt könnte z. B. später dazu verwendet werden, die Schwellenwerte für die Auslastung einer Flugzeugbuchung über die Component-Konfiguration zu definieren, um diese letztlich farblich darzustellen.

1. Legen Sie im Configuration-Controller den Knoten ICON_COLORS mit der Kardinalität 1..1 an. Gehen Sie beim Anlegen wie bei »normalen« Context-Knoten einer Component vor.

2. Fahren Sie mit den Attributen YELLOW_SIGN und RED_SIGN fort. Der Einfachheit halber verwenden wir für diese den Datentyp I. Tragen Sie als DEFAULT-WERT für das Attribut YELLOW_SIGN den Wert 10 und für RED_SIGN den Wert 0 ein.

3. Speichern und aktivieren Sie die Component. In Abbildung 8.14 sehen Sie den Controller nach der Fertigstellung.

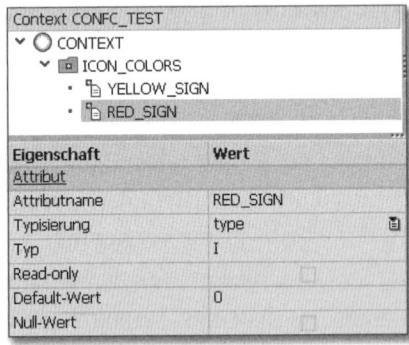

Abbildung 8.14 Configuration-Controller nach Fertigstellung

Configuration-Controller auslesen

Damit ist der Configuration-Controller fertiggestellt. Sie können diesen nun wie jeden anderen Controller über Controller-Verwendungen in die restlichen Controller Ihrer Component integrieren und von dort die Konfiguration aus dem Context des Configuration-Controllers auslesen. Zum Auslesen bietet sich in der Regel die Erstellung von `get_<Eigenschaft>( )`-Methoden im Configuration-Controller an.

Verwendung der Component-defined-Konfiguration

Voraussetzung für die Component-defined-Konfiguration mithilfe des Web-Dynpro-Konfigurationseditors ist das Vorhandensein eines Component-Konfigurationsdatensatzes, dessen Anlage wir in Abschnitt 8.4.2, »Anlegen einer Component-Konfiguration«, gezeigt haben.

Zum Öffnen einer Component-defined-Konfiguration gehen Sie wie folgt vor:

1. Wechseln Sie in den Konfigurationseditor, und öffnen Sie eine Konfiguration, bzw. legen Sie eine neue Konfiguration an.
2. In der Component-Konfiguration angekommen, öffnen Sie das Panel COMPONENT-DEFINED.

Konfiguration öffnen

Im Component-defined-Konfigurationseditor können Sie nun mit der Konfiguration der Component beginnen. Wie Sie im Beispiel aus Abbildung 8.15 erkennen können, ist der Editor ähnlich wie der Web-Dynpro-Built-In-Editor zweispaltig gegliedert:

Component konfigurieren

- Im linken Editorbereich befindet sich eine aufklappbare, tabellarische Context-Hierarchie des Configuration-Controllers. In unserem Beispiel ist in der Hierarchie den Knoten ICON_COLORS dargestellt.

- Nach Auswahl eines Context-Knotens in der linken Hälfte werden die Eigenschaften (Attribute) des Knotens auf der rechten Seite des Editors mit den ursprünglich im Controller definierten Standardwerten dargestellt. Im Rahmen der Konfiguration können Sie diese Werte nun überschreiben oder als FINAL definieren. In der Konfiguration als final definierte Attribute können im Rahmen des Customizings oder der Personalisierung nicht mehr geändert werden.

Um eine neu angelegte Component-Konfiguration verwenden zu können, muss diese erst über eine Anwendungskonfiguration angesprochen werden (siehe Abschnitt 8.5).

8 | Erweiterung, Konfiguration, Customizing und Personalisierung

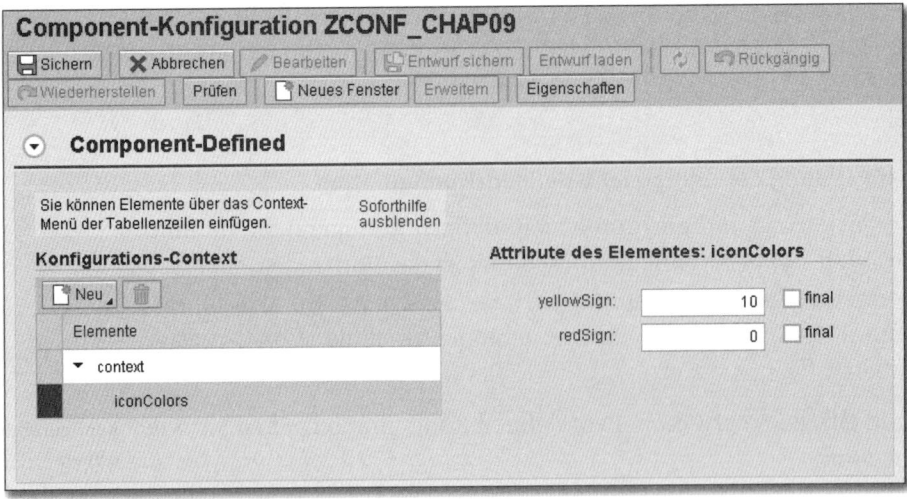

Abbildung 8.15 Component-defined-Konfiguration

8.4.5 Erstellung eigener Component-Konfigurationseditoren

Anstatt den generischen Component-defined-Konfigurationseditor auf Basis des Configuration-Controller-Contexts zu verwenden, können Sie für Ihre Components auch eigene Konfigurationseditoren entwickeln. Auf diese Weise erreichen Sie bei der Gestaltung Ihrer Konfigurationen eine größtmögliche Flexibilität.

Beispiel So wäre es z. B. denkbar, dass Sie eine generische Component zur Darstellung kundeneigener Felder schreiben. Welche Felder letztlich in welcher Ausprägung angezeigt werden sollen, kann sich von Anwendungsszenario zu Anwendungsszenario unterscheiden. Für jedes Anwendungsszenario können Sie daher eine eigene Component-Konfiguration anlegen. Dazu können Sie einen Konfigurationseditor erstellen, den Sie sowohl für die Konfiguration und für das Customizing als auch für die Endbenutzer-Personalisierung verwenden können.

> **Konfigurationseditoren im Floorplan Manager**
>
> Vor allem das Floorplan-Manager-Framework (siehe auch Abschnitt 10.15, »Floorplan Manager«) macht sich die Möglichkeit spezialisierter Konfigurationseditoren zunutze. Der Floorplan-Manager basiert auf einer Sammlung generischer Web-Dynpro-Components, z. B. Components für die Darstellung von Formularen. Für jede Component existiert ein Konfi-

> gurationseditor. Möchten Sie z. B. ein neues Formular anlegen, bauen Sie keine neue Component, sondern legen das Formular über eine neue Konfiguration der Formular-Component an. Der Konfigurationseditor unterstützt den Entwickler bei der Erstellung des Formulars.

Um einen eigenen Konfigurationseditor zu erstellen, gehen Sie wie folgt vor: | **Vorgehensweise**

1. Legen Sie die zu konfigurierende Component, für die Sie den Konfigurationseditor entwickeln möchten, mitsamt einem Configuration-Controller an (siehe Abschnitt 8.4.4, »Component-defined-Konfiguration«).

2. Erstellen Sie eine neue Component, die Sie als Konfigurationseditor verwenden möchten. Diese Component muss anschließend entsprechend den Anforderungen an den Editor ausgeprägt werden. Die Erstellung der Konfigurationseditor-Component betrachten wir in diesem Abschnitt noch ausführlicher. Möchten Sie nur einen kleinen Editor für eine einzelne Component bauen, können Sie unter Umständen auf das Anlegen einer neuen Component für den Konfigurationseditor verzichten.

3. Zuletzt muss der neue Konfigurationseditor in der zu konfigurierenden Component als Editor eingetragen werden (siehe Abschnitt 8.4.6, »Component-Konfigurationseigenschaften«).

Betrachten wir nun den Bau des Konfigurationseditors: | **Aufbau der Konfigurationseditor-Component**

1. Implementieren Sie in die Component, die Sie als Konfigurationseditor verwenden möchten, das Component-Interface `IWD_CFG_COMP_EDITOR`. Auf diese Weise erhält die Component das Window `COMP_CONFIG_EDITOR` für die Views des Editors, und der Component-Controller erhält einige Methoden für die Kommunikation zwischen dem Framework und Ihrem Editor. Abbildung 8.16 zeigt Ihnen die Component nach der Integration des Konfigurationseditor-Interfaces.

2. Übernehmen bzw. kopieren Sie die Context-Struktur aus dem Configuration-Controller der zu konfigurierenden Component in einen damit korrespondierenden Knoten in der Editor-Component. Sie können den Knoten z. B. im Component-Controller anlegen. Der Knoten auf Editorseite darf in keinem Configuration-Controller liegen. Zum Kopieren der Struktur haben Sie zwei Möglichkeiten:

► Übernehmen Sie die Context-Struktur des Configuration-Controllers in den Context der Editor-Component von Hand. Dies hat den Vorteil, dass Sie Ihre UI-Elemente direkt an die statischen Context-Attribute der Knoten binden können. Es hat jedoch den Nachteil, dass Sie für die Controller nun Doppelpflege betreiben müssen.

► Lassen Sie sich die Context-Struktur in der Editor-Component aus der Configuration-Controller-Struktur dynamisch zur Laufzeit generieren. Dabei werden nachträgliche Änderungen am Context automatisch vollzogen, aber dynamische Zugriffe auf Context-Attribute sind aufwendiger.

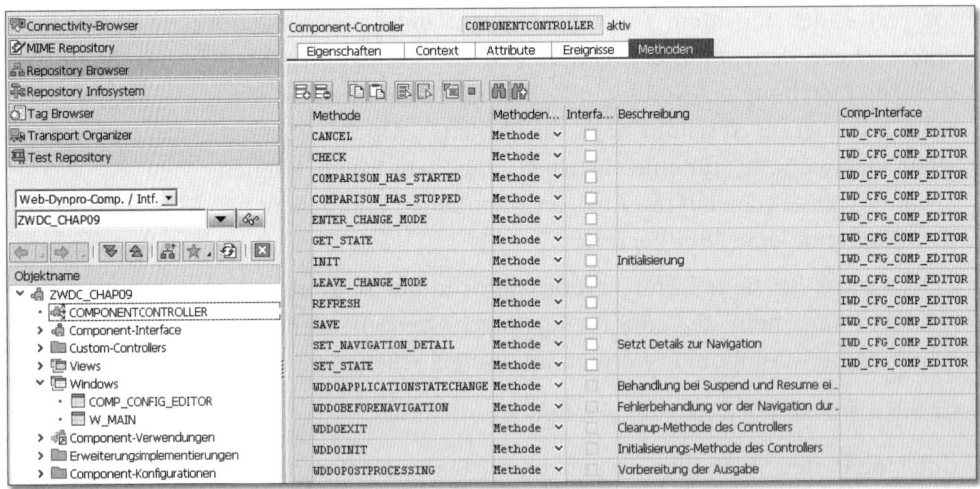

Abbildung 8.16 Component nach Integration des Editor-Interfaces

Zwischenstand Nach der Übernahme der Configuration-Controller-Struktur in den Konfigurationseditor können Sie auf zwei verschiedene Arten fortfahren:

► Sie implementieren die Interface-Methoden zur Kommunikation mit der Rahmen-Component des Web-Dynpro-Frameworks.

► Sie legen einen neuen View für den visuellen Teil des Konfigurationseditors an. Diesen gestalten Sie nach Ihren Vorstellungen zum Konfigurationseditor und binden dessen UI-Elemente an die Attribute des Konfigurationsknotens. Zuletzt integrieren Sie den View in das Window COMP_CONFIG_EDITOR.

Da beide Schritte in gewisser Weise den jeweils anderen voraussetzen, können wir Ihnen an dieser Stelle keinen eindeutigen Rat für die Durchführung des nächsten Schrittes geben. Je nach Ihren persönlichen Vorlieben können Sie zuerst die Methoden und anschließend den View gestalten oder andersherum vorgehen. Die Gestaltung des Views haben wir für unser Beispiel, wie Sie in Abbildung 8.17 sehen können, schon einmal vorgenommen.

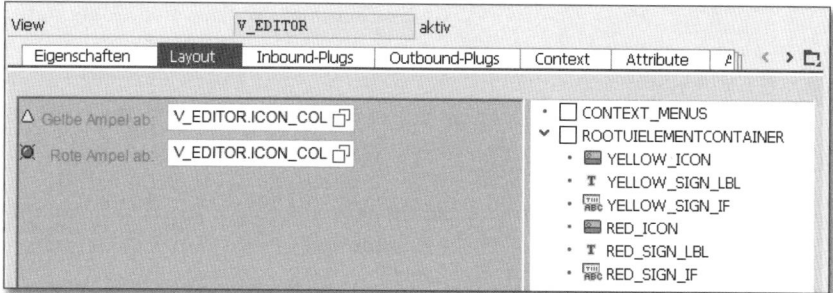

Abbildung 8.17 Beispiel-View für einen Konfigurationseditor

Zur Fertigstellung des Konfigurationseditors fehlt Ihnen somit nach dem Anlegen des Konfigurations-Views nur noch die Implementierung der Interface-Methoden. In Tabelle 8.2 erhalten Sie einen Überblick über die Interface-Methoden.

Interface-Methoden

Methode	Beschreibung
cancel( )	Teilt mit, dass der Benutzer ABBRECHEN angeklickt hat.
check( )	Teilt mit, dass eine Validierung notwendig ist. Über den Rückgabeparameter OK können Fehler gemeldet werden. Diese Methode wird immer vor save( ) oder bei einem Klick auf den entsprechenden Toolbar-Button aufgerufen.
leave_change_mode( )	Teilt mit, dass der Änderungsmodus verlassen wird.
enter_change_mode( )	Wird gerufen, sobald in den Änderungsmodus gewechselt wird. Innerhalb der Methode enter_change_mode( ) muss die Servicebehandler-Methode refresh_context( ) gerufen werden. Den Servicebehandler erhalten Sie in der Methode init( ).

Tabelle 8.2 Methoden des Interfaces IWD_CFG_COMP_EDITOR

8 | Erweiterung, Konfiguration, Customizing und Personalisierung

Methode	Beschreibung
init( )	Übergibt den Servicebehandler vom Referenztyp IF_WD_CFG_COMP_EDITOR. Innerhalb dieser Methode muss die Servicebehandler-Methode init( ) aufgerufen werden. Übergeben Sie der Methode die folgenden Parameter: ▶ I_ROOT_NODE: Gegenstück zum Configuration-Controller-Knoten ▶ I_GENERATE_NODE_INFOS: Gibt an, ob der Knoten generiert wurde oder nicht. ▶ I_LISTEN_TO_USER_CHANGES: Sollen die Benutzeränderungen am Knoten beobachtet und direkt übernommen werden?
refresh( )	Teilt mit, dass der Benutzer auf AUFFRISCHEN geklickt hat.
save( )	Teilt mit, dass der Benutzer auf SICHERN geklickt hat.

Tabelle 8.2 Methoden des Interfaces IWD_CFG_COMP_EDITOR (Forts.)

Fertigstellung Nach der Implementierung der Interface-Methoden ist der Konfigurationseditor soweit fertiggestellt. Damit Sie diesen jedoch zur Konfiguration Ihrer Component verwenden können, müssen Sie den Editor noch in der verwendenden Component eintragen (siehe Abschnitt 8.4.6, »Component-Konfigurationseigenschaften«). In Abbildung 8.18 sehen Sie vorab unseren Beispieleditor im Praxiseinsatz.

[◉] **Servicebehandler der Methode init( )**

Der in der Component-Interface-Methode init( ) übergebene Servicebehandler besitzt eine Vielzahl hilfreicher Methoden für die Entwicklung eines Konfigurations-Controllers. Weitere Informationen zum Servicebehandler finden Sie im SAP Help Portal (*http://help.sap.com*) zum Thema Web Dynpro ABAP.

Component-Konfiguration | **8.4**

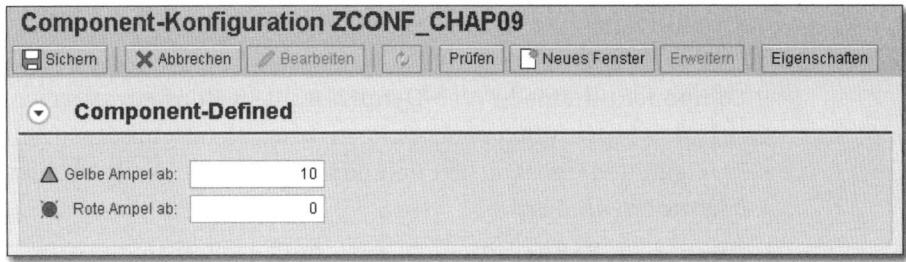

Abbildung 8.18 Eigener Konfigurationseditor im Einsatz

8.4.6 Component-Konfigurationseigenschaften

In jeder Component können Sie sogenannte *Konfigurationseigenschaften* einstellen. Diese legen z. B. fest, ob die Konfiguration der Component grundsätzlich erlaubt ist oder welche Component als Konfigurationseditor verwendet werden soll.

Zum Öffnen der Konfigurationseigenschaften klicken Sie doppelt auf die Component und wählen im Änderungsmodus BEARBEITEN • KONFIGURATIONSDATEN aus. In Abbildung 8.19 sehen Sie das Dialogfenster KONFIGURATIONSEIGENSCHAFTEN ÄNDERN.

Konfigurationseigenschaften öffnen

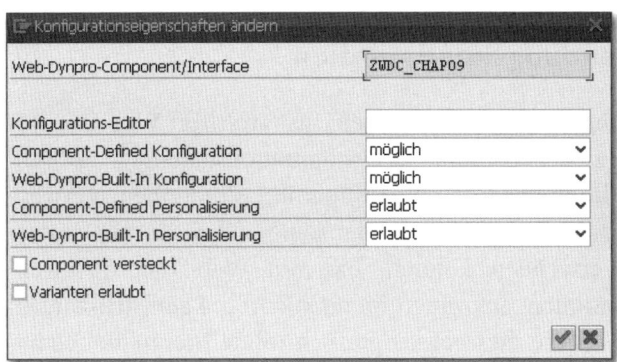

Abbildung 8.19 Konfigurationseigenschaften ändern

Hier können Sie die folgenden Einstellungen vornehmen:

Einstellungsmöglichkeiten

- **Konfigurationseditor**
  Über dieses Feld können Sie einen Konfigurationseditor für die aktuelle Component festlegen. Beachten Sie, dass die Editor-Com-

763

ponent zwingend das Web-Dynpro-Interface `IWD_CFG_COMP_EDITOR` implementiert haben muss.

- **Component-defined-/Web-Dynpro-Built-In-Konfiguration**
  Legt fest, ob die Component-defined- bzw. Web-Dynpro-Built-In-Konfiguration der aktuellen Component MÖGLICH, NICHT ERLAUBT oder NOTWENDIG ist.

- **Component-defined-/Web-Dynpro-Built-In-Personalisierung**
  Legt fest, ob die Component-defined- bzw. Web-Dynpro-Built-In-Personalisierung der aktuellen Component ERLAUBT, FÜR ADMINISTRATOREN ERLAUBT oder NICHT ERLAUBT ist.

- **Component versteckt**
  Versteckt eine Component vor der Weiterverfolgung des Component-Verwendungspfades in der Anwendungskonfiguration. Dieser Parameter ist dort insbesondere für die Auflösung von Zirkelbezügen zwischen Components wichtig.

- **Varianten erlaubt**
  Gibt an, ob Konfigurationsvarianten erlaubt sind. Varianten kommen z. B. beim SAP List Viewer in Form von Sichten zum Einsatz.

8.5 Anwendungskonfiguration

Die Anwendungskonfiguration regelt, zu welcher Web-Dynpro-Anwendung welcher Component-Konfigurationsdatensatz verwendet werden soll. Da eine Component über ihre Component-Verwendungen weitere Components einbinden kann, die wiederum weitere Components verwenden können, basieren Web-Dynpro-Anwendungskonfigurationen auf einer hierarchischen Baumstruktur. In Abbildung 8.7 wurde dies bereits grafisch (ohne Hierarchie) veranschaulicht.

Globale Anwendungsparameter

Neben der Definition der in einer Anwendung einzusetzenden Component-Konfigurationen hat die Anwendungskonfiguration eine zweite wichtige Funktion: die Einstellung globaler Anwendungsparameter. Über diese Parameter können Sie grundlegende Funktionen für eine Web-Dynpro-Anwendung definieren, wie z. B. die Aktivierung der Barrierefreiheit oder die Verwendung eines bestimmten Stylesheets.

8.5.1 Anlegen und Bearbeiten von Anwendungskonfigurationen

Für eine Web-Dynpro-Anwendung können Sie eine oder mehrere Anwendungskonfigurationen anlegen. Gehen Sie zum Anlegen der Anwendungskonfiguration wie folgt vor:

Konfiguration anlegen

1. Klicken Sie mit der rechten Maustaste auf die zu konfigurierende Anwendung, und wählen Sie im Kontextmenü den Eintrag KONFIGURATION ANLEGEN/ÄNDERN aus. In einem Browser-Fenster öffnet sich nun die Web-Dynpro-Anwendungskonfiguration (siehe Abbildung 8.20).

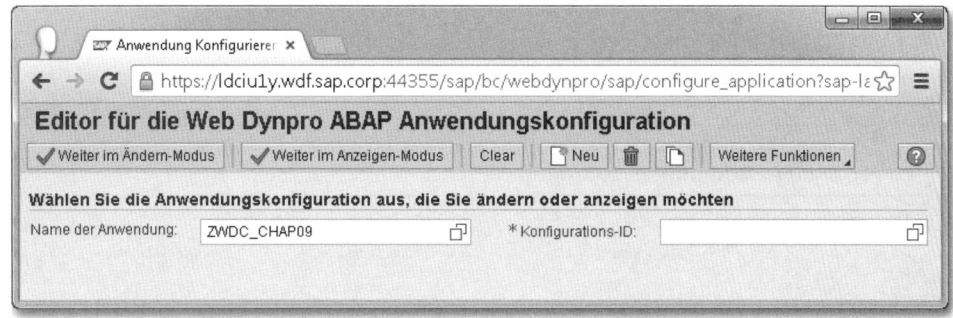

Abbildung 8.20 Einstiegsseite des Anwendungskonfigurators

2. Tragen Sie die KONFIGURATIONS-ID, unter der die Anwendungskonfiguration nach Abschluss der Arbeiten gespeichert werden soll, in das zugehörige Eingabefeld ein. Bedenken Sie dabei, dass die ID für die Konfiguration global eindeutig sein muss und die Namensraumregeln beachtet werden müssen.

3. Wählen Sie in der Toolbar die Funktion NEU aus. Es öffnet sich ein Dialogfenster zur Eingabe der Beschreibung der neuen Konfiguration. Geben Sie diese ein, und bestätigen Sie mit OK. Geben Sie im folgenden Pop-up-Fenster noch das PAKET für den Konfigurationsdatensatz ein, und bestätigen Sie Ihre Eingabe. Falls Sie bei der Eingabe ein Paket mit gepflegter Transportschicht ausgewählt haben, wird der zu verwendende Transportauftrag nach Bestätigung der Eingabe in einem weiteren Dialogfenster abgefragt.

Sie befinden sich nun im Konfigurator in der noch jungfräulichen Anwendungskonfiguration (siehe Abbildung 8.21). Der Anwendungskonfigurator besteht aus den folgenden wichtigsten Elementen:

Konfiguration bearbeiten

8 | Erweiterung, Konfiguration, Customizing und Personalisierung

- Der Button EIGENSCHAFTEN führt zur Beschreibung der aktuellen Konfiguration und allgemeinen administrativen Daten wie dem Anleger und dem letzten Änderer der Konfiguration.

- Das Panel WEB-DYNPRO-COMPONENT ZUORDNEN enthält die hierarchische Component-Struktur, ausgehend von der Component der aktuellen Anwendung. Auf dieser Registerkarte können Sie für Ihre aktuelle Anwendungskonfiguration die Component-Konfigurationen je Component festlegen, was wir im Folgenden genauer beschreiben. Das Panel ANWENDUNGSPARAMETER umfasst die eingestellten Werte der globalen Anwendungsparameter. Die Werte können Sie an die Bedingungen der aktuellen Anwendungskonfiguration anpassen (siehe Abschnitt 8.5.2).

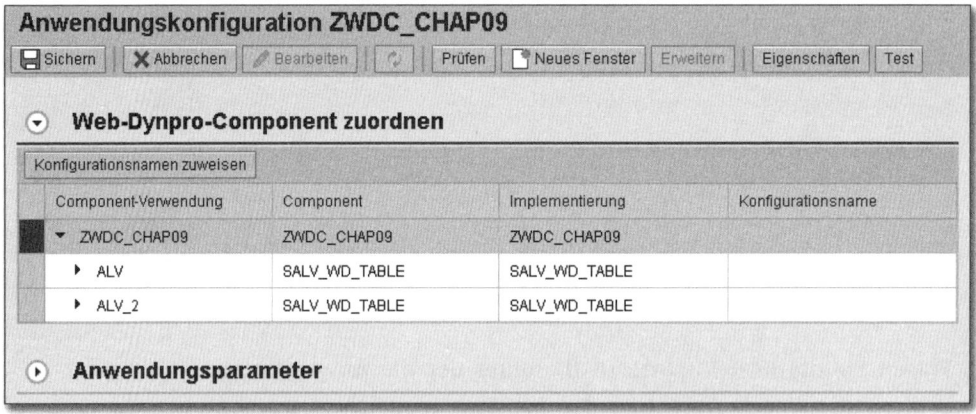

Abbildung 8.21 Anwendungskonfiguration ohne Einstellungen

Konfigurationen zuordnen

Beschäftigen wir uns nun mit der Einstellung der Component-Konfigurationen im Panel WEB-DYNPRO-COMPONENT ZUORDNEN. Die dort befindliche Tabelle besteht aus der aufklappbaren Spalte COMPONENT-VERWENDUNG, die die Component-Hierarchie abbildet, ausgehend von der Component der Startanwendung. In der Spalte KONFIGURATIONSNAME können Sie die Component-Konfiguration für jede Component-Verwendung eintragen. Für die Auswahl der Component-Konfigurationen steht Ihnen der Button KONFIGURATIONSNAMEN ZUWEISEN zur Verfügung, der das Pop-up-Fenster aus Abbildung 8.22 öffnet.

8.5 Anwendungskonfiguration

Abbildung 8.22 Auswahl einer Component-Konfiguration

> **Keine Berücksichtigung dynamisch erzeugter Component-Verwendungen** [«]
>
> Die in der Anwendungskonfiguration im Panel WEB-DYNPRO-COMPONENT ZUORDNEN angezeigte Component-Hierarchie wird vom Anwendungskonfigurator anhand der in jeder Component statisch definierten Component-Verwendungen ermittelt. Dynamisch zur Laufzeit erzeugte Component-Verwendungen können deshalb mithilfe der Anwendungskonfiguration nicht abgedeckt werden. Bei der dynamischen Erzeugung einer Component-Verwendung können Sie jedoch die zu verwendende Component-Konfiguration zur Laufzeit mitgeben.

Übrigens können Sie über die Component-Konfigurationseigenschaften, die in Abschnitt 8.4.6 besprochen wurden, die in der Anwendungskonfiguration durchgeführte Ermittlung der verwendeten Components unterbinden. Aktivieren Sie dazu in den Konfigurationseigenschaften das Ankreuzfeld COMPONENT VERSTECKEN.

8.5.2 Anwendungsparameter

Das Panel ANWENDUNGSPARAMETER (siehe Abbildung 8.23) beinhaltet eine Vielzahl von Parametern zur Konfiguration globaler Anwendungsparameter. Diese ermöglichen die Einstellung zahlreicher grundlegender Web-Dynpro-Parameter, die die Technik, das Aussehen und das Verhalten von Web-Dynpro-Anwendungen in wesentlichen Teilen beeinflussen können. Eine vollständige Auflistung und Beschreibung der Web-Dynpro-Anwendungsparameter finden Sie in Anhang A.

8 | Erweiterung, Konfiguration, Customizing und Personalisierung

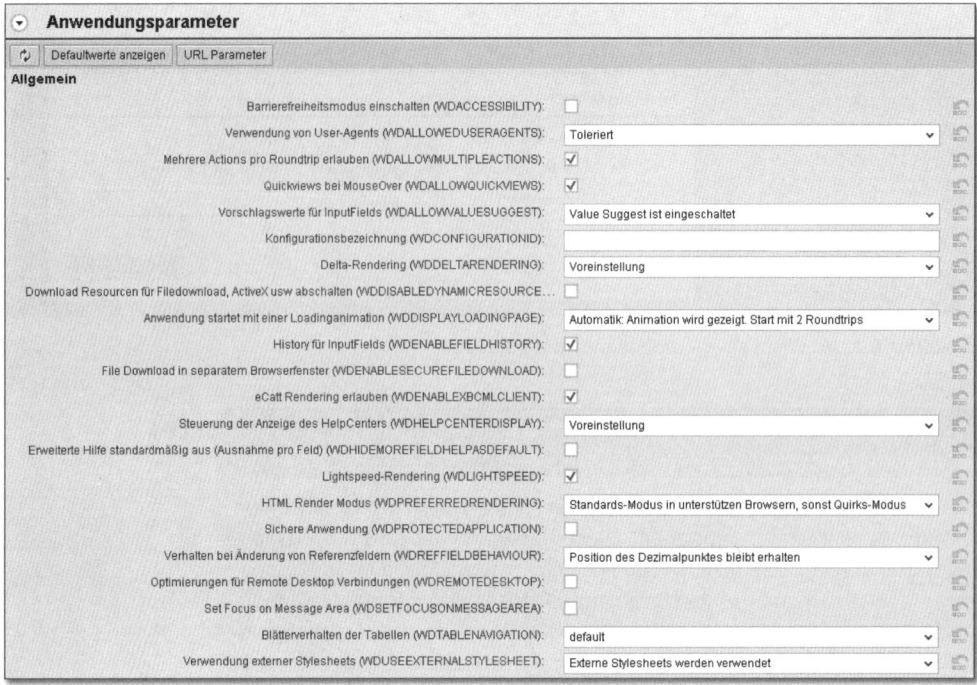

Abbildung 8.23 Web-Dynpro-Anwendungsparameter

8.5.3 Auswahl der zu verwendenden Component-Konfiguration

Als Alternative zur expliziten Zuweisung einer Component-Konfiguration über die Component- und Anwendungskonfiguration können Sie auch bei der programmatischen Erzeugung einer Component-Instanz eine Konfigurations-ID explizit mitgeben. Was passiert beim Customizing oder bei der Personalisierung, wenn keine Konfigurations-ID angegeben wurde? Dieser Abschnitt beschäftigt sich mit der Frage, nach welchen Regeln die Component-Konfiguration, das Customizing und die Personalisierung einer Component gesucht und gefunden werden.

Suchen und Finden Bei der Auswahl der zu verwendenden Component-Konfiguration gelten die folgenden Regeln:

- Wird bei der Erzeugung der Component die ID des zu verwendenden Konfigurationsdatensatzes mitgegeben, wird dieser auch verwendet.

- Wurde keine Konfigurationsdatensatz-ID mitgegeben, überprüft das Framework, ob in der aktuellen Anwendungskonfiguration für die betroffene Component eine Konfigurations-ID hinterlegt wurde.
- Existiert für die aktuelle Anwendung keine Konfiguration oder wurde in der aktuell verwendeten Anwendungskonfiguration für die betroffene Component keine Konfigurations-ID hinterlegt, generiert das Framework zum Lesen und Speichern von Anpassungen eine Konfigurations-ID.

Die generierte Component-Konfigurations-ID besteht aus einem Hash-Wert des Anwendungsnamens und dem aktuellen Component-Verwendungspfad von der Anwendung bis zur Ziel-Component. Die generierte ID wird benötigt, um Anpassungen des Administrators und Endanwenders, die im Rahmen des Customizings oder der Personalisierung vorgenommen wurden, eindeutig identifizierbar abzuspeichern.

Generierte Konfigurations-ID

Konnte im Gegenzug für die Component ein Konfigurationsdatensatz gefunden werden, wird dieser verwendet. Wird diese Konfiguration nun im Rahmen der Konfiguration, des Customizings oder der Personalisierung angepasst, gelten diese Änderungen an allen Stellen, an denen der Konfigurationsdatensatz verwendet wird.

Gemeinsame Verwendung von Konfigurationen

8.6 Customizing

Betrachten wir nun das Customizing. Dieses unterscheidet sich vor allem durch die Mandantenabhängigkeit und den Anpassungszeitpunkt von der Konfiguration. So gelten im Rahmen des Customizings ausgeführte Änderungen nur innerhalb des jeweiligen Mandanten. Customizing erfordert bestimmte Berechtigungen (siehe Abschnitt 8.3) und wird in der Regel während der Laufzeit der Anwendung durch einen Administrator durchgeführt.

Das Customizing kann während der Designzeit für eine einzelne Component oder direkt in der anzupassenden Anwendung (und somit für alle Components der Anwendung) während der Laufzeit durchgeführt werden. Die letztere Variante hat unter anderem den Vorteil, dass auch dynamisch erzeugte UI-Elemente in das Customizing eingeschlossen werden können. Das Customizing während der

Zeitpunkt des Customizings

Laufzeit wird in Abschnitt 8.6.1, »Anlegen des Customizings«, behandelt.

Customizing in Designzeit

Für das Customizing einer einzelnen Component während der Designzeit steht Ihnen die Web-Dynpro-Anwendung `CUSTOMIZE_COMPONENT` zur Verfügung. Leider existiert aus der ABAP Workbench keine direkte Absprungmöglichkeit in den Customizing-Editor, sodass Sie das Customizing am einfachsten über den Konfigurationseditor der Component starten. Ändern Sie anschließend in der URL den Anwendungsnamen `CONFIGURE_COMPONENT` in `CUSTOMIZE_COMPONENT` um.

Konfigurationsdatensatz und Transport

Für das Customizing einer Component benötigen Sie wie bei der Konfiguration einen Konfigurationsdatensatz. Bis auf einige im Customizing beschränkte Anpassungsmöglichkeiten gleichen die Bedienung und die Funktionen des Customizing-Editors denen des Konfigurationseditors. Der Konfigurationsdatensatz kann wie die Konfiguration transportiert werden (siehe Abschnitt 8.6.2, »Transport des Customizings«).

Component-defined- und Web-Dynpro-Built-In

Web Dynpro unterstützt sowohl Component-defined- als auch Web-Dynpro-Built-In-Customizing. Für das Component-defined-Customizing gilt jedoch die Einschränkung, dass Sie dieses im Normalfall nur über den Customizing-Editor während der Designzeit anpassen können. Das Web-Dynpro-Built-In-Customizing ist sowohl während der Designzeit mithilfe des Customizing-Editors als auch während der Laufzeit über den Customizing-Einstellungsdialog problemlos möglich.

> **[»] Component-defined-Customizing und -Personalisierung während der Laufzeit**
>
> Durch die Einbindung der Interface-Views einer Component-defined-Konfigurations-Component in eine zu konfigurierende Component ist sowohl Component-defined-Customizing als auch Component-defined-Personalisierung während der Laufzeit erlaubt. Weitere Informationen zum Component-defined-Customizing und zur Personalisierung finden Sie im SAP Help Portal (*http://help.sap.com*) zum Thema Web Dynpro ABAP.

Dekorative UI-Elemente

Mithilfe sogenannter *dekorativer* UI-Elemente können Sie im Rahmen des Web-Dynpro-Built-In-Customizings während der Laufzeit Views um zusätzliche UI-Elemente erweitern. Diese können Sie z. B. dazu verwenden, ergänzende Hinweise anzuzeigen, Links zu Webseiten einzufügen oder ein Firmenlogo einzubinden (siehe Abschnitt 8.6.3).

8.6.1 Anlegen des Customizings

Zum Anlegen des Web-Dynpro-Built-In-Customizings während der Laufzeit gehen Sie wie folgt vor:

Start im Konfigurationsmodus

1. Starten Sie die anzupassende Web-Dynpro-Anwendung im Konfigurationsmodus. Achten Sie darauf, vor dem Start die richtige Anwendungskonfiguration auszuwählen:

   - Ergänzen Sie am Ende der URL der Web-Dynpro-Anwendung das Parametername-Parameterwert-Paar `sap-config-mode=X`.
   - Wählen Sie die Anwendung in der ABAP Workbench durch einen Doppelklick in der Objektliste aus, und starten Sie diese anschließend über den Menüpfad WEB-DYNPRO-ANWENDUNG • TESTEN • IM BROWSER – ADMIN-MODUS.

   Über den URL-Parameter `sap-wd-configId` können Sie die zu verwendende Konfiguration angeben.

2. Die Anwendung wird nun im Konfigurationsmodus geladen. Sie erkennen diesen Modus an einem gelb gestreiften Balken mit der Beschriftung CUSTOMIZING-MODUS (siehe Abbildung 8.24). Wählen Sie in einem anzupassenden UI-Element mit einem Rechtsklick den Kontextmenüeintrag EINSTELLUNGEN FÜR AKTUELLE KONFIGURATION aus. Dadurch wird das Customizing-Dialogfenster geöffnet, sofern Sie über die entsprechenden Berechtigungen verfügen.

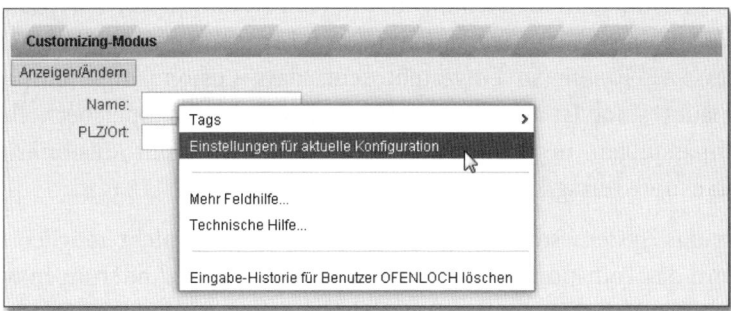

Abbildung 8.24 Web-Dynpro-Built-In-Customizing starten

3. Im Dialogfenster angekommen, können Sie mit dem Customizing für die aktuelle Anwendungskonfiguration beginnen. Wählen Sie das zu konfigurierende UI-Element aus der Hierarchie in der linken Hälfte des Editors aus, und passen Sie dessen Eigenschaften anschließend in der rechten Hälfte an (siehe Abbildung 8.25). Für

8 | Erweiterung, Konfiguration, Customizing und Personalisierung

den Editor gelten die bereits für die Konfiguration behandelten Regeln (siehe Abschnitt 8.4.4, »Component-defined-Konfiguration«).

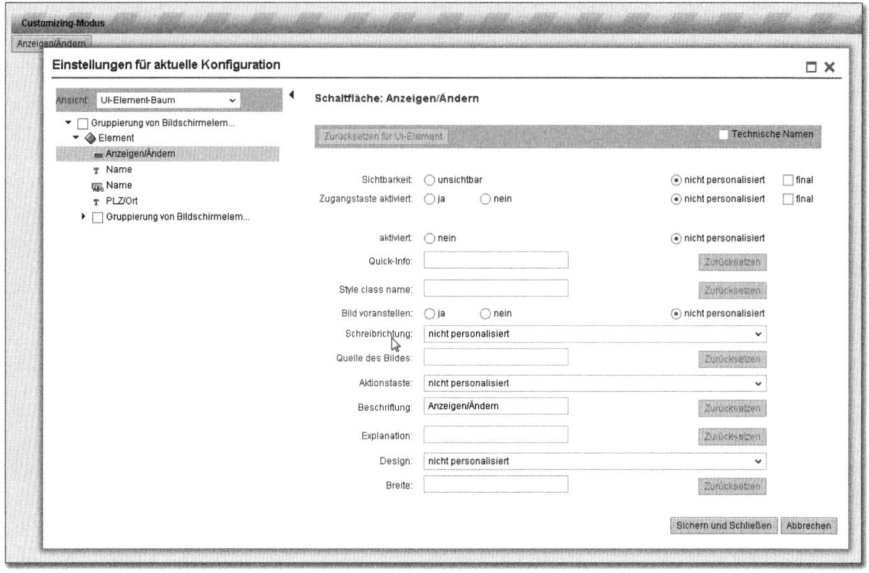

Abbildung 8.25 Customizing-Editor

8.6.2 Transport des Customizings

Die Customizing-Einstellungen, die vom Administrator zur Laufzeit vorgenommen wurden, können transportiert werden. Dazu muss das SAP-System so eingestellt sein, dass Customizing-Transporte erlaubt sind. Ist dies der Fall, werden Sie beim Speichern Ihrer Anpassungen in einem Dialogfenster nach einem Customizing-Transport gefragt.

Lokale Änderungen Ist das System so eingestellt, dass Customizing nicht möglich ist, wird das Transport-Dialogfenster unterdrückt. Die Änderungen werden für das lokale System gespeichert, und es wird eine Erfolgsmeldung ausgegeben.

[+] **Überblick über alle Customizing- und Personalisierungseinstellungen**

Mithilfe der von SAP ausgelieferten Web-Dynpro-Component `WD_ANALYZE_CONFIG_USER` können Sie alle im System durch Customizing und Personalisierung vorgenommenen Anpassungen schnell überblicken. Sie können sich zu einzelnen Konfigurationen Details anzeigen lassen, Konfigurationen löschen oder diese explizit in einen Transportauftrag aufnehmen.

8.6.3 Dekorative UI-Elemente

Dekorative UI-Elemente ermöglichen es, Views im Rahmen des Customizings ohne Erweiterung mandantenabhängig um zusätzliche UI-Elemente in der View-Hierarchie zu erweitern – z. B. um ein Firmenlogo oder einen zusätzlichen Einstiegstext.

Sie können dekorative UI-Elemente im Customizing-Editor ausschließlich unterhalb von Container-UI-Elementen einfügen. Zu diesen zählen unter anderem die UI-Elemente Group, Tray und der TransparentContainer. Unterhalb des Containers können Sie zwischen den folgenden UI-Elementen wählen: Caption, Explanation, FormattedTextView, HorizontalGutter, Image, LinkToURL und TextView (siehe auch Kapitel 4, »UI-Elemente und ihre Eigenschaften«).

Verwendbare UI-Elemente

1. Für das Hinzufügen eines dekorativen UI-Elements öffnen Sie das Customizing-Dialogfenster und wählen das gewünschte Container-Element in der View-Hierarchie aus.
2. Klicken Sie anschließend in der Zeile DEKORATIVES ELEMENT auf den Link HINZUFÜGEN (siehe Abbildung 8.26). Es öffnet sich ein Pop-up-Fenster, in dem Sie den Typ des zu ergänzenden UI-Elements auswählen können.

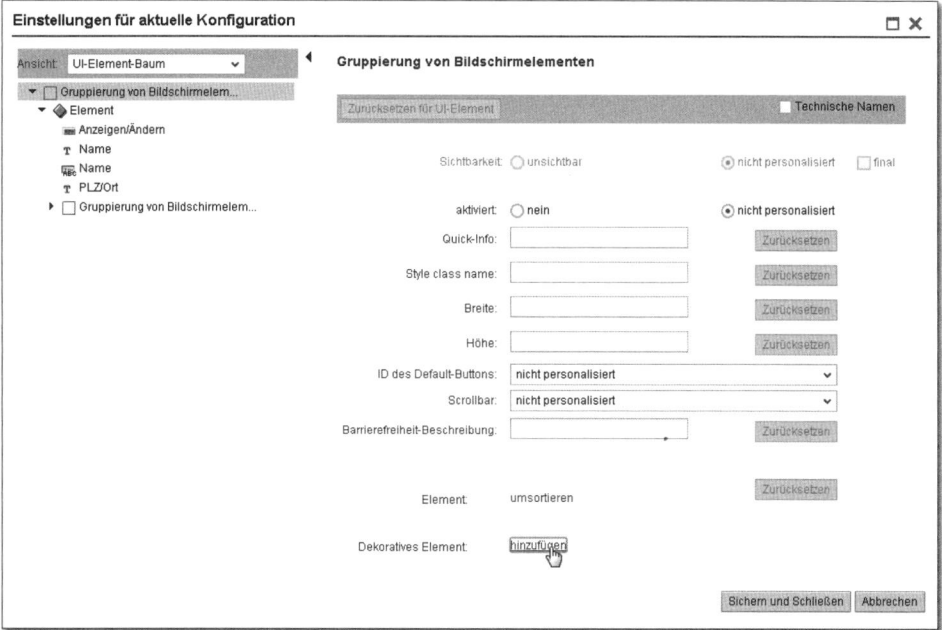

Abbildung 8.26 Hinzufügen eines dekorativen UI-Elements

3. Nach Bestätigung der Auswahl wird das dekorative UI-Element in die View-Hierarchie eingefügt, und Sie können dessen Eigenschaften editieren.

8.7 Personalisierung

Die Personalisierung wird vom Endanwender während der Laufzeit einer Web-Dynpro-Anwendung durchgeführt. Über die Personalisierung erhält der Endanwender die Möglichkeit, Einfluss auf das Erscheinungsbild einer Anwendung zu nehmen. Personalisierung ist benutzer- und mandantenabhängig und wird in Konfigurationsdatensätzen abgespeichert.

Möglichkeiten

In der Regel beschränkt sich die Personalisierung auf die Anpassung einzelner Eigenschaften einer Web-Dynpro-Built-In-Konfiguration. Dazu gehört vor allem die Eigenschaft SICHTBARKEIT, die es dem Endanwender ermöglicht, nicht benötigte Felder aus- und einzublenden. Außerdem kann der Endanwender im Rahmen der Personalisierung Tabellenspalten verschieben, die Anzahl der sichtbaren Tabellenzeilen ändern und Werte vorbelegen.

8.7.1 Verwendung der Web-Dynpro-Built-In-Personalisierung

Sichtbarkeit ändern

Das Aus- und Einblenden von UI-Elementen gehört zu den wichtigsten Funktionen der Web-Dynpro-Built-In-Personalisierung. Zum Ausblenden eines UI-Elements klicken Sie dieses mit der rechten Maustaste an und wählen im sich dabei öffnenden Kontextmenü den Eintrag BENUTZER-EINSTELLUNGEN • <UI-ELEMENT-TYP> "<BESCHRIFTUNG>" AUSBLENDEN aus. Abbildung 8.27 zeigt Ihnen diesen Vorgang am Beispiel des Eingabefeldes NAME. Nach dem Ausblenden des UI-Elements steht Ihnen im Kontextmenü der zusätzliche Eintrag UNSICHTBARE ELEMENTE zum Einblenden unsichtbarer Elemente zur Verfügung.

Standardwerte

Über den Eintrag BENUTZER-EINSTELLUNGEN • AKTUELLEN WERT ALS STANDARDWERT NUTZEN können Sie den Wert eines Eingabefeldes als Standard für das Feld festlegen. Sobald ein auf solche Art vorbelegtes Eingabefeld geladen wird, schreibt dieses den vorbelegten Wert in das zugehörige Context-Element. Wird ein vorbelegtes UI-Element nicht geladen – weil z. B. eine Registerkarte nicht geöffnet wurde –, wird auch der Context nicht mit dem vorbelegten Standardwert gefüllt.

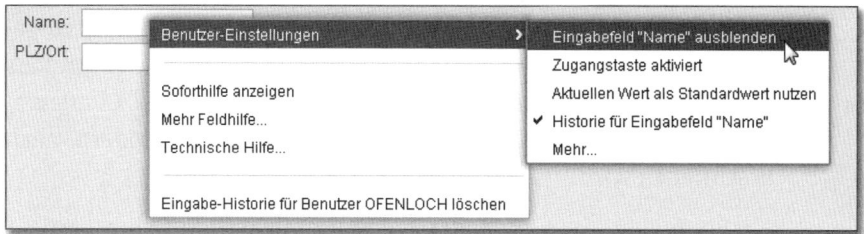

Abbildung 8.27 Eingabefeld ein- und ausblenden

Eingabefelder können eine Historie führen, die dem Anwender bereits früher eingegebene Werte in einer Vorschlagsliste zur Verfügung stellt. Diese Historie kann jeder Anwender nutzen, sofern der Anwendungsparameter WDENABLEFIELDHISTORY für das System oder die Anwendung gesetzt ist und bei dem zugehörigen InputField nicht die Eigenschaft noHistory aktiviert ist. Auch wenn die Eingabefeldhistorie als ein Teil der Personalisierung gesehen werden kann, wird sie technisch nicht in Konfigurationsdatensätzen zur Personalisierung abgelegt.

Eingabefeldhistorie

Tabellen bieten eine Vielzahl von Personalisierungsmöglichkeiten. So können Sie die Spaltenreihenfolge einer Tabelle per Drag & Drop anpassen. Klicken Sie dazu auf die Spalte, die Sie verschieben möchten, und ziehen Sie diese an die gewünschte Position (siehe Abbildung 8.28). Über den Eintrag BENUTZER-EINSTELLUNGEN • MEHR... im Kontextmenü der Tabelle können Sie die Anzahl der sichtbaren Tabellenzeilen einstellen.

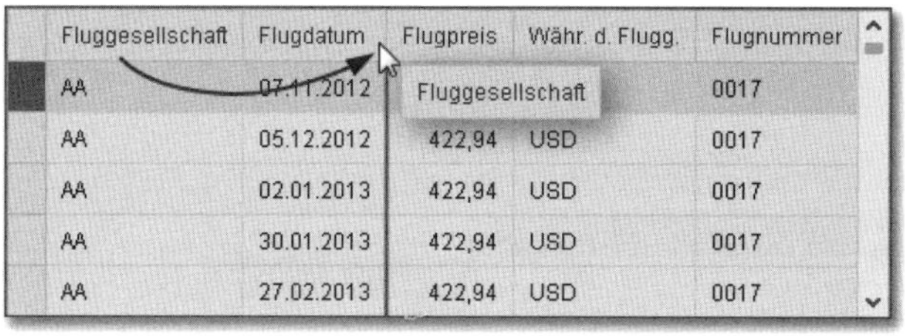

Tabellen personalisieren

Abbildung 8.28 Spaltenreihenfolge per Drag & Drop ändern

8.7.2 Explizites Speichern eines Configuration-Controllers

Auch wenn Sie sich gegen die Verwendung von Component-defined-Konfigurationen und Customizing entscheiden und daher keinen

Configuration-Controller zur Anpassung einer Component während der Designzeit benötigen, bietet sich der Configuration-Controller trotzdem häufig im Rahmen der Personalisierung an. So können Sie den Configuration-Controller dazu verwenden, vom Benutzer vorgenommene Einstellungen im Context des Configuration-Controllers abzuspeichern. Dies setzt voraus, dass der Context des Configuration-Controllers zur Laufzeit nicht nur gelesen, sondern auch beschrieben wird.

Verwendungsbeispiel

Ein Beispiel für die Verwendung eines Configuration-Controllers zur Personalisierung aus der Praxis ist die Vorbelegung von Datumseingabefeldern. Möchten Sie dem Endanwender die Möglichkeit geben, ein Datumseingabefeld immer mit dem aktuellen Tagesdatum oder dem Tagesdatum plus/minus n Tage vorzubelegen, taugt die Standardwert-Funktion von Web Dynpro dazu leider nicht. Diese speichert beim Setzen eines Standardwertes immer den eingegebenen Wert; ein einmal vorbelegtes Datumsfeld würde sich daher nicht an das Tagesdatum anpassen.

Um die dynamische Anpassung eines Eingabefeldes an das Tagesdatum zu ermöglichen, bietet sich daher eine selbst entwickelte Lösung an (siehe Abbildung 8.29). Dazu wird der View mit dem Datumsfeld um ein Kontextmenü ergänzt, in dem der Endanwender seinen Datumsstandardwert auswählen kann. Nach Auswahl des zu verwendenden Standardwertes speichert eine Aktion die Entscheidung des Endanwenders innerhalb des Configuration-Controller-Contexts. Anschließend wird der Inhalt dieses Contexts mithilfe von Listing 8.1 als Personalisierung auf der Datenbank persistiert. Beim Laden der angepassten Component muss nun geprüft werden, ob sich der Benutzer für die Vorbelegung des Tagesdatums entschieden hat. Falls ja, wird das berechnete dynamische Datum in den Ziel-Context geschrieben.

Abbildung 8.29 Dynamische Belegung von Standardwerten

```
DATA: lo_api            TYPE REF TO if_wd_controller,
      lo_pers_manager   TYPE REF TO if_wd_personalization.
* Hole den Personalisierungsmanager
lo_api = wd_this->wd_get_api( ).
lo_pers_manager = lo_api->get_personalization_manager( ).
TRY.
  " Speichere die Personalisierung
    lr_pers_manager->save( ).
  CATCH cx_wd_personalization.
  " Fehlerbehandlung
ENDTRY.
```

Listing 8.1 Explizite Speicherung einer Configuration-Controller-Personalisierung

8.7.3 Abschalten der Personalisierung

Möchten Sie als Administrator die Personalisierung von Anwendungen oder von Components unterbinden, haben Sie dazu die folgenden Alternativen:

- Stellen Sie in den Anwendungsparametern der Anwendungskonfiguration (siehe Abschnitt 8.5.2, »Anwendungsparameter«) den Parameter WDDISABLEUSERPERSONALIZATION so ein, dass die Personalisierung für die gesamte Anwendung unterbunden wird.

- Konfigurieren Sie eine einzelne Component in den Konfigurationseigenschaften (siehe Abschnitt 8.4.6) so, dass die Personalisierung innerhalb der Views dieser Component unterbunden wird.

- Definieren Sie einzelne UI-Elemente im Rahmen der Konfiguration oder des Customizings als FINAL.

In diesem Kapitel schauen wir uns etwas komplexere UI-Elemente an: Table, CTable, FlashIsland, SilverlightIsland, HtmlIsland sowie die Integration des SAP List Viewers. Sie werden dabei den technischen Aufbau und die vielfältigen Gestaltungsmöglichkeiten dieser Elemente kennenlernen.

9   Integration komplexer UI-Elemente und Components

In diesem Kapitel haben wir die UI-Elemente Table, FlashIsland, SilverlightIsland, HtmlIsland, HtmlContainer, HtmlFragment, CTable sowie die Component zum SAP List Viewer zusammengefasst, die aufgrund ihrer Komplexität und des daraus resultieren Beschreibungsumfangs ein eigenes Kapitel rechtfertigen:

- Die *Island-Elemente bieten die Möglichkeit, die derzeit noch vorhandene Einschränkung zu umgehen, keine eigenen UI-Elemente in Web Dynpro anlegen zu können. Sie können mithilfe dieser UI-Elemente auf in Flash, Silverlight oder HTML realisierte UI-Bestandteile zugreifen und diese für Ihre Web-Dynpro-Anwendung verwendbar machen.

- Die UI-Elemente Table und CTable sind sowohl zwei der wichtigsten als auch der komplexesten UI-Elemente – im Sinn ihres Aufbaus und der Gestaltungsmöglichkeiten –, die Web Dynpro anbietet. Fast jede Web-Dynpro-Anwendung besitzt eine tabellenartige Auflistung von Daten. Es lohnt sich, einen genauen Blick auf diese Elemente zu werfen.

- Das UI-Element Table stellt zudem die technische Basis für die ALV-Component (SAP List Viewer) dar, die neben den Standard-Tabellen-Features weitere Funktionen anbietet – etwa Exportmechanismen.

In den folgenden Abschnitten werden wir im Detail auf diese Möglichkeiten eingehen.

9 Integration komplexer UI-Elemente und Components

9.1 FlashIsland/SilverlightIsland (*Island)

*Island Zurzeit gibt es keine Infrastruktur für die Entwicklung kundeneigener UI-Elemente. Um Spielraum für die Integration verschiedener Technologien und eigener UI-Blöcke zu schaffen, stehen Ihnen die UI-Elemente FlashIsland und SilverlightIsland zur Verfügung, die im Folgenden als *Island bezeichnet werden. Dadurch können auf Adobe Flash bzw. Microsoft Silverlight basierende Anwendungen (siehe Abschnitt 9.1 »FlashIsland/SilverlightIsland (*Island)«) in Web Dynpro integriert werden. Dies bietet für die kundeneigene Entwicklung den Vorteil, die Beschränkung von Web Dynpro zu umgehen, keine eigenen UI-Elemente definieren zu können. Darüber hinaus bieten die *Island-Elemente Features, die es erlauben, Animationen etc. in das User Interface zu integrieren. In Abbildung 9.1 haben wir die zentralen Elemente zusammengestellt, die in diesem Abschnitt besprochen werden.

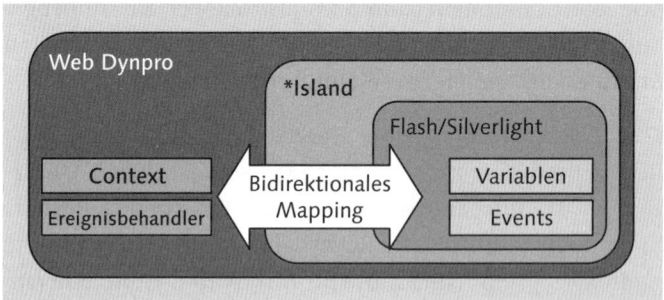

Abbildung 9.1 *Island-Elemente

Island Framework Die *Island-Elemente können wie alle anderen UI-Elemente in einen View eingefügt werden. Sie besitzen keine eigene Visualisierung, sondern diese wird von Flash/Silverlight übernommen. Damit stellen die *Island-Elemente einen Container für die Flash/Silverlight-Anwendungen dar. Das jeweilige UI-Element *Island sorgt dafür, dass Daten bidirektional zwischen Web Dynpro und Flash/Silverlight und Ereignisse von Flash/Silverlight zu Web Dynpro übertragen werden.

9.1.1 Adobe Flash

FlashIsland Adobe Flash ist eine proprietäre Technologie von Adobe Systems zur Erstellung multimedialer, interaktiver Inhalte. Adobe Systems bietet diverse Entwicklungs- und Laufzeitumgebungen an, um diese Inhalte als Anwendungen zu entwickeln, zu publizieren und ablaufen zu lassen. Zum Beispiel ist die Entwicklungsumgebung Apache Flex (seit November 2011, zuvor Adobe Flex) eine Plattform für Rich Internet Applications (RIA), die die erzeugten Anwendungen zu SWF-Dateien (Shockwave Flash) kompiliert, die mit dem Flash Player von Adobe Systems ausgeführt werden können. Der Adobe Flash Player ist als Webbrowser-Plug-in für verschiedene Browser-Versionen und Plattformen verfügbar, und damit können die Flash-Anwendungen in jedem unterstützten Webbrowser ausgeführt werden. Sie können das UI-Element FlashIsland unter folgenden Voraussetzungen verwenden:

- Adobe Flex Builder 2, 3 oder 4 als Entwicklungsumgebung
- Adobe Flash Player 9, Update 3 als Laufzeitumgebung von Flash-Anwendungen am Client des Benutzers
- Adobe Flex Librarys, die von SAP NetWeaver zur Verfügung gestellt werden (MIME-Repository-Pfad *SAP/PUBLIC/BC/UR/nw7/FlashIslands*)
- eine von Ihnen bereitgestellte Adobe-Flash-Anwendung in Form einer SWF-Datei und bei Bedarf einer zugehörigen Debug-SWF-Datei, die für das Debugging der Flash-Anwendung während der Entwicklungszeit verwendet werden kann

In Abbildung 9.2 sehen Sie ein Beispiel für eine Anwendung in einer FlashIsland (Testanwendung WDR_TEST_FLASH_ISLAND).

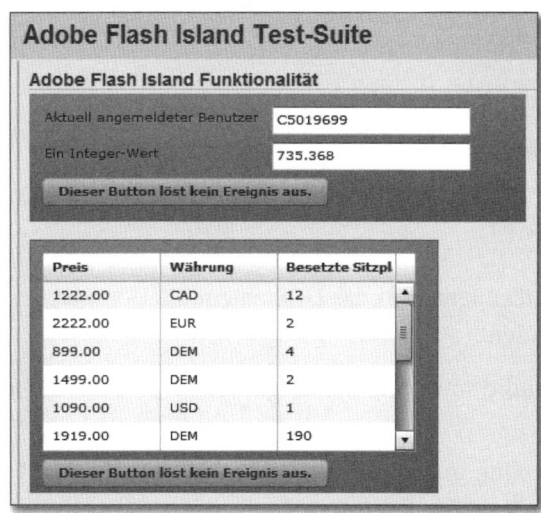

Abbildung 9.2 FlashIsland

9.1.2 Microsoft Silverlight

SilverlightIsland Microsoft Silverlight ist eine proprietäre Technologie von Microsoft zur Erstellung multimedialer, interaktiver Inhalte. Microsoft bietet diverse Entwicklungs- und Laufzeitumgebungen an, um diese Inhalte als Anwendungen zu entwickeln, zu publizieren und ablaufen zu lassen. Zum Beispiel ist das Microsoft Visual Studio eine Plattform für Rich Internet Applications (RIA), die die erzeugten Anwendungen zu XAP-Dateien (Silverlight Application) kompiliert, die mit dem Silverlight-Plug-in von Microsoft ausgeführt werden können. Das Silverlight-Plug-in ist als Webbrowser-Plug-in für verschiedene Browser-Versionen und Plattformen verfügbar, und damit können die Silverlight-Anwendungen in jedem unterstützten Webbrowser ausgeführt werden.

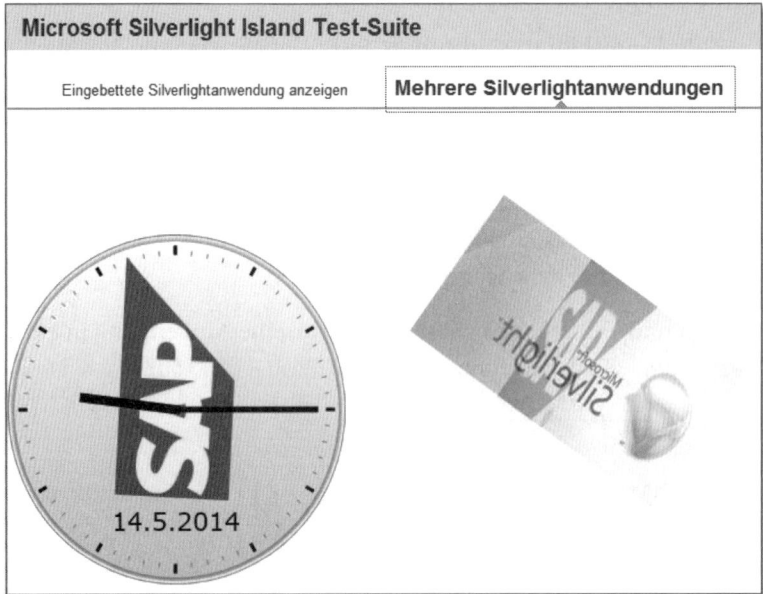

Abbildung 9.3 SilverlightIsland

Dies sind die Voraussetzungen, um das UI-Element `SilverlightIsland` einsetzen zu können:

- Microsoft Visual Studio sowie das Silverlight-Add-on als Entwicklungsumgebung
- Silverlight-Browser-Plug-in als Laufzeitumgebung von Silverlight-Anwendungen am Client des Benutzers

- Silverlight Librarys, die von SAP NetWeaver zur Verfügung gestellt werden (MIME-Repository-Pfad *SAP/PUBLIC/BC/UR/nw7/ SilverlightIslands*)
- eine von Ihnen bereitgestellte Microsoft-Silverlight-Anwendung in Form einer XAP-Datei und bei Bedarf einer zugehörigen PDB-Datei, die für das Debugging der Silverlight-Anwendung während der Entwicklungszeit verwendet werden kann

In Abbildung 9.3 sehen Sie ein Beispiel für eine Anwendung in einer `SilverlightIsland` (**Testanwendung** `WDR_TEST_SILVERLIGHT`).

9.1.3 Vorgehen

In den folgenden Abschnitten zeigen wir Ihnen exemplarisch Schritt für Schritt, wie Sie `*Island`-Elemente in Ihre Web-Dynpro-Component integrieren und damit dem Benutzer anbieten können.

Schritt 1: Beschaffung der nötigen Bibliotheken

Um eine selbst entwickelte Adobe-Flash-/Flex- bzw. Silverlight-Komponente innerhalb von Web Dynpro einsetzen zu können, muss diese die von SAP NetWeaver zur Verfügung gestellten Librarys verwenden. Dies ermöglicht die Kommunikation zwischen der Adobe-Flash- und Silverlight-Anwendung und dem Web-Dynpro-Framework. Sie erreichen das MIME Repository über den Button MIME REPOSITORY im Object Navigator (Transaktion SE80). Folgen Sie dann den in Abschnitt 9.1 »FlashIsland/SilverlightIsland (*Island)« angegebenen Pfaden. — MIME Repository

Im Ordner *FlashIslands* befinden sich mehrere Dateien. Für jene, die mit **Impl.swf* enden, wird während der Laufzeit zur kompilierten Anwendung ein Link gesetzt. Damit wird die zu übertragende Datenmenge reduziert, da die Anwendung eine geringere Größe besitzt, die Librarys einfacher von SAP gepatcht werden können und Sie die Anwendung nicht neu kompilieren müssen. — Link

Die Librarys, die Sie für die Entwicklung Ihrer Flash-Anwendung benötigen und die Sie aus dem MIME Repository exportieren, beginnen mit dem Namen *WDIslandLibrary*.swc*. Die Librarys, die keine Nummer im Namen haben, sind die Flex-Versionen 2.0 der Librarys; diejenigen, die eine 30 in der Bezeichnung haben, sind für die Entwicklung mit Flex 3.0 und jene mit der Nummer 40 für die Entwick- — Librarys lung mit Flex 4.0 bestimmt. Darüber hinaus sind Librarys vorhanden, deren Namen dem Namensaufbau *WDIslandLibrary*-debug.swc* folgen. Diese sind für das Debuggen der Flash-Anwendungen gedacht.

Für Silverlight-Anwendungen gilt das Beschriebene analog. Sie verwenden die Library *WDSilverlightIslandlibrary.dll* für Ihre Entwicklungen, die Sie im Ordner *SilverlightIslands* finden.

Export   Damit Sie die Librarys in Ihrem Projekt verwenden können, müssen Sie diese aus dem MIME Repository exportieren. Über das Kontextmenü der für Sie passenden Librarys können Sie diese auf Ihren lokalen Entwicklungs-Client exportieren. Gehen Sie dazu über den Menüpfad UPLOAD/DOWNLOAD • DOWNLOAD.

Schritt 2: Entwicklung der Anwendung

Anwendung   Bei der Entwicklung der Flash-/Silverlight-Anwendung müssen Sie darauf achten, dass Sie die im vorangegangenen Schritt exportierten Librarys der Entwicklungsumgebung bekannt geben. Achten Sie bei Flash-/Silverlight-Anwendungen darauf, dass Sie der Entwicklungsumgebung die korrekte Version der Library bekannt machen.

Wenn Sie z. B. eine Flash-/Silverlight-Anwendung entwickeln, müssen Sie im Code deklarieren, dass die SAP Library mit ihren Definitionen importiert werden soll. Dazu platzieren Sie die folgende Anweisung in den Deklarationsteil:

- Flash-Anwendung: `import sap.FlashIsland;`
- Silverlight-Anwendung: `using SAP;`

Durch diese Deklaration haben Sie Zugriff auf die Definitionen aus der Library *WDIslandLibrary*.swc* bzw. *WDSilverlightIslandIbrary.dll*.

Registrierung   Bei der Implementierung Ihrer Flash-/Silverlight-Anwendung müssen Sie dafür sorgen, dass beim Start der Anwendung die Registrierung der Anwendung zum Laufzeitobjekt `FlashIsland`/`SilverlightIsland` stattfindet. Dies erreichen Sie durch den Aufruf der folgenden Funktion zum Zeitpunkt der Initialisierung der Anwendung:

- Flash-Anwendung:
    ```
    FlashIsland.register(<component>);
    ```

- Silverlight-Anwendung:
  ```
  private SilverlightIsland
    silverlightIsland = new SilverlightIsland();
    silverlightIsland.Register(<component>,
    <start_parameter>);
  ```

Der Platzhalter `<component>` steht für die Referenz auf die Komponente, die die Grundlage der Anwendung darstellt. Der Platzhalter `<start_parameter>` steht für eine Liste von Parametern, die an die `register()`-Methode übergeben werden können.

Für den Datentransfer zwischen Web Dynpro und Flash/Silverlight genügt es aus Sicht von Flash/Silverlight, öffentliche Variablen in der Flash-/Silverlight-Anwendung zu deklarieren. Diese stehen dem Laufzeitobjekt `FlashIsland`/`SilverlightIsland` durch die vorangegangene Registrierung automatisch zur Verfügung, und dieses kann die Umsetzung der Datentypen vornehmen. Bei der Umsetzung werden auch Konvertierungs-Exits berücksichtigt, sofern sie in den ABAP-Dictionary-Domänen definiert sind. Die Deklaration der öffentlichen Variablen geschieht mit der folgenden Anweisungsfolge:

Datenaustausch

- Flash-Anwendung:
  ```
  public var <VariableName>:<Type>;
  ```
- Silverlight-Anwendung:
  - Attribut:
    ```
    [IslandPropertyAttribute(typeof(<Type>))]
    public <Type> <VariableName> { get; set; }
    ```
  - DataSource:
    ```
    public IIslandDatasourceObject <VariableName>
    { get ; set; }
    ```
  - Attribut von DataSource:
    ```
    public IIslandDatasourceProperty <VariableName>
    { get ; set; }
    ```

Der Bezeichner `<VariableName>` steht für einen bestimmten Variablennamen und `<Type>` für einen konkreten Typ. Erwähnenswert ist, dass der Name der Variablen in Flash/Silverlight nicht mit dem Namen im Context der Web-Dynpro-Component übereinstimmen muss, da die Abbildung durch ein Mapping der Namen in Web Dynpro und Flash/Silverlight erreicht wird. Das Mapping der Namen müssen Sie in der Web-Dynpro-Component vornehmen. Mit diesem Mapping ist die Entkopplung zwischen Web Dynpro und Flash hinsichtlich der Namen der Übergabeparameter gewährleistet. In Abschnitt 9.1.5, »Aggregierte Elemente«, erfahren Sie mehr zum Mapping.

Schritt 3: Import der Anwendungen in das MIME Repository

Import In Web Dynpro wird ein UI-Element *Island innerhalb eines Views erzeugt, um die Flash-/Silverlight-Anwendung zu visualisieren. Das UI-Element enthält den Pfad zur Anwendungsdatei (SWF-Datei bzw. XAP-Datei) im MIME Repository. Daher muss diese Datei im MIME Repository abgelegt sein, damit sie zusammen mit der Web-Dynpro-Anwendung ausgeliefert werden kann.

Verwenden Sie wie im vorangegangenen Schritt zum Export der Librarys die Funktionen des Component-Kontextmenüs, um Ihre Anwendung in das MIME Repository zu importieren. Im Allgemeinen werden Sie die Anwendung zu Ihrer Web-Dynpro-Component importieren. Über das Kontextmenü der Web-Dynpro-Component können Sie über den Menüpfad ANLEGEN • MIME-OBJEKT • IMPORTIEREN Ihre Anwendung zur Web-Dynpro-Component hochladen, nachdem Sie sie im erscheinenden Dateiauswahl-Dialog ausgewählt haben.

MIMEs-Ordner Nach dem erfolgreichen Import erscheint ein Ordner *MIMEs* zur Component in der Objektliste mit Ihrer Anwendung (siehe Abbildung 9.4).

Objektname	Beschreibung
⌄ WDR_TEST_FLASH	Testanwendung für Adobe Flash
> Assistance-Klasse	
• COMPONENTCONTROLLER	
> Component-Interface	
> Custom-Controllers	
> Views	
> Windows	
⌄ MIMEs	
• new_property-debug.swf	new_property-debug.swf
• new_property.swf	new_property.swf
• TestCase_02-debug.swf	TestCase_02-debug.swf
• TestCase_02.swf	TestCase_02.swf
• TestCase_03-debug.swf	TestCase_03-debug.swf
• TestCase_03.swf	TestCase_03.swf

Abbildung 9.4 MIMEs-Ordner mit Anwendung

Schritt 4: Debug-Version der Anwendung

Flash-Anwendung Falls Sie ein Debugging in Ihrer Flash-Anwendung anstreben, müssen Sie die Datei *WDIslandLibrary*-debug.swc* für die Entwicklung verwenden und daraus eine Debug-Version erzeugen. Legen Sie zusätzlich zur auszuführenden SWF-Datei im selben Verzeichnis die zugehörige Debug-Version der Flash-Anwendung ab. Beachten Sie dabei die Namensgebung, und benennen Sie die Debug-Version der Anwendung mit dem Suffix *-debug.swf*.

Um eine Silverlight-Anwendung debuggen zu können, müssen die Symboldateien (PDB-Dateien) der Anwendung vorhanden sein. Danach ist es möglich, die Anwendung im Microsoft Visual Studio zu debuggen.

Silverlight-Anwendung

Schritt 5: UI-Element anlegen

Um eine Flash-/Silverlight-Anwendung in Web Dynpro zu visualisieren, müssen Sie einen View erzeugen, der das UI-Element *Island als Root-Element besitzt. Legen Sie dazu einen View an, und tauschen Sie das Root-Element in das von Ihnen gewünschte um (siehe Abbildung 9.5). Über das Kontextmenü des Root-Elements und den Menüeintrag ROOT-ELEMENT AUSTAUSCHEN erscheint ein Dialog, in dem Sie den Eintrag FLASHISLAND oder SILVERLIGHTISLAND auswählen können. Durch die Auswahl und Bestätigung des Eintrags wird dieses jeweils als Root-Element eingefügt.

UI-Elemente

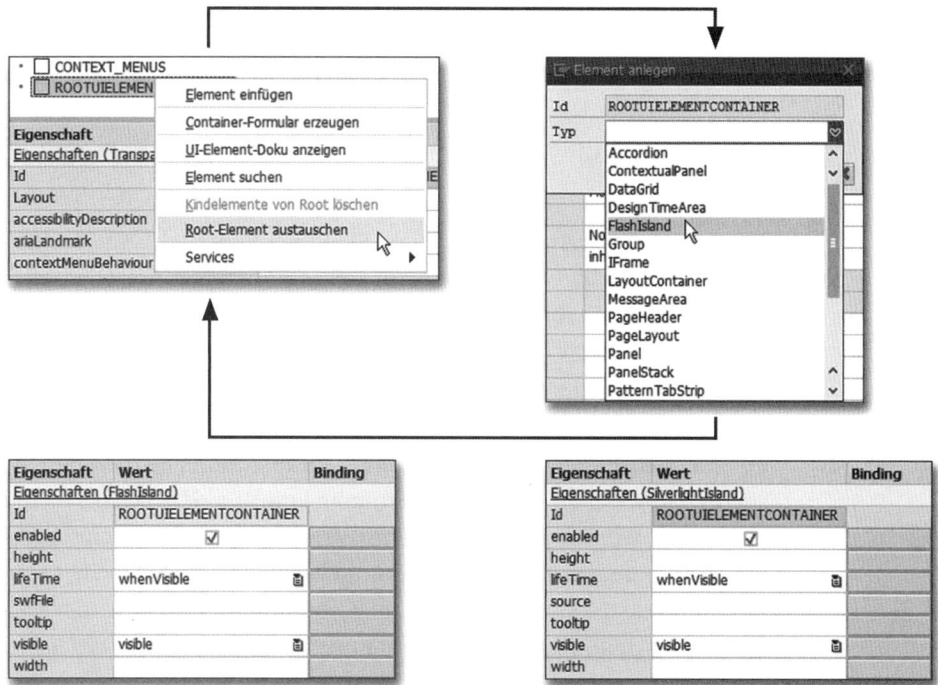

Abbildung 9.5 UI-Element FlashIsland/SilverlightIsland

swfFile, source Die eingefügten Elemente verfügen unter anderem über eine Eigenschaft (Flash: `swfFile`, Silverlight: `source`), die es Ihnen ermöglicht, die zuvor hochgeladene Flash- oder Silverlight-Anwendung dem UI-Element zuzuordnen. Am einfachsten nehmen Sie die Zuordnung durch Drag & Drop des Namens der Anwendungsdatei aus dem Ordner *MIMEs* auf die Eigenschaft vor.

Schritt 6: Datenübergabe und Ereignisse

Aggregate Context-Attribute und Anwendungsvariablen werden durch die Aggregationen der UI-Elemente `GACDataSource` und `GACProperty` zum UI-Element `*Island` aufeinander bidirektional abgebildet (siehe Abschnitt 9.1.5, »Aggregierte Elemente«). Zusätzlich haben Sie die Möglichkeit, Ereignisse, die in der Anwendung ausgelöst werden können, mithilfe des UI-Elements `GACEvent` zu aggregieren und damit die Behandlung in Web Dynpro zu realisieren.

9.1.4 Eigenschaften von *Island

`FlashIsland` und `SilverlightIsland` verfügen über die Eigenschaften `height`, `width` und `lifeTime`, die wir in Kapitel 4, »UI-Elemente und ihre Eigenschaften«, beschrieben haben. Darüber hinaus können Sie in der Flash-Anwendung mit der Eigenschaft `swfFile` die Bindung an die SWF-Datei herstellen, die Sie in das MIME Repository importiert haben. Beachten Sie, dass im selben MIME-Repository-Pfad auch die Datei **-debug.swf* für das Debugging abgelegt sein muss.

Mit der Eigenschaft `source` können Sie in der Silverlight-Anwendung die Bindung an die XAP-Datei festlegen, die Sie in das MIME Repository importiert haben.

9.1.5 Aggregierte Elemente

Zu einem UI-Element `*Island` können unterschiedliche UI-Elemente aggregiert werden: einerseits Elemente, die für den Datentransfer verwendet werden wie `GACDataSource` und `GACProperty`, und andererseits Elemente, die für das Eventing verwendet werden wie `GACEvent` und `GACEventParameter`. In Abbildung 9.6 sehen Sie eine Zusammenstellung all dieser Elemente. Die Aufgaben dieser UI-Elemente bestehen im bidirektionalen Datenaustausch und der Ereignisbenachrichtigung der Web-Dynpro-Component.

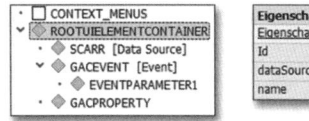
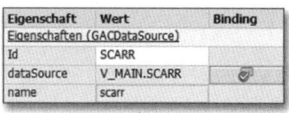

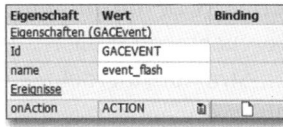
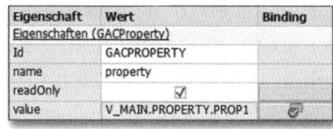
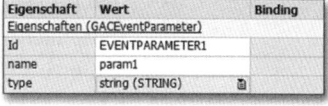

Abbildung 9.6 Aggregierbare Elemente für die UI-Elemente *Island

GACDataSource

Die Daten aus dem Web-Dynpro-Context können an die öffentlichen Variablen der Flash-/Silverlight-Anwendungen gebunden werden, um damit den automatischen Datentransport von und zu den *Island-Elementen zu gewährleisten. Mithilfe des UI-Elements GACDataSource ist diese Bindung auf der Ebene von Context-Knoten umsetzbar. Das UI-Element GACDataSource bietet die Aggregation von UI-Elementen GACProperty an, um einzelne ausgewählte Context-Attribute zu binden, die entweder Teil eines Context-Knotens oder alleinstehend sind. Damit ist es möglich, eine Teilmenge der Daten, die im Context definiert sind, auf Variablen der Flash-/Silverlight-Anwendungen abzubilden und somit die transportierte Datenmenge zu reduzieren.

Daten-Mapping

Eigenschaften

Im Folgenden werden die Eigenschaften zum UI-Element GACDataSource beschrieben.

- dataSource
  Mithilfe der Eigenschaft dataSource definieren Sie ein Binding an einen Context-Knoten, in dem sich die Daten befinden, die für den Datenaustausch mit den *Island-Elementen verwendet werden.

- name
  Mithilfe der Eigenschaft name geben Sie den Namen der Variablen an, die im *Island-Element für die Bezeichnung der dortigen Variablen verwendet wird. Beachten Sie dabei die Namensgleichheit, speziell die Groß- und Kleinschreibung.

Die Namen der Variablen in der Flash/Silverlight-Anwendung, die Sie für die Definition benötigen, erfahren Sie vom Entwickler der Anwendung.

Aggregierte Elemente

An ein UI-Element `GACDataSource` können wiederum UI-Elemente `GACDataSource` aggregiert werden. Dies ermöglicht Ihnen, tiefe (geschachtelte) Context-Definitionen zu übernehmen, wobei Sie selektiv vorgehen und nur Teile der Context-Struktur übernehmen können. Um Attribute aus dem Context zu übernehmen, verwenden Sie das UI-Element `GACProperty`. Für jedes Context-Attribut, dessen Daten für das *Island-Zusammenspiel relevant sind, legen Sie ein UI-Element `GACProperty` an. Darüber hinaus wird durch das UI-Element `GACProperty` eine Abbildung der Attributnamen von Context und *Island realisiert.

GACProperty

Namens-Mapping — Mithilfe des UI-Elements `GACProperty` definieren Sie Attribute, die Sie aus dem Context verwenden und für die Zusammenarbeit mit den *Island-Elementen einsetzen. Durch die Definition einer `GACProperty` erledigen Sie also zwei Aufgaben: die Auswahl der Daten aus dem Context und das Mapping des Namens des Context-Attributs auf den Namen der globalen Variablen des *Island-Elements. Damit erreichen Sie eine Unabhängigkeit der Namen von Attributen in Web Dynpro und der Variablen in *Island-Elementen.

Die Namen der Attribute, die bei Context-Knoten mit Kardinalitätsobergrenze n die Spalten der internen Tabelle definieren, werden bei diesem Ansatz an die *Island-Elemente weitergegeben. In den *Island-Elementen werden die Namen, die an öffentliche Variablen der Anwendungen gebunden werden, zur Identifizierung der Spalten in den internen Typen (im Fall von Flex z. B. `ArrayCollection`) verwendet, da diese nicht statisch zur Entwicklungszeit typisiert werden, sondern sich zur Laufzeit aufgrund des übergebenen Typs ergeben.

Eigenschaften

Im Folgenden werden die Eigenschaften zum UI-Element `GACProperty` beschrieben.

- name

    Die Eigenschaft name repräsentiert den Namen der GACProperty in Bezug auf die Variable, die im *Island-Element verwendet wird. Das *Island-Element greift auf die GACProperty über ihren Namen zu. Beachten Sie dabei die Namensgleichheit sowie die Groß- und Kleinschreibung.

- readOnly

    Mit der Eigenschaft readOnly legen Sie fest, ob nur aus dem Context ausgelesen oder auch zurückgeschrieben werden kann. Standardmäßig ist diese Eigenschaft aus Sicherheitsgründen eingeschaltet, d. h., es ist standardmäßig nur ein lesender Zugriff auf den Context möglich. Ist diese Eigenschaft gesetzt, ist der Web-Dynpro-Context der Data-Master, der die Datenquelle darstellt.

- value

    Die Eigenschaft value repräsentiert den Wert der GACProperty. Der Wert kann vom *Island-Element bzw. vom Anwendungsentwickler zu jedem Zeitpunkt geändert werden und wird immer bei jedem Roundtrip synchronisiert.

GACEvent

Das UI-Element GACEvent bietet die Möglichkeit, auf Ereignisse in Web Dynpro zu reagieren, die im *Island-Element entstanden sind. Dabei kann das *Island-Element den Ereignissen Parameter mitgeben. Die Ereignisparameter werden wiederum an das UI-Element GACEvent mithilfe des UI-Elements GACEventParameter aggregiert.

Ereignisbehandlung

Muss ein Ereignis aufgerufen werden, das in Web Dynpro verarbeitet werden soll, verwenden Sie die folgende Methode:

- Flash-Anwendung:

    ```
    FlashIsland.fireEvent( <component>,
      <eventName>, <eventParams>);
    ```

- Silverlight-Anwendung:

    ```
    <islandObject>.fireEvent(
      <component>, <eventName>, <eventParams>);
    ```

Dadurch wird das Ereignis mit dem Namen <eventName> aus der Komponente <component> ausgelöst. Mithilfe des Parameters <eventParams> können Sie Parameter zum Ereignis angeben, die an Web Dynpro weitergereicht werden.

Eigenschaften

Das UI-Element GACEvent kennt nur eine Eigenschaft neben der Id: Die Eigenschaft name ermöglicht es Ihnen, den Namen des Events anzugeben, der im *Island-Element in der Methode fireEvent() festgelegt wird (Parameter <eventName>). Beachten Sie dabei die Namensgleichheit und auch die Groß- und Kleinschreibung.

Ereignis

Mithilfe des Ereignisses onAction können Sie durch die Zuordnung einer Aktion festlegen, welche Aktionsbehandler-Methode für die Verarbeitung des *Island-Ereignisses zuständig ist. Wie immer werden der Aktionsbehandler-Methode die Standardparameter id, context_element und wdevent übergeben.

Event-Parameter   Zusätzlich zu den Standardparametern werden die Event-Parameter, die mittels der GACEventParameter-Aggregation definiert sind, aus dem *Island-Element übertragen und können in der Signatur der Aktionsbehandler-Methode definiert werden. Parametername und Typ entsprechen den Angaben in den UI-Elementen GACEventParameter.

Wenn der Parametername nicht den Konventionen von ABAP-Parameternamen entspricht und somit nicht als Methodenparameter zur Aktionsbehandler-Methode definiert werden kann, ist dennoch ein Zugriff auf die Parameter mittels des wdevent-Objekts aus der Schnittstelle der Aktionsbehandler-Methode möglich. Verwenden Sie dazu z. B. die folgende Methode:

```
wdevent->get_data( exporting name =
  <<eventParamName>< importing value = <variable> )
```

<eventParamName> bezeichnet dabei den Namen des Ereignisparameters und <variable> den Namen einer lokalen Variablen in der Aktionsbehandler-Methode.

Aggregierte Elemente

An ein UI-Element GACEvent können wiederum UI-Elemente GACEventParameter aggregiert werden. Dies erlaubt es Ihnen, Event-Parameter zu definieren, die die Daten aus den *Island-Event-Parametern übernehmen.

GACEventParameter

Mithilfe des UI-Elements `GACEventParameter` werden die Ereignisparameter an das `GACEvent` aggregiert.

Eigenschaften

Im Folgenden werden die Eigenschaften zum UI-Element `GACEventParameter` beschrieben.

- `name`
  Mithilfe der Eigenschaft `name` wird der Bezug zum Event-Parameter des *Island-Elements hergestellt. Beachten Sie dabei die Namensgleichheit und die Groß- und Kleinschreibung.

- `type`
  Mithilfe der Eigenschaft `type` legen Sie den Typ des Parameters fest. Es stehen Ihnen die Typen aus Tabelle 9.1 für die Pflege der Werte dieser Eigenschaft zur Verfügung. In der Spalte BESCHREIBUNG finden Sie zusätzlich den passenden ABAP-Typ.

Wert	Beschreibung
binary	binärer Wert (XSTRING)
boolean	boolescher Wert (WDY_BOOLEAN, ABAP_BOOL)
date	Datum (D)
double	Double (F), 64-Bit-Fließkommazahl mit doppelter Genauigkeit
float	Float-Datentyp (F), 32-Bit-Fließkommazahl
int	Integer (INT4, I), 32-Bit-vorzeichenbehaftete Festkommazahl
string	String (STRING)
time	Zeit (T)
undefined	String (STRING)

Tabelle 9.1 Event-Parameter-Typen

9.1.6 Barrierefreiheit

Beachten Sie, dass beim Einsatz eines *Island-Elements die Barrierefreiheit nicht gewährleistet ist. Wenn Sie eine barrierefreie Anwendung erstellen möchten, rät SAP vom Einsatz des UI-Elements *Island ab.

[!] **Worauf Sie achten sollten**

Bei der Verwendung von `*Island`-Elementen gilt es einige Punkte zu beachten:

- **Übersetzung**
  Für Texte innerhalb der Adobe-Flash-/Silverlight-Anwendung gibt es keinen Übersetzungsanschluss. Die Übersetzung von Texten ist nur dann möglich, wenn diese von außen, also über den Context (`GACDataSource` bzw. `GACProperty`), mitgegeben werden. Achten Sie dabei darauf, die Texte nicht bei jedem Roundtrip zu übertragen, sondern nur einmal.

- **Bidirektionaler Text**
  Der Anwendungsentwickler ist selbst verantwortlich für die Gewährleistung der Right-to-Left-Unterstützung (RTL) bei Texten, d. h., ob die Texte von rechts nach links oder von links nach rechts geschrieben werden, in Abstimmung mit den Einstellungen von Web Dynpro.

- **Personalisierung**
  Die Personalisierung für `*Island`-Elemente wird nicht unterstützt, d. h., es werden keine Personalisierungsmöglichkeiten im Sinne von Kapitel 8, »Erweiterung, Konfiguration, Customizing und Personalisierung«, angeboten.

- **Rechteckiger Bildschirmbereich**
  Ein `*Island`-Element läuft immer in einem rechteckigen Bildschirmbereich ab. Andere Formen werden zurzeit nicht unterstützt.

- **Keine Mehrfachanzeige**
  Das `*Island`-Element kann immer nur einmal dargestellt werden. Es ist nicht möglich, es via `dataSource` mehrfach anzuzeigen. Daher kann es auch nicht in einem `RowRepeater`, einer `MultiPane` oder in einem `TablePopin` (wenn es zu einem Zeitpunkt mehr als ein offenes Pop-in geben soll) verwendet werden. Daher gibt es pro View immer nur ein `*Island`-Element, da es ein `RootUIElementContainer` ist. Sie können jedoch pro Browser-Seite mehrere `*Island`-Elemente gleichzeitig anzeigen.

- **Debugging**
  Um die Adobe-Flash-Anwendung debuggen zu können, muss die Debug-Datei `*-debug.swf` im selben MIME-Verzeichnis wie die Datei `*.swf` liegen, und die Web-Dynpro-Anwendung muss mit dem URL-Parameter `sap-wd-flashDebug=X` gestartet werden. Dadurch wird automatisch die Debug-Datei `*-debug.swf` anstelle der Datei `*.swf` für das `FlashIsland` verwendet. Um eine Microsoft-Silverlight-Anwendung im Microsoft Visual Studio debuggen zu können, müssen die Symboldateien (PDB-Dateien) der Anwendung vorhanden sein.

- **Dialogfenster**
  Beachten Sie, dass die Integration von `*Island`-Elementen in Dialogfenstern (Pop-up-Fenstern) von Web Dynpro ABAP nicht unterstützt wird.

- **Browser**
  Beachten Sie, dass FlashIsland-Elemente nur im Microsoft Internet Explorer unterstützt werden.
- **Caching**
  Für die Caching-Optimierung müssen Sie die Cache-Verweildauer der Anwendung im MIME Repository maximal hoch einstellen. Verwenden Sie zum Einstellen das Kontextmenü der Anwendung im MIME Repository und dort den Menüeintrag VERFALLSDAUER CLIENT-CACHE, um diese anzupassen.

9.2 HtmlContainer und HtmlIsland

Mithilfe der UI-Elemente HtmlContainer und HtmlIsland können HTML-, JavaScript- und CSS-Quellen in Ihre Web-Dynpro-Anwendung integriert werden (siehe Abbildung 9.7). Damit können Sie die Beschränkung von Web Dynpro hinsichtlich eigener, neuer Komponenten umgehen.

HTML-, JavaScript- und CSS-Integration

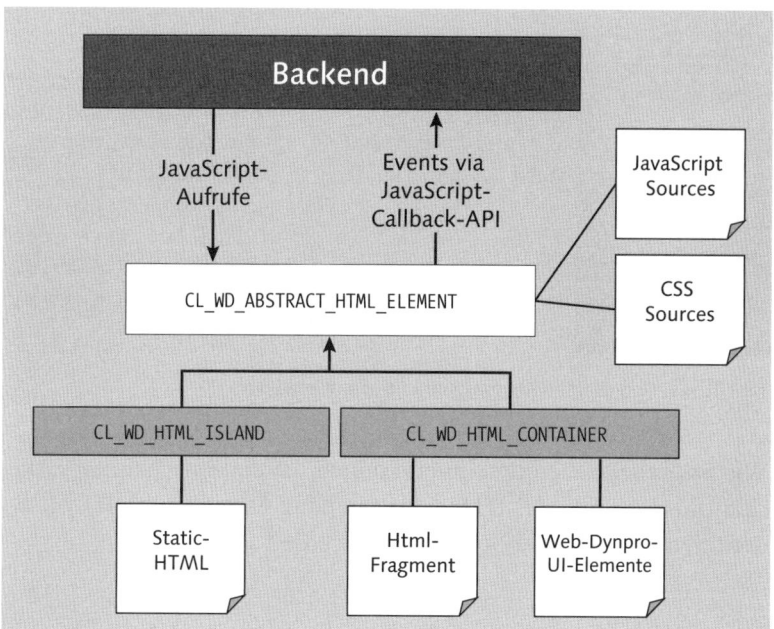

Abbildung 9.7 HTML-Integrationskomponenten

Der HtmlContainer (Klasse CL_WD_HTML_CONTAINER) und die HtmlIsland (Klasse CL_WD_HTML_ISLAND) werden beide von der abstrakten

Vergleich

Klasse `CL_WD_ABSTRACT_HTML_ELEMENT` abgeleitet. Beide halten Referenzen auf JavaScript- und CSS-Quellen, die mittels Subelementen der UI-Elemente im View Designer zugeordnet werden. Der fundamentale Unterschied zwischen `HtmlContainer` und `HtmlIsland` besteht darin, dass `HtmlIsland` statisches HTML und `HtmlContainer` HTML, Web-Dynpro-UI-Elemente oder deren Kombinationen beinhalten. Die Kommunikation zwischen dem Backend-System und `HtmlContainer`- bzw. `HtmlIsland`-Instanzen auf dem Client wird mittels JavaScript realisiert. In Tabelle 9.2 vergleichen wir `HtmlContainer` und `HtmlIsland`.

	HtmlIsland	HtmlContainer
Anwendungsfall	Einbettung interaktiver, zustandsbehafteter Inhalte (z. B. Charts) in die Web-Dynpro-Anwendung	Einbettung HTML- und JavaScript-basierter UI-Controls in die Web-Dynpro-Anwendung. Bestehende Web-Dynpro-UI-Elemente können mit HTML erweitert werden (z. B. Hintergrundbild für eine Tabelle).
HTML-Erzeugung	HTML wird auf der Client-Seite erzeugt. Der `HtmlIsland`-Inhalt bleibt stabil auf dem Client.	HTML wird auf der Server-Seite erzeugt. Bei jedem Roundtrip wird dadurch der Inhalt des `HtmlContainer` neu erzeugt. Um HTML auf der Server-Seite zu erzeugen, sollte die API `IF_WD_HTML_WRITER` verwendet werden.

Tabelle 9.2 Vergleich von HtmlIsland und HtmlContainer

Wie Sie Tabelle 9.2 entnehmen können, ist ein Entscheidungskriterium für die Wahl des HTML erzeugenden Elements, ob HTML auf der Client- oder Server-Seite erzeugt werden sollte.

9.2.1 HtmlContainer

Client-Seite   In den `HtmlContainer` können Sie das UI-Element `HtmlFragment` integrieren. Sie können also entweder ganze HTML-Sourcen oder nur Teile davon in die Anwendung integrieren. `HtmlContainer` sind dazu gedacht, auf der Client-Seite HTML-Code zu erzeugen, indem man

z. B. eigenen HTML-Code neben bestehenden Web-Dynpro-UI-Elementen einfügt. Mit jedem Roundtrip wird der Inhalt des `HtmlContainer` neu aufgebaut. Dem `HtmlContainer` können Context-Attribute zur Verfügung gestellt werden. Die Verwendung von Ereignissen aus dem `HtmlContainer` heraus ist ebenfalls möglich. Über die bekannten, in Abschnitt 4.1, »Eigenschaften für alle UI-Elemente«, beschriebenen Eigenschaften hinaus besitzt `HtmlContainer` keine zusätzlichen Eigenschaften.

> **Anwendungsparameter** [«]
>
> Web-Dynpro-Anwendungen, die UI-Elemente verwenden, die HTML integrieren, sollten mit dem Anwendungsparameter WDPREFERREDRENDERING und dessen Wert STANDARDS betrieben werden.

Aggregierte Elemente

Zu einem UI-Element `HtmlContainer` können unterschiedliche UI-Elemente aggregiert werden: einerseits Elemente, die für die Visualisierung von UI-Elementen verwendet werden (`HtmlFragment`, Web-Dynpro-UI-Elemente, `HtmlStyle`) und andererseits Elemente, die für Ereignisse wie `HtmlScript`, `JsonDataSource` und `JsonParameter` verwendet werden. In Abbildung 9.8 sehen Sie eine Zusammenstellung all dieser Elemente.

Visualisierung und Ereignisbehandlung

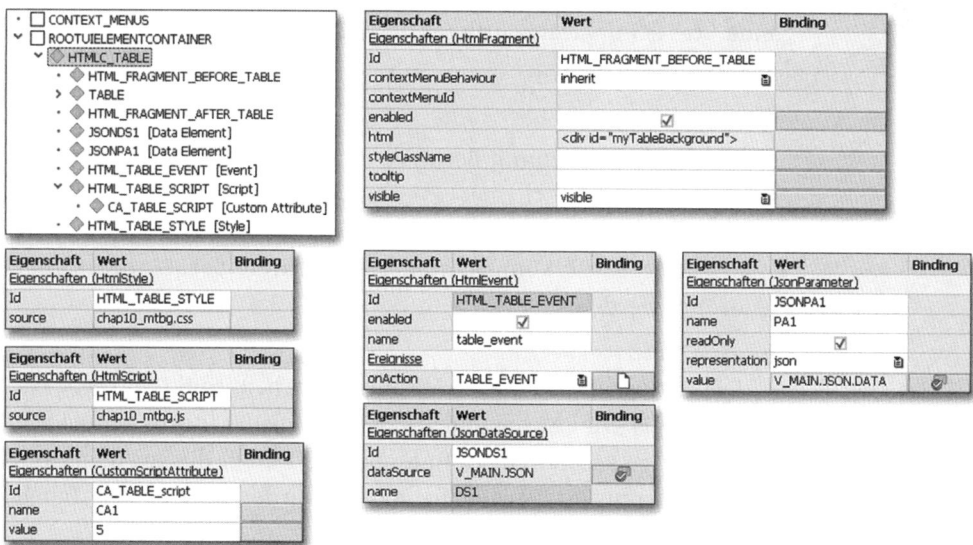

Abbildung 9.8 Aggregierbare Elemente für das UI-Element HtmlContainer mit der ID HTMLC_TABLE

UIElement

HTML-Integration

Mithilfe der Aggregation `UIElement` können Sie über den Menüeintrag INHALT EINFÜGEN ein `HtmlFragment` oder andere Web-Dynpro-UI-Elemente verwenden, um HTML in die Web-Dynpro-Anwendung zu integrieren. Das `HtmlFragment` dient dazu, Inhalte an einen `HtmlContainer` zu übergeben. Die erlaubten Inhalte in einem `HtmlFragment` sind:

- HTML-Quellcode, wie z. B. der Code `<div><strong>Web Dynpro</strong> is king!</div>`, der den teilweise fett geschriebenen Text »**Web Dynpro** is king!« ausgibt

- Ein `HtmlFragment` kann durch ein anderes `HtmlFragment` abgeschlossen werden und ein anderes UI-Element beinhalten. Zum Beispiel kann das `HtmlFragment` 1 den Quellcode `<div style="background-color:red">` beinhalten und zusammen mit einem `HtmlFragment` 2 mit dem Quellcode `</div>` ein UI-Element `Table` umschließen (im folgenden Abschnitt »Beispiel: Hintergrundbild für eine Tabelle« beschreiben wir diese Implementierung ausführlich).

Die Eigenschaft `html` dient dazu, den HTML-Quelltext zu definieren.

DataElement

Datenübertragung

Mithilfe dieser Aggregation können Sie über den Menüeintrag INSERT DATA_ELEMENT Daten an einen `HtmlContainer` und oder eine `HtmlIsland` transportieren. Es stehen zwei Arten von DataElements zur Verfügung:

- `JsonDataSource`
  Die Daten werden mit Bezug zu einem Context-Knoten festgelegt und an die Eigenschaft `dataSource` gebunden. Mit der Eigenschaft `name` kann der Name der Datenquelle festgelegt werden. Einer `JsonDataSource` können wiederum mehrere `DataElements` zugeordnet werden.

- `JsonParameter`
  Die Eigenschaften, die zur Verfügung stehen, sind `id`, `name`, `readOnly`, `representation` und `value`. Mithilfe der Eigenschaft `representation` können Sie definieren, wie Daten, die aus dem Context transportiert werden, formatiert werden sollen (siehe Tabelle 9.3).

Wert	Bedeutung
external	Formatierung laut den Benutzereinstellungen im SAP-System, bei Datumsanzeigen z. B. »17.05.2014«
internal	SAP-interne Darstellung, bei Datumsanzeigen z. B. »20140517«
json	JSON-formatierte Repräsentation der Daten, bei Datumsanzeigen z. B. »2014-05-17«

Tabelle 9.3 JsonParameter, Eigenschaft representation

HtmlEvent

Mit dieser Aggregation können clientseitige Aktionen vom HtmlContainer bzw. HtmlIsland ausgelöst werden. Die Eigenschaften, die zur Verfügung stehen, sind id, enabled und name, wobei name für die Bezeichnung des clientseitigen JavaScript-Ereignisses steht. Darüber hinaus steht das Ereignis onAction zur Zuordnung eines serverseitigen Aktionsbehandlers zum clientseitigen Ereignis zur Verfügung.

Clientseitige Aktionen

HtmlScript

Mit dieser Aggregation können die Quellen der JavaScript-Dateien im MIME Repository angegeben werden. Die Eigenschaften, die angeboten werden, sind id und source, wobei in der source der Name der CSS-Datei steht.

Quellen im MIME Repository

Zu einem HtmlScript können Attribute vom Typ CustomScriptAttribute aggregiert werden. Diese haben die Eigenschaften id, name und value.

Ein schönes Beispiel für die Verwendung und die Implementierung von CustomScriptAttribute finden Sie in der Web-Dynpro-Component WDR_TEST_HTML_ELEMENT, im View CUSTOM_SCRIPT_ATTR und dort in der Methode set_custom_attributes( ). Zwei essenzielle Bestandteile werden für die Implementierung benötigt, die wir Ihnen ausschnittsweise zeigen werden. Die Teile, die wir von der Originalimplementierung ausgelassen haben, sind in Listing 9.1 durch die Zeichenfolge [...] gekennzeichnet.

CustomScript-Attribute erzeugen

```
method set_custom_attributes.
* Puffern der ID, NAME und VALUE der zu ergänzenden
* Attribute im Context
  data l_custom_attributes type
       wd_this->elements_custom_attributes.
```

```
           data l_custom_attribute like line of l_custom_attributes.
*  [ ... ]
*  Erzeugen eines neuen Skripts
   wd_this->m_script = cl_wd_html_script=>new_html_script(
      source  = l_source ).
*  Alle bisherigen Skripten
   wd_this->m_html_container->remove_all_scripts( ).
*  Ergänzung des Skripts zu einem HTML-Container
   wd_this->m_html_container->add_script( wd_this->m_
   script ).
*  Attribute einfügen, um JavaScript das Ermitteln der Daten
*  über die ID zu ermöglichen
   wd_this->m_script->add_custom_attribute( cl_wd_custom_
   script_attribute=>new_custom_script_attribute(
   name  = `id`
   value = `myScriptTag_` && l_timestamp ) ).
*  Lesen der gepufferten Daten für Attribute aus dem Context
   wd_context->get_child_node(
      wd_this->wdctx_custom_attributes
   )->get_static_attributes_table(
         importing table = l_custom_attributes ).
*  Für jede Zeile in der Attributtabelle ein Attribut zum
*  Skript anlegen
   loop at l_custom_attributes into l_custom_attribute.
      if l_custom_attribute-name is not initial.
*** Ergänzung von Attributen zum Skript
        wd_this->m_script->add_custom_attribute( cl_wd_custom_
script_attribute=>new_custom_script_attribute(
   name  = l_custom_attribute-name
   value = l_custom_attribute-value ) ).
      else.
*  [ ... ]
   endloop.
*  Aufruf einer JavaScript-Funktion, die auf die Attribute
*  zugreift. Dazu nutzt sie die ID, die an die Funktion
*  übergeben wird.
   wd_this->m_html_container->add_script_call( cl_wd_html_
   script_call=>new_call( )->function( `getCustomScript-
   Attributes` )
   ->add_string( `myScriptTag_` && l_timestamp ) ).
endmethod.
```

Listing 9.1 Attribute zu einem Skript setzen

In der Methode `set_custom_attributes( )` wird am Beginn ein neues `HtmlScript` erzeugt und im Controller-Attribut `m_script` abgelegt. Unmittelbar danach wird das neue `HtmlScript` zu einem bereits erzeugten `HtmlContainer` ergänzt. Die benötigten Informationen zur Erzeugung der Attribute sind in diesem Beispiel im Context abgelegt und müssen daher aus diesem gelesen werden (`get_static_attributes_table( )`). In einer Schleife wird für jeden Eintrag in der Attributtabelle ein Attribut erzeugt und zum Skript ergänzt. Schließlich wird die JavaScript-Funktion `getCustomScriptAttributes` aufgerufen. Den Aufruf erläutern wir in Abschnitt 9.2.2, »HtmlIsland«, in Beispiel 2.

In der Web-Dynpro-Component WDR_TEST_HTML_ELEMENT finden Sie im Ordner *MIMEs* die Datei `custom_script_attributes.js`. Darin ist die Verwendung der Attribute implementiert (siehe Listing 9.2).

Zugriff auf die Parameter

```
// Prüfung, ob Funktion definiert ist
if (typeof getCustomScriptAttributes === 'undefined') {
// Definition der Funktion und Übernahme der ID des Skript-
// Attributs, das als Einstieg dient
  getCustomScriptAttributes = function (script_id) {
// Ermitteln der Elementreferenz auf Attribut
    var script = document.getElementById(script_id),
        output = '';
        if (script && script.attributes &&
 script.attributes.length) {
// Ausgabe aller Attribute
      for (var i = 0, max =
 script.attributes.length; i < max; i++) {
        output += script.attributes[i].name + ' =
"' + script.attributes[i].value + '"\n';
      }
      alert(output);
    }
  }
}
```

Listing 9.2 Verwendung von Attributen im JavaScript

Über die ID, die in der Web-Dynpro-View-Methode `set_custom_attributes( )` gesetzt wurde, wird die HTML-Elementreferenz ermittelt, und mittels der Eigenschaft `attributes` werden deren Attribute mit Namen und Wert ausgegeben. Mit diesem Wissen können Sie nun auf die Attribute im JavaScript zugreifen.

HtmlStyle

Mit dieser Aggregation können die Quellen der CSS-Dateien angegeben werden. Die Eigenschaften `id` und `source` werden für die Übergabe verwendet.

Beispiel: Hintergrundbild für eine Tabelle

Sie wollten immer schon ein Bild als Hintergrund einer Web-Dynpro-Tabelle (UI-Element `CTable`) anzeigen? Wir zeigen Ihnen im Folgenden anhand eines Beispiels, wie Sie dies mithilfe des UI-Elements `HtmlContainer` umsetzen können.

[+] **Client-Cache und Änderungen**

Da Sie im Laufe einer Entwicklung die JavaScript-Quellen und CSS-Dateien häufiger ändern werden, Ihr Client diese Informationen jedoch zwischenspeichert (Client-Cache), kann es vorkommen, dass Änderungen nicht sichtbar sind. Um den Client davon zu überzeugen, immer die aktuellste Version Ihrer Implementierungen zu verwenden, ist es nötig, die Verfallsdauer der MIME-Objekte zu ändern. Dazu öffnen Sie das Kontextmenü des MIME-Objekts und wählen den Menüeintrag VERFALLSDAUER CLIENT-CACHE. Stellen Sie im sich öffnenden Pop-up-Fenster z. B. eine Sekunde als Wert für die Verfallsdauer ein (siehe Abbildung 9.9).

Abbildung 9.9 Verfallsdauer Client-Cache einstellen

Falls es dann zu Änderungen an Ihrem MIME-Objekt kommt, z. B. in einem JavaScript, öffnen Sie erneut das Kontextmenü des MIME-Objekts und wählen den Menüeintrag ÄNDERN. Nehmen Sie die Änderungen im sich öffnenden Werkzeug (abhängig vom MIME-Type, *.js wird z. B. mit Notepad geöffnet) vor, und schließen Sie das Werkzeug wieder. Dadurch werden die Änderungen zum SAP-System gesendet.

1. Legen wir nun los mit unserem Beispiel: Legen Sie eine neue Web-Dynpro-Component mit einem View und einem Window an.
2. Wechseln Sie in den View Designer, und fügen Sie dort einen HTML_CONTAINER ein (Namensvorschlag: ID HTMLC_TABLE).
3. Fügen Sie zum HtmlContainer HTMLC_TABLE über das Kontextmenü (Menüeintrag INHALT EINFÜGEN) das HtmlFragment mit der ID HTML_FRAGMENT_BEFORE_TABLE ein (siehe Abbildung 9.10).
4. Setzen Sie die Eigenschaft html auf den Wert <div id="myTable-Background">. Damit wird das HTML-Tag <div> geöffnet. Durch die ID des <div>-Tags haben Sie nun die Möglichkeit, per JavaScript auf dieses Tag zuzugreifen. Damit können Sie eine Vielzahl von Eigenschaften setzen.

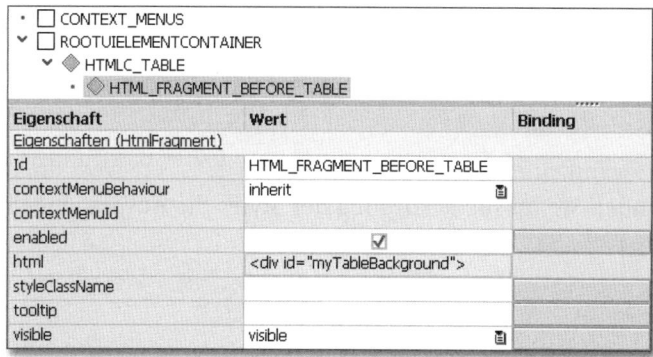

Abbildung 9.10 HtmlFragment zum HTML-Tag öffnen

5. Fügen Sie als nächstes Element im HtmlContainer eine CTable ein. Das Anlegen der CTable behandeln wir ausführlich in Abschnitt 9.8. Bitte beachten Sie, dass die Eigenschaft transparencyMode der CTable den Wert cellDesignStandard besitzen muss, damit die Zeilen transparent sind und das Hintergrundbild sichtbar ist.
6. Um das öffnende HTML-Tag <div> wieder zu schließen, fügen Sie nochmals ein HtmlFragment ein (ID HTML_FRAGMENT_AFTER_TABLE). Verwenden Sie diesmal für die Eigenschaft html den Wert </div>.
7. Nun fehlt noch die Angabe des Bildes, das angezeigt werden soll, und des Pfades zu diesem Bild. Dazu nutzen wir das UI-Element HtmlStyle im HtmlContainer. Dieses legen Sie wieder über das Kontextmenü des HtmlContainer HTMLC_TABLE (Menüeintrag INHALT EINFÜGEN) an. Verwenden Sie als ID für das Element

HtmlStyle z. B. HTML_TABLE_STYLE. Die Eigenschaft source belegen Sie mit dem Namen der CSS-Datei, in der festgelegt wird, wie der Name und der Pfad des Bildes lauten, z. B. chap10_mtbg.css (siehe Abbildung 9.11). Die CSS-Datei existiert zu diesem Zeitpunkt allerdings noch nicht, genauso wenig, wie das Bild, das angezeigt werden soll. Beides müssen Sie in den nächsten Schritten erledigen.

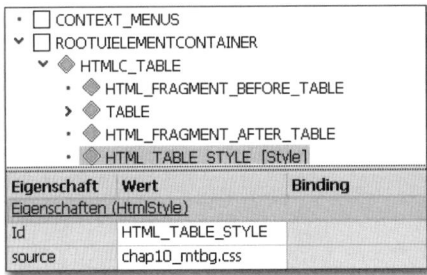

Abbildung 9.11 CSS Einbindung

8. Legen Sie mit einem Texteditor die Datei chap10_mtbg.css an, und verwenden Sie für die Festlegung der Styles die Ausprägungen in Listing 9.3.

```
#myTableBackground
{
  background-image: url("/sap/bc/webdynpro/sap/ZWDC_
  CHAP10_HTML/9783836227513.tif");
  background-repeat: no-repeat;
  background-position: center center;
  -moz-transition: all 1s ease-in-out;
  -ms-transition: all 1s ease-in-out;
  -o-transition: all 1s ease-in-out;
  -webkit-transition: all 1s ease-in-out;
  transition: all 1s ease-in-out;
}
```

Listing 9.3 CSS-Datei für das CTable Hintergrundbild

Der Selektor #myTableBackground bezieht sich auf die im HtmlFragment HTML_FRAGMENT_BEFORE_TABLE definierte ID myTableBackground. Die Eigenschaft background-image zeigt auf das anzuzeigende Bild, das wir im nächsten Schritt hochladen. Passen Sie noch den URL String hinsichtlich des Namens Ihrer Component und des Bildes an, das Sie einblenden wollen.

Die Eigenschaften `background-repeat` und `background-position` mit den gewählten Ausprägungen sorgen dafür, dass das Bild nur einmal und zentral in der Tabelle dargestellt wird. Mit der Eigenschaft `transition` wird ein Effekt ergänzt, der das Bild beim Starten der Anwendung in die `CTable` »hineinfliegen« lässt.

9. Laden Sie das gewünschte Bild und die CSS-Datei in das MIME Repository. Dieses müssen Sie zu Ihrer Component anlegen (Kontextmenü zur Component, Menüpfad ANLEGEN • MIME-OBJEKT • ANLEGEN).

10. Testen Sie Ihre Anwendung. Das Ergebnis kann sich sehen lassen (siehe Abbildung 9.12).

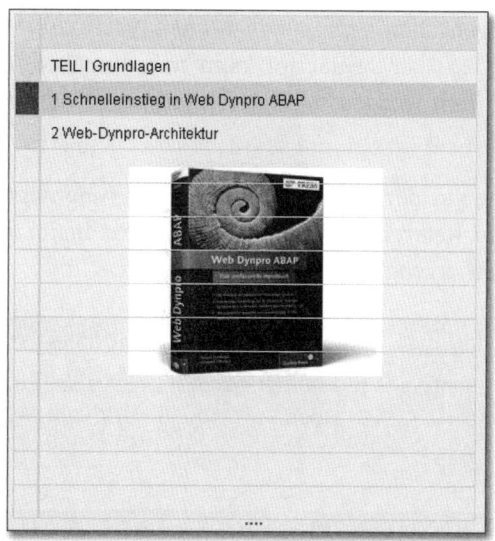

Abbildung 9.12 CTable mit Hintergrundbild

9.2.2 HtmlIsland

Mithilfe des UI-Elements `HtmlIsland` können Sie interaktive, zustandsbehaftete Inhalte in Ihre Web-Dynpro-Anwendung einbinden. Mit der Eigenschaft `staticHtml` wird der statische Inhalt an die `HtmlIsland` übergeben. Die `HtmlIsland` erzeugt HTML auf der Client-Seite, d. h., dass der Inhalt der `HtmlIsland` stabil auf der Client-Seite bleibt und nicht bei jedem Roundtrip neu erzeugt wird. Die aggregierten Elemente entsprechen denen des UI-Elements `HtmlContainer` (siehe Abschnitt 9.2.1). In den folgenden Abschnitten zeigen wir Ihnen die Verwendung der `HtmlIsland` anhand einiger Beispiele.

Interaktive Inhalte einbinden

Bei den Beispielen werden wir mit jedem Schritt mehr Interaktivität mithilfe von JavaScript einbringen. Dabei betrachten wir auch Möglichkeiten, wie die Web-Dynpro-Component mit dem JavaScript in der `HtmlIsland` und das JavaScript in der `HtmlIsland` mit der Web-Dynpro-Component kommunizieren können.

Beispiel 1: HTML-Tag <div>

Im ersten Beispiel fügen wir das HTML-Tag `<div>` ein, um die Java-Script-Verwendung in die `HtmlIsland` implementieren zu können:

1. Legen Sie in einem View ein UI-Element vom Typ `HtmlIsland` an (Namensvorschlag: HTMLI).
2. Versorgen Sie die Eigenschaft `staticHtml` mit dem Wert `<div id="myHtmlIsland"></div>`. Per JavaScript kann nun eine Referenz auf das Element ermittelt werden, z. B. durch folgende Codezeile:

   ```
   var myIsland = document.getElementById('myHtmlIsland')
   ```

Wie Sie möglicherweise aus der JavaScript-Programmierung wissen, können Sie mithilfe der Referenz auf das `<div>`-Element beliebigen HTML-Code zur Laufzeit erzeugen, ändern und löschen.

[»] **HtmlIsland konserviert Client-Zustand**

Falls Sie HTML auf der Client-Seite dynamisch erzeugen, bleibt der Code erhalten, da das Element `HtmlIsland` den Zustand auf der Client-Seite konserviert.

[!] **Auf Syntax achten**

Achten Sie darauf, dass Sie syntaxfehlerfreies HTML erzeugen. Mithilfe von `HtmlIsland` können Sie selbstständig HTML einfügen und sind daher auch für dessen Korrektheit selbst zuständig. Achten Sie insbesondere immer darauf, geöffnete Tags auch wieder zu schließen. Eine kleine Erweiterung zum in Punkt 2 genannten Beispiel wäre:

`<div id="MyHtmlIsland"><p>Hello World!</p></div>`
`<div>` wird durch `</div>` und `<p>` durch `</p>` abgeschlossen.

Beispiel 2: JavaScript-Aufruf von der Web-Dynpro-Anwendung aus

In diesem Beispiel wollen wir ein Ereignis durch die `HtmlIsland` auslösen lassen, d. h. die Kommunikation zwischen Web Dynpro und der `HtmlIsland` ermöglichen.

1. Legen Sie eine JavaScript-Datei in einem Editor Ihrer Wahl mit dem folgenden Inhalt an:
   ```
   var MyHtmlIsland = {
    makeTheCall: function (message) {
    alert(message);
    }
   };
   ```
2. Importieren Sie mithilfe des Kontextmenüs zu Ihrer Web-Dynpro-Component (Menüpfad ANLEGEN • MIME-OBJEKT • IMPORTIEREN) die JavaScript-Datei in Ihre Web-Dynpro-Component.
3. Legen Sie in einem View ein UI-Element HtmlIsland an und zu diesem ein UI-Element HtmlScript. Ordnen Sie der Eigenschaft HtmlScript.source den Namen Ihrer JavaScript-Datei zu (siehe Abbildung 9.13).

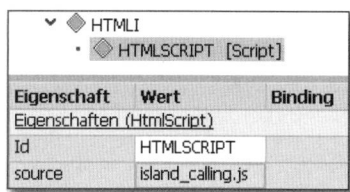

Abbildung 9.13 HtmlScript

4. Wir wollen das Auslösen des Ereignisses durch ein interaktives Element in unserem Web-Dynpro-View vornehmen. Legen Sie dazu in dem View einen Button an (Textvorschlag: »Hello Island«), dem im Ereignis onAction eine Aktion zugeordnet ist, z. B. die Aktion ISLAND_CALLING.

5. Damit die JavaScript-Funktion ausgelöst werden kann, ist es nötig, die Referenz auf die HtmlIsland zu ermitteln. Wechseln Sie dazu in die Methode wddomodifyview( ) des Views, und implementieren Sie diese so, wie in Listing 9.4 dargestellt.
   ```
   METHOD wddomodifyview.
     IF first_time = abap_true.
       wd_this->go_html_island ?= view->get_element( `HTMLI` ).
     ENDIF.
   ENDMETHOD.
   ```
   Listing 9.4 HtmlIsland-Referenz ermitteln

Das Attribut go_html_island müssen Sie in den Attributen des Views anlegen und mit CL_WD_HTML_ISLAND typisieren. Dadurch können wir dann später auf die HtmlIsland-Referenz zugreifen und diese verwenden.

6. Im nächsten Schritt implementieren wir den JavaScript-Aufruf. Wechseln Sie dazu in die Behandlermethode für die angelegte Button-Aktion, und implementieren Sie den Aufruf wie in Listing 9.5.

```
METHOD onactionisland_calling.
* JavaScript-API
  DATA lo_call TYPE REF TO if_wd_html_script_call.
* Einen neuen JavaScript-Aufruf anlegen
  lo_call = cl_wd_html_script_call=>new_call( ).
* Den Namen der Funktion angeben
  lo_call->variable( `MyHTMLIsland` )." MyHTMLIsland.
* Die Funktion angeben, die aufgerufen wird
  lo_call-
>function( `makeTheCall` ). "MyHTMLIsland.makeTheCall(
* Den Parameter der Funktion versorgen
  lo_call->add_string( `Hello!` ).
    "MyHTMLIsland.makeTheCall("Hello!");
* Aufruf!
  wd_this->go_html_island->add_script_call( lo_call ).
ENDMETHOD.
```

Listing 9.5 JavaScript-Aufruf in der HtmlIsland

Als Reaktion auf das Ereignis erhalten Sie die Meldung, die Sie in Abbildung 9.14 sehen. Der Button HELLO ISLAND und der Text HELLO WORLD! wurden in den vorangegangenen Schritten eingefügt.

Abbildung 9.14 JavaScript-Aufruf in einer HtmlIsland

Beispiel 3: Daten an das Element HtmlIsland schicken

Elementares Attribut und Liste übertragen

In diesem Beispiel wollen wir Daten aus einem Web-Dynpro-Ereignis zur HtmlIsland übertragen. Ein Ereignis kann z. B. verwendet werden, um HTML zur Laufzeit, basierend auf den übertragenen

Daten, zu erzeugen. Wir werden ein elementares Attribut und eine Liste senden.

1. Legen Sie in Ihrer Web-Dynpro-Component im View-Context das Attribut DATE vom Typ dats und den Context-Knoten BOOK (Kardinalität 0..n) mit einem Attribut CHAP vom Typ string an.

2. Setzen Sie ein Datum im Attribut DATE, und befüllen Sie die Liste BOOK mit einigen Werten.

3. Für die Übergabe der Daten an die Island müssen wir nun die Datenstruktur in der HtmlIsland aufbauen. Legen Sie dazu einen JsonParameter in der HtmlIsland für das Attribut DATE an. Vergeben Sie für die Eigenschaft JsonParameter.name den Wert date und für die Eigenschaft representation den Wert json, und binden Sie die Eigenschaft value an das Context-Attribut <View>.DATE. Damit haben Sie die Attributbindung abgeschlossen.

4. Für die Übergabe von Daten aus einem Knoten mit Kardinalitätsobergrenze n müssen Sie in der HtmlIsland eine JsonDataSource anlegen. Die Eigenschaft JsonDataSource.dataSource binden Sie an den Knoten BOOK und vergeben einen Namen für den Knoten mithilfe der Eigenschaft name. Unser Context-Knoten besitzt nur ein Attribut CHAP. Legen Sie für dieses Attribut einen JsonParameter in der JsonDataSource an, geben diesem einen Namen über die Eigenschaft name, vergeben Sie für die representation den Wert json, und binden Sie die Eigenschaft value an das Context-Attribut <View>.BOOK.CHAP. Damit ist die Definition der Datenstruktur für das Element HtmlIsland abgeschlossen.

Damit der Transport der Daten ausgelöst werden kann, legen Sie einen neuen Button im View an (Textvorschlag: »Send Book«) und ergänzen eine Aktion zum Ereignis onAction des Buttons. Wechseln Sie dann in die Aktionsbehandler-Methode, und implementieren Sie diese wie in Listing 9.6.

Datentransport

```
METHOD onactionsend_book.
* Datum senden
  wd_this->go_html_island->add_script_call(
  cl_wd_html_script_call=>new_call(
  )->variable( `MyHTMLIsland`
  )->function( `makeTheCall`
  )->add_ui_elem_parameter( `date` )
  ).
ENDMETHOD.
```

Listing 9.6 Elementare Daten an eine HtmlIsland senden

Beachten Sie den Aufruf `add_ui_elem_parameter( )`. Dieser bezieht sich namentlich auf den angelegten `JsonParameter`, um diesen an den Funktionsaufruf zu übergeben. In Abbildung 9.15 sehen Sie das Ergebnis der Implementierungen. Wird der Button angeklickt, wird ein Pop-up-Fenster mit dem Datumswert aus dem Context der Web-Dynpro-Component angezeigt.

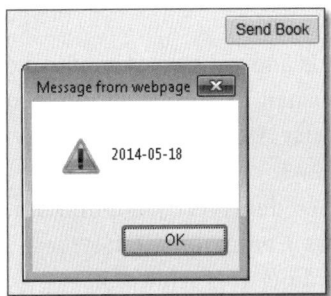

Abbildung 9.15 Datum an die HtmlIsland übergeben

Um die Elemente aus dem Context-Knoten `BOOK` an die JavaScript-Funktion übergeben zu können, müssen Sie die JavaScript-Implementierung noch mit dem Code aus Listing 9.7 erweitern. Die neue Funktion `printList` ermittelt die Referenz auf die `HtmlIsland` bzw. das HTML-Element `<div>`, das wir definiert haben. Anschließend legt `printList` für jeden Eintrag im Parameter `array` ein p-Element (HTML-Tag `<p>`) an, fügt in das p-Element den Text aus dem Array ein und ergänzt das p-Element zum Element `<div>`. Auf diese Weise wird die Liste aufgebaut.

```
var MyHTMLIsland =
{
   makeTheCall : function (message)
   {
      alert(message);
   }
   ,
   printList : function (array)
   {
      var div = document.getElementById('MyHtmlIsland'),
      p,
      i,
      max = array.length;
```

```
        for(i = 0; i < max; i += 1)
        {
            p = document.createElement('p');
            p.appendChild(document.createTextNode(array[i].
            chap));
            div.appendChild(p);
        }
    }
}
;
```

Listing 9.7 Liste im HTML mit der Funktion printList dynamisch aufbauen

Das Senden der Liste können Sie in dieselbe Aktionsbehandler-Methode verlegen, in der Sie das Datum (DATE) senden (siehe Listing 9.8).

Liste senden

```
METHOD onactionsend_book.
* Datum senden
  wd_this->go_html_island->add_script_call(
  cl_wd_html_script_call=>new_call(
  )->variable( `MyHTMLIsland`
  )->function( `makeTheCall`
  )->add_ui_elem_parameter( `date` )
  ).
* Elemente des Context-Knotens BOOK senden
  wd_this->go_html_island->add_script_call(
  cl_wd_html_script_call=>new_call(
  )->variable( `MyHTMLIsland`
  )->function( `printList`
  )->add_ui_elem_data_source( `book` )
  ).
ENDMETHOD.
```

Listing 9.8 Liste an das UI-Element HtmlIsland schicken

In Listing 9.8 ist wiederum eine neue Funktion erwähnenswert, nämlich die Funktion add_ui_elem_data_source, über die Sie den Bezug zu einem Context-Knoten mithilfe der Eigenschaft HtmlJson-DataSource, in unserem Beispiel zum Context-Knoten BOOK, herstellen. So übergeben Sie die Daten an die Funktion printList. In Abbildung 9.16 sehen Sie die dynamisch mittels JavaScript erzeugten Texte (unterhalb von HELLO WORLD!).

9 | Integration komplexer UI-Elemente und Components

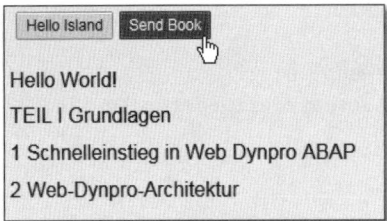

Abbildung 9.16 Dynamische Liste mit einer HtmlIsland

Beispiel 4: Web-Dynpro-Ereignis aus dem Browser aufrufen

Browserseitige Implementierungsschritte

In unserem letzten Beispiel wollen wir vom Browser aus, also aus einem JavaScript in der HtmlIsland, ein Ereignis in Web Dynpro auslösen. Damit stoßen Sie eine Verarbeitung in der Web-Dynpro-Component an. Dazu benötigen wir zunächst ein Element im HTML, das ein Ereignis auslösen kann, z. B. einen Button.

1. Wechseln Sie in Ihre JavaScript-Implementierung, und ergänzen Sie die Funktion addCallback, die einen Button erzeugt und ein Ereignis auslösen kann (siehe Listing 9.9):

```
var MyHTMLIsland =
{
  makeTheCall : function (message)
  {
    alert(message);
  }
  ,
  printList : function (array)
  {
    var div = document.getElementById('MyHtmlIsland'),
    p,
    i,
    max = array.length;

    for(i = 0; i < max; i += 1)
    {
      p = document.createElement('p');
      p.appendChild(document.createTextNode(array[i].
      chap));
      div.appendChild(p);
    }
  }
  ,
```

9.2 HtmlContainer und HtmlIsland

```
  addCallback : function (callback)
  {
    var div = document.getElementById('MyHtmlIsland'),
    input = document.createElement('input');
    input.type = 'button'
    input.value = 'Web Dynpro Calling';
    input.onclick = function ()
    {
       callback.fireEvent('Event', ' Hello Web Dynpro! I'm
  from Island!');
    }
    ;
    div.appendChild(input);
  }
}
;
```

Listing 9.9 addCallback für HtmlIsland

Der Funktion `addCallback` wird das Objekt `callback` übergeben, das es ermöglicht, ein Ereignis auszulösen, das wiederum ein Web-Dynpro-Ereignis aktiviert. In der Funktion `addCallback` wird dynamisch ein Button erzeugt (`input = document.createElement('input');`), der, wenn er angeklickt wird (`input.onclick = function ()`), mit `callback.fireEvent` das Ereignis auslöst und das serverseitig betroffene Ereignis »Event« (`HtmlEvent`) sowie den Text »Hello Web Dynpro! I´m from Island!« (Parameter der Aktionsbehandler-Methode) übergibt.

2. Nun müssen Sie noch das Erzeugen des Buttons, das durch die JavaScript-Funktion `addCallback` durchgeführt wird, in der `HtmlIsland` anstoßen. Wechseln Sie dazu in die Methode `wddomodify( )` des Views, und ergänzen Sie den Aufruf der `addCallback`-Funktion (siehe Listing 9.10).

```
METHOD wddomodifyview.
   IF first_time = abap_true.
* Referenz auf die HtmlIsland ermitteln
     wd_this->go_html_island ?= view->get_
element( `HTMLI` ).
* Callback-Funktion registrieren
     wd_this->go_html_island->add_script_call(
     cl_wd_html_script_call=>new_call( )->
     variable( `MyHTMLIsland`
     )->function( `addCallback`
```

813

9 | Integration komplexer UI-Elemente und Components

```
            )->add_callback_api( ) ).
        ENDIF.
    ENDMETHOD.
```

Listing 9.10 Funktion addCallback für das UI-Element HtmlIsland

Empfängerseitige Implementierungsschritte

Nun ist noch einiges auf der empfangenden Seite zu tun, nämlich im Web-Dynpro-View. Legen Sie dort zum `HtmlIsland` ein View-Element `HtmlEvent` an (Kontextmenüeintrag EVENT EINFÜGEN). Vergeben Sie für die Eigenschaft `name` den gleichen Wert, den Sie in der JavaScript-Implementierung der Funktion `addCallback` vergeben haben, in unserem Beispiel war das der Wert `'Event'`. Legen Sie auch eine Aktion für das Ereignis `onAction` an (siehe Abbildung 9.17). Achten Sie darauf, dass bei der Anlage der Aktion der aktionsspezifische Parameter (DATA) mit in der Schnittstelle der Aktionsbehandler-Methode erzeugt wird.

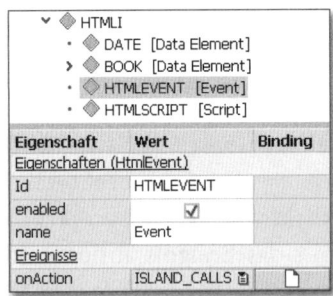

Abbildung 9.17 Aktionsbehandler-Registrierung für das Ereignis ISLAND_CALLS in der HtmlIsland

Aktionsbehandlung

Implementieren Sie nun die Reaktion in der Aktionsbehandler-Methode (siehe Listing 9.11).

```
METHOD onactionisland_calls.
  wd_this->wd_get_api( )->get_message_manager( )->report_message(
      EXPORTING
        message_text = data    " Meldungstext
  ).
ENDMETHOD.
```

Listing 9.11 Aktionsbehandler für das Ereignis ISLAND_CALLS in der HtmlIsland

Wenn Sie nun die Web-Dynpro-Anwendung starten, wird bei einem Klick auf den Button WEB DYNPRO CALLING die Nachricht, die aus der `HtmlIsland` stammt, ausgegeben (siehe Abbildung 9.18).

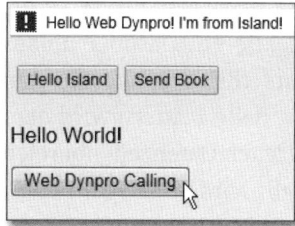

Abbildung 9.18 Das Ereignis aus der HtmlIsland wird in der Web-Dynpro-Anwendung behandelt.

9.3 Table

In diesem Abschnitt schildern wir die grundsätzlichen Eigenschaften des komplexen und flexibel einsetzbaren UI-Elements Table. Es dient dazu, Daten zweidimensional in Tabellenzellen darzustellen, die in Zeilen und Spalten angeordnet sind. Wir werden diesen Abschnitt mit der Beschreibung der Grundelemente und Grundfunktionen der Table beginnen und dann alle Elemente im Detail besprechen. In Abbildung 9.19 sehen Sie den Aufbau einer einfachen Table.

Zeilen-/Spaltendarstellung

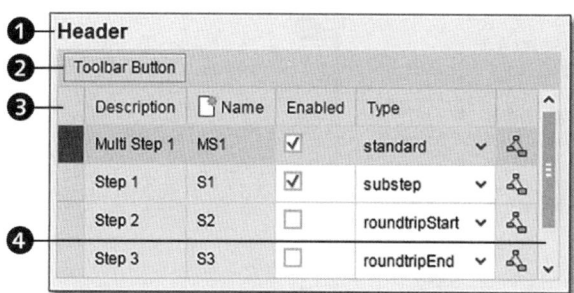

Abbildung 9.19 Einfache Tabelle

Eine Tabelle hat eine optionale Tabellenüberschrift (Caption ❶), die aus einem Text und einem Bild bestehen kann. Unter der Tabellenüberschrift kann optional eine Toolbar ❷ eingefügt werden, in der benutzerspezifische Funktionen aufgerufen werden können. Im Detailbereich der Tabelle werden die Datenzeilen spaltenorientiert dargestellt. Die einzelnen Datenspalten besitzen optionale Überschriften, die mit einem Bild versehen werden können.

Tabellenaufbau

Der Benutzer hat die Möglichkeit, über die Markierspalte ❸ keine, einzelne oder mehrere Datenzeilen zu selektieren. Darüber hinaus kann der Benutzer über eine Bildlaufleiste (Blätterspalte ❹) den Inhalt des darstellbaren Bereichs verändern. Beim Blättern wird dem Benutzer über einen Tooltip angezeigt, welcher Datenzeilenbereich nach dem Loslassen der Maustaste dargestellt wird.

[+] **Scroll-Art einstellen**

Für den SAP NetWeaver Application Server können Sie die Art einstellen, wie in der Tabelle gescrollt werden soll. Dazu können Sie z. B. den Anwendungsparameter WDTABLENAVIGATION auf den Wert SCROLLBAR setzen, um eine Bildlaufleiste anzuzeigen.

Zusammengesetztes UI-Element

Das UI-Element Table gehört, wie z. B. auch das UI-Element Tree, zu den sogenannten *zusammengesetzten* UI-Elementen. Die zusammengesetzten UI-Elemente werden im View-Editor hierarchisch dargestellt (siehe Abbildung 9.20).

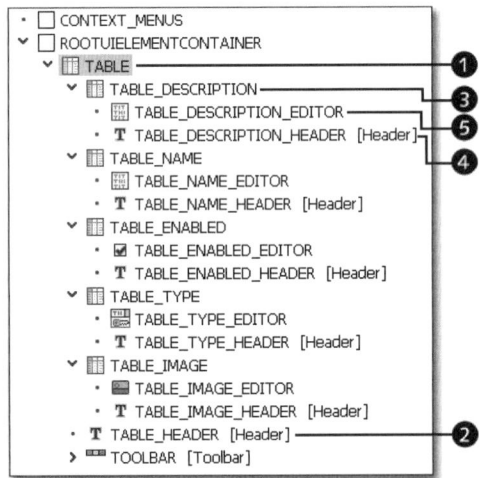

Abbildung 9.20 UI-Elemente-Hierarchie für eine Tabelle

UI-Elemente-Hierarchie für die Table

Das in der Hierarchie höchste Element ist das UI-Element Table ❶. Dieses kann als untergeordnetes Element ein UI-Element Caption ❷ zur Darstellung einer Tabellenüberschrift besitzen. Darüber hinaus befinden sich unter dem UI-Element Table weitere zusammengesetzte UI-Elemente, die z. B. vom Typ TableColumn sind ❸. Diese TableColumn-Elemente haben als Unterelemente eine optionale Caption, die für die Darstellung der Spaltenüberschrift zuständig ist ❹, und einen sogenannten *Zelleneditor* ❺. Die Bezeichnung Zelleneditor steht für eine Menge von UI-Elementen, die für die Darstellung von Zelleninhalten verwendet werden können. Die Wahl des Zelleneditors wird sich danach richten, welcher Typ von Information darzustellen ist, z. B. ein Text (UI-Element `TextView`), eine Auswahlliste (UI-Element `DropDownByKey`) oder eine Bildinformation (UI-Element `Image`). Außerdem kann die Auswahl der UI-Elemente durch die Frage der Eingabebereitschaft beeinflusst werden.

9.3.1 Einfache Tabelle anlegen

Für die Anlage einer Tabelle stehen Ihnen prinzipiell drei Möglichkeiten zur Verfügung, wobei zwei dieser Möglichkeiten während der Entwicklungszeit durchgeführt werden und die dritte während der Laufzeit: *[Anlagemöglichkeiten]*

- **Manuell**
  Die Tabelle und all ihre Unterelemente werden manuell im View-Editor definiert.

- **Web-Dynpro-Code-Wizard**
  Eine Tabelle kann mit dem Web-Dynpro-Code-Wizard und dem Template `Table` angelegt werden. Dabei wird durch die Selektion eines Context-Knotens im Wizard das Data Binding durchgeführt, und die Spalten werden passend zu den Attributen eingerichtet.

- **Methode**
  Für die dynamische Erzeugung, d. h. die Erzeugung während der Laufzeit, einer einfachen Tabelle steht die öffentliche statische Methode `cl_wd_dynamic_tool=>create_table_from_node( )` zur Verfügung.

Wir sehen uns im Folgenden die manuelle Anlage einer Tabelle genauer an. Die beiden anderen Varianten sind nach dem Verständnis der manuellen Anlage selbsterklärend.

Bevor Sie mit der manuellen Anlage einer Tabelle beginnen können, müssen Sie einen passend attribuierten Knoten im Context definieren (siehe Abbildung 9.21). Mit passend meinen wir, dass die Eigenschaft KARDINALITÄT die Ausprägung `0..n` oder `1..n` besitzt. Diese Eigenschaft steuert die Anzahl der möglichen Elemente zu einem Knoten. Jedes Element entspricht in der Folge einer Datenzeile in der darzustellenden Tabelle. *[Kardinalität]*

Abbildung 9.21 Attribuierungen eines Context-Knotens für die Tabelle

Selection
Eine weitere Attribuierung zum Context-Knoten ist die Eigenschaft SELECTION. Diese besitzt die gleichen Ausprägungen wie die Eigenschaft KARDINALITÄT (0..1, 1..1, 0..n, 1..n) und steuert, wie viele Einträge in der Tabelle durch den Benutzer selektiert werden können und müssen.

Lead-Selection
Die Selektion einer Zeile wird einerseits durch die Lead-Selection bestimmt, da für diese die zugehörige Datenzeile in der Tabelle optisch hervorgehoben wird. Dies ist speziell dann der Fall, wenn die Initialisierung der Lead-Selection gesetzt wurde. Andererseits kann der Benutzer mit den Tasten ⇧ oder Strg und Klicks mehrere Datenzeilen selektieren. Dem Benutzer wird seine Selektion durch eine oder mehrere optisch hervorgehobene Zeile(n) angezeigt.

Manuelle Anlage
Nachdem die Einstellungen im Context vorgenommen und überprüft wurden, kann die Tabelle im View-Editor angelegt werden. Dazu gehen Sie wie bei anderen UI-Elementen vor: Im View-Editor erzeugen Sie über das Kontextmenü auf einem Container-Element ein neues UI-Element vom Typ Table. Das Ergebnis der Anlage sehen Sie in Abbildung 9.22. Das UI-Element Table, das Sie über das Kontextmenü eingefügt haben – dieses können Sie natürlich auch per Drag & Drop aus der UI-Kategorie complex im View Designer übernehmen –, wird mit der Tabellenüberschrift vom Typ Caption generiert. Die Überschrift ist optional und kann entfernt werden. Falls Sie diese jedoch verwenden, können Sie dort einen Überschriftentext (Eigenschaft text) und ein Überschriftenbild (Eigenschaften imageFirst und imageSource) definieren.

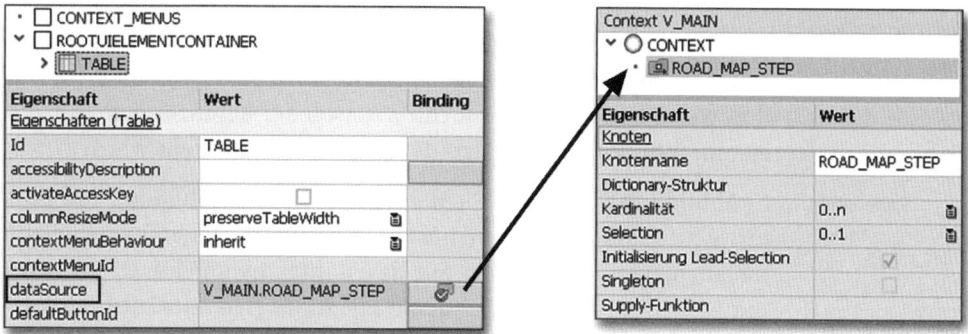

Abbildung 9.22 Anlegen des UI-Elements Table

Ein kurzer Blick auf die Eigenschaften des UI-Elements Table zeigt, dass Sie hier eine Vielzahl von Einstellungsmöglichkeiten haben. Die Primäreigenschaft, die Sie setzen müssen, um der Table mitzuteilen, welcher Context-Knoten die darzustellenden Daten hält, ist dataSource. Mithilfe dieser Eigenschaft wird über Data Binding der Bezug zum Context-Knoten hergestellt. Damit ist die Datenbasis für die Tabelle definiert. Erläuterungen zu den anderen Eigenschaften finden Sie in Abschnitt 9.3.2.

Die Darstellung der Daten in der Tabelle wird nach Zeilen und Spalten organisiert. Das UI-Element Table benötigt zur Darstellung der Daten mindestens ein UI-Element TableColumn, das an eines der Attribute des Tabellen-Context-Knotens gebunden wird. Dabei kann jedes Attribut mit skalarem (einfachem) Typ verwendet werden. Für jede auszugebende Spalte muss hierarchisch unterhalb des UI-Elements Table ein UI-Element TableColumn eingefügt (aggregiert) werden, das auch als *Header* bezeichnet wird (siehe Abbildung 9.20).

TableColumn

Das UI-Element Table können Sie über sein Kontextmenü im View-Editor einfach anlegen. Der Menüeintrag TABELLENSPALTE EINFÜGEN sorgt für die Anlage der TableColumn (in unserem Beispiel mit der ID TABLE_DESCRIPTION) und einer optionalen Spaltenüberschrift vom Typ Caption (in unserem Beispiel mit der ID TABLE_DESCRIPTION_HEADER), die auch als *Header* bezeichnet wird. Die typischen Schritte nach der Anlage einer Spalte sind die Änderung der ID der TableColumn und der Caption. Der Caption können Sie wieder einen Text und ein Bild zuordnen.

TableColumn anlegen

Für die Anzeige der Daten in einer Spalte ist der Zelleneditor verantwortlich. Dieser ist wiederum ein Unterelement des UI-Elements

Zelleneditor

TableColumn (in unserem Beispiel mit der ID TABLE_DESCRIPTION_
EDITOR). Der Typ des Zelleneditors richtet sich nach der konkreten
Anforderung, die an die Spalte gestellt wird. Sollen die Daten verändert werden können oder nicht? Wie soll der Benutzer damit interagieren? Wie sollen die Daten dem Benutzer dargestellt werden?

Zelleneditor anlegen
In Abbildung 9.23 sehen Sie die Schritte für die Abbildung von Context-Attributen zu UI-Elementen in der Tabelle. Um einen Zelleneditor anzulegen, verwenden Sie das Kontextmenü des UI-Elements TableColumn. Über den Menüeintrag CELL-EDITOR EINFÜGEN wird das bekannte Anlagefenster für UI-Elemente mit einer Untermenge der UI-Elemente geöffnet, die Sie als Zelleneditor einsetzen können. Für Textanzeigen wird im Allgemeinen das UI-Element TextView (❶, in unserem Beispiel mit der ID TABLE_NAME_EDITOR) eingesetzt und für Bilder das UI-Element Image (❷, in unserem Beispiel mit der ID TABLE_IMAGE_EDITOR).

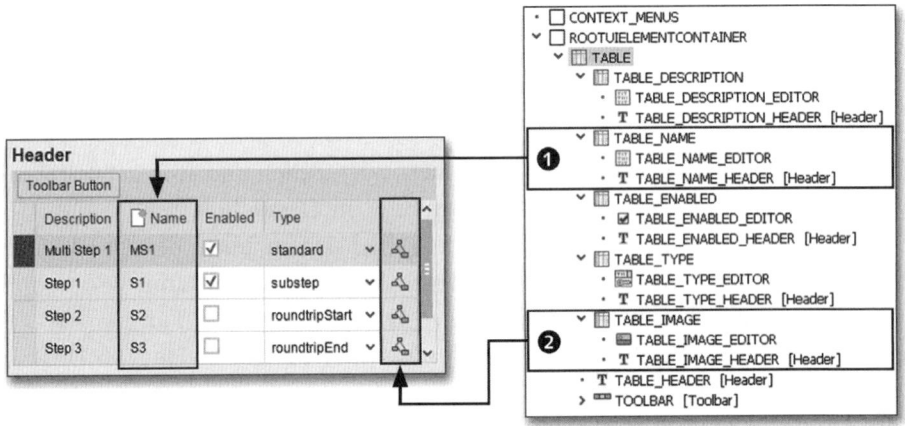

Abbildung 9.23 Zelleneditoren und Spaltenüberschriften im UI-Element Table

Eigenschaften
Nachdem der Zelleneditor definiert wurde, müssen Sie die Daten aus dem Context noch durch Data Binding an den Zelleneditor binden. Für das UI-Element TextView setzen Sie dies über die Eigenschaft text um. In bekannter Manier binden Sie die UI-Eigenschaft an ein Attribut aus der Menge der Attribute zum Context-Knoten, den Sie als Datenquelle für die Tabelle definiert haben.

Spaltenüberschrift
Die Spaltenüberschrift ist optional. Für die TableColumn, die das UI-Element Image als Zelleneditor besitzt, haben wir keine Spaltenüberschrift definiert. Dies äußert sich in der Visualisierung dadurch, dass kein Text und keine Grafik über der Spalte erscheinen.

Für die Tabellenspalte mit dem Namen `TABLE_NAME` wurde eine Überschrift definiert, die auch in der Visualisierung angezeigt wird. Für den Inhalt der Überschrift wurde dabei entweder der Text der Überschrift explizit in der Eigenschaft `text` des UI-Elements `Caption` hinterlegt oder durch den Bezug zum UI-Element `TextView`. Der Bezug ergibt sich dadurch, dass die `Caption` derselben `TableColumn` zugeordnet ist wie der `TextView`. Falls die Typisierung des Context-Attributs zum `TextView` durch ein Datenelement aus dem ABAP Dictionary erfolgt, können von diesem die Feldbezeichner übernommen werden. Die manuelle Definition der Spalten der Tabelle müssen Sie für alle gewünschten Attribute aus dem Context-Knoten wiederholen, die für die Anzeige benötigt werden.

Text ermitteln

Neben diesen allgemeinen Funktionen, die wir jetzt in einem ersten einfachen Beispiel beschrieben haben, kann eine `Table` auch wesentlich komplexere Features enthalten. Die Einträge der folgenden Liste werden entweder in den genannten Abschnitten oder in den folgenden Abschnitten dieses Kapitels genau erklärt:

Features

- Drag & Drop (siehe Kapitel 5, »Drag & Drop für UI-Elemente«)
- Selektion und Selektionsspalte
- Selektions- und Hierarchiemenü
- Hierarchien durch Master-Spalten
- Pop-ins (auf Zellen- und Zeilenebene)
- Überschriftengruppierung
- Zeilengruppierung
- Spalten-Scrolling
- Varianten
- Sortierung und Filterung von Spalten
- Summierung (die Summierung steht jedoch nur für die Integration des SAP List Viewers zur Verfügung)

9.3.2 Eigenschaften

In Abbildung 9.24 sehen Sie die Eigenschaften des UI-Elements `Table`. Neben den Eigenschaften, die alle UI-Elemente gemeinsam haben (siehe Abschnitt 4.1, »Eigenschaften für alle UI-Elemente«), besitzt das UI-Element `Table` die Eigenschaften `accessibilityDescription` (siehe Abschnitt 4.5.3, »DateNavigator«), `activate-`

AccessKey (siehe Abschnitt 4.2.2, »InputField«), dataSource (siehe Abschnitt 4.2.8, »FormattedTextView«), handleHotkeys (siehe Abschnitt 3.1.1, »Hierarchische Struktur von UI-Elementen in Views«), legendId (siehe Abschnitt 4.5.4, »Legend«) und selectionChangeBehaviour (siehe Abschnitt 4.10, »PanelStack«). Weitere Eigenschaften des UI-Elements behandeln wir in den folgenden Abschnitten. Sie sind in Abbildung 9.24 markiert.

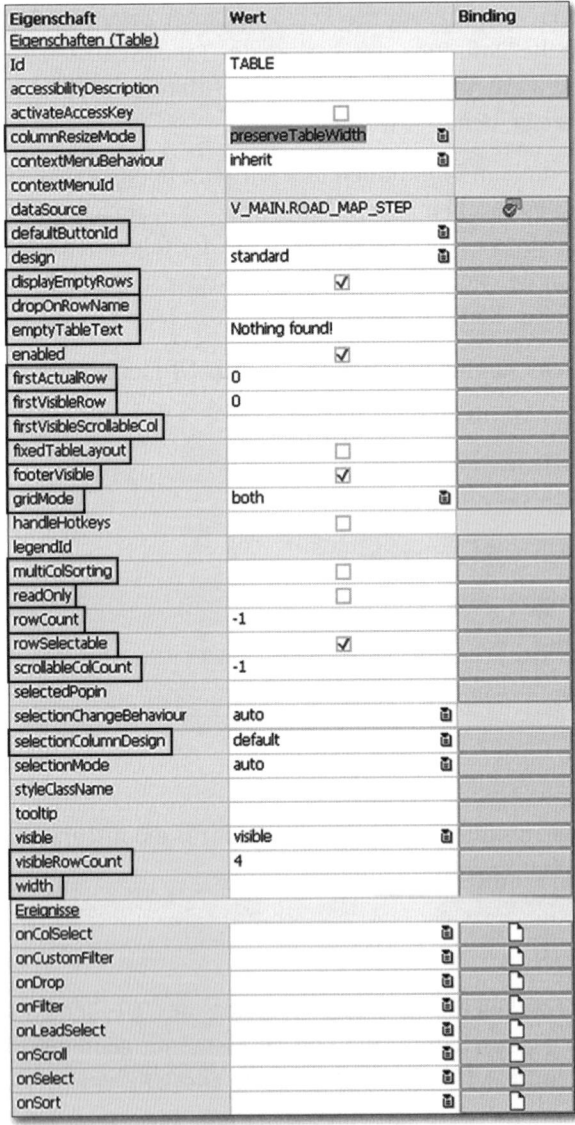

Abbildung 9.24 Eigenschaften Table

columnResizeMode

Mit der Eigenschaft `columnResizeMode` können Sie das Verhalten der Tabelle bei einer Veränderung der Spaltenbreite mithilfe des Mauszeigers definieren. Die Voraussetzung für die Verwendung dieser Eigenschaft ist es, dass die Personalisierung aktiviert ist und dass der Anwendungsparameter `WDUIGUIDELINE` den Wert `GL20` besitzt. In Tabelle 9.4 haben wir die möglichen Werte und deren Beschreibungen zusammengefasst.

Wert	Beschreibung
`preserveOtherColumnWidths`	▸ Voraussetzung: Die Eigenschaft `Table.width` muss angegeben sein, und alle Spaltenbreiten (`TableColumn.width`) müssen absolut gesetzt sein. ▸ Auswirkung: Bei Veränderung der Spaltenbreite werden die Breiten der anderen Spalten nicht beeinflusst. ▸ Nebenbedingungen: Wenn die Summe der Spaltenbreiten größer als die Tabellenbreite ist, wird ein horizontaler Scroll-Balken eingeblendet. ▸ Die Eigenschaften `Table.scrollableColCount` und `Table.firstVisibleScrollableCol` können nicht benutzt werden.
`preserveTableWidth`	Durch das Ändern einer Spaltenbreite werden auch die anderen Spaltenbreiten beeinflusst.

Tabelle 9.4 Eigenschaft columnResizeMode

defaultButtonId

Die Eigenschaft `defaultButtonId` enthält die ID eines `ToolBarButton` der Toolbar der `Table`, der als Default-Button der `Table` gesetzt wird. Drückt der Benutzer in einem (`ToolBar.`)`InputField` in einer `Table` die ⏎-Taste, wird die Aktionsbehandler-Methode dieses Buttons aufgerufen.

design

Die Eigenschaft design steuert, wie der Datenbereich der Tabelle dargestellt wird (siehe Abbildung 9.25 und Tabelle 9.5).

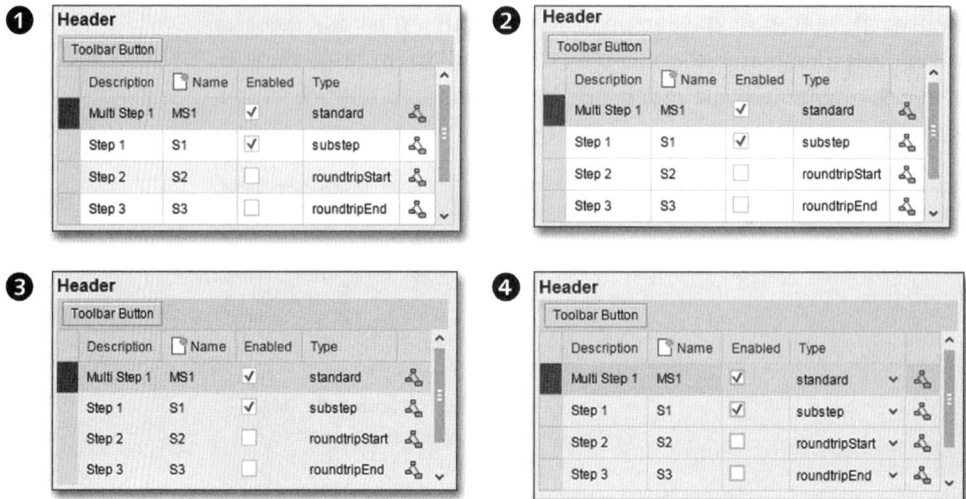

Abbildung 9.25 Eigenschaft design

Wert	Beschreibung
alternating ❶	Mit dem Wert alternating definieren Sie in Weiß und Blau alternierende Zeilen, die nur dann dargestellt werden, wenn die Eigenschaft readOnly den Wert abap_true besitzt.
standard ❷	Wenn Sie den Wert standard setzen, wird der Standard-Tabellenhintergrund verwendet. Der Hintergrund der Table wird einheitlich mit einer Farbe angezeigt, und die einzelnen Zellen werden mit Gitternetzlinien dargestellt.
transparent ❸	Wenn Sie den Wert transparent verwenden, ist der Hintergrund der Table transparent, und die einzelnen Zellen werden ohne Gitternetzlinien dargestellt.
transparentWithGrid ❹	Wenn Sie den Wert transparentWithGrid verwenden, ist der Hintergrund der Table transparent, und die einzelnen Zellen werden mit Gitternetzlinien dargestellt.

Tabelle 9.5 Ausprägungen der Eigenschaft design

displayEmptyRows

Die Eigenschaft `displayEmptyRows` steuert für den Wert `abap_true` (❶ in Abbildung 9.26), ob immer eine fixe Anzahl von Zeilen angezeigt wird, auch wenn die Anzahl der Zeilen mit Inhalt kleiner ist als der Wert, der in der Eigenschaft `visibleRowCount` vorgegeben wurde. Der Wert `abap_false` ❷ legt fest, dass nur die Zeilen mit Inhalt angezeigt werden, unabhängig von dem Wert, der in der Eigenschaft `visibleRowCount` hinterlegt ist. Dies kann natürlich zu einer Reduktion der Höhe des Datenbereichs in der `Table` führen.

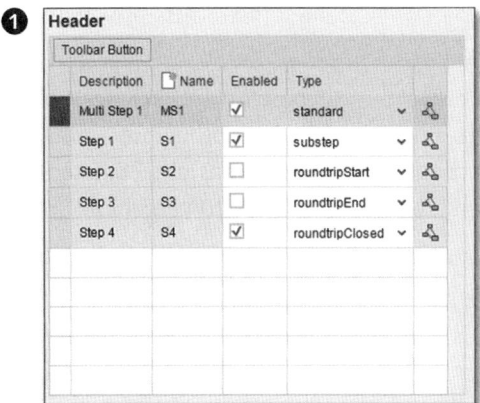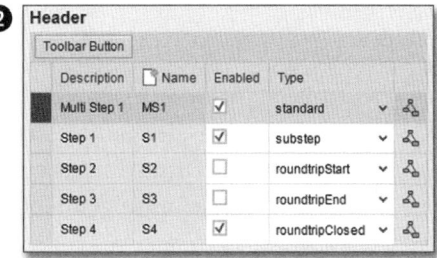

Abbildung 9.26 Eigenschaften visibleRowCount und displayEmptyRows

dropOnRowName

Die Eigenschaft `dropOnRowName` enthält den Namen der `DropTargetInfo`, die den Drop auf `Table`-Zeilen festlegt. Ist der Wert initial, ist kein Fallenlassen auf eine Zeile möglich. Entspricht der Wert dem Namen einer `DropTargetInfo`, legt diese `DropTargetInfo` den Drop auf `Table`-Zeilen fest (siehe auch Kapitel 5, »Drag & Drop für UI-Elemente«).

emptyTableText

Die Eigenschaft `emptyTableText` definiert den Text, der angezeigt wird, falls keine Daten zur Visualisierung vorliegen.

firstActualRow

Die Eigenschaft `firstActualRow` ist deprecated. Mit dieser Eigenschaft legen Sie den Offset der tatsächlich im Context vorhandenen

Daten mit Bezug zu einer Datenquelle fest (siehe auch Abschnitt 3.2.7, »MultiPane«, in dem die Verwendung der Eigenschaft firstActualPane erläutert wird, die der Eigenschaft firstActualRow entspricht).

Die Verwendung dieser Eigenschaft im Kontext der Performance-Optimierung hat ihre Berechtigung. Setzen Sie sie ein, wenn Sie mit Tabellen mit extrem großem Datenaufkommen arbeiten. Beachten Sie auch, dass diese Eigenschaft für die Aggregate TreeByKeyTableColumn bzw. TreeByNestingTableColumn nicht zulässig ist.

firstVisibleRow

Mit der Eigenschaft firstVisibleRow geben Sie an, welches Collection-Element als erste Zelle angezeigt werden soll. Diese Zahl kann als Offset interpretiert werden. Falls Sie z. B. das elfte Element als erstes anzeigen möchten, müssen Sie den Wert 10 vergeben.

Liegt die firstVisibleRow außerhalb der tatsächlich vorhandenen Datensätze, wird die »erste sichtbare Zeile« intern so neu berechnet, dass möglichst viele Zeilen am Ende des Datenbestands sichtbar werden. Der Wert wird jedoch nicht in das UI-Element zurückgeschrieben. Ist die Zeile zwar in den Datensätzen vorhanden, reichen die folgenden Datensätze jedoch nicht aus, um alle Zeilen aufzufüllen, werden für die fehlenden Datensätze leere Zeilen angezeigt. Eine Korrektur der »ersten sichtbaren Zeile« wird hier nicht vorgenommen (siehe auch Abschnitt 3.2.7, »MultiPane«, in dem die Verwendung der Eigenschaft firstVisiblePane erläutert wird, die der Eigenschaft firstVisibleRow entspricht).

firstVisibleScrollableCol

Mit der Eigenschaft firstVisibleScrollableCol legen Sie die erste sichtbare scrollbare Spalte der Table fest. Der Wert der Eigenschaft entspricht der ID der jeweiligen Spalte.

fixedTableLayout

Die Eigenschaft fixedTableLayout definiert für den Wert abap_true, dass die Breite jeder Spalte der Tabelle fix vorgegeben ist und ein zu großer Inhalt rechts abgeschnitten wird. Die Vorgabe ergibt sich aus den Breiten, die bei den einzelnen Spalten eingestellt werden. Der Wert `abap_false` definiert, dass die Breite einer Spalte so wie angegeben ist, oder, falls der Platz nicht ausreicht, der Breite des breitesten Zelleneditors entspricht.

Bei Verwendung der Eigenschaft `scrollableColCount` mit einem Wert von –1 (alle Spalten sind sichtbar) sollte `fixedTableLayout` den Wert `abap_true` erhalten. Weitere Informationen zu dieser Eigenschaft finden Sie in SAP-Hinweis 1253282.

footerVisible

Die Eigenschaft `footerVisible` wird bis einschließlich Release 7.0 EHP 2 zwar angeboten, aber nicht ausgewertet und hat somit keine Auswirkungen.

gridMode

Mit der Eigenschaft `gridMode` können Sie die Anzeige der Gitterlinien in der `Table` steuern. Die möglichen Werte finden Sie in Tabelle 9.6. In Abbildung 9.27 sehen Sie die zu den Ausprägungen passenden Visualisierungen.

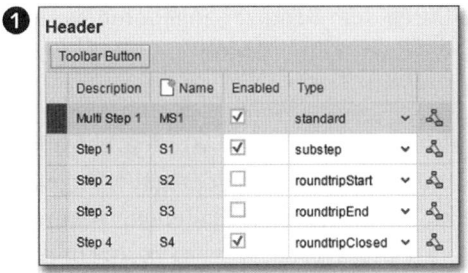
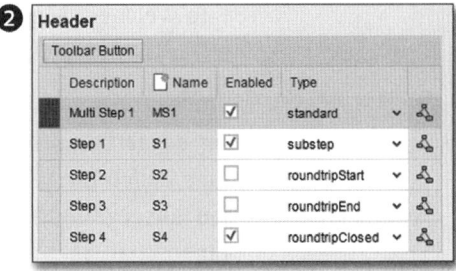
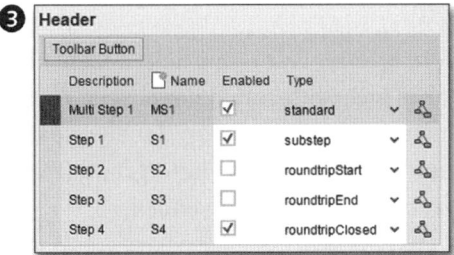
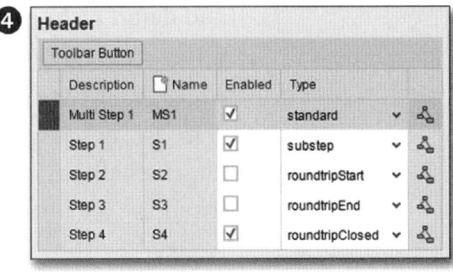

Abbildung 9.27 Eigenschaft gridMode

Wert	Beschreibung
❶ both	Horizontale und vertikale Linien werden angezeigt.
❷ horizontal	Horizontale Linien werden angezeigt.
❸ none	Die Table besitzt keine Trennlinien.
❹ vertical	Vertikale Linien werden angezeigt.

Tabelle 9.6 Eigenschaft gridMode

multiColSorting

Mit der Eigenschaft multiColSorting aktivieren Sie die Fähigkeit, mehrere Spalten sortieren zu können. Der Benutzer kann mit gedrückter [Strg]-Taste und einem Klick auf den Header der gewünschten Tabellenspalte mehrere Spalten zum Sortieren auswählen. Die [Strg]-Taste muss beim Auswählen gedrückt bleiben. Die Voraussetzung für diese Eigenschaft ist, dass dem Ereignis onSort eine Aktion zugeordnet und die Auswählbarkeit der TableColumn-Elemente in deren Eigenschaften definiert wurde.

readOnly

Mithilfe der Eigenschaft readOnly können Sie für die Table definieren, in welchem Modus die Daten dem Benutzer angeboten werden. Die Table unterscheidet zwischen editierbarem und Nur-Lesen-Modus:

- Im editierbaren Modus (Wert = abap_false) werden eingabefähige Zellen mit weißem Hintergrund und nicht eingabefähige Zellen ausgegraut dargestellt. Eingabefähig sind Zellen, wenn die Eigenschaft enabled der Table den Wert abap_true besitzt und der darin befindliche TableCellEditor an sich eingabefähig enabled und damit nicht readOnly ist.

- Im Nur-Lesen-Modus (Wert = abap_true) sind alle Zellen nicht eingabefähig. Sie werden aber nicht ausgegraut dargestellt. Außerdem ist es möglich, semantische Farben für Tabellenspalten (Eigenschaft cellDesign) und alternierenden Hintergrund (Eigenschaft design mit Wert = alternating) zu verwenden.

  Das Setzen auf den Nur-Lesen-Modus hat Auswirkungen auf die Darstellung von UI-Elementen, die als Zelleneditoren für die

Tabellenspalten verwendet werden können. Die UI-Elemente `InputField`, `DropDownByIndex` und `DropDownByKey` werden als Text visualisiert. Daher ist auch keine Werteliste verfügbar. `CheckBox` und `RadioButton` werden als nur lesbar visualisiert.

> **[!] Wert alternating der Eigenschaft design**
> Nur wenn `readOnly` den Wert `abap_true` besitzt, hat der Wert `alternating` der Eigenschaft `design` eine Wirkung.

rowCount

Die Eigenschaft `rowCount` ist deprecated. Mit dieser Eigenschaft können Sie die Anzahl der Zeilen beeinflussen, die mit der `Table` erreichbar sind. Diese Eigenschaft wird in der Context-Paging-Technik für große Datenmengen in der serverseitigen Datenquelle eingesetzt (siehe Abschnitt 3.2.7, »MultiPane«, in dem die Verwendung für die Eigenschaft `paneCount` erläutert wird, die der Eigenschaft `rowCount` entspricht).

Die Verwendung dieser Eigenschaft hat im Kontext der Performance-Optimierung ihre Berechtigung. Setzen Sie sie ein, wenn Sie mit Tabellen mit extrem großem Datenaufkommen arbeiten. Beachten Sie auch, dass diese Eigenschaft für die Aggregate `TreeByKeyTableColumn` bzw. `TreeByNestingTableColumn` nicht zulässig ist.

rowSelectable

Die Eigenschaft `rowSelectable` bedingt die Bindung an ein Context-Attribut pro Context-Knoten-Element vom Typ `WDY_BOOLEAN` und definiert für den Wert `abap_true`, dass der Benutzer eine Zeile selektieren kann. Zu diesem Zweck wird die Interaktion mit der Markierspalte für diese Zeile ermöglicht. Der Wert `abap_false` bewirkt, dass der Benutzer eine bestimmte Zeile nicht auswählen und mit der Markierspalte nicht interagiert werden kann.

scrollableColCount

Mit der Eigenschaft `scrollableColCount` steuern Sie die Anzahl scrollbarer Spalten, die auf einmal angezeigt werden. Die möglichen Werte finden Sie in Tabelle 9.7.

Mögliche Werte	Beschreibung
Kleinere Werte als –1	nicht zulässig
–1	Alle Spalten werden angezeigt. Es gibt kein Spalten-Scrolling.
0	nicht zulässig
Werte größer 0	Ein Scroll-Balken für das Spalten-Scrolling erscheint, und die angegebene Anzahl der Spalten wird in der Table angezeigt.

Tabelle 9.7 Eigenschaft scrollableColCount

selectedPopin

Mit der Eigenschaft selectedPopin legen Sie das aktuell sichtbare TablePopin fest. Der Wert der Eigenschaft ist die ID des für die Zeile sichtbaren Pop-ins – entweder die ID des TablePopin für ein Zeilen-Pop-in oder eines der Spalten-Pop-ins. Um kein Pop-in anzuzeigen, lassen Sie diese Eigenschaft leer. Mehr Informationen zu Pop-ins finden Sie in Abschnitt 9.5, »TablePopin«.

selectionColumnDesign

Mit der Eigenschaft selectionColumnDesign können Sie die Sichtbarkeit der Selektionsspalte beeinflussen und im Fall des Ausblendens der Selektionsspalte Tabellenzeilen selektieren, indem Sie in die Tabellenzeilen klicken. Es stehen Ihnen die Werte standard ❶, none ❷ default ❸ und toggle ❹ zur Verfügung (siehe Abbildung 9.28).

Falls der Wert none ❷ gewählt wird, ist generell keine Auswahl möglich. In allen anderen Fällen können die Lead-Selection und weitere Zeilen (*Secondary Selection*) ausgewählt werden. Als Eingabemedien für die Auswahl stehen Ihnen die Maus, die Tastatur und ein Kontextmenü zur Verfügung. Das Auswahlverhalten wird durch das Setzen des Anwendungsparameters WDUIGUIDELINE auf den Wert GL11 oder GL20 gesteuert. Falls Sie den Wert none wählen, achten Sie darauf, dass der Wert der Eigenschaft readOnly auf abap_true gesetzt ist, da andernfalls die Anwendung abbricht.

Falls die Ausprägung default gesetzt ist und WDUIGUIDELINE=GL11 verwendet wird, ist die Visualisierung identisch mit der bei Wahl des Wertes standard. Falls WDUIGUIDELINE=GL22 verwendet wird, ist die Visualisierung identisch mit der bei Wahl des Wertes toggle.

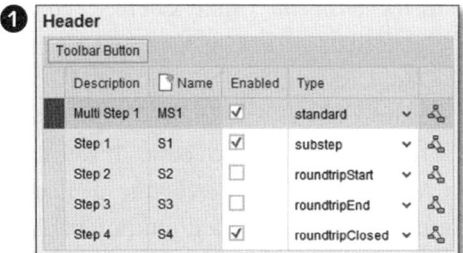 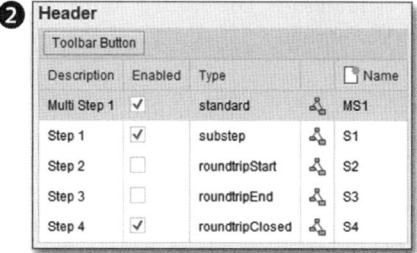

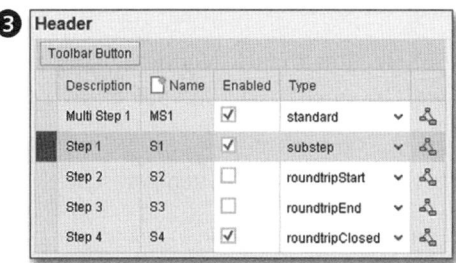 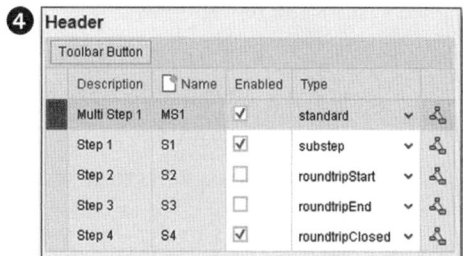

Abbildung 9.28 Eigenschaft selectionColumnDesign

Anwendungsparameter WDUIGUIDELINE=GL11 [«]

Beachten Sie Folgendes bei der Verwendung des Anwendungsparameters `WDUIGUIDELINE=GL11`.

- Durch das Markieren einer Zeile und Drücken der Leertaste wird die Zeile selektiert, und die vorher selektierten Zeilen werden deselektiert. Dies gilt auch für einen Klick in eine Zelle – es sei denn, Eingabe- und interaktive Zelleneditoren werden verwendet.
- Falls die Eigenschaft `selectionMode` den Wert `auto`, `single` oder `multi` besitzt, wird die Lead-Selection gesetzt. Werden die Werte `singleNoSelection` bzw. `multiNoLead` verwendet, wird ohne Lead-Selection eine Secondary Selection durchgeführt.
- Selektiert der Benutzer eine bereits selektierte Zelle mit der [Strg]-Taste, wird diese deselektiert, außer die Kardinalität des Datenknotens hat die Untergrenze 1.
- Mehrere Zeilen (`selectionMode = multi` bzw. `multiNoLead`) können Sie auswählen, indem Sie die [⇧]- bzw. [Strg]-Taste gedrückt halten und gleichzeitig die Zeilen mit der Maus oder der Leertaste selektieren.
- Die Selektionsspalte sollte nur für `readOnly`-Tabellen unsichtbar gemacht werden.
- Die Navigation durch die Tabelle mit den Pfeiltasten beeinflusst nicht die Selektion.

9 | Integration komplexer UI-Elemente und Components

Tabellen-selektionsmenü

Die `Table` kann ein *Tabellenselektionsmenü* (linke obere Ecke der Tabelle) besitzen, sofern die Eigenschaft `selectionMode = multi` bzw. `multiNoLead` oder `selection = auto` ist und die Datenquelle in `dataSource` die Kardinalitätsobergrenze `n` hat. Falls eine hierarchische Tabelle eingesetzt wird (`TreeByKeyTableColumn` bzw. `TreeByNestingTableColumn`), steht das Menü nicht zur Verfügung. Mit dem Tabellenselektionsmenü können Sie die Auswahlfunktionen ALLE SELEKTIEREN bzw. ALLE DESELEKTIEREN mit den folgenden Auswirkungen nutzen:

- ALLE SELEKTIEREN: Die Lead-Selection ändert sich nicht. Falls keine Lead-Selection gewählt war, ist auch nach der Selektion keine gesetzt.
- ALLE DESELEKTIEREN: Die Lead-Selection wird auch gelöscht.

Falls in der `Table` eine Zeilenanordnung (`TableRowArrangement`-Aggregation) vom Typ `TableRowGrouping` vorliegt, stehen im Tabellenselektionsmenü noch zusätzlich die Funktionen EXPANDIEREN und KOLLABIEREN zur Verfügung.

Roundtrips

Eine Auswahl in der Tabelle führt immer zu einem Roundtrip, falls die Lead-Selection verändert wird, das Ereignis `onSelect` eine Aktion besitzt oder das `TableRowArrangement` mit `TableRowGrouping` verwendet wird. Es wird *kein* Roundtrip ausgelöst, wenn eine `Table` kein `TableRowGrouping` besitzt, an das Ereignis `onSelect` keine Aktion gebunden ist und der Eigenschaft `selectionMode` der Wert `multiNoSelect` oder `singleNoLead` zugeordnet ist. Eine Secondary Selection löst keinen Roundtrip aus – es sei denn, das Ereignis `onSelect` besitzt eine zugeordnete Aktion.

> **Anwendungsparameter WDUIGUIDELINE=GL20**
>
> Falls Sie den Anwendungsparameter `WDUIGUIDELINE=GL20` verwenden, muss die Eigenschaft `selectionChangeBehaviour` den Wert `auto` haben. Wenn Sie einen Zelleneditor anklicken, wird keine Selektion der Tabellenzeile ausgeführt, wenn:
>
> - die Tabelle kein `RowArrangement` vom Typ `TableRowGrouping` verwendet
> - die Eigenschaft `selectionMode` den Wert `multiNoLead` bzw. `singleNoLead` hat
> - keine Aktion an das Ereignis `onSelect` oder `onLeadSelect` gebunden wird
>
> Lead- und Secondary Selection werden farblich gleich dargestellt.

selectionMode

Die Eigenschaft selectionMode steuert, wie viele Datenzeilen der Benutzer in der Tabelle selektieren kann. Diese Eigenschaft steht in direkter Beziehung zu der über die Table-Eigenschaft dataSource angebundenen Context-Knoten-Eigenschaft Selection, wie Sie in Abbildung 9.29 sehen können. Das heißt, wenn in der Context-Eigenschaft Selection die Ausprägung 0..1 hinterlegt ist, kann *keine* Mehrfachselektion in der UI-Eigenschaft selectionMode definiert werden. Das geht sogar so weit, dass die Anwendung mit einem Fehler abbricht, wenn die Einstellungen der Eigenschaften des Context-Knotens und der Table-Eigenschaft nicht kompatibel sind.

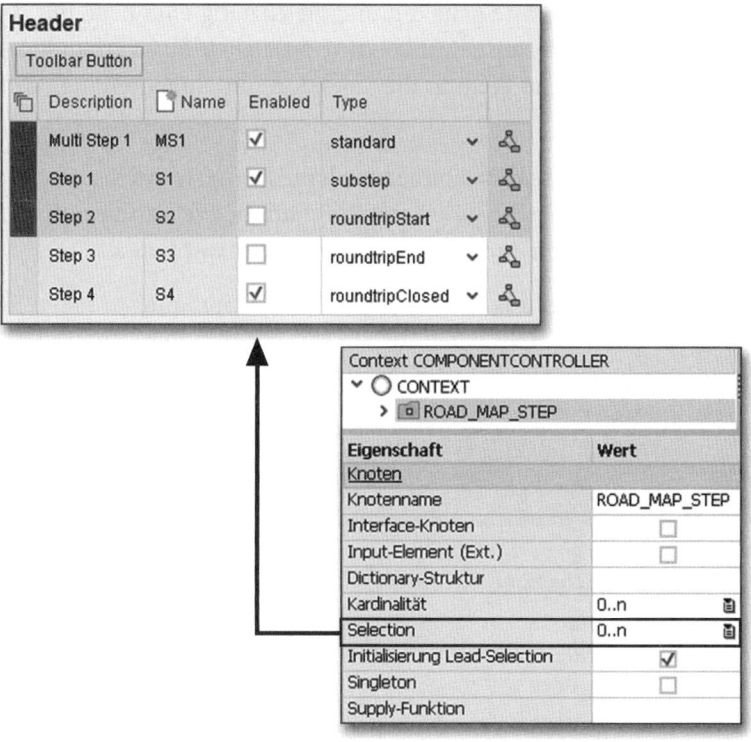

Abbildung 9.29 Auswirkungen der Table-UI-Element-Eigenschaft selectionMode

Die Eigenschaft selectionMode verdient noch etwas mehr Aufmerksamkeit. Der Benutzer kann mithilfe der Maus (linke Maustaste) oder der Tastatur und der Markierspalte eine einzelne (auto, single, singleNoLead) oder eine Menge (auto, multi, multiNoLead) von Zeilen selektieren. Im Allgemeinen wird durch die Auswahl die Lead-

Selection verändert, außer bei den Ausprägungen `singleNoLead` und `multiNoLead`. In diesen Fällen wird zwar die Selektion angepasst, aber nicht die Lead-Selection verändert.

Handhabung Die Handhabung für den Benutzer gestaltet sich im Fall der `multi`- und der `auto`-Einstellungen – Kardinalität `0..n` bzw. `1..n` – folgendermaßen:

- Wird die ⇧-Taste gehalten und gleichzeitig eine Zeile mit der linken Maustaste ausgewählt, werden von der Lead-Selection bis zu der markierten Zeile alle Zeilen in die Selektion aufgenommen und optisch hervorgehoben (Bereichsauswahl). Lag bereits eine andere Selektion vor, wird diese gelöscht.
- Wird die Strg-Taste gehalten und gleichzeitig eine Zeile mit der linken Maustaste ausgewählt, wird zusätzlich zur vorhandenen Selektion die neue Zeile in die Selektion mit aufgenommen (Einzelauswahl).

Alternativ zum Mausklick können auch die Leertaste auf der Tastatur (⇧ + Leertaste oder Strg + Leertaste) und die Pfeiltasten zur Navigation zwischen den Tabellenzeilen verwendet werden.

Eine Zusammenstellung der `selectionMode`-Ausprägungen sehen Sie in Tabelle 9.8. UG steht dabei für die Untergrenze der Context-Knoten-Eigenschaft Selection und OG für die Obergrenze.

Wert	Untergrenze Selection	Obergrenze Selection	Provoziert HTTP-Roundtrip	Setzt Lead-Selection
auto	UG (Selection)	OG (Selection)	ja	ja
single	UG (Selection)	1	ja	ja
multi	UG (Selection)	OG (Selection)	ja	ja
none	0	0	nein	nein
singleNo-Lead	UG (Selection)	1	nein	nein
multiNo-Lead	UG (Selection)	OG (Selection)	nein	nein

Tabelle 9.8 Auswirkungen der Eigenschaft selectionMode

visibleRowCount

Die Eigenschaft `visibleRowCount` steuert, wie viele Zeilen dem Benutzer in der `Table` angezeigt werden. Somit wird die Höhe des Datenbereichs der `Table` in Zeilen definiert.

> **Wert = –1** [!]
>
> Der Wert –1 ist obsolet. Falls dieser Wert verwendet wird, werden alle Zeilen geladen, was zu einer verminderten Performance führen kann.

width

Die Eigenschaft `width` steuert die Breite der Tabelle. Die `Table` wird mindestens so groß wie diese Angabe und mindestens so groß, dass der Inhalt in die `Table` passt. Die Angabe der Breite für die `Table` empfiehlt sich daher nur bei der Verwendung prozentualer Spaltenbreiten. Die Empfehlung von SAP lautet, diese Eigenschaft immer zu setzen (z. B. auf 100 %), da sonst die `Table` im Firefox-Browser gestaucht angezeigt werden kann.

9.3.3 Ereignisse

Das UI-Element `Table` bietet Ihnen eine Fülle von Ereignissen an. Wir werden diese im Folgenden detailliert beschreiben.

onColSelect

Dieses Ereignis wird mit `WDUIGUIDELINE=GL20` ignoriert und sollte nicht mehr verwendet werden. Es löst die Aktionsbehandler-Methode zu der zum Ereignis zugeordneten Aktion aus. Der Methode werden die Standardparameter `id` und `context_element` sowie der zusätzliche Parameter `col` übergeben, der die ID der Spalte als Wert hat.

onCustomFilter

Dieses Ereignis ist nur für den Anwendungsparameter `WDUIGUIDELINE=GL20` relevant und nur, wenn im Spaltenmenü der Eintrag (Adjust) ausgewählt wurde. Daraufhin öffnet die Anwendung ein Pop-up-Fenster mit Filtermöglichkeiten und passenden Filter. Ist dem `onCustomFilter` keine Aktion zugeordnet, wird vom Framework ein Standard-Pop-up-Fenster mit einem Eingabefeld (Input-Field) zur Eingabe des Filterwerts geöffnet. Neben den Standardparametern id und context_element steht der Parameter col zur Verfügung, in dem die ID der betroffenen Spalte steht.

onDrop

Das Ereignis onDrop wird im Kontext einer Drag-&-Drop-Operation benötigt, um auf den Drop aus Sicht der Table zu reagieren.

onFilter

Das Ereignis onFilter löst die Aktionsbehandler-Methode zu der zum Ereignis zugeordneten Aktion aus. Der Methode werden die Standardparameter id und context_element übergeben. Aufgrund der ID kann in der Aktionsbehandler-Methode ermittelt werden, von welcher Tabelle das Ereignis herrührt.

WDUIGUIDELINE=GL11
Durch die Zuordnung einer Aktion wird die Filterzeile in der Table unter dem Table-Titel angezeigt. Die Filterzeile enthält als erstes Element auf der linken Seite einen Button (siehe Abbildung 9.30).

Abbildung 9.30 Filterzeilen-Visualisierung

Eine Voraussetzung für den Einsatz der Filterung ist, dass im Context ein Knoten mit Kardinalität 1..1 definiert wird, zu dem Attribute angelegt werden, die die Filterwerte repräsentieren (Filter-Context-Attribute ❶ in Abbildung 9.31). Diese Attribute müssen an die Tabellenspaltenelemente mithilfe der Spalteneigenschaft filter-

Value gebunden werden, für die die Filterung ermöglicht wird (Table-Filter-Spalte ❷). In der `TableColumn` steht auch noch das Attribut `isFiltered` zur Verfügung, mit dem Sie dem Benutzer durch ein Icon anzeigen können, dass nach dieser Spalte gefiltert wurde (siehe Abschnitt 9.3.4, »Aggregierte Elemente«). In der Behandlermethode können die Werte der Filterattribute ausgewertet werden (Table-Filter-Ereignis ❸).

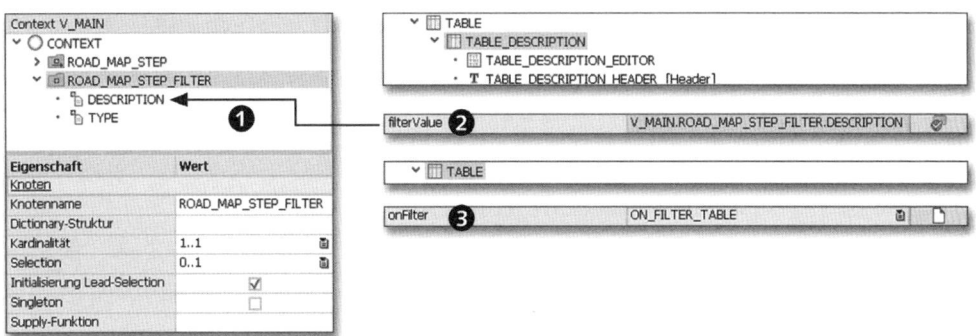

Abbildung 9.31 Table-Filterung einstellen und Ereignis onFilter definieren

Jede Tabellenspalte bietet die Möglichkeit, ihre Eigenschaft `filterValue` an ein Context-Attribut zu binden, das den zu filternden Wert definiert. Durch die Bindung dieser Eigenschaft an ein Context-Attribut wird ein Eingabeelement, über das Sie den zu filternden Wert eingeben können, in der Spalte unter dem Spaltenkopfzeilenbereich dargestellt. Ist dem Attribut eine Wertemenge zugeordnet, wird anstelle des `InputField`-Elements eine Dropdown-Box zur Verfügung gestellt. Um eine Wertemenge für den Filter verwenden zu können, muss diese unbedingt einen Eintrag mit initialem Wert enthalten, um den Filter zurücksetzen zu können. Zur Laufzeit befindet sich dann die Filtereingabe des Benutzers im jeweils gebundenen Context-Attribut des Contexts.

> **Logische Operatoren verwenden** [+]
>
> Sind die Context-Attribute für die Filterwerte vom Typ string oder c, können logische Operatoren in den Filterwerten verwendet werden. Die erlaubten Operatoren sind: >, >=, <, <=, = und ! (ungleich). Die Operatoren müssen vor den Filterwerten eingegeben werden, also z. B. !Step 1, um den Eintrag mit dem Wert Step 1 zu filtern. Zusätzlich steht der Operator * (Asterisk) für die Suche nach beliebigen Zeichenketten zur Verfügung.

Implementierung

Der nächste Schritt besteht darin, die Filterung zu implementieren. Wir verwenden dazu den Tabellen-Methodenbehandler (IF_WD_TABLE_METHOD_HNDL) und dessen Mechanismen. Dies bedingt, dass die Referenz auf diesen ermittelt werden muss, am besten in der Methode wddomodifyview( ) (siehe Listing 9.12).

```
METHOD wddomodifyview.
* Referenz auf das UI-Element Table
  DATA lo_wd_table TYPE REF TO cl_wd_table.
* Wird die Methode das erste Mal aufgerufen?
  CHECK first_time = abap_true.
* Referenz auf das UI-Element Table ermitteln
  lo_wd_table ?= view->get_element(
    'TABLE_SELECTION' ).
* Serviceobjekt-Behandler ermitteln
  wd_this->go_table_selection_handler ?=
    lo_wd_table->_method_handler.
ENDMETHOD.
```

Listing 9.12 Ermittlung des Tabellen-Methodenbehandlers

In der Methode wddomodifyview( ) ermitteln wir nur beim erstmaligen Durchlauf (first_time = abap_true) die Referenz auf das UI-Element Table über dessen Namen. Über diese Referenz können wir die Referenz auf den Behandler durch das Instanzattribut _method_handler auslesen und in den Attributen des Controllers ablegen. In unserem Beispiel ist der Name dieses Attributs wd_this->go_table_selection_handler vom Typ IF_WD_TABLE_METHOD_HNDL.

Aktionsbehandler-Methode

Um die Filterung durchzuführen, müssen Sie die Aktionsbehandler-Methode für das Ereignis onFilter unter Nutzung des Methodenbehandlers implementieren. Ein einfaches Beispiel finden Sie in Listing 9.13.

```
METHOD onactionon_filter_table.
* Wurde gefiltert?
  DATA: ld_is_filtered TYPE abap_bool.
* Nur für diese Tabelle
  IF id = 'TABLE_SELECTION'.
* Filtern mit Methodenbehandler
    CALL METHOD
      wd_this->gr_table_selection_handler->apply_filter
        EXPORTING
          keep_lead_selection_visible = abap_true
          set_is_filtered_at_column   = abap_true
        RECEIVING
```

```
            is_filtered = ld_is_filtered.
    ENDIF.
ENDMETHOD.
```

Listing 9.13 Filtern

Im ersten Schritt überprüfen wir, ob die gewünschte Tabelle der Auslöser des Ereignisses war. Danach verwenden wir den Methodenbehandler, speziell die Methode `apply_filter( )`, um die Filterung durchzuführen. Der Parameter `set_is_filtered_at_column` steuert, ob ein Filtersymbol in der Tabellenspalte angezeigt wird oder nicht.

Aktionsbehandler-Methode und Tabellenhilfsfunktion
Der vorgestellte Ansatz ist ab SAP NetWeaver Application Server ABAP 7.0 SP 13 möglich, für frühere Support Packages müssen Sie in der Aktionsbehandler-Methode zum Ereignis `onFilter` die Filterung selbst implementieren. Beachten Sie Folgendes bezüglich der Tabellenhilfsfunktion `if_wd_table_method_hndl~apply_filter( )`: ▶ Die `dataSource` der `Table` muss an einen Knoten ohne Unterknoten gebunden sein. ▶ Es dürfen an diesem Knoten nur statische Attribute hängen. ▶ Die ohnehin als deprecated eingestufte `Table`-Eigenschaft `rowCount` darf nicht verwendet werden. ▶ Die Filterfunktion arbeitet nicht bei hierarchischen Tabellen.

Falls Sie eine Filterspalte mit Festwerten aus dem ABAP Dictionary einsetzen, sollten Sie einen Eintrag vorsehen, der es ermöglicht, die Suche zu initialisieren, z. B. durch eine Leerzeile.

Prinzipiell sind zeichenbasierte Typen (`string`, `c`) für die Typisierung der Suchfelder verwendbar, um Wildcards einsetzen zu können. Mit der Methode `IF_WD_CONTEXT_ELEMENT~set_attribute_null( )` können Sie festlegen, dass ein Benutzer auch nach dem Initialwert (Integer = 0) filtern kann oder nicht.

WDUIGUIDELINE=GL20

Im Gegensatz zum Anwendungsparameter `WDUIGUIDELINE=GL11` wird beim Anwendungsparameter `WDUIGUIDELINE=GL20` keine separate Zeile mit den Filterwerten angezeigt. Die Möglichkeiten der Filterung verstecken sich im Menü zu einer Spaltenüberschrift. Sie müssen mit der Maus über die Spaltenüberschrift fahren, um ein kleines Dreieck in der rechten unteren Ecke anzuzeigen. Durch einen Klick auf die Spaltenüberschrift öffnen Sie das Kontextmenü mit zwei Einträgen (siehe Abbildung 9.32):

- (ALLE), um den Filter zurückzusetzen
- (BENUTZERDEFINIERTER FILTER ...), um einen Filterwert einzugeben

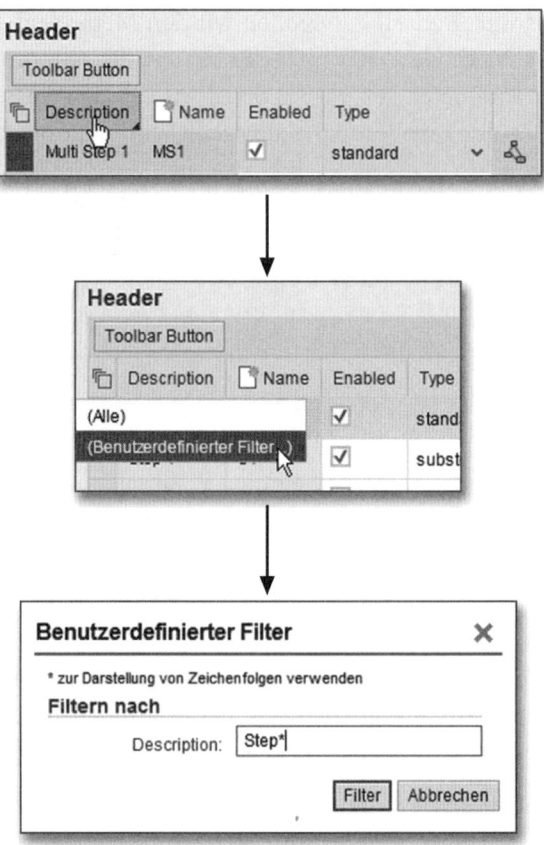

Abbildung 9.32 Tabellenfilterung beim Anwendungsparameter WDUIGUIDELINE=GL11

Falls Sie ein Context-Attribut verwenden, das Festwerte nutzt, müssen Sie eine Möglichkeit anbieten, die Filterung zurückzusetzen. Um dem Benutzer eine Vorschlagsliste mit Filterwerten anzubieten, die auf der Menge der möglichen Werte in der Filterspalte basiert, müssen Sie folgende Schritte umsetzen:

1. Definieren Sie einen Context-Knoten mit Kardinalität 1..1 für die Vorschlagswerte (z. B. RMSF_SUGG).

2. Definieren Sie darin einen weiteren Context-Knoten mit Kardinalitätsobergrenze n pro Spalte, für die Sie Vorschlagswerte anbieten möchten (z. B. DESCRIPTION).

3. Legen Sie in diesem Context-Knoten ein Attribut vom selben Typ wie das Filterattribut an, z. B. string (Namensvorschlag SUGGESTION).

4. Legen Sie zum Context-Knoten für die Filterspalte (in unserem Beispiel DESCRIPTION) eine Supply-Funktion mit der Implementierung aus Listing 9.14 an.

```
METHOD supply_suggestion.
  wd_this->go_table_handler->supply_filter_suggestions(
  EXPORTING
    column_id = 'TABLE_DESCRIPTION'
    node      = node      " der zu befüllende Knoten
  ).
ENDMETHOD.
```

Listing 9.14 Supply-Methode für Vorschlagswerte

Die column_id wird mit dem Namen der Spalte in der Table belegt, für die der Vorschlagswert angeboten werden sollte.

5. Binden Sie für die Filterspalte (z. B. TABLE_DESCRIPTION) die Eigenschaft filterValue an das passende Attribut im Context-Knoten mit den Suchattributen (DESCRIPTION) und die Eigenschaft filterValueSuggestions an das Attribut in der Vorschlagsstruktur (in unserem Beispiel SUGGESTION).

Als Ergebnis erhält der Benutzer einen Liste mit Filterungsvorschlägen (siehe Abbildung 9.33).

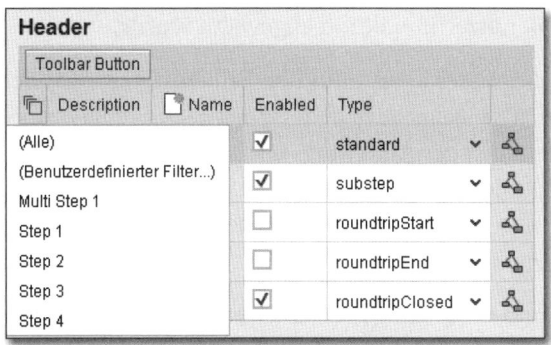

Abbildung 9.33 Vorschlagswerte beim Filtern

Mit der Eigenschaft `isFiltered` können Sie dem Benutzer anzeigen, dass ein Filter für die Tabellenspalte angewandt wurde.

> **[+] Supply-Funktion**
>
> SAP empfiehlt, das Berechnen der Filtervorschlagswerte und das Befüllen des Knotens in einer Supply-Funktion durchzuführen. So werden die entsprechende Datenbeschaffung und die Context-Befüllung erst beim ersten Öffnen des Menüs vorgenommen.

Übersteigt die Anzahl der `filterValueSuggestions` eine gewisse Maximalanzahl, wird an deren Stelle ein Eintrag im `TableHeaderMenu` generiert, der dem Benutzer anzeigt, dass es zu viele `filterValue-Suggestions` gibt. Den jeweils aktuellen Wert für diese Maximalzahl (zurzeit 100) können Sie über die Methode `if_wd_table_method_hndl~get_max_filter_suggestions_cnt( )` erfragen.

onLeadSelection

Das Ereignis `onLeadSelection` wird ausgelöst, wenn durch eine Benutzerinteraktion in der `Table` die Lead-Selection geändert wird. Falls zu dem Ereignis eine Aktionsbehandler-Methode vorhanden ist, werden dieser die Standardparameter `id` und `context_element` übergeben sowie die zusätzlichen Parameter `old_row_element`, `new_row_element` und `row`. Diese liefern die Informationen über das alte und das neue Context-Element der Lead-Selection. Der Parameter `row` übergibt den Index der Tabellenzeile, wobei die Zählung bei 0 beginnt. `new_row_element` bzw. `old_row_element` sind möglicherweise nicht gebunden (`not bound`), wenn es vor dem Zeitpunkt des Auslösens des Ereignisses keine Lead-Selection gab bzw. die Lead-Selection durch die Benutzerinteraktion abgewählt wurde.

Der Einsatz dieses Ereignisses könnte für den Fall eintreten, dass der Eigenschaft `selectionChangeBehaviour` der Wert `manual` zugeordnet wurde, d. h., falls Sie selbst das Änderungsverhalten implementieren müssen. Ein kleiner Stolperstein: Falls Sie den Wert der Eigenschaft `selectionMode` auf `multiNoLead` oder `singleNoLead` gesetzt haben, wird das Ereignis nicht ausgelöst.

> **[!] onLeadSelect und onSelect**
>
> Die Verwendung des Events `onLeadSelect` schließt die Verwendung des Events `onSelect` aus.

onScroll

Das Ereignis onScroll ist deprecated. Es wird ausgelöst, wenn der Benutzer durch die Table scrollt. Der verknüpften Aktionsbehandler-Methode werden die Standardparameter id und context_element übergeben sowie die zusätzlichen Parameter new_first_visible_row und old_first_visible_row. Diese Parameter liefern Indizes in der Table für die alte und neue erste Zeile. Im Kontext des Context-Pagings ist es durchaus sinnvoll, dieses Ereignis einzusetzen, um den Bedarf neuer Daten zu ermitteln.

onSelect

Das Ereignis onSelect wird ausgelöst, wenn eine Benutzerinteraktion an der Table zu einer Selection- oder Lead-Selection-Änderung führt. Der verknüpften Aktionsbehandler-Methode werden die Standardparameter id und context_element übergeben sowie die zusätzlichen Parameter selection_type, selection_start, selection_end, old_lead_selection und new_lead_selection. new_lead_selection bzw. old_lead_selection sind nicht gebunden (not bound), wenn es bisher keine Lead-Selection gab bzw. die Lead-Selection durch die Benutzerinteraktion abgewählt wurde. Bei Aktionen ohne Änderung der Lead-Selection enthalten beide Parameter die aktuelle Lead-Selection und sind demnach gleich bzw. nicht gebunden (not bound).

Der Parameter selection_type spezifiziert, welche Einträge der Benutzer in der Tabelle selektiert hat:

- SELECT_ALL bedeutet, dass der Benutzer alle Einträge in der Tabelle selektiert hat.
- DESELECT_ALL bedeutet, dass der Benutzer alle Einträge in der Tabelle deselektiert hat.
- RANGE bedeutet, dass der Benutzer eine Teilmenge der Einträge in der Tabelle selektiert hat.
- Nicht spezifiziert bedeutet, dass keiner der obigen Fälle eingetreten ist.

selection_start und selection_end markieren den Anfangs- und Endindex des selektierten Bereichs.

> **[!] Wahl des Ereignisses onSelect**
>
> Setzen Sie dieses Ereignis anstelle von `onLeadSelect` nur ein, wenn Sie direkt auf die (`Multiple-`)`Selection`-Änderung des Benutzers reagieren müssen, denn es führt zu zusätzlichen Roundtrips.

onSort

Das Ereignis `onSort` löst die Aktionsbehandler-Methode zu der möglicherweise zum Ereignis zugeordneten Aktion aus. Der Methode werden die Standardparameter `id` und `context_element` sowie zusätzlich die Parameter `col`, `direction` und `multiple` übergeben. Der Parameter `col` liefert die Information der Sortierspalte in Form ihrer ID. Der Parameter `direction` übergibt die Information über die Sortierrichtung, wobei der Wert `00` für aufsteigend und der Wert `01` für absteigend steht (Datenelement `WDUI_TABLE_COL_SORT_DIR`). Der Parameter `multiple` zeigt an, ob nach mehreren Spalten sortiert wird. Jeder Klick führt zu einem Roundtrip, bei dem die Aktionsbehandler-Methode mit dem Event-Parameter `multiple` und dem Wert `abap_true` gerufen wird.

WDUIGUIDELINE=GL11

Sie können einstellen, ob der Benutzer die gesamte Tabelle oder einzelne Spalten sortieren kann. Dazu müssen die folgenden Randbedingungen erfüllt sein:

- Die Eigenschaft `Table.enabled` muss den Wert `abap_true` besitzen.
- Das Table-Ereignis `onSort` muss einen Aktionsbehandler besitzen.
- Jede sortierbare Tabellenspalte muss in der Eigenschaft `TableColumn.sortState` einen Wert ungleich `notSortable` haben.

Durch die Zuordnung einer Aktion zum Ereignis `onSort` wird dem Benutzer angezeigt, dass die Möglichkeit der Sortierung nach Spalten besteht (Table-Sort).

sortState — Eine besondere Erwähnung ist die Eigenschaft `sortState` der `TableColumn` wert. Diese beschreibt, wie eine Spalte sortiert ist oder ob sie sortierbar ist. Dem Benutzer wird ein Icon rechts in der Spalte neben dem Titel angezeigt, das die Sortierrichtung veranschaulicht. Die Sortierung muss programmiert werden und wird nicht automatisch durchgeführt.

Falls der Benutzer auf den Header einer Spalte klickt, wird die Eigenschaft `TableColumn.sortState` auf die passende Sortierrichtung gesetzt (Reihenfolge `up`, `down`, `none`), und das Ereignis `Table.onSort` wird ausgelöst. Dabei wird die Sortierung der anderen Spalten auf `none` gesetzt.

Visualisierung

Falls das Ereignis `Table.onColumnSelect` gebunden ist, wird die Spaltenüberschrift in einen linken und einen rechten Bereich unterteilt. Klickt der Benutzer auf den Titel (linker Bereich), wird das Ereignis `Table.onColumnSelect` ausgelöst. Klickt der Benutzer in den rechten Bereich, wird die Sortierung ausgeführt. Fährt er mit dem Mauszeiger über den rechten Bereich, wird eine Trennlinie zwischen dem linken und dem rechten Bereich angezeigt, und das Aussehen des Cursors signalisiert, dass eine Sortierung möglich ist.

Falls die Eigenschaft `Table.multiColumnSorting` gesetzt ist, kann der Benutzer nach mehreren Spalten sortieren. Dazu muss er mit der [Strg]-Taste und einem gleichzeitigen Klick mit der linken Maustaste die Spalten auswählen. Der Parameter `multiple` des `onSort`-Aktionsbehandlers wird dann auf den Wert `abap_true` gesetzt.

multiColumn-Sorting

> **Tabellensortierung**
>
> Die Sortierung von Inhalten in einem UI-Element `Table` ist vom zugrunde liegenden Support Package im SAP NetWeaver Application Server ABAP (Release 7.0) abhängig. Bis zu und einschließlich Support Package Stack 12 muss die Sortierung folgendermaßen programmiert werden:
>
> ▶ Die Spalte und die Sortierrichtung müssen bestimmt werden. Diese Bestimmung wird üblicherweise in der Ereignisbehandler-Methode zum Ereignis `onSort` mithilfe der Parameter `col` und `direction` vorgenommen.
>
> ▶ Der Inhalt des Context-Knotens muss in eine interne Tabelle transportiert werden (`if_wd_context_node=>get_static_attributes_table( )`).
>
> ▶ Mögliche selektierte Zeilen und die Lead-Selection müssen ermittelt werden (`if_wd_context_node=>get_selected_elements`).
>
> ▶ Die interne Tabelle muss sortiert werden (ABAP-Befehl SORT).
>
> ▶ Die sortierte Tabelle muss in den Context-Knoten zurückgestellt werden, und die alten Daten müssen gelöscht werden (`if_wd_context_node=>bind_table( )`).
>
> ▶ Die betroffenen Zeilen müssen wieder selektiert und die Lead-Selection muss neu gesetzt werden (`if_wd_context_node=>set_selected( )`, `lead_selection( )`).

[«]

> Ab Support Package Stack 13 und höher hat sich der Algorithmus zur Sortierung stark vereinfacht. Es steht eine Servicemethode zur Verfügung, die die Sortierung übernimmt.
> - Die Referenz des betroffenen UI-Elements `Table` muss ermittelt werden. Diese finden Sie am besten in der View-Hook-Methode `wddomodifyview( )` mit dem Aufruf `<TABLE_REF> = VIEW->GET_ELEMENT(Id = <Id>)` heraus.
> - Das Serviceobjekt muss über die UI-Element-Referenz durch das Attribut `<table_ref>->_method_handler` und durch Down Casting auf eine Hilfsreferenz `<table_service>` vom Typ `IF_WD_TABLE_METHOD_HNDL` ermittelt werden.
> - Die Serviceobjekt-Hilfsreferenz `<table_service>` muss in den View-Attributen (`<go_table_service>`) für die späteren Sortierungen abgelegt werden.
> - In der Ereignisbehandler-Methode zum Ereignis `onSort` der Tabelle muss die Sortierung durchgeführt werden. Dies wird über die Serviceobjekt-Referenz realisiert (`wd_this-><go_table_service>->apply_sorting( )`).

Beachten Sie Folgendes bezüglich der Tabellenhilfsfunktion `if_wd_table_method_hndl~apply_sorting( )`:

- Die `dataSource` der `Table` muss an einen Knoten ohne Unterknoten gebunden sein.
- An diesem Knoten dürfen nur statische Attribute hängen, also keine Referenzen.
- Die `Table`-Eigenschaft `rowCount` darf nicht verwendet werden.
- Die Sortierfunktion arbeitet nicht bei hierarchischen Tabellen.

WDUIGUIDELINE=GL20

Im Prinzip verhält sich die Sortierung für den Anwendungsparameter `WDUIGUIDELINE=GL20` genauso wie beim Wert `GL11`, außer dass die Eigenschaft `Table.multiColumnSorting` und das Ereignis `Table.onColumnSelect` ignoriert werden. Die Visualisierung unterscheidet sich, so wie im Falle des Filters, durch die Darstellung eines Menüs in der Spaltenüberschrift, sofern auf diese geklickt wird. In diesem Menü werden zwei Einträge angeboten, einer für das aufsteigende, der andere für das absteigende Sortieren. Diese Menüeinträge werden in Ergänzung zu unter Umständen vorhandenen Filtermenüeinträgen dargestellt.

> **UI-Elemente TablePopin und RowRepeater** [!]
> Die Verwendung des UI-Elements `Table` wird in den UI-Elementen `TablePopin` und `RowRepeater` nicht unterstützt.

9.3.4 Aggregierte Elemente

In diesem Abschnitt besprechen wir die aggregierten Elemente zur `Table`.

Drag-&-Drop-Elemente

Wählen Sie für die Anlage von Drag-&-Drop-Elementen die Kontextmenüeinträge DRAG-SOURCE EINFÜGEN, INSERT DROP_ROW_TRG_INF bzw. DROP-TARGET EINFÜGEN (siehe auch Kapitel 5, »Drag & Drop für UI-Elemente«).

Gruppenspalte

Zur Aggregation für eine Gruppe von Spalten, entweder nur eine einzelne (`TableColumn`, siehe Abschnitt 9.4) oder mehrere (`TableColumnGroup`, siehe Abschnitt 9.6), wählen Sie den Kontextmenüeintrag GRUPPENSPALTE EINFÜGEN. Die Gruppenspalten einer `Table` können sowohl von einem Administrator als auch von einem Endbenutzer per Drag & Drop umsortiert werden. — Spalten

Header

Über den Kontextmenüeintrag HEADER EINFÜGEN definieren Sie den Titel zur `Table`. Rein technisch wird der Header über ein UI-Element `Caption` realisiert, dessen Beschreibung Sie in Abschnitt 4.2.4 finden können. — Titel

Legenden-Pop-in

Mithilfe der Aggregation, mit der Sie über den gleichnamigen Menüeintrag ein LEGENDENPOPIN EINFÜGEN, können Sie der `Table` ein `Popin` zuordnen. Dieses besitzt die gleiche Funktionalität wie ein `TablePopin` (siehe Abschnitt 9.5), mit dem Unterschied, dass ein `Popin` auch außerhalb einer `Table` verwendet werden kann, wie z. B. in einer Toolbar. — Pop-in

9 | Integration komplexer UI-Elemente und Components

In Abbildung 9.36 sehen Sie ein einfaches Beispiel. Wir haben zur Table das Legenden-Popin hinzugefügt und die TextBar und Content-Aggregation des Popin verwendet. Als Inhalt haben wir ein UI-Element TextView platziert.

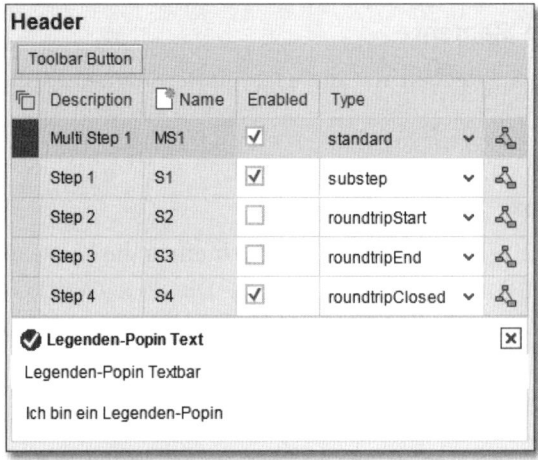

Abbildung 9.34 Legenden-Pop-in

Tabellen-Pop-in

Pop-in   Die Tabellen-Pop-ins (siehe Abschnitt 9.5) werden verwendet, um Daten zu einer Tabellenzeile oder Tabellenzelle zu visualisieren. Um ein Tabellen-Pop-in hinzuzufügen, wählen Sie den Menüeintrag TABELLENPOPIN EINFÜGEN aus dem Kontextmenü der Table.

Zeilenanordnung

Gruppierungen   Mit der Aggregation zur Zeilenanordnung können Sie Zeilen in der Table hierarchisch gruppieren. Im Kontextmenü der Table können Sie dazu den Menüeintrag ZEILENANORDNUNG EINFÜGEN aus drei Möglichkeiten auswählen, um eine Anordnung anzulegen (siehe Abschnitt 9.7, »TableRowGrouping, TreeByKeyTableColumn und TreeByNestingTableColumn«).

TableScrollTipProvider

Zusatzinformation   Mithilfe des Kontextmenüs der Table fügen Sie über den Menüeintrag SCROLL-TIPP-PROVIDER EINFÜGEN das UI-Element TableScrollTipProvider ein. Falls die Table mit einer Scroll-Bar angezeigt wird,

wird beim Scrollen durch eine Table ein Scroll-Tipp direkt an der Scroll-Bar angezeigt. Sie können dem Benutzer mit einem UI-Element TableScrollTipProvider Texte anbieten, die die Navigation in den Datensätzen erleichtern, wobei der Scroll-Tipp die Position des Scrollings in den Table-Datensätzen anzeigt, die nach dem Loslassen der Scroll-Bar für die Ermittlung des anzuzeigenden Datensatzes herangezogen wird.

In Abbildung 9.35 sehen Sie ein Beispiel für die Visualisierung und Attribuierung eines TableScrollTipProvider. Die Eigenschaften startRow und text beeinflussen seine Darstellung. Wie Sie diese pflegen, erläutern wir in Tabelle 9.9.

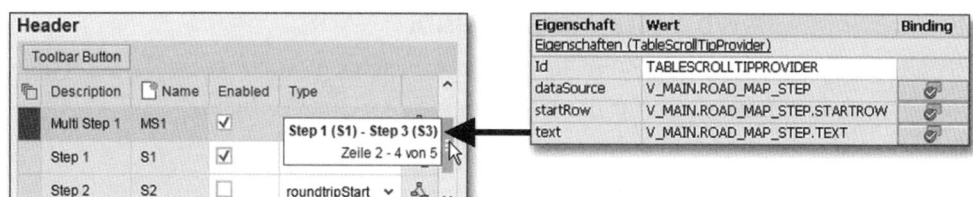

Abbildung 9.35 TableScrollTipProvider

Eigenschaft	Beschreibung
dataSource	Mit dieser Eigenschaft stellen Sie die Bindung zur Datenquelle der Table her.
startRow	Diese Eigenschaft muss auf Attribute innerhalb des Datenquellenknotens der Table gebunden werden. Sie dient dazu, die automatische Bestimmung der Anzeigetexte zu ermöglichen. Sie müssen dafür sorgen, dass die Daten der Table aufsteigend nach der startRow sortiert sind.
text	Mit dieser Eigenschaft legen Sie den Anzeigetext für den Scroll-Tipp fest. Der Text wird dabei für die Tabellenzeile angezeigt, beginnend mit startRow bis zur startRow des folgenden Context-Elements bzw. zum Tabellenende, wenn kein Context-Element folgt.

Tabelle 9.9 Eigenschaften ScrollTipProvider

Toolbar

Mithilfe des Kontextmenüs der Table fügen Sie über den Menüeintrag TOOLBAR EINFÜGEN das UI-Element Toolbar hinzu, das unterhalb

Funktionen

des Titels der `Table` eingeblendet wird. Eine detaillierte Besprechung der Toolbar finden Sie in Abschnitt 4.9.4.

9.3.5 Weitere Funktionen

Neben den bereits besprochenen Elementen der `Table` stehen weitere Funktionen zur Verfügung, die wir in diesem Abschnitt behandeln. Diese betreffen das Interface `IF_WD_TABLE_METHOD_HNDL` für Sortierungen und Filterungen von Tabelleninhalten und die ABAP-Klasse `CL_WD_DYNAMIC_TOOL` mit diversen Hilfsmethoden im Umfeld der Table-Programmierung.

IF_WD_TABLE_METHOD_HNDL

Das Interface `IF_WD_TABLE_METHOD_HNDL` stellt Sortier- und Filterfunktionen für das UI-Element `Table` zur Verfügung.

apply_filter( )

Die Methode `apply_filter( )` sorgt für die gefilterte Darstellung einer Tabelle entsprechend den aktuellen Werten in der `filterValue`-Property der Tabellenspalten. Diese Funktion kann für einfache Fälle verwendet werden. Beachten Sie jedoch, dass die ALV-Component einen besser ausgebauten Filtermechanismus bietet. Falls die Tabelle auch sortiert ist, werden die gefilterten Daten außerdem noch gemäß der Beschreibung der Methode `apply_sorting( )` sortiert.

Die nach der Filterung sichtbaren Daten werden in den oberen Bereich des Context-Knotens verschoben, die unsichtbaren Daten darunter. Die Property `rowCount` der `Table` wird auf die Anzahl der nach der Filterung sichtbaren Zeilen gesetzt. Somit werden die »herausgefilterten« Daten unsichtbar, bleiben jedoch im Context vorhanden. In Tabelle 9.10 finden Sie die Parameter der Methode.

Parameter	Beschreibung
KEEP_LEAD_SELECTION_VISIBLE	Ist der Wert `abap_true`, wird die Lead-Selection nach erfolgter Filterung sichtbar gemacht.

Tabelle 9.10 Parameter apply_filter( )

Parameter	Beschreibung
SET_IS_FILTERED_AT_COLUMN	Ist der Wert abap_true, wird die Eigenschaft TableColumn.isFiltered gesetzt, wenn die Spalte gefiltert wird, d. h., es wird in diesem Fall ein Filtersymbol neben dem Spalten-Header angezeigt.
IS_FILTERED	Der Wert wird auf abap_true gesetzt, wenn die Tabelle gefiltert wird.

Tabelle 9.10 Parameter apply_filter( ) (Forts.)

Als Filterwert können Sie folgende Werte verwenden:

Filterwerte

- eine vollständige Werteangabe
- Wildcards (*)
- Vergleichsoperatoren >=, <= und ! (ungleich)

Zunächst wird immer versucht, die Filterung auf die internen Werte anzuwenden. Gelingt dies nicht, wird versucht, die Filterung auf die externen Repräsentationen der Werte anzuwenden. Dies kann zu einem hohen Zeitbedarf der Filteroperation führen.

apply_sorting( )

Die Methode apply_sorting( ) sortiert die Daten des Context-Knotens einer Tabelle entsprechend der aktuellen Angabe in einer TableColumn. Die Sortierung erfolgt auf dem Primärattribut des Zelleneditors der Tabellenspalte. Beachten Sie, dass die ALV-Component (Abschnitt 9.13, »SAP List Viewer«) einen besser ausgebauten Sortiermechanismus bietet. Der in der dataSource-Property gebundene Context-Knoten wird umsortiert und mittels der Methode bind_table( ) aktualisiert. In Tabelle 9.11 finden Sie die Parameter zu der Methode.

Parameter	Beschreibung
KEEP_LEAD_SELECTION_VISIBLE	Ist der Wert abap_true, wird die Lead-Selection nach erfolgter Sortierung sichtbar gemacht.

Tabelle 9.11 Parameter apply_sorting( )

Parameter	Beschreibung
IS_SORTED	Der Wert wird auf abap_true gesetzt, wenn die Tabelle sortiert wird.

Tabelle 9.11 Parameter apply_sorting( ) (Forts.)

[!] **Keine Mehrfachsortierung**

Es wird keine Mehrfachsortierung unterstützt, d. h. keine Sortierung mehrerer Spalten.

expand_into_element( )

Mit der Methode expand_into_element( ) kann die Tabellenzeile eines Context-Elements einer hierarchischen Tabelle vom Typ TreeByKeyTableColumn und TreeByNestingTableColumn sichtbar gemacht werden. Dabei werden alle Knoten von der Wurzel bis zum gewählten Context-Element aufgeklappt, und das Element wird in den sichtbaren Bereich gescrollt. In Tabelle 9.12 finden Sie die Parameter der Methode.

Parameter	Optional	Beschreibung
DATA_SOURCE	✓	Dies ist der Context-Knoten der Tabelle, der nur bei verschachtelten Tabellen angegeben werden muss (z. B. im RowRepeater oder im Table-Popin).
CONTEXT_ELEMENT	✓	Dies ist das Context-Element, das sichtbar gemacht werden soll. Wird es nicht angegeben, wird die Lead-Selection verwendet.

Tabelle 9.12 Parameter expand_into_element( )

get_all_columns( )

Die Methode get_all_columns( ) gibt alle Tabellenspalten der Tabelle zurück, d. h. Elemente vom Typ CL_WD_TABLE_COLUMN. Dies sind Tabellenspalten, die über die Aggregation Columns und über die Aggregation GroupedColumns zugeordnet sind. Bei der Verwendung einer beliebig tief geschachtelten TableColumnGroup werden die letztlich enthaltenen TableColumn-Elemente zurückgegeben.

make_element_visible( )

Mit der Methode `make_element_visible( )` können Sie die Tabelle so weit nach oben oder unten scrollen, bis die Zeile für ein anzuzeigendes Context-Element sichtbar wird. Die Eigenschaft `firstVisibleRow` wird der `Table` entsprechend gesetzt. In Tabelle 9.13 finden Sie die Parameter der Methode.

Parameter	Optional	Beschreibung
DATA_SOURCE	✓	Dies ist der Context-Knoten der `Table`, der nur bei verschachtelten `Table`-Elementen angegeben werden muss (z. B. im `RowRepeater` oder `TablePopin`).
CONTEXT_ELEMENT	✓	Dies ist das Context-Element, das sichtbar gemacht werden soll. Wird es nicht angegeben, wird die Lead-Selection verwendet.
FOCUS_ON_FIRST_ATTRIBUTE	✓	Bei der Angabe von `abap_true` wird zusätzlich das erste eingabefähige UI-Element in der Tabellenzeile fokussiert.

Tabelle 9.13 Parameter make_element_visible( )

> **[!] Programmabbruch bei fehlendem Context-Element**
>
> Beachten Sie, dass das Programm abbricht, falls das angegebene Context-Element nicht in der `Table` existiert.

9.4 TableColumn

Das UI-Element `TableColumn` repräsentiert eine Spalte innerhalb einer `Table`. Um die Beschreibungen zum UI-Element `Table` nicht zu tief zu schachteln, beschreiben wir in diesem Abschnitt das UI-Element `TableColumn` separat.

9.4.1 Eigenschaften

Neben den Eigenschaften, die alle UI-Elemente gemeinsam haben, besitzt das UI-Element `TableColumn` die Eigenschaften `accessibilityDescription` (siehe Abschnitt 4.5.3, »DateNavigator«), `explanation` (siehe Abschnitt 7.4.2, »Erläuterungstexte«), `filterValue` und

9 | Integration komplexer UI-Elemente und Components

`filterValueSuggestion` (siehe Überschrift »onFilter« in Abschnitt 9.3.3, »Ereignisse«). Weitere Eigenschaften besprechen wir in den folgenden Abschnitten. Sie sind in Abbildung 9.36 markiert.

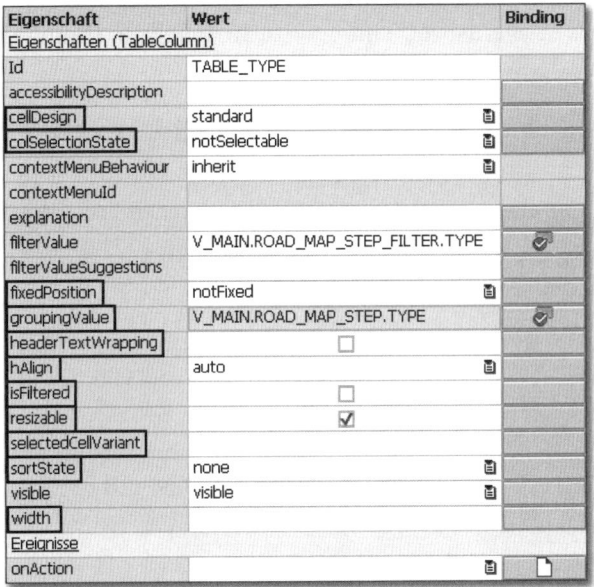

Abbildung 9.36 Eigenschaften TableColumn

cellDesign

Farbe   Mit der Eigenschaft `cellDesign` können Sie die semantische Information (Farbe) der Spalte festlegen, wie Sie z. B. in Abbildung 9.37 für die Ausprägung `subtotal` in der Spalte TYPE sehen können. Die möglichen Ausprägungen finden Sie im Datenelement `WDUI_TABLE_CELL_DESIGN` im ABAP Dictionary.

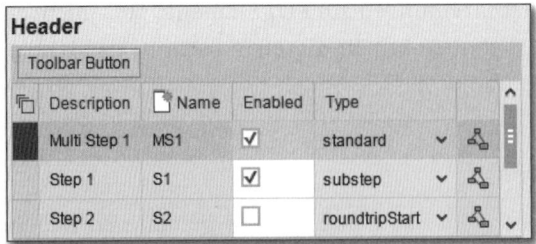

Abbildung 9.37 Eigenschaft cellDesign

854

colSelectionState

Mit der Eigenschaft `colSelectionState` können Sie die mehrfache Markierbarkeit der `TableColumn` steuern. Bei gedrückter ⌈Strg⌉-Taste können zusätzliche `TableColumn`-Elemente ausgewählt werden. Die möglichen Werte sind `notSelectable` (die `TableColumn` kann nicht markiert werden), `notSelected` (die `TableColumn` kann markiert werden) und `selected` (die `TableColumn` ist markiert). In Abbildung 9.37 hat z. B. die Spalte ENABLED den Wert `selected`, und alle anderen haben den Wert `notSelecteable`. Falls Sie diese Eigenschaft an ein Context-Attribut binden möchten, können Sie für dieses den ABAP-Dictionary-Typ `WDUI_TABLE_COL_SEL_STATE` verwenden.

Markierbarkeit

fixedPosition

Mit der Eigenschaft `fixedPosition` legen Sie fest, ob eine `TableColumn` links (Wert = `left`) oder rechts (Wert = `right`) in der `Table` fixiert wird. Eine fixierte `TableColumn` nimmt nicht am Spalten-Scrolling teil. Soll die Spalte am Scrolling teilnehmen, geben Sie der Eigenschaft den Wert `notFixed`. Falls Sie diese Eigenschaft an ein Context-Attribut binden möchten, können Sie für dieses den ABAP-Dictionary-Typ `WDUI_TABLE_COLUMN_FIXED_POS` verwenden.

Fixierung

groupingValue

Mit der Eigenschaft `groupingValue` können Sie übereinanderliegende Zellen zu dieser Spalte, die den gleichen aufeinanderfolgenden Wert besitzen, als eine Zelle darstellen. Der `TableCellEditor` wird nur einmal auf der Höhe der ersten gleichen Zeile dargestellt, und es wird nur ein gemeinsamer Zellenrahmen gezeichnet. Binden Sie diese Eigenschaft an ein Context-Attribut, das die Gruppierungswerte hält. Abbildung 9.38 zeigt ein Beispiel für die Spalte TYPE und den Wert SUBSTEP.

Gruppierung

> **Verwendung von groupingValue** [!]
>
> Wenn Sie dieses Feature verwenden, darf der `TableCellEditor` nicht eingabefähig sein.

9 | Integration komplexer UI-Elemente und Components

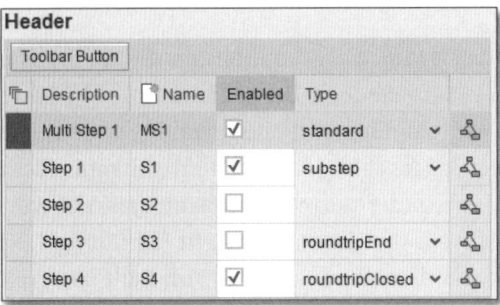

Abbildung 9.38 Eigenschaft groupingValue

headerTextWrapping

Zeilenumbruch — Mit der Eigenschaft `headerTextWrapping` entscheiden Sie, ob der Überschriftentext (Header-`Caption`) bei einer `TableColumn` in die nächste Zeile umbrochen werden kann oder nicht. Falls der Wert `abap_false` eingetragen ist, wird der Text nicht in die nächste Zeile umbrochen. Die Voraussetzung für das Wrapping ist entweder eine ausreichend große Tabellenbreite, oder die Eigenschaft `width` der `Table` oder `TableColumn` ist auf einen absoluten und nicht prozentuellen Wert eingestellt.

hAlign

Ausrichtung — Mit der Eigenschaft `hAlign` definieren Sie die horizontale Ausrichtung des Zelleninhalts. Die Ausrichtung sollte für jede Spalte die gleiche sein, kann aber individuell übersteuert werden (durch Bindung oder beim `auto`-Modus durch Zellenvarianten). Beachten Sie, dass der Wert dieser Eigenschaft mit dem Wert für das Alignment im `TableCellEditor` übereinstimmt. Die möglichen Werte sind in Tabelle 9.14 aufgelistet.

Wert	Beschreibung
auto	Die Ausrichtung wird durch den Datentyp der primären Eigenschaft des `TableCellEditor` ermittelt. Normalerweise ist die Ausrichtung linksbündig, aber falls es sich um einen `TextView` oder ein `readOnly-InputField` mit einer Zahl handelt, ist die Ausrichtung rechtsbündig.
center	Der Textinhalt wird zentriert ausgerichtet.

Tabelle 9.14 Eigenschaft hAlign

Wert	Beschreibung
beginOfLine	Der Textinhalt wird immer am Anfang der Zeile dargestellt. Für den Wert ltr der Eigenschaft textDirection wird somit der Textinhalt linksbündig angezeigt. Für den Wert rtl wird der Textinhalt rechtsbündig abgebildet.
endOfLine	Der Textinhalt wird immer am Ende der Zeile dargestellt. Für den Wert ltr der Eigenschaft textDirection wird somit der Textinhalt rechtsbündig angezeigt. Für den Wert rtl wird der Textinhalt linksbündig abgebildet.
forcedLeft	Der Textinhalt wird immer links dargestellt, unabhängig davon, ob für die Eigenschaft textDirection die Werte ltr oder rtl verwendet werden.
forcedRight	Der Textinhalt wird immer rechts dargestellt, unabhängig davon, ob für die Eigenschaft textDirection die Werte ltr oder rtl verwendet werden.

Tabelle 9.14 Eigenschaft hAlign (Forts.)

Falls Sie diese Eigenschaft an ein Context-Attribut binden möchten, können Sie für dieses den ABAP-Dictionary-Typ WDUI_TABLE_COLUMN_HALIGN verwenden.

isFiltered

Mit der Eigenschaft isFiltered können Sie festlegen, ob ein Filter-Icon in der Spaltenüberschrift angezeigt werden soll. Dies soll visualisieren, dass die aktuellen Table-Einträge nach Werten in dieser TableColumn gefiltert sind (siehe auch die Beschreibungen zum Ereignis onFilter in Abschnitt 9.3.3, »Ereignisse«).

Filter-Icon

resizable

Die Eigenschaft resizable wird zwar angeboten, aber nicht ausgewertet und hat somit keine Auswirkungen.

selectedCellVariant

Mit der Eigenschaft selectedCellVariant bestimmen Sie die für eine Tabellenzelle aktive Tabellenzellenvariante. Es wird jene Variante verwendet, deren variantKey-Eigenschaftswert mit dem Wert der Eigenschaft selectedCellVariant übereinstimmt. Ist der Wert

Darstellungsvariante

der Eigenschaft initial, wird keine Zellenvariante, sondern der TableCellEditor der TableColumn herangezogen. Die Angabe einer nicht existierenden Zellenvariante als Wert für selectedCellVariant ist nicht erlaubt. Mehr über die Zellenvarianten erfahren Sie in Abschnitt 9.4.3, »Aggregierte Elemente«.

sortState

Sortier-Icon

Mit der Eigenschaft sortState beschreiben Sie, wie eine TableColumn sortiert ist. Der Sortierzustand wird nur angezeigt, wenn die Eigenschaft enabled der Table den Wert abap_true hat und das onSort-Ereignis der Table gebunden ist, andernfalls erscheinen alle Spalten als nicht sortierbar. Der Sortierzustand wird durch einen Klick auf das Sortier-Icon in der Spaltenüberschrift umgeschaltet. Die Reihenfolge der Werte ist von none nach up nach down nach none. Dabei wird der Sortierzustand anderer sortierbarer Spalten der Table auf den Wert none zurückgesetzt.

Die Daten der Table werden durch die sortState-Eigenschaft und das onSort-Ereignis nicht automatisch sortiert; die Sortierung muss durch die Anwendung selbst erfolgen (onSort). Falls Sie diese Eigenschaft an ein Context-Attribut binden möchten, können Sie für dieses den ABAP-Dictionary-Typ WDUI_TABLE_COL_SORT_DIR verwenden.

width

Mit der Eigenschaft width definieren Sie die Breite der Tabellenspalte. Die effektive Breite ist so groß wie der angegebene Wert und der tatsächliche Zelleninhalt. Hat die Eigenschaft fixedTableLayout der Table den Wert abap_true, wird die Spalte exakt so groß, wie in der Eigenschaft width angegeben. Wird kein Wert für diese Eigenschaft vergeben, bestimmt der Inhalt der TableColumn die Breite.

onAction

Das UI-Element TableColumn stellt das Ereignis onAction zur Verfügung, wobei zu erwähnen ist, dass dieses Ereignis deprecated ist und stattdessen die Ereignisse Table.onSort und Table.onColSelect zur Verfügung stehen. Dieses Ereignis löst die Aktionsbehandler-Methode zu der möglicherweise zum Ereignis zugeordneten Aktion aus. Der Methode werden die Standardparameter ID und CONTEXT_ELEMENT sowie zusätzlich der Parameter COL übergeben. Der Wert des Parameters COL entspricht der ID der angeklickten Spalte.

> **Weitere Informationen zur Spaltenbreite**
> Hinweise zur Spaltenbreite einer `Table` bzw. `TableColumn` finden Sie in SAP-Hinweis 1253282.

9.4.2 Barrierefreiheit

Um die Entwicklung barrierefreier Anwendungen zu ermöglichen, wird im Rahmen des Syntax-Checks die Eigenschaft `caption` überprüft.

9.4.3 Aggregierte Elemente

In diesem Abschnitt besprechen wir die aggregierten Elemente zur `TableColumn`.

Zellenvarianten

Zu einer `TableColumn` können, wie bereits erläutert, Zelleneditoren angegeben werden, die für die Visualisierung der Daten zuständig sind. Dies ist aber nicht die einzige Variante, um Darstellungen für eine `TableColumn` zu definieren. In manchen Situationen ist es notwendig, für eine Spalte unterschiedliche Darstellungsvarianten zur Verfügung zu haben, z. B. um wahlweise eine Spalte als Text oder als Icon auszugeben. Oder denken Sie an die Möglichkeit, Sonderfunktionen einzubauen, wie z. B. das Auf- und Zuklappen von Zusatzinformationen zu einer Zelle oder Spalte. Auch in diesem Fall benötigen wir eine spezielle Art der Darstellung für eine Spalte.

Darstellungsvarianten

Die Zellenvarianten für eine `TableColumn` bieten Ihnen genau diese gewünschten Funktionen. In Abbildung 9.39 sehen Sie die aggregierten Zellenvarianten zur `TableColumn`, die in diesem Abschnitt beschrieben werden.

Möglichkeiten

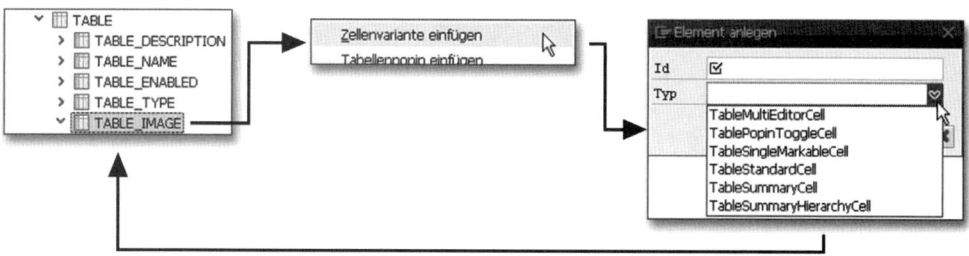

Abbildung 9.39 Aggregationen TableColumn – Zellenvariante

Typen Über den Kontextmenüeintrag ZELLENVARIANTE EINFÜGEN wird Ihnen das Pop-up-Fenster ELEMENT ANLEGEN mit den folgenden Typen zur Auswahl angeboten, die wir in den nächsten Abschnitten noch näher erläutern werden:

- `TableMultiEditorCell`
  Dieser Elementtyp dient dazu, in einer Spalte mehrere Zelleneditoren einzufügen und *One Click Actions*, d. h. verlinkte Aktionen, zu hinterlegen. Die folgenden UI-Elemente sind als Editoren zulässig: `Button`, `FileDownload`, `LinkToURL`, `LinkToAction` und `ToggleButton`.

- `TablePopinToggleCell`
  Dieser Typ besitzt keinen Zelleneditor und dient dazu, ein Pop-in auf- und zuzuklappen (siehe auch Abschnitt 9.5, »TablePopin«).

- `TableSingleMarkableCell`
  Dieser Typ dient dazu, eine einzelne Zelle in einer `Table` selektierbar zu machen.

- `TableStandardCell`
  Dieser Typ dient dazu, unterschiedliche Darstellungsvarianten für eine `TableColumn` zu definieren.

- `TableSummaryCell` und `TableSummaryHierarchyCell`
  Die Typen `TableSummary` und `TableSummaryHierarchyCell` sind nicht für die Anwendungsentwicklung gedacht, sondern nur für die Entwicklung der ALV-Component (siehe Abschnitt 9.13, »SAP List Viewer«).

In Tabelle 9.15 haben wir die den Zellenvarianten gemeinsamen Eigenschaften beschrieben.

Eigenschaft	Beschreibung
cellDesign	Mit dieser Eigenschaft können Sie die semantische Information (Farbe) der Toggle-Zelle festlegen. Zu den möglichen Ausprägungen lesen Sie die Ausführungen zum Datenelement WDUI_TABLE_CELL_DESIGN, das Sie auch verwenden können, um ein Context-Attribut für das Data Binding zu typisieren.
hAlign	Mit dieser Eigenschaft definieren Sie die horizontale Ausrichtung des Inhalts im UI-Element. Die möglichen Ausprägungen können Sie in Abschnitt 4.2.2 unter »alignment« nachlesen.

Tabelle 9.15 Gemeinsame Eigenschaften der Zellenvarianten

Eigenschaft	Beschreibung
variantKey	Dies ist der Schlüssel dieser Variante, der in der Eigenschaft `selectedCellVariant` in der `TableColumn` hinterlegt wird und damit angibt, dass diese Variante angezeigt werden soll.

Tabelle 9.15 Gemeinsame Eigenschaften der Zellenvarianten (Forts.)

TablePopinToggleCell

Die `TablePopinToggleCell`, die nach der Anlage unterhalb der `TableColumn` in der UI-Elemente-Hierarchie im View Designer angezeigt wird, bietet die allgemeinen Eigenschaften zur Pflege an.

Eigenschaften

Das Ereignis `onToggle` wird ausgelöst, wenn der Benutzer die `TablePopinToggleCell` drückt. Der zugeordnete Aktionsbehandler erhält neben den Standardparametern `id` und `context_element` den Parameter `expanded`. Dieser hat den Wert `abap_true`, wenn das Popin geöffnet wird, andernfalls `abap_false`. Durch die Zuordnung einer Aktion zum Ereignis `onToggle` wird ein Roundtrip erzwungen.

Ereignis onToggle

TableSingleMarkableCell

Mithilfe des UI-Elements `TableSingleMarkableCell` identifizieren Sie eine einzelne Zelle in einer `Table`. Als Zelleneditor ist nur eine eingeschränkte Auswahl von UI-Elementen zulässig, nämlich `DropDownByIndex`, `DropDownByKey`, `DropDownListBox`, `Image`, `InputField` und `TextView`. Beachten Sie, dass der `selectionMode` der `Table` auf den Wert `none` gesetzt werden muss. Die `TableSingleMarkableCell`, die nach der Anlage unterhalb der `TableColumn` in der UI-Elemente-Hierarchie im View Designer angezeigt wird, bietet Ihnen die Eigenschaften aus Tabelle 9.16 zur Pflege an.

Markierbare Zelle

Folgen Sie diesen Schritten, um diese Zellenvariante einsetzen zu können:

Vorgehen

1. Legen Sie ein Context-Attribut vom Typ `WDR_EXT_ATTRIBUTE_POINTER` an, in dem die Referenz auf die selektierte Zelle abgelegt wird.

2. Legen Sie eine Zellenvariante mithilfe des Kontextmenüs der `TableColumn` an.

3. Pflegen Sie die Attribute der Zellenvariante, im Speziellen das Data Binding auf das Context-Attribut zur Ablage der Referenz mithilfe der Eigenschaft `markedData`.

4. Legen Sie einen Zelleneditor für die Zellenvariante unter Verwendung des Kontextmenüs der Zellenvariante an.

Eigenschaft	Beschreibung
attributeToMark	Diese Eigenschaft wird an ein Context-Attribut der `TableColumn` gebunden, zu der diese `TableSingleMarkableCell` aggregiert ist, wobei der Wert dieses Attributs nicht von Bedeutung ist.
markedData	Eine Zelle ist markiert, wenn der Wert in der Eigenschaft `markedData` dem Wert für `attributeToMark` der aktuellen Zeile entspricht. Damit nur eine Zelle innerhalb einer `Table` auf einmal markiert werden kann, muss `markedData` an ein Context-Attribut außerhalb der Datenquelle der `Table` gebunden werden. Sie können ein Context-Attribut für das Data Binding mit der Struktur `WDR_EXT_ATTRIBUTE_POINTER` typisieren. Die Komponente `ELEMENT` in dieser Struktur repräsentiert das selektierte Element und die Komponente `ATTRIBUTE_NAME` den Namen des selektierten Attributs.

Tabelle 9.16 Eigenschaften TableSingleMarkableCell

Wenn Sie diese Schritte ausgeführt haben, wird eine Zelle markiert, sofern Sie diese anklicken. In Abbildung 9.40 sehen Sie ein Beispiel für eine selektierte Zelle (STEP 2). Wird nach der Selektion ein Roundtrip ausgelöst, können Sie die Referenz auf die selektierte Zelle aus dem Context-Attribut auslesen, das für die Eigenschaft `markedData` der Zellenvariante verwendet wurde.

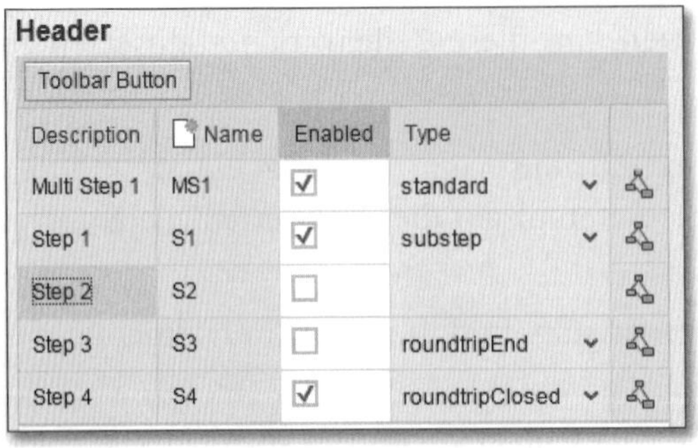

Abbildung 9.40 Zellenvariante TableSingleMarkableCell

TableStandardCell

Mithilfe des UI-Elements `TableStandardCell` legen Sie unterschiedliche Darstellungsvarianten für eine `TableColumn` fest. Den Zelleneditor zur Zellenvariante können Sie aus einer umfangreiche Liste von UI-Elementen auswählen und mithilfe des Kontextmenüs der Zellenvariante und des Menüeintrags EDITOR EINFÜGEN anlegen. Die `TableStandardCell`, die nach der Anlage unterhalb der `TableColumn` in der UI-Elemente-Hierarchie im View Designer angezeigt wird, bietet die Standardattribute zur Pflege an.

Standardvariante

Wir stellen Ihnen ein kleines Beispiel für den Einsatz dieser Zellenvariante vor. In Abbildung 9.41 sehen Sie die relevanten Teile, die für unsere Erläuterung von Bedeutung sind.

Beispiel

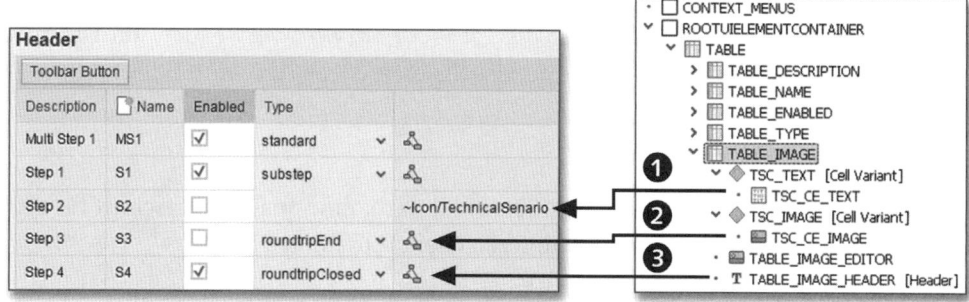

Abbildung 9.41 Zellenvariante TableStandardCell

Das Ziel des Beispiels ist es, in einer Tabellenspalte unterschiedliche Visualisierungen von Inhalten im Context zu realisieren. Einerseits sollen die Daten als Text ❶ und andererseits als Icon ❷ dargestellt werden. Zu diesem Zweck legen wir zwei Zellenvarianten vom Typ `TableStandardCell` für die gewünschte Spalte an. Die eine Zellenvariante (`TSC_TEXT`) erhält einen Editor vom Typ `TextView` und die andere Zellenvariante (`TSC_IMAGE`) einen Editor vom Typ `Image`. Für beide Zellenvarianten wurden mithilfe der Eigenschaft `variantKey` unterschiedliche Kennungen definiert, nämlich TEXT und IMAGE.

Die Datenbindung der `TableColumn` erfolgt so wie an ein Attribut des Context-Knotens, der als Datenquelle für die `Table` dient. Darüber hinaus haben wir ein zusätzliches Attribut (SELECTEDCELLVARIANT vom Typ `string`) angelegt, in dem wir den Wert für die gewünschte Zellenvariante hinterlegt haben. In unserem konkreten Beispiel haben wir für das dritte Element des Contexts den Wert TEXT verwendet und für alle anderen Elemente den Wert IMAGE. Damit die passende Zellenvariante für die Darstellung in der TableColumn verwendet wird, müssen wir noch eine Datenbindung von der Eigenschaft selectedCellVariant der TableColumn an das Context-Attribut (SELECTEDCELLVARIANT) durchführen und können die Definition dann abschließen.

Noch eine Anmerkung: Ihnen ist wahrscheinlich aufgefallen, dass noch ein zusätzlicher Zelleneditor vorhanden ist ❸, den wir als *Standard-Zelleneditor* bezeichnet haben. Dieser tritt in Aktion, wenn der Wert für die Zellenvariante im Context-Attribut initial ist. In unserem Beispiel wird der Inhalt des Context-Attributs dann als Icon dargestellt.

Tabellen-Pop-in

Pop-in — Das TablePopin für die TableColumn wird verwendet, um Daten zu einer Tabellenzelle zu visualisieren (siehe Abschnitt 9.5).

Header

Spaltenüberschrift — Die Header-Aggregation dient dazu, eine Spaltenüberschrift für eine TableColumn zu definieren (siehe Abschnitt 9.4).

Zelleneditor

Der Zelleneditor übernimmt die eigentliche Visualisierung der Daten in einer TableColumn (siehe Abschnitt 9.3, »Table«).

9.4.4 Ereignis

onAction — Das Ereignis onAction ist deprecated und sollte nicht verwendet werden. Falls Sie dem Ereignis eine Aktion zuordnen, werden der Aktionsbehandler-Methode die Standardparameter context_element und id übergeben.

9.5 TablePopin

Zellen- und Zeilen-Pop-in — Das UI-Element TablePopin wird verwendet, um Daten zu einer Tabellenzeile oder Tabellenzelle zu visualisieren. Um die Beschreibungen zum UI-Element Table nicht zu tief zu schachteln, beschreiben wir in diesem Abschnitt das UI-Element TablePopin separat. Das

TablePopin kann auf zwei Wegen definiert werden, je nachdem, wofür es gedacht ist:

- Falls Sie ein Pop-in auf Zeilenebene festlegen möchten, wählen Sie das Kontextmenü der Table und dort den Menüeintrag TABELLEN-POPIN EINFÜGEN.
- Wenn Sie hingegen Zusatzdaten für bestimmte Zellen visualisieren möchten, wählen Sie das Kontextmenü einer TableColumn und dort den Menüeintrag TABELLENPOPIN EINFÜGEN.

9.5.1 Eigenschaften

In Abbildung 9.42 sehen Sie die Eigenschaften zum TablePopin, die in diesem Abschnitt besprochen werden. Die nicht explizit diskutierten Eigenschaften finden Sie in Abschnitt 4.1, »Eigenschaften für alle UI-Elemente«.

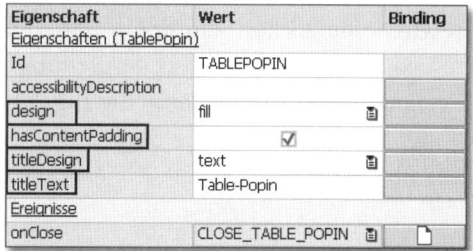

Abbildung 9.42 Eigenschaften TablePopin

design

Die Ausprägung der Eigenschaft design steuert das Aussehen des Pop-ins. Die Eigenschaft bietet die Werte fill, plain und transparent an, mit deren Hilfe Sie die Hintergrundfarbe des Pop-ins setzen können. Bei einem Zellen-Pop-in wird die zugehörige Zelle mit der Hintergrundfarbe des Pop-ins ausgefüllt, um deren Zusammengehörigkeit zu visualisieren. Falls Sie diese Eigenschaft an ein Context-Attribut binden möchten, können Sie für dieses den ABAP-Dictionary-Typ WDUI_POPIN_DESIGN verwenden.

Aussehen

hasContentPadding

Die Eigenschaft hasContentPadding legt fest, ob zwischen Inhalt und UI-Element-Rahmen ein Abstand eingefügt werden soll (Wert = abap_true) oder nicht (Wert = abap_false).

Abstand

titleDesign

Titel mit Icon — Mit der Eigenschaft `titleDesign` können Sie das Erscheinungsbild des Titels festlegen und steuern, ob vor dem Titeltext ein Icon angezeigt wird. Es stehen Ihnen die Werte `critical`, `error`, `ok` für einen Text mit Icon und `text` für einen Text ohne Icon zur Verfügung. Falls Sie diese Eigenschaft an ein Context-Attribut binden möchten, können Sie für dieses den ABAP-Dictionary-Typ `WDUI_TABLE_POPIN_TITLE_DESIGN` verwenden.

titleText

Mit der Eigenschaft `titleText` setzen Sie den Text für die Überschrift des Pop-ins.

9.5.2 Ereignis

onClose — Ebenso Teil des Funktionsumfangs des `TablePopin` ist das Ereignis `onClose`. Wenn Sie dem Ereignis eine Aktion zuordnen, wird im Pop-in rechts oben ein kleines »x« eingeblendet. Klickt der Benutzer auf das kleine »x«, wird das Ereignis ausgelöst und damit die zugehörige Aktionsbehandler-Methode. Dieser werden die Standardparameter `id` und `context_element` übergeben.

9.5.3 Aggregierte Elemente

Inhalt und TextBar — Das `TablePopin` kann zwei UI-Elemente aggregieren:

- **Inhalt**
  Eines davon, das allgemein als *Inhalt* bezeichnet wird, definiert den Inhalt des Pop-ins. Um diesen zu bestimmen, können Sie jedes beliebige UI-Element verwenden. Bei der Definition des Inhalts sind Sie auf ein UI-Element beschränkt, jedoch können Sie als Inhaltselement das UI-Element `TransparentContainer` verwenden und erreichen damit, dass Sie eine beliebige Anzahl von UI-Elementen für den Inhaltsbereich einsetzen können. Wählen Sie den Menüeintrag INHALT EINFÜGEN des Kontextmenüs auf dem `TablePopin`, um dieses Element einzufügen.

- **TextBar**
  Das zweite aggregierbare Element ist `TextBar`. Dieses Element wird zwischen dem Titel des Pop-ins und dessen Inhaltsbereich

angezeigt. Sie können mithilfe der Eigenschaft text den Anzeigetext definieren und über die Eigenschaft visible die Sichtbarkeit steuern. Wählen Sie den Menüeintrag TEXTBAR EINFÜGEN des Kontextmenüs auf dem TablePopin, um dieses Element einzufügen.

9.5.4 Verwendung

Pop-ins sind Einschübe zwischen den Zeilen einer Table, die sich auf eine Zeile oder einzelne Zellen beziehen können. Sie dienen dazu, zusätzliche Daten zu einer Zeile oder Zelle anzuzeigen, die möglicherweise aufgrund von Platzproblemen hinsichtlich der Tabellenbreite nicht dargestellt werden können.

Ein Pop-in kann auf der Ebene einer Table für ein Zeilen-Pop-in oder auf der Ebene einer TableColumn für ein Zellen-Pop-in definiert werden. Ein notwendiges Element zum Auf- und Zuklappen eines TablePopin stellt das UI-Element TablePopinToggleCell dar (siehe Abschnitt 9.4.3, »Aggregierte Elemente«). | **Zeilen- und Zellen-Pop-in**

Zeilen-Pop-in anlegen

Zum Anlegen eines Pop-ins mit Zeilenbezug müssen Sie ein TablePopin ❶ und eine TablePopinToggleCell ❷ definieren, um das Auf- und Zuklappen des Pop-ins zu ermöglichen. Die Anlage der TablePopinToggleCell wurde bereits in Abschnitt 9.4.3 unter »Zellenvarianten« erläutert. Die wichtigste Eigenschaft, die dort für die TablePopinToggleCell besprochen wurde, war variantKey, die die eindeutige Kennung der TablePopinToggleCell innerhalb der TableColumn darstellt. | **Vorgehen**

1. Damit nun die TableColumn die TablePopinToggleCell als Anzeigevariante verwendet, müssen Sie in der Eigenschaft selectedCellVariant des UI-Elements TableColumn den Wert des variantKey eintragen.

2. Nachdem Sie die TablePopinToggleCell angelegt, bewertet und zur TableColumn zugeordnet haben, können Sie das TablePopin definieren. Dies erledigen Sie mithilfe des Kontextmenüs auf dem UI-Element Table, genauer: über den Menüeintrag TABELLENPOPIN EINFÜGEN.

3. Mithilfe des nun folgenden Definitionsschrittes müssen Sie die Anzeige der Daten im Pop-in auf das selektierte Element in der

Table beziehen. Dazu definieren Sie im Context-Knoten, der die Datenquelle der Table darstellt, ein zusätzliches Attribut (Namensvorschlag: SELECTEDPOPIN) vom Typ string oder einen Unterknoten mit der Kardinalität 1..1 und diesem Attribut. Dieses Attribut wird die Kennung für das selektierte Pop-in übernehmen, das vom Framework oder durch Ihre Programmierung gesetzt wird.

4. Binden Sie das neu angelegte Attribut an die Eigenschaft selectedPopin des UI-Elements Table.

Damit sind die notwendigen Definitionsschritte abgeschlossen. In Abbildung 9.43 sehen Sie ein Beispiel für ein einfaches Zeilen-Pop-in. Die TablePopinToggleCell wird in der ersten Spalte der Table als Dreieck dargestellt. Klickt der Benutzer auf das Dreieck, öffnet sich das TablePopin, und der Inhalt des Pop-ins wird angezeigt. Ein nochmaliger Klick auf das Dreieck schließt das TablePopin wieder.

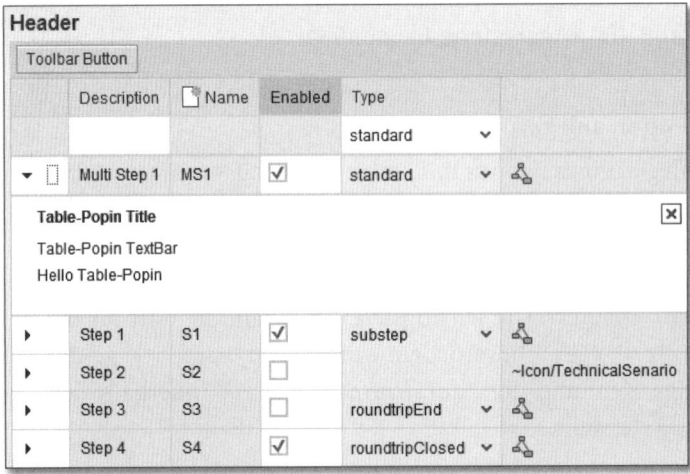

Abbildung 9.43 Zeilen-Pop-in

[!] **Fehlermeldung beim Testen des Zeilen-Pop-ins**

Falls Sie beim Testen des Zeilen-Pop-ins den folgenden Fehler erhalten, haben Sie noch kein TablePopin definiert und müssen dies nachholen:

Folgender Fehlertext wurde im System <SID> prozessiert: Fehler im TABLE_POPIN_TGL_CELL "TPTC" des Views "ZWDC_CHAP04.V_TABLE": Die Tabelle hat kein TablePopin, für die TablePopinToggleCell muss ein TablePopin vorhanden sein.

Achten Sie darauf, dass pro Zeile nur ein TablePopin existieren darf.

Zellen-Pop-in anlegen

Falls Sie ein Pop-in mit Bezug zu einer Zelle erzeugen möchten, können Sie dieses mithilfe des Kontextmenüs über den Menüeintrag TABELLENPOPIN EINFÜGEN für die gewünschte Spalte erstellen, in der sich die Zelle befindet. In Abbildung 9.44 sehen Sie ein Beispiel für ein Zellen-Pop-in.

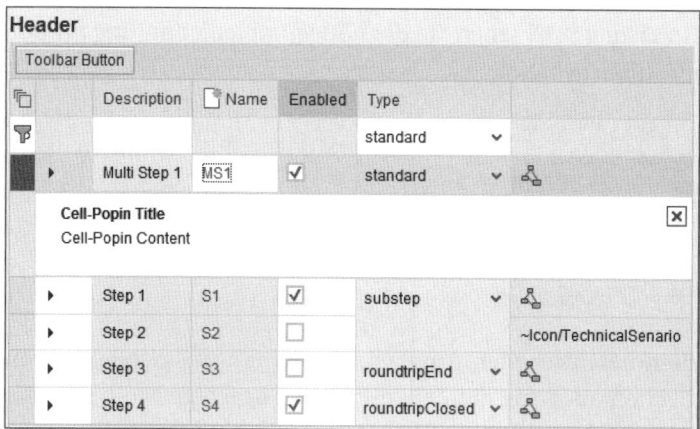

Abbildung 9.44 Zellen-Pop-in

Das Öffnen eines Zellen-Pop-ins benötigt ein UI-Element, das einen Roundtrip auslösen kann, wie z. B. LinkToAction in der Spalte NAME, und das Sie für die Typisierung des Zelleneditors der Spalte verwenden. Im zugeordneten Aktionsbehandler der zum Ereignis zugeordneten Aktion – im Fall des UI-Elements LinkToAction ist dies das Ereignis onAction – müssen Sie die ID der Tabellenspalte im Attribut für die Kennung des Pop-ins setzen. Falls Sie das Attribut z. B. mit SELECTEDPOPIN bezeichnet haben und die betroffene Spalten-ID z. B. die Bezeichnung TABLE_NAME_CV trägt, öffnen Sie mit der in Listing 9.15 dargestellten Implementierung das Zellen-Pop-in.

Öffnen

```
METHOD onactionaction.
  context_element->set_attribute(
    name  = 'SELECTEDPOPIN'
    value = 'TABLE_NAME_CV' ).
ENDMETHOD.
```

Listing 9.15 Zellen-Pop-in öffnen

Die Referenz context_element wurde vom Framework an die Aktionsbehandler-Methode übergeben. Sie erlaubt den Zugriff auf die

Attribute der durch den Benutzer selektierten Zeile und damit auch auf das Attribut für die Pop-in-Kennung.

Schließen Für die Schließaktion bietet ein Pop-in bereits ein Ereignis an. Wird dem `onClose`-Event eine Aktion zugeordnet, zeigt das Pop-in einen Schließen-Button an (das kleine x), der durch das Anklicken des Benutzers das Ereignis auslöst. Zum tatsächlichen Schließen des Pop-ins müssen Sie noch die Spalten-ID des selektierten Eintrags zurücksetzen. In Listing 9.16 sehen Sie die nötige Implementierung für den `onClose`-Aktionsbehandler.

```
METHOD onactionclose.
  context_element->set_attribute(
    name  = 'SELECTEDPOPIN'
    value = '' ).
ENDMETHOD.
```

Listing 9.16 Zellen-Pop-in schließen

Die soeben beschriebenen Ansätze zum Öffnen und Schließen von Pop-ins gelten auch für die Zeilen-Pop-ins. Beachten Sie bei dieser Art der Anwendung, dass Sie dem Attribut für die Pop-in-Kennung die ID des `TablePopin` zuordnen. Für Zellen können beliebig viele Pop-ins existieren.

9.6 TableColumnGroup

Spaltengruppierung Das UI-Element `TableColumnGroup` dient dazu, eine Spalte (`TableColumn`) und/oder weitere Gruppenspalten zu gruppieren. Um die Beschreibungen zum UI-Element `Table` nicht zu tief zu schachteln, beschreiben wir in diesem Abschnitt das UI-Element `TableColumnGroup` separat. In Abbildung 9.45 sehen Sie den Anlegevorgang und das Kontextmenü mit den Auswahlmöglichkeiten.

Anlegen Ausgehend vom UI Element `Table`, wählen Sie das Kontextmenü und dort den Menüeintrag GRUPPENSPALTE EINFÜGEN, um eine neue Gruppenspalte anzulegen. Bei der Anlage können Sie sich entscheiden, ob Sie eine Spalte (`TableColumn`) oder eine Gruppe von Spalten (`TableColumnGroup`) anlegen.

Der Leistungsumfang der `TableColumn` wurde bereits in Abschnitt 9.4 besprochen. Wenn Sie die `TableColumnGroup` verwenden, können Sie zu dieser wiederum `TableColumn`- und/oder `TableColumn`-

Group-Elemente anlegen. Durch diese Schachtelung ist es möglich, Gruppenspalten mit unterschiedlichen Hierarchiestufen einzurichten. In Abbildung 9.46 sehen Sie ein Beispiel für eine geschachtelte Definition.

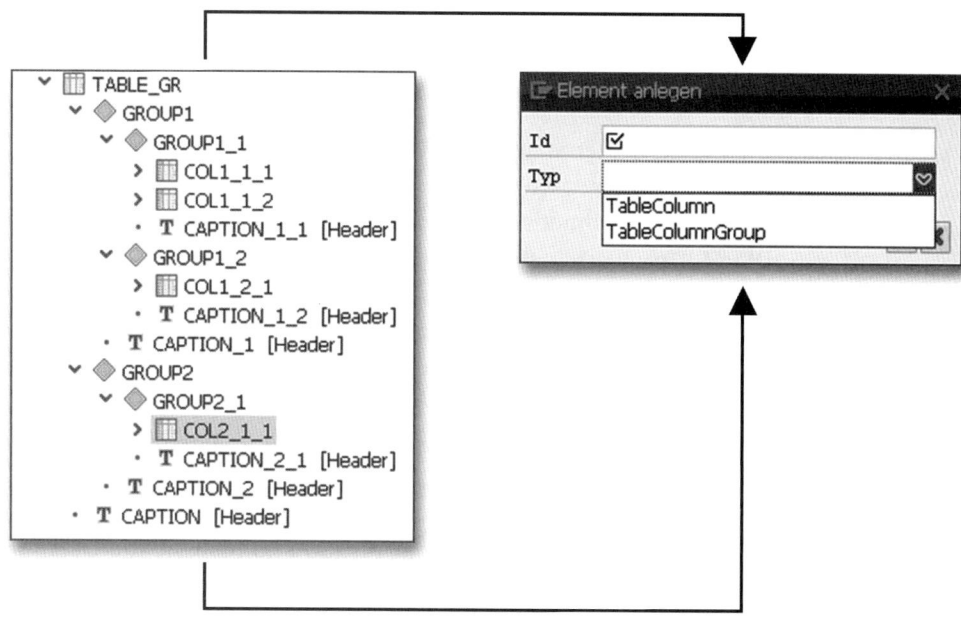

Abbildung 9.45 Aggregation Gruppenspalte

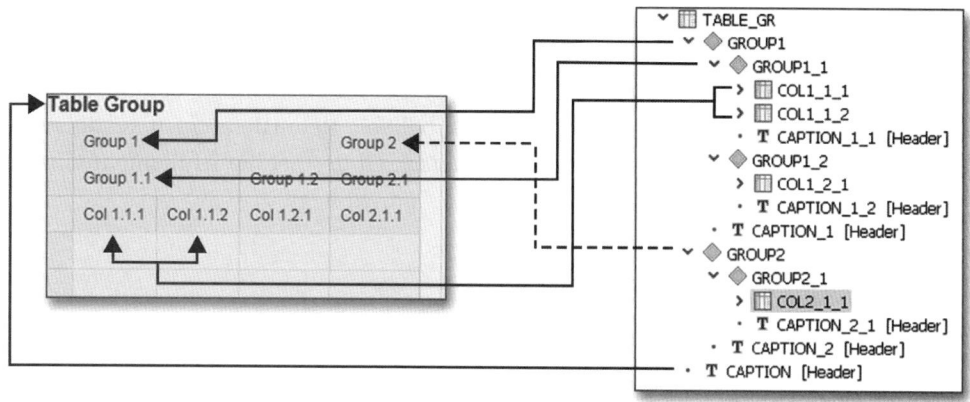

Abbildung 9.46 TableColumnGroup

Auf der höchsten Hierarchiestufe haben wir GROUP1 und GROUP2 angelegt, also jeweils eine TableColumnGroup. Diese werden in der Tabel-

Hierarchiestufen

lendarstellung ganz oben mit ihrem Header dargestellt. Unterhalb von GROUP1 sind zwei weitere TableColumnGroup-Elemente, GROUP1_1 und GROUP1_2, und unterhalb von GROUP2 die TableColumnGroup GROUP2_1 angelegt. Die Header dieser Gruppen werden auf der nächsten Ebene in der Tabelle, unterhalb der ersten Hierarchiestufe, angezeigt. Auf der letzten Stufe haben wir TableColumn-Elemente eingefügt, deren Zugehörigkeiten zu den Gruppen in der Tabelle dargestellt werden.

Drag & Drop Die Eigenschaften einer TableColumnGroup sind eine Teilmenge der TableColumn-Eigenschaften (siehe Abschnitt 9.4, »TableColumn«). Besonders erwähnenswert für die Gruppenspalten ist, dass sie per Drag & Drop verschiebbar sind – d. h. Spalten innerhalb einer Gruppenspalte, aber auch Gruppenspalten insgesamt mit darunterliegenden Spalten und Gruppenspalten.

9.7 TableRowGrouping, TreeByKeyTableColumn und TreeByNestingTableColumn

Zeilenanordnungen für Tabellen Mithilfe der Zeilenanordnungsaggregation können Sie die Daten in einer Table hierarchisch strukturieren. Um die Beschreibungen zum UI-Element Table nicht zu tief zu schachteln, beschreiben wir in diesem Abschnitt die dazu notwendigen UI-Elemente separat:

▸ Das UI-Element TableRowGrouping ermöglicht es, Daten auf zwei Hierarchiestufen darzustellen.

▸ Die UI-Elemente TreeByKeyTableColumn und TreeByNestingTableColumn ermöglichen es, beliebig tiefe Hierarchien aufzubauen, wobei der essenzielle Unterschied der beiden UI-Elemente in der Art der Datendefinition im Context liegt.

9.7.1 TableRowGrouping

Zeilengruppierung Das UI-Element TableRowGrouping dient der Anzeige einer Table, deren Zeilen gruppiert sind. Eine Gruppe wird durch eine auf-/zuklappbare Zeile dargestellt, die die gesamte Tabellenbreite einnimmt. Abbildung 9.47 veranschaulicht ein einfaches Beispiel zur Visualisierung.

9.7 | TableRowGrouping, TreeByKeyTableColumn und TreeByNestingTableColumn

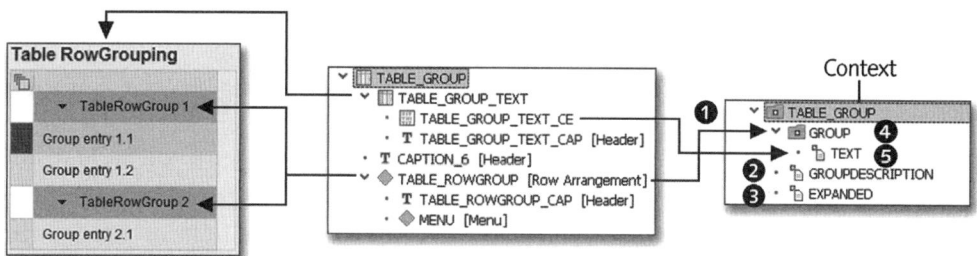

Abbildung 9.47 TableRowGrouping

Wir beginnen mit der Definition des Contexts. Da die Tabellendaten auf zwei Hierarchiestufen dargestellt werden sollen, legen Sie einen Context-Knoten mit Kardinalitätsobergrenze n an, der die erste Hierarchiestufe darstellt ❶. Dieser wird die Daten für die Gruppen beinhalten und zumindest zwei Attribute besitzen, einerseits für die darzustellende Information ❷ und andererseits ein Kennzeichen, um festzustellen, ob die Gruppe in der Table expandiert ist oder nicht ❸. Die Datensätze der zweiten Hierarchiestufe, d. h. zu einer Gruppe, werden durch einen Context-Knoten repräsentiert, der sich unter dem Knoten der ersten Hierarchiestufe befindet ❹ und ebenfalls die Kardinalitätsobergrenze n besitzt. Dieser enthält die Attribute für die Daten der Tabellenspalten ❺, die dargestellt werden, sofern die Gruppe geöffnet wird.

Context

Die Definitionen im Context werden für das Data Binding der UI-Elemente in der Table herangezogen. Um das UI-Element TableRowGrouping verwenden zu können, müssen Sie dieses zur Table mithilfe des Kontextmenüs anlegen. Nach der Anlage stellt Ihnen dieses UI-Element die Eigenschaften aus Tabelle 9.17 für die Pflege zur Verfügung.

UI-Element TableRowGrouping

Eigenschaft	Beschreibung
expanded	Mit dieser Eigenschaft können Sie feststellen und festlegen, ob die Gruppe aufgeklappt (Wert = abap_true) oder zugeklappt (Wert = abap_false) ist. Sie binden diese Eigenschaft am besten an ein Attribut vom Typ WDY_BOOLEAN.
groupData	Mit dieser Eigenschaft stellen Sie einen Bezug zum Context-Knoten für die Daten der zweiten Hierarchiestufe her.

Tabelle 9.17 Eigenschaften TableRowGrouping

Caption- und Menu-Aggregation

Dem UI-Element `TableRowGrouping` können noch zwei aggregierbare Elemente mithilfe des Kontextmenüs hinzugefügt werden. Das UI-Element `Caption`, das Sie mit dem Menüeintrag HEADER EINFÜGEN anlegen, dient unter anderem dazu, den Text der Gruppe darzustellen. Binden Sie dazu die Eigenschaft `text` der `Caption` an das entsprechende Context-Attribut des Knotens der ersten Hierarchiestufe. Darüber hinaus können Sie zum UI-Element `TableRowGrouping` ein UI-Element `Menu` mithilfe des Menüeintrags MENÜ EINFÜGEN anlegen. In Abbildung 9.48 sehen Sie ein Beispiel für ein Menü zu einer Gruppe.

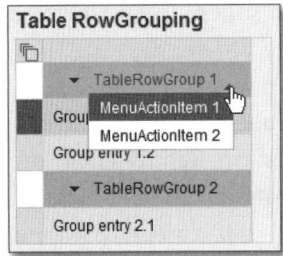

Abbildung 9.48 Menü für TableRowGrouping

Das Menü wird mittels eines Mouseovers des Benutzers über den Titel der Gruppe durch ein kleines Dreieck rechts unten und durch einen Farbwechsel des Titels angedeutet. Klickt der Benutzer auf den Titel oder das Dreieck, öffnet sich das Menü, und der Benutzer kann einen Menüeintrag auswählen und damit eine Aktion auslösen. Details zur Menüdefinition finden Sie in Abschnitt 4.9.2, »Menu«.

Daten in einer Gruppe

Um die Daten der zweiten Hierarchiestufe in der `Table` darzustellen, verwenden Sie wie immer `TableColumn`-Elemente und beziehen sich beim Data Binding auf die Attribute der zweiten Hierarchiestufe im Context. Die Spaltenüberschriften zu den `TableColumn`-Elementen werden in der `Table` über den Gruppen dargestellt.

9.7.2 TreeByKeyTableColumn und TreeByNestingTableColumn

Mehrstufige Hierarchie

Die UI-Elemente `TreeByKeyTableColumn` und `TreeByNestingTableColumn` ermöglichen es Ihnen, die Daten der `Table` mithilfe einer Baumstruktur zu organisieren. Die UI-Elemente für eine hierarchische Tabelle erlauben im Gegensatz zum UI-Element `Tree` die folgenden Funktionen:

- Benutzereingaben
- Scrolling
- Durchsuchen mit Selektieren des jeweils nächsten Treffers über die Toolbar

Unterschied

Der Unterschied zwischen diesen beiden UI-Elementen besteht in der Definition des Datenmodells im Context: *Context-Definition*

- Beim UI-Element `TreeByKeyTableColumn` werden alle Daten in einen Context-Knoten abgelegt, und die Hierarchie entsteht durch die Beziehung zwischen den `key`- und den `parentKey`-Attributen.
- Beim UI-Element `TreeByNestingTableColumn` wird die Hierarchie durch die Verwendung eines rekursiven Context-Knotens realisiert. Mehr über die Definition erfahren Sie in Abschnitt 4.5.8, »Tree«.

Im Folgenden werden wir unsere Erläuterungen nur auf das UI-Element `TreeByKeyTableColumn` beziehen. Diese können Sie analog auf das UI-Element `TreeByNestingTableColumn` anwenden.

Beispiel

Existiert im Datenmodell bereits eine `key`- und `parentKey`-Beziehung, ist die zu erwartende Datenmenge nicht zu groß und möchten Sie üblicherweise alle Daten auf einmal in die `Table` stellen, dann bietet sich das UI-Element `TreeByKeyTableColumn` an, andernfalls das UI-Element `TreeByNestingTableColumn`. In Abbildung 9.49 sehen Sie ein Beispiel für die Verwendung des UI-Elements `TreeByKeyTableColumn` sowie die Attribuierung der wichtigsten Eigenschaften.

In Abbildung 9.49 haben wir zwei Bindings hervorgehoben, die wir nun näher erläutern: *Erläuterungen*

- Das erste Binding betrifft die Eigenschaft `expanded`, die bei einem expandierbaren Knoten in der `Table` die Visualisierung des Symbols des Knotens steuert. Falls Sie das SAP-Standard-Theme verwenden (siehe auch Abschnitt 10.14, »Themes«, zeigt ein Dreieck, das nach rechts weist, an, dass der Knoten zusammengeklappt ist. Zeigt das Dreieck mit der Spitze nach unten, ist der Knoten geöffnet.

9 | Integration komplexer UI-Elemente und Components

- Die Eigenschaft `isLeaf` steuert ebenfalls das Aussehen des Symbols. Ist dieser Eigenschaft der Wert `abap_true` zugeordnet, wird die Darstellung eines Quadrats verwendet – es sei denn, die Eigenschaft `symbolDesign` hat den Wert `simple`, dann wird kein Symbol angezeigt.

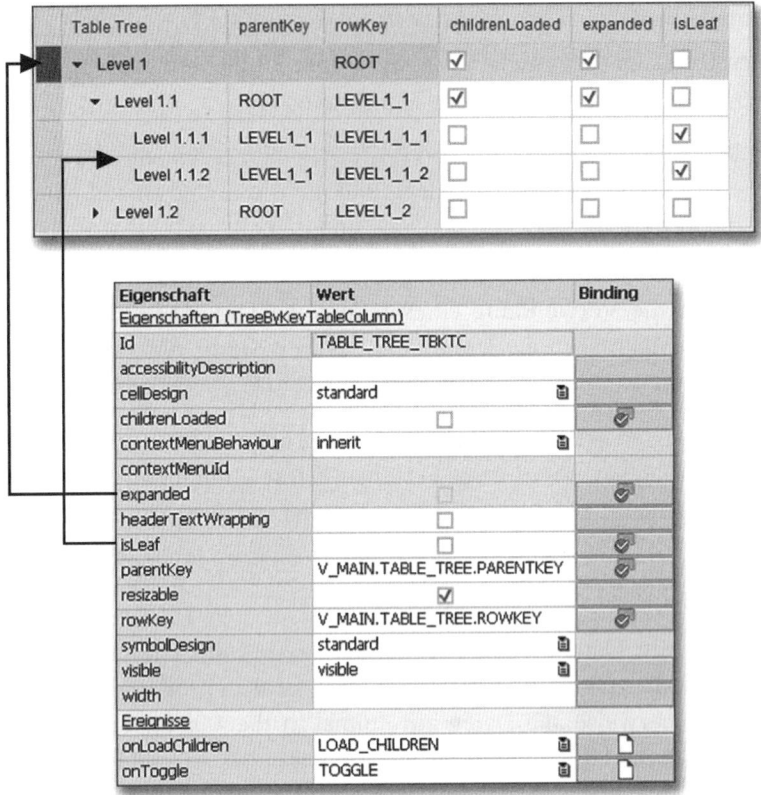

Abbildung 9.49 TreeByKeyTableColumn

Context

Context-Attribute

Der erste Schritt in der Verwendung des UI-Elements `TreeByKeyTableColumn` besteht wie immer in der passenden Definition des Contexts. Wir empfehlen Ihnen, einen Context-Knoten als Datenquelle der Tabelle anzulegen, der zumindest die Attribute für die Bindung mit den Eigenschaften `childrenLoaded`, `expanded`, `isLeaf`, `parentKey` und `rowKey` des UI-Elements `TreeByKeyTableColumn` besitzt. Sie werden natürlich weitere, anwendungsspezifische Daten einfügen, die dann über die `TableColumn` repräsentiert werden.

Eigenschaften

In Tabelle 9.18 sehen Sie die Erläuterungen zu den ausgewählten UI-Element-Eigenschaften, die an die Context-Attribute gebunden werden.

Eigenschaft	Beschreibung
childrenLoaded	Mit dieser Eigenschaft können Sie feststellen und festlegen, ob die Kinder eines Knotens geladen (Wert = abap_true) oder noch zu laden (Wert = abap_false) sind. Sie binden diese Eigenschaft am besten an ein Attribut vom Typ WDY_BOOLEAN. Für das Auswerten und das Setzen dieser Eigenschaft lesen Sie auch die Erläuterungen zum Ereignis onLoadChildren im folgenden Abschnitt »Ereignis«.
expanded	Mit dieser Eigenschaft können Sie feststellen und festlegen, ob ein Knoten aufgeklappt (Wert = abap_true) oder zugeklappt (Wert = abap_false) ist. Sie binden diese Eigenschaft an besten an ein Attribut vom Typ WDY_BOOLEAN. Das System zeigt je nach Zustand ein Symbol für aufgeklappt oder zugeklappt an – im Standard ein Dreieck, das mit der Spitze nach rechts bzw. nach unten zeigt.
isLeaf	Mit dieser Eigenschaft können Sie feststellen und festlegen, ob ein Knoten als Blatt (Wert = abap_true) oder nicht (Wert = abap_false) dargestellt werden soll. Sie binden diese Eigenschaft am besten an ein Attribut vom Typ WDY_BOOLEAN.
parentKey	Mit dieser Eigenschaft stellen Sie die Bindung zum Attribut im Context her, das den Schlüssel für ein Elternelement beinhaltet.
rowKey	Mit dieser Eigenschaft stellen Sie die Bindung zum Attribut im Context her, das den Schlüssel für ein Element beinhaltet.
symbolDesign	Mit dieser Eigenschaft legen Sie fest, wie die Darstellung der Symbole für die Blätter aussehen soll. Falls Sie den Wert standard verwenden, werden Blätter und Knoten mit vorangestelltem Symbol abgebildet. Falls Sie den Wert simple angeben, werden nur die Knoten mit vorangestelltem Symbol gezeigt. Falls Sie diese Eigenschaft an ein Context-Attribut binden möchten, verwenden Sie das Datenelement WDUI_TABLE_HIER_SYMBOL_DESIGN für die Typisierung.

Tabelle 9.18 Eigenschaften TreeByKeyTableColumn

Ereignis

Dynamisches Laden

Die Daten zur `Table` können im Context vorgeladen werden; diesen Ansatz haben wir bis jetzt verfolgt. Dies führt unter Umständen zu einer starken Belastung des Servers und Clients, sofern eine große Menge an Daten im Speicher vorrätig gehalten werden muss. Ein alternativer Ansatz besteht darin, die Daten nur bei einer konkreten Anfrage durch den Benutzer zu laden, d. h. durch das Öffnen eines Knotens. Man könnte in diesem Zusammenhang auch vom dynamischen Laden der Daten sprechen.

Ereignis onLoadChildren

Dazu ist für die UI-Elemente `TreeByKeyTableColumn` und `TreeByNestingTableColumn` das Ereignis `onLoadChildren` definiert. Wurde eine Aktion dem Ereignis zugeordnet, werden ein HTTP-Roundtrip ausgelöst, der Aktionsbehandler durchlaufen und zusätzlich die Hook-Methoden `wddobeforeaction( )` und `wddoafteraction( )` abgearbeitet. Beim Schließen des Knotens wird die Behandlung nicht durchgeführt. Im Aktionsbehandler kann auf die gleichen Informationen aus dem `wdevent`-Parameter zugegriffen werden, d. h. `id`, `context_element` und `path`. In der Implementierung des Aktionsbehandlers wird dann die abhängige Information zum `context_element` ermittelt. Dies kann unter Umständen aufwendig sein. Darum bietet es sich an, über ein Context-Attribut festzuhalten, ob die Daten bereits in einem vorangegangenen Schritt ermittelt wurden.

onToggle

Das Ereignis `onToggle` wird ausgelöst, wenn ein Koten in der hierarchischen Spalte expandiert oder kollabiert wird. Der Parameter `expanded` gibt an, ob der Knoten aktuell geöffnet (Wert = `abap_true`) oder geschlossen ist (Wert = `abap_false`). Über den Parameter `path` können Sie auf die Daten im Context zugreifen.

> **[!] onToggle und onLoadChildren**
>
> Die Ereignisse `onToggle` und `onLoadChildren` können nicht gleichzeitig verwendet werden.

Aggregierte Elemente

Die UI-Elemente `TreeByKeyTableColumn` und `TreeByNestingTableColumn` bieten die Aggregationen Header (siehe Abschnitt 9.3.4, »Aggregierte Elemente«) und Zelleneditor (siehe Abschnitt 9.3, »Table«) an.

9.8 CTable

Beim UI-Element `CTable` handelt es sich um eine Visualisierungsmöglichkeit für hierarchische und nicht-hierarchische Daten. Im Gegensatz zum UI-Element `Table` bietet die Client Table (`CTable`) alternative Funktionen. Wir werden in unserer Beschreibung nur auf ausgewählte Aspekte eingehen, die zur `Table` nicht zur Verfügung stehen. Die übrigen Funktionen werden in Abschnitt 9.3, »Table«, erläutert. Wir stellen Ihnen zunächst einige Funktionen der `CTable` vor, die wir in den folgenden Abschnitten zu den Ereignissen und Eigenschaften im Detail besprechen. In Abbildung 9.50 sehen Sie eine einfache `CTable`.

Hierarchische/nicht hierarchische Daten

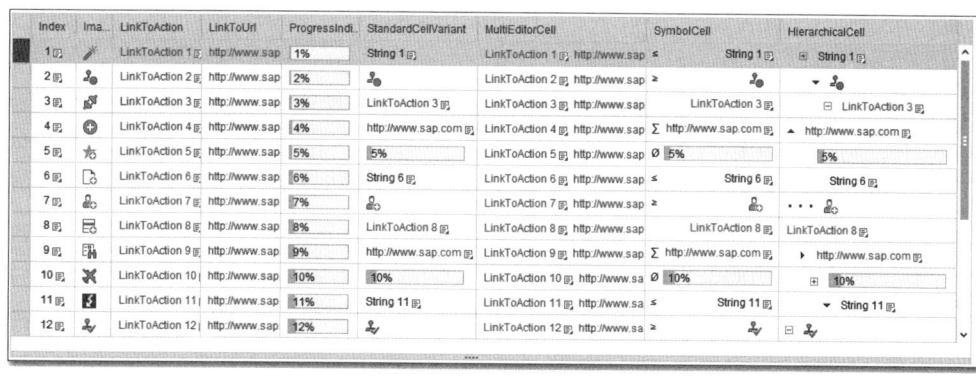

Abbildung 9.50 Beispiel für eine CTable: Anwendung WDR_TEST_C_TABLE

Wie eine `Table` legen Sie auch die `CTable` im View Designer an. Anschließend attribuieren Sie die Eigenschaften der `CTable` und binden sie über die Eigenschaft `dataSource` an den Datenknoten im Context der Web-Dynpro-Component. Je nach Wunsch und Anforderungen legen Sie schließlich Spalten mit Zellvarianten und passenden Zelleneditoren an.

CTable anlegen

Die Höhe und die Anzahl der sichtbaren Zeilen können Sie mithilfe einer *Handle* (Abbildung 9.50, grauer Balken am Fuß der Tabelle) einstellen, die sich am unteren Ende der Tabelle befindet. Die Höhe der Tabelle kann außerdem automatisch an die Höhe des Browser-Fensters angepasst werden.

Höhe einstellen

In einer `CTable` ist sowohl vertikales als auch horizontales Scrollen möglich. Beim vertikalen Scrollen besteht die Möglichkeit des asynchronem Nachladens, d. h., dass nicht alle Daten der Tabelle zum

Scrolling

Zeitpunkt der Anzeige bereits am Client vorhanden sein müssen. Falls der Benutzer blättert bzw. scrollt, werden die benötigten Daten vom Server nachgeladen.

Zellvarianten Die folgenden Zellvarianten stehen zur Verfügung (siehe Abschnitt 9.11.3 »Aggregierte Elemente«):

- fixe Positionen (oben und unten)
- hierarchische Varianten
- Multi-Editor-Variante
- Standardzellen-Variante
- Symbolzellen-Variante

Prinzipiell können Sie Spalten auf der linken oder rechten Seite der Tabelle fixieren. Mit dem UI-Element `CTableFixedCell` können Sie auch eine Tabellenzelle an der ersten bzw. letzten Position in einer Spalte fixieren. Um eine ganze Zeile an erster bzw. letzter Position zu fixieren, müssen alle Spaltenzellen fixiert werden.

Die Navigation in der `CTable` kann mit einem Scroll-Balken oder mit einem Pager ermöglicht werden. Der Benutzer kann mithilfe des Pagers seitenweise die Inhalte der Tabelle durchblättern.

Menü Ein weiteres Feature des UI-Elements `CTable` ist, dass für jede Spaltenüberschrift ein personalisiertes Menü angelegt werden kann. Damit ist es möglich, spaltenindividuelle Funktionen anzubieten.

Selektionsverhalten Im Gegensatz zum UI-Element `Table` wird für die `CTable` die Lead-Selection nicht automatisch gesetzt. Im Falle der `CTable` wird nur eine explizite Auswahl einer Zeile die Lead-Selection ändern.

> **[»] Verwendung von CTable und Table**
>
> Die `CTable` ist nicht für eine große Anzahl an Spalten gedacht. Um Tabellen mit großer Spaltenzahl zu realisieren, sollten Sie das UI-Element `Table` verwenden. Die Anzahl der Zeilen ist dabei nicht relevant.

9.8.1 Eigenschaften

In diesem Abschnitt beschreiben wir nur spezifische Eigenschaften der `CTable` bzw. Besonderheiten, die noch nicht in Abschnitt 9.3 zur `Table` erläutert wurden (siehe Abbildung 9.51).

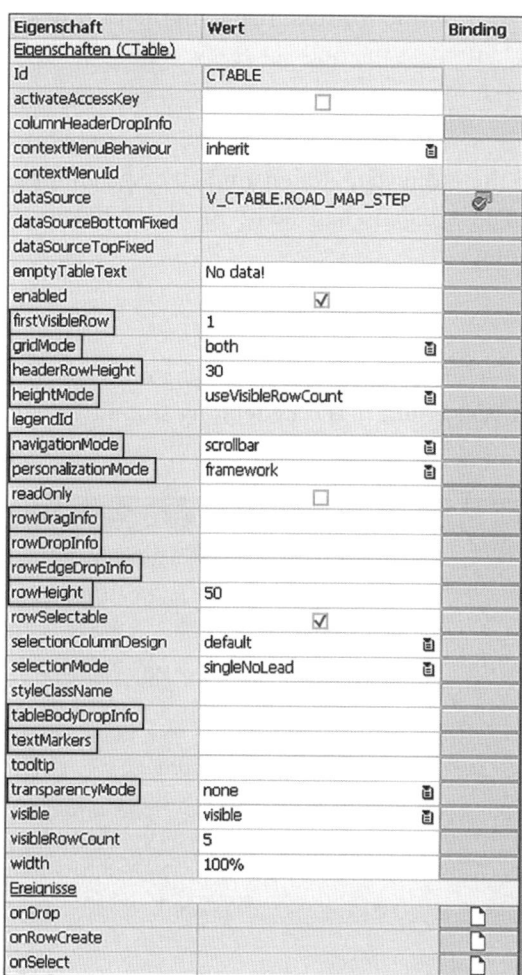

Abbildung 9.51 Eigenschaften CTable

firstVisibleRow

Die erste Zeile der CTable beginnt mit Index 1. Falls der Wert der Eigenschaft firstVisibleRow größer als die Anzahl der Elemente ist, wird der Wert der Eigenschaft vom Framework neu berechnet, sodass eine maximale Anzahl an Zeilen dargestellt wird.

Zeilenindex

gridMode

Die Eigenschaft gridMode definiert, ob und wie Trennlinien in der Tabelle dargestellt werden. Die möglichen Werte für gridMode sind identisch zu denen der `Table`, die Einstellungen sind jedoch *unabhängig* von den Eigenschaften `design` und `readonly`.

headerRowHeight

Diese Eigenschaft legt die Höhe der Zeilen und der Spaltenüberschrift in Pixeln fest. Diese Eigenschaft steht für das UI-Element `Table` nicht zur Verfügung.

heightMode

Definition der Tabellenhöhe

Mit dieser Eigenschaft beeinflussen Sie die Ermittlung der Höhe der Tabelle. Die möglichen Werte und deren Bedeutung sind in Tabelle 9.19 aufgeführt.

Wert	Erläuterung
`allRows`	Es werden alle Zeilen angezeigt.
`useAvailableHeight`	Die zur Verfügung stehende Höhe wird voll ausgefüllt.
`useVisibleRowCount`	Für die Ermittlung der Höhe wird der Wert der Eigenschaft `visibleRowCount` herangezogen. Die Tabelle kann vertikal vergrößert werden.
`useVisibleRowCountNoResize`	Für die Ermittlung der Höhe wird der Wert der Eigenschaft `visibleRowCount` herangezogen. Die Tabelle kann vertikal nicht vergrößert werden.

Tabelle 9.19 Werte der Eigenschaft heightMode

navigationMode

Mit dieser Eigenschaft bestimmen Sie, wie der Benutzer in der Tabelle navigieren kann. Die möglichen Werte sind in Tabelle 9.20 aufgeführt.

Wert	Erläuterung
`pager`	Es werden *Blättertasten* zur Navigation in der Tabelle angezeigt.
`scrollbar`	Es wird ein *Scroll-Balken* zur Navigation in der Tabelle angezeigt.

Tabelle 9.20 Werte der Eigenschaft navigationMode

personalizationMode

Mit dieser Eigenschaft legen Sie fest, wie eine mögliche Personalisierung durchgeführt kann. Als mögliche Werte stehen eine implizite Web-Dynpro-Built-In-Personalisierung (Wert = `framework`) oder eine Component-defined-Personalisierung (Wert = `application`) zur Auswahl (siehe auch Kapitel 8, »Erweiterung, Konfiguration, Customizing und Personalisierung«).

Personalisierung

rowDragInfo, rowDropInfo, rowEdgeDropInfo

Diese Eigenschaften werden für Drag & Drop benötigt (siehe auch Kapitel 5, »Drag & Drop für UI-Elemente«).

tableBodyDropInfo

Mit dieser Eigenschaft hinterlegen Sie die ID der `DropTargetInfo`, die für einen Drop zwischen zwei Zeilen verwendet wird. Diese Eigenschaft wird übersteuert durch die Eigenschaft `rowEdgeDropInfo` (siehe auch Kapitel 5, »Drag & Drop für UI-Elemente«).

rowHeight

Mit dieser Eigenschaft stellen Sie die Höhe einer Zeile in Pixeln ein, ohne den CSS-Einheiten-Zusatz `px` zu verwenden.

textMarkers

Mit dieser Eigenschaft legen Sie fest, welche Zelleninhalte farblich hervorgehoben werden. Dazu legen Sie ein Context-Attribut vom Typ `WDUI_C_TABLE_TEXT_MARKERS` an. Fügen Sie für jede zu markierende Zelle in einer Tabellenzeile einen Eintrag in diese interne Tabelle ein.

transparencyMode

Mit dieser Eigenschaft legen Sie fest, welche Tabellenzellen transparent dargestellt werden. Die möglichen Werte sind in Tabelle 9.21 aufgeführt.

Zelltransparenz

Wert	Erläuterung
cellDesignStandard	Mit diesem Wert legen Sie fest, dass alle Zellen, die das Zellendesign (Eigenschaft cellDesign) standard oder transparent besitzen, sowie alle leeren Zeilen transparent angezeigt werden.
cellDesignTransparent	Mit diesem Wert legen Sie fest, dass die Zellen mit dem Zellendesign transparent und leere Zeilen transparent dargestellt werden.
none	Mit diesem Wert legen Sie fest, dass keine Zellen transparent dargestellt werden.

Tabelle 9.21 Werte der Eigenschaft transparencyMode

[!] **Spaltenbreite**

Beachten Sie Folgendes bei der Einstellung der Spaltenbreite (Eigenschaft width) in einer CTable:

- Falls die Breite einer Spalte auf einen Prozentwert eingestellt ist, ist kein horizontales Scrollen möglich.
- Falls alle Spaltenbreiten prozentuall angegeben werden, ist horizontales Scrollen möglich.
- Die Breite der Tabelle bleibt stabil, auch wenn die Summe der Spaltenbreiten größer als die Breite der Tabelle ist.
- Falls die Summe der prozentual angegebenen Spaltenbreiten kleiner als 100 % ist, ist das Verhalten der Tabelle nicht definiert.

9.8.2 Ereignisse

Neben dem Ereignis onDrop, das wir genauer in Kapitel 5, »Drag & Drop für UI-Elemente«, besprechen, stehen zwei weitere Ereignisse für das UI-Element CTable zur Verfügung, die wir Ihnen in den folgenden Abschnitten vorstellen.

onRowCreate

Ist der Fokus auf der letzten Spalte in der letzten Zeile der Tabelle gesetzt und drückt der Benutzer die ⇥-Taste, wird das Ereignis onRowCreate ausgelöst. Neben den Standardparametern wird dabei der Parameter insert_position übergeben, der den Index der neuen Zeilenposition beinhaltet. Damit können Sie eine Einfügefunktion für neue Zeilen in die Tabelle implementieren.

onSelect

Das Ereignis `onSelect` wird aufgerufen, wenn der Benutzer in der Tabelle eine Aktion ausführt, die zu einem Selektionswechsel in der Tabelle führt, also einen Roundtrip provoziert. Dies könnte eine Selektion einer Zeile mithilfe der Selektionsspalte oder ein Klick auf eine Zelle sein. Neben den Standardparametern werden der Parameter `column_id` für die ID der selektierten Spalte und der Parameter `row` für den Index der selektierten Zeile der Aktionsbehandler-Methode zur Verfügung gestellt.

9.8.3 Aggregierte Elemente

Das `CTable` kann die folgenden UI-Elemente aggregieren:

- `DragSourceInfo` (siehe Kapitel 5, »Drag & Drop für UI-Elemente«)
- `DropTargetInfo` (siehe ebenfalls Kapitel 5)
- `TableScrollTipProvider` (siehe Erläuterungen zum `ScrollTipProvider` in Abschnitt 9.3.4, »Aggregierte Elemente«)
- `ToolBar` (siehe Erläuterungen zur Toolbar in Abschnitt 9.3.4, »Aggregierte Elemente«)
- `Columns` (siehe Abschnitt 9.9, »CTableColumn«)
- `HeaderArea` (siehe Abschnitt 9.10, »CTableHeaderArea«)

9.9 CTableColumn

Das UI-Element `CTableColumn` definiert eine Spalte in einer `CTable`. Es ist vergleichbar mit dem UI-Element `TableColumn` (siehe Abschnitt 9.4).

Spalte der CTable

Eigenschaften

In diesem Abschnitt besprechen wir lediglich die Eigenschaften des UI-Elements `CTableColumn`, die sich von den Eigenschaften des UI-Elements `TableColumn` unterscheiden. Informationen zu den Eigenschaften `columnDragInfo`, `columnDropInfo` und `columnEdgeDropInfo` finden Sie in Kapitel 5, »Drag & Drop für UI-Elemente«. Die Eigenschaft `headerHAlign` entspricht der Eigenschaft `hAlign` des UI-Elements `TableColumn`, die Eigenschaft `state` wurde für das UI-Element `InputField` in Abschnitt 4.2.2 besprochen.

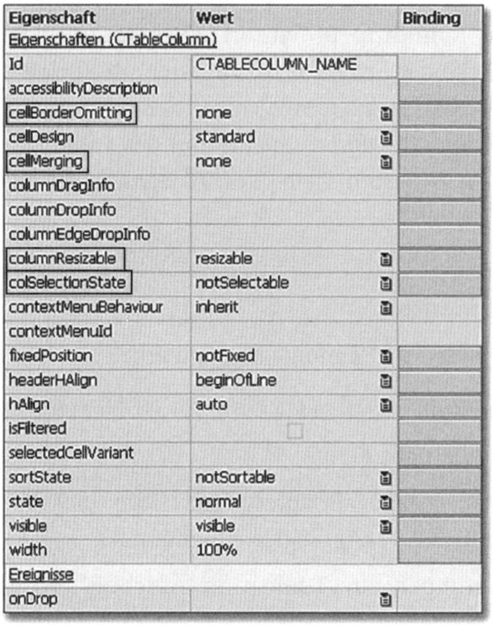

Eigenschaft	Wert	Binding
Eigenschaften (CTableColumn)		
Id	CTABLECOLUMN_NAME	
accessibilityDescription		
cellBorderOmitting	none	
cellDesign	standard	
cellMerging	none	
columnDragInfo		
columnDropInfo		
columnEdgeDropInfo		
columnResizable	resizable	
colSelectionState	notSelectable	
contextMenuBehaviour	inherit	
contextMenuId		
fixedPosition	notFixed	
headerHAlign	beginOfLine	
hAlign	auto	
isFiltered		
selectedCellVariant		
sortState	notSortable	
state	normal	
visible	visible	
width	100%	
Ereignisse		
onDrop		

Abbildung 9.52 Eigenschaften CTableColumn

cellBorderOmitting

Rahmen Mit der Eigenschaft `cellBorderOmitting` unterdrücken Sie den Rahmen individueller Zellen. Diese Eigenschaft muss an ein Context-Attribut vom Typ `WDUI_C_TBL_CELL_BORDEROMITTING` gebunden werden, das sich unterhalb des Datenknotens der Tabelle befindet. Die möglichen Werte der Eigenschaft sind in Tabelle 9.22 beschrieben.

Wert	Erklärung
both	Mit diesem Wert legen Sie fest, dass die Tabellenzelle rechts und unten keinen Rahmen hat.
right	Mit diesem Wert legen Sie fest, dass die Tabellenzelle am rechten Rand keinen Rahmen hat.
none	Mit diesem Wert wird ein Rahmen an allen Zellrändern angezeigt.
bottom	Mit diesem Wert legen Sie fest, dass am unteren Zellrand kein Rahmen angezeigt wird.

Tabelle 9.22 Werte der Eigenschaft cellBorderOmitting

cellMerging

Mit der Eigenschaft `cellMerging` können Sie Zellen über mehrere Spalten ausdehnen. Verwenden Sie das Datenelement `WDUI_C_TABLE_CELL_MERGING` zur Typisierung. Die möglichen Werte zeigt Tabelle 9.23.

Zellen verbinden

Wert	Erklärung
freeCell	Definieren Sie die Zellen einer Spalte als `freeCell`, verschmelzen diese Zellen mit anderen Zellen horizontal. Der Wert der voranstehenden Spalte muss dafür auf `useNextFreeCells` gesetzt werden.
useNextFreeCells	Die Zellen einer Spalte, für die dieser Wert definiert wurde, werden mit allen Zellen der nächsten Spalte verschmolzen, die den Wert `freeCell` besitzen.
none	Die Zelle einer Spalte, für die dieser Wert definiert wurde, können nicht mit anderen Zelle verschmolzen werden.

Tabelle 9.23 Werte der Eigenschaft cellMerging

> **cellMerging im Internet Explorer 9** [!]
> Nutzen Sie noch den Internet Explorer 9, muss mindestens eine Zelle pro Segment nicht horizontal mit anderen Zellen verbunden sein.

columnResizable

Mit der Eigenschaft `columnResizable` legen Sie fest, ob der Benutzer über ein Ziehen des Mauszeigers die Größe der Zelle ändern kann (Wert = `resizable`) oder nicht (Wert = `notResizeable`).

colSelectionState

Mit der Eigenschaft `colSelectionState` legen Sie das Selektionsverhalten und den Selektionszustand der Spalte fest. Tabelle 9.24 zeigt die möglichen Werte. Eine selektierte Spalte wird farblich hervorgehoben.

Selektionsverhalten

Wert	Erklärung
notSelectable	nicht selektierbar
notSelected	nicht selektiert
selected	selektiert

Tabelle 9.24 Werte der Eigenschaft colSelectionState

9.9.1 Ereignis

Als Ereignis steht Ihnen `onDrop` für Drag-&-Drop-Szenarien zur Verfügung.

9.9.2 Aggregierte Elemente

Die folgenden aggregierten Elemente stehen für die `CTableColumn` zur Verfügung:

- **Zellenvarianten**
  Erläuterungen zu den zur Verfügung stehenden Zellenvarianten `CTableStandardCell`, `CTableSymbolCell`, `CTableHierarchicalCell` und `CTblMultiEditorCell` finden Sie in den Abschnitten 9.11 bis 9.12.

- **Fixierte Zelle**
  Auf das UI-Element `CTableFixedCell` gehen wir in Abschnitt 9.11.3, »Aggregierte Elemente«, ein.

- **Header**
  Die Spaltenüberschrift wird durch das Element `Caption` definiert (siehe Abschnitt 4.2.4).

- **Menü**
  Ein Menü definieren Sie über das UI-Element `Menu` (siehe Abschnitt 4.9.2).

- **Zelleneditor**
  Eine Untermenge der auch im UI-Element `Table` zur Verfügung stehenden UI-Elemente für die Visualisierung der Inhalte und die Interaktion mit dem Benutzer steht für die `CTableColumn` zur Verfügung (siehe Abschnitt 9.3, »Table«).

9.10 CTableHeaderArea

Titel Das aggregierte Element `CTableHeaderArea` fügen Sie über den Kontextmenüeintrag HEADER EINFÜGEN ein und definieren damit den Titel der `CTable`.

9.10.1 Eigenschaften

Die Eigenschaften des Elements `CTableHeaderArea` beschreiben wir im Folgenden.

headerDesign

Mit der Eigenschaft `headerDesign` definieren Sie die visuelle Darstellung der Überschrift. Die Werte und die Verwendung entsprechen denen für das UI-Element `Panel` (siehe Abschnitt 3.1.8).

Überschrift

titleEditable

Falls Sie den Wert dieser Eigenschaft auf `abap_true` gesetzt haben, ist es dem Benutzer möglich, den Titel zu ändern. Dazu muss er über einen Doppelklick auf den Titel in den Änderungsmodus wechseln.

9.11 CTableHierarchicalCell

Das UI-Element `CTableHierarchicalCell` wird verwendet, um eine hierarchische Darstellung von Daten mithilfe einer Baumstruktur in der Spalte zu definieren.

9.11.1 Eigenschaften

Die im Folgenden beschriebenen Eigenschaften stehen für das UI-Element `CTableHierarchicalCell` zur Verfügung. Weitere Eigenschaften des UI-Elements entsprechen denen der Elemente `TreeByKeyTableColumn` und `TreeByNestingTableColumn`, die wir in Abschnitt 9.7.2 beschrieben haben.

hierarchicalState

Mit der Eigenschaft `hierarchicalState` legen Sie den Status der Elemente in der Baumstruktur (Tree-Item) fest. Als Werte stehen Ihnen `collapsed`, `collapsedPlus`, `expanded`, `expandedMinus`, `expandedTop`, `indent`, `leaf` und `none` zur Verfügung. Sie definieren die Anzeige jeweils passender Symbole vor den Hierarchieknoten.

level

Mit der Eigenschaft `level` legen Sie den Tree-Item-Level fest und beeinflussen damit die Einrückung des Knotens in der hierarchischen Darstellung.

9.11.2 Ereignis

onStatusAction Das Ereignis onStatusAction bietet neben den Standardparametern den Parameter expand, der andeutet, ob der Tree-Item expandiert wurde (Wert = abap_true) oder nicht (Wert = abap_false).

9.11.3 Aggregierte Elemente

Als Zelleneditor für die CTableHierarchicalCell können alle UI-Elemente verwendet werden, die das Interface IF_WD_TABLE_CELL_EDITOR implementieren, wie z. B. CL_WD_BUTTON, CL_WD_CAPTION und CL_WD_INPUT_FIELD.

CTableStandardCell Das UI-Element CTableStandardCell wird verwendet, um eine Variante für ein UI-Element CTableColumn zu definieren, und kann einen eigenen Zelleneditor besitzen. Mehr über Zellenvarianten erfahren Sie in Abschnitt 9.4.3, »Aggregierte Elemente«.

CTableMulti-EditorCell Die MultiEditor-Zellenvariante kann in einer Spalte mehrere der folgenden UI-Elemente aufnehmen:

- Button (siehe Abschnitt 4.3.2)
- FileDownload (siehe Abschnitt 4.8.4)
- LinkToAction (siehe Abschnitt 4.3.6)
- LinkToURL (siehe Abschnitt 4.3.7)
- ToggleButton (siehe Abschnitt 4.4.2)

CTableFixedCell Mit dem UI-Element CTableFixedCell definieren Sie eine Zellenvariante, die es erlaubt, eine Zelle mit einer fixen Position (top oder bottom) festzulegen.

Eigenschaften Das UI-Element CTableFixedCell verfügt neben den bereits besprochenen Eigenschaften über die Eigenschaften cellBorderOmitting (siehe Abschnitt 9.9, »CTableColumn« und cellDesign. Mit der Eigenschaft cellDesign legen Sie die Hintergrundfarbe einer Zelle fest. Das Datenelement WDUI_TABLE_CELL_DESIGN stellt die entsprechenden Werte zur Verfügung.

9.12 CTableSymbolCell

Mit diesem UI-Element legen Sie eine Zellenvariante an, die ein Symbol am linken Rand der Zelle anzeigen kann. Damit können Sie dem

Benutzer zusätzlich zum Spalteninhalt noch visuelle Informationen zur Interpretation der Inhalte der Spalte liefern.

Eigenschaften

Neben den bereits besprochenen Eigenschaften verfügt das UI-Element `CTableSymbolCell` über die Eigenschaften `symbol` und `symbolCell`. Mit der Eigenschaft `symbol` legen Sie das Symbol fest, das links in der Zelle dargestellt werden soll. Tabelle 9.25 zeigt die zur Verfügung stehenden Symbole und deren Bedeutung.

symbol

Symbol	Erläuterung
≤	Maximum
≥	Minimum
Σ	Summe
Ø	Durchschnitt

Tabelle 9.25 CTableSymbolCell.symbol

Mit der Eigenschaft `symbolDesign` legen Sie fest, ob das Symbol normal (Wert = `standard`) oder fett (Wert = `emphasized`) angezeigt wird.

symbolDesign

9.13 SAP List Viewer

Neben der einfachen Tabelle bietet SAP mit dem bereits aus dem klassischen Dynpro-Umfeld bekannten SAP List Viewer, der im Allgemeinen auch als *ALV* bekannt ist, ein flexibles und mächtiges Werkzeug zur Darstellung, Bearbeitung, grafischen Aufbereitung und zum Export von Tabellen an.

Abkürzung ALV [«]

Mit Release 4.6C wurde der ABAP List Viewer (ALV) in SAP List Viewer umbenannt. Die Abkürzung ALV wird jedoch weiter im allgemeinen Sprachgebrauch und in allen technischen SAP-List-Viewer-Objekten verwendet.

Alternativen im Floorplan Manager [+]

Die Weiterentwicklung des SAP List Viewers wurde inzwischen eingestellt. Von Neuerungen im Web-Dynpro-Umfeld, wie z. B. den Client-

9 | Integration komplexer UI-Elemente und Components

> Tabellen (CTable), profitiert der SAP List Viewer daher nicht mehr. Aus diesem Grund empfehlen wir Ihnen, auf Alternativen, wie die Floorplan-Manager-UIBBs (UI Building Blocks) *List ATS* oder *Tree* auszuweichen. Diese bieten einen vergleichbaren Funktionsumfang und sind auf dem neuesten Stand der technischen Entwicklung.

Beispiel einer ALV-Tabelle

Aus Sicht des Endanwenders besteht die ALV-Ausgabe standardmäßig aus einer Toolbar und einer Ausgabetabelle. Über verschiedene zusätzliche Dialogfenster kann der Benutzer Einstellungen zur Spaltenanzeige, erweiterten Sortierung, Aggregation und weiteren Funktionen vornehmen, wie z. B. der Druckausgabe. Abbildung 9.53 zeigt Ihnen beispielhaft eine ALV-Tabelle.

Lnd	Bezeichnung lang	Nationalität
BT	Bhutan	bhutanisch
BV	Bouvet Inseln	v.d. Bouvet Inseln
BW	Botsuana	botsuanisch
BY	Belarus (Weißrussland)	belarussisch
BZ	Belize	belizisch
CA	Kanada	kanadisch

Abbildung 9.53 ALV-Tabelle aus Endanwendersicht

Leistungsumfang

Technisch betrachtet, besteht eine ALV-Tabelle aus dem durch eine Component verschalten UI-Element Table. Daher werden auch zahlreiche Eigenschaften des Table-Elements unterstützt, wie etwa verschiedene Zelleneditoren, Hintergrundfarben und Größeneinstellungen. Darüber hinaus bietet Ihnen die ALV-Component noch weitere Möglichkeiten, z. B.:

- Sortierung, Filterung und Berechnung von Spaltenwerten
- Ein-/Ausblendung von Spalten durch den Spaltenvorrat
- Definition und Speicherung von Einstellungen, wie etwa am Spaltenvorrat, als sogenannte *Sichten* durch den Anwender
- Verwendung einer Toolbar mit ALV-Standardfunktionen, wie z. B. dem Excel-Export und eigenen, selbst definierbaren Buttons
- grafische Darstellung numerischer Daten, wie z. B. Umsätzen

Gliederung des Abschnitts

Im Folgenden wird die Implementierung von ALV-Tabellen in der Theorie und anhand einer Vielzahl kleiner praktischer Beispiele erläutert.

9.13.1 Integration des SAP List Viewers in drei Schritten

Die Integration einer List-Viewer-Tabelle in Components gestaltet sich einfach. Dazu müssen Sie nur die folgenden drei Schritte durchführen:

1. Definieren Sie eine Component-Verwendung auf die ALV-Component SALV_WD_TABLE.

2. Legen Sie ein externes Mapping zwischen dem anzuzeigenden lokalen Knoten und dem Knoten DATA in der ALV-Component an; alternativ können Sie dies auch dynamisch zur Laufzeit über die Methode set_data( ) erledigen.

3. Integrieren Sie einen View-Container zur Darstellung der Tabelle an gewünschter Stelle innerhalb eines Ihrer Views, und fügen Sie den ALV-Interface-View TABLE anschließend in das lokale Window im View-Container ein.

Als Beispiel haben wir bereits vorab eine Component mit einem Rahmen-View und dem auf der gleichnamigen Datenbanktabelle basierenden Context-Knoten T005T angelegt. Der Knoten wird über eine Supply-Funktion bei erstmaliger Initialisierung automatisch mit Daten befüllt. Anhand dieses Knotens zeigen wir Ihnen nun, wie Sie Ihre Context-Knoten mithilfe der ALV-Component als Tabelle anzeigen können. Dieses Beispiel bildet die Grundlage für die folgenden Beispiele in diesem Abschnitt.

Context-Knoten als Tabelle anzeigen

1. Tragen Sie eine Component-Verwendung für den SAP List Viewer innerhalb Ihrer Component ein. Wechseln Sie dazu in die Eigenschaften Ihrer Component. Tragen Sie eine Component-Verwendung namens ALV_T005T für die ALV-Component SALV_WD_TABLE in die Tabelle VERWENDETE-WEB-DYNPRO-COMPONENTS ein.

2. Legen Sie ein externes Mapping zwischen dem lokalen Knoten T005T und der ALV-Component an. Öffnen Sie dazu in der Component-Objektliste den Pfad COMPONENT-VERWENDUNG • ALV_T005T • INTERFACECONTROLLER_USAGE, und tragen Sie auf der Registerkarte EIGENSCHAFTEN eine Component-Verwendung für den Component-Controller Ihrer Component in die Tabelle ein.

3. Wechseln Sie anschließend auf die Registerkarte CONTEXT, und ziehen Sie den Knoten T005T von der rechten Seite auf den Knoten DATA in der ALV-Component (siehe Abbildung 9.54).

9 | Integration komplexer UI-Elemente und Components

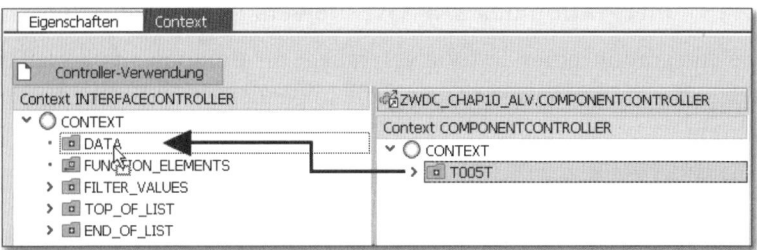

Abbildung 9.54 Anlegen eines externes Mappings

[»] **Dynamisches Mapping**

In Schritt 2 haben wir Ihnen gezeigt, wie Sie den lokalen Knoten einer Component mithilfe eines externen Mappings statisch mit der ALV-Component verbinden. In der Praxis ist das statische Mapping jedoch häufig zu unflexibel oder bei speziellen Anforderungen nicht ausreichend. Die ALV-Component bietet Ihnen deshalb auch die Möglichkeit, die Datenquelle der Component zur Laufzeit dynamisch zu ändern. Dazu können Sie die Methode set_data( ) des ALV-Interface-Controllers verwenden (siehe Abschnitt 9.13.2, »Methoden und Ereignisse der ALV-Component«).

View und Window erweitern

Abschließend müssen Sie den ALV-Interface-View TABLE in Ihre lokale View- und Window-Hierarchie einbetten. Nehmen Sie dazu die folgenden Schritte vor:

1. Integrieren Sie an der Position der späteren ALV-Tabelle einen View-Container (UI-Element ViewContainerUIElement) in die Hierarchie Ihres Views. Der Container dient als Platzhalter für die ALV-Component. Im Unterschied zu einfachen Web-Dynpro-Tabellen, bei denen Sie bereits zur Designzeit die Tabelle im Layout-Editor sehen, werden Sie die ALV-Tabelle erst zur Laufzeit begutachten können.

2. Integrieren Sie den ALV-Interface-View TABLE in das Window Ihrer View-Hierarchie. Öffnen Sie dazu in der Window-Struktur den Knoten Ihres Views, klicken Sie mit der rechten Maustaste auf den für die ALV-Tabelle angelegten View-Container, und wählen Sie VIEW EINBETTEN im Kontextmenü. Im View-Einbettungs-Popup öffnen Sie die Wertehilfe und selektieren den Interface-View TABLE der ALV-Component-Verwendung, in unserem Beispiel ALV_T005T.

Damit haben Sie die Integration des SAP List Viewers abgeschlossen. Sie können nun Ihre Component aktivieren und diese über eine Anwendung im Browser testen. Wenn alles geklappt hat, sollte Ihre ALV-Tabelle ähnlich wie in Abbildung 9.55 aussehen.

Besprechung des Beispiels

Sprache	Lnd	Bezeichnung	Nationalität	Bezeichnung lang	Nationalität
DE	BT	Bhutan	bhutanisch	Bhutan	bhutanisch
DE	BV	Bouvet Inseln	Bouvet Inseln	Bouvet Inseln	v.d. Bouvet Inseln
DE	BW	Botsuana	botsuanisch	Botsuana	botsuanisch
DE	BY	Belarus	belarussisch	Belarus (Weißrussland)	belarussisch
DE	BZ	Belize	belizisch	Belize	belizisch
DE	CA	Kanada	kanadisch	Kanada	kanadisch

Abbildung 9.55 Erster Test des List Viewers

Nach der Integration der ALV-Component beginnt die Arbeit jedoch häufig erst richtig. So sind die Tabellenspalten im Beispiel bislang noch nicht eingabebereit. Die Tabellenspalten wurden allesamt ungefragt 1:1 von den Attributen des Context-Knotens übernommen. Die Spaltenbeschriftungen basieren auf den Datenelementen der Datenbanktabelle. Da Sie jedoch meistens nur einen Teil der Attribute eines Knotens anzeigen möchten und die reine Spaltenanzeige selten zielführend ist, zeigen wir Ihnen in den Abschnitten 9.13.4, »Änderungen an den Tabelleneinstellungen«, bis 9.13.6, »Änderungen an der Toolbar«, Beispiele für die gängigsten Anpassungen an ALV-Tabellen.

9.13.2 Methoden und Ereignisse der ALV-Component

Die ALV-Component SALV_WD_TABLE bietet eine Reihe von Interface-Methoden und Interface-Ereignissen zur Kommunikation mit den verwendenden Components an. Während die Methoden der ALV-Component größtenteils zur Konfiguration der Tabelle dienen, werden die Ereignisse zur Interaktion verwendet. Sie informieren die verwendende Component über Aktionen des Benutzers, wie z. B. Änderungen der Lead-Selection. In diesem Abschnitt werden zuerst die Ereignisse und anschließend die Methoden der ALV-Component behandelt.

Ereignis ON_CLICK

Ereignisse | Das Ereignis `ON_CLICK` wird ausgelöst, sobald ein Benutzer in einer Zelle der ALV-Tabelle auf einen `Button` oder einen `LinkToAction` klickt. Über die Attribute des Parameters `R_PARAM` erhalten Sie im Ereignisbehandler weitere Informationen zum Ereignis (siehe Tabelle 9.26).

Attribut	Beschreibung
ATTRIBUTE	Name des angeklickten Attributs
COLUMN	technischer Name der angeklickten Spalte
INDEX	Index der angeklickten Zeile
VALUE	Wert der angeklickten Zelle (nach dem Klick)

Tabelle 9.26 Attribute von R_PARAM (IF_SALV_WD_TABLE_CLICK)

Ereignis ON_DATA_CHECK

Das Ereignis `ON_DATA_CHECK` wird ausgelöst, wenn in einer änderbaren ALV-Tabelle nach einer Datenänderung eine Prüfung dieser geänderten Daten durchgeführt wird. Als Datenänderungen gelten das Hinzufügen/Löschen von Tabellenzeilen sowie das Ändern von Zellendaten.

Attribut	Beschreibung
T_INSERTED_ROWS	Index und Inhalt der eingefügten Tabellenzeilen
T_DELETED_ROWS	Index und Inhalt der gelöschten Tabellenzeilen
T_MODIFIED_CELLS	Index, Attributname und alter/neuer Zellenwert
T_ERROR_CELLS	Index und Attributname mit Fehlern

Tabelle 9.27 Attribute von R_PARAM (IF_SALV_WD_TABLE_DATA_CHECK)

Ereignis ON_CELL_ACTION

Das Ereignis `ON_CELL_ACTION` vereint die Ereignisse `ON_CLICK` und `ON_DATA_CHECK`. Vor der Verwendung muss `ON_CELL_ACTION` im ALV Configuration Model über die Methode `set_cell_action_event_enabled( )` aktiviert werden. Durch die Aktivierung wird der Ereignisbehandler `ON_CLICK` deaktiviert, während `ON_DATA_CHECK` weiterhin aktiv bleibt.

Attribut	Beschreibung
ATTRIBUTE	Name des angeklickten Attributs
COLUMN	technischer Name der angeklickten Spalte
INDEX	Index der angeklickten Zeile
VALUE	Wert der angeklickten Zelle (nach dem Klick)

Tabelle 9.28 Attribute von R_PARAM (IF_SALV_WD_TABLE_CELL_ACTION)

Ereignis ON_FUNCTION

Das Ereignis ON_FUNCTION wird ausgelöst, sobald der Benutzer einen selbst definierten Button in der Toolbar anklickt (siehe Abschnitt 9.13.6, »Änderungen an der Toolbar«). Über das Attribut ID des Parameters R_PARAM (Typ IF_SALV_WD_TABLE_FUNCTION) können Sie den angeklickten Button auslesen.

Ereignis ON_LEAD_SELECT

Das Ereignis ON_LEAD_SELECT wird ausgelöst, wenn der Benutzer die Lead-Selection in der Tabelle ändert.

Attribut	Beschreibung
INDEX	Index der Lead-Selection nach Änderung
OLD_INDEX	Index der Lead-Selection vor Änderung

Tabelle 9.29 Attribute von R_PARAM (IF_SALV_WD_TABLE_LEAD_SELECT)

Ereignis ON_SELECT

Das Ereignis ON_SELECT wird ausgelöst, wenn der Benutzer die Lead-Selection oder eine einfache Selection (Zeilenmarkierung) ändert. Vor der Verwendung muss das Ereignis über die Methode set_on_select_enabled( ) des ALV Configuration Models aktiviert werden.

Attribut	Beschreibung
INDEX	Index der Lead-Selection nach Änderung
OLD_INDEX	Index der Lead-Selection vor Änderung

Tabelle 9.30 Attribute von R_PARAM (IF_SALV_WD_TABLE_SELECT)

Ereignis ON_STD_FUNCTION_BEFORE

Das Ereignis ON_STD_FUNCTION_BEFORE wird ausgelöst, sobald der Benutzer in der Toolbar der ALV-Tabelle den Button EINSTELLUNGEN oder FILTER angeklickt hat. Über das Ereignis ist es nicht möglich, herauszufinden, welcher Button angeklickt wurde.

Ereignis ON_STD_FUNCTION_AFTER

Das Ereignis ON_STD_FUNCTION_AFTER wird ausgelöst, nachdem der Benutzer vorgenommene ALV-Einstellungen über OK oder ÜBERNEHMEN bestätigt oder den Button FILTER LÖSCHEN angeklickt hat. Über das Ereignis können Sie nicht herausfinden, welcher Button angeklickt wurde.

Methode »set_data( )«

Methoden Mithilfe der Methode set_data( ) können Sie die Ausgabetabelle einer ALV-Component dynamisch an einen beliebigen Context-Knoten binden. Die Methode stellt Ihnen dazu den Importing-Parameter R_NODE_DATA vom Typ IF_WD_CONTEXT_NODE bereit.

Methode »get_model( )« und »get_model_extended( )«

Sowohl die Methode get_model( ) als auch die Methode get_model_extended( ) liefern eine Referenz vom Typ CL_SALV_WD_CONFIG_TABLE auf das ALV Configuration Model zurück. Das Configuration Model stellt das Herzstück jeder ALV-Component dar. Mithilfe des Models können Sie eine ALV-Tabelle bis ins letzte Detail konfigurieren, angefangen bei der Tabellenüberschrift bis hin zu den Zellen.

get_model( ) vs. get_model_extended( ) Bei Verwendung der Methode get_model( ) übernimmt das Configuration Model bereits alle Attribute des Knotens automatisch in den Spaltenvorrat der Tabelle. Verwenden Sie jedoch stattdessen die Methode get_model_extended( ), können Sie mithilfe des Importing-Parameters S_PARAM-DEFAULT_COLUMNS entscheiden, ob Sie automatisch alle Attribute des Knotens in den Spaltenvorrat übernehmen möchten oder nicht.

Vorteile von get_model_extended( ) Der Vorteil von get_model_extended( ) besteht darin, dass Sie durch gezielte Instanziierung der benötigten Spalten eine bessere Performance erreichen, als wenn Sie erst mal alle Attribute des Knotens instanziieren, um die nicht für die Anzeige bestimmten Attribute anschließend wieder aus der Anzeigetabelle entfernen zu müssen. Spätestens bei mehr als fünf bis zehn technischen Spalten im Knoten sollten Sie ausschließlich Gebrauch von der Methode `get_model_extended( )` machen. Weitere Informationen zum Configuration Model erhalten Sie in Abschnitt 9.13.3, »ALV Configuration Model«.

Methode »data_check( )«

Im Unterschied zu normalen Web-Dynpro-Tabellen werden die Daten bei ALV-Tabellen nicht direkt aus dem Context der eigenen Component, sondern aus einem getrennten Context in der ALV-Component angezeigt. Zwischen dem eigenen und dem im View verwendeten Tabellen-Context führt die ALV-Component einen ständigen Datenabgleich durch. Dieser als *Data-Check* bezeichnete Vorgang ist in Abbildung 9.56 am Beispiel der Tabelle T005T schematisch dargestellt.

Context von ALV-Tabellen

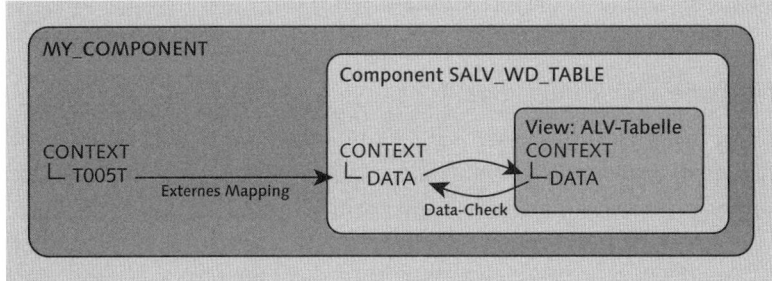

Abbildung 9.56 Data-Check der ALV-Component

Diesen Abgleich, der mit dem Mapping von Knoten vergleichbar ist, bemerken Sie in der Regel nicht. So erfolgt der Datentransport vom eigenen Knoten über den Interface-Knoten DATA bis hin zum View-Context der ALV-Tabelle vollautomatisch. Der Datentransport in die Gegenrichtung, vom ALV-Tabellen-Context hin zum eigenen Context, erfolgt über die Methode `data_check( )`. Während des Data-Check-Abgleichs findet eine erste Überprüfung der eingegebenen Daten auf Korrektheit hin (Datentyp und Format etc.) statt. Der manuelle Aufruf von `data_check( )` ist also nur dann sinnvoll, wenn sich die Tabelle im Änderungsmodus befindet.

Je nach Einstellung im Configuration Model wird die Methode `data_check( )` automatisch nach jedem Drücken der ⏎-Taste in einer

Aufrufzeitpunkt von data_check( )

Tabellenzeile oder nach einem Klick auf den Button Prüfen in der Toolbar der ALV-Tabelle von der ALV-Component aufgerufen. Zudem kann data_check( ) jederzeit manuell gestartet werden. Dies kann z. B. nötig sein, wenn ein Benutzer den Data-Check nicht automatisch ausgelöst hat und sichergestellt werden soll, dass der eigene Context-Knoten den aktuellen Datenbestand aus dem Tabellen-Context hält.

Ereignis ON_DATA_CHECK Nach Abschluss eines Data-Checks informiert Sie das Ereignis ON_DATA_CHECK über die im Context durchgeführten Änderungen.

Methode »refresh( )«

Die Methode refresh( ) erzwingt eine Selbstaktualisierung des SAP List Viewers. Zu diesem Zeitpunkt vorgenommene Anpassungen am ALV Configuration Model werden berücksichtigt. Der Aufruf von refresh( ) bietet sich direkt nach der Durchführung von Änderungen am Configuration Model an. In der Regel findet die Aktualisierung des SAP List Viewers automatisch statt.

Methode »get_config_data( )«

Sichten Der Einstellungsdialog der ALV-Component erlaubt es Benutzern, die dort vorgenommenen Änderungen an den Spalten- und den sonstigen Anzeigeparametern in Form von Sichten abzuspeichern. Wurde eine Sicht erstmals angelegt, ermöglicht das in der ALV-Toolbar liegende Sichten-Listenfeld eine schnelle Rückkehr zu den in der Sicht vorgenommenen Tabelleneinstellungen. In Abbildung 9.57 sehen Sie den ALV-Einstellungsdialog mit der Sicht Alles wichtige.

get_config_data( ) Über die Methode get_config_data( ) erhalten Sie Informationen zu den Sichten, wie z. B.: Welche Sichten sind für die aktuelle Tabelle vorhanden? Ist zurzeit eine Sicht geladen? Wenn ja, welche? Welche Einstellungen wurden in den Sichten vorgenommen? Darüber hinaus können Sie die Methode auch zum gezielten Laden einer bestimmten Sicht verwenden.

Über den Importing-Parameter S_PARAM_IN (Typ IF_SALV_WD_TABLE=>S_TYPE_PARAM_CONFIG_IN) steuern Sie die über den Returning-Parameter S_PARAM_OUT (Typ IF_SALV_WD_TABLE=>S_TYPE_PARAM_CONFIG_OUT) vorgenommenen Änderungen und die zurückgelieferten Ergebnisse der Methode. Tabelle 9.31 und Tabelle 9.32 zeigen

Ihnen die von Anwendungsentwicklern benötigten Attribute der Strukturen der Parameter S_PARAM_IN und S_PARAM_OUT.

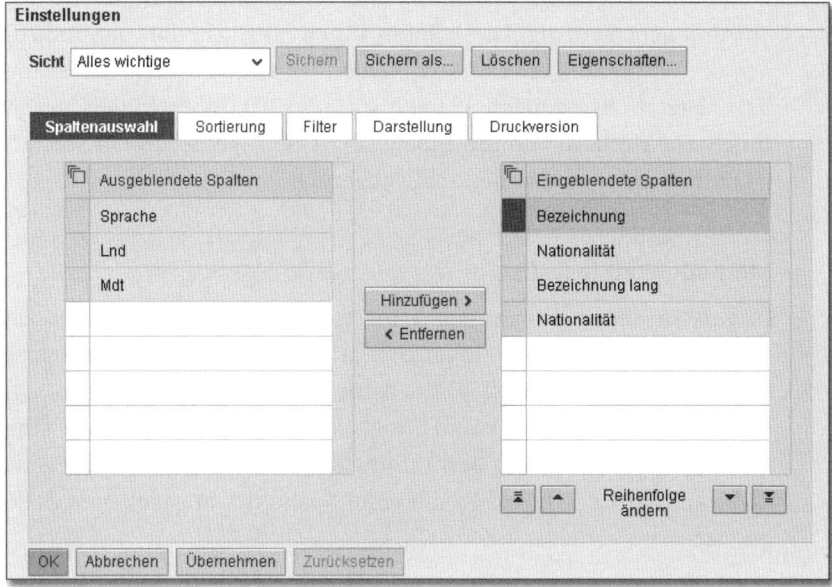

Abbildung 9.57 Einstellungsdialog mit der Sicht »Alles Wichtige«

Attribut	Beschreibung
ACTION	Gibt an, welche Informationen über die Sichten zurückgeliefert werden sollen. Dazu können Sie auf die Konstanten von IF_SALV_WD_TABLE zurückgreifen: ▸ LIST: Listet alle gespeicherten Sichten auf. ▸ BYNAME: Informationen zu einer bestimmten Sicht VIEW. ▸ DEFAULT: Liefert Informationen zur Einstiegssicht. ▸ LOAD: Lädt die unter VIEW angegebene Sicht.
VIEW	Name der bei ACTION angeforderten Sicht (bei Aktion BYNAME)

Tabelle 9.31 Auszug der Struktur von S_PARAM_IN

Attribut	Beschreibung
T_VIEW_LIST	Tabelle mit einer Liste der verfügbaren Sichten
VIEW	Name der zurückgelieferten Sicht, falls eine bestimmte Sicht angefragt wurde

Tabelle 9.32 Auszug der Struktur von S_PARAM_OUT

Methode »get_ui_info( )«

Möchten Sie zur Laufzeit Informationen zu den aktuell sichtbaren Elementen der Tabelle erhalten, sind Sie bei der Methode `get_ui_info( )` genau richtig. Diese liefert Ihnen eine Liste mit den Indizes der aktuell angezeigten Context-Elemente und den Indizes des ersten bzw. letzten angezeigten Elements zurück. Darüber hinaus verrät Ihnen die Methode, ob die Tabelle aggregiert, gefiltert oder sortiert ist und ob sie in einer Hierarchie angezeigt wird.

Methode »set_focus( )«

In verschiedenen Situationen kann es für den Anwender hilfreich sein, wenn der Cursor auf eine bestimmte Tabelle innerhalb der ALV-Tabelle gesetzt wird. Dazu dient die Methode `set_focus( )`. Über die Parameter INDEX und COLUMN können Sie den Fokus auf eine bestimmte Zeile und ein bestimmtes Feld setzen. Geben Sie COLUMN nicht an, wird der Fokus in die erste Spalte der angegebenen Zeile gesetzt.

9.13.3 ALV Configuration Model

Das Configuration Model ist das Herz einer ALV-Component. Es basiert auf einem Objekt vom Typ `CL_SALV_WD_CONFIG_TABLE`. Jede ALV-Component besitzt exakt ein Configuration Model. Mithilfe dieses Models können Sie eine ALV-Tabelle bis ins letzte Detail konfigurieren, angefangen bei der Tabellenüberschrift bis hin zu den Spalten.

Einführung in das Configuration Model

Konfigurierbare Bereiche

Die folgende Liste gibt Ihnen einen Überblick über die wichtigsten im Configuration Model konfigurierbaren Bereiche:

- **Einstellungen zur Tabelle**
  Darunter fallen hauptsächlich Ausgabeeinstellungen, wie z. B. zweidimensionale Tabellen oder Merkmalshierarchien, Anzeigefarbschemata, Tabellenüberschriften etc.

- **Einstellungen zu Feldern**
  Felder beschreiben die Daten, die in der ALV-Ausgabe verwendet werden. Der Name eines Feldes entspricht dem Namen eines

Attributs in einem Context-Knoten. Jedes Context-Attribut hat somit einen gleichnamigen Feldrepräsentanten im Configuration Model. Über die jeweiligen Feldeinstellungen können Sie Daten sortieren, filtern und aggregieren.

▸ **Einstellungen zu Spalten**
Jede Tabellenspalte wird zur Laufzeit durch ein Spaltenobjekt repräsentiert. Dieses ermöglicht Ihnen unter anderem die Konfiguration der Spaltenüberschrift, der Spaltenreihenfolge und des Spalteneditors (Textfeld, Eingabefeld, Dropdown-Liste etc.).

▸ **Einstellungen zu ALV-Standardfunktionen**
Der SAP List Viewer stellt Ihnen bereits eine Reihe von Standardfunktionen zur Verfügung, wie z. B. Sortieren, Filtern und den Export nach Excel. Diese Funktionen können Sie nach Bedarf über Methoden des Configuration Models ein- und ausblenden.

▸ **Einstellungen zu anwendungsspezifischen Funktionen**
Sie können in der Toolbar einer ALV-Tabelle eigene Buttons ablegen, auf die Sie bei der Auslösung über ein Ereignis des Interface-Controllers reagieren können.

Configuration Model lesen

Sie erhalten das Configuration Model vom Typ `CL_SALV_WD_CONFIG_TABLE` durch den Aufruf der ALV-Interface-Controller-Methoden `get_model( )` oder durch den Aufruf der Methode `get_model_extended( )` (siehe Abschnitt 9.13.2, »Methoden und Ereignisse der ALV-Component«). Beachten Sie an dieser Stelle, dass Sie in der Regel vor dem Lesen des Configuration Models die ALV-Component instanziieren müssen. Listing 9.17 zeigt Ihnen beispielhaft, wie Sie die ALV-Component instanziieren und anschließend das Configuration Model lesen können.

```
DATA: lo_cmp_usage_alv TYPE REF TO if_wd_component_usage,
      lo_ifc_alv_t005t TYPE REF TO iwci_salv_wd_table,
      lo_alv_conf_mdl  TYPE REF TO cl_salv_wd_config_table.
* Instanziiere ALV-Component
lo_cmp_usage_alv = wd_this->wd_cpuse_alv_t005t( ).
IF lo_cmp_usage_alv->has_active_component( ) IS INITIAL.
  lo_cmp_usage_alv->create_component( ).
ENDIF.
* Hole Interface-Controller
lo_ifc_alv_t005t = wd_this->wd_cpifc_alv_t005t( ).
```

```
* Lies Configuration Model mit allen Spalten
lo_alv_conf_mdl = lo_ifc_alv_t005t->get_model( ).
```

Listing 9.17 ALV-Component instanziieren und Configuration Model lesen

Configuration Model im Detail

Das ALV Configuration Model besitzt eine der umfangreichsten und komplexesten objektorientierten Architekturen des Web-Dynpro-Frameworks. Die auf der Klasse `CL_SALV_WD_CONFIG_TABLE` basierende Architektur des Configuration Models implementiert eine Vielzahl von Interfaces mit nahezu unzähligen Anpassungsmöglichkeiten und Methoden. Abbildung 9.58 zeigt Ihnen die vereinfachte Struktur des Configuration Models, die wir im Folgenden diskutieren werden.

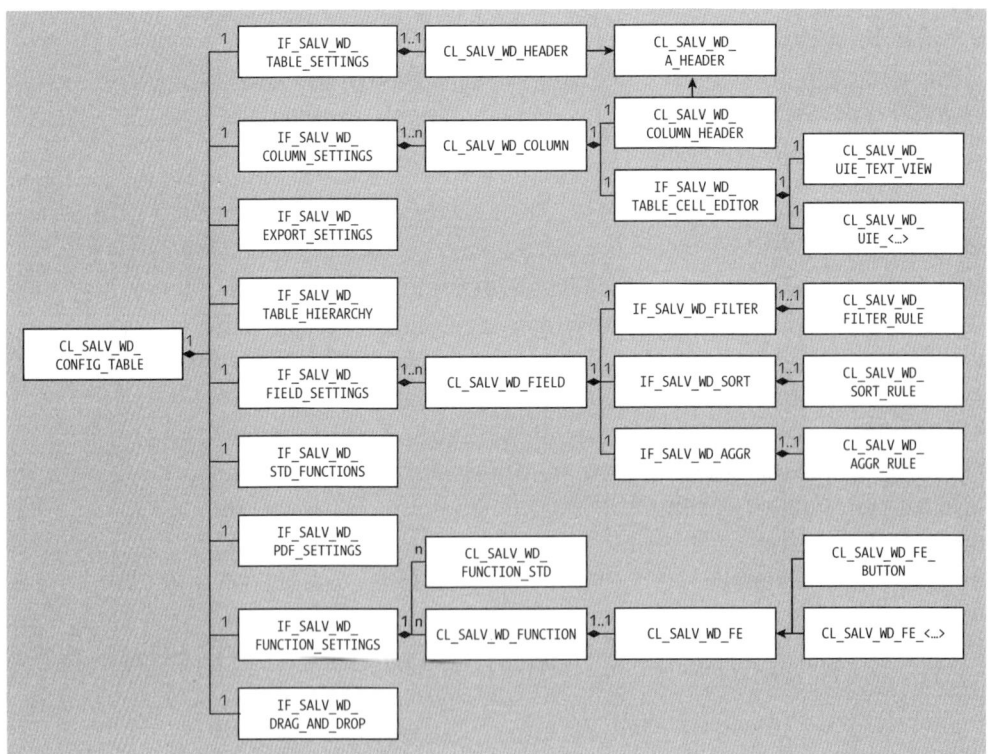

Abbildung 9.58 Vereinfachte Darstellung des ALV Configuration Models

IF_SALV_WD_TABLE_SETTINGS — Wir beginnen mit den Methoden des Interfaces `IF_SALV_WD_TABLE_SETTINGS`. Diese ermöglichen die Anpassung einer Vielzahl allgemeiner Tabelleneinstellungen. Darunter fällt z. B. die Methode `set_read_only( )`, die die ALV-Ausgabe als schreibgeschützt oder editierbar festlegt. Über die Methode `create_header( )` erzeugen Sie ein Tabellentitelobjekt, das über der Tabellen-Toolbar eine Überschrift ergänzt. Tabelle 9.33 enthält eine Auswahl der wichtigsten Methoden von `IF_SALV_WD_TABLE_SETTINGS`.

Methode	Beschreibung
`create_header( )`	Erzeugt ein Objekt für den Tabellentitel. Dies ermöglicht die Gestaltung einer Tabellenüberschrift.
`set_column_resize_mode( )`	Legt das Scroll-Verhalten der Tabelle fest. Mögliche Werte sind `preserveOtherColumnWidths` und `preserveTableWidth` (Standardwert). Wird vom Standardwert abgewichen, können Spaltenbreiten unabhängig von der Tabellenbreite gesetzt werden. Auf diese Weise wird ein gleichmäßiges clientseitiges horizontales Scrollen ermöglicht. Feste Spalten und Selektionsspalten werden ignoriert. Die Funktion steht nur bei aktivierter Guideline 2.0 (siehe Liste der Anwendungsparameter, Anhang A) zur Verfügung.
`set_edit_mode( )`	Legt fest, ob der Massendatenmodus eingeschaltet ist. Bei der Aktivierung wird am Ende der ALV-Ausgabe eine Seite mit leeren, eingabebereiten Zeilen generiert.
`set_fixed_table_layout( )`	Legt fest, dass die Breite der ALV-Ausgabe unabhängig von der Breite des Spalteninhalts ist.
`set_scrollable_col_count( )`	Legt die Anzahl der sichtbaren Spalten fest.
`set_visible_row_count( )`	Legt die Höhe der ALV-Ausgabe in Tabellenzeilen fest.
`set_width( )`	Legt die Breite der ALV-Ausgabe fest.

Tabelle 9.33 Methodenauswahl aus IF_SALV_WD_TABLE_SETTINGS

IF_SALV_WD_COLUMN_SETTINGS

Die Methoden des Interfaces `IF_SALV_WD_COLUMN_SETTINGS` verwalten die auf der Klasse `CL_SALV_WD_COLUMN` basierenden Spaltenobjekte. So können Sie mithilfe der Methode `create_column( )` eine neue Spalte hinzufügen, mithilfe der Methode `get_column( )` eine Spalte lesen und durch Aufruf von `delete_column( )` eine Spalte löschen.

Nach der Erzeugung einer Spalte können Sie diese über deren Methoden anpassen. Über die Methode `create_header( )` erzeugen Sie wie bereits beim Tabellentitel ein Spaltentitelobjekt zur Beschriftung der Spalte. Darüber hinaus ermöglicht die Spaltenklasse `CL_SALV_WD_COLUMN` eine Vielzahl weiterer Änderungsmöglichkeiten, wie etwa die Festlegung der Spaltenbreite (`set_width( )`) und das Setzen der Hintergrundfarbe (`set_cell_design( )`).

Zu den wichtigsten Methoden der Spalte gehört jedoch die Methode `set_cell_editor( )` zur Festlegung des für diese Spalte gültigen Zelleneditors. Sie haben hier die Auswahl zwischen den in Tabelle 9.34 aufgelisteten Zelleneditorklassen.

Zelleneditorklassen	Beschreibung
CL_SALV_WD_UIE_BUTTON	Button
CL_SALV_WD_UIE_CAPTION	Überschrift
CL_SALV_WD_UIE_CHECKBOX	Ankreuzfeld
CL_SALV_WD_UIE_CHECKBOX_TRI	Ankreuzfeld mit drei Statuswerten
CL_SALV_WD_UIE_DROPDOWN_BY_IDX	Dropdown-Liste, contextbasiert
CL_SALV_WD_UIE_DROPDOWN_BY_KEY	Dropdown-Liste, DDIC-basiert
CL_SALV_WD_UIE_FILE_DOWNLOAD	Datei-Download
CL_SALV_WD_UIE_FILE_UPLOAD	Datei-Upload
CL_SALV_WD_UIE_IMAGE	Bild
CL_SALV_WD_UIE_INPUT_FIELD	Eingabefeld
CL_SALV_WD_UIE_LINK_TO_ACTION	Link, ruft eine Aktion auf
CL_SALV_WD_UIE_LINK_TO_URL	Link, ruft eine URL auf
CL_SALV_WD_UIE_PROGR_INDICATOR	Fortschrittsbalken
CL_SALV_WD_UIE_TEXT_VIEW	Text-Anzeigefeld
CL_SALV_WD_UIE_TOGGLE_BUTTON	Button mit den Status aktiv/inaktiv
CL_SALV_WD_UIE_VALUE_CMP	Value Comparison

Tabelle 9.34 ALV-Zelleneditoren

Das Interface `IF_SALV_WD_EXPORT_SETTINGS` erlaubt die Änderung der Excel-Exporteinstellungen. Zum Beispiel können Sie über die Methode `set_export_no_sums( )` vorgeben, dass in der ALV-Ausgabe sichtbare Summen nicht nach Excel exportiert werden sollen. Beachten Sie an dieser Stelle auch die PDF-Exporteinstellungen des Interfaces `IF_SALV_WD_PDF_SETTINGS`.

IF_SALV_WD_EXPORT_SETTINGS

Über das Interface `IF_SALV_WD_TABLE_HIERARCHY` können Sie eventuell definierte Tabellenhierarchien ausklappen und zuklappen. Dazu steht die Methode `set_expanded( )` zur Verfügung. Darüber hinaus können Sie über die Methode `set_last_hier_column_as_leaf( )` die Daten der letzten Hierarchiespalte als Blatt kennzeichnen.

IF_SALV_WD_TABLE_HIERARCHY

Die Methoden des Interfaces `IF_SALV_WD_FIELD_SETTINGS` ermöglichen die Anpassung der Felder einer Tabelle. Im Unterschied zu den Methoden des Interfaces `IF_SALV_WD_COLUMN_SETTINGS` fokussiert sich dieses Interface auf die Anpassung der in den Zellen abgelegten Daten. Neben allgemeinen Feldeinstellungen, wie etwa die Methode `set_filter_ignoring_case( )` zur Festlegung, ob Groß- und Kleinschreibung im Tabellenfilter unterschieden werden oder nicht, können Sie die Einstellungen für jedes Feld getrennt vornehmen.

IF_SALV_WD_FIELD_SETTINGS

Zur Anpassung einzelner Felder müssen Sie Objekte vom Typ `CL_SALV_WD_FIELD` anlegen. Zur Anlage und Verwaltung dieser Feldobjekte stehen Ihnen die Methoden `create_field( )`, `get_field( )` und `delete_field( )` zur Verfügung. Über das Feldobjekt können Sie ein Feld mit dem ABAP Dictionary verlinken und so z. B. Fremdschlüsselprüfungen und Wertehilfen implementieren.

Die Klasse `CL_SALV_WD_FIELD` beinhaltet darüber hinaus drei weitere Objekte und Interfaces zur Filterung, Sortierung und Aggregation von Daten:

Filterung, Sortierung und Aggregation

- Die Methoden des Interfaces `IF_SALV_WD_FILTER` erlauben die Erstellung und Verwaltung eines Filterobjekts vom Typ `CL_SALV_WD_FILTER_RULE`. Über dieses Objekt können einzelne Filterwerte für eine Spalte vorbelegt werden.
- Die Methoden des Interfaces `IF_SALV_WD_SORT` ermöglichen die Erstellung und Verwaltung eines Sortierobjekts vom Typ `CL_SALV_WD_SORT_RULE`. Es erlaubt die Festlegung der für dieses Feld geltenden Sortierrichtung (aufwärts/abwärts) und die Einordnung in die Sortierposition aller Felder.

- Die Methoden des Interfaces IF_SALV_WD_AGGR ermöglichen die Erstellung und Verwaltung von Aggregationsobjekten vom Typ CL_SALV_WD_AGGR_RULE. Über dieses Objekt können Sie die Aggregationseinstellungen für das aktuelle Feld vornehmen.

IF_SALV_WD_STD_FUNCTIONS	Das Interface IF_SALV_WD_STD_FUNCTIONS erlaubt die Anpassung der ALV-Toolbar-Standardfunktionen. So können Sie z. B. über die Methoden set_edit_<append/insert/delete>_row_allowed( ) angeben, dass in der Toolbar standardmäßig Buttons für das Anhängen, Einfügen und Löschen von Zeilen angezeigt werden. Zudem wird die Methode set_export_allowed( ) häufig benötigt. Über diese können Sie steuern, ob Sie einen Dropdown-Button zum Export von Tabellendaten anbieten möchten. Beachten Sie an dieser Stelle auch die Möglichkeiten des Interfaces IF_SALV_WD_FUNCTION_SETTINGS zur Definition eigener Toolbar-Funktionen.
IF_SALV_WD_PDF_SETTINGS	Über die Methoden des Interfaces IF_SALV_WD_PDF_SETTINGS können Sie die PDF-Ausgabe an Ihre Bedürfnisse anpassen. So ermöglicht es z. B. die Methode set_header_left( ), einen Textbaustein zur Ausgabe in der linken oberen Seitenecke zu setzen. Zur Konfiguration der PDF-Ausgabeeinstellungen existiert eine Vielzahl hier nicht weiter behandelter Methoden.
IF_SALV_WD_FUNCTION_SETTINGS	Kommen wir nun zum Interface IF_SALV_WD_FUNCTION_SETTINGS. Über dieses können Sie Ihre eigenen Funktionen in Form von Buttons, Links und vielem mehr in die ALV-Toolbar mit aufnehmen. Grundsätzlich wird zwischen links und rechts ausgerichteten Toolbar-Buttons unterschieden. So existiert eine Vielzahl von Methoden doppelt, wie etwa create_function( ) zur Erzeugung einer linksbündigen und create_function_right( ) für die Erzeugung einer rechtsbündigen Funktion. Die dabei erzeugten Funktionen basieren auf der Klasse CL_SALV_WD_FUNCTION.

Nach ihrer Erzeugung können Sie die Funktion über deren Methoden konfigurieren. Die mit Abstand wichtigste Konfiguration der Funktion ist die Festlegung des Funktionseditors über die Methode set_editor( ). Über diese können Sie definieren, ob die Funktion als Button, als Link oder in Form eines UI-Elements repräsentiert werden soll. Erzeugen Sie dazu eines der in Tabelle 9.35 aufgeführten Funktionseditorobjekte, und weisen Sie dieses der Funktion über die Methode set_editor( ) zu. Über den jeweiligen Funktionseditor können Sie nun auch weitere Einstellungen vornehmen, wie etwa die Beschriftung eines Buttons.

Funktionsklassen	Beschreibung
CL_SALV_WD_FE_BUTTON_CHOICE	Button mit Dropdown-Liste
CL_SALV_WD_FE_DROPDOWN_BY_IDX	Dropdown-Liste, contextbasiert
CL_SALV_WD_FE_DROPDOWN_BY_KEY	Dropdown-Liste, ABAP-Dictionary-basiert
CL_SALV_WD_FE_INPUT_FIELD	Eingabefeld
CL_SALV_WD_FE_LINK_TO_ACTION	Link, ruft eine Aktion auf
CL_SALV_WD_FE_LINK_TO_URL	Link, ruft eine URL auf
CL_SALV_WD_FE_SEPARATOR	Trennzeichen
CL_SALV_WD_FE_TOGGLE_BUTTON	Button mit den Status aktiv/inaktiv

Tabelle 9.35 Funktionseditoren der Toolbar

Über die Methoden des Interfaces IF_SALV_WD_DRAG_AND_DROP können Sie in ALV-Tabellen Drag-&-Drop-Funktionen implementieren. Dazu stehen Ihnen z. B. die Methode create_drag_source_info( ) zur Erzeugung eines Drag-Objekts und zehn weitere Methoden zur Verfügung. Die Funktionsweise gleicht dabei dem Drag-&-Drop-Modellansatz von Web Dynpro ABAP. Weitere Informationen zu Drag & Drop in Web Dynpro finden Sie in Kapitel 5.

IF_SALV_WD_DRAG_AND_DROP

9.13.4 Änderungen an den Tabelleneinstellungen

In diesem Abschnitt zeigen wir Ihnen, wie Sie mithilfe der Methoden des Interfaces IF_SALV_WD_TABLE_SETTINGS einen Tabellentitel erzeugen und die Abmessungen der Tabelle bestimmen können. Die im Folgenden aufgeführten Beispiele basieren auf den in den vorangegangenen Abschnitten gelegten Grundsteinen der Tabelle T005T und dem Configuration Model in Objekt lo_alv_conf_mdl.

Tabellentitel erzeugen

Ein ALV-Tabellentitel lässt sich in zwei Schritten erzeugen: Zuerst müssen Sie ein ALV-Titelobjekt vom Typ CL_SALV_WD_HEADER über das Configuration Model erstellen. Anschließend können Sie den Tabellentitel über die Methode set_text( ) im Titelobjekt festlegen.

Titelobjekt erzeugen und Titel festlegen

9 | Integration komplexer UI-Elemente und Components

Listing 9.18 zeigt Ihnen das dazu nötige Coding, in Abbildung 9.59 sehen Sie das Ergebnis im System.

```
DATA lo_header TYPE REF TO cl_salv_wd_header.
* Erzeuge ein Tabellentitelobjekt
lo_header =
lo_alv_conf_mdl->if_salv_wd_table_settings~create_header( ).
* Setze den Tabellentitel
lo_header->set_text( 'Hallo Welt, bzw. Hallo ALV!' ).
```

Listing 9.18 Erzeugung eines Tabellentitels

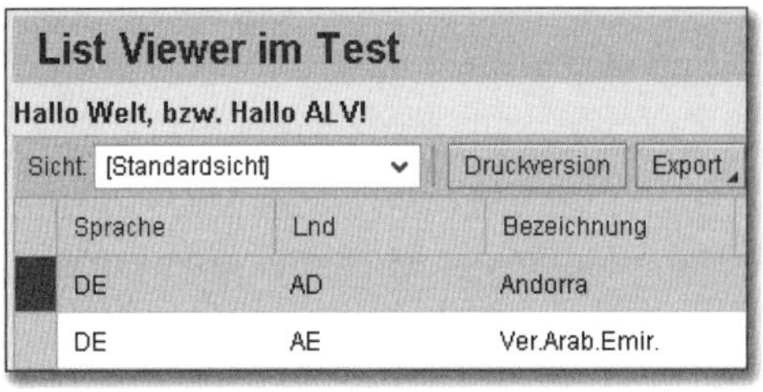

Abbildung 9.59 Tabellentitel im System

Tabellenabmessungen festlegen

Die Anpassung der Höhe und Breite einer ALV-Tabelle kann einen Entwickler schnell verzweifeln lassen. Dabei ist dies gar nicht mehr so schwer, wenn man sich erst einmal mit den in diesem Bereich gültigen Restriktionen der Web-Dynpro-Technologie auseinandergesetzt hat.

- **Höhe der Tabelle**
  Die Höhe der gesamten ALV-Tabelle wird über die Anzahl der sichtbaren Zeilen bestimmt. Dazu können Sie die Methode `set_visible_row_count( )` des Configuration Models verwenden.

- **Breite der Tabelle**
  Die Breite der Tabelle kann über die Methode `set_width( )` in den für Weblayouts üblichen Einheiten (Pixel, Prozent etc.) bestimmt werden. Jedoch spielt auch hier die Anzahl der sichtbaren Spalten eine große Rolle. Werden zu viele Spalten angezeigt, wird die Tabelle schnell breiter, als vom Entwickler erlaubt. In diesem Fall muss die Anzahl der sichtbaren Spalten über die Methode `set_scrollable_col_count( )` reduziert werden.

- **Tabellen-/Spaltenbreite fixieren**
  Häufig kommt es auch vor, dass sich die Tabellenbreite abhängig

vom dargestellten Tabelleninhalt beim Scrollen ständig ändert. Diesen »Wabbeleffekt« können Sie vermeiden, indem Sie die Tabellenbreite fixieren und somit als unabhängig vom Inhalt der Tabelle definieren. Breitere Tabelleninhalte werden dabei abgeschnitten. Die Methode `set_fixed_table_layout( )` ermöglicht Ihnen die Fixierung der Tabellenspalten.

In Listing 9.19 sehen Sie ein Beispiel-Coding für die Festlegung der Höhe und Breite der ALV-Tabelle.

Beispiel

```
lo_alv_conf_mdl->
  if_salv_wd_table_settings~set_visible_row_count( 6 ).
lo_alv_conf_mdl->
  if_salv_wd_table_settings~set_scrollable_col_count( 5 ).
lo_alv_conf_mdl->
  if_salv_wd_table_settings~set_width( '600px' ).
lo_alv_conf_mdl->
  if_salv_wd_table_settings~set_fixed_table_layout( 'X' ).
```

Listing 9.19 Festlegung der Höhe und Breite einer ALV-Tabelle

9.13.5 Änderungen am Spaltenvorrat

Betrachten wir nun die Möglichkeiten der Methoden des Interfaces `IF_SALV_WD_COLUMN_SETTINGS` zur Anpassung von Spalten. In kleinen Beispielen zeigen wir Ihnen, wie Sie Tabellenspalten erzeugen, löschen, ausblenden und den Zelleneditor ändern können.

> **[+] Spaltenreihenfolge zur Laufzeit ändern**
>
> Mithilfe von Drag & Drop ist es dem Benutzer zur Laufzeit möglich, die Spaltenreihenfolge ohne Verwendung des ALV-Einstellungsdialogs abzuändern.

Spalten erzeugen

Falls Sie den Weg über die Methode `get_model_extended( )` gewählt haben und alle Spalten explizit anlegen müssen, können Sie dazu die Methode `create_column( )` des im Configuration Model implementierten Interfaces `IF_SALV_WD_COLUMN_SETTINGS` verwenden. Nach dem Aufruf dieser Methode erhalten Sie ein Spaltenobjekt vom Typ `CL_SALV_WD_COLUMN`, das Sie wie andere Spalten auch konfigurieren können (siehe Listing 9.20).

9 | Integration komplexer UI-Elemente und Components

```
DATA lo_column TYPE REF TO cl_salv_wd_column.
lo_column = lo_alv_conf_mdl->if_salv_wd_column_settings~
   create_column( id = 'LANDX50' ).
```

Listing 9.20 Erzeugung einer neuen Tabellenspalte

Nützliche Methoden

In Tabelle 9.36 sehen Sie eine Auswahl der wichtigsten Methoden zur Spaltenkonfiguration.

Methode	Beschreibung
set_cell_editor( )	Legt den Zelleneditor fest (Text-/Eingabefeld etc.).
set_width( )	Legt die Spaltenbreite fest.
set_visible( )	Blendet die Spalte ein oder aus.
set_position( )	Legt die Position der Spalte in der ALV-Ausgabe fest.
get_header( )	Liefert das Objekt des Spaltentitels zurück.

Tabelle 9.36 Liste ausgewählter Methoden zur Spaltenkonfiguration

Spalten ausblenden

Im Unterschied zu einer gelöschten Spalte kann eine ausgeblendete Spalte vom Benutzer über den Einstellungsdialog jederzeit wieder eingeblendet werden. Bevor Sie eine Spalte ausblenden können, müssen Sie sich ein Spaltenobjekt vom Typ CL_SALV_WD_COLUMN über den Aufruf der Methode get_column( ) holen. Mithilfe des Spaltenobjekts können Sie anschließend die Spalte nach Belieben konfigurieren. Listing 9.21 zeigt Ihnen, wie Sie die Spalte NATIO50 ausblenden können.

```
DATA lo_column TYPE REF TO cl_salv_wd_column.
lo_column =
   lo_alv_conf_mdl->if_salv_wd_column_settings~
      get_column( id = 'NATIO50' ).
lo_column->set_visible( cl_wd_uielement=>e_visible-none ).
```

Listing 9.21 Ausblenden der Spalte NATIO50

Spalten löschen

Mit der Methode delete_column( ) des Interfaces IF_SALV_WD_COLUMN_SETTINGS können Sie einzelne Spalten aus ALV-Tabellen löschen. Die zu löschende Spalte wird mit dem Parameter ID übergeben (siehe Listing 9.22). Nach der Löschung kann die betroffene Spalte nicht mehr vom Anwender sichtbar gemacht werden.

```
lo_alv_conf_mdl->
  if_salv_wd_column_settings~delete_column( id = 'SPRAS' ).
```

Listing 9.22 Löschung der Spalte SPRAS

Zelleneditor ändern

Zum Abschluss schildern wir, wie Sie den Zelleneditor von Spalten austauschen können. Der SAP List Viewer bietet hier eine große Auswahl an Zelleneditoren, wie z. B. einfache Eingabefelder, Ankreuzfelder und Dropdown-Listen. Sie können einen Zelleneditor durch den Aufruf der Methode `set_cell_editor( )` am Spaltenobjekt ändern. Dieser Methode müssen Sie ein Zelleneditorobjekt vom Typ `CL_SALV_WD_UIE_<Editor-Typ>` übergeben. Listing 9.23 zeigt, wie Sie den Zelleneditor der Spalte LANDX50 austauschen können.

```
DATA: lo_column       TYPE REF TO cl_salv_wd_column,
      lo_input_field TYPE REF TO cl_salv_wd_uie_input_field.
* Lies Spalte LANDX50
lo_column = lo_alv_conf_mdl->if_salv_wd_column_settings~
  get_column( id = 'LANDX50' ).
CREATE OBJECT lo_input_field
  EXPORTING
    value_fieldname = 'LANDX50'.
* Ändere den Zelleneditor von Spalte LANDX50 auf Input-Field
lo_column->set_cell_editor( lo_input_field ).
* Deaktiviere den Read-Only-Mode der ALV-Tabelle
lo_alv_conf_mdl->if_salv_wd_table_settings~
  set_read_only( abap_false ).
```

Listing 9.23 Zelleneditor einer Spalte ändern

9.13.6 Änderungen an der Toolbar

ALV-Tabellen besitzen standardmäßig eine Toolbar, die mit einem Satz von Standard-Buttons und Funktionen erzeugt wird, wie etwa mit dem Export nach Excel. Diese Standardfunktionen können Sie nach Ihren Vorstellungen über das Configuration Model aktivieren oder deaktivieren.

Standardfunktionen

Zusätzlich bietet das Configuration Model die Möglichkeit, eine beliebige Zahl eigener Funktionen in die Toolbar aufzunehmen. Diese können unter anderem durch einfache Buttons, Links oder

Selbst definierte Funktionen

auch durch Eingabefelder abgebildet werden. Klickt nun z. B. ein Benutzer auf einen selbst definierten Button, löst dieser das Ereignis ON_FUNCTION der ALV-Component aus und informiert somit den Anwender über die Ausführung der entsprechenden Toolbar-Funktion.

Sie können eine neue Funktion durch den Aufruf der Methode create_function( ) des im Configuration Model implementierten Interfaces IF_SALV_WD_FUNCTION_SETTINGS anlegen. Von dieser erhalten Sie ein Objekt der Klasse CL_SALV_WD_FUNCTION zurück. Die Funktion besitzt allerdings noch keinen Editor, den Sie jedoch mithilfe der Methode set_editor( ) der Funktion zuweisen können. Alle Editoren basieren auf der Klasse CL_SALV_WD_FE_<Editor-Typ>. Klickt der Benutzer nun auf den Toolbar-Button, löst die ALV-Component das Ereignis ON_FUNCTION aus.

Erzeugung der Funktion

Im folgenden Beispiel legen wir eine neue Funktion in Gestalt eines einfachen Buttons an. Über einen auf das Ereignis ON_FUNCTION registrierten Ereignisbehandler können anschließend beliebige Folgeaktionen durchgeführt werden. Beginnen wir mit der Erzeugung des Buttons. Dieser basiert auf der Klasse CL_SALV_WD_FE_BUTTON und kann nach seiner Instanziierung über die Methode set_text( ) mit dem Titel »Mein Button« beschriftet werden. Anschließend können wir mit der Erzeugung der Funktion MY_BUTTON über die Methode create_function( ) fortfahren, der wir zuletzt mithilfe der Methode set_editor( ) den Button übergeben. Listing 9.24 beinhaltet die Musterlösung.

```
DATA: lo_function TYPE ref to cl_salv_wd_function,
      lo_button   TYPE REF TO cl_salv_wd_fe_button.
* Lege einen neuen Button an
CREATE OBJECT lo_button.
lo_button->set_text( 'Mein Button' ).
* Lege Funktion MY_BUTTON an
lo_function =
  lo_alv_conf_mdl->if_salv_wd_function_settings~
    create_function( id = 'MY_BUTTON' ).
* Verwende einen Button als Editor
lo_function->set_editor( lo_button ).
```

Listing 9.24 Anlegen von Funktion/Button MY_BUTTON

Ereignisbehandler anlegen

Nun müssen wir noch auf das bei einem Button-Klick ausgelöste Ereignis ON_FUNCTION reagieren. Dazu muss eine Methode vom Typ

Ereignisbehandler angelegt werden, in der die ID der Funktion durch Auslesen des Parameters R_PARAM->ID abgefragt werden kann. Durch einen Klick auf den Button wird nun die Ereignisbehandler-Methode in der lokalen Component gerufen. Abbildung 9.60 zeigt die Tabelle mit dem neuen Button nach der Aktivierung des Listings.

Abbildung 9.60 ALV-Tabelle nach Hinzufügen des Buttons »Mein Button«

In den vorangegangenen Kapiteln haben Sie bereits sehr viel über die Entwicklung von und den Umgang mit Web Dynpro gelernt. In diesem Kapitel erhalten Ihre Kenntnisse jetzt den letzten Feinschliff, indem wir Ihnen die kleinen, alltäglichen Dinge vorstellen, die immer wieder benötigt werden und die Arbeit erleichtern.

10 Weiterführende Konzepte

In den letzten Jahren hat sich die Web-Dynpro-Technologie in großen Schritten weiterentwickelt. So steht Ihnen z. B. mit dem Web-Dynpro-Debugger ein Tool zur Verfügung, von dem Sie in der Anfangsphase der Web-Dynpro-Technologie nur träumen konnten. Mithilfe des Web-Dynpro-Trace-Tools können Sie Anwendungen heute detailliert analysieren. In diesem Kapitel der weiterführenden Konzepte stellen wir Ihnen eine Mischung aus etablierten und neuen Technologien sowie eine Mischung aus alten und neuen Konzepten zur Entwicklung professioneller Web-Dynpro-Anwendungen vor.

10.1 Pop-up-Fenster

Der Einsatz von Pop-up-Fenstern bietet sich in vielen Anwendungssituationen an. Angefangen bei einfachen Pop-up-Benachrichtigungen, über OK-/Abbrechen-Abfragen bis hin zu komplexen User Interfaces mit beliebigen UI-Elementen sind für Pop-up-Fenster zahlreiche Szenarien denkbar. In diesem Abschnitt lernen Sie die theoretischen Grundlagen der Erzeugung von Pop-up-Fenstern kennen. Wir zeigen Ihnen, wie Sie Pop-up-Fenster zur Laufzeit erstellen und wie Sie sich für die Pop-up-Standard-Buttons registrieren können.

10.1.1 Fensterebenen

Web Dynpro unterstützt ausschließlich modale Pop-up-Fenster. Solange ein modales Pop-up-Fenster geöffnet ist, wird die darunter-

Modularität von Pop-up-Fenstern

Ebenen im Detail

liegende Ebene abgedunkelt dargestellt und für Eingaben gesperrt. Prinzipiell wäre es hier wieder möglich, ein weiteres Pop-up-Fenster aus dem bereits bestehenden heraus zu öffnen. So können Sie eine beliebige Zahl übereinanderliegender Ebenen erzeugen.

Betrachten Sie Abbildung 10.1: Diese Grafik zeigt eine Anwendung mit einem geöffneten Pop-up-Fenster. Sowohl die Ebene des Hintergrunds als auch die Pop-up-Ebene basieren auf normalen Web-Dynpro-Windows. Während in diesem Beispiel der Hintergrund auf dem Window W_MAIN beruht, verwendet das Pop-up-Fenster zur Darstellung der Pop-up-Ebene das Window W_POPUP. Jedes Pop-up-Fenster besitzt eine bestimmte Anzahl sogenannter *Standard-Buttons*, die Entscheidungen des Endanwenders abfragen und das Pop-up-Fenster schließen können.

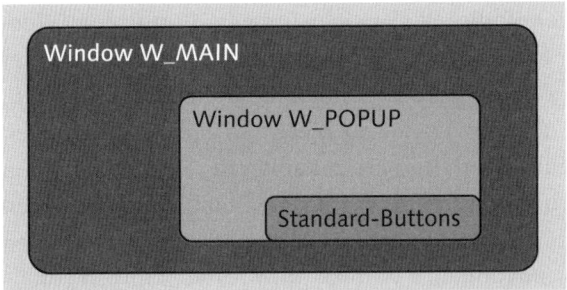

Abbildung 10.1 Pop-up-Fenster und Windows

Window-Manager

Grundsätzlich funktionieren Windows auf die gleiche Weise, unabhängig von ihrer dargestellten Ebene. So können Sie in einem Pop-up-Window wie gewohnt Views integrieren und diese über Plug-ins vernetzen. Zur Verwaltung der grundlegenden Eigenschaften eines Pop-up-Fensters existiert für jedes Pop-up-Fenster ein sogenannter *Window-Manager*. Diesen können Sie zur Festlegung des Pop-up-Titels, der Größe oder zur Bestimmung der Standard-Buttons wie SCHLIESSEN, OK oder ABBRECHEN verwenden.

10.1.2 Pop-up-Fenster erzeugen

Voraussetzungen

Voraussetzung für die Erzeugung eines Pop-up-Fensters ist ein Window, das die Pop-up-Ebene implementiert. Dieses kann entweder ein lokales Window aus der das Pop-up-Fenster aufrufenden Component oder ein über eine Component-Verwendung eingebundenes Window aus einer anderen Component sein.

Handelt es sich um ein lokales Window derselben Component-Instanz, gilt die Regel, dass das Window keine bereits aktiven Views aus darunterliegenden Ebenen verwenden darf. Verwenden Sie trotzdem einen bereits darunterliegenden aktiven View, werden Sie vom System mit einem Laufzeitfehler bestraft. Um trotzdem mehrfach ein und denselben View in eine Component einzubinden, können Sie mit Component-Verwendungen arbeiten, die eine Instanz des gleichen Typs erzeugen.

Die Erzeugung eines Pop-up-Fensters lässt sich vereinfacht in diese drei Schritte aufteilen:

Schritte zum Pop-up-Fenster

1. Referenz auf den Window-Manager ermitteln
2. Erzeugen des Pop-up-Fensters
3. Öffnen des Pop-up-Fensters

Window-Manager lesen

Bevor Sie ein Pop-up-Fenster initialisieren können, müssen Sie sich eine Objektinstanz des Window-Managers mit dem Typ IF_WD_WINDOW_MANAGER von der Component besorgen (siehe Listing 10.1). Diese erhalten Sie über die Methode get_window_manager( ) der Component-API IF_WD_COMPONENT. Die Component-API wiederum erhalten Sie über die Component-Controller-Methode wd_get_api( ).

```
DATA: lo_component_api TYPE REF TO if_wd_component,
      lo_window_manager TYPE REF TO if_wd_window_manager.
lo_component_api = wd_this->wd_get_api( ).
lo_window_manager = lo_component_api->get_window_manager( ).
```

Listing 10.1 Window-Manager-Instanz lesen

Pop-up-Fenster erzeugen

Zum Erzeugen von Pop-up-Fenstern können Sie die Window-Manager-Methode create_window( ) verwenden. Der Aufruf der Methode gestaltet sich einfach, Sie müssen nur den Pflichtparameter WINDOW_NAME beim Aufruf übergeben. Das Framework initialisiert anschließend das Window (Typ IF_WD_WINDOW) und gibt dessen Instanz zurück. Neben dem Window-Namen können Sie noch eine Reihe weiterer Parameter mitgeben, wie z. B. den Pop-up-Titel (TITLE) oder die zur Verfügung stehenden Standard-Buttons

Einfaches Pop-up-Fenster erzeugen

(BUTTON_KIND). Listing 10.2 gibt Ihnen ein Beispiel für die Erzeugung eines einfachen Pop-up-Fensters.

```
DATA lo_window TYPE REF TO if_wd_window.
* Erzeuge ein einfaches Window
CALL METHOD lo_window_manager->create_window( )
  EXPORTING
    window_name = 'W_POPUP'
    title       = 'Popup-Fenster'
    button_kind = if_wd_window=>co_buttons_close
  RECEIVING
    window      = lo_window.
```

Listing 10.2 Erzeugung eines einfachen Pop-up-Fensters

Für den über den Parameter BUTTON_KIND festgelegten Standard-Button können Sie im Interface IF_WD_WINDOW auf die Konstanten CO_BUTTONS_NONE, CO_BUTTONS_ABORTRETRYIGNORE, CO_BUTTONS_OK, CO_BUTTONS_CLOSE, CO_BUTTONS_OKCANCEL, CO_BUTTONS_YESNO und CO_BUTTONS_YESNOCANCEL zurückgreifen.

Pop-up aus fremden Components erzeugen

Falls Sie einen Interface-View einer fremden Component direkt in ein Pop-up-Fenster einbinden möchten, können Sie die Window-Manager-Methode create_window_for_cmp_usage( ) anstelle von create_window( ) verwenden. In diesem Fall müssen Sie anstelle eines Windows einen Interface-View INTERFACE_VIEW_NAME und die Component-Verwendung COMPONENT_USAGE_NAME übergeben.

Hinweis-Dialogfenster erzeugen

In vielen einfachen Fällen bietet sich die Verwendung eines Web-Dynpro-Dialogfensters anstelle selbst entwickelter Pop-up-Fenster an. Dies können Sie mit der Window-Manager-Methode create_popup_to_confirm( ) anlegen; über den Parameter BUTTON_KIND können Sie die im Dialogfenster anzuzeigenden Buttons definieren.

Mit dem Parameter MESSAGE_TYPE können Sie den Typ des Dialogfensters festlegen. Web Dynpro bietet Ihnen dazu im Interface IF_WD_WINDOW die Konstanten CO_MSG_TYPE_NONE, CO_MSG_TYPE_WARNING, CO_MSG_TYPE_INFORMATION, CO_MSG_TYPE_QUESTION, CO_MSG_TYPE_ERROR und CO_MSG_TYPE_STOPP an. In Abbildung 10.2 sehen Sie ein einfaches Dialogfenster vom Typ WARNUNG, das durch Listing 10.3 erzeugt wurde.

```
DATA: lo_window TYPE REF TO if_wd_window,
      lt_text   TYPE string_table.
APPEND 'Sind Sie sicher?' TO lt_text.
```

```
* Erzeuge Dialogfenster
CALL METHOD lo_window_manager->create_popup_to_confirm
  EXPORTING
    text           = lt_text
    button_kind    = if_wd_window=>co_buttons_yesnocancel
    message_type   = if_wd_window=>co_msg_type_warning
    close_button   = abap_true
    window_title   = 'Eine Frage'
    default_button = if_wd_window=>co_button_no
  RECEIVING
    result         = lo_window.
```
Listing 10.3 Anlegen eines Dialogfensters

Abbildung 10.2 Mit der Methode create_popup_to_confirm( ) angelegtes Dialogfenster

Pop-up-Fenster öffnen

Nach der Erzeugung der Window-Instanz muss das Window noch durch seine Methode `lo_window->open( )` geöffnet werden. Durch den Aufruf von `lo_window->close( )` oder die Verwendung der Standard-Buttons am Pop-up-Fenster kann es anschließend wieder geschlossen werden.

10.1.3 Standard-Button-Aktionen

Jedes Pop-up-Fenster hat einen bis drei Standard-Buttons, die die Abfrage einer Benutzerentscheidung (z. B. JA/NEIN/ABBRECHEN) und das Schließen des Pop-up-Fensters ermöglichen. Um nun herauszufinden, welcher Button vom Benutzer angeklickt wurde, müssen Sie eine Aktion auf das Ereignis des jeweiligen Buttons registrieren. Da Sie beim Pop-up-Fenster keinen direkten Zugriff auf die Standard-Buttons und deren Ereignisse haben, müssen Sie

Registrierung auf Button-Ereignisse

die Registrierung dynamisch über die Window-Methode `subscribe_to_button_event( )` vornehmen.

Listing 10.4 zeigt Ihnen beispielhaft die Registrierung der vom Entwickler anzulegenden Aktion BUTTON_CLICKED auf einen JA-Button. Wie Sie in diesem Beispiel erkennen können, benötigen Sie zur Registrierung des Buttons die API des Views. Diese erhalten Sie ähnlich wie beim Component-Controller über die View-Controller-Methode `wd_get_api( )`. Für den JA-Button bietet das Interface IF_WD_WINDOW die Konstante CO_BUTTON_YES an. Für alle anderen Buttons werden nach dem gleichen Schema aufgebaute Konstanten angeboten.

```
DATA lo_view_api TYPE REF TO if_wd_view_controller.
lo_view_api = wd_this->wd_get_api( ).
CALL METHOD lo_window->subscribe_to_button_event
  EXPORTING
    button      = if_wd_window=>co_button_yes
    action_name = 'BUTTON_CLICKED'
    action_view = lo_view_api.
```

Listing 10.4 Pop-up-Button-Aktion auf Ereignis registrieren

10.1.4 Anlegen eines Pop-up-Fensters

Vorbereitung und Öffnen des Pop-up-Fensters

In diesem Abschnitt können Sie das in den vorangegangenen Abschnitten erlangte Wissen in einer Übung einsetzen. Sie werden eine neue Component mit zwei Windows W_MAIN und W_POPUP anlegen. Nach dem Start der Anwendung soll sich automatisch ein neues Pop-up-Fenster mit dem Window W_POPUP öffnen. Im zweiten Teil der Übung werden Sie die Buttons des Pop-up-Fensters auf die Aktion BUTTON_CLICKED registrieren und den angeklickten Button im View V_MAIN als Text ausgeben.

1. Legen Sie eine neue Component mit dem Window W_MAIN und dem View V_MAIN an. Erstellen Sie für die Component eine neue Web-Dynpro-Anwendung.

2. Legen Sie einen neuen View V_POPUP an. Dieser View soll anschließend in einem Pop-up-Fenster angezeigt werden. Fügen Sie ein TextView-Element mit dem Text »Hallo Pop-up!« in den View ein. Speichern Sie den View, und legen Sie ein Window W_POPUP an. Integrieren Sie V_POPUP in W_POPUP.

3. Wechseln Sie nun zur Methode wddoinit( ) im View V_MAIN. Implementieren Sie das zum Öffnen des Pop-up-Fensters nötige Coding. Das Pop-up-Fenster soll die Buttons Ja/Nein/Abbrechen anbieten. In Listing 10.5 finden Sie die Lösung.

```
DATA: lo_component_api   TYPE REF TO if_wd_component,
      lo_window_manager  TYPE REF TO if_wd_window_manager,
      lo_window          TYPE REF TO if_wd_window.
lo_component_api = wd_comp_controller->wd_get_api( ).
lo_window_manager = lo_component_api->get_window_manager( ).
*Erzeuge Window
CALL METHOD lo_window_manager->create_window
  EXPORTING
    window_name = 'W_POPUP'
    title       = 'Popup-Fenster'
    button_kind = if_wd_window=>co_buttons_yesnocancel
  RECEIVING
    window      = lo_window.
*Öffne Window
lo_window->open( ).
```

Listing 10.5 Öffnen des Windows W_POPUP im Pop-up-Fenster

Nun können Sie die Component bereits aktivieren und die Anwendung testen. Direkt nach dem Start sollte sich das Pop-up-Fenster mit W_POPUP und V_POPUP öffnen. Dies ist in Abbildung 10.3 dargestellt. Durch den Klick auf einen der drei Buttons schließt sich das Pop-up-Fenster; diese Benutzeraktion wird jedoch bislang noch nicht ausgewertet.

Zwischentest

Abbildung 10.3 W_MAIN im Pop-up-Fenster dargestellt

Weiterführende Konzepte

Registrierung und Textausgabe

Um die Benutzeraktion auswerten zu können, müssen Sie sich für die drei Pop-up-Buttons des Windows registrieren. Anschließend werden Sie den angeklickten Button im View V_MAIN als Text ausgeben.

1. Öffnen Sie die Registerkarte CONTEXT des Views V_MAIN. Fügen Sie ein neues Attribut BUTTON_CLICKED vom Typ STRING in den Context ein. Wechseln Sie anschließend auf die Registerkarte LAYOUT, und fügen Sie ein neues TextView-Element ein. Binden Sie die Eigenschaft TEXT an das Attribut BUTTON_CLICKED.

2. Legen Sie die Aktion BUTTON_CLICKED an. Wechseln Sie per Doppelklick in deren Ereignisbehandler-Methode, und fügen Sie Listing 10.6 in den Ereignisbehandler ein. Mithilfe dieses Codings wird der vom Benutzer ausgewählte Button in V_MAIN ausgegeben.

```
wd_context->set_attribute(
  EXPORTING
    name  = 'BUTTON_CLICKED'
    value = wdevent->name ).
```

Listing 10.6 Ausgabe des ausgewählten Buttons

3. Erweitern Sie die Methode wddoinit( ). Besorgen Sie sich zuerst die View-API, und registrieren Sie anschließend die Buttons JA, NEIN und ABBRECHEN auf die Aktion BUTTON_CLICKED, indem Sie Listing 10.7 in die Methode einfügen.

```
DATA lo_view_api TYPE REF TO if_wd_view_controller.
lo_view_api = wd_this->wd_get_api( ).
CALL METHOD lo_window->subscribe_to_button_event
    EXPORTING
      button      = if_wd_window=>co_button_yes
      action_name = 'BUTTON_CLICKED'
      action_view = lo_view_api.
CALL METHOD lo_window->subscribe_to_button_event
    EXPORTING
      button      = if_wd_window=>co_button_no
      action_name = 'BUTTON_CLICKED'
      action_view = lo_view_api.
CALL METHOD lo_window->subscribe_to_button_event
    EXPORTING
      button      = if_wd_window=>co_button_cancel
      action_name = 'BUTTON_CLICKED'
      action_view = lo_view_api.
```

Listing 10.7 Registrierung der Standard-Buttons in der Methode wddoinit( )

4. Aktivieren Sie die Component, und starten Sie die Anwendung. Klicken Sie nun auf einen der drei vorhandenen Pop-up-Buttons. Das Pop-up-Fenster schließt sich, und in V_MAIN wird der technische Name des angeklickten Buttons angezeigt. In Abbildung 10.4 wurde vorab im Pop-up-Fenster auf den ABBRECHEN-Button geklickt.

Abbildung 10.4 Ausgabe des im Pop-up-Fenster angeklickten Buttons

10.2 Kontextmenüs

Kontextmenüs lassen sich in Web-Dynpro-Anwendungen jederzeit durch einen Rechtsklick öffnen. Je nach angeklicktem Bereich bietet Ihnen Web Dynpro dabei bereits eine Auswahl unterschiedlicher Systemmenüeinträge an. Sie können z. B. im Rahmen der Personalisierung nicht benötigte Eingabefelder ausblenden oder eingegebene Werte als Standardwert setzen. Durch die über das Kontextmenü erreichbare Feldhilfe ist es möglich, zu einzelnen Bereichen einer Web-Dynpro-Anwendung Informationen über die Component, Views und die UI-Elemente anzeigen zu lassen. Mehr Informationen über das Systemmenü erhalten Sie in Abschnitt 10.2.1, »Standardkontextmenü«.

Einführung und Systemmenü

Seit SAP NetWeaver 7.0 SP 13 können Sie auch Ihre eigenen Kontextmenüs erstellen. Eigene Kontextmenüs können in vielen unterschiedlichen Szenarien eingesetzt werden. Die folgenden Anregungen können Ihnen für Ihre eigenen Kontextmenüs dienlich sein:

Eigene Kontextmenüs

- **Standarddatum**
  Über den Rechtsklick auf ein Datumsfeld können Sie im Kontextmenü einen Standardwert auswählen. Dies kann entweder das aktuelle Datum oder ein Datum in der Zukunft sein. Der vom Anwender ausgewählte Wert wird in einem Configuration-Controller abgespei-

- **Aufruf von Aktionen**
  Durch den Rechtsklick auf einen View-Bereich können Sie eigene Aktionen aufrufen. Ein Beispiel dafür ist der Menüpunkt ZURÜCKSETZEN, mit dem Sie die Attribute eines Context-Elements zurücksetzen können.

Möchten Sie Ihre eigenen Kontextmenüs erstellen, empfiehlt sich die Lektüre der Abschnitte 10.2.2, »Kontextmenü anlegen«, und 10.2.3, »Zuweisung eines Kontextmenüs«, in denen wir Ihnen die Details zur Entwicklung von Kontextmenüs anhand eingängiger Beispiele näher erläutern. Technologisch betrachtet, lassen sich das Anlegen eines Kontextmenüs zur Designzeit sowie die Verwendung eines Kontextmenüs zur Laufzeit in zwei Schritte einteilen:

- **Menü-Erzeugungsphase**
  In einem ersten Schritt muss das Kontextmenü angelegt bzw. erzeugt werden. Dies kann je nach Einsatzzweck entweder statisch zur Designzeit im Layout-Editor oder dynamisch während der Laufzeit im Coding erfolgen. In jedem View können beliebig viele Kontextmenüs existieren. Die in diesem Schritt erzeugten Kontextmenüs »schweben« frei innerhalb des zugehörigen Views. Weitere Informationen über die Erzeugung von Kontextmenüs finden Sie in Abschnitt 10.2.2, »Kontextmenü anlegen«.

- **Menü-Findungsphase**
  Klickt ein Anwender in einen Bereich innerhalb des Views, beginnt die Kontextmenüfindungsphase. In dieser Phase sucht sich das Web-Dynpro-Framework das zum angeklickten Bereich zugehörige Kontextmenü aus. Hat der Anwender z. B. in ein Eingabefeld geklickt, könnte die Findung das zugehörige »Eingabefeld-Menü« zurückliefern. Die Findung des Kontextmenüs erfolgt entweder statisch über die Eigenschaften der UI-Elemente oder dynamisch in der Methode `wddooncontextmenu( )` (siehe Abschnitt 10.2.3, »Zuweisung eines Kontextmenüs«).

> **Entwicklung allgemeiner Menüs**
>
> Die in diesem Abschnitt beschriebenen Menüelemente sowie deren Klassen und Methoden können auch für die Entwicklung »normaler« Menüs verwendet werden, z. B. in einer Toolbar oder im `PageHeader`, der in Abschnitt 3.2.6 erläutert wird.

10.2.1 Standardkontextmenü

Web Dynpro stellt Ihnen bereits standardmäßig einen Satz praktischer Kontextmenüeinträge zur Verfügung. Dieses Menü wird *Systemmenü* genannt. Je nach angeklicktem View-Bereich bietet Ihnen das Systemmenü unterschiedliche Einträge zur Auswahl an. In Abbildung 10.5 ist z. B. das Systemmenü eines Eingabefeldes aus Kapitel 2, »Web-Dynpro-Architektur«, abgebildet.

Systemmenü

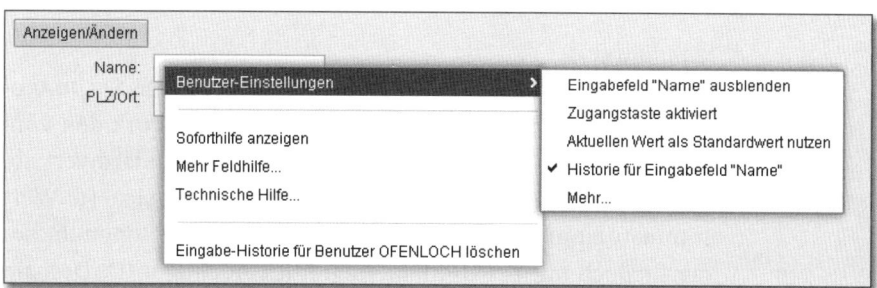

Abbildung 10.5 Systemmenü eines Eingabefeldes

Betrachten Sie die einzelnen Punkte des Systemmenüs im Detail:

Standardmenükomponenten

▸ **Benutzereinstellungen**
Unter diesem Menüpunkt können Sie benutzerspezifische Einstellungen am User Interface vornehmen.

▸ *Sichtbarkeit*
Durch einen Klick auf EINGABEFELD »NAME« AUSBLENDEN können Sie das Eingabefeld NAME inklusive dessen Beschriftung ausblenden. Über den anschließend im Kontextmenü vorhandenen Eintrag UNSICHTBARE ELEMENTE können Sie die ausgeblendeten UI-Elemente wieder einblenden.

▸ *Zugangstasten*
Zugangstasten ermöglichen den schnellen Sprung zu UI-Elementen über die Tastatur. Ist eine Zugangstaste aktiviert, können Sie durch Drücken der Tastenkombination [Alt] + [erster Buchstabe der Feldbeschriftung] den Fokus direkt in das jeweilige Feld setzen. Existieren mehrere Felder mit dem gleichen Anfangsbuchstaben, können Sie durch mehrmaliges Drücken der Tastenkombination zwischen den Feldern springen. Durch Drücken der [Alt]-Taste können Sie sich die aktiven Zugangstasten anzeigen lassen. Web Dynpro unterstreicht dazu das erste Zeichen eines Feldes mit aktiver Zugangstaste.

> **Zugangstasten aktivieren**
>
> Standardmäßig sind die Zugangstasten im Layout-Editor deaktiviert. Über die UI-Element-Eigenschaft `activateAccessKey` können Sie die Zugangstasten-Funktion für ein UI-Element im View Designer aktivieren. Darüber hinaus kann jeder Benutzer über das Kontextmenü des jeweiligen UI-Elements Einstellungen vornehmen. Doch Vorsicht: Aufgrund von Browser-Beschränkungen ist nicht jeder Buchstabe für die Verwendung von Zugangstasten geeignet!

- *Standardwerte*
  Nach der Auswahl des Eintrags AKTUELLEN WERT ALS STANDARDWERT NUTZEN speichert das Web-Dynpro-Framework den vom Benutzer in das Feld eingegebenen Wert als Standardwert ab. Bei der Initialisierung des Views wird der abgespeicherte Wert automatisch in das Feld eingetragen. Diese Einstellung funktioniert jedoch nur bei UI-Elementen mit eindeutiger ID. Deshalb können Sie die Standardwert-Funktion nicht in Verbindung mit den Elementen `RowRepeater` und `MultiPane` verwenden.

- *Historie*
  Durch die Auswahl des Ankreuzfeldes HISTORIE FÜR EINGABEFELD »<…>« können Sie einmal vorgenommene Eingaben dauerhaft zur Wiederverwendung speichern. Diese Funktion steht nur zur Verfügung, wenn der Anwendungsparameter `WDENABLEFIELDHISTORY` gesetzt ist und der Modus der Barrierefreiheit deaktiviert ist.

- *Mehr*
  Durch die Auswahl von MEHR werden alle verfügbaren Einstellungen zum jeweiligen Feld und allen unsichtbaren UI-Elementen in einem Pop-up-Fenster angezeigt.

- **Hilfetexte**
  Über den Menüpunkt SOFORTHILFE ANZEIGEN können Sie die Soforthilfe zu einem UI-Element ein- und ausblenden. Damit diese Funktion ihre Wirkung zeigen kann, muss vorab die Eigenschaft `explanation` des entsprechenden UI-Elements gepflegt worden sein.

- **Feldhilfe**
  Der Menüpunkt MEHR FELDHILFE ermöglicht den Aufruf der Feldhilfe (auch bekannt als F1-Hilfe).

- **Technische Hilfe**
  Die TECHNISCHE HILFE ist vor allem bei der Analyse unbekannter User Interfaces eine große Hilfe. Nach dem Klick auf den Menüpunkt öffnet sich ein Pop-up-Fenster mit mehreren Registerkarten voller technischer Details. In Abbildung 10.6 sehen Sie dazu ein Beispiel.

- **Löschen der Feld-Historie**
  Durch die Auswahl des Menüpunkts EINGABE-HISTORIE FÜR BENUTZER <…> LÖSCHEN kann die Historie der eingegebenen Werte für das aktuelle Feld gelöscht werden.

Abbildung 10.6 Kontextmenüeintrag »Technische Hilfe«

10.2.2 Kontextmenü anlegen

Das Anlegen eigener Kontextmenüs gestaltet sich einfach – sowohl statisch im View Designer als auch dynamisch während der Laufzeit im Coding. Sie haben die Auswahl zwischen den folgenden Menüelementen:

- Menu: Das Menu-Element ist die Wurzel jedes Kontextmenüs und kann als einziges Element direkt unter dem Wurzelknoten CONTEXT_MENUS eingefügt werden. Darunter dient es als Container für eine beliebige Anzahl von Kind-Kontextmenüelementen. Somit können Sie mit dem Menu eine hierarchische Menüstruktur umsetzen.

- `MenuActionItem`: Dieses UI-Element stellt einen konkreten Menüeintrag dar. Beim Klick auf ein `MenuActionItem`-Element wird eine Aktion im View ausgeführt.
- `MenuCheckBox`: Dieses UI-Element stellt ein Ankreuzfeld zur Verfügung. Dazu muss seine Eigenschaft `checked` gegen ein boolesches Attribut gebunden werden.
- `MenuRadioButton`: Dieses UI-Element stellt ein Auswahlfeld zur Verfügung. Die Eigenschaft `selectedKey` muss gegen ein Attribut gebunden werden.
- `MenuSeparator`: Dieses UI-Element bietet eine Trennlinie zur Abtrennung von Kontextmenüeinträgen.
- `MultiMenuActionItem`: Dieses UI-Element ist nahezu identisch mit dem Element `MenuActionItem`. Im Unterschied zu diesem besitzt es die obligatorische Eigenschaft `dataSource`. Nach dem Binden der Eigenschaft an einen Context-Knoten werden zur Laufzeit alle darin enthaltenen Context-Elemente als separater Menüeintrag angezeigt.

Leider können Sie die Menüpunkte des Kontextmenüs nicht wie UI-Elemente aus einer Toolbar in den View ziehen. So müssen Sie das neue Menü durch das Kontextmenü in der Elementhierarchie des View Designers zusammenklicken.

Kontextmenü statisch anlegen

Statische Kontextmenüs können Sie im View Designer, ähnlich wie normale UI-Elemente, in der Elementhierarchie des Views anlegen. Klicken Sie dazu auf der Registerkarte LAYOUT mit der rechten Maustaste auf die Kontextmenüwurzel `CONTEXT_MENUS`, und wählen Sie KONTEXTMENÜ ANLEGEN aus. In einem Pop-up-Fenster werden Sie nun nach einem eindeutigen Menübezeichner gefragt. Anschließend können Sie die Menüstruktur mit den bereits vorgestellten Menüelementen nach Ihren persönlichen Vorlieben gestalten.

Beispiel Abbildung 10.7 zeigt Ihnen als Beispiel das statisch angelegte Kontextmenü `TIME_MENU`. Dieses besteht aus einem Ankreuzfeld `ROUND_TIME` und einem Unterknoten `DEFAULT_VALUE` zur Auswahl der im Eingabefeld `IF_TIME` zu verwendenden Standarduhrzeit. Unterhalb des Knotens `DEFAULT_TIME` befinden sich die Kontextmenüauswahlfelder zur Auswahl der Standarduhrzeit. Abbildung 10.8 zeigt das Ergebnis zur Laufzeit.

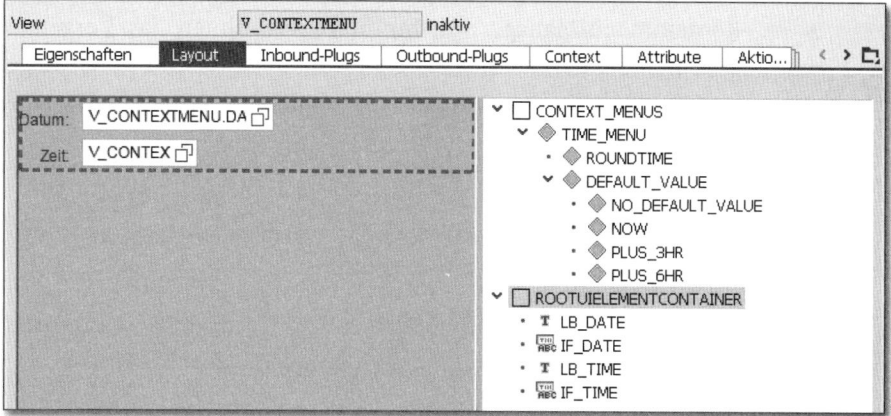

Abbildung 10.7 Struktur eines Kontextmenüs zur Designzeit

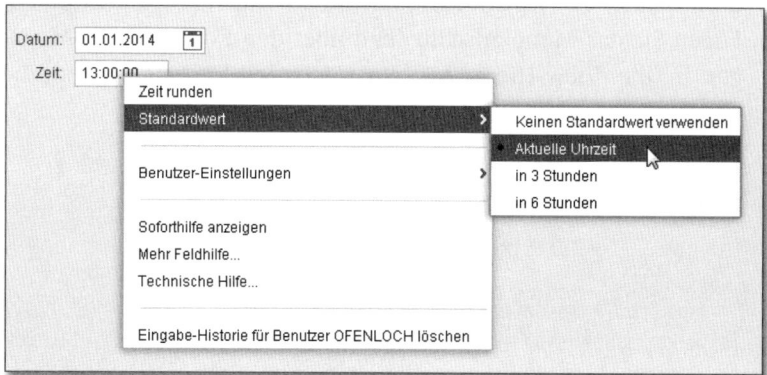

Abbildung 10.8 Struktur eines Kontextmenüs zur Laufzeit

Kontextmenü dynamisch erzeugen

Durch die dynamische Erzeugung eines Kontextmenüs während der Laufzeit sichern Sie sich größtmögliche Flexibilität. So bietet sich die dynamische Erzeugung z. B. an, wenn Sie Menüpunkte auf Basis eines Customizings erzeugen oder wenn Sie Kontextmenüs für alle Views und Components Ihrer Architektur zentral in einer Klasse erzeugen möchten. Zur dynamischen Erzeugung eines Kontextmenüs gehen Sie wie folgt vor:

1. Öffnen Sie den View, in dem Sie ein Kontextmenü erzeugen möchten. Wechseln Sie anschließend zur Methode wddomodifyview( ).

2. Besorgen Sie sich vom View-Controller VIEW eine Referenz auf den Kontextmenü-Manager. Listing 10.8 zeigt Ihnen das Vorgehen. Beachten Sie bereits hier, dass Sie das Kontextmenü in der Regel nur einmal beim ersten Aufruf der Methode erzeugen müssen.

```
DATA lo_menu_manager TYPE REF TO if_wd_context_menu_manager.
IF first_time EQ abap_true.
  lo_menu_manager =
    view->if_wd_view_controller~get_context_menu_manager( ).
  " Hier wird das Kontextmenü erzeugt ...
  "...
ENDIF.
```

Listing 10.8 Referenz des Kontextmenü-Managers lesen

3. Erzeugen Sie das Kontextmenü. Die ID des in diesem Schritt erzeugten Menüelements dient in der später folgenden Menü-Findungsphase als Identifikationsschlüssel für das Kontextmenü. Fügen Sie das Menü anschließend über den Kontextmenü-Manager in die View-Hierarchie ein. Listing 10.9 zeigt Ihnen die Lösung.

```
DATA lo_date_menu TYPE REF TO cl_wd_menu.
CALL METHOD cl_wd_menu=>new_menu
  EXPORTING
    id      = 'DATE_MENU'
  RECEIVING
    control = lo_date_menu.
lo_menu_manager->add_context_menu( lo_date_menu ).
```

Listing 10.9 Erzeugung eines neuen Kontextmenüs

4. Nach der Erzeugung des Kontextmenüs können Sie dieses um eine beliebige Zahl von Menüpunkten anreichern. Sie gehen dabei ähnlich wie im zuvor erläuterten Schritt vor. Erzeugen Sie einen neuen Menüpunkt, und fügen Sie diesen anschließend in die Menühierarchie (nicht in die View-Hierarchie!) ein. Durch die Erzeugung eines weiteren Elements vom Typ CL_WD_MENU können Sie eine hierarchische Struktur abbilden.

Listing 10.10 zeigt Ihnen ein Beispiel für die Erzeugung eines Ankreuzfeldes. Dieses wird im Context des Views direkt unter dem Wurzelknoten an das Attribut USE_WORKING_DAYS gebunden. Wählt der Endanwender den Eintrag im Menü aus, berechnet die

Aktion `CALC_DATE` das Datum des zugehörigen Eingabefeldes neu. Zuletzt wird das Ankreuzfeld mithilfe der Methode `add_item ( <Menüelement> )` zum Kontextmenü hinzugefügt.

```
DATA lo_menu_checkbox TYPE REF TO cl_wd_menu_checkbox.
CALL METHOD cl_wd_menu_checkbox=>new_menu_checkbox
  EXPORTING
    bind_checked = 'USE_WORKING_DAYS'
    id           = 'WORKING_DAYS'
    on_toggle    = 'CALC_DATE'
    text         = 'Nur Werktage verwenden'
  RECEIVING
    control      = lo_menu_checkbox.
lo_date_menu->add_item( lo_menu_checkbox ).
```

Listing 10.10 Erzeugung eines Ankreuzfeldes

Damit ist das Anlegen des Kontextmenüs abgeschlossen. Zur Verwendung muss das Kontextmenü jedoch noch Bereichen des Views zugeordnet werden (siehe Abschnitt 10.2.3, »Zuweisung eines Kontextmenüs«). Tabelle 10.1 listet die Klassen und deren wichtigste Methoden für die dynamische Programmierung von Kontextmenüs auf. Alle Elemente des Kontextmenüs erben von der Klasse `CL_WD_MENU_ITEM`.

Wichtige Klassen und Methoden

Klasse	Beschreibung
CL_WD_MENU	Menü-Knotenelement. Die Methode `new_menu( )` erzeugt eine Instanz. Mögliche Parameter: ▸ id: eindeutiger Bezeichner ▸ title: Beschriftung des Menüs Methode `add_item( )` ermöglicht das Hinzufügen beliebiger Menü-Kindelemente.
CL_WD_MENU_ACTION_ITEM	Menüeintrag. Startet Aktionen im View. Die Methode `new_menu_action_item( )` erzeugt eine Instanz. Mögliche Parameter: ▸ id: eindeutiger Bezeichner ▸ text: Beschriftung des Menüeintrags ▸ on_action: Name der aufzurufenden Aktion

Tabelle 10.1 Klassen und wichtige Methoden des Kontextmenüs

Klasse	Beschreibung
CL_WD_MENU_CHECKBOX	Ankreuzfeld. Die Methode new_menu_checkbox( ) erzeugt eine Instanz. Mögliche Parameter: ▸ id: eindeutiger Bezeichner ▸ text: Beschriftung des Ankreuzfeldes ▸ bind_checked: Ankreuzfeld gebunden an <Context-Attribut-Pfad> ▸ on_toggle: Name der Aktion bei Auswahl
CL_WD_MENU_RADIOBUTTON	Auswahlfeld. Die Methode new_menu_radiobutton( ) erzeugt eine Instanz. Mögliche Parameter: ▸ id: eindeutiger Bezeichner ▸ text: Beschriftung des Auswahlfeldes ▸ bind_selected_key: Auswahlfeld gebunden an <Context-Attribut-Pfad> ▸ key_to_select: Wert des Context-Attributs bei Auswahl ▸ on_select: Name der Aktion bei Auswahl
CL_WD_MENU_SEPARATOR	Trennlinie. Die Methode new_menu_separator( ) erzeugt eine Instanz. Möglicher Parameter: ▸ id: eindeutiger Bezeichner der Trennlinie
CL_WD_MULTI_MENU_ACTION_ITEM	Menüeintrag, vergleichbar mit dem MenuActionItem. Für die Definition von Menüpunkten muss die Eigenschaft dataSource an einen Context-Knoten gebunden werden. Die Context-Elemente werden dabei als einzelne Menüpunkte verwendet.

Tabelle 10.1 Klassen und wichtige Methoden des Kontextmenüs (Forts.)

10.2.3 Zuweisung eines Kontextmenüs

Die Zuweisung von Kontextmenüs zu UI-Elementen kann sowohl statisch im View Designer als auch dynamisch über die Methode wddooncontextmenu( ) erfolgen. Im Unterschied zur statischen Variante bietet Ihnen die dynamische Variante eine deutlich größere Flexibilität.

Statische Zuweisung von Kontextmenüs

Die statische Zuweisung eines Kontextmenüs erfolgt im View Designer über die UI-Element-Eigenschaft contextMenuId. Über die Eigenschaft contextMenuBehaviour können Sie die Vererbungseigenschaften des UI-Elements einstellen. Durch die Auswahl von provide wird der in contextMenuId eingetragene Wert übernommen. Handelt es sich bei dem Element um einen Container, ist das Menü bei Klicks innerhalb des gesamten Container-Bereichs verfügbar. Wählen Sie inherit aus, gilt das in einem übergeordneten Knoten definierte Kontextmenü. Bei der Auswahl von suppress wird kein Kontextmenü erzeugt. In Abbildung 10.9 wurde für ein Eingabefeld IF_TIME das Kontextmenü TIME_MENU statisch zugewiesen.

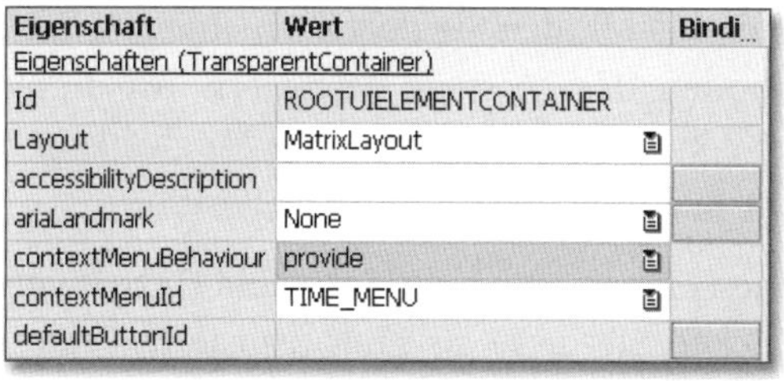

Eigenschaft	Wert	Bindi...
Eigenschaften (TransparentContainer)		
Id	ROOTUIELEMENTCONTAINER	
Layout	MatrixLayout	
accessibilityDescription		
ariaLandmark	None	
contextMenuBehaviour	provide	
contextMenuId	TIME_MENU	
defaultButtonId		

Abbildung 10.9 Im View Designer zugewiesenes Kontextmenü

Dynamische Zuweisung von Kontextmenüs

Die dynamische Zuweisung eines Kontextmenüs erfolgt in der Methode wddooncontextmenu( ). Dazu können Sie die ID des angeklickten UI-Elements über context_menu_event->originator ->id auslesen. Anschließend können Sie das Kontextmenü über die Methode context_menu_manager->get_context_menu( ) auslesen und dem Rückgabeparameter MENU direkt mitgeben (siehe Listing 10.11).

```
CASE context_menu_event->originator->id.
  WHEN 'IF_DATE'.
    menu =
      context_menu_manager->get_context_menu( 'DATE_MENU' ).
  ...
ENDCASE.
```

Listing 10.11 Beispielmethode wddooncontextmenu( )

10.3 Fokus-Handling

Vor allem bei der Fehlerbehandlung kommt es vor, dass Sie den Cursor in einer Web-Dynpro-Anwendung gezielt auf ein Eingabefeld setzen möchten. Aber auch in anderen Standardsituationen, wie etwa beim Öffnen eines User Interfaces oder nach der Ausführung einer bestimmten Aktion, kann es für den Endanwender hilfreich sein, wenn der Cursor gezielt auf ein bestimmtes Eingabefeld im User Interface gesetzt wird. Dies wird im Rahmen des sogenannten *Fokus-Handlings* in diesem Abschnitt besprochen. Ein weiteres im Rahmen des Fokus-Handlings behandeltes Thema ist das *Scrollen* zu einem bestimmten UI-Element innerhalb eines Views.

10.3.1 Cursor-Beeinflussung über Meldungen

Bereits in Abschnitt 2.3.3, »Nachrichten – Message Manager und Message Area«, wurde die Ausgabe von Meldungen mithilfe des Message Managers behandelt. So finden Sie dort auch eine tabellarische Übersicht der Methoden des Message Managers. An dieser Stelle geben wir Ihnen eine kurze Übersicht über die Möglichkeiten des Message Managers zur Beeinflussung der Cursor-Position.

Beispiel Abbildung 10.10 zeigt Ihnen eine mit einem Eingabefeld DATUM verlinkte Fehlermeldung. Klicken Sie diese als Link realisierte Fehlermeldung an, springt der Cursor direkt in das Eingabefeld DATUM, und die Meldung wird nochmals direkt unterhalb des Eingabefeldes angezeigt. Nach der Eingabe und der erneuten Prüfung verschwindet die Fehlermeldung.

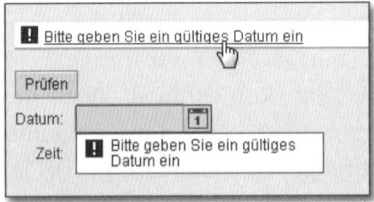

Abbildung 10.10 Mit einem Eingabefeld verlinkte Fehlermeldung

Erzeugung von Attributmeldungen Zur Erzeugung einer Attributfehlermeldung mit Eingabefeldverlinkung stehen Ihnen die Methoden `report_attribute_error_message( )`, `report_attribute_exception( )`, `report_attribute_message( )` und `report_attribute_t100_message( )` des Message-

Manager-Interfaces `IF_WD_MESSAGE_MANAGER` zur Verfügung. Listing 10.12 zeigt Ihnen, wie Sie eine Attributfehlermeldung innerhalb eines Views erzeugen können.

```
DATA: lo_api_controller TYPE REF TO if_wd_controller,
      lo_msg_manager    TYPE REF TO if_wd_message_manager,
      lo_root_element   TYPE REF TO if_wd_context_element.
lo_api_controller ?= wd_this->wd_get_api( ).
CALL METHOD lo_api_controller->get_message_manager
  RECEIVING
    message_manager = lo_msg_manager.
lo_root_element = wd_context->get_element( ).
CALL METHOD lo_msg_manager->report_attribute_error_message
  EXPORTING
    message_text   = 'Bitte geben Sie ein gültiges Datum ein'
    element        = lo_root_element
    attribute_name = 'DATE'.
```

Listing 10.12 Erzeugung einer verlinkten Fehlermeldung

10.3.2 Gezieltes Setzen des Cursors auf ein UI-Element

Möchten Sie den Cursor unabhängig von Meldungen setzen, müssen Sie auf die View-Schnittstelle `IF_WD_VIEW` zurückgreifen. Mithilfe der Schnittstellenmethode `request_focus_on_view_elem( )` können Sie den Cursor gezielt auf ein UI-Element des Views setzen. Listing 10.13 gibt Ihnen dazu ein Beispiel. Bereits vorab wurde eine Referenz auf den View vom Typ `IF_WD_VIEW` in Methode `wddomodifyview( )` abgegriffen und als View-Attribut `GO_VIEW` im View-Controller abgelegt. Innerhalb des Listings wird zuerst eine Referenz auf das später den Cursor tragende UI-Element gelesen. Anschließend wird der Cursor über die Methode `request_focus_on_view_elem( )` auf das UI-Element gesetzt.

request_focus_on_view_elem( )

```
DATA lo_view_element TYPE REF TO if_wd_view_element.
CALL METHOD wd_this->go_view->get_element
  EXPORTING
    id      = 'IF_TIME'
  RECEIVING
    element = lo_view_element.
CALL METHOD wd_this->go_view->request_focus_on_view_elem
  EXPORTING
    view_element = lo_view_element.
```

Listing 10.13 Fokus auf UI-Element IF_TIME setzen

10.3.3 Gezieltes Setzen des Cursors auf ein Context-Element-Attribut

if_wd_view_controller~request_focus()

Möchten Sie den Cursor auf ein bestimmtes Attribut eines bestimmten Context-Elements setzen, z. B. auf die Spalte LANDX oder auf Zeile 20 einer auf dem Knoten T005T basierenden Tabelle, bietet sich die Verwendung der View-Schnittstellenmethode if_wd_view_controller~request_focus( ) an. Listing 10.14 gibt Ihnen dazu ein Beispiel. Bereits vorab wurde eine Referenz auf den View vom Typ IF_WD_VIEW in Methode wddomodifyview( ) abgegriffen und als View-Attribut GO_VIEW im View-Controller abgelegt. Innerhalb des Listings wird zuerst das zwanzigste Context-Element des Knotens T005T ermittelt. Anschließend wird die Methode if_wd_view_controller~request_focus( ) aufgerufen und das Context-Element übergeben. Durch den Parameter ATTRIBUTE wird der Cursor in die gleichnamige Spalte gesetzt. Beachten Sie dabei, dass dieses Coding nicht zu der entsprechenden Elementposition in der Tabelle scrollt.

```
DATA lo_context_element TYPE REF TO if_wd_context_element.
lo_context_element =
  wd_context->get_child_node( 'T005T' )->get_element( 20 ).
CALL METHOD
  wd_this->go_view->if_wd_view_controller~request_focus
  EXPORTING
    context_element = lo_context_element
    attribute       = 'LANDX'.
```

Listing 10.14 Fokus auf Element Nr. 20 des Knotens T005T setzen

10.3.4 Gezieltes Scrollen zu einem UI-Element

scroll_into_view()

Bei seitenfüllenden Web-Dynpro-Anwendungen mit zahlreichen UI-Elementen kann es durchaus sinnvoll sein, dass Sie den Browser in bestimmten Situationen gezielt zu einem UI-Element innerhalb Ihrer Views scrollen lassen. Dazu können Sie auf die View-Schnittstelle IF_VIEW zurückgreifen. Mithilfe der Schnittstellenmethode scroll_into_view( ) können Sie den Browser gezielt zu einem UI-Element innerhalb des aktuellen Views scrollen lassen. Listing 10.15 zeigt Ihnen dazu ein Beispiel.

```
DATA lo_view_element TYPE REF TO if_wd_view_element.
CALL METHOD wd_this->go_view->get_element
  EXPORTING
    id       = 'IF_TIME'
  RECEIVING
```

```
   element = lo_view_element.
CALL METHOD wd_this->go_view->scroll_into_view
  EXPORTING
    view_element = lo_view_element.
```

Listing 10.15 Zu einem bestimmten UI-Element scrollen

Über den optionalen Parameter `CONTEXT_ELEMENT` können Sie zusätzlich ein Ziel-Context-Element für das Scrolling angeben, sofern das Context-Element zurzeit sichtbar ist.

10.4 Nachrichten und Internationalisierung

Die Internationalisierung von Web-Dynpro-Anwendungen betrifft den Aspekt der Darstellung von Texten in einer passenden Zielsprache, im Allgemeinen die Anmeldesprache des Benutzers. Texte können dem Benutzer auf viele unterschiedliche Arten angezeigt werden, wie z. B. als `Label`, als Auswahlmöglichkeit in einem `DropDown` oder als Nachrichten. Der Weg zur Internationalisierung besteht darin, jedes sprachenrelevante Literal in der Web-Dynpro-Anwendung so zu definieren, dass es übersetzbar wird. Durch die Anmeldung eines Benutzers wird festgelegt, welche Anmeldesprache verwendet wird und somit welche Sprache zur Anzeige verwendet werden soll.

Übersetzbarkeit

Bis zu diesem Abschnitt haben wir die Definition übersetzungsrelevanter Texte nicht diskutiert, jedoch sind Ihnen bereits einige Stellen begegnet, an denen diese relevant gewesen wäre. Zur Definition übersetzbarer Texte stehen unterschiedliche Techniken zur Verfügung:

Techniken für Internationalisierung

- Texte im ABAP Dictionary
- Online Text Repository (OTR)
- Textsymbole in ABAP-Klassen

Diese Texte werden dem Benutzer im User Interface oder als Nachrichten angezeigt. Als Nachrichtenquellen stehen für die Ausgabe von Nachrichten noch weitere Möglichkeiten zur Verfügung:

Nachrichtenausgabe

- Nachrichten aus Tabelle `T100`, d. h. der Tabelle der übersetzungsrelevanten Meldungen
- Assistenzklasse zur Web-Dynpro-Anwendung
- Nachrichten aus Ausnahmeklassen

Im Folgenden werden wir uns die Möglichkeiten ansehen, Texte zu internationalisieren. Dabei beginnen wir mit dem ABAP Dictionary, besprechen dann das Online Text Repository und werden die Verwendung der Assistenzklasse genauer beleuchten. Ein zweiter Schwerpunkt neben den Texten ist die Ausgabe von Nachrichten an den Benutzer. Auch dazu werden Sie die grundlegenden Techniken und Verwendungen kennenlernen.

10.4.1 Texte aus dem ABAP Dictionary

Feldbezeichner

Im ABAP Dictionary können Texte zu Datenelementen definiert werden. Diese werden *Feldbezeichner* genannt und liegen in vier unterschiedlichen Längen vor: kurz, mittel, lang und Überschrift. In Abbildung 10.11 sehen Sie z. B. die Feldbezeichner zum Datenelement SEOCLSNAME. Mithilfe von Transaktion SE63 können die Textsymbole in die gewünschten Zielsprachen übersetzt werden.

Datenelement	SEOCLSNAME		
Kurzbeschreibung	Objekttypname		
Eigenschaften	Datentyp	Zusatzeigenschaften	**Feldbezeichner**
	Länge	Feldbezeichner	
kurz	10	Objekttyp	
mittel	15	Objekttypname	
lang	20	Klasse/Interface	
Überschrift	30	Objekttypname	

Abbildung 10.11 Feldbezeichner zu einem Datenelement

Verwendung der Feldbezeichner im User Interface

Um diese Texte in einem View einzusetzen, wird bei der Anlage von Label-, Caption- und TableColumn-Elementen ein Bezug zu einem anderen View-Element hergestellt, das Dateneingaben erlaubt oder Datendarstellungen durchführt. Zum Beispiel kann das UI-Element Label durch die Eigenschaft labelFor einen Bezug zu einem UI-Element InputElement herstellen. Dieses andere View-Element hat über Data Binding einen Bezug zu einem Context-Attribut. Sofern dieses mit einem ABAP-Dictionary-Datenelement typisiert wurde, wird der Feldbezeichner mit der mittleren Länge als Bezeichnertext verwendet. Für unser Beispiel bedeutet das, dass der mittlere Feldbezeichner als Wert des Label-Elements herangezogen wird.

Explizite Vorgabe

Neben dieser aus Sicht von Label, Caption und TableColumn indirekten Verwendung von Texten der Datenelemente können Datenelemente auch direkt referenziert werden. Dies geschieht über den Button neben der Eigenschaft zu einem View-Element. Diesen Button kennen Sie bereits aus der Definition des Data Bindings auf Context-Knoten oder Context-Attribute. Über ihn öffnen Sie die Sicht auf den Context. Hier wählen Sie aber nicht einen Knoten oder ein Attribut wie bisher, sondern klicken auf den Button DDIC-BINDUNG AN/AUS. Dadurch haben Sie die Möglichkeit, den Namen eines Datenelements explizit vorzugeben und die für Sie passende Textlänge auszuwählen und dadurch die Auswahl des Textes zu definieren. Ein erneuter Klick auf den Button DDIC-BINDUNG AN/AUS entfernt die Definition wieder.

Eine weitere Alternative der Verwendung von Texten aus dem ABAP Dictionary bieten Zugriffsklassen auf die ABAP-Dictionary-Definitionen. Zum Beispiel bieten die RTTI-Klassen Methoden, um Texte zu DDIC-Definitionen zu ermitteln. Eine weitere Klasse, die zum Lesen von DDIC-Texten verwendet werden kann, ist `CL_TEXT_IDENTIFIER`.

RTTI-Klassen und CL_TEXT_IDENTIFIER

10.4.2 Texte aus dem Online Text Repository

Das Online Text Repository ist eine zentrale Ablage für Texte, die unabhängig vom Web-Dynpro-Framework ist und Dienste für die Bearbeitung und Verwaltung übersetzungsrelevanter Texte zur Verfügung stellt. Es unterscheidet zwischen kurzen Texten von bis zu 255 Zeichen Länge und Texten beliebiger Länge. Jeder Text wird nur einmal pro Paket abgelegt. Allgemeine, häufig vorkommende Texte befinden sich im OTR-Grundwortschatz und können paketübergreifend eingesetzt werden.

OTR-Kurztexte

Intern werden die Texte durch eindeutige Nummern identifiziert. Eine Nummer kennzeichnet ein sogenanntes *Konzept*, zu dem nicht nur weitere Schreibweisen eines Textes (wie Abkürzungen und Längenvarianten) gehören, sondern auch seine Übersetzungen sowie gegebenenfalls seine lokalisierungsspezifischen (branchen-, länder-, kundenspezifischen) Ausprägungen.

Um eigene OTR-Kurztexte – auch *OTR-Aliastexte* genannt – in einer Web-Dynpro-Anwendung einsetzen zu können, müssen diese angelegt werden. Dafür verwenden Sie den Browser des Online Text Repositorys. Diesen Browser finden Sie im Menü unter SPRINGEN • ONLINE TEXT REPOSITORY BROWSER, sofern Sie sich in der Anzeige oder der Bearbeitung eines Controllers, eines Views oder eines

OTR-Kurztexte anlegen

Windows befinden. Falls Sie sich im Anzeigemodus befinden, werden nur die Inhalte des OTR angeboten, ohne die Möglichkeit, neue OTR-Aliastexte anzulegen.

Aufbau des Browsers

Im Online Text Repository Browser werden OTR-Aliastexte nach Paketen gruppiert. Das Standardpaket für Texte ist SOTR_VOCABULARY_BASIC (siehe Abbildung 10.12), darin werden gebräuchliche Texte von SAP ausgeliefert. Benötigen Sie noch eigene Texte, müssen Sie diese OTR-Aliastexte anlegen. Die Funktionen dafür stehen in der Buttonleiste zur Verfügung. Bei der Anlage muss der ALIASNAME für den OTR-Aliastext festgelegt werden. Dieser besteht aus dem Paket, in dem der Text abgelegt wird, und einem Identifikator, z. B. wurde der Text abstrakt unter dem Aliasnamen $TMP/ABSTRAKT im Paket $TMP definiert.

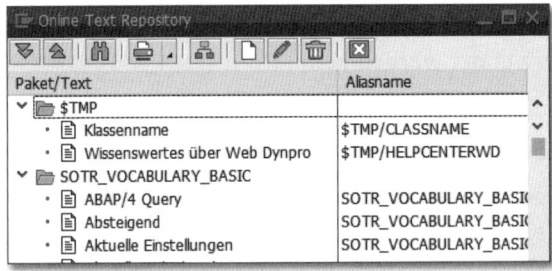

Abbildung 10.12 Online Text Repository Browser

Weitere Funktionen, die der Online Text Repository Browser anbietet, sind die Suche nach bereits angelegten Texten, die Übersetzung von Texten und der Verwendungsnachweis von Texten. Als Alternative zur Anlage von OTR-Aliastexten können Sie Transaktion SOTR_EDIT verwenden.

Vorwärtsnavigation

Befinden Sie sich in der Definition eines View-Elements, bietet sich noch eine andere Möglichkeit zur Anlage von OTR-Aliastexten an. Über die Vorwärtsnavigation aus der Eigenschaft eines View-Elements können diese direkt angelegt werden (siehe Abbildung 10.13).

Anlage durch Vorwärtsnavigation

Für ein Label-Element wird der Anzeigetext über die Eigenschaft text definiert ❶. Hier können Sie entweder auf bereits definierte OTR-Aliastexte über die Wertehilfe zurückgreifen oder neue Texte anlegen. Zur Anlage geben Sie den Namen des OTR-Aliastextes ein, der dem generischen Namensaufbau $OTR:<Paket>/<Alias> entsprechen muss. In unserem Beispiel lautet der Name $OTR:$TMP/

NAMECLASS. Durch die Bestätigung mit der ⏎-Taste wird ein Zwischendialog für die Bestätigung der Anlage des OTR-Aliastextes geöffnet ❷. Da der Aliastext neu angelegt werden soll, bestätigen Sie dies mit JA.

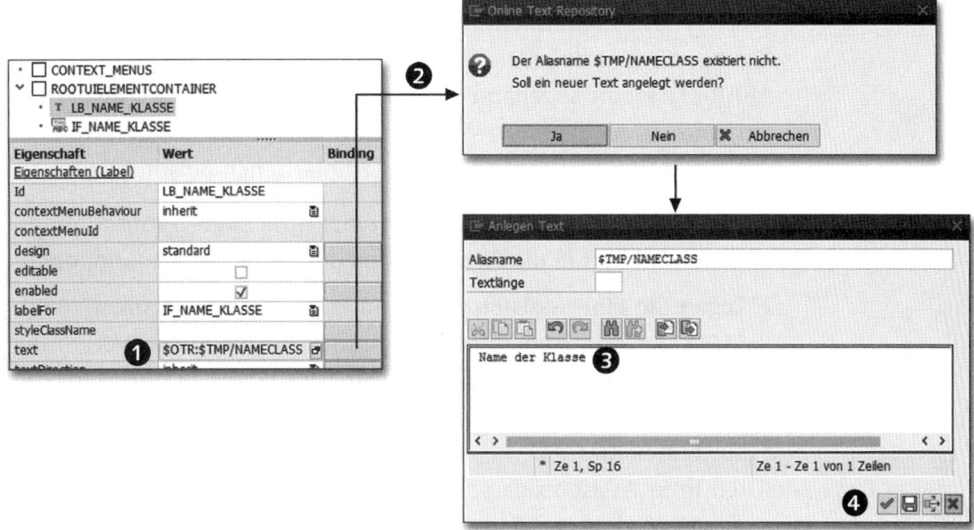

Abbildung 10.13 Anlegen eines OTR-Aliastextes durch Vorwärtsnavigation

Danach öffnet sich das Fenster zur Anlage des OTR-Aliastextes. Der Name des Aliastextes wurde bereits aus den Eigenschaften übernommen. Die Textlänge wird aus der Eingabe im Texteditor errechnet, kann aber manuell geändert werden, um z. B. mehr Zeichen für Übersetzungen zur Verfügung zu haben. Nachdem Sie den Text für den OTR-Aliastext eingegeben haben ❸, bestätigen Sie Ihre Eingabe über den WEITER-Button ❹ und haben damit den Anlegevorgang abgeschlossen. Der angelegte OTR-Aliastext kann nun an beliebigen Stellen in Ihrer Web-Dynpro-Anwendung wiederverwendet werden.

Pflege des OTR-Aliastextes

Der Zugriff auf OTR-Aliastexte kann auch durch eine Implementierung erfolgen. Dazu verwenden Sie die Methode `get_otr_text_by_alias( )` aus der ABAP-Klasse `CL_WD_UTILITIES`, um sprachenabhängig über den OTR-Alias auf den Text zuzugreifen (siehe Listing 10.16).

Lesezugriff auf das Online Text Repository

```
DATA: ld_otr_alias_text TYPE string.
ld_otr_alias_text = cl_wd_utilities=>get_otr_text_by_alias(
    alias    = '$TMP/NAMECLASS'
    language = sy-langu ).
```

Listing 10.16 Implementierung des Lesezugriffs auf einen OTR-Aliastext

10.4.3 Texte aus der Assistenzklasse

Assistenzklasse

Von der Programmierung ausführbarer Programme und Modul-Pools ist Ihnen bekannt, dass sogenannte *Textsymbole*, die in einem Text-Pool zusammengefasst werden, zu diesen Programmen definiert werden können. Diese Technik steht nicht unmittelbar für die Web-Dynpro-Component und Web-Dynpro-Anwendungen zur Verfügung. Es wurde aber ein Mechanismus geschaffen, über eine ABAP-Klasse, die sogenannte *Assistenzklasse*, Textsymbole zu definieren und diese in einer Web-Dynpro-Component zu verwenden. Sehen wir uns dies anhand eines exemplarischen Beispiels an.

1. Wechseln Sie in die Bearbeitung einer Ihrer Web-Dynpro-Components und dort in die Eigenschaften der Web-Dynpro-Component.

2. Legen Sie eine Assistenzklasse an, z. B. mit dem Namen ZCL_10_ASSISTANCE. In Abbildung 10.14 sehen Sie die Klassenvererbung, die sich aufgrund der Anlage der Assistenzklasse ergibt. Durch die Anlage der Assistenzklasse wird vom System eine Vererbung der abstrakten Klasse CL_WD_COMPONENT_ASSISTANCE in den Eigenschaften Ihrer Assistenzklasse eingetragen. Die abstrakte Klasse implementiert das Interface IF_WD_COMPONENT_ASSISTANCE, das die Methode get_text() zum Auslesen der Texte beinhaltet und damit den implementierenden und deren Unterklassen zur Verfügung stellt.

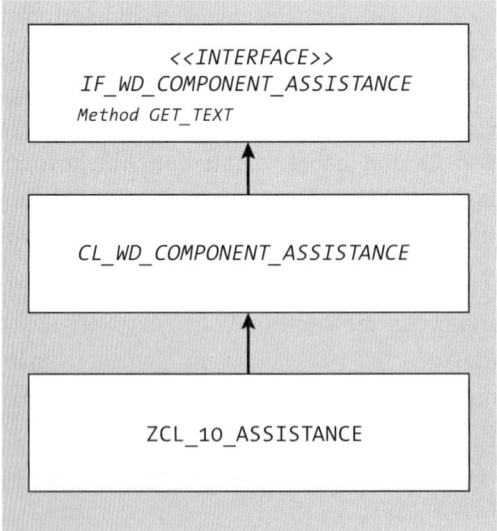

Abbildung 10.14 Assistenzklasse

3. Navigieren Sie mit einem Doppelklick in die Assistenzklasse. Wechseln Sie dort auf die Methoden der Klasse, sehen Sie die geerbte Methode `if_wd_component_assistance~get_text( )`, die das Auslesen der Texte ermöglichen wird.

4. Über Springen • Textelemente im Menü können Sie nun die Texte definieren. Vergeben Sie für einen Text eine beliebige dreistellige Kennung und dann den Text, der über den Menüpfad Springen • Übersetzung in eine Zielsprache übersetzt werden soll. Ein Beispiel für die Textdefinition sehen Sie in Abbildung 10.15.

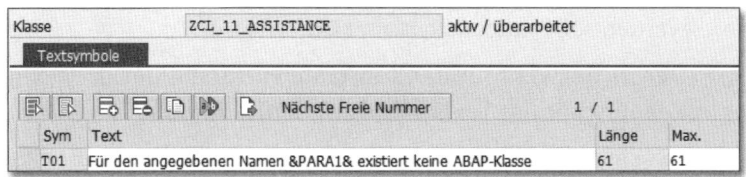

Abbildung 10.15 Anlage eines Textsymbols

- Vergeben Sie unter Sym eine dreistellige Kennung für den Text, die keine Leerzeichen beinhalten darf. Diese Kennung wird später verwendet, um das Textsymbol zu ermitteln.
- Legen Sie den Text an. Dieser kann Platzhalter enthalten, die beim Aufruf der Methode `get_text( )` ersetzt werden können. Sie können maximal vier Platzhalter angeben, die &PARA1& bis &PARA4& lauten, groß geschrieben und durch & begrenzt werden.
- Die definierte Länge ergibt sich aus Ihrer Eingabe und wird berechnet.
- Die maximale Länge (Max.) kann von Ihnen festgelegt werden. Sie muss mindestens der definierten Länge entsprechen und kann maximal 132 Zeichen umfassen. Die maximale Länge wird hauptsächlich verändert, weil unter Umständen für die Übersetzung in eine Zielsprache zu wenig Zeichen aufgrund der definierten Länge zur Verfügung stehen.

Wechseln Sie über den Button Zurück ([F3]) wieder in die Definition der Assistenzklasse. Dort können Sie im Register Attribute Konstanten definieren, die als Wert die Kennung des Textsymbols haben. Mit der Anlage der Konstanten können Sie sprechende Kennungen für die Textsymbole anlegen, die aufgrund der Bezeichnung aussagekräftiger sind als die dreistelligen Kennungen (siehe Abbildung 10.16).

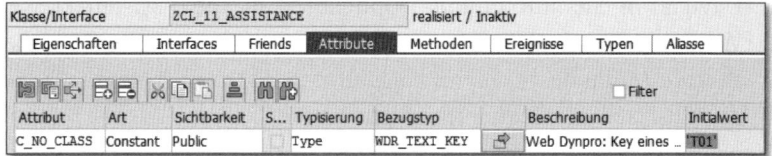

Abbildung 10.16 Konstanten für Textsymbole in der Assistenzklasse definieren

- Vergeben Sie unter ATTRIBUT einen sprechenden Namen für die Konstante zum Textsymbol.
- Der BEZUGSTYP, der für diese Art von Konstanten verwendet werden soll, lautet WDR_TEXT_KEY.
- Der INITIALWERT für die Konstante entspricht der dreistelligen Kennung für das Textsymbol aus der Definition.

Damit sind alle relevanten Definitionen für den Text in der Assistenzklasse ausgeführt. Nach einer Aktivierung der Assistenzklasse und aller abhängigen Objekte kann diese in der Web-Dynpro-Component eingesetzt werden.

Durch die Zuordnung der Assistenzklasse zur Web-Dynpro-Component wird durch das Web-Dynpro-Framework automatisch das Attribut wd_assist für den Zugriff auf die Assistenzklasse in allen Controllern der Web-Dynpro-Component erzeugt.

Beispiel für Verbesserung

Wir diskutieren nun den Zugriff auf das zuvor definierte Textelement in der Assistenzklasse. Als Ausgangspunkt für unsere Diskussion verwenden wir Listing 10.17.

```
* Context-Knoten-Referenzen
  DATA lo_el_context TYPE REF TO if_wd_context_element.
* Daten zum Context
  DATA ls_context TYPE wd_this->element_context.
* Der Text
DATA ld_text_assistance TYPE wd_this->element_context-text.
* get element via lead selection
  lo_el_context = wd_context->get_element( ).
* Behandlung, Infotext für Benutzer
  ld_text_assistance = 'Klasse existiert nicht'.
* Werte zurück in die Beschreibung setzen
  lo_el_context->set_attribute(
    name  = `TEXT`
    value = ld_text_assistance ).
```

Listing 10.17 Implementierung mit Textliteral

10.4 Nachrichten und Internationalisierung

Durch die folgende Zuweisung wird der Informationstext für den Benutzer gesetzt – und dies natürlich in der Sprache Deutsch:

Vernachlässigung der Sprache

```
ld_text_assistance = 'Klasse existiert nicht'.
```

Wenn der Benutzer z. B. auf Englisch angemeldet und der deutschen Sprache nicht mächtig ist, stellt dieser Ansatz ein Problem hinsichtlich der Verwendung der Web-Dynpro-Anwendung dar.

Für die Beseitigung dieses Defizits verwenden wir die Assistenzklasse, um die Texte für eine bestimmte Zielsprache zu ermitteln und dann die Zuweisung vorzunehmen. Die Definition des Textes, der ausgegeben werden soll, wurde bereits besprochen. Nun konzentrieren wir uns auf das Auslesen des Textes. Der Web-Dynpro-Code-Wizard bietet Unterstützung, um definierte Texte aus der Assistenzklasse zu ermitteln.

Web-Dynpro-Code-Wizard

1. Nachdem Sie den Cursor an die passende Stelle im Quelltext platziert haben, rufen Sie den Web-Dynpro-Code-Wizard (Tastenkombination [Strg] + [F7]) auf.

2. Wechseln Sie zum Register ALLGEMEIN, und markieren Sie die Option TEXTSYMBOL-ZUGRIFF. Die Methode `get_text( )` aus der Assistenzklasse liefert als Ergebnis einen String-Wert zurück. Diesen können Sie in einer bereits definierten Methodenvariablen speichern oder sich eine neue Variable anlegen lassen. In unserem Beispiel verwenden wir die bereits definierte Variable `ld_text_assistance` (siehe Abbildung 10.17).

3. Das Textsymbol, das Sie auslesen möchten, legen Sie über das Eingabefeld TEXTSYMBOL fest. Für die in der Assistenzklasse definierten Textsymbole steht eine Wertehilfe zur Verfügung.

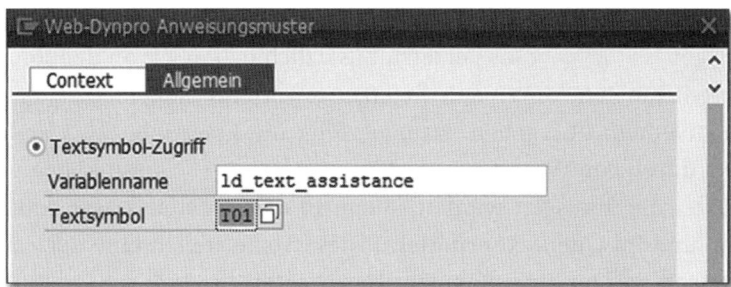

Abbildung 10.17 Auslesen des Textsymbols aus Assistenzklasse mit Web-Dynpro-Code-Wizard

947

4. Nachdem Sie die Eingaben vorgenommen haben, lassen Sie den Quelltext durch die Bestätigung Ihrer Eingabe erzeugen (siehe Listing 10.18).

```
* Texte aus der Assistenzklasse
      ld_text_assistance TYPE string.
** Variante 1 **
* Durch den Web-Dynpro-Code-Wizard erzeugt und nicht verändert
*ld_text_assistance =
*wd_assist->if_wd_component_assistance~get_text( 'T01' ).
** Variante 2 **
* Durch den Web-Dynpro-Code-Wizard erzeugt und manuell ergänzt
ld_text_assistance =
  wd_assist->if_wd_component_assistance~get_text(
    key = wd_assist->c_no_class
    para1 = `XYZ` ).
```

Listing 10.18 Textermittlung durch die Assistenzklasse

Automatisch erzeugtes Coding

In Listing 10.18 sehen Sie im Abschnitt zu Variante 1 den Aufruf der Methode `get_text( )`, wie dieser durch den Web-Dynpro-Code-Wizard erzeugt wurde. Wir haben die Variable `ld_text_assistance` vorgegeben, um den Rückgabewert der Methode zu übernehmen. Die Textkennung für den Text wird durch das Textliteral T01 an die Methode übergeben. Die Ersetzung des Platzhalters im Text wird nicht durchgeführt, da kein Wert für den Platzhalter an die Methode übergeben wird. Dies müssten Sie bei der Verwendung dieser Aufrufvariante mit alternativen Möglichkeiten umsetzen, wie etwa durch das Senden einer Nachricht an den Benutzer.

Manuell angepasstes Coding

Im Abschnitt zu Variante 2 sehen Sie eine zweite Aufrufvariante, die durch manuelle Änderungen am erzeugten Quelltext entstanden ist. Wir haben das Textliteral durch die sprechende Konstante `wd_assist->c_no_class` ersetzt. Zusätzlich haben wir an den Importing-Parameter `para1` den Ersetzungswert für den Platzhalter im Textelement übergeben. Damit erfolgt die Ersetzung des Platzhalters durch den Wert des Aktualparameters `XYZ`. Somit können Sie Texte, die übersetzt werden sollen, in der Assistenzklasse definieren und im Quelltext ermitteln. Diese Texte stellen eine der Alternativen dar, um dem Benutzer Nachrichten zu senden.

10.4.4 Nachrichten

Die Benachrichtigung von Benutzern in ABAP-Programmen mithilfe der ABAP-Anweisung MESSAGE dürfte keine Neuigkeit für Sie sein. Sie kennen sicherlich die Syntax des Aufrufs:

ABAP-MESSAGE-Anweisung

```
MESSAGE E041(OO) WITH <CX_ROOT<.
* Class-Pool zu Klasse &1 konnte nicht repariert werden
```

Eine Nachricht wird durch die MESSAGE-Anweisung eingeleitet. Ein Zusatz ist der Nachrichtentyp, der unter anderem spezifiziert, wie die Nachricht dargestellt wird, wo und wann sie angezeigt wird und welche Auswirkung die Nachricht auf das Laufzeitverhalten des Programms hat. Als Werte für den Nachrichtentyp stehen z. B. E für Fehler oder I für Information zur Verfügung.

Nachrichtentyp

Die dreistellige Nachrichtennummer spezifiziert, welche Nachricht aus der Tabelle T100 gelesen werden soll. Dazu ist es erforderlich, die Nachrichtenklasse anzugeben, aus der die Nachrichtentexte ermittelt werden. Innerhalb einer Nachrichtenklasse ist die Nachrichtennummer eindeutig. Um eine Liste aller Nachrichten in einer Nachrichtenklasse zu ermitteln, verwenden Sie am besten Transaktion SE91 (Nachrichtenpflege).

Nachrichtennummer und Nachrichtenklasse

Besitzt der Nachrichtentext Platzhalter, von denen maximal vier im Kurztext und vier im Langtext definiert werden können, müssen zu der MESSAGE-Anweisung mit dem Zusatz WITH die Ersetzungswerte angegeben werden. Die beiden Möglichkeiten, Nachrichten in Web Dynpro zu visualisieren (Standard-Message-Area und die Verwendung des UI-Elements MessageArea) haben wir Ihnen in Abschnitt 2.3.3, »Nachrichten – Message Manager und Message Area«, bereits vorgestellt.

Platzhalter

Unabhängig davon, ob Sie sich für die erste oder die zweite Möglichkeit zur Anzeige der Message Area entscheiden, können Sie das Erscheinungsbild der Message Area beeinflussen. Mit SAP NetWeaver 7.0 SPS 11 hat sich das Design für Nachrichten und die Message Area verändert. Ein Wechsel zum alten Design ist durch die Attribuierung der Message Area möglich. Dazu müssen Sie an einer geeigneten Stelle, z. B. in der Methode wddoinit( ) eines Windows, die Attribuierung der Message Area durchführen. In Abbildung 10.18 sehen Sie ein Beispiel für die Auswirkungen der Attribuierung der Message Area.

Message-Area-Attribuierung

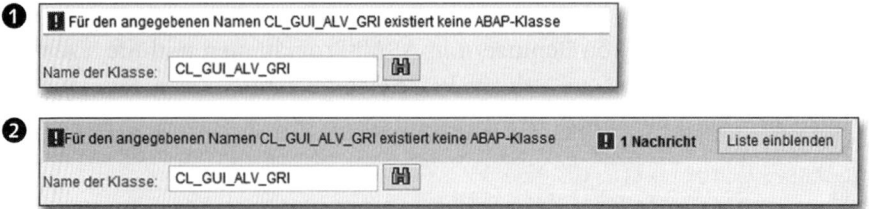

Abbildung 10.18 Auswirkung der Attribuierung der Message Area

Auswirkungen der Attribuierung

Ohne Attribuierung ❶ wird die Message Area mit weißem Hintergrund und einer Liste aller Nachrichten angezeigt. Mit Attribuierung ❷ kann die Message Area unterschiedliche Aussehen und Funktionen zur Verfügung stellen. In unserem Beispiel wird nur die erste Meldung mit der Zusatzinformation angezeigt, wie viele Nachrichten vorhanden sind. Zusätzlich wird der Button LISTE EINBLENDEN angeboten, um die Liste der Nachrichten anzuzeigen. In Listing 10.19 sehen Sie den Quelltext zur Attribuierung der Message Area.

```
METHOD set_message_area.
* API vom Window-Controller
DATA: l_api_mycomp TYPE REF TO if_wd_window_controller,
* Message Area
      l_wd_message_area TYPE REF TO if_wd_message_area.
* Window-API ermitteln
l_api_mycomp ?= wd_this->wd_get_api( ).
* Message Area ermitteln
l_wd_message_area = l_api_mycomp->get_message_area( ).
* Attribute der Message Area setzen
l_wd_message_area->set_display_attributes(
"Nur aktuelle Meldungen anzeigen
   i_for_all_instances = abap_false
"Gleichzeitig sichtbare Meldungen bei expandiertem Log
   i_msg_lines_visible = '3'
"Message Area ist umschaltbar zwischen Textzeile und Liste
   i_use_toggle_area = abap_true
"Setzt Attribute für alle Message-Area-Instanzen
   i_show_only_current = abap_false ).
ENDMETHOD.
```

Listing 10.19 Attribuierung der Message Area

Kapselung der Attribuierung

Wir haben die Attribuierung der Message Area in der Window-Controller-Methode set_message_area( ) gekapselt, um diese einfach in der Methode wddoinit( ) des Window-Controllers aufrufen zu können. Um die Attribuierung der Message Area durchführen zu können, muss zuerst die Referenz auf die Window-API ermittelt werden. Die API stellt die Zugriffsmethode get_message_area( ) für die Ermittlung der Referenz auf die Message Area (Typ IF_WD_MESSAGE_AREA) bereit. Durch die Versorgung der Schnittstellenparameter der Methode set_display_attributes( ) der Message-Area-Referenz werden das Aussehen und die Funktion der Message Area gesteuert. Die Bedeutung der Parameter können Sie Tabelle 10.2 entnehmen.

Parameter	Wert	Auswirkung
i_use_toggle_area	SPACE	neues Design der Message Area (Default)
i_use_toggle_area	X	altes Design der Message Area
i_msg_lines_visible	0	Alle Nachrichten werden angezeigt (Default).
i_msg_lines_visible	größer 0	Nur x Nachrichten sind sichtbar, und die restlichen Nachrichten sind durch Blättern erreichbar.
i_show_only_current	X	Falls der Parameter I_USE_TOGGLE_AREA den Wert SPACE besitzt, wird kein Meldungsprotokoll angezeigt.
i_show_only_current	SPACE	Falls der Parameter I_USE_TOGGLE_AREA den Wert SPACE besitzt, wird ein Link angezeigt, mit dem das Meldungsprotokoll eingeblendet werden kann.

Tabelle 10.2 Parameter der Methode set_display_attributes( )

Message Manager

Um Meldungen an den Benutzer senden zu können, existiert der Message Manager, den Sie über die API des aktuellen Controllers beziehen können. Der Message Manager stellt dabei Methoden zur Verfügung, um Texte aus unterschiedlichen Quellen zu beziehen und diese mit der passenden Übersetzung in der Message Area zu setzen.

Aufgaben des Message Managers

Für die effiziente Arbeit mit dem Message Manager in der Web-Dynpro-Component ist es ratsam, in einem Initialisierungsschritt die Referenz auf den Message Manager zu ermitteln und diese Referenz so abzulegen, dass alle Controller darauf zugreifen können. Dies

Message-Manager-Referenz

haben wir in Abschnitt 2.3.3, »Nachrichten – Message Manager und Message Area«, beschrieben.

Nachrichtenkategorien

Textquellen | Die Texte zur Ausgabe von Nachrichten können aus unterschiedlichen Textquellen kommen, wie z. B. der Assistenzklasse, der Nachrichtentabelle T100 oder aus Ausnahmeobjekten. In Abbildung 10.19 haben wir diese Quellen (oder auch Nachrichtenkategorien) für Sie visualisiert.

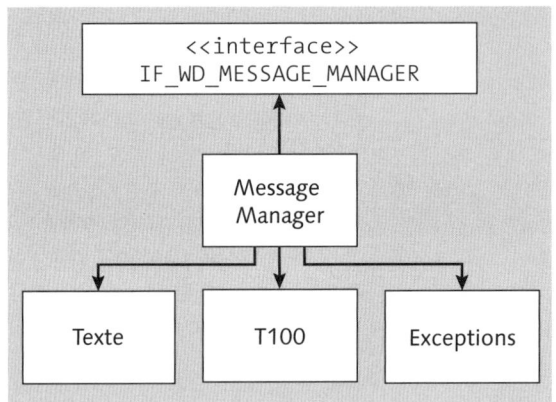

Abbildung 10.19 Nachrichtenkategorien

IF_WD_MESSAGE_ MANAGER | Da der Message Manager das Interface IF_WD_MESSAGE_MANAGER implementiert, ist gewährleistet, dass Methoden zur Ausgabe von Nachrichten vorhanden sind, die Texte aus unterschiedlichen Quellen verwenden können. Die Methoden zu den einzelnen Kategorien haben wir in Abschnitt 2.3.3, »Nachrichten – Message Manager und Message Area«, aufgeführt.

Ausnahmen | Auftretende Ausnahmen müssen behandelt werden. Das heißt, dass auf die Ausnahme der Situation entsprechend reagiert werden muss. In ABAP steht die in Listing 10.20 gezeigte Anweisungsfolge zur Behandlung von Ausnahmen zur Verfügung.

```
DATA: LO_AUSNAHME TYPE REF TO <Ausnahmeklasse>.
TRY.
* Kritischer Bereich, in dem eine Ausnahme auftreten kann,
* z. B. Aufruf einer Methode, die eine Ausnahme auslöst
CATCH <Ausnahmeklasse> INTO LO_AUSNAHME.
```

```
* Behandlung erfolgt hier, z. B. Ausgabe einer
* Nachricht durch den Message Manager
ENDTRY.
```

Listing 10.20 Ausnahmebehandlung für Ausnahmen

Im Zusammenhang mit der Ausgabe von Nachrichten ist interessant, dass bei auftretenden Ausnahmen diese Ausnahmeobjekte in Objektreferenzvariablen gesichert werden können. Dafür ist der Abschnitt `CATCH <Ausnahmeklasse> INTO LO_AUSNAHME.` relevant. Da das Ausnahmeobjekt über die Objektreferenz angesprochen werden kann, kann der Message Manager den Text aus dem Ausnahmeobjekt ermitteln und ausgeben.

Zugriff auf Ausnahmeobjekte

Die Methoden des Message Managers für die Kategorien TEXT und T100 bieten Parameter, die es ermöglichen, Platzhalter in den Texten durch Werte zu ersetzen. Die Methoden für alle Kategorien erlauben Ihnen, einen Bezug der Nachricht zu einem UI-Element herzustellen, um den Benutzer auf die Ursache der Nachricht hinzuweisen. Über diese Verlinkung der Nachricht mit einem UI-Element wird auch die Navigation von der Nachricht zum UI-Element unterstützt. Das UI-Element und sein Inhalt werden farblich hervorgehoben.

Platzhalter und Verlinkung

Nachrichten ausgeben

Bei der Ausgabe einer Nachricht werden Sie durch den Web-Dynpro-Code-Wizard unterstützt. Nachdem Sie im Quelltext den Cursor-Fokus auf die passende Stelle gesetzt haben, rufen Sie den Web-Dynpro-Code-Wizard auf. Dort wählen Sie die Option MELDUNG ERZEUGEN (siehe Abbildung 10.20).

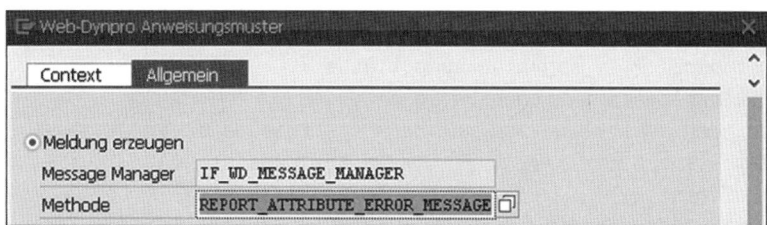

Abbildung 10.20 Meldung mit dem Web-Dynpro-Code-Wizard erzeugen

Im Feld MESSAGE MANAGER wird das Interface `IF_WD_MESSAGE_MANAGER` angezeigt und besitzt nur informativen Charakter. Im Feld METHODE werden über eine Wertehilfe alle Methoden des Message

10 | Weiterführende Konzepte

Managers angeboten. Je nach Anwendungsfall können Sie die passende Methode auswählen. Im Folgenden werden wir Ihnen je nach Nachrichtenkategorie Beispiele für Anwendungsfälle präsentieren.

Kategorie »Text«

Um eine Nachricht aus der Kategorie TEXT zu senden, müssen Sie zuerst den Nachrichtentext ermitteln. Dieser Text besitzt möglicherweise Platzhalter, die Sie ersetzen müssen. Darüber hinaus müssen Sie entscheiden, ob eine Verlinkung von der Nachricht zu einem UI-Element benötigt wird. In Listing 10.21 sehen Sie den Aufruf der Message-Manager-Methode report_attribute_error_message( ), um eine Nachricht mit einem Bezug zu einem UI-Element auszugeben.

```
* Selektionsdaten aus dem Context
DATA: lv_rs_value TYPE zst_11_wd_klasse_sel_krit,
* Texte aus der Assistenzklasse
      ld_text_assistance TYPE string,
* Element ermitteln
 lo_nd_klassen_sel_krit TYPE REF TO if_wd_context_node,
 lo_el_klassen_sel_krit TYPE REF TO if_wd_context_element.
* Von <CONTEXT> nach <KLASSEN_SEL_KRIT> mit der
*  Lead-Selection navigieren
lo_nd_klassen_sel_krit = wd_context->get_child_node(
  name = wd_this->wdctx_klassen_sel_krit ).
* Hole das Element über die Lead-Selection
lo_el_klassen_sel_krit =
   lo_nd_klassen_sel_krit->get_element( ).
* Ermittlung des Textes aus der Assistenzklasse
ld_text_assistance =
  wd_assist->if_wd_component_assistance~get_text(
    key  = wd_assist->c_no_class
    para1 = lv_rs_value-name_klasse ).
* Nachricht mit Elementbezug erzeugen
wd_comp_controller->go_mm->report_attribute_error_message(
  message_text           = ld_text_assistance
  element                = lo_el_klassen_sel_krit
  attribute_name         = 'NAME_KLASSE' ).
```

Listing 10.21 Nachrichtenausgabe für die Kategorie »Text«

Text und Platzhalter In der Methode wird die Referenz auf den Context-Knoten KLASSEN_SEL_KRIT ermittelt. Dieser besitzt das Attribut NAME_KLASSE, auf das sich die Nachricht bezieht. Für die Ausgabe der Nachricht wird zuerst über die Assistenzklasse ein Nachrichtentext ermittelt und der Platzhalter durch den Eingabewert des Benutzers im Selektions-View ersetzt. Falls in diesem Beispiel für die Eingabe des Benutzers keine ABAP-Klasse im Repository gefunden wird, wird die Fehlernachricht über die Message-Manager-Methode `report_attribute_error_message( )` an den Benutzer gesendet.

Verlinkung der Nachricht mit UI-Element

Zusätzlich zum Nachrichtentext werden der Methode die Referenz auf das Element des Context-Knotens und der Name des Context-Attributs übergeben, an das das UI-Element mit der fehlerhaften Eingabe gebunden ist. So kann die Fehlernachricht einen Link auf das UI-Element anbieten, damit der Benutzer einfacher zur Korrektur seiner Eingabe springen kann. Für den Benutzer wird das UI-Element darüber hinaus farblich hervorgehoben.

Platzhalterersetzung mit Parametertabelle

Die Methode bietet außerdem den Parameter `params`, an den eine interne Tabelle mit Platzhalterbezeichnungen und Ersetzungswerten übergeben werden kann. Damit können die Platzhalter im Nachrichtentext durch die Ersetzungswerte während der Laufzeit ausgetauscht werden. Dazu müssen Sie eine interne Tabelle vom Tabellentyp `WDR_NAME_VALUE_LIST` deklarieren, befüllen und an die Methode übergeben. Listing 10.22 zeigt die Parametertabellenvariante.

```abap
* Mit Parametertabelle
DATA: lt_params TYPE wdr_name_value_list,
      ls_param LIKE LINE OF lt_params.
* Durch den Web-Dynpro-Code-
Wizard erzeugt und manuell ergänzt
ld_text_assistance =
   wd_assist->if_wd_component_assistance~get_text(
     key =  wd_assist->c_no_class ).
* Parameter befüllen
ls_param-name  = 'PARA1&'.
ls_param-value = 'Manuelle Eingabe'.
APPEND ls_param TO lt_params.
* Nachricht erzeugen
wd_comp_controller->go_mm->report_attribute_error_message(
   message_text          = ld_text_assistance
   element               = lo_el_klassen_sel_krit
   attribute_name        = 'NAME_KLASSE'
   params                = lt_params ).
```

Listing 10.22 Nachrichtenausgabe für die Kategorie »Text« mit Parametertabelle

Parametertabelle Deklarieren Sie zuerst die interne Tabelle für die Parameter mit Bezug auf den Tabellentyp WDR_NAME_VALUE_LIST und eine Arbeitsstruktur, um den Inhalt der Parametertabelle aufzubauen. Die Parametertabelle hat zwei Spalten, name und value. Die Spalte name hält den Namen des Parameters, der im Nachrichtentext ersetzt werden soll. In unserem Beispiel lautet der Name des Platzhalters &PARA1&. Im Allgemeinen wird nur das einleitende & bei den Platzhaltern benötigt, wie Sie es auch von Nachrichten aus der Tabelle T100 kennen. Das abschließende & war wegen der Platzhalterersetzung über die Methode get_text( ) der Assistenzklasse erforderlich. Um nun den Platzhalter &PARA1& in der Methode report_attribute_error_message( ) zu ersetzen, lautet der Name des zu ersetzenden Platzhalters PARA1&. Die Spalte value enthält den Ersetzungstext.

Die so Zeile für Zeile, d. h. Platzhalter für Platzhalter, befüllte Parametertabelle wird dann an die Message-Manager-Methode übergeben. In Abbildung 10.21 sehen Sie die Nachricht an den Benutzer, wenn keine ABAP-Klasse im Repository gefunden wurde.

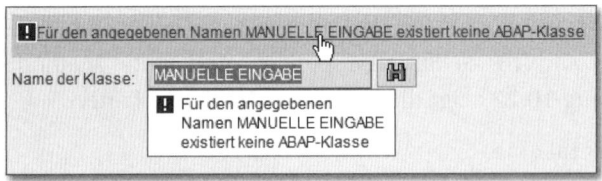

Abbildung 10.21 Nachricht der Kategorie »Text« durch die Message-Manager-Methode report_attribute_error_message( )

Es konnte keine ABAP-Klasse im Repository für die Eingabe des Benutzers gefunden werden, dadurch kam es zu der Ausgabe der Nachrichten. Die Nachricht wird in der Message Area im Kopfbereich des Windows ausgegeben und bietet einen Link zur einfachen Navigation auf das UI-Element für die Korrektur der Namenseingabe der ABAP-Klasse an.

Kategorie »T100«

Für die Ausgabe von Texten aus der Tabelle T100 stehen drei Methoden des Message Managers zur Verfügung (siehe Abschnitt 2.3.3, »Nachrichten – Message Manager und Message Area«). Allen drei Methoden müssen zumindest die Nachrichtennummer, die Nachrichtenklasse und der Nachrichtentyp übergeben werden. Wie bei den Nachrichten vom Typ TEXT kann es vorkommen, dass Platzhalter in den T100-Nachrichtentexten enthalten sind, die dann durch Werte ersetzt werden müssen, die den Methoden übergeben werden.

In Listing 10.23 sehen Sie die Verwendung zweier Methoden aus dieser Kategorie. Beachten Sie die unterschiedliche Versorgung der Parameter der Methoden.

```
* Nachrichtenstruktur
DATA: ls_msg TYPE symsg,
      lo_element TYPE REF TO if_wd_context_element.
* Nachricht ausgeben
* 041 = Class-Pool zu Klasse &
1 konnte nicht repariert werden ...
wd_comp_controller->go_mm->report_t100_message(
   msgid                    = '00'
   msgno                    = '041'
   msgty                    = 'E'
   p1                       = 'CX_ROOT' ).
* Nachrichtenstruktur befüllen
ls_msg-msgid = '00'.
ls_msg-msgno = '041'.
ls_msg-msgty = 'E'.
ls_msg-msgv1 = 'CX_ROOT'.
* Nachricht ausgeben
wd_comp_controller->go_mm->report_attribute_t100_message(
   msg                      = ls_msg
   element                  = lo_element
   attribute_name           = 'NAME_KLASSE' ).
```

Listing 10.23 Nachrichtenausgabe für die Kategorie »T100«

Der Hauptunterschied in der Verwendung der beiden Methoden liegt in der Übergabe der Meldungsinformation:

Übergabe der Nachrichteninformation

- Die Methode `report_t100_message( )` bietet einzelne Parameter für die Nachrichtenklasse, die Nachrichtennummer, den Nachrichtentyp und maximal vier Parameter für Platzhalterersetzungen an.
- Die Methode `report_attribute_t100_message( )` hingegen erwartet eine Struktur vom Typ SYMSG, um die Meldungsinformationen zu übernehmen. Die Felder der Struktur entsprechen den Parametern der Methode `report_t100_message( )`.

Kategorie »Ausnahmen«

Der im Ausnahmeobjekt vorhandene Ausnahmetext kann zur Nachrichtenausgabe verwendet werden. In diesem Fall besteht keine Möglichkeit, Platzhalter durch konkrete Werte zu ersetzen. In Abschnitt 2.3.3, »Nachrichten – Message Manager und Message Area«, haben wir die Methoden für diese Kategorie erläutert.

Link auf Element

Listing 10.24 zeigt Ihnen die Verwendung der Methode report_element_exception( ). Der Unterschied zu den bis jetzt diskutierten Message-Manager-Methoden liegt in der Verlinkung mit den View-Elementen.

```
* Ausnahmeobjekt
DATA: lo_exception TYPE REF TO cx_root,
* Attribute auswählen
      lt_attributes TYPE string_table,
* Ein Attribut
      ls_attribut LIKE LINE OF lt_attributes.
TRY.
* Hier kommt der Teil, der eine Ausnahme auslösen kann
* Kommt es zur Ausnahme, dann Behandlung
CATCH cx_root INTO lo_exception.
* Befüllen der Attributtabelle
  ls_attribut = 'NAME_KLASSE'.
  APPEND ls_attribut TO lt_attributes.
* Nachricht mit Bezug auf OO-Ausnahme
  wd_comp_controller->go_mm->report_element_exception(
    message_object        = lo_exception
    element               = lo_el_klassen_sel_krit
    attributes            = lt_attributes ).
ENDTRY.
```

Listing 10.24 Nachrichtenausgabe für die Kategorie »Ausnahmen«

Definition der farblichen Hervorhebung

Im CATCH-Abschnitt der TRY-Anweisung findet der Aufruf der Methode report_element_exception( ) statt. Dieser Methode werden das gefangene OO-Ausnahmeobjekt und die Referenz auf das Context-Element übergeben. Außerdem wird eine Tabelle mit Attributen aus dem zum Context-Element gehörenden Context-Knoten mitgegeben. Diese Attributtabelle steuert, welche UI-Elemente farblich hervorgehoben werden für den Fall, dass die Nachricht angezeigt wird. Werden keine Attribute an die Methode übergeben, werden alle UI-Elemente hervorgehoben, die an ein Context-Attribut des Elements gebunden sind.

Nachrichten und Navigationsverhalten

Nachrichten werden im Allgemeinen als Reaktion auf Prüfungen ausgegeben. Auch in den bisher gezeigten Beispielen wurde der Message Manager verwendet, um z. B. nach dem Auftreten einer Ausnahme in der Aktionsbehandler-Methode eine Nachricht an den Benutzer zu senden. An dieser Stelle sind einige Fragen zu stellen:

- Wenn in unterschiedlichen Aktionsbehandler-Methoden gleiche Prüfungen durchgeführt werden, ist dies ineffizient? Gibt es eine effiziente Möglichkeit, um Prüfungen zusammenzufassen?
- Wenn eine Nachricht ausgegeben wird, ist es manchmal notwendig, die Verarbeitung des Programms abzubrechen und den Benutzer zu einer neuen Eingabe aufzufordern. Wie kann die Verarbeitung des Programms abgebrochen werden?

Sehen wir uns die Antworten an, die das Web-Dynpro-Framework auf diese Fragen anbietet. Wir gehen zunächst auf die erste Frage nach einer effizienten Prüfung ein.

Die Hook-Methode wddobeforeaction( ) bietet für jeden View einen alternativen Zeitpunkt zur Durchführung von Prüfungen an. Diese Methode wird aufgerufen, bevor eine der Aktionsbehandler-Methoden aktiviert wird. Sollte ein Window aus mehreren Views zusammengesetzt sein, werden alle wddobeforeaction( )-Methoden aufgerufen, bevor eine der Aktionsbehandler-Methoden der beteiligten Views aktiviert wird.

Hook-Methode wddobeforeaction()

Eine Verwendungsmöglichkeit für die wddobeforeaction( )-Methode ist die Muss-Feldprüfung. Dabei soll geprüft werden, ob der Benutzer alle Eingaben für Muss-Felder vorgenommen hat. Da das Web-Dynpro-Framework dafür keine direkte Unterstützung anbietet, muss diese Prüfung explizit implementiert werden. Gehen Sie dazu folgendermaßen vor:

Anwendung Muss-Feldprüfung

1. Um dem Benutzer anzuzeigen, dass ein bestimmtes Feld ein Muss-Feld ist, müssen Sie in den Eigenschaften des UI-Elements die Eigenschaft state auf den Wert required setzen. Dadurch wird vor dem UI-Element ein Stern angezeigt, der das nachfolgende UI-Element als Muss-Feld kennzeichnet (siehe Abschnitt 4.2.2, »InputField«). Dabei handelt es sich aber nur um eine Visualisierung ohne funktionale Aspekte, diese müssen Sie manuell schaffen.

2. Wechseln Sie dazu in die Methode `wddobeforeaction( )` des betroffenen Views, und verwenden Sie die ABAP-Klasse `CL_WD_DYNAMIC_TOOL`, um die Prüfung auf Muss-Felder hin durchzuführen. In Listing 10.25 sehen Sie ein Beispiel für eine Implementierung der Methode `wddobeforeaction( )` bezüglich der Muss-Felder.

```abap
METHOD wddobeforeaction.
* API des View-Controllers
DATA lo_api_controller TYPE REF TO if_wd_view_controller,
* Referenz auf Aktion
     lo_action TYPE REF TO if_wd_action.
* API des Views ermitteln
lo_api_controller = wd_this->wd_get_api( ).
* Aktuelle Aktion ermitteln
lo_action = lo_api_controller->get_current_action( ).
* Aktion auswerten
IF lo_action IS BOUND.
  CASE lo_action->name.
    WHEN 'SUCHE_METHODEN'.
      cl_wd_dynamic_tool=>check_mandatory_attr_on_view(
        EXPORTING
          view_controller  = lo_api_controller ).
  ENDCASE.
ENDIF.
ENDMETHOD.
```

Listing 10.25 Implementierung der Methode wddobeforeaction( ) zur Muss-Feldprüfung

3. Zuerst wird die API des aktuellen Views ermittelt, um darüber die aktuelle Aktion festzustellen. Diese wird durch die API-Methode `get_current_action( )` geliefert. Das öffentliche Instanzattribut `name` der Aktion hält den Namen der Aktion, der dann durch ein CASE-Statement ausgewertet wird.

4. In unserem Beispiel werden nur im Fall der Aktion SUCHE_METHODE die weiteren Prüfungen durchgeführt. Hat der Benutzer tatsächlich die Suche der Methoden ausgelöst, wird mithilfe der Methode `check_mandatory_attr_on_view( )` aus der Klasse `CL_WD_DYNAMIC_TOOL` eine Prüfung für alle Muss-Felder eines Views ausgeführt. Durch das Setzen der Eigenschaft `state` auf den Wert `required` in den Eigenschaften des UI-Elements erscheint der Stern vor dem Eingabefeld für den Namen der Klasse. Falls der Benutzer keinen Wert in das Eingabefeld einträgt und die Suche startet, wird durch

die Muss-Feldprüfung zum Zeitpunkt `wddobeforeaction( )` die fehlende Eingabe entdeckt und die Nachricht an den Benutzer gesendet. Gleichzeitig wird in unserem Beispiel eine mögliche Navigation zu einem anderen View verhindert, und die weiteren Verarbeitungen werden abgebrochen.

Wir wenden uns nun der Frage nach dem Navigationsverhalten in Web Dynpro zu. Wie Sie gesehen haben, führte die Prüfung der Muss-Felder zu einem Abbruch der Verarbeitung und zur Ausgabe einer Fehlernachricht. Ausschlaggebend ist dafür unter anderem, welchen Aktionstyp eine Aktion besitzt. Im Register AKTIONEN eines Views können diese AKTIONS-TYPEN pro Aktion gesetzt werden. Dabei stehen die Werte STANDARD als Default-Wert und VALIDIERUNGSUNABHÄNGIG zur Verfügung. Die Auswirkung des Aktionstyps muss in Kombination mit dem Typ der Nachricht gesehen werden, speziell der Fehlernachrichten.

Abbruch der Navigation

Die Fehlernachrichten in Web Dynpro können den Ablauf des Phasenmodells beeinflussen. Unter diesem Aspekt unterscheidet man zwei Arten von Fehlernachrichten:

Arten von Fehlernachrichten

- **Fehlernachrichten mit Context-Bezug**
  Diese Nachrichten beeinflussen den Ablauf des Phasenmodells. Liegt eine Fehlernachricht mit Context-Bezug vor, werden Aktionen des Typs STANDARD nicht ausgeführt. Außerdem werden eine eventuell anstehende Navigation und die Methoden `wddomodifyview( )` nicht aktiviert. Aktionen des Typs VALIDIERUNGSUNABHÄNGIG werden dagegen auch bei vorhandenen Fehlernachrichten ausgeführt. Eine sich an eine Aktion dieses Typs anschließende Navigation und die Methoden `wddomodifyview( )` werden ebenfalls umgesetzt.

- **Fehlermeldungen ohne Context-Bezug**
  Diese Meldungen, genauso wie Warnungen und Erfolgsmeldungen, haben grundsätzlich keinen Einfluss auf den Ablauf des Phasenmodells.

Für alle Methoden des Message Managers zur Ausgabe von Nachrichten steht der Parameter `cancel_navigation` bereit, mit dem die Navigation abgebrochen werden kann. Ein weiterer Parameter ist `is_validation_independent`, der für alle Methoden zur Verfügung steht, die einen Context-Bezug haben.

cancel_navigation und is_validation_independent

Meldungsarten

In Web Dynpro unterscheidet man generell zwei Arten von Meldungen:

- **Standardmeldungen**
  Diese Meldungen werden vor dem Ausführen einer Aktion durch die Web-Dynpro-Laufzeit gelöscht und müssen daher bei Bedarf in jedem HTTP-Roundtrip neu erzeugt werden.

- **Permanente Meldungen**
  Diese Meldungen werden nicht automatisch vor dem Ausführen einer Aktion gelöscht. Durch die Angabe eines Gültigkeitsbereichs (`scope`) kann die Lebensdauer einer permanenten Meldung festgelegt werden. Mögliche Gültigkeitsbereiche sind: Component, Controller, Context-Element. Soll eine Meldung permanent sein, muss diese bei der Erzeugung als `is_permanent` gekennzeichnet werden.

Durch die Nachrichtenart wird darüber hinaus die Befüllung des Nachrichtenprotokolls beeinflusst.

10.5 Portalintegration

Applikationen, Informationen, Services

Web-Dynpro-Anwendungen können in das SAP Enterprise Portal (vormals SAP NetWeaver Portal) integriert werden. Dieses bietet aus Benutzersicht einen zentralen Zugriff auf verteilte Ressourcen (Applikationen, Informationen, Services) innerhalb und außerhalb Ihres Unternehmens an, die in einem Webbrowser-Frame dargestellt werden können. Zudem stellt es die Werkzeuge für die Administration und die Analyse dieser Inhalte zur Verfügung.

iView

Die Web-Dynpro-Anwendungen werden als sogenannte *iViews* realisiert und erscheinen im Portal als `Tray`. Die Menge der iViews, die einem Benutzer zur Verfügung steht, hängt von der Rolle des Benutzers ab. Darüber hinaus können iViews zu Gruppen, sogenannten *Worksets*, zusammengefasst werden. Man könnte sagen, dass eine Rolle aus einer Menge von Worksets besteht. In Abbildung Abbildung 10.27 sehen Sie das Prinzip der Einbettung einer Web-Dynpro-Anwendung in einen Portal-iView.

Einbettung

Das SAP Enterprise Portal wird auf dem SAP NetWeaver Application Server Java ausgeführt. In diesem sind Portal-iViews zur Visualisierung von Informationen definiert, auch solche iViews, die die Visualisierung von Web-Dynpro-Anwendungen realisieren. Der Zugriff auf die Web-Dynpro-Component erfolgt wie bei einem direkten Aufruf durch die Anwendung zur Web-Dynpro-Component. In der Anwendung ist der Interface-View (Window) hinterlegt, dem ein oder mehrere Views zugeordnet sind, die die eigentliche Visualisierung durchführen.

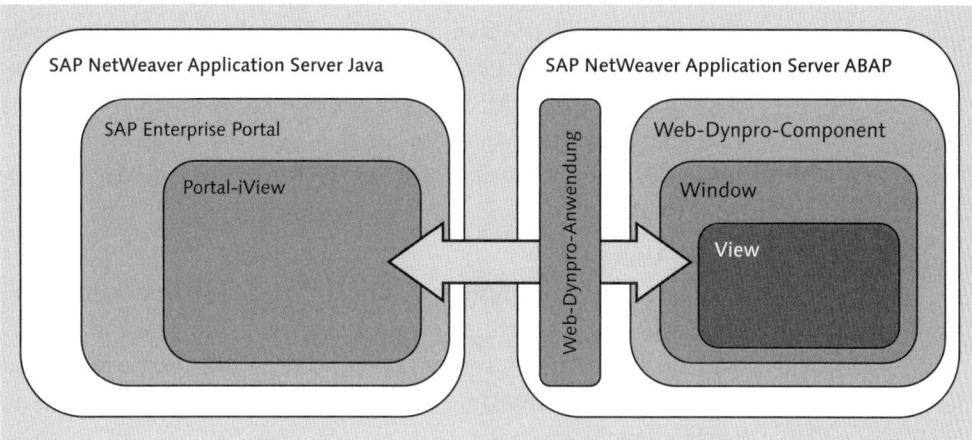

Abbildung 10.22 Portalintegration

Es ist möglich, Portalfunktionen aus einer Web-Dynpro-Anwendung heraus anzusprechen. Dafür werden Ihnen über den Web-Dynpro-Code-Wizard Methoden des Portal-Managers (Interface `IF_WD_PORTAL_INTEGRATION`) als Quellcode-Vorlagen für die folgenden Funktionen angeboten:

Portal-Manager

- *Portalereignisse*, d. h. Ereignisse für die Kommunikation innerhalb des Portals
- die *Navigation* zwischen Web-Dynpro-Anwendungen innerhalb des Portals bzw. zu jedem beliebigen Portalinhalt
- die Verwendung des sogenannten *WorkProtect-Modus*, der den Umgang mit ungesicherten Daten definiert

10.5.1 Voraussetzungen

Um eine Web-Dynpro-Anwendung in das SAP Enterprise Portal integrieren zu können, müssen folgende Voraussetzungen erfüllt sein:

- **Portal-User**
  Sie selbst verfügen im Portal über einen User, der einer geeigneten Rolle zugeordnet ist. Zum Beispiel enthält die Rolle `Content-Administration` alle nötigen Berechtigungen und Werkzeuge, um eine Web-Dynpro-Anwendung einbinden zu können.

- **ABAP-System**
  Das ABAP-System, in dem die Anwendung liegt, muss dem Portal bekannt sein. Auch dies sollte in der Regel bereits der Fall sein. Da zum Eintragen der Systemdaten eine spezielle Berechtigung nötig ist, kontaktieren Sie gegebenenfalls den zuständigen Portaladministrator, um das ABAP-System eintragen zu lassen. Im Verlauf der folgenden Schritte benötigen Sie den Systemalias des ABAP-Systems, der vom Portaladministrator im vorliegenden Portal vergeben wurde.

- **ABAP-User**
  Um die Anwendung testen zu können, müssen Sie über einen User im ABAP-System verfügen. Mithilfe der Benutzerzuordnung können Sie Ihren Portal-User mit dem ABAP-System-User verknüpfen, um so eine separate Anmeldung beim Aufruf der Anwendung zu vermeiden.

iView-Wizard Wenn diese technischen Voraussetzungen erfüllt sind, können Sie im Portal mithilfe des iView-Wizards einen iView mit der Vorlage SAP WEB DYNPRO IVIEW mit dem Typ ABAP in dem von Ihnen gewünschten Ordner anlegen. Für den konkreten Bezug zu Ihrer Web-Dynpro-Anwendung müssen Sie dem Wizard die folgenden Daten zur Verfügung stellen:

- Systemalias
- Namensraum (Standardeinstellung ist `sap`)
- Name der Anwendung
- Web-Dynpro-Client
- Konfigurationsname
- Anwendungsparameter

Portalseite Nachdem der iView für Ihre Anwendung erzeugt wurde, können Sie diesen mit anderen zu einer Portalseite kombinieren, sofern sie miteinander interagieren müssen. Als Abschluss ist es noch erforderlich, die Portalseite zu einer Portalrolle hinzuzufügen, damit sie von den Benutzern mit der zugeordneten Rolle verwendet werden kann.

10.5.2 Portal-Eventing

Wie bereits erwähnt, können iViews mit unterschiedlichen technologischen Typen und Quellen auf einer Portalseite integriert werden. Die Kommunikation zwischen diesen iViews findet über eine Ereignisfunktion statt, das sogenannte *Portal-Eventing* (oder *Client-side Eventing*).

- **Empfänger**
  Eine Web-Dynpro-Anwendung kann sich auf Portalereignisse registrieren und einen Ereignisbehandler für ein auftretendes Ereignis bekannt geben. Dadurch kann die Web-Dynpro-Anwendung auf ein Ereignis reagieren, das in einem anderen iView im Portal ausgelöst wurde, unabhängig von der verwendeten Technologie.

- **Sender**
  Eine Web-Dynpro-Anwendung kann in eine Senderrolle wechseln und ein beliebiges Portalereignis auslösen. In diesem Fall wird das Ereignis durch den zugehörigen iView an das Portal übergeben. Das Portal leitet dann das Ereignis an alle iViews weiter, die sich für dieses Ereignis registriert haben.

Einschränkungen

Das Portal-Eventing funktioniert nur zwischen iViews, die im selben Browser-Window platziert sind. Alle teilnehmenden iViews müssen zur selben Domäne gehören, da andernfalls das Portal-Eventing aufgrund von JavaScript-Einschränkungen fehlschlägt.

Senden von Ereignissen

Mithilfe des Web-Dynpro-Code-Wizards können Sie auf einfache Art und Weise das Auslösen eines Portal-Events implementieren:

Web-Dynpro-Code-Wizard

1. Wechseln Sie dazu in eine Methode in Ihrer Web-Dynpro-Component, in der Sie das Ereignis auslösen möchten, und rufen Sie den Wizard mithilfe des Wizard-Buttons oder der Funktionstastenkombination [Strg] + [F7] auf.
2. Im Wizard wechseln Sie auf die Registerkarte ALLGEMEIN und wählen die Option PORTAL INTEGRATION (siehe Abbildung 10.23).

10 | Weiterführende Konzepte

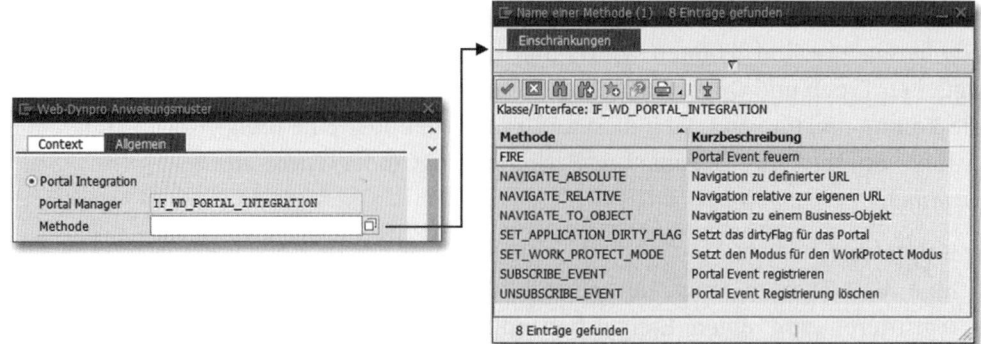

Abbildung 10.23 Portalintegration mit Web-Dynpro-Code-Wizard

3. Da ein Portalereignis ausgelöst werden soll, wählen Sie im Eingabefeld METHODE mithilfe der Eingabehilfe den Eintrag FIRE und bestätigen Ihre Eingabe. Der Wizard erzeugt daraufhin das in Listing 10.26 gezeigte Coding.

```
* Die Portal-Manager-Referenz
DATA lo_api_component TYPE REF TO if_wd_component.
DATA lo_portal_manager TYPE REF TO if_wd_portal_integration.
* Portal-Manager-Referenz ermitteln
lo_api_component = wd_comp_controller->wd_get_api( ).
lo_portal_manager = lo_api_component->get_portal_manager( ).
* Das Ereignis auslösen
  CALL METHOD lo_portal_manager->fire
    EXPORTING
      portal_event_namespace = <namespace>
      portal_event_name      = <event_name>
      portal_event_parameter = <event_parameter>
      portal_event_scope     =
        IF_WD_PORTAL_INTEGRATION=>
        CO_EVENT_SCOPE-CURRENT_WINDOW.
```

Listing 10.26 Auslösen eines Portalereignisses

Am Anfang der Coding-Strecke wird die Referenz auf den Portal-Manager ermittelt, der vom Typ IF_WD_PORTAL_INTEGRATION ist. Die Ermittlung erfolgt mithilfe der Component-Controller-API. Danach wird das Ereignis mithilfe der Methode fire( ) des Portal-Managers ausgelöst. Die dabei verwendeten Parameter sind:

- portal_event_namespace, der den Namensraum angibt, in dem das Ereignis abgelegt ist
- portal_event_name, der den Namen des Ereignisses angibt

- `portal_event_parameter` (optional), der den Parameter des Ereignisses angibt
- `portal_event_scope` (optional), der angibt, in welches Browser-Fenster das Ereignis weitergeleitet wird. Dies kann in dasselbe Browser-Fenster (`CURRENT_WINDOW`), in alle übergeordneten Browser-Fenster, aber nicht in dasselbe (`CHILD_TO_PARENTS`) oder in alle übergeordneten Browser-Fenster und in dasselbe (`CURRENT_WINDOW_AND_PARENTS`) erfolgen.

Sie können ein solches Portalereignis generell überall in Ihrer Web-Dynpro-Component auslösen. Darüber hinaus können Sie auch mehrere Portalereignisse in einem Request-Response-Zyklus auslösen.

Registrieren für Ereignisse

Zur Registrierung Ihrer Web-Dynpro-Anwendung für ein Portalereignis steht im Interface IF_WD_PORTAL_INTEGRATION die Methode subscribe_event( ) zur Verfügung, und für das Löschen Ihrer Registrierung für das Portal-Event verwenden Sie die Methode unsubscribe_event( ). Die Registrierung bzw. Löschung der Registrierung muss für jeden View in der Hook-Methode wddoinit vorgenommen werden. Listing 10.27 zeigt die Registrierung eines Portalereignisses.

```
* Die Portal-Manager-Referenz
DATA lo_api_component TYPE REF TO if_wd_component.
DATA lo_portal_manager TYPE REF TO if_wd_portal_integration.
* Die View-Controller-API
DATA lo_api_controller  TYPE REF TO if_wd_view_controller.
* Portal-Manager-Referenz ermitteln
lo_api_component = wd_comp_controller->wd_get_api( ).
lo_portal_manager = lo_api_component->get_portal_manager( ).
* Die View-Controller-API ermitteln
  lo_api_controller ?= wd_this->wd_get_api( ).
* Für das Portal-Event registrieren
  CALL METHOD lo_portal_manager->subscribe_event
    EXPORTING
      portal_event_namespace = <namespace>
      portal_event_name      = <event_name>
      view                   = lo_api_controller
      action                 = 'PORTAL_EVENT'.
```

Listing 10.27 Registrieren des Portalereignisses

Die einfachste Art und Weise, die Registrierung zu implementieren, ist wiederum der Einsatz des Web-Dynpro-Code-Wizards. Dieser erzeugt die Coding-Passage für die Ermittlung des Portal-Managers und der View-Controller-API. Die Methode `subscribe_event( )` sorgt für die Registrierung des Ereignisses (Parameter `portal_event_name`) im angegebenen Namensraum (Parameter `portal_event_namespace`). Mithilfe des Parameters `view` übergeben Sie die View-Controller-API, und an den Parameter `action` übergeben Sie den Namen der Aktion, deren Aktionsbehandler-Methode die Behandlung des Portal-Events übernimmt. Als Beispiel haben wir den Aktionsnamen `PORTAL_EVENT` verwendet. Die Aktion wird im Rahmen der Anlage des Codings für die Registrierung oder von Ihnen manuell angelegt.

Behandeln von Ereignissen

Aktionsbehandler-Methode

Kommt es zur Behandlungssituation aufgrund eines Portal-Events, werden der Aktionsbehandler-Methode in der Web-Dynpro-Component mithilfe des Methodenparameters `wdevent` die Parameter `portal_event_namespace`, `portal_event_name` und `portal_event_parameter` übergeben. Diesen können Sie mithilfe der Methode `get_string( )` oder durch direktes Lesen des `parameters`-Attributs von `wdevent` extrahieren. In Listing 10.28 haben wir beide Varianten für Sie angeführt.

```
* Variante 1
* Lokale Variable für event_name
  DATA: ld_event_parameter TYPE string.
* Parameter ermitteln mit Methode
  CALL METHOD wdevent->get_string
    EXPORTING
      name  = 'PORTAL_EVENT_PARAMETER'
    RECEIVING
      value = ld_event_parameter.
* Variante 2
* Arbeitsbereich
  DATA: ls_parameter LIKE LINE OF wdevent->parameters.
* Dereferenzierungsvariable
  FIELD-SYMBOLS: <ld_parameter> TYPE string.
* Parameter lesen aus Tabelle
  READ TABLE wdevent->parameters INTO ls_parameter
    WITH KEY name = 'PORTAL_EVENT_PARAMETER'.
  IF sy-subrc = 0.
```

```
* Dereferenzierung
  ASSIGN ls_parameter-value->* TO <ld_parameter> CASTING.
ENDIF.
```

Listing 10.28 Event-Parameter ermitteln

Variante 1 verwendet die Hilfsmethode `get_string( )` des `wdevent`-Objekts, um den Wert des Parameters zu ermitteln. Variante 2 geht einen anderen Weg und führt die Dereferenzierung Schritt für Schritt durch. Wie die Inhalte des Parameters zu interpretieren sind, hängt vom Sender des Ereignisses ab und davon, wie dieser die Daten im Parameter aufgebaut hat. Das bedeutet für Sie, dass möglicherweise zur Extraktion der Daten noch weitere Implementierungsschritte notwendig sind.

wdevent

10.5.3 Navigation

Das SAP Enterprise Portal unterstützt die Navigation zwischen verschiedenen Arten von Portalinhalten (Content). Zum Beispiel erlaubt es einer Web-Dynpro-Anwendung, sowohl zu einer anderen Web-Dynpro-Anwendung als auch zu technisch unterschiedlich gestaltetem Portal-Content zu navigieren. Portal-Content kann unter anderem auch in Form einer BSP- oder ITS-Anwendung (Business Server Page, Internet Transaction Server) vorliegen. Das Interface `IF_WD_APPLICATION` stellt Ihnen die Methode `get_client_environment( )` zur Verfügung, mit der Sie die Client-Umgebung ermitteln und feststellen können, ob das Portal aktiv ist. Dies ist relevant, falls es zu Navigationsszenarien kommt. Im Portal gibt es unterschiedliche Möglichkeiten, um aus Sicht der Applikation zu navigieren, deren Implementierungsaspekte wir uns im Folgenden genauer ansehen.

Portal-Content

Absolute Navigation

Falls Sie von Ihrer Web-Dynpro-Anwendung aus eine absolute Navigation einsetzen möchten, d. h. eine Navigation, bei der Sie als Navigationsziel eine absolute Adresse im Portal angeben, verwenden Sie den Web-Dynpro-Code-Wizard, um die Methode `navigate_absolute( )` des Portal-Managers aufzurufen.

navigate_absolute

Relative Navigation

Falls Sie von Ihrer Web-Dynpro-Anwendung aus eine relative Navigation mit Bezug zu einer Basis-URL einsetzen möchten, verwenden

navigate_relative()

Sie den Web-Dynpro-Code-Wizard, um die Methode `navigate_relative( )` des Portal-Managers aufzurufen.

In der relativen Navigation wird ausgehend von einer Basis-URL (Parameter `base_url`) durch die Angabe der Anzahl der nach oben zu navigierenden Hierarchiestufen (Parameter `levels_up`) in der Verzeichnisstruktur ein neuer Startpunkt für die Navigation in die Tiefe definiert. Der Pfad, der in die Tiefe verfolgt werden soll, wird über den Parameter `path` an die Methode übergeben. Wird die `base_url` nicht angegeben, wird die aktuelle URL verwendet. Der Parameter `path` erhält eine Liste mit den nächsten Knoten.

Objektbasierte Navigation

Business-Objekte — Die objektbasierte Navigation (OBN) erlaubt es, Navigationsschritte basierend auf Business-Objekten zu definieren. Welcher konkrete iView (oder welche Portalseite) für die Realisierung dieser Operation herangezogen werden soll, wird im Portal konfiguriert. Die Web-Dynpro-Anwendung selbst übergibt lediglich die Namen des Business-Objekts und der damit verbundenen Operationen.

navigate_to_object — Sie können die objektbasierte Navigation des Portals in Web Dynpro ABAP auslösen, indem Sie die Methode `navigate_to_object( )` des Portal-Managers aufrufen. Über den Web-Dynpro-Code-Wizard können Sie eine entsprechende Vorlage generieren lassen, die Sie dann mit anwendungsrelevanten Werten füllen. Ein einfaches Beispiel für die objektbasierte Navigation sehen Sie in Listing 10.29.

```
* Component-API
DATA lo_api_component TYPE REF TO if_wd_component.
* Portal-Manager-Referenz
DATA lo_portal_manager TYPE REF TO if_wd_portal_integration.
* Component-API ermitteln
lo_api_component = wd_this->wd_get_api( ).
* Portal-Manager ermitteln
lo_portal_manager = lo_api_component->get_portal_manager( ).
* Zum Business-Objekt navigieren
CALL METHOD lo_portal_manager->navigate_to_object
  EXPORTING
    system              = <system_alias>
    object_type         = <business_object_id>
*   object_value_name   = <object_value_name>
*   object_value        = <object_value>
    operation           = <business_object_operation>
```

```
*    business_parameters     = <business_parameters>
*    forward_obn_metadata    = abap_false
*    use_forwardparameters_of_al = abap_false
*    resolving_mode          = CO_RESOLVING_MODE-SOURCE_ROLE.
```

Listing 10.29 Objektbasierte Navigation

Am Beginn der Implementierung steht die Ermittlung der API der Component, gefolgt von der Ermittlung der Portal-Manager-Referenz. Danach folgt der Aufruf der Methode `navigate_to_object()`. Die Bedeutung der Methodenparameter wird im Folgenden besprochen. Wir beginnen mit den beiden obligatorischen Methodenparametern:

Obligatorisch

- `system`: Mit diesem Parameter geben Sie den Systemalias für das System an, dem das Business-Objekt zugeordnet ist. Den Systemalias erfahren Sie vom Systemadministrator.

- `object_type`: Mit diesem Parameter geben Sie die ID des von Ihnen verwendeten Business-Objekts an. Die ID zum Business-Objekt ermitteln Sie aus dem Portalbereich CONTENT ADMINISTRATION.

Damit haben Sie die obligatorischen Parameter mit Werten versorgt. Die nun folgenden Parameter sind optional:

Optional

- `object_value`: Zu einem Business-Objekt können unterschiedliche Instanzen existieren, z. B. bei der Verwendung des Business-Objekts `Customer`. Mithilfe dieses Parameters spezifizieren Sie, welche konkrete Instanz eines Business-Objekts, z. B. welcher konkrete Kunde, für den Schritt der objektbasierten Navigation verwendet werden soll. Im Fall des Kundenbeispiels wäre dies etwa die Kundennummer.

- `operation`: Mit diesem Parameter legen Sie fest, welche Operation (Methode) für den Schritt der objektbasierten Navigation verwendet werden soll.

- `object_value_name`: Der angegebene Name des Objektwertes wird als URL-Parameter an den OBN-Schritt transportiert. Der Standardname des Parameters lautet `objectValue`. Sie können bei Bedarf einen anderen Parameternamen festlegen.

- `business_parameters`: Neben der Angabe des Objektwertes können Sie weitere Parameter definieren, die durch den OBN-Schritt in Form eines Query-Strings weitergereicht werden. Der Aufbau eines Query-Strings lautet:

```
<parameter_name>=<parameter_value>&
<parameter_name>=<parameter_value>&
etc.
```

- `forward_obn_metadata`: Manchmal ist es für das Ziel der objektbasierten Navigation nützlich, mehr Informationen über den aktuellen Navigationsschritt zu erhalten. Wenn Sie z. B. eine Anwendung bearbeiten, die als Implementierung unterschiedlicher Operationen für ein Business-Objekt dient, muss die Anwendung wissen, welche Operation vom OBN-Schritt ausgelöst wurde. Daher können Sie die folgenden Parameter weiterleiten:

  - `obn.system`: Dies ist das System, dem das Business-Objekt zugeordnet ist.
  - `obn.bo_type`: Dies ist das Business-Objekt selbst.
  - `obn.operation`: Dies ist die jeweilige Operation. Bei Verwendung der Standardoperation ist der Wert `_default_`.

Zielanwendung

Die Zielanwendung der objektbasierten Navigation wird im Portal zu der jeweiligen Operation des Business-Objekts gepflegt. Dies wird in der Regel vom Portaladministrator vorgenommen.

CL_WDR_PORTAL_OBNWEB_SERVICE

Die Ausführung der Navigation durch einen Benutzer ist abhängig vom Customizing der Rollenzugehörigkeit im Portal. Um die Oberfläche benutzerfreundlich zu gestalten, bietet es sich an, die Operationen, die für den Benutzer nicht zur Verfügung stehen, von vornherein nicht für diesen Benutzer anzubieten. Dazu muss jedoch zunächst vom Portal die Information zur Berechtigung der jeweiligen Operation eingeholt werden. Verwenden Sie die ABAP-Klasse `CL_WDR_PORTAL_OBNWEB_SERVICE`, die Ihnen als Methoden verschalte Webservices für die Abfragen zum Portal anbietet.

10.5.4 WorkProtect-Modus

WorkProtect

Der WorkProtect-Modus des SAP Enterprise Portals stellt die Infrastruktur für den Umgang mit ungesicherten Daten bereit. Eine Anwendung wird als *dirty* bezeichnet, wenn die eingegebenen Daten noch nicht gesichert wurden. Normalerweise würden die Daten verloren gehen, wenn der Benutzer zu einer anderen Anwendung navigiert, ohne die Daten vorher abgespeichert zu haben. Um dies zu verhindern, überwacht das Client-Framework des Portals den aktuellen Status aller Anwendungen auf der Portalseite.

Dazu muss die Anwendung einen speziellen Status als Sicherheitskennzeichen (Dirty-Kennzeichen) pflegen, der das Portal darüber informiert, wenn ungesicherte Daten vorliegen. Diesen Status können Sie mit der Methode `set_application_dirty_flag( )` des Portal-Managers setzen (`abap_true`) oder zurücksetzen (`abap_false`).

Dirty-Kennzeichen

Web Dynpro unterstützt den WorkProtect-Modus auf drei unterschiedliche Arten mithilfe der Methode `set_work_protect_mode( )` des Portal-Managers und des Methodenparameters `mode`:

- `none`: Mit diesem Wert wird der WorkProtect-Modus von der Web-Dynpro-Anwendung nicht angewandt. Navigieren Sie innerhalb des Portals zu einer anderen Anwendung, gehen ungesicherte Daten verloren, auch wenn Sie das Dirty-Kennzeichen gesetzt haben.

- `application_only`: Mit diesem Wert entscheidet die Web-Dynpro-Anwendung selbst, ob Daten vorliegen, die noch nicht gesichert wurden, die Anwendung demnach dirty ist. Der Dirty-Status wird daher nur serverseitig überwacht. Sie können mit diesem Wert nicht sicherstellen, dass keine der Daten verloren gehen, die noch nicht auf den Server übertragen wurden.

- `both`: Mit diesem Wert überprüft zusätzlich der Client den Dirty-Status. Damit wird sichergestellt, dass keine Benutzereingaben verloren gehen, die noch nicht auf den Server übertragen wurden. Dies wird erreicht, indem der Dirty-Status der Anwendung im SAP Enterprise Portal gesetzt wird, sobald der Benutzer Daten eingegeben hat.

10.5.5 Interface IF_WD_PORTAL_INTEGRATION

Das Interface `IF_WD_PORTAL_INTEGRATION` bietet die in Tabelle 10.3 zusammengestellten Methoden, um mit dem Portal interagieren zu können.

Methoden

Name	Beschreibung
`fire( )`	Mithilfe dieser Methode lösen Sie ein Portal-Event aus.
`navigate_absolute( )`	Mithilfe dieser Methode navigieren Sie zu einer definierten URL.

Tabelle 10.3 Methoden IF_WD_PORTAL_INTEGRATION

Name	Beschreibung
navigate_relative( )	Mithilfe dieser Methode navigieren Sie zu einer eigenen, relativ zu einem Navigationsstartpunkt definierten URL.
navigate_to_object( )	Mithilfe dieser Methode navigieren Sie zu einem Business-Objekt.
set_application_dirty_flag( )	Mithilfe dieser Methode setzen Sie das Dirty-Kennzeichen für das Portal.
set_work_protected_mode( )	Mithilfe dieser Methode setzen Sie den WorkProtect-Modus.
subscribe_event( )	Mithilfe dieser Methode registrieren Sie Ihre Anwendung für ein Portal-Event.
unsubscribe_event( )	Mithilfe dieser Methode deregistrieren Sie sich von einem Portal-Event.

Tabelle 10.3 Methoden IF_WD_PORTAL_INTEGRATION (Forts.)

10.6 Performance- und Speicheroptimierung

Mit steigender Komplexität von Web-Dynpro-Anwendungen nehmen auch deren Speicherverbrauch und die Antwortzeit auf Benutzeraktionen zu. In der Praxis kann es so schnell zu Problemen mit zu hohem Speicherverbrauch oder träge reagierenden User Interfaces kommen. Während sich ein zu hoher Speicherverbrauch meist erst in späteren Projektphasen, wie etwa bei Massentests, bemerkbar macht, erkennen Sie träge Reaktionszeiten der Oberfläche auf Benutzeraktionen meist bereits in der Entwicklungsphase.

Typische Fehler Schlechte Performance muss jedoch meist nicht sein. In der Praxis zeigt sich häufig, dass vor allem fehlendes Wissen über grundlegende Aspekte der performanten Web-Dynpro-Entwicklung zu schlechter Performance führt. So haben sich z. B. bislang die wenigsten Web-Dynpro-Entwickler mit der Delta-Rendering-Optimierung beschäftigt. Auch die pauschale Instanziierung nicht benötigter Components ist ein in der Praxis häufig auftretender Fehler.

Analysegebiete Im Unterschied zur Performance- und Speicheroptimierung klassischer Web-Dynpro- bzw. ABAP-Anwendungen müssen Sie bei der

Optimierung von Web-Dynpro-UIs neben der Datenbank und dem Applikationsserver verstärkt den Client und dessen Interaktion mit dem Backend beachten. Die folgende Liste zählt die drei wichtigsten in diesem Abschnitt behandelten Aspekte bei der Optimierung von Web-Dynpro-UIs auf:

- **Backend-Laufzeit**
  Aus Web-Dynpro-Perspektive betrachtet, setzt sich die Backend-Laufzeit aus der Laufzeit der Anwendungslogik und der Laufzeit des Web-Dynpro-Frameworks zusammen. Sie kann durch eine Vielzahl von Faktoren beeinflusst werden. Sie können die Backend-Laufzeit durch Optimierung der eigenen Anwendungslogik verbessern. Auf die Laufzeit des Web-Dynpro-Frameworks haben Sie dabei jedoch nur indirekten Einfluss. Hier bietet sich vor allem die Beachtung der grundlegenden Regeln zur Entwicklung performanter Web-Dynpro-Anwendungen an.

- **Übertragene Datenmenge**
  Nahezu jede Benutzeraktion führt zu einer Interaktion zwischen Frontend und Backend. Ziel sollte es sein, die dabei übertragene Datenmenge auf ein Minimum zu reduzieren. Da Sie auf den Datenstrom zwischen Frontend und Backend keinen direkten Einfluss haben, kann die übertragene Datenmenge häufig nur als Indikator bei Analysen herangezogen werden.

- **Frontend-Rendering-Laufzeit**
  Mit der Betrachtung der Frontend-Rendering-Laufzeit kommt für ABAP-Entwickler häufig eine neue Komponente ins Spiel: Die aus dem Backend übertragenen Daten müssen vom Browser gerendert werden. Bei komplexen Anwendungen, langsamen Client-Rechnern und falscher Systemkonfiguration kann das Rendering länger als eine Sekunde dauern.

In diesem Abschnitt erhalten Sie einen Überblick über die wichtigsten Einstellungsparameter, Tools und Techniken für die Entwicklung performanter Web-Dynpro-Anwendungen.

Durch die Optimierung der Systemkonfiguration können Sie im Web-Dynpro-Bereich häufig deutliche Performance-Verbesserungen erzielen. So kann sich eine unvorteilhafte Konfiguration sowohl in der Performance des Backends als auch in der Performance des Browsers im Client niederschlagen. Für die Performance von Web-

Optimale Systemkonfiguration

Dynpro-Anwendungen sind vor allem folgende Aspekte von zentraler Bedeutung:

- die globalen Web-Dynpro-Einstellungen
- die Komprimierung des Datenstroms zwischen Browser und Applikationsserver

Globale Web-Dynpro-Einstellungen

Für die anwendungsübergreifende Konfiguration Web-Dynpro-spezifischer Systemeinstellungen bietet SAP die Anwendung WD_GLOBAL_SETTING (in Component WD_GLOBAL_PARAMETERS) an. Nach dem Start der Anwendung haben Sie die Wahl zwischen den in Anhang A aufgelisteten Anwendungsparametern.

> **Konfiguration der Anwendungsparameter**
>
> Mithilfe der in diesem Abschnitt behandelten Anwendung WD_GLOBAL_SETTING können Sie die bereits in Abschnitt 8.5.2 vorgestellten Anwendungsparameter global und anwendungsübergreifend vorkonfigurieren.

Performance-relevante Anwendungsparameter

Unter den Anwendungsparametern befinden sich auch drei Parameter mit direkter Auswirkung auf die Performance von Web-Dynpro-Anwendungen. Es handelt sich um die Parameter OPTIMIERUNGEN FÜR REMOTE-DESKTOP-VERBINDUNGEN, DELTA-RENDERING und ZEIGE ANIMATION:

- **Optimierungen für Remote-Desktop-Verbindungen**
  Bei der Darstellung von Web-Dynpro-Anwendungen über Remote-Desktop-Verbindungen (z. B. WTS) kann es in bestimmten Situationen zu einem langsamen Bildaufbau kommen. Öffnet sich in einer Web-Dynpro-Anwendung z. B. ein Pop-up-Fenster, wird die darunterliegende Ebene verdunkelt dargestellt. Die Remote-Desktop-Verbindung muss daher beim Öffnen eines Pop-up-Fensters immer auch den abgedunkelten Hintergrund übertragen. Um dies bei Terminal-Verbindungen zu vermeiden, empfehlen wir Ihnen das Aktivieren dieser Einstellung.

- **Delta-Rendering**
  Normalerweise werden mit jedem Roundtrip alle im Window aktiven Views an den Browser übertragen. In vielen Fällen ist dies jedoch gar nicht notwendig. Nach Aktivierung der Delta-Rendering-Funktion werden nur noch die Views an den Browser über-

tragen, die sich auch wirklich geändert haben. Dadurch sparen Sie überall: im Backend, bei den zu übertragenden Daten und im Frontend. Delta-Rendering sollte daher nur bei Anzeigeproblemen deaktiviert werden. Das Delta-Rendering wird in Abschnitt 10.6.4 detailliert erläutert.

- **Animationen**
  Die Animation mancher Ereignisse, wie etwa das Ausblenden des Hintergrunds während des Öffnens eines Pop-up-Fensters, soll das Arbeiten mit Web Dynpro intuitiver gestalten. Jedoch verzögert jede Animation den Arbeitsablauf. Durch Deaktivierung der Animationen können Sie diese Zeit sparen.

Komprimierung des HTTP-Datenstroms

Sowohl im Internet als auch bei Web Dynpro werden alle Daten über TCP/IP übertragen. Zur Minimierung der Netzwerklast können die Daten während der Übertragung mit dem GZIP-Algorithmus komprimiert werden. Durch diese Komprimierung können Sie die bei Web Dynpro zwischen Applikationsserver und Browser erzeugte Netzwerklast um etwa 85–95 % reduzieren. Die Komprimierung wirkt sich damit vor allem bei langen und langsamen Netzwerkverbindungen aus.

Die Komprimierung des HTTP-Datenstroms können Sie in der PFLEGE DER SERVICES einstellen:

HTTP-Komprimierung aktivieren

1. Sie finden die Anwendung im SAP-Menü unter WERKZEUGE • ADMINISTRATION • VERWALTUNG • NETZWERK. Alternativ können Sie die Anwendung über Transaktion SICF starten.

2. Überspringen Sie das Einstiegsbild mit der Taste [F8]. Im folgenden Bildschirmbild sehen Sie in der unteren Hälfte den HTTP-Service-Baum. Öffnen Sie den Pfad DEFAULT_HOST • SAP • BC, und klicken Sie doppelt auf das Knotenelement WEBDYNPRO.

3. Wählen Sie in den Einstellungen auf der Registerkarte SERVICE-DATEN unter KOMPRIMIERUNG den Eintrag JA aus (siehe Abbildung 10.24).

> **Weitere Einstellungen prüfen**
> Unter Umständen ist es notwendig, die Einstellungen auch in darunterliegenden Pfaden zu überprüfen und anzupassen.

[«]

10 | Weiterführende Konzepte

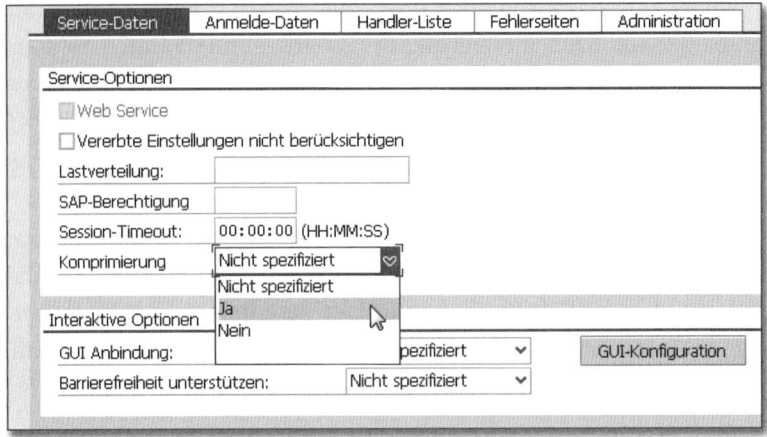

Abbildung 10.24 Aktivierung der HTTP-Komprimierung

10.6.1 Checklisten für die performante Web-Dynpro-Entwicklung

SAP empfiehlt zur Entwicklung performanter Web-Dynpro-Anwendungen die Beachtung einer Reihe von Regeln, die wir im Folgenden aufgreifen.

Checkliste: Components

Vor allem auf der Ebene von Components kann es während der Entwicklung zu später schwer korrigierbaren Fehlern aus Sicht der Anwendungsperformance kommen. Die folgende Checkliste gibt Ihnen einen Überblick über die wichtigsten Grundregeln der Component-Performance:

- Verwenden Sie Components ausschließlich für die UI-Programmierung. Trennen Sie Ihre Anwendungslogik von den Web-Dynpro-Controllern, indem Sie Klassen für die Anwendungslogik und Controller für die Verwaltung der Components/Views einsetzen.

- Jede Component-Instanziierung kostet Laufzeit und Speicherplatz. Entwickeln Sie keine Ein-View-Components, übertreiben Sie es aber auch nicht durch die Erstellung großer Monster-Components. Fassen Sie alle Views, die logisch zusammengehören, in einer Component zusammen. Eine gesunde Mischung von fünf bis zehn Views pro Component ist in den meisten Fällen optimal.

- Vermeiden Sie pauschale Instanziierungen fremder Components in der Methode `wddoinit( )`. Instanziieren Sie eine fremde Component erst dann, wenn sie auf dem User Interface angezeigt werden soll (siehe Abschnitt 10.6.3, »On-Demand-Component- und View-Instanziierung«).

- Löschen Sie Component-Instanzen, sobald diese nicht mehr gebraucht werden. Verwenden Sie dazu die Methode `delete_component( )` der jeweiligen Component-Verwendung (Typ `IF_WD_COMPONENT_USAGE`). Das Löschen einer Instanz gibt den jeweiligen Speicherplatz frei.

- Setzen Sie die Lebensdauer möglichst aller Views auf `when visible`. Beachten Sie, dass diese Einstellung zwar einerseits zur Minimierung des benötigten Speicherbedarfs führt, andererseits aber bei eventuell notwendiger View-Neuinstanziierung zu erhöhter Laufzeit führen kann. Wägen Sie deshalb zwischen Speicherplatzreduzierung und der Wahrscheinlichkeit einer Neuinstanziierung der Views ab.

Der Context ist für den Datenaustausch zwischen der Benutzeroberfläche und der Web-Dynpro-Component zuständig. Er gehört somit zu den wichtigsten Bestandteilen von Components. Aus diesem Grund ist die Beachtung einiger Regeln zur performanten Programmierung des Contexts besonders wichtig:

Checkliste: Context

- Stellen Sie nicht alle Daten in den Context. Verwenden Sie den Context ausschließlich für Daten, die an UI-Elemente gebunden sind.
- Erstellen Sie keine tief geschachtelten Contexte.
- Erstellen Sie nach Bedarf lokale Contexte, z. B. in Views.
- Vermeiden Sie lange Context-Mapping-Ketten.
- Aktualisieren Sie den Context nur dann, wenn die Daten auch tatsächlich aktualisiert werden müssen.
- Verwenden Sie Singleton-Knoten in Kombination mit einer Supply-Funktion, wenn Master-Detail-Verschachtelungen benötigt werden.
- Achten Sie bei allen Knoten, deren Attribute auf DDIC-Strukturen basieren, auf die folgenden Punkte:
  - Übernehmen Sie ausschließlich benötigte Felder als Attribute in den Knoten.
  - Verwenden Sie möglichst schlanke Strukturen. Auch wenn Sie nur einen kleinen Teil der Felder einer Struktur in die Attribut-

liste des Knotens aufnehmen, wird vom System intern die gesamte Strukturbreite benötigt.

- Verwenden Sie zur Aktualisierung mehrerer Context-Attribute eines Elements die Methode `set_static_attributes( )` anstelle der Methode `set_attribute( )`. Ziehen Sie die Methode `bind_table( )` zur Aktualisierung ganzer Knoten heran.

Checkliste: UI-Elemente

Jedes generierte UI-Element beansprucht sowohl auf dem Server, auf der Netzwerkebene als auch im Browser des Clients Speicher und Rechenzeit. Aus diesem Grund sollten Sie sparsam mit UI-Elementen umgehen. Die folgende Checkliste gibt Ihnen dazu einige Tipps:

- Vermeiden Sie jegliche Art von Scrolling. Verwenden Sie nach Möglichkeit kein Container-Scrolling und auch nicht die Scrolling-Funktion des Browsers. Insbesondere bei eingabebereiten User Interfaces führt die Verwendung von Scroll-Containern zu deutlichen Performance-Einbußen.

- Vermeiden Sie tiefe Verschachtelungen von Container-, `Group`- und `TabStrip`- Elementen. Verwenden Sie, wo es möglich ist, an der Wurzel jedes Views die Funktion ROOT-ELEMENT AUSTAUSCHEN.

- Verwenden Sie möglichst nicht das UI-Element `Tree`.

- Verwenden Sie `RowRepeater` oder `MultiPane` für sich wiederholende User Interfaces. Verschachteln Sie diese beiden UI-Elemente nicht.

- Modifizieren Sie die Eigenschaften Ihrer UI-Elemente über die `set_<Eigenschaft>`-Methoden im Coding nur dann, wenn sich die Eigenschaften auch wirklich ändern sollen. Prüfen Sie gegebenenfalls vorab über die Methode `get_<Eigenschaft>`, ob eine Änderung wirklich notwendig ist.

- Vermeiden Sie nach Möglichkeit Änderungen an UI-Elementen in der View-Methode `wddomodifyview( )`. Verwenden Sie für darin benötigtes Coding nach Möglichkeit immer den Parameter `first_time`.

10.6.2 Performance-Tools

Web-Dynpro-Analyse-Tools

SAP liefert Ihnen mit Web Dynpro bereits eine Reihe nützlicher Analyse-Tools. Mithilfe dieser speziell für Web Dynpro entwickelten

Tools können Sie Ihre Anwendungen aus den verschiedensten Blickwinkeln betrachten:

- Performance-Monitor
- Trace-Tool, das die folgenden Sub-Tools beinhaltet:
  - Delta-Rendering-Change-Tracking
  - Detailinformationen zur Speicherbelegung
  - Navigationsinformationen

Neben diesen Tools, die anschließend kurz vorgestellt werden, können Sie natürlich auch noch die klassischen ABAP-Tools zur Performance-Messung einsetzen – z. B. die Laufzeitanalyse.

Klassische Performance-Analyse-Tools

Performance-Monitor

Mithilfe des Performance-Monitors können Sie sich schnell die wichtigsten performancerelevanten Kenngrößen anzeigen lassen, wie z. B. den aktuellen Speicherverbrauch, die End-to-End-Antwortzeit (Response Time) sowie die server- und clientseitige Rendering-Zeit.

Zum Starten des Performance-Monitors fügen Sie den Parameter `sap-wd-perfMonitor=X` an die URL Ihrer Anwendung an oder drücken gleichzeitig auf die Tasten [Strg] + [⇧] + [Alt] + [P] im Browser. In der oberen rechten Ecke der Anwendung sollte nun ein kleines Kästchen mit dem Performance-Monitor erscheinen (siehe Abbildung 10.25).

Performance-Monitor starten

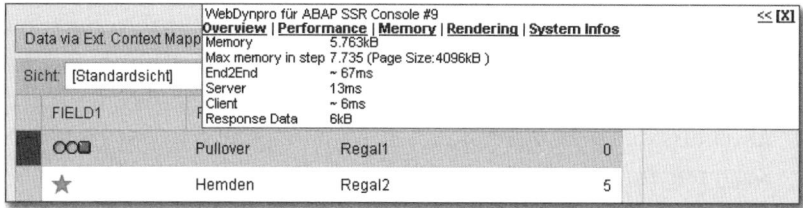

Abbildung 10.25 Performance-Monitor im ausgeklappten Zustand

> **Shortcut-Übersicht** [+]
>
> Durch gleichzeitiges Drücken der Tasten [Strg] + [⇧] + [Alt] + [H] im Browser öffnet sich in einem kleinen Pop-up-Fenster eine Übersicht aller verfügbaren [Strg]-[⇧]-[Alt]-Shortcuts. Die Liste der tatsächlich verfügbaren Tools kann je nach Versionsstand des Systems voneinander abweichen.

Anzeigen von Details

Durch einen Klick auf den Link >> können Sie den Performance-Monitor erweitern und aus den Kategorien OVERVIEW, PERFORMANCE, RENDERING und SYSTEM INFOS Details anzeigen lassen.

> [!] **Orientierungshilfe**
>
> Bei den vom Web-Dynpro-Performance-Monitor angezeigten Daten handelt es sich um grobe Orientierungswerte und nicht um exakte und systemübergreifend vergleichbare Werte.

Trace-Tool

Das Trace-Tool ist das mächtigste unter den Web-Dynpro-Analyse-Tools. Einmal gestartet, schreibt es bei jedem Roundtrip zwischen Applikationsserver und Browser Log-Einträge über Navigationsereignisse, Speicherverbrauch, Ereignisse, Components und Änderungen an Views mit. Diese Log-Einträge können anschließend direkt im Browser betrachtet oder als ZIP-Datei heruntergeladen werden.

Verwendung des Trace-Tools

Sie können das Trace-Tool auf zwei unterschiedlichen Wegen aktivieren: Der einfachste Weg ist die Verwendung der Tastenkombination [Strg] + [⇧] + [Alt] + [C]. Nach Aktivierung des Trace-Tools öffnet sich unterhalb des Fensters der aktuellen Anwendung ein weiteres Browser-Fenster mit dem Trace-Tool (siehe auch Abbildung 10.31 in Abschnitt 10.6.4, »Delta-Rendering«).

In der Dropdown-Liste auf der rechten Seite können Sie zwischen den verfügbaren Traces umschalten. Die meisten Traces werden in Form eines XML-Dokuments angezeigt. Neben der Anzeigefunktion haben Sie im Trace BENUTZERKOMMENTAR die Möglichkeit, einen Kommentar für jeden Trace-Roundtrip zu hinterlegen. Nach Abschluss der Messungen können Sie den gesamten Trace mit den Kommentaren durch einen Klick auf TRACE ALS ZIP-DATEI SPEICHERN... & TRACE BEENDEN zur Archivierung als ZIP-Datei herunterladen.

Transaktion WD_TRACE_TOOL

Sie können das Trace-Tool auch über Transaktion WD_TRACE_TOOL aktivieren. Klicken Sie in dieser Transaktion auf den Button AKTIVIEREN FÜR DIESEN BENUTZER, und bestätigen Sie die beiden daraufhin erscheinenden Pop-up-Fenster mit OK. Starten Sie anschließend die Web-Dynpro-Anwendung neu.

> **Traces herunterladen** [+]
> Neben der Aktivierung des Trace-Tools liegt der eigentliche Mehrwert dieser Transaktion in der Möglichkeit, bereits abgeschlossene Traces nachträglich als ZIP-Datei herunterzuladen.

Weitere Tools

Neben diesen auf Web Dynpro spezialisierten Tools stellt SAP noch die klassischen Tools zur Performance-Messung bereit, wie etwa die Laufzeitanalyse. So bieten sich zur Messung und Analyse von Web-Dynpro-Anwendungen vor allem die folgenden Tools an:

- **Memory Inspector (Transaktion S_MEMORY_INSPECTOR)**
  Mithilfe des Memory Inspectors können Sie die im Performance-Monitor angelegten Speicherabbilder im Detail analysieren.

- **Laufzeitanalyse (Transaktion SE30)**
  Die Laufzeitanalyse eignet sich vor allem für die Analyse des eigenen Anwendungs-Codings. Mithilfe dieser Analyse können Sie schnell Schwachstellen in Ihrem Coding identifizieren.

- **Workload Monitor (Transaktion STAD)**
  Der Workload Monitor bietet sich zur exakten Messung der Antwortzeit bei einem Roundtrip an. Im Gegensatz zur Laufzeitanalyse werden die Messergebnisse nicht durch die Messung verfälscht.

10.6.3 On-Demand-Component- und View-Instanziierung

Ein häufig beobachteter und aus Performance-Perspektive besonders schwerwiegender Fehler ist die pauschale und vorzeitige Instanziierung nicht sichtbarer Views und Components. Diese sollten immer erst instanziiert werden, wenn sie auch wirklich benötigt, d. h. im Browser angezeigt werden. Nach letztmaligem Gebrauch sollten die Views und Components wieder zerstört werden (when visible/ delete_component( )). Durch Beachtung dieser Regeln wird der Speicherbedarf einer Anwendung auf ein Minimum reduziert, und Instanziierungen werden gleichmäßig auf die Lebensdauer der Anwendung verteilt.

Instanziierung von Views und Components

Um die verfrühte Instanziierung von Views bzw. Components zu vermeiden, muss zuerst die folgende Frage beantwortet werden: Zu welchem Zeitpunkt werden Views und Components instanziiert? Die Lebensdauer eines Views wird von seiner Sichtbarkeit bestimmt. Wird ein View sichtbar gemacht, wird er vom System instanziiert und bis zum Abbau der Component im Speicher gehalten. Wurde seine Einstellung LEBENSDAUER auf `when visible` gesetzt, wird er bereits vorab beim Wechsel in den Zustand unsichtbar abgebaut.

Der Begriff sichtbar darf dabei jedoch nicht mit dem umgangssprachlichen Begriff der Sichtbarkeit verwechselt werden: So kann auch ein im Browser für den Betrachter unsichtbarer View im System den Status sichtbar haben. Ob ein View für das System nun sichtbar oder unsichtbar ist, hängt allein vom Window der jeweiligen Component ab. So wird ein View instanziiert, wenn er in ein sichtbares Window eingebettet und als Default-View markiert ist oder über seinen Inbound-Plug angesprochen wird. Handelt es sich bei dem View um einen Interface-View einer fremden Component, wird diese automatisch mit ihrem Interface-View instanziiert. Daneben können fremde Components auch über die Methode `create_component( )` ihrer Component-Verwendung instanziiert werden.

> [»] **Componentübergreifendes Mapping**
>
> Haben Sie ein componentübergreifendes Mapping zwischen zwei oder mehreren Components definiert, werden diese unabhängig von der Sichtbarkeit ihrer Views instanziiert.

Beispiel

In Abbildung 10.26 sehen Sie eine einfache Anwendung mit zwei Registerkarten ❶ sowie deren zugehörige Window-Struktur ❷. Im Browser wird die Registerkarte FORMULARANSICHT angezeigt. Für den Betrachter ist die andere Registerkarte TABELLENANSICHT unsichtbar. Deshalb ist anzunehmen, dass der auf der zweiten Registerkarte integrierte Interface-View TABLE noch nicht instanziiert wurde. Diese Annahme ist jedoch falsch. Für die Sichtbarkeit des Interface-Views TABLE ist nicht das Browser-Fenster, sondern allein das Window W_MAIN entscheidend ❷. Da der View TABLE im Window jedoch als Default-View (gelb hinterlegt) markiert wurde ❸, ist er für das System sichtbar. Er wird also bereits beim Start der Anwendung instanziiert und an den Browser übertragen.

Umbau des Views und des Windows

Nachdem Sie wissen, dass das Window immer alle sichtbaren Views instanziiert, lautet die nächste Frage: Wie können im Browser nicht sichtbare Views auch für das Window unsichtbar gemacht werden? Um den Startvorgang der Beispielanwendung zu beschleunigen, muss die automatische Instanziierung des aus der Perspektive des Windows sichtbaren Interface-Views TABLE verhindert werden. Für das Window muss der im View-Container VC_ALV befindliche Interface-View TABLE beim Start der Anwendung den Status unsichtbar tragen. Um dies zu erreichen, muss in den View-Container VC_ALV ein EMPTYVIEW integriert werden, der letztlich als Default-View des View-Containers markiert wird.

Abbildung 10.26 Sichtbarkeit von Views

Erst durch den Wechsel von der Registerkarte FORMULAR auf die Registerkarte ALV-TABELLE darf der Interface-View TABLE für das Window sichtbar werden. Dazu ist im äußeren Rahmen-View V_MAIN eine Aktion erforderlich, die beim Wechsel auf die Registerkarte ALV-TABELLE einen Outbound-Plug zum Interface-View TABLE auslöst und diesen instanziiert.

Zur Verdeutlichung des Beispiels bauen wir dieses nun um:

Umsetzung im System

1. Fügen Sie in den View-Container VC_ALV einen EMPTYVIEW ein, und markieren Sie diesen über das Kontextmenü als DEFAULT-VIEW.

2. Legen Sie im View V_MAIN den Outbound-Plug to_alv_table für die Navigation zum Interface-View TABLE an. Diesen verbinden Sie im Window mit dem Inbound-Plug default des Interface-Views TABLE. Abbildung 10.27 zeigt die Window-Struktur nach dem Umbau.

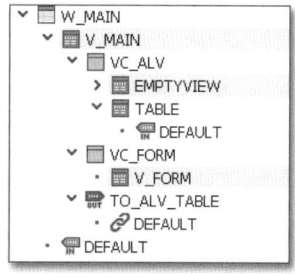

Abbildung 10.27 Im Startzustand unsichtbarer Interface-View TABLE

10 | Weiterführende Konzepte

3. Nun legen Sie in V_MAIN die Aktion TAB_SELECTED für das Tab-Strip-Ereignis onSelect an, das beim Wechsel auf die Registerkarte ALV-TABELLE ausgelöst wird. Abbildung 10.28 zeigt den View mit der Aktion nach der Fertigstellung.

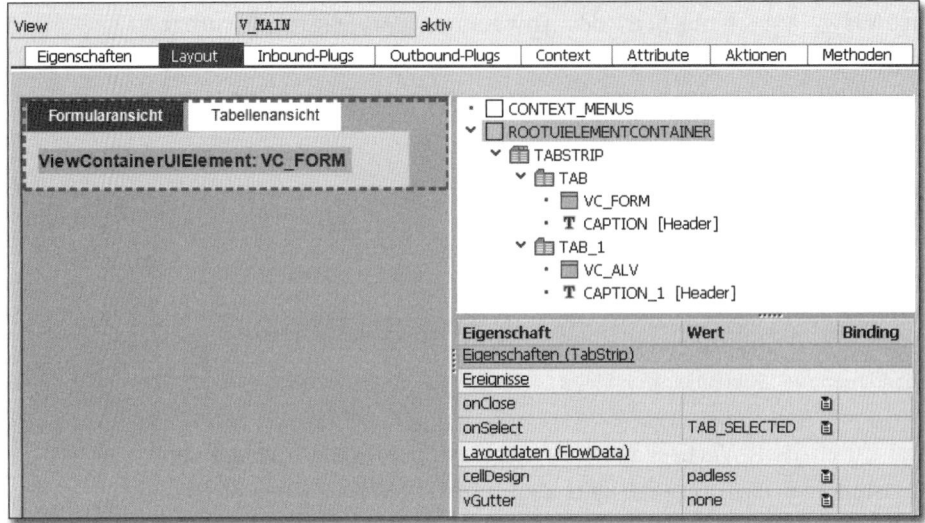

Abbildung 10.28 V_MAIN nach Erzeugung der Aktion TAB_SELECTED

4. Zuletzt müssen Sie noch die Aktion TAB_SELECTED implementieren. In dieser lösen Sie, abhängig von der ausgewählten Registerkarte, einen Outbound-Plug zum jeweils dahinter versteckten View aus. Unter Umständen bietet es sich noch an, zur Speicherfreigabe für die verlassende Registerkarte einen zweiten Plug zu einem EMPTYVIEW zu feuern.

In unserem Beispiel muss in der Aktion TAB_SELECTED der Outbound-Plug to_alv_table beim Wechsel auf die zweite Registerkarte ausgelöst werden. Der Plug löst den EMPTYVIEW als sichtbares Element von VC_ALV durch den Interface-View TABLE ab (siehe Listing 10.30). Im Anschluss kann die ALV-Component in der Aktion noch manuell instanziiert und die darzustellende Tabelle der Component übergeben werden.

```
CASE tab.
  WHEN 'TAB_FORM'.
  WHEN 'TAB_ALV_TABLE'.
    wd_this->fire_to_alv_table_plg( ).
    IF lo_cmp_usage->has_active_component( ) IS INITIAL.
```

```
      lo_cmp_usage->create_component( ).
      lo_ifc = wd_this->wd_cpifc_alv_table( ).
      lo_ifc->set_data( lo_node_t005t ).
    ENDIF.
  WHEN ...
ENDCASE.
```

Listing 10.30 Ausschnitt der Aktion TAB_SELECTED

10.6.4 Delta-Rendering

Mit Einführung der Lightspeed-Rendering-Technologie wurde ein neues Web-Dynpro-Zeitalter eingeläutet; Lightspeed löst das bisherige klassische Web-Dynpro-Rendering ab. Lightspeed-Rendering basiert auf der Ajax-Technologie (*Asynchronous JavaScript and XML*). Ajax ermöglicht eine asynchrone Kommunikation zwischen Browser und Webserver und ist damit eine der Schlüsseltechnologien für moderne und leistungsfähige Web UIs. So bietet Lightspeed auch einen deutlich erweiterten Satz an Features an.

Lightspeed-Rendering

Zudem wurde Web Dynpro mithilfe von Lightspeed-Rendering um das Delta-Rendering erweitert. Delta-Rendering ermöglicht es, nur den durch die Anwendung geänderten Bereich einer dargestellten Seite zu aktualisieren. In vielen Situationen führt das Delta-Rendering damit zu deutlichen Verbesserungen bei der Performance, da nur ein Teil des User Interfaces und nicht das gesamte User Interface im Backend generiert, übertragen und im Browser gerendert werden muss. Vor allem bei komplexen User Interfaces bewirkt Delta-Rendering deutliche Leistungszuwächse.

Delta-Rendering

Abbildung 10.29 zeigt ein kleines Beispiel zur Erklärung des Delta-Renderings: Das Beispiel besteht aus zwei Views: einem äußeren View mit einer Kundentabelle und einem darin eingebetteten View mit Detailinformationen zum jeweils im äußeren View selektierten Kunden. Ändert ein Benutzer nun die bei einem Kunden hinterlegten Detailinformationen und drückt auf die ⏎-Taste, findet im Hintergrund zwischen Server und Browser ein Roundtrip statt. Je nachdem, ob das Delta-Rendering aktiv ist oder nicht, überträgt der Server nur den geänderten View (innerer View) oder alle sichtbaren Views zum Rendering an den Browser. Die teilweise Übertragung des User Interfaces wirkt sich positiv auf die Laufzeit des Servers, die Netzwerklast und zuletzt auf die Rendering-Zeit des Browsers aus.

Beispiel

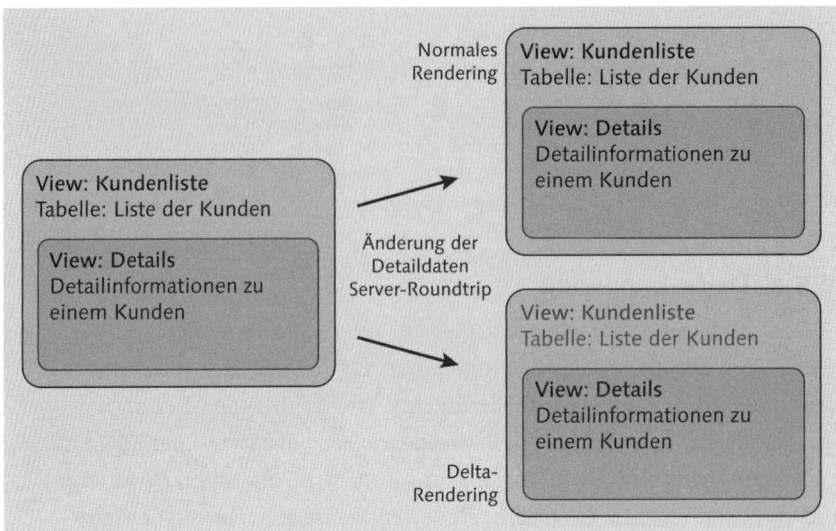

Abbildung 10.29 Beispiel für die Wirkung des Delta-Renderings

Zwar müssen Sie sich als Anwendungsentwickler nicht um das Handling der Deltas kümmern (dies erledigt Web Dynpro für Sie), jedoch sollten Sie wissen, wie das Delta-Rendering funktioniert und worauf Sie bei der Entwicklung Ihrer Anwendungen achten müssen, um deren reibungslose Funktion sicherstellen zu können.

Funktionsweise des Delta-Renderings

Prinzip des Delta-Renderings

Das Delta-Rendering arbeitet viewbasiert. Dazu besitzt jeder View ein Dirty-Kennzeichen. Ergibt sich während eines Roundtrips in einem View eine visuelle Änderung, wird der gesamte View vom System als dirty gekennzeichnet. Die Rendering Engine des Servers wertet am Ende jedes Roundtrips die Dirty-Kennzeichen aller sichtbaren Views aus und generiert aus der kleinsten gemeinsamen Obermenge dieser »schmutzigen Views« eine Deltadatei für den Browser.

Dirty Views

Damit das Delta-Rendering seine volle Wirkung entfalten kann, müssen die Änderungen im visuellen Bereich der Views auf ein Minimum reduziert werden. So stellt sich an dieser Stelle die Frage, wann bzw. wie ein View als schmutzig deklariert werden kann. Die folgende Liste gibt Ihnen Beispiele für Aktionen und Auslöser, die Views als dirty kennzeichnen:

- **Änderungen am Context**
  jegliche Änderung an Knoten oder Elementen (Attribute, Eigenschaften etc.) – unabhängig davon, ob sich die Context-Änderung auf den aktuell visuell sichtbaren View-Bereich auswirkt

- **Änderungen an UI-Elementen**
  - üblicherweise in `wddomodifyview( )`
  - `set_visible( )`, `set_enabled( )` und andere

- **Navigation**
  Auslösen eines Outbound-Plugs zu anderen Views

- **Interaktion mit UI-Elementen**
  Drücken der ⏎-Taste in einem Eingabefeld, Klick auf einen Button etc.

- **Nicht unterstützte UI-Elemente**
  `TimedTrigger`, `Gantt`, `Network`, `InteractiveForm` und `OfficeControl`

> **[!] Keine Kategorisierung der Änderungen**
>
> Jede Änderung an visuellen Bereichen eines Views markiert diesen als dirty. Es wird nicht geprüft, ob dies tatsächlich zu einer Wertänderung führt. Der bloße Aufruf einer ändernden Methode führt zur Aktualisierung des Views.

Auch wenn ein View nicht als dirty gekennzeichnet wurde, kann es vorkommen, dass dieser neu gerendert werden muss. Während in älteren Releases immer nur ein Bereich auf einmal per Delta-Update aktualisiert werden konnte, unterstützt Web Dynpro inzwischen auch mehrere Deltas pro Roundtrip. Mit einem View werden auch immer alle darin per View-Container eingebundenen Subviews gerendert. Im ungünstigsten Fall ist dies der äußerste View der Anwendung. Abbildung 10.30 gibt Ihnen dazu drei Beispiele:

Granularität von Änderungen

- **View A**
  In View A hat eine Änderung stattgefunden. Obwohl die Views A_1 und A_2 sauber sind, müssen sie als Kinder von A auch aktualisiert werden.

- **View B**
  Die Änderungen in View B_1 haben nur lokale Auswirkungen. View B und B_2 werden nicht aktualisiert.

▶ **View C**

Es finden Änderungen in View C_1 und View C_2 statt. View C braucht, im Gegensatz zu früher, nicht mehr aktualisiert zu werden.

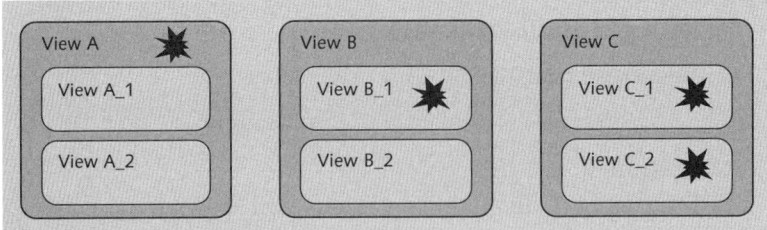

Abbildung 10.30 Rendering sauberer Views

Konsequenzen für Anwendungsentwickler

Aus dem Wissen, wie Views in den Dirty-Status wechseln und in welchen Fällen sie neu gerendert werden, lässt sich eine Reihe von Konsequenzen für die Entwicklung von Web-Dynpro-UIs ableiten:

▶ Vermeiden Sie alle unnötigen Änderungen am Context und an UI-Elementen. Diese führen in der Regel zu Delta-Updates.

▶ Vergleichen Sie vorab den Ist-Wert mit dem Soll-Wert:
```
IF lo_inputfield->get_visible( ) EQ abap_true.
  lo_input_field->set_visible( abap_false ).
ENDIF.
```

▶ Machen Sie sich bereits vorab intensiv Gedanken über die Strukturierung und Schachtelung Ihrer Views, z. B.:

  ▶ Welche Views werden am häufigsten geändert?

  ▶ Wie kann ein Delta möglichst klein gehalten werden?

  ▶ Wie können eingabebereite UI-Elemente (z. B. Eingabefelder) in äußeren Views vermieden werden?

  ▶ Ist es sinnvoll, existierende Views aufzuteilen und weitere Views zur Verkleinerung von Deltas einzufügen?

Analyse mithilfe des Trace-Tools

Mithilfe des Trace-Tools können Sie das Delta-Rendering in Web-Dynpro-Anwendungen einfach analysieren. So zeigt das Trace-Tool nach jedem Benutzerschritt durch einen grünen Rahmen an, welcher Bereich des User Interfaces aktualisiert wurde. Darüber hinaus listet das Trace-Tool die Gründe für die Aktualisierungen in einer Tabelle auf.

Betrachten Sie Abbildung 10.31: Ein grüner Rahmen um die Anwendung zeigt den aktualisierten View-Bereich an. Im Trace-Tool darunter werden alle für das Delta-Rendering relevanten Änderungen in einer Tabelle aufgelistet.

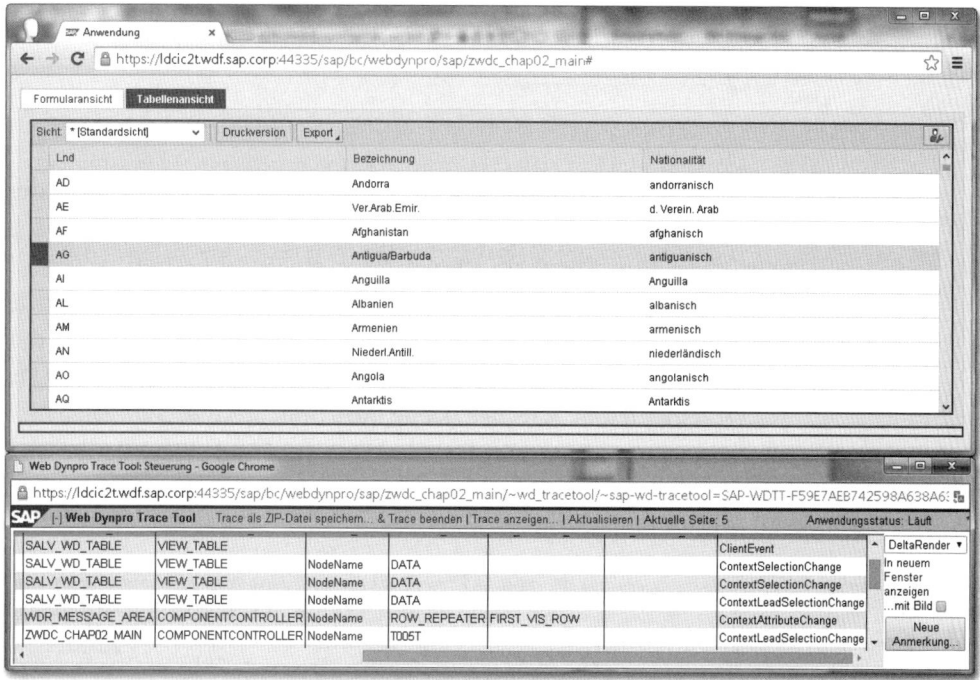

Abbildung 10.31 Tracing des Delta-Renderings

Wie bereits unter »Trace-Tool« in Abschnitt 10.6.2, »Performance-Tools«, beschrieben, können Sie das Web-Dynpro-Trace-Tool über die Tastenkombination [Strg] + [⇧] + [Alt] + [C] starten. Nach Auswahl des Delta-Rendering-Werkzeugs (siehe Abbildung 10.32) in der Werkzeugliste des Trace-Tools können Sie mit der Delta-Rendering-Analyse beginnen.

Delta-Rendering-Analyse starten

Nach jeder Benutzeraktion wird der grüne Rahmen in der Anwendung erneut um den aktualisierten Bereich gezogen. Zeitgleich aktualisiert sich im darunter platzierten Trace-Tool die auf der XML-Datei *DeltaRenderingChangeTracking.xml* basierende Tabelle. In dieser werden alle für das aktuelle Delta verantwortlichen Änderungen angezeigt.

Analyse von Delta-RenderingChange-Tracking.xml

10 | Weiterführende Konzepte

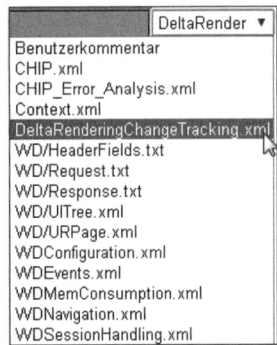

Abbildung 10.32 Auswahl des Delta-Rendering-Werkzeugs

Im Delta-Trace in Abbildung 10.33 können Sie erkennen, dass der Anwender in der Component des SAP List Viewers SALV_WD_TABLE am View VIEW_TABLE am Knoten DATA einen ContextSelectionChange vorgenommen hat. Diese Änderung der Lead-Selection wurde anschließend an den Ursprungsknoten T005T im View V_MAIN der Mutter-Component ZWDC_CHAP10_PERFORMANCE weitergereicht. Da V_MAIN in diesem Beispiel (siehe Abschnitt 10.6.3, »On-Demand-Component- und View-Instanziierung«) der Haupt-View der gesamten Anwendung ist, besteht das Delta in diesem Fall leider aus allen Views der Component.

PROGRAM	EVENT	LINE	COMPONENT_NAME	CONTROLLER_NAME	OBJECT_TYPE	OBJECT_NAME	SUB_OBJECT_NAME	SUB_OBJECT_TYPE	REASON
<User Interaction>		0	SALV_WD_TABLE	VIEW_TABLE					ClientEvent
<User Interaction>		0	SALV_WD_TABLE	VIEW_TABLE					ClientEvent
<User Interaction>		0	SALV_WD_TABLE	VIEW_TABLE	NodeName	DATA			ContextSelectionChange
<User Interaction>		0	SALV_WD_TABLE	VIEW_TABLE	NodeName	DATA			ContextSelectionChange
<User Interaction>		0	SALV_WD_TABLE	VIEW_TABLE	NodeName	DATA			ContextLeadSelectionChange
CL_SALV_WD_DATA_TABLE=======CP	IF_SALV_BS_DATA_SELECTION~SET_LEAD_SELECTION	23	ZWDC_CHAP11_PERFORMANCE	V_MAIN	NodeName	T005T			ContextLeadSelectionChange
CL_SALV_WD_DATA_TABLE=======CP	IF_SALV_BS_DATA_SELECTION~SET_SELECTIONS	27	ZWDC_CHAP11_PERFORMANCE	V_MAIN	NodeName	T005T			ContextSelectionChange

Abbildung 10.33 Analyse einer Lead-Selection-Änderung

10.7 Debuggen von Web-Dynpro-Anwendungen

Der ABAP Debugger bietet Ihnen eine Vielzahl von Werkzeugen zur umfassenden Analyse von Anwendungen während der Laufzeit an. Seit seiner erstmaligen Veröffentlichung zu Release 6.40 ist die Zahl der verfügbaren Debugger-Tools kontinuierlich gewachsen. Bereits in der frühen Anfangsphase der Web-Dynpro-Technologie begannen die Entwicklungsarbeiten an einem speziellen Debugger-Werkzeug. Heute ist dies ein ausgewachsenes Tool, mit dem Sie schnell und einfach durch den Baum der aktiven Components navigieren und deren Objekte untersuchen können:

- Controller (Window, View, Component, Custom)
  - Attribute
  - Knoten und Elemente des Contexts
- Views
  - View-Hierarchie
  - UI-Elemente und ihre Eigenschaften
- Window-Struktur

In den folgenden beiden Abschnitten stellen wir Ihnen die Einrichtung und Verwendung des Web-Dynpro-Werkzeugs im neuen ABAP Debugger vor.

10.7.1 Debugger einrichten

Bevor Sie den Web-Dynpro-Debugger auswählen können, müssen Sie zuerst den ABAP Debugger starten.

Breakpoint setzen

1. Dazu setzen Sie an einer beliebigen Stelle innerhalb Ihrer Anwendungslogik oder der Component einen externen Breakpoint, indem Sie auf das entsprechende Symbol (⬛) in der Symbolleiste klicken. Möchten Sie bei jedem Roundtrip zwischen Client und Applikationsserver in den Debugger springen, bietet sich das Setzen eines Breakpoints in der Methode `wddomodifyview( )` des äußersten Views der Component an.

2. Starten Sie anschließend die Web-Dynpro-Anwendung. Für das Debuggen empfiehlt es sich, Anwendungen immer über die Component zu starten. Auf diese Weise stellen Sie sicher, dass sich der Breakpoint auf demselben Server befindet, der auch vom Browser verwendet wird. Nur dann wird der Debugger anhalten. Navigieren Sie zu der Stelle, die Sie debuggen möchten. Der Debugger öffnet sich in einem SAP-GUI-Fenster.

> **Anzahl geöffneter SAP-GUI-Fenster prüfen** [+]
>
> Sollte der Breakpoint trotz richtiger Serverwahl nicht anhalten, überprüfen Sie die Anzahl der geöffneten SAP-GUI-Fenster. Die meisten Systeme sind so konfiguriert, dass Sie maximal sechs Fenster pro System gleichzeitig öffnen können.

3. Im Debugger angekommen, wählen Sie nun das Web-Dynpro-Debugger-Werkzeug aus. Klicken Sie dazu auf das Symbol WERKZEUG ERSETZEN (). Wählen Sie im Pop-up-Fenster das unter SPEZIALWERKZEUGE vorhandene Web-Dynpro-Werkzeug aus. Sie sehen nun den Web-Dynpro-Debugger vor sich.

[+] **Layout speichern**

Damit Sie nicht mit jeder Debugging-Sitzung alle Werkzeuge neu konfigurieren müssen, können Sie das eingerichtete Layout im Debugger speichern. Wählen Sie dazu im Debugger den Menüpfad DEBUGGER • DEBUGGER-SITZUNG • LAYOUT SICHERN aus.

10.7.2 Verwendung des Web-Dynpro-Werkzeugs

Allgemeine Tipps

Abbildung 10.34 zeigt Ihnen den Web-Dynpro-Debugger. Über die Component-Hierarchie links können Sie durch die instanziierten Objekte der Component navigieren.

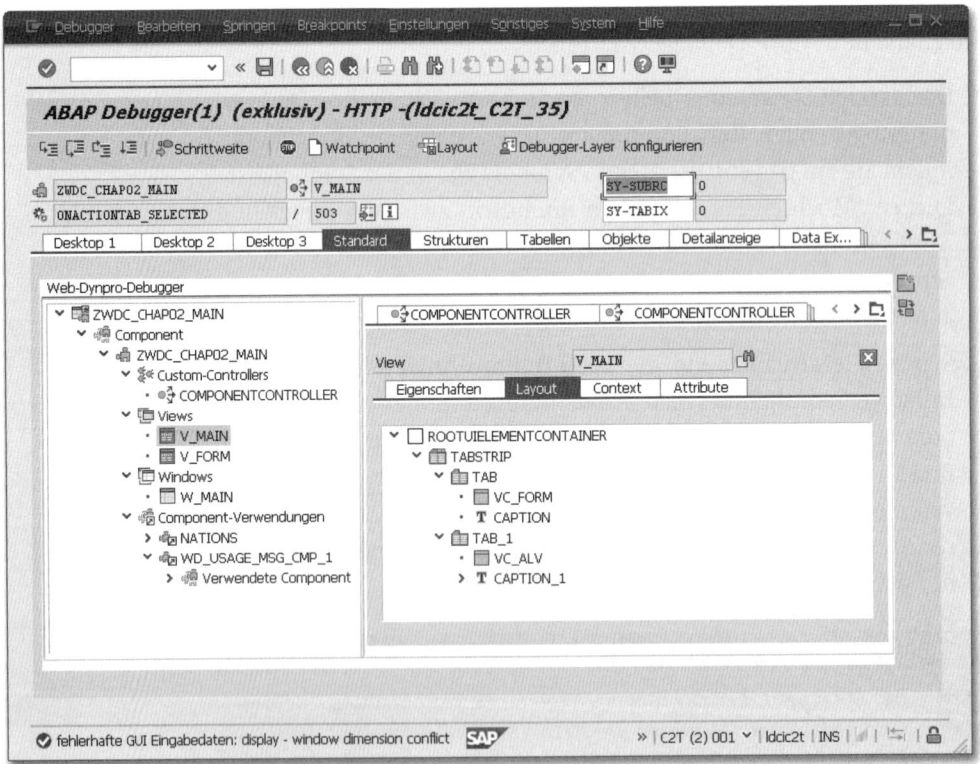

Abbildung 10.34 Web-Dynpro-Debugger

Der Knoten COMPONENT-VERWENDUNGEN ermöglicht den Drilldown zu den verwendeten aktiven Components. Über das in der Hierarchie verfügbare Kontextmenü können Sie durch die Auswahl von LAUFZEIT-OBJEKT ANZEIGEN direkt zu dem jeweiligen Laufzeitobjekt im Debugger abspringen. Nach Auswahl des Menüpunkts WORKBENCH-OBJEKT ANZEIGEN öffnet sich in einem neuen SAP-GUI-Fenster das ausgewählte Objekt im Web-Dynpro-Editor.

Betrachten wir nun die Möglichkeiten des Web-Dynpro-Werkzeugs im Detail. Nach der Auswahl eines Component-Objekts in der Hierarchie können Sie dessen Bestandteile über die je nach Objekttyp sichtbaren Registerkarten analysieren:

Werkzeuge des Web-Dynpro-Debuggers

- **Eigenschaften**
  Auf dieser Registerkarte finden Sie den Controller-Namen des aktuellen Objekts und seine zugehörige Component. Diese Registerkarte ist bei der Analyse weniger hilfreich.

- **Context**
  Das Context-Werkzeug zeigt Knoten nicht tabellarisch, sondern in Form einer Liste mit Context-Elementen an. Nach dem Aufklappen eines Elements können Sie sich die aktuellen Attributwerte anschauen.

- **Attribute**
  Die in einem Controller verfügbaren Attribute werden auf dieser Registerkarte dargestellt. Durch einen Doppelklick auf das Attribut können Sie direkt zu dessen Laufzeitobjekt bzw. dessen Detailanzeige springen.

- **Layout**
  Das Layoutwerkzeug ermöglicht die Navigation durch die View-Hierarchie und die Betrachtung von Eigenschaften einzelner UI-Elemente. In Abbildung 10.35 finden Sie ein Beispiel. Sie können sich die Layoutstruktur eines Views auch über die technische Hilfe anzeigen lassen.

- **Window-Struktur**
  Die Registerkarte WINDOW-STRUKTUR zeigt die aktuell sichtbaren Views vom aktuellen Window ausgehend an. Dieses Werkzeug ist vor allem bei der Performance-Analyse zur Suche nach unnützen aktiven Views von großem Vorteil.

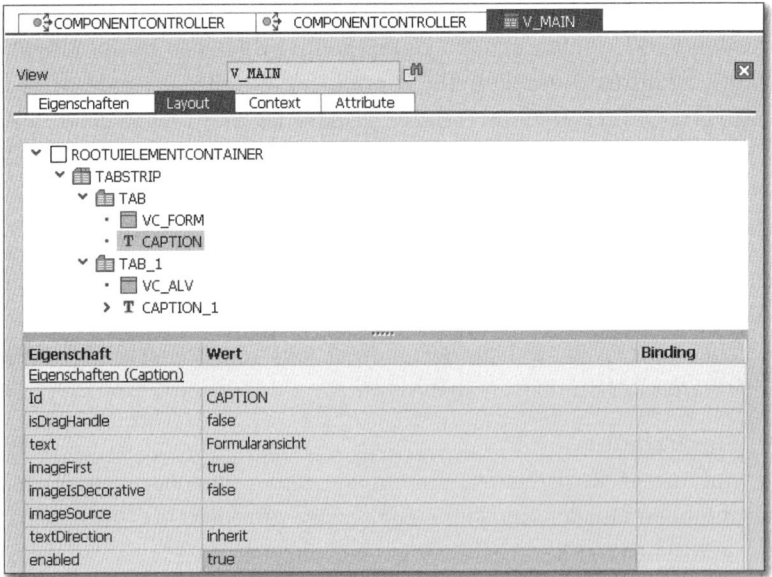

Abbildung 10.35 Layoutstruktur von V_MAIN im Debugger

Der Web-Dynpro-Debugger eignet sich vor allem zur schnellen Betrachtung des Contexts. So können Sie mit diesem Werkzeug zügig durch die Struktur Ihrer Components navigieren und sich über alle aktiven Controller einen Überblick verschaffen. Auch bei der Performance-Analyse ist dieses Debugger-Werkzeug hilfreich. So sehen Sie z. B. mit wenigen Mausklicks, welche Components gerade aktiv sind und welche Views zurzeit im Window verwendet werden.

[»] **Änderungen vornehmen**

Es ist im Web-Dynpro-Debugger-Werkzeug leider nicht möglich, direkte Änderungen an den Objekten und ihren Eigenschaften vorzunehmen. An vielen Stellen im Werkzeug können Sie jedoch durch einen Doppelklick auf ein Objekt oder über das Kontextmenü (Eintrag Laufzeit-Objekt anzeigen) in die jeweilige Klasse springen und die gewünschten Änderungen einer Eigenschaft dort direkt vornehmen.

10.8 Barrierefreiheit

Barrierefreiheit und deren Bedeutung

Die Bedeutung barrierefreier Software hat in den letzten Jahren weiter zugenommen. So dürfen z. B. im Rahmen des in den USA geltenden Rehabilitation Acts staatliche US-Einrichtungen und Behörden nur dann eine Software einsetzen, wenn diese den in Abschnitt 508 vorgeschriebenen Anforderungen an die Barrierefreiheit genügt.

Grundsätzlich gilt: Die Entwicklung barrierefreier Webseiten und Anwendungen ist kein großes Hexenwerk. Die in Deutschland seit 2002 im Rahmen des Behindertengleichstellungsgesetzes geltende *Barrierefreie Informationstechnik-Verordnung* (BITV) stellt so unter anderem die folgenden drei Anforderungen an barrierefreie Webseiten:

- Für jedes Nicht-Text-Element muss ein äquivalenter Text zur Verfügung gestellt werden. Dies gilt insbesondere für Bilder, grafisch dargestellte Texte und Regionen von Image-Maps. Die Verwendung von Grafiken im Allgemeinen ist – anders, als häufig behauptet – nicht verboten.
- Texte und Grafiken müssen auch bei der Betrachtung in Schwarz-Weiß verständlich sein.
- Markup-Sprachen (insbesondere HTML) und Stylesheets (CSS) müssen entsprechend ihren Spezifikationen in Dokumenten und Tabellen verwendet werden.

Beim Vergleich dieser Anforderungen mit der Web-Dynpro-Technologie werden Sie schnell zu dem Ergebnis kommen, dass sich diese bereits eng an den Anforderungen für barrierefreie Anwendungen orientiert. So können Sie in Web Dynpro für Grafiken und viele andere UI-Elemente zusätzliche Accessibility-Beschreibungstexte hinterlegen. Die farbliche Gestaltung und das Layout werden in Web Dynpro vollständig über Stylesheets gesteuert. Damit sind in Web Dynpro bereits viele Grundvoraussetzungen erfüllt, um diese von Screenreadern vorlesen zu lassen.

Barrierefreiheit und Web Dynpro

Barrierefreiheit einzelner UI-Elemente, Container und Layouts
Die Barrierefreiheit wurde bereits in Kapitel 3, »Container und Layouts«, und Kapitel 4, »UI-Elemente und ihre Eigenschaften«, im Rahmen von UI-Element-Eigenschaften angesprochen. Zur Barrierefreiheit einzelner UI-Elemente, Container und Layouts finden Sie dort mehr Informationen.

Um die Definition zusätzlicher bzw. alternativer Beschreibungstexte kommen Sie bei der barrierefreien Entwicklung jedoch nicht herum. In den folgenden drei Abschnitten erfahren Sie deshalb, was Sie bei der barrierefreien Entwicklung beachten müssen und wie Sie die Barrierefreiheit von Anwendungen testen können. Darüber hinaus

Ausblick

erfahren Sie, wie Sie ARIA-Landmarks zur Benennung von Seitenbereichen einsetzen können.

10.8.1 Barrierefreie Entwicklung

Zur Entwicklung barrierefreier Web-Dynpro-Anwendungen können Sie in Ihren UI-Elementen zusätzliche Beschreibungstexte erfassen und Ihre Views anschließend im Rahmen der Syntaxüberprüfung auf Barrierefreiheit hin testen lassen.

Anpassung von UI-Element-Eigenschaften

Voraussetzung für die Barrierefreiheit von Views ist das Vorhandensein einer ausreichenden Menge von Tooltips und zusätzlichen Beschreibungstexten. Diese können in den Eigenschaften `tooltip` und `accessibilityDescription` einer Vielzahl von UI-Elementen eingetragen werden (siehe auch den Infokasten »Barrierefreiheit« in Abschnitt 3.1.4, »TransparentContainer«).

Barrierefreiheit-Prüfungen während der Designzeit

Syntaxprüfung — Die Web-Dynpro-Entwicklungsumgebung führt im Rahmen des Syntax-Checks unter anderem Prüfungen auf die Barrierefreiheit von Views hin durch. Findet die Prüfung nicht gepflegte Tooltips oder Beschriftungen, gibt sie eine Warnung in der Syntaxprüfung aus. Aus naheliegenden Gründen ist es der Syntaxprüfung leider nicht möglich, semantische Prüfungen durchzuführen. So kann das System z. B. nicht feststellen, ob die Beschreibung eines Tooltips für einen Anwender hilfreich ist oder nicht. Die Syntaxprüfung kontrolliert im Hinblick auf die Barrierefreiheit nur, ob bestimmte Eigenschaften mit Inhalten belegt sind oder nicht.

Prüfungen deaktivieren — Sie können die Barrierefreiheit-Prüfung während des Syntax-Checks auch für eine Component deaktivieren. Öffnen Sie dazu die Eigenschaften der Component (Doppelklick auf den Component-Namen), und deaktivieren Sie das Häkchen BARRIEREFREIHEIT-PRÜFUNGEN AKTIV oberhalb der Registerkarte VERWENDETE COMPONENTS.

[»] **Keine Prüfung lokaler Components**

Für lokale Components, d. h. Components, die im Paket $TMP liegen, findet während des Syntax-Checks keine Prüfung auf die Barrierefreiheit hin statt.

10.8.2 Barrierefreiheit aktivieren und testen

Nachdem Sie eine Component barrierefrei gestaltet und aktiviert haben, können Sie mit dem Test beginnen. Dazu muss die Anwendung im barrierefreien Modus gestartet werden. Sollen die barrierefreien Zusatztexte angezeigt werden, können Sie diese zusätzlich einblenden lassen.

Barrierefreiheit aktivieren

Möchten Sie eine Anwendung im barrierefreien Modus starten, können Sie dies über die Angabe eines URL-Parameters, die Verwendung von Anwendungsparametern, die Anwendungskonfiguration oder über einen Benutzerparameter tun: | Aktivierungsoptionen

- **URL-Parameter**
  Ergänzen Sie die URL der Anwendung vor dem Start im Browser um den Zusatz `...?sap-accessibility=X`. Diese Einstellung ist benutzerunabhängig und gilt, solange der Parameter in der URL gesetzt ist.

- **Web-Dynpro-Anwendungsparameter**
  Bearbeiten Sie die Web-Dynpro-Anwendung, und tragen Sie dort auf der Registerkarte PARAMETER den Anwendungsparameter `WDACCESSIBILITY` mit dem Wert `X` ein. Diese Einstellung gilt für alle Benutzer der Anwendung.

- **Anwendungskonfiguration**
  Starten Sie die Anwendungskonfiguration, und bearbeiten Sie die gewünschte Konfiguration. In dieser aktivieren Sie auf der Registerkarte ANWENDUNGSPARAMETER den Menüpunkt BARRIEREFREIHEITSMODUS EINSCHALTEN. Diese Einstellung gilt für alle Benutzer der geänderten Anwendungskonfiguration.

- **Benutzerparameter**
  Starten Sie Transaktion SU01, und wechseln Sie auf die Registerkarte PARAMETER. Tragen Sie in der Tabelle den Parameter `ACCESSIBILITY_MODE` mit dem Wert `X` ein, und speichern Sie Ihre Eingaben. Diese Einstellung gilt ausschließlich für den geänderten Benutzer.

Test barrierefreier Anwendungen

Nach der Aktivierung der Barrierefreiheit können Sie die Anwendung im barrierefreien Modus starten. Auf den ersten Blick unterscheidet sich diese nicht vom »barrierebehafteten Modus«. Jedoch wurden im Hintergrund zusätzliche Beschreibungen übertragen, und die Anwendung wird jetzt barrierefrei gerendert. Sie können die Anwendung nun mit einem Screenreader testen.

Anzeige barrierefreier Texte Möchten Sie nur einen einfachen Test ohne Screenreader durchführen, können Sie sich auch nur die barrierefreien Texte in einer kleinen Box am unteren Rand der Anwendung anzeigen lassen. Ergänzen Sie dazu die Anwendungs-URL um den Parameter `sap-accessibility-debug=X`, oder drücken Sie die Tastenkombination [Strg] + [⇧] + [Alt] + [A]. Nun können Sie barrierefrei unter Verwendung der Tastatur durch die Anwendung navigieren. In der Infobox erhalten Sie Hinweise für die Navigation durch die Anwendung.

10.8.3 Unterstützung von Accessible Rich Internet Applications (ARIA)

Web Dynpro ABAP unterstützt seit SAP NetWeaver 7.31 EHP 1 die ARIA-Spezifikation (Accessible Rich Internet Applications) der Web Accessibility Initiative (WAI). ARIA soll zukünftig ein empfohlener Standard des World Wide Web Consortiums werden. Mithilfe von ARIA soll Menschen mit Behinderung das Zurechtfinden in browserbasierten Anwendungen erleichtert werden.

Landmark-Rollen Die ARIA-Spezifikation der WAI basiert aktuell auf vier Säulen: Landmark-Rollen, ARIA-Attribute, Live Regions sowie States und Properties. Web Dynpro unterstützt bislang ausschließlich die Landmark-Rollen. Diese ermöglichen die Integration semantischer Informationen in Anwendungen. Mithilfe von ARIA-Landmarks können Sie semantische Informationen über bestimmte Seitenbereiche ablegen, z. B. einen Seitenbereich als Navigations- oder Suchbereich definieren.

Für die Zuweisung einer Landmark-Rolle zu einem Seitenbereich können Sie auf die UI-Element-Eigenschaft `ariaLandmark` zurückgreifen. Sie können ARIA-Landmarks für die UI-Elemente `Panel`, `PanelStack`, `ScrollContainer` und `TransparentContainer` pflegen. Um einen View z. B. als Navigationsbereich zu definieren, weisen Sie der Eigenschaft `ariaLandmark` den Wert `Navigation` zu (siehe Abbildung 10.36).

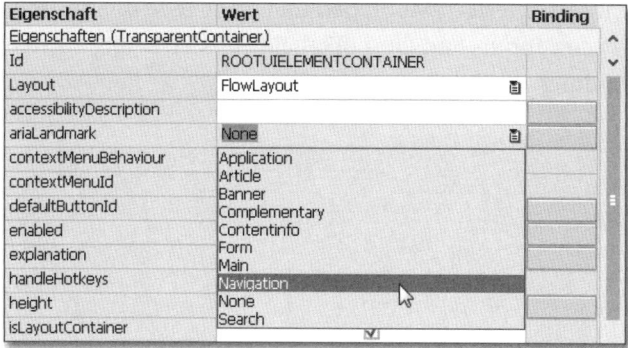

Abbildung 10.36 Definition eines Views als Navigationsbereich

ARIA-Landmarks werden bei der Anzeige einer Seite von Webbrowsern normalerweise nicht gerendert. Sie sind daher für den Großteil der Anwender unsichtbar und können ausschließlich von ARIA-kompatiblen Bildschirmausleseprogrammen ausgewertet werden. ARIA-Informationen werden beim Rendering daher standardmäßig auch nicht übertragen. Um die Übertragung von ARIA-Landmarks zu aktivieren, müssen Sie den Anwendungsparameter WDACCESSIBILITY-MODE oder den URL-Parameter SAP-ACCESSIBILITYMODE auf den Wert ARIA setzen. Andernfalls wird die SAP-eigene Unterstützung für Bildschirmausleseprogramme verwendet.

Aktivierung des ARIA-Modus

10.9 Mashups

Mashups sind Verknüpfungen von Bausteinen. Ihre Grundbausteine sind die sogenannten *CHIPs* (Collaborative Human Interface Parts). Dabei handelt es sich um gekapselte, zustandsbehaftete Funktionen, die in unterschiedlichen technischen Szenarien wiederverwendet werden können, wie z. B. in einer *Page-Builder-Seite* oder einem *Sidepanel* des SAP NetWeaver Business Clients (NWBC). Die angelegten CHIPs stehen über einen CHIP-Katalog zur Verfügung.

CHIP

Ein großer Vorteil von CHIPs liegt darin, dass sie, sofern sie einmal definiert wurden, beliebig oft wiederverwendet werden können, ohne dass Sie dafür programmieren müssen. Anwendungen können einfach konfiguriert werden – damit ist der Weg zur Zusammenstellung von Anwendungen ohne Programmierkenntnisse offen. Rein technisch ist ein CHIP eine technische Verschalung einer Web-Dynpro-Component, die Interface-Methoden und Ereignisse dieser Component benutzt, um Input- und Outputkanäle zur Verfügung zu stellen (siehe Abbildung 10.37).

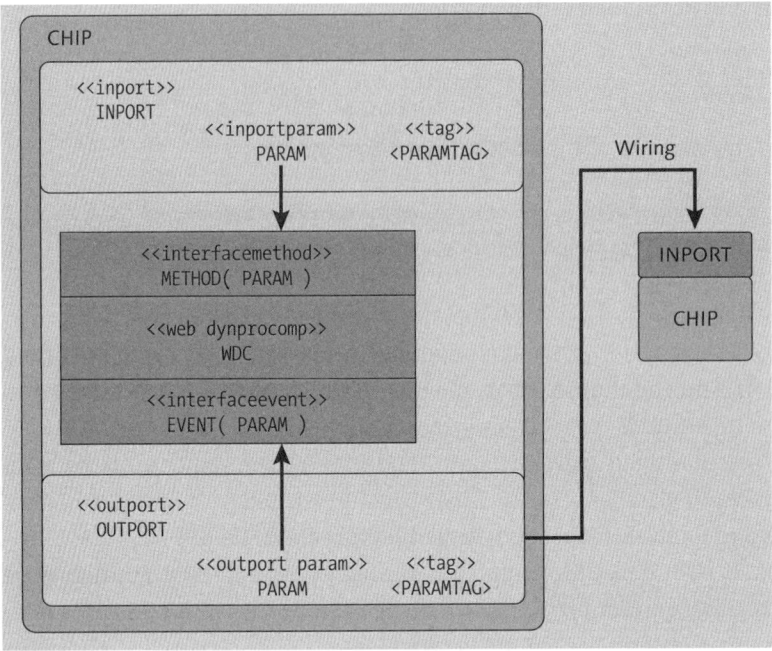

Abbildung 10.37 Funktionsweise von CHIPs

[»] **Page Builder und Sidepanel**

Mit dem Page Builder, genauer der Runtime-Authoring-Umgebung des Page Builders, können Sie eigene Web-Dynpro-Anwendungen erstellen, die CHIPs auf einer Seite anordnen und miteinander kombinieren (siehe Abschnitt 10.9.4). Bestehende Web-Dynpro-Anwendungen können Sie am rechten Rand um einen separaten Bereich ergänzen, das sogenannte *Sidepanel* (siehe Abschnitt 10.9.5).

CHIP-Bestandteile

Ein CHIP besteht aus den folgenden Komponenten:

▸ **Eigenschaften**
Dies können z. B. der Anzeigename oder ein Anzeige-Icon sein.

▸ **Inbound Ports (Inports)**
Inports dienen zur Datenübergabe an den CHIP. Die Daten können von einem anderen CHIP, dem Page Builder oder dem Side-

panel kommen. Inports werden über ihre Namen angesprochen und verwenden Interface-Methoden der Web-Dynpro-Components mit deren Parametern.

- **Outbound Ports (Outports)**
  Outports dienen zur Übergabe des internen Zustands des CHIPs nach außen. Technisch werden sie mithilfe von Ereignissen in der Schnittstelle der Web-Dynpro-Component abgebildet.

Parametertypisierung	[!]
Die Parameter der Interface-Methoden und Interface-Events müssen mit einer ABAP-Dictionary-Struktur bzw. einem Tabellentyp typisiert sein.	

- **Tags**
  Ein Tag ist eine textliche Bezeichnung. Tags können zum Port und zu den Parametern des Ports zugeordnet werden. Falls Tags in der Anwendung und im CHIP gleich benannt ist, werden sie automatisch miteinander per Wiring verknüpft, und die Daten werden übertragen.
- **Wiring**
  Mittels Wiring können CHIPs miteinander verbunden werden. So wird der Outport einer Component mit dem Inport einer anderen Component verbunden.

Vorausgesetzte Kenntnisse	[◉]
Für das Verständnis dieses Abschnitts sollten Sie bereits Kenntnisse in den Bereichen Konfiguration und Customizing (siehe Kapitel 8, »Erweiterung, Konfiguration, Customizing und Personalisierung«) erworben haben. Außerdem setzen wir das Wissen über das Anlegen von Components, Windows, Views, Interface-Methoden und -Ereignisse mit Parametern voraus (siehe Kapitel 2, »Web-Dynpro-Architektur«).	

Um Ihnen das Konzept der CHIPs und deren Verwendung in den möglichen technischen Szenarien näherzubringen, erläutern wir in den folgenden Abschnitten, wie Sie einen CHIP basierend auf einer Web-Dynpro-Component bzw. einer URL im Page Builder anlegen, diesen in einem Sidepanel verwenden und ein Wiring definieren.

Ausblick

Dabei werden wir das Mashup aufbauen, das Sie in Abbildung 10.38 sehen. In der linken Hälfte sehen Sie die Web-Dynpro-Anwendung mit einer Tabelle und Tabelleneinträgen und in der rechten Hälfte ein CHIP im Sidepanel. Wählt der Anwender eine Zeile in der Tabelle aus, wird der Inhalt des CHIPs durch das Wiring automatisch angepasst.

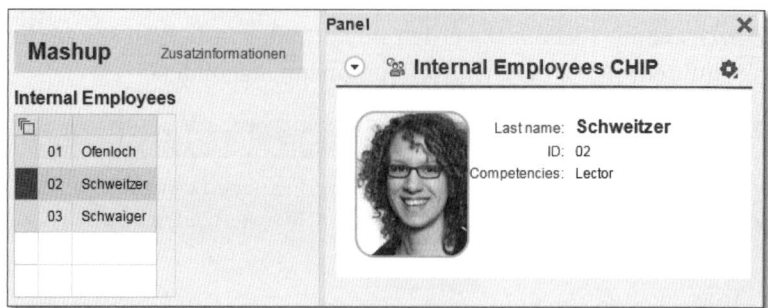

Abbildung 10.38 Beispiel für ein Mashup

10.9.1 CHIP anlegen

Um das Beispiel-Mashup zu implementieren, müssen Sie zunächst den CHIP anlegen.

1. Öffnen Sie das Kontextmenü der Web-Dynpro-Component, die Sie verschalen wollen, im Object Navigator, und wählen Sie ANLEGEN • WEB DYNPRO CHIP.

2. Es öffnet sich ein Pop-up-Fenster, in dem Sie die Eigenschaften des CHIPs pflegen können (siehe Abbildung 10.39). Auf der Registerkarte EIGENSCHAFTEN sind schon automatisch der Name der COMPONENT (z.B. ZWDC_CHAP07_TEAM), der INTERFACE-VIEW (z. B. W_MAIN) und der PLUG-NAME (z. B. DEFAULT) eingetragen. Der ANZEIGENAME ist relevant für die Auflistung im CHIP-Katalog, genauso wie das CHIP-ICON. Die Eigenschaft STATISCHER CHIP markieren Sie, wenn es maximal eine Instanz des CHIPs geben darf, wie z. B. im Falle der Nutzung des Floorplan Managers (FPM) oder bei der Verwendung einer Personal Object Worklist (POWL) als CHIP. Wenn Ihr CHIP remote aufrufbar sein soll, setzen Sie das Kennzeichen REMOTEFÄHIGER CHIP.

3. Als Nächstes erzeugen Sie die Inports und wechseln dazu auf die Registerkarte INPORTS (siehe Abbildung 10.40). Über den Button PORTS ANLEGEN (Icon leeres Blatt) werden Ihnen alle Kandidaten für Inports angeboten. Die Kandidaten sind die Interface-Metho-

den der zugrunde liegenden Web-Dynpro-Component in der passenden Typisierung der Schnittstelle (Dictionary-Struktur oder Tabellentyp, wie weiter oben erwähnt). Wählen Sie mithilfe der Checkbox die gewünschte Interface-Methode aus, und bestätigen Sie die Selektion mit dem grünen Häkchen. Daraufhin wird der Inbound-Port angelegt, und als Namensvorschlag für den Port wird der Name der Interface-Methode angeboten, in unserem Beispiel SET_DATA_EMPINT() ❶. Falls gewünscht, können Sie den Namen in der Spalte PORT durch Überschreiben ändern.

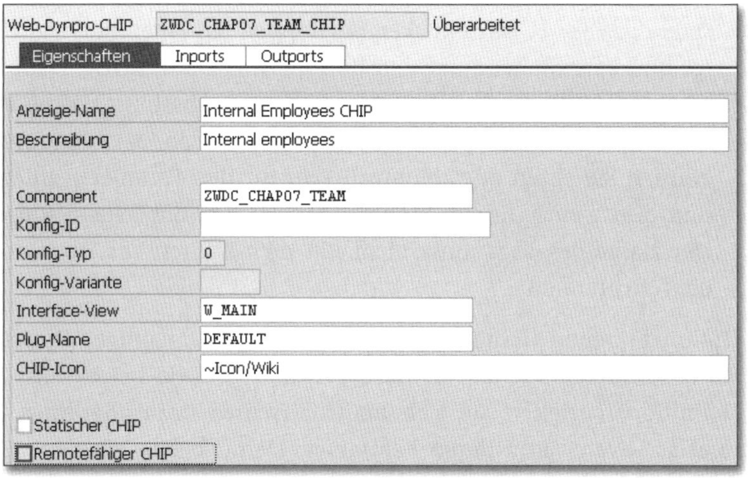

Abbildung 10.39 Definition der CHIP-Eigenschaften

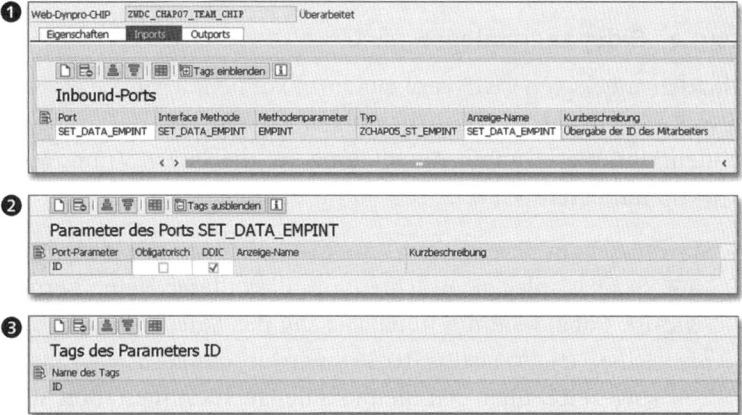

Abbildung 10.40 Inport-Definition

4. Zu dem Inport definieren Sie mögliche Parameter ❷. In unserem Beispiel ist nur der Parameter ID notwendig. Dieser übergibt die ID des Mitarbeiters an den Inport, d. h. die Interface-Methode. Um die Port-Parameter anzulegen, klicken Sie doppelt auf einen Inport in der Tabelle und klicken auf den Button PORT-PARAMETER ANLEGEN, woraufhin alle Komponenten des Typs des Interface-Parameters aufgelistet werden. Wählen Sie die für Sie passenden Komponenten aus, und bestätigen Sie Ihre Auswahl. Die gewünschten Parameter werden in die Anzeige übernommen.

5. Ergänzen Sie die Tags zum Inport-Parameter ❸, in unserem Beispiel das Tag ID. Dazu klicken Sie doppelt auf einen Port-Parameter und anschließend auf den Button TAGS EINBLENDEN. Dadurch wird unterhalb der Port-Parameter-Liste ein Abschnitt für die Verwaltung der Tags eingeblendet. Über den Button ZEILE ANHÄNGEN können Sie einen oder mehrere Tags für den Parameter anlegen und durch eine direkte Eingabe den Namen des Tags festlegen. Der Name des Tags muss nicht mit dem Namen des Parameters übereinstimmen.

CHIP-Outports Optional können Sie noch Outports auf der gleichnamigen Registerkarte definieren. Gehen Sie dazu genauso vor wie bei der Inport-Definition, beziehen Sie sich im Unterschied dazu allerdings auf Interface-Events und deren Parameter. Damit haben Sie den CHIP verschalt, und er steht nun über den CHIP-Katalog für die Vernetzung (also das Mashup) zur Verfügung.

10.9.2 Sidepanel anlegen

Um den angelegten CHIP verwenden zu können, legen Sie als Nächstes ein Sidepanel an. Dazu benötigen Sie eine Web-Dynpro-Component und Web-Dynpro-Anwendung, für die Sie ein Window (z. B. W_MAIN) mit einem View (z. B. V_MAIN) definieren.

1. Sie müssen in Ihrem View einen PageHeader mit dem Namen PAGE_HEADER anlegen. Beachten Sie, dass dieser Name verpflichtend ist. Sobald Sie die Initialisierung des Sidepanels vorgenommen haben (siehe Listing 10.31), wird in diesem PageHeader ein Link angezeigt, über den Sie die Sidepanel-Konfiguration starten können.

2. Wählen Sie im Kontextmenü zum `PageHeader` den Menüeintrag TITLE CONTENT EINFÜGEN, und erzeugen Sie einen Titelbereich vom Typ `TransparentContainer` mit dem Namen `TC_SIDE_PANEL`.

3. Nun muss das Sidepanel initialisiert werden. Implementieren Sie dazu in der Methode `wddoinit( )` des Views den Aufruf der Methode `cl_wd_side_panel_api=>get_api( )->init()`, wie in Listing 10.31 gezeigt. Wir haben die komplette Schnittstelle der Methode in das Beispiel aufgenommen und kommentiert, um Ihnen die verwendbaren Parameter zu zeigen, nutzen jedoch nur die absolut nötigen Parameter.

```
METHOD init_side_panel.
  cl_wd_side_panel_api=>get_api( )->init(
*     EXPORTING
"   Konfigurations-ID für die Komponente WDR_CHIP_PAGE
*       side_panel_config_id   =
"   Konfigurations-ID aus Anwendungskonfiguration übernehmen?
*       apply_configuration    = ABAP_TRUE
"   Sidepanel sofort öffnen
*       is_open                = ABAP_FALSE
"   Sidepanel-Konfiguration im Config-Mode möglich?
*       allow_side_panel_config = ABAP_TRUE
"   View-Controller des Views mit PageHeader
        view_controller        = wd_this->wd_get_api( )
"   Aktion zum Öffnen des Sidepanels
        open_action_name       = 'OPEN_SIDE_PANEL'
"   Automatische Aktualisierung der Anwendungsdaten aktivieren?
*       auto_refresh           = ABAP_FALSE
"   Eigenschaft width des Sidepanels
*       width                  = 300
"   Link-Text des Sidepanels
*       link_text              =
"   Link-Text des Sidepanels im Config-Mode
*       link_text_config_mode  =
  ).
ENDMETHOD.
```

Listing 10.31 Initialisierung des Sidepanels

4. In der Methode `init()` haben Sie den Namen einer Aktion, in unserem Beispiel `OPEN_SIDE_PANEL`, angegeben. Legen Sie diese Aktion im View an, und implementieren Sie den Aktionsbehandler, um das Sidepanel zu öffnen wie in Listing 10.32.

```
METHOD onactionopen_side_panel.
  cl_wd_side_panel_api=>get_api( )->open(
*       side_panel_config_id =
  ).
ENDMETHOD.
```

Listing 10.32 Sidepanel öffnen

Sidepanel konfigurieren

Damit haben Sie die Web-Dynpro-Anwendung für die Sidepanel-Konfiguration vorbereitet.

1. Starten Sie nun Ihre Anwendung, um das Sidepanel zu konfigurieren. Dazu stehen Ihnen zwei Möglichkeiten zur Verfügung:

   ▸ Erweitern Sie die Aufruf-URL Ihrer Anwendung um den Parameter &sap-config-mode=X. Damit können Sie die *mandantenspezifische* Administration per Customizing durchführen.

   ▸ Erweitern Sie die Aufruf-URL Ihrer Anwendung um den Parameter: &sap-config-mode=config. Damit können Sie die *mandantenunabhängige* Administration per Customizing vornehmen.

   Nach dem Start der Anwendung wird der Link Zusatzinformationen im PageHeader angezeigt, den Sie zuvor vorbereitet haben. Durch einen Klick auf diesen Link wird die Anwendungskonfiguration für das Sidepanel angezeigt (siehe Abbildung 10.41).

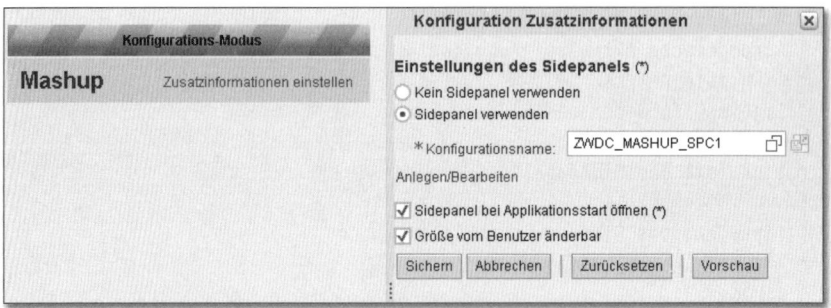

Abbildung 10.41 Sidepanel-Konfiguration

2. Wählen Sie die Einstellung SIDEPANEL VERWENDEN, und vergeben Sie einen Namen für die Konfiguration. Über den Link ANLEGEN/BEARBEITEN gelangen Sie in die Anlagesicht der Konfiguration.

3. Das Sidepanel-Konfigurationswerkzeug (die Web-Dynpro-Anwendung WDR_CHIP_PAGE) öffnet sich. Hinterlegen Sie eine BESCHREIBUNG, und speichern Sie die Konfiguration über den Button SPEICHERN (siehe Abbildung 10.42).

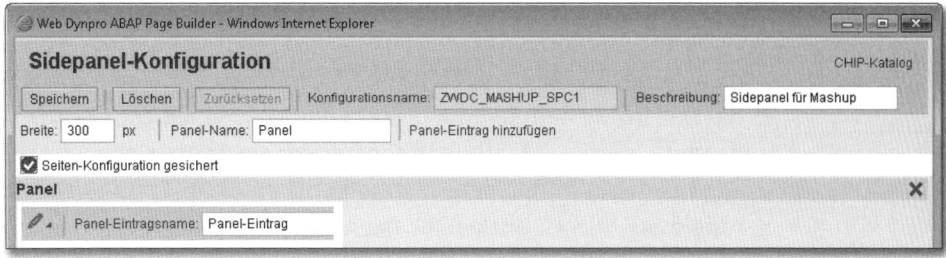

Abbildung 10.42 Konfiguration speichern

4. Über den Link CHIP-KATALOG rechts oben in der Sidepanel-Konfiguration können Sie den Katalog der CHIPs öffnen und die gewünschten CHIPs per Drag & Drop übernehmen (siehe Abbildung 10.43). Alternativ klicken Sie auf den kleinen Pfeil neben dem Bleistift-Symbol und wählen den Menüeintrag CHIP HINZUFÜGEN. Speichern Sie Ihre Anwendungskonfiguration dann erneut.

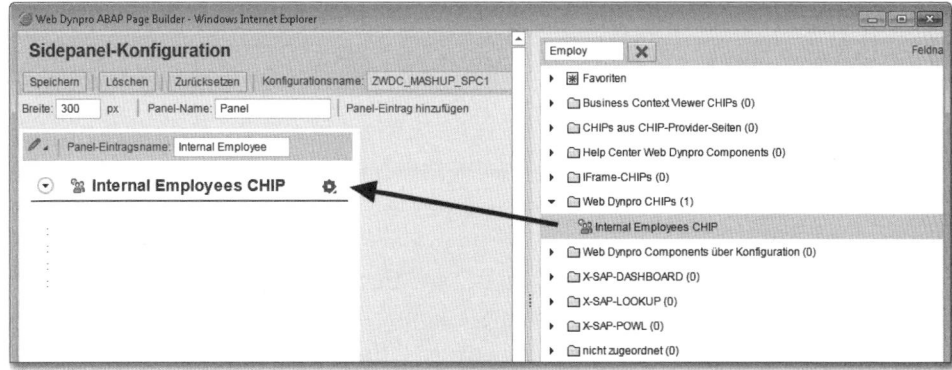

Abbildung 10.43 CHIP-Katalog

10.9.3 Automatisches Wiring konfigurieren

Sie haben den CHIP nun dem Sidepanel zugeordnet. Als Nächstes müssen Sie das Wiring einrichten, also den Datenaustausch zwischen der Web-Dynpro-Anwendung und dem CHIP. Unsere Anforderung ist, dass die Anzeige im Sidepanel bei einem Wechsel der ausgewählten Tabellenzeilen in Ihrer Web-Dynpro-Anwendung aktualisiert wird. Die Umsetzung des Wirings ist sehr einfach: Sie müssen dazu in der Web-Dynpro-Anwendung lediglich *namensgleiche* Tags zu den Tags der Inport-Parameter definieren.

Tag definieren   Um ein Tag zu Ihrer Anwendung zu definieren, öffnen Sie diese im Customizing-Modus (`sap-config-mode=X`). Öffnen Sie das Kontextmenü eines UI-Elements in Ihrer Anwendung, z. B. einer Spalte, für die Sie ein Tag definieren möchten, und wählen Sie TAGS • TAGS VERWALTEN. Im sich daraufhin öffnenden Pop-up-Fenster können Sie ein Tag für dieses UI-Element eintragen, in unserem Beispiel ID (siehe Abbildung 10.44). Klicken Sie dann auf HINZUFÜGEN.

Abbildung 10.44 Tag für Spalte definieren

Übernehmen Sie Ihre Tag-Einstellungen mit dem Button OK. Anschließend können Sie kontrollieren, ob das Tag korrekt für das UI-Element angelegt wurde. Öffnen Sie dazu erneut das Kontextmenü des UI-Elements. Ihnen wird nun das Tag angezeigt (siehe Abbildung 10.45).

Abbildung 10.45 Tags für ein UI-Element anzeigen

Nun sind Sie bereit, die Web-Dynpro-Anwendung neu zu starten. Durch das automatische Wiring werden abhängig von der Selektion des Anwenders die Detaildaten im CHIP dargestellt, so wie Sie es in Abbildung 10.38 gesehen haben.

10.9.4 IFrame-CHIP mit dem Page Builder anlegen

IFrame-CHIPs sind ein mögliches Anwendungsgebiet für den Page Builder. Dieser ist als Web-Dynpro-Anwendung mit dem Namen `WDR_CHIP_PAGE` realisiert. Um eine Anwendung mithilfe des Page Builders anzulegen, müssen Sie eine Konfiguration der Anwendung `WDR_CHIP_PAGE` erstellen.

Page-Builder-Anwendungskonfiguration

Im Folgenden zeigen wir Ihnen Schritt für Schritt, wie Sie einen IFrame-CHIP anlegen und verwenden. Dazu erstellen wir ein Mashup, in dem der Anwender eine Start- und Zieladresse eingeben kann. Daraufhin wird die Route zwischen den beiden Adressen in Google Maps dargestellt.

IFrame-CHIP anlegen

1. Lassen Sie sich im Object Navigator (Transaktion SE80) die Web-Dynpro-Component `WDR_CHIP_PAGE` anzeigen.

2. Öffnen Sie den Ordner *Web-Dynpro-Anwendungen* zur Component, und starten Sie über das Kontextmenü der Anwendung `WDR_CHIP_PAGE` mithilfe des Menüeintrags KONFIGURATION ANLEGEN/ÄNDERN die Anlage einer neuen Anwendungskonfiguration. Für diese können Sie z. B. den Namen `ZWDC_MASHUP_MAP_AC1` vergeben (siehe Abbildung 10.46).

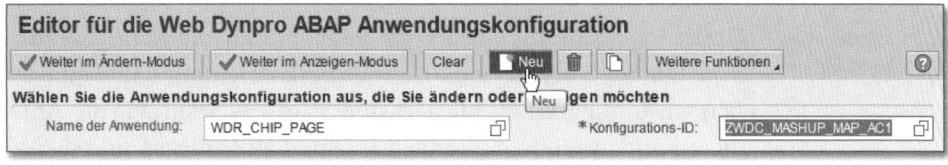

Abbildung 10.46 Anwendungskonfiguration für Map

3. Klicken Sie auf den Button NEU, um die Anwendungskonfiguration anzulegen und in die Detailpflege zu wechseln.

4. Dort können Sie eine bestehende Component-Konfiguration zuordnen bzw. eine neue Component-Konfiguration anlegen. In unserem Beispiel legen wir eine neue Component-Konfiguration für die Anwendung `WDR_CHIP_PAGE` an. Klicken Sie dazu auf den

Button KONFIGURATIONSNAMEN ZUWEISEN (siehe Abbildung 10.47), und vergeben Sie eine passende Bezeichnung, z. B. ZWDC_MASHUP_MAP_CC1.

Abbildung 10.47 Component-Konfiguration anlegen

5. Sichern Sie, und wechseln Sie in die Anlage der Component-Konfiguration. Klicken Sie dazu auf den Namen der Component-Konfiguration, in unserem Beispiel ZWDC_MASHUP_MAP_CC1.

6. In der Component-Konfiguration ändern Sie die Parameter wie gewünscht oder behalten die Grundeinstellungen bei. Sichern Sie Ihre Einstellungen zur Component-Konfiguration, und wechseln Sie zurück zur Anwendungskonfiguration.

Anwendung starten

Über den Button TEST können Sie die Anwendung nun starten. Beim Start der Anwendung WDR_CHIP_PAGE wird der Parameter sap-wd-configId=ZWDC_MASHUP_MAP_AC1 an die URL in der Webbrowser-Adresszeile angefügt. In unserem Beispiel lautet die URL nun *http://<domain>:<port>/sap/bc/webdynpro/sap/wdr_chip_page?sap-wd-configId=ZWDC_MASHUP_MAP_AC1*.

Anwendung konfigurieren

Damit haben Sie die benötigten Elemente für die Konfiguration im Page Builder erzeugt: eine Anwendungskonfiguration und eine Component-Konfiguration. Im nächsten Schritt werden wir die Anwendung konfigurieren, d. h. einen IFrame-CHIP anlegen und diesen in die Seite der Anwendung integrieren.

1. Um die Anwendung zu konfigurieren, müssen Sie den Parameter &sap-config-mode=config an die URL der vorher gestarteten Anwendung anhängen. Bestätigen Sie die Änderung der URL in der Adresszeile des Webbrowsers mit der ⏎-Taste. Anschließend wird Ihnen der Konfigurationsmodus wie in Abbildung 10.48 angezeigt.

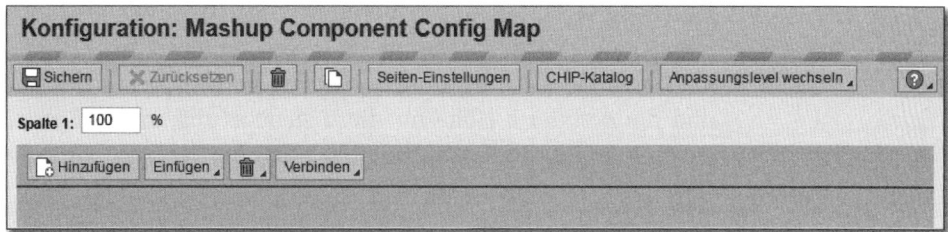

Abbildung 10.48 Anwendung konfigurieren

2. Um nun einen IFrame-CHIP anzulegen, öffnen Sie den CHIP-Katalog über den gleichnamigen Button. Klicken Sie mit der rechten Maustaste auf den Ordner IFRAME-CHIPs (siehe Abbildung 10.49), und wählen Sie im Kontextmenü den Eintrag ANLEGEN.

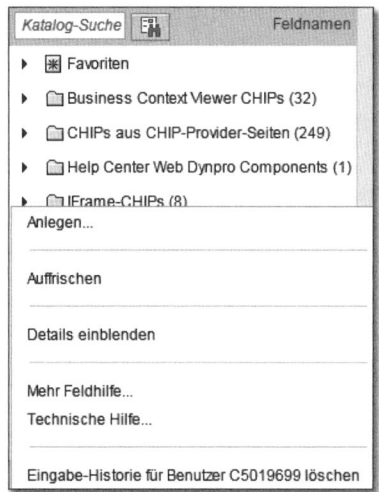

Abbildung 10.49 IFrame-Chip anlegen

3. Dadurch wird der Konfigurationseditor für die Web-Dynpro-Component CHIP_IFRAME_CONFIG aufgerufen, und Sie können eine neue Component-Konfiguration anlegen. Verwenden Sie z. B. den Namen ZWDC_MASHUP_MAP_IFRAME_CC1 als Bezeichnung für die Konfiguration.

4. Um eine URL für den IFrame-CHIP zu hinterlegen, über die Sie auf die damit verbundenen Funktionen zugreifen können, wählen Sie im Abschnitt KONFIGURATIONS-CONTEXT den Context-Eintrag header und pflegen die Daten, wie in Tabelle 10.4 vorgeschlagen.

10 | Weiterführende Konzepte

Durch diese Einstellungen definieren Sie, dass die Webanwendung Google Maps im Modus embed gerufen wird, die CHIP-Katalog-Daten für die Auflistung im Katalog verwendet werden sollen und die definierte Höhe für die Visualisierung angewandt wird. Sichern Sie anschließend Ihre Konfiguration.

Attribut	Wert
address	http://www.google.de/maps?output=embed
CHIP:Icon	~Icon/GeographicalInfoSystem
CHIP:Title	Maps
CHIP:Description	Wie komme ich zu SAP?
height	500

Tabelle 10.4 Beispieldaten für den IFrame-CHIP

Ports anlegen Im Allgemeinen müssen für aufgerufene Webanwendungen noch Parameter vergeben werden, um bestimmte Funktionen anbieten zu können. Im Falle der Routenplanung von Google Maps werden die beiden Parameter für die Start- und Zieladresse benötigt: SADDR und DADDR. Die Bezeichnung der Parameter stammt aus der API-Beschreibung für Google-Maps-Aufrufe, die folgendermaßen definiert ist:

http://maps.google.com/maps?saddr={start_address}&daddr={destination_address}

Inport-Parameter anlegen Zur Anlage dieser Parameter müssen Sie zunächst einen Inport definieren:

1. Markieren Sie den Knoten CONTEXT, klicken Sie auf den kleinen Pfeil auf dem Button NEU, und wählen Sie den Eintrag INPORTS. Vergeben Sie einen Namen und eine Beschreibung für den Inport – z. B. »Route« (siehe Abbildung 10.50).

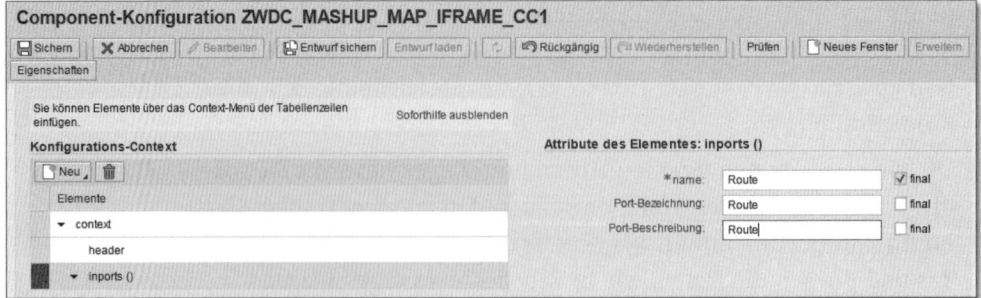

Abbildung 10.50 Inport anlegen

2. Für diesen Inport müssen nun zwei Parameter für die Start- und die Zieladresse angelegt werden. Markieren Sie dazu die Zeile mit dem Eintrag INPORTS, klicken Sie auf den Button NEU, und wählen Sie den Eintrag PARAMINFO.

3. Vergeben Sie für den ersten Parameter den Namen SADDR und passende Beschreibungen. Wiederholen Sie die Schritte für den Parameter DADDR.

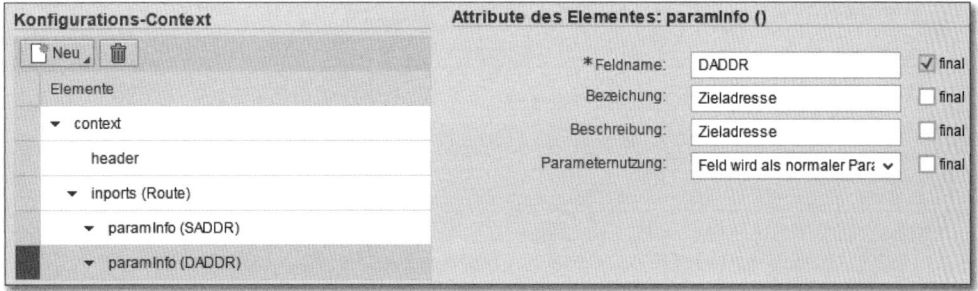

Abbildung 10.51 Inport-Parameter anlegen

Damit ist die Anlage des IFrame-CHIPS abgeschlossen, und Sie können zurück in den CHIP-Katalog wechseln, in dem der neue IFrame-Chip angezeigt wird (siehe Abbildung 10.52). Falls er noch nicht angezeigt wird, wählen Sie im Kontextmenü des dazugehörigen Knotens IFRAME-CHIP den Eintrag AUFFRISCHEN.

CHIP-Katalog auffrischen

Abbildung 10.52 Anzeige des IFrame-CHIPs im CHIP-Katalog

Wir befinden uns immer noch in der Konfiguration ZWDC_MASHUP_MAP_AC1 der Anwendung WD_CHIP_PAGE. Zum Testen des angelegten IFrame-CHIPs können Sie zwei CHIPs vom Typ WEB DYNPRO CHIP mit dem Namen CHIPS MIT OUTPORT per Drag & Drop in die Seite der

CHIP testen

1015

Anwendung einfügen, einen für die Start- und einen für die Zieladresse. Darunter fügen Sie Ihren IFrame-CHIP ein, wie in Abbildung 10.54 dargestellt. Nutzen Sie dazu die Buttons in der Toolbar der Panels (Hinzufügen, Einfügen und Verbinden).

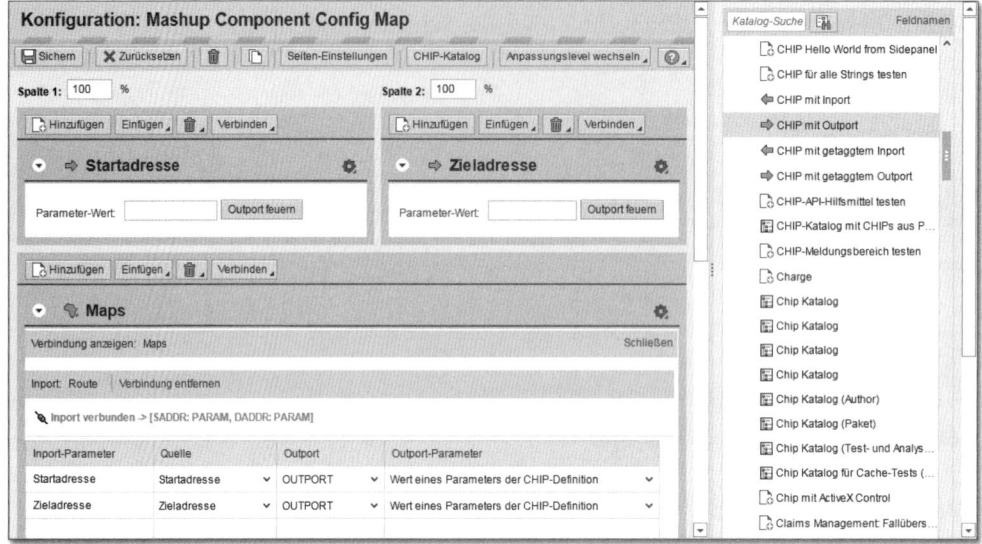

Abbildung 10.53 Anzeige von drei CHIPS auf einer Seite

CHIP-Verbindungen Klicken Sie im eingefügten IFrame-CHIP auf das Zahnrad-Symbol, und wählen Sie den Menüeintrag Verbindung anzeigen. Damit können Sie die Verbindungen zwischen den Adress-CHIPs und dem Map-CHIP so pflegen, wie in Abbildung 10.53 links dargestellt. Indem Sie den Map-CHIP als Empfänger der Daten festlegen, definieren Sie, welche Datenquellen (Outport der Adress-CHIPs) auf welche Parameter (Inports der Map-CHIPs) abgebildet werden. Vergessen Sie nicht, diese Einstellungen zu speichern.

Anwendung testen Um Ihre Anwendung zu testen, entfernen Sie den URL-Zusatz für die Konfiguration (`&sap-config-mode=config`). Das Mashup sollte Ihnen nun so angezeigt werden, wie in Abbildung 10.54 dargestellt. Im oberen Bereich sehen Sie die beiden Eingabefelder für die Start- und Zieladresse und im unteren Bereich die Route, die durch Google Maps ermittelt wird.

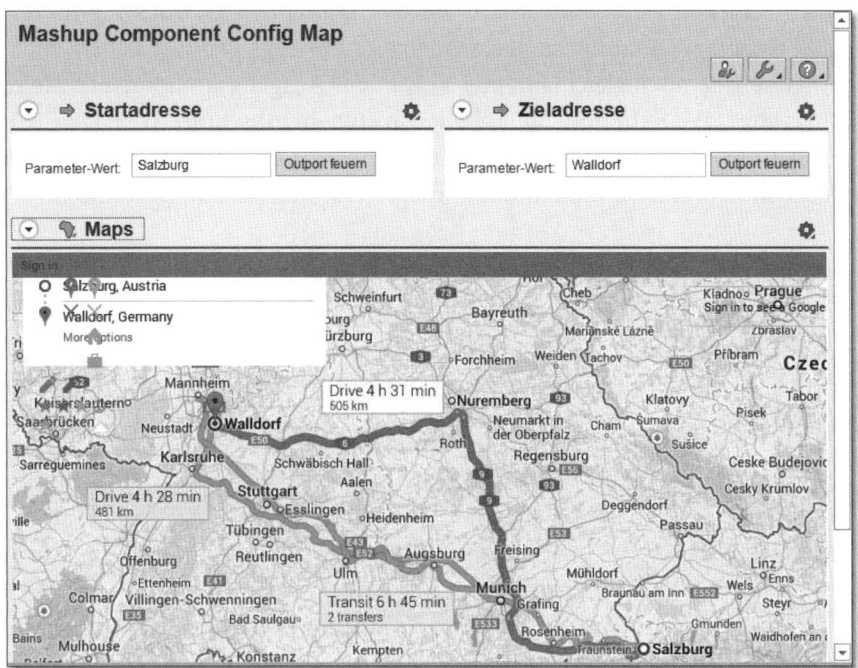

Abbildung 10.54 Ergebnis – Konfiguration des Mashups

10.9.5 IFrame-CHIP in Sidepanel einbinden

Nachdem der IFrame-CHIP definiert und im CHIP-Katalog gelistet ist, können Sie diesen auch im Sidepanel verwenden. Die einzige fehlende Information, die Sie dazu noch benötigen, ist das Tagging für das automatische Wiring. Auch dieses können Sie im Page Builder abbilden, wie in Abbildung 10.55 dargestellt.

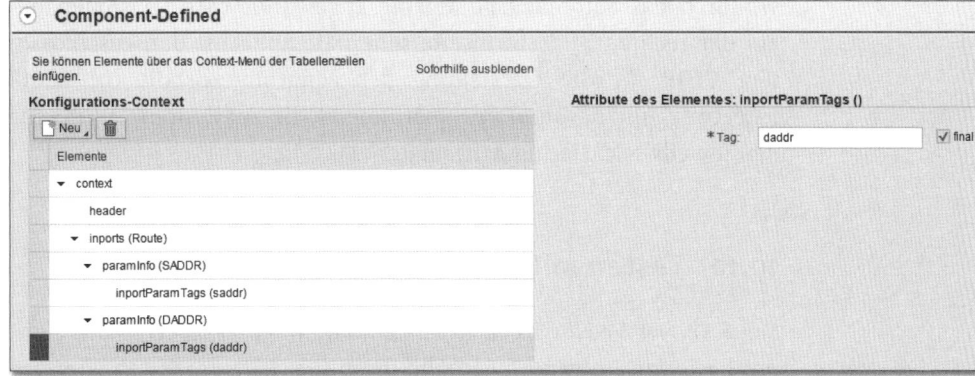

Abbildung 10.55 Tagging für den IFrame-CHIP

CHIP-Tagging   Zu jedem Parameter haben wir hier ein namensgleiches Tag hinterlegt (`saddr` und `daddr`). Nachdem Sie die Tags gepflegt haben, müssen Sie noch gleichlautende Tags in der Ausgangskomponente (siehe die Tag-Definition für Tabellenspalten in Abschnitt 10.9.1, »CHIP anlegen«) definieren, und schon haben Sie eine neue Vernetzung zu der vorgefertigten Funktion integriert (siehe Abbildung 10.56).

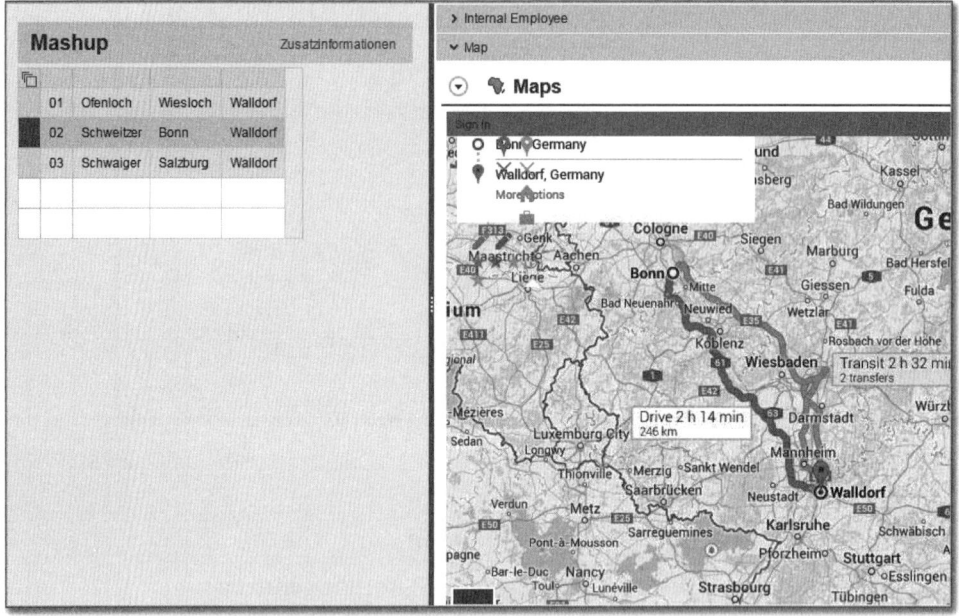

Abbildung 10.56 Sidepanel mit IFrame-CHIP

Für die Spalten der Tabelle, die die Startadresse und die Zieladresse beinhalten, haben wir ebenfalls die Tags `saddr` und `daddr` vergeben, wodurch das automatische Wiring angewandt wird. Im Sidepanel auf der rechten Bildschirmseite sehen Sie zunächst den geschlossenen CHIP für die Darstellung der Mitarbeiterdetails (INTERNAL EMPLOYEE) und darunter den geöffneten CHIP zur Routenplanung für den jeweils selektierten Mitarbeiter (MAPS).

10.10 Testen mit eCATT

Seit SAP NetWeaver 7.0 EHP 2/7.2 können Sie Tests von Web-Dynpro-basierten Anwendungen und ihren Geschäftsprozessen über das eCATT-Framework (extended Computer Aided Test Tool) automatisieren. Nach einmaliger Erstellung eines Testfalls können Sie diesen jederzeit erneut abspielen und die Testergebnisse überprüfen.

Voraussetzung für die Erstellung von eCATT-Testfällen ist das Vorhandensein einer zu testenden Web-Dynpro-Anwendung. Um Ihnen die Verwendung von eCATT näherzubringen, haben wir eine einfache Testanwendung `ZWDC_CHAP10_ECATT` zur Addition von Zahlen angelegt (siehe Abbildung 10.57). Diese besteht aus zwei Feldern zur Eingabe von Summanden, die durch ein Pluszeichen getrennt sind. Hinter dem zweiten Summanden befindet sich ein Button, über den Sie eine Aktion zur Berechnung und Ausgabe der Summe auslösen.

Beispiel

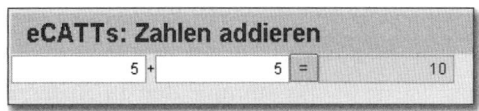

Abbildung 10.57 Beispielanwendung – Web-Dynpro-Anwendung für einen Test mit eCATT

Die Erstellung und Verwendung von eCATT-Testskripten lässt sich in die folgenden Phasen einteilen, die wir in den folgenden Abschnitten behandeln:

Drei Schritte zum eCATT-Testskript

1. **eCATT-Aufzeichnungsphase**
   Zuerst müssen Sie die zu testende Anwendung im Aufzeichnungsmodus starten und die zu testenden Schritte durchgehen.

2. **eCATT-Bearbeitungsphase**
   Nachdem Sie die Aufzeichnung des eCATTs abgeschlossen haben, können Sie dieses um Prüfpunkte erweitern. In einem Prüfpunkt können Sie z. B. überprüfen, ob in einem Feld der erwartete Wert steht.

3. **Regelmäßige Durchführung der eCATT-Tests**
   Nun können Sie den Test verwenden und das Test-Skript beliebig oft starten.

10.10.1 Aufzeichnung mithilfe von eCATT

Gehen Sie zur Aufzeichnung einer Anwendung mithilfe von eCATT wie folgt vor:

Aufzeichnung – Vorgehen

1. Starten Sie die ABAP Workbench (Transaktion SE80), und legen Sie das in der Einleitung vorgestellte Beispielprogramm an, oder öffnen Sie eine andere Web-Dynpro-Component.

2. Klicken Sie mit der rechten Maustaste auf die aufzuzeichnende Anwendung, und wählen Sie im Kontextmenü den Eintrag ECATT-AUFZEICHNUNG STARTEN aus.

3. Es öffnet sich ein Pop-up-Fenster, in dem Sie einen beliebigen Namen für das TESTSKRIPT eintragen müssen. Tragen Sie einen Namen ein, und vergeben Sie eine Nummer als VERSION für das Skript. Schließen Sie das Pop-up-Fenster mit einen Klick auf das grüne Häkchen.

4. Die zu testende Anwendung öffnet sich nun im Browser. Während der Aufzeichnung bleibt im SAP GUI ein Pop-up-Fenster geöffnet, über das Sie die Aufzeichnung später beenden können.

5. Nehmen Sie die Aktionen in Ihrer Anwendung vor, die aufgezeichnet werden sollen. Tragen Sie z. B. die Summanden in unserer Beispielanwendung ein, und klicken Sie anschließend auf den BERECHNEN-Button.

6. Stoppen Sie die Aufzeichnung nach Abschluss der aufzuzeichnenden Aktionen. Klicken Sie dazu im Pop-up-Fenster im SAP GUI auf den Button AUFZEICHNUNG BEENDEN (siehe Abbildung 10.58).

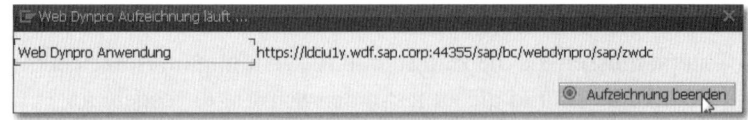

Abbildung 10.58 Beenden der eCATT-Aufzeichnung

In der Objekthierarchie werden unterhalb der Anwendung nun das aufgezeichnete Testskript und seine Versionen angezeigt (siehe Abbildung 10.59). Grundsätzlich kann das Testskript bereits jetzt verwendet werden. Durch die Anreicherung mit Prüfpunkten, die wir im folgenden Abschnitt besprechen, lässt sich der Mehrwert des Testskripts jedoch deutlich steigern.

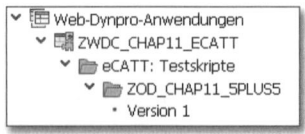

Abbildung 10.59 Beispielanwendung ZWDC_CHAP11_ECATT mit einem Testskript

10.10.2 eCATT-Aufzeichnungen bearbeiten

In diesem Abschnitt zeigen wir Ihnen, wie Sie das angelegte Testskript bearbeiten und um Prüfpunkte erweitern können. Öffnen Sie Ihr Testskript im Skripteditor, und klicken Sie in der Objektliste doppelt auf die Version. Der Skripteditor öffnet sich in der rechten Bildhälfte (siehe Abbildung 10.60). Stellen Sie sicher, dass Sie sich im Änderungsmodus befinden.

Bearbeitung von Testskripten

Auf der Registerkarte EDITOR sehen Sie in der oberen Hälfte die aufgezeichneten Schritte tabellarisch dargestellt. Nach dem Doppelklick auf eine Tabellenzeile werden Ihnen die Details zum jeweiligen Schritt im Bildbereich rechts unten angezeigt. Im Fenster links unten werden die aufgezeichneten Schritte des Skripts in einer Liste dargestellt. Mit entsprechender Erfahrung können Sie hier erweiterte eCATT-Funktionen implementieren.

eCATT-Skripteditor

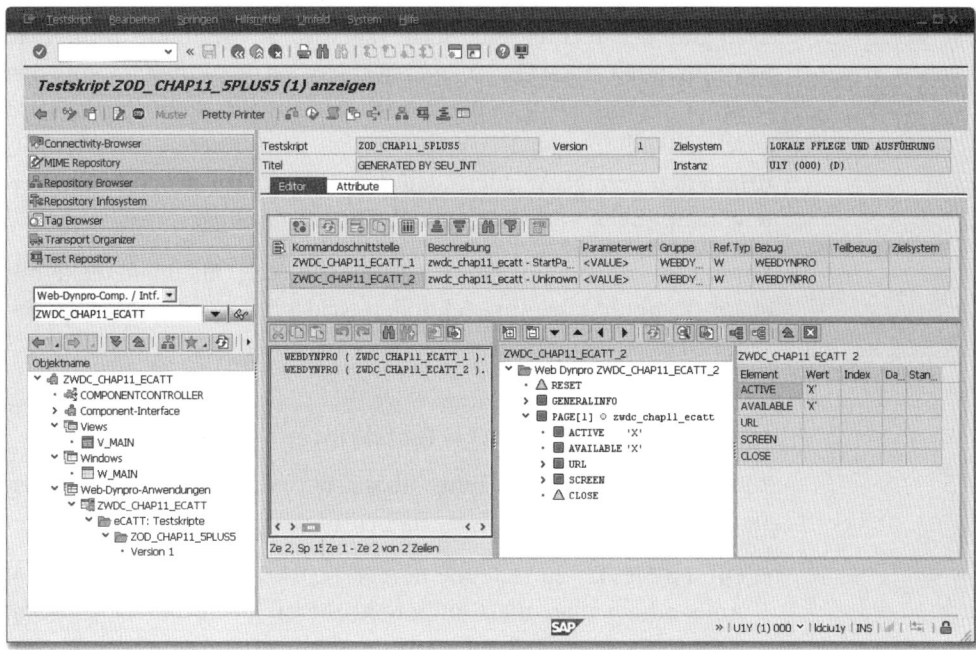

Abbildung 10.60 eCATT-Skripteditor

Suchen Sie nun den Schritt und die Position aus, in die Sie einen Prüfpunkt einfügen wollen. Navigieren Sie im Menübaum in der Detailsicht zum Eintrag PAGE • SCREEN • DATA • CONTAINER • <VIEW-NAME>. Unter diesem Eintrag finden Sie in unserem Beispiel

Prüfpunkt einfügen

die in Ihrem View eingegebenen Summanden und das Ergebnis der Berechnung wieder (siehe Abbildung 10.61).

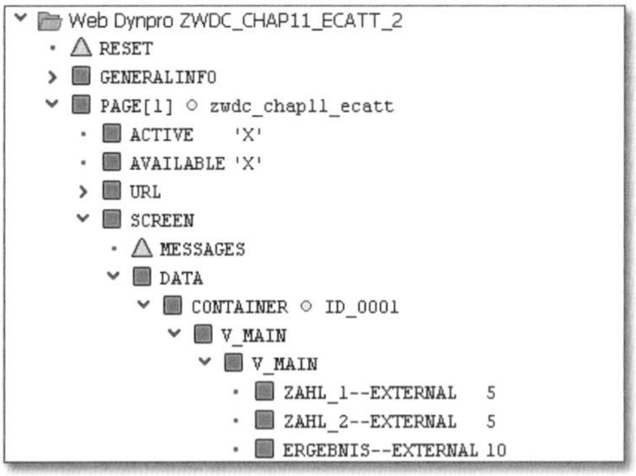

```
∨ 📂 Web Dynpro ZWDC_CHAP11_ECATT_2
  • △ RESET
  > ▣ GENERALINFO
  ∨ ▣ PAGE[1] ○ zwdc_chap11_ecatt
    • ▣ ACTIVE    'X'
    • ▣ AVAILABLE 'X'
    > ▣ URL
    ∨ ▣ SCREEN
      • △ MESSAGES
      ∨ ▣ DATA
        ∨ ▣ CONTAINER ○ ID_0001
          ∨ ▣ V_MAIN
            ∨ ▣ V_MAIN
              • ▣ ZAHL_1--EXTERNAL   5
              • ▣ ZAHL_2--EXTERNAL   5
              • ▣ ERGEBNIS--EXTERNAL 10
```

Abbildung 10.61 View V_MAIN: Ergebnis aus der Summe von ZAHL_1 und ZAHL_2

Fügen Sie nun den Prüfpunkt in die Anwendung ein. Klicken Sie dazu mit der rechten Maustaste auf das zu prüfende Feld, z. B. ERGEBNIS--EXTERNAL 10, und wählen Sie im Kontextmenü den Menüpunkt CHECK EINFÜGEN aus. Der angelegte Prüfpunkt wird anschließend in der Hierarchie unter dem Knoten GETS_AND_CHECKS angezeigt. Wiederholen Sie den Schritt bei Bedarf für weitere Prüfpunkte, und speichern Sie Ihre Änderungen.

Kommt es bei einer späteren Testausführung in einem Feld mit einem Prüfpunkt zu Abweichungen, schlägt der eCATT-Test in diesem Fall fehl.

10.10.3 Testen von eCATT-Testskripten

Zum Testen eines Web-Dynpro-basierten eCATT-Testskripts haben Sie zwei Möglichkeiten:

- Öffnen Sie das zu testende eCATT-Testskript Ihrer Web-Dynpro-Anwendung über die Component-Hierarchie in der Objektliste. Klicken Sie anschließend im Skripteditor zweimal auf den Button AUSFÜHREN (🔄) in der Toolbar, oder drücken Sie zweimal die Taste F8.

- Starten Sie Transaktion SECATT. Tragen Sie dort in das Feld TEST-SKRIPT den Namen Ihres Web-Dynpro-Testskripts ein. Klicken Sie anschließend zweimal auf den Button AUSFÜHREN (🔄) in der Toolbar, oder drücken Sie zweimal die Taste F8.

Nach Abschluss des Tests erhalten Sie ein Testprotokoll (siehe Abbildung 10.62).

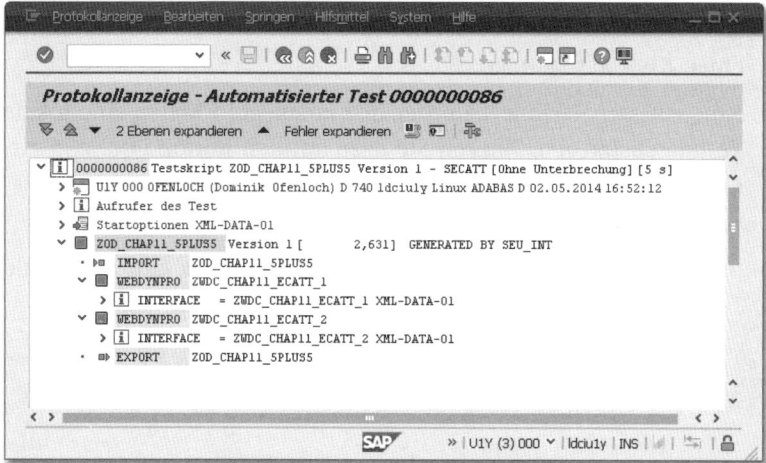

Abbildung 10.62 Erfolgreicher Test des Web-Dynpro-eCATTs

10.11 Testen mit ABAP-Unit-Tests

Mithilfe von ABAP-Unit-Tests können Sie automatisierte Tests von Web-Dynpro-Anwendungen durchführen. ABAP-Unit-Tests simulieren Browser-Anfragen und Rückmeldungen, ohne dass der Browser tatsächlich aufgerufen wird. Wie bei einem tatsächlichen Browser-Aufruf wird bei ABAP-Unit-Tests das Web-Dynpro-Phasenmodell ausgeführt, und Windows, Views und Components werden angelegt. Im Unterschied zu eCATT geben Ihnen ABAP-Unit-Tests als Entwickler die Freiheit, durch ABAP-Code einfache, aber auch komplexere Testszenarien aufzubauen.

Um Ihnen die Durchführung von ABAP-Unit-Tests im Web-Dynpro-Umfeld zu zeigen, verwenden wir in diesem Abschnitt erneut die in Abschnitt 10.10, »Testen mit eCATT«, eingeführte Beispielanwendung zur Addition von zwei Zahlen. Anhand dieses Beispiel zeigen wir Ihnen, wie Sie ABAP-Unit-Testklassen anlegen und testen und wie Sie die Web-Dynpro-Testklasse CL_WD_WEB_DYNPRO_TESTER zur Entwicklung von Web-Dynpro-Unit-Tests einsetzen können.

Übersicht

Für die Erstellung von ABAP-Unit-Tests benötigen Sie zuerst eine Testklasse, in die Sie den Test implementieren können:

Testklasse anlegen

1. Starten Sie den Class Builder (Transaktion SE24), und tragen Sie in das Feld OBJEKTTYP einen Namen für die neue Testklasse ein.

2. Klicken Sie anschließend auf den Button ANLEGEN, und vergeben Sie eine Beschreibung. Schließen Sie das Pop-up-Fenster durch einen Klick auf SICHERN.

3. Nun müssen Sie innerhalb der neu angelegten Klasse eine lokale Testklasse anlegen. Klicken Sie dazu auf den Button LOKALE TESTKLASSEN, und bestätigen Sie im sich öffnenden Fenster das Anlegen eines neuen Includes.

4. Implementieren Sie den Code aus Listing 10.33, um die lokale Testklasse zu definieren und die erste Testmethode anzulegen.

```
CLASS cl_test DEFINITION FOR TESTING
  DURATION LONG RISK LEVEL HARMLESS.
  PRIVATE SECTION.
    METHODS test_1plus1 FOR TESTING.
ENDCLASS.
CLASS cl_test IMPLEMENTATION.
  METHOD test_1plus1.
    " An dieser Stelle implementieren
    " wir im Folgenden die Testmethode
  ENDMETHOD.
ENDCLASS.
```

Listing 10.33 Lokale Testklasse definieren

Damit sind alle Vorbereitungen abgeschlossen, und Sie können mit dem Anlegen des Web-Dynpro-Unit-Tests beginnen.

Anwendungen starten

Der Ausgangspunkt eines jeden ABAP-Unit-Tests ist die Klasse CL_WD_WEB_DYNPRO_TESTER. Über die statische Methode create( ) starten Sie eine neue Web-Dynpro-Testanwendung. Über den Importing-Parameter APPLICATION müssen Sie dabei den Namen der zu testenden Anwendung angeben. Anschließend erhalten Sie von der Methode eine Instanz der Tester-Klasse zurück.

CL_WD_WEB_DYNPRO_TESTER

Die Tester-Klasse CL_WD_WEB_DYNPRO_TESTER repräsentiert die zentrale Schnittstelle zwischen dem Web-Dynpro-Framework und dem Unit-Test-Framework. Sie ermöglicht es, Web-Dynpro-Anwendungen zu starten, UI-Elemente und deren Eigenschaften und Werte zu lesen und die Werte von Feldern wie in einer »echten« Web-Dynpro-Anwendung zu modifizieren. Sie können über die Klasse Button-Klicks und Roundtrips simulieren, die Nachrichten des Message

Managers auslesen und eine Anwendung schließen. Tabelle 10.5 gibt Ihnen eine Übersicht über die wichtigsten Methoden der Klasse CL_WD_WEB_DYNPRO_TESTER.

Methode	Beschreibung
create( )	Startet eine Web-Dynpro-Anwendung. Der Name der Anwendung muss über den obligatorischen Parameter APPLICATION mitgegeben werden.
execute_request( )	Führt einen Roundtrip durch. Das Web-Dynpro-Phasenmodell wird dadurch durchlaufen.
exit( )	Schließt eine Anwendung. Die Methoden wddoexit( ) der Components werden aufgerufen.
get_context_root_node( )	Liefert den Wurzelknoten eines Controllers zurück.
get_messages( )	Liefert die aktuell vom Message Manager dargestellten Meldungen zurück.
get_ui_element_tester( )	Liefert die Tester-Instanz eines UI-Elements zurück. Die Tester-Instanz des UI-Elements repräsentiert das »echte« UI-Element, wie es normalerweise im View dargestellt wird. Sie erhalten in der Regel ein Objekt mit dem Interface IF_WDT_<UI-Element-Name> zurück, z. B. IF_WDT_INPUT_FIELD. In den Tester-Instanzen von Eingabefeldern können Sie Wertänderungen vornehmen, in den Tester-Instanzen von Buttons z. B. Klicks simulieren.

Tabelle 10.5 Die wichtigsten Methoden der Klasse CL_WD_WEB_DYNPRO_TESTER

Kommen wir an dieser Stelle zurück zu unserer Beispielanwendung aus Abschnitt 10.10, »Testen mit eCATT«. Diese besteht aus einer Component mit einen Window und einem View. Im Folgenden zeigen wir Ihnen nun, wie Sie mithilfe eines einfachen Unit-Tests das Rechenergebnis beider Summanden überprüfen können.

Beispiel

Die Implementierung des Unit-Tests wird in der in Listing 10.33 angelegten Methode test_1plus1( ) realisiert. Nachdem Sie die Anwendung über die Methode create( ) gestartet haben, können

Eingabefelder mit Werten befüllen

Sie die beiden Eingabefelder für die Summanden über den Code mit Werten befüllen. Dazu müssen Sie sich zuerst eine Referenz auf die Eingabefelder-Tester-Klasse besorgen (Klassen-Interface `IF_WDT_INPUT_FIELD`). Sie erhalten die Referenz auf das Eingabefeld über die Tester-Methode `get_ui_element_tester( )`. Durch den Aufruf der UI-Element-Tester-Methode `raise_change( value = <Wert> )` tragen Sie den gewünschten Wert in das Eingabefeld ein (siehe Listing 10.34).

```abap
DATA: lo_tester       TYPE REF TO cl_wd_web_dynpro_tester,
      lo_if_zahl1     TYPE REF TO if_wdt_input_field,
      lo_if_zahl2     TYPE REF TO if_wdt_input_field.
* Starte die Anwendung
cl_wd_web_dynpro_tester=>create(
  EXPORTING
    application = 'ZOD100_VII_ECATT'
  RECEIVING
    tester      = lo_tester ).
* Hole das erste Eingabefeld "ZAHL1", und trage in das Feld
* 1 ein.
lo_if_zahl1 ?= lo_tester->get_ui_element_tester(
  EXPORTING
    view_id     = 'V_MAIN'
    uielement_id = 'ZAHL1' ).
lo_if_zahl1->raise_change( value = '1' ).
* Hole das zweite Eingabefeld "ZAHL2", und trage in das Feld
* 1 ein.
lo_if_zahl2 ?= lo_tester->get_ui_element_tester(
  EXPORTING
    view_id     = 'V_MAIN'
    uielement_id = 'ZAHL2' ).
lo_if_zahl2->raise_change( value = '1' ).
```

Listing 10.34 Starten der ABAP-Unit-Test-Anwendung und Eingabe der Summanden

Zu testende Aktion   Im nächsten Schritt müssen Sie den Klick auf den BERECHNEN-Button in der zu testenden Anwendung implementieren (Klassen-Interface `IF_WDT_BUTTON`). Auch die Button-Referenz erhalten Sie über die Methode `get_ui_element_tester( )`. Anschließend können Sie den Klick auf den Button über seine Methode `raise_press( )` realisieren.

Roundtrip   Nach dem Klick auf den Button müssen Sie den Roundtrip zum Durchlaufen des Phasenmodells manuell ausführen. Diesen können Sie über die Methode `execute_request( )` der Tester-Klasse implementieren. Während des Roundtrips werden die UI-Aktionen verarbeitet, und dabei wird das Ergebnis der Addition ermittelt. Die Implementierung des Button-Klicks und des Roundtrips zeigt Listing 10.35.

```abap
DATA lo_btn_calc TYPE REF TO if_wdt_button.
* Lies und klicke auf den Button.
lo_btn_calc ?= lo_tester->get_ui_element_tester(
  EXPORTING
    view_id      = 'V_MAIN'
    uielement_id = 'BUTTON' ).
lo_btn_calc->raise_press( ).
* Durchlaufe das Web-Dynpro-Phasenmodell.
lo_tester->execute_request( ).
```

Listing 10.35 Anklicken des Buttons und Durchlaufen des Web-Dynpro-Phasenmodells

Nun können Sie noch das Ergebnis der Berechnung auswerten. Dazu müssen Sie zuerst den Wert im Ergebnisfeld auslesen. Anschließend müssen Sie den Ist- mit dem Soll-Wert vergleichen. Für den Vergleich der Werte stellt Ihnen das ABAP-Unit-Test-Framework die Klasse CL_ABAP_UNIT_ASSERT zur Verfügung. Zum Vergleich der Ist- und Soll-Werte können Sie die Methode assert_equals( ) verwenden (siehe Listing 10.36).

Auswertung des Rechenergebnisses

```abap
DATA: lo_if_ergebnis TYPE REF TO if_wdt_input_field,
      lv_ergebnis    TYPE i,
      lo_nd_v_main   TYPE REF TO if_wd_context_node.
* Lies das Ergebnis der Rechenoperation aus dem Context aus.
lo_tester->get_context_root_node(
  EXPORTING
    controller_id    = 'V_MAIN'
  RECEIVING
    context_root_node = lo_nd_v_main ).
lo_nd_v_main->get_attribute(
  EXPORTING
    name = 'ERGEBNIS' " Name des Context-Attributs
  IMPORTING
    value = lv_ergebnis ).
* Führe die ABAP-Unit-Test-Prüfung durch: 1 + 1 = 2
cl_abap_unit_assert=>assert_equals(
  EXPORTING
    exp = 2
    act = lv_ergebnis ).
```

Listing 10.36 Auslesen des Ergebnisses und Überprüfung des Feldinhalts

Unit-Test starten   Damit ist der ABAP-Unit-Test abgeschlossen. Sie können die Testklasse nun aktivieren und den Unit-Test starten. Wechseln Sie dazu zurück in Ihre Testklasse, und folgen Sie im Menü dem Pfad KLASSE • AUSFÜHREN • MODULTESTS. Wenn der Test erfolgreich durchlaufen wurde, erscheint in der Mitteilungszeile die Erfolgsmeldung VERARBEITET: 1 PROGRAMME, 1 KLASSEN, 1 TESTMETHODEN. Schlägt die Prüfung fehl, z. B. weil Sie testweise einen Fehler eingebaut haben, landen Sie in einem ABAP-Unit-Test-Bild mit weiteren Informationen über den Fehler sowie das erwartete und zurückgelieferte Ergebnis.

10.12 Trace-Tool zur Fehleranalyse

Das Web-Dynpro-Trace-Tool unterstützt Sie bei der Analyse von Fehlern, indem es verschiedenste Daten sammelt und auflistet, die mit einer Web-Dynpro-Anwendung zusammenhängen. Das Trace-Tool kann unter anderem Context-Änderungen, Message-Manager-Nachrichten, Runtime- und Rendering-spezifische Daten aufzeichnen. Darüber hinaus unterstützt es die Aufzeichnung des Active Component Frameworks (ACF) und Floorplan-Manager-spezifischer Logs. Nach der Aktivierung des Trace-Tools für einen Benutzer werden alle von diesem Benutzer neu gestarteten Web-Dynpro-Anwendungen aufgezeichnet. Während der Aufzeichnung erscheint unterhalb einer aufgezeichneten Anwendung ein zusätzliches Fenster für das Trace-Tool. Nach Abschluss einer Trace-Aufzeichnung können Sie das Ergebnis als ZIP-Datei herunterladen.

Trace-Tool starten   Sie können das Trace-Tool direkt aus einer Web-Dynpro-Anwendung heraus über die Tastenkombination ⇧ + Strg + Alt + C oder über Transaktion WD_TRACE_TOOL starten. Der Vorteil bei der Verwendung des Transaktionscodes ist, dass Sie die zu speichernden Traces in der Transaktionsmaske gezielt auswählen können und dass das Trace-Tool nach der Aktivierung direkt beim Laden der Anwendung gestartet wird.

Verwendung von Transaktion WD_TRACE_TOOL   Zur Analyse einer Web-Dynpro-Anwendung mithilfe von Transaktion WD_TRACE_TOOL gehen Sie wie folgt vor:

1. Starten Sie Transaktion WD_TRACE_TOOL. Klicken Sie anschließend in der Toolbar auf den Button AKTIVIEREN FÜR DIESEN BENUTZER oder auf den Button AKTIVIEREN FÜR … (siehe Abbildung 10.63).

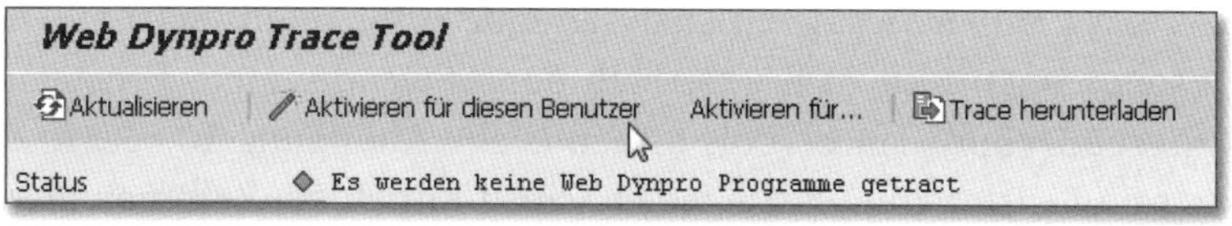

![Web Dynpro Trace Tool]

Abbildung 10.63 Aktivierung des Trace-Tools

2. In dem in Abbildung 10.64 dargestellten Pop-up-Fenster können Sie nun auswählen, welche Traces Sie durchführen möchten. Je nach Problemsituation können dies andere Traces sein. Für die Analyse von Floorplan-Manager-Anwendungen (FPM-Anwendungen) sind die verschiedenen FPM-Traces von großer Bedeutung. Möchten Sie eine Freestyle-Web-Dynpro-Anwendung analysieren, sollten Sie die Web-Dynpro-Rendering-Traces aktivieren. Geht es Ihnen darum, die Performance einer Anwendung zu analysieren, empfehlen wir Ihnen die Aufzeichnung von Context-Änderungen und des Delta-Renderings.

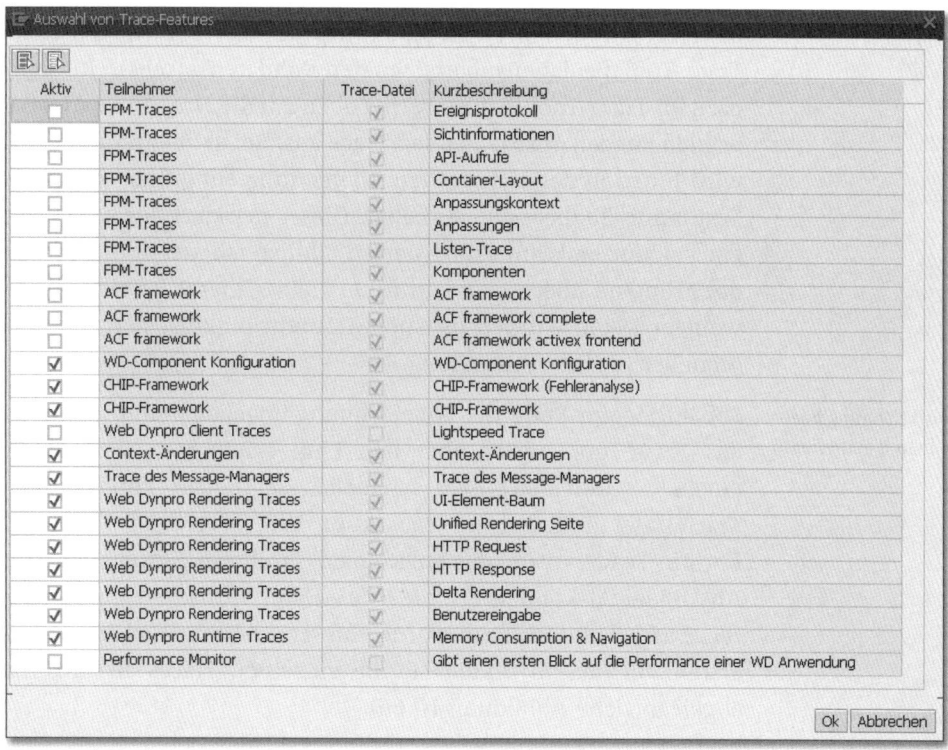

Abbildung 10.64 Aktivierung der Web-Dynpro-Traces

3. Nun können Sie die zu analysierende Anwendung starten. Nach dem Start sollte sich unterhalb der Anwendung ein Fenster des Web-Dynpro-Trace-Tools öffnen (siehe Abbildung 10.65). In diesem Fenster können Sie jeden Schritt mit einem Kommentar versehen und sich die jeweils letzten Aufzeichnungen des Trace-Tools direkt ansehen.

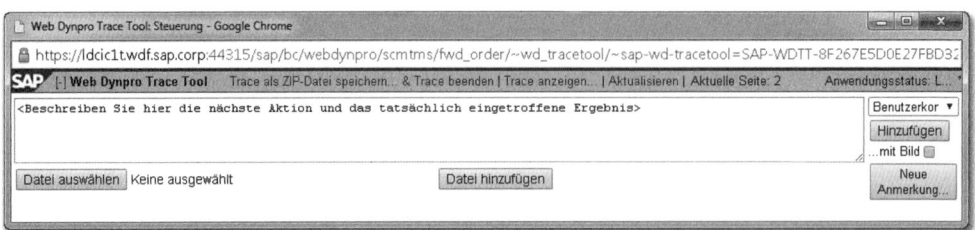

Abbildung 10.65 Trace-Tool-Fenster unterhalb der Anwendung

Traces aufzeichnen

Nachdem Sie das Trace-Tool gestartet haben, können Sie die zu analysierenden Schritte in Ihrer Anwendung durchführen. Nach jeder Benutzeraktion, die einen Roundtrip auslöst, können Sie sich im Trace-Tool die dabei aufgezeichneten Rohdaten ansehen. Klicken Sie dazu im Trace-Tool-Fenster rechts oben auf die Dropdown-Liste, und wählen Sie den anzuzeigenden Trace aus. Bei aktiviertem Trace-Tool wird Ihnen in der analysierten Anwendung ein grüner Rahmen um bestimmte Bildbereiche auffallen. Dieser markiert den jeweils nach einer Benutzeraktion aktualisierten Bildbereich, der vom Backend in das Frontend übertragen wurde. Je kleiner dieser Bereich ist, desto weniger Daten wurden in einem Roundtrip aktualisiert, und desto schneller ist Ihre Anwendung.

Aufzeichnung beenden und analysieren

Sobald Sie am Ende der Aufzeichnung angelangt sind, können Sie das Trace-Tool-Fenster über den Link TRACE ALS ZIP-DATEI SPEICHERN...& TRACE BEENDEN schließen. Bei Bedarf können Sie die Trace-Datei zusätzlich in Transaktion WD_TRACE_TOOL über den Button TRACE HERUNTERLADEN lokal in Ihrem System speichern. Anschließend können Sie die Trace-Datei entpacken und analysieren. Für jeden Roundtrip wurde vom Trace-Tool ein eigener Ordner erstellt. In diesem finden Sie die einzelnen Traces als XML-Datei abgelegt (siehe Abbildung 10.66).

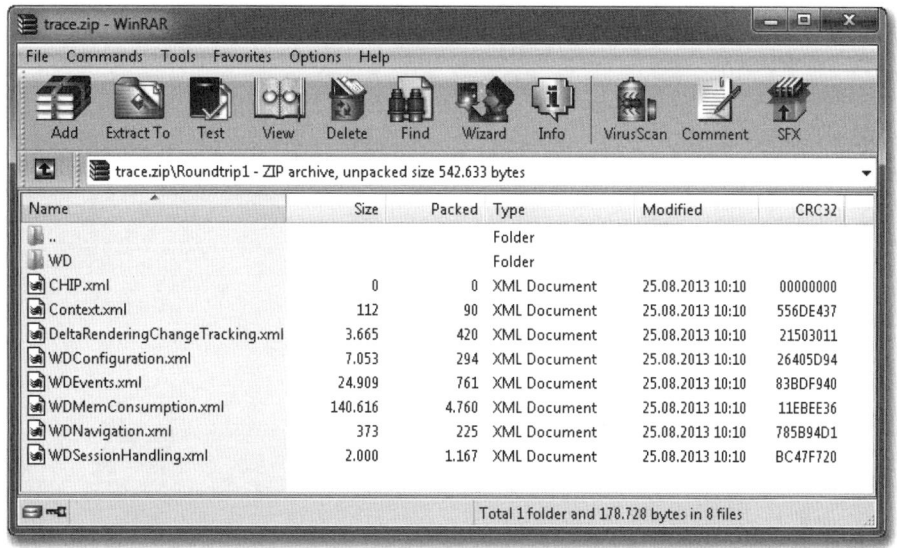

Abbildung 10.66 Auswertung des Trace-Tools: ZIP-Datei mit den XML-Dateien eines Roundtrips

10.13 Karten mithilfe von Visual Business visualisieren

Bereits in den frühen Web-Dynpro-Tagen bot SAP mit dem UI-Element GeoMap einen Dienst für die Integration geografischer Karten in Ihre Webanwendungen an (siehe Abschnitt 4.7.5, »GeoMap«). Benutzerfreundlichkeit und Interaktivität der GeoMap ließen jedoch zu wünschen übrig. Aus diesem Grund entschied sich SAP für einen Neuanfang und entwickelte mit Visual Business (VB) einen neuen Kartendienst, der in verschiedene UI-Technologien von SAP integriert werden kann. In Abbildung 10.67 sehen Sie beispielhaft eine im SAP Transportation Management integrierte Visual-Business-Karte.

In Visual Business können Sie Punkte, Routen (Polygone) oder Flächen darstellen. Auch ist es möglich, dreidimensionale Gebäude darzustellen und Icons in Karten zu integrieren. Visual Business unterstützt Drag & Drop sowie weitere Funktionen und ist seit SAP Business Suite Foundation 7.31 SP 6 (ABAP-Add-on SAP_BS_FND) verfügbar. Prüfen Sie vor dem Einsatz, ob Sie für Visual Business eine zusätzliche Lizenz benötigen oder bereits einen Kartenserver einsetzen.

Funktionsumfang & Voraussetzungen

10 | Weiterführende Konzepte

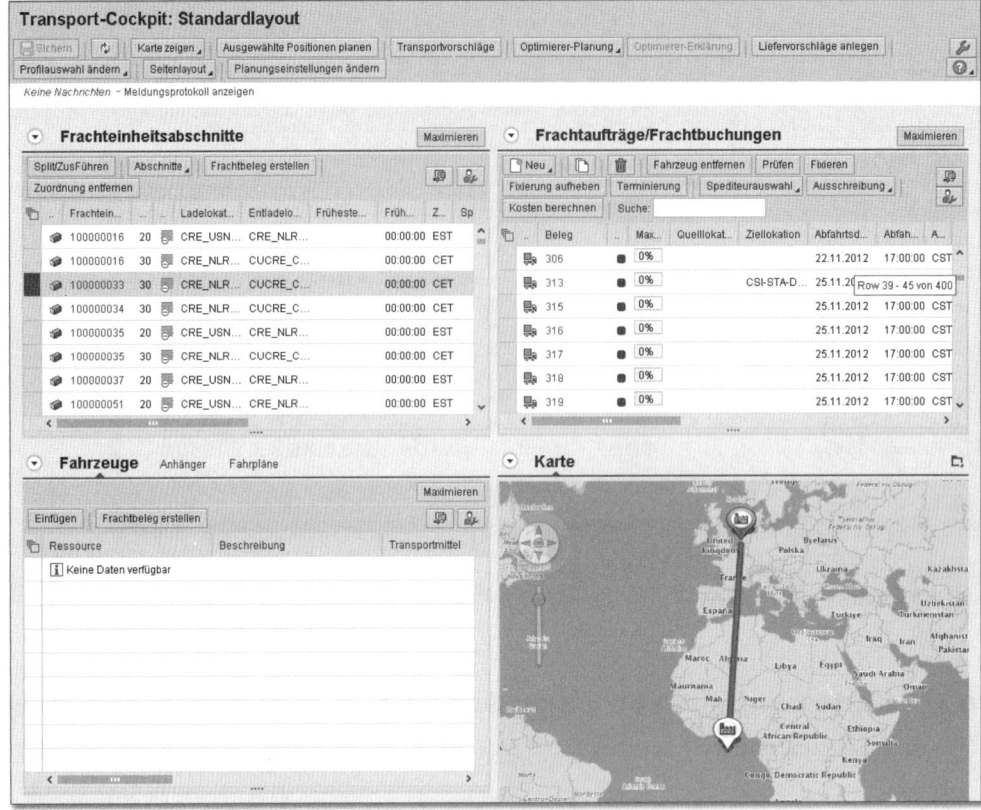

Abbildung 10.67 SAP Transportation Management: Visual-Business-Karte im Transport-Cockpit

Einrichtung Bevor Sie mit der Entwicklung einer Visual-Business-Component beginnen, sollten Sie die folgenden Schritte ausführen:

1. Konfigurieren Sie Visual Business. Verwenden Sie dazu den *SAP Visual Business 2.0 Installation and Configuration Guide*, den Sie im Internet unter *http://service.sap.com/instguides* finden.

2. Prüfen Sie, ob in Ihrem System die Business Function FND_VISUAL_ BUSINESS aktiviert ist.

3. Installieren Sie das Visual-Business-Frontend-Plug-in, wie im Installation and Configuration Guide beschrieben.

4. Installieren Sie für Ihren Benutzer ein ACF-Whitelist-Zertifikat (Active Component Framework). Starten Sie dazu Transaktion WDR_ACF_WLIST, wählen Sie dort die Anwendung VB20 aus, und klicken Sie auf den Button ZERTIFIKAT INSTALLIEREN. Solange

kein Zertifikat installiert ist, sehen Sie beim Start von Visual Business ein blaues Bild.

Nach der Überprüfung dieser Kriterien ist Ihr System vorbereitet, und Sie können mit der Entwicklung einer eigenen VB-Component beginnen.

Integration von Visual Business

1. Legen Sie eine neue Web-Dynpro-Component an, oder verwenden Sie eine Ihrer existierenden Components. Tragen Sie in den Component-Eigenschaften auf der Registerkarte VERWENDETE COMPONENTS die Component-Verwendung VB20 für die Web-Dynpro-Component VBC_WDC_GEOMAP_GEN2 von Visual Business 2.0 ein.

2. Öffnen Sie den View der neuen Component, und platzieren Sie an der gewünschten Stelle der Karte einen View-Container. Achten Sie darauf, dass Sie für die Eigenschaften height und width des View-Containers Höhen- und Breitenangaben eintragen, da es sonst vorkommen kann, dass die Karte mit einer Höhe von einem Pixel geladen wird.

3. Wechseln Sie in das Window, und integrieren Sie in den View-Container den Interface-View MAIN der Component VBC_WDC_GEOMAP_GEN2.

Nun können Sie Ihre Component bereits aktivieren und testen. Legen Sie dazu eine neue Anwendung mit dieser Component an, und starten Sie diese. Wenn alles geklappt hat, sollte Ihre Karte ähnlich wie die in Abbildung 10.68 aussehen.

Component aktivieren und testen

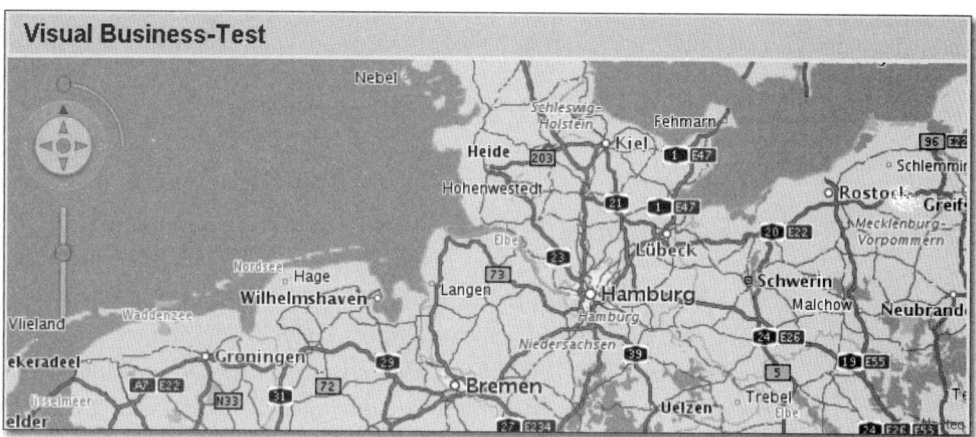

Abbildung 10.68 Test von Visual Business

Nach der Kartenintegration

Mit den beschriebenen Schritten haben Sie die Karte zwar integriert, aber noch nicht angesteuert. In diesem Zustand können Sie bislang weder Adressen noch Routen anzeigen. Um die Karte nun ansteuern zu können, müssen Sie zuerst eine Referenz des Map-Interface-Controllers in Ihrer Component besorgen (siehe Listing 10.37).

```
DATA: lo_map_usage TYPE REF TO if_wd_component_usage,
      lo_map_intfc TYPE REF TO iwci_ifci_vbc_wdc_geomap_gen.
lo_map_usage = wd_this->wd_cpuse_vb20( ).
IF lo_map_usage->has_active_component( ) IS INITIAL.
  lo_map_usage->create_component( ).
ENDIF.
lo_map_intfc ?= lo_map_usage->get_interface_controller( ).
```

Listing 10.37 Lesen der Referenz des VB-Interface-Controllers lo_map_intfc

Methoden

Anschließend können Sie die Karte über die folgenden beiden Methoden des Interface-Controllers kontrollieren:

- `update_map_scene( )`
  Diese Methode ermöglicht die Übergabe von Objekten, die auf der Karte dargestellt werden sollen, wie einzelne Adressen, Punkte oder Polygone. Dazu können Sie über den Parameter `IT_MAP_OBJECTS` eine Tabelle vom Typ `VBC_T_GEOMAP_OBJECTS` übergeben.

- `map_event( )`
  Diese Methode verwenden Sie zur Steuerung der Karte. Sie können die Methode z. B. dazu verwenden, alle Objekte auf der Karte zu löschen, einzelne Ausschnitte zu laden oder eine Legende anzeigen zu lassen.

Geo-Codierung von Adressen

Über die Methoden der Klasse `CL_VBC_GEOCODER` können Sie Adressen geocodieren. Die geocodierten Adressen können Sie anschließend über das VB-Interface an die Karte senden.

10.14 Themes

Bis vor Kurzem war die Erstellung eigener Themes mit großem Aufwand verbunden und nicht besonders einfach. Dies hat sich mit dem Aufkommen der SAPUI5-Technologie grundlegend geändert. Für diese existiert ein Theme-Editor, der auch für die Erzeugung von Web-Dynpro-Themes verwendet werden kann. Der Editor wird mit dem SAP-UI-Add-on 1.0 SP 4 für SAP NetWeaver bzw. mit SAP Net-

Weaver 7.40 SP 3 ausgeliefert. Der Editor ermöglicht die Erstellung eigener Web-Dynpro-Themes mithilfe einer browserbasierten Anwendung.

In diesem Abschnitt möchten wir Ihnen das Anlegen eigener Themes anhand eines kurzen Beispiels zeigen. Es gestaltet sich sehr einfach:

Eigenes Theme anlegen

1. Öffnen Sie den Theme Designer. Starten Sie dazu Transaktion /UI5/THEME_DESIGNER, der Theme Designer öffnet sich anschließend in einem Browser-Fenster. Beachten Sie, dass der Theme Designer im Internet Explorer nur ab Version 9.0 im Standardmodus fehlerfrei läuft. Sie können aber auch auf andere Browser wie Chrome oder Firefox ausweichen.

2. Sie befinden sich nun im Eingangsbild des Theme Designers. In einer Tabelle werden alle im System vorhandenen Themes aufgelistet, wobei die von SAP ausgelieferten Themes fett gekennzeichnet sind (siehe Abbildung 10.69). Wählen Sie aus der Tabelle das zu kopierende (falls von SAP ausgeliefert) oder zu bearbeitende Theme aus, und klicken Sie auf den Button ÖFFNEN. Beachten Sie, dass die Tabelle sowohl SAPUI5- als auch Web-Dynpro-Themes enthält. Achten Sie darauf, dass nur die in Web Dynpro verfügbaren Themes als (Kopier-)Vorlage für neue Web-Dynpro-Themes verwendet werden können.

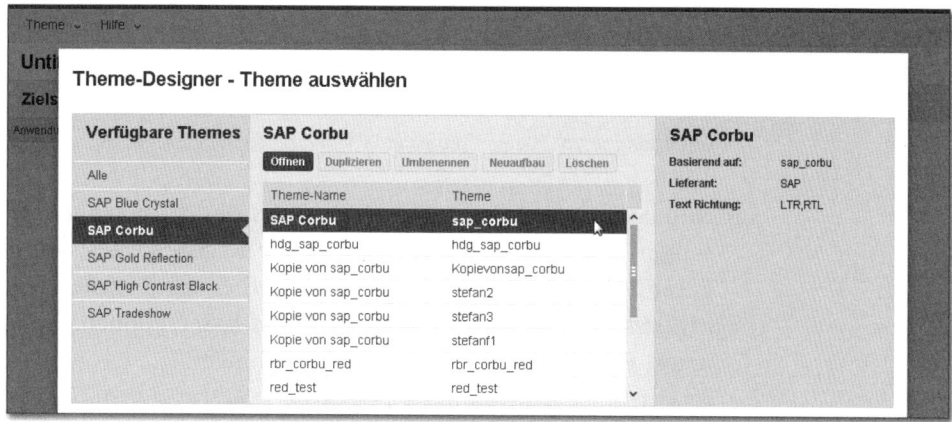

Abbildung 10.69 Startbild des Theme Designers: Auswahl eines Web-Dynpro-Themes

3. Sie befinden sich nun im Editor des Theme Designers. Vergeben Sie eine Bezeichnung für Ihr Theme, indem Sie mit der Maus auf den Theme-Titel klicken und dort einen neuen Titel eintragen.

4. Bevor Sie mit der Bearbeitung des Themes beginnen können, müssen Sie im Editor noch eine Web-Dynpro-Anwendung laden. Die Anwendung dient dabei als Editor-Vorschau, weder die Anwendung noch Ihr Design-Theme werden dadurch bearbeitet. In Abbildung 10.70 sehen Sie den Editor mit der als Vorschau geladenen FPM-Workbench (Transaktion FPM_WB).

Abbildung 10.70 Theme-Editor mit FPM-Workbench in der Vorschau

5. Nun können Sie mit der Bearbeitung des Designs beginnen. Dazu stehen Ihnen auf der rechten Seite die Registerkarten SCHNELL, EXPERTE und CSS zur Verfügung. Die Bearbeitung ist dabei so intuitiv, dass Sie Ihrer Kreativität freien Lauf lassen können. Sie können z. B. folgende Bearbeitungen vornehmen:

   ▸ Farben ändern (Basisfarbe, Hervorhebungsfarbe, Hintergrundfarbe etc.)
   ▸ eigene Hintergrundbilder einfügen
   ▸ Schriften bearbeiten (Schriftarten und Schriftgrößen einstellen)

   Wenn Sie mit der Bearbeitung des Themes fertig sind, müssen Sie das Theme noch speichern und veröffentlichen. Klicken Sie dazu links oben auf das Auswahlmenü THEME, und wählen Sie in der Liste den Eintrag SICHERN & BAUEN aus.

6. Es öffnet sich das Pop-up-Fenster SICHERN & BAUEN (siehe Abbildung 10.71). Tragen Sie dort unter NAME einen frei wählbaren Namen des Themes und in das Feld THEME-ID einen eindeutigen Theme-Bezeichner ein. Über die Theme-ID kann das Theme später geladen werden. Schließen Sie das Pop-up-Fenster durch einen Klick auf den Button SICHERN & BAUEN.

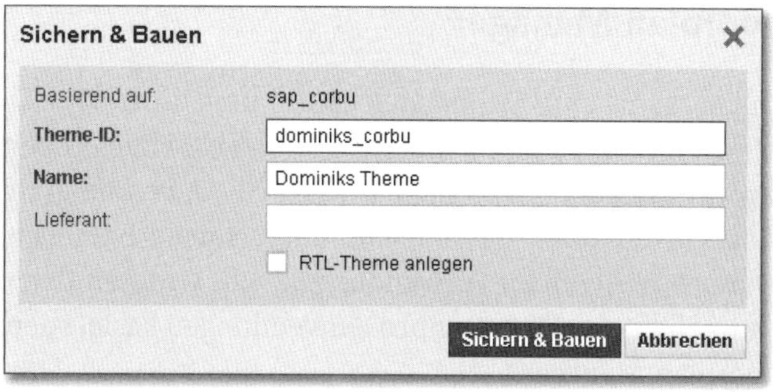

Abbildung 10.71 Sichern des selbst erstellten Themes

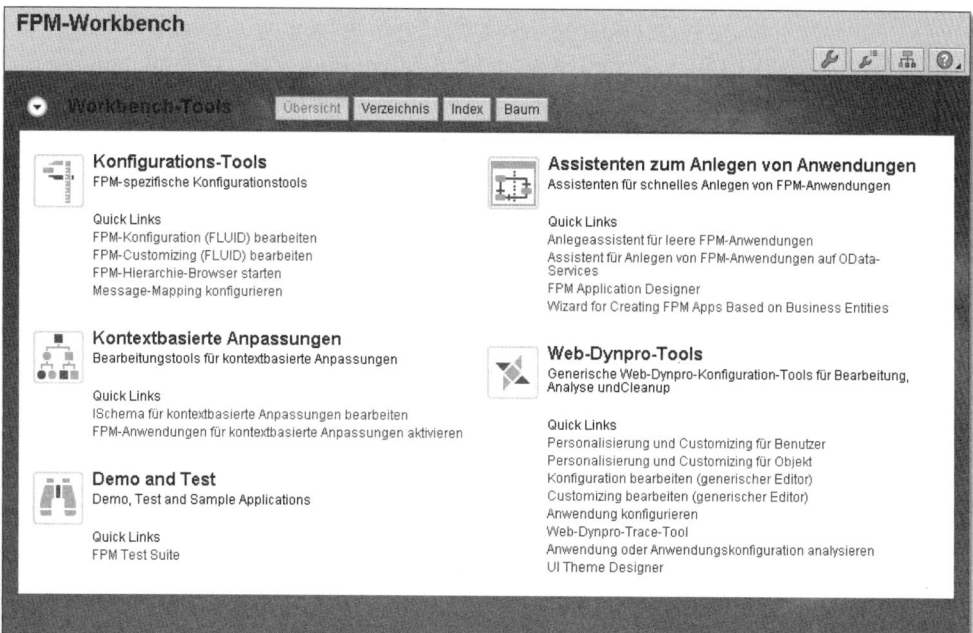

Abbildung 10.72 Test des neuen Themes

Theme testen   Um das Theme nun zu verwenden, müssen Sie es über den URL-Parameter `sap-theme` an die URL Ihrer Webanwendung anhängen. Den URL-Parameter für Ihr freigegebenes Theme bilden Sie nach dem Schema `sap-theme=<Theme-ID>`, in unserem Beispiel lautet der Parameter also `sap-theme=dominiks_corbu`. Starten Sie nun Ihre Anwendung, und testen Sie Ihr neues Theme. In Abbildung 10.72 sehen Sie als Beispiel das von uns angelegte Theme.

10.15 Floorplan Manager

Beim Floorplan Manager (FPM) handelt es sich um ein auf Web Dynpro basierendes Framework zur Entwicklung von Benutzeroberflächen. Unter Verwendung einer standardisierten Anwendungsarchitektur ermöglicht er Ihnen die einfache und schnelle Entwicklung auf Web Dynpro basierender Anwendungen. Ein Großteil der von SAP heute ausgelieferten Web-Dynpro-Anwendungen basiert bereits auf dem Floorplan Manager.

Dieser Abschnitt teilt sich in zwei Unterabschnitte: Zuerst möchten wir Ihnen in Abschnitt 10.15.1 die Grundprinzipien des Floorplan Managers erklären. Anschließend zeigen wir Ihnen in Abschnitt 10.15.2, »Erstellen von FPM-Anwendungen«, anhand einer einfachen `SFLIGHT`-Beispielanwendung am System, wie Sie mit dem Floorplan Manager Anwendungen entwickeln.

10.15.1 Grundprinzipien des Floorplan Managers

Komponenten   Vergessen Sie alles, was Sie bislang über die Entwicklung von Web Dynpros gelernt haben. Mit dem FPM-Framework verfolgen Sie einen vollständig anderen Ansatz, um Benutzeroberflächen zu entwickeln. FPM-Anwendungen bestehen, vereinfacht dargestellt, aus den folgenden beiden Objekten:

- **Floorplan (Grundriss)**
  Einen *Floorplan* kann man sich als eine Art Rahmen einer FPM-Anwendung vorstellen. Das FPM-Framework bietet Ihnen eine Handvoll verschiedene Floorplans. Die bekanntesten Floorplans sind der *OVP-Floorplan* (Overview Pattern) für die Bearbeitung von Geschäftsobjekten und der *Guided Activity Floorplan* (GAF) für die Durchführung mehrstufiger Prozessschritte.

Der OVP-Floorplan besteht aus einem Page Header mit einer konfigurierbaren Toolbar. Darunter können beliebige Registerkarten mit Formularen, Tabellen oder anderen Objekten (UIBBs) platziert werden. Der GAF dagegen ist für Anwendungen mit mehreren aufeinanderfolgenden Prozessschritten gedacht. Dies könnte z. B. ein Assistent für die Erfassung einer Bestellung sein.

Floorplans werden von UI-Entwicklern nicht programmiert, sondern konfiguriert. Dazu werden die Web-Dynpro-Anpassungsmöglichkeiten (Konfiguration, Customizing und Personalisierung, siehe Kapitel 8, »Erweiterung, Konfiguration, Customizing und Personalisierung«) wiederverwendet. Über Anwendungs- und Component-Konfigurationen der vom FPM-Framework bereitgestellten Floorplan-Components können selbst umfangreiche Anwendungen konfiguriert werden.

- **User-Interface-Building-Blöcke (UIBBs)**
  Ein UIBB repräsentiert einen Teil der Benutzeroberfläche. Dies könnte z. B. der Inhalt einer Registerkarte in einem OVP oder ein Schritt in einem GAF sein. Man kann einen UIBB vereinfacht mit einem View einer normalen Web-Dynpro-Component vergleichen. Es gibt zwei Arten von UIBBs:
  - *Freestyle UIBBs*
    Ein Freestyle UIBB kann frei nach den Vorstellungen eines Entwicklers in einer beliebigen Component auf klassische Art und Weise gebaut werden. Grundsätzlich können Sie aus jedem beliebigen Web-Dynpro-Interface-View einen Freestyle UIBB erstellen. Dazu müssen Sie ein Component-Interface implementieren und dessen Interface-Methoden anschließend ausprogrammieren. Freestyle UIBBs eignen sich vor allem dazu, bereits existierende Anwendungen mit wenig Aufwand FPM-kompatibel zu machen.
  - *Generic-User-Interface-Building-Blöcke (GUIBBs)*
    Ein GUIBB wird von UI-Entwicklern nicht entwickelt, sondern konfiguriert. Das FPM-Framework stellt Ihnen dazu mehrere Components zur Verfügung, die Sie nach Belieben konfigurieren können. So existieren z. B. konfigurierbare GUIBB-Components für die Darstellung von Formularen, Tabellen oder von Charts. Möchten Sie ein Formular für die Eingabe von Adressdaten anlegen, verwenden Sie dazu nicht mehr den Layout-Editor eines Views, sondern legen eine neue Konfiguration der

FPM-Formular-Component an. Durch diesen Ansatz wird die durch das FPM-Framework bereitgestellte Benutzeroberfläche strikt von der Anwendungslogik getrennt, die in sogenannten *Feeder-Klassen* implementiert wird.

Kommunikation Doch wie funktioniert die Kommunikation zwischen einem konfigurierten GUIBB und dem Backend? Dazu verwenden GUIBBs die Feeder-Klassen. Eine Feeder-Klasse ist eine normale ABAP-Klasse, die ein spezielles Feeder-Interface für den jeweiligen GUIBB-Typ implementiert hat. Wird ein Formular-GUIBB in einem OVP-Floorplan angezeigt, instanziiert der Formular-GUIBB seine zugehörige Feeder-Klasse und liest die angeforderten Daten über das Daten-Lese-Interface der Feeder-Klasse aus. Ändert der Benutzer anschließend die Daten auf der Benutzeroberfläche, werden diese Änderungen über das Schreib-Interface des GUIBBs an die Feeder-Klasse zurückgeschrieben. Abbildung 10.73 verdeutlicht Ihnen das Zusammenspiel der Ebenen schematisch.

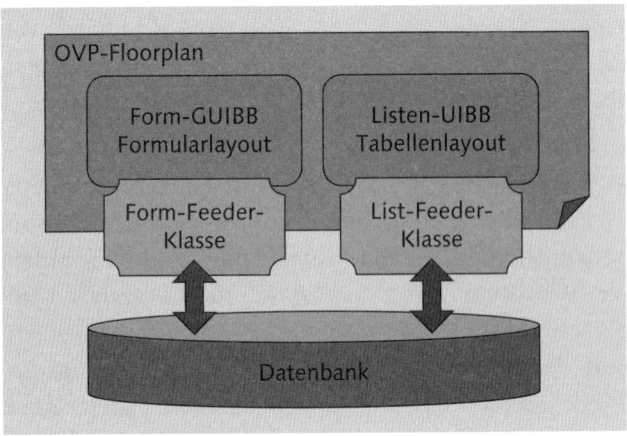

Abbildung 10.73 OVP: Zusammenspiel zwischen Floorplan, GUIBB, Feeder-Klasse und Datenbank

Definition der Feeder-Klasse Um überhaupt eine GUIBB basierend auf der Datenstruktur einer Feeder-Klasse konfigurieren zu können, benötigt jede Feeder-Klasse eine Methode zum Auslesen ihrer zugrunde liegenden Datenstruktur. Diese strikte Abstraktion zwischen der generisch konfigurierten Benutzeroberfläche (FPM-GUIBB) und der datenverwaltenden Feeder-Klasse ermöglicht die einfache Erstellung vollständig unterschiedlich aussehender und reagierender Benutzeroberflächen, basierend auf derselben Feeder-Klasse bzw. Datenstruktur.

In Tabelle 10.6 finden Sie eine Übersicht über die wichtigsten FPM-Components.

Wichtige FPM-Components

Typ	Component	Beschreibung
Floorplan	FPM_OVP_COMPONENT	Overview-Pattern-Floorplan-Component
Floorplan	FPM_GAF_COMPONENT	Guided-Activity-Floorplan-Component
GUIBB	FPM_FORM_UIBB_GL2	Formular-UIBB zur Darstellung von Formularen (angelehnt an die SAP UI Guideline 2.0)
GUIBB	FPM_LIST_UIBB	Listen-UIBB für die Darstellung von Tabellen

Tabelle 10.6 Übersicht über die wichtigsten FPM-Components

10.15.2 Erstellen von FPM-Anwendungen

Die Entwicklung FPM-basierter Anwendungen erfordert ein Umdenken. Haben Sie aber erst einmal den Dreh heraus, ist die Entwicklung von Anwendungen im FPM gar nicht mehr so schwierig, wie es anfangs scheint. Um Ihnen die Entwicklung von FPM-Anwendungen an einem ersten praktischen Beispiel zu zeigen, legen wir in diesem Abschnitt eine FPM-Anwendung zur Darstellung der Tabelle SFLIGHT an. Diese basiert auf dem OVP-Floorplan als Rahmenanwendung und einem List-GUIBB für die Darstellung der Flugverbindungen. Zusammenfassend benötigen Sie für den Bau unserer Testanwendung die folgenden Objekte:

Aufbau der SFLIGHT-Beispielanwendung

- List-GUIBB-Feeder-Klasse zum Auslesen der Datenbanktabelle
- Anwendungs- und Component-Konfiguration des OVP-Floorplans
- List-GUIBB-Component-Konfiguration

Beginnen Sie mit dem Anlegen einer Feeder-Klasse für den List-GUIBB. Diese stellt das Verbindungsstück zwischen der Datenbanktabelle SFLIGHT und der FPM-basierten Benutzeroberfläche in Form eines GUIBBs dar. Gehen Sie zum Anlegen der Feeder-Klasse wie folgt vor:

Feeder-Klasse anlegen

1. Starten Sie Transaktion SE24, und legen Sie eine neue Klasse an.
2. Implementieren Sie in der neuen Klasse das List-GUIBB-Klassen-Interface, das zur tabellarischen Darstellung von Daten im FPM

verwendet wird. Wechseln Sie auf die Registerkarte INTERFACES, und tragen Sie dort, wie in Abbildung 10.74 dargestellt, den Wert IF_FPM_GUIBB_LIST in die Tabelle ein.

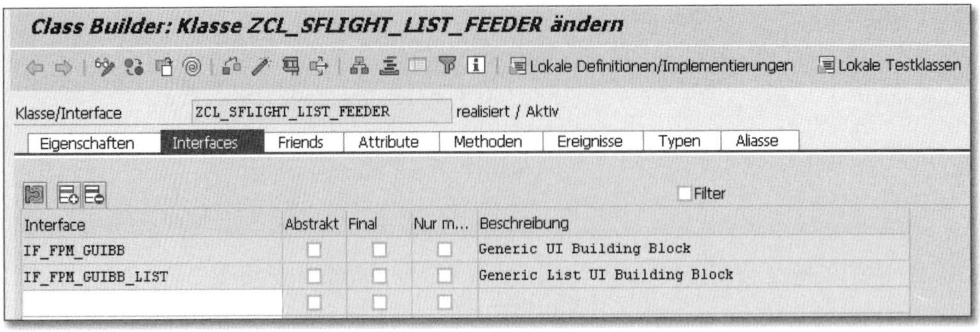

Abbildung 10.74 Einbau des List-Feeder-Interfaces

3. Wechseln Sie anschließend auf die Registerkarte METHODEN, und implementieren Sie die Methode if_fpm_guibb_list~get_definition( ). Diese Methode wird dazu genutzt, die Datenstruktur der verwendeten Feeder-Klasse dem FPM-List-GUIBB bekannt zu machen. Übernehmen Sie das folgende Listing in die Methode:

```
DATA lt_sflight TYPE TABLE OF sflight.
eo_field_catalog ?=
  cl_abap_tabledescr=>describe_by_data( lt_sflight ).
```

4. Implementieren Sie nun in der Feeder-Klasse den SELECT auf die SFLIGHT-Tabelle. Öffnen Sie dazu die Methode if_fpm_guibb_list~get_data( ), und implementieren Sie das folgende Listing.

```
DATA lt_sflight TYPE TABLE OF sflight.
SELECT * FROM SFLIGHT INTO TABLE lt_sflight.
ct_data = lt_sflight.
```

5. Klicken Sie einmal auf jede der Interface-Methoden in der Klasse, um diese leer anzulegen.

6. Aktivieren Sie zuletzt die Feeder-Klasse.

Damit haben Sie die Feeder-Klasse schon fertiggestellt. Sie könnten jetzt noch Toolbar-Aktionen in der Feeder-Klasse definieren und die Methode flush( ) für einen möglichen Datentransport vom GUIBB hin zum Backend ausprogrammieren. Darauf möchten wir jedoch im Rahmen dieser Beispielanwendung verzichten.

OVP-Floorplan anlegen Sie können nun den OVP-Floorplan für die Rahmenanwendung anlegen:

1. Öffnen Sie die Component FPM_OVP_COMPONENT, und legen Sie für diese eine neue Web-Dynpro-Anwendung an. Tragen Sie als INTERFACE-VIEW FPM_WINDOW und als PLUG-NAME DEFAULT ein. Speichern Sie die Anwendung.

2. Legen Sie für Ihre Anwendung eine neue Anwendungskonfiguration an. Suchen Sie die Anwendung in der Objektliste, und klicken Sie diese mit der rechten Maustaste an. Wählen Sie aus dem Kontextmenü den Eintrag KONFIGURATION ANLEGEN/ÄNDERN aus.

3. Im Browser öffnet sich der Anwendungskonfigurator. Kopieren Sie den von Ihnen verwendeten Anwendungsnamen aus dem Feld NAME DER ANWENDUNG, und tragen Sie den Namen rechts in das Feld KONFIGURATIONS-ID ein (siehe Abbildung 10.75). Klicken Sie anschließend auf den Button NEU, und füllen Sie die beiden folgenden Pop-up-Fenster zur Paketauswahl und zur Auswahl eines Transports aus.

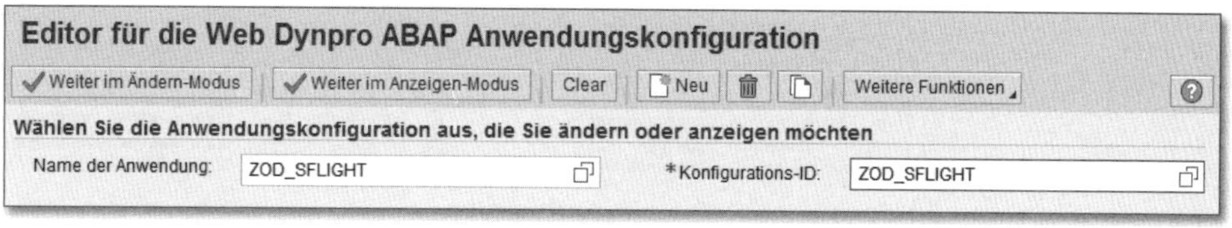

Abbildung 10.75 Anlegen einer neuen Anwendungskonfiguration

4. Sie befinden sich nun im Anwendungskonfigurator. Legen Sie im nächsten Schritt für die OVP-Component eine Konfiguration an. Klicken Sie dazu über der Tabelle auf den Button KONFIGURATIONS-NAMEN ZUWEISEN (siehe Abbildung 10.76). Tragen Sie im sich öffnenden Pop-up-Fenster den Namen der neuen OVP-Konfiguration ein, und schließen Sie das Pop-up-Fenster.

Abbildung 10.76 Anwendungskonfiguration: Zuweisen einer OVP-Component-Konfiguration

5. Navigieren Sie nun weiter in die OVP-Component-Konfiguration. Klicken Sie dazu auf den OVP-Konfigurationslink in der Tabellenspalte KONFIGURATIONSNAME. Gehen Sie die Pop-up-Abfragen durch, bis Sie die OVP-Component-Konfiguration erreichen.

6. Sie befinden sich jetzt in der Konfiguration des OVP-Floorplans. Dieser stellt den Rahmen für die UIBBs dar. Tragen Sie zuletzt im linken Seitenbereich in der Gruppe NAVIGATION den TITEL `SFLIGHT-Tabelle` ein. Speichern Sie Ihre Änderungen mit einem Klick auf SICHERN.

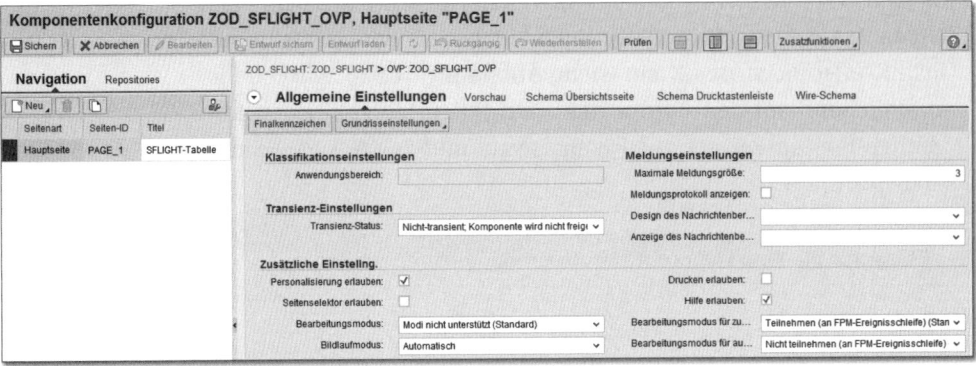

Abbildung 10.77 OVP-Konfigurationseditor

List-GUIBB-Konfiguration anlegen

Damit haben Sie den OVP-Floorplan angelegt und konfiguriert. Zuletzt müssen Sie noch eine List-GUIBB-Konfiguration anlegen. Gehen Sie dazu wie folgt vor:

1. Wechseln Sie in der OVP-Component-Konfiguration auf die Registerkarte SCHEMA ÜBERSICHTSSEITE. Wählen Sie in der Toolbar anschließend wie in Abbildung 10.78 den Eintrag UIBB • LISTENKOMPONENTE aus. Dadurch wird ein Listen-UIBB in die bislang noch leere Sektion 1 des OVP-Floorplans eingefügt.

2. Tragen Sie in der Tabelle für den frisch angelegten Listen-UIBB einen Konfigurationsnamen ein. Selektieren Sie anschließend die Zeile, und klicken Sie auf den Button UIBB KONFIGURIEREN. Bestätigen Sie das Speichern Ihrer Änderungen, und legen Sie die UIBB-Konfiguration an.

3. In einem ersten Schritt fragt Sie der Konfigurationseditor nun nach einer Feeder-Klasse (siehe Abbildung 10.79). Tragen Sie hier den Namen der von Ihnen im ersten Schritt angelegten Feeder-Klasse ein, und klicken Sie auf den Button PARAMETER BEARBEI-

TEN. Da in der Feeder-Klasse keine Parameter definiert wurden, können Sie das Pop-up-Fenster im nächsten Schritt einfach überspringen.

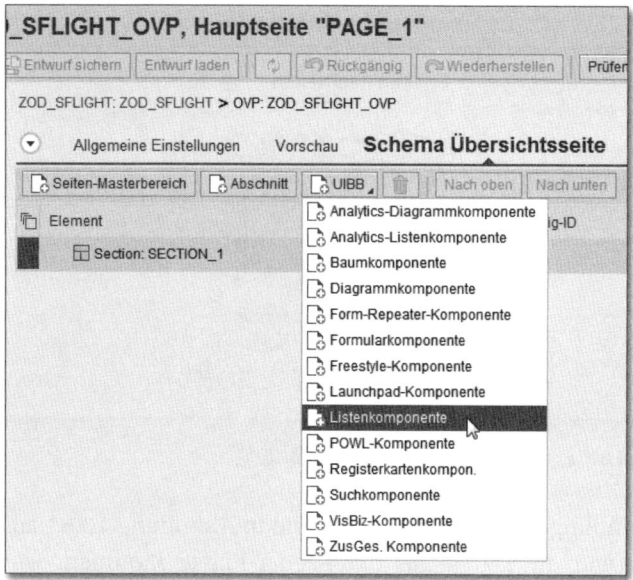

Abbildung 10.78 Hinzufügen eines List-UIBBs für die Darstellung von Tabellen

Abbildung 10.79 Anlegen eines Listen-UIBBs: Eintragen der Feeder-Klasse

4. Sie befinden sich nun in der Listen-UIBB-Konfiguration. Hier können Sie jetzt die eigentliche SFLIGHT-Tabelle konfigurieren. Wechseln Sie dazu auf die Registerkarte SCHEMA-LISTEN-UIBB, und klicken Sie in der Toolbar auf den Button SPALTE. Wählen Sie im folgenden Pop-up-Fenster die anzuzeigenden Spalten aus, und klicken Sie anschließend auf OK (siehe Abbildung 10.80).

5. Sichern Sie den UIBB, und starten Sie Ihre Anwendung.

10 | Weiterführende Konzepte

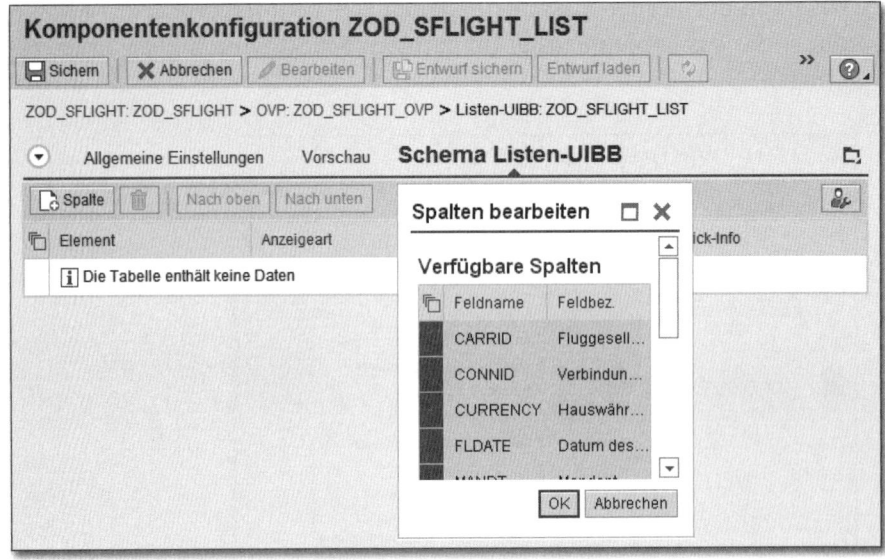

Abbildung 10.80 Auswahl der anzuzeigenden Spalten

Test der Anwendung
Ihre Anwendung sollte nun ungefähr wie in Abbildung 10.81 aussehen. Während die Daten aus der Feeder-Klasse stammen, ist die Benutzeroberfläche vollständig im FPM-Framework konfiguriert. Dies ermöglicht Ihnen bislang unbekannte Flexibilität. So können Sie nun beliebig viele Benutzeroberflächen konfigurieren, die auf derselben Feeder-Klasse basieren.

Fluggesellschaft	Verbindungs-Nummer	Hauswährung d. Fluggesel...	Datum des Fluges	Mandant	Akt. Buc
AC	0820	CAD	20.12.2002	001	
AF	0820	EUR	23.12.2002	001	
LH	0400	DEM	28.02.1995	001	
LH	0454	DEM	17.11.1995	001	
LH	0455	USD	06.06.1995	001	

Abbildung 10.81 Test der SFLIGHT-Anwendung

Anhang

A Anwendungsparameter und URL-Parameter 1049
B Web-Dynpro-Programmierschnittstellen 1069
C Die Autoren 1113

A Anwendungsparameter und URL-Parameter

Zur Steuerung der Web-Dynpro-Laufzeit können der URL einer Web-Dynpro-Anwendung Query-String-Parameter mitgegeben werden. Dazu erweitern Sie einfach in der Adresszeile des Webbrowsers die jeweilige URL nach folgendem Schema um einen Parameternamen und Parameterwert:

Web-Dynpro-Laufzeit

<Schema>://<Host>.<Domäne>.<Extension>:<Port>/sap/bc/webdynpro/<Namensraum>/<Applikationsname>?<Parametername>=<Parameterwert>&<Parametername>=<Parameterwert>&

Die Parameternamen sind case insensitive, ebenso die Parameterwerte (Ausnahme: `sap-exiturl`, falls auf einen Case-sensitive-Server verwiesen wird). Mehrere Parameter können in einer URL kombiniert werden und müssen durch ein kaufmännisches Und (&) voneinander getrennt werden, z. B.:

Parameter = Wert

http://www.myserver.com:5000/sap/bc/webdynpro/sap/myapplication?sap-client=000&sap-theme=mountain_view

A.1 Anwendungsparameter setzen

Die Anwendungsparameter und URL-Parameter können Sie an den folgenden Stellen setzen:

Parameter setzen

- **Web-Dynpro-Anwendung**
  an der Web-Dynpro-Anwendung, d. h. in Transaktion SE80 im Web Dynpro Explorer auf der Web-Dynpro-Anwendung auf der Registerkarte PARAMETER

- **Anwendungskonfiguration**
  in der Anwendungskonfiguration, d. h. mithilfe der Web-Dynpro-Applikation `CONFIGURE_APPLICATION` auf der Registerkarte PARAMETER

- **Global**
  global für alle Anwendungen und einen bestimmten Mandanten mithilfe der Web-Dynpro-Anwendung `GLOBAL_SETTING`

- **Benutzerparameter**
  Für den Benutzer und alle Anwendungen durch die Benutzerparameter. Dieser Weg wird jedoch nicht für alle Parameter unterstützt. Für die Pflege der Daten verwenden Sie Transaktion SU3 und dort die Registerkarte PARAMETER.

- **URL-Parameter**
  Für den aktuellen Aufruf durch URL-Parameter; dabei spielt die Groß-/Kleinschreibung des Parameternamens keine Rolle, außer beim URL-Parameter sap-exiturl.

A.2 Auswertungsreihenfolge

Parameter Die verschiedenen Möglichkeiten der Einstellungen werden in der folgenden Reihenfolge ausgewertet:

1. URL-festgelegte Parameter, d. h. Parameter, die im Anhang an die URL der Web-Dynpro-Anwendung mitgegeben werden
2. für festgelegte Standardparameter der Web-Dynpro-Applikation, also Parameter, die zur Entwicklungszeit der Web-Dynpro-Anwendung festgelegt wurden

Sprache Die Anmeldesprache kann im Vergleich zu den Web-Dynpro-Parametern aus weiteren Quellen stammen. Diese Quellen werden in der aufgeführten Reihenfolge ausgewertet, wobei die erste angegebene Quellenangabe ausschlaggebend ist:

1. URL-Parameter sap-language
2. Default-Sprache in der Einstellung für die Systemanmeldung
3. Sprachen des Webbrowsers (Accept-Language)
4. Default-Sprache des SAP-Systems

A.3 Anwendungsparameter

Sie können einer Web-Dynpro-Anwendung im Web Dynpro Explorer ebenfalls Parameter (Applikationsparameter bzw. Anwendungsparameter) mitgeben. Dies geschieht über die Registerkarte PARAMETER einer Web-Dynpro-Anwendung. Sie können entweder eigene Parameter definieren oder einen der vordefinierten Parameter auswählen. Diese Parameter sind über die Eingabehilfe zu den Anwendungsparametern in der Pflege der Web-Dynpro-Anwendung auswählbar.

Im Folgenden werden wir kurz die zur Verfügung stehenden Anwendungsparameter erläutern. Bei dieser Erläuterung werden wir das Einsatzgebiet und die Auswirkungen diskutieren. Zusätzlich erfahren Sie, falls vorhanden, den Namen des korrespondierenden URL-Parameters und Benutzerparameters. Am Ende dieser Auflistung der Anwendungsparameter werden noch Anwendungsparameter besprochen, die in SAP-Releases vor Release 7.0 EHP 2 vorhanden sind.

A.3.1 Allgemeine Anwendungsparameter

In diesem Abschnitt beschreiben wir zunächst die Parameter für Web-Dynpro-Anwendungen, die sich nicht in die folgenden Abschnitte einordnen lassen.

WDACCESSIBILITY

Der Parameter WDACCESSIBILITY wird verwendet, um die Unterstützung der Barrierefreiheit einzuschalten. Der Parameter kann durch Benutzerparameter, URL-Parameter und Anwendungsparameter aktiviert werden. Es wird eine Oder-Logik angewandt, d. h., dass der Parameter an einer beliebigen Stelle (Benutzerparameter, URL-Parameter und Anwendungsparameter) eingeschaltet werden kann. Normalerweise wird dieser Parameter entweder benutzerspezifisch definiert oder zu Testzwecken an der URL angegeben.

Unterstützung der Barrierefreiheit

- Name des Benutzerparameters: ACCESSIBILITY_MODE
- Name des URL-Parameters: sap-accessibility
- Mögliche Werte: X | keine Angabe

WDACCESSIBILITYMODE

Der Parameter WDACCESSIBILITYMODE wird verwendet, um festzulegen, welcher Screenreader unterstützt wird. Dabei wird zwischen SAPs eigener Screenreader-Unterstützung (Wert = CLASSIC) und dem W3C-Standard ARIA (Wert = ARIA) unterschieden.

Unterstützter Screenreader

- Name des URL-Parameters: sap-accessibilitymode
- Mögliche Werte: CLASSIC (Standardwert) | ARIA | keine Angabe

WDALLOWUSERAGENTS

Browser
Der Parameter WDALLOWUSERAGENTS wird verwendet, um festzulegen, in welchem Browser die Web-Dynpro-Anwendung laufen kann. Falls der Wert TOLERATED (Standardwert) verwendet wird, dann sind auch Browser zugelassen, die nicht in der *Product Availability Matrix* (PAM) von SAP erscheinen, jedoch von der Unified-Rendering-Erkennung unterstützt werden. Falls der Wert SUPPORTED verwendet wird, sind nur jene Browser gültig, die explizit in der PAM aufgelistet sind.

- Mögliche Werte: TOLERATED (Standardwert) | SUPPORTED

> **[»] BAdI-Implementierung**
>
> Sie können die Erkennung des Browsers durch die Implementierung des BAdIs WD_BADI_USER_AGENT_DETECTION beeinflussen. Mithilfe der Web-Dynpro-Component WDR_TEST_USER_AGENT_INFO können Sie sich die ermittelten Daten des aktuellen Browsers anzeigen lassen.

WDALLOWMULTIPLEACTIONS

Actions
Mit dem Parameter WDALLOWMULTIPLEACTIONS können Sie festlegen, dass mehr als eine Aktion pro Roundtrip abgearbeitet wird.

- Name des URL-Parameters: wdallowmultipleactions
- Mögliche Werte: X (Standardwert) | keine Angabe

WDALLOWQUICKVIEWS

Actions
Mit dem Parameter WDALLOWQUICKVIEWS können Sie festlegen, dass *Quickviews* (Zusatzinformationen zu UI-Elementen in der FPM-Entwicklung (Floorplan Manager, die wie Quick-Infos durch ein Mouseover aktiviert werden) angeboten werden (Wert = X) oder nicht. In Ihrer Anwendung können Sie mittels IF_WD_APPLICATION->GET_QUICKVIEWS_ALLOWED( )den Parameter zur Laufzeit auswerten.

- Mögliche Werte: X (Standardwert) | keine Angabe

WDALLOWVALUESUGGEST

Vorschlagswerte
Mit dem Parameter WDALLOWVALUESUGGEST aktivieren und deaktivieren Sie die Funktion für Vorschlagswerte am UI-Element InputField.

- Name des URL-Parameters: `wdallowvaluesuggest`
- Mögliche Werte: `ON` (Standardwert) | `OFF` | keine Angabe

WDDELTARENDERING

Bei manchen Anwendungen hat es sich bewährt, nur geänderte Views an den Client zu schicken. Dies erhöht jedoch den Aufwand zum Erkennen der Änderungen sowie den Testaufwand, denn die Anwendung muss mit eingeschaltetem Delta-Rendering komplett durchgetestet werden. Typischerweise wird der Parameter `WDDELTARENDERING` in der Web-Dynpro-Anwendung gesetzt. Für Testzwecke ist es jedoch manchmal sinnvoll, den URL-Parameter zu setzen, z. B. wenn die Context-Änderungen beobachtet werden sollen (Transaktion WD_TRACE_TOOL).

Delta-Rendering

- Name des URL-Parameters: `sap-wd-deltarendering`
- Mögliche Werte: `ON` (Standardwert) | `OFF` | keine Angabe

WDDISABLEDYNAMICRESOURCESDN

Dieser Parameter dient dazu, die Download-Funktion für das UI-Element `FileDownload`, die Methode `CL_WD_RUNTIME_SERVICES=>Attach_File_To_Response( )` und alle aktiven Komponenten (wie `Office-Integration`, `GANTT` etc.) zu deaktivieren (Wert = X) oder beizubehalten.

Download-Funktion

- Mögliche Werte: X | keine Angabe (Standardwert)

WDENABLEFIELDHISTORY

Dieser Parameter dient dazu, die Eingabehistorie für ein `InputField` zu aktivieren (Wert = X) oder zu deaktivieren.

Eingabehistorie

- Mögliche Werte: X (Standardwert) | keine Angabe

WDENABLEXBCMLCLIENT

Dieser Parameter dient dazu, das eCATT-Rendering für eine Anwendung zu aktivieren (Wert = X) oder zu deaktivieren.

eCATT-Rendering

- Mögliche Werte: X | keine Angabe (Standardwert)

WDFAVICON

favicon   Dieser Parameter dient dazu, das Favoriten-Icon (*favicon*) für eine Anwendung festzulegen. Das Icon wird links neben der URL in der Adresszeile des Browsers dargestellt. Der Wert für das Icon ist der relative Pfad zum Icon auf dem Server. Dabei ist der Datentyp des Icons mit *.ico* festgelegt.

WDHELPCENTERDISPLAY

Help Center   Der Parameter WDHELPCENTERDISPLAY setzt den Anzeigemodus für das Help Center zu Web-Dynpro-Anwendungen um. Bietet das Web-Dynpro-Window ausreichend Platz, erfolgt die Anzeige des Help Centers rechts im Browser-Fenster Ihrer Anwendung, andernfalls gilt die Standardeinstellung, die bewirkt, dass sich das Help Center der Anwendung in einem separaten Browser-Fenster öffnet. Wenn das Help Center jedoch zwingend rechts neben der Web-Dynpro-Anwendung angezeigt werden soll, verwenden Sie den Wert SIDE_PANEL. Beachten Sie, dass das Help Center im SAP NetWeaver Business Client standardmäßig rechts neben der Anwendung angezeigt wird.

- Mögliche Werte: NEW_WINDOW (Standardwert) | SIDE_PANEL

WDHIDEMOREFIELDHELPASDEFAULT

Erweiterte Hilfe   Die Anzeige der erweiterten Hilfe ist standardmäßig ausgeschaltet. Für ausgewählte einzelne Felder können Sie die [F1]-Hilfe mithilfe des Parameters WDHIDEMOREFIELDHELPASDEFAULT wieder aktivieren.

- Mögliche Werte: X | keine Angabe (Standardwert)

WDLIGHTSPEED

Rendering-Technologie   Die Rendering-Technologie namens *Lightspeed* kann pro Mandant, pro Anwendung oder auch in der URL ein- und ausgeschaltet werden. Es wird unterschieden, ob der Parameter vorhanden ist, aber der Wert leer (dann wird das klassische Rendering verwendet), oder ob der Parameter nicht vorhanden ist (dann wird der Standardwert übernommen).

- Name des URL-Parameters: sap-wd-lightspeed
- Mögliche Werte: X (Standardwert) | keine Angabe

WDPREFERREDRENDERING

Mit diesem Parameter legen Sie Ihren bevorzugten Rendering-Modus fest. Mit dem Wert STANDARDS startet die Anwendung im W3C-Standardmodus. Mit dem Wert QUIRKS startet die Anwendung in einem Kompatibilitätsmodus für ältere Browser-Versionen, um so z. B. Darstellungsfehler zu vermeiden. Mit dem Wert STAND_ONLY wird der Standardmodus erzwungen, und das Rendering wird für nicht standardunterstützende Browser abgebrochen.

Rendering-Technologie

▸ Mögliche Werte: STANDARDS (Standardwert) | QUIRKS | STAND_ONLY

WDREFFIELDBEHAVIOUR

Mit diesem Parameter beeinflussen Sie die Ausgabeaufbereitung von Währungsfeldern. Nehmen wir z. B. an, in einerAnwendung werden ein Betrags- und ein Währungsfeld angeboten. Bei der Umstellung der Währung, z. B. von »EUR« nach »YEN«, wird im Betragsfeld der Dezimalpunkt um zwei Stellen nach rechts verschoben, sodass ein falscher Betrag angezeigt wird, der interne Wert bleibt jedoch unverändert. Falls der Wert des Parameters auf 1 gesetzt wird, bleibt die Position des Dezimalpunktes unverändert.

Referenzfelder

▸ Mögliche Werte: 0 (Standardwert) | 1

WDREMOTEDESKTOP

Mit diesem Parameter optimieren Sie die Darstellung für Remote-Desktops (Windows Terminal Server).

WTS

▸ Name des URL-Parameters: sap-wd-remotedesktop
▸ Mögliche Werte: X | keine Angabe

WDPROTECTEDAPPLICATION

Mit dem Parameter WDPROTECTEDAPPLICATION wird angegeben, dass die Anwendung mit SSL-Protokoll (HTTPS) laufen soll und kein Skripting zwischen dem SAP Enterprise Portal und der Anwendung möglich ist. Beachten Sie, dass beim Setzen dieses Parameters die Portalintegration nicht mehr uneingeschränkt funktioniert, da das Portal-Eventing in diesem Fall nicht mehr ordnungsgemäß arbeitet. Außerdem hat die Einstellung Auswirkungen auf das Session-Hand-

HTTPS

ling (Navigation im iView oder Schließen des Browsers) und den WorkProtect-Modus.

- Mögliche Werte: X | keine Angabe

> [!] **UI-Element BIApplicationFrame**
>
> Das UI-Element BIApplicationFrame funktioniert nicht ordnungsgemäß, falls Sie diesen Parameter verwenden.

WDSHAREDREPOSITORY

Shared Memory — Mit dem Parameter WDSHAREDREPOSITORY legen Sie fest, dass die Metadaten für eine Anwendung in das Shared Memory geladen werden. Dies kann zu Speicheroptimierungen führen. Beachten Sie beim Einsatz dieses Parameters, dass das Shared Memory eine hinreichende Größe besitzen muss.

- Mögliche Werte: X | keine Angabe

WDUSESIGNEDAPPLETS

Applet — Mit dem Parameter WDUSESIGNEDAPPLETS legen Sie fest, ob die signierte oder unsignierte Applet-Variante der UI-Elemente Gantt und Network verwendet werden soll. Falls Sie den Wert CLIENTINFO verwenden, wird abhängig von der installierten Java-Plug-in-Variante ausgewählt:

- Java-Version 6 oder kleiner: UNSIGNED, ansonsten SIGNED
- Mögliche Werte: CLIENTINFO (Standardwert) | SIGNED | UNSIGNED

A.3.2 Web-Dynpro-Anpassungen

In diesem Abschnitt beschreiben wird die Parameter, die für die Anpassungsmöglichkeiten der Web-Dynpro-Anwendung aus Benutzersicht relevant sind.

WDDISABLEUSERPERSONALIZATION

Personalisierung — Mit dem Parameter WDDISABLEUSERPERSONALIZATION können Sie die Personalisierungsmöglichkeiten für Endbenutzer unterdrücken, d. h., Sie können den Benutzern die Möglichkeit nehmen, Änderungen am User Interface vorzunehmen. Gesetzt wird der Parameter meist an der Anwendung, in der Anwendungskonfiguration oder global.

- Mögliche Werte: X | keine Angabe

WDENABLEUIELEMENTSHIDE

Mit dem Parameter WDENABLEUIELEMENTSHIDE können Sie das Unsichtbarsetzen von UI-Elementen über das Kontextmenü deaktivieren. Dieser Parameter beeinflusst nicht die Personalisierungsmöglichkeiten des Elements Table.

Hide

- Mögliche Werte: X (Standardwert) | keine Angabe

A.3.3 Design-Einstellungen

In diesem Abschnitt beschreiben wird die Parameter, die für die visuelle Aufbereitung der Web-Dynpro-Anwendung relevant sind.

WDFORCEEXTERNALSTYLESHEET

Der Parameter WDFORCEEXTERNALSTYLESHEET wurde durch den Parameter WDUSEEXTERNALSTYLESHEET ersetzt. Das Web-Dynpro-Framework vergleicht automatisch die Versionen der Stylesheets des SAP Enterprise Portals und von Web Dynpro ABAP. Liegt Web Dynpro ABAP in einem neueren Release vor, wird das Web-Dynpro-Stylesheet verwendet. Durch den Abgleich werden Rendering- und JavaScript-Fehler vermieden. Beachten Sie jedoch, dass auf diese Weise ein eventuelles Kunden-Branding verloren geht. Dieses Verhalten können Sie über den Applikationsparameter WDFORCEEXTERNALSTYLESHEET wieder abschalten. Beachten Sie dazu auch die SAP-Hinweise 1033496 und 1073498.

Stylesheets

- Mögliche Werte: X | keine Angabe

WDSTYLE_LABELALIGNMENT

Mit dem Parameter WDSTYLE_LABELALIGNMENT bestimmen Sie die Ausrichtung der Labels. Der Wert USEGL bedeutet, dass alle Labels rechtsbündig ausgerichtet sind, wenn WDUIGUIDELINE=GL20 gesetzt ist. Alle Labels werden linksbündig ausgerichtet, wenn WDUIGUIDELINE=GL11 ausgewählt wurde. LEFT bedeutet, dass alle Labels linksbündig und RIGHT, dass alle Labels rechtsbündig ausgerichtet sind. Ist

Ausrichtung von Labels

die Eigenschaft `width` des UI-Elements `Label` initial, wird es in 100 % Breite angezeigt. Sie können den Parameter für das `GridLayout` und das `MatrixLayout` auch auf `RIGHT` setzen, wenn Sie als Leserichtung Right-to-Left verwenden (URL-Parameter `sap-rtl=X`), nicht jedoch beim `FlowLayout`.

- Name des URL-Parameters: `wdstyle-labelalignment`
- Mögliche Werte: `USEGL` | `LEFT` | `RIGHT` (Standardwert) | keine Angabe

WDSTYLE_TOOLBARDESIGN

Toolbar Mit dem Parameter `WDSTYLE_TOOLBARDESIGN` bestimmen Sie die Darstellung der UI-Elemente `ToolBarButton`, `ToolBarButtonChoice` und `ToolBarToggleButton` in einer Toolbar mit der Eigenschaft `ToolBar.design=standard`.

Der Wert `FLAT` bewirkt, dass die Darstellung flach ausfällt, d. h. ohne Highlight. Der Wert `HIGH` sorgt für eine Darstellung wie bei regulären Buttons.

- Name des URL-Parameters: `wdstyle-toolbardesign`
- Mögliche Werte: `FLAT` (Standardwert) | `HIGH`

WDTHEMEROOT

Stylesheet Mit dem Parameter `WDTHEMEROOT` legen Sie das Stylesheet für die Anwendung ohne Portalintegration fest. Sie können selbst konfigurierte Stylesheets über den Report `WD_THEMES` importieren.

- Name des URL-Parameters: `sap_theme`
- Mögliche Werte: `sap_bluecrystal` | `sap_chrome` | `sap_corbu` (Standardwert) | `sap_hcb` | `sap_standard` | `sap_tradeshow` | `sap_tradeshow_plus`

WDUIGUIDELINE

Klassisches oder neues Verhalten Der Parameter `WDUIGUIDELINE` dient dazu, das Verhalten der Visualisierungen, Filterungen, Sortierungen und Selektionen zu bestimmen. Der Wert `GL11` legt das klassische Verhalten von Web Dynpro ABAP fest. Dazu gehört auch, dass jede Toolbar mit dem Wert `standard` für die Eigenschaft `design` zu einer Standard-Toolbar wird und damit ein `ToolBarButton` wie ein üblicher `Button` in Web Dynpro aussieht.

Der Standardwert GL20 weicht im User Interface und im Verhalten mancher UI-Elemente zum Teil stark ab:

- Jede Toolbar mit dem Wert standard für die Eigenschaft design wird zu einer »flachen« Toolbar.
- ToolBar-Elemente mit anderen Werten für die Eigenschaft design (d. h. emphasized und transparent) werden wie üblich gerendert.
- In allen SAP-Themes außer sap_standard sieht die Toolbar für die Werte emphasized und standard gleich aus. Prinzipiell können sich diese aber bei einem Kunden-Theme unterscheiden, da hinter emphasized und standard theoretisch unterschiedliche CSS-Klassen stehen.
- Der Stern für die Visualisierung der Eigenschaft state mit dem Wert required wird immer auf der linken Seite des Label-Elements gerendert.

Beim Drag & Drop im MatrixLayout und GridLayout ist die Visualisierung leicht verändert worden: Die Einfügemarkierung ist nicht mehr eine Box mit den Abmessungen des gezogenen Objekts, sondern eine gestrichelte Linie, die die Einfügeposition angibt.

- Name des URL-Parameters: wduiguideline
- Mögliche Werte: GL11 | GL20 (Standardwert)

WDUSEANIMATION

Bei eingeschaltetem Parameter WDLIGHTSPEED dient der Parameter WDUSEANIMATION, der standardmäßig aktiv ist, dazu, Ein- und Ausblendeffekte z. B. bei Pop-up-Fenstern zu rendern. Aus Performance-Gründen können Sie diesen Parameter abschalten.

Effekte

- Name des Benutzerparameters: WDUSEANIMATION
- Name des URL-Parameters: sap-ls-useanimation
- Mögliche Werte: X (Standardwert) | keine Angabe

WDUSEEXTERNALSTYLESHEET

Web-Dynpro-Anwendungen verwenden standardmäßig Stylesheets, die durch das SAP Enterprise Portal oder den SAP Net Weaver Business Client übertragen werden (URL-Parameter sap-ep-themeroot und sap-cssurl), sofern die übertragene Version aktuell ist. Falls die

Stylesheet

Version zu alt ist, greift ein Fallback-Mechanismus, der unattraktives Rendering und JavaScript-Fehler vermeidet.

Es können auch im SAP-System hinterlegte Themen mit dem URL-Parameter sap-theme verwendet werden. Mit dem Parameter WDUSE-EXTERNALSTYLESHEET steuern Sie, wie die Informationen aus den externen Stylesheets verwendet werden. Mit dem Wert ON werden die Informationen der externen Stylesheets verwendet, und der Fallback-Mechanismus kommt zum Einsatz. Mit dem Wert FORCE erzwingen Sie die Verwendung des externen Stylesheets – auf eigenes Risiko, d. h., SAP unterstützt Sie in diesem Fall nicht bei JavaScript-Fehlern! Der Wert OFF führt dazu, dass externe Stylesheets ignoriert werden.

- Mögliche Werte: ON (Standardwert) | OFF | FORCE

A.3.4 Sidepanel

In diesem Abschnitt beschreiben wird die Parameter, die für die Beeinflussung des Sidepanels relevant sind.

WDSIDEPANELCONFIGURATIONID

Sidepanel-Konfiguration

Mit dem Parameter WDSIDEPANELCONFIGURATIONID wird die ID der Component-Konfiguration der Web-Dynpro-Component WDR_CHIP_PAGE vom Typ SIDEPANEL übergeben. Als Wert wird die Konfigurations-ID übergeben.

WDSIDEPANELOPEN

Sidepanel öffnen

Mit dem Parameter WDSIDEPANELOPEN legen Sie fest, ob das Sidepanel beim Starten der Anwendung geöffnet ist oder nicht.

- Mögliche Werte: X | keine Angabe

WDSIDEPANELRESIZABLE

Sidepanel Breite

Mit dem Parameter WDSIDEPANELRESIZABLE legen Sie fest, ob die Breite des Sidepanels verändert werden kann oder nicht. Falls ja, wird ein Splitter zur Veränderung der Spaltenbreite angezeigt.

- Mögliche Werte: X (Standardwert) | keine Angabe

WDSIDEPANELREMOTEPRODUCER

Mit dem Parameter WDSIDEPANELREMOTEPRODUCER steuern Sie, ob Tagging-Daten aus der Web-Dynpro-Anwendung im Kontext des SAP NetWeaver Business Clients (NWBC) gesendet werden können.

Sidepanel Producer

- Mögliche Werte: X | keine Angabe (Standardwert)

WDSIDEPANELREMOTECONSUMER

Mit dem Parameter WDSIDEPANELREMOTECONSUMER steuern Sie, ob Tagging-Daten im Sidepanel des NWBC durch Web-Dynpro-basierte Anwendungen empfangen werden können.

Sidepanel Consumer

- Mögliche Werte: X | keine Angabe (Standardwert)

A.3.5 Anwendungsindividuelle Parameter

In diesem Abschnitt beschrieben wird die Parameter, die nicht global für alle Anwendungen, sondern nur anwendungsindividuell gesetzt werden können.

WDCONFIGURATIONID

Mit dem Parameter WDCONFIGURATIONID wird die ID der Anwendungskonfiguration übergeben. Üblicherweise wird diese ID entweder in der Anwendung fest vorgegeben (das bedeutet, dass für die Nutzung verschiedener Anwendungskonfigurationen verschiedene Anwendungen definiert werden), oder der Parameter wird vom SAP Enterprise Portal im iView als Parameter definiert.

Anwendungskonfiguration

- Name des URL-Parameters: sap-wd-configid
- Mögliche Werte: <configuration id>

WDSUPPORTSFULLHEIGHT

Als Entwickler einer Web-Dynpro-Applikation müssen Sie sich entscheiden, ob diese immer die maximale Höhe des Browser-Fensters einnehmen soll oder nicht. Davon abhängig setzen Sie den Anwendungsparameter WDSUPPORTSFULLHEIGHT auf einen der folgenden Werte; der Standardwert ist 0.

Höhe

- **Wert 0 (Standardwert)**
  Falls der Parameter den Wert 0 hat, wird vom Framework bei einer Portalumgebung der Wert auf 1 gesetzt und im Standalone-Fall auf 2. Für die meisten Anwendungen ist dies der richtige Wert. Damit wird im Portal die automatische Höhenanpassung der iViews unterstützt, und im Standalone-Fall nimmt die Anwendung die volle Höhe des Browser-Fensters ein.

- **Wert 1**
  Falls dieser Parameter auf den Wert 1 gesetzt wird, dehnt sich die Anwendung nicht auf die volle Browser-Höhe aus. Dies ist die richtige Einstellung, wenn die Anwendungen in einem iView mit automatischer Höhenanpassung laufen. Andererseits werden UI-Elemente mit 100 % Höhe nicht unbedingt in der vollen Größe abgebildet. Bei einigen UI-Elementen (z. B. InteractiveForm) kann es vorkommen, dass sie in Mozilla Firefox nicht mehr (korrekt) dargestellt werden.

- **Wert 2**
  Falls dieser Parameter den Wert 2 hat, kann die Anwendung die volle Höhe (100 %) des Browsers nutzen. Insbesondere können eventuelle Probleme mit Mozilla Firefox dadurch umgangen werden. Allerdings sollten solche Anwendungen nicht in einem iView mit automatischer Höhenanpassung verwendet werden, da diese sich im SAP Enterprise Portal extrem »aufblähen« können.

  Um eine Anwendung auf 100 % Höhe zu setzen, müssen Sie zusätzlich zum richtigen Setzen des Applikationsparameters WDSUPPORTSFULLHEIGHT folgende Regeln beachten:

  - Die Höhe aller containerartigen UI-Elemente (z. B. TransparentContainer, Group, Tray etc.) muss auf 100 % gesetzt werden. Dies gilt insbesondere für den ROOTUIELEMENTCONTAINER.
  - Nur Layouts vom Typ MatrixLayout oder GridLayout dürfen verwendet werden. Setzen Sie dort die Eigenschaft stretchedVertically auf abap_true.
  - Die Eigenschaft vAlign aller Instanzen von GridData und Matrix(Head)Data muss auf den Wert top gesetzt werden.

- **Wert 3**
  Falls dieser Parameter auf den Wert 3 gesetzt wird, verwendet das Framework die gesamte Höhe – ohne Scroll-Bar. Damit verhält

sich dieser Parameter bei einem Wert 3 so wie bei einem Wert 2, zusätzlich wird keine Scroll-Bar angezeigt, zu langer Inhalt wird abgeschnitten. Verwenden Sie den Parameter mit dem Wert 3 daher am besten, wenn Sie eine Seite erstellen, die 100 % Breite und Höhe verwendet und eigene Container mit Scroll-Bar besitzt, und wenn sich die Anwendung selbst um das Scrolling-Verhalten kümmert.

Zusätzliche Informationen erhalten Sie in SAP-Hinweis 1266588.

- Name des URL-Parameters: sap-wd-supportsfullheight
- Mögliche Werte: 0 | 1 | 2 | 3

WDINLINECSS

Mit dem Parameter WDINLINECSS können Sie steuern, wie viele CSS-Dateien (Cascading Stylesheets) an den Client transportiert werden. Ist er gesetzt, werden nur die tatsächlich benötigten CSS-Dateien transportiert. — *Cascading Stylesheets*

- Name des URL-Parameters: sap-wd-inlinecss
- Mögliche Werte: X | keine Angabe (Standardwert)

WDDISPLAYSPLASHSCREEN

Mithilfe des Parameters WDDISPLAYSPLASHSCREEN können Sie die Anzeige des Initialbildschirms beim Start einer Web-Dynpro-Anwendung steuern. Beachten Sie, dass dieser Parameter bei eingeschaltetem Parameter WDLIGHTSPEED deprecated ist, er wird daher nicht ausgewertet. — *Initialbildschirm*

- Name des URL-Parameters: sap-wd-displaysplashscreen
- Mögliche Werte: X | keine Angabe (Standardwert)

WDTABLENAVIGATION

Mit dem Parameter WDTABLENAVIGATION können Sie den Blätter- bzw. den Scroll-Modus beim Table-Element steuern. — *Blättern oder Scrollen*

- Mögliche Werte: SCROLLBAR | PAGINATOR | keine Angabe (Modus ist versionsabhängig)

A.4 Globale Einstellungen

WD_GLOBAL_SETTING

Zusätzlich zum Setzen der Anwendungsparameter in den Eigenschaften der Web-Dynpro-Anwendung ist es möglich, Anwendungsparameter global für alle Web-Dynpro-Anwendungen zu setzen. Führen Sie dazu die Web-Dynpro-Anwendung WD_GLOBAL_SETTING aus, wählen Sie den Änderungsmodus, und tragen Sie den von Ihnen gewünschten Wert für den betreffenden Parameter ein. Dieser Wert gilt dann für alle Web-Dynpro-Anwendungen.

A.5 URL-Parameter für Web Dynpro

URL-Parameter

Zusätzlich zu den bereits vorgestellten URL-Parametern aus Abschnitt A.3, »Anwendungsparameter«, stehen Ihnen weitere URL-Parameter zur Steuerung von Eigenschaften und Funktionen zur Verfügung. Die URL-Parameter für Web Dynpro beginnen alle mit dem Präfix sap-wd-. Dieses Präfix ist damit für SAP reserviert. In Tabelle A.1 sehen Sie eine Liste der für Web Dynpro ABAP relevanten URL-Parameter und ihrer Werte. Besonders nützlich ist der Parameter sap-wd-ssrconsole, der Ihnen quantitative Aussagen zu Roundtrips etc. liefert.

Parameter	Wert	Beschreibung
sap-wd-client	ssrClient (Standardwert)	Schlüssel, mit dem ein spezieller Client ausgewählt wird
	xmlClient (wird automatisch vom Smart Client hinzugefügt)	SAP empfiehlt, hier keine Angaben zu machen, damit der Standardwert ssrClient verwendet wird.
sap-wd-ssrconsole	true | keine Angabe	Anzeige der Web-Dynpro-Console
sap-wd-flashdebug	X (Standardwert) | keine Angabe	Debugging von Flash-Island. Falls der Wert X gesetzt ist, wird die Debug-Datei anstelle der SWF-Datei für die Ausführung verwendet.

Tabelle A.1 URL-Parameter für Web Dynpro

Parameter	Wert	Beschreibung
sap-wd-silverlightdebug	X (Standardwert) | keine Angabe	Debugging von SilverlightIsland. Falls der Wert X gesetzt ist, wird die Debug-Datei anstelle der XAP-Datei für die Ausführung verwendet.
sap-wd-loadondemand	X (Standardwert) | keine Angabe	Laden von JavaScript-Quelldateien. Falls der Wert X verwendet wird, wird ein Load on Demand durchgeführt, und nur die für die dargestellten UI-Elemente benötigten JavaScript-Quelldateien werden geladen und in den Browser-Cache eingelagert. Falls der Parameter keinen Wert besitzt, werden alle JavaScript-Quelldateien geladen.
sap-wd-stableids	X (Standardwert) | keine Angabe	Garantiert stabile View-Element-Adapter-IDs, die von manchen Werkzeugen, wie etwa eCATT oder dem Web-Dynpro-ABAP-Unit-Test-Framework, benötigt werden.
sap-wd-suppress-customhtml	X (Standardwert) | keine Angabe	Mit diesem Parameter können Sie Custom HTML aus den UI-Elementen HtmlIsland, HtmlContainer oder HtmlFragment unterdrücken. So können Sie Fehlerquellen durch nicht korrektes Custom HTML lokalisieren.

Tabelle A.1 URL-Parameter für Web Dynpro (Forts.)

A.6 SAP-URL-Parameter

Allgemeine SAP-URL-Parameter

Neben den Parametern aus Abschnitt A.3, »Anwendungsparameter«, und Abschnitt A.5, »URL-Parameter für Web Dynpro«, stehen Ihnen noch allgemeine URL-Parameter für alle browserbasierten SAP-Frontend-Technologien zur Verfügung. Diese allgemeinen URL-Parameter beginnen alle mit `sap-`, wobei dieses Präfix für SAP reserviert ist.

Parameter	Wert	Beschreibung
sap-rtl	X | keine Angabe	Right-to-Left-Unterstützung
sap-language	zweistelliger Sprachencode	Sprache (siehe auch Abschnitt A.2, »Auswertungsreihenfolge«)
sap-client	dreistelliges Kürzel für Mandanten	Mandant. Der Parameter sap-client wird durch die folgenden Optionen bestimmt, wobei die erste zutreffende Option verwendet wird: ▸ Bestimmung über den URL-Parameter sap-client ▸ Bestimmung über den Standardmandanten in der System-Login-Konfiguration (Transaktion SICF) ▸ Bestimmung über den Standardmandanten im System
sap-cssurl	URL	URL für die Verwendung von Cascading Stylesheets
sap-user	Benutzername	User-ID, die für das User-Mapping verwendet wird
sap-explanation	X | keine Angabe	Hilfemodus für eine Anwendung. Die Soforthilfe kann beim Start sofort angezeigt werden (Wert = X) oder nicht.

Tabelle A.2 SAP-URL-Parameter

Parameter	Wert	Beschreibung
sap-config-mode	X | keine Angabe	Konfigurationsmodus. Dieser Parameter wird automatisch gesetzt, wenn die Anwendung im SAP Enterprise Portal im Preview-Mode läuft bzw. aus dem Web Dynpro Explorer in der Development Workbench heraus über den Menüeintrag WEB-DYNPRO-ANWENDUNG • TESTEN • IM BROWSER – ADMIN-MODUS oder mit der Tastenkombination ⇧ + F8 gestartet wird. Dieser Parameter wird immer ausgewertet, wenn die Personalisierung aufgerufen wird.
sap-ep-version	\<Release\>.\<Service-Pack\>.\<YYYYMMDDHHMM\>	Portalversion. Dieser Parameter wird über den Portal-Manager aufgelöst. Er dient der Einbindung einer Web-Dynpro-Anwendung in das SAP Enterprise Portal bzw. der Ermittlung der Portalversion.

Tabelle A.2 SAP-URL-Parameter (Forts.)

B Web-Dynpro-Programmierschnittstellen

In diesem Anhang finden Sie eine Referenz aller vom Web-Dynpro-Framework angebotenen Programmierschnittstellen. Die UI-Elemente werden hier nicht berücksichtigt.

B.1 Component

In diesem Abschnitt werden die Methoden der Interfaces IF_WD_COMPONENT, IF_WD_COMPONENT_USAGE und IF_WD_COMPONENT_USAGE_GROUP erklärt.

Interface IF_WD_COMPONENT

Das Interface IF_WD_COMPONENT erlaubt den Zugriff auf Informationen über eine aktive Web-Dynpro-Component. Durch den Aufruf von wd_this->wd_get_api( ) erhalten Sie im Component-Controller eine Referenz auf die Component, die Sie über dieses Interface ansprechen können.

Informationen und Referenzen

Tabelle B.1 listet die Methoden von IF_WD_COMPONENT mit informativem und Objektreferenzcharakter auf.

Methode	Beschreibung
get_application( )	Liefert eine Referenz vom Typ IF_WD_APPLICATION auf das Applikationsobjekt zurück.
get_component_info( )	Liefert die Metadatenbeschreibung der Component vom Typ IF_WD_RR_COMPONENT zurück.
get_id( )	Gibt die eindeutige ID der Component als STRING zurück.
get_personalization_manager( )	Liefert eine Referenz vom Typ IF_WD_PERSONALIZATION auf den Personalisierungs-Manager zurück.

Tabelle B.1 Component – Informationen und Referenzen

Methode	Beschreibung
get_portal_manager( )	Liefert eine Referenz vom Typ IF_WD_PORTAL_INTEGRATION auf den Portal-Manager zurück.
get_sapgui_manager( )	Liefert eine Referenz vom Typ CL_WDR_SAPGUI_INTEGRATION2 auf den SAP-GUI-Manager zurück. Mithilfe des SAP-GUI-Managers ist es unter anderem möglich, SAP-GUI-Transaktionen aus Web-Dynpro-Anwendungen heraus zu starten.
get_window_manager( )	Liefert eine Referenz vom Typ IF_WD_WINDOW_MANAGER auf den Window-Manager zurück.

Tabelle B.1 Component – Informationen und Referenzen (Forts.)

Component-Verwendungen

Tabelle B.2 führt die Methoden von IF_WD_COMPONENT zur Verwaltung von Component-Verwendungen auf. Beachten Sie an dieser Stelle auch die Interfaces IF_WD_COMPONENT_USAGE und IF_WD_COMPONENT_USAGE_GROUP. Component-Verwendungsgruppen fassen Component-Verwendungen zusammen, die auf dieselbe Component bzw. auf dasselbe Component-Interface zeigen. Die Verwendung einer solchen Gruppe vereinfacht das dynamische Erzeugen und die Verwaltung einzelner Component-Verwendungen.

Methode	Beschreibung
create_cmp_usage_group( )	Erzeugt eine Component-Verwendungsgruppe vom Typ IF_WD_COMPONENT_USAGE_GROUP namens NAME.
get_cmp_usage_group( )	Gibt eine Referenz auf eine Component-Verwendungsgruppe NAME vom Typ IF_WD_COMPONENT_USAGE_GROUP zurück.
get_component_usage( )	Gibt eine Component-Verwendung NAME dieser Component in einer Struktur vom Typ WDAPI_COMPONENT_USAGE zurück.
get_component_usages( )	Gibt alle Component-Verwendungen dieser Component als Tabelle vom Typ WDAPI_COMPONENT_USAGES zurück.

Tabelle B.2 Component – Component-Verwendungen

Methode	Beschreibung
has_cmp_usage_group( )	Prüft, ob eine Component-Verwendungsgruppe NAME existiert.
remove_cmp_usage_group( )	Entfernt eine Component-Verwendungsgruppe.

Tabelle B.2 Component – Component-Verwendungen (Forts.)

Component-Konfiguration

Tabelle B.3 listet die Methoden von IF_WD_COMPONENT zur Verwaltung von Component-Konfigurationen auf. Beachten Sie an dieser Stelle, dass ein Großteil dieser Methoden inzwischen nicht mehr verwendet werden sollte. Verwenden Sie stattdessen die Methoden des Interfaces IF_WD_PERSONALIZATION.

Methode	Beschreibung
get_configuration_key( )	Gibt den aktuell verwendeten Konfigurationsschlüssel als Struktur vom Typ WDY_CONFIG_KEY zurück.

Tabelle B.3 Component – Component-Konfiguration

Sonstige Methoden

Tabelle B.4 führt die sonstigen Methoden von IF_WD_COMPONENT auf.

Methode	Beschreibung
add_event_handler( )	Registriert einen Ereignisbehandler auf ein Ereignis. Dazu müssen die Parameter LISTENER_NAME, HANDLER_NAME, CONTROLLER_NAME und EVENT_NAME gesetzt werden.
cancel_navigation( )	Verhindert die Navigation in der gesamten Applikation.
remove_event_handler( )	Gegenstück zur Methode add_event_handler( )
remove_pending_input( )	Diese Methode löscht alle nicht von der Benutzeroberfläche transportierten Benutzereingaben aus dem Context.

Tabelle B.4 Component – sonstige Methoden

Interface IF_WD_COMPONENT_USAGE

Tabelle B.5 zeigt die Methoden von `IF_WD_COMPONENT_USAGE` zur Verwaltung von Component-Verwendungen an.

Methode	Beschreibung
add_event_handler( )	Registriert einen Ereignisbehandler auf ein Ereignis. Dazu müssen die Parameter LISTENER_NAME, HANDLER_NAME, CONTROLLER_NAME und EVENT_NAME gesetzt werden.
create_comp_usage_of_same_type( )	Diese Methode erzeugt eine Component-Verwendung vom Typ IF_WD_COMPONENT_USAGE, die auf denselben Typ zeigt.
create_component( )	Erzeugt die Component des Typs, auf den die Component-Verwendung zeigt.
delete_component( )	Löscht die Component, auf die die Component-Verwendung zeigt.
enter_referencing_mode( )	Versetzt diese Component-Verwendung in den referenzierenden Modus. Auf diese Weise zeigt diese auf eine andere, über den Parameter REFERENCED_COMPONENT_USAGE anzugebende Component-Verwendung.
get_component_usage_info( )	Liefert die Metadatenbeschreibung der Component-Verwendung vom Typ IF_WD_RR_COMPONENT_USAGE.
get_interface_controller( )	Liefert eine Referenz auf den Interface-Controller der Component zurück.
has_active_component( )	Liefert zurück, ob eine aktive Component existiert.
is_referenced( )	Regelt, ob die Component-Verwendung von einer anderen Component referenziert wird.
is_referencing( )	Regelt, ob die Component-Verwendung auf eine andere Component-Verwendung referenziert.

Tabelle B.5 Component-Verwendungen

Methode	Beschreibung
`leave_referencing_mode( )`	Diese Methode bewirkt, dass die Component-Verwendung nicht mehr auf andere Components zeigt.
`remove_event_handler( )`	Gegenstück zu Methode `add_event_handler( )`

Tabelle B.5 Component-Verwendungen (Forts.)

Interface IF_WD_COMPONENT_USAGE_GROUP

Tabelle B.6 listet die Methoden von `IF_WD_COMPONENT_USAGE_GROUP` zur Verwaltung von Component-Verwendungsgruppen auf. Diese ermöglichen die einfache dynamische Erzeugung mehrerer, auf dem gleichen Typ basierender Components.

Methode	Beschreibung
`add_component_usage( )`	Erzeugt eine Component-Verwendung NAME und fügt diese zur aktuellen Gruppe hinzu.
`get_component_usage( )`	Gibt eine Component-Verwendung NAME der aktuellen Gruppe vom Typ `IF_WD_COMPONENT_USAGE` zurück.
`get_component_usages( )`	Gibt alle Component-Verwendungen dieser Gruppe in Form einer Tabelle vom Typ `WDAPI_COMPONENT_USAGES` zurück.
`remove_all_cmp_usages( )`	Entfernt alle Component-Verwendungen aus der Gruppe.
`remove_component_usage( )`	Entfernt eine bestimmte Component-Verwendung COMPONENT_USAGE vom Typ `IF_WD_COMPONENT_USAGE` aus der Gruppe.
`set( )`	Setzt die Eigenschaften COMPONENT_USAGE_NAME, EMBEDDING_POSITION und USED_COMPONENT einer Component-Verwendung.

Tabelle B.6 Component-Verwendungsgruppen

B.2 Controller-Schnittstellen

In diesem Abschnitt werden die Methoden der Interfaces `IF_WD_CONTROLLER`, `IF_WD_VIEW_CONTROLLER` und die Methoden von `IF_WD_WINDOW_CONTROLLER` erklärt.

Interface IF_WD_CONTROLLER

Tabelle B.7 führt die Methoden von IF_WD_CONTROLLER zur allgemeinen Verwaltung der verschiedenen Web-Dynpro-Controller auf. Sie erhalten eine Controller-Referenz innerhalb eines Web-Dynpro-Controllers durch den Aufruf der Methode wd_this->wd_get_api( ).

Methode	Beschreibung
get_action( )	Liefert eine Referenz auf eine Web-Dynpro-Aktion vom Typ IF_WD_ACTION zurück.
get_component( )	Liefert eine Referenz auf die Component vom Typ IF_WD_COMPONENT zurück.
get_context( )	Liefert eine Referenz auf den Context vom Typ IF_WD_CONTEXT zurück.
get_controller_info( )	Liefert eine Referenz auf das Metadatenobjekt vom Typ IF_WD_RR_CONTROLLER des aktuellen Controllers zurück.
get_message( )	Liefert den Text einer Nachricht zum Nachrichtenschlüssel KEY zurück.
get_message_manager( )	Liefert eine Referenz auf den Message Manager vom Typ IF_WD_MESSAGE_MANAGER zurück.
get_personalization_manager( )	Liefert eine Referenz auf den Personalisierungs-Manager vom Typ IF_WD_PERSONALIZATION zurück.
is_alive( )	Prüft, ob der Controller bereits abgeräumt wurde.

Tabelle B.7 Controller

Interface IF_WD_VIEW_CONTROLLER

Das Interface IF_WD_VIEW_CONTROLLER des View-Controllers integriert die Methoden der Interfaces IF_WD_CONTROLLER, IF_WD_NAVIGATION_SERVICES und IF_WD_NAVIGATION_SERVICES_NEW. Tabelle B.8 zeigt die Methoden von IF_WD_VIEW_CONTROLLER.

Methode	Beschreibung
fire_plug( )	Löst einen dynamisch erzeugten Outbound-Plug PLUG_NAME aus. Der Parameter PARAMETERS erlaubt die Übergabe einer Parametertabelle.
get_context_menu_manager( )	Liefert den Kontextmenü-Manager IF_WD_CONTEXT_MENU_MANAGER zurück.
get_current_action( )	Liefert die aktuell zu prozessierende Aktion vom Typ IF_WD_ACTION zurück.
get_current_action_info( )	Liefert Informationen über die aktuelle Aktion in der Struktur WDAPI_ACTION zurück.
get_embedding_window( )	Liefert eine Referenz auf das zum View gehörige Window vom Typ IF_WD_WINDOW zurück.
get_embedding_window_ctlr( )	Liefert die Referenz auf das einbettende Window vom Typ IF_WD_WINDOW_CONTROLLER zurück.
get_view_info( )	Liefert die Referenz auf das Metadatenobjekt des Views vom Typ IF_WD_RR_VIEW.
get_view_usage( )	Gibt die Metadatenbeschreibung der View-Einbettung vom Typ IF_WD_RR_VIEW_USAGE zurück.
is_current_action_validating( )	Gibt zurück, ob die aktuelle Aktion validierend ist.
register_on_enter_for_f4( )	Definiert, dass auf die UI-Element-Eigenschaft onEnter registrierte Methoden (z. B. des UI-Elements InputField) nach der Auswahl in einer Wertehilfe automatisch gerufen werden.
request_focus( )	Setzt den Fokus auf ein Attribut ATTRIBUTE eines bestimmten Context-Elements CONTEXT_ELEMENT.
request_focus_on_action( )	Setzt den Fokus auf ein Context-Element CONTEXT_ELEMENT, das eine bestimmte Aktion ACTION auslöst.

Tabelle B.8 View-Controller

Interface IF_WD_WINDOW_CONTROLLER

Das Interface `IF_WD_WINDOW_CONTROLLER` des Window-Controllers integriert die Methoden der Interfaces `IF_WD_VIEW_CONTROLLER`, `IF_WD_CONTROLLER`, `IF_WD_NAVIGATION_SERVICES` und `IF_WD_NAVIGATION_SERVICES_NEW`. Tabelle B.9 listet die Methoden von `IF_WD_WINDOW_CONTROLLER` auf.

Methode	Beschreibung
get_message_area( )	Liefert die API der Message-Component vom Typ `IF_WD_MESSAGE_AREA` zurück.
get_window( )	Liefert die Referenz auf das Pop-up-Fenster vom Typ `IF_WD_WINDOW`, falls diese existiert.
get_window_info( )	Liefert die Metadatenbeschreibung des Windows vom Typ `IF_WD_RR_WINDOW` zurück.

Tabelle B.9 Window-Controller

B.3 Anwendungsschnittstellen

In diesem Abschnitt beschreiben wir die Schnittstellen der Anwendung `IF_WD_APPLICATION`, der Browser-History `IF_WD_BROWSER_HISTORY` und der Client-Information `IF_WD_CLIENT_INFORMATION`.

Interface IF_WD_APPLICATION

Tabelle B.10 listet die Methoden von `IF_WD_APPLICATION` zum Auslesen und Schreiben von Informationen aus der Anwendung auf.

Methode	Beschreibung
get_application_info( )	Liefert die Metadaten der Anwendung vom Typ `IF_WD_RR_APPLICATION` zurück.
get_browser_history( )	Liefert den Browser-History-Manager.
get_client_environment( )	Liefert die aktuelle Client-Umgebung zurück. Die möglichen Ausprägungen sind in der Interface-Konstanten `co_client_enviroment` hinterlegt. Es existieren die Werte `unknown`, `standalone`, `portal`, `sapgui` und `nwbw`.

Tabelle B.10 Anwendung

Methode	Beschreibung
get_client_information( )	Liefert Informationen wie die Client-Größe, die Ausrichtung und die Auflösung des Clients.
get_configuration_id( )	Liefert die ID der aktuellen Anwendungskonfiguration zurück.
get_html_render_mode( )	Liefert den HTML-Rendering-Modus (Quirks/Standard) zurück.
get_is_accessible( )	Gibt an, ob die Anwendung barrierefrei ist.
get_is_close_window_supported( )	Liefert zurück, ob die Voraussetzungen für die Verwendung des Parameters CLOSE_WINDOW mit TRUE am Exit-Plug gegeben sind. CLOSE_WINDOW wird nicht für Firefox unterstützt.
get_is_rtl( )	Gibt an, ob die Anwendung auf right-to-left umschaltbar ist. Diese Funktion wird für einige Sprachen des mittleren Ostens benötigt.
get_quickviews_allowed( )	Liefert zurück, ob Quickviews erlaubt sind.
get_remote_address( )	Liefert die IP-Adresse des Aufrufers als STRING zurück.
get_request_xsrf_secure( )	Liefert zurück, ob der Request XSRF (Cross-Site-Request-Forgery, Angriffsmethode auf Transaktionen) geprüft ist.
get_show_adaptation_mode( )	Liefert den aktuellen Adaptation-Modus zurück.
get_show_explanation( )	Gibt an, ob die Soforthilfe angezeigt wird.
get_theme_id( )	Liefert die ID des aktuellen Themes zurück.
get_ui_guideline( )	Liefert die aktuell verwendete SAP UI Guideline zurück.
open_help_center( )	Öffnet das Help Center zur Anwendung. Sie können den zugehörigen Hilfetext in den Eigenschaften des Windows der Anwendung hinterlegen.

Tabelle B.10 Anwendung (Forts.)

Methode	Beschreibung
print_page( )	Erzeugt eine druckbare Seite.
set_related_links( )	Setzt Dokumentverweise für die Anwendung.
set_show_adaptation_mode( )	Aktiviert die Anzeige des aktuellen Adaptation-Modus.
set_show_explanation( )	Legt fest, ob die Soforthilfe angezeigt wird oder nicht.
set_stable_id_mode( )	Garantiert stabile Component-IDs.
set_window_title( )	Setzt den Titel des Browser-Fensters. Die Verwendung dieser Funktion ist nur bei direkter Ausführung im Browser möglich.

Tabelle B.10 Anwendung (Forts.)

Interface IF_WD_BROWSER_HISTORY

Tabelle B.11 listet die Methoden des Interfaces IF_WD_BROWSER_HISTORY auf. Sie erhalten eine Objektreferenz auf die Browser-History über die Methode get_browser_history( ) des Interfaces IF_WD_APPLICATION.

Methode	Beschreibung
get_is_supported( )	Prüft, ob die Browser-History unterstützt wird.
put_hash( )	Erzeugt einen neuen Eintrag in der Browser-History.
register_on_hash_changed( )	Registriert die View-Aktion auf Änderungen in der Browser-History.
unregister_from_hash_changed( )	Löscht die Registrierung des Views.

Tabelle B.11 Browser-History

Interface IF_WD_CLIENT_INFORMATION

Tabelle B.12 listet die Methoden des Interfaces IF_WD_CLIENT_INFORMATION auf.

Methode	Beschreibung
get_client_height( )	Liefert die Höhe des Client-Fensters zurück.
get_client_width( )	Liefert die Breite des Client-Fensters zurück.
get_device_type( )	Liefert den Gerätetyp zurück.
get_flash_available( )	Gibt an, ob Flash auf dem Client verfügbar ist.
get_java_available( )	Gibt an, ob Java auf dem Client verfügbar ist.
get_pdf_available( )	Gibt an, ob PDF auf dem Client verfügbar ist.
get_screen_height( )	Liefert die Höhe des Client-Screens zurück.
get_screen_orientation( )	Liefert die Ausrichtung des Client-Screens zurück.
get_screen_width( )	Liefert die Breite des Client-Screens zurück.
get_silverlight_available( )	Gibt an, ob Silverlight auf dem Client verfügbar ist.
register( )	Registriert eine View-Aktion für den Fall, dass ein Plug-in o. Ä. nicht verfügbar ist.
unregister( )	Hebt die Registrierung einer View-Aktion wieder auf.

Tabelle B.12 Client-Information

B.4 View-Schnittstellen

In diesem Abschnitt werden die Methoden der Interfaces IF_WD_VIEW und IF_WD_NAVIGATION_SERVICES erläutert.

Interface IF_WD_VIEW

Das Interface IF_WD_VIEW des Views integriert die Methoden der Interfaces IF_WD_CONTROLLER, IF_WD_VIEW_CONTROLLER, IF_WD_NAVIGATION_SERVICES und IF_WD_NAVIGATION_SERVICES_NEW. Die implementierten Controller-Interfaces werden in Abschnitt B.2 besprochen. Tabelle B.13 zeigt die Methoden von IF_WD_VIEW zur Manipulation des Views.

Methode	Beschreibung
apply_p13n_default_values( )	Setzt die personalisierten Default-Werte.
create_all_cust_ext_fields( )	Erzeugt alle im View angelegten Kundenerweiterungsfelder.
get_element( )	Gibt ein durch ID bestimmtes View-Element vom abstrakten Typ IF_WD_VIEW_ELEMENT zurück.
get_elements_by_cid( )	Liefert eine Tabelle (Tabellentyp WDR_VIEW_ELEMENTS) von View-Elementen anhand der CID zurück. Wird der Parameter I_CID leer gelassen, werden alle Elemente zurückgegeben.
get_root_element( )	Gibt das oberste View-Element vom Typ IF_WD_VIEW_ELEMENT zurück.
get_view_usage( )	Liefert die Metadatenbeschreibung der View-Einbettung vom Typ IF_WD_RR_VIEW_USAGE zurück.
request_focus_on_view_elem( )	Setzt den Fokus auf ein bestimmtes VIEW_ELEMENT und, falls nötig, auf ein damit verbundenes CONTEXT_ELEMENT.
reset_view( )	Setzt den View-Elementbaum auf den zur Designzeit deklarierten initialen Zustand zurück. Alle dynamischen Änderungen am Baum gehen dabei verloren.
scroll_into_view( )	Positioniert ein Browser-Fenster mit Scroll-Möglichkeit auf ein bestimmtes VIEW_ELEMENT und CONTEXT_ELEMENT. Diese Funktion ist nur bei aktiviertem Lightspeed-Rendering verfügbar.
set_root_element( )	Setzt das oberste View-Element ROOT_ELEMENT eines Views.

Tabelle B.13 View

Interface IF_WD_NAVIGATION_SERVICES und IF_WD_NAVIGATION_SERVICES_NEW

Tabelle B.14 nennt die Methoden des Interfaces IF_WD_NAVIGATION_SERVICES zur dynamischen Navigation.

Methode	Beschreibung
do_dynamic_navigation( )	Erzeugt, falls noch nicht vorhanden, einen Navigationslink und führt anschließend die Navigation über den neu erstellten Link durch. Dazu werden die folgenden Parameter benötigt: SOURCE_WINDOW_NAME, SOURCE_VUSAGE_NAME, SOURCE_PLUG_NAME, TARGET_VIEW_NAME und TARGET_PLUG_NAME. Optional müssen bei Bedarf die Parameter PLUG_PARAMETERS, TARGET_COMPONENT_NAME und TARGET_COMPONENT_USAGE angegeben werden. Falls das Navigationsziel von einer fremden Verwendung stammt, liefert die Methode diese über den Returning-Parameter COMPONENT_USAGE zurück.
prepare_dynamic_navigation( )	Erzeugt temporär einen Navigationslink. Nach Aufruf dieser Methode kann eine Navigation durch Auslösen des in SOURCE_PLUG_NAME angegebenen Outbound-Plugs durchgeführt werden. Es werden die folgenden Parameter benötigt: SOURCE_WINDOW_NAME, SOURCE_VUSAGE_NAME, SOURCE_PLUG_NAME, TARGET_VIEW_NAME und TARGET_PLUG_NAME. Optional müssen bei Bedarf die Parameter TARGET_COMPONENT_NAME, TARGET_COMPONENT_USAGE und TARGET_EMBEDDING_POSITION angegeben werden.
remove_dynamic_meta_data( )	Löscht dynamisch erzeugte Metadaten. Es handelt sich um das Gegenstück zur Methode prepare_dynamic_navigation( ).

Tabelle B.14 Navigation-Services

B.5 Window-Schnittstellen

In diesem Abschnitt werden die Methoden der Interfaces IF_WD_WINDOW und IF_WD_WINDOW_MANAGER erläutert.

Interface IF_WD_WINDOW

Die Methoden des Interfaces IF_WD_WINDOW lassen sich in die Kategorien Erscheinungsbild und Sonstige Methoden aufteilen.

Erscheinungsbild

Tabelle B.15 stellt die Methoden des Interfaces IF_WD_WINDOW zur Manipulation des Window-Erscheinungsbildes vor.

Methode	Beschreibung
set_button_enabled( )	Aktiviert/deaktiviert einen Pop-up-Button BUTTON über den Parameter IS_ENABLED. Als mögliche Werte stehen die Konstanten co_button_<...> des Interfaces zur Verfügung.
set_button_kind( )	Legt die Button-Kombination BUTTON_KIND eines Pop-up-Windows fest. Als Werte stehen die Konstanten co_buttons_<...> zur Verfügung.
set_close_button( )	Legt fest, ob ein Schließen-Button existieren soll.
set_close_in_any_case( )	Legt fest, ob ein Fenster auch bei Fehlern im Message Manager geschlossen werden kann.
set_default_button( )	Setzt den Standard-Window-Button. Als Werte stehen die Konstanten co_button_<...> des Interfaces zur Verfügung.
set_is_resizable( )	Gibt an, ob ein Window in einem Pop-up-Fenster größenveränderlich ist.
set_message_display_mode( )	Gib an, welche Meldungen innerhalb eines Pop-up-Fensters angezeigt werden sollen. Als Werte stehen die Konstanten co_msg_display_mode_<...> des Interfaces zur Verfügung.

Tabelle B.15 Window – Erscheinungsbild

Methode	Beschreibung
set_message_type( )	Setzt den Nachrichtentyp des Pop-up-Fensters fest. Als Werte stehen die Konstanten co_msg_type_<...> des Interfaces zur Verfügung.
set_on_close_action( )	Registriert eine Aktion auf den Abbrechen-Button. Dazu werden der View VIEW vom Typ IF_WD_VIEW_CONTROLLER und der Aktionsname ACTION_NAME vom Typ STRING benötigt.
set_remove_on_close( )	Legt fest, dass das Window nach dem Schließen zerstört wird.
set_window_size( )	Setzt die Fenstergröße. Dazu stehen die Parameter WIDTH und HEIGHT zur Verfügung.
set_window_title( )	Setzt den Fenstertitel TITLE.

Tabelle B.15 Window – Erscheinungsbild (Forts.)

Sonstige Methoden

Tabelle B.16 stellt die sonstigen Methoden von IF_WD_WINDOW dar.

Methode	Beschreibung
close( )	Schließt das Window/Pop-up-Fenster. Über den optionalen Parameter DELETE_WINDOW kann dieses gleichzeitig gelöscht werden.
get_button_event_subscriptions( )	Liefert die Ereignisregistrierungen eines Buttons BUTTON zurück.
is_modal( )	Gibt an, ob das aktuelle Pop-up-Fenster modal ist, d. h., ob das Pop-up-Fenster die darunterliegende Ebene sperrt. Zurzeit existieren in Web Dynpro ausschließlich modale Pop-up-Fenster.
is_toplevel( )	Liefert zurück, ob das Pop-up-Fenster das oberste ist.
open( )	Öffnet das Window/Pop-up-Fenster.

Tabelle B.16 Window – sonstige Methoden

Methode	Beschreibung
subscribe_to_button_event( )	Registriert die Ausführung einer View-Aktion ACTION_NAME auf einen Window-Pop-up-Button BUTTON. Dazu muss zusätzlich der View ACTION_VIEW vom Typ IF_WD_VIEW_CONTROLLER angegeben werden.
unsubscribe_from_button_event( )	Deregistriert eine Aktion von einem Window-Pop-up-Button BUTTON.

Tabelle B.16 Window – sonstige Methoden (Forts.)

Interface IF_WD_WINDOW_MANAGER

Tabelle B.17 führt die Methoden des Window-Managers IF_WD_WINDOW_MANAGER zur Erzeugung von Windows auf.

Methode	Beschreibung
create_and_open_popup( )	Erzeugt und öffnet ein neues modales Pop-up-Fenster. Dazu müssen Sie den Namen des Windows WINDOW_NAME angeben. Über den Parameter BUTTONS können Sie die Buttons des Pop-up-Fensters angeben (siehe auch get_buttons_<...>-Methoden).
create_external_window( )	Erzeugt ein neues Browser-Fenster. Zwingend nötig ist die Angabe der URL. Der Aufruf im externen Browser-Fenster ist nicht möglich, wenn die Anwendung im Portal läuft.
create_popup_to_confirm( )	Erzeugt ein einfaches Dialogfenster zur Bestätigung einer Frage. Über den Parameter TEXT können Sie eine STRING_TABLE mit dem Fragetext übergeben. Darüber hinaus existiert eine Vielzahl weiterer Parameter zur Steuerung des Anzeigeverhaltens, wovon die wichtigsten sind: BUTTON_KIND, MESSAGE_TYPE, CLOSE_BUTTON und WINDOW_TITLE.

Tabelle B.17 Window-Manager

Methode	Beschreibung
create_window( )	Erzeugt ein neues Pop-up-Fenster. Dazu müssen Sie den Namen des Windows WINDOW_NAME angeben. Nach der Erzeugung des Pop-up-Fensters muss dieses nochmals separat geöffnet werden.
create_window_for_cmp_usage( )	Erzeugt ein Pop-up-Fenster in einer fremden Component. Die Angabe von INTERFACE_VIEW_NAME und COMPONENT_USAGE_NAME ist dazu zwingend erforderlich.
get_buttons_abortretryignore( )	Erzeugt die Buttons Abort, Retry und Ignore zur Verwendung im Pop-up-Fenster.
get_buttons_close( )	Erzeugt den Button Close zum Schließen eines Pop-up-Fensters.
get_buttons_ok( )	Erzeugt den Button OK zur Verwendung im Pop-up-Fenster.
get_buttons_ok_cancel( )	Erzeugt die Buttons OK und Cancel zur Verwendung im Pop-up-Fenster.
get_buttons_yesno( )	Erzeugt die Buttons Yes und No zur Verwendung im Pop-up-Fenster.
get_buttons_yesnocancel( )	Erzeugt die Buttons Yes, No und Cancel zur Verwendung im Pop-up-Fenster.
open_value_help( )	Öffnet eine Wertehilfe im ABAP Dictionary.
process_quickview( )	Prozessiert das Quickview-Fenster.

Tabelle B.17 Window-Manager (Forts.)

B.6 Nachrichtenausgabe

In diesem Abschnitt stellen wir die Methoden der Interfaces IF_WD_MESSAGE_MANAGER und IF_WD_VALIDATION zur Behandlung von Nachrichten dar.

Interface IF_WD_MESSAGE_MANAGER

Die Methoden des Message Managers sind unter der Überschrift »Message Manager – Nachrichten und Navigationsverhalten« in Abschnitt 2.3.3, »Nachrichten – Message Manager und Message Area«, aufgelistet und ausführlich beschrieben.

Interface IF_WD_VALIDATION

Tabelle B.18 nennt die Methoden von IF_WD_VALIDATION für den Zugriff auf die Web-Dynpro-Validierungsdienste.

Methode	Beschreibung
get_message_for_message_id( )	Liefert einen Message-String für eine bestimmte Message-ID MSG_ID zurück.
get_message_id_for_attribute( )	Gibt die Message-ID MSG_ID als STRING für ein Attribut ATTRIBUTE_NAME eines Context-Elements ELEMENT zurück.
get_message_ids_for_attribute( )	Gibt die Message-ID MSG_ID als STRING_TABLE für ein Attribut ATTRIBUTE_NAME eines Context-Elements ELEMENT zurück.
get_messages_for_attribute( )	Liefert alle MESSAGES als STRING_TABLE für ein Attribut ATTRIBUTE_NAME eines Context-Elements ELEMENT zurück.
get_messages_for_context( )	Liefert alle MESSAGES als STRING_TABLE für einen Context.
get_messages_for_element( )	Liefert alle MESSAGES als STRING_TABLE für ein Context-Element ELEMENT.
get_messages_for_node( )	Liefert alle MESSAGES als STRING_TABLE für einen Context-Knoten NODE.
is_attribute_valid( )	Liefert zurück, ob ein Attribut ATTRIBUTE_NAME für ein Context-Element ELEMENT gültig ist.
is_context_valid( )	Liefert zurück, ob alle Knoten eines Contexts CONTEXT gültig sind.

Tabelle B.18 Validierung

Methode	Beschreibung
is_element_valid( )	Liefert zurück, ob alle Attribute eines Elements ELEMENT gültig sind.
is_node_valid( )	Liefert zurück, ob alle Attribute und Elemente eines Knotens NODE gültig sind.
set_attribute_valid( )	Setzt ein Attribut ATTRIBUTE_NAME eines Elements ELEMENT auf gültig.
set_context_valid( )	Setzt einen ganzen Context CONTEXT auf gültig.
set_element_valid( )	Setzt ein Context-Element ELEMENT auf gültig.
set_node_valid( )	Setzt einen Context-Knoten NODE auf gültig.

Tabelle B.18 Validierung (Forts.)

B.7 Personalisierung – IF_WD_PERSONALIZATION

Tabelle B.19 listet die Methoden von IF_WD_PERSONALIZATION zum Auslesen und Ändern von Web-Dynpro-Konfigurationen bzw. Web-Dynpro-Personalisierungen auf.

Methode	Beschreibung
delete_new( )	Löscht Personalisierungsdaten. Dazu müssen Sie den Parameter CONFIG_KEY vom Typ WDY_CONFIG_KEY angeben. Über den Parameter SCOPE können Sie die Reichweite der Personalisierung festlegen.
get_context_change_assistant( )	Liefert ein Objekt CONTEXT_ASSISTANT vom Typ IF_WD_CONFIG_CONTEXT für Änderungen am Context zurück.
get_default_variant( )	Liefert die Standardvariante für die Personalisierung der aktuellen Component. Dazu müssen Sie die Reichweite SCOPE und die Personalisierungsvariante VARIANT angeben.

Tabelle B.19 Personalisierung

Methode	Beschreibung
get_state( )	Liefert Informationen über den aktuellen Ladezustand der Component. Sie erhalten die folgenden Parameter mit Informationen zurück: CONFIG_KEY, PERS_SCOPE, IS_LOADED, DESCRIPTION, LOADED_SCOPE, LAST_TRANSPORT und DEVCLASS.
get_table_modifier( )	Liefert das Tabellen-Interface vom Typ IF_WD_PERS_TABLE_MODIFIER zum Modifizieren der Component-Konfiguration zurück (siehe auch Methode get_table_reader( )).
get_table_reader( )	Liefert das Tabellen-Interface vom Typ IF_WD_PERS_TABLE_READER zum Auslesen der Component-Konfiguration zurück. Um das Tabellen-Interface verwenden zu können, muss die Component vom Typ 4 (erlaubt, Datenübergabe via Tabelle) sein. Dadurch wird der Konfigurations-Context beim Hochladen der Component nicht gefüllt, und die Daten liegen in tabellarischer Form vor.
get_valid_pers_scope( )	Liefert die Reichweite SCOPE, für die die Personalisierung maximal gespeichert werden darf.
get_variants( )	Liefert eine Liste VARIANTS vom Tabellentyp WDR_PERS_VARIANTS mit Varianten der Konfiguration. Über den Parameter ONLY_PERS_VARIANTS können Sie durch das Setzen von X bestimmen, dass nur Personalisierungen berücksichtigt werden sollen.
get_variants_for_subcomponent( )	Liefert eine Liste VARIANTS vom Tabellentyp WDR_PERS_VARIANTS mit Varianten der Konfiguration einer bestimmten Unter-Component SUBCOMPONENT_USAGE. Über den Parameter ONLY_PERS_VARIANTS können Sie durch das Setzen von X bestimmen, dass nur Personalisierungen berücksichtigt werden sollen.
is_adaptation_allowed( )	Gibt an, ob die Component angepasst werden darf.

Tabelle B.19 Personalisierung (Forts.)

Methode	Beschreibung
is_implementation_supplied( )	Testet, ob für eine Component-Verwendung in der aktuellen Anwendungskonfiguration der Name einer Implementierungskomponente angegeben ist.
load_config_by_key( )	Lädt eine Konfiguration oder Personalisierung zu dem angegebenen Schlüssel CONFIG_KEY.
save_new( )	Sichert die aktuelle Konfiguration. Verwenden Sie diese Methode anstelle der Methode save( ). Die Methode bietet ausschließlich die Parameter PERS_SCOPE, DEFAULT_VARIANT und DESCRIPTION.
save_new_variant_new( )	Sichert die aktuelle Konfiguration als neue Personalisierungs- oder Konfigurationsvariante zum aktuellen Konfigurationsschlüssel.
set_change_mode( )	Aktiviert oder deaktiviert den Änderungsmodus über den booleschen Parameter CHANGE_MODE.
set_config_key( )	Diese Methode ändert die Konfigurations-ID CONFIG_KEY für die aktuelle Component. Unter dieser ID kann die Component anschließend gespeichert werden.
set_default_variant( )	Setzt die angegebene Konfiguration CONFIG_KEY als Standardvariante. Über den Parameter SCOPE können Sie den Gültigkeitsbereich festlegen.
support_delta_handling( )	Der Aufruf dieser Methode bestimmt, dass bei Speicherung der Konfiguration nur die explizit geänderten Daten und nicht der komplette Inhalt des Konfigurations-Controllers gespeichert werden sollen.
transport_allowed( )	Liefert zurück, ob der Transport der Konfiguration erlaubt ist oder nicht.
undo_context_changes( )	Setzt den Konfigurations-Context auf den Zustand vor dem Speichern zurück.

Tabelle B.19 Personalisierung (Forts.)

B.8 Portalintegration – IF_WD_PORTAL_INTEGRATION

Tabelle B.20 nennt die Methoden von IF_WD_PORTAL_INTEGRATION zur Integration von Web-Dynpro-Anwendungen ins SAP Enterprise Portal.

Methode	Beschreibung
fire( )	Feuert ein Portalereignis. Dazu müssen Sie die Parameter PORTAL_EVENT_NAMESPACE und PORTAL_EVENT_NAME angeben. Zusätzlich existieren noch PORTAL_EVENT_PARAMETER und PORTAL_EVENT_SCOPE.
navigate_absolute( )	Navigation zu definierter URL NAVIGATION_TARGET. Darüber hinaus kann noch auf die Parameter NAVIGATION_MODE, WINDOW_FEATURES, WINDOW_NAME, HISTORY_MODE, TARGET_TITLE, CONTEXT_URL, POST_PARAMETERS, USE_SAP_LAUNCHER, BUSINESS_PARAMETERS und LAUNCHER_PARAMETERS zugegriffen werden.
navigate_relative( )	Navigation relativ zur eigenen URL. Dazu müssen die Navigationsschritte nach oben über LEVELS_UP und der Pfad PATH in einer STRING_TABLE angegeben werden. Darüber hinaus verfügt die Methode über die gleichen Parameter wie navigate_absolute( ).
navigate_to_object( )	Navigation zu einem Business-Objekt vom Typ OBJECT_TYPE
set_application_dirty_flag( )	Setzt das DIRTY_FLAG für das Portal.
set_work_protect_mode( )	Setzt den Modus MODE für den WorkProtect-Modus. Mögliche Werte sind NONE, BOTH und APPLICATION_ONLY.

Tabelle B.20 Portalintegration

Methode	Beschreibung
subscribe_event( )	Registriert eine View-Aktion ACTION auf ein Portal-Event PORTAL_EVENT_NAME. Außerdem müssen Sie den PORTAL_EVENT_NAMESPACE und den View-Controller VIEW mitgeben.
unsubscribe_event( )	Löscht die Registrierung eines Views auf ein Portal-Event PORTAL_EVENT_NAME. Dazu werden der View-Controller VIEW und der PORTAL_EVENT_NAMESPACE benötigt.

Tabelle B.20 Portalintegration (Forts.)

B.9 Context-Schnittstellen

In diesem Abschnitt stellen wir Ihnen die Schnittstellen des Contexts vor, angefangen bei den gebräuchlichsten Schnittstellen des Context-Knotens und des Context-Elements bis hin zu seltener angewandten Schnittstellen der Knotenmetadaten.

Interface IF_WD_CONTEXT

Das Interface IF_WD_CONTEXT bietet Methoden zur Verwaltung des Context-Change-Logs. Diese werden in Abschnitt 2.5.10 besprochen.

Interface IF_WD_CONTEXT_NODE

In diesem Abschnitt finden Sie eine Liste aller Methoden des Context-Knotens IF_WD_CONTEXT_NODE, sortiert nach Kategorien. Es wird zwischen den Kategorien Elementare Knotenoperationen, Context-Navigation, Lese- und Schreiboperationen, Attributeigenschaften, Selection, Finalisierung, Kennzeichen CHANGED_BY_CLIENT und Sonstige Methoden unterschieden.

Elementare Knotenoperationen

Tabelle B.21 listet die Methoden von IF_WD_CONTEXT_NODE mit elementaren Knotenoperationen auf.

Methode	Beschreibung
bind_element( )	Bindet ein in NEW_ITEM übergebenes Element an den Context. Bei NEW_ITEM kann es sich um ein Context-Element, eine Referenz auf eine Datenstruktur oder um eine Datenstruktur handeln. Bereits im Knoten vorhandene Daten werden gelöscht. Die Angabe von SET_INITIAL_ELEMENTS = ABAP_FALSE verhindert eine Löschung der Daten.
bind_elements( )	Wie Methode bind_element( ), mit dem Unterschied, dass hier für den Parameter NEW_ITEMS eine Tabelle angegeben werden muss.
bind_structure( )	Bindet eine durch den Parameter NEW_ITEM übergebene Struktur an den Knoten. Bereits im Knoten vorhandene Daten werden gelöscht. Die Angabe von SET_INITIAL_ELEMENTS = ABAP_FALSE verhindert eine Löschung der Daten.
bind_table( )	Bindet eine durch den Parameter NEW_ITEMS übergebene Tabelle an den Knoten. Bereits im Knoten vorhandene Daten werden gelöscht. Die Angabe von SET_INITIAL_ELEMENTS = ABAP_FALSE verhindert eine Löschung der Daten.
create_element( )	Erzeugt ein Context-Element. Über den Parameter STATIC_ATTRIBUTE_VALUES können die Daten mitgegeben werden. Auf diese Weise erzeugte Elemente müssen anschließend mithilfe der Methode bind_element( ) an den Knoten gebunden werden.
get_element( )	Liefert die Lead-Selection oder das über den Index INDEX spezifizierte Context-Element zurück.
get_elements( )	Liefert alle Elemente eines Knotens. Über die Parameter FROM und TO kann ein Bereich eingeschränkt werden. Das Ergebnis wird in den Returning-Parameter SET vom Tabellentyp WDR_CONTEXT_ELEMENT_SET geschrieben.
get_element_count( )	Liefert die Anzahl der Elemente des Knotens zurück.

Tabelle B.21 Context-Knoten – elementare Knotenoperationen

Methode	Beschreibung
invalidate( )	Durch den Aufruf werden alle Elemente und Unterknoten des Knotens gelöscht. Der Knoten befindet sich anschließend im Initialzustand. Existiert für den Knoten eine Supply-Funktion, wird diese bei Bedarf wieder automatisch gerufen.
move_element( )	Verschiebt ein Element von Index FROM nach Index TO.
remove_element( )	Entfernt ein einzelnes Element ELEMENT aus dem Knoten. Im Erfolgsfall wird der Returning-Parameter HAS_BEEN_REMOVED auf X gesetzt. Das Element kann später wieder an den Knoten gehängt werden.

Tabelle B.21 Context-Knoten – elementare Knotenoperationen (Forts.)

Context-Navigation

Tabelle B.22 führt die Methoden von IF_WD_CONTEXT_NODE zur Navigation durch den Knoten auf.

Methode	Beschreibung
get_child_node( )	Diese Methode liefert den über NAME mitgegebenen Kindknoten der Lead-Selection oder des über INDEX spezifizierten Indexes zurück.
get_child_nodes( )	Wie Methode get_child_node( ). Es kann kein Kindknoten angegeben werden. Die Methode gibt eine Tabelle mit allen Kindknoten vom Typ WDR_CONTEXT_CHILD_MAP zurück.
get_lead_selection( )	Liefert das Element mit der Lead-Selection zurück.
get_lead_selection_index( )	Liefert den Index der Lead-Selection zurück.
get_meta_path( )	Liefert den Metapfad des Knotens. Im Unterschied zum Pfad der Methode get_path( ) enthält dieser keine Elementindizes.
get_parent_element( )	Liefert das Element des Vaterknotens zurück, zu dem dieser Knoten gehört.

Tabelle B.22 Context-Knoten – Context-Navigation

Methode	Beschreibung
get_path( )	Liefert den Pfad des Knotens (vom Original-Controller) mitsamt den Element-Indizes als STRING zurück.
get_selected_elements( )	Liefert alle selektierten Elemente als Tabelle vom Typ WDR_CONTEXT_ELEMENT_SET zurück. Über den Parameter INCLUDING_LEAD_SELECTION können Sie steuern, ob die Lead-Selection dabei eingeschlossen werden soll.
path_get_attribute( )	Löst den Pfad PATH vom Typ STRING zu einem Attribut auf.
path_get_element( )	Löst den Pfad PATH vom Typ STRING zu einem Context-Element auf.
path_get_node( )	Löst den Pfad PATH vom Typ STRING zu einem Context-Knoten auf.

Tabelle B.22 Context-Knoten – Context-Navigation (Forts.)

Lese- und Schreiboperationen

Tabelle B.23 gibt die Methoden von IF_WD_CONTEXT_NODE zum Lesen und Schreiben von Daten wieder. Mit Ausnahme der Methode get_static_attributes_table( ) besitzen alle in der Tabelle aufgelisteten Methoden am Knoten den Parameter INDEX, der den Index des betroffenen Context-Elements anzeigt. Wird der Parameter nicht angegeben, wird standardmäßig die Lead-Selection des Knotens verwendet.

Methode	Beschreibung
get_attribute( )	Liefert den Wert VALUE eines über NAME spezifizierten Attributs.
get_attribute_ref( )	Liefert eine Referenz mit dem Wert VALUE eines Attributs NAME. Die Referenz wird neu angelegt. Das bedeutet, dass eine Änderung des Inhalts der Referenz nicht das Attribut selbst ändert.
get_static_attributes( )	Liefert eine Kopie aller statisch deklarierten Attribute.

Tabelle B.23 Context-Knoten – Lese- und Schreiboperationen

Methode	Beschreibung
get_static_attributes_ref( )	Liefert eine Referenz auf eine Kopie aller statischen Attribute. Die Referenz wird neu angelegt. Das bedeutet, dass eine Änderung des Inhalts der Referenz nicht das Attribut selbst ändert.
get_static_attributes_table( )	Liefert eine Tabelle mit dem Inhalt des Context-Knotens zurück. Über die Parameter FROM und TO kann ein Bereich eingeschränkt werden.
is_attribute_null( )	Liefert TRUE, wenn das in NAME angegebene Attribut <NULL> ist.
set_attribute( )	Setzt den Wert VALUE eines einzelnen mit NAME angegebenen Attributs.
set_attribute_null( )	Setzt den Wert eines einzelnen mit NAME angegebenen Attributs auf <NULL>.
set_static_attributes( )	Setzt den Wert statisch deklarierter Attribute.
set_static_attributes_null( )	Setzt den Wert statisch deklarierter Attribute auf <NULL>.

Tabelle B.23 Context-Knoten – Lese- und Schreiboperationen (Forts.)

Attributeigenschaften

Tabelle B.24 führt die Methoden von IF_WD_CONTEXT_NODE zum Lesen und Ändern der Context-Attribut-Eigenschaften auf. Wie bereits in der vorangegangenen Kategorie besitzt ein Großteil der Methoden einen Parameter INDEX.

Methode	Beschreibung
get_attribute_properties( )	Liefert die Attributeigenschaften für ein in ATTRIBUTE_NAME spezifiziertes Attribut. Als Ergebnis liefert die Methode die PROPERTIES vom Typ WDR_CONTEXT_PROPERTIES zurück.
get_attribute_props_for_elem( )	Liefert die Attributeigenschaften für alle Attribute des Elements als Tabelle vom Typ WDR_CONTEXT_PROPERTIES_TAB.

Tabelle B.24 Context-Knoten – Attributeigenschaften

Methode	Beschreibung
set_attribute_property( )	Setzt eine einzelne Eigenschaft PROPERTY für ein Attribut ATTRIBUTE_NAME des booleschen Wertes VALUE. Die Eigenschaft muss vom Typ IF_WD_CONTEXT_ELEMENT=>T_PROPERTY sein. Sie besitzt die Ausprägungen required, read_only, visible und enabled. Über den optionalen Parameter ALL_ELEMENTS kann diese Eigenschaft für alle Elemente des Knotens übernommen werden.
set_attribute_props_for_elem( )	Setzt die Eigenschaften PROPERTIES des Tabellentyps WDR_CONTEXT_PROPERTIES_TAB für die in der Tabelle spezifizierten Attribute. Über den optionalen Parameter KEEP_OTHERS kann gesteuert werden, ob die bereits gesetzten und nicht berührten Eigenschaften beibehalten werden sollen. Über den optionalen Parameter ALL_ELEMENTS können Sie diese Eigenschaft für alle Elemente des Knotens übernehmen.
set_attribute_props_for_node( )	Setzt die Attributeigenschaften für den ganzen Knoten. Dazu muss die Tabelle PROPERTIES vom Tabellentyp WDR_CONTEXT_PROP_FOR_NODE_TAB mitgegeben werden. Über den optionalen Parameter KEEP_OTHERS können Sie steuern, ob die bereits gesetzten und nicht berührten Eigenschaften beibehalten werden sollen.
get_attribute_props_for_node( )	Liefert die Attributeigenschaften für den ganzen Knoten. Die Methode liefert eine Tabelle PROPERTIES vom Typ WDR_CONTEXT_PROP_FOR_NODE_TAB zurück.

Tabelle B.24 Context-Knoten – Attributeigenschaften (Forts.)

Struktur WDR_CONTEXT_PROPERTIES Die Struktur WDR_CONTEXT_PROPERTIES, die auch die Grundlage für den Tabellentyp WDR_CONTEXT_PROPERTIES_TAB bildet, besteht aus folgenden Feldern:

- ATTRIBUTE_NAME (STRING)
- REQUIRED (WDY_BOOLEAN)
- READ_ONLY (WDY_BOOLEAN)
- VISIBLE (WDY_BOOLEAN)
- ENABLED (WDY_BOOLEAN)

Ergänzend dazu besteht die Struktur WDR_CONTEXT_PROP_FOR_NODE aus einer zusätzlichen, vorangestellten Komponente ELEMENT_INDEX vom Typ INT4. Diese Struktur dient als Grundlage für den Tabellentyp WDR_CONTEXT_PROP_FOR_NODE_TAB.

Struktur WDR_CONTEXT_PROP_FOR_NODE

> **Context-Attribut-Eigenschaften**
>
> Die Context-Attribut-Eigenschaften werden in Abschnitt 2.5.9 mitsamt einem Beispiel beschrieben.

Selection

Tabelle B.25 zeigt die Methoden von IF_WD_CONTEXT_NODE zum Lesen und Ändern der Lead-Selection und der Selektion im Allgemeinen an.

Methode	Beschreibung
clear_selection( )	Löscht die aktuelle Selektion des Knotens.
is_selected( )	Liefert TRUE, falls das unter INDEX spezifizierte Element im Knoten ausgewählt ist.
move_first( )	Setzt die Lead-Selection auf das erste Element und liefert dieses über den Parameter NEW_LEAD_SELECTION zurück.
move_last( )	Setzt die Lead-Selection auf das letzte Element und liefert dieses über den Parameter NEW_LEAD_SELECTION zurück.
move_next( )	Setzt die Lead-Selection auf das nächste Element und liefert dieses über den Parameter NEW_LEAD_SELECTION zurück.
move_previous( )	Setzt die Lead-Selection auf das vorherige Element und liefert dieses über den Parameter NEW_LEAD_SELECTION zurück.

Tabelle B.25 Context-Knoten – Selection

Methode	Beschreibung
move_to( )	Setzt die Lead-Selection auf das über INDEX spezifizierte Element und liefert dieses über den Parameter NEW_LEAD_SELECTION zurück.
set_lead_selection( )	Setzt die Lead-Selection auf das übergebene Element.
set_lead_selection_index( )	Wie move_to( ). Setzt die Lead-Selection auf das über INDEX spezifizierte Element, jedoch ohne Rückgabeparameter.
set_selected( )	Setzt das über INDEX spezifizierte Element als markiert oder entfernt die Markierung.

Tabelle B.25 Context-Knoten – Selection (Forts.)

Finalisierung

Tabelle B.26 listet die Methoden von IF_WD_CONTEXT_NODE zum Finalisieren von Context-Knoten auf.

Methode	Beschreibung
is_finalized( )	Liefert TRUE, wenn der Knoten als nicht mehr änderbar markiert wurde. Über den Parameter DEEP können Sie steuern, ob dabei auch Kindknoten berücksichtigt werden sollen.
set_finalized( )	Markiert einen Knoten als nicht mehr änderbar (außer durch invalidate( )). Über den Parameter DEEP können auch die Kindknoten eingeschlossen werden.

Tabelle B.26 Context-Knoten – Finalisierung

Kennzeichen CHANGED_BY_CLIENT

Tabelle B.27 stellt die Methoden von IF_WD_CONTEXT_NODE zum Lesen und Ändern des Kennzeichens CHANGED_BY_CLIENT vor. Dieses Kennzeichen gibt an, ob der Wert eines Knotens oder eines Elements durch den Benutzer geändert wurde. Ist der Wert TRUE, kann das Programm entsprechende Folgemaßnahmen einleiten, wie z. B. das geänderte Element in der Datenbank speichern.

Methode	Beschreibung
is_changed_by_client( )	Liefert TRUE, falls der Knoten oder das Element vom Client geändert wurde.
reset_changed_by_client( )	Setzt das Kennzeichen CHANGED_BY_CLIENT für den aktuellen Knoten und alle Unterknoten zurück.
set_changed_by_client( )	Markiert einen Knoten manuell als CHANGED_BY_CLIENT.

Tabelle B.27 Context-Knoten – CHANGED_BY_CLIENT

Sonstige Methoden

Tabelle B.28 stellt die zu keiner der bislang behandelten Kategorien gehörenden Methoden von IF_WD_CONTEXT_NODE dar.

Methode	Beschreibung
get_context( )	Liefert den Context zurück, der die Schnittstelle zum Context-Change-Log bildet. Weitere Informationen zum Context-Change-Log finden Sie in Abschnitt 2.5.10.
get_node_info( )	Liefert eine Referenz vom Typ IF_WD_CONTEXT_NODE_INFO auf die Metainformationen des Knotens. Über die Metadaten können Sie die Context-Hierarchie zur Laufzeit dynamisch anpassen. Weitere Informationen finden Sie in diesem Abschnitt unter »Interface IF_WD_CONTEXT_NODE_INFO«.
is_alive( )	Prüft, ob der zugehörige Controller noch »am Leben« ist, d. h., ob man noch auf ihn zugreifen kann und er noch nicht über WDDOEXIT beendet ist.
is_supplied( )	Liefert TRUE, wenn die Supply-Funktion im Knoten bereits gelaufen ist.
to_xml( )	Liefert die kanonische XML-Repräsentation des Knotens.

Tabelle B.28 Context-Knoten – sonstige Methoden

Interface IF_WD_CONTEXT_ELEMENT

In diesem Abschnitt werden die Methoden des Context-Elements vorgestellt, das auf dem Interface IF_WD_CONTEXT_ELEMENT beruht. Es wird zwischen den Kategorien Context-Navigation, Lese- und

Schreiboperationen, Attributeigenschaften, Selection, Finalisierung, Kennzeichen CHANGED_BY_CLIENT und Sonstige Methoden unterschieden.

Context-Navigation

Tabelle B.29 listet die Methoden von IF_WD_CONTEXT_ELEMENT zur Navigation durch die Context-Hierarchie auf.

Methode	Beschreibung
get_child_node( )	Diese Methode liefert den über NAME mitgegebenen Kindknoten der Lead-Selection oder des über INDEX spezifizierten Indexes zurück.
get_child_nodes( )	Wie Methode get_child_node( ). Es kann kein Kindknoten angegeben werden. Die Methode gibt eine Tabelle mit allen Kindknoten vom Typ WDR_CONTEXT_CHILD_MAP zurück.
get_index( )	Diese Methode liefert den Index des aktuellen Context-Elements zurück.
get_node( )	Liefert eine Referenz auf den Knoten, zu dem das Element gehört.
get_path( )	Liefert den Pfad des Knotens (vom Original-Controller) mitsamt den Elementindizes als STRING zurück.

Tabelle B.29 Context-Element – Context-Navigation

Lese- und Schreiboperationen

Tabelle B.30 führt die Methoden von IF_WD_CONTEXT_ELEMENT zum Lesen und Schreiben von Daten auf. Bis auf den im Context-Element nicht benötigten INDEX-Parameter und die im Element nicht angebotene Methode get_static_attributes_table( ) gleichen die Context-Element-Methoden dieser Kategorie denen des Context-Knotens.

Methode	Beschreibung
get_attribute( )	Liefert den Wert VALUE eines über NAME spezifizierten Attributs.
get_attribute_ref( )	Liefert eine Referenz mit dem Wert VALUE eines Attributs NAME. Die Referenz wird neu angelegt. Das bedeutet, dass eine Änderung des Inhalts der Referenz nicht das Attribut selbst ändert.

Tabelle B.30 Context-Element – Lese- und Schreiboperationen

Methode	Beschreibung
get_static_attributes( )	Liefert eine Kopie aller statisch deklarierten Attribute.
get_static_attributes_ref( )	Liefert eine Referenz auf eine Kopie aller statischen Attribute. Die Referenz wird neu angelegt. Das bedeutet, dass eine Änderung des Inhalts der Referenz nicht das Attribut selbst ändert.
is_attribute_null( )	Liefert TRUE, wenn das in NAME angegebene Attribut <NULL> ist.
set_attribute( )	Setzt den Wert VALUE eines einzelnen mit NAME angegebenen Attributs.
set_attribute_null( )	Setzt den Wert eines einzelnen mit NAME angegebenen Attributs auf <NULL>.
set_static_attributes( )	Setzt den Wert statisch deklarierter Attribute.
set_static_attributes_null( )	Setzt den Wert statisch deklarierter Attribute auf <NULL>.

Tabelle B.30 Context-Element – Lese- und Schreiboperationen (Forts.)

Attributeigenschaften

Tabelle B.31 zeigt die Methoden von IF_WD_CONTEXT_ELEMENT zum Lesen und Ändern der Context-Attribut-Eigenschaften. Bis auf das Fehlen der beiden Methoden <set/get>_attribute_props_for_node( ) gleichen die Methoden des Elements den Methoden des Knotens. Beachten Sie an dieser Stelle auch die Beschreibung der Struktur WDR_CONTEXT_PROPERTIES im Abschnitt »Attributeigenschaften«.

Methode	Beschreibung
get_attribute_properties( )	Liefert die Attributeigenschaften für ein in ATTRIBUTE_NAME spezifiziertes Attribut. Als Ergebnis liefert die Methode die PROPERTIES vom Typ WDR_CONTEXT_PROPERTIES zurück.
get_attribute_props_for_elem( )	Liefert die Attributeigenschaften für alle Attribute des Elements als Tabelle vom Typ WDR_CONTEXT_PROPERTIES_TAB.

Tabelle B.31 Context-Element – Attributeigenschaften

Methode	Beschreibung
set_attribute_property( )	Setzt eine einzelne Eigenschaft PROPERTY für ein Attribut ATTRIBUTE_NAME des booleschen Wertes VALUE. Die Eigenschaft muss vom Typ IF_WD_CONTEXT_ELEMENT=>T_PROPERTY sein. Sie besitzt die Ausprägungen required, read_only, visible und enabled. Über den optionalen Parameter ALL_ELEMENTS kann diese Eigenschaft für alle Elemente des Knotens übernommen werden.
set_attribute_props_for_elem( )	Setzt die Eigenschaften PROPERTIES vom Tabellentyp WDR_CONTEXT_PROPERTIES_TAB für die in der Tabelle spezifizierten Attribute. Über den optionalen Parameter KEEP_OTHERS kann gesteuert werden, ob die bereits gesetzten und nicht berührten Eigenschaften beibehalten werden sollen. Über den optionalen Parameter ALL_ELEMENTS kann diese Eigenschaft für alle Elemente des Knotens übernommen werden.

Tabelle B.31 Context-Element – Attributeigenschaften (Forts.)

Selection

Die Kategorie Selection besteht beim Context-Element IF_WD_CONTEXT_ELEMENT ausschließlich aus der Methode is_selected( ). Liefert diese TRUE zurück, wurde das Context-Element markiert. Eine deutlich größere Auswahl von Methoden zur Selection finden Sie am Context-Knoten.

Finalisierung

Tabelle B.32 listet die Methoden von IF_WD_CONTEXT_ELEMENT zum Finalisieren von Attributen auf.

Methode	Beschreibung
is_attribute_finalized( )	Liefert TRUE, wenn das Attribut des Elements nicht mehr änderbar ist.
is_finalized( )	Liefert TRUE, wenn das Element als nicht mehr änderbar markiert wurde. Über den Parameter DEEP können Sie steuern, ob dabei auch Kindknoten berücksichtigt werden sollen.
set_attribute_finalized( )	Markiert ein über NAME spezifiziertes Attribut als nicht mehr änderbar (außer durch invalidate( )).
set_finalized( )	Markiert ein Element als nicht mehr änderbar (außer durch invalidate( )). Über den Parameter DEEP können auch die Kindknoten eingeschlossen werden.

Tabelle B.32 Context-Element – Finalisierung

Kennzeichen CHANGED_BY_CLIENT

Tabelle B.33 gibt die Methoden von IF_WD_CONTEXT_ELEMENT zum Lesen und Ändern des Kennzeichens CHANGED_BY_CLIENT wieder.

Methode	Beschreibung
is_changed_by_client( )	Liefert TRUE, falls der Knoten oder das Element vom Client geändert wurde.
set_changed_by_client( )	Markiert einen Knoten manuell als CHANGED_BY_CLIENT.

Tabelle B.33 Context-Element – CHANGED_BY_CLIENT

Sonstige Methoden

Tabelle B.34 stellt die in keine der bislang behandelten Kategorien gehörigen Methoden von IF_WD_CONTEXT_ELEMENT dar.

Methode	Beschreibung
is_alive( )	Prüft, ob der zugehörige Controller noch »am Leben« ist, d. h., ob man noch auf ihn zugreifen kann und er noch nicht über WDDOEXIT beendet ist.
to_xml( )	Liefert die kanonische XML-Repräsentation des Elements.

Tabelle B.34 Context-Element – sonstige Methoden

Interface IF_WD_CONTEXT

Das Context-Interface IF_WD_CONTEXT stellt Methoden für die Aufzeichnung von Benutzereingaben zur Verfügung. Weitere Informationen dazu und eine Auflistung der Methoden des Interfaces IF_WD_CONTEXT finden Sie in Abschnitt 2.5.10, »Context-Change-Log«.

Interface IF_WD_CONTEXT_NODE_INFO

In diesem Abschnitt werden die Methoden der Metadaten-Schnittstelle des Contexts vorgestellt, der auf dem Interface IF_WD_CONTEXT_NODE_INFO beruht. Mithilfe der Context-Metadaten können Sie die Context-Hierarchie und die Eigenschaften der Knoten und Attribute ändern. Im Folgenden werden die Methoden der Context-Metadaten-Schnittstelle aufgeschlüsselt in die Kategorien Hierarchieänderungen, Attributeigenschaften, Wertehilfe, Knoteninformationen, Context-Navigation und Sonstige Methoden.

> **[◉] Weitere Informationen**
>
> Vor allem im Hinblick auf die dynamische Programmierung von Views hat die Metadaten-Schnittstelle IF_WD_CONTEXT_NODE_INFO eine große Bedeutung (siehe auch Kapitel 6, »Dynamische Programmierung«).

Hierarchieänderungen

Tabelle B.35 listet die Methoden von IF_WD_CONTEXT_NODE_INFO zur Manipulation der Context-Hierarchie auf.

Methode	Beschreibung
add_attribute( )	Fügt ein neues dynamisches Attribut ATTRIBUTE_INFO vom Typ WDR_CONTEXT_ATTRIBUTE_INFO zum Knoten hinzu.
add_child_node( )	Fügt einen Kindknoten CHILD_INFO vom Metadaten-Objekttyp IF_WD_CONTEXT_NODE_INFO dem Knoten hinzu. Dies ist nur sinnvoll bei einem Knoten, der vorher aus der Hierarchie mit der Methode remove_child_node( ) entfernt wurde.

Tabelle B.35 Context-Node-Info – Hierarchieänderungen

Methode	Beschreibung
add_new_child_node( )	Erzeugt einen neuen Kindknoten NAME und fügt diesen in die Hierarchie ein. Der Parameter STATIC_ELEMENT_RTTI vom Referenztyp CL_ABAP_STRUCTDESCR kann zum Definieren einer Struktur als Attributgrundlage verwendet werden. Alternativ können die Attribute über den Parameter ATTRIBUTES vom Tabellentyp WDR_CONTEXT_ATTR_INFO_MAP definiert werden. Darüber hinaus existiert noch eine Vielzahl optionaler TRUE/FALSE-Parameter zur Steuerung der wichtigsten Knoteneigenschaften: IS_MANDATORY, IS_MANDATORY_SELECTION, IS_MULTIPLE, IS_MULTIPLE_SELECTION, IS_SINGLETON und IS_INITIALIZE_LEAD_SELECTION. Es existieren weitere, hier nicht aufgelistete und optionale Parameter.
add_new_mapped_child_node( )	Definiert einen neuen gemappten Kindknoten CHILD_NAME. Die Eigenschaften und Attribute des Knotens werden automatisch vom Originalknoten übernommen. Über den Parameter MAPPING_INFO vom Typ WDR_CONTEXT_MAPPING_INFO kann der Mapping-Pfad angegeben werden. Ist der Pfad initial, handelt es sich um die Definition eines extern mappbaren Knotens. In diesem Fall ist noch der Aufruf der Methode set_mapping_complete( ) erforderlich.
add_recursive_child_node( )	Fügt einen rekursiven Kindknoten hinzu. Über den Parameter NODE_INFO vom Typ IF_WD_CONTEXT_NODE_INFO können Sie eine Unterknotenbeschreibung mitgeben.
remove_attribute( )	Löscht ein dynamisch definiertes Attribut NAME aus dem Knoten.
remove_child_node( )	Löscht einen Kindknoten NAME aus der Hierarchie. Beachten Sie dabei, dass statisch definierte Knoten nicht gelöscht werden können.
remove_dynamic_attributes( )	Löscht alle dynamisch definierten Attribute eines Knotens.

Tabelle B.35 Context-Node-Info – Hierarchieänderungen (Forts.)

> **Statische und dynamische Attribute**
>
> Web Dynpro unterscheidet zwischen statischen und dynamischen Attributen:
>
> - Statische Attribute sind Teil einer (Dictionary-)Struktur, auf der alle oder ein Teil der Attribute des Knotens basieren. Da jedes statische Attribut Teil einer Struktur ist, können statische Attribute nicht aus dem Knoten entfernt werden.
> - Dynamische Attribute basieren auf keiner Struktur. Sie sind »frei schwebend« und können nach Belieben zum Knoten hinzugefügt oder entfernt werden.

Attributeigenschaften

Tabelle B.36 führt die Methoden von `IF_WD_CONTEXT_NODE_INFO` zum Auslesen und Ändern der Attributeigenschaften auf.

Methode	Beschreibung
`get_attribute( )`	Liefert die Eigenschaften für ein Attribut `NAME`. Die Methode gibt eine Struktur vom Typ `WDR_CONTEXT_ATTRIBUTE_INFO` zurück.
`get_attribute_format_props( )`	Liefert die Formatierungseigenschaften eines Attributs `NAME`. Es wird eine Struktur vom Typ `WDY_ATTRIBUTE_FORMAT_PROP` zurückgegeben.
`get_attribute_names( )`	Liefert die Liste aller Attributnamen als `STRING_TABLE` zurück.
`get_attributes( )`	Liefert die Eigenschaften aller Attribute in Form einer Tabelle vom Typ `WDR_CONTEXT_ATTR_INFO_MAP` zurück.
`get_primary_attribute( )`	Diese Methode liefert den Namen des Primärattributs eines Knotens, falls er existiert. Primärattribute sind nur für die Konfiguration von Knoten interessant.
`get_static_attributes_type( )`	Diese Methode liefert das RTTI-Objekt vom Typ `CL_ABAP_TYPEDESCR` für den Strukturtyp der statischen Attribute.
`has_attribute( )`	Liefert die Information, ob ein Attribut `NAME` existiert.

Tabelle B.36 Context-Node-Info – Attributeigenschaften

Methode	Beschreibung
set_attribute_format_props( )	Setzt die Formatierungseigenschaften eines Attributs NAME. Dazu muss der Parameter FORMAT_PROPERTIES vom Typ WDY_ATTRIBUTE_FORMAT_PROP mitgegeben werden.
set_attribute_ref_callback( )	Deklariert eine Callback-Methode CALLBACK_METHOD, mit der die Anwendung die Elementreferenz CALLBACK_OBJECT und das Attribut NAME eines Referenzwertes für Währungen und Mengen ermitteln kann. Dies ist z. B. wichtig, wenn für eine Belegwährung mehrere Preiseingaben möglich sind. Die Callback-Methode muss die folgende Signatur haben: Importing-Parameter: ▸ FIELD_ELEMENT (IF_WD_CONTEXT_ELEMENT) ▸ FIELD_NAME (STRING) Exporting-Parameter: ▸ REFERENCE_ELEMENT ▸ (IF_WD_CONTEXT_ELEMENT) ▸ REFERENCE_FIELD_NAME (STRING)
set_attribute_reference_field( )	Setzt das Referenzfeld REFERENCE_FIELD für ein Attribut NAME. Über den Parameter REFERENCE_FIELD_TYPE muss der Datentyp des Referenzfeldes angegeben werden. Für Beträge und Mengen kann hier das Feld eingetragen werden, das die Währung bzw. die Mengeneinheit enthält. Ist die Referenz in der ABAP-Dictionary-Struktur definiert, die der Knoten verwendet, muss sie nicht extra angegeben werden.
set_nullable( )	Setzt über den Parameter IS_NULLABLE, ob ein Attribut NAME den Wert <NULL> haben kann.

Tabelle B.36 Context-Node-Info – Attributeigenschaften (Forts.)

Wertehilfe

Tabelle B.37 gibt die Methoden von `IF_WD_CONTEXT_NODE_INFO` zur Verwaltung von Wertehilfen an.

Methode	Beschreibung
`get_attribute_value_help( )`	Liefert den Namen `VALUE_HELP` der Wertehilfe eines Attributs `NAME`. Über den Exporting-Parameter `VALUE_HELP_MODE`, der die Werte der Konstanten `C_VALUE_HELP_MODE` annehmen kann, wird der Wertehilfe-Typ (`deactivated`, `automatic`, `ddic`, `ovs`, `application_defined`) zurückgegeben.
`get_attribute_valuehelp_type( )`	Liefert den Typ der Wertehilfe des Attributs zurück.
`has_attribute_value_help( )`	Liefert zurück, ob ein Attribut `NAME` eine Wertehilfe besitzt.
`set_attribute_value_help( )`	Setzt die Wertehilfe `VALUE_HELP` eines Attributs `NAME`. Über den Parameter `VALUE_HELP_MODE` können Sie den Typ der Wertehilfe angeben (siehe auch `get_attribute_value_help( )`).
`set_attribute_value_set( )`	Setzt eine Liste `VALUE_SET` des Tabellentyps `WDR_CONTEXT_ATTR_VALUE_LISTGEN` von Festwerten für das Attribut `NAME` als mögliche Festwerte. Dies ist vor allem im Hinblick auf das UI-Element `DropDownByKey` interessant.

Tabelle B.37 Context-Node-Info – Wertehilfe

Mapping

Tabelle B.38 stellt die Methoden von `IF_WD_CONTEXT_NODE_INFO` zur Definition und Überprüfung eines Mappings vor.

Methode	Beschreibung
`is_mapping_complete( )`	Liefert `TRUE`, falls ein externes Mapping realisiert worden ist, d. h., ob die Aufrufer-Component das Mapping durchgeführt hat.

Tabelle B.38 Context-Node-Info – Mapping

Context-Schnittstellen | B.9

Methode	Beschreibung
set_mapping_complete( )	Vervollständigt die Definition eines extern mappbaren Knotens. Dazu müssen der externe Controller MAPPED_CONTROLLER vom Typ IF_WD_CONTROLLER und der Context-Pfad CONTEXT_PATH in Form einer STRING_TABLE mitgegeben werden.

Tabelle B.38 Context-Node-Info – Mapping (Forts.)

Knoteninformationen

Tabelle B.39 stellt die Methoden von IF_WD_CONTEXT_NODE_INFO zum Auslesen der wichtigsten Knoteninformationen dar.

Methode	Beschreibung
is_child_node_recursive( )	Liefert TRUE, wenn der angegebene Kindknoten CHILD_NODE_NAME rekursiv ist.
is_initialize_lead_selection( )	Liefert TRUE, wenn die Lead-Selection automatisch mit dem Knoten initialisiert wird.
is_mandatory( )	Liefert TRUE, wenn der aktuelle Knoten immer mindestens ein Element besitzt.
is_mandatory_selection( )	Liefert TRUE, wenn immer mindestens ein Knotenelement selektiert ist.
is_multiple( )	Liefert TRUE, wenn der aktuelle Knoten mehrere Elemente besitzen kann.
is_multiple_selection( )	Liefert TRUE, wenn mehrere Elemente des Knotens selektiert werden können.
is_singleton( )	Liefert TRUE, wenn der aktuelle Knoten als Singleton-Knoten definiert ist. Ein Knoten mit der Eigenschaft Singleton existiert zur Laufzeit nur für die Lead-Selection des Elternknotens. Dies erlaubt der Web-Dynpro-Laufzeit einen speicheroptimierten Aufbau der Context-Hierarchie.

Tabelle B.39 Context-Node-Info – Knoteninformationen

Context-Navigation

Tabelle B.40 nennt die Methoden von `IF_WD_CONTEXT_NODE_INFO` zur Navigation durch die Context-Hierarchie.

Methode	Beschreibung
follow_path( )	Folgt dem Pfad PATH_STRING und liefert die Metainformationen des Zielknotens über den Exporting-Parameter NODE zurück. Die einzelnen Knotennamen werden dabei mit einem Punkt voneinander getrennt.
get_child_node( )	Liefert die Metainformationen eines Kindknotens NAME.
get_child_nodes( )	Liefert die Metainformationen aller Kindknoten in Form einer Tabelle CHILD_NODES vom Typ WDR_CONTEXT_CHILD_INFO_MAP zurück.
get_name( )	Liefert den Namen des aktuellen Knotens zurück.
get_parent( )	Liefert die Metainformationen des Elternknotens zurück.

Tabelle B.40 Context-Node-Info – Context-Navigation

Sonstige Methoden

Tabelle B.41 listet die sonstigen Methoden von `IF_WD_CONTEXT_NODE_INFO` auf.

Methode	Beschreibung
get_controller( )	Liefert den Controller IF_WD_CONTROLLER zurück, der den Context enthält.
is_alive( )	Liefert TRUE, wenn der zugehörige Controller noch nicht abgeräumt wurde.
is_finalized( )	Liefert TRUE, wenn die Metainformationen des Knotens nicht mehr änderbar sind.
set_finalized( )	Markiert die Metainformationen eines Knotens als nicht änderbar.

Tabelle B.41 Context-Node-Info – sonstige Methoden

Runtime-Repository-API

Runtime   Während der Laufzeit werden durch das Web-Dynpro-Framework Beschreibungsobjekte zu den unterschiedlichen Elementen einer

Web-Dynpro-Anwendung angeboten (Runtime-Repository-API). Dies ist vergleichbar mit der Situation, in der wir Beschreibungsobjekte für Context-Knoten erzeugt und diese dann zur Veränderung des Contexts eingesetzt haben (siehe Abschnitt 6.2.3, »Context-Attribute anlegen«). Die Ermittlung der Beschreibungsobjekte folgt im Allgemeinen diesem Schema:

- Ermittlung der Referenz auf das gewünschte Element
- Aufruf der Methode get_<Element>_info( ) über diese Referenz, um damit die Referenz auf das Beschreibungsobjekt zu erhalten. Die Referenz ist vom Typ IF_WD_RR_<Element>.

Im Folgenden haben wir die unterschiedlichen Typen von Beschreibungsobjekten zusammengestellt. Eine kompakte Beschreibung zu den Typen wird Ihnen den Ermittlungsweg und die Einsatzmöglichkeiten näherbringen.

- IF_WD_RR_CONTROLLER
  Mithilfe der Methode get_controller_info( ) aus der Controller-API (IF_WD_CONTROLLER) erhalten Sie eine Referenz auf IF_WD_RR_CONTROLLER, um dort z. B. den Namen eines Controllers zu ermitteln oder zu überprüfen, ob ein bestimmtes Ereignis oder ein Ereignisbehandler existiert.

- IF_WD_RR_COMPONENT
  Mithilfe der Methode get_component_info( ) aus der Component-API (IF_WD_COMPONENT) erhalten Sie eine Referenz auf IF_WD_RR_COMPONENT, um dort die Metainformation der Component und der inkludierten Entitäten zu ermitteln.

- IF_WD_RR_APPLICATION
  Mithilfe der Methode get_application_info( ) aus der Application-API (IF_WD_APPLICATION) erhalten Sie eine Referenz auf IF_WD_RR_APPLICATION, um dort die Metainformation der Applikation und der inkludierten Entitäten zu ermitteln, wie z. B. den Namen der Anwendung, den Start-Interface-View und Applikationsparameter.

- IF_WD_RR_CMP_USAGE_GROUP
  Mithilfe der Methode get_cmp_usage_group( ) aus der Component-Runtime-API (IF_WD_RR_COMPONENT) erhalten Sie eine Referenz auf IF_WD_RR_CMP_USAGE_GROUP, um dort die Metainforma-

tion der Usage Group und der inkludierten Entitäten zu ermitteln, wie z. B. den Namen der Usage Group und der Usages.

- IF_WD_RR_COMPONENT_USAGE
  Mithilfe der Methode `get_component_usage_info( )` aus der Component-Usage-API (`IF_WD_COMPONENT_USAGE`) erhalten Sie eine Referenz auf `IF_WD_RR_COMPONENT_USAGE`, um dort die Metainformation der Usage und der inkludierten Entitäten zu ermitteln, wie z. B. den Namen der Usage und Lebenszyklus-Informationen.

- IF_WD_RR_VIEW
  Mithilfe der Methode `if_wd_view_controller~get_view_info( )` aus der View-API (`IF_WD_VIEW`) erhalten Sie eine Referenz auf `IF_WD_RR_VIEW`, um dort die Metainformation der Views und der inkludierten Entitäten zu ermitteln, wie z. B. den Namen des Views, Beschreibungen und Plug-Informationen.

- IF_WD_RR_VIEW_USAGE
  Mithilfe der Methode `get_view_usage( )` aus der View-API (`IF_WD_VIEW`) erhalten Sie eine Referenz auf `IF_WD_RR_VIEW_USAGE`, um dort die Metainformation der Usage und der inkludierten Entitäten zu ermitteln, wie z. B. den Namen der Views und die Einbettungsposition.

- IF_WD_RR_VIEW_CNT_ASSIGNMENT
  Mithilfe der Methode `get_emb_view_cnt_assignment( )` aus der View-Runtime-API (`IF_WD_RR_VIEW_USAGE`) erhalten Sie eine Referenz auf `IF_WD_RR_VIEW_CNT_ASSIGNMENT`, um dort die Metainformation der Container-Einbettung und der inkludierten Entitäten zu ermitteln, wie z. B. den Namen der View-Container-Zuordnung und die View-Einbettung.

- IF_WD_RR_WINDOW
  Mithilfe der Methode `get_window( )` aus der Component-Runtime-API (`IF_WD_RR_COMPONENT`) erhalten Sie eine Referenz auf `IF_WD_RR_WINDOW`, um dort die Metainformation des Windows und der inkludierten Entitäten zu ermitteln, wie z. B. den Namen des Windows, die View Usages und Navigationsübergänge.

C   Die Autoren

Dr. Roland Schwaiger studierte an der Bowling Green State University, OH (USA), Computer Science und an der Universität Salzburg (Österreich) Angewandte Informatik und Mathematik und promovierte dort im Bereich Mathematik. Nach mehrjähriger Assistententätigkeit an der Universität Salzburg kam er 1996 als Softwareentwickler zur SAP SE und genoss im Bereich Human Resources drei Jahre in einem anregenden, inspirierenden und kollegialen Umfeld.

Seit 1999 ist er als freiberuflicher Trainer, Lektor, Berater und Entwickler tätig. Er setzt seine akademische Vorbildung und das bei SAP erworbene Wissen, abgerundet durch einen MBA in Prozess- und Projektmanagement, für die Softwareentwicklung in konkreten Entwicklungsprojekten und SAP-Schulungen ein. Die dort wiederum erworbenen Erkenntnisse trägt er zurück in die akademische Welt, verknüpft so Theorie und Praxis und liebt es, beides zu vermitteln.

Dominik Ofenloch studierte an der Dualen Hochschule Mannheim Wirtschaftsinformatik und programmierte bereits während seines Studiums bei der SAP SE in Walldorf verschiedene UI-Technologien. Nach erfolgreichem Studienabschluss im Jahr 2006 begann er seine Karriere bei SAP in der SCM-Entwicklung. Dort entwickelte er für das SAP Transportation Management Web-Dynpro-Benutzeroberflächen. Im Jahr 2009 wechselte er in die SAP-Beratung. Bis Mitte 2013 war er zunächst als CRM- und IS-U-Berater, später als Berater im SAP Transportation Management aktiv. Seit Juli 2013 arbeitet Dominik Ofenloch in der UI-Entwicklung des SAP Floorplan Managers, der auf Web Dynpro basiert.

Index

*Impl.swf 783
*Island 779, 780, 786, 787
  Aggregat 788
  aggregiertes Element 788
  Barrierefreiheit 793
  Bibliothek 783
  Caching 795
  Container 780
  Datentransfer 785
  Debugging 786, 794
  Entkopplung 785
  Ereignis 780
  height 788
  kein Dialogfenster 794
  Konvertierungs-Exit 785
  Library-Download 784
  Personalisierung 794
  Registrierung 785
  Übersetzungsanschluss 794
  Vorgehen 783
  width 788
1 aus n 642, 652
12-Stunden-Format 304

A

ABAP Debugger → Debugger
ABAP Dictionary 662, 941
  Bindung 941
  Text 939, 940
  Wertehilfe 662
  Wiederverwendung 662
ABAP Workbench 44, 59
ABAP_INTFDESCR 592
ABAP-Klassenhierarchie 189
Ablauflogik 27
Absatz 319
Abstand 406, 469
ACC 310
Accessibility 310
ACCESSIBILITY_MODE 999, 1051
accessibilityDescription 190, 199, 373, 520
Accessible Rich Internet Applications 1000

Accordion 221, 566
  aggregiertes Element 224
  Eigenschaft 222
  Ereignis 223
  Scroll-Balken 226
  visuelle Darstellung 222
AccordionItem 221, 224
ACF 492, 496, 1028
  Formular 497
  Protokoll 477
AcfExecute 472
AcfUpDownload 477
activateAccessKey 202, 299, 928
activateInPlace 500
Active Component Framework → ACF
ActiveX
  Control 498
  Installation 500
add_attributes( ) 714, 717, 721
add_child( ) 605, 613
add_event_handler( ) 636
add_new_child_node( ) 580
additionalArchives 442
adjustImageSize 462
adjustRowsToText 328
Administrationsservice 57
Admin-Modus 771
Adobe
  Document Services 492
  Entwicklungsumgebung 781
  Flash 780
  Flash Player 781
  Flex 2.0 783
  Flex 3.0 783
  Flex 4.0 784
  Flex Library 781
  LiveCycle Designer 493
ADS 492
Aggregation 188
AIO_FOR_HELP_LINKS 730
Ajax 34, 987
Aktion 64, 70, 72, 119, 613
  Anlegen 73, 77, 91, 119, 120
  Ausführen 111
  Lesen 1074
  Roundtrip 112
  Standard 120, 961

Index

Typ 73, 120
validierungsunabhängige 73, 103, 111, 120, 961
Aktionstaste 193, 345
Aktionstaste, Kombination 194
Aliasname 942
Aliastext 941, 943
alignment 300
allowDeselect 222
ALV → SAP List Viewer
Animation, Performance 977
Anker 335
Anmeldesprache 1050
Anordnung
  horizontale 266, 324
  Richtung 393
  tabellenartige 267, 270
  UI-Element 258
Antwortgeschwindigkeit 255
Anwendung 34, 47, 140
  Anlegen 62, 93
  Beenden 86
  Beispiel 58
  Browser-Titel ändern 58
  Client-Umgebung 1076
  Definition 57
  Editor 48, 93
  Eigenschaft 47, 62
  externe 473
  Konfiguration 748, 764, 765, 766, 1039, 1043
  konfigurieren 1012
  Metadaten 1076
  Name 964
  Parameter 48
  Port 57
  Testen 49, 93
Anwendungsparameter 964, 976, 1049, 1050
  Animation 976
  Anwendungskonfiguration 1049
  Auswertungsreihenfolge 1050
  Benutzerparameter 1050
  globaler 764, 1049
  URL-Parameter 1050
  Web-Dynpro-Anwendung 1049
Apache Flex 781
Applikation, externe 472
apply_filter( ) 839
apply_sorting( ) 846

Arbeitsablauf 386
Arbeitsgeschwindigkeit 641
ARIA 190, 1000
ariaLandmark 190, 523
Assistance-Klasse 121, 645, 944
  Anwendungsfall 121
  CL_WD_COMPONENT_AS-SISTANCE 121
  Eintragung 122
  Singleton 122
  Text 939
associatedCellIds 284
Asterisk 277
attach_file_to_response( ) 486
Attribut 105, 1106
  Anlegen 127
  dynamisch anlegen 583
  Information 646
  Registerkarte 90, 106
  zum Knoten 583
ATTRIBUTE 589
Attributeigenschaft 132, 145
  Attributname 132
  Binden 146
  Formatierung 133
  Null-Wert 133
  Read-only 133
  Typisierung 132
  Wertehilfe-Modus 133
attributes 589
Attributtabelle 590
Aufzählung 319
  nummerierte 319
  Symbol 319
Ausgabedarstellung 311
Ausnahme 94
Ausnahmeklasse, Ausnahmetext 939
Ausrichtung, horizontale 324
Auswahlliste 392, 643, 646
  Domänenfestwert 646
  Implementierung 646, 648
Auswahlmöglichkeit 360
availableListId 392

B

background 275
backgroundColor 414
backgroundDesign 382

Balkenbreite 458
Balkendiagramm 414
barColor 465
Barrierefreiheit 199, 996
  Anforderung 997
  Anwendung 199
  Anwendungskonfiguration 999
  einschalten 999
  Entwicklung 998
  Fehler 310
  Prüfung 46, 199
  Prüfung zur Designzeit 998
  Test 999
  Voraussetzung 998
barValue 458
Basisklasse 189
Baumhierarchie 396
beginBorder 275
beginPadding 275
behaviour 369, 481
Behinderung 199
Benutzer
  blinder 199
  Einstellung 774, 775
Benutzerfreundlichkeit 641
Berechtigungskonfiguration 748
Bereichsauswahl 834
Beschreibungsobjekt 576
BIApplicationFrame 1056
Bildlaufleiste 816
Bildschirmleseprogramm 199
bind_<Eigenschaft>( ) 612
bind_element( ) 1092
bind_elements( ) 1092
bind_structure( ) 1092
bind_table( ) 1092
Blatt 395, 404
Blatt, Standardbild 399
Blätterspalte 816
Blättertaste 882
border 217, 462
bottom 450
bottomBorder 275
bottomPadding 275
bound_<Eigenschaft>( ) 612
Box, Breite 459
boxValue 459
BreadCrumb 368
BreadCrumbStep 369, 371
Breakpoint 993

Breitengrad 448
Browse & Collect 391, 571
Browse-Button 487
Browser-History 1078
BSP 969
BulletedList 319
Burn-Down-Chart 427
Business Add-in 374
Business Server Page 969
BusinessGraphics 412, 429
  customizing 417
  Diagrammtyp 412
Business-Objekt 970
Button 70, 75, 249, 343, 361, 651
  Emphasized 345
  gedrückter 362
  hotkey 345
  Next 345
  Previous 345
  Standard 921, 924
ButtonChoice 249, 345
ButtonRow 248
  aggregiertes Element 249
  Barrierefreiheit 249
  Buttonleiste 248
  visuelle Darstellung 249

C

CALENDAR_DEFINITION 374
cancel_navigation 961
Caption 165, 201, 204, 257, 315, 816, 818, 940
Carriage-Return 329
Cascading Stylesheets → CSS
CATCH 953, 958
Category 414, 420, 428, 429
categorySource 414
cellDesign 262
cellPadding 271
cellSpacing 271
CHANGE_KIND 151
Change-Log 149
  Aktivieren 149
  Änderungsart 151
  Auslesen 151
  erfasste Änderung 150
  Verwendung 149
Chart 434, 436

Chart Designer 412, 417, 425
  Eigenschaftenliste 426
  Grafikelement 426
  Grafikvorschau 425
  XML 426
Chart Engine 425
chartType 414
CHECK_MANDATORY_ATTR_ON_VIEW 307
CheckBox 642, 655
CheckBoxGroup 642, 657
checked 362, 656, 657, 661, 662, 930
checkedImageSource 362
CHIP 1001, 1015
  Anlegen 1004, 1013
  context 1014
  Detaildaten 1011
  Eigenschaften 1002, 1004
  Hinzufügen 1009
  Konfigurationseditor 1013
  mit Outport 1015
  Testen 1015
  Verbinden 1003
CHIP_IFRAME_CONFIG 1013
CHIP-Katalog 1001, 1009, 1013
  Auffrischen 1015
  Öffnen 1013
CHOOSE_FILE 478
CL_ABAP_CHAR_UTILITIES 486
CL_ABAP_CONV_OUT_CE 484
CL_ABAP_COV_OUT 486
CL_ABAP_STRUCTDESCR 592
CL_ABAP_TYPEDESCR 592
CL_ABAP_UNIT_ASSERT 1027
CL_MIME_REPOSITORY 494
CL_TEXT_IDENTIFIER 941
CL_WD_<UI-Element> 612
CL_WD_ABSTR_FORM_DSGN_DATA 260
CL_WD_ABSTRACT_HTML_ELEMENT 796
CL_WD_ACF_EXECUTE 475
CL_WD_BUSINESS_GRAPHICS 427
CL_WD_CAPTION 609, 610
CL_WD_COMPONENT_ASSISTANCE 944
CL_WD_CTX_MENU_PROVIDER 189, 296, 600
CL_WD_CUSTOM_EVENT 537
CL_WD_DYNAMIC_TOOL 244, 307, 578, 580, 817, 960

CL_WD_FLOW_DATA 260
CL_WD_FORM_DATA 261
CL_WD_FORM_DATA_ADV 261
CL_WD_FORM_DSGN_DATA 260
cl_wd_form_dsgn_layout 286
  set_on_[cell_resize|drop|select]() 286
CL_WD_FORM_DSGN_TOP_DATA 260
CL_WD_FORM_HEAD_DATA 261
CL_WD_FORMATTED_TEXT 319, 335, 728, 729
CL_WD_GEO_LINE 455
CL_WD_GEO_OBJECT 451, 454
CL_WD_GEO_POINT 454
CL_WD_GEO_POLYGON 455
CL_WD_GRID_DATA 260
CL_WD_LAYOUT 259
CL_WD_LAYOUT_DATA 259, 601
CL_WD_MATRIX_DATA 259, 260, 601
CL_WD_MATRIX_HEAD_DATA 259, 260, 601, 606
CL_WD_MATRIX_LAYOUT 259, 604
CL_WD_MENU 932, 933
CL_WD_MENU_ACTION_ITEM 933
CL_WD_MENU_CHECKBOX 933, 934
CL_WD_MENU_ITEM 933
CL_WD_MENU_RADIOBUTTON 934
CL_WD_MENU_SEPARATOR 934
CL_WD_NOTIFICATION_SERVICE 358
CL_WD_RASTER_DATA 261
CL_WD_ROW_DATA 260
CL_WD_ROW_HEAD_DATA 260
CL_WD_RUN_TIME_SERVICES 486
CL_WD_TAB 600, 608, 610, 611
CL_WD_TABSTRIP 587, 600, 605
CL_WD_TOOLBAR 617
CL_WD_TOOLBAR_BUTTON 617
CL_WD_TOOLBAR_SEPARATOR 517
CL_WD_UIELEMENT 189, 296, 722
CL_WD_UIELEMENT_CONTAINER 189, 602, 603
CL_WD_UTILITIES 943
CL_WD_VIEW_CONTAINER_UIELEMENT 611
CL_WD_VIEW_ELEMENT 259, 600
CL_WD_VIEW_SWITCH 232
CL_WD_WEB_DYNPRO_TESTER 1023, 1024, 1025

CL_WDR_ACFEXECUTE_HNDL 472
CL_WDR_ACFUPDOWN-
 LOAD_HNDL 477
CL_WDR_PORTAL_OBNWEB_
 SERVICE 972
CL_WDR_SAPGUI_INTEGRATION2
 1070
CL_WDR_SELECT_OPTIONS 702
CL_WDR_SELECT_OPTIONS_20 717
CL_WDR_VIEW_ELEMENT 189, 296,
 599
Client-Cache 802
Client-Plattform 44
Client-Server-Technologie 27
closeable 257
Code-Wizard 947, 965
 Meldung 953
 Textsymbol-Zugriff 947
colCount 251, 271, 276, 279, 283,
 291, 379, 654, 655, 658
Collaborative Human Interface Part
 1001
collapseDirection 217
collapseMode 523
collapsible 515, 518
color 470
colorAboveThreshold 459
colorBelowThreshold 460
colorBetweenThreshold 460
cols 328
colSpan 276, 283
columnDragInfo 559
columnResizeMode 823
Colums 885
Common Visualization Framework
 434
Common Visualization Object
 Modeler 36
Component 33, 40, 56, 58
 Anlegen 45, 60
 Aufbau 56
 Bestandteil 61
 fremde 920
 Hierarchie 766
 Instanziieren 53, 978
 Konfiguration 747
 Konfigurationseigenschaft 763, 767
 Lesen 1074
 Schnittstelle 619
 Verstecken 767

verwendete 179
Verwendung 918
Wiederverwendung 40, 56
Component-Controller 56, 104, 919
Component-Editor 46
Component-Interface 181
 Bestandteil 181
 Definieren 182
 Implementieren 183
 Interface-Editor 182
 Interface-View anlegen 183
 Verwendung 181
Component-Konfiguration 1039,
 1044
 Anlegen 1011, 1012
 Zuordnen 1011
Component-Verwendung 46, 176,
 619, 621
 Anlegen 165
 Anwendungskonfiguration 767
 Definition 164
 dynamische 619
 Eintragen 168, 174
 erweiterte 743
 Erzeugen 1072
 Gruppe 630
 Instanziierung 165, 169, 170, 171
 Interface-Controller 165
 Klonen 619
 Lesen 1070, 1073
 Löschen 1072
 Mapping 174
 Performance 164
 statische 619
 Verwaltung 624
CONCATENATE 486
Configuration-Controller 105, 749,
 753, 758, 759, 925
 Anlage 754
 Implementierung 756
 Regel 755
 Speichern 775
 Verwendungsbeispiel 776
CONFIGURE_APPLICATION 1049
CONFIGURE_COMPONENT 770
Container 187
 ABAP-Klasse 190
 Kindelement 258
Content-Administration 964
contentDesign 210, 257

Index

contentHeight 231, 243
contentPadding 211
Context 72, 122, 127
  Anlegen 128
  Attribut 127
  Attributanlage mit RTTI 591
  Attributanlage mit Strukturtyp 588
  Attributeigenschaft lesen 1095
  Bestandteil 152
  Change-Log 149
  Code-Wizard 158
  Controller-Verwendung 125
  Datenbindung 123
  Editor 125
  Eigenschaft 125, 1096
  Eingabe löschen 1071
  Einsatzgebiet 123
  Element 124, 154, 1092, 1093
  Kardinalität 154
  Kindknoten lesen 1093
  Knoten 124, 125, 126, 576, 577, 583
  Laufzeit 124
  Manipulation 574
  Mapping 123, 592
  Navigation 152, 153
  Operation 153
  Programmierung 152
  Range-Knoten 145
  Registerkarte 142
  Rückwärtsnavigation 155
  Sichtbarkeit 122
  Speicheroptimierung 161
  Struktur 123, 156, 1092
  Tabelle binden 157
  Tabelle finden 1092
  Unterknoten lesen 154
CONTEXT_ELEMENT 538
CONTEXT_MENU_BEHAVIOUR 189
CONTEXT_MENU_ID 189
CONTEXT_MENUS 929, 930
Context-Änderungen analysieren 1029
Context-Element
  Attribut auslesen 159
  Attribut finalisieren 1103
  Attribut lesen 1100
  Attribut setzen 159, 1101
  Attributeigenschaft 1101
  Einfügen 156
  Erzeugen 156
  Index lesen 1100
  Kindknoten lesen 1100
  Löschen 156, 157
  Zeilenstruktur auslesen 160
  Zeilenstruktur setzen 160
Context-Knoten
  Indexnummer 153
  Nicht-Singleton 399
  Singleton 399
contextMenuBehaviour 191, 294, 935
contextMenuID 191
contextMenuId 295, 935
ContextualPanel 229
  aggregiertes Element 230
  Ereignis 230
  visuelle Darstellung 229
controlId 501
Controller 33, 49, 104
  Attribut 71
  Bestandteil 105
  Editor 49
  Interface 120
  Typ 104
Controller-Verwendung 756
  Anlegen 114, 180
  Beispiel 113
  Eintragen 113
  Sichtbarkeit 115
controlMenuDisabling 352
convert( ) 486
CR_LF 486
create_component( ) 170, 703, 1072
create_element( ) 1092
create_external_window( ) 1084
create_from_sapscript( ) 728
create_nodeinfo_from_struct( ) 579
create_popup_to_confirm( ) 1084
create_table_from_node( ) 817
CSS 269, 310
  CSS3 434
  Größe 353
  Klasse 192, 295
  Maßeinheit 310
CTable 779, 803
  Colums 885
  CTableFixedCell 880
  Drag & Drop 557, 883
  Eigenschaften 880

Index

Einfügefunktionalität 884
firstVisibleRow 881
gridMode 881
Handle 879
HeaderArea 885
headerRowHeight 882
heightMode 882
Höhe 879
Menü 880
MultiEditor 890
navigationModeTabelle 882
Pager 880
Personalisierung 883
personalizationMode 883
rowHeight 883
scrollbar 882
Scrollen 879
Selektionsverhalten 887
Spaltenbreiten 884
Spaltenüberschrift 882
Tabellenhöhe 882
tableBodyDropInfo 883
TableScrollTipProvider 885
textMarkers 883
ToolBar 885
transparencyMode 883
WDEVENT 565
Zellvarianten 880
CTableColumn 885
  aggregierte Elemente 888
  cellBorderOmitting 886
  cellMerging 887
  colSelectionState 887
  columnResizable 887
  Eigenschaften 885
  Ereignis 888
  fixierte Zelle 888
  Header 888
  Menu 888
  Zelleneditor 888
  Zellenvarianten 888
CTableFixedCell 880, 888
  cellBorderOmitting 890
  cellDesign 890
  Eigenschaften 890
CTableHeaderArea 885, 888
  Eigenschaften 888
  headerDesign 889
  titleEditable 889

CTableHierarchicalCell
  aggregierte Elemente 890
  Eigenschaften 889
  Ereignisse 890
  hierarchicalState 889
  level 889
CTableStandardCell 888
CTableSymbolCell 888
  Eigenschaften 891
  symbol 891
  symbolDesign 891
CTblHierarchicalCell 888
CTblMultiEditorCell 888
Cursor 936
Custom-Controller 56, 105, 754
CUSTOMIZE_COMPONENT 770
Customizing 738, 775, 1039
  Berechtigung 749
  Component-defined 770
  Editor 770, 771
  Merkmal 769
  Transport 772
  Web-Dynpro-Built-In 770, 771
  Zeitpunkt 769
customizingID 421
CustomScriptAttribute 799
CVOM 36

D

Darstellungsposition 408
DATA 538
data 483, 532
Data Binding → Datenbindung
dataBeginIndex 421
datafeedingstring 435
dataLength 422
dataSource 228, 331, 366, 377, 398, 402, 492, 501, 660
datastring 435
date 377
Datei 481
  Export 486
  Name 481, 483
Daten
  bidirektionale 780
  Datenreihe 420
  Invalidierung 483
  Konvertierung 486

Index

DateNavigator 371, 378
DateNavigatorMarking 376, 378
Datenbindung 72, 123, 136
  Anlegen 138
  Beispiel 146
  UI-Element 137, 147
Datenmodell 29
Datentyp, einfacher 657
Datenzeile 815
datePickerReferenceId 301
DATS 672
Datum dynamisch vorbelegen 776
Datumsbereich 372
daySemantics 377
DDIC → ABAP Dictionary
Debugger 917, 992, 993
  einrichten 993
  Layout sichern 994
  Web-Dynpro-Debugger 992, 994, 995
  Werkzeug ersetzen 994
Debug-SWF-Datei 781
defaultButtonID 191
defaultButtonId 823
defaultItemIconSource 399
defaultNodeIconSource 400
delay 357
delete_component( ) 170, 1072
Deltadiagramm 414
Delta-Rendering 974, 976, 987
Dereferenzieren 704
description 385, 390, 420
descriptiveText 659
deselectable 644
design 202, 206, 228, 231, 234, 246, 520, 824
  Button 344
  Explanation 318
  Label 312
  LinkToAction 352
  MessageArea 410
  SectionHeader 339
  TextEdit 328
  TextView 323
  ToggleButton 362
  ToolBar 516
  TreeNodeType 402
Designelement 200
Designtime 575

Diagramm 33, 36, 434
  gestapeltes 417
  Typ 412
Dialogfenster → Pop-up-Fenster
Dictionary-Struktur 166
dimension 418
Dirty-Kennzeichen 973, 988
displayAsText 301
displayEmptyRows 825
displayMode 341
displayOnly 302
displayType 492
displayValue 466
do_dynamic_navigation( ) 634
DOCU_CREATE 729
DOCU_GET 728
Document Object Model → DOM
documentName 502
documentType 502
Dokument 321
  Klasse 321
  Pflege 317, 321
DOM 189
Domäne
  SEOEXPOSE 646
  WDUI_TRI_STATE 662
DOM-Tree 189
Download 429, 480
Drag 527
Drag & Drop 40, 527
  Allgemeines 531
  ALV 909
  auf eine Zeile 554
  Barrierefreiheit 527
  Benutzervorgehen 527
  Caption 542
  Context-Element 556
  Datenquelle 555
  dynamische Programmierung 545
  einfacher Modus 556
  Element 847
  Entwicklervorgehen 528
  Geisterbild 527
  generisches 572
  Handle 542
  hierarchische Tabelle 556
  Image 542
  komplexer Modus 556
  Layout 542

Layoutbeispiel 542
nicht hierarchische Tabelle 551
Operationsmodus 571
Position 555
Quelle 527
Sicherheit 532
Table 551
UI-Element 528
Zeilen-Drop bei Tabelle 552
Ziel 527
zwischen Tabellenzeilen 553
dragData 548
DragSource 527, 542, 552, 566
DragSourceInfo 224, 528, 531, 539, 549, 885
DragSourceInfo, dynamische 548
Drop Target 527
DROP_ROW_TRG_INF 552, 554
DropDown 642
DropDownByIndex 134, 167, 642, 643, 650
DropDownByKey 642, 643, 646
DropDownListBox 642, 643, 650
dropOnRowName 552, 825
dropOnRowTargetInfos 554
DropTarget 534, 544, 553
 Erzeugung 535
 Kapsel 534
 Vorgehen 535
DropTargetInfo 224, 528, 533, 540, 549, 568, 883, 885
 dynamische 548
 mehrere 555
Druck, Szenario 495
dynamische Datenbindung 138
dynamische Programmierung 573, 604
 Aktion 573, 575, 613
 Component 573
 Component-Verwendung 575, 619
 Context 573, 575
 Ereignis 613
 Laufzeit 573
 Layout 575, 598
 UI-Element 573
 View 573, 599
dynamischer Navigationslink 1081
Dynpro 27

E

E_TAG 335
E_WAD_TAG 319
eCATT 1018, 1023
 Aufzeichnung 1019
 bearbeiten 1021
 Rendering 1053
 Test 1022
editable 312
Eigenschaft
 Erweiterung 746
 finale 752, 757, 777
 primäre 309
 Primary-Attribut 755
 Sichtbarkeit 774
Einbettungsposition 258
Einfachselektion 659
Einführungsleitfaden 474
Eingabe
 Konvertierung 311
 Prüfung 306
 Sperre 305
Eingabebereitschaft 145
Eingabehilfe 641
 Auswahlmöglichkeit 641
 Wertehilfe 641
Einstellung, globale 1064
Einzelauswahl 834
Element
 rechtsbündiges 519
 unsichtbares 774, 927
ELEMENT_<Knotenname> 128
ELEMENTS_<Knotenname> 128
Ellipse 277
Emphasized 345
Empty View 74
emptyItemIconSource 341
emptyTableText 825
emptyText 252
EMPTYVIEW 985
enableAddButtons 393
enabled 118, 145, 191, 257, 295, 383, 385, 390, 392, 400, 407, 450, 492, 516, 532
enableReadWrite 502
enableRemoveButtons 393
endBorder 275
endPadding 275

endPointDesign 387
Enhancement Builder 741
Enhancement Framework 737, 741
Entwicklungsumgebung 44, 59
Enumeration 587
Ereignis 116, 117
  Definieren 117
  periodisches 356
  Registrieren 116, 117, 619, 636
  Web-Dynpro-Code-Wizard 54
Ereignisbehandler 71, 73, 109, 116, 119
  Definieren 117
  Ereignis OVS 675
  Implementieren 78
  implementierungsfreier 167
  Registrieren 1071, 1072
Erläuterung 377
Erläuterungstext 319
Ersetzungswert 955
Erweiterung 737
  Abgleich nach Upgrade 747
  Anlage 742
  Component 743
  Context 743, 745
  Controller 743, 744
  explizite 741
  Implementierung 743
  implizite 741
  Löschen 745
  Navigationslink 746
  Plug 743, 746
  UI-Element 746
  View anlegen 745
  View-Layout 743, 745
  Window 743
  zusammengesetzte Implementierung 742
eventId 420
Excel-Blatt 482
expandable 206, 244
ExpandableTitle 231, 244
expanded 206, 244, 401, 402, 524
Expandierung 400, 402
expertMode 502
Explanation 317, 723, 726
  design 729
  emphasized 729
  text 727
explanation 198, 302, 723, 928

extended Computer Aided Test Tool
  → eCATT
Extensible Markup Language → XML

F

F1-Hilfe 928
F4-Hilfe → Wertehilfe
Farbe 418
  ändern 1036
  semantische 325
favicon 1054
Favorites Icon 1054
Feeder-Klasse 1040
Fehleranalyse 1028
Fehlermeldung 936
Fehlernachricht 961
  mit Context-Bezug 961
  ohne Context-Bezug 961
Feldbezeichner 940
Felddokumentation 725
Feldhilfe 725, 925, 928
FIELD-SYMBOLS 704
FileDownload 429, 432, 480
fileName 492
FileUpload 487
fill 206
fire_* 634
fire_<EreignisName>_evt( ) 116
fire_plug( ) 1075
fire( ) 973
fireEvent( ) 792
firstActualPane 251
firstActualRow 825
firstVisiblePane 252
firstVisiblePhase 383
firstVisibleRow 228, 826
firstVisibleScrollableCol 826
fixedTableLayout 826
Flächendiagramm 414
Flash/Silverlight-Anwendung 784
FlashIsland 779, 787
Flattersatz 265
Flavor 528, 533
Floorplan 1038
Floorplan Manager 28, 739, 1038
Floorplan Manager-Anwendung erstellen 1041
FlowData 262, 611
FlowLayout 68, 261

Index

Fokus setzen 1075, 1080
Fokus-Handling 936
fontFamily 418
Footer 250
footerVisible 252, 827
Form Builder 491, 493
Formatierung 324
FormattedTextEdit 336
FormattedTextView 330
FormData 277
FormDataAdvanced 279
FormDesignData 283, 285
FormDesignLayout 282
   Ereignisse 286
   Interaktivität 282
   Menü 289
   Schnittstellenparameter 286
FormDesignTopData 283
FormHeadData 277
formLanguage 492
FormLayout 275
FormLayout, Spaltenberechnung 277
FormLayoutAdvanced 278, 378
   Kaskadierung 278, 281
   Zellenanordnung 280
FormTopData 276
Formular
   Skripting 497
   Überschrift 337
Fortschrittsanzeige 464
FPM → Floorplan Manager
FPM_FORM_UIBB_GL2 1041
FPM_GAF_COMPONENT 1041
FPM_LIST_UIBB 1041
FPM_OVP_COMPONENT 1041
framework controlled 74
FrameworkLegendItem 381
frameworkSemantics 381
FreeContextualArea 230, 231
Fremdschlüsselverprobung 670
fullItemIconSource 341
Funktion 815
Fußzeile 250

G

GACDataSource 788, 789
GACEvent 788, 791, 792
GACEventParameter 788, 792
GACProperty 788, 790

GAF-Floorplan 1038
Gantt 439
Geisterbild 527
Generic UIBB 1039
Geo-Koordinate 448, 451
GeoMap 448, 453, 1031
geoObjectSource 450
Geo-Objekt 453
Gerätetyp 1079
get_<Eigenschaft>( ) 612
get_<Element>_info( ) 1111
get_attribute_properties( ) 1095
get_attribute( ) 1094, 1100
get_child_node( ) 1093, 1100
get_child( ) 613
get_children( ) 613
get_component_usage( ) 1070, 1073
get_context_menu_manager( ) 1075
get_current_action( ) 960
get_element_count( ) 1092
get_element( ) 601
get_input_complete( ) 717
get_input_per_attribute( ) 717
get_lead_selection_index( ) 1093
get_lead_selection( ) 1093
get_message_area( ) 951
get_message_manager( ) 1074
get_node_info( ) 649
get_on_<Ereignis>( ) 613
get_parent_element( ) 1093
get_personalization_manager( ) 1069, 1074
get_range_table_of_sel_field( ) 704
get_root_element( ) 599, 601
get_service( ) 358
get_static_attributes_ref( ) 1095
get_static_attributes_table( ) 1095
get_static_attributes( ) 1094, 1101
get_text( ) 947
get_window_manager( ) 1070
get_window( ) 1076
Ghost Image 527
GIF 461
Gitterzelle 261
globale Einstellung 1049, 1064
Google Maps 1014
Grafik 461
GridLayout 270, 542
gridMode 827
Griff 529

Group 187, 200, 651
  Abstand 203
  aggregiertes Element 203
  Barrierefreiheit 203
  Default-Button 201
  Eigenschaft 201
  farbige 202
  Toolbar 201
  visuelle Darstellung 200
  Zugangstaste 202
Gruppenspalte 36
GUIBB 1039

H

Häkchen 656
hAlign 266, 324
Handle 542
handle<InboundPlugName>( ) 119
handleHotkeys 191
has_active_component( ) 170, 703, 1072
hasChildren 402
hasContentPadding 203, 207, 257, 520
Header 336, 819
headerDesign 211
HeaderFunctions 213
HeaderToolbar 214
Heatmap 416
height 189, 192, 212, 328, 407
heightImpact 207
heightOfContent 207
heightOfTray 207
Help Center 733, 1054
hideIfEmpty 517
hideIfNoVisibleOptions 346
hideTitle 246
Hierarchie 395
Hierarchiestufe anlegen 580
Hilfe
  Component 695
  technische 725
  Uhrzeit-Hilfe 672
Hilfetext mit Quick-Info 722
Hintergrundbild einfügen 1036
Hintergrundfarbe 382, 414
Histogramm 415
History-Funktion 304

Hook-Methode 71, 106
HorizontalContextualPanel 232
  Eigenschaft 233
  Ereignis 236
  Rekursionsknoten 233
  Voraussetzung 233
HorizontalGutter 405
horizontalSpan 291
Hotkey 39, 192, 193
Hotkey-Behandler 194
hoverItemIconSource 342
HSB 414, 418
HTML
  <div> 324
  <hr> 405
  <p> 324
  <span> 324
  GUI 424
  HTML5 434
  Integration 798
  statisches 796
HtmlContainer 795, 796, 798, 1065
HtmlEvent 799
HtmlFragment 796, 797, 798, 1065
HtmlIsland 795, 805, 1065
HtmlScript 797, 799
HtmlStyle 797, 802
HTTP_GET 477
HTTP_PUT 477
HTTP-Komprimierung 976, 977
Hypertext
  HTTPS 1055
  Link 351, 363, 364
  Verknüpfung 354

I

ICF-Service 57
IconButton 348
iconSource 402, 659
Id 190, 294, 532
IETF 484
IF_<Controller-Name> 120
IF_FPM_GUIBB_LIST 1042
IF_IOS_DOCUMENT 504
IF_IOS_FACTORY 504
IF_IOS_PROJECT 504
IF_MR_API 495
IF_WD_ACFEXECUTE 473, 475

Index

IF_WD_ACFUPDOWNLOAD_SWFS 478
IF_WD_ACTION 1074
IF_WD_APPLICATION 969, 1069, 1076
IF_WD_BROWSER_HISTORY 1078
IF_WD_BUSIN_GRAPHICS_MTD_HNDL 427
IF_WD_CFG_COMP_EDITOR 762
IF_WD_CLIENT_INFORMATION 1078
IF_WD_COMPONENT 112, 629, 919, 1069, 1070, 1071, 1074
IF_WD_COMPONENT_ASSISTANCE 944, 945
IF_WD_COMPONENT_USAGE 622, 624, 626, 639, 979, 1072
IF_WD_COMPONENT_USAGE_GROUP 627, 630, 1070
IF_WD_CONFIG_CONTEXT 1087
IF_WD_CONTEXT_ELEMENT 124, 152, 659, 683, 980, 1099, 1103
IF_WD_CONTEXT_MENU_MANAGER 932
IF_WD_CONTEXT_NODE 124, 152, 542, 551, 577, 644, 658, 659, 1093, 1094, 1095
IF_WD_CONTEXT_NODE_INFO 134, 162, 577, 580, 582, 583, 584, 592, 593, 595, 1099, 1104, 1106, 1108, 1110
IF_WD_CONTEXT_NODE_RANGE 162
IF_WD_CONTROLLER 635, 1074
IF_WD_EVENT 617
IF_WD_GANTT_METHODS 447
IF_WD_IACTIVE_FORM_METHOD_HNDL 497
IF_WD_MESSAGE_AREA 96, 951, 1076
IF_WD_MESSAGE_AREAMETHOD 410
IF_WD_MESSAGE_MANAGER 97, 409, 937, 952, 1074
IF_WD_NAVIGATION_SERVICES 633, 635, 1079, 1081
IF_WD_NAVIGATION_SERVICES_NEW 634, 1081
IF_WD_OVS 677
IF_WD_PERS_TABLE_READER 1088
IF_WD_PERSONALIZATION 1069, 1087
IF_WD_PORTAL_INTEGRATION 966, 967, 973, 1070, 1090
IF_WD_RR_<Element> 1111
IF_WD_RR_APPLICATION 1076, 1111
IF_WD_RR_CMP_USAGE_GROUP 1111
IF_WD_RR_COMPONENT 1069, 1111
IF_WD_RR_COMPONENT_USAGE 1112
IF_WD_RR_CONTROLLER 1074, 1111
IF_WD_RR_VIEW 1075, 1112
IF_WD_RR_VIEW_CNT_ASSIGNMENT 1112
IF_WD_RR_VIEW_USAGE 1075, 1080, 1112
IF_WD_RR_WINDOW 1076, 1112
IF_WD_SELECT_OPTIONS 700, 701, 702, 705, 708, 709, 710, 712, 717
IF_WD_SELECT_OPTIONS_20 713, 721
IF_WD_TABLE_METHOD_HNDL 838, 846
IF_WD_VALIDATION 1086
IF_WD_VALUE_HELP_LISTENER 689
IF_WD_VIEW 330, 937, 938, 1079
IF_WD_VIEW_CONTROLLER 633, 922, 924, 932, 1074
IF_WD_VIEW_ELEMENT 296, 599, 602, 1080
IF_WD_WINDOW 920, 921, 922, 1075, 1076, 1082
IF_WD_WINDOW_CONTROLLER 96, 410, 1076
IF_WD_WINDOW_MANAGER 919, 920, 1070
IF_WDT_INPUT_FIELD 1026
IFrame 488, 1011
IFrame-CHIP
    Einbinden 1017
    Kontextmenü 1013
    Menü 1016
IG_<ControllerName> 113, 120
IG_COMPONENTCONTROLLER 629
ignoreAction 403
IGS 418, 424, 451

IGS, Standalone Engine   425
igsUrl   418, 451
Image   353, 461, 820
imageData   418
imageFirst   316, 818
imageIsDecorative   316
imageSource   212, 257, 316, 380, 818
IME   302
imeMode   302
IMG   474
Implementation Guide   474
Inbound Port → Inport
InfoObject   646, 729
Informationsbox   200
Informationsobjekt   576
Informationstafel   412
Inhalt, zustandsloser   489
Inhaltsbereich   256
init_select_options( )   713
Inline-CSS   976
Inline-Frame   488
Inport   1002
    anlegen   1004, 1014
    Parameter anlegen   1006, 1015
    Tag anlegen   1006
Input Method Editor   302
Input-Element   178, 179, 940
InputField   75, 139, 298
    Historie   775, 928
    Wertehilfe   663
inputPrompt   303
Instanziierung, pauschale   978
Instanzrestriktion   919
InteractiveForm   491, 498
Interaktionsform   527
Interface
    implementiertes   46
    View   632
Interface-Controller   56, 105, 121, 172, 173, 178, 182
    Ereignis   173
    Methode   173
Interface-Knoten   176, 179
Interface-View   168, 963
    Anlegen   89
    Einbinden   171
Internationalisierung   939
Internet Communication Framework   57
Internet Engineering Task Force   484

Internet Graphics Service → IGS
Intervall   467
Intervalleingabe   697, 698
invalidate( )   1093
invalidTextHandling   331
InvisibleElement   271, 407
is_validation_independent( )   961
isCollapsed   218
isDecorative   463
isDragHandle   212, 317, 463
Island-Framework   780
isLayoutContainer   195, 198
itemDataSource   650
itemEnabled   231, 234
itemIcon   232
itemKey   650
ItemListBox   395, 548, 642, 659
    text   659
    visibleItems   660
itemOverflow   517
itemSelectable   243
itemSource   231, 235
itemText   231, 235, 650
itemTextDirection   235
itemVisible   231, 235
ITS   969
iView   962, 964
iView-Wizard   964
IWCI_<ComponentName>   121
IWD_CFG_COMP_EDITOR   759, 764
IWD_VALUE_HELP   621, 686, 688, 689

J

JAR   442
Java
    Applet   440
    Archiv   442
    Design   442
    Runtime   440
JavaScript   796
JavaScript Object Notation   36, 435
JavaScript, Quelle   802
JGantt-Control   440
JNet   440, 448
    signed   440
    unsigned   440
jobProfile   492

Joker 663
JPG 461
JSON 36, 435
JSONData 797
JsonDataSource 798
JsonParameter 798

K

Kalender 371
Kalender-Hilfe 672
Kardinalität 131, 166, 582
Key-Technik 647
keyToSelect 652, 653
keyVisible 647
Klassenhierarchie 295
Klonen 623
Knoten 395
  Anlegen 126
  Attribut 1094, 1104, 1105, 1106
  Collection 606
  contextübergreifender 140
  Elemente zählen 1092
  Finalisieren 1098
  Indexparameter 155
  Invalidieren 158, 1093
  Kindknoten hinzufügen 1104
  Kindknoten lesen 1093
  Lead-Selection lesen 1093
  Manipulieren 1104
  Mapping anlegen 1109
  Metadaten 1099, 1104
  Metaobjekt 152
  nicht rekursiver 395
  Nicht-Singleton 398
  Pfad 151, 1094
  rekursiver 395, 396, 1105
  RTTI-Objekt 1106
  Standardbild 400
  statisches Attribut lesen 1094
  Tabelle lesen 1095
  Web-Dynpro-Code-Wizard 52
  Wertehilfe 1108
Knoteneigenschaft 130
  Dictionary-Struktur 131
  dynamisch setzen 134
  Input-Element 131
  Interface-Knoten 130
  Kardinalität 131
  Knotenname 130

Lead-Selection 132
Selection 131
Singleton 132
Supply-Funktion 132
Knoteninfo 646
Knowledge Provider 477
Kollabierung 400, 402
Komponentenmodell 40
Konfiguration 737, 741, 758, 775, 1039
  aktuelle 771
  Anlegen 1008
  Anpassungshierarchie 739
  Anwendung 748, 764, 771
  Berechtigung 748
  Bestandteil 749
  Component 747, 749
  Component-defined 738, 739, 749, 753, 757, 764
  Datensatz 738, 747, 749, 750, 757, 764, 768, 769
  Eigenschaft 777
  explizite 749
  Findungsregel 768
  ID 765, 769
  implizite 750
  Laden 1089
  Überblick 747
  Variante 764, 1089
  Web-Dynpro-Built-In 738, 739, 750, 752, 764
Konfigurations-Context 1013
Konfigurationseditor 738, 749, 750, 753, 757
  CHIP 1013
  Component-defined 757
  Eintragung 762
  Interface 759
  selbst bauen 758
  Web-Dynpro-Built-In 752
Konfigurationseigenschaft, Component 763
Konfigurationsmodus 771
Konfigurationsname 964
Konstante 587
Kontextmenü 38, 925
  Anlegen 926, 929, 930, 931
  Anregung 925
  Erzeugen 932
  Manager 1075

Index

Personalisierung 925
  Standard 927
  Standardmenü 927
  Systemmenü 925
  Zuweisung 934, 935
Konvertierungsobjekt 486
Koordinatensystem 258
KPro 477
Kreisdiagramm 412
Kuchendiagramm 415
Kurztext 722

L

Label 167, 262, 311, 421, 940
labeledBy 198
labelFor 313, 940
Laden, dynamisches 404
Landkarte 411, 448
Länge 945
  definierte 945
  maximale 945
Längengrad 448
Laufzeit 573
Laufzeitanalyse 983
Laufzeit-Authoring 572
Laufzeitfehler 313
Layout 67, 187, 258, 259, 324
  ABAP-Klassenhierarchie 259
  Container 195
  Daten 258, 259
  Eigenschaft 258
  Strukturierung 405
  tabellarische Darstellung 68
  Unterschied 68
LayoutContainer 187, 200
Layoutdaten 265
Layout-Editor 49
Lead-Selection 148, 153, 155, 583, 654, 818
  Change-Log 152
  Definition 134
  Fehlersituation 158
  Setzen 134, 155, 1098
leadSelectionCustomizingID 422
left 451
leftSpace 291
Legende 372, 377
Legenden-Pop-in 377, 847

legendID 279
LegendItem 378, 380
length 303
Lesen, nur 145
Level 232, 339
lifeTime 442, 788
Lightspeed 1054
Lightspeed-Rendering 987
Liniendiagramm 415
LinkChoice 350
LinkToAction 351
LinkToURL 354
Linux 440
Listbox 659
Liste 36
Liste einblenden 409
List-GUIBB 1041, 1044
ListItem 319
Literal, sprachenrelevantes 939
Load-on-Demand 224
lokaler Plug 83
lookAndFeel 442
lowerThresholdValue 460

M

m aus n 657
map_on_<Ereignis>() 617
Mapping 123, 140, 141, 174, 175, 177
  Aktualisieren 143
  Anlegen 142
  Definieren 167, 180
  einfaches 175
  externes 176, 178
  primärer Knoten 175, 177
  Typisierung 176
markerType 460
markerValue 461
Markierspalte 816
Markierung 468
Mashup 1001
Mashup, Vernetzung 1006
Maskendefinition 27
MatrixData 268, 269
MatrixHeadData 75, 267, 268, 269
MatrixLayout 68, 167, 267, 542
maxTickMarks 468
maxValue 342, 461

Index

Mehrfachselektion 549, 659
Meilenstein-Trendanalysen-
  Diagramm 415
Meldung 38, 408
  Art 962
  Bereich 408
  permanente 962
  Protokoll 411
  Standard 962
  Web-Dynpro-Code-Wizard 53
Memory Inspector 983
Menu 205, 326, 404, 508, 929
MenuActionItem 205, 347, 351, 510,
  511, 930
MenuBar 513, 514
MenuCheckBox 205, 511, 930
menuIndicator 325
Menüpunkt erzeugen 932
MenuRadioButton 205, 512, 930
MenuSeparator 205, 510, 930
MESSAGE 949
Message Manager 97, 111, 409, 951,
  954
  Anwendungsmeldung 103
  Ausnahme 94, 101, 958
  Code-Wizard 97
  Context-Verknüpfung 98
  Cursor-Position 936
  Framework-Meldung 103
  Gültigkeitsdauer von Meldungen 102
  Lesen 1074
  Meldung ausgeben 100
  Methode 99
  Nachricht 93
  Nachrichtenquelle 94
  Navigationsverhalten 102
  Parametertabelle 98
  T100 94, 101
MESSAGE WITH 949
MessageArea 38, 93, 95, 96, 408
  Attribuierung 950
  Design 949
  Einführung 95
  Erscheinungsbild 96
  Liste einblenden 950
  Sichtbarkeit 95
Metadaten, Component 1069
Metadatenmodell 28, 33
Metainformationsobjekt 576

Methode
  Hook-Methode 71, 106
  Registerkarte 89
  Supply-Function 144
  Typ 71, 109
Microsoft
  Excel 482, 498
  Paint 472
  Project 498, 504
  Visual Studio 782
  Word 498
MIME 484
  Darstellung 486
  Typ 481, 484
MIME Repository 783, 786
mimeType 484, 532
minHeight 400
Model-View-Controller 29, 33, 43, 79
  Ebenen 30
  Varianten 31
  Web Dynpro 32
Model-View-Presenter 31
moveType 451
multiColSorting 828
MultiEditor 890
MultiMenuActionItem 205, 347, 351,
  930
MultiPane 250, 928, 980
  aggregiertes Element 252
  Eigenschaft 251
  Ereignis 252
  Fußzeile 250
  identisches Aussehen 250
  Paginator-Element 250
  Raster 250
  Subelement 252
  visuelle Darstellung 250
  Voraussetzung 251
MultiPhase 385
MultipleAccordionItem 221, 225,
  566
MultipleBreadCrumbStep 369, 371
MultipleLegendItem 381
MultipleRoadMapStep 391
multipleSelection 660
MultipleThreshold 471
Multipurpose Internet Mail Extensions
  → MIME
MultiStep 386

Index

Muss-Eingabe 306
Muss-Feld 306, 959

N

Nachricht 939, 949
  Bereich 408
  Navigationsverhalten 959
  Verlinkung 955
Nachrichtenkategorie 952
Nachrichtenklasse 94, 949, 957
Nachrichtennummer 949, 956
Nachrichtenpflege 949
Nachrichtenprotokoll 962
Nachrichtentext 949
Nachrichtentyp 949, 957
  Fehler 949
  Information 949
name 534
Namensraum 964
navigate_absolute( ) 969
navigate_absolute() 973
navigate_relative( ) 969, 970
navigate_relative() 974
navigate_to_object( ) 970
navigate_to_object() 974
Navigation
  Abbrechen 1071
  absolute 969
  Element 253
  Menü 253, 255
  objektbasierte 970, 971
  relative 969
  Szenario 969
Navigation, objektbasierte 970
NavigationList 230, 236, 241, 242
  aggregiertes Element 244
  Baumstruktur 236
  Context-Knoten 237
  Context-Programmierung 238
  Eigenschaft 242
  Ereignis 243
  Rekursionsknoten 237
  rekursiver Context-Knoten 236
  Setzen der Lead-Selection 243
  Tree 236
  visuelle Darstellung 236
  Voraussetzung 237

NavigationPath 319
Navigationslink 80, 81, 742
  Anlegen 84, 88
  dynamischer 1081
Navigationsliste 319
Navigationspfad 368
Network 440, 463
new_<UI-Element> 613
new_<UI-Element>( ) 611, 612
newRow 280, 283, 285
Next-Button 345
noHistory 304
Notepad 472
Notification ID 358
Notification Service 358
NumberedList 319
NumericValue 423, 432
NWBC → SAP NetWeaver
  Business Client
NWBC → SAP NetWeaver Business
  Client

O

Object Value Selector → OVS
Objektinstanz 124
Objektliste 61
OBN 970
occupied 284
OfficeControl 499
Office-Dokument 498
Offline-Szenario 493
on_execute 715
onAction 332, 349, 357, 403, 419, 469
onAdd 393
onCellEdited 443
onCellResize 286
onCellsSelected 443
onChange 314, 469
onClose 256, 503, 522
onColSelect 835
onColumnAdded 443
onColumnMoved 443
onColumnRemoved 443
onCompleted 479
onCustomCommand 443
onCustomFilter 835
On-Demand-Instanziierung 983

onDrop 223, 286, 525, 536, 540, 541, 544, 550, 555, 565, 569
dynamisches 544, 548
ID 538
INDEX 538
MIME_TYPE 538
OFFSET 538
TAGS 538
One Click Actions 860
onEdgeAdded 443
onEdgePropsChanged 444
onEdgeRemoved 444
onEdgeSelected 444
onEnter 310
onError 503
onExpandAll 400
onFilter 836
onFrameSwitched 444
onGeneric 444
onGraphAdded 444
onGraphRemoved 444
onInitialized 444
onLayoutChanged 444
onLeadSelection 842
Online Text Repository → OTR
onLinkAdded 444
onLinkChanged 444
onLinkRemoved 445
onLoadChildren 404
onLoadSteps 389
onModelAdded 445
onModelDirty 445
onModelExtracted 445
onModelSaved 445
onNavigate 409
onNodeAdded 445
onNodeDoubleClicked 445
onNodePropsChanged 445
onNodeRemoved 445
onNodeSelected 445
onObjectAction 453
onPersonalize 230
onRate 342
onRectangleSelected 445
onRemove 394
onResize 219
onRowAdded 446
onRowCollapsed 446
onRowExpanded 446
onRowMoved 446
onRowRemoved 446

onRowSelected 446
onSave 503
OnScreenExplanation 319
onScroll 843
onSelect 223, 232, 236, 243, 255, 286, 369, 383, 388, 436, 525, 643, 646, 647, 650
onSelectionChanged 446
onSort 844
onStatusAction 890
onSubmit 493
onTagSelect 366
onToggle 207, 213, 245, 363, 525
onTraceLevelChanged 446
Operationsmodus 571
Optionsstring 436
orientation 218
OTR 94, 303, 319, 723, 939, 941
Aliaskurztext 723, 943
Browser 941
Grundwortschatz 941
Kurztext 941
Namensaufbau 942
Pflege 943
Outbound 1003
Outbound Port 1003
Outport anlegen 1006
Overflow-Mechanismus 214
Overwrite-Exit 744
OVP-Floorplan 1038
OVS 664, 673, 681
Aufruf 677
Component-Verwendung 675
Dereferenzierung 686
Eingabefeld 678
Ereignis 677, 681, 683, 685
Ereignisbehandler 676
Ergebnismenge ermitteln 683
Ergebnis-View 676
Fenstertitel 677
Gruppenüberschrift 678
Konfigurationsaspekt 678
Label 678
Phase 677
Phasenmodell 676
selection 686
Selektions-View 676
Überschrift 677
Verwendung anlegen 674
Wertehilfe 673, 674

P

paddingBottom 272
paddingLeft 272
paddingRight 272
paddingTop 272
Page Builder 1001
   Anwendungskonfiguration 1011
   einfügen 1016
   Tagging 1017
   Test 1012
   Verwendung 1011
PageFullWidthPanel 274
PageHeader 245, 926, 1006
   aggregiertes Element 247
   Bereich 247
   Eigenschaft 245
   visuelle Darstellung 245
PageHeaderArea 247
PageLayout 273
PagePanel 274
Pager 880
Paginator
   Element 250
   Symbol 226
Paint 472
PAM 477, 1052
paneCount 251
Panel 187, 208, 273
   aggregiertes Element 213
   Barrierefreiheit 213
   Eigenschaft 209, 275
   Ereignis 213
   HeaderToolbar 209
   Hinzufügen 1016
   Komprimieren 209
   Typ 273
   Verbinden 1016
   visuelle Darstellung 209
PanelStack 522
Parameter
   Mapping 615
   Query-String 1049
paramInfo 1015
passwordField 305
PDB-Datei 783, 787
PDF-Dokument 491, 495
   interaktives 491
   nicht interaktives 491
pdfSource 492

percentValue 466
Performance
   Analysegebiet 974
   Animation 977
   Backend 975
   Checkliste 978
   Component-Checkliste 978
   Context-Checkliste 979
   Debugger 996
   Frontend 975
   Monitor 981
   Netzwerk 975
   Optimierung 974
   Scrolling 980
   Singleton 979
   Speicherbedarf 983
   Systemkonfiguration 975
   Tool 980
   Tree 980
   UI-Element 980
Performance-Checkliste 978
Performance-Optimierung 223
periodisches Ereignis 356
Personalisierung 738, 774, 1039
   Berechtigung 749
   Component-defined 764
   Deaktivieren 777
   Laden 1089
   Möglichkeit 774
   Reichweite 1088
   Sichtbarkeit 774
   Standardwert 774
   Tabelle 775
   Web-Dynpro-Built-In 764, 774
   Web-Dynpro-Code-Wizard 53
Personalisierungs-Manager 1069
Personalize 229
Pfad 610, 633
   absoluter 487
   Aufbau 595
   Segment 595
   Tabelle 594
Pfadtabelle 594
Pfeiltaste 834
Pflichtfeld 146
Phase 381, 384
   ausgewählte 383
   Objekt 381
   sichtbare 383
   status 385

PhaseIndicator 381
Phasenmodell 109, 309
  Component-Instanziierung 110
  Roundtrip 110
plain 206
Platzhalter 407, 408, 945, 953
Plug
  Anlegen 82, 91
  Auslösen 73
  Behandlermethode 83
  Beispiel 82, 90
  DEFAULT 80
  dynamisch auslösen 1075
  Exit 84, 86
  globaler 83
  HANDLE<Inbound-Plug-Name> 84
  Inbound 73, 84, 119
  lokaler 83
  Namenskonvention 82
  Outbound 73
  Parameter 83
  Resume 84, 86
  Standard-Inbound 84
  Standard-Outbound 84, 85
  Startup 84
  Suspend 84, 86
  Typ 84
  Verwendung 83
PNG 461
Point 422, 431
pointSource 422
Polardiagramm 415
Polygon 1031
Pop-in 821, 847, 848
Pop-up 917
  Beispiel 39
  einfaches 920
  einfaches Dialogfenster 1084
  Erzeugen 53, 918, 919, 1085
  Fenstertitel 1083
  Meldung 1082
  modales 39, 917
  Öffnen 921, 923, 1083
  Schließen 1083
  Titel 919
Port 57
Portabilität 28
Portal → SAP Enterprise Portal
Portal-Manager 966

Portal-Manager-Referenz 971
Portfoliodiagramm 415
Positionierung 259
Post-Exit 741, 744
Präsentationsgrafik 411, 412
Präsentationsschicht 29
Pre-Exit 741, 744
prepare_dynamic_navigation( ) 633, 634
Previous-Button 345
Primäreigenschaft 313, 819
print_page( ) 1078
Product Availability Matrix 477, 1052
Profildiagramm 416
Profilflächendiagramm 416
Programmierschnittstelle 1069
Programmierung, dynamische
  → dynamische Programmierung
Programmsteuerung 29
ProgressIndicator 464
Projekt
  Fortschritt 427
  Verlauf 439
Proportionalschrift 303
Prüftabelle 670
Public 90, 106
Pull-Prinzip 357
Punktdiagramm 416
Push-Prinzip 358

Q

Quasi-Container 220
Quelle 527
Quellliste 392
Quelltext-Gerüst 676
query_parameters 683
Query-String-Parameter 1049
Quickviews 1052
Quirks-Modus 1077

R

Radardiagramm 416
RadioButton 642, 651
  Gruppierung 653
  text 653
RadioButtonGroupByIndex 642, 652, 653

RadioButtonGroupByKey 642, 652, 654
Rahmen 462
Rahmen, Zelle 886
Range-Context-Knoten 145, 161
Raster 259
Raster, Anordnung 250
RasterData 291
RasterLayout 290
RatingIndicator 340
readOnly 145, 305, 468, 828
reference 355
Referenzfeld 1055
Register
  Karte 165, 253
  Leiste 253
register_new_event( ) 358
Registerkarte 165, 252
Rekursion 395
Rekursionsknoten 135, 397
remove_all_children( ) 613
remove_child( ) 613
Rendering 1054
  Modus 1055, 1077
  Technologie 34
repeatSelectedAction 346
request_focus_on_view_elem( ) 330
required 145
resizableX 284
RFC, IGS_RFC_DEST 425, 451
RFC-Verbindung 730
RGB 414, 418
RIA 781
Rich Internet Application 781
right 452
Right-to-Left-Unterstützung 794
Ringdiagramm 415
RoadMap 381, 385
  Anfangspunkt 386
  Endpunkt 386, 387
RoadMapStep 390
Rolle 962
Root-Element austauschen 273
Root-Element-Austausch 69, 787
rootText 400
ROOTUIELEMENTCONTAINER 67, 69, 188
rootVisible 400
Roundtrip 386
  beschleunigter 309
  Start 386

rowBackgroundDesign 266
rowCount 252, 283, 829
RowData 265
rowDescription 228
rowDesign 266
rowDragInfo 559
rowDropInfo 561
rowEdgeDropInfo 883
RowHeadData 265
RowLayout 265
RowRepeater 36, 226, 928, 980
  aggregiertes Element 229
  Anwendungsbeispiel 36
  Eigenschaft 227
  visuelle Darstellung 226
rows 328
rowSelectable 829
rowSpan 276, 280
RTTI-Klasse 941
RTTI-Struktur, Beschreibungsobjekt 591
RTTS 585
Rule 263
ruleType 407
Run Time Type Services 585
Runtime 575
Runtime Repository, API 1110

S

S_MEMORY_INSPECTOR 983
S_WDR_P13N 749
SACF 479
SALV_WD_TABLE 620, 756
SAP Content Server 477
SAP Enhancement Framework 737, 741
SAP Enterprise Portal 962, 1090
  ABAP-System 964
  ABAP-User 964
  Benutzer 964
  Content 969
  Content-Administration 964
  Ereignis 963, 965, 967
  Ereignisbehandlung 968
  Eventing 965
  Funktion 963
  Integration 54, 962, 963
  Navigation 963, 969
  Portal-Manager 1070

Index

Rolle 964
Seite 964
Voraussetzung 963
SAP Fiori 33
SAP GUI 27
SAP Knowledge Provider 477
SAP Knowledge Warehouse (SAP KW) 729
  Bereich 730
  Dokument 729
  Kontext 730
  Mappe 730
  Struktur 730
  Suchkontext 730
  Thema 731
  Titel 731
SAP Library 784
SAP List Viewer 35, 41, 756, 779
SAP NetWeaver Application Server Java 962
SAP NetWeaver Business Client 215, 350, 1001
SAP NetWeaver Portal → SAP Enterprise Portal
sap_theme 1058
sap-accessibility 1051
sap-accessibility=X 999
sap-accessibility-debug=X 1000
SAP-ACCESSIBILITYMODE 1001
sap-accessibilitymode 1051
sap-config-mode 1010, 1012
sap-config-mode=X 771
SAP-GUI-Design 442
sap-ls-useanimation 1059
SAPscript 322, 335, 728
sap-theme 1038
SAPUI5 33, 1034
sap-wd-configId 771, 1012, 1061
sap-wd-deltarendering 1053
sap-wd-displaysplashscreen 1063
sap-wd-inlinecss 1063
sap-wd-lightspeed 1054
sap-wd-perfMonitor=X 981
sap-wd-remotedesktop 1055
Sash → Trennbalken
sashDesign 218
sashPosition 218
sashType 219
Satellitennavigation 448
Säulendiagramm 412, 414

Schalter 655
Schaltfläche 343
Schichtentrennung 31
Schieber 466
Schlüsselwert 647
Schnittstelle 619, 620
Schrift
  bearbeiten 1036
  nicht proportionale 328
  Standardschrift 328
Schritt 385
Schwellenwert → Threshold
scope 532
Screenreader 196, 199
scrollableColCount 829
Scroll-Balken 326, 490, 882
ScrollContainer 187, 195, 269
Scrolling 936
scrollingMode 192
scrollLeft 192
scrollTop 192
Secondary Selection 830
SectionHeader 196, 337, 542
Secure Sockets Layer 1055
Seite
  Effekt 255
  Überschrift 245
selectedActionItem 347
selectedItem 223
selectedKey 648, 650, 652, 653, 654
selectedListId 393
selectedPanel 524
selectedPhase 383
selectedPopin 830
selectedStep 388
selectedTab 254
Selection 552, 582, 818, 833
selectionChangeBehaviour 254, 524, 643, 660
selectionColumnDesign 830
selectionMode 833
selectionState 284
Select-Option 697
  Bedingung 700
  Einzeleingabe 698
  Ereignis 701
  Interface-Controller 703
  Kriterium 698
  Mehrfachselektion 699
  SELECT-OPTIONS 41, 697

Spalte 698
Standardfunktion 701
Select-Option 2.0
  Attribute 715
  Attributgruppen 713
  Attributtyp 715
  Ereignis 715
  Selektionsbedingung 713
  Standardfunktion 715
  Titel 713
  Zeilenaufbau 713
Select-Options 2.0 712
Selektionsbild, Standard 697
Selektionsspalte 821
semanticColor 280, 325
semantics 380
semantische Hilfe 642, 722
  &DEFINITION& 724
  &USE& 724
  Ausblenden 729
  Erläuterung 722, 726
  Erläuterungstext 722, 723
  F1-Hilfe 722, 724
  Soforthilfe 724
  technische Hilfe 725
semantische Information 722
SEO_CLASS_LIB_INTROSPECTION 684
SEOEXPOSE 646
separatorImageSource 369
separatorText 369
Series 421, 430
seriesSource 418
Service-Aufruf-Wizard 684
set_<Eigenschaft>() 612
set_application_dirty_flag() 973
set_application_dirty_flag() 974
set_attribut_value_set() 650
set_attribute_property() 1096
set_attribute() 1095, 1101
set_configuration() 678, 681, 686
set_display_attributes() 951
set_initial_elements 156
set_input_structure() 681, 683
set_lead_selection_index() 1098
set_lead_selection() 1098
set_on_<Ereignis>() 613
set_output_table() 683
set_selected() 658
set_static_attributes() 1101

set_table_range() 163
set_virus_scan_profile 479
set_window_title() 59, 1078, 1083
set_work_protect_mode() 973
set_work_protected_mode() 974
SFBECLNAME 673, 703
SFP_ZCI_UPDATE 496
Shockwave Flash 781
Shortcut 39
showAllButtons 393
showDecoration 502
showMarker 471
showSelectedOnly 422
showTickMarks 468
showValue 466
Shuttle 391
Sicherheit 532
Sicherheitsaspekt 473
Sichtbarkeit 146
Sidepanel 1001
  Anlegen 1006
  Anwendungskonfiguration 1008
  Customizing, mandantenspezifisches 1008
  Customizing, mandantenunabhängiges 1008
  Initialisierung 1007
  Konfiguration 1006
  Konfigurationseditor 1008
  Konfigurationslink 1006
  Konfigurieren 1008
  Öffnen 1007
  Titelbereich 1007
  Verwenden 1008
signed 440
Silverlight 780, 782, 784
  Library 783
  Plug-in 782
Silverlight Island 780, 787
Silverlight Island Source 788
SimpleSeries 420, 430
Singleton 399, 582, 755
Singleton, Performance 979
Skala 464
Smartmap 416
Soforthilfe 314, 928
  Anzeigen 315, 928
  Ausblenden 317
  Einblenden 317
Softwareentwicklung, agile 427

sortState 844
SOTR_EDIT 942
SOTR_VOCABULARY_BASIC 942
source 463, 527, 788
SOURCE_COMPONENT_ID 537
Spalte 815
　Einfügen 819
　Sortieren 821
Spalten-Scrolling 821
Spaltenüberschrift 678
Speicheroptimierung 974
Splitter 214
　aggregiertes Element 220
　Eigenschaft 216
　Ereignis 219
　visuelle Darstellung 215
Sprache, ostasiatische 302
SPRO 474
SSL, Protokoll 1055
stackDesign 524
Standard-Button 345, 918, 919, 921, 923
Standard-Component 41
Standardschritt 386
Standardsoftware 737
Standardwert 38, 928
state 146, 306, 959
static_element_rtti 591
static_element_type 587
staticHtml 805
stretchedHorizontally 267
stretchedVertically 267
striped 381
Struktur, hierarchische 395
styleClassName 192, 295
Stylesheet 764, 1057
Subklasse 600
Submenü 513
subscribe_event() 974
subscribe_to_button_event( ) 1084
SubStep 386
Suchhilfe 641
　Anbindung 665, 673
　Datenelement 671
　direkte 673
　Exportparameter 663
　Feature 666
　Feldebene 671
　Importparameter 663
　Kontext 671
　Prüftabelle 671
　Selektionsmethode 663
　Treffermenge 663
Suchhistorie 308
Suchilfekontext 682
Suggest 35
suggestFilterMethod 307
suggestValues 307
Superklasse 600
Supply-Funktion 71, 109, 143, 167, 179
　Anlegen 144
　Mapping 144
　Range-Supply-Funktion 161
　Vater-Kind-Beziehung 143
suppressValueHelp 309
SVG 434
SWDP_UIEL_ACTIVE_COMPONENT 479
SWF-Datei 781
swfFile 788
Switch Framework 741
Systemalias 964
Systemmenü 927
　Ausblenden 927
　Benutzereinstellung 927

T

T100 956
Tab 232, 600
　Page 256
　Register 252, 256
　Subelement 257
　Toolbar 256
　Wechsel 254
　Werkzeugleiste 256
tabAlignment 255
Tabelle
　dynamische 817
　Funktionen 779
　Generieren 55
　Inhalt sortieren 845
　T100 100, 939, 952
　Template 817
　VSCAN_PROOF 479
Tabellenkalkulation 282
Tabellenselektionsmenü 832

Table 35, 377, 551, 552, 779, 815, 819
   Caption 816
   Datenzeilenbereich 816
   design 824
   Drag & Drop 821, 847
   Eigenschaft 821
   Ereignis 835
   Gruppenspalte 847
   Header 847
   Hierarchie 821
   Kardinalität 817
   manuelle 817, 818
   Spalte 815
   Summierung 821
   Toolbar 815
   Überschrift 815, 818, 821
   Variante 821
TableCellDesign 378
TableColumn 378, 816, 819, 940
TableColumnGroup 847
TableHeaderMenu 842
TableScrollTipProvider 848, 885
tabOrder 271
Tabstop 197
TabStrip 165, 252, 600
   aggregiertes Element 256
   Ausrichten 255
   Eigenschaft 253
   Ereignis 255
   Hotkey-Behandler 195
   Navigationselement 253
   Navigationsmenü 253, 255
   View-Element 256
   visuelle Darstellung 253
Tachometer 416
Tag 319, 332, 1003
   Abkürzung 332
   Absatz 333
   Adresse 332
   Akronym 332
   Anzeigen 1010
   Bild 333
   definieren 1010
   Definition 332
   Emphasis 319
   Gruppierungselement 333
   Liste 333
   Output 333
   Paragraph 319
   Programmtext 332
   Referenz 332
   SAP 334
   SAP-Feld 334
   SAP-spezifisches 330
   ScreenElement 319
   Text 332
   Textblock 332
   Überschrift 333
   Verwalten 1010
   vorformatierter Text 333
   Zeilenumbruch 332
   Zitat 332
TagCloud 364
tagEnabled 366
Tagging 1017
tagHitcount 366
tags 533
tagSize 366
tagText 366
tagTooltip 366
target 355, 527
Taste 193
Tastenkombination 39
Template 54
templateSource 493
Testklasse, lokale 1024
Text
   Edition 326
   Ermittlung 313
   Formatierung 336
   mehrzeiliger 317
   Positionierung 324
   Richtung 309
   Tag 319
   Textfluss 328
   übersetzungsrelevanter 939
text 257, 313, 319, 332, 339, 381, 403, 522
TextBar 522
textDirection 246, 309
textDocumentName 321
TextEdit 326
Textelement anlegen 945
Textkennung 945
Textliteral 948
Text-Pool 944
texts 657, 658
Textsymbol 939, 944
Textsymbol, Konstante 946

Texttabelle 671
TextView 167, 322, 848
Theme Designer 1034
Threshold 461, 467, 470
ThresholdSlider 466
TickMark 467
tickMarkSpacing 469
TimedTrigger 356
TimeValue 424
TIMS 672
title 212, 244, 247, 315, 400
TitleContent 248
titleDesign 520
titleEditable 212
titleText 521
titleVisible 400
ToggleButton 249, 361
ToggleIcon 222
ToggleLink 363
ToolBar 514, 518, 885
Toolbar 204, 214, 257, 926
ToolBarButton 519
ToolBarButtonChoice 519
ToolBarDropDownByIndex 519
ToolBarDropDownByKey 519
ToolBarDropDownListBox 519
ToolBarIconButton 519
ToolBarInputField 519
ToolBarLinkToAction 519
ToolBarLinkToURL 519
ToolbarPopin 519
ToolBarToggleButton 519
tooltip 39, 192, 295, 407, 420
top 452
topBorder 275
Topmenü 513
topPadding 275
topSpace 291
Trace-Tool 917, 981, 982, 990, 1028
Transaktion
  ACF_WHITELIST_SETUP 474
  FPM_WB 1036
  ICON 610
  S_MEMORY_INSPECTOR 983
  SE17 484
  SE24 587, 600, 1024
  SE30 983
  SE61 317, 321
  SE63 940
  SE80 440, 783

SE91 949
SECATT 1022
SFP 493
SFP_ZCI_UPDATE 496
SICF 977
SM59 451, 730
SOTR_EDIT 942
SPRO 474
STAD 983
SU01 999
WD_TRACE_TOOL 982, 1028, 1053
WDR_ACF_WLIST 473, 1032
Transformation Editor 440
transparencyMode 803
transparent 206
transparentColor 418
TransparentContainer 75, 187, 195
  Barrierefreiheit 197, 198
  Default-Taste 197
  Eigenschaft 198
  Gruppentitel 200
  gruppierender Container 196, 200
  Layout-Container 195
  semantische Bedeutung 196
  visuelle Darstellung 197
Tray 187, 204, 208, 962
  aggregiertes Element 208
  Barrierefreiheit 207
  Eigenschaft 205
  Ereignis 207
  Klappen 204
Tree 395, 539
  Context-Struktur 396
  dynamisches Laden 404
  nicht rekursiver 395
  Performance 396, 980
  Rekursionsknoten 397
  rekursiver 395
  Rendering 399
TreeByKeyTableColumn 556, 889
TreeByNestingTableColumn 556, 889
TreeItemType 398, 404
TreeNodeType 398, 402
Trennbalken 214
Trennzeichen 369
TriStateCheckBox 642, 661
TRY 958
type 353, 390
Typgruppe 585
Typgruppe, ABAP 592

U

Überschrift 315
Übersetzungsrelevanz 939
Uhrzeit-Hilfe 672
UIBB 1039
UI-Element
   ABAP-Klassenrepräsentation 599
   Aktion 72
   aktives 215
   Anlegen 74
   Anordnung 187, 258, 259
   Container 68
   dekoratives 770, 773
   Drag & Drop 527
   Eigenschaft 67, 70, 604
   Einblenden 187
   Einfügeposition 599
   Favorit 66
   Gruppieren 187
   Hierarchie 67
   Klassenhierarchie 295
   Konstante 587
   kundeneigenes 780
   Laufzeitobjekt 604
   Primäreigenschaft 146, 313
   Standardeigenschaft 71
   Template 55
   Toolbar 66
   Typ 599
   Übersicht 34
   unsichtbares 774
   Verknüpfung 313
   zusammengesetztes 816
UIElement 220
UIElementContainer 189
UI-Kategorie 293
   action 342
   complex 367, 818
   graphic 411
   Integration 471
   layout 404
   selection 360
   text 297
Umbruch 314, 328
undecidedStateSelectable 661
Unified Rendering 442
Unit 467
Unit-Test 1023
unitWidth 469

Unsichtbarkeit 927
unsigned 440
unsubscribe_event() 974
Untermenü 513
update_event_status() 359
upperThresholdValue 461
URL 354, 355, 417, 418, 451
URL-Parameter 1049
   allgemeiner 1066
   sap_theme 1058
   sap-accessibility 1051
   sap-accessibilitymode 1051
   sap-wd-configid 1061
   sap-wd-deltarendering 1053
   sap-wd-displaysplashscreen 1063
   sap-wd-inlinecss 1063
   sap-wd-lightspeed 1054
   sap-wd-remotedesktop 1055
   WDALLOWMULTIPLEACTIONS 1052
   WDALLOWVALUESUGGEST 1053
   WDSTYLE_LABELALIGNMENT 1058
   WDSTYLE_TOOLBARDESIGN 1058
   WDUIGUIDELINE 1059
   Web Dynpro 1064
URL-Schema 1049
Usage → Component-Verwendung
Utility-Klasse 578

V

Validierung, Fehler 112
vAlign 278, 280
value 309, 342, 421, 469, 471
ValueComparison 457
VBC_WDC_GEOMAP_GEN2 1033
Vererbungshierarchie, Navigation 600
Verfügbarkeitsprüfung
   Flash 1079
   Java 1079
   PDF 1079
   Silverlight 1079
Vernetzung, Mashup 1006
vertical 393
verticalSpan 291
Verwendungserklärung, statische 623
Verzögerung 357

vGutter 262, 263, 266
View 90, 932
   aktuelles Window lesen 1075
   Anlegen 65, 91
   Anzeigeverhalten 145
   Aufbau 64
   Definition 187
   Editor 49
   Eigenschaft 50, 74
   Einbettung 619, 632
   Formular-Generierung 54
   Hierarchie 67, 86, 87, 188
   Layout-Editor 65
   Lebensdauer 74, 984
   mehrere anzeigen 86
   Metadaten 1080
   Metadatenobjekt 1075
   Modifizierung zur Laufzeit 108
   pro Component 978
   Schachtelungstiefe 69
   Sichtbarkeit 984
   Wechseln 81
View Designer 66
ViewContainer 86
ViewContainerUIElement 166, 258, 605, 610
View-Controller 64, 104
View-Einbettung 80
View-Layout 49
ViewSwitch 230, 231
ViewSwitch-Schalter 231
virusScanProfile 478
visible 145, 192, 257, 258, 295, 407, 502, 521, 522
visibleItems 659
visibleRowCount 229, 835
Visual Business 1031
visuelle Darstellung 204
Vorgang 381, 385
Vorgehensmodell 427
Vorlage → Template
Vorschlagswert 307
Vorwärtsnavigation 942

W

W_SELECT_OPTIONS 714, 717
W3C ARIA 1051
W3C, HTML-Standard 355

WAD 729
Währungsfeld 1055
Warnung 598
wd_assist 946
wd_assist( ) 121
WD_COMP_CONTROLLER 72, 90, 106
WD_COMPONENT_USAGE_GROUP 626
WD_CONTEXT 72, 90, 106
wd_cpifc_<Component-Verwendung>( ) 121
wd_cpuse_<Component-Verwendung>( ) 170
wd_get_api( ) 1069
WD_GLOBAL_SETTING 976, 1064
WD_SELECT_OPTIONS_20 712, 717
WD_THIS 72, 106
wd_this( ) 71, 90
WD_TRACE_TOOL 982, 1053
WD_VALUE_HELP 688, 689
WDACCESSIBILITY 999, 1051
WDACCESSIBILITYMODE 1001, 1051
WDALLOWMULTIPLEACTIONS 1052
WDALLOWQUICKVIEWS 1052
WDALLOWUSERAGENTS 1052
WDALLOWVALUESUGGEST 1052
WDAPI_COMPONENT_USAGE 626
WDCONFIGURATIONID 1061
WDCTX_<Knotenname> 128
WDDELTARENDERING 1053
WDDISABLEDYNAMICRESOURCESDN 1053
WDDISABLEUSERPERSONALIZATION 777, 1056
WDDISPLAYSPLASHSCREEN 1063
wddoafteraction( ) 108, 111
wddoapplicationstatechange( ) 108
wddobeforeaction( ) 108, 959
wddobeforenavigation( ) 103, 108, 112
wddoexit( ) 90, 107
wddoinit( ) 90, 107
wddomodifyview( ) 108, 112, 598
wddoonclose( ) 90, 108
wddooncontextmenu( ) 926, 934, 935
wddoonopen( ) 90, 108
wddopostprocessing( ) 108, 111, 112

Index

WDENABLEFIELDHISTORY 775, 928, 1053
WDENABLEUIELEMENTSHIDE 1057
WDENABLEXBCMLCLIENT 1053
WDEVENT 536, 541, 545, 550, 555, 569, 571
wdevent( ) 614, 618, 637
WDFAVICON 1054
WDFORCEEXTERNALSTYLESHEET 1057
WDINLINECSS 1063
WDIslandLibrary*.swc 783, 784
WDIslandLibrary*-debug.swc 784, 786
WDLIGHTSPEED 350, 409, 1054
WDPROTECTEDAPPLICATION 1055
WDR_CHIP_PAGE 1008, 1011
WDR_CONTEXT_ATTR_VALUE 649
WDR_CONTEXT_ATTRIBUTE_INFO 584, 589
WDR_CONTEXT_CHANGE 151
WDR_CONTEXT_CHANGE_LIST 150
WDR_CONTEXT_MAPPING_INFO 593
WDR_CONTEXT_PROPERTIES 1096
WDR_CTX_ELEMENT_PATH_SEGMENTS 593
WDR_NAME_VALUE_LIST 617, 955
WDR_OVS 620, 674
WDR_SELECT_OPTIONS 620, 699, 700, 701, 702
  Protokoll 701
WDR_TEXT_KEY 946
WDREMOTEDESKTOP 1055
WDSHAREDREPOSITORY 1056
WDSIDEPANELCONFIGURATIONID 1060
WDSIDEPANELOPEN 1060
WDSIDEPANELREMOTECONSUMER 1061
WDSIDEPANELREMOTEPRODUCER 1061
WDSIDEPANELRESIZABLE 1060
WDSilverlightIslandIbrary.dll 784
WDSilverlightIslandlibrary.dll 784
WDSTYLE_LABELALIGNMENT 1057, 1058
WDSTYLE_TOOLBARDESIGN 1058
WDSUPPORTSFULLHEIGHT 1061
WDTABLENAVIGATION 816, 1063
WDTHEMEROOT 1058
WDUI_C_TABLE_CELL_MERGING 887
WDUI_C_TABLE_TEXT_MARKERS 883
WDUI_C_TBL_CELL_BORDER-OMITTING 886
WDUI_TABLE_CELL_DESIGN 890
WDUI_TRI_STATE 661, 662
WDUIGUIDELINE 1058, 1059
WDUSEANIMATION 1059
WDUSEEXTERNALSTYLESHEET 1059
WDUSESIGNEDAPPLETS 1056
Web Application Documentation 729
Web Dynpro
  Autorenumgebung 726
  Beispielanwendung 33, 34
  Client 964
  Client-Plattform 44
  Einbettung 962
  Entwicklungsumgebung 35, 44
  Framework 33
  Funktionsumfang 33
  globale Einstellung 976
  Laufzeit 1049
  Merkmal 43
  Metadatenmodell 28
  Metamodell 43
  Model-View-Controller 32
  Native Library 493, 497
  Portabilität 28
  Programmiermodell 34
  Text-Browser 727
Web Dynpro Explorer 44, 45, 59
Webbrowser
  externes Fenster erzeugen 1084
  Fenster 355
  Scrollen 1080
  Titelzeile 1078
  unterstützter 44
Web-Dynpro-Code-Wizard 51, 817
  Funktion 52
  Meldung 53
  Starten 54
Web-Dynpro-Component, verwendete 179
Wertehilfe 641, 662
  Art 663
  Datumsauswahl 663

Domäne 671
Domänenfestwert 663
Festwert 671
keine 673
Modus 586, 663, 664, 673, 686
OVS setzen 675
Prüftabelle 663
Schlüsselfeld 671
Suchalgorithmus 664
Typ 586
Wertehilfe-Modus 663
Wertevergleich 457
WGS84 448
when visible 74, 442, 979, 983
whenAlive 442
Whitelist 473
width 189, 193, 274, 278, 310, 343
Wiederverwendung, ABAP Dictionary 662
Window 80, 90
 Anlegen 79, 92
 API 410, 951
 Context 90
 Controller 104
 Default-View 81, 88, 92, 985
 Eigenschaft 89
 Interface-Eigenschaft 89
 Manager 1070
 Metadaten 1076
 Öffnen 1083
 Pop-up 918
 Standard-Button 1082
 Struktur 87
 View einbetten 80, 92
 View-Sichtbarkeit 984
 Wiederverwendung 89
Window-Editor 51, 81, 87, 88
Window-Manager 918, 919
Wiring 1003, 1009
 automatisches 1009
 Tagging 1017
WND_SELECT_OPTIONS 702
WND_SELECTION_SCREEN 700
Workload Monitor 983
WorkProtect-Modus 963, 972
Workset 962
World Geodetic System 1984 448

wrapping 261, 264, 314, 328
WTS, Performance 976
Wurzelknoten 576
Wurzelsichtbarkeit 400
Wurzeltext 400
WYSIWYG 65

X

X11 414, 418
XAP-Datei 782
XML 330, 417
 Gantt 440
 InteractiveForm 496
 konform 331
 Parser 440
 Whitelist 478
 Wohlgeformtheit 319
XML-Datei 447

Z

ZCI 492, 496
ZCI-Formular 492, 497
Zeile 815
Zeilenanordnung 848
Zeilengruppierung 821
Zeilenumbruch 268, 314, 328, 486
Zeilenvorsprung 486
Zeilenwiederholer 226
Zeitbalkendiagramm 417
Zeitpunktdiagramm 417
Zeitraum 374
Zeitsäulendiagramm 417
Zeitungsseite 275
Zelle, leere 407
Zelleneditor 817, 819
Zelleneditor einfügen 820
Zero Client Installation 492
Zertifikat 474
Zertifikat installieren 1032
Ziel 527
zoomType 452
Zugangstaste 299, 927
Zweidimensionalität 815

- Prozesse modellieren, ausführen und verwalten
- Modellierungsansätze und BPMN verstehen
- Alle Werkzeuge und Funktionen von SAP NetWeaver Business Process Management

Birgit Heilig, Martin Möller

Business Process Management mit SAP NetWeaver BPM

Erfahren Sie, wie Sie mit SAP NetWeaver Business Process Management Geschäftsprozesse modellieren, ausführen und verwalten. Dieses Buch führt Sie durch die Prozessmodellierung auf Basis von BPMN und macht Sie mit den wichtigen Modelieransätzen und Methoden vertraut. Sie erlernen den Umgang mit allen Werkzeugen von BPM und lesen, wie Sie die Prozesse in verschiedenen UI-Technologien abbilden und mit eigener Programmierung erweitern.

512 Seiten, gebunden, 69,90 Euro
ISBN 978-3-8362-2604-2
erschienen Februar 2014
www.sap-press.de/3457

»Eine gut nachvollziehbare und umfassende Einführung in die Entwicklung und Ausführung von Prozessen mit SAP Netweaver BPM.«
Fachhochschule Kaiserslautern (Fachbereich Informatik)

Ausführliche Informationen: www.sap-press.de

- Bessere Entwicklung von Benutzeroberflächen

- User-Interface-Elemente, Tabellen und Components effektiver einsetzen

- Anwendungslayout effizient gestalten

Dominik Ofenloch

Web Dynpro ABAP – 100 Tipps & Tricks

Wenn es darum geht, komplexe Benutzeroberflächen mit Web Dynpro ABAP effizient zu gestalten, kann Ihnen kaum einer etwas vormachen. Doch manche Aufgaben lassen sich noch besser lösen! Lesen Sie, wie Sie Swap Root Element richtig einsetzen, neue Layout-Typen verwenden oder die Performance Ihrer Anwendungen optimieren. Mit 100 Expertentipps, darunter auch Tipps zum Floorplan Manager. Dieses Buch ist Ihr Ass im Ärmel!

397 Seiten, broschiert, 49,90 Euro
ISBN 978-3-8362-2274-7
erschienen Dezember 2013
www.sap-press.de/3334

»Dieses Buch ist ein Juwel! Es ist sowohl Lehrbuch als auch Nachschlagewerk und gehört zu den Must-Haves eines jeden ABAPlers.«
PHP Nuke

- Moderne SAP-Anwendungsoberflächen entwickeln und erweitern
- UI Building Blocks, Navigation, dynamisches Verhalten, Dialoge ...
- Mit zahlreichen Beispielen und Empfehlungen für die tägliche Praxis

Thomas Frambach, Simon Hoeg

Floorplan Manager für Web Dynpro ABAP

Entwickeln Sie SAP-Geschäftsanwendungen im einheitlichen Look & Feel ganz einfach mit vorkonfigurierten Bausteinen! Dieses Buch zeigt Ihnen, wie Sie ohne aufwendige Oberflächenprogrammierung mit dem Floorplan Manager Anwendungen auf Basis von Web Dynpro ABAP erstellen und erweitern. Aufbauend auf den technologischen Grundlagen und anhand vielfältiger Beispiele stellen die Autoren Ihnen alle Funktionen des Frameworks vor: Grundrisse und generische UI-Bausteine, Listen und Formulare, Navigation, Dialogkonfiguration u.v.m. Darüber hinaus erfahren Sie, wie Sie den Floorplan Manager für eine Laufzeitanalyse Ihrer Programme nutzen, Anwendungen für SAP HANA entwickeln und das Anwendungslayout mit dem Theme Designer flexibel gestalten.

510 Seiten, gebunden, 79,90 Euro
ISBN 978-3-8362-2786-5
2. Auflage, erscheint Dezember 2014
www.sap-press.de/3554

Das gesamte Buchprogramm: www.sap-press.de

- Einführung in das SAP UI Development Toolkit für HTML5

- Moderne Benutzeroberflächen gestalten und erweitern

- Programmiermodell, Controls und UI-Elemente in der Praxis einsetzen

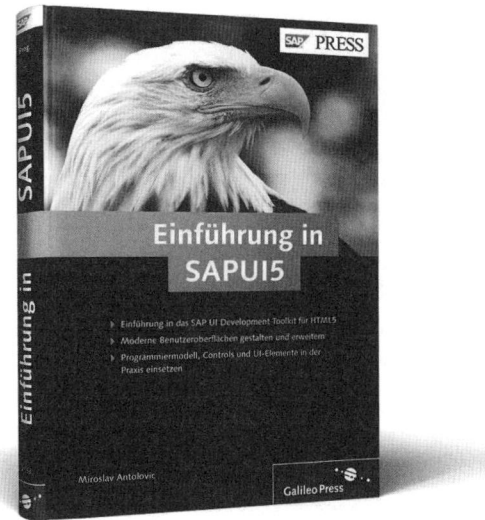

Miroslav Antolovic

Einführung in SAPUI5

Moderne Webanwendungen und mobile Apps mit SAP leicht gemacht! Auch wenn Sie noch keine Vorkenntnisse in HTML5, CSS3 und JavaScript haben, vermittelt Ihnen dieses Buch alles, was Sie wissen müssen, um mit SAPUI5 interaktive Anwendungen zu entwickeln. Lernen Sie, wie Sie die Bibliothek mit Ihrem Backend verknüpfen, und machen Sie sich mit Eclipse vertraut. Sie erfahren, wie Sie das Architekturmuster Model View Controller bei der Anwendungskonzeption unterstützt und welche Gestaltungsmöglichkeiten Ihnen die zahlreichen UI-Elemente bieten. Der Autor gibt Ihnen hilfreiche Tipps und erläutert nicht zuletzt, wie Sie SAPUI5 in Zusammenhang mit SAP NetWeaver Gateway und SAP HANA einsetzen.

446 Seiten, gebunden, 69,90 Euro
ISBN 978-3-8362-2753-7
erschienen März 2014
www.sap-press.de/3533

- Anwendungsentwicklung mit SAP NetWeaver AS ABAP für SAP HANA

- Technische Grundlagen, Entwicklungsumgebung, Datenmodellierung und Programmierung

- Erweiterte Funktionen wie Fuzzy-Suche und Predictive Analysis

Thorsten Schneider, Eric Westenberger, Hermann Gahm

ABAP-Entwicklung für SAP HANA

Schnellstens fit für SAP HANA! Erfahren Sie, wie Sie ABAP-Anwendungen für SAP HANA programmieren und das volle Potenzial der neuen Datenbanktechnologie ausschöpfen. Machen Sie sich mit dem SAP HANA Studio vertraut, und lernen Sie, wie Sie in Eclipse arbeiten. Sie lernen die Grundlagen der Datenmodellierung und Programmierung mit SQLScript kennen und erfahren, wie Sie mit ABAP auf HANA-Objekte zugreifen. Zahlreiche Beispiele erleichtern Ihnen den Einstieg in die In-Memory-Technologie und geben Ihnen einen Einblick in erweiterte Funktionen wie Fuzzy-Suche und Predictive Analysis.

602 Seiten, gebunden, 69,90 Euro
ISBN 978-3-8362-1996-9
erschienen August 2013
www.sap-press.de/3239

»Ein sehr empfehlenswertes Buch.«
PHP Nuke

Immer gut informiert: Bestellen Sie unseren Newsletter!

- Alle wichtigen Schnittstellentechnologien im Überblick

- RFC, BAPI, ALE, IDoc, OData und SOAP in praktischer Anwendung

- Komplett ausprogrammierte Beispiele in ABAP, Java, C/C++ und C#

Michael Wegelin, Michael Englbrecht

SAP-Schnittstellenprogrammierung

Das Ankoppeln von Fremdsystemen und externen Programmen an Ihre SAP-Systeme klappt nicht immer einwandfrei? In diesem Buch lernen Sie alles, was Sie dazu über klassische und moderne Schnittstellen und Protokolle wissen müssen. Sie erfahren, wie Sie die Komponenten des Application Servers ABAP/Java konfigurieren und ansprechen, um die Kommunikation mit externen Systemen zu ermöglichen. Zahlreiche ausprogrammierte Beispiele in ABAP, Java, C(++) und C# zeigen Ihnen, wie Sie die verschiedenen Programmiersprachen dazu einsetzen. Das dargestellte Wissen können Sie so leicht umsetzen. Neue Themen in dieser 3. Auflage sind unter anderem SAP NetWeaver Gateway und OData sowie der .NET Connector.

548 Seiten, gebunden, 69,90 Euro
ISBN 978-3-8362-2675-2
3. Auflage, erschienen April 2014
www.sap-press.de/3496

- Planung und Entwicklung eigenständiger Geschäftsanwendungen
- Flexible Anwendungsarchitekturen mit SAP NetWeaver AS ABAP
- Mit Informationen zu SAP HANA, BRFplus und SAP NetWeaver Business Client

Thorsten Franz, Tobias Trapp

Anwendungsentwicklung mit ABAP Objects

Entwickeln Sie Ihre eigene Geschäftsanwendung mit ABAP! Mit diesem Programmierleitfaden meistern Sie die Herausforderung, eigenständige Anwendungen komplett losgelöst vom SAP-Standard umzusetzen. Von der Konzeption der flexiblen und erweiterbaren Anwendungsarchitektur bis zur Programmierung in ABAP Objects werden Sie durch den Gesamtprozess der Softwareentwicklung geführt. Codebeispiele und Screenshots veranschaulichen alle Schritte von der Anwendungsschicht zur GUI- und Schnittstellenprogrammierung. Dabei kommen auch die neuesten Technologien zum Einsatz, wie die Entwicklung für SAP HANA und Sidepanel im SAP NetWeaver Business Client.

695 Seiten, gebunden, 69,90 Euro
ISBN 978-3-8362-2635-6
2. Auflage, erschienen Juli 2014
www.sap-press.de/3472

Versandkostenfrei bestellen: www.sap-press.de